修订版

世界名诗
Famous poems
鉴赏大辞典

许自强 孙坤荣 ◎ 主编

商务印书馆
国际有限公司

图书在版编目(CIP)数据

世界名诗鉴赏大辞典 / 许自强, 孙坤荣主编. --2版. --北京: 商务印书馆国际有限公司, 2022.12
ISBN 978-7-5176-0968-1

Ⅰ. ①世… Ⅱ. ①许… ②孙… Ⅲ. ①诗歌欣赏-世界-词典 Ⅳ. ①I106.2-61

中国版本图书馆CIP数据核字(2022)第208846号

SHIJIE MINGSHI JIANSHANG DA CIDIAN
世界名诗鉴赏大辞典（修订版）

主　　编	许自强　孙坤荣
出版发行	商务印书馆国际有限公司
地　　址	北京市朝阳区吉庆里14号楼 佳汇国际中心A座12层
邮　　编	100020
电　　话	010-65592876（编校部） 010-65598498（市场营销部）
网　　址	www.cpi1993.com
印　　刷	三河市紫恒印装有限公司
开　　本	850mm×1168mm　1/32
字　　数	1584千字
印　　张	56.75
版　　次	2022年12月第2版第4次印刷
书　　号	ISBN 978-7-5176-0968-1
定　　价	128.00元

版权所有·违者必究
如有印装质量问题，请与我公司联系调换。

顾　　问 冯　至　卞之琳　罗大冈　戈宝权　袁可嘉
主　　编 许自强　孙坤荣
分类主编 王守仁　金志平　吕同六　茅于美　金　波
主要译者(按姓氏笔画排列)

于凤川	飞　白	王守仁	王佐良	戈宝权
卞之琳	方　平	巴　金	石琴娥	卢　永
叶君健	叶维廉	丘　琴	冯　至	冯志臣
吕同六	朱维之	冰　心	刘安武	江　枫
兴万生	孙　用	孙　玮	孙坤荣	苏　杭
李　芒	李文俊	杨松河	杨宪益	杨德豫
肖佳平	沈志明	沈宝基	张　黎	张佩芬
张秋红	陈九瑛	陈光孚	陈敬容	茅于美
罗大冈	岳凤麟	金志平	周煦良	郑　敏
郑克鲁	郑振铎	郑恩波	赵振江	赵毅衡
段若川	闻家驷	袁可嘉	顾蕴璞	钱春绮
钱鸿嘉	栾文华	郭宏安	郭沫若	陶　洁
理　然	黄伟经	黄杲炘	曹明伦	曹葆华
梁宗岱	屠　岸	斯　文	蒋承俊	韩世钟
景　行	智　量	楼肇明	裘小龙	雷抒雁
黎　奇	黎皓智	穆　旦	戴望舒	魏荒弩

主要赏析作者（按姓氏笔画排列）

于凤川	王守仁	戈宝权	方　平	尹厚梅
石琴娥	卢　永	冯　至	冯志臣	宁　瑛
邢化祥	吕同六	刘安武	江　枫	兴万生
许自强	许桂亭	孙坤荣	孙美玲	苏　杭
李　芒	李　泱	李文俊	李辰民	杨松河
杨德豫	连　铗	吴宗蕙	沈志明	沈宝基
张　黎	张同吾	张佩芬	张秋红	陈九瑛
陈光孚	陈周方	陈敬容	茅于美	罗大冈
岳凤麟	岳洪治	金　波	金志平	周　敏
郑　敏	郑克鲁	郑恩波	孟繁琛	赵振江
段若川	施荣华	袁可嘉	顾蕴璞	倪诚恩
栾文华	高中甫	高洪波	郭　谦	郭宏安
陶　洁	彩　娜	斯　文	葛杏春	蒋承俊
韩世钟	楼肇明	雷成德	管　珑	黎　奇
黎皓智				

总目录

·前言	/1
·凡例	/1
·篇目表	/2
·正文	/1-1768
Ⅰ　英国卷	/1
Ⅱ　法国卷	/309
Ⅲ　德国卷	/563
Ⅳ　俄国卷	/793
Ⅴ　欧洲其他国家卷	/1061
Ⅵ　美国卷	/1359
Ⅶ　拉丁美洲卷	/1513
Ⅷ　亚非澳卷	/1599
·附录	
怎样欣赏外国诗	/1769

前 言

许自强

本书是在《世界名诗鉴赏大辞典》的基础上修订而成的，共收录61个国家260位诗人的诗作771篇。其中，不少作品和文章被一些同类书所转引，并被收入高中语文课本中，产生了很大影响。

本书具有"三名"，即名诗、名译、名析的属性，有足实的"含金量"。只消看一眼目录上那一串串闪光的名字便可知这本书的作者的分量。熟悉外国文学的朋友大概都不会陌生，俄罗斯文学的权威戈宝权，英美文学的权威卞之琳，德国文学的权威冯至，法国文学的权威罗大冈，意大利文学的权威吕同六，日本文学的权威李芒，匈牙利文学的权威兴万生，现代派文学专家袁可嘉……乃至著名的翻译家、评论家王佐良、钱春绮、查良铮（穆旦）、屠岸、李文俊、江枫、方平、杨宪益、周煦良、杨德豫……这一个个在外国文学方面独具造诣的专家学者都曾是我国外国文学研究方面的先驱或领军人物，更不要说众所周知的郭沫若、巴金、冰心、郑振铎等知名作家了。

我们罗列上述这些名字绝非借此炫耀，他们也绝不只是挂上一个译著者的名称而已，事实是，除了当时已经故去的作家以外，他们都曾实实在在地参与了本书的编写工作。这些权威学者大都是以深厚的学术功底、独特的艺术眼光、严谨的治学态度，亲自选诗，亲自翻译，并尽可能地亲自撰写赏析文稿，从而有力地保证了本书的"三名"性：所选的诗绝对无愧经典名作，所译的文当属同类中的佼佼者。尤其可贵的是，这么多重量级的专家、权威参与撰写通俗性的赏析文字，这在一般辞书的编撰中是难以想象的。这支作者队伍以中国社会科学院外国文学研究所各方专家为核心，由北京大学、中国人民大学、北京师范大学、首都师范大学、西北大学、天津师范大学、辽宁师范大学等众多高校从事外国文学研究与教学的教授和学者所组成。这样强大的作者团队过去没有过，今后也不可能再有了。因为遗憾的是，像冯至、卞之琳、戈宝权、罗大冈、吕同六、茅于美等，这些老一辈的专家都已先后去世。本书中有不少作品成为他们的绝笔，其弥足珍贵的程度是不言而喻的。对于这样一部具有集大成性质的图书，我们相信它必能凌越时空，葆有其长久的学术价值和艺术价值。

应当承认，在这些年的辞书出版热潮中，外国诗歌的鉴赏比起中国诗歌，尤其是中国古典诗歌的鉴赏来说，其热度相差甚远。现如今，唐诗、宋词、元曲之类的鉴赏辞典遍布市场，并且一版再版，而外国诗歌鉴赏方面图书的出版却受到冷落。这是由多方面原因造成的。

首先，我国是诗的国度，其根底主要在于古典诗歌的悠久传统。从《诗经》《楚辞》到唐诗、宋词，青少年自幼熟读，古典诗歌的魅力早已渗透到我们文化生活的各个领域。人们喜爱中国古典诗歌，乃情理所致，势所必然。反之，外国诗歌的介绍一直是我们文化教育中的薄弱环节，只有少数名家名篇得以流传。

其次，是时代的原因。就艺术而言，当今时代的发展已进入后现代主义时期，它离开古典主义、浪漫主义、现实主义，甚至20世纪兴盛的现代主义都已有一段较长的距离。所谓后现代主义，是一种资本主义后工业化时代的产物，它同科技事业尤其是数字、网络等的发展密不可分。后现代主义主张缩小乃至消解艺术同生活的界限，他们提出"人人都可以成为艺术家"，平凡的生活用品稍加点缀，即可算作艺术品（比如，当今人人可以在网上发表"博客"一类的作品，许多废旧物品可当艺术品展出）。后现代主义一反传统，主张艺术作品"无主题、无深度、无中心、无自我"，强调作品的平浅化、零散化、非神圣化、平民化，乃至泡沫化等。因此，典型的后现代主义艺术同传统艺术相比，无论内涵和形式都大相径庭。这从当今许多平庸浅显的文化快餐（例如那些看不出什么思想意义的雕塑、绘画，那些纯娱乐性的、荒诞不经的"戏说"剧，那些语无伦次、不知所云的流行歌曲等）中都可见一斑。当然，后现代主义既然是时代发展的产物，自有它存在的道理。后现代主义一方面使神圣的艺术领域浸染了更多商品化、平庸化的气息，同时又使艺术由过去的高雅化、贵族化变得更为大众化、通俗化。它强化了艺术与民众的关系、艺术与科技的关系。事实上，它的不少典型作品也颇有可取之处。

然而，不可否认，后现代主义的盛行对于古典主义、浪漫主义、现实主义这些外国文艺中的经典主流是一个莫大的冲击。尽管当今的艺术家极力想把传统与时尚结合起来，在许多领域确实也取得了可观的成效（例如，把莎士比亚戏剧现代化，把古典音乐同流行音乐结合起来等），但遗憾的是，作为文字传媒的古典诗歌却很难时尚化。我们很难把一首拜伦的诗歌用时尚形式包装起来，这大概也是外国古典诗歌不容易打入现今文化市场的原因之一。

再次，是诗歌本身的原因。诗是最难翻译的文体。诗歌原是文学中的桂冠，它最精粹，也最脆弱，诗歌语言一经翻译往往会原味顿减，黯然失色，尤其是诗的语言美和音韵美将大大丧失。所以许多西方优美的诗歌当用他们本民族的语言，按其原有的音韵格律来欣赏时，精彩无比（如雪莱的《西风颂》），但一旦翻译为中文后，就只能主要靠它的内容来取胜了。尽管我们的翻译家绞尽脑汁，想方设法地使外国诗歌尽量"汉化"，以保留它的形式美，更易为中国读者所接受。例如有的学者试图把莎士比亚的十四行诗不按十四行诗的原韵，而按中国诗歌的十三辙韵来翻译，这样读起来确实顺畅许多，可惜的是它已经不是莎士比亚的原味了。这就像用烧中餐的方式来烹调西式牛排。加上近年来我国新诗不景气、在文学中逐渐被边缘化，因此，形式接近新诗的外国诗也难免受到牵连。尽管有这些客观原因存在，但是这丝毫不能削弱介绍外国诗歌的重要性。

习近平总书记指出，我们"必须认真学习借鉴世界各国人民创造的优秀文艺。只有坚持洋为中用、开拓创新,做到中西合璧、融会贯通,我国文艺才能更好发展繁荣起来"。他又指出,"发展社会主义先进文化,不忘本来、吸收外来、面向未来,更好构筑中国精神、中国价值、中国力量,为人民提供精神指引"。先进的文化必须建立在传承前辈的优秀文化包括外来文化的基础上。艺术有传承性,文学的传承色彩更为浓烈,不懂得外国古典诗歌就很难真正进入西方的艺术殿堂。因为,外国古典的名诗人正是构成西方文艺大厦的必不可缺的基石。如果不懂得莎士比亚、歌德、普希金、雪莱、雨果,正像不懂得屈原、杜甫、李白一样,这是文化上的一大缺憾。就此而言,对于外国经典诗歌的了解、继承,是建设我们当代新文化的必不可缺的重要因素。在改革开放的今天,扩大国际文化交流,更多了解世界的古典文艺,是尤为重要的。

这部辞典所收录的一些富有情感性和审美性的诗篇,尤其是关于爱情、友谊、家乡和人生哲理方面的佳作(如莎士比亚、泰戈尔等的一些哲理诗,普希金、拜伦、勃朗宁夫人等的爱情诗,叶赛宁、松尾芭蕉等歌颂自然的名诗等),旨在适应现代青年的审美情趣。另外,我们增添了过去易被诗歌界忽视的一些国家和地区(如亚非澳拉部分)的好诗,以及一些著名长诗中的片段(如歌德《浮士德》、海涅《德国,一个冬天的童话》、迦梨陀娑《云使》等)。同时,我们尤其关注到历年诺贝尔文学奖的得主,除了保留原有的获奖诗人外,又补充了一些诺贝尔文学奖得主,如瑞士诗人施皮特勒(1919年诺贝尔奖得主),法国诗人圣琼·佩斯,德国诗人内莉·萨克斯,波兰诗人米沃什、辛波斯卡,德国诗人兼小说家格拉斯等,以求扩大读者的艺术视野。

本书的出版不仅得到了绝大多数作者、译者的积极协助,同时也得到了出版社的大力支持。在此,谨对各方人士表示衷心感谢。由于时间紧迫,难免会有失误,敬请广大读者和专家批评指正。

凡 例

一、本书共收入61个国家260位诗人的诗作771篇。

二、本书正文篇目的排列,大致以各国或各国所属的洲为序;各国作家的排列,基本上以生年先后为序,生年无考的,则按在世年代先后为序。同一诗人的作品,一般以作品创作年代先后为序。

三、本书原则上采用一首诗一篇赏析文章的形式,也有少数作品几首合在一起分析。

四、诗中疑难词句和典故,一般在赏析文章中略加解释,有的还配以脚注酌加阐释。

五、在本书所收入的260位诗人中文译名后,大部分括注其外文原名,只有少数诗人的外文原名没有写出。

六、历史纪年,一般采用公元纪年,少数夹注年号纪年。

篇目表

1 英国卷

无名氏（1首）/1
· 杜鹃之歌 /1
魏阿特（1首）/2
· 我还有什么可说的 /3
无名氏（1首）/4
· 银色的天鹅 /5
莎士比亚（10首）/5
· 你的长夏永不会凋落（18）/6
· 美如果有真来点缀（54）/8
· 我要离开这黑暗的人寰（66）/10
· 爱你快要失去的爱人（73）/11
· 天上的太阳有瑕疵，何况
　人间（33）/13
· 亮眼柔心，各得其爱（105）/14
· 怎能把心中的崇拜到处
　传播（102）/16
· 爱是亘古长明的塔灯（116）/18
· 爱情的礼赞 /20

· 黄金咒 /22
邓恩（1首）/26
· 歌 /27
琼生（1首）/29
· 给西莉亚之歌 /29
赫立克（3首）/30
· 劝姑娘珍惜青春 /31
· 咏水仙 /32
· 给狄安娜 /33
弥尔顿（6首）/34
· 飞逝的年华 /35
· 赠劳伦斯 /36
· 梦亡妻 /37
· 哀失明 /40
· 赠西里克·斯金纳 /40
· 夏娃的爱情 /43
勒弗莱斯（2首）/45
· 狱中致阿西娜 /46

·奔赴战场,告别露卡丝塔 /48

蒲伯(1首) /49

·孤独的赞歌 /49

格雷(1首) /51

·悼理查德·威斯特 /51

布莱克(4首) /53

·啊,向阳花 /53

·一棵毒树 /54

·苍蝇 /56

·老虎 /58

彭斯(7首) /60

·苏格兰人 /61

·大好年华 /63

·天风来自四面八方 /65

·一朵红红的玫瑰 /66

·约翰·安特生,我的爱人 /68

·简,倒不是你那张漂亮的
　脸庞 /69

·我的嫁妆是宝贝 /71

华兹华斯(8首) /72

·露西 /73

·孤独的收割人 /79

·露伊莎 /82

·致杜鹃 /83

·黄水仙 /86

·彩虹 /88

·一个英国人有感于瑞士的屈服 /89

·爱的光辉 /91

司各特(1首) /93

·安歇的时分 /93

柯勒律治(2首) /95

·忽必烈汗 /96

·在无望中工作 /100

骚塞(1首) /101

·书斋咏怀 /102

拜伦(11首) /104

·只要再挣扎一下 /105

·耶浮沙的女儿 /108

·普罗米修斯 /110

·想从前我们俩分手 /114

·雅典的少女 /117

·她走在美的光彩中 /119

·我看过你哭 /121

·失眠人的太阳 /123

·今天我度过了三十六年 /124

·去国行 /127

·哀希腊 /132

雪莱(9首) /142

·致云雀 /143

·奥西曼迭斯 /151

·云 /153

·西风颂 /159

·阿波罗之歌 /166

·潘之歌 /169

·哀歌 /172

·宇宙流浪者 /174

·音乐 /175

济慈(5首) /177

·哦,孤独 /178

·蝈蝈和蟋蟀 /180

·秋颂 /181

·夜莺颂 /183

·希腊古瓮颂 /189

勃朗宁夫人(7首) /193

·十四行诗(1) /194

·十四行诗(6) /196

·十四行诗（7） /198
·十四行诗（10） /199
·十四行诗（29） /201
·十四行诗（32） /203
·芦笛 /204

丁尼生（2首） /206
·悼歌 /207
·老鹰（片断） /208

勃朗宁（6首） /209
·展望 /210
·异国乡思 /212
·夜里的相会 /213
·早上的分别 /214
·至善 /216
·庞碧丽雅的临终忏悔（节选） /217

阿诺德（1首） /223
·夜莺 /224

克里斯蒂娜·罗塞蒂（5首） /226
·歌 /227
·想念 /227
·生日 /228
·死后 /229
·请你记着我 /230

史文朋（2首） /232
·海上的爱情 /233
·配偶 /235

哈代（4首） /238
·一次失约 /239
·伤痕 /240
·插曲终结 /242
·疲惫的行人 /244

史蒂文森（2首） /246
·挽歌 /246

·我的妻子 /248

王尔德（2首） /249
·安魂曲 /250
·浑黄交响乐 /252

叶芝（6首） /253
·茵纳斯弗利岛 /254
·当你老了 /256
·为吾女祈祷 /258
·基督重临 /264
·疯女简和主教谈话 /267
·丽达与天鹅 /269

梅斯菲尔德（2首） /271
·恋海情 /272
·西风 /273

休姆（2首） /275
·秋 /276
·落日 /276

萨松（1首） /278
·大合唱 /278

艾略特（4首） /279
·杰·阿尔弗莱特·普鲁弗洛克的情歌 /280
·窗前晨景 /290
·海伦姑母 /292
·空心人 /294

阿尔丁顿（2首） /296
·意象 /296
·傍晚 /299

麦克迪尔米德（2首） /300
·未来的骨骼 /300
·沉重的心 /301

奥登（2首） /303
·看，异邦的人 /303
·和声歌辞 /305

II 法国卷

维庸（1首） /309
·绞刑犯谣曲 /309
龙沙（2首） /313
·致卡桑德尔 /313
·待你到垂暮之年 /315
拉封丹（4首） /317
·知了和蚂蚁 /318
·死神和樵夫 /319
·患瘟疫的野兽 /321
·橡树和芦苇 /325
贝朗瑞（3首） /327
·洛彩德 /327
·与丽治谈政治 /330
·归国 /333
拉马丁（4首） /337
·孤独 /338
·幽谷 /342
·湖 /345
·秋 /349
雨果（10首） /351
·另一把六弦琴 /352
·艺术和人民 /353
·诗人走到田野上 /356
·啊！回忆…… /358
·明天，天一亮…… /361
·在阴暗处 /362
·冉娜被关进黑房间罚吃干面包 /364
·当我走向宏伟的目标 /366
·晨星 /367

·终身流放者之歌 /370
阿韦尔（1首） /373
·十四行诗 /374
缪塞（1首） /375
·五月之夜（节选） /376
戈蒂耶（3首） /382
·春天最初的微笑 /382
·嘉尔曼 /384
·花盆 /386
鲍狄埃（2首） /387
·芦笛 /389
·难道你一点也不知道 /393
波德莱尔（9首） /396
·高翔远举 /398
·灯塔 /399
·理想 /402
·黄昏的和谐 /404
·邀游 /405
·天鹅 /408
·我没有忘记…… /413
·晨光熹微 /414
·西岱岛之行 /416
米斯特拉尔（1首） /420
·米蕾伊（节选） /420
苏利·普吕多姆（3首） /423
·破裂的花瓶 /424
·眼睛 /425
·天鹅 /427
马拉美（3首） /429
·窗户 /430

5

- 蓝天 /433
- 纯洁的，轻快的…… /436

魏尔伦（9首）/438
- 秋歌 /439
- 我熟悉的梦 /441
- 记忆啊记忆…… /442
- 感伤的对话 /443
- 月光 /445
- 皎洁月光 /446
- 泪洒落在我的心 /448
- 啊，我的心绪多低沉，多低沉 /450
- 天空在屋顶上面 /451

兰波（7首）/453
- 奥菲莉娅 /454
- 捉虱子的少女 /457
- 幽谷中的长眠者 /458
- 醉舟 /460
- 元音字母 /466
- 最高塔之歌 /467
- 啊，季节 /469

古尔蒙（4首）/471
- 发 /471
- 雪 /474
- 死叶 /475
- 园子 /476

雅姆（3首）/478
- 我想念你…… /479
- 哀歌之一 /480
- 让白云…… /481

瓦雷里（8首）/483
- 纺毛线的姑娘 /484
- 诗 /487
- 足步 /490

- 睡女 /491
- 风里的精灵 /493
- 石榴 /494
- 逝酒 /495
- 棕榈树 /497

阿波里奈尔（7首）/503
- 失恋者之歌（节选）/504
- 米拉博桥 /510
- 别 /512
- 地区（节选）/513
- 玛丽 /516
- 下雨 /518
- 一颗星的悲哀 /519

圣琼·佩斯（2首）/521
- 赞歌 /521
- 远征记（节选）/522

艾吕雅（8首）/523
- 诗1914 /524
- 爱与诗 /525
- 平易 /526
- 自由 /527
- 勇气 /531
- 清新空气 /534
- 春天 /535
- 我爱你 /535

阿拉贡（7首）/537
- 丁香与玫瑰 /538
- 从来没有幸福的爱情 /540
- 我跌跤我跌跤我跌跤 /542
- 小说自行完成 /543
- 我要告诉你一个大秘密 /545
- 爱尔莎的手 /547

·莫献鲜花和桂冠 /549

塞盖斯（4首）/554

·1941年10月 /555

·当我爱你的时候 /557

·秋 /559

·我是一个瞬息的人…… /560

III 德国卷

福格威德（2首）/563

·我坐在岩石上 /564

·菩提树下 /565

路德（2首）/568

·我在深重的苦难中向你求告 /568

·我们的上帝是座坚固堡垒 /571

金特（2首）/573

·啊，德国，千万小心！/574

·赠莱奥诺蕾 /576

克洛卜施托克（2首）/578

·蔷薇花带 /579

·春祭颂歌 /581

克劳狄乌斯（1首）/588

·晚歌 /589

歌德（16首）/591

·迷娘歌 /593

·绿蒂与维特 /595

·五月之歌 /596

·相逢与离别 /599

·普罗米修斯 /602

·铭记 /606

·冬日游哈尔茨山 /607

·水上精灵之歌 /611

·漫游者的夜歌 /613

·自然和艺术 /618

·变化中的持久 /619

·幸运的渴望 /621

·银杏 /623

·任凭你在千种形式里隐身 /624

·暮色徐徐下沉 /625

·浮士德（节选）/627

席勒（8首）/634

·憧憬 /635

·欢乐颂 /637

·异国女郎 /644

·德国人的伟大 /646

·恋歌 /650

·渔歌 /651

·旅人 /653

·孔夫子的箴言 /656

荷尔德林（5首）/659

·许佩里翁的命运之歌 /660

·致命运女神们 /662

·谢罪 /663

·故乡 /664

·生命的一半 /666

诺瓦利斯（2首）/667

·夜之赞歌（其一，节选）/668

·夜之赞歌（其三）/670

乌兰德（2首）/673

·投宿 /674

·春天的信念 /675

艾兴多尔夫（5首） /676

·告别 /677

·断裂的指环 /679

·快活的漫游人 /680

·月夜 /682

·憧憬 /683

德罗斯特-许尔斯霍夫（2首） /685

·赠莱温·许京 /685

·月出 /687

海涅（15首） /690

·乘着歌声的翅膀 /691

·星星们动也不动 /693

·一棵松树在北方 /694

·罗累莱 /696

·你就像一朵鲜花 /699

·海中幻影 /700

·向海致敬 /705

·教义 /709

·夜思 /711

·阿斯拉人 /714

·决死的哨兵 /717

·奴隶船（节选） /719

·流动鼠 /726

·何处 /730

·德国，一个冬天的童话(节选) /732

默里克（4首） /739

·是你啊，春天 /740

·九月的早晨 /740

·猎人之歌 /741

·失恋的少女 /741

施托姆（3首） /743

·城 /744

·黄昏时分 /744

·复活节 /745

马克思（2首） /747

·给燕妮 /748

·思念 /749

尼采（2首） /750

·看啊，这人 /751

·醉歌 /752

黑塞（5首） /754

·在雾中 /754

·所有的死亡 /756

·阶段 /758

·写在沙上 /759

·秋雨 /761

贝恩（2首） /763

·小紫菀 /764

·只有两样东西 /765

贝歇尔（3首） /766

·三人叙事诗 /767

·努亭根的内卡河 /768

·已经是黄昏 /770

内莉·萨克斯（3首） /772

·哦，哭泣的孩子的夜晚 /773

·被拯救者的合唱 /775

·逃亡中 /777

布莱希特（2首） /778

·妓女之歌 /779

·一个读书的工人的疑问 /782

格拉斯（3首） /786

·风信鸡的优点 /787

·洪水 /789

·十一月的国家 /791

Ⅳ 俄国卷

普希金（15首）/793
- 自由颂（节选）/794
- 致恰阿达耶夫 /798
- 乡村 /801
- 囚徒 /804
- 致巴赫奇萨拉伊宫的水泉 /805
- 酒神之歌 /807
- 致凯恩 /809
- 致西伯利亚的囚徒 /811
- 假如生活欺骗了你 /813
- 小花 /814
- 我曾经爱过你 /815
- 我们一同走吧，我准备好啦 /816
- 乌云 /818
- 纪念碑 /819
- 达吉雅娜给奥涅金的信 /821

丘特切夫（2首）/826
- 春天的雷雨 /827
- 最后的爱情 /829

莱蒙托夫（12首）/831
- 乞丐 /832
- 我要生活！我要悲哀…… /834
- 帆 /835
- 祈祷 /837
- 沉思 /838
- 诗人之死 /842
- 云 /848
- 祖国 /849
- 别了，污浊不堪的俄罗斯…… /852
- 悬崖 /853
- 叶 /854
- 常常，我被包围在红红绿绿的人群中 /857

屠格涅夫（2首）/859
- 门槛 /860
- 玛莎 /863

涅克拉索夫（5首）/866
- 故园 /867
- 未收割的田地 /872
- 大门前的沉思 /875
- 沉闷啊！没有幸福和自由 /882
- 致济娜 /883

迈科夫（5首）/885
- 沉思 /886
- 小景 /886
- 春 /888
- 我的天啊！/889
- 秋 /890

尼基钦（6首）/892
- 我的草原，别再沉睡不醒 /893
- 早晨 /895
- 不分日夜，期待和你会见 /896
- 村中夜宿 /898
- 我们肩负着沉重的十字架 /899
- 幽暗的树林里夜莺停止了歌唱 /900

敏斯基（1首）/901
- 浪 /901

9

吉皮乌斯（3首） /903

·歌 /903

·在家里 /905

·鹤 /906

勃洛克（7首） /908

·透明的、不可名状的影子 /909

·我走进昏暗的教堂 /911

·陌生女郎 /912

·她像过去一样 /916

·俄罗斯 /918

·秋日 /920

·十二个（节选） /922

别德内依（1首） /927

·大街（节选） /928

古米廖夫（7首） /934

·幽会 /935

·疑惑 /937

·野游 /939

·太阳的嘴唇 /940

·蔚蓝的星 /942

·梦 /944

·你我拴在同一链条上 /947

阿赫玛托娃（5首） /948

·最后一次相见 /949

·爱情 /950

·我披着深色的披巾捏住他的
　双手 /951

·我们再不会共用一只酒杯…… /953

·安魂曲（节选） /954

帕斯捷尔纳克（5首） /961

·二月 /962

·彼得堡 /964

·草原 /967

·解释 /970

·喀西玛尼花园 /973

茨维塔耶娃（4首） /976

·你那样子同我相像,走起路…… /977

·我在青石板上挥毫…… /979

·给儿子的诗 /981

·致一百年以后的你 /984

马雅可夫斯基（3首） /987

·开会迷 /988

·青春的秘密 /991

·苏联护照 /994

叶赛宁（5首） /999

·狗之歌 /999

·你不爱我也不怜悯我 /1001

·我不叹惋、呼唤和哭泣 /1004

·农舍即景 /1006

·白桦 /1008

施帕乔夫（2首） /1009

·要善于珍惜爱情 /1010

·小白桦 /1011

伊萨科夫斯基（2首） /1012

·有谁知道他 /1013

·燕子 /1015

舍夫涅尔（1首） /1016

·箭 /1016

西蒙诺夫（1首） /1017

·等着我吧…… /1018

伊萨耶夫（1首） /1021

·记忆的审判（节选） /1021

罗日杰斯特文斯基（1首） /1027

·二百一十步（节选） /1028

沃兹涅先斯基（1首） /1033

·恋 /1033

10

叶夫图申科（6首） /1035

· 温情 /1035

· 火箭与大车 /1037

· 感激 /1039

· 马铃薯花 /1042

· 我常常同虚伪搅合在一起 /1044

· 在钢铁浇铸的诗行里 /1046

阿赫玛杜林娜（1首） /1048

· 别为我浪费很多时间 /1049

布罗茨基（4首） /1050

· 那不是缪斯一言不发 /1051

· 我只不过是这样一个人 /1053

· 致乌拉尼娅 /1055

· 哀诗 /1057

V 欧洲其他国家卷

但丁（2首） /1061

· 贝娅特丽丝的魅力 /1062

· 爱情与高贵的心灵 /1063

彼特拉克（2首） /1064

· 我的心迷乱了 /1065

· 轻拂的和风 /1066

莱奥帕尔迪（1首） /1068

· 无限 /1068

卡尔杜齐（1首） /1070

· 古老的挽歌 /1070

邓南遮（1首） /1072

· 夏日谣曲 /1072

萨巴（1首） /1073

· 山羊 /1074

坎帕纳（1首） /1075

· 玻璃窗 /1075

翁加雷蒂（1首） /1077

· 守夜 /1077

蒙塔莱（2首） /1079

· 汲水的辘轳 /1079

· 英国圆号 /1080

夸西莫多（2首） /1082

· 瞬息间是夜晚 /1083

· 海涛 /1084

帕维塞（1首） /1086

· 我走过西班牙广场 /1086

塞雷尼（1首） /1088

· 战后的星期天 /1088

安东尼奥·马查多（6首） /1090

· 我走过许多路 /1091

· 春天温柔地…… /1093

· 肖像 /1094

· 致老榆树 /1096

· 行人啊…… /1098

· 悼鲁文·达里奥 /1099

希梅内斯（5首） /1100

· 只有傍晚的光芒 /1101

· 破碎的心灵 /1104

· 春天 /1105

· 情话 /1107

· 赤裸的诗歌 /1108

加西亚·洛尔卡（5首） /1110

· 海水谣 /1110

·海螺 /1112

·两个水手在岸上 /1113

·阳台 /1116

·半圆月 /1117

阿莱克桑德雷（5首） /1118

·给一位故去女郎的歌 /1119

·玫瑰 /1121

·海 /1123

·致加夫列拉·米斯特拉尔 /1124

·花园里 /1127

卡蒙斯（3首） /1130

·我用一支弹弓 /1130

·爱情是不见火焰的烈火 /1131

·我人虽在而心神不定 /1133

萨福（3首） /1134

·相思 /1135

·一个少女 /1135

·给所爱 /1136

埃利蒂斯（1首） /1138

·疯狂的石榴树 /1138

莱瑙（2首） /1141

·芦苇之歌 /1142

·三个吉卜赛人 /1146

霍夫曼斯塔尔（2首） /1147

·早春 /1148

·旅行之歌 /1151

里尔克（7首） /1152

·豹 /1153

·1906年的自画像 /1154

·舞蹈的西班牙姑娘 /1155

·恋歌 /1156

·严重的时刻 /1157

·预感 /1158

·声音 /1159

策兰（2首） /1169

·死亡赋格曲 /1170

·白杨树 /1174

巴赫曼（2首） /1175

·延期付款的时间 /1176

·大熊星的呼唤 /1178

凯勒（2首） /1180

·献给祖国 /1181

·晚歌 /1182

迈耶（2首） /1184

·雪峰之光 /1185

·罗马的喷泉 /1186

施皮特勒（3首） /1187

·含笑的玫瑰 /1188

·太阳应考 /1189

·《钟之歌》序诗 /1190

凡尔哈伦（6首） /1192

·风车 /1193

·虔诚 /1194

·挂钟 /1195

·宾主对话 /1197

·树 /1199

·祖国的碎片 /1203

梅特林克（2首） /1207

·我找了三十年…… /1208

·如有一天他回来 /1209

密茨凯维奇（6首） /1211

·青春颂 /1212

·阿喀曼草原 /1216

·平静的大海 /1218

·航海者 /1220

·犹疑 /1221

·在澄澈而渺茫的湖水上 /1223

米沃什（3首） /1225

·彷徨 /1226

·牧歌 /1227

·农民国王 /1228

希姆博尔斯卡（2首） /1230

·我们祖先短促的生命 /1230

·永志不忘 /1232

马哈（1首） /1234

·五月（节选） /1235

聂鲁达（1首） /1238

·再前进 /1239

塞弗尔特（1首） /1242

·窗旁 /1243

裴多菲（7首） /1244

·佩斯 /1245

·荒漠上的冠冕 /1247

·你爱的是春天 /1250

·我愿意是急流 /1251

·谷子成熟了…… /1253

·旗帜 /1254

·民族之歌 /1257

莱维茨基（1首） /1260

·裴多菲活着 /1261

奥第（2首） /1262

·匈牙利的雅各宾党人之歌 /1263

·青年人的历史教训 /1264

普雷舍伦（2首） /1266

·十行诗 /1267

·漂到哪里 /1268

巴科维亚（2首） /1269

·铅 /1270

·湖上桩屋 /1271

布拉加（2首） /1272

·我不践踏世界的奇妙花冠 /1273

·栎树 /1275

斯特内斯库（2首） /1276

·情感的故事 /1277

·歌 /1278

波特夫（1首） /1280

·哈吉·迪米特尔 /1281

巴格梁娜（1首） /1284

·爱情 /1285

弗拉舍里（1首） /1287

·畜群和大地（节选） /1287

希洛加（1首） /1290

·飞去吧，燕子！ /1291

阿果里（1首） /1293

·德沃利，德沃利！（节选） /1294

海顿斯坦（3首） /1297

·瑞典 /1297

·孤独的思想（节选） /1299

·家 /1302

卡尔费尔德（3首） /1304

·祖先 /1305

·收获的欢歌 /1308

·你的眼睛是火焰 /1311

拉格克维斯特（3首） /1313

·苦闷 /1314

·一封来信 /1316

·谁在我童年时代从窗户旁走过 /1318

马丁逊（3首） /1320

·村姑 /1321

·六月之夜 /1324

13

·阿尼阿拉号（节选）/1326

延森（1 首）/1331
·闲荡的姑娘 /1332

伯德克尔（1 首）/1333
·青草 /1334

里夫贝里（1 首）/1336
·仲夏 /1336

拉克斯内斯（1 首）/1339
·她就是你的爱 /1340

瓦尔蒂玛逊（1 首）/1341
·风和花 /1341

约汉内森（1 首）/1343
·城市在笑 /1343

格里格（2 首）/1346
·1940 年 5 月 17 日 /1347
·短跑手 /1349

雅柯布森（1 首）/1350
·铺路石 /1351

雷诺（1 首）/1353
·芬兰的传奇 /1353

瓦拉（1 首）/1355
·鲜花盛开的土地 /1356

VI 美国卷

朗费罗（5 首）/1359
·人生颂 /1360
·箭和歌 /1362
·乡村铁匠 /1364
·警告 /1367
·小溪和海浪 /1369

爱伦·坡（3 首）/1370
·致海伦 /1371
·致一位在天国的人 /1372
·黄金国 /1373

惠特曼（4 首）/1375
·哦，船长，我的船长！/1376
·我歌唱一个人自己 /1380
·我听见美利坚在歌唱 /1381
·我在路易斯安纳看见一棵活栎在生长 /1383

弗洛斯特（5 首）/1384
·雪夜林边暂驻 /1386
·牧场 /1388
·爱和问题 /1389
·火与冰 /1391
·致解冻的风 /1392

桑德堡（3 首）/1395
·芝加哥 /1396
·钢的祈祷 /1399
·雾 /1400

斯蒂文斯（1 首）/1401
·星期天早晨（节选）/1402

狄金森（10 首）/1407
·太阳出来了 /1409
·"为什么我爱"你，先生 /1410
·有两个可能 /1413

·要说出全部真理，但不能直说 /1414

·篱笆那边 /1415

·要造就一片草原，只需…… /1417

·上帝果然是个爱吃醋的神祗 /1418

·诗人，照我算计 /1419

·他用手指摸索你的灵魂 /1421

·活着，使人感到羞耻 /1423

威廉斯（6首） /1424

·大墙之间 /1426

·红色手推车 /1426

·南塔刻特 /1428

·去传染病院的路上 /1430

·这只是为了说 /1432

·俄罗斯舞 /1432

庞德（3首） /1434

·这是一小时 /1434

·在一个地铁车站 /1435

·刘彻 /1436

H.D.（2首） /1437

·勒忒河 /1437

·群星在紫光中旋转 /1439

克尔谟（1首） /1440

·树 /1440

肯明斯（3首） /1441

·在我从未到过之处 /1441

·柏拉图告诉过 /1443

·太阳下山 /1445

克莱恩（1首） /1446

·桥（选段） /1447

·**休斯**（3首） /1451

·黑人谈河 /1451

·年轻姑娘的布鲁斯 /1453

·哈莱姆 /1454

奥尔森（1首） /1455

·我，葛罗斯特的马克西玛斯
　　对你说 /1456

洛威尔（5首） /1463

·福光的孩子 /1464

·臭鼬出来时 /1466

·给联邦死难烈士 /1470

·我从前的爱人 /1474

·收场白 /1477

布莱（3首） /1479

·傍晚令人吃惊 /1479

·湖上夜钓 /1481

·雪困 /1483

金斯堡（2首） /1485

·嚎叫（节选） /1486

·加里福尼亚超级市场 /1491

阿什贝里（3首） /1493

·这些湖畔城 /1493

·乡村的傍晚 /1496

·街头音乐家 /1499

普拉斯（3首） /1500

·爹爹 /1501

·申请人 /1508

·隐喻 /1510

15

VII 拉丁美洲卷

- 米斯特拉尔（6首）/1513
- 死的十四行诗 /1514
- 爱是主宰 /1517
- 警示 /1519
- 色彩的龙达 /1521
- 对星星的承诺 /1524
- 三棵树 /1525

维多夫罗（4首）/1527
- 你和我 /1528
- 咱们俩 /1529
- 泪珠 /1529
- 论诗的艺术 /1531

聂鲁达（6首）/1533
- 童年的我啊，你在何方？ /1534
- 你来自穷乡僻壤 /1536
- 和她在一起 /1536
- 你的微笑 /1537
- 鸽子拜访普希金 /1541
- 如果白昼落进…… /1545

斯托尔尼（2首）/1546
- 渺小的男人 /1547
- 神圣的爱情 /1547

博尔赫斯（2首）/1549
- 诗的艺术 /1549
- 局限 /1551

席尔瓦（1首）/1552
- 夜曲（第三首）/1553

瓦伦西亚（1首）/1556
- 骆驼 /1556

马蒂（2首）/1560
- 我的小骑士 /1560
- 纯朴的诗 /1561

纪廉（2首）/1563
- 两个祖先的歌 /1563
- 城墙 /1567

索尔·胡安娜（2首）/1569
- 对一味责备女性、自己言行不一的男人们的反诘 /1570
- 行行珠泪解疑云 /1573

帕斯（3首）/1574
- 大街 /1575
- 说：做 /1576
- 青春 /1578

达里奥（2首）/1579
- 小奏鸣曲 /1581
- 致罗斯福 /1584

卡德纳尔（2首）/1587
- 诗篇 /1588
- 玉米地 /1590

伊瓦尔沃罗（1首）/1593
- 像春天一样哦 /1593

巴列霍（1首）/1595
- 相信眼镜，莫信眼…… /1596

VIII 亚非澳卷

松尾芭蕉（俳句4首）/1599
· 茅舍之感 /1600
· 寂寞里 /1600
· 古刹静 /1601
· 病中吟 /1602
田能村竹田（1首）/1602
· 少年游·晚秋 /1603
岛崎藤村（1首）/1604
· 在我的心底 /1604
与谢野晶子（1首）/1605
· 你不要死去 /1606
金子光晴（2首）/1608
· 米饭 /1609
· 湖畔吟 /1610
宫泽贤治（1首）/1613
· 旷野的淑女 /1613
壶井繁治（3首）/1615
· 星星和枯草 /1615
· 蝴蝶 /1616
· 石头（二）/1617
村野四郎（1首）/1619
· 悲惨的鲛鳒 /1619
赵明熙（1首）/1621
· 我灵魂的一角纪行 /1621
韩龙云（1首）/1623
· 我要忘记 /1624
赫拉蒂（2首）/1625
· 孤独的渔夫 /1625
· 现在我明白了 /1627

罗西迪（2首）/1629
· 特瑞特斯的夜晚 /1629
· 只在诗里 /1631
素友（2首）/1633
· 孤儿 /1634
· 知己 /1635
敏杜温（1首）/1637
· 亲爱的姑娘 /1637
黎萨尔（1首）/1638
· 致海德堡的花朵 /1639
甘拉亚纳蓬（1首）/1641
· 诗人的誓言 /1642
松通（1首）/1643
· 爱之因 /1643
迦梨陀娑（1首）/1645
· 云使（节选）/1646
泰戈尔（9首）/1650
· 同情 /1650
· 恶邮差 /1652
· 赠品 /1653
· 园丁集（9）/1654
· 园丁集（33）/1656
· 园丁集（40）/1657
· 园丁集（52）/1659
· 诗选（10）/1660
· 飞鸟集（选13首）/1661
奈都夫人（1首）/1664
· 诗人致死神 /1665

尼拉腊（1首） /1665
· 黄昏美女 /1666
阿葛叶（1首） /1668
· 舞 /1669
伊克巴尔（1首） /1670
· 孤独 /1671
伊斯拉姆（1首） /1673
· 在僻静的林间小路 /1674
胡什哈尔汗（2首） /1675
· 茂盛的花园 /1675
· 我爱你爱得发狂 /1676
海亚姆（10首） /1677
· 咏酒诗（五首） /1677
· 咏人生（五首） /1679
萨迪（6首） /1681
· 《蔷薇园》节选一（二首） /1681
· 《蔷薇园》节选二（四首） /1683
哈菲兹（2首） /1684
· 希望的宫殿建立在沙滩上 /1685
· 像蜡烛一样 /1688
夏姆鲁（1首） /1691
· 感谢和崇拜之歌 /1691
纳德尔普尔（1首） /1692
· 池塘 /1692
白雅帖（1首） /1694
· 离别 /1695
纪伯伦（7首） /1697
· 杁鸟 /1697
· 小溪，你说什么 /1699
· 论爱 /1701
· 论婚姻 /1704
· 论孩子 /1706
· 论美 /1708

· 论死 /1711
奥尔特曼（1首） /1714
· 古谣 /1714
希克梅特（3首） /1715
· 还是那颗心，还是那颗头颅 /1716
· 怀祖国 /1717
· 爱情的道路 /1718
努瓦斯（2首） /1720
· 莫悲愁 /1721
· 人生就是酒醉一场又一场 /1721
麦阿里（1首） /1722
· 咏烛 /1723
易卜拉欣·纳吉（1首） /1723
· 燃烧的短笛 /1724
狄布（1首） /1725
· 春暖花开 /1726
沙比（3首） /1727
· 在迷惘中沉思的女子 /1727
· 致全世界的暴君 /1729
· 牧人之歌 /1731
狄亚瓦拉（1首） /1734
· 落日 /1734
桑戈尔（2首） /1735
· 黑女人 /1736
· 致纽约 /1738
狄奥普（1首） /1742
· 自由 /1742
艾伏努尔（1首） /1744
· 鼓的呼唤 /1745
索因卡（1首） /1746
· 电话交谈 /1747
夏巴尼·罗伯特（1首） /1751
· 愁思在心中荡漾 /1752

雷贝里伏罗（1首） /1753

·仙人掌 /1754

维拉卡泽（1首） /1755

·黄昏 /1756

布鲁特斯（1首） /1757

·夜晚 /1758

尼尔森（1首） /1759

·爱情正在来临 /1759

霍普（1首） /1761

·新娘 /1761

赖特（1首） /1763

·夜鹭 /1763

麦考利（1首） /1765

·在霍恩谷 /1765

多布森（1首） /1766

·等待召唤 /1766

I 英国卷

无名氏（1首）
无名氏，13或14世纪。

杜鹃之歌
无名氏

歌唱吧，杜鹃，乘现在，唱吧，杜鹃。
歌唱吧，杜鹃，唱吧，乘现在，杜鹃。
春天已经来到人间。
尽情歌唱吧，杜鹃。
种子茁壮成长，草地绿得新鲜。
树枝正抽芽长叶，
歌唱吧，杜鹃！

母牛唤着牛犊叫哞哞。
母羊唤着羊羔叫咩咩。
公牛在跳跃，雄兔跑得欢。
快乐地歌唱吧，杜鹃，
祝你的歌儿唱个没完。

（茅于美 译）

此诗约写于13或14世纪,具体年代不详,作者是无名氏。因为它反映了后世人经常回顾而眷恋的"古老英国的黄金时代",所以常被选载入英诗选集中,并列入开章篇首。

全诗以杜鹃的歌声作为引线。诗人怀着欢欣喜悦的心情赞颂着杜鹃。这只林中小鸟是报导春的消息的使者。在它的声声呼唤中,春天回到了大地。它那富有魔力的歌声催得地下的种子发了芽,草地变得碧绿了,花树抽出幼嫩的枝条。在这片清新美丽的草原上,野兔在疾奔,因为母牛带着它的幼犊哞哞喊叫着来了,母羊的后面跟着羊崽。它们时而顽皮地嬉戏,时而蹦蹦跳跳。飞禽和动物的生动活泼的形象使大自然充盈着蓬勃的生意。原诗很短,但作为一幅田园牧歌的画卷,读者颇觉意味很足,不嫌其短。末尾又以诗人对杜鹃的祝福结束全篇,使诗首尾浑然一体。

在语言上用了一些古代英语,拼法与现时不同。如:

今体	古体	意义
Loud	Ihude	大声
ewe	awe	母羊
Lowth	Lhouth	叫唤,牛叫声
Leaps	Sterteth	跳跃
Cease	Swike	停止

诗分两段,摹仿杜鹃的叫声"咕咕"作为尾韵。隔行押韵,内容与形式融合无间。

（茅于美）

魏阿特 (1首)

汤姆斯·魏阿特(Thomas Wyatt, 1503—1542),英国16世纪初叶人文主义的主要新诗人。他与贵族大诗人萨利伯爵亨利·霍华德(Henry Howard, Earl of Surrey[1], 1516?—1547)齐名。他们都是抒情诗的杰出

---

[1] Surrey, 萨利, 英国地名, 在伦敦西南。

作家。他们按照骑士的规范,为他们的诗作挑选自己理想的女性,奉献诚挚的爱。其实未必有其人其事,只不过寻找一个女性作为歌颂的对象而已。

魏阿特是英王亨利八世的朝臣,颇受宠信,多次被派往法国和意大利执行外交任务。在意大利,他深受那里人文主义的熏陶,摹仿十四行诗的模式写诗。魏阿特是第一个把十四行诗带到英国的人。十四行诗体是诗歌模式中语言最简练准确,不允许有含糊不清的思想、漫无边际的描述和不匀整严格的格律的。魏阿特把这种诗体做了部分改动。他的诗除十四行诗之外,尚有歌曲、挽诗、讽刺诗、宗教诗等。语言则用普通人的日常语言。他的一些歌词可供演唱之用。他是英国主要抒情诗人菲利浦·锡德尼(Philip Sidney, 1554—1586)和艾德蒙特·斯宾塞(Edmund Spenser, 1552—1599)的先驱者。把意大利文学传播到英国,魏阿特是有很显著的功绩的。

我还有什么可说的

魏阿特

既然信义已经背弃,
我还有什么可说的?
忠诚既然舍你而去,
难道我就应该受欺,
听凭你三心二意?
决不,决不,情侣!

我与你曾经立山盟,
你也与我发下海誓。
说要如此忠诚于我,
与我的忠诚恰相似。
但我一旦发觉洞悉,
你是这样三心二意。

再见吧,我的伴侣!

当初是你来挑逗我,
这事并非由我引起,
可如今你竟先背弃,
我也决不盲目求你。
只有当我认识得清,
才可能将真心交与。
再见吧,背信的你!

不信你有胆量说"否",
可你的话居然出口。
难道我该死心塌地,
永远这样对你顺依?
我可认清你的底细。
再见吧,无情的你!

(茅于美 译)

这首诗写失恋者的心情,与一般男欢女爱的题材不同。在魏阿特时代,诗歌中以男性向女性求爱的题材十分普遍,女方仿佛高高在上,男方屈尊顶礼膜拜,有骑士之风,于是失恋的题材殊不少见。这首诗反映的是女方本来相当主动,与男方信誓旦旦,海誓山盟,但不久,就背信弃义,舍他而去,使得青年一腔热情付之东流。此诗写来直抒胸臆,如怨如诉。19世纪的拜伦《想当年我们俩分手》与之十分相近。

原诗形式非常整齐,共分四段,首尾两段各六行,中间两段各七行,抑扬格。脚韵一律是"ababcc",读来有如对话,颇具音韵之美。

(茅于美)

无名氏 (1首)

生活于伊丽莎白女王时代。

银色的天鹅

无名氏

银色的天鹅,来去无踪迹,
当死神来临,引颈歌一曲。
她的胸脯倚靠芦苇岸,
唱出最初和最后的歌,
再归于沉寂。
"再见吧,人间的欢喜,
啊,死神使我双眼闭。
比天鹅更多的笨鹅至今还活着,
比智者更多的愚人至今还活着。"

(茅于美 译)

诗中把一只美丽洁白的天鹅象征为一个才华横溢的青年。他活着的时候,默默无闻,没人理解,也没人理会他。有一天,他知道死亡即将来临。在河岸,他把胸脯紧贴着芦苇草,意识到这是他施展才能的最后机会。于是他引吭高歌,唱出他最初也是最末的一支动人的歌曲,诉说他多么热爱生活,多么恋着世间的欢乐。唱完了歌,死神悄悄过来合上他的眼睛,终于一切归于沉寂了。

诗人感叹道:众多的笨鹅都还活着,正如世上众多的愚者比智者更长寿。这里传达着怀才不遇、幽愤不平的情绪,却有哀而不伤、怨而不怒的艺术手法。

(茅于美)

莎士比亚(10首)

威廉·莎士比亚(William Shakespeare, 1564—1616),文艺复兴时期英国最伟大的诗人和戏剧家。关于他的生平,人们所知甚少,只知道他出生于斯特拉特福一个羊毛商人家庭,进过初级学校学习,接触过古代的语言文学,后因家庭经济困难而停学。1585年左右,他到伦敦谋生,开始了剧院工作。据说，他当过杂役、马夫、舞台提词的助手，还当过雇佣演员。大约在1590年，他参加了编剧工作。后来成为剧团的股东，生活逐渐富裕起来，晚年还为家庭取得世袭绅士的荣誉。1611年前后回到故乡。

莎士比亚曾在好几个剧团工作过，经常随剧团到民间巡回演出，接触各阶层人物，广泛了解社会情况，积累了丰富的生活素材，加上他长期的舞台实践经验，这一切，为他的戏剧创作创造了有利的条件。二十多年里，他共写了三十七个剧本（包括历史剧、喜剧、悲剧和传奇剧四类），其中《哈姆雷特》《奥赛罗》《李尔王》《麦克白》这四大悲剧，以及《威尼斯商人》《仲夏夜之梦》等喜剧最为著名，赢得全球声誉。

莎士比亚一生还写过两部长篇叙事诗（《维纳斯与阿多尼斯》和《鲁克丽丝受辱记》）以及154首十四行诗。

莎士比亚的十四行诗是当时英国十四行诗中最优秀的篇章，写于1592—1609年，内容主要是赞美友谊、歌颂爱情或抒写诗人对真、善、美的看法和理想。风格清新、幽默，感情率真、活泼，具有浓郁的生活气息，并富于哲理性。在结构形式上，根据英文特点，他做了大胆的革新，更好地发挥了十四行诗的艺术特色。后人把它称为"莎士比亚体"。

你的长夏永不会凋落 [1]（18）

莎士比亚

我怎么能够把你来比作夏天？[2]

你不独比他可爱也比他温婉；

---

[1] 十四行诗的副标题是编者所取，下同。
[2] 英国的夏天，温暖而不炎热，是最宜人的季节。

狂风把五月宠爱的嫩蕊作践，[1]
夏天出赁的期限又未免太短；
天上的眼睛有时照得太酷烈，
他那炳耀的金颜又常遭掩蔽；
给机缘或无常的天道所摧折，[2]
没有芳艳不终于凋残或销毁。
但你的长夏将永远不会凋落，
也不会损失你这皎洁的红芳；
或死神夸口你在他影里漂泊，
当你在不朽的诗里与时同长。[3]
只要一天有人类，或人有眼睛，
这诗将长在，并且赐给你生命。[4]

(梁宗岱　译)

莎士比亚的十四行诗艺术成就极高，可与戏剧相媲美，154首诗在内容上有一定的连贯性。根据研究莎士比亚的学者们传统的看法，认为十四行诗的前126首是呈献给诗人所爱的一位青年好友的，后面几十首则是写给诗人曾爱过的一位黑肤女郎的。但也有人认为它并非诗人自传性作品，而是"虚构"的文学创作。其实，这无关宏旨，在欣赏诗篇时，可以不必拘泥于这些考证。

《你的长夏永不会凋落》是一首带有哲理性的抒情诗，通篇以夏天为喻，说明美借诗而永存的道理。

---

[1] 以下四句都是在说夏天的缺陷：狂风会吹落鲜花，夏季保持的时间太短，烈日当空时酷热难忍，乌云又常会遮蔽太阳。炳耀的金颜，指太阳的光辉。

[2] 机缘，指巧合的时机，带有偶然性。无常的天道，指自然界变化代谢的规律，具有必然性。

[3] 以上两句的意思是：即使死神夸口说，人的生死命运都随时操纵在他手里，但只要你被写进了不朽的诗篇，就可以与"时间"共存不灭。

[4] 最后两句是说，你的青春之美将会随着诗篇永传人世，被人们所赏识。

诗人认为自然界的夏天尽管美好,仍有许多缺陷,难于长久。推而广之,"没有芳艳不终于凋残或销毁",那么,人的美好的青春自然也终将逝去。但他坚信:人类是不朽的,人类所创造的文学是不朽的,因而美好事物(包括诗人爱友的美)可以借助于文学而永远流传下去——"你,将在这诗中竖起纪念碑"。这就是这首诗的主题。

这一思想曾在当时不少诗人的作品中出现,例如斯宾塞在他的十四行诗中就写过:

> 我的诗歌必将你的稀有的美德传之不朽,
> 并且要在九天之上写出你那光辉的名字。

在莎士比亚的许多诗中也反复出现过。例如:

> 白石,或者帝王们镀金的纪念碑
> 都不能比这强有力的诗句更长寿;
> 你留在诗句里将放出永恒的光辉,
> 你留在碑石上就不免尘封而腐朽。(第55首)

> 我的千钧笔能使你万寿无疆,
> 活在口头——活人透气的地方。(第81首)

这种主题是当时资产阶级人文主义思想的一种表现,即充分肯定人的价值,赞扬人的尊严、高贵,歌颂人的巨大创造力,反对尊神抑人。在冲破中世纪神权统治的文艺复兴时代,无疑具有历史的进步性。但需要指出的是,并非人类创造的一切文学都有价值,只有在人类历史上有进步作用的优秀文学才可能不朽长存。

这首诗虽重在说理,但写得毫不干枯。新颖巧妙的比喻,使全诗形象鲜明、富于生气。层层深入的逻辑推理,出其不意的结论,曲折跌宕,更增添了不少理趣。

(施荣华)

美如果有真来点缀(54)

莎士比亚

呵,美如果有真来点缀,

它看起来就要更美多少倍!
玫瑰是美的,不过我们认为
使它更美的是它包含的香味。
从颜色的深度上看,没香味的蛆玫瑰
跟有香味的好玫瑰完全是一类,
蛆玫瑰自从被夏风吹开了蓓蕾,
也挂在枝头,也玩得如痴如醉:
但是它们的好处只在脸上,
它们活着没人爱,也没人敬仰
就各自灭亡。好玫瑰就不是这样,
死了还可以提炼出多少芬芳:
　可爱的美少年,你的美一旦消亡,
　我的诗就把你的真炼成奇香。

(屠岸　译)

　　这首抒情诗富有哲理性,它是一曲对真美的礼赞和对友情的颂歌。

　　诗一开头,就以掷地有声的金石语言写下了"美如果有真来点缀,它看起来就要更美多少倍"的主题。这两行诗是诗人从生活实践中获得的深切感受,也是诗人经过抽象概念的哲学思维所得到的理性认识。它告诉我们,一个人的内在美质是最可宝贵的,比起外表的美,它是高层次的美。一个人如果外表美而内在也美,那就是真美,才是具有崇高价值的美,这就是诗人的美学观。

　　诗人不限于说理,又以玫瑰作比,"玫瑰是美的",然而"更美的是它包含的香味",由颜色到香味,由表及里的观察,说明诗人所看重的是事物的内在本质。接下去,诗人又区分了没有香味的蛆玫瑰和有香味的好玫瑰的本质不同。蛆玫瑰"被夏风吹开了蓓蕾,也挂在枝头,也玩得如痴如醉",这景象的确也很迷人,但它没有内在的美质(指香味),因而得不到人们的爱和敬仰,时间会使它自行灭亡。"好玫瑰就不是这样,死了还可以提炼出多少芬芳",诗句的寓意十分清楚地道出了美将长存的关键。

在最后两行,诗人激情满怀地抒发了自己对爱友的深情和挚爱。诗人奉告他的朋友,如果他那有形的美一旦消亡,他将用他那纯美的诗歌吟颂爱友的美德,使之流芳后世。这与第18首的诗句"你在不朽的诗里与时同长"所表达的意思是一致的。

(陈周方)

我要离开这黑暗的人寰(66)

莎士比亚

厌了这一切,我向安息的死疾呼,
比方,眼见天才注定做叫花子,
无聊的草包打扮得衣冠楚楚,
纯洁的信义不幸被人背弃,
金冠可耻地戴在行尸的头上,
处女的贞操遭受暴徒的玷辱,
严肃的正义被人非法地诟让,
壮士被当权的跛子弄成残缺,
愚蠢摆起博士架子驾驭才能,
艺术被官府统治得结舌钳口,
淳朴的真诚被人瞎称为愚笨,
囚徒"善"不得不把统帅"恶"伺候;
  厌了这一切,我要离开人寰,
   但,我一死,我的爱人便孤单。

(梁宗岱 译)

这是诗人十四行诗中最著名的一首,也是最富于社会意义的一首。

莎士比亚曾借哈姆雷特之口说过自己对文艺的看法,认为文艺"要给自然照一面镜子……给时代和社会看一看自己的形象和印记"。

16世纪末期,英国社会的各种矛盾都十分尖锐,农村的圈地运动使农民破产后四处流浪；资产阶级同封建贵族之间的矛盾日趋激烈；城市平民处境也愈益恶化……腐败的政治、严酷的压迫，引起各阶层人民普遍的不满。诗人目睹了社会上善恶不分、黑白颠倒、真理难辨等种种不合理现象，深感到人的尊严被蹂躏，真、善、美遭到践踏，终于压抑不住内心的愤懑，喊出了叛逆的心声。

这首诗表面看来，似乎在发泄悲观厌世的消极情绪，其实，正是诗人对当时社会现实深刻的揭露和鞭笞。诗中列举的种种罪恶现象，不但在莎士比亚所处的时代有明确的针对性（例如官方对艺术的钳制），而且，在人压迫人的一切不合理社会中，具有相当的普遍性。诗人在剧团从事业余创作时，曾遭到当时专业剧作家，所谓"大学才子"的歧视，被嘲笑是混进白鸽队伍中的"乌鸦"，所以这首诗也包含着诗人本人的切肤之痛和不平之鸣。全诗几乎每一句都运用了强烈的对比，褒贬、爱憎的感情极其鲜明。它同哈姆雷特的那段愤世嫉俗的著名独白可以媲美，充分表现了莎士比亚思想的进步性和深刻性，这在他的十四行诗中是罕见的，故此诗曾受到过极高的评价。刻尔纳称之为莎士比亚"十四行诗中的一颗明珠"，认为"这首诗中没有一个字在今天不具有丰富的含义；整首诗是如此地具有普遍意义，如此地不受时间的局限"。葛瑞哥夸赞它是"最动人心弦的、最美的一首"，是"一首不可超越的诗"。

（施荣华）

爱你快要失去的爱人（73）

莎士比亚

你在我身上能看到这个时令：
黄叶全落光了，或者还剩几片
没脱离那乱打冷颤的一簇簇枝梗——
不再有好鸟歌唱的荒凉的唱诗坛。
你在我身上能看到这样的傍晚：
夕阳的回光已经向西方下沉，

死神的化身——黑夜，慢慢出现，
　　挤走黄昏，把一切都锁进了安宁。
　　你在我身上能看到这种火光，
　　它躺在自己青春的灰烬上燃烧，
　　灰烬是尸床，它一定要死在这床上，
　　跟供它燃烧的燃料一同毁灭掉。
　　　你看出了这个，你的爱会更坚贞，
　　好好地爱着你快要失去的爱人！

（屠岸　译）

　　这是一首富有哀歌情调的抒情诗。抒情主人公预感到自己将不久于人世，希望爱人能给予自己更多的爱，使自己在有限的生命里活得更充实饱满。全诗情感抑郁、低沉，但无绝望、怨愤；虽寄予希望，但不祈求，情思悠远、深沉、含蓄。

　　这首诗一开始，用寒冬这个阴冷的时令比喻抒情主人公垂死的生命。寒冬季节，黄叶全落光了，就是剩下几片，也在那寒风中发抖的"枝梗"上颤动；又像那颓圮的哥特式教堂建筑中的"唱诗坛"一样的荒凉。抒情主人公在这里委婉曲折地暗示自己的爱人，自己将不久于人世。

　　接着，诗人又以傍晚这个时令作比喻：夕阳西下，黄昏离去，黑夜慢慢出现，一切将归于静寂，再次暗示自己将不久于人世。

　　之后，诗人又以快要烧成灰烬的"火光"比喻抒情主人公垂危的生命。"灰烬是尸床，它一定要死在这床上"，这些可怕的意象，进一步暗示自己的死期已近，生命很快就要毁灭。

　　诗人以"黄叶""傍晚""火光"三种象征死亡临近的景象，反复又含蓄地表述了抒情主人公的生命将尽，这三种景象一种比一种更凄凉、灰暗、压抑，暗示着死亡正一步步逼近。

　　这首诗的最后，抒写了抒情主人公临死前的心愿，他渴望自己的爱人以更坚贞的爱对待一个即将死亡的人。

　　这首诗主要表达诗人渴望在生命的最后时刻能得到爱人更多的

慰藉。从全诗看，字面上虽无责备爱人薄情之意，但也不难从字里行间察觉到对其所得到的爱是不满足的，流露出一种潜在的悲哀和怅惘感。

（陈周方）

天上的太阳有瑕疵，何况人间（33）

莎士比亚

多少次我曾看见灿烂的朝阳，
用他那至尊的眼媚悦着山顶，[1]
金色的脸庞吻着青碧的草场，
把黯淡的溪水镀成一片黄金；
然后蓦地任那最卑贱的云彩[2]
带着黑影驰过他神圣的霁颜，[3]
把他从这凄凉的世界藏起来，
偷移向西方去掩埋他的污点；
同样，我的太阳曾在一个清早[4]
带着辉煌的光华临照我前额；
但是唉！他只一刻是我的荣耀，
下界的乌云已把他和我遮隔。
我的爱却并不因此把他鄙贱，
天上的太阳有瑕疵，何况人间！[5]

（梁宗岱　译）

---

[1] 至尊，至高无上，这里有神圣、庄严的意思。媚悦，愉悦的抚爱。这句意思是：朝阳用它那庄严的目光，抚爱着山岗。
[2] 蓦地，突然。最卑贱的云彩，即下文的乌云，影射破坏诗人友情的坏人。
[3] 霁颜，风雨止息、云雾消散、天气放晴后的样子。
[4] 我的太阳，指诗人的爱友。
[5] 人间，指人间的太阳，即诗人的爱友。

这是诗人同爱友的关系出现阴霾后所抒发的自解自慰之情。

这首诗通篇运用了比喻。前八句写自然界的太阳,描绘出一幅优美的风景画。诗人把他的爱友比作"灿烂的朝阳",虽然把山顶、溪水和草场照得金碧辉煌(喻指曾给诗人带来过光明和欢乐),可是瞬息之间就被乌云掩没,暗示爱友对他的情谊并不长久就变卦了。后四句引入诗人"心中的太阳"。原来同天上的太阳一样,好景不长,也被乌云遮盖了,进一步点明了前八句暗喻的意思。最后两句,尤为精彩,它不仅把自然界的太阳和人间的太阳巧妙地联结在一起,使前后两部分天衣无缝地浑成一体,而且表达了一种出人意外的思想:对爱友的变心采取了豁达的宽容态度。这是因为诗人对其爱友有着深挚的爱;同时,诗人认为世上并没有十全十美的事物:"天上的太阳有瑕疵,何况人间!"自己的爱友即使有差错,也应当予以谅解。

莎士比亚的十四行诗,一般说感情炽烈却并不失度。他善于以冷静的理性分析来节制自己的情感,故往往有一定的思想深度,带有某种哲理性,不但具有较强的说服力,还能发人深思。这首诗就有一定的代表性,即使在今天,仍有值得我们借鉴的地方。　　　　　　(许自强)

亮眼柔心,各得其爱(105)

莎士比亚

我的眼睛和心在拼命打仗,

争夺着怎样把你的容貌来分享;

眼睛不让心来观赏你的肖像,

心不让眼睛把它自由地观赏。

心这样辩护说,你早就在心的内部,[1]

那密室,水晶眼可永远窥探不到。

---

[1] 以下四行是诗人假设心和眼睛在法庭上打官司,心是原告,眼睛是被告。下句密室,指心。

>　但眼睛这被告不承认心的辩护,
>
>　分辩说,眼睛里才有你美丽的容貌。
>
>　于是,借住在心中的一群沉思,[1]
>
>　都升做法官,来解决这一场吵架;
>
>　这些法官的判决判得切实,
>
>　亮眼跟柔心,各得权利如下:
>
>　　我有眼睛享有你外表的仪态,
>
>　　我的心呢,占有你内心的爱。
>
>　　　　　　　　　　　　(屠岸　译)

>　真、善、美,就是我全部的主题,
>
>　真、善、美,变化成不同的辞章;
>
>　我的创造力就用在这种变化里,
>
>　三题合一,产生瑰丽的景象。

美必须同真、善结合,人的形体美应当同人格美、心灵美一致,才是理想的美。这种思想在诗人的十四行诗中曾反复出现。诗人认为:"美如果有真来点缀,它看起来就要更美多少倍!"(第54首)因此,他希望自己所爱的人"应该像外貌一样,内心也和善"(第10首)。反之,他把外形优美而内心虚伪的人斥之为"甜美包藏了恶行"(第95首)。他说:"甜东西作贱事就酸苦难尝,发霉的百合远不如野草芳香。"(第94首)这就是莎士比亚的美学观。这首诗,诗人借眼睛和心的争执,又一次风趣地说明了这一道理。

诗人得到了一张爱友的肖像,于是眼睛和心就争吵着谁是它(相片)的主人:眼睛说,爱友的美影只有它能看到;心说,爱友早在它的心中,肉眼反而看不到。最后经过判断,眼睛享有爱友外表的美,而心享有爱友心灵的美(内心纯真的爱可以看作是心灵美的一部分)。在十四行诗

---

[1] 一群沉思,比喻人的理智、思想。

第24首中,莎士比亚曾把眼睛比作画师,感叹眼睛的缺陷:

> 我眼睛还缺乏画骨传神的本领,
>
> 只会见什么画什么,不了解心灵。

这里显然可以看作是对第24首思想的补充。

这首诗构思新颖,形式活泼,诗中用了不少法律名词,如"辩护""判决""法官""被告"等,不但无损于感情的真实,反而增添了诙谐幽默的情趣。

(许自强)

怎能把心中的崇拜到处传播(102)

莎士比亚

我的爱加强了,虽然看来更弱;[1]

我的爱一样热,虽然表面稍冷:

谁把他心中的崇拜到处传播,

就等于把他的爱情看作商品。

我们那时才新恋,又正当春天,

我惯用我的歌去欢迎它来归,

像夜莺在夏天门前彻夜清啭,[2]

到了盛夏的日子便停止歌吹。

并非现在夏天没有那么惬意,[3]

---

[1] 看来更弱,指诗人对爱友的赞美在诗中表现得似乎不够热烈,即下句"表面稍冷"。

[2] "夜莺"原文为 Philomel(菲洛美拉)。按希腊神话,雅典王潘迭安有二女,长女名普洛克尼,次女名菲洛美拉。长女嫁于塞雷斯王铁如士,生一子。后来铁如士对普洛克尼厌倦了,就邀请菲洛美拉入宫,强奸了她,并割去了她的舌头。菲洛美拉把一腔怨抑织入锦袍,送给其姊,其姊为妹报仇,把儿子杀死,并制成肉筵给铁如士吃,随后与菲洛美拉同逃。铁如士提了斧头在后面追,将追近时,神把他们化为鸟类:铁如士为戴胜(有美冠毛之鸟),普洛克尼为燕,菲洛美拉为夜莺。故"菲洛美拉"即夜莺的别名,是雌性,但实际上歌唱的夜莺都是雄的。

[3] 惬意,满足,畅快。

比起万籁静听他哀唱的时候；[1]

只为狂欢的音乐载满每一枝，

太普通，意味便没有那么深悠。[2]

　　所以，像他，我有时也默默无言，

　　免得我的歌，太繁了，使你烦厌。

（梁宗岱　译）

从十四行诗的不少篇章看，大概此时，诗人的爱友正受到别的诗人狂热的颂扬和追求。相比之下，莎氏的赞美显得淡薄不如了，因而引起了他爱友的误解和不满。例如：

我多么沮丧啊！因为在写你的时候

我知道有高手在利用你的声望，

知道他为了要使我不能再开口

就使出浑身解数来把你颂扬。（第80首）

你有和你的容貌相辉映的好学问，

发觉我称赞你才德的能力太低；

就不得不要求后来居上的人们

照你的模样刻下新鲜的印记。（第82首）

但这绝不意味着他对爱友的爱有所减弱，所以诗人一连写了好几首诗（如第80—85首等），表明自己的心迹。

诗人认为，真正的美要靠人本身来体现，什么赞辞也比不上"'你就是你'这丰美的赞辞更强"，用不着靠别人写诗来吹捧：

我从来没看出你需要涂脂抹粉，

所以我从不在你的美貌上化妆。（第83首）

---

[1] 万籁，自然界万物发出的声音。哀唱，诗人把夜莺的歌声当作菲洛美拉的悲剧之控诉。这一句是指初夏夜莺歌唱的时节。

[2] 这两句的意思是，倘若夜莺的歌声总是那么狂热不断，那么优美就会变得凡俗而不可爱。

相反,诗人觉得浮夸的吹捧只能有损于爱友的形象:

寻常的羽管说不好你的价值,
听它说得愈妙而其实愈不行。
你认为我的沉默是我的过失,
其实我哑着正是我最大的荣誉;
因为我没响,就没破坏美,可是
别人要给你生命,给了你坟墓。(第83首)

的确,最深沉的大海往往平静如镜;爱的强弱不能只看表面言词的热闹。

谁把他心中的崇拜到处传播,
就等于把他的爱情看作商品。

对于真诚相爱的人,何需甜言蜜语?有时,会心的沉默反倒胜过一切。这大概正是这首诗发人深思的地方。 (许自强)

爱是亘古长明的塔灯(116)

莎士比亚

我绝不承认两颗真心的结合
会有任何障碍;爱算不得真爱,
若是一看见人家改变便转舵,
或者一看见人家转弯便离开。[1]
哦,决不!爱是亘古长明的塔灯,[2]
它定睛望着风暴却兀不为动;
爱又是指引迷舟的一颗恒星,[3]

---

[1] 以上两句是说,如果一发现对方(人家)变心,自己就马上也改变态度,甚至离弃对方,那就算不得真正的爱。
[2] 塔灯,水上的灯塔。
[3] 恒星,指北极星。

你可量它多高，它所值却无穷。
爱不受时光的播弄，尽管红颜
和皓齿难免遭受时光的毒手；[1]
爱并不因瞬息的改变而改变，
它巍然矗立直到末日的尽头。
　　我这话若说错，并被证明不确，
　　就算我没写诗，也没人真爱过。[2]

（梁宗岱　译）

被摧毁的爱，一旦重新修建好，
就比原来更宏伟、更美、更强顽。

——《十四行诗》第119首

　　这首诗同第119首相似，大约是诗人同他的爱友经历了一番情感波折重归于好后所抒发的欣慰之情。

　　诗人认为，爱应当是"亘古长明的塔灯""指引迷舟的一颗恒星"，它能经受住时间的考验、风暴的冲激，逾越任何障碍而永不熄灭；"若是一看见人家改变便转舵，或者一看见人家转弯便离开"，这就算不得真正的爱。这是第33首的思想（"天上的太阳有瑕疵，何况人间"）的继续，只是阐述得更加具体、明确，包含的范围也更宽泛，可以概括爱情或友谊中的一切矛盾、冲突。

　　这种对爱情或友谊坚贞不渝和宽容谅解的精神，值得我们思考。江河蜿蜒之中，有曲折，有波澜，有深渊险滩；人生爱情或友谊的进行也难免有挫折，有误解，有重重障碍。彼此信任，互谅互让，才能使爱的长河永流不息。不过应当指出，世上没有抽象的爱，爱总是带有一定的社会的内容，

---

[1] 这两句是说，爱能经受住时间的考验，不像人的容貌会随着时光流逝而变得衰老。
[2] 最后两句的意思是，如果他所说的爱能够征服时间的话不是真理，那么诗人将收回他所写的一切关于爱的忠贞的作品，世界上也未出现过真正的爱情。

只有具备了共同的思想基础,才能够长久不衰,坚持到底。　　（许自强）

爱情的礼赞
莎士比亚

其一
我的爱发誓说,她是一片真诚,
我相信她,虽然明知道她在撒谎,
我要让她想着我是年幼单纯,
不理解人世的种种欺骗勾当。
就这样我自信她认为我年少,
虽然我实际上早已过了青春,
她的假话使我乐得满脸堆笑,
爱情的热烈顾不得爱的真纯。
可是我的爱为什么不说她老?
我又为什么不肯说我不年轻?
啊,爱情的主旨是彼此讨好,
年老的情人不爱谈自己的年龄:
　　既然爱情能掩盖我们的不幸,
　　让爱情骗我吧,我也在欺骗爱情。

其七
我的爱很美,但她更是非常轻佻;
她像鸽子一样善良,却又无真情;
光彩赛玻璃,也和玻璃一样脆弱;
柔和如白蜡,却又粗鄙得可恨;
　　恰像装点着玫瑰花瓣的百合花,
　　她是无比的美丽,也无比虚假。

她常拿她的嘴唇紧贴我的嘴唇,

一边亲吻，一边对我海誓山盟！
她编造出许多故事让我开心，
怕我不爱她，唯恐失去我的恩宠！
　　可是，尽管她摆出极严肃的神气，
　　她发誓、哭泣，全不过逢场作戏。

她爱得火热，恰像着火的干草，
但也像干草一样着完便完了；
她一面挑起爱火，一面用水浇，
到最后，倒仿佛你让她为难了。
　　谁知这究竟是爱，还是瞎胡闹？
　　实在糟透了，怎么说也令人可恼。

（梁宗岱　译）

　　《爱情的礼赞》由十四首短诗组成，出版于1595年。据研究者考证认为，其中有部分作品出自莎士比亚之笔。这里节选其中两首，从其讽刺的内容和调侃性的口吻来看，同莎士比亚的十四行诗风格相当类似。

　　这两首诗，名为"爱情的礼赞"，实为"虚情的嘲讽"。诗人以幽默、风趣的笔调，采用内心独白的形式，毫无掩饰地剖析了一对"情人"的丑恶心灵：互相玩弄，互相欺骗，把肉麻当有趣，逢场作戏。辛辣地嘲笑了他们爱情的虚伪性。

　　在历代诗人所写的无数爱情诗里，大多赞颂爱情的忠贞，讴歌爱情的甜蜜。这是人类对于"爱情"的一种共同理想。始乱终弃，口是心非，虚情假意，也是历来"爱情"中常见的怪圈。像这首诗所讽刺的现象，在古今中外屡见不鲜，带有普遍性，不妨看作"爱情"的另一侧面。

　　据说诗人的情人——十四行诗集后半截所歌颂的对象，不但貌不出众，而且爱卖弄风情，对诗人忽冷忽热，假惺惺地厮混，并无真情。这里所选的两节,同十四行诗集中的第138首和140首,内容有相似之处,诗中讽刺的女子很可能有她的影子。　　　　　　　　　　(许自强)

黄金咒[1]

莎士比亚

黄金,闪光的

美丽的、宝贵的金属?

不,神啊,不,我真心地祈祷……

黄金这东西,只要一点儿

就可以把一切黑的变成白的,

一切丑的变成美的,一切罪过

变成正义,一切卑贱变成高贵,

把胆小鬼变成豪迈的勇士,

把年迈的老人变成活泼的少年!

…………

这东西从祭坛上赶走您的奴仆;[2]

从病人的脑袋下抽去枕头。

是的,这全身闪光的奴才,

开始立下誓言,又把它撕毁;

祝福那受诅咒的家伙,

使人们跪拜在长期癞患者面前;

向万恶的强盗表示尊敬,

给他们地位,向他们叩头,

---

[1] 本诗题目为编者所取。
[2] 这句的意思是,黄金可以使宗教的信徒背弃自己的信仰。

让他们高高地坐在元老院[1]

席位上。把求婚者送给

满脸皱纹的老寡妇。在那使人

见了就呕吐的满是脓疮的人身上

洒下香水,插上鲜花,恢复美好的青春。

本来谁都要带着厌恶的神情

把他从医院四壁内远远送走!——

滚开,该死的大地,[2]

全世界共同的姘妇,

人民的仇恨和战争的挑拨者。

…………

啊,你可爱的刺杀国王的凶手;

你使亲生的父子互相反目[3]的

圆滑的家伙;你淫污了纯洁婚床的

豪华的奸夫;你英勇豪迈的

战争之神;你永远年青和漂亮,

一直是被人热恋和追逐的情郎,

你灿灿的光辉可以消融黛安娜[4]

膝上圣洁的冰雪;你有形的神明,

使互不相容的东西亲密起来,

并且接吻,你会说各种不同的

---

[1] 元老院,古罗马兼有立法和管理权的国家机关。最初是氏族长老会议,后来由前任国家长官和大奴隶主代表所组成,是贵族统治的支柱。

[2] 大地,亦译作"土块"。因主人公泰门是在泥土中挖树根时才挖到了黄金,此处咒骂土块实为诅咒黄金。

[3] 互相反目,即互相敌视,这里有六亲不认的意思。

[4] 黛安娜,罗马神话中的女神,即希腊神话中的女神阿耳忒弥斯,掌管狩猎,照顾妇女分娩,保护少年男女,以贞洁著称。一说即月神。

语言[1],使每个人唯命是从;
你心灵的试金石[2]——想一想,
你的奴隶们会突然造起反来,
你要赶快运用法力,让他们
互相砍杀,鲜血滚滚流入大海,
留下这个世界给野兽们来统治。[3]

(曹葆华 译)

这首诗选自莎士比亚的戏剧《雅典人泰门》第四幕第三场。

雅典的贵族富豪泰门由于好客而倾家荡产,当他向朋友求援时,却遭到冷酷的拒绝。他悲愤厌世,远离城市,住到海滨一个洞里,依靠野草树根充饥。一次,他从泥土中挖树根时,无意中挖到前人埋藏的金子,他激愤地诅咒黄金的罪恶与世人的势利。这就是从他独白中摘录的片断。原文用无韵的"素体诗"形式写成。

这首诗淋漓尽致地揭露了资本主义社会中"金钱万能"的罪恶本质,笔锋所及,几乎扫尽人世间的各个角落。

马克思对此诗极其欣赏,在他的《1844年经济学哲学手稿》中曾大段引用了它,并以歌德的《浮士德》中靡菲斯特的一段道白来加以论证:

什么浑话!你的脚,你的手,
你的屁股,你的头,这当然是你的所有;
但假如我能够巧妙地使用,
难道不就等于是我的所有?
我假如出钱买了六匹马儿,
这马儿的力量难道不是我的?

---

[1] 会说各种不同的语言,意思是在任何国家、地区都行得通。
[2] 心灵的试金石,意思是由人们对待黄金的态度,可以试测其心灵的美丑。
[3] 最后几句的意思是,黄金将使人类自相残杀,以致最后灭绝了人性。

我驾驭着它们真是威武堂堂,

真好像我生就二十四只脚一样。

马克思对此做了深刻的分析:莎士比亚把货币的本质描绘得十分出色。为了理解他,我们首先从解释歌德那几行诗句开始。

依靠货币而对我之外的东西、我能付钱的东西,即货币能购买的东西加以支配,就是我——货币持有者的力量。货币的力量多大,我的力量就多大。货币的特性就是我——货币持有者的特性和本质力量。因此,我是什么和我能够做什么这绝不是由我的个性来决定的。我是丑的,但是我能给我买到最美的女子。可见,我并不丑,因为丑的作用、丑的吓人力量,被货币化为乌有了。我——就我的个人特点而言——是个跛子,可是货币使我获得二十四只脚,可见,我并不是跛子。我是一个邪恶的、不诚实的、没有良心、没有头脑的人,可是货币是受人尊敬的,所以,它的持有者也受尊敬;货币是最高的善,所以,它的持有者也是善的。此外,货币还使我不必为成为不诚实的人伤脑筋,所以我事先就被认定是诚实的。我是没有头脑的,但货币是万物的实际的头脑,货币持有者又怎么会没有头脑呢?再加上他可以给自己买到很有头脑的人,而能够支配他们的人,不是比他们更有头脑吗?既然我能够凭借货币得到人心所渴望的一切东西,那我不是具有人的一切能力了吗?这样,我的货币不是就把我的种种无能变成它们的对立物了吗?

....

莎士比亚特别强调了货币的两个特性:

(1)它是有形的神明,它使一切人的和自然的特性变成它们的对立物,使事物普遍混淆和颠倒;它能使冰炭化为胶漆。

(2)它是人尽可夫的娼妇,是人们和各民族的普遍牵线人。

(见马克思《1844年经济学哲学手稿》,《马克思恩格斯全集》第42卷,第151—153页)

此外,在马克思、恩格斯的《德意志意识形态》(第一卷)和马克思的《资本论》中,也曾引用过这首诗的片断。

这首诗在艺术上采用了所谓"博喻"的手法,即以一连串五花八门的形象,来比喻同一件事、说明同一种道理。

在这里,诗人把黄金比作"闪光的奴才""全世界共同的姘妇""人民的仇恨和战争的挑拨者""刺杀国王的凶手""圆滑的家伙""豪华的奸夫""战争之神""被人热恋和追逐的情郎"等,这一系列的比喻又同拟人相结合,使黄金仿佛成了世上一切"恶魔"的代名词,它的魔掌伸向了全世界各个领域。这就把黄金罪恶的危害性、普遍性和严重性,阐述得极为形象而透辟。我国著名的大文学家庄周、韩愈、苏轼等都喜欢采用这种"博喻"手法。在西方,莎士比亚则是个代表,所以,有人又称其为"莎士比亚式的比喻"。

在这首诗里,诗人还采用了概括性说理同形象化论证相结合的手法。先指出黄金的颠倒黑白、混淆美丑等罪过,又用为癞患者祝福、给强盗叩头、向老寡妇求婚、替脓疮人插花等荒唐无耻的(然而又是现实中确实存在的)行径加以例证。这使它既有逻辑思维的严密性、雄辩性,又有形象思维的生动性、鲜明性,具有一种感人至深的、无可辩驳的说服力。

(许自强)

邓恩 (1首)

约翰·邓恩(John Donne, 1572—1631),17世纪英国玄学派诗人。邓恩的母亲是天主教徒,他自幼信奉天主教。由于英国国教确立,天主教徒在社会上很受歧视,邓恩的生活常要靠恩主资助。他在牛津大学、剑桥大学读过书,未获学位。在他30岁时,又皈依国教。43岁时成为王室牧师,他的布道宣讲是很有名的。他反对斯宾塞和彼特拉克派诗人的作品,蔑视因袭成规和对骑士之爱的歌颂。他努力把诗写得奇特,甚至使自己的作品像谜语一样使人迷惑不解。他的诗都写于伊丽莎白时期,但大部分诗作到死后才得出版,始渐为人所知。

歌

邓 恩

去去，去捕捉一颗流逝的星，
去去，去叫曼陀罗花根去妊娠。[1]
告诉我，逝去年华何处追寻，
告诉我，是谁劈开魔鬼的蹄筋。[2]

告诉我怎样听懂美人鱼的歌声，
怎样阻止嫉妒者的毒刺伤人。
告诉我，
哪个方向吹来的风，
能教一颗诚实的心，
更受到世人的尊敬。[3]

如果天赋异能，你能窥见
凡人肉眼看不到的奇迹。
请你骑马走一万个日日夜夜，
直到时间染你头发如霜如雪。
你归来将向我一一诉说，
你遭遇到的形形色色。
你最后会发誓赌咒，
世间真没有人既美又贞洁。

---

[1] Mandrake，一名 Mandragora，美国叫 May-apple，译名曼陀罗花。五月结黄色卵形果实，本来是制麻醉剂用的，是一种有毒植物。《圣经》里传说，妇女服之可以怀孕，此说科学上未必可靠。

[2] 魔鬼的模样像人，但脚的形状像牛羊的脚蹄，对分两半，故问是谁劈开的。这几行所说的事都是不可能的，所问的问题都是无法回答的。

[3] 这里是说世风不正，有什么办法能叫诚实的好人享有较高的社会地位呢？批评了当时英国世道的虚伪，道德的沦丧。

>万一你找到，来向我报喜。
>
>千里远征途，总算有成绩。
>
>但切莫太着急，我决不忙着去。
>
>尽管这个人，住在我隔壁。
>
>当你见她时，也许有诚意，
>
>但当你刚给她捎个信息，
>
>我还没有动身去，
>
>两三个男人，已被她抛弃。

（茅于美 译）

邓恩的诗充满了哲学的玄思和科学性的智慧，因此被称为玄学派的创始者。由于他的创新，英诗在思想上有了深度和广度。

这里所选译的《歌》，是邓恩最有名的一首诗，被谱成为乐曲，在英国相当流行。它的中心思想是针对当时歌颂爱情的诗歌泛滥成灾，提出对纯真爱情的深切怀疑。这种想法本来是极为平常的，但是邓恩的构思却十分不平常。起句突兀，如天马行空，令人摸不着头脑。开始用了两句祈求语，所祈求的事是既奇怪又不可能办到的：流逝的星，如何可以捕捉呢？曼陀罗花的根是药用植物，服用可以使妇女怀孕，但此花根本身哪里会妊娠生子呢？接着提出五个疑问句，内容既是互不相干，又全是无法回答的。内容荒诞，似乎在故弄玄虚地捉弄读者。这第一诗段的内涵，与主题竟不相关，有点像中国诗中所用的"比兴"手法，如"孔雀东南飞，五里一徘徊"的起句是与焦仲卿的故事并不相干的。这种手法在中国诗中多见，但在西方诗中却很少见，所以此诗起句令英诗读者感到迷惘不解。

第二个诗段才言归正传，说寻求一个既美丽又贞洁的女性是绝对办不到的，言词有些偏激。第三个诗段说到一个具体的经历，一位邻家姑娘，对人表示了真诚，但旋踵她就变了心。她是天天可以看见的人，尚且无法控制，更谈不到其他女性了。

全诗是对于虚假爱情的鞭挞，充满了愤世嫉俗的情绪，而且对于那些满纸爱情的诗人，极尽嘲讽之能事。

（茅于美）

琼生（1首）

本·琼生（Ben Jonson, 1573?—1637），16世纪末17世纪初英国名重一时的剧作家、批评家、翻译家、诗人。他的父亲是伦敦牧师，他是父亲的遗腹子。母亲改嫁，继父是砌砖建筑师傅。他于中学毕业后当兵，后又当过演员。1601年他曾因侮辱苏格兰人的言论，被送进监狱。出狱后，因在剧本中得罪了英王詹姆士一世又一次入狱。1616年，他出版了自己作品的全集，其中有两卷诗集，不乏娱乐宫廷贵族之作。同年被封为"桂冠诗人"。但他时而受宫廷宠幸，时而失宠。65岁时死于贫困，葬于威斯敏斯特。后人为他树一墓碑，上书："本·琼生，世罕有其匹！"颇使人难忘。

给西莉亚之歌

琼 生

只须用你的眼波向我祝酒，
我将报答你用我的眼波。
或在杯盏上留下一个吻，
我就无须寻找美酒来喝。
从灵魂深处引起的干渴，
只能祈求一杯仙浆润喉。
即使天神降下玉露琼浆，
我也不肯换取你的眼波。

我新赠给你的玫瑰花冠，
并不只是为了把你仰攀，
却只为了给玫瑰以希望，
叫它从今后永远不凋残。
由于你嗅过它的芳香气，
然后请把它重给我扔还。

从此它开放吐香,就非它本身,

而是出自于你了,这我敢断言。

(茅于美 译)

  本·琼生写过大量戏剧,然而在他内心深处,仍不失为诗人。这首《给西莉亚之歌》被认为是他最好的抒情诗之一。他喜欢以机智的思想入诗,重视音节的谐调韵味。此诗分为两段,各八行,原来的脚韵是abcd, abcd; efgf, efgf。虽经译者努力,遗憾的是,难以符合原诗的音韵节奏。

  第一段把爱情提得极高。诗人说,他在灵魂深处一直如饥似渴地盼望着爱神的降临。一旦遇到钟情的人,就祈求她只需用眼睛看着他,朝他祝酒,或者在酒杯边上留一个亲吻,那么哪怕有天帝降下玉露琼浆,他也不肯换取她的眼波。诗中虽未描写西莉亚的模样,但她的容颜气质在字里行间呈现,这也是写诗的技巧所在。所谓"四目相遇,心心相印"也就是这段诗的旨意。

  第二段歌颂爱情能使短暂的生命达到永恒。赠送玫瑰,表示爱情,原是极为普通的事,然而这里诗人阐发了新的意思。他说送给她一顶玫瑰花冠,请她在花上嗅嗅香气,那么她那芳馨的鼻息就给玫瑰以生命。一则玫瑰将永不会枯萎凋谢,二则她扔还给他的玫瑰就不仅仅是花朵,而是有了西莉亚的灵气了,玫瑰花冠就有了双重意义。

  诗通俗易懂,带有幽默诙谐意味。因其音韵悠扬,曾被谱成乐曲,为男女青年所喜爱,所以流传比较广泛。

(茅于美)

赫立克(3首)

  罗伯特·赫立克(Robert Herrick, 1591—1674),在英国被公认为最富才情的抒情诗人。年轻时,继承希腊阿那克瑞翁[1](Anacreon, 公元前550?—公元前465?)的余韵,喜写抒发个人情感的小诗。36岁以

---

[1] 阿那克瑞翁,希腊著名的独唱琴歌作者,歌颂醇酒与爱情,写了五卷诗,可惜留下来的只是一些短诗和残句。古代和后世人模仿他的诗称为"阿那克瑞翁诗体"。

后,诗歌内容转向严肃的宗教题材,诗风亦由轻灵而转向凝重。他属于本·琼生一派,喜欢古希腊小型之诗,但赫立克诗的轻灵精巧,本·琼生难以企及。他的诗的主题往往是:对大自然的欣赏,感官上对美的享受,对爱情的追求,对时光流逝的感喟,等等,绝少道德说教之作。所写多为"玉米田和烟囱角"的民间儿女情爱,通俗易懂。他的诗以短小精致见长,音律谨严,在这方面的成就,很少有诗人能与之媲美。但他活着的时候,诗流传不广,只是以手抄本知于世,少数散见刊物上,到他57岁时才正式出版了诗集,影响也不大。直到18世纪末,他才享有"英国最杰出的抒情诗人"的荣位,而直到现在,也没有人从这个宝座上把他赶下来。

赫立克活了83岁,虽然写了那么多优美的情诗,却终生未娶。他中年皈依宗教,读其宗教诗使我们更多地了解他的为人,但这些作品并不能增加他的诗名。

劝姑娘珍惜青春
赫立克

啊,姑娘,请珍惜青春,
采摘玫瑰的花朵吧,
时光老人还在飞奔。
今天笑盈盈的这朵花,
明天将转眼凋零。

太阳,它愈升愈高,
这盏天上辉煌的灯,
它愈行愈疾,
它的沉落也愈近。

最好的年华是春光伊始,
青春啊,血液啊,一样温馨。
但若一旦逝去,跟着来的日子将是那样低沉。

即将取代以往美妙的光阴。

啊,别忸怩,莫骄矜,
捕捉良辰,缔结婚姻。
一旦失去青春,
你将永世因循。

(茅于美 译)

《劝姑娘珍惜青春》是赫立克的一首名诗。它通俗易懂,节奏轻快,富有民歌色彩。英诗中写时光消逝、良辰不再来的哀愁,要数这首最为别致新颖了,所以它能广泛流传。诗虽写哀愁,但曲调却是急促而热烈的,没有一般写哀愁时那种低回徐缓的意味。这里创造出一个意象世界。诗人用了几个平凡的比喻描绘出自然界微妙却又倏然的变化:盛开的玫瑰花,今天笑脸盈盈,明天它会凋零;太阳,这盏天空明亮的灯,升高了,走快了,也将要沉落。而人世间呢,人的青春是最美好时期,但它是何等的短暂,一旦逝去,良辰将不再来。时间既然无法留住,我们唯一可以办到的只是莫错过时机,须珍惜青春。对年轻姑娘来说,劝她们要寻找爱情,缔结婚姻,莫贻他日之悔。

须珍惜青春,是人所共有的想法。这首诗使人感到其情感单纯强烈,每一比喻都在重复那单一的意思,却又并不单调。读之能使人激起热爱生活、珍惜光阴的积极思想。

(茅于美)

咏 水 仙

赫立克

美丽的水仙,我们哭泣,
看着你如此匆匆地离去。
瞧那早晨升起的太阳,
还没有到达天上头。
请停留,请停留。

留到急行的白昼
唱着黄昏之歌的时候。
我们一同做过晚祈祷，
我再与你一同行走。

和你一样，我们只有短暂光阴，
与你一样，我们有短暂的青春。
成长得快，同样快地凋零。
我们与你，与万物生来同命。
到时候我们逝去，
与你们一样地凄清。
如同夏日的雨很快地干枯，
又如清晨珍珠般的露
消失得无寻觅处。

（茅于美　译）

《咏水仙》的主题是叹息人生的短暂倥偬，近似《劝姑娘珍惜青春》的内涵，但比那一首诗更加深化。它用水仙象征人生，因为它清晨开花，经过一个白昼便很快凋零。诗人触景生情，因物及人，惋惜美好的事物不能久留。赫立克赋予自然界的花草以独特的个性，加以拟人化，对后世浪漫主义诗歌讴歌自然方面产生很大影响。华兹华斯也有《咏水仙》的抒情诗，意思则比赫立克的这首思想更为深刻，使大自然的美愉悦人的心灵，与人合一，没有这首的感伤气息，看得出是在这个基础上更往前发展了，境界也更为开阔了。

（茅于美）

给狄安娜

赫立克

亲爱的，请别骄傲，
别倚仗你这一双眼睛，

像星辰般在天空闪烁,
别以为你勾住了大家的魂灵,
你自己的心还在自由逍遥。
别倚仗你飘散的浓发俊俏,
惹得他人相思情煎熬。

你戴着的那两颗红玉宝,
垂在你柔软的耳下多娇小,
它将仍是永恒不变的玉石,
你身上的美却要将你丢抛。

(茅于美 译)

《给狄安娜》这首诗给我们描绘了一个非常美丽但又特别骄傲的姑娘。她有一头浓密的头发,一双亮闪闪如星辰般的眼睛。她的美勾住了男人的魂灵,害得他们生了相思病,但她自己却自由自在,对他们的痴情毫无回报之心。诗人警告她说,她身上的一切美随着时间的逝去都要消失,却只有垂在她柔软白嫩的耳朵下衬托她的面庞益发妩媚的红宝石将永远不变,不因时间的流逝而变老。

从浅层的意思领会,似乎诗人殷勤地致意女郎,不要倚仗美貌耽误青春,应该结交朋友,寻找合适伴侣,去过幸福的生活;但深层次的意思是惋惜朱颜丽色之短暂,竟还不及两粒红宝石耳环经得起时间的磨砺,透露出"人生非金石,岂能长寿考"(古诗"回车驾言迈")的人世普遍的悲哀。

诗意与《劝姑娘珍惜青春》相似但不重复。这首诗写得更为具体、细腻,富有形象思维。

(茅于美)

弥尔顿(6首)

约翰·弥尔顿(John Milton, 1608—1674),英国17世纪大诗人,堪与莎士比亚齐名。父亲是富裕的公证人,在文学与音乐上均有较高的造诣。弥尔顿于1632年毕业于剑桥大学时,已用拉丁文和英文写了大量诗歌。他是革命的清教徒,反对英国保皇党和英国国教。1649年,英国国王查理一世被克伦威尔的革命政府处死,英国成立共和国,弥尔顿受聘担任革命政府的拉丁文秘书职务。国事辛劳,他经常读书和写文章到深夜,虽患目疾亦不自惜,终致中年双目失明。之后,由他口述,经女儿和青年人的笔记完成三首长诗的写作,即《失乐园》《复乐园》和《力士参孙》。卒年66岁。

飞逝的年华

弥尔顿

疾行的时光,这窃走青春的小偷,
它的翅膀上载去我二十三个年头。
我倥偬的岁月如白驹之过隙,
但我迟来的春天,花与朵都无收。

也许我的外貌把我的年龄掩盖,
没有显示我成年男性的气概。
内心的成熟更没有露出痕迹,
没有给我以青春的欢乐情怀。

然而欢乐多或少,迟来或早到,
它将经受一丝不苟,公平的察考。
不管升沉起落,终究归同一目标。
那该是上帝的意旨,受时光引导。
如果我有幸如此度过我的光阴,
那在上帝的眼睛里,原早已知晓。

(茅于美 译)

弥尔顿主张写严肃主题的诗,说诗人本身就应该是一首真正的好诗。他的长诗如《失乐园》《复乐园》等政治观点鲜明,有高度思想性和深邃的哲理性。文字朴实,善用典故。这里选择的《飞逝的年华》是一首十四行诗,不大为人所注意,但也表达了弥尔顿少年时的志趣和宗教信仰。这个主题捕捉了一刹那的时间倥偬感,写得真实,道出了人们对时间飞逝的普遍的关注。但他与普通人不同的是:他虽然感到自己已长大成人,比之别人,有一事无成的迟暮之悲,但他不怨天,不尤人。他心悦诚服地认为个人渺小,上帝圣明,上帝待人十分公平,个人的得失贵贱、欢乐悲哀都是上帝的意旨。如果他个人能顺从时光的顺序度过自己的一生,那就是幸福。所以个人事业的成败,遭逢的顺逆都无须计较。这颇有些中国哲学家老庄超然处世的味道,只是弥尔顿笃信上帝。诗另一层意思是:个人的一生虽然短暂,但在上帝眼中,众生之路,终究归于永生。因此个人不必为时间的飞逝而感到寿命短促,最后的永生的信念将弥补短暂人生给予凡人的感伤。信仰上帝使青年时代的弥尔顿得到精神上的寄托,于此诗可见。 （茅于美）

赠劳伦斯[1]

弥尔顿

劳伦斯,你父子贤孝,我十分钦敬!
  如今道途泥泞,四野湿寒,
  我们可有机会在一起聚会,
  围炉闲坐,消磨一个阴天?
在严峻季节里可还能找点安适?
  能这样,日子会更好过,直到地面
  被春风融解,而那些不识耕织的
  蔷薇与百合也穿上崭新的衣衫。
我们要有清淡精致的食品,
  富有雅典滋味,也要有美酒,
  然后起身去听听琵琶弹奏,

---

[1] 劳伦斯(Lawrence)是弥尔顿失明后常来拜访的青年人,他父亲是个政治家兼神学家。

或美妙歌喉唱出的塔什干调子。
谁能够欣赏这样的逸致闲情,
要偶一为之,可也不算不聪明!

(殷宝书　译)

这是一首能够反映弥尔顿的人文主义思想的诗。弥尔顿虽然处在清教革命时代,又积极参加清教运动,提倡简朴生活,但他与其他清教徒的克己制欲苦修的思想不同的是,他热爱凡世生活和大自然情趣,并时常加以歌颂。他肯定爱情,如我们读到《失乐园》(卷四)中对亚当、夏娃所在的伊甸园的描写,可以知道。那里鲜花似锦,万果纷呈,溪流潺潺,湖平如镜。亚当英俊,夏娃娇媚,两情爱悦,欢乐绵长,是一幅凡人美满家庭的图景。他肯定友谊,性情孤傲,在他接触的人中,他很厌弃那些思想庸俗、终日无所事事、喧哗吵闹、使他不得安宁的人。然而他对信仰虔诚、刚强无比的英雄,以及志向一致、性情相投的友人,则十分敬佩友爱。前者如克伦威尔将军,后者如劳伦斯、斯金纳等,诗中多有提及。

弥尔顿写此诗时是1646年,健康情况不佳,经济收入微薄,政治局势也较动荡。劳伦斯常来看望他,和他谈得来。炉边闲话,吃一点美味食品,饮几杯醇酒,听听琵琶弹奏,歌喉清唱,闲情逸致,消磨时光,等待春天到来。这友情淡而有味,寻常事物,娓娓写来,情致隽永,读之犹橄榄回味。

(茅于美)

梦亡妻[1]

弥尔顿

我仿佛看见我最近死去的爱妻,

---

[1] 1656年,弥尔顿第二次结婚,他的爱人是凯塞琳·伍德考克(Catherine Woodcock),婚姻很美满。但在1658年,她因生产而死亡。弥尔顿和她结婚时已失明,从未看见过她的面貌,因而在梦里,说是面目被纱遮住了。但最近也有人说,这首诗所指的不是凯塞琳,而是第一个太太玛丽·鲍威尔(Mary Powell)。

　　　　被送回人间,像赫克里斯当初
　　　　从死亡手里抢救的亚尔塞斯蒂,[1]
　　　　苍白无力,又还给她的丈夫。
　　她好像古时洗身礼拯救的妇女,
　　　　已洗涤干净原来产褥的血污;
　　　　她穿着她心地那样纯净的白衣,
　　　　正如我相信我会无拘无束
　　有一天在天堂里面遇见她那样。
　　　　她虽然蒙着面纱,我好像看见
　　　　她全身透出亲热、淑善和温纯,
　　比任何人脸上显露的都叫人喜欢。
　　　　但她正俯身要和我拥抱时,我醒了,
　　　　人空了,白天带来了黑夜漫漫。

(殷宝书　译)

　　弥尔顿早年曾写过几首爱情题材的诗,如《赠夜莺》,又如他用意大利文写的赞美一位意大利姑娘的五首诗,但比较深刻的是这首《梦亡妻》。弥尔顿的家庭生活很不平坦,先后结过三次婚。1642年,他34岁,与玛丽·鲍威尔一见钟情,匆忙结了婚。玛丽才17岁,是牛津郡一家贵族的长女,家庭是王党分子。婚后他们的生活很不愉快,玛丽不惯于弥尔顿那清教徒的道德家的生活方式,况且弥尔顿忙于写文教书,读书每到深夜,使她寂闷难忍,因而长住娘家。弥尔顿意欲离婚,写了《离婚的原理和实施》的小册子,提出婚姻应该建立在爱情的基础上的进步观点。但当时英国离婚极难,连清教徒朋友都反对他。当他的婚姻濒临破裂时,玛丽忽然又回到他的身边,日子勉强过得和谐。玛丽为他生下三个

---

[1] 亚尔塞斯蒂(Alcestis)是埃达米塔斯(Admetus)的妻子,为免去丈夫的死,她愿意替他死。她刚刚死了,就赶上赫克里斯来营救;赫克里斯与死神决斗,并把亚尔塞斯蒂又夺回阳间。

孩子,在她27岁生第四个孩子时,因难产去世。

1656年,弥尔顿第二次结婚,妻子凯塞琳·伍德考克,比他小二十岁,性情温和善良,给弥尔顿带来安慰与幸福。可惜好景不长,婚后15个月,凯塞琳竟又死于产褥。弥尔顿悲痛欲绝,此后他只有在梦中才能与她相见。这首诗便是描绘梦中相会、醒后悲凉的情景。亡妻面容罩着轻纱,迷离恍惚,若即若离。因为弥尔顿与她结婚时已经失明,所以本来就没有见过她的面貌。但她给他留下的印象是纯洁无瑕的,所以梦中他忽然双眼复明,清楚地看见她在天堂里,全身穿上雪白的衣裳,白衣跟她的心地一样纯洁。她的形象有如罩着光环的圣母。这首小诗写得缠绵有致,凄婉动人。我国清朝纳兰容若有一首悼亡词,与此诗颇有近似之处,不妨对比一读:"自那番摧折,无衫不泪,几年恩爱,有梦何妨。最苦啼鹃,频催别鹄,赢得更阑哭一场。遗容在,只灵飘一转,未许端详。"(《沁园春》)"未许端详"与"但她正俯身要和我拥抱时,我醒了"的幻灭感何其相似。从弥尔顿这首诗中,我们看到,他对女性的评价是心地纯洁与外貌美好合一的,更重视的是她心灵的美。

1662年,弥尔顿第三次结婚,妻子伊丽莎白·明书尔,年仅24岁,而弥尔顿已是54岁了。她受过良好教育,喜唱歌,善烹调,性情温和,使弥尔顿晚年得到很好的照顾和快乐。弥尔顿的《失乐园》也是在这个时候写成的,可以说得力于她的帮助不少。

弥尔顿的爱情观是不同于文艺复兴时诗人的爱情观的。文艺复兴时诗人歌颂爱情比较大胆、直率,心有所欢,恣情流露,无所顾忌。但弥尔顿的爱情诗含蓄娴雅,遮遮掩掩,好似罩着轻纱,倒有点东方诗的味道。他态度严肃而拘谨,歌颂的是婚后的爱情,是婚恋合一的提倡者。此诗以宗教的超凡气氛、崇高的风格、纯真的感情及细腻的笔触而在抒情诗史上占一重要位置。而提到弥尔顿的诗的人,鲜有不提到这首诗的,可见它具有的魅力。

(茅于美)

哀失明

弥尔顿

想到了在这茫茫黑暗的世界里,
　　还未到半生这两眼就已失明,
　　想到了我这个泰伦特[1],要是埋起来,
会招致死亡,却放在我手里无用,
　　虽然我一心想用它服务造物主,
　　免得报账时,得不到他的宽容;
　　想到这里,我就愚蠢地自问,
　　"神不给我光明,还要我做日工?"
但"忍耐"看我在抱怨,立刻止住我:
　　"神并不要你工作,或还他礼物。
　　谁最能服从他,谁就是忠于职守,
他君临万方,只要他一声吩咐,
　　万千个天使就赶忙在海陆奔驰,
　　但侍立左右的,也还是为他服务。"

（殷宝书　译）

赠西里克·斯金纳[2]

弥尔顿

西里克,看我这眼睛,外表虽清明,

---

[1] 泰伦特,古时算银子的单位。《马太福音》第25章有一个故事说,从前有一个主人,行将远游,出门前,把他三个仆人找来,给第一个仆人五个泰伦特,第二个仆人两个泰伦特,第三个仆人一个泰伦特,要他们拿去做生意。主人回来了,要他们交账。他们有的挣许多钱,有的挣得少,唯有主人原来给予一个泰伦特的那个仆人,却没有做生意,因他怕亏本,便把主人给的银子埋在地下了,等主人回来,就把这一个泰伦特拿来给主人看。主人生了气,把他这一个泰伦特要回来,交给了挣钱最多的那个仆人。这个寓言说明人要能利用神给予的才能才对。弥尔顿所说的那个泰伦特,就是他的做事的才能。

[2] 西里克·斯金纳（Cyriack Skinner）,是弥尔顿教过的学生。

> 看不出瑕疵或损伤,却整整三年
> 不曾见光明,忘掉了视察的能力;
> 在茫茫岁月里,我这无用的双眼,
> 再也瞧不见太阳、月亮和星星,
> 男人和女人。然而我并不埋怨
> 神的安排或意旨,我依然充满了
> 热情与信心。我还能勇往直前,
> 忍受着一切。你要问什么在支撑我?
> 朋友,是一种认识:为保卫自由,
> 为完成这全欧闻名的崇高任务,[1]
> 我才累得失明。即使我没有
> 更好的指引,[2]就这种思想已足以
> 支持我了此尘缘,虽失明而无恨。

(殷宝书 译)

弥尔顿的《哀失明》和《赠西里克·斯金纳》两首诗写的都是弥尔顿中年失明后的痛苦心境,写作时间都在1655年前后,所以并在一起谈。在谈这两首诗时,需要把英国当时政局和弥尔顿的处境略加说明,方可加深理解,不至于仅从文字表面来读。

两诗均写于英国国王查理一世被推翻,英国成立了共和国,全欧洲为此革命事件大为震惊的时候。克伦威尔的革命政府因为弥尔顿写了反对王权、反对主教制的文章,对他十分佩服,在1649年2月邀他担任革命政府的国务院的拉丁文秘书。在他任职期间,英国流传《圣王肖像》小书,宣扬查理一世在位时是位虔诚、仁慈的有道之君,并为其政策辩护,该书销路很旺。弥尔顿写了《偶像破坏者》反击此文。另外,查理一世之子在国外请人用拉丁文写下《为查理一世声辩》的宣传册。弥尔

---

[1] 指"替人民声辩"。
[2] 指神。

顿于1650年也用拉丁文写《为英国人民声辩》,针锋相对,加以驳斥。他本来目力就已不好,1649年左眼已开始失明,写完此文以后,双目失明了,当时才43岁。1654年,在别人帮助下,又写下《再为英国人民声辩》。当时革命政府政权尚未十分稳固,王党依然拥有很大势力,弥尔顿体力不健,目力衰弱,为争取自由、拥护革命,不惜牺牲自己视力,奋力为文,表现出一个民主革命派的坚强意志。

就在他为自己能够"为保卫自由,为完成这全欧闻名的崇高任务"而感到自豪的时候,他个人又面临很大的不幸,他的第一个妻子玛丽·鲍威尔在生下小女儿三天以后去世了。过了一个月,他唯一的爱子约翰又不幸夭折。他的三个女儿中最大的才六岁。他的家庭经济境况也不好,1649年6月,玛丽在临产前,她的父母因为逃避战祸而住到伦敦弥尔顿的家里。生活的重担也压得他喘不过气来,但他却面对逆境泰然处之,毫不消沉,"仍随时准备同走在最前面的人一起为自由而斗争"。

了解了弥尔顿的经历后再读这两首诗,我们的视野就扩大了。诗中第一层意思是易晓的。他悲伤初入中年,就坠入到"这茫茫黑暗的世界里","再也瞧不见太阳、月亮和星星,男人和女人"。再深一层的意思是他深信自己有才能,对他的国家和人民抱有为自由斗争的"使命感",可是现在竟发挥不了了。这里弥尔顿引用了《圣经》中马太福音第25章的一个故事。"泰伦特"比喻才能。上帝赐予人以才能,是要人利用才能,发挥才能,愈多利用愈好,而不是要人隐匿才能,埋之地下的。弥尔顿在这里就为了自己把上帝给他的才能放在"手里无用",从而非常遗憾,这比自己看不见世界更加苦楚。这有一点中国士大夫"怀才不遇"的悲愤。弥尔顿甚至埋怨上帝:"神不给我光明,还要我做日工?"

两诗下半段笔锋一转,自慰和自豪感又征服了消沉的心情。这里牵涉到弥尔顿的宗教观。他从不支持任何刻板的宗教学说,他不常去教堂,每每研究宗教,抱着学者或哲学家的态度,认为基督并不是神,而是有着超人德性的"完人"。他对于上帝有这样的看法:他看到宇宙万物有完整秩序运转,所以认为冥冥之中必有至高无上的支配力量存在;"良知良心"存在于每个人的心中,这就是上帝存在的明证,所以最坏的恶人也有"良心发现"的时候,自然和理性证明了善恶是非的辨别力量,也表示了上帝的存在……凡此种种,我们看出弥尔顿的宗教观具有基督教传统体系加上宗教改革的思想,所以两诗都表现他在宗教信仰中得到安慰。

在《哀失明》中,弥尔顿把忠于上帝的人分为两种:一是忙忙碌碌为上帝工作的,一是侍奉在上帝旁边默默服侍他的,自己只能做后者。但只要服从自然法则,听从"良知"的吩咐的人,也是忠于上帝的,并不逊于前者。在《赠西里克·斯金纳》诗中,他的情绪更高昂一些,自豪地说"为完成这全欧闻名的崇高任务,我才累得失明",又说"就这种思想已足以支持我了此尘缘,虽失明而无疚"。这要比"衣带渐宽终不悔"的精神更要深一层。

在艺术上,弥尔顿的诗的特征在于崇高的风格。仅就此两诗来看,他的人格的超凡脱俗,就非平庸的世人所可企及。这种英雄式的人格力量,在荷马、维吉尔的诗作以及《圣经》里是屡见不鲜的。弥尔顿自然继承了这优良的传统。争取自由、繁荣国家的理想,为共和政体无私奉献的行为也以明白晓畅的文笔表露出来。语言方面,由于他博学多才,文、史、哲方面都有很高的修养,他左右逢源,汲取了《圣经》、古希腊、古罗马和意大利的文学精华,独创自己的风格。这种形式与他的崇高思想是相得益彰的。诗的意境庄严凝重,语言白描,质胜于文,结构也严谨,层次转折也显得自然。

(茅于美)

夏娃的爱情

弥尔顿

跟你谈心,我把时光全忘了;
忘了季节,和季节的变化;一切欢乐
也想不起了;清晨的气息最甜——
多甜啊,一会儿,添上早起的鸟儿

第一阵啭鸣；东方，太阳初升，
给美好的河山染一层金光，又染红了
露珠闪闪的花草、树木和果实，
那光景多可爱；柔柔的阵雨下过后，
肥沃的大地散发出泥土香；多美啊——
那黄昏，温存，让人感恩，[1]降临了；
于是黑夜静悄悄地来了，夜鸟来了，
一轮明月升起了，带着她的侍从——
一颗颗宝石似的星星；可是，不论那
清晨的气息，一会儿又添上小鸟儿
第一阵啭鸣；还是朝阳初升，
照临美好的河山，照耀着花草、果实——
露珠闪闪；还是阵雨过后的泥土香；
那黄昏，温存，让人感恩；静悄悄黑夜，
她的夜鸟；以及月光下的散步，
或是那闪烁的星光，如果没有了你，
不会是甜的、美的。

(方平 译)

弥尔顿是17世纪英国资产阶级民主主义战士，他满腔热情献身于他所信奉的正义事业，在资产阶级革命失败后最困难的年代里，他坚贞不屈、高风亮节，令人起敬。

这里介绍的一段纯朴的情诗，引自他的杰作《失乐园》第四卷（诗题《夏娃的爱情》，译者所加）。按照基督教的传说，上帝创造了亚当和夏娃，这一对夫妇就是人类的祖先。弥尔顿在《失乐园》里塑造了温柔的夏娃形象，把一个妇女深沉的爱情放在洪荒时代的背景中吐露出来，人

---

[1] 这里表达一种宗教情绪，意谓在"日入而息"的时候，为富于成果的一天劳动而向上帝表示感谢。

和自然,打成一片,因此特别显得意境清新、质朴感人。

全诗二十来行,整个诗篇组成一个完整句,十分独特。绵连不断的文句原是为了适应气势磅礴、结构宏伟的史诗在文体上的特殊要求,但是这首情诗读来却并不累赘,只觉得情绪浓郁、饱满,有一气呵成之感。尤其显出匠心独运的是全诗转折的地方:"可是,不论那清晨的气息……"方才提到的,从黎明到黑夜,一天中所经历的种种变化着的景色,现在重又出现;这就像电影中的蒙太奇手法,一幅幅迅速转换的美丽的画面,持续不断地唤起了一串美好的回忆,形成一条意识流。

景色在流动,女主人公的情意在荡漾;这是寓情于景,写得十分含蓄。最后,表白深情,又是直抒胸臆,无所保留,单纯、质朴,感人肺腑。

想到当时王政复辟时期,英国宫廷和上层社会充满了骄奢淫逸的风气,盛行的是一些纤巧的艳诗,就更感到弥尔顿笔下的情诗自有它不同凡俗的品格了。

和这首情诗异曲同工、同样拿远离人类社会的大自然做背景、同样清新纯朴的是莎士比亚在传奇喜剧《暴风雨》中所写的密兰达的爱情的表白,可以参阅。

(方平)

勒弗莱斯 (2首)

理查德·勒弗莱斯(Richard Lovelace, 1618—1658),英国诗人,以骑士抒情诗闻名。他生活经验丰富,曾参加1639—1640年的苏格兰战役,有亲身经历战场的经验。政治上他是英国长期国会(1640年11月—1660年3月)的议员,因拥护英王查理一世而被捕入狱。他在威斯敏斯特狱中写下《狱中致阿西娜》的诗。他的保皇主义的思想是反动的,应该批评,但后人却欣赏他的名句而不追究其他。他以"坚硬的石块筑不成监狱,钢铁的栅杆造不出牢笼"这样生动的比喻来表示自己坚定的信念不为任何监狱所约束,往往被革命志士所引用。这诗与《奔赴战场,告别露卡丝塔》齐名,使他跻身诗坛。

英国诗选中经常选用勒弗莱斯的这两首诗,但中国读者对其并不熟悉。骑士抒情诗在英诗中地位很重要,故此作介绍,聊备一格。

狱中致阿西娜

勒弗莱斯

1

当爱神无拘束的翅膀,
在我的大门里翱翔,
我的阿西娜圣洁纯真,
在格栅边耳语叮咛。
我躺着,她蓬松的头发遮着我,
我的目光凝视着她的双眸。
这时那天空嬉闹的小鸟,
不曾领略到这样的自由。

2

酒杯传了一圈又一圈,
在永恒的泰晤士河边。
我们的头戴着玫瑰的花环,
我们的心有着忠诚的火焰。
钻心的悲哀借酒浇愁,
痛快地干杯和祝酒。
这时深海中呼吸的鱼儿,
不曾领略到这样的自由。

3

我像只笼中的红雀忧伤,
用清脆的喉咙放声歌唱。
歌颂我王的荣誉光耀,
他的温和、仁慈和仪表。

我还要尽情地赞美,

他的德行、他将有多么尊贵。

这时翻卷着巨浪的狂风,

不曾领略到这样的自由。

4

坚硬的石块筑不成监狱,

钢铁的栅杆造不出牢笼。

纯洁和宁静的心灵,

却把这当作隐士之宫。

如果我有热爱的自由,

我的灵魂就无羁无绊。

只有高空的天使,

享受着这样的自由。

(茅于美 译)

《狱中致阿西娜》是一首表示勒弗莱斯在政治上忠于王室,在个人生活上忠于爱情的诗。这正是继承了中世纪骑士文学的传统,对国王和爱人双方均等的奉献的思想。

勒弗莱斯身陷囹圄,但在诗中没有对挨苦受难的抱怨,没有丝毫表露悲观失望的情绪,其原因也正是出于对国王和爱人的忠诚。这里用了几个生动鲜明的比喻来形容,列举了一般人羡慕那自然界享受最无拘束的事物:如那"天空嬉闹的小鸟""深海中呼吸的鱼儿""翻卷着巨浪的狂风",甚至"高空的天使"……比起狱中的他都算不上多么自由。为什么?因为他对国王的"德行"和"行政"的信念。用"蓬松的头发遮着我"的"圣洁纯真"的阿西娜没有因他处逆境而抛弃他,而是到监中向他"耳语叮咛"。对往事甜蜜的回忆温暖着他。人世间还有比这更可珍惜的事吗?所以他感到心灵纯洁而宁静,监牢的桎梏只能拘禁他的肉体,却无法约束他的灵魂。他只感到无羁无绊,海阔天空。　　　(茅于美)

奔赴战场,告别露卡丝塔

勒弗莱斯

亲爱的,别责怪我冷酷无情,
说我居然离弃了这座尼姑庵——
你贞洁的酥胸,宁静的心灵——
却拿起武器到疆场去效命。

真的啊,我现在追求新的女性——
那战场上首次遇到的敌人。
我用更强烈的信念去拥抱,
那宝剑,那骏马和那银盾。

可是我这种模样用情不专,
你一定也同样地崇仰称赞。
亲爱的,我若是不更爱荣誉,
我哪能如此深沉地将你爱恋?

(茅于美 译)

《奔赴战场,告别露卡丝塔》虽是写征战前夕,离别家乡亲人,但突出的思想,不是离别的痛苦,而是争取荣誉的骄傲和自豪感,这是不同于一般的出征告别诗的。

这首诗诉说了在爱国主义与理想主义的感召下,一个普通战士告别爱人时英雄志胜过儿女情的心理状况。古希腊、古罗马人所尊崇的英雄主义在这首诗里得到继承。这个战士权衡英雄志与儿女情的轻重,最后以舍弃儿女情去效忠理想,报效国家。这里显露出中世纪的骑士思想,即骑士奔赴战场,夺取荣誉,保家卫国的想法远比他要赢得情人欢心更为重要。不过为了获取"爱情",他赴汤蹈火,在所不辞。"亲爱的,我若是不更爱荣誉,我哪能如此深沉地将你爱恋?"若在战场上表现懦弱无能,情人怎会看得起他呢?英雄志与儿女情之间存在着一种辩证关系。

全诗分为三段,口语化,读来像是情人之间的悄悄话,把战争喻为新的恋人,构思新颖。

勒弗莱斯在英国文学史上的地位非常奇特。他写过大量诗歌,但有些重词采而过于雕琢。人们说如果他写得少些,也许诗名会更大。可是这两首小诗却使他站住了脚,诗在内容的新颖、构思的巧妙上是独树一帜的。

(茅于美)

蒲伯(1首)

亚历山大·蒲伯(Alexander Pope, 1688—1744),18世纪英国诗人。父亲是富裕的麻布商人,在蒲伯出生后歇业迁家在温莎森林(Windsor Forest)边缘。蒲伯在少年时深受大自然的熏陶,12岁时,他因身染重病而致残,未能上中学。又因家庭信奉天主教,在英国国教确立时期,他在社会上颇受歧视,也未能上大学。他是自学成才的。他早年的诗作《田园诗》,最先为人们传抄,21岁时出版。在文学上,他崇尚新古典主义,重形式,讲法则,受罗马贺拉斯所著《诗学》和17世纪法国布瓦洛的《诗学》影响。他的《论文学批评》(1711)中的观点很多来自以上两位作家。他的《鬈发被劫记》(1712)是其成名之作。《人论》(1733—1734)为其后期重要作品,诗的技巧纯熟,富音韵节奏之美。由于病弱使他难以经常写作,于56岁逝世。

孤独的赞歌

蒲 伯

幸福的人,他的希望和关心,
只囿于父亲的几亩庄稼地。
呼吸着故乡的空气清新,
喜滋滋在自己的田野里。

鲜奶来自牛群,面包来自麦田。

他漂亮的服装来自群羊。
他的树供给燃料过冬天,
夏日炎炎,又给他荫凉。

祝福他,逍遥自在无忧烦。
任凭钟点,白昼,岁月逝去。
享受身体健康,内心的平安,
天天保持恬淡宁静的情绪。

夜眠酣畅,勤读与空暇,
两者融洽,甜美的休养,
他的纯朴,天真无邪,
来自欣悦的沉思冥想。

让我这样生活,生不为人知,
这样地死亡,没人为我哀伤。
从世界隐遁,没一块碑石,
告诉人们,说我躺在何方。

(茅于美 译)

在英国文坛,蒲伯是个争议较多的人物。反对他的人说他抛弃了天堂的自由空气,却喜爱咖啡店的世俗环境。又有人说他使诗歌"机械化",以适应18世纪的"散文热",因而他的诗只是韵文而不是诗。其实,蒲伯是反对人为状态而向往大自然的。这里所选择的《孤独的赞歌》虽非他的代表作,也很少为人们提起,但确实能阐述这个问题。他憎厌邓恩的玄学派诗人,不喜欢那种悖于常理、晦涩难解、玩弄文字的诗。

此诗通俗易懂,赞美简朴的田园生活。生活的需要来自个体劳动和大自然的赏赐。他喝的牛奶,穿的衣服,来自他饲养的牛和羊;吃的面包来自自己耕种的麦子。夏日炎炎,大树底下好乘凉;冬天严寒,枯树枝叶当柴烧。日出而作，日入而息，与世无争，自给自足，宛然羲皇上人。这诗充满消极遁世的思想，境界并不高。但原诗富节奏韵律之美，非译诗所能及。

蒲伯以其"英雄双韵体诗"这种体裁的成就而负盛名。英国诗人乔叟、斯宾塞、马娄等人都用过此体，18世纪很流行。这种体裁形式严谨，每行五个音步，每步两个音节，内含一个轻音，一个重音，两行为一组，互相押韵，有整齐匀称之美。蒲伯还擅长作工整的对仗诗，有中国古代的律诗味道。

（茅于美）

格雷（1首）

托玛斯·格雷（Thomas Gray, 1716—1771），生于伦敦。父亲在伦敦经商。格雷在伊顿中学读书，后入剑桥大学。在23岁时曾与友人去欧洲游历。他中学时即爱文学。1757年，当桂冠诗人考莱·席伯尔（Colley Cibber, 1671—1757）[1]逝世时，英国曾要封格雷为桂冠诗人，但他谢绝，未接受。他无意名利，诗写的不多，出版的更少，一生默默无闻。但他出版了的诗在英语语言中为人所传赏。其《墓畔挽歌》，长达128行，被认为是英诗中最优美的诗之一。他晚年在英格兰和苏格兰那些富有浪漫色彩的地方游历，写下不少游记。他的书信和散文在英语文学中均堪称为极富欣赏价值的作品。格雷终生未婚，重友谊，这里选的挽诗是为他中学好友理查德·威斯特所作。

悼理查德·威斯特

格 雷

枉然，对于我。清晨明媚的阳光，
渐渐泛红的太阳神，举起金黄棒。
啊，枉然，群鸟和谐缠绵的伴唱，

---

[1] 考莱·席伯尔（Colley Cibber, 1671—1757）英国桂冠诗人，授冠年为1730—1757。

欢乐的田野，重新披上绿色的盛装。

啊，这双耳朵，向往别样的乐章，
这双眼睛，希求着不同的景象。
我孤独的忧苦，唯有我自己咀嚼，
我心中原本不多的欢乐已消亡。

但清晨的微笑振奋着芸芸众生，
新生的欢娱带给更有福气的人。
田地照样把产品供应一切生物，
群鸟啁啁啾啾抚爱它们的幼雏。

我为他空空悲伤，而他听不见，
我哭啊尽情哭，更因哭也枉然。

（茅于美 译）

  这首挽诗是格雷为哀悼中学时的好友威斯特所作。中学毕业后，格雷上了剑桥大学，威斯特去牛津大学，虽分别，但常常书信往来，两人的信札都写得颇具情致。威斯特是个学者型人物，性情孤僻忧郁，不善作诗，不幸于1742年去世，这使格雷精神上受到沉重打击。

  格雷性格内向，喜深思。在黄昏时候，他常常在乡村墓地徘徊，心想躺在这里的无名的人，许多是贫苦的农民，在德与才上是可以和著名的英雄豪杰并等的，但却终身埋没，没有人知道。基于这个思想，他写下他的名作《墓畔挽歌》。上面这首十四行诗所包含的内容与之有些近似。两首都是悼念威斯特的，只是发表的年代不同。

  诗写得哀婉凄清，诗人是把个人的痛苦、人生的短暂衬托在大自然永恒不变的行程之中，任凭个人有多少悲伤，大自然好像漠然无动于衷，照样做它的事情。这就使诗人益发感到丧失好友的悲痛。自然景物愈是繁茂兴旺，个人的哀戚愈是无处倾诉。如果换个寂寞萧瑟的环境，倒会使人感到谐调一些。19世纪诗人柯勒律治的《在无望中工作》（*Work*

Without Hope），也描述了这类的感情。杜甫的《新安吏》中有"莫自使眼枯，收汝泪纵横。眼枯即见骨，天地终无情"之句，也是指大自然对个人的悲苦是不关心的，你即使泪干眼枯，它也不会发恻隐之心的。这种情调与此诗有不谋而合的地方，是个人悲苦至极的想法。 （茅于美）

布莱克(4首)

威廉·布莱克（William Blake, 1757—1827），英国著名诗人，出身于伦敦一个商人家庭，一生靠刻制版画过手工艺人的清贫生活，亲身参加过当时的民主斗争。他的诗抨击封建专制、殖民主义和教会，支持民族民主革命，同情劳动人民的遭遇，具有很强的战斗性。早期代表作《天真之歌》（1783）和《经验之歌》（1794），充满了对生活的爱和革命的热情，前者以"羔羊"为典型，抒写温柔仁爱的理想世界；后者以"老虎"为典型，表现对社会黑暗的不满。长诗《四天神》（1804）标志布莱克创作的高峰，揭露了英帝国统治者对外掠夺、对内压榨的反动本质，带有鲜明的现实色彩。

在诗歌艺术上，布莱克打破了18世纪古典主义的呆板教条，以清新的民歌体和奔放的无韵体来抒写理想和生活，充满热情和想象，开浪漫主义诗歌的先声。但布莱克笃信宗教，有些作品过多地运用神秘的象征手法，致有晦涩难懂的缺陷。

啊，向阳花

布莱克

向阳花啊！你等得累了吧，
你计数着太阳的步伐；
你渴望甜蜜的、黄金的住处，
作为一生旅途的归宿。

青春在那里怀着热望而消亡，

苍白的圣女在雪里素裹红妆，
从她们的坟墓中急起追往
我的向阳花所向往的地方。

(朱维之　译)

《啊，向阳花》是布莱克写意诗歌中的一首名诗。它预言了人类社会的更新，表达了人类对美好理想社会的热烈追求和向往。诗里的"向阳花"是一切渴望美好理想社会的人类精神的象征。"你等得累了吧"，是对人生苦苦探求理想的悲苦心情的真实写照；"你计数着太阳的步伐；你渴望甜蜜的、黄金的住处"，是对人生理想的生动形象的带有象征意味的描画。这里的理想，带有抽象的空泛的性质，它代表了未来的光明和美好。

"青春在那里怀着热望而消亡"，这里的"青春"本来是个抽象的概念，诗人将它拟人化，变成具体可感的形象。

"苍白的圣女在雪里素裹红妆，从她们的坟墓中急起追往，我的向阳花所向往的地方"，这里的"圣女"的象征意蕴，是指那些随着时光流逝而夭折了的人们。他们虽然身死，但精神不死，从坟墓中还急起追往"向阳花所向往的地方"。可见人类追求人生美好理想的精神是多么坚忍、执着。

这首小诗的特色是借物言志，借向阳花向太阳的特性，展开了奇妙的联想和对未来世界的神奇想象。前一节诗明快、坦露，后一节诗隐晦、深奥，有神秘色彩。但从全诗的中心思想看，是鲜明易懂的，即抒写诗人对人生美好理想的执着追求与向往。个人感受与大众的心灵是相通的，诗既反映了诗人自己的内心感受，又表现了人类对宏图的追求，蕴含着巨大的鼓舞力量。

(陈周方)

一棵毒树

布莱克

我的朋友叫我气恼，

我一说出来，我的气就消；
我的敌人叫我气愤，
我不说，我的气越长越茂盛。

我在恐惧中把它浇浇，
用我的眼泪，每夜每朝；
我用微笑来把它晒晒，
叫它晒出些诡诈的光彩。

它日日夜夜，蓬蓬勃勃，
结出了一只鲜红的苹果；
我的敌人看见它发亮，
他知道都是我苦心的培养。

等到黑夜掩盖了天空，
他就偷进了我的园中。
早上我出来一看，很高兴：
他在树底下躺得直挺挺！

(卞之琳 译)

《一棵毒树》是布莱克的诗集《经验之歌》中一首富有政治色彩的抒情诗。

这首诗由四个诗节组成。

第一、二节，诗人用对比手法表现"我"对友善、对敌恨的态度，可见诗人是非分明，立场坚定。诗人在"眼泪"和"微笑"这两个感情色彩完全不相同的词语上用了两个重叠词"浇浇""晒晒"，从而形成"诡诈的色彩"，表现了人处在逆境中的斗争方式和策略，显然是人生经验的结晶。

第三、四节描绘了生动的画面，以喜剧性的结尾做结束，富于幽默色彩。

这首诗写于法国大革命初期，英国统治者唯恐法国革命的烈火殃及他们的利益，于是在政治上采取了一些镇压进步力量的措施，招致布莱克等进步文人的强烈反对。这首诗以戏剧性的情节，通过象征性形象，表达了民主的进步思想，反映诗人敌友分明的鲜明爱憎态度。

这首诗主题严肃，但风格明快。《圣经》中有偷吃乐园中苹果的故事，而这首诗里的诗歌形象则完全不同。对象换了，内涵也变了。诗歌中显示的形象是一个受欺侮的小孩子，但他不是一个逆来顺受者，他善用智谋和敌人斗争，既天真烂漫，又巧于心计。他用他的眼泪浇他的愤怒之树，并用假装的微笑来晒他的愤怒之树，致使敌人中计，在毒树下死去。从思想内容看，既轻松又严肃，既天真率直，又老练深邃。平易中见人生哲理，是时代和现实状况的观照，又是对未来理想的抒发与展望，诗意盎然，耐人寻味。

（陈周方）

苍　蝇

布莱克

小苍蝇，
你夏天的游戏
给我的手
无心地抹去。

我岂不像你，
是一只苍蝇？
你岂不像我
是一个人？

因为我跳舞，
又饮又唱，
直到一只盲手
抹掉我的翅膀。

如果思想是生命,

呼吸和力量,

思想的缺乏,

便等于死亡。

那么我就是

一只快活的苍蝇,

无论是死,

无论是生。

(梁宗岱 译)

《苍蝇》是布莱克《经验之歌》中又一首颇有影响的抒情诗。

这首诗以苍蝇做象征物,表现诗人对那些思想贫乏、过着寄生生活的人的轻蔑和嘲讽。

全诗共五个诗节。

第一节写小苍蝇在夏天里胡乱地飞,而小苍蝇对于"我",只是个无足轻重的东西,"我"的手无意中就可以将它抹去。

第二节由"我"无心地抹去苍蝇,联想到自己也像一只苍蝇,从而又想到苍蝇也像某一种人。四行诗用了两个"岂"字,将"我"的下意识活动逼真地传达了出来。

第三节解释了"我"像苍蝇的原因。因为"我"像苍蝇一样"跳舞""又饮又唱","直到一只盲手抹掉我的翅膀"。"盲手",可理解为不经意的举动。

第四节是诗歌的中心,是诗人的结论。意思是说,苍蝇没有思想,所以容易抹去;人如果也没有思想,和苍蝇无异,虽生犹死。

第五节,由于"我"不会思想,所以"我"就是一只快活的苍蝇,得过且过,管它是死还是生。

通读全诗,不难体会到诗人对那些像苍蝇一样没有理想、没有生命活力的寄生虫似的人们给予揭露和讽刺。诗歌中的"我",并非诗人自己,他象征那些无理想、无感情、不承担任何社会责任的庸人。诗人对他们的人生哲学是不赞同的。

布莱克的诗歌,不受18世纪古典主义诗律的束缚,它以清新的歌谣体和奔放的无韵体抒写理想和生活,诗歌富于想象和热情,是英国浪漫主义诗歌的先声。 (陈周方)

老 虎

布莱克

老虎,你灿灿发光,
将黑夜的森林照得通亮。
什么样超凡的手和眼睛
塑成了你这可怕、匀称的体形?

在什么样的海洋或天空
炼出了你的火眼金睛?
那敢于翱翔的是什么样的翅膀?
那敢于攫火的是什么样的手掌?

什么样的臂力,什么样的技艺,
拧成了你心脏的筋肌?
当你的心脏开始跳动,
什么样的手足将你操纵?

什么样的铁锤,什么样的铁链,
什么样的铁炉将你的头颅锻炼?
什么样的铁砧,什么样的手臂
敢于掌握这样厉害的东西?

当繁星的光芒似银矛射下,
并将夜空缀成一片泪花,

> 造物主看到自己的作品可曾微笑?
> 难道不是创造羔羊的他把你创造?
>
> 老虎,老虎,你灿灿发光,
> 将黑夜的森林照得通亮。
> 什么样超凡的手和眼睛
> 塑成了你这可怕、匀称的体形?

(江冰华 译)

《老虎》是布莱克《经验之歌》诗集中象征性很强的革命抒情诗。它热情赞扬了老虎的形象,尤其对于创造老虎这一形体的劳动过程做了高度的评价和尽情的讴歌。

全诗共六个诗节。

开头的第一节,诗人用简洁、明快的两行诗,热情赞扬"老虎,你灿灿发光,将黑夜的森林照得通亮"。接着用疑问词"什么样"转入到对创造"老虎"灿灿发光的形体的"手"和"眼睛"的热情赞扬。

第二节诗以三个疑问词"什么样"组成恢宏、渺远的画面:海洋或天空炼出了"火眼金睛"和敢于翱翔的翅膀及敢于攫火的手掌。

第三节诗,由对老虎外部形体塑造的赞扬,转入到对老虎内脏的创造力的歌颂。又是以三个疑问词"什么样"组成雄浑的劳动画面:巨大的臂力和精妙的技艺"拧成了你心脏的筋肌",非凡的手足操纵着心脏的跳动。

第四节诗,由对老虎内在的创造力的歌颂转入到对老虎头颅的炼铸和对雷霆万钧般的创造力的讴歌。以五个疑问词"什么样"组成的一连串的反诘句,又以"铁锤""铁链""铁炉""铁砧"等坚硬的铁器显示老虎头颅的锻炼非同小可。还以"什么样的手臂敢于掌握这样厉害的东西?"这样的反诘句表现创造者非凡的创造力。

第五节诗,由前面对雷霆万钧的创造力的热情讴歌转入到对柔和、明净的星空的描写,从而联想到"造物主"的创造。造物主创造了阴柔的羊羔,然而具有阳刚气质的老虎却并非造物主所造。布莱克信仰基督教,但在这里却破除了"上帝创造万物"的传统旧观念,显出了"劳动创造万物"的新的思想曙光。

最后一个诗节,它不是第一节诗的简单重复,而是概括全诗,前后呼应,强化了这首诗的中心思想,是对塑成老虎体形的劳动工匠的歌颂。

这首诗是1794年发表的,正值法国进行大革命的时期。老虎象征法国革命的力量,当时法国的革命人民将"黑夜的森林"所象征的封建势力和外国武装干涉者赶了出去,广大的革命人民就是塑成老虎形体的"工匠"。诗里所洋溢的对老虎和塑成老虎的手和眼的赞美,也就是诗人对法国革命势力和革命人民的赞美。这首诗含蓄有力,意蕴深远,是诗人的力作。

(陈周方)

彭斯 (7首)

罗伯特·彭斯(Robert Burns, 1759—1796),英国18世纪著名的农民诗人。他于1759年出生在苏格兰西南部的艾尔村一个贫困的园丁家庭,曾担任税关职员,37岁就因劳累过度而病逝。

彭斯是一个热爱祖国、向往革命的诗人。他生活的时代正值苏格兰人民遭受民族奴役和阶级压迫的灾难深重的年代。他写了《华盛顿将军生辰颂歌》等许多政治抒情诗,赞扬北美人民的反殖民主义斗争,谴责英国当局的暴行。他一直站在进步的立场上,号召苏格兰人民奋起投入民族独立的战斗,他还是法国大革命的坚定不移的支持者。

彭斯自幼熟悉农村生活,他是苏格兰农民反压迫、反剥削,要民主、要自由的代言人。他于1786年出版的第一个诗集《苏格兰方言诗集》受到了广大农民与雇工的热烈欢迎,在爱丁堡文艺界也引起普遍震动。他的诗歌揭露、嘲笑了贵族豪绅的贪婪残暴、荒淫无耻,表达了诗人对自由、平等、博爱的人类未来理想国的追求,对不合理的现实社会的反抗。彭斯还写过不少表达对故乡礼赞和对乡民淳朴、勤劳、善良、纯真等高尚品德歌颂的诗作。这些用苏格兰方言写作的和民歌一样刚健、清新的诗歌,语言通俗,音韵响亮,体式灵活,乡风淳厚,达到了18世纪英国诗歌发展的高峰。

彭斯从1787年起,用了近十年的时间,收集、整理了370多首古歌曲,至今仍在英国和世界各地传播。无产阶级革命导师马克思特别喜欢彭斯的诗歌。

苏格兰人

彭 斯

跟华莱士流过血的苏格兰人,
跟布鲁斯作过战的苏格兰人,
起来!倒在血泊里也成——
　　　要不就夺取胜利!

时刻已到,决战已近,
前线的军情吃紧,
骄横的爱德华在统兵入侵——
　　　带来锁链,带来奴役!

谁愿卖国求荣?
谁愿爬进懦夫的坟茔?
谁卑鄙到宁做奴隶偷生?——
　　　让他走,让他逃避!

谁愿将苏格兰国王和法律保护,
拔出自由之剑来痛击、猛舞?
谁愿生做自由人,死做自由魂?——
　　　让他来,跟我出击!

凭被压迫者的苦难来起誓,

凭你们受奴役的子孙来起誓,
我们决心流血到死——
　　但他们必须自由!

打倒骄横的篡位者!
死一个敌人,少一个暴君!
多一次攻击,添一分自由!
　　动手——要不就断头!

(王佐良　译)

　　《苏格兰人》是彭斯爱国诗中家喻户晓的一首,被许多人看作苏格兰非正式的国歌。苏格兰位于大不列颠岛的北部,17世纪与英格兰合并,苏格兰人是当地主要居民。彭斯出生时,苏格兰已经失去了民族独立,处在民族奴役与阶级压迫的双重痛苦之中。

　　用历史上的抗英民族英雄作为旗帜,来号召、激励苏格兰人投入争取民族独立的爱国斗争,是本诗内容与构思上的一个显著特点:华莱士,13世纪苏格兰民族英雄,曾大败英军,彭斯非常崇拜他,在多首诗中称颂过他;布鲁斯,14世纪打败过英军的苏格兰国王。本诗一开始就向苏格兰人发出了响亮的号召,要大家振奋民族精神,与侵略者作殊死斗争,要么牺牲,要么胜利,别无其他选择。第二节诗描述了前线吃紧的军情,揭露了以英王爱德华为代表的侵略者的卑鄙目的,号召苏格兰人起来决一死战!第三节是对卖国者、懦夫和奴才的严厉遣责,表示了对这些民族败类的极大的鄙视与义愤。第四节抒发了保卫苏格兰主权、独立的壮志雄心,要用自由之剑来保卫民族权利:生做自由人,死做自由魂,何其悲壮豪迈!五、六两节是以指天誓日的口吻,表示了打败侵略者、打倒篡位者的宏愿。全诗在此达到高潮。豪壮的诗句,气冲霄汉,铿锵有力:"死一个敌人,少一个暴君!多一次攻击,添一分自由!"不愧是进军的号角,充分显示了彭斯高扬的民族意识、犀利的政治目光和顽强的斗争意志。

(李浟)

大好年华

彭 斯

我们为什么要把大好年华
消磨在别人的压迫之下?
起来!到了战斗的时候,
清算过去的一切冤仇!
谁说帝王永远无过?
杀人的行为就大错特错!
既然他们的权力来自我们,
当政的理该是大众人民!
从此爱国的志士一齐怒吼:
"要不死就得自由!"

骄横的牧师和主教,
我们送他们上天去修道!
给贵族们准备好雪亮的大铡刀,
让爵士们用自己的绶带去上吊!
这些恶棍长期把我们摧残,
他们的工具是贪赃的法官。
一切效劳暴君的走狗
逃不出人民复仇的巨手!
今天是他们的,但是明天
我们人人都歌唱自由!

然后我们将黄金时代来恢复,
人人都变成兄弟手足,
永远生活得快乐和谐,
共同享用地球的资财。
年轻人都有道德和智慧,

同伴之间充满了热爱。
未来的岁月还将证明:
善良本是人的天性。
那时让我们团团来敬酒,
祝贺胜利的和平与自由!

(王佐良 译)

译者曾经说明:"这首诗题名不一,有用首句做题的,也有称为《革命歌》或《革命抒情曲》的。"这是一首政治抒情诗,表达了彭斯鲜明、进步的政治倾向与主张。当北美独立战争和法国大革命发生时,彭斯是兴奋的、向往的。1786年他出版了第一本诗集后,通过爱丁堡之行,他对英国当时的现实甚为不满。在一个笔记本上,他记录了自己愤愤不平的心情:"天下的许多坏事之中,最叫我不舒服的莫过于这样的对照:一个富于天才——而且确有贡献——的人到处受人冷遇,而一个无用的庸人却因为有金钱来装扮自己,到处受人欢迎。试想一个有能力的人,他有真实的自尊心,他认识到人是生来平等的,但又敬仰一切真正值得敬仰的东西;他在一位贵人的筵席上遇见了某地主、某爵爷……当他看见那位论才干连一个蹩脚小裁缝也不如,论情感连三分钱也不值的人物受到注意和关照,而贫穷的天才则什么也得不着,他的心是如何的愤激呵!"(王佐良《彭斯的成就》)在彭斯的诗里,这首诗集中表现了他的"人生来是平等的"的民主思想,他代表人民大众对骑在他们头上作威作福的反动统治者(帝王、牧师、主教、贵族、爵士、法官、恶棍、暴君等)进行了义正辞严的宣判。全诗爱憎分明,气势宏伟,语言锋利,号召力强。

三节诗的内容各有侧重。第一节号召人民大众起来向压迫他们的帝王复仇。全节的核心就是末一句诗:"要不死就得自由!"第二节是代表争自由的人民,对残害过他们的反动派及其走狗进行了宣判。第三节集中表达了诗人的社会理想:创造人民生活得快乐和谐、平等自由、胜利和平的黄金时代。彭斯的诗反映了革命农民的思想感情,对暴君、贵族、官吏、豪绅、牧师进行了无情的鞭笞、正义的声讨,对平等、快乐、自由、和谐的未来理想社会的深切向往和积极追求。

本诗显示了尖锐、泼辣、明快、豪放的战斗风格,不愧是为农民革命做舆论准备的战斗诗篇。

(李泱)

天风来自四面八方

彭 斯

天风来自四面八方,
　　其中我最爱西方。
西方有个好姑娘,
　　她是我心所向往!
那儿树林深,水流长,
　　还有不断的山岗,
但是我日夜的狂想,
　　只想我的琴姑娘。

鲜花滴露开眼前——
　　我看见她美丽的甜脸;
小鸟婉转在枝头——
　　我听见她迷人的歌喉;
只要是天生的好花,
　　不管长在泉旁林间哪一家,
只要是小鸟会歌唱,
　　都叫我想到我的琴姑娘!

(王佐良　译)

这是一首真挚优美的爱情诗。诗人自注曾云:"此诗作于蜜月期间。"诗中的"琴姑娘"指的是琴·阿摩。彭斯与她于1788年正式结婚。彭斯曾为她写过许多恋歌,《天风来自四面八方》是最具代表性的一首。

本诗体式严整,两节句数相等,均是八句。托物起兴,由"天风"

起笔,从四面八方的辽阔境界中,专门点出意中人所在的"西方",又点出树林、泉水、山岗……由景及人,由大而小,构思新颖。诗人恋天风、恋西方、恋树林、恋水流、恋山岗,恋来恋去,核心乃是恋那日夜狂想的"琴姑娘"。这也是民歌中常用的百锤打锣、一锤定音的写法,重点非常突出。诗的第二节用的虽是鲜花、小鸟这类常见的比喻,但因为经过了"平中见奇"的艺术处理,也形象、生动地展示了琴姑娘那"美丽的甜脸"和"迷人的歌喉"。结尾四句,大大扩展了全诗的意境:只要见到了好花和鸣鸟,诗人都会联想到他的琴姑娘。在此,诗人塑造了一个一往情深的抒情主人公形象,他流连树林、漫步山岗、伫立花丛、倾听鸟鸣,无论他浪迹天涯到何方,心中总惦念着他心爱的姑娘。表现出诗人对他新婚妻子真挚不渝的爱情。

(李浃)

一朵红红的玫瑰

彭 斯

呵,我的爱人像一朵红红的玫瑰,
六月里迎风初开;
呵,我的爱人像一曲甜蜜的歌,
唱得合拍又柔和。

我的好姑娘,多么美丽的人儿!
我呀,多么深的爱情!
亲爱的,我永远爱你,
纵使大海干枯水流尽。

纵使大海干枯水流尽,
太阳将岩石烧作灰尘,
亲爱的,我永远爱你,
只要我生命犹存。

> 珍重吧,我唯一的爱人,
> 珍重吧,让我们暂时别离。
> 但我定要回来,
> 哪怕千里万里!

(王佐良 译)

在苏格兰民歌里,也有一首《红红的玫瑰》,为了与彭斯的这首相比较,不妨抄录于此:

> 她那双颊好像是玫瑰,
> 　　它在六月里初开;
> 啊,她像新佩弦的乐器,
> 　　第一次弹奏起来。
>
> 海洋总有一天枯竭,
> 　　岩石化为泥土;
> 我要爱你下去,亲爱的,
> 　　当这一切都成了事实。
>
> 再见吧,我唯一的爱人,
> 　　让我和你小别片刻;
> 我一定会回来的,
> 　　即使我千里跋涉。

两相对照,不难看出,彭斯对民歌有继承,但也有创新。从主题和表现手法来看,彭斯的诗与民歌是一脉相承的:都是把爱人喻为玫瑰,都是抒发了情侣之间海枯石烂不变心的真挚之情。但彭斯的诗比民歌的内容更加丰富,比原来的意境更为深远:民歌中的连比是把爱人喻为第一次弹奏起来的"新佩弦的乐器",彭斯把这个比喻换成了"唱得合拍又柔和"的"一曲甜蜜的歌",这就增加了爱人的"主动性",体现了双方的平等精神,情趣胜于原民歌。彭斯在诗里还将民歌中"岩石化为泥土"改用"太阳将岩石烧作灰尘",显得更加具体丰满,也更富有光彩,更加突出了这一对恋人结合的牢固性。

彭斯的爱情诗,像民歌一样刚健、朴素、清新、秀美,抒情方式灵活多样。这首诗第一节是连续用比,借红红的玫瑰和甜蜜的歌这两个美好的物象,委婉地、间接地抒发了抒情主人公对爱人的渴慕。第二节换成了直抒胸臆,向好姑娘一掏心中蕴藏已久的情话。第三节是浪漫主义的假设与畅想,进一步表达了自己对爱人那坚贞不渝的高尚感情。第四节是在"暂时别离"情况下对爱人的慰藉与剖白:哪怕相隔千里万里,自己一定会如期回来。

本诗保留了民歌反复咏唱的特色,在不变之中又有小变,这就免去了单调、雷同的弊病,收到了回环往复、余音缭绕的绝美效果。　　(李泆)

约翰·安特生,我的爱人

彭　斯

约翰·安特生,我的爱人,
　　记得当年初相遇,
你的头发漆黑,
　　你的脸儿如玉;
如今呵,你的头发雪白,
　　你的脸儿起了皱。
祝福你那一片风霜的白头!
　　约翰·安特生,我的爱人。

约翰·安特生,我的爱人,
　　记得我俩比爬山,
多少青春的日子,
　　一起过得美满!

如今呵，到了下山的时候，

让我们搀扶着慢慢走，

到山脚双双躺下，还要并头！[1]

约翰·安特生，我的爱人！

（王佐良　译）

这是彭斯的一首著名的怀旧之作。它以老妇对老头亲切絮语的口吻，回忆了他们恩爱的一生，歌颂了一对老年夫妇白头偕老的忠贞爱情。

彭斯善于在简练的抒情笔墨中，刻画出鲜明的人物形象。他不是以诗人的自身感受去抒情写景，而是设身处地地深入到作品人物的内心世界，依据他们具体的性格、处境、年龄等差别，写出不同人物的特点。这首诗短短的两节，就使我们仿佛看到一对白发老人，相亲相爱，并肩搀扶，缓步徐行的形象。尤其是那温柔多情、对老伴百般体贴的老妇，更给人留下难忘的印象。简洁的对比，淳朴的话语，充满着劳动人民深厚的情谊。上山、下山的描写，既可实指，也暗示着人的生命与爱情的终始，寓意双关，发人深思。

在爱情诗中选用老年人为题材，并不多见。这首诗可算是别开生面。

彭斯这首诗原来的民间歌词，极其滑稽、轻佻，有一些鄙俗难堪的词句。彭斯把它改写成一首真挚、委婉的情诗，充分显示了他扬长弃短、推陈出新的创造才能。

（祁淑萍）

简，倒不是你那张漂亮的脸庞

彭　斯

简，倒不是你那张漂亮的脸庞，

也不是你那身材使我心醉，

---

[1] 暗示两人将至死在一起。

虽然你的美貌和仪态万方，
　　大可逗起人们的情爱。
你身上的每一部分，
　　我都觉得值得赞美，
但尽管你的外貌令人喜悦，
　　你的心灵却格外可爱。

我没有更小气的心愿，
　　心中也没有更强烈的希望，
假使我不能使你幸福，
　　至少也看到幸福落在你身上。
只要老天爷给你快乐，
　　我就会心满意足，
我愿意为你而死去，
　　正如我愿意和你一同生活。

（袁可嘉　译）

　　这首爱情诗写得很朴素、单纯，但含有可贵的新意。它虽然也赞叹姑娘的美貌，但更喜爱姑娘可爱的心灵，歌颂了形体美与心灵美的统一。他强烈地爱着姑娘，却并不是自私地只想占有对方，"假使我不能使你幸福，至少也看到幸福落在你身上"，表达了以他人的幸福为幸福的心愿。正像车尔尼雪夫斯基所说："爱一个人意味着什么呢？这意味着为他的幸福而高兴，为使他能够更幸福而去做需要做的一切，并从这当中得到快乐。"这种高尚的情操、无私的品德，体现出劳动人民健康的爱情观，同那种把"嫁妆当宝贝"的资产阶级恋爱观正成鲜明的对比。

　　读这首诗，我们仿佛听到了一个憨厚、善良而多情的小伙子在向心爱姑娘倾诉衷情。质朴无华的话语，真诚坦率的表白，向我们袒露出一颗水晶般纯洁可爱的心。

（祁淑萍）

我的嫁妆是宝贝

彭 斯

啊,我那情人很看重我的美貌,
  他也很看重我的家庭;
我的才学他可不大想到,
  我的嫁妆是宝贝,迷了他的心。
只是为了苹果他才种树,
  只是为了蜂蜜他才养蜂,
我的情郎那样爱钱,
  对我,他不会再有余情相钟。

你掏出一枚便士做爱情的定钱,
  想把我那份嫁妆买进;
你虽狡猾,我可也机灵,
  你还是找别个试试命运。
你就像那破林子里的木材,
  你就像那烂树枝上的树皮,
你将像没有结头的线从我手上滑落,
  你将在更多人的手里丧失信誉。

(袁可嘉 译)

在彭斯的爱情诗歌中,最富于光彩的莫过于他反映婚姻恋爱中两种思想斗争的篇章了。这集中表现在爱情与金钱的关系上。资产阶级把婚姻当作金钱交易和利害关系的工具,只有劳动人民才讲真正的爱情。他在《美少年们》一诗中写道:

  绝不是财富,绝不是财富
    把知足、宁静和快乐买到;
  相爱相恋的伴侣和幸福,
    啊,那才是世上的至宝!

彭斯十分重视反映劳动人民恋爱观的民间歌谣,经过他的润色加工,使其中的进步思想更加突出、鲜明。例如《要我屈从》,就写一个少女坚决不嫁一个有钱老头的决心:

　　尽管他吃的是好饭,喝的是啤酒,

　　尽管新鲜的牛肉和盐巴他享有,

　　尽管他有黄金白银这种种,

　　一个老头儿决不能使我屈从。

在《这样的父母多狠心》中,诗人谴责了"只重珍宝和金银"的狠心父母使女儿嫁了个"有钱的蠢人",成为可怜的牺牲品。《我的嫁妆是宝贝》则以戏剧性的形式,嘲讽了贪财"情郎"的可鄙,表现了反对资产阶级重财轻人的婚姻观念。

这首民歌体的诗,写得相当诙谐、风趣。前半部分诗人采用第一人称的叙述笔法,似乎女主人公在向她的伙伴悄悄诉说自己的心事。后半部分改为第二人称的对话,仿佛姑娘碰上了那贪财少年在当面奚落、对答。生动活泼的女儿口吻,不紧不慢、不卑不亢的语气,连珠炮似的尖刻的比喻,使一个机灵、调皮而又有清醒头脑的姑娘的形象跃然纸上。它同彭斯所写的另一首同类题材的《磨坊里的麦格》,几乎可以看成是姊妹篇。所不同的是,麦格因为贪图钱财,嫁了一个"有一大堆钱的蠢人",以悲剧告终,而本诗的主人公却始终以胜利者的姿态出现,富于喜剧色彩。

值得注意的是,这首诗在涉及婚姻的条件时,除了美貌、家庭、嫁妆外,还专门提出了"才学",这在当时是难能可贵的,在今天也依然可供我们借鉴。

(孙丽芬)

华兹华斯 (8首)

威廉·华兹华斯(William Wordsworth, 1770—1850),英国19世纪主要的浪漫主义诗人。出生于英国西北部昆布兰郡德万特湖畔的柯克茅斯镇的一个律师家庭。这个家庭所在地区湖泊纵横,群山起伏,是尚未被工业革命侵袭的农业区。优美的湖山胜景,培养了少年华兹华斯热爱大自然的性格。他20岁时开始写诗,并认为从事诗歌创作是他的人生使命,愿为诗歌写作贡献终生。在剑桥大学读书时,受法国革命的启发,非常向往法国的民主政治。对于英国政治现状,他非常不满,积极宣传改革英国社会的理想。1790年,他在剑桥毕业前,与友人到欧洲大陆旅行,到过法国,认为人类因法国革命将开始一个幸福的新纪元。1791年,他自剑桥大学毕业,第二次访问法国。法国于1792年9月,封建王朝被推翻,接踵而至的是革命政府的恐怖时期。华兹华斯在巴黎目睹种种暴力行动感到震惊和恐怖,把革命政府的大捕杀谴责为"九月的罪恶行径"。这年冬天,他回到英国。

他虽然对法国群众的暴力行动感到不满,但他的民主主义进步思想并未因此而改变。如他对欧洲的反拿破仑侵略的民族独立和解放运动仍是一贯支持的。他写下不少十四行诗,表现了激进的民主主义思想。后来,他回到故乡湖区居住,柯勒律治于1797年也来湖区居住,两人把他们作的诗编为《抒情歌谣集》,包括23首诗,于1798年出版。华兹华斯的《〈抒情歌谣集〉序言》是英国文学史上一篇极其重要的文献,于后世影响极大,以至英国19世纪上半叶的诗歌史上曾被称誉为"华兹华斯时代",与下半叶的"丁尼生时代"前后辉映。

罗伯特·骚塞于1803年住到湖区,与华兹华斯和柯勒律治时相过从,谈诗论文,在诗歌的理论和创作上有近似的观点,一时并称为"湖畔诗人",所作诗歌被称为"湖畔派诗"。

露 西

华兹华斯

1

我终于领会到往昔,
那阵阵情感的侵袭。
却只敢向恋人耳里,
倾诉我那一次经历。

那是我爱的她,每日里
娇艳得赛六月的玫瑰,
我随意去她住的茅屋,
乘着黄昏月色的柔媚。

我的目光凝视着明月,
广阔的草原一望无际,
朝向我最亲切的小路,
我的马蹄儿愈行愈疾。
我们走到那边的果园,
我们又爬上那座小山。
月亮斜坠在露西屋椽,
愈来愈靠近我们跟前。

我曾做过一个甜美的梦——
这仁慈自然温情的赐赏。
我的眼睛竟在那个梦乡,
一直盯着那斜坠的月亮。

马向前赶路,一步又一步,
它腾跃而前,且不肯停驻。
她那茅屋屋顶的最后面,
是皎月突然间的坠落处。
一些多情而任性的想法,
忽然在恋人的脑中闪现。
啊!恕我!我内心在呼喊:
"露西该不会,离开了人间!"

2

幽居在人迹稀少的地方,

她家就住在鸽泉的边上。
她是个极少有人去赞美,
更少有人去疼爱的姑娘。

开在藓石旁的紫罗兰,
她躲避着世人的眼;
美好得如同一颗孤星,
独自个在天空忽闪。

露西活着,很少人认识,
她何时死去,更少人知道。
但她已埋葬入土,啊,
只有我的心儿,独自哀悼。

3
陌生人中,我独自旅行,
越过大海,去他乡飘零。
英格兰啊,此时我才知,
对你怀有多么深的爱情。

过去的,是个忧愁的梦,
我不愿再一次离开国境。
因为我对你的爱情似乎,
随年华逝去而更加深沉。

祖国那边的层峦叠嶂,
我心中最欢欣的地方。
手摇着纺车,亲爱的姑娘
正端坐在英国的火炉旁。

清晨它显现,黑夜它隐藏。

露西嬉戏在那几座凉亭旁。
祖国啊,你那碧绿的田野,
露西的眼睛最后去眺望。

4
三年,阳光雨露使她生长;
然后,大自然昭告我说:
比她更加美丽的花朵,
以前还未曾在世间培养。
我将把这孩子认领,
她将是我的,而我将要
造就她成理想的女性。

既合乎法律,又近人情,
她是我至爱的女性。
在山岩,在平原,
在天上,在人间,
在丛林,在凉亭。
她有权力凌驾这一切,
或去照亮,或去压制。

她将玩耍嬉戏如小鹿,
在草原欢乐地奔驰,
将在山泉上面跳跃。
她又如一缕微微的香气,
具有默默无言的静物的,
深沉和宁静的美。
浮云借与风韵,
碧柳纤腰低垂,
甚至风暴的来临,

也呈现出别种妩媚,
静悄悄的赞许中,
添加姑娘体态苗条的韵味。

深夜的星辰与她相亲,
在静寂处她仔细聆听,
那小溪流水回旋奔腾,
美音来自潺潺的水声,
水光在她的面颊辉映。

朝气蓬勃,更喜气盈盈,
养育她的身体玉立亭亭。
处女的胸脯日渐见圆匀。
和露西同住在快乐山谷,
我将给予她以这种欢欣。

自然如是说,杰作已完毕——
我的露西啊,竟早早逝去。
她已死去,留给我的是
她的出生地,这静寂的景象
往日里的回忆,
只剩下一片空虚。

5
我陷入沉睡,
无忧亦无惧。
她也无感于,
岁月的流去。
她已不移动,
亦复无气力。

> 不复听或视,
> 却只与山岩,
> 树木与众石,
> 伴着地球每日的行程,
> 已经永远消失了自己。

(茅于美 译)

这五首诗是系列组诗,应该放在一起,而不应该分开来读。从这里,我们可以理解华兹华斯对于爱情,对于大自然,对于祖国,对于理想女性,以及他的生死观念的看法。《露西》是华兹华斯比较重要的诗。

第一首诗是组诗的楔子。这诗体现了作者对于朴素、深沉、真挚的爱情的赞许。关于爱情的诗盈篇累牍,可谓多矣,这首却颇具特色。首先要领会原文第一行第二个字"fit"的意思。这是很难译成中文的一个字,我姑且译之为"侵袭"。字典里查,它有"犯病""痉挛""癫痫发作""激发"等解释。总之,就是控制不住的"情感爆发"。从这个"爆发"起头,诗人如鲠在喉,急于倾吐内心的痛苦。可他又不能逢人便讲,而是要找一个有恋爱经验的人来倾诉,这样容易引起同情。

在回忆中,诗人描写的经历是寓情于景的,有朦胧幽静之美。情感的跌宕曲折,写来细腻如见。自然界的瞬息变化使青年忽喜忽悲。天上的明月富有象征意义,它在诗中出现了五次,每次都与青年的心密切相连。第一次正值黄昏,月色朦朦胧胧。青年想念那位"每日里,娇艳得赛六月的玫瑰"的姑娘,于是策马前进。他精神振奋,心情愉快。第二次出现是当青年穿过广阔的草原的时候,野旷无人,灿烂的月光照耀着广袤的土地,使青年视野开阔,春风得意马蹄疾,行走分外快捷。第三次,青年骑马走入果园,越过小山。这时月亮渐渐偏西,眼看露西的茅屋愈走愈近了。青年此时庆幸结识这样美好的姑娘,感谢上帝的恩赐。另一方面,他凝望着那逐渐下沉的月亮。月亮最后一次出现是快近露西的家的时候。马儿很领会青年的意思,飞快地疾驰而行。正在这时,茅屋屋顶后面的月亮跌落下去了。这月亮的突然陨落使青年心上掠过一丝不祥的预感:露西该不会离开了人间。这种心理状态与中国唐诗中的"近乡情更怯,不敢问来人"是相近的。行人将要到家,只怕亲人出了什么事,见不了面,写来相当真实。读到这里,读者不禁要问:这位姑娘是个什么样的人呢?组诗的第二首三节给我们以答复。

热爱自然,华兹华斯一直提倡人应该顺从自然的法则生活。这位理想的女性是幽居在深谷的平民。她是大自然的女儿,没有受到工业文明的污染。她动若小鹿,静若幽兰,浮云给风韵,垂柳斗轻盈,星辰与相亲,溪水她聆听。她是开在藓石旁的紫罗兰,又似黑夜闪烁的孤星。她又是古老黄金时代的英国的象征。她坐在炉火旁,手摇着纺车的形象,使旅居异国的人,加倍地思念祖国和家乡。

然而,在19世纪工业文明的英国,这样的女性只存在于诗人的理想之中。露西在世有如昙花一现,她生不为人知,逝去时只有青年独自为她哀悼。第二、第三和第四首的末尾都写出了露西早夭带给青年的悲哀。这样的重复的结尾使全诗前后呼应,产生融合完整的效果。华兹华斯的生死观表现在第五首短诗里。尽管露西已不再活动,不再能听能看,但她并没有死,她离开了短暂寄居的人世,却投向了与山岩、丛石、树木同在的永恒。物质永不灭,死亡又何足惧?这个观念与他那首《我们是七个》是一贯的。露西的眼睛最后看到的是祖国绿色的田野,大自然的美好景象伴随着她走向永恒。最后,她悄然化去,与天地融合为一了。所以读者又从哀悼惋惜姑娘的早逝的心情,转向对永生的信念,精神上得到一丝慰安。

(茅于美)

孤独的收割人

华兹华斯

你看!那高原上年青的姑娘,
　独自一人正在田野上;

她时而停下，又轻轻走过，[1]
　　　　一边收割，一边在唱歌。
　　　她独自在那里又割又捆，
　　　　她唱的音调好不凄凉；
　　　你听，你听她的歌声，
　　　　在深邃的峡谷久久回荡。

　　　在荒凉的阿拉伯沙漠里，
　　　　疲惫的旅人憩息在绿荫旁，
　　　夜莺在这时啁哳婉转，
　　　　也不如这歌声暖人心房；
　　　在最遥远的赫伯利群岛，[2]
　　　　杜鹃声声唤醒了春光，
　　　啼破了海上辽阔的沉寂，
　　　　也不如这歌声动人心肠。

　　　谁能告诉我她在唱些什么？
　　　　也许她在为过去哀伤，
　　　唱的是渺远的不幸的往事，
　　　　和那很久以前的战场？
　　　也许她唱的是普通的曲子，
　　　　当今的生活习以为常？
　　　她唱生活中的忧伤和痛苦，
　　　　从前发生过，今后也这样？

　　　不论姑娘在唱些什么吧，

---

[1] 这一句有人认为应是指诗人本人，就此止步，或轻轻地走过去，意思是不要打扰她。故有的译文没有句首的"她"。
[2] 赫伯利群岛，远离苏格兰海岸西边的一群岛屿。

歌声好像永无尽头一样；
我见她举着镰刀弯下腰去，
我见她边干活边歌唱。
我凝神屏息地听着，听着，
直到我登上高高的山冈。
那乐声虽早已在耳边消失，
却仍长久地留在我的心上。

(顾子欣 译)

诗人在留恋于自然美的同时，也很重视普通人的日常生活。他主张"从平凡的生活中选取微不足道的事件和场景"，描写"纯朴的普通人"，因为"他们的心里也充满着真诚的欢乐和痛苦"。他写过不少下层贫苦人民，赞美他们朴素的习惯、辛勤的劳动、单纯的性格，欣赏他们"听天由命"的态度。这首诗就是诗人隐居在英格兰西北部山区时所作，论述了他在一次田野间漫步时的感触。

这是一幅清雅的素描，一首恬静的牧歌。我们仿佛看到了高原田野里，农家姑娘孤独的身影，听到她忧郁的歌声。诗人用夜莺的婉转、杜鹃的啼春来形容歌声的悦耳动听，又以不幸往事、今日忧伤等一系列的猜测来激发人的想象，仿佛那曲子一首接着一首，永无尽头。或许有时她根本不是唱，而只是在轻轻地哼哼……这就如同我们在欣赏一组优美的无标题乐曲，可以依照自身的经历、爱好和当时的心情，展开自由的联想。这不绝如缕的歌声，使诗人流连忘返，也把我们引向邈远的幻想境界，余韵无穷。

当然，在工业革命蓬勃发展的时代，这首诗所描写的景象似乎与世隔绝，流露出诗人对往昔社会的怀念。从历史发展的观点看，它是有一定局限性的。

这首著名的短诗流传甚广，曾被选进欧洲许多抒情诗中。它写于1805年，除了本人经历外，它还受到托马斯·尔金森的《高原游》的启发。

(许自强)

露伊莎

(1805年,写于陪伴她到山间远足之后)

华兹华斯

在阴凉的树荫下,
我遇见可爱的露伊莎,
那少女像山林水泽中的女神,
为什么?我见了她不敢说话。
她敏捷而有力地跳过岩石,
就像五月间的小溪飞出山崖!

她爱她的炉火、茅舍的家,
也爱来回奔跑在沼泽山洼:
不管是冒着萧瑟悲凉的天气,
还是在狂风暴雨中挣扎。
看那闪耀在她面颊上的雨珠,
啊!我要是能把它亲吻一下!

当她沿着小溪迂回而行,
去寻觅那瀑布流霞;
我想,如果能在古老的山洞里,
或者在长满绿苔的角落坐下,
我愿意抛弃世上的一切,
只求片刻,依偎着她!

(袁广达/梁葆成 译)

华兹华斯是英国著名的浪漫主义诗人,他热爱自然、钟情田园。他的爱情诗虽不像拜伦、雪莱那样激情飞迸,但也充满着另一种浪漫色彩,从这首诗中就可见一斑。

这首诗不同于一般的情歌,它散发出一股野朴的清香。

山林苍岩,沼泽绿苔,古老山洞,飞瀑流泉……在粗犷、幽深的自然美之中,出现了一个天真、矫健、带有几分野气的女子。她像"山林女神"一样有点神秘、庄严;但她又"爱她的炉火、茅舍的家",是个平凡、活泼的农家姑娘。自然美与人性美融合而一,相得益彰,给人一种不同寻常的美感。

当时一般资产阶级诗人,大多热衷于赞美雍容华贵的上层妇女,华兹华斯却讴歌另一类纯朴健美的普通人,写他心目中理想的英国式女性。在这一点上,确有值得我们重视的地方。

关于露伊莎的身份,作者未明确交代,英国学者为此曾在报纸上多次争论过。据推测可能是诗人妻子玛丽的妹妹,真名叫让娜·哈金逊,是个野性少女。诗人曾有《致让娜》等诗写到她。　　　　　(许自强)

致 杜 鹃
（1802年）

华兹华斯

啊,欢乐的客人,我听见了
听见了你的歌声,我真欢欣。
啊,杜鹃,我该称你做鸟儿呢,
还只称你为飘荡的声音?

当我躺在草场上,
听到你那重叠的声音,
似乎从这山传过那山,
一会儿远,一会儿近。

对着充满阳光和鲜花的山谷,
你细语频频,
你向我倾诉着
一个梦幻中的事情。[1]

---

[1] 指杜鹃的歌声,引起诗人童年时的回忆。

十二分的欢迎你,春天的宠儿,
对于我你不是鸟儿,
你只是一个看不见的东西,
一个声音,一个谜。[1]

这声音,我听过,
那时我还是学童,
这声音,曾使我到处寻觅,
在林中,在天空。

为了找你,我到处游荡,
穿过树林和草场:
你仍是一个憧憬,一种爱恋,[2]
引人悬念,却无法看见。

我却能听见你的歌声,
我能躺在草地上倾听,
我听着,直到那黄金的时光,[3]
重新回到我的身旁。

啊,幸福的鸟儿,
我们漫游的大地上
似乎再现缥缈的仙境,
那正是你向往的地方。

(邵劈西 译)

---

[1] 这是诗人把有形之物化为无形之声。
[2] 这里进一步把声音抽象化为感情的象征。
[3] 黄金的时光,指童年。

> 想起我们过去的岁月，总会在
> 我心中引起感恩之情：这实在
> 并不是为那最值得受祝福的事。
> 童年的简单信条是欢快和自在，
> 不管是在忙碌还是在歇息之时，
> 而希望像新长的翅膀扑动在心里。

华兹华斯在他的名诗《颂诗：忆童年而悟不朽》里曾回忆他的童年。的确，华兹华斯热爱自然，也热爱童年。他认为人在童年时对自然界最敏感，童年是世上欢乐和美的集中体现。他的诗集中歌颂自然，赞美童年的诗作也最脍炙人口。这首《致杜鹃》就是二者兼有的一首名诗。

杜鹃的歌声远远飘来，把诗人带回到童年的黄金时代，在林中，在草场，在大自然怀抱中享受到无比幸福。然而，这首诗涵义远不止于此，诗人的想象飞得更加遥远，他把杜鹃声幻化成"一个谜"，一种"憧憬"，一种"爱恋"，甚至成了"缥缈的仙境"的象征，引起诗人无限的欢乐和向往。这首诗与其说在歌颂杜鹃，不如说是借题发挥，沉醉于幻想的仙境之中。这是对现实的一种超脱，流露了诗人对于当时资本主义城市文明的厌倦。

事实上，这首诗并不是因为诗人听到杜鹃啼声才写成的。华兹华斯当时住在苏格兰北部的湖区格拉斯米尔的鸽庐，在那里至少要到四月底才能有杜鹃报春。诗人曾说："诗是从平静中回想起的情绪发生的。"这首诗也正是想象的产物。浪漫主义诗人热爱自然，但并不把笔墨重心放在自然景物本身，着力描写的是自然在心中的感受和体验。所以，这诗中对杜鹃本身并没多少直接的描绘，它只是抒写杜鹃声引起的种种联想。这杜鹃声带有一种天真神秘的色彩，它的作用在于激发人的想象力，唤起读者一种类似的美好的回忆。诗人曾自述这首诗的中心是："啊，杜鹃，我该称你做鸟儿呢，还只称你为飘荡的声音？"认为这两句的妙处在于："这个简单扼要的问话，描绘出杜鹃的啼声好像是无处不在,并且使这种鸟儿几乎不再是一个肉体的存在……整个春天里杜鹃不断地啼叫,但它很少为人看到,所以我们的想象力才能发挥上述的作用。"(《〈抒情歌谣集〉序言》)

(许自强)

黄 水 仙

华兹华斯

我独自徘徊,像一片孤云,
高高地飘过溪谷和小山。
忽然间,我看见一群,
一大片,金黄的水仙;
在湖水畔,在树木前,
微风中摇曳,舞蹈蹁跹。

如同夜晚的星辰闪现,
不停歇地在银河眨眼。
它们无尽头向前铺展,
沿着这个海湾的边缘。
我一眼瞥见千枝万朵,
摇摆着头,轻盈舞蹁跹。

水仙旁的湖水微波荡漾,
水仙比闪光水波更欢畅,
诗人有这样快乐的伴侣,
我怎能不欢喜在心上。
我凝视又凝视,却没有料想,
这个情景给予我多少宝藏。

以后常常的,每当我躺在床,
我的情绪感到空虚和怅惘,

水仙就在我的心上闪光。
　　我孤寂的心儿顿感欢畅。

　　这时候，我的心儿充满了欢喜，
　　这时候，我的心儿随水仙舞起。

（茅于美　译）

　　此诗写于1804年，当时华兹华斯住在鸽庐，时年34岁。1804—1805年是他创作旺盛时期。

　　根据华兹华斯的妹妹陶乐珊在1802年4月所写的日记，可知《黄水仙》一诗写作时的背景。该日记说道：

　　"当哥哥和我在高巴罗公园的树林里散步的时候，我们在湖畔看到一些黄水仙……我们沿着湖边走过去，看到的愈来愈多了。最后，走到树木的枝干下面，竟发现湖岸边有一条水仙地带，占地乡村公路那么宽阔。我从来没有看到水仙花会有如此美丽。它们生长在满是苔藓的石头中间，有的长在藓石丛的上面，有的长在它们旁边。有的花头垂歇在石头上，好似疲倦的头睡在枕头上一样。湖面有微风吹来，它们像是和微风一同欢笑嬉戏。它们神态欢乐，不停地闪烁着眼睛，不停地变换着姿态……"

　　诗写得朴素清新，正如华兹华斯所提倡的，语言平易，不事雕琢。诗人把大自然视为人的精神依傍。一开始，诗人写出个人独自徘徊无所寄托的心情，恍惚得有如天空飘浮的一朵孤云。当他看见那湖畔的黄水仙，有如少女在微风中蹁跹起舞，又如银河里闪眼的万点繁星时，他的愁云才渐渐消散，代之以满心喜悦。诗人接触到大自然，有如旅人到家，航船着陆，心灵与造物合一。以后，每当他感到空虚烦恼，只要想起这一片水仙的舞蹈景象，他就感到大自然的恩赐，有如永不干涸的泉水滋润着他的心田。

　　华兹华斯一向反对那些随着商业资本主义的发展而出现的社会上的庸俗腐败的习气。他认为人离开大自然，追求物质享受是舍本求末、轻重倒置的事情。"简朴的生活,崇高的思想"才是健康的生活。世上的财富是过眼云烟,比起自然的赐予,实在是微不足道。他的诗里经常宣传这种返璞归真的思想。

（茅于美）

彩 虹
华兹华斯

彩虹明天际,
一见心跃起。
此我幼年情,
成年心犹稚。
待我老年时,
寸心复如此。

倘若无感受,
何必老年死。
儿童成人父,
天真为终始。
愿我有生日,
日日当如是。

（茅于美）

歌颂大自然、歌颂童心是华兹华斯诗中常见的题材。《彩虹》更体现了他的"只有童心最能与大自然相通"的思想。他有一种哲学,即认为一日之内,清晨最美,白昼的光辉概由黎明之晨曦而来;人的一生,唯儿童时期最幸福,童心亦最美。成年人的淳朴善良品质,也是只有保持儿童天真未凿的无邪心情才具有的。他认为自然界现象在成年人已司空见惯,所以视若无睹。可是儿童眼睛里,自然界的现象,样样新鲜。他们怀着极大的好奇心,对这些现象编织出许多美丽的幻想。只有诗人能永葆童心,能从儿童角度欣赏自然。所谓诗人者,不失其赤子之心者也。这句话作为《彩虹》的哲学思想的诠释,是合适的。

　　短诗一开始就把读者引向通往大自然的玄妙境界中去了。诗人已经是成年人,可是天际的彩虹,使他一见就如触了电似的欢喜跳跃,以致心都要跳出来了。他猛然想起儿童时期见到彩虹的情景。于是他庆幸自己虽然早已成年(此诗写于1802年居住鸽庐时期,时年32岁),但童心未泯,居然能享受大自然给予人的美感乐趣,而忘怀一切。更进一步,他祝愿自己将来进入老年,也能保持与大自然的相合默契。他想,如果置身大自然中,对它的美好景观无动于衷,麻木不仁,那就是白活到老了。

　　华兹华斯崇尚自然,认为欣赏自然之美的心情应该与生命相终始。此一短诗十分透彻地说明了这种思想。倡导自然、歌颂自然是19世纪浪漫主义诗歌的一个显著特征。华兹华斯实开其端,以上几首诗歌可见一斑。
(茅于美)

一个英国人有感于瑞士的屈服

华兹华斯

两种声音:一种是海的呼啸,
　　一种是山的喧响,都雄浑强劲;
　　年年岁岁,你欣赏这两种乐音,
自由女神呵,这是你酷爱的曲调!

暴君来了,你怀着神圣的自豪
　　奋起反抗;却徒劳无功,终于
　　你被逐出了阿尔卑斯山地区,
那里的激流飞瀑你再难听到。

你两耳既已失去了一种幸福,
　　请把留下的这一种牢牢保住;
　　否则,女神呵,你该会怎样悲悼:
　　当山洪一如往昔雷鸣不止,

当海浪轰然扑打岸边峭石,

而两种威严的乐曲你都听不到!

(杨德豫 译)

华兹华斯1808年9月27日写给理查德·夏普的信中,说这首十四行诗是他生平写得最好的一首。那么,这首诗究竟好在哪里?

要欣赏,首先就要理解。这首诗一开头就说:"两种声音:一种是海的呼啸,一种是山的喧响。""海"指什么?"山"又指什么?这是理解全诗的关键。如果我们仔细看看诗题:《一个英国人有感于瑞士的屈服》,把"英国"与"瑞士"并举;由此联想到英国和瑞士正是当时拿破仑需要征服的两个自由国家;再进一步想到英国和瑞士不同的地理环境——英国四面环海,瑞士全境皆山,我们便会恍然大悟:原来诗人是以"海"借指英国,以"山"借指瑞士。弄通了这一点,全诗也就豁然开朗了。

诗人写这首诗的时代背景是:1798年,法国出兵干涉瑞士的国内纷争;1802年,拿破仑凭恃武力,在瑞士扶植了一个亲法的政府。同时,拿破仑积极准备跨海入侵英国。华兹华斯认为,英国和瑞士是欧洲的两个自由国家,瑞士既已向拿破仑屈服而丧失了自由,英国便成了欧洲最后的自由堡垒,保住英国的自由便成了头等重要的大事。因此,他在1806年(或1807年初)写了这首诗,以向自由女神呼吁的形式,形象化地表明了上述思想。

全诗分为三个段落。第一至四行为第一段,指出英国和瑞士都是自由国家,长期以来受到自由女神的眷爱。第五至八行为第二段,指出瑞士已向拿破仑屈服而丧失了自由。第五行的"暴君"指拿破仑,第七行的"阿尔卑斯山地区"指瑞士。第九至十行,"失去了一种"指山的声音,借指瑞士的自由业已丧失;"留下的这一种"指海的声音,借指英国的自由仍然留存。第九至十四行为第三段,呼吁保住英国的自由,并指出:英国的自由倘也丧失,后果将不堪设想。末行"两种威严的乐曲你都听不到"是假想英国也丧失了自由之后的可悲景况。

十四行诗这种诗体,从意大利传入英国以后,题材总不外乎爱情、友谊与离合悲欢,连莎士比亚也未能例外。华兹华斯继承弥尔顿,用这种篇幅狭小的诗体来驾驭重大的政治社会题材,取得了突出的成就。这首诗虽然是政治诗,却丝毫没有政治说教的味道或标语口号的气息,而是把昂扬的政治激情寓于丰满生动的形象(海、山、自由女神)之中,因此才具有震撼人心的力量。英国当时正处于危急存亡之秋,华兹华斯所写的包括这首在内的一系列爱国诗篇,起到了激励国魂、鼓舞民心的巨大作用,凡是记述19世纪英国史的人,没有不提到这一点的。

这首诗选自华兹华斯自己编定的诗集《献给民族独立和自由的诗》,这个集子共74首,绝大多数(68首)为十四行诗,基调是维护欧洲各国的独立自由,反对拿破仑的对外扩张和武装侵略。写作时间始于1802年(即拿破仑就任"终身执政"的一年),终于1816年(即拿破仑在滑铁卢大败的次年)。用70多首诗反映了十几年间欧洲的重大历史事件和拿破仑帝国的兴衰,可以说是一部"诗史"。有人说华兹华斯定居于湖区以后,所写的诗都是"脱离现实斗争,回避重大题材"的,这个集子的70多首诗恰恰提供了有力的反证。

原诗每行五音步,译诗每行五顿。原诗韵式为abba, acca, dda, eea,译诗依原诗。第八、第十四两行,原诗都以"thee"收尾并押韵,译诗都以"到"字收尾并押韵。

(杨德豫)

爱的光辉

华兹华斯

楞诺斯荒岛上,僵卧着,寂然不动,
菲洛克忒忒斯像顽石雕像一般;[1]

---

[1] 据希腊神话和荷马史诗,菲洛克忒忒斯原为墨利玻亚国王。他参加希腊人征讨特洛亚的战争,但在途经克律塞岛时被毒蛇咬伤,伤口经久不愈,化脓发臭,希腊人担心他留在军中会引起疫病,便把他遗弃在楞诺斯荒岛上。他在岛上独自苦熬了十年之久,后来又被希腊人接去参加特洛亚战争。

不时有野鸟飞来和他做伴,
停在他身上,或飞上他的神弓,[1]
逗得他严峻的脸上也露出笑容,
收了泪,舒了一口气,由此而冲淡
他横遭放逐,远离心爱的家园,
远离英雄的事业[2]这种种苦痛。
要相信:灵慧的生物往往能平缓
我们的心智所不能疗救的悲辛;
在囚徒看来,小小爬虫的出现
也足以证明:巴士底监狱[3]再深,
也阻拦不了爱的光辉——尽管
人对自己的同类已毫无情分。

(杨德豫 译)

华兹华斯认为:宇宙本来是一个和谐的整体,人类和各种生物都是造化之子,本来可以和睦共居,互相亲近。这首十四行诗,以困在荒岛的菲洛克忒忒斯和狱中的囚徒做例证,说明飞鸟和爬虫都对人类怀有亲切的同情;相反,倒是在人类内部,人与人之间的同情心已丧失殆尽。第一至十三行都是正面铺陈,并引出一个哲理性的结论;末行陡然一转,冷峭中含有殷忧。我国近年来一些反映"文革"动乱的作品,也曾描写苦难中的人们得之于某些动物的情谊,与华兹华斯异时异地,而感慨略同。

原诗每行五音步,译诗每行五顿。原诗韵式为abba, abba, cdc, dcd,译诗依原诗(但译诗中的b与c同韵)。

(杨德豫)

---

[1] 菲洛克忒忒斯百发百中的神弓是赫拉克勒斯临死时遗赠给他的。后来他用这张弓射死了特洛亚战争的祸首帕里斯。

[2] 英雄的事业,当系指特洛亚战争。

[3] 巴士底监狱,14至18世纪法国国家监狱,是封建专制制度的象征。1789年7月14日巴黎人民起义,攻破巴士底监狱,从此开始了震撼全欧的法国大革命。

司各特 (1首)

华尔特·司各特（Walter Scott, 1771—1832），英国小说家，诗人。生于爱丁堡的苏格兰古老家族，父亲是律师。他曾在爱丁堡大学攻读法律，毕业后成为律师，当过塞尔扣克郡副郡长、高等民事法庭庭长等。司各特从小喜爱民间文学和民间传说，擅长于写叙事诗。1805年第一部长篇叙事诗《末代行吟者之歌》问世，给作者带来声誉。此后又写过《玛密恩》(1808)、《湖上夫人》(1810)等七部长诗。由于浪漫主义天才诗人拜伦的出现，司各特意识到无法同他争胜，而开始改写历史小说，并取得了重大成就。在他所写的27部历史小说里，广阔地反映了从中世纪到资产阶级革命时期的社会风貌，表现了封建贵族间的矛盾以及苏格兰人民反抗英国当局统治的民族斗争。其中以《艾凡赫》最为著名，对后世文学界产生过重大影响。

司各特留下的抒情诗不算很多，但在他的小说和叙事诗里，常有一些精彩的片断，受到人们的赏识。

安歇的时分 [1]

司各特

红日西沉低悬在湖边，
小鸟停息了歌唱鸣啭，
山岭已染上深红的晚霞，
可雷欧纳德[2]还没有回还。
所有辛劳忧虑的人们，
白日曾告别亲人离开家园，
此时可沐浴在夕阳之中，

---

[1] 本诗选自悲剧《德佛哥尔之死》(The Doom of Devogoil)第一幕第一场，1830年版，标题为编者所加，主题与第186首相同，写少女的期待。

[2] 雷欧纳德（Leonard）亦译为伦纳德，一骑士姓氏。

静静地依偎在心上人身边。

塔楼上那位高贵的夫人
正盼着她勇敢的骑士回转,
眼望西天落日的余晖,
欲发现铠甲明光闪闪。
那个山村少女正在手搭凉棚
遮挡最后一缕耀眼的光线,
她站在路上急切地张望。
张望她的科林[1]那件黑色衣衫。

野天鹅白日里各自东西,
此刻正游向失散的侣伴,
母鹿紧紧地依偎着牡鹿,
漫步在浓密的树丛之间。
云雀回巢紧挨着配偶
唱着终了曲迎接夜晚——
白天分离的此时都相会,
可雷欧纳德还没有回还。

(曹明伦 译)

司各特擅长于写历史小说和长篇叙事诗。他留传下来的抒情诗,大多是小说、戏剧或叙事诗中的片段。比如他在小说《昆丁·达沃德》第四章里有一首《小夜曲》,抒写女主人公对情人的怀念:

盖伊伯爵啊!时间快到了,
　太阳已离开了草原,
　柑橘花把芬芳送进闺房,

---

[1] 科林(Colin),该骑士名字,系尼古拉(Nicholas)的昵称。

> 微风吹拂着海面。
> 整天歌声缭绕的云雀此时停止了吟唱,
> 歇息在情侣的身旁;
> 微风,鸟儿,花儿都在向神剖白,
> 可是盖伊伯爵在何方?

我们这里所选的《安歇的时分》同《小夜曲》内容相似,但感染力要强得多。司各特的这首诗选自悲剧《德佛哥尔之死》,抒写女主人公盼望她的骑士回来的急切心情。诗里的两句把这题旨点得很明确:"塔楼上那位高贵的夫人,正盼着她勇敢的骑士回转。"这首诗带有浓郁的抒情味。这是因为诗人前前后后采用了大量铺叙手法,以各种景象来渲染人物的心理。一是以自然景物和人物加以衬托:红日西沉,小鸟归巢,这是个令人思家思亲的时刻。此时山村少女也在急切张望她的科林,这与女主人公的心理是一致的,这是正衬。与此同时,诗人一连写了三种雌雄不离的动物:野天鹅、母鹿、云雀,它们都成双成对地迎接夜晚。再写了"辛劳忧虑的人们"此时可以"依偎在心上人身边",唯独女主人公所盼的骑士没有回来,这是一种反衬。这样反复地从正面、反面来烘托出一种浓郁的缠绵气氛,从而突出体现了女主人公盼亲不至的怅惘和失望。

这种写法不禁使我们想到我国古典诗歌中常见的黄昏怀人的境界。比如:"君子于役,不知其期。曷至哉!鸡栖于埘,日之夕矣,羊牛下来。君子于役,如之何勿思!"(《诗经·王风》)又如:"昨夜西风凋碧树,独上高楼,望尽天涯路。"(晏殊)"落花人独立,微雨燕双飞。"(晏几道)"梧桐更兼细雨,到黄昏,点点滴滴。这次第,怎一个愁字了得?"(李清照)司各特的这首小诗,似乎各类兼有,显得更加情深意浓。　　(麦歧)

柯勒律治(2首)

塞缪尔·柯勒律治(Samuel Coleridge,1772—1834),英国19世纪湖畔派诗人。他少孤,由亲戚抚养,被送到剑桥大学读书。他自幼博览群书,兴趣广泛,对于宗教、哲学、政治、文学涉猎很深。与华兹华斯相似的是,他们在青年时代都热烈赞扬1789年的法国资产阶级大革命。在巴士底狱被攻破时,柯勒律治写了《巴士底狱的陷落》(1789)来颂扬法国革命,还在报刊上发表反驳勃克的诬蔑法国大革命的文章。他在剑桥大学读书时,与在牛津大学读书的骚塞相识,和一些思想激进的青年曾计划到美洲的原始森林中去建立一个"人人真正平等"的"平等邦"。这个乌托邦的计划在青年中有很强的号召力。

1792—1793年,法国革命政府推行平民极端政策,对于不忠于共和国的人员,以及一切可疑分子进行逮捕和镇压,造成恐怖气氛。加之拿破仑穷兵黩武,在国外发动侵略战争,势倾全欧。在法国侵略瑞士时,柯勒律治满怀愤慨,从而对法国革命感到幻灭和失望。

1797年,柯勒律治住到英国西北湖区,与旧友华兹华斯成为近邻。两人合作,出版了一部《抒情歌谣集》(1798)。其中共收了23首诗,著名的《古舟子咏》即在此集中。

柯勒律治写诗不多。他的《古舟子咏》《忽必烈汗》和《克利斯托贝尔》三首诗久为读者所传诵。他的盛名建立在极少数的诗作之上,与骚塞写了大量的诗却诗名不高,形成有趣的对比。他大胆开拓诗的疆土,重视精神因素。体裁新颖,音节节奏感很强。

柯勒律治还是个文学评论家,著有《文学传记》,在欧洲文学批评史上也享有很高地位。在语言上,他强调使用"有教养人的语言",与华兹华斯提倡用农村普通人语言的宗旨迥然不同。在对待劳动人民的感情上,他是有逊于华兹华斯的。虽然同属于湖畔派,但他们的文学观点、作品风格也是不相同的。

忽必烈汗

——梦中幻景,片断——

柯勒律治

忽必烈汗在哈拉布都
下令造座堂皇的乐官。

那地方,阿尔发圣河
流经深不可测的壑洞。
注入不见阳光的海中。

于是高墙和瞭望塔,
把十里沃土围拢。
于是那些皇宫花园,
却因这蜿蜒的溪河,
增添着美丽和明艳。
芳香的花树在盛开,
那与群山同寿的森林,
拥抱着阳光灿烂的绿树草场。

啊,那深邃神秘的裂穴
沿着那青青的小山,
横穿过一片雪松林。
荒凉的旷地,圣洁迷人。
残月的影儿下,有女子
哭泣着寻找冥间的情人。
这个裂穴,不停地骚乱翻腾。
似乎这大地在喘息悸动。
巨大的喷泉时刻变成瀑布奔流。
这瀑布迅猛地喷射冒涌,
吐出的石块如同弹跳的冰雹,
又如打禾棒下带糠皮的谷粒,
在跳动的山石中
神圣的溪河腾跃迸发。

圣河迂回弯曲流回五里,

往前经过树林和山谷,
到达深不可测的洞窟,
喧嚣中沉落在没有生命的海洋。
从那喧嚣中,忽必烈汗听到远方,
祖先们喊叫预言着战争的声响。

这座乐宫倒影的幻象,
在海波浮面上荡漾。
这里听得到清泉和山洞,
飘来的音韵节拍的交响。
这是精心设计的奇迹,
冰雪封洞,出现这座阳光灿烂的乐宫。

我在一个幻象里见到
一位手操洋琴的姑娘。
她是个阿比西尼亚少女,
弹琴唱着阿伯拉山之歌。
如果我心中能够重温,
她的乐曲和她的歌唱,
那悠扬而响亮的音乐,
那浓烈的欢乐赢得我的心。
因此我能造一座空中乐宫。

那阳光灿烂的乐宫,那些冰封的山洞。
只要听到乐声,将能看见这些。
他们将会喊叫:当心,当心!
瞧他那闪亮的眼睛,飘动的发卷,
请围绕他走上三圈。
但你可得虔诚地合起双眼,

因为他是饮着甘露长大,

一直饮用天堂里的乳汁。

(茅于美 译)

柯勒律治为人懒散。他自青年时因身体不适而遵医嘱吸服鸦片,渐渐上瘾,自云于此中获得诗的灵感,信笔写出片断的诗,往往随兴之所至,不求其完成终篇。在1797年夏天,他隐居在一个农庄里。有一天,他读了游记编纂家塞缪尔·坡恰斯的著作《坡恰斯旅程》,看到一段话说:"忽必烈汗下令造一座皇宫和一座美丽的御花园。他叫人把十英里肥沃的土地用墙围起来。"读后,他吸服鸦片,迷迷糊糊睡了三个小时。他在梦中看到各种意象和境界出现在眼前:皇宫花园造在阿尔发圣河的旁边;圣河流经壑洞,注入大海;皇宫花园因圣河的滋养使花园香花茂盛,森林葱郁,静寂无人,只有在月夜,听到有女子哭泣着寻找她在冥府阴间的情人。这里有大喷泉,汇合成为奔流的大瀑布,喧嚣飞腾,忽必烈汗仿佛听到祖先预告他战争将要来临的信息。柯勒律治还见到一个幻象,是一位阿比西尼亚少女弹琴歌唱阿伯拉山的歌,她悠扬的音乐震撼人心。

诗中所描写的意象都是不平凡的,是梦想家的遐想,但给人以绚丽的画面。柯勒律治与华兹华斯同属湖畔派,但两人的诗歌题材与风格颇不一致。华兹华斯写普通人的日常生活,语言质朴无华,风格恬静平淡;柯勒律治写神秘怪诞、幻梦中的情景,语言富丽多彩,色调浓艳。华兹华斯写平凡的故事,写来富于不平凡的情调,趣味隽永;柯勒律治则把一些神奇荒诞故事写得平凡而真实,读来似乎可信。两人对比亦颇有趣。

《忽必烈汗》是他服鸦片入睡后的所闻所见,醒后捉笔成诗。正在此时,忽有客人来访,他的写作被打断了。客人走后,他回到书房,懊丧地发现除了以上所写的一些模糊的影像之外,一切都消失得没有踪影了。虽然诗仅五十五行,但留下的零散意象,虽是东方古老的景色,却也充满浪漫主义的幻觉和奇谲的影像,赋予大自然以强烈的魅力,读之颇令人难忘。尤其是把忽必烈汗的宫殿放置在溪河、山林、岩石、鲜花之间,把皇宫写来有若蓬莱仙境,既庄严富丽,却又幽邃高雅。这里听不见一般宫中皇帝升位、群臣朝拜、山呼万岁之声,不是婀娜的嫔妃宫女和饮宴及乐舞的挥霍享乐,有的只见月夜的哭泣的孤女,只有手弹洋琴的姑娘,所以给人以幻梦的美,超俗的意趣,读者也似乎做了一次梦游。这也可以想见柯勒律治对东方世界的美的向往,也意在言外的企图暂时逃避西方物质文明的社会,而存有隐遁山林的心理状态。而这正是湖畔派的共同追求,与东方诗人的隐逸心情有相通之处。　　　　(茅于美)

在无望中工作

柯勒律治

大自然中谁都在工作,蜗牛离开窝洞,

鸟儿们在飞翔,蜜蜂乱嗡嗡——

而那旷野地上休眠的寒冬

含笑的面庞带着春天的梦!

这时光的我,是唯一的悠闲者:

无须酿蜜,不用觅偶,不必造房或歌唱。

但我熟知紫苋开花在什么河岸,

但我也能追溯到神酒的泉源。

开花吧,紫苋啊!为他人而开吧。

不要为我开放!流走吧,饱满的甘泉,流走吧。

我徘徊漫步,嘴唇干枯,眉额光秃。

是什么蛊惑住我的灵魂,你可知晓?

在无望中工作,如同神酒在细筛中流掉。

没有目的的希望,哪能长存永葆?

(茅于美　译)

沮丧绝望的心情是很难描绘的。这首《在无望中工作》却独辟蹊径。诗人作为大自然的冷漠的观赏者,对比生意盎然的万物和颓丧消极的个人,产生出奇制胜的效果。

诗的开始给我们描绘出大自然蓬蓬勃勃的景色。你看,一切都是喧闹的:蜗牛在地上蠕动,鸟儿在天空飞翔,蜜蜂在花丛嗡嗡作响。冬天过去了,休眠的地上呈露出春天的笑容。多么欢腾的世界啊。春光来临,动物植物都呈现一派生机。在这五彩缤纷的美好时辰,人们也都喜气洋洋地编造各人美好的生活。

可是我呢?却是唯一的一个无事可做的大闲人。我无须谋生,无须觅偶,更无须营造我的安乐窝。因为我已没有追求,没有希望,心灵已如槁木死灰,生命之泉也已枯竭。所以美好的大自然,你照常运转吧。但你运转的目的是为了别人,而不是为我。因为假使这美景为我所设,那么就如同美酒琼浆从细细的筛子中白白流掉,将是毫无意义的虚设。

这诗抒发出一种无可奈何的情绪,并没有说出这颓唐的情绪缘何而来。有"眼枯即见骨,天地终无情"的意思,把个人在美景良辰当前,却更感孤清的心理状态写得入木三分,耐人寻味。　　　　(茅于美)

骚塞 (1首)

罗伯特·骚塞(Robert Southey,1774—1843),商人之子,自幼喜读神话故事和民间传说。中学时代,因反抗学校的鞭笞制度,写题为《鞭挞》而被开除。入牛津大学,与柯勒律治交友,曾做过"平等邦"的计划。青年时代的骚塞思想是非常激进的。与华兹华斯及柯勒律治相似,骚塞原来也是启蒙主义的信徒。经历了法国大革命的恐怖时期以后,他感到悲观、幻灭,思想发生倒退。1796年,他放弃了激进主义,转而从事民间文学创作的研究。1803年,他住到湖区,写了很多歌谣和富有民间文学格调的短诗,作品充满了恐怖感和幽默感。

骚塞写过不少散文,著有论文集《关于社会进步和道义的对话》《道德的政治》等书,阐明他的保守主义观点。他认为英国的工业化所带来的机器文明和工厂制度给工人、农民带来的是灾难而非幸福。他提倡保护农业,普及教育,设立失业救济制度,实行明智的移民政策等社会福利设施,表示了他对改造社会的想法。

书斋咏怀
骚 塞

和古人相亲的日子已经逝去,
向着我的四周我默默凝视。
不管我的眼光落到哪里,
都与古人宏伟的心灵相遇。
他们是我忠贞不渝的朋友,
他们是我天天晤谈的伴侣。

  幸福时,他们给我以欢乐,
灾难中,他们给我以安慰。
每当我理解到并且感受着,
对他们负有多少歉疚,
我的双颊就常常
因感恩而泪痕湿透。

我的思想与古人相通,
我竟生活在那久远的时代。
敬慕古人的德操,谴责古人的过谷,
分担他们的希望和忧愁。
而且怀着谦虚的心情,
吸取他们的教训和感受。

  我的期望与古人相同,
我即将走进古人的行列,
我将与他们一齐迈步,

走向茫茫的未来岁月。
我相信,这里留下来的名字,
将不会与灰尘一同泯灭。

(茅于美 译)

英国三位湖畔诗人之中,华兹华斯的地位最显;柯勒律治次之,他的诗多属片断即兴之作,但很奇特,富有幻想的魅力;骚塞写诗最多,诗名不高。所以英国评论家说:没有人的诗名建筑在比柯勒律治这样少量的诗作上的了,也没有人像骚塞写诗那样多而成就又那么小的了。骚塞写诗用的体裁较多,如自由体、不规则但有韵律的诗段、歌谣体等,这些他都挥洒自如。他的历史和地理知识异常丰富。他是个渊博的学者,善于从古书中寻找素材。那些英雄故事、神话传说使他的诗思左右逢源,内容比较广泛,但缺乏对人物内心的刻画。

这首《书斋咏怀》倾诉了作者与世俗格格不入,在故纸堆中寻找知音,发思古之幽情的心情,思想感情比较真挚。在这里,诗人表现了超脱的胸襟,十分自信地认为自己的著作会不朽的,与书架上的古人书同样会永存,"将不会与灰尘一同泯灭"。这样的思想在中国诗中是寻常见到的,所谓:"千秋万岁名,寂寞身后事",但在西方诗中却是少有的。

为什么骚塞会有这种自信呢?这不是没有来由的。我们知道,骚塞与那些有灵感激情才写诗的诗人不同。他是个踏踏实实钻研学问的学者。他赞美英雄,写过像《圣女贞德》(1790)的诗,赞扬法国抗英女英雄贞德;写过像《瓦蒂·泰尔》(1793),歌颂1381年的农民起义等史诗般的诗。他还是个传记家,写过《纳尔逊传》《班扬传》《未受过教育的诗人传》,以及其他文人传记多种。其《纳尔逊传》被公认为经典之作。柯勒律治曾把骚塞称誉为"传记学家"。骚塞还是位历史学家,写过《巴西史》和《伊泊利安半岛战役》等史书。他又是位民俗学家,对于原始的少数民族的历史和风俗极有研究,写过有关美国红印第安人、英国古代威尔士人以及不少东方民族的故事。于此可见,他对偏远地区和年代久远的事物是特别有兴趣的。

在我们略知这些背景之后，对于《书斋咏怀》这首诗就会有进一步的了解。骚塞是一位在我国长期受到很不公平的评论的作家，因为他曾被封为英国桂冠诗人，因为他曾写过赞扬英王乔治第三的诗《审判的幻景》，因为他曾与拜伦有过激烈的论战……而被打入冷宫。其实许多问题有待深入地研究。尤其是像骚塞这样的作家，国内知之不详，更需要多读他的著作，才可以避免人云亦云，做出公正的评论。　　　　　　（茅于美）

拜伦 (11首)

乔治·戈登·拜伦（George Gordon Byron, 1788—1824），英国浪漫主义诗人。出身贵族家庭，十岁时继承了家族的爵位、领地，曾在剑桥大学学习过。

拜伦12岁开始写诗。20岁前后，曾到西班牙、葡萄牙、阿尔巴尼亚、希腊、土耳其等地游历，开阔了眼界，广泛接触了社会生活，写了著名的《恰尔德·哈洛尔德游记》（一、二章），从此名扬诗坛。

拜伦不仅是个才气横溢的诗人，而且也是驰骋疆场的勇士，一生积极参加政治斗争。早在1812年英国爆发工人运动时，他就以议员身份，在上议院发表演说，严厉谴责政府处死暴动工人的法令，并写了政治讽刺诗《"反对破坏机器法案"制定者颂》。1817年迁居意大利后，又参加了秘密组织烧炭党人反抗奥地利统治的民族斗争。1823年，诗人为了支援希腊的民族解放斗争，自己出资装备了一支军队，搭乘战斗舰，奔赴希腊，投身到反抗土耳其反动统治的战斗中。他在组织、领导军事斗争中发挥了重大作用，受到希腊人民的热烈欢迎，被授予总司令的称号。可惜，第二年他在沼泽地患热病去世，临死前，诗人在呓语时还高呼："前进，前进，勇敢些！"希腊人民对拜伦的逝世极为哀痛，把他的逝世日（4月19日）宣布为国丧日。

拜伦在为民主自由和民族解放的理想战斗时，把创作当作重要武器。他的长诗《青铜世纪》对镇压欧洲民族革命的"神圣同盟"进行了有力的抨击。哲理剧《该隐》利用圣经故事表达了反抗教会专制的思想。

未完成的长篇诗体小说《唐·璜》通过青年贵族唐·璜游历欧洲时所接触的广阔的生活画面,对封建主义、资本主义的虚伪、腐朽进行了辛辣的嘲讽,气势宏伟、意境开阔,充满积极浪漫主义色彩,是欧洲文学史上罕见的杰作。

但是,拜伦世界观的核心始终是资产阶级个人主义。他蔑视群众、孤僻高傲、刚愎自用、愤世嫉俗,他信奉的宗旨是"个人奋斗"。因此,当革命进入低潮,遭到失败时,往往彷徨苦闷,悲观失望,沦于虚无主义。这些矛盾复杂的因素使他作品中(如《东方叙事诗》)的主人公大多成为高傲、坚强不屈,然而又是孤独、阴郁的个人反抗者,所谓"拜伦式英雄"。

拜伦的诗作在数量和类型上都很丰富,主要是长篇的诗体小说、诗剧、叙事诗等。短篇抒情诗在创作中数量不算很多,大多是属于哀歌情调的,如悼亡、怀古、忆旧,对爱情和身世的悲叹,或抒发孤傲不屈的叛逆之声,带有忧郁色彩。但在他的一些政治抒情诗和讽刺诗里却充溢着反抗的精神和磅礴的激情,闪烁着理想和战斗的光彩。

拜伦诗在欧洲,在全世界产生过深远影响。别林斯基称他为"高不可及的雄伟诗人"。

只要再挣扎一下

拜 伦

1

只要再挣扎一下,我就会解脱
　　这割裂我内心的阵阵绞痛;
最后一次对爱情和你长长地
　　叹息,我就再回到忙碌的人生。
我如今很宜于和一切往还,
　　尽管它们以前从未使我喜欢;
虽然世上的乐趣全飞逝了,
　　还有什么悲哀能再使我心酸?

2

给我拿酒来吧,给我摆上筵席;

  人本来不适于孤独的生存:

我将做一个无心的游荡子

  随大家欢笑,不要和人共悲恸。

在珍惜的日子里我不是如此,

  我原不会这样,如果不是你

逝去了,把我孤独地留在这儿;

  你化为虚无——一切也失去了意义。

3

我的竖琴枉然想轻快地呼吸!

  被"忧伤"所勉强做出的笑容

有如覆盖在石墓上的玫瑰,

  不过是对潜伏的悲哀的讥讽。[1]

虽然我有快活的友伴共饮

  可以暂且驱遣满怀的怨诉,

虽然欢笑点燃了发狂的灵魂,

  这颗心呵——这颗心仍旧孤独!

4

很多回,在幽寂可爱的晚上,

  我有所慰藉地凝视着天空,

因为我猜想,这天庭的光辉

  正甜蜜地照着你沉思的眼睛;

常常的,当新西雅[2]高踞天空,

  当我驶过爱琴海的波涛,

---

[1] 玫瑰原是爱情的象征,但它覆盖在坟墓上时,只能引起人对失去爱情的悲痛。

[2] 新西雅,月亮女神。

我会想:"赛莎在望着月亮"——
　　呵,如今,它在她的墓上闪耀!

5

当我躺在病痛失眠的床上,
　　高热在抽搐我跳动的血管,
赛莎不会知道我的痛苦,
　　我疲弱地说:"这倒是一种慰安。"
仿佛把自由给予多年折磨的
　　奴隶,是一种无意义的恩赐,[1]
悲悯的造化白白给了我
　　生命,当赛莎已经与世长辞!

6

我的赛莎给我的一件定情的
　　证物,当生命和爱情还正鲜艳!
呵,如今你看来已多么不同![2]
　　时间给你染上了怎样的愁颜!
那和你一起许给我的一颗心
　　沉寂了——呵,但愿我的也沉寂!
虽然它已冷得有如死人,
　　却还感到,还痛于周身的寒意。

7

你酸心的证物!你凄凉的表记!
　　尽管令人难过,贴紧我的前胸!
好好保存那爱情吧,使它完整,
　　不然就撕裂你所贴紧的心。

---

[1] 对于被折磨得衰迈垂死的奴隶,自由已无多大意义。
[2] 你,指赛莎赠给诗人的定情物。

时间只能冷涸，但不能转移

　　爱情，它因为绝望而更神圣；

呵，千万颗活跃的爱心怎能够

　　比得上这对于逝者的钟情？

（穆旦　译）

　　这是一首深沉的悼亡诗，为一个名叫赛莎的女子而写。赛莎究竟是谁？她和诗人交往的始末，都已难于考查。但拜伦曾为她的死悲痛欲绝，写过《给赛莎》《去吧、去吧》《你已经长逝》等一系列哀悼的诗篇，有些拜伦研究者称其为"赛莎组诗"。从这些诗中可以推测，赛莎大约是诗人早年心目中的第一个情人，他们相恋于诗人去东方游历（1809年）之前，等到诗人回国时赛莎已经去世。在赛莎卧病不起直到临终，诗人一直未在她的身边，这使诗人遗恨无穷，分外悲痛。这组诗约写于1811年10月，诗人回国不久时。

　　这首诗写得情思缠绵、哀婉凄楚，把失去情人的苦痛、无尽的怀念、不渝的忠诚表现得十分感人。无论是白天与友伴纵酒高歌，还是夜晚独自望月；无论是做个"游荡子"强颜欢笑，还是昏卧病榻忍受失眠和病魔的熬煎，诗人一时一刻也没有忘却过赛莎。最后两节，触物伤情，感情更加沉痛。

　　不过，诗人在实际生活上还是"挣扎"出来了，他后来的战斗生活证明了这一点。

（许自强）

耶浮沙的女儿

拜　伦

1

既然我们的国家，我们的上帝，

噢，父亲！都要你的女儿死亡，

既然你用誓言取得了胜利——

请用刀刺进我袒开的胸膛！

2

于是我的悲恸不再发出声音,
故乡的山峰不再有我的足迹;[1]
哦,是我所爱的手使我丧命!
我绝不会痛的,在你那一击里!

3

相信吧,我的父亲!相信这句话:
你的孩子的血是纯净的,
它和我所祈祷的福泽一样无瑕,
它纯净有如我最后的思绪。

4

别管撒冷[2]的少女的悲声,
英雄和法官呵,任她们哀求!
我已经为你赢得伟大的战争,
我的父亲和祖国获得了自由!

5

等你赋予的血液已经流完,
等你所爱的这声音沉寂了,
让我留下的记忆使你心欢,
别忘了我死的时候含着笑!

(穆旦 译)

耶浮沙是古代以色列的一个士师,曾应基里艾德的长老之请,率众抵抗阿芒人的入侵,终于获胜。在胜利前,他曾向神耶和华宣誓,将以回国时遇到的第一个从家门出来的东西焚毁祭神。胜利后,他在家乡近处遇到一群欢迎他的少女,而在行列最前面拿着鼓舞蹈的,就是他那唯一

---

[1] 耶浮沙之女死前,曾与她的女伴到山上去了两个月,为她的童贞之死悲恸。
[2] 撒冷,耶路撒冷的古称,以色列的政治和宗教中心,相传耶稣被钉死于此。

的女儿。他撕裂自己的衣服,悲痛欲绝,但又不能违背对神的誓言。他的女儿请求和女伴在家乡的山中哀悼自己的命运两个月,然后慷慨牺牲了自己。此后,以色列的女子每年都要为耶浮沙之女哀哭四天。(详见《旧约·士师记》第11章)

诗人运用传统的圣经故事,塑造了一个深明大义、可歌可泣的少女形象。她临死前含笑的自白,如怨如诉,淋漓尽致地表现了她强忍悲痛安慰他人的矛盾复杂心理。她为自己的飞来横祸,为她年轻生命的夭折而伤心。但她更多想到的是,千方百计宽解那比她更悲痛的父亲以及她的友伴。她先是以战争取胜、国家自由、死得其所晓以大义,再以所爱之手使其丧命,死也心甘,聊作慰藉,继而以自己血的纯净表明誓约将灵验,最后含笑长眠,希望冲淡亲人的悲痛。理性与情感交织一起,写得哀婉凄切,诚挚动人。这里面虽然蒙有一层宗教迷信的色彩,但终掩盖不住她那热爱祖国、热爱亲人的圣洁感情的光彩。这同拜伦同情被压迫民族解放斗争的思想是相通的。

这首诗收集于《希伯来歌曲》中。"希伯来"一词指犹太人。《希伯来歌曲》是拜伦抒情诗中的珍品,由24首抒情诗组成,大多是歌唱犹太教《圣经》中的故事。但往往贯穿着当代欧洲社会现实的主题,借用宗教的题材和语言来表达诗人的革命思想。本篇即属此类。　　(许自强)

普罗米修斯

拜　伦

1

巨人!在你不朽的眼睛看来
　　人寰所受的苦痛
　　是种种可悲的实情,
并不该为诸神蔑视、不睬;
但你的悲悯得到什么报酬?

是默默的痛楚,凝聚心头;

是面对着岩石,饿鹰和枷锁,

是骄傲的人才感到的绞割,

还有他不愿透露的心酸,

那郁积胸中的苦情一段,

  它只能在孤寂时吐露,

而就在吐露时,也得提防万一

天上有谁听见,更不能叹息

  除非它没有回音答复。

2

巨人呵!你被注定了要辗转

  在痛苦和你的意志之间,

   虽然不死,却要历尽苦难;

而那木然无情的上天,

那"命运"的耳聋的王座,

那至高的"憎恨"的原则[1]

  (它为了游戏创造出一切,

   然后又把造物一一毁灭)

甚至不给你死的幸福:

"永恒"——这最不幸的天赋[2]

是你的:而你却善于忍受。

司雷的大神[3]逼出了你什么?

除了你给他的一句诅咒:

---

[1] 以上三句的意思,都是在诅咒天神的苛酷无情,命运安排不公,不辨善恶,把仇恨作为至高的行动准则。

[2] 宙斯判定普罗米修斯的苦刑是永久的,至少要三万年。

[3] 指宙斯。他威力无边,掌管着雷电云雨,能随意降祸赐福。

你要报复你所受的枷锁。

你能够推知未来的命运,

但却不肯说出求得和解;[1]

你的沉默成了他的判决,

他的灵魂正枉然地悔恨;

呵,他怎能掩饰那邪恶的惊悸,

他手中的电闪一直在颤栗。[2]

3

你神圣的罪恶是怀有仁心,

  你要以你的教训

  减轻人间的不幸,

并且振奋起人独立的精神;

尽管上天和你蓄意为敌,

但你那抗拒强暴的毅力,

你那百折不挠的灵魂——

  天上和人间的暴风雨

怎能摧毁你的果敢和坚忍!

  你给了我们有力的教训:

你是一个标记,一个征象,

  标志着人的命运和力量;

和你相同,人也有神的一半,[3]

---

[1] 普罗米修斯是预言家,能预知未来(普罗米修斯一词的原意即为"先见")。他能预知宙斯日后的结局:宙斯如果和一位女神结婚,生一个比他强大的神,他就将被推翻。但普罗米修斯宁受痛苦,也不愿屈服于宙斯的淫威,说出这个秘密;而只要保持这个秘密,宙斯也就不敢杀死他。

[2] 这句形象地写出宙斯降雷电时内心的恐惧。

[3] 据古希腊神话传说,最初的人类是由神所创造。神用泥土构成人的形体,又把灵魂和神圣的呼吸吹送给形体。

>   是浊流来自圣洁的源泉;
> 人也能够一半儿预见
> 他自己的阴惨的归宿;
> 他那不幸,他的不肯屈服,
> 和他那生存的孤立无援:
> 但这一切反而使他振奋,
> 逆境会唤起他顽抗的精神,
>   坚定的意志,深刻的认识;
> 即使在痛苦中,他能看到
>   痛苦就是它本身的酬报,
> 他骄傲地敢于反抗到底,
> 呵,他会把死亡变为胜利。

(穆旦 译)

普罗米修斯是古希腊神话中的一个有名的神。

宙斯曾在普罗米修斯的帮助下推翻了他父亲。他把各种特权分给众神,但对于人类,他不仅不关心,反而认为太愚蠢,要把他们毁灭,另行创造新的人类。普罗米修斯同情人类的苦难,他把天上的火偷来送给凡人,并且把科学、艺术、医术、占卜等都传授给人类,使他们有了技术、知识和智慧,能战胜一切困难和危险,享受文明与幸福的生活。宙斯为这件事很恼怒,把普罗米修斯绑在高加索悬崖上,每天派一只鹰来啄食他的肝脏,晚上又使肝脏长好,使他不断遭受难熬的痛苦。

普罗米修斯的故事在西方有着极大的影响。从古希腊悲剧开始,历代许多诗人、作家都不倦地描写过这一题材,把普罗米修斯当作舍己为人、自我牺牲崇高精神的化身。马克思称他为"哲学的日历中最高尚的圣者和殉道者"。(《〈博士论文〉序》)

拜伦从小崇拜普罗米修斯,曾说普罗米修斯的形象经常在他的头脑里盘旋。在他各个时期的诗篇里,普罗米修斯的一生,他那蔑视权贵、孤标傲世的性格,他那为别国民族解放斗争而献身的精神,同普罗米修斯确实有着某些相似之处。正像别林斯基所说:"拜伦是我们这个时代的普罗米修斯,锁在山崖上,被兀鹰啄食着脏腑。这个伟大的天才,在他的高山上向前瞭望。但是,他在朦胧闪烁的远方并没有看到什么未来的乐土。于是,他就诅咒当代,宣布自己对当代的不可调和的、永恒的敌意。他关怀着千百万人的苦难,他热爱人类。但他也蔑视和憎恶凡俗的世人,在这些人中间,他感到自己是孤独的,是为他们所摈弃的。他骄傲地战斗着,怀着不朽的悲痛……他是新精神的代表,他为了人类而战斗。"

这首诗突出描写了普罗米修斯所遭受的巨大、深沉的苦难,热情地颂扬了普罗米修斯在逆境中坚韧不拔的意志和大无畏的献身精神,对上天的最高统治者宙斯进行了猛烈的抨击。诗中普罗米修斯的形象成了人类"命运和力量"的象征:不管怎样的灾难降临,人类总能奋力对抗,甚至以死达到胜利。这里显然融进了诗人切身的感受。

本诗写于1816年7月,正是诗人因婚姻事件遭到恶毒围攻和陷害,被迫离开英国不久。从某种意义上看,诗人正是借普罗米修斯之口吐露自己内心的痛苦和愤懑,也从普罗米修斯的榜样中吸取了教训和力量。　　　(许自强)

想从前我们俩分手

拜　伦

想从前我们俩分手,
　　默默无言地流着泪,
预感到多年的隔离,
　　我们忍不住心碎;
你的脸冰凉、发白,
　　你的吻更似冷冰,
呵,那一刻正预兆了
　　我今日的悲痛。

清早凝结着寒露,
  冷彻了我的额角,
那种感觉仿佛是
  对我此刻的警告。
你的誓言全破碎了,
  你的行为如此轻浮:
人家提起你的名字,
  我听了也感到羞辱。

他们当着我讲到你,
  一声声有如丧钟;
我的全身一阵颤栗——
  为什么对你如此情重?
没有人知道我熟识你,
  呵,熟识得太过了——
我将长久、长久地悔恨,
  这深处难以为外人道。

你我秘密地相会,
  我又默默地悲伤,
你竟然把我欺骗,
  你的心终于遗忘。
如果很多年以后,
  我们又偶然会面,
我将要怎样招呼你?
  只有含着泪,默默无言。

1808　（穆旦　译）

　　拜伦,这位伟大的浪漫主义诗人,在他短暂的一生中,一直置身于爱情的旋涡和政治的旋涡里。这似乎形成一种难以解释的矛盾,因为前者是人类隐奥的情感世界,带有强烈的个人色彩;而后者则带有强烈的集团意识和功利性。因为诗人的禀赋往往有着不可按捺的自由意识,所以他必然为着获得真实的感情与真实的人生而袒露和奉献自己。但是,现实世界以其强大和复杂,构成难以逾越难以变革甚至难以评说的客观存在,诗人的主观世界难以与之和谐交融,他也便有着难以排遣的痛苦。何况,爱情天地中那些感情的流云与细雨、雷霆与风暴,往往以鲜明的个性方式存在着,我们感觉到的会永远多于理解到的。

1815年拜伦同安娜·密尔班克小姐结婚,她的褊狭和伪善同诗人的真诚坦荡水火不容。婚恋的离异,不仅给诗人的心灵以创伤,而且遭到世俗势力的抨击。诚如他自己所说:"我撤退了,但这还不够,在异国——在瑞士,在阿尔卑斯山的阴影下,在澄碧的湖水边——我还被同样的瘟疫所追逐和吹拂。我翻过山岭,但还是一样;因此我走得更远些,小居在亚得里亚海的波涛之旁,像一只被围猎的鹿要去到水边一样。"然而,诗人的心是难以圈囿的,嗣后他又有一次次心灵之火的燃烧,又有一次次爱情的悲欢离合。他说:"当记忆叫叶子重新发芽,爱情的叶子还会吐绿。"其实,他的爱情的一片片新绿,并非生于记忆的扉页上,而是长于生命的田野上,诗人的生命不息,那一层层爱的新芽总在替代着枯黄的叶子,也许在某种程度上带有昨日的印痕。

《想从前我们俩分手》这首诗是拜伦20岁时创作的,由于爱的真纯,失恋的痛苦也更深切。他以直抒胸臆的方式,表述失恋的悲伤,其中不无谴责:"你的誓言全破碎了,你的行为如此轻浮。"但"我将长久、长久地悔恨。这深处难以为外人道","如果很多年以后,我们又偶然会面,我将要怎样招呼你?只有含着泪,默默无言"。但是,他更多的是追怀与留恋,因而形成了理性与感情的矛盾,表现了灵魂世界的复杂性。那是昙花一现的爱情,也许在昙花一现中有过海誓山盟,那个曾经热恋着的少女的情感,就像白云一样随风飘散,只有诗人如此情重,我们从中不难理解拜伦的性格和气质。

虽然是直抒胸臆式的坦诚,却不是空泛的咏叹,他以感人的细节,表现了感情的细腻和感觉的细微,那分别时的吻似冷冰,"清早凝结着寒露,冷彻了我的额角",都使他预感到离散的结局。

忧伤绵长,怀恋绵长,就冲淡了谴责,爱情的悲剧意味,也便在读者心中更加深切了。

(张同吾)

雅典的少女[1]
你是我的生命,我爱你。

拜 伦

雅典的少女呵,在我们分别前,
把我的心,把我的心交还!
或者,既然它已经和我脱离,
留着它吧,把其余的也拿去!
请听一句我临别前的誓语:
你是我的生命,我爱你。

我要凭那无拘无束的鬈发,
每阵爱琴海的风都追逐着它;
我要凭那墨玉镶边的眼睛,
睫毛直吻着你颊上的嫣红;
我要凭那野鹿似的眼睛誓语:
你是我的生命,我爱你。

还有我久欲一尝的红唇,
还有那轻盈紧束的腰身;
我要凭这些定情的鲜花,
它们胜过一切言语的表达;

---

[1] 拜伦旅居雅典时,住在一个名叫色欧杜拉·马珂里的寡妇家中,她有三个女儿,长女特瑞莎即诗中的"雅典的少女"。

我要说，凭爱情的一串悲喜：
你是我的生命，我爱你。

雅典的少女呵，我们分了手；
想着我吧，当你孤独的时候。
虽然我向着伊斯坦堡飞奔，
雅典却抓住我的心和灵魂：
我能够不爱你吗？不会的！
你是我的生命，我爱你。

（穆旦　译）

在拜伦诸多热烈而美丽的爱情诗中，《雅典的少女》是名篇之一，在我国读者中广泛流传，陶醉过一代又一代痴男怨女的心。

这位雅典的少女叫特瑞莎，拜伦旅居雅典时与之相识，并萌发了炽烈的爱情。《雅典的少女》是拜伦别前的赠语，也是他的真诚的内心独白。这首诗鲜明的艺术特色，其一在于感情的醇厚炽热；其二在于描绘的绚烂传神。诗一开始写别前要"把我的心交还"，旋即笔锋急转："既然它已经和我脱离，留着它吧，把其余的也拿去！"从表面来看，仅仅是欲擒故纵的手法，但诗人一任感情流泻，不会去思考手法，他在客观上却表现出一种心理过程和心理归依：获得与奉献都能表现出爱的真谛，后者往往比前者更说明爱的赤诚。

全诗中神情飞动光彩照人的部分，是以下八行："我要凭那无拘无束的鬈发，每阵爱琴海的风都追逐着它；我要凭那墨玉镶边的眼睛，睫毛直吻着你颊上的嫣红""还有我久欲一尝的红唇，还有那轻盈紧束的腰身；我要凭这些定情的鲜花，它们胜过一切言语的表达"。我们从中感觉到了，在拜伦心中特瑞莎有着无可比拟的美丽。为着这迷人之美，"雅典却抓住我的心和灵魂"；为着这迷人之美，他发誓："你是我的生命，我爱你。"这同中国古典诗词中对爱情的表达是迥然不同的，他没有那缠绵悱恻和含蓄内向，而是更加明朗地触及爱的本质。理论家认为:"爱情是一种复杂的、多方面的、内容丰富的现象。爱情的根源在本能,在性欲,这种本能的欲望不仅把男女的肉体,而且把男女的心理推向一种特殊的、亲昵的、深刻的相互结合。但是爱情又不仅仅是一种本能,不仅仅是柏拉图式的神奇剧、淫欲、直观和精神的涅槃。爱情把人的自然本质和社会本质联结在一起,它是生物关系和社会关系、生理因素和心理因素的综合体,是物质和意识多方面的、深刻的、有生命力的辩证体。"([保]瓦西洛夫:《情爱论》第42页)诗人不同于哲人,诗人靠真实而细微的感知与世界对话,然而他感觉到的与哲人阐释的同样真实丰富。拜伦像许多伟大的诗人一样,拨开了层层理性的功利的浮云,袒露着他的鲜活的生命与火热的心。正因为如此,他的诗句才这样感人。深受中国文化熏染的读者,在观念上把爱情与婚姻缠裹得太紧的心理定式,也许会在拜伦式的情天爱海中,获得心灵的震颤与启迪。

(孟繁琛)

她走在美的光彩中

拜 伦

1

她走在美的光彩中,像夜晚
  皎洁无云而且繁星满天。[1]
明与暗的最美妙的色泽
  在她的仪容和秋波里呈现,
仿佛是晨露映出的阳光,
  但比那光亮柔和而幽暗。[2]

2

增加或减少一分色泽

---

[1] "夜晚""繁星",形容黑色丧服上闪亮的金箔。
[2] 译者原注。这两行参照了马尔夏克的俄译,与原文字面有出入。

就会损害这难言的美，[1]

美波动在她乌黑的发上

或者散布淡淡的光辉

在那脸庞，恬静的思绪

指明它的来处[2]纯洁而珍贵。

3

呵，那额际，那鲜艳的面颊，

如此温和，平静，而又脉脉含情，

那迷人的微笑，那明眸的顾盼，

都在说明一个善良的生命：

她的头脑安于世间的一切，

她的心流溢着真纯的爱情！

(穆旦 译)

1814年夏天的一次舞会上，拜伦见到了威莫特·霍顿夫人。当时她正在服丧，穿着一身缀着金箔的黑色丧服，悄悄地坐在一旁，显得十分美丽动人。她使年青的诗人不禁心驰神往，留下了难忘的印象，第二天写下了这首优美绝伦的名诗。

古往今来，赞颂女性美的诗篇不计其数，大多容易流于俗套，不厌其烦地描摹女子的五官身段，或堆砌一些诸如"花容月貌"之类的陈旧比喻。拜伦就不同凡俗，他充分运用了光和色的强烈效应，把女主人公置身于明暗、黑白的对比中，仿佛在舞台灯光的映照下，在蓝色天幕上衬出的一个端庄秀丽的倩影，幽暗中透着光亮，变幻中呈现柔和，给人以淡雅静穆的别具一格的美感。诗人用夜晚的繁星作比，完全符合女主人公闪光的黑丧服的实际，这种服饰美在当时充溢珠光宝气的贵族舞会上自然少见，就是在现实生活中，在艺术绘画里也并不寻常，

---

[1] 这同我国宋玉赋中所写"著粉则太白，施朱则太赤"意思相近。

[2] 来处，指肉身。

它无疑能给人以新鲜出众之感,还能激发起人们一种神秘而美妙的联想。

"真正的美,是美在它本身能显出奕奕的神采。"法国伟大的思想家卢梭曾这样说过。如果说本诗头一节诗人还只是从光色上给我们一个神秘的身影的话,那么后两节已把镜头逐渐推移,集中到女主人公的头部和面容。而且由外向里,从脸庞的"恬静的思绪""迷人的微笑""脉脉含情"的面容,来揭示女主人公灵魂深处的"纯洁""珍贵"和善良、温情,把形体美、仪容美、风度美、服饰美和心灵美自然地联成一体,令人倾倒。正如罗丹所说:"一个无论如何完美的身体,必须有完美的灵魂才算完备。"别林斯基也说过:"人的外表的优美和纯洁,应当是它内心的优美和纯洁的表现。"这首诗所激起的美感正是双重的、完美的。我们会想到安娜·卡列尼娜穿着黑礼服在舞会上出现时的光彩,还会想到蒙娜丽莎那温柔、善良而神秘的微笑。它们正有异曲同工之妙。

这首诗发表于《希伯来歌曲》中,但它同圣经故事无关。(许自强)

我看过你哭
拜　伦

1

我看过你哭———滴明亮的泪

　　涌上你蓝色的眼珠;

那时候,我心想,这岂不就是

　　一朵紫罗兰上垂着露;

我看过你笑——蓝宝石的火焰

　　在你之前也不再发闪;

呵,宝石的闪烁怎么比得上

　　你那一瞥的灵活的光线。

2

仿佛是乌云从远方的太阳

> 得到浓厚而柔和的色彩,
>
> 　　就是冉冉的黄昏的暗影
>
> 　　　　也不能将它从天空逐开;
>
> 你那微笑给我阴沉的脑中
>
> 　　也灌注了纯洁的欢乐;
>
> 你的容光留下了光明一闪,
>
> 　　恰似太阳在我心里放射。

(穆旦　译)

拜伦这首诗的构思和结构是新颖别致的。

用诗的形式、诗的语言状写哭泣是很难的事,难在注入感情又能把握感情。假如是一种纯客观的描摹,像画家绘制人物肖像,不管怎样灵动逼真,都缺乏诗的意味;假如以旁观者欣赏的目光来描写,容易陷入赏玩的轻佻,诗也不会有较高的美学价值。拜伦则是怀着真挚的感情来赞美一位少女的美丽,用哭泣与微笑相比较、相补充,表现她的妩媚多情、楚楚动人。他抛弃了哭泣的缘由与过程,仅仅抓住那个瞬间——"一滴明亮的泪涌上你蓝色的眼珠",他对动态的捕捉是灵巧的,但这仅仅是直叙,继之是诗人的心理印象:"我心想,这岂不就是一朵紫罗兰上垂着露。"接着描写微笑与之相对应、相补充,其思路和结构都与写哭泣相同。微笑的眸子是明丽生辉光彩照人的,用夸饰的语言来描绘:"蓝宝石的火焰在你之前也不再发闪。"继之又是心理印象:"宝石的闪烁怎么比得上你那一瞥的灵活的光线。"这种赞美是通过具体的比喻来完成的,没有直白倾诉爱慕,但爱慕之情已溢于言表了。

优秀的诗往往是虚实相映、虚实结合的,只有实写会拘泥板滞,只有虚写会轻飘空泛,虚实相融合才能既具体又给人丰富的联想。诗的第一节侧重具体描绘,诗的第二节侧重表现诗人的主观感觉:少女垂泪时的情影,"仿佛是乌云从远方的太阳得到浓厚而柔和的色彩",不直说给心灵的印象太清晰太深刻,而说"黄昏的暗影也不能将它从天空逐开";她的微笑则是光明的一闪,"恰似太阳在我心里放射"。就这样在一首短诗中,哭得妩媚,笑得灿烂,两相对照,从实到虚逐次进层,就把一位少女的纯洁美丽表现得新颖别致而又酣畅淋漓。（孟繁琛）

失眠人的太阳

拜 伦

呵,失眠人的太阳!忧郁的星!
有如泪珠,你射来抖颤的光明
只不过显现你逐不开的幽暗,
你多么像欢乐追忆在心坎!
"过去",那往日的明辉也在闪烁,
但它微弱的光却没有一丝热;
"忧伤"尽在瞭望黑夜中的一线光明,
它清晰,却遥远;灿烂,但多么寒冷!

（穆旦 译）

这首诗颇有中国古典诗歌的韵味,每一个意象都含有双重乃至多重的含义。首句开头就带有相反相成的意趣,太阳原是光明的象征,然而这里的"太阳"却是指幽暗的星星,而且是"忧郁"的星!它只能属于长夜难眠、愁思缠绵的人,可见这种光明是多么可怜。但既是"太阳",总会有一点温暖和光明。这样,诗的一开头就告诉我们这首歌里回荡着忧和喜两种旋律,尽管"忧"是浓重的、实在的,而"喜"是微弱的、虚幻的。

其实,"太阳"同"星"在这里都是一种比喻,是诗人对欢乐的往昔和失去的恋人的感怀。所以下面的诗行都是以星喻人。由星星闪烁不定的微光,想起恋人美丽深情又满含泪光的眼睛;由星星周围浓密的黑夜,想到恋人那哀伤的面容;从星星那抖颤的光亮,想到往昔欢乐的影子。"追忆"给诗人带来一丝慰藉。然而,这些微的暖意毕竟太少,太渺茫了。诗的结尾,诗人似乎把自己人格化为"忧伤",它在祈求着暗夜中的一线光明,怀念着欢乐的过去,这"过去"对诗人来说是"清晰"的,记忆犹新的,也是"灿烂"的,幸福美好的。可惜的是一切已经结束,它们离现实是那样遥远而寒冷,早已是可望而不可即的了。

在这首诗里,诗人抓住了寒星同失去的欢乐的共同点,使景和情巧妙地融合为一,创造出诗意浓郁的悲剧性意境,生发人无穷的联想。有的地方使人可以想得更远、更深。比如那"逐不开的幽暗",既可喻恋人的表情,也不妨联想到墓穴,乃至现实中种种黑暗势力,给人以强烈的压抑感。

这首诗选自《希伯来歌曲》,写于1814—1815年之间,诗中流露出来的凄凉孤独的心境,可能同他前两年恋情上的失意有关,也曲折地反映了当时欧洲民族解放运动遭受挫折后,诗人内心的矛盾和苦闷。

(许自强)

今天我度过了三十六年 [1]
（一八二四年一月二十二日,米索朗吉）

拜 伦

是时候了,这颗心该无所惑,
　　既然它已不再感动人心;
可是,尽管我不能为人所爱,
　　我还要寄情于人!

我的日子飘落在黄叶里,
　　爱情的花和果都已消失;
只剩下溃伤,悔恨和悲哀
　　还为我所保持!

---

[1] 这首诗是拜伦参加希腊民族解放战争时,在他36岁生日那一天写成的。这以后,他被任命为征讨利潘杜远征军总司令,直到4月19日去世前为止,没有写过其他诗篇。

那郁积在我内心的火焰
　　像一座火山岛那样孤寂,
没有一只火把过来点燃——
　　呵,一个火葬礼!

希望,恐惧,嫉妒的忧烦,
　　爱情的那崇高的一半
痛苦和力量,我都没有尝过,
　　除了它的锁链。

呵,但何必在此时,此地,
　　让这种思绪挫我的精神:
荣誉正装饰着英雄的尸架,
　　或者鼓舞着他的心。

看!刀剑,军旗,辽阔的战场,
　　荣誉和希腊,就在周身沸腾!
那由盾牌抬回的斯巴达人[1]
　　何曾有过这种驰骋。

醒来!(不,希腊已经觉醒!)
　　醒来,我的灵魂!想一想
你的心血所来自的湖泊,[2]
　　还不刺进敌人胸膛!

---

[1] 古希腊的斯巴达人以英勇著称。斯巴达母亲在送儿子出征时,交给他盾牌说:"带回这个盾,不然就躺在它上面回来。"意指战死后由盾牌抬回,这才被认为是光荣的。
[2] 拜伦认为自己承继的是古希腊文化的光辉传统,故愿将希腊称为自己的祖国,以希腊的敌人为自己的敌人。

踏灭那复燃的情欲吧，
　　　　没出息的成年！对于你
　　美人的笑靥或者颦眉
　　　　应该失去了吸力。

　　若使你对青春抱恨，何必活着？
　　　　使你光荣而死的国土
　　就在这里——去到战场上，
　　　　把你的呼吸献出！

　　寻求一个战士的归宿吧，
　　　　这样的归宿对你最适宜；
　　看一看四周，选择一块地方，
　　　　然后静静地安息。

（穆旦　译）

　　1823年初，从希腊传来抗土斗争高涨的消息，拜伦立即放下正在创作中的恢宏巨著《唐·璜》，毅然乘船抵达希腊的一个小岛，参加了希腊志士争取自由独立的武装斗争。后来他被任命为征伐利潘杜远征军总司令，1824年4月病故于军中。这段时光是短暂的，但他的生命的里程却达到光辉的峰顶，他以自己的生命谱写了诗的辉煌的乐章。鲁迅说他"其力如巨涛，直薄旧社会之柱石，余波流衍，入俄则起国民诗人普式庚，至波兰则作报复诗人密克威支，入匈牙利则觉爱国诗人裴彖飞；其他宗徒，不胜具道。"（《摩罗诗力说》）这既指他的雄健浑学的诗风，又指他的政治倾向与思想力量以及超越国界的广泛影响。他的后期作品更加鲜明地体现了力如巨涛般的风格。《今天我度过了三十六年》是他最后一首诗，以其丰富的精神内涵和悲壮的气势而著称。

　　有人说，成熟标志诗人的死亡。这话是片面的，成熟不该是板滞与木讷的同义语。假如睿智的头脑与火热的感情同在，他将是个更成熟的诗人。这首诗写于他36岁生日，对昔日坎坷的历程多有冷峻的反思。他为失却许多珍贵的情感和美妙的际遇而痛苦,但心灵之火却未死灭:"那郁积在我内心的火焰像一座火山岛那样孤寂。"他在等待与呼唤火的点燃,等待与呼唤火的葬礼!他的生命的热能,寻找到了喷发口:

> 看!刀剑,军旗,辽阔的战场,
>> 荣誉和希腊,就在周身沸腾!
> 那由盾牌抬回的斯巴达人
> 何曾有过这种驰骋。

这里才是一个战士的归宿,他愿在这里静静地安息。无疑,这是一种崭新的价值观的确立,这种确立的过程是痛苦中的蜕变。他是在对自己真诚的批判与自省之后,才写出了传世名句:

> 若使你对青春抱恨,何必活着?
>> 使你光荣而死的国土
> 就在这里——去到战场上,
>> 把你的呼吸献出!

这首诗感情起伏跌宕,时而悲慨,时而雄壮,时而如深潭澄澈,时而如大江奔腾。其中有直陈胸臆之处,因其情真意浓而更显现警策之力!

(张同吾)

去 国 行

拜 伦

1

别了,别了!故国的海岸
　　消失在海水尽头;
汹涛狂啸,晚风悲叹,
　　海鸥也惊叫不休。
海上的红日冉冉西斜,
　　我的船乘风直追;
向太阳,向你暂时告别:

我的故乡呵,再会!

2

不几时,太阳又会出来,
　　又开始新的一天;
我又会招呼蓝天、碧海,
　　却不见我的家园。
美好的第宅已荒无人影
　　炉灶里火灭烟消;
墙垣上野草密密丛生,
　　爱犬在门边哀叫。

3

"过来,过来,我的小书童!
　　你怎么伤心痛哭?
你是怕大海浪涛汹涌,
　　还是怕狂风震怒?
别哭了,快把眼泪擦干;
　　这条船又快又牢靠:
咱们家最快的猎鹰也难
　　飞得像这般轻巧。"

4

"风只管吼叫,浪只管打来,
　　我不怕惊风险浪;
可是,公子呵,您不必奇怪
　　我为何这样悲伤。
只因我这次拜别了老父,
　　又和我慈母分离;
离开了他们,我无亲无故,
　　只有你——还有上帝。

5

"父亲祝福我平安吉利,
　　没怎么怨天尤人;
母亲少不了唉声叹气,
　　直到我回转家门。"

"得了,得了,我的小伙子!
　　难怪你哭个没完;
若像你那样天真幼稚,
　　我也会热泪不干。

6

"过来,过来,我的好伴当!
　　你怎么苍白失色?
你是怕法国敌寇凶狂,
　　还是怕暴风凶恶?"

"公子,您当我贪生怕死?
　　我不是那种脓包;
是因为挂念家中的妻子,
　　才这样苍白枯槁。

7

"就在那湖边,离府上不远,
　　住着我妻儿一家;
孩子要他爹,声声哭喊,
　　叫我妻怎生回话?"

"得了,得了,我的好伙伴!
　　谁不知你的悲伤;
我的心性却轻浮冷淡,
　　一笑就去国离乡。"

8

谁会相信妻子或情妇
　　虚情假意的伤感?
两眼方才还滂沱如注,
　　又嫣然笑对新欢。
我不为眼前的危难而忧伤,
　　也不为旧情悲悼;
伤心的倒是:世上没一样
　　值得我珠泪轻抛。

9

如今我一身孤孤单单,
　　在茫茫大海漂流;
没有任何人为我嗟叹,
　　我何必为别人忧愁?
我走后哀吠不休的爱犬
　　又有了新的主子;
过不了多久,我若敢近前,
　　会把我咬个半死。

10

船儿呵,全靠你,疾驶如飞,
　　横跨那滔滔海浪;
任凭你送我到天南地北,
　　只莫回我的故乡。
我向你欢呼,苍茫的碧海!
　　当陆地来到眼前,
我就欢呼那石窟、荒埃!
　　我的故乡呵,再见!

(杨德豫　译)

《去国行》是拜伦抒情诗中众口皆碑的名篇之一。它是长篇叙事诗《恰尔德·哈洛尔德游记》中可以独立成篇的一首歌曲,是拜伦受司各特编写的《边区行吟诗人》中"马克斯威尔勋爵的晚安歌"的曲调的启发而作的。诗题有译作《晚安曲》,此处采用的是我国名诗人苏曼殊的译名。

　　《去国行》是长诗主人公哈洛尔德乘船游历南欧离开英国海岸时,对着海风独自弹唱的一首歌曲。曲调缠绵哀伤,委婉曲折地表现了诗人对周围现实的强烈不满和傲世独立、崇尚自由的人格精神。

　　全诗由10节组成。

　　开头两节展现一幅寓情于景的色彩斑斓的风景画。海岸"消失在海水尽头""汹涛狂啸,晚风悲叹,海鸥也惊叫不休",这景象烘托主人公离开祖国时悲怆、凄凉和不安的心境。接着,诗人想到大海可以很快重现出蓝天、碧海,但自己的家园,却已面目全非,家宅成空屋,炉灶绝烟火,墙上长荒草,爱犬哀声叫。想到这一切,愤而出走的情怀中又添了几分怅惘之感。

　　第三至第七节诗,哈洛尔德与书童和伴当以问答的形式,多层次、多侧面、多角度地揭示了主人公离开祖国时无所依恋的冷漠态度。

　　离开故国家园,小书童伤心痛哭。他悲伤的是,拜别了慈爱的父母,无亲无故。伴当面孔苍白失色,"是因为挂念家中的妻子"。然而,诗歌的主人公"却轻浮冷淡,一笑就去国离乡"。原来他早已厌弃了贵族社会环境,认为妻子、情妇只不过是"虚情假意的伤感",不值得自己忧伤、悲悼,"世上没一样值得我珠泪轻抛"。主人公感到自己一人孤孤单单,在茫茫大海漂流,"没有任何人为我嗟叹,我何必为别人忧愁",表现了诗歌主人心灰意冷、无所留恋的厌世思想。

　　最后一节诗,是前面九节诗的高度概括,更集中、更明确地表达诗人对当时英国现实的愤恨、绝望和悲哀的心情,喊出了"任凭你送我到天南地北,只莫回我的故乡"的决绝之声。显露出孤寂、高傲,不愿与群为伍的态度。

综观全诗,《去国行》表达了长篇叙事诗《恰尔德·哈洛尔德游记》中诗歌主人公愤世嫉俗的厌世心情和拜伦式的忧郁情绪,哈洛尔德这种傲世独立的个人形象,是"拜伦式英雄"的雏形,拜伦和哈洛尔德都一样出身于贵族家庭,都对英国社会不满。他们都很年轻,拜伦从南欧游历回国才22岁,可他们都没有年轻人的欢乐情绪,也没有名誉、地位的追求,诗人和哈洛尔德可说心心相印。《去国行》既可以看作是诗歌主人哈洛尔德性格的生动表现,也可以看作是诗人拜伦愤懑不安和自由奔放的自我的真实写照。

(陈周方)

哀 希 腊

(《唐·璜》第三章)

拜 伦

1

希腊群岛呵,美丽的希腊群岛!

　　火热的莎弗[1]在这里唱过恋歌;

在这里,战争与和平的艺术并兴,

　　狄洛斯[2]崛起,阿波罗跃出海波!

永恒的夏天还把海岛镀成金,

可是除了太阳,一切已经消沉。

2

　　开奥的缪斯,蒂奥的缪斯[3],

---

[1] 莎弗,又译萨福,公元前7世纪的希腊女诗人。她歌唱爱情的诗以热烈的感情著称。
[2] 狄洛斯,爱琴海中的一个小岛,有一群小岛环绕其周围。希腊神话里,它是由海神自海中唤出的,由于漂浮不定,宙斯以铁链钉之于海底。传说掌管诗歌与音乐的太阳神阿波罗诞生于此。
[3] 据传说,开奥为荷马的诞生地,开奥的缪斯,指荷马。蒂奥的缪斯,指公元前6世纪的爱奥尼亚诗人阿那克瑞翁,蒂奥(在小亚细亚)是他的诞生地。

　　　　那英雄的竖琴，恋人的琵琶，[1]
原在你的岸上博得了声誉，
　　　　而今在这发源地反倒喑哑；
呵，那歌声已远远向西流传，
远超过你祖先的"海岛乐园"。

3

起伏的山峦望着马拉松[2]——
　　　　马拉松望着茫茫的海波；
我独自在那里冥想一刻钟，
　　　　梦想希腊仍旧自由而快乐；
因为，当我在波斯墓上站立，
我不能想象自己是个奴隶。

4

一个国王高高坐在石山顶，
　　　　瞭望着萨拉密[3]挺立于海外；
千万只船舶在山下靠停，
　　　　还有多少队伍全由他统率！
他在天亮时把他们数了数，
但日落的时候他们都在何处？

5

呵，他们而今安在？还有你呢，
　　　　我的祖国？在无声的土地上，

---

[1] 英雄的竖琴，指荷马史诗，因其中歌颂了战争和英雄。恋人的琵琶，指他的以爱情与美酒为主题的抒情诗。

[2] 马拉松，雅典东部平原。公元前490年，希腊在此击败波斯国王大流士的入侵大军。

[3] 萨拉密，希腊半岛附近的岛屿。公元前480年，波斯国王薛西斯（前519？—前465）的强大海军在此处被希腊击败，从此希腊解除了波斯的压迫。当时，薛西斯坐在山上俯视这场海战。

英雄的颂歌如今已沉寂——

　　那英雄的心也不再激荡！
难道你一向庄严的竖琴
竟至沦落到我的手里弹弄？

6

也好，置身在奴隶民族里，[1]

　　尽管荣誉都已在沦丧中，
至少，一个爱国志士的忧思，

　　还使我在作歌时感到脸红；
因为，诗人在这儿有什么能为？
为希腊人含羞，对希腊国落泪。

7

我们难道只对好时光悲哭

　　和惭愧？——我们的祖先却流血。
大地啊！把斯巴达人的遗骨[2]

　　从你的怀抱里送回来一些！
哪怕给我们三百勇士的三个，
让德摩比利的决死战复活！

8

怎么，还是无声？一切都喑哑？

　　不是的！你听那古代的英魂

---

[1] 希腊在1453—1829年期间，沦为土耳其的属地。拜伦为争取希腊的民族独立而最终献身于这一事业。他捐献家产组成一支希腊军队，并亲赴希腊参战，1824年患热病死于米索隆吉（在希腊西部）军中。

[2] 德摩比利隘口（即"温泉关"），在希腊拉米亚附近，是希腊北部和中部交界处的一个通道。公元前480年，斯巴达国王列奥尼达率希腊军队在这里狙击波斯帝国国王薛西斯一世率领的侵略军。由于众寡悬殊，并且由于一个希腊叛徒通敌，列奥尼达和300名斯巴达战士全部战死。

正像远方的瀑布一样喧哗,

　　他们回答:"只要有一个活人
登高一呼,我们就来,就来!"
噫!倒只是活人不理不睬。

9

算了,算了;试试别的调门:

　　斟满一杯萨摩斯[1]的美酒!

把战争留给土耳其野人,

　　让开奥的葡萄的血汁倾流!

听呵,每一个酒鬼多么踊跃

响应这一个不荣誉的号召!

10

你们还保有庇瑞克的舞艺[2],

　　但庇瑞克的方阵[3]哪里去了?

这是两课:为什么只记其一,

　　而把高尚而刚强的一课忘掉?

凯德谟斯[4]给你们造了字体——

难道他是为了传授给奴隶?

11

把萨摩斯的美酒斟满一盅!

　　让我们且抛开这样的话题!

这美酒曾使阿那克瑞翁

---

[1] 萨摩斯,希腊一岛,靠近土耳其。
[2] 庇瑞克舞,古希腊流传下来的战舞。
[3] 庇瑞克方阵,古希腊的战斗序列。由于伊庇鲁斯(希腊一古国)王皮洛士(前319—前272)而得名。皮洛士以战功著称,曾屡次远征罗马及西西里。
[4] 凯德谟斯,神话中的希腊底比斯国王,原为腓尼基王子,据说他从腓尼基带给希腊十六个字母。

发为神圣的歌；是的，他属于
波里克瑞底斯[1]，一个暴君，
但这暴君至少是我们国人。

12

克索尼萨斯[2]的一个暴君

是自由的最忠勇的朋友：

暴君米太亚得[3]留名至今！

呵，但愿现在我们能够有

一个暴君和他一样精明，

他会团结我们不受人欺凌！

13

把萨摩斯的美酒斟满一盅！

在苏里的山岩，巴加[4]的岸上，

住着一族人的勇敢的子孙，

不愧是斯巴达的母亲所养；

在那里，也许种子已经播散，

是赫剌克勒斯[5]血统的真传。

---

[1] 波里克瑞底斯，公元前6世纪的萨摩斯暴君，以劫掠著称。他曾与波斯对抗。阿那克瑞翁于公元前510年波斯占领蒂奥时，曾移居于萨摩斯，在波里克瑞底斯的统治下生活。

[2] 克索尼萨斯，地名，在达达尼尔海峡北边。

[3] 米太亚得（前550—前489），古雅典统帅。公元前490年指挥马拉松战役，大败波斯侵略军，以后成为克索尼萨斯的暴君。

[4] 苏里和巴加，都在古希腊地区伊庇鲁斯（今希腊西北部和阿尔巴尼亚南部）内。苏里山中居住有苏里族，自17世纪至19世纪一直与土耳其统治者做着顽强的斗争。

[5] 赫剌克勒斯，希腊神话中的大力神，传说他是希腊对特洛伊战争中的英雄。

14

自由的事业别依靠西方人,[1]

　　他们有一个做买卖的国王;

本土的利剑,本土的士兵,

　　是冲锋陷阵的唯一希望;

但土耳其武力,拉丁[2]的欺骗,

会里应外合把你们的盾打穿。

15

把萨摩斯的美酒斟满一盅!

　　树荫下正舞蹈着我们的姑娘——

我看见她们的黑眼亮晶晶,

　　但是,望着每个鲜艳的姑娘,

我的眼就为火热的泪所迷,

这乳房难道也要哺育奴隶?

16

让我攀登苏尼阿[3]的悬崖,

　　在那里,将只有我和那海浪

可以听见彼此飘送着悄悄话,

　　让我像天鹅一样歌尽而亡;

---

[1] 希腊人在武装反抗土耳其压迫时,英国、法国和俄国由于自身利益曾予以口头支持。当时曾有人对起义者提出警告:"我劝你们在听从英国人以前要好好考虑一下,现在英国国王是欧洲所有国王的大老板——他从他的商人那里拿钱来支付他们;因此,如果对商人来说,出卖你们而取得和阿里(指土耳其王——译者)的妥协是有利的,以便在他的港口获得某些商业权益,那么英国人就会把你们出卖给阿里。"拜伦此处也可能指俄国人,他的《青铜时代》有如下两句:能解放希腊的只有希腊人,而非戴着和平面具的野蛮人。

[2] 拉丁,指西欧。

[3] 苏尼阿,在雅典东南阿的卡半岛最南端,上面建有保护神雅典娜神庙。

我不要奴隶的国度属于我——

干脆把那萨摩斯酒杯打破!

(穆旦 译)

《哀希腊》是《唐·璜》这首长诗的一个可以独立成篇的插曲。诗人慨叹希腊长期受土耳其的残酷压迫欺凌而不思抵抗,更追怀远古希腊显赫光辉的文治武功,抚今思昔,不由得气愤填膺。哀其不幸、怒其不争是此诗的主题思想。拜伦写希腊的诗尚有多首,唯此首完整且格调深沉。更因他后来奔赴希腊,终以生命奉献,使诗歌增添悲壮色彩。读着这样慷慨激昂、才情横溢的作品,谁能不始而感慨唏嘘,随后又激起勇猛奋进的精神来呢?

拜伦曾在《本国既没有自由可争取》一诗中表达了他的理想,即"本国既没有自由可争取,要为邻国的自由战斗"。所以,他参加希腊的民族解放斗争并不是以一个来自他国的志愿军的身份和心情,而是以希腊本国人的爱国主义的心情来战斗的。

关于《哀希腊》这一插曲的作者,一般有两种说法:一说是希腊人唱的歌,拜伦加以修改的;一说是拜伦自写,假托希腊人之口,说出异国人不便说出的话。这插曲与《唐·璜》的风格颇不一致。它更富于主观抒情色彩,其讽刺立足于同情,与《唐·璜》的冷静旁观、辛辣犀利的口吻不同。此诗用典较多,联想纷纭,是拜伦诗作中比较费解的一篇。但若仔细玩味,我认为此诗之难解端的不在于用典多、联想杂,而是由于其情调之转变、层次之起伏过于跳跃跌宕。如果密切追踪诗人的所见所思,进入"角色",步步跟随,则此诗主旨是不难理解的。这里就谈谈情调之转换。

开头两段,诗人以挽歌口吻,怀着严肃崇敬的心情,缅怀往事,赞美了古希腊的文化。他第一想到的是女诗人莎弗。拜伦用"火热的"这一形容词把她的为人和诗的风格做了传神的概括。拜伦说莎弗在"美丽的希腊群岛唱过恋歌",就把希腊的文化做了具体的赞颂。意思说,养育这样的诗人的土地是值得后人景仰的。紧接着,拜伦指出希腊神话中的太阳神阿波罗,这是希腊群岛之所以美丽的象征之二。阿波罗是太阳神,他给人们以光明、生命和爱情。他又是音乐、诗歌、艺术和预言之神,是希腊人信奉的众神中最受膜拜的。拜伦在这第一诗段中简要地列举了一个世间人、一个天上神,来歌颂这个古代欧洲的文化摇篮——希腊。至此,笔锋一转,诗人哀叹道:然而一切都已逝去了,只有那太阳,在这四季常夏的希腊群岛上[1],依然把这片土地涂成灿烂的金黄一片。读到这里,我们不难联想起李白的《忆秦娥》的下阕:"乐游原上清秋节,咸阳古道音尘绝。音尘绝,西风残照,汉家陵阙。"这同样是伤怀吊古的感慨。拜伦此诗用典自然妥帖,使全诗深沉凝练。

第二个诗段,诗人举出荷马和阿那克瑞翁。前者抱着竖琴,为后代弹唱历史上的英雄业绩;后者弹着琵琶,倾诉着真挚的爱情。可是这两位爱琴岛上土生土长的诗人,尽管在西方美名远扬,但在家乡故土,却已悄然无声。作为仰慕希腊悠久文化而来的异乡人,面对这种情景,未免感触万端。

第三和第四诗段依然秉承了第一诗段严肃崇敬的情调,赞扬了希腊的赫赫武功。诗人在这里把公元前490年波斯王大流士率兵大举入侵希腊时,希腊人以少寡胜多众,终于在马拉松平原大败波斯军的辉煌历史,做了一番生动的追述。希腊解除了波斯的威胁,这彪炳史册的英雄业绩使诗人对希腊的独立充满了乐观和信心。于是他向希腊人喊着:"因为,当我在波斯墓上站立,我不能想象自己是个奴隶。"豪情壮语,发人深省。

第五到第八诗段,诗人那激越的壮怀又一度被惋惜伤感的情调所代替了,倒过去和第二诗段的心情衔接起来。这里迸发的思想和感情有几个转折。先是叹息今日希腊的英雄气概早已丧失殆尽,士气早已消沉。多么鲜明的对比啊,希腊史诗中歌颂过的尽是些富有强烈的爱国主义

---

[1] 希腊位于南方,气候温热,北欧人认为它是四季常夏,其实它属于地中海海洋性气候。

的,有胆量、有识见的英雄,叙述的是众多可歌可泣的故事。而今,作为诗人,只感到是置身在忍辱吞声、甘做奴隶的民族中。诗人写此诗时,羞愧得暗自哭泣……然后,自我谴责的思想向他袭来:难道怀念起古代希腊的黄金时代,流着无益的眼泪就行了吗?要明白希腊的祖先流出的却是血水啊。至此,诗人心里又萌发了希望。他热情地恳求土地,把埋在地下的斯巴达人的遗骨只要送回三个人来。[1]只要有那样忠勇的三个人,就能再演一次德摩比利的战争,抵御土耳其人。诗意恳切,真的感动了地下的鬼魂。他们的声音像远方瀑布的鸣响,声音回答说,他们愿意跑来,只要有一个希腊的活人,振臂高呼,鬼魂们就会破土而出,纷纷跑来迎战。然而,现在的希腊人竟不理不睬。情调至此又一转,诗人的希望破灭了。"噫!倒只是活人不理不睬。"怒其不争的意思至此已袒露无遗。这四段诗饱含着对现在希腊人的观察和理解。九曲回肠,扬扬抑抑。起先是希望,是鼓励,希望希腊人继承斯巴达的勇猛爱国、敢于拼搏的无畏精神。然而在诗人的密切关注下,他认识到冷酷的现实,那就是希腊人已经完全丧失了昔日勇敢抗争、不怕牺牲的精神。他们面对国家危亡、异族入侵的局面,竟然无动于衷、麻木冥顽,到了即使斯巴达勇士显灵助战,也懒于搭理的程度了。作为来自英国的诗人,睹此情此景,乃转而变得沉痛,是扼腕,以至义愤填膺了。情绪的变化,写得贴切而自然。

　　第九到第十二诗段,情调改变倏忽迅速,以沉痛苍凉、悲愤激昂的情绪,一变而为力重千钧的严厉谴责和无情的讽刺。拜伦举出盛产于萨摩斯的美酒来作为贪婪享受的象征。萨摩斯是希腊的一个岛屿,在荷马故乡开奥的东南,靠近土耳其。这里的葡萄酒在欧洲颇有佳誉。拜伦在第九段开始另辟蹊径,喊叫着:"斟满一杯萨摩斯的美酒,把战争留给土

---

[1] 公元前480年波斯军侵入希腊,希腊军队在列奥尼达率领下,在德摩比利据险固守。斯巴达勇士300人奋勇迎战,阻挡了敌人的进攻,竟全部壮烈牺牲,悲壮事迹十分感人。

耳其野人。"他万万没有想到,这一声带有冷嘲热讽的召唤,不但没有教希腊人感到羞耻,反而使他们厚颜无耻地跑来畅饮这血汁般的葡萄酒。于是诗人情不自禁地痛斥古希腊的后代说:古希腊留下了庇瑞克的舞艺和作战的方阵,[1]这两者都是希腊文明的国宝,可是不肖的子孙偏偏热衷学舞蹈,而把作战的方阵忘记掉。诗人进而指出,希腊底比斯的国王所创造的凯德谟斯字体,难道是教给奴隶用的吗?希腊诗人阿那克瑞翁平生爱饮酒、唱情歌,又是逢迎伺候过暴君的宫廷诗人,但他所服役的是萨摩斯岛的暴君,总还是希腊本国的人啊。现在如果有一个能够团结本国国民的暴君,能使国人勇敢地为自由而战,不受异族欺凌,真还算是值得称颂的国王哩。

最后四段,谴责嘲讽又一变而为勉励诤言。在第十四段里,他指明了奋斗方向,那就是争取自由要靠自己,不要等待或依靠西欧的法兰克人的帮助。因为那些人的虚伪欺骗与土耳其的武力侵略是一路货,一样地损害希腊人。诗人对希腊的爱护深情跃然纸上。

第十五和十六诗段是抒情气氛最为浓厚的两段。诗人以辛辣的讽刺挖苦希腊人说:"把萨摩斯的美酒斟满一盅。"我们注意在第九、第十一、第十三和第十五段四次提到这美酒,可是只有第九段用的是"酒杯",其他三处均用"酒碗"。可见作者讽刺意思的升级。[2]作者对希腊人的前途忧心忡忡。看到希腊少女的轻盈舞姿,他不禁悲从中来,因为他想到:"这乳房难道也要哺育奴隶?"

全诗构思层次分明,情调转变频繁,忽而严肃崇敬,忽而惋惜伤感,忽而冷嘲怒斥,忽而痛心疾首……然而万变不离其宗,叹今怀古,希望希腊人振作起来,为恢复往日自由独立的希腊而奋斗。形式上,每诗段

---

[1] 庇瑞克来源于马其顿一个王的名字皮洛士(公元前319—公元前272)。希腊的骑阵很有威名,马其顿的骑阵尤为杰出。庇瑞克舞蹈和方阵都是皮洛士传下来的。

[2] 原文第九段用"cup",第十一段、十五段与十三段用"bowl",译诗把"cup"译为"杯",把"bowl"译为"盅",似未妥帖,因"盅"是小杯。

由六行组成，在西欧诗中并不多见。押ab、ab、cc脚韵。抑扬格，句法整齐，声韵铿锵，朗读始觉有味。

希腊的独立运动，经过希腊爱国志士和人民群众多年艰苦卓绝的努力，以及欧洲各国进步势力的援助，终于在1827年9月得到了胜利。斯巴达的勇武精神没有消亡，土耳其和埃及侵略者的联合舰队终于完全覆灭。四百年的奴役结束了。希腊的独立在欧洲反封建制度和反神圣同盟的正义斗争中具有重大的进步意义。拜伦的理想没有幻灭，他热爱自由的精神将与他的诗篇永垂不朽。

（茅于美）

雪莱 (9首)

珀西·毕希·雪莱（Percy Bysshe Shelley, 1792—1822），《不列颠大百科全书》称他为："诗人、小说家、哲学家，散文、随笔和政论作家，剧作家和改革家。""在一个伟大的诗歌时代，写出了最伟大的抒情诗剧、最伟大的悲剧、最伟大的爱情诗、最伟大的牧歌式挽诗，以及一整批许多人认为就其形式、风格、意象和象征性而论，都是无与伦比的长诗和短诗。"

雪莱是世界文学史上极少数最杰出的抒情诗人之一。

雪莱抒情诗的魅力，不仅在于形象生动，语言清新，音韵优美，感情真挚而充沛，更在于总是闪耀着一种崇高的思想的光辉。他还是他那个时代的先进思想家和斗士。

雪莱，1792年8月4日出生在英格兰苏塞克斯郡霍香附近一个颇有名望的乡绅家庭。祖父在他出生后被册封为从男爵，父亲在议会中占有席位。他从小就有叛逆性格，1804年，入伊顿公学，便公然反抗这座贵族子弟学校的"学仆制"。1810年，入牛津大学，第二年3月便因撰写和印发《论无神论的必然》而被开除。不久，又出于同情和一个不堪家庭虐待的赫丽艾特·韦斯特布鲁克出奔苏格兰，在爱丁堡结婚。凡此，都被认为有辱门庭，其父震怒不允他再进家门。

1812年他发表演说，散发传单，要求解除英国强加给爱尔兰的所谓"联合"。又向农民散发《告爱尔兰人民书》《权利宣言》等。

与此同时，雪莱夫妇间由于志趣不投，分歧日深。1814年初，赫丽艾特竟离家而去，两年后赫丽艾特投河自杀。于是，对于雪莱的责难和迫害变本加厉，纷至沓来，以至剥夺了他对亡妻所生一子一女的教养权。1818年2月，雪莱便偕同他第二位妻子玛丽及其子女永远离开了他赤诚热爱的祖国，漂泊于地中海海滨、亚平宁山麓。

　　在意大利半岛度过的最后岁月，他继续为全人类的自由幸福而战斗，但主要形式是写诗。许多不朽名篇都在这一时期写成。其中包括：热情歌颂盗火者甘为人类幸福受难的崇高献身精神的诗剧《解放了的普罗米修斯》，抗议英国政府血腥镇压工人运动的《暴政的假面游行》，为悼念济慈而作、哀婉动人的《阿多尼》，以及根据意大利一宗档案材料写成、以惊人的现实主义笔力揭露教权统治之虚伪与残暴的悲剧《钦契》，还有《西风颂》《云》和《致云雀》等一系列抒情诗歌艺术珍品。

　　1822年7月2日，他乘小艇泛海，覆舟遇难。马克思曾对雪莱的不幸早死不胜惋惜。

致 云 雀[1]

雪　莱

你好啊，欢乐的精灵！
　你似乎从不是飞禽，
从天堂或天堂的邻近，
　以酣畅淋漓的乐音，
不事雕琢的艺术，倾吐你的衷心。

向上，再向高处飞行，
　从地面你一跃而上，

---

[1] 云雀，黄褐色小鸟，有黑色斑纹，构巢于地面，清晨升入高空，入夜而还，有边飞边鸣的习性。

像一片烈火的轻云，[1]

　　飞入蔚蓝的穹苍，

永远歌唱着飞翔，飞翔着歌唱。

地平线下的太阳，[2]

　　放射出金色的电光，

晴空里霞蔚云蒸，

　　你沐浴着明光飞行，

似不具形体的[3]喜悦刚开始迅疾的远征。

淡淡的紫色昏暝[4]

　　在你航程周围消融，

像昼空里的星星，

　　虽然不见形影，

却可以听得清你那欢乐的强音——

那犀利无比的乐音，

　　似银色星光的利箭，

它那强烈的明灯，

　　在晨曦中暗淡，

直到难以分辨，却能感觉到就在空间。

整个大地和大气，

　　响彻你婉转的歌喉，

---

[1] 像一片烈火的轻云，是按照"火向上以求日"的观念写云雀上升的运动态势。

[2] 原文 sunken sun，为沉落的太阳，对于前一天为落日，对于新的一天则是尚未升上地平线的太阳。

[3] 原文 unbodied，有人认为应该是 embodied。准此，则可译"似具有形体的喜悦"或"有形的喜悦"。

[4] 原文 even，译者曾从郭沫若之说译为黎明，今再按常解译为昏暝。

仿佛在荒凉的黑夜,
　　从一片孤云背后,
明月射出光芒,清辉洋溢宇宙。

我们不知,你是什么,
　　什么和你最为相似?
从霓虹似的彩霞
　　也降不下这样美的雨,
能和当你出现时降下的乐曲甘霖相比。

像一位诗人,隐身
　　在思想的明辉之中,
吟诵着即兴的诗韵,
　　直到普天下的同情
都被未曾留意过的希望和忧虑唤醒;[1]

像一位高贵的少女,
　　居住在深宫的楼台,
在寂寞难言的须臾,
　　排遣她为爱所苦的情怀,
甜美有如爱情的歌曲,溢出闺阁之外;

像一只金色的萤火虫,
　　在凝露的深山幽谷,
不显露它的行踪,

---

[1] 雪莱曾说,他之所以写诗,既不图利,也不求名,而是为了唤起和传达人与人之间的同情,而他所强调的首先是对于人类从奴役、压迫、贫困和愚昧中解放出来的同情。这里,他认为,诗人当以值得关注而被常人忽视的希望和忧虑去唤醒全人类的同情。

把晶莹的流光传播，
在遮断我们视线的芳草鲜花丛簇；

像一朵让自己的绿叶
　　荫蔽着的玫瑰，
遭受到热风的摧折，
　　直到它的芳菲
以过浓的香甜使鲁莽的飞贼沉醉；

晶莹闪烁的草地，
　　春霖洒落的声息，
雨后苏醒的花蕾，
　　称得上明朗、欢悦、
清新的一切，都不及你的音乐。

飞禽或是精灵，有什么
　　甜美的思绪在你心头？
我从没有听到过
　　爱情或是醇酒的颂歌
能够迸涌出这样神圣的极乐音流。

赞婚的合唱也罢，
　　凯旋的欢歌也罢，
和你的乐声相比，
　　不过是空洞的浮夸，
人们可以觉察，其中总有着贫乏。

什么样的物象或事件，
　　是你欢乐乐曲的源泉？
什么田野、波涛、山峦？

什么空中陆上的形态?

是你对同类的爱,还是对痛苦的绝缘?[1]

有你明澈强烈的欢快,
 倦怠永不会出现,
烦恼的阴影从来
 近不得你的身边,
你爱,却从不知晓过分充满爱的悲哀。[2]

是醒来,或是睡去,[3]
 你对死的理解一定比
我们凡人梦想到的
 更加深刻真切,否则
你的乐曲音流,怎能像液态的水晶涌泻?

我们瞻前顾后,为了
 不存在的事物自扰,
我们最真挚的笑,
 也交织着某种苦恼,
我们最美的音乐是最能倾诉哀思的曲调。

可是,即使我们能摈弃
 憎恨、傲慢和恐惧,
即使我们生来不会

---

[1] 对痛苦的绝缘,是指遇挫折而不馁,处逆境而泰然,胸怀坦荡,超然于世俗忧戚。

[2] 雪莱的悲哀常来源于他对于正义的事业、受苦的人类和所确认的真理爱得太深沉、真挚、强烈,而不为世人理解。

[3] 不是指云雀,而是指:有人认为死亡是从如梦的人生醒来,有人认为死亡是摆脱痛苦的长眠。

抛洒一滴眼泪,

我也不知,怎样才能接近于你的欢愉。

比一切欢乐的音律

　更加甜蜜美妙,

比一切书中的宝库

　更加丰盛富饶,

这就是鄙弃尘土[1]的你啊,你的艺术技巧。

教给我一半,你的心

　必定熟知的欢欣,

和谐、炽热的激情

　就会流出我的双唇,

全世界就会像此刻的我——侧耳倾听。

(江枫　译)

《致云雀》是雪莱抒情诗不朽杰作之一。他在以独特的艺术构思生动地描绘云雀的同时,也以饱满的激情写出了他自己的精神境界、美学理想和艺术抱负。

雪莱十分重视艺术的社会意义,认为艺术的创造是根据正义和美的原则来促进生活的改造。诗人渲染高尚的情操,是为了引起读者普遍的激动;抒写对于美德的渴望,是为了唤醒人们对于卑劣欲念不能相容的强烈感情。他说:"一首伟大的诗,是永远泛溢着智慧与快感之流的不竭源泉。"《致云雀》几乎体现和容纳了雪莱诗论的全部要点。

全诗二十一节,从赞美开始,以感叹告终,层次分明,结构严谨。大体可分六七个小段落。

据雪莱夫人回忆,这首诗是1820年夏季一个黄昏,雪莱在莱杭郊野

---

[1] 鄙弃尘土,双关,既描写云雀从地面一跃而起升入苍穹,也写诗人对世俗陈腐观念的不屑一顾。

散步时听到云雀鸣叫有感而作。第一节写的似乎就是诗人当时的强烈感受和最初反应,其余各节全都是由此生发出来的。他首先对云雀及其歌声做出总的评价和赞美:称云雀是"欢乐的精灵",以来自"天堂或天堂的邻近"暗示欢乐歌声的神圣,几乎等于说"此曲只应天上有"。以"不事雕琢的艺术,倾吐你的衷心"表达了诗人的美学观点,他认为,好的诗歌应该是直接从心灵深处涌现的思想激情和形象。

第二节是全诗写得最美的一节,是一切想象的依据,写出了云雀从地面一跃而起的典型运动态势和边飞边唱的典型习性。第三、四节则在描写云雀升上晴空迎接朝阳和以一系列欢快明朗的形象感染读者的同时,又把读者的思绪引回云雀的歌声。

第五、六、七节,诗人以星光的利箭、明月的清辉、霓虹彩霞降下的美雨之类视觉形象描绘听觉上的优美感受。

第八节,直接把云雀比作诗人,说云雀"像一位诗人,隐身在思想的明辉之中,吟诵着即兴的诗韵,直到普天下的同情都被未曾留意过的希望和忧虑唤醒"。他以"即兴"再次强调好的艺术品应是真情实感的流露,又以"思想的明辉"突出思想在艺术创作中的地位。最后两行则宣扬了诗人的神圣使命,也就是雪莱一再论及的"唤醒同情"。而以人们"未曾留意过的……"一句表明诗人比一般人敏感,是"感受性最细致,想象力最博大的人""立法者和先知",应该有能力、有责任揭示出常人未曾留意的真理。

第九节,他把云雀鸣声比作怀春少女为了"排遣她为爱所苦的情怀"而唱出的"甜美有如爱情的歌曲"。这正是诗人的自况。

接着,他又比之为飞萤与晶莹的流光、玫瑰与醉人的芳香,都像隐居深闺的少女一样,不露形影。体现了雪莱所说,诗人写诗,并非自求闻达。第十二节又以晶莹闪烁的草地、春霖洒落的声息、雨后苏醒的花蕾这三个密集的形象带出三个概括性强而准确的形容词:明朗、清新、欢悦,在一个更高层次上,对云雀歌声的优美品质做出判断。

第四小段,从第十三节到第十五节,探讨美的根源。"飞禽或是精灵",呼应第一节的"欢乐的精灵!你似乎从不是飞禽",然后以设问的方式给予答案。

　　雪莱认为，没有高尚的思想、情操便无从创造美的艺术作品。"赞婚的合唱"和"凯旋的欢歌"之所以必定贫乏，是因为在他看来，传统的婚姻制度不过是人压迫人的秩序的一个组成部分，而带来"凯旋"的战争和暴力本身则是"一切罪恶的根源"。

　　第十五节提出了艺术与生活、自然的关系。雪莱认为，艺术是生活的"惟妙惟肖的再现"。雪莱也非常重视想象："诗可以解作想象的表现。"不过，他所推崇的想象也来源于生活。他在谈到自然风光、山川景色、人间暴政、战争场景和人类各种文明成就时说："我就是从这些源泉中吸取了我的诗歌形象的养料。"绮丽的浪漫主义之花，也深深植根于现实生活的土壤。

　　第十六节说，云雀歌声之所以甜美欢快，是因为云雀"爱，却从不知晓过分充满爱的悲哀"。第十七节谈到了死亡。人总认为一切生灵最大的痛苦莫过于失去生命。而雪莱认为，在参透了生死真谛之后，便可达到无所畏惧、无所挂碍的坦荡境地。雪莱认为有理性的人应该造福人类，这是生命的价值。而高尚的灵魂永生不死，只会回归到他所来自的本源而和"宇宙精神"合一，那时，死去的将是死亡。这种理解，也正是雪莱虽时刻预感死亡临近而始终乐观豁达的重要原因。

　　云雀，是理想化了的诗人。

　　以下三节，体现了浪漫主义诗歌的共同特征：歌颂自然，以反衬人类社会的丑恶和人的不幸。但也揭示了某种真理："我们瞻前顾后，为了不存在的事物自扰，我们最真挚的笑，也交织着某种苦恼，我们最美的音乐是最能倾诉哀思的曲调。"读到此处，现实生活中的人们，能不产生共鸣？

　　第二十节对云雀歌声的美妙进一步概括，同时表明，艺术作品之所以美妙而富饶，是因为作者具有不凡的品质，高超的艺术技巧只能为"鄙弃尘土"的艺术大师所用。

　　"鄙弃尘土"，既指云雀从地面一跃而上，也指摆脱陈腐、庸俗的思想感情的拘束。雪莱说："诗人的言语总是隐喻的。"全诗在使用大量的明喻和暗喻描绘云雀及其歌声的同时,塑造了一个象征,一个理想艺术大师的形象。这里的隐喻以双关的形式又一次呼应第一节的暗示:此曲只应天上有。

最后,诗人以感叹的口吻表达了他的愿望和抱负。云雀所熟知的欢欣,就是和美好的理想、高尚的情操、对于同类真挚强烈的爱联系在一起的欢欣。

《致云雀》全诗无一处不写云雀,同时,无一处不有雪莱自我,云雀是诗人理想化的自我写照。如布朗兑斯所说,雪莱的自我大到足以拥抱全宇宙。

雪莱说:"一切崇高的诗都是无限的,它好像第一颗橡实,潜藏着所有橡树。我们固然可以拉开一层层的罩纱,可是潜藏在意义深处的赤裸的美却从不曾完全被揭露过。"《致云雀》正是这样一首崇高的诗,理解《致云雀》可以成为理解雪莱其人其诗的一把金钥匙。

《致云雀》的二十一节,每节都由四个扬抑格三音步诗行和一个抑扬格六音步诗行构成,韵式是ababb。这种四短一长的设计,是模拟云雀:每一阵鸣叫,总是在短促的几声之后拖带一长声尾音。尽管雪莱说:"诗是一柄闪着电光的剑,永远没有剑鞘,因为电光会把藏剑的鞘焚毁。"但是,《致云雀》的剑与鞘似乎正好匹配。

《致云雀》作为内容与形式完美统一的典范,称得上清新俊逸、不同凡响,以至比雪莱年长22岁,同样写过云雀的前辈大诗人威廉·华兹华斯读后也不能不自叹弗如。

(江枫)

奥西曼迭斯[1]

雪 莱

我曾遇到一位来自古老国土[2]的旅客,

---

[1] 奥西曼迭斯,即公元前13世纪埃及新王国时期的法老拉美西斯二世。坟在底比斯,形如狮身人面像。

[2] 古老国土,指埃及。

他说,有一双没有身躯的巨大石足[1]

矗立在沙漠……近旁的黄沙半露着

一副破碎残缺的面孔,它眉峰紧蹙,

嘴唇起皱:号令万方鄙夷一切的神色

表明雕刻师对这类情欲曾经深有感受,

而它们,由于留痕在这无生命的石刻,

竟比孕育了它们的心,仿造过它们的手,

都存活得更加长久,台座上石足下,

有这样的字迹依稀可读:"王中之王——

奥西曼迭斯就是我,看看我的业绩吧,

纵然是一世之雄也必定会颓然绝望!"[2]

残骸四周,此外,再没有留下什么,

寂寞、荒凉,无边的平沙伸向远方。

(江枫 译)

这是一首十四行诗,但是雪莱并没有严格拘泥于传统十四行的格律,韵式也比较自由。

奥西曼迭斯,即古埃及第十九王朝法老(国王)拉美西斯二世(约公元前1304—前1237年),在位期间以底比斯为首都而以塔尼斯为陪都,建立了一个强大的奴隶制军事帝国,开疆拓土,广建神庙,而且建立了世界上第一座规模最大的图书馆,可谓文治武功盛极一时。他死后在底比斯建造了形似巨大狮身人面像的陵墓。据希腊史家记载,几个世纪以后,还有他高达数十米的巨大石像矗立在埃及沙漠里,然而现在已经荡然无存。

---

[1] 据埃及史家记载,奥西曼迭斯的石像曾是埃及最巨大的石像,高达数十米。
[2] 据希腊史家记载,原有的铭文是:"我是奥西曼迭斯,王中之王;谁想知道我在何处安息,就超过我的任何一项业绩吧!"雪莱略加改动以为己用。显然,改得很好。

这是雪莱的主题思想隐蔽得最好的少数诗篇之一。他采用象征的手法,以似乎是冷静客观的描绘创造景物,并在具体细节上建立感情联系,让主题从景物的具体细节及其相互联系中自然流露。

通过诗人转述的见闻,我们仿佛置身于广袤的荒漠之上,看见一座巨大雕像的残骸,一双没有躯身的巨大石足,一张破碎的脸,脸上有统帅万方鄙夷一切的神色,最后是一段铭文。没有说教,没有评论,让"寂寞、荒凉、无边的平沙伸向远方",衬托这庞然大物残骸的孤独,和在无限时空中的渺小。

置身此境,陈子昂可能会长吟:"念天地之悠悠,独怆然而涕下。"苏东坡也许要说:"固一世之雄也,而今安在哉?"朗费罗或者会赞叹:"Art is long, time is fleeting。"(时光飞逝,艺术永恒。)

此诗写在1817年,英国统治阶级及其宗教和司法机构正借家庭纠纷涉讼之机对雪莱加强迫害,欧洲大陆上拿破仑彻底惨败,反动神圣同盟的黑暗统治正疯狂不可一世。

因此,雪莱想到了什么?也许,像他在写给自己的幼儿威廉的一首诗中所说,想到了:

> 不必害怕邪恶的宗教教士们
> 和暴君们的统治会地久天长,
> ……………
> 他们的刀剑和权杖将漂浮而去,
> 恰似永恒之流的怒涛席卷沉船。

(江枫)

云

雪 莱

我为焦渴的花朵,从河川,从海洋,
　　带来清新的甘霖;
我为绿叶披上淡淡的凉荫,当他们

　　　　　歇息在午睡的梦境。
　　从我的翅膀上摇落下露珠，去唤醒
　　　　　每一朵香甜的蓓蕾，
　　当她们的母亲绕太阳旋舞时摇晃着[1]
　　　　　使她们在怀里入睡。
　　我挥动冰雹的连枷[2]，把绿色的原野
　　　　　捶打得有如银装素裹，
　　再用雨水把冰雪消溶，我轰然大笑，
　　　　　当我在雷声中走过。[3]

　　我筛落雪花，洒遍下界的峰岭山峦，
　　　　　巨松因惊恐而呻吟呼唤；
　　皑皑的积雪成为我通宵达旦的枕垫，
　　　　　当我在烈风抚抱下酣眠。
　　在我那空中楼阁的塔堡上，端坐着
　　　　　庄严的闪电——我的驭手，[4]
　　下面有个洞穴，雷霆在其中幽囚，
　　　　　发出一阵阵挣扎怒吼；
　　越过大地，越过海洋，我的驭手
　　　　　轻柔地引导着我，
　　紫色波涛深处的仙女，以她们的爱
　　　　　在把他的心诱惑；[5]

---

[1] 她们的母亲，是大地。绕太阳旋舞，指地球绕太阳旋转。
[2] 连枷，谷物脱粒的农具。
[3] 雷声被描绘成云的轰然大笑声。
[4] 雪莱对自然科学有浓厚兴趣，在这里引入了电的概念。也许他认为决定云行止方向的是电，故称电为云的驭手。
[5] 可能指地上的电对天空的电的影响；认为云的运动是受到地上异性电的吸引。波涛深处的仙女，代表地上的异性电。

越过湖泊、河川、平原，越过巉崖
　　　　和连绵起伏的山岭，
　　无论他向往何处，他所眷恋的精灵
　　　　永远在山底、在水中；
　　虽然他会在雨水中消溶，我却始终
　　　　沐浴着天庭蓝色的笑容。[1]

　　血红的朝阳，睁开他火球似的眼睛，
　　　　当启明[2]熄灭了光辉，
　　再抖开他烈火熊熊的翎羽，跳上我
　　　　扬帆疾驰的飞霞脊背；
　　像一只飞落的雄鹰，凭借金色的翅膀，
　　　　在一座遭遇到地震
　　摇摆、颤动的陡峭山峰巅顶
　　　　停留短暂的一瞬。
　　当落日从波光粼粼的海面吐露出
　　　　渴望爱和休息的热情，
　　而在上方，黄昏的绯红帷幕也从
　　　　天宇的深处降临；
　　我敛翅安息在空灵的巢[3]内，像白鸽
　　　　孵卵时一样安静。

　　焕发着白色火焰的圆脸盘姑娘，
　　　　凡人称她为月亮，

---

[1] 虽然他会在雨水中消溶，指云中的电随着云化作雨水降落而"消溶"，而"我"，云，"却始终沐浴着天庭蓝色的笑容"。见下文："我变化，但是不死。"
[2] 启明，即晨星，出现在早晨的金星。
[3] 空灵的巢，天宇。

朦胧发光,滑行在夜风铺展开的
　　我的羊毛般的地毯上;
不论她无形的纤足在何处轻踏,
　　轻得只有天使才能听见,
若是把我帐篷顶部的轻罗踏破,[1]
　　群星便从她身后窥探;
我不禁发笑,看到他们穷奔乱窜,
　　像拥挤的金蜂一样,
当我撑大我那风造帐篷上的裂缝,
　　直到宁静的江湖海洋
仿佛是穿过我落下去的一片片天空,
　　都嵌上这些星星和月亮。[2]

我用燃烧的缎带缠裹太阳的宝座,[3]
　　用珠光束腰环抱月亮;[4]
火山黯然失色,群星摇晃、颠簸——
　　当旋风把我的大旗张扬。
从地角到地角,仿佛巨大的长桥,
　　跨越海洋的汹涌波涛;
我高悬空中,似不透阳光的屋顶,
　　柱石是崇山峻岭。
我挟带着冰雪、飓风、炽烈的焰火,
　　穿越过凯旋门拱,

---

[1] 指云层被风吹开。
[2] 地上的水域反映出星月,仿佛是穿过云层落下去的天空。
[3] 朝阳或夕阳照射的浮云如燃烧的缎带,所谓火烧云之成带状者。
[4] 掩映着月亮的带状白云有如珠光束腰。

这时,大气的威力挽曳着我的车座,[1]

　　　　门拱是气象万千的彩虹;

　　火的球体在上空编织柔媚的颜色,

　　　　湿润的大地绽露笑容。

　　我是那大地和水的亲生女儿,

　　　　也是天空的养子,[2]

　　我往来于海洋、陆地的一切孔隙——

　　　　我变化,但是不死。

　　因为雨后洗净的天宇虽然一丝不挂,

　　　　而且,一尘不染,

　　风和阳光用它们那凸圆的光线

　　　　把蓝天的穹庐修建,

　　我却默默地嘲笑我自己虚空的坟冢,

　　　　钻出雨水的洞穴,

　　像婴儿娩出母体,像鬼魂飞离墓地,

　　　　我腾空,再次把它拆毁。

(江枫　译)

《云》,是雪莱又一抒情诗不朽名篇。

据雪莱夫人回忆,1819年下半年雪莱一家在佛罗伦萨。由于那里的环境不宜,健康状况不佳的雪莱痛苦异常,便迁到了比萨,以便就诊。但是医生只能揣测,未能给他以解除痛苦的任何希望,只是吩咐他再也不要看病吃药了,把病痛交给大自然去医治吧。《云》就写在1820年春夏之交的比萨。

雪莱自幼乐山爱水,成年入世,经历过人生的磨难,更加亲近和尊

---

[1] 云赖风力而飘动,大气的威力在这里被比作拉车的骏马,挽曳云的车座而行。
[2] 云由地上的水化汽上升在空中遇冷而生成,故称大地和水的女儿、天空的养子。

崇自然,他说:

> 我爱白雪,我爱霜的一切
> 　　晶莹的形态,
> 我爱浪涛、劲风,和暴雨,
> 　　我几乎热爱
> 自然的一切未被人的不幸
> 　　沾染玷污过的事物和情景。

风花雪月,山峦河川,飞禽走兽,在他看来,都是"宇宙精神"的体现,是他爱写的题材,也是他灵感的源泉。

《云》的创作,像《致云雀》《西风颂》一样,也萌发于自然景物的鼓舞和启示。

《云》采取第一人称语气,诗人与云已成一体。云的自然形态和诗人的社会性格,互相附丽,互为表里。当我们读到"我变化,但是不死"和"我腾空,再次把它(我自己虚空的坟冢)拆毁"时,懂得这个"我",既是物质不灭的云,也是九死不悔的雪莱。

雪莱以准确、细腻的笔触,恰当、优美的比喻,写尽了云时而气势凌人,时而安详宁静,时而纤柔娟秀,时而壮丽宏伟多彩多姿的形态,写出了云所体现的慈爱、欢快、顽皮、倔强特别是不屈不挠的乐天性格。诗人忠实于自然,其中描写的风、云形态和变化都符合科学道理。童话般的故事,都经得起科学的检验和分析。

全诗八节,每节十二至十四行不等。各行轻重音的格律并不严谨,但是用韵十分讲究:单数行是长行,押行内韵,即行尾与行中押韵,双数行两三行同押脚韵。我的译文,只再现了双数行的脚韵。有人以背离原作内容和割裂汉语词汇的方式,为我的译文单数行内凑韵,而又不顾及更重要的双数行脚韵,这种做法,于我而言非不能,是不为也。因为易词就韵,以词害意,得不偿失,而牺牲自然流畅,生凑硬押,非但无补而且有损于音韵美。

(江枫)

西 风 颂 [1]

雪 莱

1

哦,犷野的西风,你秋之实体的气息![2]
由于你无形无影的出现,万木萧疏,
似鬼魅逃避驱魔巫师,蔫黄,魃黑,

苍白,潮红,疫疠摧残的落叶无数,
四散飘舞;哦,你又把有翅的种子[3]
凌空运送到他们阴暗的越冬床圃;

仿佛是一具具僵卧在坟墓里的尸体,
他们将分别蛰伏,冷落而又凄凉,
直到阳春你蔚蓝的姐妹[4]向梦中的大地

吹响她嘹亮的号角(如同牧放群羊,
驱送香甜的花蕾到空气中觅食就饮)
给高山平原注满生命的色彩和芬芳。

不羁的精灵,你啊,你到处运行;
你破坏,你也保存,[5]听,哦,听!

---

[1] 这首诗构思在佛罗伦萨附近阿诺河畔的一片树林里,主要部分也在那里写成。那一天,孕育着一场暴风雨的暖和而又令人振奋的大风集合着常常倾泻下滂沱秋雨的云霭。不出所料,雨从日落下起,狂风暴雨里夹带着冰雹,并且伴有阿尔卑斯山南地区所特有的气势宏伟的电闪雷鸣。(雪莱原注)

[2] 秋之实体,原文 Autumn's being,指秋的存在、秋的生命、秋的实质、秋的本体。

[3] 有翅的种子,Winged seeds,指种皮外展如翼、靠风力传播远方的种子。

[4] 蔚蓝的姐妹,指春天清新明净的东风。

[5] 你破坏,你也保存,原文 Destroyer and preserver,译文改变了词性,突出了动和力。

2

在你的川流上,在骚动的高空,
纷乱的乌云,那雨和电的天使,[1]
正像大地凋零枯败的落叶无穷,

挣脱天空和海洋交错缠接的柯枝,[2]
漂流奔泻;在你清虚的波涛表面,
似梅娜德头上扬起的蓬勃青丝,[3]

从那茫茫一片地平线阴暗的边缘
直到苍穹的绝顶,到处都散布着
迫近的暴风雨飘摇翻腾的发卷。

你啊垂死残年的挽歌,四合的夜幕
在你聚集的全部水汽威力支撑下,
将构成他那庞大墓穴的拱形顶部。

从你那雄浑磅礴的氛围,将迸发
黑色的雨、火、冰雹;哦,听啊!

3

你,哦,是你把蓝色的地中海
从梦中唤醒,他在一整个夏天
都酣睡在贝伊湾一座浮石岛外,[4]

---

[1] 纷乱的乌云往往带来雷雨,故称其为雨和电的天使。

[2] 海天之间乱云飞渡,被比作落叶飘舞,似乎也从某种想象中的交错缠接的柯枝上挣脱。

[3] 梅娜德 Maenad,据希腊神话,为酒神狄俄尼索斯的女伴之一,在雅典博物馆珍藏的古画上,梅娜德有怒发披散的形象。

[4] 贝伊湾,意大利那不勒斯附近一处海湾。浮石岛,由火山熔岩形成,浮石亦称轻石。

被澄澈的流水喧哗声催送入眠，
梦见了古代的楼台、塔堡和宫闱，
在强烈汹涌的波光里不住地抖颤，

全都长满了蔚蓝色苔藓和花卉，
馨香馥郁，如醉的知觉难以描摹。
哦，为了给你让路，大西洋水

豁然开裂，而在浩渺波澜深处，
海底花藻和枝叶无汁的淤泥丛林，
哦，由于把你的呼啸声辨认出，

一时都惨然变色，胆怵心惊，
战栗着自行凋落；听，哦，听！[1]

4

我若是一朵轻捷的浮云能随你同飞，
我若是一片落叶，你所能提携，
我若是一头波浪能喘息于你的神威，

分享你雄强的脉搏，自由不羁，
仅次于，哦，仅次于不可控制的你；
我若能像在少年时，作为伴侣，

随你同游天际，因为在那时节，
似乎超越你天界的神速也不为奇迹；
我也就不至于像现在这样急切，

---

[1] 第三节结尾处所提到的那种现象，博物学家是十分熟悉的。海洋、河流和湖泊底部的水生植物，像陆地植物一样，对季节改变有相同的反应，因而也受宣告这种改变的风的影响。（雪莱原注）

向你苦苦祈求。哦，快把我飏起，
就像你飏起波浪、浮云、落叶！
我倾覆于人生的荆棘！我在流血！

岁月的重负压制着的这一个太像你，[1]
像你一样，骄傲，不驯，而且敏捷。
5
像你以森林演奏，请也以我为琴，
哪怕我的叶片也像森林的一样凋谢！
你那非凡和谐的慷慨激越之情，

定能从森林和我同奏出深沉的秋乐，
悲怆却又甘洌。但愿你勇猛的精灵
竟是我的魂魄，我能成为剽悍的你！

请把我枯萎的思绪播送宇宙，[2]
就像你驱遣落叶催促新的生命，
请凭借我这韵文写就的符咒，

就像从未灭的余烬飏出炉灰和火星，
把我的话语传遍天地间万户千家，
通过我的嘴唇，向沉睡未醒的人境，

让预言的号角奏鸣！哦，风啊，
如果冬天来了，春天还会远吗？

(江枫 译)

---

[1] 岁月的重负，指陈旧腐朽的习惯势力、反动的统治和宗教。这一个，诗人自指。
[2] "枯萎的思绪"，原文 dead thoughts，但不能译作"死亡的思想"，因为雪莱以落叶相比：树叶由于得不到水分和养料而凋落，雪莱的思想由于得不到包括他自己父亲在内的社会的理解、同情和支持而失去生机，却不是死亡。dead 本身自有不能发挥作用、不能生效的含义。

《西风颂》是雪莱抒情诗的登峰造极之作,世界文学宝库中一颗永放光辉的明珠,称得上永远洋溢着智慧和美感的不竭源泉。

　　《西风颂》写于1819年秋天。这一年的8月16日曼彻斯特约有八万工人在争取普遍平等的选举权的旗帜下,集合起来举行大会。英国政府以武力镇压,有十五人被打死,四百人负伤,许多游行示威者被捕。消息传来,被迫漂泊在意大利的雪莱极为悲愤,他在9月6日的一封信中写道:"接到曼彻斯特事件的消息,我周身的血愤怒沸腾……"一天,郊游于比萨城外阿诺河畔一处森林,忽遇劲风大作,在落叶飘舞、乌云翻卷、暴雨将至的大自然宏伟景象触发下,诗人积蓄已久的激情奔涌如泻,在森林中他就构思并写出了《西风颂》的大部,随后又在电闪雷鸣、夹带着冰雹的滂沱秋雨声中,续成全篇。

　　雪莱从来以创新的态度对待传统格律,总是依照抒写的对象和内容选择或设计相应的形式。《西风颂》全篇共分五大节,每一大节是一首十四行诗。这是一种从但丁式三联韵体发展成的十四行诗,前十二行的韵式是aba,bcb,cdc,ded,仿佛风浪的波动连绵起伏;结尾两行的韵脚ee,正好和十二行中一个小小的波峰相应。每行五音步,抑扬格与扬抑格兼用,节奏快捷而多变化。五节十四行,都可以独立成篇而又连贯有序,前呼后应,层层推进,形成一个艺术整体。用词庄严而生动,基调激昂奔放而间有悱恻低吟,遣词造句极重视其音乐性,其第一节的第一行,便以巧妙使用模拟劲风呼啸之声的头韵而成为英诗名句:

　　O wild West Wind,thou breath of Autumn's being!
　　　哦,犷野的西风,你秋之实体的气息!

　　第一节,一起首寥寥几行就写出了肃杀秋风,气势磅礴,所到之处,万木萧疏:横扫落叶有如巫师驱魔,同时又把种子送入越冬的床圃。而在种子入土仿佛僵卧处,随着联想之链从生命的载体引向生命,惨淡悲凉的画面展现出一派春色:

　　　你蔚蓝的姐妹向梦中的大地

> 吹响她嘹亮的号角（如同牧放群羊，
> 驱送香甜的花蕾到空气中觅食就饮）
> 给高山平原注满生命的色彩和芬芳。

前后对比强烈，过渡突兀而又自然，从阴暗的现实眺望明媚前景，令人振奋。诗人在最后两行指出："不羁的精灵，你啊，你到处运行；你破坏，你也保存！"这就是希望。而"你"，显然，既指大自然中的强劲西风，也象征人类社会的变革之风。

第二节，场景是万里云天。高空如地面，西风所至，乱云纷飞一如落叶。到处都是电和雨的天使，到处都是骚动和危机：

> 从那茫茫一片地平线阴暗的边缘
> 直到苍穹的绝顶，到处都散布着
> 迫近的暴风雨飘摇翻腾的发卷。

同样，在阴暗的天空，诗人也看到了希望。他理解，西风是"垂死残年的挽歌"，黑暗的残年将在必然迸发的"黑色的雨、火、冰雹"之中埋葬。

第三节，视线转向海洋，海洋也避不开西风。西风驾临地中海，惊破了地中海的长夏美梦。当他正在梦着"古代的楼台、塔堡和宫闱"，西风到达大西洋：

> 哦，为了给你让路，大西洋水
> 豁然开裂，而在浩渺波澜深处，
> 海底花藻和枝叶无汁的淤泥丛林，
> 哦，由于把你的呼啸声辨认出，
> 一时都惨然变色，胆怵心惊⋯⋯

变革之风在海底深处也一定引起强烈的反应。雪莱曾对此特别加以科学论证："海洋、河流和湖泊底部的水生植物，和陆地的植物一样，对季节的变换有相同的反应，因而也受宣告这种变换的风的影响。"

第四节，在陆地、天空、海洋三组镜头叠印的画面上，"我"出现了："我倾覆于人生的荆棘！我在流血！"，而且被"岁月的重负压制着"。画

外音是"我"的祈求独白:

> 我若是一朵轻捷的浮云能随你同飞,
> 我若是一片落叶,你所能提携,
> 我若是一头波浪能喘息于你的神威,
> 分享你雄强的脉搏,自由不羁,
> 仅次于,哦,仅次于不可控制的你,
> ……哦,快把我飑起,
> 就像你飑起波浪、浮云、落叶!

这是诗人面对西风心潮澎湃的倾诉,也是诗人宣告顺应西风的召唤,接受西风的启示和鼓舞,急于投身变革事业的宣言和誓愿。

第五节是高潮,也是全诗的精华,似乎前四节都不过是第五节的铺垫。

诗人继续祈求,他的祈求本身体现了一个有着强烈社会使命感的革命诗人勇于投入战斗和无私奉献的精神:

> 像你以森林演奏,请也以我为琴,
> 哪怕我的叶片也像森林的一样凋谢。

雪莱认为诗人应该是为人类的解放和幸福而斗争的战士,是敏于预见的预言家。在这里,他以竖琴自比,而通篇都是这竖琴在时代的西风震荡下发出的慷慨激越的琴声。这琴声中的最强音正是振聋发聩的最后一行预言:

> If Winter comes, can Spring be far behind?
> 如果冬天来了,春天还会远吗?

朴素的语言,说出了一个朴素的真理。

这里,正是他深刻领悟的必然规律在支持着他那昂扬的革命乐观主义,使他从黑暗看到光明,从腐朽看到生机,对人类美好未来充满信心。这诗句曾经鼓舞着无数人为实现光辉的理想而奋斗前行。　　　　(江枫)

阿波罗之歌[1]

雪 莱

1

终宵不眠的那些时辰守候我[2]入睡,

　张挂起嵌织着灿烂繁星的绣帷,

遮蔽住那弥漫天宇的皓月银辉,

　从我惺忪倦眼驱散繁忙的梦寐——

当他们的母亲——那灰白的黎明

宣告梦和月已离去,再把我唤醒。

2

于是我起身,攀登蓝天的拱顶,

　我跨越汹涌的海洋和山峰,

把锦袍留给浪花四溅的波涛万顷,

　我步履所至,云霞如焚,

我的明光充溢万千洞穴和孔隙,

大气任我拥抱赤裸的绿色大地。

3

万道金光是我的利箭,我用它射杀

　依恋黑夜畏惧白昼的奸伪和欺诈,

为非作歹甚至只是心怀恶念的一切

　都逃避我,而从我荣耀的光华里,

善良心灵和正直懿行[3]获得新的力量,

---

[1] 阿波罗,希腊神话中的太阳神,最高天神宙斯的儿子,主管白昼,并司预言、诗歌、艺术和医药。在最早的造形艺术中,阿波罗是高大、端正、长发、无须的青年,他的表征物是竖琴、弓、神盾。

[2] 我,阿波罗自指。这首诗,实际上是一出诗剧中剧中人的一段唱词。

[3] 懿行,犹言善行,是对原文 open actions(光明正大的行为)这一概念力求简洁和典雅的译法。

直到黑夜统治再次削弱他们的强旺。

4

我用圣洁的光彩哺育云霞、霓虹
　　和花朵；在那永恒的庭宇里，
运行不息的月球和晶莹闪烁的星星，
　　我都赋予威力，有如裹以锦衣；
无论天上、人间，一切发光的灯火
都来源于同一威力，那威力属于我。

5

亭午时分，我卓立在太空绝顶，
　　然后迈步走下，怀着违愿的心情，
踱进大西洋暮色苍茫的云霭深处；
　　哀伤于我的离去，暮霭蹙眉而哭；
还有什么样更加妩媚动人的容貌，
能比我从西方海岛安慰他们的微笑？[1]

6

我是一只巨眼，宇宙凭着我，
　　看见自己，认识自己的神圣；
一切器乐的优美，诗韵的谐和，
　　一切艺术的、自然的光明，
一切预言，一切医术，都属于我——
胜利和赞美，当然归属于我的歌。

（江枫　译）

《阿波罗之歌》及其姊妹篇《潘之歌》都是雪莱抒情诗中精美的杰作，是雪莱夫人所写诗剧《米达斯》第一场两个剧中人比赛音乐时的两

---

[1] 指夕阳无限好。

段唱词。诗剧取材于希腊神话。第一场，弹竖琴的太阳神阿波罗和吹芦笛的森林之神兼牧神潘比赛音乐，由山林之神特摩勒斯充当裁判。比赛就要开始，具有人与神混合血统的米达斯路过，特摩勒斯邀请他留下来旁听。然后，阿波罗和潘相继演出。

《阿波罗之歌》全篇六节，每节六行，每行五音步，抑扬格与扬抑格并用，韵式是ababcc。用词典雅，格律工整，雍容华贵，和他俨若王侯的身份相称。

第一节，自述他在众多时辰的侍奉下入睡，然后经过黎明宣告月和梦都已离去的程序由时辰唤醒。

第二节，朝阳升起，"我步履所至，云霞如焚，我的明光充溢万千洞穴和孔隙，大气任我拥抱赤裸的绿色大地"。

第三节宣称，万道金光是"我"射杀奸伪和欺诈的利箭，是我在支持善良的心灵和正直的懿行。

第四节炫耀威力，声称"无论天上、人间，一切发光的灯火都来源于同一威力，那威力属于我"。

第五节，盛极而衰，无可奈何地离开太空绝顶，然而连下台的情景也值得夸耀："还有什么样更加妩媚动人的容貌，能比我从西方海岛安慰他们的微笑？"

第六节，"我是一只巨眼，宇宙凭着我，看见自己，认识自己的神圣"，这是对太阳寓有深意的赞美。不过"一切器乐的优美、诗韵的谐和……一切预言，一切医术都属于我"，则既缺乏说服力，也表现出一个位崇权重的王者盛气凌人的口吻，当然，他可以引希腊神话的经典作为根据。

由于雪莱崇尚光明，情不自禁地以绚丽的色彩，写出了一曲优美动人的太阳颂，似乎偏离了雪莱夫人的设计。不过，要真正理解这首诗的美学价值，还必须和《潘之歌》对照阅读。

(江枫)

潘之歌[1]

雪 莱

1

我们来了,我们来了,
　　从高原,从森林,
从绿水环绕的洲岛,
　　喧闹的波涛也安静
　　　　倾听我这甜美的笛音。
桃金娘林梢的小鸟,
　　灯芯草、芦苇丛中的风,
菩提树枝上的知了,
　　麝香花花铃里的蜜蜂,
如茵绿草荫蔽下的蜥蜴,
都像老特摩勒斯[2]一样屏息
　　　　倾听我这甜美的笛音

2

庇纽斯河流水明净,
　　坦佩谷地一派昏暝,
卧伏在佩里翁山[3]的阴影,
　　暗影将吞没被我笛音
　　　　催促离去的夕照残景,

---

[1] 潘,希腊神话中阿耳卡狄亚的森林之神和牧神。潘生下时浑身长毛,下半身是羊腿和羊蹄,头上有羊角和羊耳,塌鼻、长须,身后有条尾巴。他母亲非常吃惊,便把他抛弃了。赫耳墨斯把他拾起带到奥林帕斯山中。他的样子使众神大笑,但都喜欢他,给他取名为潘。
[2] 特摩勒斯,据希腊神话,是吕狄亚特摩勒斯山的山林之神。阿波罗与潘比赛音乐时,和米达斯一起充当裁判。
[3] 庇纽斯河、坦佩谷地、佩里翁山和下文提到的梅纳勒斯山,都在希腊境内。

从湿润的水草地边境
　　　　到露珠晶莹的洞穴，
　　田野、森林和畜牧之神
　　　　水泽和<u>丛</u>林中的仙女，
　　听我演奏的神灵都静默，
　　怀着爱，像此刻的你，阿波罗，
　　　　　　你却嫉妒我甜美的笛音。

3

　　我歌唱闪烁舞蹈的星星，
　　　　歌唱奇妙的大地和天庭，
　　我歌唱规模巨大的战争，
　　　　歌唱爱情、死亡和生命——
　　　　　　尔后，我转换我的笛音——
　　唱我如何沿梅纳勒斯山谷追赶，
　　　　追赶一位姑娘却抱住一株芦苇。[1]
　　神和人啊，我们都会这样受骗！
　　　　我们常因此而伤心，以至流血。
　　全都落泪了——你们俩一定会，[2]
　　如果血液尚未冻结于嫉妒或年岁，[3]
　　　　为了我甜美笛音里的酸辛。

（江枫　译）

---

[1] 据希腊神话，潘爱上了自然女神叙任克斯，而叙任克斯却变成各种东西来躲避他，最后她变成芦苇躲在阿耳卡狄亚的拉冬河里，潘就折下芦苇做成芦笛而成了芦笛的发明者。潘在这里提到这段遭遇却用"抱住"一词，含有嘲讽阿波罗的意思。阿波罗也受过这样的"欺骗"：阿波罗爱上了自然女神达芙涅，达芙涅逃避阿波罗而在被他抱住时变成了月桂，于是月桂便成了阿波罗的圣树。

[2] 你们俩，指阿波罗和特摩勒斯。

[3] 嫉妒，是说阿波罗；年岁，是说特摩勒斯。

《潘之歌》和《阿波罗之歌》相比,从形式到内容都迥然各异,有着完全不同的风格,表明雪莱诗歌艺术的娴熟。

《潘之歌》全篇三节,每节十二行,各行的音步格式和数目变化较多,节与节之间又不尽相同,不同于《阿波罗之歌》的四平八稳,匀称规整,显得活泼轻松,摇曳多姿。各节的韵式是:ababcdedeffc。

第一节,多变的诗行(例如,起首四行就有两行三音步与两行二音步相间),多变的节奏(三音步诗行都由两个扬抑格之间加一个扬抑抑格构成,而二音步诗行则一行为两个抑扬格、另一行由一个抑扬格和一个抑抑扬格构成),多变的韵脚(十二行一节就六易其韵,而由相隔六行互押的两个韵脚cc前后呼应以维系音乐性形象的完整),多变的场景(高原、森林、绿水环绕的洲岛、桃金娘林梢、菩提树枝上、麝香花花铃里、青草荫蔽下……)和丰富的生命形式(小鸟、蜜蜂、知了、蜥蜴、花草树木以至拟人的波涛和风),构成一幅有声有色、生气蓬勃的图景。我们仿佛看到潘跑着跳着唱着笑着来了。他谦和合群,从"我们"这一自我称谓可知,是和伙伴们(那众多的生命体)成群结队来的。他没有夸耀与音乐无关的能力和权威,只是说,喧闹的安静了,爱唱爱叫的也屏息静气,"倾听我这甜美的笛音"。

第二节,潘以"暗影将吞没被我笛音催促离去的夕照残景",暗示红日也有落山时,而他的笛音却有更长的生命,并以众多神灵的沉默倾听和阿波罗的嫉妒,渲染笛音之优美迷人。

第三节,潘和只唱自己的耀荣和权威的阿波罗不同,他歌唱光辉的星星、奇妙的大地和天庭,歌唱战争、爱情、死亡和生命,尔后转换笛音:

> 唱我如何沿梅纳勒斯山谷追赶,
> 　追赶一位姑娘却抱住一株芦苇。
> 神和人啊,我们都会这样受骗!
> 　我们常因此而伤心,以至流血。

这就在歌唱一件隐私事件时涉及了"神与人"的普遍命运,在讥嘲阿波罗也有类似遭遇、类似隐私时,就使得潘纯个人的辛酸经历上升成为寓意深远得多的象征,足以引起广泛的人性共鸣和深思。

> 全都落泪了——你们俩一定会,
> 　如果血液尚未冻结于嫉妒和年岁。

这里听得出雪莱自我的声音。和《潘之歌》相比,《阿波罗之歌》就显得肤浅、浮夸、华而不实。

雪莱在《阿波罗之歌》和《潘之歌》的创作中,不仅显示了塑造戏剧性性格的才能,也以实例昭示:什么样是真有生命的歌。　　　(江枫)

哀 歌

雪 莱

1

哦世界!哦人生!哦时间!
我正攀着最后的梯阶[1]向前,
　战栗着回顾往昔立足的所在,
你们[2]青春的绚丽何时回还?
　　　不再,哦,永远不再!

2

从一个个白天一个个黑夜,
一种欢乐之情已展翅高飞,
　春和夏的鲜艳,冬的皓白
触动我孱弱的心以悲哀,而欢悦,
　　　不再,哦,永远不再!

(江枫　译)

---

[1] 最后的梯阶,雪莱随时感到死亡的临近,因而认为他的每一步都可能是最后,不过这里的梯阶是复数。

[2] 你们,指世界、人生、时间。

《哀歌》是雪莱又一抒情名篇。

一个古老的主题：人生易老，欢乐难再。精致而有力的表现，寥寥几行，愁绪万千。

雪莱，为崇高理想所鼓舞的战斗诗人，也难免有消沉和软弱的时候。不可抗拒的变易规律使他坚信黑暗终将为光明取代，也常引发他的哀思和悲叹，因为美好的事物同样不能久留，而欢乐一旦失去便成为痛苦。

这首诗写于1821年。据雪莱夫人回忆，这一年夏天，雪莱健康状况不佳，情绪波动很大。他写了一些小诗和未完成的篇章，忧愁和悔憾多过欢乐。由于深感生活沉重的压力，又远离他所爱的人们，诗人便宣泄于诗歌以求慰藉。《哀歌》就是这类作品之一。

朴素的语言，常见的形象，浅显的比喻，都容易拨动正常人的心弦。而独特的音响效果更增强了这首诗的感染力量。

雪莱从来重视诗歌语言的音乐性。他认为："诗人的语言总是含有某种划一而和谐的声音之重现，没有这种重现，就不成其为诗。而且，姑不论它的格调如何，这种重现对于传达诗的感染力，正如诗中的文字一样，是绝不可缺少的。"

《哀歌》的用词和用韵达到了音和义的高度密切、和谐一致，其基调是能够唤起凄凉悲戚之感的哦哦叹息之声的反复重现。

全诗的韵式是aabab ccbcb，贯串两节的脚韵b，是[for][mor], [hor][mor]，第一节第一行 "O world! O life! O time! " 一共三个抑扬格音步，就用了三个O，加上最后一行 "No more——Oh, never more!"，一共两个扬抑抑格音步中就出现了四个O。第二节的最后一行又是这一行的重复。于是，朗读这些一再重现的哦哦之声不但是和谐一致的伴奏，而且本身就成了和信息浑然不可分的音响载体。这样的音响设计是很难在译文中完全再现的。在汉语中我无法袭用原韵，但是，除了保留可保留的哦哦之声，我选用了容易使人联想起哀哀悲叹的怀来韵，把那反复出现的末行译成："不再，哦，永远不再！" 在《雪莱诗选》上我曾采取一韵到底的译法,目的在于加强那种气氛。现在改译,仍恢复原作aabab ccbcb的韵式,以求形式再现的近似。

《哀歌》之所以动人,还因为诗歌再现的哀愁是经过了艺术净化的哀愁。"我们最美的音乐是最能倾诉哀思的曲调",如雪莱所说,"悲剧之所以使人愉快,是因为它提供了存在于痛苦中的一个快乐的影子。"

经过净化,"人生易老"也可以引发出"战地黄花分外香"那样的壮语;"欢乐难再",也可以导致"劝君惜取少年时"而及时努力。

雪莱自己就是在时时预感着死亡临近的心情催迫下,唱着悲歌,奋勇前进直到最后一息的。

(江枫)

宇宙流浪者

雪 莱

1

告诉我,星星,你用明光的羽翼
奔赶你火焰似的航程,匆匆飞行,[1]
在夜的什么样的洞穴里,
　　你将收敛你的羽翎?

2

告诉我,月亮,你面色苍白阴暗,
无休无止的天国之路的巡礼香客,[2]
在夜的或白昼的什么样的深渊
　　把安息的场所寻觅?

3

疲惫的风,像是宇宙不容的逐客,
到处游荡,到处流浪,

---

[1] 这句意思是,像一团火焰似的飞行着,奔赴航程。
[2] 天国之路永无尽头,这里的香客自然永远找不到朝拜的目标。

你是否也还有个隐秘的巢穴

在海上或是在树上?

(江枫 译)

雪莱的战斗生活是英勇的,他对光明的不倦追求如同在黑暗中点燃起理想的火光,给人以鼓舞。但这火光毕竟朦胧飘忽,在漫漫长夜中微弱不定;他又一直是单枪匹马、孤军奋战,不免深感孤独、寂寞。因此对理想的执着、对现实的失望和对前途的渺茫感,常常在雪莱的诗中交织出现。正如《明天》所说:

你在何处,我们所恋慕的明天?

不论老少,贫富,衰弱或强健,

我们总是透过欢乐,透过忧烦,

无休止地寻觅着你的笑颜——

但是在你的位置上,啊,可怜,

找到的总是我们所逃避的,今天。

这首《宇宙流浪者》的基调也正是如此,只是表现得更加深沉、苍凉,伤感色彩更浓而已。

诗人以夜空的星星、苍白的月亮、疲惫的风自喻。虽然为寻求理想,白天黑夜不断地匆匆奔赶,但漫长的旅程,无休无止,谁也不知道何处是可以安息的终点,流露出惆怅、失望的悲哀情绪。这诗其实也可看作诗人一生的写照。雪莱颠簸坎坷,远离祖国,过着浪迹天涯的放逐生活;理想渺茫,壮志未酬,确实是个黑暗世界中的"流浪者"。诗句的结尾仿佛预言了诗人的不幸结局:两年后在"海上",他终于找到了"隐秘的巢穴",长眠于大海风暴之中了。

(许自强)

音 乐

雪 莱

1

我渴望着音乐,那神圣的音乐,

我的心干渴似萎垂的花朵；
请倾注乐音如有魔力的美酒，
　　让乐音在银色的阵雨中奔流；
像寸草不生的荒原期待甘霖，
我喘息着期待那乐曲的苏醒。

2

请容我痛饮甜美音响的精醇，
　　啊，一口再一口仍焦渴难禁；
它松开了烦恼拘锁在我心头
　　要把我心灵闷死的毒蛇；
消愁的旋律流过每一条脉管，
流进我的脑海，流入我的心田。

3

有如一朵枯萎紫罗兰的芬芳，
　　那紫罗兰开在银色的湖旁，
中午骄阳喝干它盛露的杯盏，
　　却没有雾气可解它的干旱——
紫罗兰终于死去，浓郁馨香
却乘风的翅膀飘浮碧波之上。[1]

4

有如一个人从一只魔杯里面
　　啜饮发泡闪光咝咝作响的琼浆，

---

[1] 这一节以紫罗兰虽然干枯死去，芳香犹存，比喻乐音消失，但余音仍在人心中袅袅不绝。雪莱在《致——》一诗中写道：
　　　　音乐，当袅袅的余音消灭时，
　　　　　　还在记忆之中震荡——
　　　　花香，当芬芳的紫罗兰凋谢时，
　　　　　　还在心魄之中珍藏。

> 是一位非凡的魔女把它斟满,
>
> 又以神圣的吻邀他把爱情同享……

(江枫 译)

雪莱热爱自然,热爱科学;更酷爱艺术,酷爱音乐。他后期侨居的意大利,原是世界闻名的艺术之邦。那里有壮丽的罗马古典建筑,有艺术天才的绘画、雕塑,也有世界第一流的音乐名作,这一切给予雪莱极大的欣慰和满足。当他苦闷、寂寞的时候,常常陶醉于音乐之中。他认为,音乐可以使人忘记人世间的忧虑、烦恼,可以给人温暖和同情,正如他在另一首《音乐》诗中所说:

> 你是打开泪泉的银钥,
>
> 　灵魂在泪泉边痛饮,使头脑如醉如痴;
>
> 你是埋葬了千万种恐惧的、最温暖的墓穴,
>
> 　恐惧之母——忧虑——像一个瞌睡的孩子,
>
> 　在花丛里熟睡了。

他还认为音乐同爱情、同诗歌密不可分。他说,在那"缥缈的天府",音乐,月光和感情是三位一体的。确实,音乐和诗歌是孪生姊妹。音乐家爱诗、诗人爱音乐是屡见不鲜的,当时的浪漫主义诗人更同音乐结下了不解之缘。不过,像雪莱这样常写诗赞美音乐的却不算多,这首《音乐》就是其中之一。

诗人说,神圣的音乐,对于一颗干渴的心来说,无异醉人的美酒,久旱的甘霖,馨香的鲜花,可以解除烦忧,催人苏醒,并且余音不绝,久久地留驻在人的心里,给人以温柔的慰藉。这实际上已超出了一般对音乐的赞美,包含着一定的社会意义。看来,在理想之光暗淡的长夜里,音乐已成了诗人的一种精神寄托了。

(许自强)

济慈(5首)

约翰·济慈(John Keats, 1795—1821),英国19世纪杰出的浪漫主义诗人,和拜伦、雪莱并称于世。

济慈出身卑微,父亲是一个马厩主人。十五岁,父母就都去世,他和两弟一妹靠着亲族和监护人的看管长大,一生过着贫困的生活。他自幼酷爱文学,倾心于荷马、莎士比亚和斯宾塞等人的作品。后来他结识了具有进步思想的作家李·汉特、雪莱等,使他更坚定了从事文学的决心,终于走上了弃医学文的道路。1817年,在雪莱的帮助下,出版了第一本诗集《诗歌》。

济慈同拜伦、雪莱一样,都是英国优秀的浪漫主义诗人,都同当时的黑暗现实格格不入,都有着不幸的遭遇。卓越的天才,使他们都给人类留下了优美的诗篇。但济慈缺少拜伦式的强烈反抗精神,也不像雪莱对未来充满憧憬,而是沉溺于"纯美"的、"永恒的艺术"领域中。他认为诗人不应有主义、道德与自我。"美就是永久的欢喜",主张以"美的梦幻""自由的想象"来创造这一世界。虽然这是出于对周围丑恶生活的否定,但毕竟是消极的,这使他的作品染有明显的唯美主义倾向。

不过,在抒情诗的领域里,济慈有其独特的成就。他善于描写自然景物,以具体的、可感受的形象来抒写抽象的感情和意念,追求绘画和雕塑中的立体感,往往能给人一种感官上的陶醉。雪莱称他为"一颗露珠培养出来的鲜花"。他的《希腊古瓮颂》《夜莺颂》《秋颂》等,历来受到人们的称颂,为世界文学宝库增添了光彩。

哦,孤独

济 慈

哦,孤独!假若我和你必须
　同住,可别在这层叠的一片
灰色建筑里,让我们爬上山,
　到大自然的观测台去,从那里——
山谷、晶亮的河、锦簇的草坡。
　看来只是一拃;让我守着你

在枝叶荫蔽下，看跳纵的鹿麋
　　　把指顶花盅里的蜜蜂惊吓。
　　不过，虽然我喜欢和你赏玩
　　　这些景色，我的心灵更乐于
　　和纯洁的心灵（她的言语
　　　是优美情思的表象）亲切会谈；
　　因为我相信，人的至高的乐趣
　　　是一对心灵避入你的港湾。

（穆旦　译）

　　诗人早在童年与少年时代就饱尝了生活的艰辛与孤独之苦——父母的早逝，自身的体弱多病，夺去了他作为孩子所迫切需要的爱与欢乐。但对爱与美的不倦追求，使他在噩运中仍充满着美好的向往，充满乐观的信念。他爱自然，更爱人类，他向往大自然的壮美，更向往着纯洁的爱情。这首最初发表的小诗，诗题为《孤独》，而题旨却是追求爱与美，这独具匠心的构思显示了诗人浪漫主义创作特色。

　　在诗人笔下，孤独被人格化了。从小缺少温暖、与孤独相伴而又敏感的诗人是多么害怕孤独啊！但现实中孤独成了他的常客，为了从这种境遇中解脱，只有离开"层叠的一片灰色建筑里"，而投身于大自然的怀抱：幽深的山谷，晶莹清澈的小河，花草繁茂、锦簇如毯的草坡。在自然的观测台上，眼前的景物美好。既有俯看山下，只有"一拃"的立体式画面，又有鹿麋跳纵、蜜蜂惊飞这动感极强的特写镜头。这些充满生机、充满希望的景物使得诗人心胸为之开阔，给诗人带来了欢愉。然而他更希冀能与相爱的人单独在一起倾诉衷肠，"人的至高的乐趣，是一对心灵避入你的港湾"，天真、朴素的诗句表达了诗人的追求。

　　诗中对自然的热爱，对爱情的向往，传达出人们的共同感受，写得清新活泼，富有情趣。

（彩娜）

蝈蝈和蟋蟀

济 慈

从不间断的是大地的诗歌:
  当鸟儿疲于炎热的太阳
在树荫里沉默,在草地上
  就另有种声音从篱笆飘过;
那是蝈蝈的歌声,它急于
  享受夏日的盛宴的喜悦
唱个不停;而等他需要停歇,
  就在青草丛里稍稍憩息。
呵,大地的诗歌从不间断:
  在孤寂的冬夜,当冰霜冻结,
四周静悄悄,炉边就响起了
  蟋蟀的歌声,而室中的温暖
使人昏昏欲睡,我们会感觉
  仿佛是蝈蝈在山坡上鸣叫。

1816年12月30日 (穆旦 译)

  这是济慈早期创作的一首小诗。

  诗人以细致的观察和巧妙的构思,借咏蝈蝈、蟋蟀吟唱了"大地的诗歌从不间断"这富有哲理性的主题。

  诗中没有按顺序来写一年四季,而是选择了酷夏、严冬这四季中难熬的两个季节。即使这样的时日,自然界中的蝈蝈、蟋蟀依然交替歌唱,由此不难想见,春、秋两季百鸟争鸣、千虫欢唱的黄金时节的情景。这样明写夏、冬两季,实在暗书春、秋。诗人揭示了一年四季大自然歌声不绝的规律,写出了诗人对生命运行不息和自然间永恒的美的感受。

  夏日的郊野——那草地、篱笆和浓荫,冬季的室内——冬夜令人昏昏欲睡的温暖的炉边,把人自然引入静谧安祥的境界。这时传来蝈蝈和蟋蟀的声音,更衬托出环境的幽静,收到了以动衬静的效果,能唤起人的亲切回忆。而冬夜室内的温暖似又使诗人回到了"蝈蝈在山坡上鸣叫"的夏日,这虚实结合的手法确给人以无限遐想。

全诗明写暗书,动静相衬,实虚结合,赞颂大自然周而复始、生命不息的永恒的美这一主题,轻松、自然、明朗、欢快。 (彩娜)

秋 颂

济 慈

1

雾气洋溢、果实圆熟的秋,
　你和成熟的太阳成为友伴;
你们密谋用累累的珠球
　缀满茅屋檐下的葡萄藤蔓;
使屋前的老树背负着苹果,
　让熟味透进果实的心中,
使葫芦胀大,鼓起了榛子壳,
　好塞进甜核;又为了蜜蜂
一次一次开放过迟的花朵,
　使它们以为日子将永远暖和,
因为夏季早填满它们的粘巢。

2

谁不经常看见你伴着谷仓?
　在田野里也可以把你找到,
你有时随意坐在打麦场上,
　让发丝随着簸谷的风轻飘;
有时候,为罂粟花香所沉迷,
　你倒卧在收割一半的田垄,
让镰刀歇在下一畦的花旁;
　或者,像拾穗人越过小溪,

你昂首背着谷袋,投下倒影,
　　或者就在榨果架下坐几点钟,
你耐心瞧着徐徐滴下的酒浆。

3

呵,春日的歌哪里去了?但不要
　　想这些吧,你也有你的音乐——
当波状的云把将逝的一天映照,
　　以胭红抹上残梗散碎的田野,
这时呵,河柳下的一群小飞虫
　　就同奏哀音,它们忽而飞高,
忽而下落,随着微风的起灭;
篱下的蟋蟀在歌唱;在园中
红胸的知更鸟就群起呼哨;
　　而群羊在山圈里高声咩叫;
丛飞的燕子在天空呢喃不歇。

(穆旦　译)

《秋颂》,被不少评论者认为是济慈颂歌里最完美的一首。人皆颂春天的美丽,而诗人则感到秋天的成熟也同样可爱。1819年9月的一个星期天,诗人漫游乡野,感到空气清爽,收割过的田地显得特别温暖,回来就写成了此诗。

诗人从可见的秋实、可感的秋风,一直写到可闻的秋声,以色彩明丽的笔调、活生生的形象,描绘出秋给大自然、给人类带来的美好景象。

在以白描手法展示在我们面前的秋实图中,我们不但看到了葡萄蔓上的累累珠球,田野上醉人的鲜花,还仿佛嗅到了熟味透进果实心中的苹果的芳香;尝到了鼓起了壳的榛子的甜核;摸到沾满蜂蜜的粘巢,胀大的葫芦。这是一个色彩纷呈、果实甜美、令人感觉到夏日温暖的秋天。

诗人又以拟人化的手法写到了随处可见的秋风——为丰收的景象所吸引的秋风,像一位健朗的长发老农。他与谷仓、田野相伴,在打麦场上驻足。收获的喜悦感染着他,更为罂粟花香所沉迷,倒卧在收割一半的田垄观赏着秋景,直至陶醉在榨果架下。这神奇的想象把大自然的秋意同人的乐观精神融合在一起,表现了浪漫主义诗人的才华。

春日那令人振奋的歌声固然让人怀恋,然而,秋天也有自己的音乐,那是一曲虫、鸟、畜合奏的田园交响乐。诗人着意选择了黄昏以后这个更具秋声特色的时刻,以秋声之盛,烘托秋的丰饶、壮美。

"跟随着济慈,我们走进一间温室:一种柔和湿润的温暖遇到了我们;我们的眼睛为颜色鲜明的花与多汁的果实所吸引……"丹麦著名评论家勃兰兑斯曾经这样叙述过读济慈诗的感觉。确实,诗人擅长于精细地写出人的各种感觉。他对于声音有着音乐家的耳朵,对于光和色彩有着画家的眼睛,对嗅觉、味觉、触觉他也十分敏感。

诗中有真实、具体的白描,也有虚拟的想象,这些构成一幅丰满、多彩的秋天的图画。它调动了我们的一切感觉器官,和诗人一道欣赏这金秋画卷,使我们纵情于那能唤起美好联想的场景和季节的气氛中。这画面没有悲凉萧瑟的气息,洋溢着丰收的喜悦、生命的欢乐和大地阳光的温暖。

(彩娜)

夜莺颂
济 慈

1

我的心在痛,困盹和麻木
　　刺进了感官,有如饮过毒鸩,[1]
又像是刚刚把鸦片吞服,
　　于是向着列斯忘川下沉:[2]

---

[1] 毒鸩,传说毒鸟(鸩)羽毛浸过的毒酒。原诗中是指带有毒汁的植物饮料。这里是意译。

[2] 列斯,冥府中的河,据说鬼魂饮了它的水便能忘记生前的一切,故名"忘川"。

并不是我嫉妒你的好运,
　　而是你的快乐使我太欢欣——
　　　　因为在林间嘹亮的天地里,
　　　　　　你呵,轻翅的仙灵,[1]
你躲进山毛榉的葱绿和阴影,
　　放开了歌喉,歌唱着夏季。[2]

2

唉,要是有一口酒!那冷藏
　　在地下多年的清醇饮料,
一尝就令人想起绿色之邦,
　　想起花神,恋歌,阳光和舞蹈!
要是有一杯南国的温暖
　　充满了鲜红的灵感之泉,[3]
　　　　杯沿明灭着珍珠的泡沫,
　　　　　　给嘴唇染上紫斑:[4]
哦,我要一饮而悄然离开尘寰,
　　和你同去幽暗的林中隐没。[5]

3

远远地、远远隐没,让我忘掉
　　你在树叶间从不知道的一切,
忘记这疲劳、热病和焦躁,

---

[1] 仙灵,这是把夜莺比作仙鸟。
[2] 这一节是说诗人在听到夜莺歌声后,如痴如醉,感到极大的欢欣。
[3] 形容酒的色泽似人脸上的红晕,也有酒能激发灵感的意思。以上几行的意思是,品尝了陈年美酒不禁使人联想到温暖的南方,那里芳草如茵,鲜花盛开,人们在阳光下载歌载舞,无比欢乐。
[4] 紫斑,指喝了酒后嘴唇上染上酒的紫红色。
[5] 最后两行点出了本节的主要意思:凭借酒力随着夜莺隐入密林。

这使人对坐而悲叹的世界；
在这里，青春苍白、消瘦、死亡，[1]
　　而"瘫痪"有几根白发在摇摆；
　　　在这里，稍一思索就充满了
　　　　忧伤和灰眼的绝望，
而"美"保持不住明眸的光彩，
　　新生的爱情活不到明天就枯凋。[2]

4

去吧！去吧！我要朝你飞去，
　　不用和酒神坐文豹的车驾，[3]
我要展开诗歌底无形羽翼，[4]
　　尽管这头脑已经困顿、疲乏；
去了！呵，我已经和你同往！
　　夜这般温柔，月后已登上宝座，
　　　周围是侍卫她的一群星星；[5]
　　　　但这儿却不甚明亮，
除了有一线天光，被微风带过
　　葱绿的幽暗，和苔藓的曲径。[6]

5

我看不出是哪种花草在脚旁，

---

[1] 此诗写成的前一年年底，济慈的弟弟得肺病死去，死时瘦得不成人形，这一句可能同此有关。

[2] 这一节悲叹现实中的不幸，隐含着诗人自身不祥的预感。

[3] 罗马神话中的酒神，传说他乘坐的车由豹拉行。

[4] 连同上一行的意思是，倘若我不能凭酒力飞升，但有了诗的灵感也就如同添上了无形的翅膀。

[5] 把月亮比作仙后，众星比作仙女，簇拥着仙后。

[6] 这两行意思是，树林茂密幽暗，只有微风吹开草木后，才能见到一点月光。

什么清香的花挂在树枝上;
在温馨的幽暗里,我只能猜想
　　这个时令该把哪种芬芳
赋予这果树,林莽,和草丛,
　　这白枳花,和田野的玫瑰,
　　　这绿叶堆中易谢的紫罗兰,
　　　还有五月中旬的骄宠,
这缀满了露酒的麝香蔷薇,
　　它成了夏夜蚊蚋的嗡营的港湾。[1]

6

我在黑暗里倾听;呵,多少次
　　我几乎爱上了静谧的死亡,
我在诗思[2]里用尽了好的言辞,
　　求他把我的一息散入空茫;[3]
而现在,哦,死更是多么富丽:
　　在午夜里溘然魂离人间,
　　　当你正倾泻着你的心怀
　　　发出这般的狂喜![4]
你仍将歌唱,但我却不再见
　　你的葬歌只能唱给泥草一块。[5]

---

[1] 由于林中幽暗不明,故这一节里诗人只能凭香气和直觉来辨认各种花草。
[2] 诗思,诗句的构思。
[3] 诗人觉得只有人死去才能得到安息,故求死神让他安然去世。
[4] 诗人认为在夜莺的歌声中死去,更是莫大的安慰。这一节流露了诗人阴暗颓丧的思想。
[5] 泥草一块,指人已死去化作尘土。

7

永生的鸟呵,你不会死去!

　饥饿的世代无法将你践踏;[1]

今夜,我偶然听到的歌曲

　曾使古代的帝王和村夫喜悦;

或许这同样的歌也曾激荡

　露丝[2]忧郁的心,使她不禁落泪,

　　站在异邦的谷田里想着家;

　　　就是这声音常常

在失掉了的仙域里引动窗扉:

　一个美女望着大海险恶的浪花。[3]

8

呵,失掉了!这句话好比一声钟[4]

　使我猛省到我站脚的地方!

别了!幻想,这骗人的妖童,

　不能老耍弄它盛传的伎俩。[5]

别了!别了!你怨诉的歌声

　流过草坪,越过幽静的溪水,

　　溜上山坡;而此时,它正深深

---

[1] 人们一代代受饥饿践踏而死,但夜莺的歌声永不会消失。

[2] 露丝,应是路得,以色列大卫王的祖先。据《旧约·路得记》载路得是个善良、贤慧的女子,丈夫死后,为了照顾婆母,离开家乡去到伯利恒,依靠在谷田里拾穗为生,后感动田主波阿斯,娶其为妻。

[3] 中世纪的传奇故事往往描写一个奇异的古堡孤立在大海中,勇敢的骑士如果能冒险来到这里,定会得到财宝,和古堡中的公主为妻。这里讲到,夜莺的歌会引动美人打开窗户,遥望并期待她的骑士来援救她脱离险境。

[4] 夜莺歌声的消失使诗人深感孤寂,从幻想回到了现实。

[5] 意思是靠幻想不能长久逃避现实。

埋在附近的溪谷中:

噫,这是个幻觉,还是梦寐?

那歌声去了:——我是睡?是醒?

1819年5月　(穆旦 译)

《夜莺颂》是济慈抒情诗中的名篇。

1818年年底,23岁的济慈结识了他的邻居芬妮·勃罗恩小姐。他们恋爱的最初半年,济慈生活在幸福之中。他像一个健康人那样,常常同芬妮远远地散着步,度过愉快的时光。这半年也成了诗人创作最旺盛的时期。这首《夜莺颂》是翌年春天的一个早晨,诗人坐在勃罗恩小姐家中花园的梅树下,听到夜莺的啼声后,不禁心旷神怡,诗兴勃发,不到三个小时,一气呵成。

济慈患有肺病,这给他的爱情生活笼罩上一层忧郁的阴影。他曾写道:"在我的散步中,我有两件极喜欢思索的事,你(指芬妮)的可爱与我的死亡时间。"因此,他的诗中常常流露出哀伤、悲凉的情绪。

这首诗,诗人一面歌颂夜莺生活的自由天地,一面时时想到现实,想到自己的不幸,对"永恒的美"的喜悦和生活痛苦的重压交织在一起,形成强烈的对比。

全诗共分八节。第一、二节开头写诗人听到夜莺歌声后如同服麻醉剂般沉入幻想境界。诗人渴望借助南国佳酿的威力,激发诗兴,超脱尘世。第三、四节,诗人对苦难的现实进行强烈诅咒,希求诗神相助,能随夜莺登天入林。第五、六节,诗人在黑夜中醉卧花丛,虽不辨东西,然而芳香沁人心脾,又有夜莺迷人的歌喉相伴,不禁陶醉,愿就此离开人世。第七、八节,想到人生皆有一死,只有夜莺歌声能千古不灭,更觉情不自已。最后,梦幻终于破灭,夜莺歌声消失,而诗人犹如置身梦中,不知是睡是醒。

诗人以夜莺的歌声象征幻想世界中永恒的欢乐,同现实世界中人生短暂、好景不长相对照。这在揭示当时的黑暗现实、反映诗人的不幸遭遇上自有一定的意义。但纵观全诗,毕竟思想过于消极悲观,情调低沉伤感,囿于个人哀愁的狭小圈子里,反映了诗人思想的局限。

济慈极为重视诗歌中想象的作用，主张"让幻想永远漫游"。他认为想象力可以使诗人进入任何假设的事物和情境，而不必拘泥于客观事实的真相。《夜莺颂》可以说正是这一理论的体现。在这首诗里，诗人没有用多少笔墨直接描写夜莺，主要是抒发诗人的主观感受和幻想。诗中大量运用了象征、比喻、夸张等手法，纵情展开想象，时而上天，时而入地，时而缅怀往昔，时而注目现实，奇丽诡谲，变幻多姿，充满了浓郁的浪漫主义色彩，表现了诗人卓越的才华。

(许自强)

希腊古瓮颂[1]
济 慈

1

你委身"寂静"的、完美的处子，
　　受过了"沉默"和"悠久"的抚育，[2]
呵，田园的史家，你竟能铺叙
　　一个如花的故事，比诗还瑰丽：[3]
在你的形体上，岂非缭绕着
　　古老的传说，以绿叶为其边缘，
　　　讲着人，或神，敦陂或阿卡狄？[4]
呵，是怎样的人，或神！在舞乐前
多热烈的追求！少女怎样地逃躲！
　　怎样的风笛和鼓铙！怎样的狂喜！

---

[1] 瓮，一种陶制的盛器，形似肚大口小的瓶罐。
[2] 这两句意思是，希腊的古瓮有悠久的历史，被寂静、沉默地保留下来，如同处女一样完美。
[3] 田园的史家，似指古瓮长期沦于林野中，是历史的见证。但它上面绘制的图画却能告诉我们生动、美丽的故事。以下都是写古瓮上的画面。
[4] 敦陂(Tempe)，古希腊西沙里的山谷，以风景优美著称。阿卡狄(Arcady)山谷也是牧歌中常歌颂的乐园。

2

听见的乐声虽好，但若听不见
　　却更美；所以，吹吧，柔情的风笛；
不是奏给耳朵听，而是更甜，
　　它给灵魂奏出无声的乐曲；[1]
树下的美少年呵，你无法中断
　　你的歌，那树木也落不了叶子；
　　　　鲁莽的恋人，你永远，永远吻不止。
虽然够接近了——但不必心酸；
　　她不会老，虽然你不能如愿以偿，
你将永远爱下去，她也永远秀丽！[2]

3

呵，幸福的树木！你的枝叶
　　不会剥落，从不曾离开春天；
幸福的吹笛人也不会停歇，
　　他的歌曲永远是那么新鲜；
呵，更为幸福的、幸福的爱！
　　永远热烈，正等待情人宴飨，
　　　　永远热情地心跳，永远年轻；
幸福的是这一切超凡的情态：
　　它不会使心灵餍足和悲伤，
　　　　没有炽热的头脑，焦渴的嘴唇。[3]

---

[1] 古瓮上所画的吹奏风笛的情状，耳朵虽听不到声音，但心灵可以感受到，所以说更甜更美。

[2] 古瓮上所画恋人的爱情虽未能满足，但也永远不会完结。

[3] 这两句指古瓮上的种种美，既适度又永恒，恰到好处，不会给人带来烦恼，现实无法同它相比。

4

这些人是谁呵,都去赴祭祀?
　　这作牺牲的小牛,对天鸣叫,
你要牵它到哪儿,神秘的祭司?
　　花环缀满着它光滑的身腰。
是从哪个傍河傍海的小镇,
　　或哪个静静的堡寨的山村,
　　　来了这些人,在这敬神的清早?
呵,小镇,你的街道永远恬静;
　　再也不可能回来一个灵魂
　　　告诉人你何以是这么寂寥。[1]

5

哦,希腊的形状!唯美的观照![2]
　　上面缀有石雕的男人和女人,
还有林木,和践踏过的青草;
　　沉默的形体呵,你像是"永恒"
使人超越思想:呵,冰冷的牧歌!
　　等暮年使这一世代都凋落,
　　　只有你如旧;在另外的一些
忧伤中,你会抚慰后人说:
"美即是真,真即是美。"[3]这就包括
　　你们所知道和该知道的一切。

(穆旦　译)

---

[1] 这一节是写古瓮上所画节日游行队列的场面。恬静的小镇、敬神的民众、腰缠花环的小牛等,充满生活的情趣。

[2] 观照,美学名词。指西方唯心主义美学家对审美对象取冷淡漠然的态度,不关心事物的利害,达到物我两忘的境界。

[3] "美即是真,真即是美"一句,有人把"真"理解为"真理",但联系济慈的思想,似解作最高的"真实"为宜,带有唯心主义色彩。

"我只确信心灵所爱的神圣性和想象的真实性——想象所认为美的一切必然也就是真的——不管它过去存在过没有。"济慈的一生可以说大半生活于幻想之中。他认为人生是变幻无常的,现实中的美是短暂的,真正的美只能在幻想中去寻求。这对于写诗更为重要。他曾说:"我认为创造力是诗的北斗星,犹如幻想是船上的帆,想象力是船上的舵。"济慈的一些名诗基本上都是抒写他的想象。《希腊古瓮颂》就是其中十分典型的一首。

诗人面对着一尊希腊古瓮,静心观照,沉思默想。古瓮上刻绘的图像仿佛活了起来,把他带到了悠远而寂寥的世界,沉醉于古希腊田园式的美景中。前三节描绘的是青年男女歌舞欢乐的场面和幸福热恋的情景。诗人看到了美少年"热烈的追求""少女怎样地逃躲?"听到了"柔情的风笛""无声的乐曲";体验到恋人永吻不止的爱情的甜蜜。尽管诗人知道这一切都是虚幻的图像,并非真实的存在,但他在同现实对比后,得出的结论是:它比现实更美,也更真。诗人在《幻想》一诗中曾对现实的变幻表现出极大的失望:

哪里有不褪色的人面?

哪一个少女百看不厌,

她的红唇会永远新鲜?

她那眼睛,无论多蓝,

怎能够长久保持魅力?

哪儿有一种柔声细语,

能够听来永远不变?

哪个人能够永远看见?

相比之下,想象中的现实——刻画在希腊古瓮上的美却可以永生不灭,青春常驻。在那里"枝叶不会剥落",吹笛人"不会停歇","歌曲永远是那么新鲜",多情的恋人永不会老,永远相爱……诗人正是在这种想象中领略到巨大的美感。

第四节,诗人描绘了一幅山村节日的风俗画,流露出对恬静自然的田园生活的向往，这是浪漫主义诗人崇尚自然的共同特征。

最后一节，诗人提出了他的独特的美学主张："美即是真，真即是美。"这看法自然不够全面：美同真虽有联系，但毕竟是两回事；美的未必全真，而真的也未必都美。不过，济慈这里说的"真"并不是指客观真实，而是一种想象中的"真"，他认为"想象所见为美者即真"。他又说："对于一个伟大的诗人说来，美的感觉压倒其他一切考虑。或者不如说，美的感觉消灭了其他一切的考虑。"可见，他其实是在追求一种理想的美。从某种意义上说，这种观点可算是对丑恶现实的一种否定，《希腊古瓮颂》里所歌颂的美景无非是诗人理想的曲折反映罢了。

济慈擅长于写景咏物，他咏物不拘泥于物象本身，而是借题发挥、展开想象之羽翼，幻化出千姿百态的新奇世界，使静态美变成新鲜活泼的动态美；又把抒情、写景同哲理结合一体，使情趣同理趣并呈，这是他的诗耐人寻味的原因。

（许自强）

勃朗宁夫人 (7首)

伊丽莎白·巴莱特·勃朗宁（Elizabeth Barrett Browning, 1806—1861），英国著名女诗人。她从小酷爱文学，尤其是希腊古典文学，年轻时就翻译了埃斯库罗斯的悲剧《被缚的普罗米修斯》和其他古希腊人的诗篇。

她生长在乡间，生性活泼。可是十五岁那年，因骑马跌损了椎骨，落下残疾，从此禁锢在房中，过着凄凉、孤独的生活。读书、写诗成了她唯一的寄托和安慰。

1844年她的两卷诗集出版，给女诗人带来很高的声誉，也带来意想不到的爱情。诗人罗伯特·勃朗宁十分喜爱巴莱特的作品。当他了解了女诗人不幸的遭遇后，深受感动。经过一段互相通信了解后，他们真诚地相恋了，并终于冲破了巴莱特父亲的阻挠，渡过英吉利海峡到意大利度过了幸福的后半生。

意外、甜蜜的爱情，使女诗人重新焕发了青春的活力，萎缩了的生机重又旺盛起来。她精神勃发，充满希望和信心。她对她的丈夫有着无限的感激和深情,这一切凝聚成她一生中最优美动人的诗篇——《葡萄牙人十四行诗》(1850)。在这本诗集的四十四首诗里,女诗人精细入微地抒发了她对诚挚爱情的追求和向往,喜悦和忧虑,写得情意真切,柔婉缠绵,十分感人,历来受到人们的称颂。据说,她丈夫没读到一半就跳起来激动地喊道:"这是莎士比亚以来最出色的十四行诗!"由于巴莱特不愿把个人的诗公开发表,故取名《葡萄牙人十四行诗集》,使人误以为是翻译之作,其实都是她的创作,内容与葡萄牙也无关系。

勃朗宁夫人也写过一些关心社会生活的诗,如《孩子们的呼声》(1844),对当时英国矿工中童工的困苦生活表示深切的同情,对资本家残酷剥削儿童提出了强烈的抗议。

十四行诗(1)

勃朗宁夫人

我想起,当年希腊的诗人曾经歌咏:
年复一年,那良辰在殷切的盼望中
翩然降临,各自带一份礼物
分送给世人——年老或是年少。
当我这么想,感叹着诗人的古调,
穿过我泪眼所逐渐展开的幻觉,
我看见,那欢乐的岁月、哀伤的岁月——
我自己的年华,把一片片黑影接连着
掠过我的身。紧接着,我就觉察
(我哭了)我背后正有个神秘的黑影
在移动,而且一把揪住了我的发,
往后拉,还有一声吆喝(我只是在挣扎):
"这回是谁逮住你?猜!""死",我答话。
听哪,那银铃似的回音:"不是死,是爱!"

(方平 译)

勃朗宁夫妇的结合是19世纪英国文坛上的佳话,后人称他们为不朽的情侣。女诗人多愁多病,终年蛰居闺房;由于诗人勃朗宁的鼓舞和帮助,爱情在她身上发生了奇迹般的力量。她逐渐对生活恢复信心,健康状况也大有好转。婚后,二人定居意大利。《葡萄牙人十四行诗集》是她奉献给丈夫的一部情深意浓的情诗集。

这首诗是整个组诗的一首序曲,带有寓言色彩,以伤感、回忆的调子开始:

> 我想起,当年希腊的诗人曾经歌咏……

女诗人生长在英国上层社会里,她的天地本来就是狭小的,加上终年卧病,和现实生活隔绝的情况就更加严重了。这种令人痛苦的局限性,在这首序诗里显示了出来。

人生的幸福究竟在哪里?她这样问自己的时候,不是抬眼望向未来,而是低头吟思,沉没在遥远的古代的怀念里。在古希腊诗篇里遥寄着她的一片憧憬。

在古代人类社会的发展史上,也许曾经有过那么一个短暂的过渡阶段吧,人们已有了劳动生产的工具:弓和箭、斧头和绳索,却还没有战争武器的弓箭,也没有杀人、绑人的刑具斧头和绳索;人们已经积累了不少生产经验,可以在秋熟季节、在狩猎季节,用载歌载舞、芬芳的醇酒来庆祝自己的收获了。而在史前的氏族社会的大家庭里,人和人之间还不存在压迫与剥削,壁垒森严的阶级分化的过程还没开始……总之,在女诗人的冥想中,人类在他的透露曙光的幼年时期是最值得羡慕的黄金时代了。当她吟诵着古希腊诗人的诗篇时,在她模糊的泪眼前,展现出一幅类似《桃花源记》中所描绘的太平、欢乐的景象;在她的泪眼里,那时候的人,就是无限自由、无限希望的象征。慷慨的"时间"之神,年年都为老老少少的人们带来一份厚礼,带来新的祝福……

再回顾自己在病床上年年月月挨过来的那一长串没有欢乐的日子却像是接踵而来的黑影,重重叠叠地投掷在她的心灵上……她正沉没在这一片哀伤的吟思里,忽然惊觉到她的身后晃动着一个庞大的、神秘的黑影,它一把揪住了她的头发往后拉,逼着她抬起头来,无从躲避,正眼看向她不敢正视的未来。

于是在这生命的危机里,出现了全诗的两个主题:期待中的"死亡"和向她突然袭击,跟"死亡"一样威严的爱情。 (方平)

十四行诗(6)

勃朗宁夫人

舍下我,走吧。可是我觉得,从此
我就一直徘徊在你的身影里。
在那孤独的生命的边缘,从今再不能
掌握自己的心灵,或是坦然地
把这手伸向日光,像从前那样,
而能约束自己不感到你的指尖
碰上我的掌心。劫运叫天悬地殊
把我们隔离,却留下你那颗心,
在我的心房搏动着双重声响。
正像是酒,总尝得出原来的葡萄,
我的起居和梦寐里,都有你的份。
当我向上帝祈祷,为着我自个儿,
他却听得了一个名字、那是你的;
又在我眼里,看见有两个人的眼泪。

(方平 译)

"舍下我,走吧。"女诗人把上一首的最后一句话:"快走!"重申了一遍。这一句从痛苦中迸发出来的恳求,呼应着上一首诗,也总结了前面反复诉说的哀怨和绝望。直到这时候,诗篇的语调始终是低沉、辛酸的。可是接下去,我们看哪,女诗人深深埋藏在心底的爱情,像一弯纤细的新月,终于渐渐地从浓密的乌云堆里透露出来了——

> 可是我觉得，从此
> 我就一直徘徊在你的身影里。

一旦你明白过来，看清楚这是一段没有希望的情谊，把我留在死亡的边缘，走了，奔你的前程去了；可是在我的心里，我却仿佛还是偎依在你身边，哪怕是天悬地殊的隔绝，也不能磨灭珍藏在我心里的这段回忆。我一闭上眼睛就涌现起你的手指在我掌心留下的温暖。

在那漫长的生物进化的过程中，一定曾经有过尾随着人类祖先、跟人做过"朋友"的野狼。虽然它还没有完全被驯化，但意识里已贮存了"人"的可亲近的影子。纵然有一天它又流落在荒野里，但跟原来的族类已不完全一样了。这好比我们的女诗人，一旦意外地饮下了那浓浓的一杯爱情的苦酒，也不可能完全是她从前的本人了。在她的心灵里浮起了另外一个人的形象；在她的生命里出现了一个新的因素。死神再不能绝对控制她。她那表面上依然是孤独的生活已经起了看不见的变化了：

> 从今再不能
> 掌握自己的心灵，或是坦然地
> 把这手伸向日光，像从前那样，
> 而能约束自己不感到你的指尖
> 碰上我的掌心。

你无时不在我的身边：我的思想里有你，我的行动里有你，我的梦里也有你；我的心儿在为你而跳动，我的泪因你而流，我为自己向上帝祷告，他却在我的声音里听见了你的名字……

读着这首深情的诗，我们仿佛听到了贝多芬著名的《第四钢琴协奏曲》第二乐章。一开始，弦乐队齐奏出粗暴、威猛的旋律（象征可怕的恶势力），显示出一阵阵浪卷潮打的声势；第一阵浪潮过后，我们才听到钢琴正在那儿怯弱地低诉着人们卑微的愿望。这强弱悬殊的对比真够叫人心寒。但是听哪，钢琴和乐队经过了几次对答（或者说，经过了几个回合的较量），形势转变了。乐队的力量逐渐减弱，仿佛逐渐向后退却；终于只剩下依稀的梦影，而钢琴以独奏乐器的身份，唱出了嘹亮的、充满着信心的歌声。

现在,勃朗宁夫人谱写的整个十四行组诗可说是一首《爱情和死亡的协奏曲》,其中展现的是"爱情"和"死亡"两个主题的不断冲突、反复较量和"爱情"的最后胜利。在这第六首诗里,死神还在那儿不断地咆哮着,威胁着,仿佛乐队在奋力合奏;可是在这一片粗暴、凄厉的不谐和的音响里,我们已经能够清晰地听到了"爱情"开始唱出她那动人的、但是在最初还带着涩味的歌声。

(方平)

十四行诗(7)

勃朗宁夫人

全世界的面目,我想,忽然改变了,
自从我第一次在心灵上听到你的步子
轻轻、轻轻,来到我身旁——穿过我和
死亡的边缘:那幽微的间隙。站在
那里的我,只道这一回该倒下了,
却不料被爱救起,还教给一曲
生命的新歌。上帝赐我洗礼的
那一杯苦酒,我甘愿饮下,赞美它
甜蜜——甜蜜的,如果有你在我身旁。
天国和人间,将因为你的存在
而更改模样;而这曲歌,这支笛,
昨日里给爱着,还让人感到亲切,
那歌唱的天使知道,就因为
一声声都有你的名字在荡漾。

(方平 译)

这倾吐心声的旋律暂时还是很怯弱、断续的,但是它毕竟逐渐在变得响亮起来、舒畅起来;那一弯眉月似的情思在逐渐饱满起来。感激和喜悦,在每一个音符里跳荡着;在每一行字句里预示着圆满和光明。有那么一刹那，死神收敛起它的庞大的黑影，悄悄地退到了即将被遗忘的一个角落，万分不甘心地瞪视着它从前统治过的领域所发生的变化：

> 全世界的面目，我想，忽然改变了，
> 自从我第一次在心灵上听到你的步子
> 轻轻、轻轻，来到我身旁……

当她把感激掺和着爱情这么轻柔地倾诉的时候，有那么一会儿，她当真忘了她的悲哀，她的疑虑，她的苦泪；空气里，甚至仿佛有一串早已枯萎的笑声在隐隐荡漾。

爱情——对，爱情给我们的女诗人带来了希望和新生。　　（方平）

十四行诗（10）
勃朗宁夫人

不过，只要是爱，是爱，可就是美，
就值得你接受。你知道，爱就是火，
火总是光明的，不问着火的是庙堂
或是柴堆——是栋梁还是荆榛在燃烧，
火焰里总跳得出同样的光辉。当我
不由得倾吐出："我爱你！"在你的眼里，
那荣耀的瞬息，我忽然成了一尊金身，
感觉到有一道新吐的皓光从我天庭
投向你脸上。是爱，就无所谓卑下，
即使是最微贱的在爱：那微贱的生命
献爱给上帝，宽宏的上帝受了它、
又回赐给它爱。我那迸发的热情
就像道光，通过我这陋质，昭示了
爱的大手笔怎样给造物润色。

（方平　译）

在这首情诗中，出现了女诗人生命中的一个转折点。满天惨云愁雾顿时消散,展开成迎接熏风丽日的片片朝霞,幽微曲折的感情的细流盘旋到这里,突然迸发为一股不可抑制的汹涌洪流,淹没了向来的哀怨、疑虑、畏缩……这是一首热情奔放的抒情诗,它的光彩使人眼前为之一亮。

我们向来有这句话:"相敬相爱。"的确是这样,真诚的"爱情"和由衷的"钦佩"往往携手同行。爱慕到极点,也就成了倾心的崇拜:既为自己又敬又爱的人儿感到自豪,又自愧不如,唯恐辜负了那份深厚的恩情。这耿耿于怀的不安、惭愧,就成为爱情的一种鼓舞人心的力量,成为鞭策自己不断上进的积极力量:

  扩大些你的爱,好提高些我的价值。

——第16首诗

战胜了死亡、克服了世俗偏见的爱情,还"教给一曲生命的新歌"(第7首);我们的女诗人一向被病魔折磨得奄奄一息,对于她,爱情就是创造奇迹的巨大的精神力量,她本人就是这一奇迹的见证人。于是她抑制不住心头的感激,用她全部的热情,为爱情唱起了颂歌(这就是她的"生命的新歌")。爱神,在她的笔下,好像具有点金术的仙法,她的光辉所照耀之处,顿时成了一片金光灿烂的世界:

  当我

  不由得倾吐出:"我爱你!"在你的眼里,

 那荣耀的瞬息,我忽然成了一尊金身,

 感觉到有一道新吐的皓光从我天庭

 投向你脸上。

优秀的诗篇,由于丰富的形象性和深刻的思想性,往往留给读者以宽广的想象余地,启发人们往深里发掘,而并不停留在字面上的叙述。读着这篇情诗,使人感染到渗透在字里行间的激情,同时也使人浮想联翩,想得很多很远,并不局限于爱情而已。

  是爱,就无所谓卑下,

  即使是最微贱的在爱:那微贱的生命

  献爱给上帝,宽宏的上帝受了它、

又回赐给它爱。

我们为之献身的事业所要求于我们的,和我们个人的能力之间,总是存在着很大的差距;但是个人的能力、个人的作用尽管渺小,当我们真心诚意地把毕生的精力贡献给崇高的事业,贡献给广大的人民群众,那人格的美、精神的美,同样使得一个人的形象(不管他怎样貌不惊人)焕发出一种光彩;这几行诗写得多好啊:

　　我那迸发的热情
　　　就像道光,通过我这陋质,昭示了
　　　爱的大手笔怎样给造物润色。

这首情诗达到了感情升华的境界,却因此蒙上了一重宗教色彩;女诗人受到她生活在其中的那个时代和她所受的教育的限制,往往让上帝的形象出现在她升华了的感情中。但这并不妨碍我们根据今天的精神,给予"上帝"一种新的理解,那么就可以更好地欣赏、理解那首情诗了——既为了它深沉的感情,同时也为了它丰富的内涵和深远的意境!

(方平)

十四行诗(29)
勃朗宁夫人

　　我想你!我的相思围抱住了你,
　　绕着你而抽芽,像葛藤卷缠着树木,
　　遍发出肥大的叶瓣,除了那蔓延的
　　青翠把树身掩蔽,就什么都不见。
　　可是我的棕榈树呀,你该明白,
　　我怎愿怀着我的思念而失去了
　　更亲更宝贵的你![1]我宁可你显现

---

[1] 女诗人虽然深爱着勃朗宁,但出于自卑心理,曾多次拒绝他的求爱,想永远生活于对他的思念之中。

你自己的存在；像一株坚强的树
　　沙沙地摇撼枝桠，挣出了赤裸的
　　躯干来，叫这些重重叠叠的绿叶
　　都给摔下来狼藉满地。因为在
　　看着你、听着你、在你的阴影里呼吸着
　　清新的空气，洋溢着深深的喜悦时，
　　我再不想你——我是那么地贴紧你。

（方平　译）

　　这首诗同样反映了勃朗宁夫人爱情发展中的一段波澜的起伏。勃朗宁夫人前半生一直生活在幻想中，她说：

　　是幻想——并不是男友还是女伴，
　　多少年来，跟我生活在一起，做我的
　　亲密的知己。

　　当勃朗宁意外地闯进她久闭的心灵后，爱情代替了幻想，他们沉醉于热恋之中。然而，根深蒂固的自卑感，女诗人病弱的身体以及其他种种原因，都使他们除了偶然相会之外，主要只能以频繁的书信来倾诉衷肠。每当黄昏，邮差送信来的时刻成了女诗人一天中最美好的时光：

　　每天晚上八点钟，家家户户都在吃晚饭，这时，我总是悄然一人，四周寂静无声，在十户人家以外（甚至不止十户呢），我就听得你的书信的脚步声了。

是的，女诗人又生活于新的幻想境界之中了，那就是对勃朗宁的不倦相思。

　　我想你！我的相思围抱住了你，

这甜蜜的相思，随着时间而滋长，给予女诗人莫大的快慰和力量。犹如缠绕在大树上的葛藤，从大树那里得到了滋养，枝叶青翠，蓬勃蔓延。

　　然而，现在女诗人再也不满足于这种可望而不可见的相思了，她所渴望的是同心爱的人能真正在一起，亲眼见到他，亲身贴近他。显然，这是勃朗宁夫人在战胜自卑感后，向爱情迈出的勇敢的一步。

这首诗以葛藤（自喻）和大树（喻爱人）为喻，写相思之情，十分曲折别致。

葛藤缠绕大树，既有相思围绕，又有终身托靠之意；藤叶肥大，既说明相思之盛，也表现其依靠大树后生命力之旺盛。然而，诗人笔锋一转，宁教这重叠的绿叶狼藉满地，也不能把大树遮盖。因为缠绵的相思总不如相逢一起来得好；而让浓密的藤叶掩盖了粗壮健美的树身，这也是诗人所不情愿的。暗示着诗人摆脱掉单纯相思的处境向现实迈进的决心。

这些优美的诗句，仿佛成了预言，此后的事实正是如此。勃朗宁夫人结婚后，她那萎缩的生机重又勃发出生命的活力，行将逝去的青春又奇迹般回到身上。他们曾生了一个可爱的胖小子，美满地度过了十五年幸福生活；直到最后，她紧紧偎依在丈夫的胸前，并无痛苦地长眠了。

在历来的爱情诗中，运用藤缠树的比喻不为少见，但能把这样纤细复杂的感情自然地融于其中，确实令人赞叹。

(许自强)

十四行诗（32）

勃朗宁夫人

当金黄的太阳升起来，第一次照上
　你爱的盟约，我就预期着明月
　来解除那情结、系得太早太急。
我只怕爱得容易、就容易失望，
　引起悔心。再回顾我自己，我哪像
　让你爱慕的人！——却像一具哑涩
　破损的弦琴、配不上你那么清澈
美妙的歌声！而这琴，匆忙里给用上，
　一发出沙沙的音，就给恼恨地
　扔下。我这么说，并不曾亏待
自己，可是我冤了你。在乐圣的
　手里，一张破琴也可以流出完美

和谐的韵律;而凭一张弓,真诚的

灵魂,可以在勒索、也同时在溺爱。

(方平 译)

女诗人一直把勃朗宁对她的一片情意当作错爱,不敢相信这就是爱情,这样的爱会是天长地久的。她总以为一切是个梦,昙花一现,接着就是凋落;太美的梦经不起残酷的现实生活一碰,是注定要破灭的啊:"爱情"当着金黄的阳光,立下盟誓;银白的月亮照见,这脆弱的情结已经给解除了。(全诗的第一个主题:疑虑)

她惴惴不安,因为她是一只破琴,只能发出哑暗的声音。谁会拿这样一只破琴去给金色的情歌伴奏呢?一听到发出沙沙的声音,破琴就会给厌恶地扔下了。(第一主题的发展:绝望)

可是谁想到,一只破琴落在乐圣的手里,忘记了它只会发出沙沙的破声。听哪,完美和谐的旋律从琴孔里流出来了!(第二个主题:惊讶)

满天疑虑,现在全都消散了。她已不是原来的她,而是一个得到点化的新人了。爱情在祝福她的同时,也改造了她,好像一位小提琴圣手用一张弓在爱抚琴弦的时候,硬是叫破琴唱出了它从不知道的动人的歌声。(第二主题的发展:信仰)

从爱的疑虑到爱的信仰,从动摇到坚定,女诗人在内心经历的这一段不平凡的过程,在这首十四行诗里曲折地表达出来了。

一首十四行诗要求有深度、有布局、有思想感情上的盘旋曲折,要求在相对小的体积内包含较大的诗的内容。十四行诗的创作,必须苦心经营,写得精练含蓄、情绪饱满,这首情诗就是一个很好的例子。 (方平)

芦 笛

勃朗宁夫人

1

我不是喇叭,而是一支芦笛;

谄媚奉承决不会使我

发出一声银铃般虚假的声音。
我不愿为神父或国王而歌唱,
每唱一声,它的回响
　　将会使一个奴隶被更紧地捆绑。[1]

2
我不是喇叭,而是一支芦笛,——
一支破裂的芦笛,风儿业已
　　将我遗落在阴郁海岸的平地。[2]
可是假如一个孩子或少女
在这里叹息,这支芦笛
　　将永远报以热切而温柔的乐曲。

3
我不是喇叭,而是一支芦笛;
当渔民们撒网在河旁,
　　去吧,告诉他们,
我决不会扯破渔网,
假如他们跌倒,我也不会将他们刺伤,
　　让他们把我留在芦荡。

(赵雨嘉　译)

　　勃朗宁夫人主要是以她的爱情十四行诗享誉欧洲,闻名于世。但她也曾从爱情诗中跳出来,关注过更为广阔的社会人生,这首诗就是一个明证。(1846年10月第一次发表在《黑木相思树》杂志)

　　这首清新小诗,犹如一支芦笛,吹奏出刚健、响亮的音调。诗人厌恶那喧嚣烦躁的喇叭为权贵显要歌功颂德,为他们的虐政鸣锣开道,却钟爱那素朴悠扬的芦笛,愿以温柔亲切的细语去慰藉不幸的弱者,终身同

---

[1] 意指为统治阶级歌功颂德,等于为虎作伥,做了迫害奴隶的帮凶。
[2] 这两句隐含着女诗人自身的不幸遭遇。

辛劳的民众为伴。这正是女诗人高尚心灵与人格的写照。

勃朗宁夫人虽然病卧深闺,几乎与世隔绝,但她那颗富于同情和正义感的善良之心,却时常关心着人世的风云。她曾说:"我并不喜欢粗俗的题材,或者把一个题材写得很粗俗。可是我深信不疑,我们社会的腐败需要的是阳光和空气,不是关门或关窗。"1843年,当她读到一篇叙述工矿里童工悲惨遭遇的报道后,禁不住写下了一篇一百六十行的长诗《孩子们的呼声》,为不幸的儿童发出深切同情的呼吁,愤怒地诅咒那些"暴君""用孩子的血液来灌溉你们的世界"。1846年离开英国后,女诗人的生活面大大开阔,她的诗更多地接触到社会现实。她关注过"美丽而苦难"的意大利的革命风暴,她抗议美国的种族歧视,她要求妇女同男子一样能有独立的人格、权利和地位……正如这首小诗中所说,这位正直的女诗人从来没有为"神父或国王而歌唱",在她的诗篇中,听不到一点"虚假的声音"。

这首诗通篇以芦笛自喻。芦笛原是欧洲人民所喜爱的一种乐器,音色柔美、悦耳,具有田园牧歌式的色彩,它的出现往往能引起人诗意的联想。这同女诗人的身份是很吻合的。值得注意的是,本诗发表于1846年10月。勃朗宁夫人同勃朗宁是在1846年9月12日,冲破了她顽固父亲的阻挠,悄悄去教堂结婚的。可以推想,此诗正写于他们决心勇敢地投入新生活的重要时刻,诗中透露出来的那股倔强、坚毅的气息,同女诗人的性格、经历也是协调一致的。 (许自强)

丁尼生 (2首)

阿尔弗雷德·丁尼生(Alfred Tennyson,1809—1892),出生于英国中东部林肯郡内。父亲是牧师,家道小康。他是19世纪后半叶英国最有代表性的诗人,拥有广泛的读者,与其兄弗得雷克同享诗名。丁尼生在十八岁时入剑桥大学,其诗集早期不被重视,被批评家指责为过分追求辞藻和形式的精工。直到1833年他的《诗集》出版后才受到普遍注意,并被誉为华兹华斯及济慈的继承者,当时他不过二十四岁。丁尼生是继莎士比亚之后充分表现了对英国的民族、土地和风景有深厚感情的爱国诗人。他极重视诗的技巧,提出韵律应该与内容协调,还应该借用图画传达感情。他于1850年继华兹华斯之后被封为桂冠诗人。其名诗有《公主》(Princess)、《悼念》(In Memoriam)、《亚瑟王歌》(Idylls of the King)等。他的一生平稳安静度过,于1884年得到爵位。

悼　歌
丁尼生

冲击呵,冲击,冲击,
冲在你冰冷的灰石上,啊,大海!
但愿我能用我的嘴来倾吐,
涌上我心头的这种伤悲。

啊,渔家儿郎多么欢喜,
看他和妹妹呼喊着游戏。
啊,少年水手多有福气,
在海湾的船里唱着歌曲。

堂皇的海船航过我眼前,
停泊在那山下面的湾港,
啊!多想抚摸消失的臂膀,
再一次听那已沉寂的音响。

冲击啊,冲击,冲击,
冲向你巉岩的脚下,啊,大海!
但那消逝了的温存的时间,
永远不再回到我的身边。

(茅于美　译)

这首诗写于1833年,悼念他的好友赫兰。赫兰是他在剑桥大学结识的挚友,后来又成为丁尼生妹妹的未婚夫,死时才22岁。此诗在写作后九年才发表(1842),是一首抒情力作,寓情于景,有痛定思痛的情调。诗人独坐海滩,眼前惊涛拍岸,汪洋一片。那海浪一声声地拍打,令诗人思潮起伏,听来心碎。何况海岸边一幅欢乐景象,渔家儿女玩耍呼叫,水手在船头高唱,美轮美奂的海船驶入港湾。这一切都使他怀念赫兰与他一同横渡英吉利海峡去西班牙的快乐时光。眼前景与心中事构成强烈的对比,诗写得沉郁悲怆。

　　第一、第四段是主观抒情,以汪洋大海、浊浪腾空为背景,怀念挚友温存的手臂和亲切的声音,那是永远不会再来的了。第二、第三段则描写了海边的人事:欢乐的渔家孩子,歌唱着的船头水手,入港的堂皇大船。生动的描写使读者读之如在目前。诗的节奏绵长迟缓,吻合诗人哀伤的心境。诗中有画,也体现了丁尼生的诗歌理论。　　　　(茅于美)

老　鹰(片断)

丁尼生

鹰爪钩岩背,
落日照荒地,
背负碧蓝天,
傲然独危立。

脚下临沧海,
汗漫波浪起。
高峰兼峭壁,
俯察深无底。

蓦然急冲下,
如一闪霹雳。

(茅于美　译)

这一首诗是丁尼生未完成的片断诗,但极有气魄,画意颇浓,是咏老鹰的佳作。第一段写背景:所谓巉岩的背脊,荒凉的大地,落日的斜晖,背负的蓝天……色彩瑰丽而默淡,烘托出老鹰雄姿英发的状貌和傲岸孤僻的性格。第二段提供静态的风物。老鹰立足极高,有雄踞八方、君临天下的气概,睥睨天下不可一世。天地悄然,蓄势欲发,万壑无声待雨来,读者屏息,不胜悬念。

末两行:老鹰不动则已,一飞从峭壁冲下,如一道闪电、一声霹雳,气吞牛斗,天地震骇。全诗亦戛然而止,令读者有迅雷不及掩耳的效果。

此诗意象颇似中国诗,所以戏以五言译之。原诗音韵擅长,如全诗六行,尾韵全用的"s",这是很难做到的;再说丁尼生故意连用了七个"K"的音,如clasps, cragm, crooked, close, wrinkled等以此象征鹰的扑击之声,这是很传神的。遗憾的是,在译诗时,虽经努力,却未能做到。如果仿佛能得其"意",而忽略其"形",已是聊以自慰的了。

(茅于美)

勃朗宁 (6首)

罗伯特·勃朗宁(Robert Browning, 1812—1889),是19世纪英国与丁尼生齐名的著名诗人。勃朗宁自幼博览群书,兴趣广泛,一生致力于诗歌题材的开掘与艺术技巧的探索,共创作近三百首诗。勃朗宁特别擅长写抒情短诗,以首创"戏剧独白"体裁而闻名于世,对现代诗产生了重要影响。"戏剧独白"是一种无韵体诗,它的主要特点:诗的情境是真正戏剧的,主人公是真正的剧中人和独立于作者的文学形象;诗中所抒发的情感,或主人公的议论与自白,充满着强烈的戏剧效果。勃朗宁的诗可以说是另辟蹊径,从主观抒情转向客观描写与心理描写,具有一定的现实主义色彩。他的代表作是诗集《登场人物》(1864)和二万余行的无韵长诗《指环与书》(1868—1869)。《指环与书》是英国文学史上少见的长诗之一。一百多年来,评论界对勃朗宁的评价不尽相同。但他对诗歌创作的巨大影响是毋庸置疑的。由于诗人重视客观描写与心理描写,所以,有相当一部分诗,尤其是创作后期的一些作品,表现得比较复杂、隐晦与艰涩。勃朗宁发表《指环与书》之后诗名大振,当时知识界的一批勃朗宁崇拜者,成立了"勃朗宁学会",经常聚听诗人朗诵诗作与谈话,而且还为勃朗宁诗作中的晦涩句子作诠释工作。

展 望

勃朗宁

害怕死亡吗?——只觉得喉头升起了浓雾,
  轻雾笼罩着我的脸,
那时大雪飘扬,又是狂风骤起,
  宣告我快要接近终点:——
是黑夜的统治,是暴风雨的压迫,
  是敌人的岗位。
"大恐怖"赫然现身,挺立在前;[1]
  然而强者决不后退。
旅途到了尽头,顶峰已攀登,
  比武场的栅栏已放下,[2]
在取得酬偿之前,还有一场硬仗
  必须对付,要去拼杀。
我从来是个战士,再打一仗吧——
  最后的、也是最出色的一仗!
不甘心让死神绑住我双眼,威胁我:
  爬过去——趴倒在地上。
不!什么苦我都能受。

---

[1] "大恐怖"指死亡。
[2] 指战士入场比武之前,先放下通道前的栅栏。

我要挺立像我的战友：那古代英雄，
顶住那沉重的打击，把人生的余欠
　　一下子偿清：黑暗、寒冷、苦痛。
灾殃，在勇敢者面前，顿时变成幸福。
　　黑暗时刻的结束就在眼前，
那风啸雨吼，那鬼哭神号，[1]
　　渐渐远去，渐渐融成一片，
渐渐在转变——平静首先把痛苦点化，
　　然后闪出光明，然后是你的胸房，
你，我灵魂的灵魂呀！我又将把你拥抱，
　　永远安息在那天堂。

（方平　译）

　　1861年6月29日，勃朗宁的爱妻、女诗人伊丽莎白·勃朗宁不幸逝世，1864年秋天，诗人写下了这首悼念的诗《展望》。在诗中，诗人对生命做了哲理性的思考：死神并不可怕；死亡不是生命的终点和屈服，而是生命最后的、也是最悲壮的一场战斗，随之而来的将是宁静和光明。他将重又和爱妻会见，在爱妻的怀抱里获得永久的安息。诗篇表白了诗人豁达的生死观，倾吐出诗人对亡妻的一片真挚深沉的感情。

　　就在写下这悼念诗的同时，诗人着手创作他的巨著《指环与书》。在作为序曲的第一卷里，诗人自表衷心，把作品献给在天之灵的亡妻；在结束全书的最后一节里，又向他的爱妻献上最深沉的思念。

　　爱妻逝世后，诗人离开意大利。在伦敦社交界，他虽然有不少亲近的女友，但终生没有再娶。

（方平）

---

[1] 中世纪传说，人将死之前，天上的精灵和地狱的魔鬼互相搏斗，争夺即将离开躯体的人的灵魂，因此有风啸雨吼、鬼哭神号之声。

异国乡思

勃朗宁

要身在英国有多好,
那里已是四月天,
在英国任谁醒得早,
会不期而然地看见
榆树干周围的最低的枝杈
和灌木丛已经长出了叶芽,
而苍头燕雀在果园枝上鸣唱,
就在英国——这时光!

四月一过,五月接踵而至,
白颈鸟在筑巢,还有那么些燕子!
听,在我那株篱中开花的梨树
伸向田块并将花朵和露珠
撒向苜蓿处——就在弯弯的树梢,
是那只聪明的画眉;他每曲唱两遭,
免得你以为他决不能再捕捉
他第一回美妙自然的喜悦!
田地沾湿了露水虽显得不平,
但万物将一派鲜艳,当中午又催醒
毛茛的时候,毛茛是孩子们的宝藏
——它远比这儿华丽的甜瓜花更漂亮!

(鲍屡平 译)

勃朗宁自1846年与著名女诗人伊丽莎白·巴莱特结婚后,就迁往意大利居住,直到1861年伊丽莎白逝世后才回到英国。在意大利生活的那十多年,是勃朗宁创作的黄金时期。《异国乡思》就是在那段时间里写下的一首名诗。勃兰兑斯曾说:"英国诗人全部都是大自然的观察者、爱好者和崇拜者。"勃朗宁在这首诗中,就是通过对家乡自然美景的追忆与描绘,强烈地表达了诗人对祖国的爱恋之情。

这首诗运用了戏剧的表现手法,即用一种客观的视角,绘制出一幅令人心旷神怡的画面,表现了一个异乡之客思乡的心情。首句"要身在英国有多好",开门见山,直截了当地点明了诗的主题。一声感叹,引出了无限的思绪。想象与思念中的"英国"是那样的熟悉与亲切。第一节先写英国的四月。英国四月的早晨是一个充满生命活力的好时光。大自然是那样的生机勃勃:榆树又长出了新的枝杈,灌木丛又萌发了叶芽;还有在天空中飞舞啼唱的苍头燕雀。在回忆屏幕上浮现出来的这些意象,加深了他对家乡的相思与怀念。在第二节中,展开了更美妙的想象,创造了更加丰盈的意象。五月的英国更加诱人,仿佛看到了家乡五月"白颈鸟"与"燕子"等飞禽自由自在地筑巢建窝;而那棵梨树更是"家园"的具体表征。他似乎还听到了梨花飘荡、露珠滚动的声响,还听到了栖在梨树上画眉鸟的歌唱。即使家乡那普通的毛茛草,在孩子的眼里,也要比异国"华丽的甜瓜花更漂亮"。诗人把思念故乡与赞美大自然合为一体。大自然的柔美、清新和诗人的美好回忆之情交融。此诗字里行间,散发出一股大自然的馨香,充满着田园气息,令人向往不已。　　　　(施荣华)

夜里的相会 [1]

勃朗宁

灰色的大海,黑色的陆地;

黄黄的半轮月又低又大;

---

[1] 原诗最初发表于1845年出版的《戏剧浪漫史》集,与"早上的分别"合为"夜与晨"一首。作为两部分,1849年勃朗宁出版《诗汇集》,被分成两首,用今名,收入"戏剧浪漫史与抒情诗"一辑,1863年归入"戏剧抒情诗"组。原诗写作时间不详,据说勃朗宁夫人直到1845年10月27日才从校样中读到,备加赞美说"'夜与晨'多美呀……"原诗音律基本上用抑抑扬格四音步为一行,不太整齐,译文一律用四音组或顿,韵式是abccba,译文照用。

小波浪惊失了它们的睡眠，

跳成了一道道火炽的发鬈，

船头推进了滑溜的泥沙，

熄灭了速度，我到了小湾里。

一英里沙滩上暖和的海香；

三块田穿过了，农场才出现，

窗子上敲一下，急促的刮擦，

擦亮的火柴开一朵蓝花，

一个人低语，又害怕又喜欢，

反不及两颗心对跳得这么响！

（卞之琳　译）

早上的分别[1]

勃朗宁

绕过岬，大海突然来迎接，

太阳从山顶上透出来注目：

他面前是一条笔直的黄金路，

我面前是需要男人的世界。

（卞之琳　译）

这两首诗合起来，完整地描绘了一对恋人从幽会到分别的全过程。

---

[1] 原与"夜里的相会"合为一首，见上页注 [1]。照一般情理看，"夜里的相会"是一个男人说的，"早上的分别"则应为一个女人所说，因此本诗第三行前的"他"（原为行尾的"him"）应为被送走的男人。第四行中的"我"孤单了，所以面临"对男人世界的需要"（need of a world of men）。但是据说勃朗宁自己在 1889 年 2 月 22 日回答人家关于这首诗的解释，却表明两首（两部分）诗是一个男人说的，"这是他的自白，供认（第一部分中包含的）这种欢悦为自给自足可以持久的信念是多么转瞬即逝，不像当时所显得那样"。所以这里的"他"就只能指第二行的"太阳"，这个男人是需要回到"男人的世界"。原诗用抑抑扬格四音步建行，略有出入，押 abba 韵，译文每行四顿，照原样押韵。

它集中地表现了勃朗宁"戏剧独白"诗的特点：通过景物环境的客观描写，暗示出人物内心丰富的心灵世界，表现诗的主旨。

《夜里的相会》的独白者是正在奔赴幽会地点的男子。诗的开头两行，写了大海、陆地与月亮。这不仅渲染了一种不安、紧张的幽秘氛围，而且还间接地点出了独白者所处的场所：航行在大海上的船中。接着，诗人运用"移情"手法写道："小波浪惊失了它们的睡眠，跳成了一道道火炽的发鬈。"独特的譬喻，构成了新颖的意象。"独白者"内心的骚动与不安，是通过景象"小波浪"来描绘的。这些"小波浪"好像是由于紧张从睡梦中惊醒。在第二节中，"独白者"的内心世界发生了很大变化：从不安转为急切，从紧张转为喜悦。他下了海船踏上海滩，就能闻到"暖和的海香"。诗的最后四行，采用了细节描写的手法，突出了情人幽会时的那种又急又喜的情绪。先是屋外的男子按照事先约好的暗语，在"窗子上敲一下"，屋里的那位立即做出反应，"急促的刮擦"（擦亮了点灯用的火柴）。这"急促"，蕴含着女主人公的惊喜、急不可耐。这大约是一次初恋的幽会，只有初恋的情人，才会有那种等待企盼中的神不守舍。"一个人低语"，是男子的呼唤，还是女子的呼唤？无关紧要。它又增添了几分神秘的色彩。诗的结句，饱含着鲜活的诗情，含蓄地点明了情人的幽会才刚刚开始。全诗没有正面描绘女主人公的内心活动，也没有写他们的谈情说爱，给读者的丰富联想留下了艺术的"空白"。

根据勃朗宁本人的解释，《早上的分别》描述的也是那个男子在幽会之后的心理变化。这短短的四行诗，我们可以体察到诗人活跃与开阔的艺术想象才能。清晨，充满神秘色彩的幽会结束了。太阳已经高高升起，男子告别了情人，踏上了回归的旅途。诗在表现人物的感觉时，能借助外在的物象使之具象化。当他来到海边看到了这样一片景象："太阳从山顶上透出来注目：他面前是一条笔直的黄金路。"这是一个隐喻型意象，用来暗示男人生活的另一个世界。雄心勃勃的金太阳，使他从情意缠绵之中猛然醒悟。顷刻间，他的内心世界有了重大变化。他感到了太阳的召唤：作为一个男子汉，更需要的是一个"男人的世界"，因为男人有男人的独特追求,他们要奋斗与拼搏,要创造与开拓。女人并不是男人的整个世界。一个完善的男人是在阴阳两极的平衡中生活的。晚上,他要在女人的爱抚下得到休息;白天,他要在阳光下创造新生活。这首短诗,脱俗新巧,意境深远,首尾呼应,韵味无穷,已超出了爱情领域,表现了一种深刻的人生哲理。

(施荣华)

至 善

勃朗宁

岁月的全部馨香和芳菲都在一只蜜蜂的袋里,
  矿藏的全部美妙和富裕都在一块宝石的心里,
在一颗珍珠的核里有着大海的全部阴阳。
  馨香和芳菲,阴和阳,美妙,富裕,
    以及——远远超过它们的——
  比宝石更光辉的真诚,
  比珍珠更纯洁的信任,——
宇宙间最光辉的真诚,最纯洁的信任——
  一切对我来说,
  都在一个姑娘的吻里——

(阮坤 译)

  诗人的爱情生活是严肃和崇高的,诗人的爱情诗也是纯洁无瑕的。

  《至善》是一首很别致的情歌。它是一个初恋男子对崇高感情与纯洁道德追求的独白。诗人凭借着丰富的想象,借用"蜂袋""宝石""珍珠"这些常见的事物做譬喻,饱满而浓缩的意象寓含着深刻的哲理。这些具体的物象,象征着人们赖以生存的最宝贵的东西:劳动与富裕。开头三行,通过平凡的意象,为主题的展开做了铺垫。第四行以后,笔锋一转,进入了诗人所要表现的思想与哲理。从具体的"馨香和芳菲……",引出了抽象名词"真诚"与"信任"。"真诚"与"信任"是人际交往中最高的精神品质,它们要比"宝石更光辉",比"珍珠更纯洁"。从具象到抽象,从物质到精神,它比第一层含义推进了一大步。然而对于后面的诗行来说,它仍然是个铺垫。最后三行才是诗的高潮,"一个姑娘的吻",是真诚,是信任,更是爱情。诗人认为生活中没有比爱情更美好的东西了。这样,全诗把劳动、富裕——真诚、信任——爱情形成一个宝塔式的构架,一层比一层高,最终道出了诗人对于真挚爱情的由衷赞美。这首情诗,写得情真意切,层层深入,跌宕多姿;戛然而止的结尾是那样的干净利索,饶有情趣。

(施荣华)

庞碧丽雅的临终忏悔(节选)

勃朗宁

有一样东西基陀问我要,而我认为
我可没权利给,也不许他来碰;你想想,
两个人的灵魂对灵魂,冰炭不相容!
可偏有那个大主教,我去求他帮助,
他却笑嘻嘻地盘问我的私生活——
说这就是我的不是了!(他代表上帝)
犯了这罪过的女人,可得不到饶恕。
我只好服从:哪怕给我的告诫是:
"只要这是你丈夫的意旨,你就得
把他要你吞下去的火炭给吞下去!"
我服从了,错了,他给了错误的教导,
这我知道,哪怕他是三个大主教!
…………

有一夜,我那个丈夫,为了要解恨——
光是拍桌子、瞪眼睛,已是小意思了,
那辛酸,我已不大觉得了,咽得下去了,
"我们结婚做夫妻,快六个月了,

你这场闹剧究竟要演到什么时候?
今晚上,进我的卧房,不许去你的房!"
一听这话——他说的不假,我向外直冲,
去大主教的府邸求见——他代表上帝。
我双膝下跪,紧抱住他的双脚,
哀求他帮助我那畏缩的灵魂
摆脱它拒绝接受的屈辱——虽说
其余的我都能忍受下来。我求道:
"把我送进女修道院吧,好让我
一辈子保持童身。你赞美圣母,
你教我学她的样!"
　　　　他怎么回答?
"愚昧的无知哟!你懂吗,女儿?童贞
要得要不得,是美德,还是罪孽,
得看情况!对于圣母玛丽,是荣耀,
对于夏娃,譬如说吧,就该遭诅咒——
创造夏娃,就要她做人类的母亲。
要是夏娃不遵从造物主的吩咐:
'要多生育,多繁殖,给大地多添人口!'
翘起了一张嘴巴,顶回去:'可是我
宁可过我独身的生活。'——这样她倒是
逃避了以后苹果和蛇的诱惑——
当场就给从天堂撵出去!听着,
如果生男育女给说成是'不洁的',
那我抓住了你:你是要把上帝说成
命令夏娃犯罪!这可是亵渎哪……"
接着又加一句:"这写明在你的婚约中!"

上帝啊,为了基陀——他本人的灵魂
逃不过该遭灾殃:他玷污了我灵魂——
我不让他近我的身,但愿我坚持到底!

大主教的那一笑,叫我的心直往下沉。
这是那圆熟、世故在冲你一笑,
仿佛他的本意想冲你皱眉又蹙眉。
"春天来到了,灿烂的阳光还是当初
亚当被放逐时的阳光。每一处大地
都渴求温暖的布施,怎么,偏是你
死活要保住你那一小块'白雪'——
就因为你喜欢白雪,偏不爱那鲜花?
你……埋怨丈夫粗暴,对你太粗暴,
对你所爱的人太粗暴。我的老天爷!
可怜的伯爵,让他去对付一个
不懂事的娃娃,没从她的爹娘那儿
学到最粗浅的妇道。指点她,本该是
做爹娘的责任:怎样做人家媳妇,
还有那娘儿们口口相传的女儿经。
他们倒好,笑了笑,把这回事儿
推给了基陀——甚至塞进我手里!"

于是我决定把一件最可怕的事
说出口:

      "别把我看得什么都不懂,
我知道我在说什么,我把话说明白了:
这不是什么在求爱,讨的是憎恨。
像明察的上帝,大人,你耳听四方;
听我说,住在我家的那位神父——

我丈夫的亲兄弟:修士纪罗拉莫,
他让我懂得了有一种冒名顶替的、
伤风败俗的'爱',看透了那隐藏在
外表底下的罪恶:他老是缠住我,
口口声声说他'爱'我。这年青的教士
吃饱了饭没别的好事可干!
我丈夫看到这情景,知道这回事,
却只装没看见。难道您的教导是:
我得连带把这个也忍受下来吗?"

"越说越不像话了!这一回,把一位神父
拉扯了进去!怎么,又拉出个修士来?"
语气却不那么凶狠了:"起来吧,孩子,
你就是个孩子,还不配用棍棒教训你!
…………
你给我回家去吧,快去拥抱你丈夫吧!
让他那做修士的兄弟看到了这情景,
也好叫他趁早回到他的书本里去。"

于是我回家去了,于是出了最可怕的事,
我这才看清楚:大主教不过是个人,
勉强算得人,可绝不比人更强些。
结果再糟也没有:丈夫对我的恨
还是恨得要命,不曾减少半分;
他兄弟的不顾体面,很快变成了
厚颜无耻。本来,我至少还能够
自我安慰,还有精神上的最后支撑;
一下子被剥夺了……
从此我只请示上帝,不请教人。

> 有什么样的娘就有什么样的女儿——
> 他们指的是我那从未见过的亲娘,
> ············
> 既然她逃不了这烙印,好吧,让烙印
> 也打在我身上吧!现在我明白她了——
> 从"憎恨"称作的"爱",让我体会到
> 有更多的爱被他们的"爱"称作了"恨"。
> 假如她把我"出卖"了——人家就这么说——
> 把我,她的女儿,出卖了,可我相信,
> 她那痛苦的心却是为我好,至少,
> 我可以清清白白地做一个好女人,
> 不至于被引上邪路,掉进深渊,
> 走她的老路,一失足成千古恨!

(方平 译)

　　在英国文学史上,维多利亚时代的文坛上小说家和诗人辈出,形成了文艺高峰。诗人罗伯特·勃朗宁是光彩夺目的一颗巨星。他让人物用诗的语言、性格化了的语言,把自己的灵魂呈现在读者的面前。

　　勃朗宁的语言艺术颇具功力。读他的杰作很难忘得了那些爆出火花的警句,那是人生的智慧的结晶,发人深思。例如受苦受难的庞碧丽雅在她临终的时刻,把她切身的感受凝聚成为两行诗句:

> 从"憎恨"称作的"爱",让我体会到
> 有更多的爱被他们的"爱"称作了"恨"。

这短短两行不多的几个字,却一针见血地指出了在17世纪那个罗马-阿莱佐的罪恶世界里,爱和恨,这人类感情的两极发生了可怕的逆转和倒错。邪恶的欲念(罪恶)成了"爱"的宠儿;天真和纯洁(美德)却成了"恨"发泄狠毒的对象。这感情上的(也是道德观念上的)错位,悲剧性地指出了人性已堕落到兽性的地步!面对着滚滚的浊流恶浪,我们的女主人公,一个善良、美丽、坚持自己信念的女孩子,就像被推到了深渊边缘那样,几乎失去了她在这人世间的立足点。

勃朗宁一生勤奋,诗作宏富。《指环与书》(1868—1869)是在他创作生涯达到顶峰时期所写下的代表作,全书长达两万行以上,篇幅比弥尔顿的杰作《失乐园》还多一倍。这是一部用素诗体写成的多声部戏剧性独白集,以1698年发生在罗马的轰动一时的凶杀案作为情节框架。三个当事人(遇害的庞碧丽雅,谋杀犯基陀伯爵,被诬告为奸夫的卡本萨基)以及罗马的市民、法庭上的律师,最后亲自判处杀人者死的教皇等,依次上场,从各自不同的视角,带着不同的感情色彩给予这同一事件以不同的描述,不同的评判。一个接一个的戏剧性独白构成一个视角不断在转换的复杂的叙事系统。诗人本人并没有直接出面说话。因此这首叙事诗的读者必须把自己设想为这一事件的积极参与者,他在用心听取街头巷尾的种种议论,法庭上的控诉、申辩,在病房里听取生命垂危的被害者的临终忏悔——总之,他让自己被包围在公说公有理、婆说婆有理,相互冲突或者相互印证的信息中。他必须不断地调整、提炼、综合自己的印象,经历了一番再创造的过程,于是那发生在三个世纪以前的骇人听闻的凶杀案,透过时间的迷雾,逐渐展现了它的轮廓。不同的读者各自用自己的心灵去接触这部巨著,会产生不同的感受和见解,这样也就会为阐述这巨著提供了无限宽广的可能性。

勃朗宁在诗篇中采用了多声部的叙事系统,在当时是匠心独运,是艺术手法上的创新和大胆的探索;在今天看来,这复杂的叙事手法仍是非常现代化的。全书共十二卷,第七卷"庞碧丽雅"被认为是全书最精彩的篇章之一。奄奄一息的庞碧丽雅向神父做临终忏悔,自述悲惨的身世、痛苦的经历和留给人间的爱。

她是罗马一家富裕的市民的女儿,还只是13岁的女孩子。她的母亲贪图虚荣,瞒着丈夫,私下把她嫁给了五十岁的矮小丑陋的基陀伯爵为妻。这个没落的穷贵族看中的是女方的陪嫁,并非她本人。他残暴成性,庞碧丽雅的父母终于忍无可忍,一怒之下,宣布庞碧丽雅并非亲生女儿——她的生母原来是罗马的一名妓女,生下她后不久去世。他们只是她的养父养母,因此拒付原先允诺的陪嫁。基陀的满腔怒火都倾泻在女主人公的头上。在夫家四年,她过的是非人的生活。当地有个正直高尚的青年修士卡本萨基,在他的帮助和陪同下,已怀孕的庞碧丽雅逃出夫家,经过一番曲折,返回罗马老家,生下一男孩。不到半月,基陀带着四名杀手,半夜闯入她家,当场杀死了那一对老夫妇,庞碧丽雅被刺二十二刀;只有那新生的婴儿,事先被农家的妇女抱去抚养,幸免于难。

这里选择了该卷715—876行中的几个片段,从这段选诗中读者可以看到勃朗宁高超的讽刺艺术。那个俨然代表上帝的权威在说话的大主教,引经据典,冠冕堂皇;诗人却不动声色地让他充分表现自己,同时又让这个伪善者的每一句话都在自我揭露。根据他那神圣的教义,妇女不容许有自己的意志,从灵魂到肉体,她都不属于她自己;上帝创造夏娃只是为了让她把自己作为泄欲、生殖的工具奉献给男人。

单纯的、不谙世事的庞碧丽雅终于看透了他骨子里是个什么东西,给他下了一个最宽厚的评语:"大主教不过是个人,勉强算得人,可绝不比人更强些。"其实他是衣冠禽兽。 (方平)

阿诺德 (1首)

马修·阿诺德(Matthew Arnold, 1822—1888),英国诗人、评论家。牛津大学毕业。曾任教师、私人秘书、教育督学等职务。1857—1867年被选为牛津大学英诗讲座教授。初期写诗,后转向文学评论。他强调文学的教化作用,主张以诗歌代替宗教,认为高雅文学能够挫败粗鄙庸俗,提高社会的文明格调。这种思想至今在英美等国仍有一定影响。他的诗作数量不多,题材范围不广,但写得清彻凝重,感情深厚,以沉思哲理见长,是受古典文学影响的现代作家。

夜 莺

阿诺德

听呀!哦,夜莺!
颈前长黄毛的鸟儿!
听!从月色朦胧的雪松里,
响起了多婉转的歌声!
多么悠扬!听——又是多么哀伤!
你是从希腊的海岸漂泊来的,
可过了这么多年,在遥远的国土里,
你迷茫的小脑袋中依旧怀着
往日无法扑灭的、无比深沉的哀痛——
唉,难道你的创伤永远无法消融?

难道这片芬芳的草地,
草地上凉爽的树丛,夜色,
还有风光旖旎,静静流着的泰晤士河,
以及月光和露珠,
都不能为你那颗破碎的心
带来一丝儿慰藉?

莫非你今夜在这里,
透过这片英国草地上的月光,
看到了色雷斯荒原上那座满怀敌意的宫殿?
莫非你又一次
两颊发烧,欲哭无泪,
看到了那幅极其光洁的织物,
和你那哑了的妹妹蒙受的耻辱?
难道你企图再一次远走高飞,
而且又一次感到在你身上,

可怜的逃亡者，忽然长满了羽毛，
同时想再一次让自己嘹亮的歌声
怀着爱与恨，欢悦和哀痛，
响彻幽寂的多利斯[1]和赛费色斯高山深谷？
听呀，欧吉妮亚——
从树叶缝里泻下一阵阵的鸣啭声
多么激昂而深沉！
你还听到了什么？
永恒的激情！
永恒的悲痛！

(钱鸿嘉 译)

第一节连用三个"听"字，末节又有两个"听"，全诗由听夜莺歌唱引发，抒情感怀也无不得之于听。"听呀！"夜色迷茫中，是什么鸟在叫？"哦，夜莺！"夜莺的歌把诗人的眼光引向窗外，月下雪松，那只"颈前长黄毛的鸟儿"就在雪松枝丫间吧？月朦胧，鸟朦胧，鸟鸣婉转悠扬，却"又是多么哀伤！"此情此景构成一种神秘美。在一片迷离惝恍中，诗人浮想联翩，神驰万里，在古希腊的神话世界里，重温了一个又凄婉又可怕的故事：色雷斯王忒瑞俄斯娶雅典王之女普洛克涅为妻。忒瑞俄斯垂涎妻妹菲罗墨拉的姿色，设计奸污了她，为避免丑事败露，又残酷地割去她的舌头。菲罗墨拉将受辱之事织进一件绣袍送给姐姐。普洛克涅悲愤交加，为了报仇，她杀死儿子做成菜肴给忒瑞俄斯吃，然后和菲罗墨拉双双出逃。忒瑞俄斯持斧追赶。为帮助她们逃出魔掌，神把姐妹俩分别变作夜莺和燕子。诗人以悲天悯人的胸怀去感受夜莺普洛克涅的苦难，漫长岁月磨不掉她深沉的哀痛，地域变换也无法消融她心上的创伤。诗人连用"难道"诘问，表现出对

---

[1] 多利斯，古希腊城名。

普洛克涅苦难的深切同情和无奈；进而设身处地，将心比心，去体察她的思想感情。往事历历在目，她唱的是对暴君丈夫的指控，是对自身不幸的悲诉；诗人从嘹亮的歌声中听出了爱与恨，欢悦与哀痛。杀子复仇，从历史上看，源于血族复仇，符合当时（氏族社会）的习俗。然而集复仇者之恨和慈母之爱于一身，其间惊心动魄的冲突不言而喻。复仇的欢悦和丧子之痛（何况是自己亲手所致）混杂在一起，掀起的感情波涛又该是何等凶猛！"从树叶缝里泻下一阵阵的鸣啭声，多么激昂而深沉！""激昂""深沉"，两个词语包蕴着无比丰富的内涵，诗人提示那里面有"永恒的激情！永恒的悲痛"，自然是诗人自己心绪的反映。杀子复仇是残忍的，但究其根本，它是社会的罪，是饱受迫害的弱女子对于暴君的别无选择的反抗。夜莺鸣啭，在有的人听来如清风掠耳，有的人会感受到奇妙的情趣，而它经过诗人心灵的再创造，却成为被侮辱和被损害者对暴虐不义的抗议。一种平凡的自然现象，经过诗人想象的点染，匠心熔铸，巧妙而自然地表现出深刻的社会意义和深厚的韵味，是和他的人道主义思想和艺术功力分不开的。

(郭谦)

克里斯蒂娜·罗塞蒂 (5首)

克里斯蒂娜·罗塞蒂（Christina G. Rossetti, 1830—1894），英国19世纪女诗人，在英国与勃朗宁夫人齐名。她是著名诗人兼画家但丁·罗塞蒂之妹，为生长于英国的意大利后裔。她天资聪颖，自幼在家攻读，十二岁即开始发表诗作。但丁·罗塞蒂是"先拉斐尔派"的领头人。这一派主张学习文艺复兴早期和中世纪的文艺精神，有象征主义和神秘主义的宗教色彩。克里斯蒂娜颇受影响，她虔信基督教，写了不少宗教诗，但她的成就却是在抒情诗上。她终身未婚。著有《鬼怪市场》（1862）、《王子历程》（1866）等。

歌

克里斯蒂娜·罗塞蒂

当我死了,亲爱的,
　　不要为我唱哀曲,
也不必在墓前植玫瑰,
　　也无须柏树来荫覆;
由草儿青青长在头上
　　承受着秋露和春雨;
要是你愿意,就记得;
　　要是你愿意,就忘去。

我将感觉不到雨露,
　　我将看不到荫影,
我将听不见夜莺
　　唱着像是哀吟的歌声。
在那幽冥中我入了梦,
　　那薄光不明也不灭;
也许,我还能记得,
　　也许,我忘去了一切。

(方平 译)

想　念

克里斯蒂娜·罗塞蒂

请想念我吧,当我已经不在——
　　不在这里,在远方,寂静的田园;
　　当你已不能握住了我的手腕,
握住了我的手,我欲去又徘徊。

请想念我吧,当你已不能天天

为我描述我俩的未来的圆梦,
　　　光是想念我吧;再相随相从,
　　在一起祷告,谈心,已经太晚。

但要是你把我忘怀了片刻,
　　又重新想起,请也不必叹息,
　　如果原先属于我的思忆,
被黑暗和腐蚀留下一丝痕迹——

　　那么,宁愿你忘怀了而欢笑,
　　不要,不要你记住了而哀悼。

(方平　译)

　　《歌》和《想念》是英国诗选中经常选的两首抒情诗。女诗人的男友曾两次向她求过婚,但两次她都因为宗教上的顾虑(信仰的不同)而拒绝了她所爱的人儿。她心中其实是很难过的,这两首小诗就是在那一时期写下的。女诗人设想自己已离开人世,对她所爱的人还有一丝难以割断的牵挂,表现出一种欲去又徘徊,无可奈何的委婉心情。死亡是经常出现在她诗篇里的主题,但死亡对于她这位虔诚的宗教徒并不显得可怕,似乎是一种自然的归宿。

(方平)

生　日

克里斯蒂娜·罗塞蒂

我的心如歌唱的小鸟,
筑巢在水红的嫩枝顶;
我的心像一株苹果树,
饱满果实把枝头弯倾;
我的心如彩色的蛤贝,
在平静海里涉水缓行;
我的心比这些要欢欣,

因为我的爱人已降临。

为我造高坛,丝绸羽绒铺成,
盖以松鼠皮,紫红示贵尊。
雕刻着斑鸠与石榴树,
雕刻着孔雀,带百只眼睛,
金色的,银色的葡萄串串,
绿叶衬托着,百合花如银。
因为今天我获得了新生,
因为我的爱人已经来临。

(茅于美 译)

死 后

克里斯蒂娜·罗塞蒂

帷幕半低垂,地上打扫光,
铺的是灯芯草和迷迭香,[1]
厚厚地垫着我躺的床上,
藤蔓的阴影爬进格子窗。
他俯身看我,以为我睡得香。
听不见他说的,但听出他声腔:
"姑娘,可怜的姑娘。"他转过脸膛。
深深的沉默,他哭得悲伤。

他没有摸寿衣,也没有掀张
盖我脸的布,也没拿我手端详。

---

[1] 迷迭香,一名艾菊,常青灌木,其叶有香味,可制香水。古代人认为迷迭香能增强记忆;在文学作品和民间传说中,它是纪念和忠诚的象征。在英国,广泛栽培于花园。在英国流传一句话:"哪儿盛开迷迭香的鲜花,那儿的主妇都当家。"所以此花与妇女的关系十分密切。

也没有把我平整的枕头拍拍响。
他没有爱过我,但我一旦死亡,
他却怜惜我,我在欣慰中感凄怆,
得知他是温暖的,而我已经冰凉。

(茅于美 译)

请你记着我

克里斯蒂娜·罗塞蒂

请你记着我,当我动身走远,
去远了,到那静寂的国土。
你就再也不能握紧我的手,
我再不能快走了,又回头停住。
请你记着我,不再能天复一天,
你把计划的前途向我细谈。
请你记着我,你就会懂得,
那个时辰商量和祈求都太晚。

然而即使你有时忘记了我,
可后来重新记起,请不要忧烦。
因为假使那黑暗,或那腐烂,
还能把我的思想痕迹遗留人间。
那么你忘记我却露出笑颜,
要胜过你记得我,引起愁怨。

(茅于美 译)

克里斯蒂娜的抒情短诗体裁玲珑剔透,韵味温馨缠绵。其为人与其诗作与美国女诗人艾米莉·狄金森(Emily Dickinson, 1830—1886)有近似之处。碰巧的是两人生卒年亦甚近。这里选择的三首诗,都表现了爱情主题。第一首《生日》,写获得爱情有如新获生命,新生是最可喜的,所以用"生日"为题。但如何表达"既见君子,云胡不喜"的心情呢?在她这首短短的十四行诗中,她为读者展示出一幅万物蓬勃生长、五彩缤纷的旖旎春景,从而使读者窥见她的内心深处。她指出天上的飞鸟、地上的苹果树和海水中海贝的欢悦状态,来比喻这时刻的到来。她幻想纷呈,心灵擢升,希望为自己造一座高台(dais)。dais这词具体讲什么,这里没有交代。但从它描写的典雅富丽的情况来看,它是用来作为她那具有丰富内容、不同凡俗的爱情的陪衬物的。这高台庄严瑰丽,铺着丝绸和羽绒,坛边刻着斑鸠、孔雀、石榴、葡萄、百合花,铺陈夸张的手法给读者以新鲜奇特的印象。诗中不见爱人的影子,单纯写得到爱情的喜悦,是很难于着笔的。

第二首《死后》,单纯写一种单方面的幻想。主题是幽明相隔,情爱牵连。生者是他,死者是"我"。死后有知,故因能通信息而得到慰藉。虽然活着的时候,没有得到他的爱,是终身遗憾,但是在死后,幻想他来看望自己,他怜惜悼念,哭得悲伤,她又因而得到弥补。

诗的开端写得婉约凄清:帷幕低垂,地上光洁,香草垫床,藤影覆窗。自己安卧在这样幽静的房里,静寂中,一个熟悉的声腔在哀悼着自己。尽管他没有掀开盖布亲亲自己的脸,没有抚摸自己的手,甚至连枕头也没有碰触,但自己已经感到意外之喜了。生与死的界限因这淡淡的超世俗的爱联系上了。爱情是超越死亡的,有虽死犹生、毫无寂灭的感伤。

第三首《请你记着我》,写出了弥留时刻对情人的细语叮咛,缠绵悱恻,回忆相见时的细节如在目前。这首十四行诗的结构很像中国宋代的小词,诗分上下段,好似宋词的上下阕。上段是对情人说,她在将走向另一世界时,希望他不要忘记相聚时的情景:紧握她的手;她已走开,又唤她回来,要她多待一会儿;未来前途的计划也天天和她商量……这些都是日常两人谈话时的内容,多么平淡,却多么值得回味。在她自知要告别这个世界时,明知这些都是往事,不可能追回,但她祈求他永远不要忘记,那样她在九泉之下也感到些慰藉了。但下一段,她又倒回来说,即使他偶尔忘记这些,也无须介意。因为她想只要她的思想遗留下来,不随形骸而腐烂消亡,那么她也心满意足了。他把她忘记而不忧烦,她倒觉得更是心安。在这首短诗中共用了三次"记着我",表现了永诀时的绵绵情思,暗暗存着对永生的希冀。音韵上也有循环往复的韵味,与细语叮咛的意思配合协调,内容与形式有珠联璧合的效果。

从克里斯蒂娜这三首诗中,我们可以觉察到西方诗人对待死亡的看法与中国诗人有很大的不同。中国诗人很少表达出死而有知、彼世亦有乐土的思想。陶渊明可谓旷达之士,他在挽歌辞中却说:"魂气散何之,枯形寄空木""欲语口无音,欲视眼无光。"他把死亡看作"寂灭",中国诗人因而对死亡哀恸极甚。西方诗人认为死亡与生存之间有连续性,冥冥之间暗有灵魂不与肉体同归于尽的想法。当然宗教天国乐土的影响起主导作用,因而幽明永隔、无路可通的悲悼不若中国诗人那么沉痛,表现在诗歌中的情调也就迥异了,从这三首诗中也可见一斑。　　(茅于美)

史文朋 (2首)

阿尔杰农·查尔斯·史文朋(Algernon Charles Swinburne, 1837—1909),英国维多利亚时代最后一位重要诗人。出身于贵族,父亲是海军上将。年轻时反对封建暴政与宗教,同情意大利爱国志士反对奥地利统治的斗争,后来思想趋向于保守。

史文朋崇尚希腊文化艺术,在诗歌创作上深受法国雨果和波德莱尔等人的影响,在艺术意趣上同"先拉斐尔派"的艺术家一致。他认为,诗歌的灵感不应来源于当代平凡的现实,而应来源于逝去的时代。在艺术手法上,他追求形象的鲜明华丽、大胆新奇,以及声调的和谐优美、轻柔动人。

1860年他发表了两部诗剧:《母后》《罗莎梦德》。1865年发表了成名之作《开来敦的阿塔兰塔》,这部诗剧采用了希腊古典的题材和形式,引起社会注意。1866年出版《诗歌与歌谣》,因为鄙薄社会某些习俗和宗教而受到责难。史文朋的主要诗歌著作有:《黎明前的诗歌》(1871)、

《咏两个国家的诗歌》(1875);戏剧三部曲《查斯特拉德》(1865)、《波士威尔》(1874)和《玛丽·斯图亚特》(1881)等。

海上的爱情

史文朋

我们今天正在爱情的陆上,
  我们将要去何方?
爱人,是逗留还是启航?
  是扬帆还是划桨?
有许多路,有许多风吹荡,
但只有五月才是五月的春光;
我们今天正在爱情的手上;
  我们将要去何方?

我们陆上的风是忧愁的呼吸,
这忧愁被亲吻吻得奄奄一息,
  又是那过去的欣喜;
我们用一株玫瑰压在舱底;
我们的路伸展着,上帝
  和爱情知道它在哪里。
    我们今天正在爱情的手上——

我们的水手是羽毛丰满的爱神,
我们的桅杆是斑鸠的尖喙长伸,
  我们的甲板用纯金制成;
死去的少女的发丝是我们的缆绳;
爱神的利箭是我们的补给用品,
  是形形色色的贮存。
    我们今天正在爱情的陆上——

爱人，我们在哪儿送你上岸？
是那原野踩着陌生人的脚掌，
  还是在靠近家屋的田园？
还是在那儿火之花熊熊怒放，
还是在那儿雪之花纷纷开绽，
  还是浪之花阵阵飞溅？
  我们今天正在爱情的手上——

她说，送我到那儿，爱情驻守，
它只有一根利箭，一只斑鸠，
  一颗心，一只手。
——亲爱的，像这样的港口，
没有一个少男将向那儿驾舟，
  没有少女登上滩头。

（吴均陶　译）

  这首诗写得新奇、瑰丽、多姿。海，浩瀚、茫然，又令人迷惑，是新鲜而又自由的意象。抒情诗以少男的口吻，抒发了少年男女对爱情的沉迷与思考过程：他们由爱情的陆上，乘船启航，驶向爱情的海洋。在海上，爱情经受着多种风的激荡，面临着多个方向、多条道路、多种选择。最后按照少女的意愿，他们的船驶进了平静的港湾。在这里再没有别的少男或少女来相扰，在这里爱情专一，爱情永驻。

  诗的开首就提出："我们今天正在爱情的陆上，我们将要去何方？"紧接着诗人用了一系列的设问，表现对爱情的思考与追索：是逗留在陆上，还是启航去海上？如果去海上，是扬起风帆，还是划桨？海上有许多路、许多风吹荡，选择哪条路，迎着哪种风前往？虽然面临着多种选择，但只有五月，才是阳光普照、春光明媚、生命力旺盛的好时光，五月的春风温暖和煦，才能使爱情之花盛开。

  陆上的风令人忧愁，虽然"我们"爱情的亲吻使这忧愁之风已经非常微弱快要停息了,但"我们"感受到的依旧是过去的那种欣喜。现在"我们"把一株玫瑰——爱情之花,压在舱底,启航去海上,"我"的路伸向哪里,前途如何,只有上帝和爱情知道。

在诗的第三节,诗人展开奇异的幻想,从古希腊文化和大自然中选择了多种神奇的意象:羽毛丰满的爱神、伸长着尖嘴的斑鸠、死去的少女的发丝、爱神的利箭……这些意象大都是爱情的象征或与爱情有关,组成了一个意象群,构成了一种图案似的装饰美:蓝色海水上漂着一只小船,纯金的甲板上面有一对少年男女,水手是长着金翅的小爱神,斑鸠伸长的尖嘴充当桅杆,死去少女的发丝充当缆绳……这些意象都来自于非现实生活,它们空灵,超脱尘俗,造成了一种神话般的仙境和梦幻般的境界,增添了爱情的美、纯洁和神秘色彩,显示了古希腊文化和浪漫主义对诗人的熏陶。

经过海上的航行,少男问爱人送她在哪里上岸,他反复提出问题询问对方,让对方进行完全自由的选择。少男这种多方面、多层次的询问,说明他对这一问题经过了反复的思考,另一方面这询问本身就体现了对爱人的尊重和体贴入微。少女对爱人的回答是,送她到这样的港口:它只有一根利箭,一只斑鸠,一颗心,一只手。利箭、斑鸠、心、手,都是爱情的象征物,前面冠以"一",表明爱情的专注、专一。这样的爱情港口,再不会有任何一个少男或少女来这里相扰。

这首爱情诗给人以超时空的神秘感觉。诗的每一节采用叠句形式反复抒写,诗的辞藻华美、色彩斑驳并不断变幻,造成了一种强烈的音乐效果。

(许桂亭)

配　偶

史文朋

如果爱情好似香艳的玫瑰,
　　而我好似它的叶片儿青翠,
我们的生命将在一起生长,

无论天气阴惨，或者晴朗，
处在开花的原野，或者花径，
　　感受绿色的欢乐，或者灰色的苦闷；
如果爱情好似香艳的玫瑰，
　　而我好似它的叶片儿青翠。

如果我好似那蜜语甜言，
　　而爱情好似那曲调绵绵，
我们的嘴将一同歌唱，
两种嗓音，但一种欢畅，
欣悦的亲吻则好像飞鸟
　　在中午得到细雨的淋浇；
如果我好似蜜语甜言，
　　而爱情好似那曲调绵绵。

如果爱情好似生命，我的亲人，
　　而我，你的爱人，好似死神，
我们将一同发光，一同降雪霜，
直等到三月使天清气爽，
带着水仙的芬芳，椋鸟的鸣啭，
　　和散发丰收气息的时光；
如果爱情好似生命，我的亲人，
　　而我，你的爱人，好似死神。

如果你好似被忧愁束缚的奴隶，
　　而我好似受欢乐差遣的仆役，
我们将一生一世，一年四季，
做着爱的眼波和背叛的游戏，
晚也哭，朝也哭，泪水潸潸，

像女孩，像男孩，笑声朗朗；
如果你好似被忧愁束缚的奴隶，
　　而我好似受欢乐差遣的仆役。

如果你好似四月的贵妇，
　　而我好似五月的贵族，
我们将一小时一小时把叶子抛下，
又一天一天地用鲜花作画，
直到白天像夜晚一样阴暗，
　　夜晚又像白天一样明亮；
如果你好似四月的贵妇，
　　而我好似五月的贵族。

如果你好似悦乐的皇后，
　　而我好似痛苦的帝胄，
我们将一同去追捕爱情，
把它的飞翔的羽毛拔净，
教它的双脚能循规蹈矩，
　　将它的嘴套上缰绳挽具；
如果你好似悦乐的皇后，
　　而我好似痛苦的帝胄。

（吴均陶　译）

这是一首咏唱夫妻之间爱情的诗篇。诗中用了许多华美的意象，通过一系列的比喻、铺陈，反复进行咏唱，使夫妻之间和谐美好的爱情得到了充分的表现。诗人将配偶之间的关系比喻成花同叶、词同曲、生命与死神、被忧愁束缚的奴隶与受欢乐派遣的仆役、四月的贵妇与五月的贵族、悦乐的皇后与痛苦的帝胄，从多种角度抒写了配偶爱情生活的丰富内涵。

香艳的玫瑰和它青翠的叶片儿，是同根同株生。因此，不管天气晴朗还是阴惨,不管是生长在辽阔的原野还是狭窄的小径,不管是欢乐还是苦闷,"生命将在一起生长"。这个比喻告诉我们,丈夫同妻子不管所处的环境优和劣、顺与逆,都应同甘共苦,同生死共命运。

绵绵的曲调与蜜语甜言也就是曲与词的关系。在曲与词的关系中,或者词是按照曲谱写出来的,或者曲是为词而谱写的,二者完全和谐一致。两张嘴唱着同一支歌,有着同样的节奏、旋律和内容。这种比喻充满绵绵情意。

生命与死神比喻配偶之间你中有我我中有你,永远不可分离。生与死都是生命的过程,没有生也就没有死,没有死也就无所谓生。自然界的一切物体都遵循着同样的规律。

在配偶们的生活中也会遇到忧愁与烦恼,它也许来自天灾也许来自人祸。当一方成为"被忧愁束缚的奴隶"时,另一方就要成为"受欢乐差遣的仆役",去驱散对方的忧愁,将其从忧愁烦恼中解放出来。配偶们在一生的共同生活中,"做着爱的眼波和背叛的游戏",要哭就痛痛快快地哭,从早哭到晚;要笑就像孩子一般,发出天真无邪的朗朗笑声。通过这样的感情发泄,忧愁就会被驱散,心灵就会安宁。

最后一节讲"一同去追捕爱情",为的是不让爱情褪色、减弱、溜走。诗人把爱情比作一只飞鸟,丈夫和妻子共同把爱情之鸟身上的羽毛拔得干干净净,使它不能飞走;"教它的双脚能循规蹈矩",不能走出他们爱情的天地;然后又把"它的嘴套上缰绳挽具",使它不能随意为另外的爱情歌唱。这种种防范措施,为的是护卫他们共同的爱情,不受诱惑、不会转移。

(许桂亭)

哈代 (4首)

托马斯·哈代(Thomas Hardy, 1840—1928),英国著名小说家、诗人。生于英国南部多塞特郡,父亲是建筑工程的小包工头。1861年哈代去伦敦学习建筑,六年后回乡当建筑师,同时致力于文学剧作。

哈代前期以写小说为主。他熟悉英国的农村生活,他的几部自称为

"性格和环境的小说",如《绿荫下》《远离尘嚣》等都反映了农村的社会矛盾。其代表作《德伯家的苔丝》(1891)和《无名的裘德》(1895)具有深刻的社会意义,为英国文学史上的不朽之作。但哈代的小说几乎都遭到当时资产阶级评论界的抨击,使他十分灰心,以致后三十年,改以写诗为主。(他从1865年即开始写诗)1898年,出版了他第一本诗集——《威塞克斯诗集》,后共出诗集八卷,收诗近千首。

哈代的诗比较平易简洁,往往融进作者的生活体验和遭遇,并带有一定的哲理性。诗的内容十分丰富,大而宇宙之主宰,小而一草一虫,作者用诗来表述自己对世界、人生的看法。

哈代晚年享受到英国人最高的推崇,1928年1月11日去世,葬于伦敦威斯敏斯特教堂诗人之角。

一次失约

哈 代

你没有来,
而时光却沙沙地流去,使我发呆。
倒不是惋惜失掉了相见的甜蜜,
是因为我由此看出你的天性
缺乏那种最高的怜悯——尽管不乐意,
出于纯粹的仁慈也能成全别人,
当指盼的钟点敲过,你没有来,
  我感到悲哀。

你并不爱我,
而只有爱情才能使你忠诚于我;
——我明白,早就明白。但费一两小时
使除名义外全然圣洁的人类行为
又为何不增添一件好事:

> 你，作为一个女人，曾一度抚慰
> 一个为时光折磨的男人，即便说
> 你并不爱我。

（钱兆明　译）

《一次失约》是哈代《今昔诗集》中的一首爱情诗，是诗人抒写他和女友亨尼卡夫人之间的情愫。

1890年起，哈代与他妻子爱玛感情不和，十分苦恼。1893年哈代独自住在伦敦，妻子爱玛住在离伦敦一百二十英里的多切斯特。就在这时，哈代与年轻漂亮的亨尼卡夫人相识，彼此交往甚密。哈代曾于1895年、1896年、1899年写诗表达他对她的思念之情。1901年发表的这首诗倾诉了诗人对亨尼卡夫人的单相思。

这首诗共两节。第一节以"你没有来"贯穿整个诗节。由于独自一人的空白等待，诗人发了呆，埋怨女友的天性"缺乏那种最高的怜悯"，诗人感到失望、怨愤。但他提出的"尽管不乐意，出于纯粹的仁慈也能成全别人"的"怜悯"其实已超出了爱情的范围，可以视作一种做人的普通道德。

第二节诗以"你并不爱我"贯穿整个诗节。"只有爱情才能使你忠诚于我"，诗人"早就明白"他的情人虽"曾一度抚慰一个为时光折磨的男人"，但她并不爱诗人。

这首简短的抒情诗，将一个失恋人的内心感受描摹得淋漓尽致。从诗行所显示的意蕴看出，诗人热恋对方，而对方并未回报诗人以同样的热情，给予诗人的只是友谊。事实上，曾经被哈代爱慕过的亨尼卡夫人，她对诗人的情意并没做出任何反应。

（陈周方）

伤　痕

哈　代

> 我爬上了山顶
> 　回望西天的光景，
> 太阳在云彩里

宛似一个血殷的伤痕；

宛似我自身的伤痕，
　　知道的没有一个人，
因为我不曾袒露隐秘，
　　谁知这伤痕透过我的心。

（蓝人哲　译）

《伤痕》是哈代写的一首短小的抒情诗，收集在1901年出版的杂诗集《今昔诗集》中，表现了诗人坎坷的人生经历。

托马斯·哈代生在贫苦的石匠家庭，后来学建筑，与此同时，写诗作文。1867年写了一部未出版的小说《穷人和小姐》，出版社不愿接受。1870年又向出版社送出第二部书稿，取名《计出无奈》，哈代本人付出版费之后也只印了五百本，还遭到评论界的批评。1872年哈代又出版了《绿荫下》。正当哈代根据稿约撰写《远离尘嚣》时，比哈代大八岁的良师益友霍勒斯·莫尔的自杀，给了哈代以沉重的打击。《还乡》出版，评论界的反应使哈代有点接受不了，日记中写到"没有足够的力量支持自己在这个世界上生活下去"。哈代于1883年回乡之后写出了评论界高度评价的《卡斯特桥市长》。可是接着写的《林中人》却受到教会的指责，尤其《德伯家的苔丝》的手稿，没有一家出版商肯接受，哈代只得改写，1891年出版后虽遭到一些人的谴责却成了当时最佳畅销书。1895年《无名的裘德》发表，招致各方面的责难和谩骂，甚至哈代的妻子爱玛也确信他在宗教上和道德上堕落了。二十多年创作生涯的艰辛和所遭受的责难，给哈代的内心留下了深深的"伤痕"。从此，他决计不再写小说而去写诗歌。1898年出版第一部诗集《威塞克斯诗集》之后的第三年，即1901年出版了这部《今昔诗集》。经过我们对哈代人生经历的透视，《伤痕》一诗的内涵便不言自明了。

《伤痕》由两个诗节组成，每节均为四行。第一节诗人运用象征、比喻和联想的手法，以"血殷的伤痕"比喻西天云彩里的太阳。大有"夕阳无限好,只是近黄昏"之慨,委婉抒发了诗人凄恻哀伤之情怀。

后一节则是直接抒情,由夕阳"宛似一个血殷的伤痕"转入到自我,"宛似我自身的伤痕"。这"伤痕"是诗人的隐秘,因为是从未袒露过的隐秘,这"伤痕"具有痛彻心扉的力量。

诗人写这首诗时,已经历了事业和感情两方面的创伤,内心里留下了累累伤痕。这些伤痕是主观的也是客观现实的反映,通过比喻、联想将自我内心的隐秘宣泄了出来,更令人同情。

这首诗的开头运用英文单音字,显出诗人是纯正的英国人,这种诗风与传统风习有关。

诗人善于写景抒情,情与景自然地融合在一起,风格质朴,用词简洁,韵律自然和谐,是抒情短诗中的精品。 (陈周方)

插曲终结
哈 代

咱们别再沉溺
这苦乐参半的把戏,
让爱情之光最后一次
　照着我和你。

把咱们系在一起的东西
将不会留下任何痕迹,
咱们往日幽会之地
　会同从前一样沉寂。

盛开的百花,芬芳的空气,
今后会不会把我们惦记?
昆虫会不会压低嗡嗡叫声,
　发觉那儿不再是咱们出没之地?

>尽管咱们曾经山盟海誓,
>也曾有过欢乐和欣喜;
>可是欢欣一旦达到尽头,
>　极乐就会变为悲戚。

>心情沉痛,但别唉声叹气,
>强作欢颜,默默忍受痛苦:
>爱情之路坎坷崎岖,
>　远远超过乱石间的小径。

(蓝人哲　译)

《插曲终结》是哈代1909年出版的诗集《时光的笑柄》中的一首爱情诗,抒发了诗人遭受到感情破裂时的痛楚心情。从个人的直觉中感受到"爱情之路坎坷崎岖,远远超过乱石间的小径",这个富有人生哲理的中心主题贯穿于整首诗中。

全诗由五节组成,每节诗又由四个长短不齐的诗行构成。

第一节诗以明白晓畅的语言直抒胸臆,诗人在爱情中感受到的不是神圣、幸福,值得人去珍视的感情,而是"苦乐参半的把戏"。因此提出"最后一次"让爱情之光照着你我的问题。这是诗人经历了"苦乐参半的把戏"之后所做的抉择。这个抉择展现出诗人的个性不是委曲求全,不是祈求、呻吟,而是追求真正的爱情的勇气和决心。

第二、三两节,诗人展开了丰富的联想。诗人与恋人绝交,联想到过去的一切,"将不会留下任何痕迹";"往日幽会之地",会同从前没有发生爱情关系"一样沉寂"。尽管决心已经下定,但笔端不无依恋之情,表面写的是对"百花""空气""昆虫""叫声"等自然界美好事物的感受,实则表露了诗人在与恋人分手时不无怀想和依恋之情。

第四节,"欢欣一旦达到尽头,极乐就会变为悲戚",这两句诗既是诗人的切身感受,又是人类在感情领域中的通感,极富于哲理性。

最末一个诗节,诗人与恋人分手,虽出自自愿,但心情沉郁,为掩饰内心的痛苦,强作欢乐的样子。诗人从自身经验中体会到:"爱情之路坎坷崎岖,远远超过乱石间的小径。"这是诗人的亲身感受,又带有普遍意义,具有客观的真理性。

　　这首诗出版时,诗人已五十一岁,哈代对人生的苦乐有了深刻体会。此诗虽短,却不乏名言警句,内含不少哲理性的诗句,发人深思,耐人寻味。　　　　　　　　　　　　　　　　　　　　(陈周方)

疲惫的行人

哈　代

我前面是一片平原
　平原上有条路
朝前。开阔的旷野,
　辽远的道路!

翻过一个又一个山头,
　可是这条路
还往前伸。也许再没有
　山头来挡路?

噢!越过第三个山头,
　仍见这条路
继续爬向远方——
　灰白狭窄的路!

天空仿佛要切断它。
　可是不成!路
又从山的背脊转下,
　永远走不完的路!

(蓝人哲　译)

《疲惫的行人》是哈代1925年出版的诗集《人生小景》中一首富有人生哲理的抒情诗。贯穿全诗的中心是一条永远也走不完的路。诗歌形象是行走在漫长的人生道路上的"疲惫的行人",这个"疲惫的行人"正是诗人哈代自己的生动写照。

这首诗由四个诗节组成,在我们眼前展现了一幅清晰的画面。在平原和山头上出现一条永远走不完的路和一个精疲力竭的行人。四节诗分别写出了"我"不同层次的心理感受。

第一节诗表现"我"起初走在人生道路上,感受到旷野的开阔,道路的遥远,但还没有厌倦的感觉。

第二节诗表现"我"越过人生旅途上的一个又一个山头,虽然有了疲累的感觉,但还充满希望,还在人生道路上往前走着。

第三节诗表现"我"越过人生旅途上的又一个山头,而路还没有尽头,觉得人生道路是那样的灰白而又狭窄,疲累和厌倦的感觉加深了。

第四节诗表现"我"经过漫长的人生旅程,疲惫不堪,希望有种超自然的力量把道路切断,"可是不成!路又从山的背脊转下"。疲惫的旅人终于发出了"永远走不完的路"的慨叹。

这首诗是哈代晚年的作品,那时诗人已年近古稀,经历了漫长的人生旅程,经受了出版长篇小说《德伯家的苔丝》和《无名的裘德》而招致的诽谤和攻击;又经受了前妻爱玛突然去世的打击;还经受了《威塞克斯诗集》出版而受到的嘲讽和诋毁,长途跋涉于人生旅途的诗人确有疲惫之感。但从全诗的意境看,行人虽感疲惫,却并未停下步来,仍然在人生途中向前迈步走去。这其实是诗人自我的写真。

这首诗的情调低沉、哀伤,这是由于哈代的个人经历坎坷和受自然法则决定论的影响,始终有着排解不开的忧郁、悲观情绪,但这首诗在抑郁中却不乏坚忍和奋进的精神。从全诗看,感情真切,语言朴实清新,富于哲理性。

哈代是英国19世纪末20世纪初的伟大诗人,在英诗发展史上起着承前启后的作用,现代的名诗人如罗伯特·弗洛斯特、艾兹拉·庞德等高度评价哈代的诗。唐纳德·戴维在《哈代与英国诗歌》(1972)一书中称哈代为现代英国诗歌中本质因素的开创者和维护人。　　　(陈周方)

史蒂文森 (2首)

罗伯特·路易斯·史蒂文森(Robert Louis Stevenson, 1850—1894),英国作家、诗人,19世纪末期英国新浪漫主义文学的代表。史蒂文森出身于工程师家庭,在大学期间先后攻读工科与法律,但他却热衷于文学创作。他最早的作品是两部充满幽默意趣的游记。1882年出版了一部浪漫故事集《新天方夜谭》,充满了惊险与异国风情。史蒂文森最著名的作品是《金银岛》(1883),另一部著名小说是中篇小说《化学博士》(1886),小说探讨了人性善恶问题,充满了神秘色彩。

1889年,史蒂文森因健康原因迁居南太平洋的萨摩亚群岛。1894年在岛上病逝,并葬于该岛。

史蒂文森一生出版过两本诗集:《儿童诗歌园地》(1885)和《矮树丛》(1887)。《挽歌》和《我的妻子》是其诗歌中的名篇。

挽　歌
史蒂文森

在宽广高朗的星空下,
挖一个墓坑让我躺下。
我生也欢乐死也欢洽,
　　躺下的时候有个遗愿。

几行诗句请替我刻上:
他躺在他想望的地方——
出海的水手已返故乡,
　　上山的猎人已回家园。

(黄杲炘　译)

《挽歌》是史蒂文森诗歌创作中的名篇,它流露出一种真率的感情和乐观态度,表达了诗人视死如归的不凡气度。在他死后,这首诗就刻在他的墓碑上。

古往今来,有无数诗人写过"死亡",却很少有人像史蒂文森一样,对于死亡的到来表现得如此达观如此泰然,将挽歌写得如此明快和安详。

诗人自幼身体虚弱,患有多种疾病,为了健康,他经常迁居,一生漂泊无定。但诗人以坚强的毅力一次次战胜病魔,坚持文学创作,以毕生劳动成果确立了在英国文学史上的地位。1880年,史蒂文森同美国妇人葛瑞夫特结成了美满的婚姻。1894年诗人病逝时,年仅44岁。生命虽然短暂,但却充实灿烂。正因为如此,诗人才感到活得快乐,死也无怨、无憾。另外,诗人深刻地认识到,一个人不管他多么伟大或多么平凡,都要向生命告别向世界告别。因此,他对于死亡的到来,表现得十分理智和冷静。他请求人们在寥廓清朗的星空下,为他掘一个墓坑让他安眠,并提出一个遗愿:请求人们把几行诗句刻在他的墓碑上。在这个简短的墓志铭中,诗人表明了他对死亡的看法,死是一个人人生之旅的必然归宿,是一种"休息",正是从这个意义上,诗人说星空下长眠的墓穴是"他想望的地方",并用了"出海的水手已返故乡,上山的猎人已回家园"两个比喻来进一步深化他对死亡的这种看法。水手驾船出海,与海上的风暴与浪涛搏斗,出没于惊涛骇浪之中,多么渴望返回他们亲爱的故乡;猎人上山追猎,在山顶上,在低谷中,在密林深处,不停歇地奔跑、驰骋,追捕猎物,猎人们都渴望满载猎物返回家园,但这并不排除有被猛兽咬伤的危险。水手返回故乡,猎人回到家园,对于水手和猎人来说都意味着一种胜利、安全、温馨与幸福,是一种甜美的休息。诗人的一生都在不停地奋斗与追求,他畅饮了生命的欢乐,也饱尝过不幸与痛苦。当他走完人生之旅死之将至时,他感到自己的生命是丰盈的、充实的。他死了,但他仍将活在亲人的心中,活在自己的文学作品中,而且通过文学作品活在后代人的心中。在这里,没有对现世的怨恨,没有对外部世界的失望,没有感慨,没有遗憾,没有幻灭,没有悲哀,一切都那么平静安详。所以对于必然到来的死亡,才能处之泰然,将诗写得浑然、自然、达观。

(许桂亭)

我的妻子

史蒂文森

可靠、微黝、活跃、忠实,
她金色的眼睛像黑莓上的露珠,
钢铁般的忠实,刀刃似的正直——
  伟大的造物主
  造了我这主妇。

坚贞、义愤、英勇、热烈,
她的那种情爱,生活难以煎枯,
邪恶无从诱惑,死亡不能扑灭——
  这是全能的主
  授予她的禀赋。

师长、看护、同伴、妻子,
人生的旅途中始终忠实的同路,
专注的心灵、自由奔放的气质——
  是可敬的天父
  赐给我的幸福。

(黄杲炘 译)

1876年,史蒂文森在巴黎郊区枫丹白露,与美国妇人葛瑞夫特相识,并产生了感情。当时,葛瑞夫特是由于家庭生活不睦,带着一儿一女来法国为自己和女儿寻师学画的。1878年,葛瑞夫特返回美国。第二年,史蒂文森得到她生病的消息,立即远涉重洋奔赴美国。1880年,葛瑞夫特同丈夫离异,史蒂文森同她结婚。在以后十四年漂泊无定的生涯中,妻子始终同他朝夕相处、同甘共苦。

在这首诗中,诗人对妻子的外貌、性格、性情、品德以及二人之间的关系,进行了多方面的描绘,倾吐了对妻子诚挚深沉的感情。诗的语言朴实、直率、简洁动人,体现了新浪漫主义追求"散文化""谈话化"的诗歌语言倾向。

诗人的妻子葛瑞夫特知识丰富,教养极高,对文学艺术有很高的鉴赏力,在事业上堪称"师长"。史蒂文森体弱多病,妻子从不离其左右,温柔体贴又似一位看护。在婚后十四年的生活中,不管丈夫病况如何,迁居何处;不管是顺境还是逆境,是坦途还是荆棘丛生;不管是风和日丽还是阴霾满天,妻子都朝夕相随从不分离,在人生的旅途中始终是结伴而行,是"始终忠实的同路"。作为一个妻子,她给了他无比珍贵和热烈的爱情,使他在病魔缠身的情况下,度过了欢快的一生,享受到生命的欢乐和幸福。妻子的爱情是专注的,而气质又是自由奔放的,心灵的专注与气质的自由奔放,这种矛盾对立统一在妻子身上,呈现出一种和谐,在和谐中相得益彰。

妻子集师长、看护、同伴、妻子于一身,使他享受到生命的欢乐,度过了欢快的一生,并成就了他的文学事业。在他的生命里,在他的事业中,妻子滴入了自己的生命之汁。正因如此,诗人在每节诗的后面都反复感谢上帝,授予妻子高贵的禀赋,赐予他生活的幸福。　　(许桂亭)

王尔德 (2首)

奥斯卡·王尔德(Oscar Wilde, 1854—1900),英国作家、诗人、戏剧家,19世纪末期英国唯美主义运动的代表人物。

王尔德出身于医生家庭,母亲是诗人。他曾在都柏林圣三一学院就读,毕业后去牛津大学深造。1882年去美国、加拿大讲学,回国后担任杂志评论员和编辑。主要作品有童话故事《快乐的王子》(1888),长篇小说《道林·格雷的肖像》(1891),社会喜剧《少奶奶的扇子》(1892)、《认真的重要性》(1895),独幕诗剧《莎乐美》(1895),诗歌《诗集》

(1884)、《瑞丁监狱之歌》(1898)等。

王尔德对英国社会的市侩哲学和虚伪的道德深恶痛绝,他要用艺术的"美"去对抗社会的"丑"。他认为美高于一切,艺术高于生活。王尔德坚信艺术本身就是目的,"艺术除了表现它自身之外,不表现任何东西。"反对艺术受道德约束和谋求任何功利目的。他主张艺术先于生活,不是艺术反映生活,而是生活模仿艺术;认为思想和语言均为艺术的工具,善与恶都是艺术家的材料。王尔德的"为艺术而艺术"的唯美主义艺术观是针对着"为金钱而艺术"提出的,目的是为了护卫艺术的纯洁。不过,王尔德的观点是不彻底的,而且他的创作也并非都体现了他的唯美主义艺术观。

安 魂 曲
王尔德

轻轻地走,她就在近旁,
　　在雪的下面;
轻轻地说,雏菊的生长
　　她能够听见。

她的头发虽一片金黄,
　　已变得黯淡;
她呀,虽然年轻又漂亮,
　　却一去不返。

她像洁白如雪的百合,
　　甜美地成长;
她还不清楚她已是个
　　成年好姑娘。

石板沉重地压在她身上——

还有那棺板；
我独自感到心里哀伤，
　　她已经长眠。

她已经安息，已听不到
　　竖琴和诗句；
我的一生已在此埋掉——
　　请把土堆起。

（黄杲炘　译）

　　这首《安魂曲》是哀悼夭折的年轻恋人的。诗人以轻柔的笔调、清淡的色彩以及诗意的柔情，回忆了恋人生前的形象，抒发了自己内心的孤独与哀伤。

　　由于爱得太深切了，在诗人的心目中她依然活着，躺在被白雪覆盖的坟墓中安眠。诗人在墓地里徘徊，要"轻轻地走"，以免脚步声惊扰了她的睡眠。墓地里太寂静了，连地面上雏菊细微的生长声她都能够听见，因此要"轻轻地说"，以免说话声打破了她甜美的梦境。

　　深深的思念必然引起对她生前形象与生活的追忆。她犹如"洁白如雪的百合"，这里百合花的比喻，不只是指死者外在形象的纯洁、美丽与温柔，更是指她蒙尘不染、洁身自好、高尚的精神情操。诗人一边追念，一边惋惜，一边咏叹。

　　诗的第四节，从对恋人美好的追忆中回到了残酷的现实。无情的棺板和石板沉重地压在她的身上，她永远不会再从长眠中醒来。他永远失去了她，心中感到哀伤与绝望。

　　最后一节诗是写诗人真的意识到他所爱的少女死了，她再也听不到美妙的竖琴和动人的诗句。死者是他的恋人，更是他的知音，是他的生命与灵魂。少女的死，使他失去了一切希望和生存的力量，因此，埋葬少女的墓地，也埋掉了他的一生。

　　这首诗写得单纯、质朴、平淡、安详，诗中没有令人心碎肠断的痛苦哀号,但在平淡安详中却蕴藏着一种深深的痛苦与哀伤。诗人以宁静的态度取舍材料进行构思,将一种甜美的声调渗透到失去年轻恋人的痛苦和哀伤里,又将它化作涓涓细流,渗透到字里行间。所以,这首《安魂曲》飘逸出一种无比纯真、无比醇厚的爱,飘逸出一种由于恋人夭折而无法排解的悒郁和哀伤。

(许桂亭)

浑黄交响乐

王尔德

公共马车在桥面上行驶,
  像只黄黄的蝴蝶在爬动;
  这儿或那里走过个人影,
像烦躁不安的小小虫豸。

满装黄黄麦秆的大驳船
  靠在阴影憧憧的码头旁,
  浓雾像丝绸的围巾一样——
挂在船埠上黄黄的一片。

圣殿那里榆树上的黄叶
  开始在飘零,开始在褪色;
  我脚边灰绿的泰晤士河
像根雕着波纹的碧玉节。

(黄杲炘 译)

  这首小诗表现出鲜明的印象主义倾向。它描绘了马车、人、大驳船、浓雾、树叶、泰晤士河一组视觉形象,记录了诗人对这些客体形象直接的感性的印象。这些客体虽然形态各异,明暗程度,色彩浓淡,与诗人距离远近高低都不同,但在朦胧的光色与雾气中,却呈现出一种污浊不清的浑黄色。诗中的每一个客体都有自己的意义,但由于共同的色彩组合成了一个综合体,表现出同样的气氛与情调。诗人将色彩作为诗歌的标题——"浑黄交响乐",体现了诗人对视觉形象的追求,对色彩的追求。

在桥面上行驶的公共马车,由于距诗人最远,形体大大缩小了,行驶的速度大大减慢了,看上去像只"黄黄的蝴蝶在爬动";而这儿或那里走过的人影,由于来去匆匆,像一只只烦躁不安的小虫子。这里的两个比喻,不只写出了客体的形态和动作,而且写出了客体与诗人之间的距离,以及诗人的印象和情绪。

第二组视觉形象是停泊着船只的码头。由于距离诗人较近,因此诗人看得比较清晰:大驳船上,装满了黄黄的麦秆;码头上笼罩着浓雾,像丝绸围巾一样轻柔、透明,使码头、船只呈现出"黄黄的一片"。

圣殿距离诗人最近,景色看得最为清晰。圣殿那里生长的是榆树,榆树上的黄叶已开始褪色,并一片片在空中飘落。脚下的泰晤士河,呈现出一种灰绿色。它透明晶莹,荡漾着微波,似一根"雕着波纹的碧玉"的一节。灰绿同浑黄色调相近,但二者究竟不同,它们既和谐又有变化。

诗人将一系列视觉形象做了平面的绘画似的排列,由于距离不同,又呈现出三个层次:远景、中景、近景。给人如临其境"观看"的效果。浑黄,又给人造成一种梦幻似的印象,形成了一种标题性的气氛,将诗变成了画。色彩的情调和气氛,取得了几乎是造型的效果。

这首小诗强调感觉印象的描绘,竭力捕捉景物给予人的色彩感觉,写得轻柔、奇异,具有相当的审美价值。

(许桂亭)

叶芝(6首)

威廉·巴特勒·叶芝(William Butler Yeats, 1865—1939),爱尔兰诗人、剧作家。出生于都柏林一个画师家庭,以写作为生,成名后曾出任爱尔兰议员和教育视导员等职。

叶芝是爱尔兰文艺复兴运动的领导人之一,是后期象征主义诗歌在英国的主要代表。他早期的诗歌受到王尔德、雪莱等人影响,表现出脱离现实的唯美主义倾向，带有浪漫主义色彩，被认为属于"先拉斐尔派"风格。19世纪90年代后，爱尔兰在新芬党领导下，展开了要求民族自治的运动，叶芝支持这一运动，同剧作家葛雷戈里夫人、约翰·辛格一起创办了"阿贝剧院"。叶芝从爱尔兰民间神话、民歌中吸取素材，创作了一些反映爱尔兰历史和农民生活的戏剧，在当时发挥了比较积极的作用。这一时期，叶芝的诗风也从早期的虚幻朦胧而变为坚实明朗，写出一些歌颂为民族独立牺牲的英雄的诗篇，"产生了壮丽的美"。

叶芝诗歌的成熟时期是他的晚年，即二十世纪二三十年代。这时期的诗含有现实主义、象征主义、哲理诗三种因素，特别是抒情诗，运用洗练的口语和含义复杂的象征手法，以富有质感的形象来表达抽象的道理，达到较高的艺术境地，对现代英国诗歌的发展产生过重大影响。

1924年叶芝因"经由灵感的引导，将民族的精神以高度的艺术形式表现于诗作中"，而获得诺贝尔文学奖。艾略特称他是"我们时代最伟大的诗人"。

茵纳斯弗利岛

叶 芝

我就要动身走了，去茵纳斯弗利岛，
搭起一个小屋子，筑起泥巴房；
支起九行芸豆架，一排蜜蜂巢，
独个儿住着，荫阴下听蜂群歌唱。

我就会得到安宁，它徐徐下降，
从朝雾落到蟋蟀歌唱的地方；
午夜是一片闪亮，正午是一片紫光，
傍晚到处飞舞着红雀的翅膀。

我就要动身走了，因为我听到
那水声日日夜夜轻拍着湖滨；

不管我站在车行道或灰暗的人行道，
都在我心灵的深处听见这声音。

(袁可嘉　译)

　　这是叶芝早期诗歌的代表作，抒写他寻求世外桃源式的理想，有脱离现代商业文明社会，寻求超俗的美的倾向。

　　茵纳斯弗利岛是爱尔兰民间传说中的一个美丽的湖心小岛，在这首诗里诗人以写实的笔法描绘出自己的理想世界。在那里一切是那样的原始、简朴、宁静、安祥，泥巴房、芸豆架、蜜蜂巢，充溢着与人世隔绝的隐逸气氛。第二节，诗人描绘了茵纳斯弗利岛从早到晚昼夜相续的景象。朝雾升起时，可以听到蟋蟀歌唱；黄昏晚霞中，可以看到红雀飞舞。再同第一节群蜂的歌唱相伴，从听觉、视觉两方面看，静中有动，有声有色，使画面更丰满、更具立体感。尤其是写午夜的微光和正午的强光两句，更表现出诗人观察的精细、想象力的丰富，充实了光色的力度，使之同声响相匹敌。同时，它还暗示读者，诗人为景色所迷恋，昼夜不息地沉醉其间。

　　叶芝对想象中茵纳斯弗利岛的描写，使我们不禁想到浪漫主义诗人济慈的《秋颂》。在那首名诗里，济慈所写的"雾气洋溢、果实圆熟的秋"，也有"茅屋檐下的葡萄藤蔓"，有蜜蜂的"粘巢"，有"成熟的太阳"，有黄昏时篱下蟋蟀的歌唱，有"红胸的知更鸟"的呼哨……这些意象是那么相似。它们同样出自于"回归自然"的幻想，显示出叶芝浪漫主义诗风的相承相通。自然，两诗相较也有不同之处。济慈的《秋颂》充满农家生活的气息，田园情调很浓；而叶芝此诗，更多幻想色彩，离现实生活更远，就这一点说《秋颂》无疑更胜一筹。不过，叶芝生活的时代毕竟比济慈晚了半个多世纪，对于资本主义城市生活的阴暗面体验更深，对现代物质文明的弊病也感受更切。厌倦于喧嚣的"车行道"和"灰暗的人行道"，必然更加向往未曾污染的大自然。所以第三节诗流露的那种"久在樊笼里，复得返自然"的超脱之感、爱憎之情，应该说比起济慈来是更加强烈鲜明了。

　　叶芝在自传中曾谈过写此诗的动因。他十几岁时就想仿效美国作家梭罗过隐居生活,曾暗自选定爱尔兰北部一个小岛作为理想目标。可惜这愿望一直未得实现,只能借用诗篇来编织幻想,自我宽解。诗中反复说"我就要动身走了",事实上,不久之后叶芝动身加入了爱尔兰的民族自治运动,同诗中所述完全相反了。

(许自强)

当你老了 [1]

叶 芝

当你老了,头白了,睡思昏沉,
炉火旁打盹,请取下这部诗歌,
慢慢读,回想你过去眼神的柔和,
回想它们昔日浓重的阴影;

多少人爱你青春欢畅的时辰,
爱慕你的美丽,假意或真心,
只有一个人爱你那朝圣者的灵魂,[2]
爱你衰老了的脸上痛苦的皱纹;

垂下头来,在红光闪耀的炉子旁,
凄然地轻轻诉说那爱情的消逝,
在头顶的山上它缓缓踱着步子,
在一群星星中间隐藏着脸庞。

(袁可嘉 译)

清风从各方吹来,
你的神妙的词句,
伴随着一位美丽的人儿,

---

[1] 1893年为毛特·岗而作,她是爱尔兰自治运动中主要人物之一,曾是叶芝长期追求的对象。
[2] 毛特·岗热爱爱尔兰的独立事业,曾为之进行终生的斗争。

出现在每处田野的电视机上。

苏格兰当代诗人麦克林《在叶芝墓前》一诗中，曾写下过这样的诗句。其中所说的"美丽的人儿"就是指叶芝一生热烈追求的恋人毛特·岗。

这是一段传奇式的痴情。

毛特·岗是一位风姿绰约的美人。当叶芝1889年24岁第一次见到她时，就为她的迷人风采所陶醉，觉得她仿佛是"洒满阳光的苹果花瓣"，产生了强烈的爱情。为她写下了一首首灼热动人的情诗：

> 每当我与死神面对着面，
>
> 每当我攀上睡眠的山巅，
>
> 每当酒把我送入醉境，
>
> 我突然遇见了你的脸。

此后，诗人无时无刻不在深深地眷恋着她。

然而毛特·岗虽是个演员，却一直热衷于爱尔兰的民族自治事业，她激进的爱国热情使她成为爱尔兰民族自治运动的领导人。她钦佩叶芝的才华，却并没把他当作理想的伴侣，后来嫁给了另一位民族自治运动的领导人麦克布莱德少校。即便后来婚姻失败，毛特·岗仍然固执地拒绝了叶芝的求爱，这使诗人长期陷于苦涩的单相思的窘境。这首《当你老了》就是献给毛特·岗情诗中著名的一首。

这首诗写于1893年，当时诗人刚刚28岁，风华正茂，而诗人却把时间推移到几十年后，想象垂暮之年时双方的情景。这一构思可能受到16世纪法国诗人龙沙的名诗《待你到垂暮之年》的启发，但主要为表现诗人那种至死不渝的忠贞，是向毛特·岗做出的又一次爱情表白。

第一节，诗人拟想了老态龙钟的情人，重温当年情诗时的情景。诗里有眼神柔和的温情交流，也有爱情阻隔的浓重阴影。这里蕴含着言犹未尽的潜台词，似乎在提醒对方不要在将来温柔的回忆中为今日冷漠之举而悔恨。

第二节采用了浪漫主义诗人直抒胸臆的传统手法，坦率地表达自己的一片真情。在同其他追求者的对比中,诗人披露了自己爱的真实缘由。"朝圣者的灵魂"是指毛特·岗为之终生奋斗的崇高的民族独立事业,"痛苦的皱纹"是说自己不图容貌的美丽。这两句是全诗的主旨,是高尚的心灵表白。叶芝一往情深,始终不渝的爱,表明他不是在向情人假献殷勤。撇开这诗的具体环境来看,这两句诗道出了崇高爱情的真谛,不失为深刻的人生箴言,今天对我们仍有一定的启示。

自然,全诗的情调不免感伤低沉。尤其是最后一节,这是诗人一种悲剧性的预感,流露出爱情消逝的凄凉。诗的结尾,爱在群星中隐藏消失,余韵悠长,给人一种叹惋不已的况味,在缠绵中又添上几分惆怅。

(许自强)

为吾女祈祷

叶 芝

又一次风在怒吼,半隐
摇篮篷顶下,床单盖上身,
我孩子睡着。没别的阻拦,
除了格拉高雷的树林,一座秃山,
能把这大西洋的狂风阻止;
它吹翻草垛,掀掉屋顶,
因为我心头有密密愁云,
我边走边祷告,有一个小时。

有一个小时,我边走边祈祷,
我听见海风在古堡上呼叫,
风在桥的拱洞下长嚎,
在汹涌河水上的榆树间哀号;
激动人心的梦幻里我想到
未来的年代已经来临,

出自大海的凶恶的纯真
它伴着疯狂的鼓点舞蹈。

但愿她长得俊,但不要那么美
陌生人一见就目迷心醉,
或望着明镜,由于这原因,
由于长得太美太俊,
以为有美貌就一切足够,
从此失去慈爱的天性
和流露真心,亲切之情,
选不准,永远交不上朋友。

海伦被选中,感人生平庸,
后来又为一傻瓜受苦痛;
那伟大的女王从海中跃出,
生来没父亲,她随心所欲,
却挑了跛脚铁匠做男人。
没问题,漂亮女子吃肉,
总得有可怕的色拉伴着,
丰饶角由此断送个干净。

我主要祝愿她深明礼仪;
那些并非美得很的妇女
赢得人的心,不靠人恩赐,
许多人为了美做尽蠢事,
终于使俊美变成智慧相;
许多可怜虫东游西荡,
爱上人,又以为自己被爱上,
眼睛总离不开好心肠姑娘。

愿她像一棵盛开的隐蔽树
像红雀一般是她的思路,
别的不做,只管向四周
播送洪亮美妙的歌喉;
只是为高兴,才东赶西追
只是为高兴,才和人拌嘴
噢,愿她活着像翠桂,
在可爱的地方植根永栽。

因为我爱过的那种头脑,
我赞赏过的那种美貌,
只略见繁荣,如今我心枯死;
我知道,心中充塞了仇视
可能是厄运的主要原由,
如没有什么郁愤积胸,
不管风雨怎么打,怎么攻,
红雀都不会离开枝头。

理性的仇恨是最坏的一种,
要让她明白偏见最可憎。
难道我没见到最可爱的女人,
从丰饶角的口中出生,
因为她偏见存在胸中
把丰饶角和种种德性
——性格安分者都承认——
换来了老风箱,怒吹狂风。

想到一旦把仇恨除尽,
心灵就恢复绝对的纯真,

最后省悟须自我欢娱，
自我惊惧，自我安抚，
自我的好心即上天的好心，
即使风箱尽裂，人人皱眉，
四面八方狂风怒吹
我女儿还会觉得高兴。

祝愿她新郎带她到家里，
一切都合乎习俗、礼仪；
这些货色，狂傲和怨仇
都只在大街广场出售；
纯真和美岂不靠寄生
于习俗和礼仪而蔚然长成？
礼仪乃丰饶角的好名称，
习俗乃繁茂桂树的美名。

（袁可嘉　译）

《为吾女祈祷》是爱尔兰大诗人威廉·巴特勒·叶芝的一首著名长诗。诗作于1919年6月，在他女儿安·勃特勒出生（1919年2月24日）后约四个月左右。

这是一首在一场风暴的具体情景下激发出来的富有象征意味的诗。这场风暴首先是属于实际存在的自然世界的：叶芝当时住在一贯支持他的贵族朋友格拉高雷夫人的柯尔庄园附近一所古堡中，那里有一条河汹涌流过，岸边长着许多榆树。第一、二诗段就描绘了风暴来临时吹翻草垛、掀掉屋顶、河水呼啸、榆树哀号的情景。

但这场"风暴"又是属于人类精神世界的，与第一次世界大战和十月社会主义革命后西方社会的剧烈动荡有密切联系。叶芝认为已经有了两千年历史的西方文明，如今气数已尽，即将为一种狂暴粗野的反文明所替代，二百年后再过渡到另一种贵族文明。他在作于同年的《基督重临》中说：

> 一切都四散了，再也保不住中心，
>
> 世界上到处弥漫着一片混乱，
>
> 血色迷糊的潮流奔腾汹涌……

本诗所说的风暴就是这样一场现代的革命的风暴，因此"我心头有密密愁云，我边走边祷告"。他名义上是为女儿祈祷，实际上象征着为世人（至少是西方人）祈求：怎样在风暴中安身立命？这样，诗的意义就从个人的角度提高到全人类的角度，从一般的物质世界的水平提高到典型的精神世界的水平。这就是象征派诗的魅力所在。

女儿是个女性，诗人就从美貌一事着手。他希望她长得俊，但不要太美，以为有美貌就一切足够，不再关心慈爱和真诚，以致最终"永远交不上朋友"。这自然是老年人的智慧之言，也是诗人在情场逐鹿一再惨败的经验之谈。为了证实这一道理，他在第四诗段以希腊神话为例。大美人海伦因美貌为斯巴达国王墨涅拉奥斯选中，但此人极其平庸，海伦最后与帕立斯私奔；爱神维纳斯，相传在海中诞生，她可以随心所欲，却挑了跛脚铁匠伏尔甘为夫。叶芝由此得出结论，美人往往无福——"漂亮女子吃肉，总得有可怕的色拉伴着，丰饶角由此断送个干净"。"丰饶角"在本诗中是一再出现的一个象征体：相传希腊天神宙斯幼年以吸羊乳长大，故以羊角象征丰饶或幸福。

那么叶芝希望于女儿的又是什么呢？"我主要祝愿她深明礼仪"。请注意，这里的"礼仪"不仅是知礼明义，而是与下文的"习俗"一样，象征贵族文明的特点"纯真和美"的品质。叶芝从艺术家的需要出发，认为只有贵族阶级本身拥有财富，深明礼仪，才能产生伟大的统治者和廉洁的政府，才能保护艺术，使艺术家有闲暇来创造艺术。这种观点使他屡屡歌颂以第六世纪拜占庭为代表的贵族文明，认为那时精神与物质、文艺与政教、个人与社会得到了和谐统一，具体表现为纯真和美：礼仪和习俗。（见著名的姐妹篇《驶向拜占庭》和《拜占庭》）可见，叶芝诗中的"礼仪"和"习俗"是贵族文化的两大表征，包含多重的丰富的意义。

第五、六诗段开始,叶芝着力描写他所谓的"礼仪"和"习俗"。先是从正面发挥,强调并不很美的女子赢得人心是靠智慧和好心肠,他祝愿女儿像桂树在可爱的地方植根永栽,像红雀美妙地在枝头欢唱;接着从反面来对照,把"理性的仇恨"和"偏见","狂傲和怨仇"来和"纯真和美"对比。这个反证涉及一个具体的人和事,必须在此交代一笔。

1889年1月20日叶芝会见了毛特·岗,一位毕生献身爱尔兰民族自治运动、风姿绰约的女活动家。叶芝一见倾心,深陷情网长达十五年,不能自拔。毛特·岗坚持暴力革命,她和丈夫一同参加了1916年复活节起义。事败后,丈夫被处极刑,她本人也被囚于狱。叶芝对复活节起义是赞扬的,但他对暴力革命是始终反对的。第七、八诗段所说的"我爱过的那种头脑""我赞赏过的那种美貌""最可爱的女人"就是指毛特·岗;所谓"仇视""偏见""郁愤积胸"就是指她的武装革命思想。叶芝不无偏见地把她作为对立面,希望女儿不要学她,而要"一切都合乎习俗、礼仪",因为"纯真和美"是靠它们长的。这首诗思想上的弱点是明摆着的。

这首长诗在艺术上是很出色的。全诗写得从容不迫,一气呵成,读起来很流畅,很雄辩。在严谨的八行体格律中(每段八行,大体每行四顿,韵脚排列为aabbcddc),既表达了为女儿祈祷的激情,又有对人对事的议论,对人生的体验和对时代的沉思。思路非常开阔,形象丰富繁复,但又全诗连贯,主题突出,首尾呼应。在严正的结构中表现出活泼的想象,在具体的描写中隐含着象征的意义,真正显出是一位成熟的现代诗人的大手笔。

叶芝是个现代派诗人,但他是以与传统诗密切相结合为特色的。他一贯用格律体,从不用自由体。但他诗里的现代色彩又是极鲜明的。首先,他表现的是现代人在时代风暴前的思想感情,不管它们正确与否,它们是现代西方人真实的感受。诗的语言是洗练的口语,是当代英国人的生活语言,但并不是拖泥带水,而是简明利索的;意象和比譬也是现代化的,肉感中有思辨,如"没问题,漂亮女子吃肉,总得有可怕的色拉伴着",意思是说"美女往往无福",这个比譬既给读者以物质感,又引起他的思索；又如说毛特·岗"因为她偏见存在胸中，把丰饶角和种种德性……换来了老风箱，怒吹狂风"，这也很贴切可喜，因为那时毛特·岗已不再年轻，却仍在鼓吹武装斗争，就像一只老风箱在怒吹狂风。诗中对神话故事的引用，也有扩展读者想象、使诗歌内容益臻丰富的作用，也具有现代派诗艺的特色。全诗从头到尾保持风暴与桂树、丰饶角对抗的主导形象，使诗篇在重复的形象变化中主题始终突出，这显示出叶芝从整体上掌握住诗篇的极大功力。从情思、结构、语言、比譬到格律，这首名作都有值得我们鉴赏的地方。 （袁可嘉）

基督重临[1]

叶 芝

在向外扩张的旋体上旋转呀旋转，[2]

猎鹰再也听不见主人的呼唤，[3]

一切都四散了，再也保不住中心，

世界上到处弥漫着一片混乱，

血色迷糊的潮流奔腾汹涌，

到处把纯真的礼仪[4]淹没其中，

优秀的人们信心尽失，

坏蛋们则充满了炽烈的狂热。

---

[1] 作于1920年。根据基督教传说，基督将在世界末日重临人间主持审判。叶芝认为古希腊、古罗马传下来的西方文明已接近毁灭时期，两百年内即将出现一种粗野狂暴的反文明，作为走向另一种贵族文明的过渡。本诗表现了叶芝这种历史循环的错误理论，艺术上已从唯美主义转入后期象征主义，用复杂而有质感的形象表达抽象的哲理。

[2] 叶芝在《幻景》一书中认为人类历史是由正旋体（代表道德、空间、客观）和反旋体（代表美感、时间、主观）两个圆锥体渗透构成的，这里所谓"旋体"即指历史。

[3] 猎鹰喻人类，主人喻基督。

[4] 叶芝经常把"纯真的礼仪"作为贵族文化的表征之一。

无疑神的启示就要显灵,

无疑基督就将重临。

基督重临！这几个字还未出口,

刺眼的是从大记忆来的巨兽[1]:

荒漠中,人首狮身的形体,

如太阳漠然而无情地相觑,

慢慢挪动腿,它的四周一圈圈,

沙漠上愤怒的鸟群阴影飞旋。

黑暗又下降了,如今我明白

二十个世纪的沉沉昏睡,

在转动的摇篮里做起了恼人的噩梦,

何种狂兽,终于等到了时辰,

懒洋洋地倒向圣地来投生？

(袁可嘉 译)

这是叶芝后期象征主义的代表作,写于1920年,比较集中地反映了他的哲学观、历史观和艺术特色。

要理解这首诗,必须先对叶芝晚年的思想有所了解。20世纪初爱尔兰在新芬党领导下,开展了要求摆脱英帝国统治的民族自治运动。叶芝积极支持这一运动。他同几位戏剧家一起创办了阿贝剧院,自任院长,写过许多反映爱尔兰历史和农民生活的戏剧,成为"爱尔兰文艺复兴"运动的领导人。然而,1916年4月复活节那天,为争取民族独立的工人起义遭到失败,叶芝的不少好友,包括他长期追求的恋人毛特·岗都被捕入狱,有的(包括毛特·岗的丈夫)还被处死。这对叶芝无疑是一次巨大的精神打击,他陷于愤慨、震惊、失望之中。

叶芝的思想属于贵族主义,他认为贵族阶级拥有财富,深明礼仪,

---

[1] 叶芝认为宇宙间存在一个"大记忆",世代相传,它是一个神秘的、汇集一切知识经验的大海。巨兽(即诗末所谓狂兽)指即将到来的粗野狂暴的"反文明"。

只有在他们中间才可能产生廉洁的政府，才能创造艺术、保护艺术。他把公元6世纪查士丁尼皇帝统治下的拜占庭王朝看作是理想的贵族文化代表（曾写过《驶向拜占庭》等名诗）。同时，叶芝的历史观又受到东方神秘教义的影响，他认为人类历史像一架盘旋而上的楼梯，循环交替。已有两千年历史的西方文明已经到了尽头，将由一种粗野强暴的反文明所取代，要等二百年后再由另一种他理想中的贵族文明来代替。这些思想凝结成叶芝象征主义诗歌中专有的意象——"旋体"。

《基督重临》一诗正是他这种唯心主义历史观的形象体现。诗题虽叫《基督重临》，诗中也反复强调"无疑基督就将重临"，其实，主要写的是两千年历史文明的消亡，狂暴的反文明的来临，可以视作一曲旧文明丧失的挽歌。诗中描绘了一幅世界濒临崩溃的画图，诗人采用了一系列具有特定含义的意象"旋体""猎鹰""沙漠""大记忆""巨兽""飞鸟"等，构成一幕幕混乱、疯狂的景象。"世界上到处弥漫着一片混乱""血色迷糊的潮流奔腾汹涌""坏蛋们则充满了炽烈的狂热"，刺眼的"狂兽""倒向圣地"，荒漠中"人首狮身"的形体（两千年历史文明的象征）在动摇……急迫的节奏，夸张的语调，奇诡的形象，渲染出一派阴暗、恐怖的气氛，显示出"一切都四散了"的末日景象，使人魂惊魄动，不能自已。诗人崇尚的贵族文明的象征——"纯真的礼仪"，已淹没在这片恐怖之中了。就诗而论，我们只看到历史的"旋体"转向了黑暗的反面，能否再转回到诗人理想的正面，真正实现"基督重临"，不能不令人产生怀疑了。

从艺术上看，这诗同叶芝前期诗作有了明显变化，既无浪漫主义的天真幻想，也少唯美主义的朦胧细腻。它的风格是粗犷而坚实的，思想是深刻而复杂的。诗中运用的那些意象质感强、寓意深，成为叶芝象征体系中独特的组成部分。这一切使叶芝后期诗作终于摆脱了浪漫主义和唯美主义的羁绊，形成了鲜明的风格，在西方后期象征主义诗坛上独树一帜。

（许自强）

疯女简和主教谈话[1]

叶 芝

我在大路上遇到了主教,
他和我谈了又谈。
"这对乳房已松弛下陷,
那血管很快会枯干,
到天堂的高院大宅去住,
别去那肮脏的猪栏。"

"美与丑本来是一对近亲,
美需要丑",我大声叫道,
"朋友们散了,这个真理
坟墓、床榻否定不了,
懂得它,要靠肉体下贱,[2]
要靠心灵高傲。"

"妇人会变得高傲倔强
当她对谁动了情,
爱情却筑起她的殿堂
在排污泄浊之境;
啥也不会独立或完整,
除非已开缝裂纹。"

(袁可嘉 译)

叶芝晚年的诗风又恢复了前期雄辩、豪放、粗犷、质朴的特色,他的思想也多少摆脱了20年代片面追求理性、否定情欲、歌颂艺术、脱离现实的倾向,表现出较为客观的辩证思想。在这首诗中可以窥其一斑。

---

[1] 作于1933年。此诗极言美与丑、灵与肉之不可分离。
[2] 这是说人有生死离合,坟墓、床榻只证明这是个真理。也可从肉体不可持久而明之。

这首诗写于1933年,选自组诗《疯女简》之中。它假借疯女简同主教对话,表达诗人自己的观点。对话争论的焦点集中于美与丑、灵与肉、生与死的关系上。第一节主教代表宗教传统的观念,告诉简:要想摆脱年老变丑的处境,要想脱离"肮脏的猪栏"(指世俗人间),就必须赶快到"天堂"去,即让肉体死去,让灵魂升天。二、三节是疯女简的回答,她认为美和丑、灵与肉、生与死是不可分开的:美丑是近亲,生与死如同"床榻""坟墓",是人的两个不同归宿,而"肉"的下贱与"灵"的高傲也并不矛盾。第三节更进一步提出了三组对立统一的命题:妇女的柔弱,可以变得坚强;爱情是美丽的,却离不开情欲的丑陋一面;事物的完美都建立在不完美的基础上。这些观点应当说基本上是正确的,符合辩证法的对立统一规律。肉体消失了,灵魂无所寄托;没有灵魂,肉体徒成躯壳。记得西方一位研究爱情的心理学家曾说过:在爱情中美和丑是结合的,人的生殖器官是最丑陋的,但有时又是最美丽的。雨果对美丑也曾有过精辟的论述:"万物中的一切并非都是合乎人情的美,感觉到丑就在美的旁边,畸形靠近着优美,粗俗藏在崇高的背后,恶与善并存,黑暗与光明相共。"(《〈克伦威尔〉序》)这同叶芝的思想是相近的。自然,作为诗的表现,不能要求它的表达像理论那样严密、准确,何况叶芝的辩证法还带有机械的、形而上学的一面。例如诗中关于"肉体下贱"与"心灵高傲","啥也不会独立或完整,除非已开缝裂纹"等说法,就有很大的片面性。

本诗的艺术构思很有特色。它以轻松随便的"路上"对话,讲述严肃深刻、富于哲理的课题,可谓"寓庄于谐"。语言极其粗俗、浅显,带有幽默的调侃色彩,近似于民间歌谣。尤其是疯女简的答话,鲜明地体现出"疯女"的个性特色,使人如闻其声,如见其人。

据作者自述,疯女简的形象是有生活原型的,是根据一个说话无所顾忌、好酗酒的村庄老妇塑造成的。诗中确实可以看到这个原型的某些影子。不过,我们不必拘泥于此,因为诗中的"疯女"只是表面有点"疯",其实她是清醒的。她一方面有自己的性格,同时在一定程度上又

是诗人灵魂的寄托,扮演了诗人的"代言人"角色,是诗人的一个"面具"而已。这正是叶芝"面具理论"的成功体现。 （许自强）

丽达与天鹅

叶 芝

猝然一攫,巨翼犹兀自拍动
扇着欲坠的少女,他用黑蹼
摩挲她的双股,含她的后颈在喙中
且拥她无助的乳房在他的胸脯
惊骇而含糊的手指怎能推拒
她松弛的股间,那羽化的宠幸?
白热的冲刺下,被扑倒的凡躯
怎能不感到那跳动着的心?
腰际一阵颤抖,从此便种下
败壁颓垣,屋顶与城楼焚毁
而亚嘉门农死去。

　　就这样被抓,
被自天而降的暴力所凌驾
她可曾就神力吸神的智慧,
乘那冷漠云喙尚未将她放下?

（叶维廉　译）

这是叶芝借神话故事表达历史观的一首名诗。

天鹅,一向是西方诗人热衷描写的对象,因为它优美、纯洁、文雅、庄重,有许多人所喜爱的特征。比如普吕多姆笔下的天鹅就十分迷人:

那天鹅的头颈
插在翅下,睡在水天之间,
宛如钻石间的一只银瓶。

象征派诗人在描绘它时,大多在天鹅身上寄托特殊的情思。叶芝的这一首也有它的新意。它一反天鹅传统形象的温柔、娴静的本性,变得粗暴、狞厉,把阴柔美写成阳刚美,而且借此表现出一种十分深奥玄远的观念,这在咏天鹅的作品中可算是独一无二的。

这首诗取材于希腊神话。主神宙斯化形为天鹅,同斯巴达王廷达瑞俄斯之妻丽达结合。丽达产蛋,生下绝世美女海伦和另一女儿克吕泰涅斯特拉。这两个美女都为人间带来了灾难:为争夺海伦,爆发了长达十年的特洛伊战争;而克吕泰涅斯特拉则因同他人通奸而杀死了自己的丈夫——希腊联军统帅阿伽门农(即诗中"亚嘉门农")。

前八句,诗人给我们展现了一幅人禽狎昵的惊心动魄的画面。强暴粗野的"天鹅"以突然袭击的方式,扑向美丽的"少女",它是那样迅疾、蛮横、肆虐,使少女无法进行丝毫反抗。诗人采用了一系列色彩浓烈、节奏急促、对比鲜明的描绘:一边是少女的"后颈",无助的"乳房",松弛的"双股","惊骇而含糊的手指";一边是拍动的"巨翼","黑蹼"的摩挲,"冷漠"的云喙,"白热的冲刺"……仿佛电影里的特写镜头,拍下了这幕骇人听闻的暴行,使人如临其境,耳闻目睹,久久不能平静。这种细致真实、重墨浓彩式的描写,犹如米开朗基罗的油画,在象征主义诗歌中实不多见。

自然,诗人并非出于伦理道德观念谴责"天鹅"的暴力,读了后面的诗行,分明可以感到其中深刻的历史寓意。如果说前两节是把神话传说加以形象化,侧重于描绘;那么,后两节则是依据神话点出题旨,着力于说理。"败壁颓垣,屋顶与城楼焚毁"是影射因海伦引起的残酷持久的特洛伊战争,它给双方人民带来了无比巨大的灾祸;而"亚嘉门农死去"则直指丽达的长女克吕泰涅斯特拉的杀夫暴行。这两桩悲剧性事件的发生,都是"天鹅"播下的恶果。再从丽达方面设想,她虽然被迫同宙斯结合,但她能否就此得到神的智慧,诗人对此表示出怀疑。

叶芝在诗中常爱运用丽达和天鹅的形象。(例如在他的名诗《在学童们中间》就把他所爱的恋人毛特·岗比作丽达。)这同他的历史观有关。叶芝一向认为历史的发展如同"旋体"的循环推进。天鹅与丽达的结合,正象征着人类历史一个新的开端。叶芝写这首诗正是有感于当时欧洲政治的衰败,企图寻找一条新的道路。1923年诗人在谈到本诗的创作意图时曾说:"那时我认为,现在不可能干任何事,除非有一场自上而下、由暴力开路的运动。我的想象开始在丽达和天鹅上寻找比喻,然后动手写这首诗。但是一旦开始动笔,鸟儿和淑女就占据了整个场景,一切政治都消失了。"

的确,"形象大于思想",从这首诗的形象来看已经远远超出了诗人原来的意图。浓郁的诗意掩盖了抽象的政治理念,诗的寓意也显得更为丰富复杂。天鹅与丽达的结合既产生了海伦姐妹,也产生了战乱、残杀。它意味着精神与肉体的结合,阳刚之美与阴柔之美的结合,同时,也意味着创造力与破坏力的结合。这种历史进程的矛盾对立的双重性,贯穿在叶芝的一系列诗篇中,而诗人一直无法做出明确的解释。所以,他只能留给人们一串问号。(许自强)

梅斯菲尔德(2首)

约翰·梅斯菲尔德(John Masefield, 1878—1967),英国诗人。自幼父母双亡,14岁就开始独立谋生。随商船出海,在海上漂泊三年。1895年去纽约当零工,结识一家书店主人,得以博览群书。两年后回到伦敦,在一家报馆任记者。1902年他出版了第一部诗集《盐水谣》,内容多是描写水手等普通劳动者的生活与工作,《恋海情》就是其中有名的一首。他的诗集还有《歌谣》(1903)、《歌谣和诗》(1910)、《诗集》(1923)。第二次世界大战期间,他写了《致水兵》等诗,歌颂英国士兵与水手的坚毅和勇敢。

除诗歌创作外,梅斯菲尔德还写过戏剧、小说、论文等。

1930年,梅斯菲尔德被誉为英国第22届桂冠诗人。

恋 海 情

梅斯菲尔德

我得重下海去,去那寂寥的大海和长天,
我要的只是一艘高高的航船,一颗星星为我导航;
我只要舵轮的倔强、海风的歌唱、白帆的震颤,
只要海面上灰蒙蒙的雾霭、灰蒙的破晓曙光。

我得重下海去,因为奔流海潮的召唤
多么粗犷、多么响亮,谁还能跟它违抗!
我要的只是天天疾风劲吹,吹得白云飞翻,
只要喷溅的水花,漂散的浪沫、海鸥的叫嚷。

我得重下海去,生活像漂泊的吉卜赛人一样,
像海鸥长空翱翔、像巨鲸遨游大洋,任风儿像新磨刀枪;
我要的只是欢笑的旅伴讲个快活的海上奇谈,
只要长久的操舵后,静静的安睡、甜甜的梦乡。

(黄杲炘 译)

  这是一首抒发对大海深深眷恋之情的诗。古往今来,多少诗人咏唱过大海,抒发过对它的依恋。梅斯菲尔德在这首诗中抒发的是水手——海上普通劳动者对大海的眷恋。水手眷恋大海,不限于大海本身的形象,主要是水手出海远航和风浪搏击的充满了风险的海上生活和工作。这种眷恋之情强烈而又执着,似烈火烧灼,令人不宁。因为对一个真正的水手来说,只有波涛汹涌的浩瀚大海才是他应该生活的地方;只有在和狂风恶浪的搏击中才能显示出水手的本色——坚毅、顽强和勇敢;同时也只有在海风呼啸、大浪叠起、电闪雷鸣中才能深刻领略大海的精魂。水手对大海的眷恋,实际上是对水手海上生活和工作的眷恋。
  诗的第一节,写他"重下海去"是因为他要驾船出海远航。他知道,大海虽浩瀚却又孤独,天空虽辽阔却又寂寥。但他不顾及这些,作为一个水手,他只想要一艘高高的航船供他驾驶;天上无数颗星星,他只要

一颗星为他导航。在漫漫航程中,听海风呼啸,看白帆摇曳。航行在灰蒙蒙雾霭迷漫的万顷波涛上,去迎接黎明的曙光。这一节诗表现了水手强烈的航海愿望。

　　第二节诗,"我得重下海去"是因为听到了奔流的海潮对水手的呼唤。海潮的奔流会卷起千重巨浪,狂暴粗野,谁也无力抗拒它的力量和它的呼唤。而水手渴望的正是这样的景象,因为只有在这样的情况下,方能显示出水手的英雄本色。从雄伟的海上景象,我们领略了大海的力和美,体会到了水手和风浪搏击的欢乐,感受到了他们生命的充实和战胜自然的豪情。

　　第三节诗里的"重下海去",是要像吉卜赛人一样生活,到处漂泊流浪。这生活虽然艰辛但却自由。辽远的大海虽远离大陆和人群,却没有欺诈与罗网。水手在海上生活的节奏,同大海的韵律相谐。从这里我们感受到一个普通水手的自尊自信和对职业的忠贞。

　　多么朴实正直的海上劳动者,多么纯朴美好的心灵,多么爽朗勇敢的性格!正是这种普通人的单纯正直和内在的纯朴,才使他们敢于以自己的勇气面对任何困难和险情,对自己平凡的职业抱有高度的热忱。从这首诗中,我们也许还会意会到一种人生意义的象征。　　(许桂亭)

西　风

梅斯菲尔德

这温暖的风儿是西风,它充满了鸟儿的叫唤;
每当我听见西风吹拂,泪水就涌上我的双眼。
因为它来自西方乡土,来自古老的褐色山岭,
而且,西风还带来了阳春四月、带来了水仙。
对我这样困乏的心儿,西方乡土是个好地方;
那里,苹果园中都是花,空气醇得像酒一样。
那里,有清凉的绿色草地,人们能躺下休息,
那里,画眉在娇啼曼啭,在它们的巢里歌唱。

"你离开家乡已很久,兄弟,难道还不回来?
现在是四月,是花开时节,树枝上一片雪白;
太阳的光辉明亮灿烂,兄弟,连雨儿也温暖;
难道你还不回来,兄弟,再回到我们这儿来?

"禾苗一片葱绿,兄弟,野兔已在田间奔跑,
这里是蓝天白云,是雨儿温暖,是阳光普照。
听听野蜂哼鸣,兄弟,看看又一个欢乐春天——
这是给心儿唱的歌,这是把脑海点燃的火苗。

"在西方青青的麦田上,兄弟,云雀在歌唱,
难道你还不回家,兄弟,让困乏的脚歇一晌?
治受伤的心,我有香膏;治眼疼,我有睡眠。"
温暖的西风这样说道,它充满了鸟儿的歌唱。

我一定要踏着这条向西延伸的白色道路走去,
走向清凉的绿草地,使我的心和脑得到休息,
走向紫罗兰,走向褐色的小溪和歌唱的画眉——
它们都在我归属的地方,那西方的美妙土地。

(黄杲炘 译)

《西风》是一首抒发思乡之情的诗。

诗中描绘了故乡春天一幅优美诱人的图画。在这幅图画的后边,隐藏着异乡游子浓厚的思乡之情和人生之旅的困顿艰辛。

西风是从故乡的大地和山岭吹来的。它是故乡的风,因而他感觉它是温暖的,而且他还在风中听到了鸟的叫声,嗅到了春天的气息,闻到了水仙花的香气。在无生命无意识的西风中,加入了这么多的感觉,这种种主观感觉完全是由思乡之情产生出来的。由故乡吹来的西风,让他想起了四月的故乡:苹果园开满了花,空气像酒一样香醇清新,绿草地干净清凉,画眉在巢里娇啼。这对于身心困乏的异乡游子来说是个绝妙的好地方。

人和故乡的关系是相互的。游子思念故乡,而故乡则更为深情地挂念关怀着异乡的游子,呼唤他早日返乡。游子在来自故乡的西风中,听到了故乡深情的呼唤。

在诗的第二、三、四节中,人格化了的西风向游子描绘了故乡的良辰美景:这里的每一个景物都有自己的形态,或具声音,或具色彩,或具气味,构成了诗中故乡大自然的形象体系,使读者从视觉、听觉、嗅觉去捕捉自然界的形态、色彩、声音与气味,从多方面、具体而直接地感受到故乡春天的美好,大地的丰饶,似诗如画的境界。

美景总是向游子发出回乡的呼唤。这种呼唤在三节诗中稍有变化,在这变化中,含有一种递进之意。在第二节描绘了故乡春天的温暖之后,西风问道:"难道还不回来?"第三节在描绘了故乡春天的欢乐之后,西风不是简单地发问,而是要叩动游子的心扉:"这是给心儿唱的歌,这是把脑海点燃的火苗。"第四节西风深情地呼唤游子回到故乡来,歇一歇困乏的脚,"治受伤的心,我有香膏;治眼疼,我有睡眠",真切地表现了故乡对异乡游子的深切关怀与疼爱。

西风动情的诉说,对故乡良辰美景的描绘及深情的呼唤,使久别故土的游子从内心深处决心"走向清凉的绿草地",去呼吸故乡清新香醇的空气,闻一闻花香,听一听鸟语,消融疲累和烦恼,使"心和脑得到休息"。故乡丰饶的大地会给予他新的馈赠,使他重新获得生活的力量和创作的灵感。

这首思乡诗与其他思乡诗不同之处,在于它不是单写游子对故乡的思念,还写了故乡对异乡游子的关怀、疼爱与呼唤。二者融汇在一起,更增添了思乡之情的浓烈,强化了归返故乡的渴念。

人格化了的西风意象,代表了故乡和故乡父老兄弟对异乡游子的关怀。本是无生命、无意识、无情感的西风,诗人赋予它生命、意识与情感,新颖别致。

(许桂亭)

休姆 (2首)

托马斯·厄内斯特·休姆(Thomas Ernest Hulme, 1883—1917),英

国意象派诗人的早期代表。曾在剑桥大学圣约翰学院攻读数学,后又在伦敦大学学院试读生物和物理。但他真正感兴趣的乃是哲学,后到布鲁塞尔学习柏格森、左蒙和德·戈蒂埃的哲学著作。

休姆在上大学时因有"扰乱行为"而被校方开除过,后曾去加拿大游览全境,为广袤无垠的草原景色所感动,决心转向文学,开始了诗歌创作。1908年他在伦敦组织了一个文学小团体,自称"诗人俱乐部"。后来又同庞德和弗林特等人在索河的埃菲尔铁塔饭馆组成了一个俱乐部。休姆开始发表诗歌理论,并产生了第一批被后人称之为"意象主义"的诗歌。

休姆的诗风简洁、干硬,用直观的意象来传达感情,反对诗人直接出面抒情说理。他的《秋》和《落日》被冠为最早的"意象派"诗代表。休姆的全部诗歌收于《T.E.休姆的生平和思想》(1960)中。休姆在第一次世界大战中阵亡。

秋

休 姆

秋夜一丝寒意——
我在田野中漫步,
遥望赤色的月亮俯身在藩篱上
像一个红脸庞的农夫。
我没有停步招呼,只是点点头,
周遭尽是深深沉思的星星,
脸色苍白,像城市中的儿童。

落 日

休 姆

一位跳芭蕾舞的主角,醉心掌声,
真不愿意走下舞台,
最后还要淘气一下,高高翘起她的脚趾,

露出擦着胭脂的云似的绛红内衣——
在正厅头等座位一片敌意的嘟哝中。

(裘小龙　译)

　　这两首诗发表于1909年,被视作"意象派"诗最早的代表作,也是休姆诗歌中写得最好的两首。

　　休姆在游历加拿大大草原时,曾为草原的迷人景色所陶醉,并激发了诗情。他说:"我第一次感到诗的必需性和不可避免性,那是出于一种欲望,想描绘出在加拿大西部的处女地草原中,辽阔的平原和一望无垠的地平线引起的特殊情感。"这两首诗虽然不是写的上述景象,但它们无疑同样是受到了大自然景象的触发而产生的诗的灵感,都在大自然的美景里熔铸了自己的感情。

　　《秋》给我们描绘了一幅田野秋月图,着重突出了月和星两个意象。它们同广阔的田野、凉爽的秋气、疏落的藩篱,组成一种清凉宁静、安谧的意境。更妙的是,诗人把"赤色的月亮"(而不是常见的银色)比作"红脸庞的农夫",而这赤月又"俯身在藩篱上",仿佛对农家小院分外亲热,表现出诗人对农村恬静生活的眷恋。而把"星星"说成"脸色苍白",又在"深深沉思",还比作"城市中的儿童",流露出一种厌倦、惋惜之情。两相对比,更显示出诗人对农村大自然的欣赏和对城市生活的不满。这大约就是这首诗的底蕴。这首诗写得简练、亲切、明朗又含蓄,颇有中国古典诗歌意境之妙。

　　《落日》是另一种写法。诗人抛弃了对落日本体的一切描绘,完全假托于比喻的形象。如果抹去诗题,人们也许会以为这是在为一位芭蕾舞演员画像。加上诗题,会发现这二者的联想是多么惊人的合拍,简直天衣无缝。首先,以女芭蕾舞演员来比落日,就有许多相似之处,她们都是那样的嫣红闪亮、光彩四射,又都是瞬息出现、转眼即逝的,令人留恋。这是我们从静态上的联想。但诗人并不停留于此,他是以动态的视角去揭示落日的魅力。芭蕾演员醉心于掌声,不愿意下舞台,不正同人们依恋夕阳不愿它消失的心态全然吻合么?芭蕾演员要淘气一下,高翘起脚趾,露出绛红内衣,不又同落日在消失前幻化出彩霞万种的绚丽景象十分相似么?最后一句"在正厅头等座位一片敌意的嘟哝中",更道出了一层深意:"正厅头等座位"里那些"高人雅士"鄙视演员的"低级"动作(在诗里它并不下流,是美的表现),不正暗示着那些达官贵人欣赏不了大自然生动活泼的美景吗?其中的讽刺含意是不难察觉的。如果这种分析不算牵强的话,我们可以看出《落日》同《秋》表现的主旨是一脉相通的,都在赞美大自然的同时,流露出对城市生活的反感。在古今中外无数歌咏落日的诗篇中,这首诗无疑是独辟蹊径、别具一格,艺术上的创新是成功的。

(许自强)

萨松(1首)

西格弗列德·萨松(Siegfried Sassoon,1886—1967),英国诗人。剑桥大学毕业,参加过第一次世界大战,后对战争表示憎恶,摔掉因两次受伤授给他的荣誉勋章。他与另一反战诗人威尔弗列德·欧文是好友,1920年为欧文编辑诗集。萨松出版有诗集《老猎人》(1917)与《反击》(1918)等多种,并写有自传三部曲与童年自传三卷。1957年皈依罗马天主教。

大 合 唱

萨 松

每个人忽然都迸发出歌声;
于是我心中充满欢畅
像笼中的小鸟重获自由,
疯狂地扑动翅膀,飞向
洁白的果园、浓绿的田野;飞呀——飞呀——
　飞向看不见的远方

每个人突然提高了声音;
于是美降临,像一片斜阳:

泪水撼动我的心；惊恐

也随之漂失……哦，每个人

都变成一只小鸟，唱无言的歌；歌声不停地飞向四方。

(戈哈 译)

对于萨松在《大合唱》中所描写的那种意境，每一个参加过大合唱的人恐怕多多少少都有过体验：当你把自己孤单的声音汇入那洪亮、雄壮、优美、和谐的齐唱或多声部大合唱时，你不由自主地给卷进一股洪流。你的声音与心灵都随着这股洪流飞向远方，个人的烦恼也自然而然地抛在一边。在这样的时刻，你感到自由自在，无所畏惧，思想也进入了升华的境地……参加大合唱是如此，投身别的崇高的集体行动时亦是如此。

萨松在这首两小节的诗中，写的正是这种人们极其熟悉但是又说不清楚的心理状态。第二节比第一节更高亢，似乎大合唱进入了高潮，歌手们益发进入忘我的状态。此情此景，是很值得我们玩味的。 (戈哈)

艾略特(4首)

托马斯·史登斯·艾略特(Thomas Stearns Eliot, 1888—1965)，英国诗人、批评家，出生于美国圣路易斯市。祖父曾创办华盛顿大学，并任校长。艾略特早年在哈佛大学攻读哲学，后就学于法国巴黎大学。1914年后定居英国，1927年加入英国国籍。

艾略特自称在宗教上是英国天主教徒，政治上是保皇派，文学上是古典主义者。其实，他是后期象征主义的重要代表，在现代英美诗坛上曾产生过极其重大的影响。1948年因革新现代诗，作为功绩卓著的先驱者而获得诺贝尔文学奖。

艾略特从1909年起发表诗歌，他的诗受法国象征主义诗歌、文艺复兴后期英国剧作家和17世纪玄学派诗歌的多重影响，突破了传统诗歌的表现手法，以准确具体的形象、思想和感情的融合，联想、暗示、内心独白等方法，深刻地反映出人们在资本主义社会中存在的怀疑和幻灭心理，后期则流露出向宗教求解脱的情绪。1922年发表的《荒原》被誉为现代诗歌的里程碑。它是西方20世纪现代派诗歌的一部重要作品,并使艾略特成名。诗的主题是认为战后的欧洲社会是一片干旱的荒原,现实充满了低级庸俗的欲望;真正的爱情是没有的,不管上流社会还是酒吧间的下层男女市民都没有真情,只有情欲之火;死亡也是不可避免、无可拯救的,基调是悲观的。他惧怕革命,宣扬宗教的克制和施予的宗旨。在艺术手法上,该诗利用人类学关于神话传说的研究成果,大量引用欧洲文学中的情节、典故和名句,用六种语言构成一部寓意庞杂、思想丰富的长诗,在西方文坛上引起轰动。写于1935—1941年间的《四个四重奏》是一组哲学宗教冥想诗,也以《荒原》为中心主题,但不若《荒原》那么晦涩难懂,而是文字明畅,被认为是艾略特的最佳诗作。艾略特后期主要从事诗剧创作,著名的诗剧有《大教堂凶杀案》《政界元老》等。他还有不少文学批评著作,对"新批评派"评论起了开拓作用。

杰·阿尔弗莱特·普鲁弗洛克的情歌

艾略特

"如果我认为我的答复是

说给那些将回转人世的人听的,

这股火焰将不再颤抖。

但如果我听到的话是真的,

既然没人活着离开这深渊,

我可以回答你,不用担心流言。"[1]

---

[1] 这段题辞引自但丁的《神曲》。《神曲》中,吉多·达·蒙特弗尔仇在地狱的劫火中对但丁说了上面的话。吉多以为听他讲话的但丁也是被打入地狱的阴魂,不能再回阳世传他的话,因而就无所顾忌地讲出了自己过去的罪恶。在吉多所陷的那层地狱里,每个阴魂都被裹在一团火焰中。阴魂说话时,声音自火苗顶尖发出,火苗就像舌头一样颤抖。艾略特引用这段题辞,暗示诗中的普鲁弗洛克像被贬入地狱的吉多一样,是在火焰里说话的,而读他这首诗的读者也是被贬入地狱的,处于和他一样的世界。因此,这段诗不止于讲普鲁弗洛克,而且讲一种普遍存在的象征。

那么让我们走吧，我和你[1]，

当暮色蔓延在天际

像一个病人上了乙醚，躺在手术台上[2]；

让我们走吧，穿过某些半是冷落的街，

不安息的夜喃喃有声地撤退

撤入只宿一宵的便宜旅店，

以及满地锯末和牡蛎壳的饭馆：

紧随的一条条街像一场用心险恶的

冗长的争执，

---

[1] 诗中的"你"到底是谁，国外是有争议的：有人认为是指读者，有人以为是指艾略特的另一个自我，一般认为与普鲁弗洛克同行的是另一个男性。在诗里"你"并没起多大的作用。下面的诗都是普鲁弗洛克的话，或可称内心独白。从诗一开始的场景来看，普鲁弗洛克或许是在女人们的房间，她们正在读米开朗基罗，或许是从女人们的房间里去海滩。普鲁弗洛克可能已到中年，但也可能是未老先衰。暮色中，他走过条条街道，思想随之无边无际地蔓延开去。可也有批评家指出："在普鲁弗洛克的时间延续中没有进展，没有运动。"照这种说法，普鲁弗洛克其实一步都未迈出，仅耽于空想的内心独白。对于爱情，他开始经历一次浪漫主义的幻灭。他在内心依然染有浪漫的色彩，但模糊地看到了这层浪漫色彩的虚伪性，幻灭中又掺杂着自我嘲讽。整首诗也是这种似是而非的对比，题为情歌，实际上缺少的恰恰是真正的爱情。普鲁弗洛克向前走着（想着），艾略特就这样从普鲁弗洛克的角度展开了叙述。有评论家写过这样一段话，可作为题解供我们参考："作为一个有用的假设——当然每个读者都可以从他自己的理解加以修正或补充——姑且让我们说，普鲁弗洛克是个过分敏感、过分内省、胆子太小、压抑太强的人。他有自己的爱好、趣味，喜欢引章摘句。他正在去一个晚会的路上，这个晚会只是无聊的聊天。但如果他能鼓起勇气向那里的一个女人表白他的爱情，他也许能从这压抑的环境中逃脱。然而他又怕遭到拒绝以及社会上的嘲笑，故不能做出这番表白，只是沉溺于美人鱼的幻想中，而不是与现实中的女人一起生活。他的'情歌'自然是不会对任何人唱的。"

[2] 这个比喻颇有英国17世纪玄学派诗歌的"暴力的联结"味儿。也就是把两种表面上看来无甚关系的东西放在一起加以比较、发挥，让读者去思考其内在的相似性。如这段里，暮色作为时间概念，可暮色居然"上了乙醚"，那自然是病了，这就暗示这个时代，包括普鲁弗洛克本人，都病了，需要动一次手术；另一种解释也可以是，"上了乙醚"表示时间意义的终止，意味着普鲁弗洛克以后的思想宛如上了麻醉药的病人。

把你带向一个使人不知所措的问题……

噢,别问,"那是什么?"

让我们走,让我们去作客。

在房间里女人们来了又走,

嘴里谈着米开朗基罗[1]。

黄色的雾[2]在玻璃窗上擦着它的背脊,

黄色的雾在玻璃窗上擦着它的口络,

把它的舌头舐进黄昏的角落,

逗留在干涸的水坑上,

听任烟囱里跌下的灰落在它的背上,

从台阶上滑下,忽地又做一跃,

看到这是个温柔的十月之夜,

围着房子趸了一圈,然后呼呼入睡。

啊确实,将来总会有时间[3]

让黄色的雾沿着街道悄悄滑行,

在玻璃窗上擦着它的背脊,

将来总会有时间,总会有时间

准备好一副面容去见你想见的面容;

---

[1] 米开朗基罗(1475—1564),意大利大雕塑家、画家和诗人。"房间"可能是指普鲁弗洛克要去的女友住处。米开朗基罗系文艺复兴时代艺术的象征,也象征着一种浪漫主义的理想,此处却成了自命风雅的女人在客厅里庸俗琐碎的话题。

[2] 雾,强调那个房间与外部的隔绝,也可以看作是他的思想的外在化。

[3] 在这一段中,艾略特对"将来会有时间"引出的变奏,故意使读者想到《新约·传道书》中的一段话:"对每一件事情都有一个季节,天底下每个日子都有一个时间:有时间去生,有时间去死,有时间去种植,有时间去挖掘……"另可参看安德鲁·马弗尔(1621—1678)的名诗《给他羞答答的情人》:"如果我们有足够的世界和时间。"诗中诗人对他"羞羞答答的情人"争论说,因为他们做爱的机会并非无穷无尽,他们就不能犹豫拖延。这里艾略特正是用此强调普鲁弗洛克的敏感和懦怯。

将来总会有时间去谋杀和创造,

去从事人手每天的劳作,

在你的茶盘上提起而又放下一个问题,

有时间给你,有时间给我,

还有时间一百次迟疑不决地想,

还有时间一百次出现幻象和更改幻象[1],

在用一片烤面包和茶之前。

在房间里女人们来了又走,

嘴里谈着米开朗基罗。

啊确实将来总会有时间[2]

去怀疑,"我敢吗?""我敢吗?"

会有时间转身走下楼梯,

我头发中露着一块秃斑——

(她们会说:"他的头发多稀!")

我穿着晨礼服,腭下的领子笔挺

领结雅致而堂皇,但为一个简朴的别针系定——

(她们会说:"可他的胳膊腿多么细!")

我是不是敢

扰乱这个宇宙?

在一分钟里还有时间

决定和修改决定,过一分钟又推翻决定。

---

[1] 诗中"幻象"一词很重要,暗示着真理的一闪或美的一瞥,但普鲁弗洛克真能相信吗?"更改"一词就在拆台了。

[2] 这几行里,因为普鲁弗洛克无法相信什么有价值的东西,他不能面对世界,害怕人们的眼睛盯住他的每一缺陷,所以必须伪装起来,对重大的问题延宕不决。然而时光逼人,普鲁弗洛克又有另一种迟暮的恐惧感,想要"提出"问题。

因为我已熟悉了她们的一切,熟悉了她们的一切——[1]
熟悉了那些黄昏、早晨和下午,
我已用咖啡匙把我的生活量出;
我知道人声随着隔壁的音乐的
渐渐降下而慢慢低微、停歇。[2]
　　所以我又怎样能提出?

因为我已熟悉了那些眼睛,熟悉了他们的一切——
那些眼睛用一句公式化的句子把你盯死,
而当我公式化了,在钉针下爬,
当我被钉在墙上,蠕动挣扎,

那么我又怎样开始
吐出我的日子和习惯的全部烟蒂头?
所以我又怎样能提出?

因为我已熟悉了那些胳臂,熟悉了她们的一切——
带上手镯的胳臂,裸露、白净,[3]
(但在灯光下,淡褐色的汗毛茸茸)
是不是一件衣服里来的香气
使得我们话语这样离题?

---

[1] 下面这几行,大体上是进一步解释为什么普鲁弗洛克不能提出问题,扰乱这个宇宙。因为他自己就属于这个世界,批判它也就是批判自己,同时他又害怕这个世界。

[2] 引自莎士比亚的《第十二夜》。第一幕第一场中,奥西诺公爵说:"再来那支曲子,它有个渐渐低下的降调。"当时公爵正害相思病,这曲音乐很合他的情绪,于是他要再来一个,这里艾略特在用暗示性的典故。

[3] 参见约翰·堂恩(1572—1631)的《安魂曲》中的名句"像一只手镯似的金色头发围着骨头",艾略特说这行诗有种强烈对比的效果。这几行诗把浪漫想象中的女人胳膊与更现实地观察到的"淡褐色的汗毛茸茸"加以对比,女人的引诱力和丑恶杂在一起,普鲁弗洛克怎样能"开口"呢?

卧在一张桌子上的胳臂，或裹着一条纱巾。

 我那时就该提出吗？

 我又怎样开始？

....

我是否要说，我在暮色中走过狭隘的街道[1]

我看到只穿着衬衫的男人，孤独地

倚在窗口，烟斗中的烟袅袅升起？……

我本应成为一对粗糙的爪子

急急地掠过静静的海底。[2]

....

还有那下午，那傍晚，睡得如此安详！

为纤长的手指爱抚轻轻，

睡了……倦了……或者装病，

躺在地板上，这里，在你和我的身边。

用过茶水、点心、冰淇淋后，我

有力量把这一时刻推向决定性的关头？

但我虽然已经哭泣和斋戒、哭泣和祷告，[3]

---

[1] 这段仍然是说普鲁弗洛克考虑着怎样对他的情人说出他想到的一切。普鲁弗洛克想象着用一幅伤感的画面来赢得她的同情，但这想象的场景使他窘迫，他几乎无法想下去了，于是这段后面又出现了省略号。

[2] 参见莎士比亚的《哈姆雷特》第二幕第二场："因为你自己，先生，将和我一样衰老，如果你像一只螃蟹一样向后爬。"这是哈姆雷特装疯向朝臣波隆尼阿斯说的话。爪子的典故可能出于此。也有评论家认为，爪子象征着低级的和原始的东西，但那毕竟是有目的、有追求的生活，爪子总是抓住它想要得到的东西，一点儿都不会犹豫，这与普鲁弗洛克敏感得神经质而无所事事的生活形成对照。

[3] 参见《旧约·撒姆尔》："他们悲伤、哭泣、斋戒。"这里也许是预示下面典故的宗教内涵。

虽然我看到过我的头（微微变秃）在一只盘子中递进，[1]

我不是先知——这也不是什么了不起的事情；

我见到过我的伟大的时刻晃摇，

我见到过那永恒的"侍从"[2]捧着我的外衣，暗笑，

一句话，我怕。

而且，到底是不是值得，[3]

当饮料，橘子酱和茶都已用完，

在瓷器中间，在你和我的一场谈话中间，

是不是值得带着一个微笑

把这件事情啃下一口，

把这个宇宙挤入一只球，

把球滚向某个使人不知所措的问题，[4]

说："我是拉撒路，我将告诉你们一切"——[5]

---

[1] 按《新约·马太福音》，施洗者约翰拒绝沙乐美的爱，沙乐美要求希律把约翰杀掉，把他的头放在盘子上给她。这里可能暗示普鲁弗洛克也拒绝了爱情，但这并非由于他是虔诚的信徒或传道的先知。普鲁弗洛克正因为这样的认识而感到痛苦。此外，在一般的艺术作品的描绘中，约翰的头发和胡须都是很长的，而普鲁弗洛克即使在这种严肃的思想中，也忘不掉自己的头是微秃的。

[2] 普鲁弗洛克想象那个捧着他外衣的侍从在一旁暗笑，又在形而上的想象中将暗笑的侍从看成生活、命运、宇宙对无所事事的普鲁弗洛克的"永恒"的态度。

[3] 做出勇敢的决定，来改变他原先井井有条的生活，这是不是值得呢？

[4] 参见《给他羞羞答答的情人》最末几行："让我们卷起我们所有的力量和所有的甜情蜜意，卷入一个球。"原诗中诗人要求自己的爱人急切地和强烈地爱。可对普鲁弗洛克来说，这场爱情是要把整个宇宙这只球滚向"使人不知所措的问题"，艾略特常在典故原来的内涵上延伸、发挥开去，此即一例。

[5] 《圣经》中有两个叫拉撒路的人，一个是马利亚和马大的兄弟，他死后，耶稣又使他复活了。这个拉撒路讲了他死后的经历。另一个是躺在财主门口的乞丐拉撒路，他死后被天使放在亚伯拉罕的怀里，而财主则进了地狱。财主看见拉撒路在享福，请求拉撒路告诫他的每个兄弟多行一些好事，以免受下地狱之苦。这两个拉撒路的故事，都有死后复生的含意。此处暗示普鲁弗洛克的告诫正像拉撒路的告诫于财主们一样，不会被房间里的女士所重视，但同时暗示普鲁弗洛克实际上也走不到这一步。另外一种解释是：要让普鲁弗洛克改变他的生活方式，就像让死人复活一样困难，除了奇迹出现，普鲁弗洛克是无能为力的。

而万一那个人,把她枕头在脑后整一整,
　　说道:"那根本不是我的意思。
　　不是,根本不是。"

而且,到底是不是值得,
是不是值得,
夕阳西下,在庭院漫步,街道洒了水后
读小说、用茶点,长裙曳地之后——
这个,还有更多的?——
要说我正想说的不可能!
但仿佛幻灯把神经的图样投上了屏幕,
是不是值得
如果一个人,放好一个枕头或扔掉一块纱巾,
转身向窗子说道:
　　"那根本就不是,
　　那根本就不是我想说的。"

　　　　　　　　……

不,我不是哈姆雷特王子,生下来就不是;[1]
我只是个侍从爵士,这样一个人,
为一次巡行捧捧场,闹出一两个好笑的场景,
给王子出出主意,毫无疑问,一件顺手的工具,
服服帖帖,能派点用处也就知趣,
考虑周到,小心翼翼,战战兢兢,

---

[1] 哈姆雷特一味自我内省,犹豫不决而无比痛苦。这里普鲁弗洛克突然提及哈姆雷特,表示想要切断他刚才沉溺于中的哈姆雷特式的内心独白,但又重新想起自己在生活中那种从属的、非英雄的角色。另外一层延伸意义也可这样理解:哈姆雷特毕竟还是一个伟大时代的英雄人物,也做过热情的斗争,但普鲁弗洛克在现代社会中,至多只能扮个小丑的角色。

满口华丽的辞藻,但有一点愚笨,

有时,几乎是个丑角。
我老了……我老了……[1]
我将要把我的裤脚卷得高高了。[2]

我将我的头发往后分? 我真敢吃桃子? [3]
我将漫步在海滩上,穿着白法兰绒裤子。
我听到过美人鱼彼此唱着曲子。[4]
我想她们不会为我歌唱。

我看到过美人鱼骑波驰向大海,
梳着被风吹回白发般的波浪,
当狂风把海水吹得又黑又白。

我们在大海的房间里逗留,
那里海仙女佩带红的、棕的海草花饰,
一旦人的声音惊醒我们,我们就淹死。[5]

(裘小龙 译)

这是艾略特早期的代表作,发表于1915年。全诗以一个敏感而

---

[1] 艾略特说过他在写这行诗时想到了莎士比亚戏剧中一个人物—福斯塔夫的一句话:"英国没上绞架的好人不到三个,其中一个是胖子,而且在变老。"(《亨利四世》)福斯塔夫确是"满口华丽的辞藻,但有一点愚笨",一个非英雄角色。

[2] 当时卷裤脚的裤子被认为是时髦的。

[3] 当时往后分头发也被视作放荡不羁。

[4] 从这一段起,读者可以看到普鲁弗洛克已开始安于他扮演的角色,但海滩上的女郎在一刹那间又突然转化为美和力的幻象,与普鲁弗洛克的世界迥然不同。

[5] 在最后几行里,普鲁弗洛克不是"逗留"在女士们的客厅,而是在"大海的房间里",那里海仙女围着他,这当然只是梦或幻想。"人的声音惊醒我们",醒了就意味着回到人世来,而这里的现实生活似乎要把人们"淹死"一样。诗人突然用"我们"一词,表示普鲁弗洛克的情况不是个别的,而是普遍的。

怯懦的中年男子的内心独白方式，刻画出当时中产阶级知识分子的矛盾复杂心理，反映诗人对西方世界精神文明堕落的巨大失望。

这首诗题为"情歌"，其中也有围绕爱情的思想活动，然而它的内涵远远超出了爱情，涉及更广阔的思想领域，探索了人生、社会、人的价值观等一系列深刻课题。从某种意义上看，这首诗可以视作《荒原》的前奏，它们表现的思想是一脉相承的。

这首诗含义比较深奥，文字的跳跃性也很大，在象征主义诗歌中属于比较难读的一首。读者可以参阅译者的注释耐心去读。这里只能就思想内容和艺术手法上的特点粗略地加以提示，帮助大家理解和欣赏。

诗中给我们刻画了一个抒情主人公——普鲁弗洛克。这是个秃了顶的瘦弱的中年男子，他有点自卑，生性优柔寡断，顾虑重重。在赴约问题上，一直犹豫不决，怕人看不起他，"敢不敢"的问号时时萦绕着他。但同时，他又想追求欢乐，为迟暮的来临而焦躁，感叹自己用咖啡匙量走了他的生命。他对自己无聊的生活和孤独的境遇不满，曾想"成为一对粗糙的爪子，急急地掠过静静的海底"，改变自己无目的的盲目追求，但又缺乏勇气去冲破它，去"扰乱这个宇宙"。因为归根结底，他就是这个无聊慵懒的生活圈中的一员，他自身就是组成这个圈子的一部分。所以，他觉得自己如同一个生活中的丑角，对一切都无能为力。最后，他进入了海滩的幻境，沉醉于海仙女、美人鱼的梦想之中。然而，"一旦人的声音惊醒我们，我们就淹死"。那就是说，只要回到人世现实，一切就将完结。这象征性的结局是何等可悲！诗人在结尾把抒情主人公"我"忽然改为"我们"，是意味深长的。他告诉读者，普鲁弗洛克的心理境遇并非个别的，在当时西方世界中带有某种普遍性。因此，这首诗并不在于刻画普鲁弗洛克这样一个人物形象，而只是借助于这一形象抒发诗人对人生的深沉思考，揭示出一种独特的畸形的社会心态。

这首诗通过主人公的眼光和心理，还描绘出不少社会画面，为主人公的心理刻画铺衬了一个相应的环境。这些环境的描写大多带有象征性，比如一开头对暮色黄昏的渲染，诗人把它比作"像一个病人上了乙醚,躺在手术台上"。那令人恶心的低级饭馆,那冷落的长街,那到处弥漫的"黄色的雾",落灰的烟囱,"干涸的水坑",无不笼罩着一层浓郁的阴影,使人感到强烈的压抑。这正是时代病态的暗示,是资本主义世界日薄西山、气息奄奄的曲折写照。诗中对"女人"的描写也颇多戏谑。她们在客厅里,"来了又走,嘴里谈着米开朗基罗",显得极不谐调;她们对主人公的挑剔,显示出自身的浅薄;诗人还给她们一个特写镜头:"带上手镯的胳臂,裸露、白净,(但在灯光下,淡褐色的汗毛茸茸)。"这种对比无异于给美人露丑,包含着强烈的讽刺意味,自然也显示了主人公在追求中的厌恶,说明主人公的矛盾心理并非毫无根据。

艾略特写诗擅长用内心独白。他曾论述诗有四种思想方式:①对他人说;②相互说话;③对自己说话;④对上帝说话。这首诗中就有几种方式的交替运用,主人公的意识、潜意识、独白、对白交叉出现。它不同于浪漫主义诗人一味直抒胸臆,也不同于意象派诗人单纯运用意象。诗中有叙事,有对话,有抒情,还有出色的描绘。比如诗的最后一段"美人鱼骑波驰向大海"的幻景,有声有色,闪烁发亮,把主人公美丽的梦幻化作一幅壮丽的图画表现出来。它使诗意连贯,富于形象,易于理解。

当然,这首诗也有比较晦涩难懂的地方。这主要是艾略特喜欢用典故,而且常常把原来的典故的含义加以引伸发展,体现出哲理的深度,不啻是一种简洁的技巧。比如艾略特多次采用的《圣经》中的故事,莎士比亚剧作中的典故等。它一方面丰富了诗的底蕴,但同时也增加了理解的难度。

(许自强)

窗前晨景

艾略特

地下室厨房里,她们把早餐盘子洗得乒乓响;
沿着众人践踏的街道边沿,
我感到女仆们潮湿的灵魂
在地下室前的大门口沮丧地发芽。

一阵阵棕色波浪般的雾从街的尽头

　　向我抛上一张张扭曲的脸，

　　又从一位穿着泥污的裙子的行人的脸上

　　撕下一个空洞的微笑，微笑逗留在半空，

　　又沿着屋顶一线消失了。

（裘小龙　译）

　　艾略特写诗注重思想的感性化，他很少像浪漫主义者那样直抒胸臆，和盘托出自己的感慨，而是千方百计寻找"思想的情感相称物"，把抽象的观念化为具体的意象。这首诗就是一个例证。

　　这首诗如同印象派的画，摄下了窗前所见的两幅晨景。第一幅是写厨房里的女仆，她们常年在地下室的厨房里洗刷杯盘，劳动是辛苦的，环境是恶劣的，诗人尤其突出了潮湿这一点。伦敦的天气本来就潮湿多雾，不见阳光的阴暗的地下室自然很潮，而在充满水的厨房里必然更潮。这种极度的潮湿是令人厌烦窒息的。盘子的叮当作响，"众人践踏的街道"，都已流露出这种情绪。但最妙的是后两句："我感到女仆们潮湿的灵魂在地下室前的大门口沮丧地发芽。"处在这样"潮湿"的环境下，人的心灵不可能痛快，而心灵的潮湿是要比肉体的潮湿更加难受，这反映了一种痛苦无奈的绝望心理。这种心理长期地被压抑着，犹如潮湿的东西被捂得时间一久就会发芽。这"芽"是在畸形的压抑之下催化出来的恶果，如同发霉长毛一样，最后是彻底地烂掉。当然，"发芽"本身毕竟是一种挣扎，一种希望，但也是一种无望的反抗。因为只要不脱离地下室，见不到阳光，潮湿是不会驱散的，向着冷酷无情的铁门去发芽能有什么好结果呢？对这一切，人们可以从象征角度去理解的。浓雾潮湿的地下室，不正是资本主义社会底层的一个缩影？灵魂沮丧的女工的哀怨心理，不也是挣扎在不合理社会制度下被压抑心态的写照么？

　　诗的第二节，诗人把视线转向了街道，意味着更加广阔的社会背景。诗人看到的是"棕色波浪般的雾"，是"一张张扭曲的脸"，是"穿着泥污的裙子的行人"，是空中"空洞的微笑"，这一系列意象都带有共同的灰暗色彩,充溢着一种迷惘、空虚、阴沉、颓丧的情调。"空洞的微笑"同上一节中"潮湿的灵魂"一样,都是苦涩无奈、绝望的产物。至此,诗的双重主题找到了汇合点,表现出诗人对资本主义城市文明的浓重失望。

诗的结尾是富有余韵的:茫然的微笑在空中盘旋,然后消失于无数屋顶的平面,更增添几分无尽的惆怅,颇有中国古典诗词伤感的意境。这首诗的用词也很巧妙,心灵居然会"潮湿""发芽",多么新颖、贴切。扭曲的脸向我"抛上"来(想躲也躲不开)。"空洞的微笑"如同是从"行人的脸上""撕下"来的。(意味着何等虚伪、何等机械的现实!)这些动词、形容词的运用都充满动作性和感情色彩,这些意象同庞德《地铁车站》中的著名比喻可谓有异曲同工之妙。

(许自强)

海伦姑母[1]

艾略特

海伦·斯凌斯比小姐是我的未出嫁姑母,
住一所靠近时髦广场的小房子,
雇仆人照顾,多到四个这么大数目。
现在她死了,天上肃静,
那条街也肃静,在她家那一头。
百叶窗拉下了,经管人先把鞋底擦干净——
他知道以前就曾发生过这一类事情。
几条狗照料得十分周到,
可是没多久连鹦鹉也死掉,
德累斯屯钟在壁炉架上嘀嗒不停

---

[1] 原诗见1917年发表的诗集《普鲁弗洛克及其他观察》,为自由诗体,各行长短不定,多数行有脚韵(或近似韵),译文脚韵大致安排在原来押韵的地方。

听差坐到大餐桌上头,

膝头上抱着二把手女佣人——

她在女主人生前可总是小心谨慎。

(卞之琳 译)

这是艾略特早期所写的一首现实题材的小诗。

一个过着幽僻生活的老处女,生前虽然经济条件优越,住的是靠近"时髦广场"的房子,一个人有四个仆人服侍,然而她的生活是寂寞、单调的,只有狗和鹦鹉来陪伴她。离开人世后,没有一个人怀念她,为她流泪。她的仆人对她的死不但无动于衷,还完全违背了她的意愿,主人心爱的狗和鹦鹉,没多久都因无人照管而饿死。他们自己肆无忌惮地反仆为主,在大餐桌上,放肆地享乐调情。这一前一后的对比,把资本主义社会中人与人关系的冷漠隔阂表现得入骨三分。

这首诗不同于其他象征主义作品,没有采用多少象征比喻手法,倒颇有写实色彩。诗人通过一系列细节描绘来突出主题,比如经管人擦干净鞋底(表示他的冷漠,对这种工作已习以为常),壁炉架上的钟嘀嗒不停(反衬出时间与生活一切照常进行);最后餐桌上男女仆人调情的细节,更宛如电影的特写,具有强烈的讽刺意味。这种写法颇有戏剧效果。艾略特创作中很重视戏剧性的表现手法,他认为"哪一种伟大的诗不是戏剧性的?……我们是人,还有什么比人的行为和人的态度能使我们更感兴趣呢?"所以,他的诗尽管有时带有一些叙事色彩,但更多的是戏剧性;他所勾画的一两个场景或动作,往往能激发起人们一连串联想,由读者去补充画面形象,回味其中的潜台词。

诗人在叙述中还保持了表面上的极度客观和冷静,把主观倾向完全通过场面和细节流露出来。艾略特曾主张:"诗不是放纵感情,而是逃避感情;诗不是表现个性,而是逃避个性。"他认为一个作家的发展过程是"不断地牺牲自己,不断地消灭自己的个性"的过程。这些说法使人联想到俄国现实主义作家契诃夫,虽然他同艾略特是两种全然不同风格的作家。这大约也说明了文学风格的多样性和复杂性。

（许自强）

空 心 人[1]

给那老家伙一个便士[2]

艾略特

1

我们是空心人

我们是稻草人

互相依靠

头脑子塞满了稻草。唉！

当我们在一起耳语时

我们干涩的声音

毫无起伏，毫无意义

像风吹在干草上

或像老鼠走在我们干燥的

地窖中的碎玻璃上。

有声无形，有影无色

瘫痪了的力量，无动机的姿势

---

[1] 这首诗常被认为是艾略特描写精神空虚的"现代人"的代表作。悲观和虚无主义色彩弥漫在整首诗里，但也有批评家认为正因为艾略特不满于现状，才使这首诗有一种批判的高度。

[2] 第一段围绕着英国的一个焰火庆祝仪式展开。篇首的"老家伙"指的是福克斯，他在1605年试图炸毁国会大厦的阴谋中被捕，以后英国人民就在每年11月5日那天举着模拟他做成的稻草人，放火焰庆祝，孩子们则用这种空心人向家长要一两个便士玩。艾略特首先暗示现代人其实只是空心人，然后又将真正的福克斯——迷失、狂暴的人，与现代人对比。现代人虽活犹死，在死亡的王国里。

那些已经越过界线[1]

目光笔直，到了死亡另一个王国的人

记得我们——如果稍稍记得的话——不是

作为迷失的狂暴的灵魂而仅是

作为空心人

作为稻草人。

（裘小龙　译）

如果说《荒原》是艾略特对现代西方世界没落现状的概括，那么《空心人》可以视作他对现代西方人灵魂空虚的画像。

"空心人"的意象，在这里有双重含义。一方面就其形象本身而言，它无血无肉，没有灵魂，"头脑子塞满了稻草"，由此，诗人把它同那些徒具形骸、失去灵魂的现代人相比。"干涩的声音""毫无起伏，毫无意义"，这是说稻草人的单调乏味，也是指现代人心灵的枯竭。诗中的比中之比更加意味深长："像老鼠走在我们干燥的地窖中的碎玻璃上。"诗人用"老鼠""地窖""碎玻璃"三种令人烦恶、阴暗的意象，组成一个极度干涩的意象群。它不但使"稻草人"卑琐的心理更加突出，而且还铺叙出一个荒凉、死寂的地窖世界。这同本诗第三节所说的"死去的土地"，同"荒原"正是一致的。"稻草人"也好，"地窖"也好，都告诉我们这世界的一切，主体、客体都是空虚的，无意义的。

所以，"有声无形，有影无色""瘫痪了的力量，无动机的姿势"这两行诗，是诗人对这种虽生犹死的世界的哲理概括。它使我们想起我国古人所说的"形存神灭""死而不僵"的境界。

"空心人"的另一重含义是就着英国的风俗背景而言的，这大约是激发诗人灵感的火花。稻草人原是模拟那个企图炸毁英国国会大厦的暴徒福克斯。他成了孩子们嬉笑的工具，艾略特把他称作"迷失的狂

---

[1] 艾略特这里显然受到了但丁的影响。但丁在《神曲》历程中经历了三个不同的区域：地狱、炼狱、天堂，"空心人"似乎应是地狱中的人。

暴"的人。这种人的灵魂已经被打入地狱,固不可取,但它们毕竟还曾有过"迷失的狂暴的灵魂",不至于那样麻木、窒息。这种对比,虽未必有赞誉福克斯之类暴徒的意思,但从中更加反衬出现代人精神的极度空虚。

《空心人》是一篇组诗,发表于1925年。此时,艾略特的成名作《荒原》已经发表三年。《荒原》中反映出来的那种幻灭和绝望心理在这首诗中有过之无不及:"世界就是这样告终,不是嘭的一响,而是嘘的一声。"这大约是艾略特精神历程中的最低谷了。 （许自强）

阿尔丁顿 (2首)

理查德·阿尔丁顿（Richard Aldington, 1892—1962）,英国意象派诗人。生于朴茨茅斯的律师家庭,父亲藏书甚丰,自幼阅读大量文学作品。曾在多佛学院、伦敦大学上学,能熟练阅读法文、意大利文、希腊文等多种外语。十七岁时,第一部诗集问世。1912年参加了庞德、休姆等在伦敦组织的意象派诗人集团。次年,娶了著名女意象派诗人H.D.为妻,共同从事翻译和诗歌创作,还写了小说《英雄之死》等。

阿尔丁顿勇于突破传统观念,进行诗歌创新,"正在自由诗中进行着引人入胜的实验,试图在英语中达到马拉美和他的信徒们在法语中钻研出的节奏的微妙",对意象派诗歌的形成和发展曾产生过较大的影响。

意 象

阿尔丁顿

1

像一只满载嫩绿芳香的果实的平底轻舟,
在威尼斯暗黑的运河上徐徐漂来,
你,噢,美艳绝伦的人呵,
驶入了我荒凉的城中。

2

蔚蓝的烟跃起,仿佛
盘旋的云似的鸟儿正在消失。
这样,我的爱情向你跃来,
消失了而又重新出现。

3

当枝头、轻薄的雾霭间
落日只剩了一抹依稀的红,
玫瑰黄的月亮在苍白的天空中,
对于我,这就是你。

4

就像林子边一棵小毛榉树,
静静伫立,伫立在暮色中,
一阵微风拂来,所有的叶子窸窣颤抖,
还仿佛惧怕星星呢——
你就这样静静,这样颤动。

5

红色的鹿高高地奔跃在山上,
它们越过了最后一棵松树。
于是我的欲望和它们一起远去了。

6

风儿吹落的花朵呵,
即刻又为雨水绽开:
同样,我的心为泪水绽开了,
一直等到你回来。

(裘小龙 译)

阿尔丁顿虽是年青的意象派诗人代表,但严格地说,他的诗并不是典型的意象诗,同意象派主将庞德宣称的"文字中不能有突然的感叹""客观性,再一次客观性"等原则不完全符合。这组"意象"诗,其实是客观同主观兼有,意象同抒情并列,更近似于那种借景抒情性的格局,只是意象所占的地位更加鲜明突出而已。

在这组诗里,诗人每一节都借一个意象来比喻自己的一种情感,抒情主人公"我"的形象始终出现。因而这些意象其实已降格为喻象的作用,而失去了它的独立性。不过,意象也好,喻象也罢,只要它们运用得新颖、巧妙,总会有一定的吸引力。所以,这组诗仍然值得一读。

全诗六节都是写爱情的,一、三、四节从对方着笔,二、五、六节直接写自己的感受,每一节的意象都很别致。第一节,用暗黑的运河、荒凉的城自比寂寞的心灵,以满载丰盈的翠果的轻舟喻恋人。这意象给人的联想是:年青、新鲜、馨香、甜美而轻盈、平稳,用来赞美心中的女子的美德确实无以复加了。第三节,以黄昏雾月来比喻恋人,表现了另一番心绪。落日的残红、月亮的玫瑰黄、天空的苍白色,本来就带有一种凄艳的味道,再笼上一层薄雾,增添几分朦胧,更显情调迷蒙、惆怅。显然,这里的爱情已不像第一节那样明朗、欢乐,大约已有了阴影阻隔了。第四节,恋人的形象变成了暮色中的小树,在微风中颤抖,这是一种温柔、文静但又纤弱、胆怯的意象,让人感到可爱又可怜。似乎她处境不顺,令人不安。

诗的二、五、六节,主要写诗人的心境。第二节用飘忽不定的轻烟来形容自己的爱情时得时失。值得注意的是诗人采用了比中套比的方式,用云比鸟,又以鸟比烟,这三种意象都具有倏忽即变、难以捕捉的特点,把性质类似的意象叠加在一起,无非起着突出强调的作用,更显出爱情的变幻莫测。第五节,小鹿从山上消逝,显然喻示爱情的消失,但并无绝望感。因为第六节紧接着告诉我们:爱情之花虽然凋落,一旦春雨降临又能重开,诗人对此满怀着期望。这六节诗可以独立成章,似乎并无明显的次序联结。本来,抒发感情(尤其是爱情)原可不必讲什么次序,任情而发,无论终始,只要它们都反映了人们可以理解的真情、挚情,能拨响类似心态的读者的心弦,引起共鸣,也就达到目的了。 (许自强)

傍　晚

阿尔丁顿

烟囱，一排接着一排，
划破清澈的天空；
月亮，
一片破纱裹着她的腰
在烟囱丛中搔首弄姿，
一个笨拙的维纳斯——

这里，在厨房的洗涤格上，
我肆无忌惮地望着她。

（裘小龙　译）

　　月亮和维纳斯都是美的，在人们的观念中这是两种理想美的化身。古往今来，多少诗人曾用最优美的词句歌颂过它们，把这两种阴柔美连在一起或互相比喻，也颇为相宜，故在诗中也不少见。然而，阿尔丁顿的这首诗就有点奇。奇之一，是他笔下的月亮和维纳斯都并不美，月亮在破纱的包裹下"搔首弄姿"，维纳斯做出一副"笨拙"的样子。奇之二，诗的构思（月亮同维纳斯互比）似乎步入俗套，陷入了司空见惯的旧式网络，却在后半截，挣脱罗网，笔尖生花，别开生面。美变成丑，把这两种传统的美的象征写成尴尬滑稽的表证，可谓死而后生，出其不意。

　　当然，这首诗的妙处并不限于构思方面，还在于它蕴含的深意。月亮上的破纱是一排排工厂烟囱浓云所致，大煞风景的罪魁祸首正是工业化城市的污染。可见诗人是借对月亮的嘲讽（或者说是感叹）来表达对资本主义工业化的批评。所以，结尾两句更有点睛之妙。陷身在"厨房的洗涤格"之类的烦琐劳动，羁绊于平庸的生活里的人，当然不会有欣赏自然美的雅兴。"肆无忌惮"四个字包含着一种无可奈何的自嘲，也流露出对现实的不满。只是它采取的是一种诙谐的调侃方式，带有几分黑色幽默而已。

　　这首诗同《意象》相似之处，在于诗人的主观形象仍然鲜明地呈现出来。看来，阿尔丁顿不善于写纯粹的表现"无我之境"的意象诗，而喜欢写属于"有我之境"的抒情诗，它更接近于我国古典诗歌中情景交融那一类。

（许自强）

麦克迪尔米德（2首）

休·麦克迪尔米德（Hugh MacDiarmid, 1892—1978），苏格兰诗人，爱丁堡大学毕业。做过小职员和记者，是苏格兰民族主义党创建人之一。1925年曾发起"苏格兰文艺复兴运动"，并开始创作。初期用苏格兰方言写淡雅美丽、意境深远的抒情短诗。20世纪30年代以后，他的思想从苏格兰民族主义向共产主义发展，转向用英语写政治性的现代诗。名篇有献给列宁的三首颂歌。在《二颂列宁》中，论述诗与政治、诗与生活的关系，以及无产阶级革命如何为诗歌开辟了无限广阔的未来，明确地表现出他在共产主义世界观照耀下的诗歌观。后期创作致力于新颖复杂的长篇现代史诗，颇具光彩。1962年出版诗歌全集，奠定了他在西方文学史上的地位，被认为是20世纪英语世界最重要的诗人之一。

未来的骨骼
（列宁墓前）
麦克迪尔米德

红色花岗岩，黑色闪长岩，蓝色玄武岩。
在雪光的反映下亮得耀眼，
宛如宝石。宝石后面，闪着
列宁遗骨的永恒的雷电

1934　（王佐良　译）

集民族主义与共产主义于一身的苏格兰诗人麦克迪尔米德，在他20世纪30年代以后的一些政治性的现代诗歌中，充分表现出自己的共产主义信念，《未来的骨骼》即其中之一。这首写在"列宁墓前"的小诗仅三句四行，却含意深远。一、二两句既是写实景，即诗人眼中所见，也是写真情,即诗人心中所感。列宁陵墓由三色岩石砌成,诗人从三种颜色看到的却是列宁的一生。红,热情的颜色,血和革命的颜色——列宁为革命献身,呕心沥血,不克厥敌,战辄不止,直到生命最后一息。黑,朴素、庄严,象征着死亡和永恒——伟人虽逝,功业长存。蓝,安详、宽厚,像海洋,像晴空,表现出革命导师博大的胸怀,崇高的人格。接着,进一步写在雪光映照下,整座陵墓宛如一颗巨大的宝石,璀璨斑斓,光亮耀眼,为列宁的形象做了一个总体的写照,给人留下深刻难忘的印象。第三句,虚写,再进一步,用"永恒的雷电"点出列宁思想、精神在人类历史上的意义:它必将永如雷鸣电闪,震撼长空,光照人间。这首小诗文字简单,形象简单,以独特的构思塑造巨人列宁;用可感知的色彩、光亮,表现一种认识,一种感情,一种信念,使具体的事物中包蕴着丰富的抽象意义,不仅耐咀嚼,而且具有振奋人心的力量。　　　　　　(郭谦)

沉重的心

麦克迪尔米德

像压在我心头的沉重冬天,
这就是苏格兰的现状。
北国的春天来得晚,
但严酷的冬天也不会长,
　　长不了,
　　绝长不了!

呵,多少疲倦的日子叫我忧伤,
连中午都只见昏暗的灰光,
准是蠢人们的冲天俗气
重重围住了阳光,
　　像煤烟,
　　像浓浓的煤烟。

> 难怪我只要一见
> 有点儿明亮的光影,
> 我就喊叫:"天亮,天亮!
> 我看到了东方的黎明!"
> 没发亮——
> 只是更多的雪!

1930　(王佐良　译)

诗题"沉重的心",诗人的心为苏格兰而沉重,诗的调子自然也是沉重的。

地处大不列颠岛北部山岳地带的苏格兰,由于政治、经济、社会等方面的原因,相对而言,比较闭塞、落后。深深热爱着自己乡土的诗人,不能不为"苏格兰的现状"感到忧伤,并用"沉重冬天"作比,从冬天的压抑、郁闷,飕飕寒意,写出了这忧伤的分量。正因为深深爱着自己的乡土,他又对苏格兰寄予厚望,相信她会有一个明亮美丽的未来,正如他绝不怀疑冬天过后是春天一样。于是由低沉趋于高昂:"北国的春天来得晚,但严酷的冬天也不会长,长不了,绝长不了!"然而这满怀企盼和信心的叫喊里似乎又包含着焦灼,因为,冬天毕竟太长,春天毕竟来得太晚。至此情绪又陡然一转,深感日复一日,总是一片"昏暗的灰光"。要光明,必须驱散黑暗,几番风雨搏斗才能迎来春日融融,如今举目所见却是"蠢人们的冲天俗气重重围住了阳光"。敏感的诗人为苏格兰市民的不觉悟,为他们呆滞、猥琐的生活,空虚堕落的精神世界,因循守旧、死气沉沉的社会现实,愤世嫉俗,痛心疾首,甚至感到窒息的痛苦,情不自禁地发出呻吟:"像煤烟,像浓浓的煤烟。"诗的末节进一步表现出诗人希望与失望起落、交织的心绪,一丝亮光就能引起他由衷的欢呼:"天亮,天亮!我看到了东方的黎明!"可旋即发现那不过是一种错觉。属于冬天的雪以明亮的假象骗得诗人一时的兴奋,随之而来的则是更深的沮丧。我们仿佛听见诗人的喃喃自语"没发亮——只是更多的雪",声音里浸透了悲哀。

全诗借自然时序,将自己的思想感情具体化,写忧伤中的期望、信念,期望和信念中的惆怅、无奈,烘托出对苏格兰民族的拳拳之心和无法解脱的苦闷。

(郭谦)

奥登(2首)

奥登(W.H.Auden, 1907—1973),英国诗人,是20世纪30年代英国诗坛崛起的奥登诗派的代表人物。

奥登出身于医生家庭。1922年开始写诗,1925年入牛津大学攻读文学,同时从事诗歌创作。毕业后赴德国学习德国语言和文学,回国后任中学教师。1937年曾赴马德里支援西班牙人民的反法西斯斗争,1938年曾来中国采访,写过支持中国抗战的诗篇。1939年定居美国,1940年皈依基督教。奥登晚年的诗带有宗教情绪,并流露出对西方文明及社会问题的悲观失望。1973年病逝于维也纳。

奥登的诗歌题材广泛,诗体多样,既写内容严肃的诗,又写轻松幽默的诗。他的许多诗歌表达了同时代人对现实生活的感受,时代感强烈,形象生动新鲜,文笔凝练明快。他的讽刺诗针砭实弊,寓庄于谐,幽默机智。

奥登的诗歌创作继承了英国诗歌的优秀传统,同时又给英国30年代的诗坛带来一股新风。他的诗歌多次获奖,主要作品有《看,异邦的人》《战时》《忧虑的年代》等。晚年时,奥登整理并修订了自己的诗作,按时间顺序编排,分成两册出版:《短诗结集1927—1957》(1966)与《长诗结集》(1968)。

看,异邦的人

奥 登

看,异邦的人,现在看这个岛,
发现那供你欣赏的动跃的波光。
静立在这里,
也不要发声,

为了在你的耳中
可以如同溪水一般的流荡着,
大海的摇曳的声音。

且略留连于这田畦的终尾,
在白垩的石岩落入浪花,与它的
突起的平岩。
对着潮汐的
牵拽,和它的撞击,
卵石在吸引的海水后匍匐着,
海鸥在峭崖上小息。

远远看来,有如漂着的种子,
船只分去,向着急促自动的目的。
这一切形象
能冲流动荡,
在记忆中,如现在
这些云流过海港的一面明镜,
终夏在海水里徘徊。

(杨宪益 译)

  这是一首描绘海岛风光的诗,清新、明快、构思奇特。诗人以海岛居民的身份,向首次来到海岛的陌生的异邦人介绍海岛的风光,颇似一位极富艺术修养水平的"导游"。

  诗人首先请陌生人欣赏环绕海岛的大海形象:在太阳的照射下,波光粼粼欢快地跳荡。而后请他静静地站着,不要作声去倾听大海摇曳的声响。这样,就会在"你"的耳中像溪水一样淙淙流淌,悦耳动听,永不停息。这一节诗让人通过视觉和听觉获取对大海的总体印象。

  在第二节诗中,诗人请陌生的异邦人在田畦的尽头、海岛的边缘稍作停留。在这里,不断涌来的浪花撞击着白垩的石岩与平岩,后浪冲前浪,一堆堆浪花接连不断淹没了石岩。"石岩落入浪花"的写法,使不能动的石岩具有了一种动势,并使我们意会到浪花非常非常多,淹没了石岩和突起的平岩。而海滩上的卵石,迎着海水潮汐的涨落,被海水撞击着。涨潮时被海水推向前去,潮退时又被拽下去。在海水不停息的运动中,卵石仿佛有了生命,获得了动势,在海滩上被海水吸引着匍匐爬行。不能动的卵石动了起来,而能够在天空飞翔的海鸥倒一动不动地站在峭岩上休息,这种写法充满情趣。

　　第三节,诗人请异邦人放眼远眺,遥远的海面上有船只行驶,由于距离非常远,船的形体看上去像一颗颗小小的种子;而急促行驶的速度被感觉成了"漂浮"。这里的比喻使我们意会到距离的遥远和海面的辽阔。大海上冲流动荡的景象会长时间地萦绕在我们的记忆中,就如同天上的白云"终夏在海水里徘徊"。港湾里的海水清澈明澄犹如一面明镜,映照着天空中流动的白云。海水中的白云是天上白云的倒影,说白云"在海水里徘徊"。这种人格化的写法,不仅增强了诗的新奇感,而且融进了一种情思。这海岛的夏天太迷人了,不仅是人,就连天上的白云也舍不得离去,终夏在海水里徘徊。

　　这首诗单纯质朴,但却十分奇妙含蓄。人格化的写法,使石岩、平岩、卵石、白云等意象都处于运动之中,似乎有了生命,有了情感。从中可以看出,诗人对大自然中种种现象奇妙的感受力、观察力和丰富的想象力,诗人善于捕捉事物一瞬间的情态,融入自己的心理与情感,创造出诗中这些新奇的意象。

(许桂亭)

和声歌辞

奥　登

命运比任何海窟还幽秘,
当它落在人身上的时候。
春天,仰慕白昼的花出现,

冰崩，白雪从岩石间落下，
使得他离开了他的家园。
没有女人柔手能留住他，
他还是要经过
驿站的守者，丛林的树木，
到异乡的人间，经过大海，
鱼的居处，令人窒息的水。
或孤独在荒原上如野鹤，
在一多洼穴的石谷中间，
一在石上盘桓烦恼的鸟。

黄昏时，疲倦，头向前垂下，
梦想到了家园，
窗间的招手，欢迎的陈设，
在大被下吻着他的爱妻。
而醒时只看见
一群无名的鸟，傍人门前
不熟悉的人声，诉说爱恋。

脱离那仇敌设下的罗网，
脱离那道旁猛虎的突袭，
护佑他的家园，
焦念着数着日子的家园，
避免霹雳下击、
避免蔓延如污点的衰灭，
使模糊的日子变为确定，
带来欢乐，和归家的日期，
幸运的日期，将升的曙光。

(杨宪益 译)

这是一首命运之歌。

有人说命运就是人所遭遇的客观环境，有人说命运就是一个人的个性，我想应是二者的结合。

人在生命的旅程中，常常遭受到不幸命运的打击。这打击或来自社会，或来自自然界，或来自他人。不管来自何方，它常常都带有神秘色彩、猝然性和不可抗拒的力量。在命运的打击面前，人们或抗争，或逃遁，或被毁灭。

大海的风暴和惊涛骇浪本来就令人恐惧，更何况海里的洞穴，它幽深、凶险、神秘，不可知又不可测。而命运对于人来讲，比"任何海窟还幽秘"，更可怕。当一个人充满着希望，在生意盎然的春天，企盼着花儿——美好生活来临时，突然，遭到了不幸的命运，就像猝然发生的冰崩，白雪从岩石间落下，埋没了一切，花儿不会再开，希望归于死灭。诗人用"冰崩"比喻命运对人的打击，形象地显现了它的猝不及防、不可抗拒的神秘力量。在这凶险而神秘的超出人力的力量面前，人只好逃遁。被迫远离故乡，更突出了命运打击的严酷。经过一个个驿站，躲避过它的看守，穿过一座丛林，漂泊流浪到异地他乡。有时迎着令人窒息的水，泅渡过鱼儿出没的大海；有时又像一只小野鸟，孤独地徘徊在人迹罕至的荒原上；有时步入布满水洼洞穴深深的石谷中，四处寻觅也难以找到栖身之地和充饥之食，犹如一只在石上飞来飞去因找不到地方筑巢和无处觅食而烦恼的小鸟。所有这一切，都形象地描绘出了漂泊异地他乡所经历的坎坷和艰辛。

白天的跋涉、旅途的劳顿使之困乏至极。欲借宿而无人允，只好露宿在他人门旁。在梦中，他回到了家园，亲人在窗间向他招手，并在家中布置好了一切等待他的归来，夜里睡在温暖的被子里亲吻着心爱的妻子。这个梦表明了他对妻子及家园的极度思念。醒来一切都消失不见了，只看见一群无名的鸟依傍在人门前，从门里传出来诱人的诉说爱恋的陌生的人声。梦境与现实、自己露宿街头与门里人充满了爱与温暖的生活恰成鲜明对比。这种对比更突出了异乡漂泊者的凄惨。

经过艰辛的漂泊、躲避与抗争,他终于逃脱了敌人所设下的罗网,躲过了道旁猛虎的突袭,保护住了自己的家园。由于他的努力,避免了命运的打击,避免了家园的衰败,命运被战胜了,返回家园的日子确定了。黑暗过去了,曙光就要升起。

在这首诗里,奥登表达了他的同代人对现实生活的一种不安的经验和感受,题材富有哲理意义。　　　　　　　　　　　　　　（许桂亭）

II 法国卷

维庸(1首)

弗朗索瓦·维庸(François Villon, 1431年末或1432年初—1463年以后),中古时代法国最伟大的诗人。原名弗朗索瓦·德·蒙柯比埃或弗朗索瓦·德·洛日。父亲早逝,由巴黎的一名神父吉约姆·德·维庸过继扶养,维庸的姓得之于此。后入巴黎大学艺术系(即文学系)攻读,于1452年获艺术"大师"学位,文化修养相当扎实。在大学期间,维庸便参与过恶作剧、偷盗和斗殴。1455年他在斗殴中杀死一个教士,不得不离开巴黎。1456年写出《小遗言集》。同年底,他在外省流浪,受到诗人沙尔·德·奥尔良公爵保护。1461年他被关在罗瓦尔河上的墨恩,路易十一途经此地,赦免了他。1461年冬至1462年写出《大遗言集》。1462年因犯罪被关在巴黎的监狱中,11月获释,后由于斗殴再次入狱,被判处死刑,狱中写出《绞刑犯谣曲》,又名《维庸的墓志铭》。经他上诉,大法院取消死刑判决,但禁止他十年之内住在巴黎。从此,维庸杳无音信,不知所终。

绞刑犯谣曲

维 庸

在我们之后存世的人类兄弟,
请不要对我们铁石心肠,

只要我们受到你们怜惜,
上帝会提前对你们恩赏。
你们看到我们五六个相依傍:
我们的皮肉,曾保养得多鲜活,
早就被吃光和烂掉剥落,
我们的骨头成了灰烬和齑粉。
没有人嘲笑我们的罪恶;
请祈求上帝,让大家宽恕我们!

我们兄弟般呼喊你们,你们对此
不要不理,尽管我们被判上了法场
一命归阴,但你们深知
凡是人理智都要热狂;
请原谅我们,既然我们已死亡,
来到圣母玛利亚之子面前悔过,
但愿他的恩泽不要所剩不多,
让我们免受可怕雷霆的劈分。
我们已经离世,不受心灵折磨;
请祈求上帝,让大家宽恕我们!

雨水将我们湿透和淋洗,
晒干和晒黑我们的是太阳;
喜鹊、乌鸦啄去我们的眼珠子,
把胡须和眉毛也都拔光。
我们任何时候都在摇晃;
风向忽东忽西,随意变化交错,
不停地把我们吹得忽右忽左,
鸟啄食我们就像戳顶针,
因此,不要加入我们一伙,

请祈求上帝，让大家宽恕我们！

圣子耶稣，我们都受他掌握，
你不要让地狱成为我们安身之所：
我们不需要它，也不用对它报恩。
人们啊，决不要对此加以奚落；
请祈求上帝，让大家宽恕我们！

(郑克鲁　译)

　　作为抒情诗，这首诗以全新的意象呈现在读者面前。诗中刻画的不是贵族男女谈情说爱的温馨场面，也不是风花雪月的大自然优美景致。诗中出现的是几个在风中摇曳的绞刑犯尸体，而且它们受到日晒雨淋，昔日光洁鲜活的皮肉不是被乌鸦啄光，就是腐烂剥蚀掉，眼珠子、胡须和眉毛也都被啄掉了。这些意象与其说是可怕的，不如说是可怜巴巴的。维庸并非故作惊人之笔，而是把生活中难得见到的景象摄入诗中。须知维庸生活的时代，英法百年战争刚刚结束，人们记忆犹新，战场上尸体成堆，旷野或广场上绞刑架耸立，吊在上面的尸体令人触目惊心。即使在百年战争之后，绞刑也是常见的刑罚。《绞刑犯谣曲》呈现的是一幅生活画面，它是当时人民生活在水深火热之中的一种概括而形象的写照，读者从中可以想见当时的法国满目疮痍、生灵涂炭的景象。维庸呼吁后人去同情这些绞刑犯，他满怀激情地在开篇喊出"在我们之后存世的人类兄弟，请不要对我们铁石心肠"。他要唤起人们心中的人道情感，呼吁人们对绞刑犯不要铁石心肠，不要嘲笑他们犯有罪恶。相反，要向上帝祈祷，让大家宽恕他们。为什么要同情和宽恕他们？因为他们也是人，是人类兄弟中的一分子。生在这多灾多难，生活极不稳定的时代，犯有一些罪恶，难道不可原谅吗？

　　维庸在处理这个新题材时是匠心独运的。他不以白描手法勾画一幅绞刑犯陈尸旷野的景象，而是设身处地，作为已死的绞刑犯的一员向活人诉说。这种第一人称（多数）的口吻，显出了抒情色彩。诗歌时而发出恳切的呼喊,"请不要对我们铁石心肠","我们兄弟般呼喊你们";时而发出诚挚的恳求,"请祈求上帝,让大家宽恕我们","你不要让地狱成为我们安身之所"等;时而发出直率的表白,"凡是人理智都要热狂";时而表示诚心的忏悔,"来到圣母玛利亚之子面前悔过",总的情调是热烈而深沉的。

维庸是法国中世纪的最后一位诗人,同时也是近代第一位抒情诗人,从《绞刑犯谣曲》便可看出维庸的现代性。其一,维庸的个人剖白已经预示着资产阶级的个性解放。在诗中,维庸把内心愿望表白出来,为自己的过错辩白。他在死前想到死后状况,恐惧、忏悔、要人原谅的心情一齐涌现出来,这是一个有文化的走上邪路的绞刑犯死前的心绪。其二,维庸以死亡题材入诗,这是一种近代意识。整首诗从正面去描写死亡,出发点是对死的恐惧、对生的渴望,因为死是千百倍超过人间苦难的开端,这是悲惨的结局。维庸一生中有几次面对死亡的来临,他对人生的变幻和命运的多舛不断思索,表达中世纪后期人们精神的危机感,而这种危机感又透露了文艺复兴的曙光。其三,维庸化丑为美、丑中见美的描绘和艺术观,体现了近代文学揭橥的一条艺术准则。这首诗所描绘的大约是中世纪文学中最丑的画幅了。然而,生活中丑的东西在文艺作品中却改变了性质。维庸在生活中看到丑或丑恶事物远比美或美好事物要多得多,前者更能反映社会生活的本质方面,具有巨大的认识价值和美学意义,丑的形象是蕴含着丰富的社会意义的典型。维庸认识到这一点,不愧是个先行者。其四,维庸的谑而不虐、亦庄亦谐的风格向着近代诗的幽默感靠近。面对死亡,诗人的悲切与调侃语调同时可见;面对死亡,诗人的严峻和嘲讽态度也见诸笔端;面对死亡,诗人的恐惧与希望同时呈露,这是一种"令人毛骨悚然的幽默"。此外,谣曲这种民间诗体押韵严格(前三节押韵方式均为ababbccdcd,最后半节从前面诗节的后五句),一唱三叹,深沉有力,这种诗体为19世纪的浪漫派作家所喜爱。

(郑克鲁)

龙沙 (2首)

皮埃尔·德·龙沙(Pierre de Ronsard, 1524—1585),16世纪法国七星诗社的领袖。他生于法国中部的波索尼埃尔宫堡,幼年在旺多姆恬静的大自然中度过。1536年担任王太子侍从,随后跟从苏格兰王后出国。1540年得病,变成半聋,无望继续仕途生涯,从此转向写诗。他在人文主义者多拉那里学习了五年。1550年发表《颂歌集》,受到瞩目。此诗集深受古希腊抒情诗人品达和古罗马诗人贺拉斯的影响,抒发对卡桑德尔·萨尔维蒂亚的爱恋,歌颂故乡的美景。《爱情集》(1552—1556)由十四行诗组成,吟咏卡桑德尔和一个村姑玛丽·杜班的爱情。模仿意大利诗人彼特拉克的《歌集》(1555—1556),由哲理诗和教诲诗组成,从神话中汲取题材。龙沙不断发表诗集,声名大振,被誉为诗王,受到宫廷垂青,1558年成为宫廷诗人。自此至1574年,他专门为宫廷创作应酬诗和喜庆诗,1565年曾结集出版《哀歌、假面舞会诗和牧歌》。宗教战争期间写过几首《时论诗》(1560—1563)。他的史诗《法兰西亚德》原来打算写二十四章,但只写出四章。诗人根据《伊利昂记》和《奥德修记》的叙述为蓝本,却将赫克托和昂德洛玛克之子法兰居斯看作法兰克人和法兰西人的祖先。查理九世逝世后,这部史诗的写作半途而废。龙沙随之失宠,隐居田园。他重新写作抒情诗,相继发表《关于玛丽去世的十四行诗》(1578)、《致爱伦娜十四行诗》(1578)、《斥卡斯丁森林的樵夫》(1578),技巧更臻圆熟。龙沙晚年在病床上仍然吟诗抒怀,向人生欢乐告别。

致卡桑德尔

龙 沙

宝贝,咱们去看玫瑰
今晨是否绽开蓓蕾,
在阳光下展现红裙,
今日黄昏是否消逝

她的红裙千百条折，
和像你一样的色晕。

啊！请看，多短的时间，
宝贝，她保持着光艳，
啊！她的美已变黯淡！
大自然确是后娘啊，
因为这样美丽的花
还不能从早活到晚！

所以，宝贝，请相信我，
当你年华开花朵朵
达到最鲜艳的碧翠，
快采摘你的青春吧：
衰老就像这朵鲜花
会使你的美丽憔悴。

（郑克鲁　译）

　　这首诗将青春比作鲜花——玫瑰，玫瑰是美丽的，在阳光下怒放，如同展开少女的红裙那样，又像姑娘脸颊的红晕。可是，它只能存在一天，到傍晚便枯萎凋谢了，大自然就像无情的后娘，不让这美丽的花儿多存活一些时间。最后一段，诗人从这生动的比喻中得出结论，少女的青春有如鲜花盛开，达到最美艳的程度。诗人呼吁应该珍惜这美丽，赶快采摘自己的青春，接受爱情，投身爱情，否则衰老会很快来临，使少女的美丽憔悴。诗人既赞美了意中人的美，又表达了自己的爱情。他给高傲的少女以谆谆教诲，启发她要珍惜青春年华，道理说得透彻而委婉。整首诗意象美好，情调温馨，节奏舒缓，轻快柔和，语调亲切，但含义深邃，发人深省。它促人不要错过青春，正视求爱者的追求。

　　这首诗与歌颂式的爱情诗不同，诗人与被追求者是平等的，对方不是高不可攀的仙女,而是现实生活中的恋人。诗人采用了与意中人对话的方式,互相交流思想,以自己心中的火花去点燃恋人心中的火花,从而也点燃了读者心中的火花。诗歌表现为这样的结构:

读者受到感染后,进一步了解诗人的情感。这种写法体现了爱情诗技巧的进展。

龙沙以鲜花比喻青春和爱情绝非偶然。他把爱情看作人生欢乐之一,是大自然赋予人类的天性。龙沙像其他人文主义者那样,歌颂大自然的美,歌颂大自然的永恒,歌颂大自然的伟力。他认为,人就像大自然中的动植物一样,既然获得了生命,获得了某些天赋的本能,就应该充分享用,而不是加以束缚,光阴荏苒,"要珍惜时光"。这种思想是针对禁欲主义而发的,在当时具有积极对待人生的意义。　　(郑克鲁)

待你到垂暮之年

龙　沙

待你到垂暮之年,夜晚,烛光下,
坐在炉火之旁,边纺纱边绕线,
你吟诵我的诗,发出感慨万千:
当年我多美,龙沙赞美过我啊。

那时候你不用女仆传语递话,
她干活儿累得半睡半醒之间,
听到我的名字仍然安稳睡眠,
即使用动听辞句赞颂你也罢。

我将长眠地下,成为无骸幽灵,
在爱神木的树荫下歇息安定;

你则是一个蛰居家中的老妪。

怀念我的爱情,悔恨你的倨傲。
信我的话,要生活,别等待明朝;
就在今天把生命的玫瑰摘去。

(郑克鲁　译)

　　这首诗的构思较为别致:它设想意中人晚年抱憾的情景,回想当年诗人对自己的追求场面,以这种时序颠倒的方式去表达对意中人的爱情;诗人对她的赞美也是让她用感慨的话道出,或以间接的叙述(回顾诗人在夜晚来求见时"用动听辞句赞颂"的场面)写来,处理得十分高明而又自然,显示出圆熟老练的技巧。

　　龙沙这首名作创造了一种感伤忧郁的情调。第一节诗的"垂暮之年""夜晚""烛光下""炉火之旁""感慨万千"等语句,制造了一种悲凉气氛,给全诗定下了调子。第三节诗"我将长眠地下,成为无骸幽灵",把这种悲凉气氛推至顶点。第四节诗延续上一节的描写和感伤情怀,以致结尾两行的呼吁也无法改变主调,显出欢乐和希望的曙光。感伤情调是龙沙经历了一生的挫折、荣华,最后复归田园,对人生有了深刻的体验之后才形成的。龙沙因耳聋而放弃仕途,这对他是一个打击;晚年失宠后,桂冠诗人的荣誉失于一旦,再次使他陷入消沉状态。他生活的年代,正值宗教战争(1562—1598)酝酿和爆发的时期。尖锐的教派冲突笼罩着人们的心灵,"时代的灾难"在龙沙身上投下了阴影。个人身世和时代矛盾交织起来,形成了龙沙忧世伤时的思想。但这种感伤情调在诗中反倒融化成强烈、浓郁的诗意,成为他后期诗作能耐人寻味的特点。从龙沙开始,感伤成为法国诗歌中几乎不可或缺的因素,直接影响了19世纪的法国浪漫派诗人,如拉马丁、维尼和缪塞。

　　这首十四行诗的成功之处还表现在诗中有画:一幅是恋人到晚年的情景,另一幅是诗人向她求爱的场面。两幅画形成对照,前者是凄凉的,后者是情意绵绵的,不过带上哀怨意味,两者的结合构成淡淡哀愁的画幅。诗中有画,其效果是把感伤意境形象化;诗中有画,另一效果是使感伤意境变得优美,加强了抒情色彩。

在语言上,这首诗不以辞藻华丽取胜,而是采用平淡朴素的语汇,与整首诗的淡淡哀愁相配合。生活在乡间平静恬淡的环境之中,龙沙舍弃了早年色彩强烈、热烈奔放的风格,变为素淡雅致的诗风。然而,平淡中却充溢深情,素净中却表现了深邃的力度。

这首诗采用了七星诗社提倡的亚历山大体(十二音节),押韵方式是正规的abba, abba, ccd, eed。这种诗体因长度适当,回旋余地较大,所以逐渐流传开来,得到历代法国诗人的喜爱,成为法国诗歌的主要形式之一。

(郑克鲁)

拉封丹(4首)

拉封丹(La Fontaine, 1621—1695),法国古典主义时期寓言诗人。出生在一个小官吏的家庭里,父亲是沙多-蒂埃里水泽森林管理人和狩猎官,母亲出身于家境富裕的医生家庭。他从小熟读古希腊、古罗马和16世纪的诗人和作家的作品,并有机会同农村的大自然接触。1641年进入巴黎的神学院,一年半后攻读法律,毕业后任巴黎法院的咨询律师。1652年任其父之职。因不善于理财,家境迅速败落。1656年或1657年,他被介绍给财政总监富凯,写诗领取年金。1661年富凯被捕,他写诗为之辩护,得罪朝廷,不得不出奔至利摩日。1664年发表《故事诗》第一集(1685年出齐),题材多半从薄伽丘等的作品中撷取。

17世纪60年代初他开始创作寓言诗。这些寓言诗先在民间流传,1668年《寓言诗》第一集出版,大获成功;第二集于1678—1679年问世,最后一卷于1694年发表。

此外,拉封丹还写过《普叙刻和库皮德的爱情》(1669)、歌剧《达佛涅》(1674)、科学诗《金鸡纳霜》(1682)、诗剧《阿丝特雷》(1691)。他于1684年当选为法兰西学院院士。

知了和蚂蚁

拉封丹

知了整个夏天
都在唱歌消闲,
北风终于来到,
她可样样缺少,
没有一点苍蝇,
小虫更不见影。
她找邻居蚂蚁,
前去叫饿喊饥,
恳求蚂蚁宽容,
借给几粒麦种,
挨到春天来临:
"动物一言为定,
明年秋收以前,
连本带利还清。"
蚂蚁不爱出借,
多少算是欠缺。
她对借债者说:
"热天你没干活?"
"请您不要见怪,
逢人唱个痛快。"
"唱歌?真是舒服;
何不现在跳舞!"

(郑克鲁 译)

这是《寓言诗》的第一首。它与集子中的其他寓言诗不同,并没有直接道出诗人所重视的道德教训,但是它的道德教训却表达得明白无误,这就是对好逸恶劳思想的抨击。

知了被写成只知玩乐、不事劳动的反面角色,她整个夏天都在唱歌,直到冬天到来,家里一点库存都没有,饥肠辘辘,只好到邻居蚂蚁那里,请求蚂蚁发发善心,借几粒麦种过冬。不料蚂蚁虽然勤劳,却不爱出借,而且挖苦知了:不劳动咎由自取。对于像知了这样好逸恶劳的家伙,丝毫不给予同情,而应投之以蔑视,诗人的态度是爱憎分明的。

这首寓言诗的别致之处在于有一种幽默感。其一是将人间事物带进了动物界:借贷在动物之间本是不存在的,当读者看到"动物一言为定,明年秋收以前,连本带利还清"这一句话时,自会感到一种谐趣。其二在结尾:蚂蚁故意问知了,整个夏天在干什么,听到知了回答在唱歌以后,她说:"唱歌? 真是舒服;何不现在跳舞!"这种讽刺口吻具有幽默意味。诗人的抨击态度通过蚂蚁的话传达出来,不写结局,留有余地,让人意会,手法高明。

既是寓言,动物的习性是允许改变的,因此,不应这样责备拉封丹:蝉不吃苍蝇和小虫;她不是在唱歌,而是发音器振动生出鸣声;蝉入冬以前便要死去;蚂蚁在北风到来时处于入眠状态。寓言不是动物志,它可以保留动物特点,也可以适当地加以改变,因为寓言不过是借动物去写人间,作家有一定的自由去虚构。

(郑克鲁)

死神和樵夫

拉封丹

一个穷樵夫,全身被枝叶盖住,
不堪柴捆重压和岁月的磨难,
呻吟叹息,弯腰曲背,举步维艰,
费力地走回被烟熏黑的茅屋。
他终于心酸难熬和筋疲力尽,
放下了柴禾,寻思自己的不幸。
自从来到人间,他可享过欢乐?
比他更穷的人,世上可曾有过?

往往没有面包,从来没有休息:
他的妻子,他的儿女,捐税兵痞,
　　债主徭役,各种重压
完整地构成一幅穷人的图画。
他呼唤死神。她来了,毫不耽搁,
　　问樵夫要她怎么干,
　　　他说道:"请你帮助我
再背起这捆柴;你别浪费时间。"

死亡能将一切治愈;
但愿来状况别改变:
宁可受苦,不愿死去,
这就是人们的箴言。

(郑克鲁　译)

　　这首诗真实地描绘了17世纪下半叶法国贫苦农民的悲惨处境:他们既要交纳多如牛毛的捐税,又要去服繁重的徭役;一方面要遭受高利贷者驴打滚的经济剥削,另一方面还要忍受兵痞的骚扰滋事;更有妻子儿女的拖累,因此缺吃少穿,终年得不到休息,生来没有享受过人间欢乐。这则寓言诗是根据伊索的寓言《老人和死神》改写而成的,原来的寓言如下:"一天,有个老人砍下柴禾背到背上,走一段长路。他走乏后放下重负,呼唤死神。死神出现,问他为什么叫自己。老人回答:'为了叫你去掉我的重负。'"这则寓言指出,凡是人都依恋生活,即使他是不幸的。可以看出,拉封丹大大扩展了伊索寓言,他所增加的正是当时农民的悲苦生活,压在农民身上的柴禾只是其中的一个重负,那些无形的重负的压力不知要超过多少倍。诗人用极为概括的语言,刻画了在死亡线上挣扎的农民形象。法国古典主义理论家布瓦洛认为这首诗写得"令人颓丧",曾加以改写:"背扛柴禾,浑身汗水湿透衣服,可怜的樵夫已到风烛残年,因辛劳和困顿而一步一喘。他终于厌倦了吃苦,扔下重负,不愿重新看到自己遭罪受苦,期望死神来临,上百次呼唤她。最后死神来到,问道:'你怎么啦?''谁?我呀!'他说,主意马上改变,'请你帮我把柴禾扛上肩。'"布瓦洛把拉封丹的具体描画磨平、削弱,改为笼统的"遭罪受苦",他显然不满意于拉封丹的写实,把这首诗的锋芒去掉了,他的改写是不足取的。

《死神和樵夫》的主旨在于指出了生的宝贵,无论遭受多大的痛苦,仍应生活下去。诗人接受了人文主义者的思想,保留了伊索寓言的道德教训。因此,最后四句诗不能看成诗人在鼓吹逆来顺受的思想。

(郑克鲁)

患瘟疫的野兽

拉封丹

一种散布恐惧的病,
  这是上天气愤难平
创造出来以惩罚人间的罪愆,
瘟疫(既然必须说出这个名字),
有朝一日能将阿刻戎河[1]充实,
  如今向野兽们宣战。
野兽没有死光,但都受到打击:
  看不到谁忙于寻食,
要把岌岌可危的生命维持住;
  菜肴全激不起渴慕;
  狼和狐狸也不窥伺
  温良和无辜的猎物;
  斑鸠纷纷四散逃逸:

---

[1] 冥河,阴魂由此进入冥界。

不再求爱,欢乐全无。
狮子开会说道:"亲爱的朋友们,
　　我想,因为我们罪深,
　　上天降下这场大难。
　　我们当中谁最有罪,
但愿自我牺牲,将天怒来消退;
也许他将能使大家病愈体安。
历史告诉我们,这种不幸临门,
　　便要做这样的献身。
我们不要自我吹嘘;要毫不留情
　　察看我们自己良心。
至于我,为了满足贪婪的胃口,
　　吞噬过绵羊许多头。
　　得罪过我?绝没冲撞;
有时候我甚而至于要去生吞
　　　　牧羊人。
如果需要,我就献身:但是我想,
人人都像我这样来认罪才好。
因为应这样希望:办事须公正,
　　罪最大的要做牺牲。"
"陛下,"狐狸说,"你当国王过于厚道;
你的一丝不苟显得过于温情。
至于说到吃羊,这种蠢货贱民,
难道这是犯了罪吗?不,不,王上,
您大嚼他们是给他们赏了光;
　　至于牧羊人,可以说,
　　他遭灾是自作自受,
因为这些家伙自以为对群兽

>　　能够绝对支配掌握。"
> 狐狸这样开脱，奉承者齐欢呼。
> 　　大家不敢过于深入
> 追究老虎、熊和其他凶猛权贵
> 　　最不可饶恕的犯罪。
> 直至普通猎犬，所有好斗动物，
> 按每一个说法，都是小小圣徒。
> 轮到驴子，他说："我记得有一趟
> 　　从修士的草地经过，
> 肚饿草嫩，机会难得，另外我想，
> 　　也有魔鬼在唆使我，
> 我啃了舌头那么大一片青草。
> 我绝没这权利，既然必须直说。"
> 听到这话，大家高喊快审笨伯。
> 一只狼，有点学问，论证很高妙，
> 认为当祭品应是这可恶牲畜，
> 灾祸全来自这长疥疮的秃驴。
> 他的小过失被判处该上绞刑。
> 吃别人的青草！多可恨的罪行！
> 　　别人终于让他看清：
> 只有死才能与他的重罪相抵。
> 根据你有权势还是可怜小民，
> 法庭判决使你清白或变黑漆。

（郑克鲁　译）

　　这首诗是封建王朝的一幅缩影，诗人用形象的描绘无情地暴露了封建社会的阶级关系。诗歌开篇写群兽中流行瘟疫，因为上天要惩罚"人间的罪愆"，群兽的生活于是失去了正常秩序。诗歌描述了狮王召集御前会议，在会上巧妙地为自己洗刷罪恶，其他大小猛兽或者对他谄媚，或者露出凶相，根本触犯不得。最后轮到驴子说话，他承认曾经啃过舌头大那么一块青草。这老实可欺的驴竟然被伏了法，拿去祭献。这一判决过程显示了封建王朝层层统治机构的暗无天日，表达了作者对统治阶层的谴责和对被压迫者的同情。它所反映的正是封建专制制度下的社会现实。当时，国王同群臣的关系，统治者同人民的关系，就处在这样极端专制的状态中。尤其是狮王，具有路易十四的特点：他是臣民的主宰，臣民的人身和财产都属于他；他凌驾于法律之上，法律不是为他而设的，或者说，法律只有靠他的权威才具有力量；他是一个十足的专制君主，处于封建制度金字塔的顶端。

拉封丹善于通过对话来刻画形象，对话组成了一出小小的独幕剧。拉封丹说过，他的《寓言诗》是"一部广阔的喜剧，幕数上百，宇宙是它的舞台"。《患瘟疫的野兽》就是其中精彩的一幕。整首诗基本上由对话组成，当中只穿插一些过渡性的说明。其中的演员、性格均从对话中显露出来。诗人在交代了群兽中流行瘟疫的开场白以后，马上转入正题，写狮王开会发表讲话。他先提出这次会议的宗旨，把罪恶最大的动物拿去祭献，以平息老天爷的愤怒。接着他毫不犹豫地谈到自己，因为他无论如何不能回避自己的罪恶，但他有办法洗刷自己。他假惺惺地说，他吞噬过许多头绵羊，甚至吃过牧羊人，并坦然地表示："如果需要，我就献身。"不过，他要求人人都像他一样"彻底"认罪，再来评论谁是罪最大者。这样，话锋一转，就把自己排除在祭献者之外。狮王的虚伪和擅长耍弄权术的面目跃然纸上。狐狸素以狡猾著称，他埋怨狮王"过于厚道"和"温情"，指责羊是贱民，吃羊不但不罪恶，反而是给他们赏了光。这一埋怨和这一辩护，既奉迎了狮王，又为狮王开脱了罪责，的确是巧舌如簧，狡黠透顶。驴子的一番话也活脱脱写出了他的憨厚朴实，他承认啃过舌头那么大一块青草，这本来是芥蒂小事，但他却认为自己没有权利这样做。这头老实到令人可怜的驴子与狮子的忏悔恰成对照，可是驴子却被群起而攻之，群兽指责他罪大恶极，驴子只能任人宰割。这出小小的悲剧到此结束，狮子、狐狸、驴子作为封建社会最高统治者、大臣和

小民的代表,性格特点和地位遭遇写得十分生动传神,显示了拉封丹高超的艺术技巧。 (郑克鲁)

橡树和芦苇

拉封丹

一天,橡树对芦苇讲:
"你很有理由指责自然的过错;
一只戴菊莺对你说是副重担;
一阵微风偶尔掠过,
吹皱了那一片湖面,
迫使你把脑袋垂低;
然而我的头颅好像高加索山,
不但可以阻挡住太阳的光线,
又能对抗风暴威力。
一切对你是狂飙,对我是和风。
如果你生来在我的叶下避居,
让我覆盖周围地区,
就不会受这些苦痛:
我会为你抵御风雨。
可是你通常却生长
在狂风的王国潮湿的边缘上。
我觉得大自然对你真不公平。"
芦苇于是回答他说:"你的同情,
出自诚心好意;但别为我担心:
狂风对我不像对你那么可怕;
我弯曲而没有折断。直至如今
你抵挡住狂风吹打,
你的腰并没有弯低;

但是且看结局。"在他说话之际,

北风至今在他怀抱里所产生

最可怕凶暴的孩子,

从那天边疯狂地往这里奔腾。

芦苇弯曲;橡树挺直。

风将他的威力加剧,

越刮越猛,无法硬顶,

那头部高耸,与云天并肩为邻,

脚踩黄泉的橡树被连根拔去。

(郑克鲁 译)

  寓言的特点之一是将动植物拟人化,动植物既有人的特性,就不能不考虑到他们的心理活动,拉封丹在这方面也有独到的成就。

  《橡树和芦苇》的成功之处在于将橡树和芦苇的两种性格、两种心理刻画得十分细腻。这则寓言诗取自伊索的《芦苇和橄榄树》。橡树一般代表力量,用来代替橄榄树以表达寓言的道德教训,显然要有力得多。这首诗里,橡树体现骄傲的拥有力量者。他高耸入云,"头颅好像高加索山",风暴对他来说像是和风。他的庞大、坚挺似乎不可战胜。他对自己的力量感到不可抑制的骄傲,这种骄傲表现在他对自己坚不可摧的夸耀,以及隐藏在对表面柔弱的芦苇的怜悯之中。他甚至越过了怜悯,似乎要表现出宽宏:他要保护他的邻居,给以庇护,抵挡风雨;他为芦苇"鸣冤喊屈",认为大自然对芦苇不公平。然而这是表面的怜悯、廉价的宽宏。橡树的心理表现得很曲折,他的傲慢和虚情假意的性格烘托得很鲜明。另一方面,芦苇虽是个弱者,却知道自己的力量所在,不为橡树的傲慢所辱没,甚至反唇相讥,预见到橡树的结局。他的凛然不可侵犯的气概和不甘示弱的心理,也描绘得惟妙惟肖。这首诗通过对橡树和芦苇的心理刻画,讽刺了傲慢者,赞扬了外柔内刚者。诗人还揭示了强与弱的相对性,在一定条件下,两者会互相转化这一深刻的生活哲理,使这首寓言诗颇耐人咀嚼。

(郑克鲁)

贝朗瑞 (3首)

皮埃尔-让·德·贝朗瑞(Pierre-Jean de Béranger, 1780—1857),法国19世纪上半叶优秀的歌谣诗人。他出身于平民家庭,从小当过学徒、工人、小职员等,同下层人民有着密切的联系。他一生热爱民间歌谣,并全力从事歌谣创作。青年时代曾组织过"玩世者修道院"歌社。1813年,他的《意弗托国王》以歌谣形式讽谏拿破仑,引起巨大轰动,广为流传,贝朗瑞因此一举成名。

贝朗瑞一生跨越了法国的第一帝国、波旁王朝和七月王朝三个历史时期,在动荡的社会政治斗争中,他以歌谣做武器向封建势力的黑暗统治发起进攻,表现了强烈的爱国主义和民主主义思想。他的诗同现实生活结合密切,政治色彩十分鲜明。他描写下层人民生活的作品幽默风趣,风格明朗清新,具有浓郁的民族色彩,深受广大人民的喜爱。革命导师马克思、恩格斯、列宁都很喜爱他的作品。马克思称他为"不朽的诗人""伟大的人物",别林斯基称赞他是"法国诗坛之王"。

洛彩德
(采用布柏朗先生新谱的曲调)

贝朗瑞

什么!你不惜自己的妙龄,
来和我说爱谈情,
我在四十岁的重担下
已经失去了青春!
从前只消一个轻佻的小家碧玉,
我对她就会有火热的心肠。
呀!为什么我不能爱你,
像从前爱洛彩德一样?

你每天坐着马车,

盛装艳服,十分辉煌。
洛彩德呢,穿的是平常的新装,
她赤着脚跑路,活泼敏捷,喜气洋洋。
但她的眼睛,为了使我恐慌,
到处招惹男人们对她妄想。
呀!为什么我不能爱你,
像从前爱洛彩德一样?

在你绫罗绸缎布满的闺房中,
有千百面明镜照着你的笑容。
但洛彩德却只有一面明镜;
我相信这明镜属于美貌的女神。
她从不用帘幔把自己关在房间里;
旭日照得她的睡床格外漂亮。
呀!为什么我不能爱你,
像从前爱洛彩德一样?

你的辉煌敏悟的才智,
也许很多人要用诗歌来赞美。
我对你说实话,并不感到惭愧:
洛彩德几乎不认识字。
要是她不知怎么说话,
爱情替她表达了思想。
呀!为什么我不能爱你,
像从前爱洛彩德一样?

她没有你那样美丽,
甚至她的心肠不如你柔软温存:
真的,她向那喜欢听她说话的人,

转动秋波时也没有你那种蜜意柔情,
但是她使我真个销魂,
拿去了我怀念的青春。
呀! 为什么我不能爱你,
像从前爱洛彩德一样?

(沈宝基 译)

"曾经沧海难为水,除却巫山不是云。"这是我国唐代诗人元稹的两句名诗。它揭示了人们爱情生活中的一种常见的、带规律性的现象,即一个人倘若有过一次真正的、刻骨铭心的爱情,此后再难有第二次爱情能超过它了。

贝朗瑞的这首《洛彩德》正是以西方的形式表达出与东方相似的感情。正因为诗人对洛彩德曾经爱得那么炽烈、真挚,使他终生难忘,所以如今再美的女子也难以闯入他的心灵禁区了。

当然,这首诗的内涵绝不仅止于此。它还反映了诗人一种进步、健康的爱情观和审美观。全诗对卖弄风骚的贵妇人的揶揄讽刺,对贫家女子洛彩德的百般赞美,表现了诗人对美丑的鲜明态度。诗的后四节,每一节都充满着强烈的对比:"盛装艳服"同"赤着脚跑路",华丽高贵的闺房同"只有一面明镜"的寒酸,"辉煌敏悟的才智"同"几乎不认识字","美丽温存"同"质朴平凡"……在理性的砝码上,洛彩德确实远远达不到贵妇的分量;然而,在感情的天平上,洛彩德却占有着绝对的优势。原来,诗人在贵妇的高贵华丽、美貌温柔中看到了她的虚伪矫饰,而从洛彩德的贫寒粗野中感受到纯真朴实、天然可爱的青春光彩。这两种不同的"美",从一定意义看,可以视作封建贵族与平民百姓的审美差距,而贝朗瑞无疑是坚定地站在平民百姓这一边的。他曾多次宣称:"人民,是我的缪斯。""如果世上还剩有诗意的话,我毫不怀疑,只有到下层阶级的行列中去找。"

这首诗在艺术上很能代表贝朗瑞的风格特色,诗人采用了法国人民喜闻乐见的民族形式。口语化的素朴语言、机智诙谐的谈吐、调侃适度的讽刺，可谓"谑而不虐""俗中透雅"，洋溢着浓郁的生活气息。全诗五个段落围绕一个中心层层铺展，尾句（"呀！为什么我不能爱你，像从前爱洛彩德一样？"）反复重现，如同回旋曲中的主旋律，既使主题更加突出，又能收到回环往复、一唱三叹的效果，能读能唱，保持了民间歌谣体的本色。

(许自强)

与丽治谈政治 [1]

（1815年5月"百日帝政"[2]时期，作曲调采用：一个无可指责的官吏。）

贝朗瑞

丽治，一视同仁的上帝
对你特别优厚，让你来统治我们，
谁也比不上你美丽，
你征服了很多的人。

但是，不管你权力多大，
丽治，爱你的总是法兰西国民，
让他们嘲笑你的错误，[3]
为了你的臣民的幸福。

美人和君王都喜欢
那样滥用大权！
多少情人，多少省的臣民，
陷入了绝境！

---

[1] 丽治，法国妇女常用的名字。

[2] 1815年3月20日，拿破仑从流放地重回巴黎，第二次登上帝位。但在欧洲各国反法联盟的进击下，6月18日滑铁卢一战，决定了拿破仑的彻底失败。这次复辟只维持了一百零一天，史称"百日帝政"。

[3] 意思是要允许人民讲话。

就在闺房[1]里你要提防
敌人的反抗；
丽治，你把暴政废除，
为了你的臣民的幸福。

过分撒娇的女性，
就像出征的人，
远离自己的国土，
去制服上百个不同的民族。[2]
这些撒娇的女子真可怕！
你不要学她们浮夸的计划。
丽治，你不要再去把别人征服，
为了你的臣民的幸福。

由于侍臣的那样忠心，
人们很难和君王接近，[3]
真比接近一个最嫉妒的男子
紧跟着的美女还要费劲。
但是在你的床上，在平安的宝座上，
你恩赐的是欢乐，
丽治，你要做到芳泽可亲，
为了你的臣民的幸福。

丽治，有一个国王硬说是
他全靠苍天才一统江山，

---

[1] 闺房，喻指国家内部。
[2] 拿破仑后期曾多次发动侵略别国的战争，正如马克思所说："用不断的战争来代替不断的革命。"（《神圣家族》）
[3] 意思是周围的侍臣隔开了君王同人民的联系。

>好像你单凭天然美貌
>
>就会引起人人顾盼。
>
>权杖落到像你这样的人的手里,
>
>虽然没有人不服,
>
>但这是我们给你的,
>
>为了你的臣民的幸福。
>
>你要善用这些真理,
>
>好让人永远爱你。
>
>丽治,你要做一个好皇后,
>
>尊重我们的自由。
>
>你要在容光焕发的头额上,
>
>戴着玫瑰花,那是爱情的收获,
>
>而且你要把皇冠长期保持住,
>
>为了你的臣民的幸福。

(沈宝基 译)

贝朗瑞不但是一位人民歌手,把"文学应为人民而耕耘"作为自己的创作宗旨,他还是一位政治诗人。他注目现实、关心时事,认为"歌谣靠从现时获取灵感而生存"。他要求作家表现人民在"疲惫憔悴的形容下闪烁着勇敢和自由的热情,在破衣烂衫下流动着为祖国而抛洒的鲜血"。这首《与丽治谈政治》就是一首关心人民的政治诗。

这首诗是写给王政复辟时期的拿破仑的。拿破仑是法国近代史上风云显赫的人物。法国资产阶级革命期间,他曾多次粉碎国内外反革命的王党复辟势力,保卫了资产阶级革命的成果;但他登上帝位,建立法兰西第一帝国后,又不断发动企图奴役别国的侵略战争,他是个兼英雄与野心家于一身的人物。贝朗瑞对拿破仑的态度也是复杂的。他一方面崇拜拿破仑,对他寄予莫大幻想;同时,对他的强横扩张的野心又持批评态度。这首诗正反映了这样一种矛盾的心理。当然,基于诗人对波旁王朝的强烈反对,这首诗更多表现出对拿破仑的缅怀和好感,以至被人指责为"拿破仑神话"的制造者。

这首诗构思很别致,通篇假托同情人谈心,用充满夸赞性的比喻向拿破仑进谏治国之道。他以"美人"比君王,巧妙地告诫她:"为了你的臣民的幸福",要允许别人批评,"嘲笑你的错误";要废除暴政,防止内乱;要克服"撒娇"野心,不要再去"征服"别人;要讲民主,做到"芳泽可亲";要尊重人民,懂得自己的权力是人民所给……这些语重心长的劝导大多采用了双关的手法,用"闺房""睡床"等暗示国家宫廷,用"美丽""芳泽""撒娇""玫瑰花"等比喻政治品德。它把严肃深刻的政治内容,置于轻巧活泼的形式中,可谓"寓庄于谐","柔中含刚"。这种写法可以避免一般政治诗坐而论道的枯燥乏味,使之充溢着机智幽默的风趣。同时,从社会效果考虑,对于拿破仑这样刚愎自用的统治者来说,采用委婉曲折的进谏方式显然比较适宜。全诗每段的尾句反复强调"为了你的臣民的幸福",既突出了主题,也把诗人为国为民的苦心表露出来。

(许自强)

归 国

(曲调采用:素笙从她的村庄里来。)

贝朗瑞

我把我的命运交付与行舟,
它航行得多么缓慢!
我的心渴望着海岸,
  但迟迟找不到港口!
  敬爱的法兰西!
  温柔的国土!
多少次我以为你就在我的眼前。
  但愿一阵疾风
  把我们立刻

送到我愿老死于此的神圣的边岸。

水手终于叫喊道:

"陆地!陆地!那边,你们看!"

呀!我的苦痛都已忘记。

祖国,我向你敬礼!(三次)

是的,那是法兰西的海岸;
是的,那是港口,广阔而又安全,
它离田野不远,而我就在这田野中
幽暗的茅屋里度过我的童年。

敬爱的法兰西!

温柔的国土!

二十年后我终于又看见你;

看见我的

村子的那一片平原,

看见我们屋顶上的炊烟。

我的心多么伤感!

那边,是我初恋的所在地;

那边,母亲总在盼我归来。

祖国,我向你敬礼!

离开故乡时我还年轻,

心情也不安定,

因此我漂泊在海上,

那里有微笑的旭日,照耀着最富饶的地方。

敬爱的法兰西!

温柔的国土!

上帝为你带来使这些地方肥沃的炎热。

在这些地方,

终年辉煌，灿烂，
到处是果实与花朵，花朵与果实。
　　但在这些地方，我憔悴的青春
　　梦想着更亲切的土地；
　　在这些地方，我怀念我们的冬季。
　　祖国，我向你敬礼！

我本可以在那里成家，
我也有发财的机缘。
在热血四溅的天底下，
爱情也顺从我的心愿。
　　敬爱的法兰西！
　　温柔的国土！
我抛弃了多少欢乐来和你相见！
　　我虽然青春已过，
　　也没有财富，
不会有人来爱我，
　　但是草地上的柔情蜜意，
　　到现在我还能记忆；
　　这是照耀着我暮年的太阳。
　　祖国，我向你敬礼！

　　我在未开化的民族中落户，
　　他们要我代为执政，
　　我保护了他们的土地，
　　击退无数的敌人。
　　敬爱的法兰西！
　　温柔的国土！

那时候我们正为你的田地被侵占而呻吟。[1]

  权力与光荣,

  胜利的呼声,

都不能阻塞祖国召唤我的声音。

  我的心要我抛弃一切:

  我回来了,穷而坚贞。

  锄头在那儿等着我去。

  祖国,我向你敬礼!

船儿终于开进港口了,
在狂热的欢乐声里,
船上的人们都在忙乱,
我们很快靠了岸。

  敬爱的法兰西!

  温柔的国土!

让你的儿女都能这样和你相见!

  我回来了,

  我在岸上感谢,

跪着感谢上天。

  亲爱的国土,我拥抱你!

  漂泊者多么受苦,上帝!

  我,从此我死也瞑目。

  祖国,我向你敬礼!(三次)

(沈宝基 译)

……像神圣的誓言,

我要把对祖国的祝福带到棺材里去,

---

[1] 当时,法国经常遭到欧洲其他国家的武装侵犯。

唉，不知别人能否像我一样爱你？
在不会读书的幼年我就歌颂你，
如今在死神来到之前，
我用最后的气力唱起你的赞美诗，
……亲爱的法兰西！

——《饶恕我》

这是贝朗瑞在临死前不久所写的诗句。的确，他的一生贯穿着爱国主义的热忱，他始终把祖国当作自己"亲爱的母亲"。

这首《归国》，虽不是写诗人亲身的经历，却反映了他真诚的感情。他假借一个海外游子漂泊二十年后，重新踏上祖国海岸时的激动心情，寄托自己对祖国的无限深情。虽然，在富饶的异乡，他有"发财的机缘"，有顺心的爱情，有"权力和光荣"，但他念念不忘的是祖国的田野、故乡的茅屋和盼他归来的母亲。为了回到"亲爱的国土"，他宁肯没有财富、失去青春和爱情，"穷而坚贞"地劳动谋生，"我的心要我抛弃一切"。这是何等深挚的爱国热情！诗中，"敬爱的法兰西""温柔的国土""祖国，我向你敬礼"反复出现，虽是根据乐曲的需要，但也是诗人衷心的流露，更加重了感情的分量。

贝朗瑞诗里很少抽象的概念、空洞的说教。他善于通过具体的典型形象和生活事件来表情达理，往往把叙事、议论、抒情融合为一体，生动活泼，雅俗共赏。从这首诗可以窥其一斑。　　　　　　（许自强）

拉马丁(4首)

阿尔封斯·德·拉马丁（Alphonse de Lamartine, 1790—1869），法国诗人，贵族出身，1790年10月21日生于马孔。童年在乡间度过，学生时代深受维吉尔、贺拉斯与夏多布里昂作品的熏陶。1814年波旁王朝复辟时任路易十八的近卫队军官。百日王朝期间流亡于莱芒湖畔。滑铁卢战役后辞去军职，开始外交生涯：1820年任驻那不勒斯使馆随员，1825年调任驻佛罗伦萨使馆秘书与代办。1829年当选为法兰西学院院士。1830年七月革命后,辞去外交官的职业,投入政治斗争。1832年赴近东旅行,脱离天主教。1833年当选为议员。在议会中,支持社会改革,谴责梯也尔的好战政策,号召欧洲合作,主张"不靠暴力,而靠勇敢与真诚,实现和平与博爱的理想"。1848年二月革命后任共和国外交部部长,成为临时政府的实际首脑,因拒绝抛弃无产阶级而在六月工人起义后被资产阶级所抛弃。1851年路易·波拿巴政变后,又因不肯与拿破仑三世合作而退出政坛。二十年政治生活使他债台高筑,晚年被迫为还债而忙于笔耕。1869年2月28日在穷愁潦倒中死于巴黎。

处女作《沉思集》(1820)一出版就大获成功。这部抒情诗集宛如空谷足音,以自然流露的缠绵的情思、飘逸的文笔、朦胧而空灵的意境与绝妙的音乐魅力打动了人们的心弦。欣喜若狂的读者大众从这本书中看到了一个活生生的人。面对思想贫乏而才华枯竭的法国诗坛,他们所期待的正是这样一位诗人。这部成名作与代表作给满目荒芜而奄奄一息的法国诗坛带来春天的生机,被公认为划时代的作品。此后,《新沉思集》(1823)、《苏格拉底之死》(1823)、《哈罗尔德游记终曲》(1825)与《诗与宗教和谐集》(1830)相继问世。不久又陆续发表了史诗《约瑟兰》(1836)与史诗《天使谪凡记》(1838)以及《冥想集》(1839)。

作为法国浪漫主义诗人的先驱,拉马丁凭借诚挚而纯朴的真情实感、新颖的主题与音韵优美的语言开创了一代诗风,使法国诗歌摆脱了僵化的古典主义的羁绊,进入"木欣欣以向荣,泉涓涓而始流"的新天地。

孤 独

拉马丁

当夕阳西下的时候,我常常满怀着忧伤,
坐在高山上那棵老橡树的浓荫下;
我每每向原野极目远眺,放眼四望,

只见从我的脚下展现出变幻无常的图画。

这里,波涛汹涌而泛起浪花的大河发出低沉的呼喊,
弯弯曲曲地伸向前方,在迷茫的远处隐去影踪;
那里,平静的湖铺开酣然入梦的微澜,
黄昏的星辰从水中升向天空。

那郁郁葱葱的树林所环抱的群山顶上,
暮色依然投下最后一缕光线,
披着轻纱的月亮这黑暗中的女王
冉冉升起,已经染白了天际的边缘。

这时,从那哥特式钟楼的尖顶直往外冲,
一阵庄严的乐声向长空飞扬,
旅人止步不前,田野的晚钟
把白天最后的余音融入神圣的合唱。

但面对眼前一幅幅美妙的图画,我这无动于衷的心
竟然既不觉得入迷,也不感到激奋,
我出神地俯瞰着大地,犹如四处漂泊的幽灵:
活人的太阳再也晒不热死去的人们。

从南到北,从东到西,从一个山冈
到又一个山冈,我的目光白白地搜索,
我环顾这苍茫大地的四面八方,
不禁叹息:到处都没有幸福在等待我。

这片幽谷,这群宫殿,这丛茅屋,对我有什么意义?
啊,魅力在我心目中早已荡然无存的幻象;
啊,河流,悬岩,森林,如此珍贵的遗世独立之地,
你们仅仅少了一个人,整个世界就显得满目荒凉。

无论太阳的环行开始踏上旅程还是告终,
当它运动时我都向它投以冷漠的目光;
在它不是西沉就是东升的忽阴忽晴的天空中,
太阳与我有什么关系?我对岁月可什么也不再指望。

纵然能跟着它进行无止境的远游,
我的眼睛也只会看见到处都是荒漠与虚无;
对它所照耀的万物,我一无所求;
对这无限的宇宙,我一无所图。

然而越过它的轨道的界限,
啊,自有真正的太阳照亮又一片天空的乐土,
一旦我把自己的躯壳留给人间,
我的眼前也许就会出现我梦寐以求的幸福!

在那里,我也许就会陶醉于我所渴望的清泉,
在那里,我也许就会再度获得希望与爱情,再度
获得那引得每一个灵魂都在企盼
并且没有寄居尘寰时的虚名的美满的幸福!

既然我不能驾起曙光向你飞驰,
啊,我所憧憬的朦胧的幻象,
我为什么还要滞留于尘世?
这尘世与我之间实在没有什么共同的地方。

当林间的黄叶纷纷飘落在草地上,
晚风袭来,顿时把落叶扫入幽谷中;
而我,我正像这枯叶一样:
啊,你就把我像枯叶般卷走吧,狂暴的朔风!

(张秋红 译)

1816年10月6日—26日，拉马丁在埃克斯城布尔热湖滨结识了朱丽·查理。聪明而有教养并熟悉巴黎文学界的朱丽，使向往荣誉的青年诗人倾慕不已。1817年1月8日，拉马丁赴巴黎与朱丽相会，在四个月的欢聚中又一次领略了结合的幸福。8月21日，拉马丁赴埃克斯，但朱丽因缠绵病榻终未如约而至。12月25日，拉马丁在米利突然得知朱丽当月18日在巴黎病逝，悲痛欲绝。1818年8月，拉马丁在寂寥惆怅中写成《孤独》。

这首诗始而以浮现于内心深处的特别富有象征意义的景物显示出诗人对如烟往事的追忆与眷恋。那沐浴着斜晖的高山，那浓荫如盖的老橡树，那任人游目骋怀的原野，那变化不定的图画，那漾起涟漪的平湖，那代表光明的月亮，依然历历在目；旅人驻足谛听的那庄严的钟声，依然萦回耳际……可谁料而今，山河如故，玉颜不见；风景依旧，倩影无存！这物是人非的残酷现实，怎不叫他柔肠寸断呢？唯其创巨痛深，他才面临良辰美景而无动于衷。终日凝眸，四处寻觅，伊人却杳如黄鹤，了无踪影。他不禁黯然神伤，万念俱灰。既然幸福已随伊人一去不复返，那么，无论雕栏玉砌，桂殿兰宫，抑或蓬牖茅椽，绳床瓦灶；无论富埒王侯，贵为天子，抑或箪食瓢饮，鹑衣百结，他自然都置之度外。既然太阳只属于活人而不能给死者以丝毫温暖，那么，夕阳西下也罢，旭日东升也罢，阴云密布也罢，晴空万里也罢，他自然也都漠然置之。因为伊人消失，整个世界在他看来就只是一片空虚，满目荒凉。他之所以对万物一无所求，对宇宙一无所图，是因为他梦寐以求的，仅仅是伊人而已。

诗人执着的追求进而从现实世界转向幻想世界。他从痛苦的深渊中体验到，在这尘世，他不过是个流亡者。而那自有真正的太阳照亮又一片天空的乐土，才是他的归宿。只有在那里，他才能与伊人重逢，再度获得希望与爱情，再度获得美满的幸福。这种憧憬成了他的精神支柱，他终于向呼啸的朔风寄托了真诚的渴望。

（张秋红）

幽 谷

拉马丁

我这对一切甚至对希望都已厌倦的心
再也不会凭着自己的意愿去打扰命运;
啊,我儿时的幽谷,只求你把幽静的环境
借给我消磨一天,让我等待死神。

这正是幽暗的山谷那狭窄的小径:
这山丘的斜坡上绵延着茂密的树丛,
向我的脸上投下交错纷杂的阴影,
把我整个儿笼罩在一片寂静与安宁之中。

这里,两条藏在绿丛下的清溪
在蜿蜒曲折中勾出幽谷的轮廓;
它们让潺潺的水声伴随着涟漪,
在离源泉不远处顿然消失,不可描摹。

我生命的源泉也像溪流一样隐去踪影,
它已经悄然流逝,杳如黄鹤,无法描绘;
但溪流的波浪清澈见底,而我纷乱的心情
却怎么也反映不出韶华的光辉。

这溪滩的凉爽,这笼罩着溪滩的浓荫,
引得我终日流连在溪流的岸旁;
像个为一支单调的歌所安慰的幼婴,
我的灵魂竟在溪水的潺潺声中坠入梦乡。

啊!我就爱在这里驻足,独处于大自然的怀抱,
为一片围墙般的青葱翠绿的叶丛
与足以供我游目骋怀的有限的视野所环绕,

只听到淙淙水声,只望见浩浩长空。

我这辈子已太多地经历,太多地感受,太多地眷恋,
因而趁一息尚存来寻求忘河[1]的静穆;
啊,秀丽的地方,你就是我那遗忘的彼岸:
从今以后只有遗忘才是我至高无上的幸福。

我的心终于平静,我的灵魂终于沉默!
尘世那遥远的喧闹声纵然传来也失去踪影,
犹如随风飘向耳边但已听不清楚,
因距离而变得微弱的远方的声音。

从这里我发现生命正穿过云翳,
因我而在往日的阴影中消亡;
只留下爱情:宛如从一场朦胧的梦里
醒来时唯一残存的崇高的形象。

你就在这最后的归宿停下吧,我的灵魂,
仿佛一位趁还没有踏进城门
坐下来,满怀着希望吸一会儿黄昏
那幽香四溢的空气的旅人。

让我们像他一样抖掉脚上的尘土;
人永远也不会再度经过这条路径:
让我们在不久于人世时像他一样表现出
这预示着永远安宁的镇静。

你的岁月正如山坡上的阴影
渐趋衰微,又如秋日一般萧索而短促;

---

[1] 忘河,系希腊神话中地狱之河,亡灵饮其水,往事尽忘。

你失去了友情,又得不到怜悯,
你孤独地沿着小路走向坟墓。

但大自然却在这里将你吸引,将你爱恋;
请投入它这永远向你开放的怀抱;
当一切都对你一反常态,大自然却一仍旧贯,
同一轮太阳依然从你的岁月中升向碧霄。

大自然依然以阳光与绿荫笼罩你的周身;
请让你的爱情和你所失去的化为泡影的幸福决裂;
请热爱这里曾引得毕达哥拉斯[1]一往情深的回声,
请和他一起侧耳细听这美妙绝伦的仙乐。

请追随空中的阳光,请追随地上的绿荫,
请伴着朔风飞向一望无际的天幕,
请伴着神秘的星辰那柔和的光明
穿过树林潜入幽谷的阴暗处。

上帝由于怀有这种感情而显示出智慧;
请终于从大自然的怀抱里发现它的创始人!
心神恬然时总有个声音在灵魂深处萦回,
又有谁未曾从自己的心坎里听见这个呼声?

(张秋红 译)

1819年夏,拉马丁重游埃克斯城,朱丽病逝,余痛未已,不禁睹物怀人,触景生情。《幽谷》就是这次再访的产物,8月8日起稿,10月完成。

作者首先运用茂密的树丛、错杂的绿荫、蜿蜒的清溪与潺潺的水声烘托幽谷中的寂静与安宁,以清溪在近源泉处的顿然消失象征他生命的

---

[1] 毕达哥拉斯(约前580年—约前500年),古希腊数学家与哲学家。

源泉在锦瑟年华的悄然流逝,以溪流的清澈反衬他心情的纷乱,又以由衷的赞美揭示新的主题:面临这引人入胜的环境,他那对一切甚至对希望都已厌倦的心不再想入非非,他的灵魂也因获得慰藉而坠入梦乡。这真是奇迹般的变化:独处于大自然的怀抱,流连在为一片绿丛所环绕的有限的视野里,他的心竟归于平静,他的灵魂竟归于沉默。尘世的喧嚣居然隐没,生命虽在消亡,爱情却岿然独存。

诗人继而慨然长叹:他这辈子实在经历得太多,感受得太多,眷恋得太多,因而不得不从遗忘中寻求解脱。这里隐约透露出他内心深处痛苦的烙印。唯其对不堪回首的往事念念不忘,他才寄厚望于遗忘;唯其对化为泡影的幸福依依不舍,他才奉遗忘为至福。既然陶醉于幽谷的蔼蔼密林、潺潺水声与浩浩长空,他就理所当然地把大自然的怀抱看作他灵魂的最后归宿。他欲扬先抑地描画了自己的凄凉景象:岁月渐趋衰微又萧索而短促,失去了友情又得不到怜悯。然后笔锋一转,展开强烈的对比,向大自然唱起热情洋溢的颂歌:当一切都对他一反常态之际,大自然却一如既往地吸引他,爱恋他,依然以阳光与绿荫笼罩他,依然以回声那美妙绝伦的仙乐伴随他,依然以神秘的星辰那柔和的光辉引导他。他终于从大自然永远开放的怀抱里发现无处不在的造物主,并从自己的心坎里听见智慧的呼声。

较之《孤独》,《幽谷》从幻想世界回到现实世界中来,又从现实世界中找到灵魂的归宿,表现出幻想破灭后的醒悟,显示出精神境界的提高,这正是拉马丁诗歌主题的新颖之处,也正是这篇诗意隽永而耐人寻味的佳作的成功之处。

(张秋红)

湖

拉马丁

就这样被永远地推向新岸,
被永无归期地卷入漫漫长夜的怀抱,
难道我们在岁月的汪洋大海上从此连一天

也不能抛锚?

湖啊！一年几乎还没有结束四季的循环，
可是在她本该重逢的令人珍爱的清波旁，
你看！我竟独自前来，枯坐在你曾看见
　　　她坐过的这块石头上！

你也曾这样咆哮在这深深的悬岩下，
你也曾这样迎着这五内俱裂的岩侧痛断肝肠，
风也曾这样把你的浪花
　　　卷向她那可爱的双脚旁。

有个晚上，你可记得？我们划着船，悄无声息；
从长空下，从清波上，从远方
只听见那些有节奏地打击
　　　你发出和谐音调的波浪的桨手的声响。

从入了迷的湖岸，世间从来没有
听见过的歌声忽然引起激动的回响；
湖波凝神谛听，我珍贵的歌喉
　　　倾吐出这片衷肠：

"啊，流光，请停一停你的飞逝！啊，美好的岁月，
　　　请停一停你的远走高飞！
我们最令人陶醉的年华这转瞬即逝的喜悦，
　　　且让我们细细品味！

"世上有数不清的不幸者向你发出哀求，
　　　流逝吧，请为他们而飞奔；
请把折磨着他们的忧虑和他们的岁月一起带走，
　　　请忘却那幸福的人们。

"不过我只是白白地请求再拖一阵子,
　　流光径自从我身边悄然而去,飞逝而过;
我恳求今夜:'慢些走吧';但晨曦
　　　　却赶来要把这良夜吞没。

"那我们就爱吧,爱吧!这稍纵即逝的韶华,
　　我们得赶紧享用,再也不能耽搁!
人并没有什么港口,时间也没有什么际涯;
　　流光飞逝,我们只是过客!"

啊,嫉妒的光阴,那爱情源源不断地向我们倾注
幸福的令人欣喜欲狂的时刻,
难道可能与不幸的岁月以同等的速度
　　离我们远去而杳如黄鹤?

怎么!我们竟不能让那良辰至少留下脚印?
怎么!从此一去不复返!怎么!消失得无迹无痕!
这带来良辰的光阴,这抹去良辰的光阴,
　　居然再也不把良辰还给我们!

啊,永恒,虚无,往昔,阴暗的深渊,
究竟什么是你们所吞没的岁月的化身?
直说吧:你们从我们心中夺去的那无与伦比的狂欢,
　　还让不让我们重温?

啊,湖!岩洞!昏暗的森林!沉默的峭壁!
光阴宽容你们也罢,光阴会让你们恢复青春也罢,
啊,锦绣如画的大自然,请留下对那个良夜的记忆,
　　请千万留下!

风光旖旎的湖啊,但愿这记忆留在你的狂风暴雨里,

留在你的安眠中,留在你这风采令人赏心的山坡间,
留在这一片浓荫的枞树下,留在这迎着你的涟漪
　　崛起的孤寂的岩石边!

但愿这记忆伴着你岸边四处荡漾的回声,
伴着飒飒作响、飘然而过的和风,
伴着以柔和的清辉为你的水面披上白色轻纱的星辰
　　那银光闪闪的面容!

但愿这窃窃私语的微风,这喃喃低语的芦竹,
这弥漫在你空中的温馨的清芬,
你耳闻目睹的所有现象或显示出来的所有景物
　　纷纷追述:"他俩曾一往情深!"

(张秋红　译)

1817年8月,拉马丁前往埃克斯城赴约,不料朱丽久候未至,在"玉阶空伫立"的怅惘中,当月29日于布尔热湖滨起草,9月完成此诗。

全诗以一阵声泪俱下的诘问揭开序幕。一个被抛弃在漫漫长夜里、被打入万劫不复的痛苦深渊中的孤独者的形象顿时跃然纸上。他爱得那么热烈,就痛苦得如此深沉;等得那么焦急,就失望得如此凄惨,以致周围的景物都黯然神伤:就在她坐过的石头前,她本该重逢的令人怀恋的清波忽然在悬岩下咆哮,迎着五内俱裂的岩侧痛断肝肠。随着往事纷呈,如泣如诉的独白渐渐转向如醉如痴的追忆。那泛舟平湖的良夜,怎不令人魂牵梦萦呢?那音调和谐的波声,那节奏明快的桨声,那美妙绝伦的歌声,那激情洋溢的回声,荡漾在天地之间,听得湖岸都入了迷,又怎不令人心驰神往呢?

诗人在引吭高歌中再现了"日月忽其不淹兮,春与秋其代序"式的传统主题,重申了"有花堪折直须折,莫待无花空折枝"式的古老箴言。他渴望留住美好的岁月,以便细细品味最令人陶醉的年华那转瞬即逝的喜悦,他催促流光带走不幸者的忧虑与岁月。待到幻想破灭,感慨如缕,

陷入沉思,又不禁疑惑起来:幸福的时刻难道会与不幸的岁月一样迅速地逝去?但现实却令人愤慨:光阴不仅夺去良辰,而且再也不还!于是忍不住要问个究竟:被夺去的良辰还让不让重温?这番痴语流露出他对爱情源源不断地倾注幸福的那令人欣喜欲狂的时刻的无限眷恋与对失去那无与伦比的狂欢的无限惋惜。他的激情逐步进入高潮,终于不可抑制地反复祈求,作为他俩爱情见证的风光旖旎的湖与锦绣如画的大自然及其所有现象或所有景物留下对那个良夜的永久记忆。

这首诗从卢梭的《新爱洛绮丝》第17封信第4部分那个著名插曲中汲取了营养。诗人力透纸背的真诚、协奏曲式的构思与富有音乐魅力的语言,使拉马丁这篇最负盛名的代表作特别回肠荡气,感人肺腑。　　(张秋红)

秋

拉马丁

你好!枝头依然留着残绿的树丛!
纷纷飘落在草地上的黄叶!
你好,迟暮的美景良辰!大自然的悲痛
正与我的忧伤相宜,让我看了感到欣悦!

我沿着荒僻的山间小路一边漫步一边遐想,
我真喜欢最后一遍再看一看
这黯然失色的太阳,它那微弱的余光
从我跟前几乎透不过林间的昏暗!

是的,在这大自然气息奄奄的秋日里,
我竟从它那无神的眼光中发现更多的妖娆,
这正是一位朋友的告别,这正是即将因与世长辞
而永远合起的双唇上最后的微笑!

所以,虽然因痛惜我漫长岁月中失去踪影的希望

而打定主意放弃人生的前途,
我依然回过头来,以羡慕的目光
凝视我还没有享受到的人生的幸福!

啊,大地,太阳,幽谷,秀丽而温存的自然界,
临近我的墓园,我真得向你们洒一番热泪;
清风竟如此芳香!夕照竟如此纯洁!
在一个行将就木的人看来,斜阳竟如此优美!

我恨不得这会儿就喝光
这混合着仙露与胆汁的苦酒!
在这让我饱尝人生艰辛的酒杯底上,
也许还有一滴蜂蜜留在里头?

也许未来还会让我重温
那已经失去希望的幸福的梦境?
也许在茫茫人海中,还有个我素昧平生的人
能理解我的隐衷并向我发出共鸣?……

花朵凋谢时向微风献出自己的清芬;
这意味着此刻花朵正向生命告别,向太阳告别;
我也不久于人世;在这一息尚存之际,我的灵魂
也吐露出衷曲,宛如一阵凄切缠绵的音乐。

(张秋红 译)

此诗完成于1819年末。

在"萧瑟兮草木摇落而变衰"的秋气肃杀之际,骚人词客纷纷感慨"是处红衰翠减,冉冉物华休",喟叹"落叶西风时候,人共青山都瘦",此诗却自出机杼,匠心独运。大自然的悲痛偏偏正与作者的忧伤相宜,让他看了感到欣悦,因为他发现了一位自强不息而又视死如归的朋友。你看,虽然黄叶凋零,但树丛的枝头却依然留有显示出不屈生机的残绿;虽

然微弱的余光几乎透不过林间的昏暗,但黯然失色的太阳却依然发出所有的光和热;虽然气息奄奄,但大自然却依然带着笑容向人间告别,在死神面前泰然自若,了无惧色……这一切都使他肃然起敬,慕而仰止,从无神的眼光中看出更多的妖娆,透过萧条的现象看到美的本质。

正是大自然的伟大精神与崇高形象唤起诗人对生活的热爱与对幸福的憧憬。既然清风如此芳香,夕照如此纯洁,斜阳如此优美,大自然如此秀丽而温存,他怎么舍得放弃人生的前途而离开这个世界呢?他又怎么能不渴望他还没有享受到的人生的幸福呢?他不禁热泪盈眶,激情满怀,恨不得立刻把人生的苦酒一饮而尽:因为,生活也许会苦尽甘来,未来也许会重温鸳梦,明天也许会再得知音……从这里吐露的衷曲中,我们听到他如饥似渴地追求幸福的心声,这正反映了诗人灵魂深处从渐趋平复的痛苦中燃起的新的希望。

(张秋红)

雨果 (10首)

维克多·雨果(Victor Hugo, 1802—1885),19世纪法国的伟大诗人,同时又是重要的文艺理论家、小说家、戏剧家、政论家、社会活动家。生于贝桑松,中学时代开始写诗,1824年与缪塞、维尼等组成"文社"。1827年出版剧本《克伦威尔》,在长序中推崇浪漫主义,声讨伪古典主义,一跃成为浪漫主义运动的领袖。1827年至1843年间,他发表了五本诗集:《东方集》《秋叶集》《黄昏之歌》《心声集》《光与影集》,著名小说《巴黎圣母院》,以及以《欧那尼》《吕意·布拉斯》为代表的八个剧本。1841年当选为法兰西学院院士。1843年,由于历史剧《城堡里的伯爵》上演失败,爱女莱阿波蒂溺死,他受到沉重的打击,从此长期搁笔。

1848年二月革命后,雨果摆脱君主立宪的幻想,站在共和的立场上,被选为制宪会议的成员。1851年12月,路易·波拿巴发动政变,自封为拿破仑三世皇帝。雨果作为共和派代表站在反抗斗争的最前列,失败后被迫离开法国,过了十九年的流亡生活,住在大西洋中两个岛上。其间,他恢复创作活力,发表了许多重要的著作,有政治小册子《小拿破仑》,诗集《惩罚集》《静观集》《历代传说》,长篇小说《悲惨世界》《海上劳工》《笑面人》等。1870年,普法战争爆发,拿破仑三世垮台,雨果返回巴黎,受到人民热烈的欢迎。普军围困巴黎时,他以高昂的爱国热情报名参加国民自卫军,还捐款铸造大炮,其中一尊命名为"维克多·雨果"号。巴黎公社时期,雨果在布鲁塞尔侨居,公社失败后,他不顾个人安危,为流亡社员提供避难所,替他们辩护。这个时期,他发表了诗体日记《凶年集》和长篇小说《九三年》。晚年出版的诗集还有《做祖父的艺术》、《历代传说》(二、三集)、《自由自在的精神》。1885年5月22日,雨果在巴黎逝世,法国为他举行隆重的葬礼,他的遗体被安葬在"先贤祠"里。

雨果在他漫长而勤奋的一生中,写出了十万多行诗句,包括抒情诗、戏剧诗、讽刺诗、史诗等,加上大量的小说、散文作品,其创作力的丰富是十分惊人的。尽管雨果的世界观充满复杂的矛盾,但他的一生随着时代的发展而不断进步,他的创作是同法国人民的愿望和革命斗争紧密联系着的。法国历史中许多重要的政治变革和历史事件,在雨果的作品中都有所反映,雨果不愧为法兰西的民族诗人。

另一把六弦琴

雨　果

他们问道:"怎么样才能
乘着我们的小船,
逃避警官的追击?"
——"你们划吧。"她们回答。

他们问道:"怎么样才能
忘掉不快的争吵,
以及贫苦和危险?"
——"你们睡吧。"她们回答。

他们问道:"怎么样才能

迷惑美丽的女人,

却无奇妙的媚药?"

——"你们爱吧。"她们回答。

1838.7.18　(金志平　译)

这首短诗原载《光与影集》(1840),题名《另一把六弦琴》是为了与前边一首长诗《六弦琴》相区别,手稿上最初的标题为《来自窗外的歌》。这首诗只有三小节十二行,全部由男女对话构成。男人们提出萦绕脑际的问题,女人们做出简单明确的答复:对于警官的追击,最好的办法是划船逃走;对于不快的争吵,最好的办法是睡觉忘却。这两节表现出雨果对下层人民的同情。原稿第二节,在女人们的答复中,雨果最初曾考虑用"做梦"或"喝酒"二词,但后来都放弃了,可能是因为做梦、幻想有逃避现实之嫌,而用酒浇愁又给人自我麻醉的印象,只有"睡"才比较自然。全诗重点在第三节,如何才能博取美女的欢心?女人们回答得很干脆:"你们爱吧。"雨果赞美并尊重爱情,因为他赞美并尊重女人。他认为欲望不是爱情,只能是爱的表现。爱来自心中,是"从心灵到心灵的光",爱是生命的力量。他歌颂纯洁、和谐的爱。　　　(金志平)

艺术和人民

雨　果

1

艺术,这是光荣和欢乐,

它在风暴中熊熊燃烧,

把蓝幽幽的天空照亮。

艺术是普天下的荣耀,

它在人民的脸上发出光彩,

犹如星星在上帝的额上闪烁。

艺术，这是优美的歌曲，
使爱好和平的心喜悦。
这歌，由城镇向林园吟唱，
由男人向女子吟唱，
由所有出自心灵的声音
同时齐声合唱！

艺术，这是人类的思想，
砸碎一切锁链向前发展！
艺术是温和的征服者，
莱茵河和台伯河都归属于它！
受奴役的人民，它使你获得自由；
自由了的人民，它使你变得伟大！

2
美好而不可战胜的法兰西啊，
唱你那支和平的歌！
唱吧，昂首望着天空！
你那愉快而深沉的嗓音
是世界的希望，
噢，伟大而友好的人民！

善良的人民迎着曙光歌唱！
夜晚来临时，仍然唱个不停！
劳动创造欢乐。
笑那旧时代正在消逝！
吟唱爱情应压低嗓门，
赞颂自由却要用最高音！

歌唱那神圣的意大利，

唱被埋葬的波兰,

唱鲜血染红的那不勒斯,

唱奄奄一息的匈牙利[1]……

暴君们啊,人民的歌声

犹如雄狮在怒吼!

1851.11.6,巴黎　（金志平　译）

《艺术和人民》原载《惩罚集》(1953)第一卷,写于1851年11月6日,距离路易·波拿巴即将发动的反革命政变不到一个月,可以看作是雨果对这个窃国大盗的警告。自从《光与影集》于1840年5月出版之后,雨果已有十余年未发表诗作了。他在思考文艺的社会功能,准备重新提笔创作,尽他诗人的社会职责,与暴君作殊死的斗争。

在第一部分里,雨果阐述自己的艺术观。他高度重视艺术,赞美艺术是欢乐和光荣,在风暴中发出熊熊火光,能给人民增添光彩。他说过:"人心是艺术的基础,就好像大地是自然的基础一样。"因此他确信,艺术这首优美的歌曲正在由所有出自心灵的声音齐声合唱。至于艺术和人类思想的关系,雨果认为,思想只有经过诗句锤炼才能更加光彩夺目,犹如铁百炼成钢;艺术能帮助人类的思想砸碎一切锁链向前发展。事实上,雨果本人的思想就是在创作过程中不断发展的,他由保皇主义发展到波拿巴主义,接着发展为共和主义,最后才成为激进的民主主义者,这些都在他的诗集中留下了印记。谈到艺术的作用,雨果只用两行诗句就做了概括:"受奴役的人民,它使你获得自由;自由了的人民,它使你变得伟大!"

在第二部分里,雨果继续阐述艺术与人民斗争的关系。他要不可战胜的法国人民唱和平的歌,成为世界的希望。他要人民不断歌唱,欢送正在消逝的旧时代。至于爱情诗与政治诗的不同艺术特点,雨果也做了

---

[1] 1843年至1850年间,上述地区的人民纷纷进行革命斗争,争取民族解放,受到沙俄、普鲁士、奥地利的镇压。

精彩的说明,那就是吟唱爱情应用低嗓门,赞颂自由要用最高音。最后两句是全诗的重点:"暴君们啊,人民的歌声犹如雄狮在怒吼!"法国大革命后,人民歌谣十分流行。贝朗瑞就曾以他的歌为武器,向波旁复辟王朝和七月王朝进击,获得很大成就。在他的影响下,出现了一批优秀的歌谣诗人,他们的歌声揭露反动统治阶级的狰狞面目,声援各国人民的民族解放斗争,发挥了影响广泛的战斗作用。至于雨果本人,他一向认为诗人应自觉地捍卫人民的利益,反对暴政。早在《秋叶集》(1941)中,雨果就表示他深深地憎恨压迫,他认为诗人要成为暴君的审判者。为此,他"忘记了家庭、孩子和爱情,还有无忧无虑的安闲和轻柔的歌声,而把一根青铜之弦装上他的竖琴"。正是这根"青铜之弦",在拿破仑三世称帝后,使雨果得以弹奏出气势磅礴的《惩罚集》,成为法国一位伟大的爱国诗人。

(金志平)

诗人走到田野上

雨 果

诗人走到田野上;他欣赏,
他赞美,他在倾听内心的竖琴声。
看见他来了,花朵,各种各样的花朵,
那些使红宝石黯然失色的花朵,
那些甚至胜过孔雀开屏的花朵,
金色的小花,蓝色的小花,
为了欢迎他,都摇晃着她们的花束,
有的微微向他行礼,有的做出娇媚的姿态,
因为这样符合美人的身份,她们
亲昵地说:"瞧,我们的情人走过来了!"
而那些生活在树林里的葱茏的大树,
充满着阳光和阴影,嗓子变得沙哑,
所有这些老头,紫杉,菩提树,枫树,

满脸皱纹的柳树,年高德劭的橡树,
长着黑枝杈,披着藓苔的榆树,
就像神学者们见到经典保管者那样,
向他行着大礼,并且一躬到底地垂下
他们长满树叶的头颅和常春藤的胡子,
他们观看着他额上宁静的光辉,
低声窃窃私语:"是他!是这个幻想家来了!"

1831.6,莱罗希 (金志平 译)

"雨果的英雄的风姿和巨人的步伐是令人望而生畏的;雨果的富丽堂皇的辞藻引人景仰和赞叹。"丹麦著名的文学评论家勃兰兑斯曾经这样赞美过雨果。读了这首《诗人走到田野上》,我们对于上述论断得到了一个鲜明有力的形象化的印证。

诗人的自我形象在这首诗里是双重性的。一方面,他是那许许多多娇媚艳丽的鲜花的"情人",花儿越美、越媚,越加反衬出诗人温馨和悦的柔情;另一方面,他又是那些古老葱茏的大树的"长者",它们恭敬虔诚地称他为"幻想家",这无疑是对诗人睿智沉思的钦慕。雨果在赞颂莎士比亚时曾强调"一切天才都具有双重的反光",正如红宝石的双重折射一样。他认为诗人应当是哲学家、历史家。这些话用在雨果自己身上其实也很合适。雨果风风雨雨的一生,完全证实了这一点。在政治社会的大舞台上,他具有纵横历史、百折不挠的英雄气概;在家庭、爱情的日常生活里却不乏儿女柔情。从这个意义上看,这首诗大约是可以视作诗人自我人格的写照的。

浪漫主义诗人热爱自然,他们往往在自然中寄托理想,寻求归宿,把自然"人化"。这首诗也同样如此,诗人讴歌田野、鲜花和大树,目的不在描绘自然美景,而是重在抒发自己一种宽阔的襟怀,一种踌躇满志的愉快心境。这首诗写于1831年夏天。1830年七月革命的胜利给予诗人极大的鼓舞;这年二月,雨果的浪漫主义名剧《欧那尼》在保守与革新的激烈争斗中获得了胜利,标志着浪漫主义戏剧从此战胜了伪古典主义,为诗人赢得了巨大声誉。不久诗人又创作了不朽名著《巴黎圣母院》，奠定了雨果在浪漫主义文学运动中的崇高地位。这一切都使诗人感受到无比的欣喜。当然，还有一个重要原因便是他一时摆脱了情敌圣佩韦对他精神上的干扰，同妻子和孩子一起住到乡郊别墅避暑，看到碧绿的草坪和林木苍翠的山坡，而不是尘土弥漫的城市大道，更使他陶醉于优美的大自然中心花怒放了。

这首诗的词语是华丽而夸张的。处处采用了拟人化的手法，使自然里的一草一木满含深情。诗人还善于运用对比手法：田野和树林，小花和大树，娇媚和苍老，"情人"和"幻想家"……这一系列对比使秀丽的美和雄壮的美并呈，既映衬出大自然的瑰丽多姿，又表现了诗人丰富的情感和气质。整首诗的意境美和情趣美饱和融合，余韵不尽。

（许自强）

啊！回忆……

雨 果

啊，回忆！春光！黎明！
令人惆怅而又令人兴奋的光辉！
——当她[1]的年纪还轻，
她妹妹是个小孩的时候……——

你可认识，从孟利雍到
圣勒[2]去的那个小山上面，
一所带平台的房屋蜷伏
在青天碧树之间！

---

[1] 她，指雨果的大女儿莱阿波蒂。
[2] 孟利雍和圣勒是法国蒙莫朗西县内的两个村镇，离巴黎约三十余公里。雨果在1840—1842年这几年的夏天，曾携眷前往该地小住。

我们就住在那儿——心灵呵,
进入这幸福的回忆里去吧!——
早晨,我往往听见她
在我窗下悄悄地玩耍。

她在圆圆的朝露中玩,
没有一点声音,她怕惊醒了我;
我也不去打开我的窗,
我怕惊动了她。

弟弟们都在嬉笑……——纯洁的晨光!
一切都在清新的枝叶下唱和,
我的家同大自然一起唱歌,
我的孩子同鸟儿一起歌唱!

我的咳嗽可壮了她的胆子。
她轻轻从楼下跑上来,
一本正经地向我说:
"孩子们,我吩咐他们待在楼下。"

不管她的头发梳得是否整齐,
不管我的心情是否愉快,
是她,我总是赞赏。她是我的仙女,
她是我瞭望的星辰。

我们整天在一块儿玩,
呵!难忘的游戏!亲切的谈心!
晚上,因为她是大孩子,
她就和我打交道:"来吧,父亲!"

"我们去把椅子给你端来,

你可愿意讲个故事给我们听!"
这时我不难看见孩子们
欣喜的心情形诸眉目之间。

于是,我大讲一些厮杀的场面,
杜撰一个神怪的故事;
而天花板上重重的影子,
就算是故事里人物的来源。

正如一般的儿童,这四个孩子
听了往往忍不住好笑,
因为他们看见愚蠢而凶恶的巨人,
被足智多谋的侏儒打倒。

我仿佛是阿里奥斯托[1]与荷马[2]:
信手拈来就是故事诗歌一篇。
当我讲述的时候,他们的母亲
默默地看着他们笑。

他们的外祖父,在黄昏中阅读,
不时抬头看他们一眼,
而我则从昏暗的窗口
望见窗外的一角青天。

1846.9.4 (闻家驷 译)

这是雨果悼念他的大女儿莱阿波蒂所写的一组悼亡诗中的一首。

雨果是个慈祥的父亲,对他四个儿女有着深深的爱,尤其最爱他的大女儿莱阿波蒂。不幸的是莱阿波蒂刚刚十九岁(一说十七岁),新婚后

---

[1] 意大利19世纪诗人,著有《愤怒的罗兰》及十四行诗。
[2] 希腊诗人,著有史诗《奥德赛》及《伊里亚特》等。

不久同她丈夫外出避暑途中，因小艇覆没，一起淹死在塞纳河里。当时雨果正在旅行，无意中从报上得知噩耗，悲痛欲绝。1843年9月9日朱丽叶·德露埃的日记里曾这样描绘："不到一秒钟前，我看见他还是笑容满面，兴高采烈，而转眼间，我就看到他惊愕了。他那可怜的双唇毫无血色，他那双美丽的眼睛黯淡无神。他的脸和头发被泪水浸湿。他那只可怜的手压着心脏，就像要阻止它从胸腔里蹦出来似的。"

此后，每年莱阿波蒂的忌日，雨果总要写诗悼念。这首诗写于三年之后，主要是追忆女儿在世时一同去巴黎郊外别墅避暑的情景。

这首诗像一幅天真烂漫的儿童画，把我们一下带到了一个安宁和谐而快活淳朴的世界。孩子们的活泼可爱，母亲的温柔安详，老人的慈祥满足都历历在目。尤其是大女儿（莱阿波蒂）同诗人之间那种互爱互怜，那种心灵的默契，描绘得十分感人。然而，这种天伦之乐愈是使人神往，愈反衬出诗人内心深处的悲恸，因为它们毕竟都已成了过去，永不复返了。所以，这首诗给人的回味是复杂的，矛盾的。从表层看，它充满着亲切温馨的情趣，反映了诗人恬淡闲适的愉悦心境；从深层看，它又蕴含着一种难以名状的强烈的悲哀，这在古今中外的悼亡诗里是别具一格的。为了印证这一点，我们不妨把诗人次年同时所写的一首悼念莱阿波蒂的悲歌附于这里：

明天，天一亮……

雨　果

明天，天一亮，原野露曙色，
我就动身。我知道你在跂望。
我行经森林，我行经山泽，
我再不能长此天各一方。

我注视着思念踽踽地走，
什么也不闻，什么也不见，

怀着忧心，俯着背，交叉着手，
白昼，我觉得如同黑夜一般。

我不看直下江流的远帆，
也不看落日散成的彩霞。
几时我到了，就在你的墓前
放下一束青枝和一束花。

1847.9.3

这首诗，同《啊！回忆……》虽然表面上情调迥异，一悲一乐，其实，诗人的内心同样回荡着悲怆的旋律，只是表现形式不同罢了。

(许自强)

在阴暗处

雨 果

旧世界
海浪啊，行了。现在退下去吧。必须这样做。
你的潮水还从来没有涨得那么高过。
可为什么你如此阴森可怖，气势汹汹？
为什么你的漩涡像张开的大嘴那样发出喧嚣？
哪来的这阵暴雨，这片黑影，这种噪音，
还有从夜的喇叭中吹出的这股可怕的风？
你的浪头随着惊人的涛声上升！
这儿是你的界限。我对你说，停止吧。
古老的律法，古老的障碍，古老的闸门，
愚昧，贫困，虚无，使妄想破灭的
地牢，深深关押心灵的苦役犯监狱，
自古以来丈夫对妻子拥有的权力，
不让穷苦的人们参加的盛大宴会，

各式各样的迷信,接二连三的不幸,
你别碰它们,走开吧,这些都是神圣的事物。
退下去,别作声!在人类的四周,
我建造了这些围墙,我构筑了这些堡垒。
——可你还在不断咆哮,可你还在不断涨高!
在你猛烈的冲击下,一切都给乱七八糟地卷走。
这儿是一本旧祈祷书,那儿是一本过时法典。
断头台塌入你的波谷已一晃而过。
别碰国王!天哪!他被你冲倒了。
这些神圣的人,我眼看他们遭到灭顶之灾!
停住!这是法官。停住!这是教士。
听上帝的话:海浪呀,别太过分了!
啊,怎么!你要把我淹没了!天哪,救命!
大海不服从了!海水已漫及我的藏身处!

海浪

你以为我是潮汐,殊不知我是洪水。

(金志平 译)

这首诗原载《凶年集》(1872),是这本日记体诗集的跋。

诗用对话体写成,但主要是写旧世界面对人民革命斗争浪潮的惊呼和哀号。

雨果一向以大海比喻人民。他善于描写大海。早在1834年,他就已见到大海。1851年后,他在大西洋的两个岛上流亡十余年,对大海仔细观察,有了深刻的体会。特别是1865年至1866年间他创作长篇小说《海上劳工》时,曾对海洋做过广博的研究。在这首短诗里,他描写海浪、潮水席卷一切的气势十分生动,令人惊心动魄:漩涡像张开的大嘴那样发出喧嚣;从夜的喇叭中吹出一股可怕的风;浪头随着惊人的涛声上升!为了进行阻挡,旧世界在人类的四周建造了道道围墙,构筑了层层堡垒:有古老的律法、愚昧、贫困、地牢、监狱、夫权、盛宴、迷信、不幸等,可是在不断咆哮、不断涨高的海浪冲击下仍然无济于事,一切都给乱七八糟地冲走。接着,雨果以令人目不暇接的速度,历数在波谷中一晃而过的东西:旧祈祷书、过时法典、断头台、连国王、法官、教士这些一向被认为神圣不可侵犯的人,也一个个遭到灭顶之灾。大海不服从了,汹涌澎湃的海水已漫及旧世界的藏身处,就要把它淹没。惊骇万状的旧世界终于大喊救命。对此,代表人民的海浪只回答说:"你以为我是潮汐,殊不知我是洪水。"一语道破旧世界对人民革命力量的声势和规模仍然估计不足。

(金志平)

冉娜被关进黑房间罚吃干面包

雨 果

冉娜被关进黑房间罚吃干面包,
为了某桩普通的罪行;我没有尽职,
犯了失职罪,去探望坐禁闭的女孩,
还暗中悄悄塞给她一罐果酱,
违反了法令。城里所有那些
以社会安全为己任的人们大为愤慨。
冉娜以温顺的声音保证说:
"我再不用拇指摸我的鼻子了,
我再也不让小猫抓伤我自己了。"
但是人们嚷道:"这个孩子了解你,
她知道你是何等宽容和软弱。
她看见别人生气时你总在笑。
简直没法管理了。时时刻刻
秩序都被你扰乱;权力削弱;
再没有规章制度。孩子不再听从管教。
你破坏了一切。"——于是我低下头,
说道:"对这些指责我没什么好说的,

我错了。是的,照这样纵容下去,
我总有一天把民众引向毁灭。
你们罚我吃干面包吧。""你活该,当然,
我们要这样罚你。"——这时温柔的冉娜,
抬起她那双如此美丽而充满威信的眼睛,
从她待着的黑角落里低声对我说道:
"那么,我呀,我一定会给你送去果酱。"

1876.10.21　（金志平　译）

这首诗原载《做祖父的艺术》(1877)。雨果表面上在写他的孙女,实际上从人道主义思想出发,在为巴黎公社社员说情,要求大赦。他把孩子比作人民,主张对弱者宽容和尊重。诗中提出的问题很尖锐,如何理解人民与政权之间的关系?在这个问题上,雨果的态度很明朗。他反对家长式统治,批评滥用权力。他主张以理服人,要公道、仁爱。

诗人的构思很巧妙,他把普通的日常生活与重大的政治主题相当自然地结合在一起。冉娜被大人关进黑房间罚吃干面包,老祖父去看望她。他不问小孙女有什么过失,而是首先承担责任,认为自己没有尽职,犯了失职罪,同时出于对孩子的疼爱与关心,悄悄塞给她一罐果酱。这样一来违反了法令,引起一些正人君子的愤慨。温顺的冉娜赶紧表示:她再不用拇指摸鼻子,再也不让小猫抓伤自己了。她的保证一方面显示出孩子的天真烂漫,另一方面也反衬出那些惩处她的大人的蛮横霸道。他们居然对这种不值一提的所谓"罪行"揪住不放。这是雨果运用对照法又一成功的例证,通过鲜明对比,增强艺术感染力,给读者留下深刻的印象。接着,那些卫道者们恼羞成怒,反过来指责雨果过于宽容和软弱,扰乱秩序,破坏了一切。他们硬逼他承认犯下了"纵容"罪,决定也罚他吃干面包。这是雨果对颠倒是非、冷酷不公的资产阶级法制的揭露和讽刺。最后,冉娜答应祖父一定给他送果酱,进一步刻画了小女孩的善良和可爱,同时也反映了人民和诗人之间互相爱护、互相支持的亲密情谊。

（金志平）

当我走向宏伟的目标

雨 果

当我走向宏伟的目标,
威胁我的事物冲我狞笑。
天哪,我的要求是正义的,
我争取的目标一定要达到!

无论可怕而残暴的六月,
无论叫骂,无论挖苦的嘲笑,
无论目光睥睨的波拿巴[1],
无论大海上吹来的狂飙,

无论以我为对象的仇恨,
任什么都不能使我动摇。
如果旧世界崩溃,它倒下的废墟
可能会压坏我,却无法使我折腰。

(金志平 译)

这首诗收入雨果逝世后出版的《全琴集》(1888)。诗人在短短十二行诗中直抒胸臆,表明自己的抱负和决心,这是积极浪漫主义诗歌的一大特色。

雨果一生经受过许多重大的考验。"活着的人是那些斗争着的人",这是他的诗句,也是他的信条。为了公正,为了人类美好的未来,他愿做不懈的斗争,决不退缩。他作为反抗拿破仑三世专制暴政的坚强斗士,在《最后的话》一诗中立下誓言:"如果只剩下一千个人,千人之中有我! 如果只剩下一百个人,我还是不把他放过; 如果只剩下十个人,我就是那第十个人; 如果只剩下一个人,我就是那最后的一个!"说到做到,

---

[1] 指路易·波拿巴,即拿破仑三世。

他在十九年的流亡生活中一直不屈不挠。巴黎公社失败后,凡尔赛分子对公社社员进行可怕而残暴的镇压,雨果把他在布鲁塞尔的住宅向公社流亡者开放,因而遭到一群人的围攻,差点被人用石头砸死。即使这样,他也没有气馁。正如他在这首诗中所说的,无论以他为对象的叫骂、嘲笑、威胁、仇恨,任什么都不能使他动摇。尽管雨果的世界观充满复杂的矛盾,可他不断突破自己,从不止步不前。他的一生随着时代的发展而不断进步,从这一点来说,《当我走向宏伟的目标》这首短诗可以看作是他的刚直不阿的人格的自我写照。 (金志平)

晨 星
雨 果

夜晚,我在海滩上睡着了。
一阵凉风把我吹醒,我离开了梦境,
我睁开眼睛,望见一颗晨星。
它在遥远的天空中灿烂夺目,
四面围绕着无边无际的柔软的光辉。
风神带着飓风早已逃跑。
乌云在星光下形成一朵朵洁白的绒毛。
这是一种有思想、有生命的光;[1]
它使暗礁不再遭受波涛的惊扰;
我们仿佛看见一颗珍珠里面有个灵魂闪耀。
天还没有大亮,但暗影已经衰微,
天空里洋溢着鲜明耀眼的微笑。
频频倾侧着的桅梢在晨光中镀着银色;
船身黑漆漆的,但船帆却已一片白。

---

[1] 它是一种有思想的光,因为它是充当前驱的星辰,将要号召全世界的人们起来迎接自由和光明。

海鸥站立在陡峭的海岸上;
宛如凝视一只火花里迸出来的仙鸟,
它在那儿聚精会神地凝视着星星。
海洋像人民一样,向它潮涌而来,
而且好像生怕惊跑了它似的,
放低呼啸的声息,看它高高地发亮。
一种难以形容的爱俯拥着大地。
草儿情不自禁,在我脚边战栗;
鸟儿在窝里交谈,花儿醒过来
向我说:"这是我的姐姐星星。"
就在此刻,当黑夜卷起它漫长而有皱褶的面纱,
我听见有一种声音从晨星那边传来,
它说道:"我是充当前驱的星辰。
我是种子,人们以为它已死亡,然而它又再生。
我照耀过西奈[1],我照耀过代色蒂[2];
我是火红金质的石子,上帝曾用投石带
将它抛出去射击黑夜昏暗的额头。
我是世界毁灭以后生长出的一片嫩芽。
全世界的各族人民呵!我是热情的诗歌,
我照耀过摩西,我照耀过但丁[3]。

---

[1] 西奈是阿拉伯的山。据《圣经·出埃及记》,当初,希伯来人住在埃及,饱受埃及王的虐待,上帝便命摩西带领他们转往圣地迦南去。途中,摩西曾经在西奈山的峰顶上接受上帝的默启。

[2] 代色蒂是斯巴达附近的一个山。据传说,斯巴达的立法家莱喀古士在那里向斯巴达人民做过关于维护正义的演说。

[3] 但丁,14世纪意大利著名诗人兼政治家,担任过外交上的重要职务,后因政治主张不同,被流放国外。他被称为意大利诗歌之父,他的名著《神曲》,便是在流放期间写成的。

雄狮般的海洋在热恋着我。

我已经来了。起来吧，道德，勇气，信心！

思想家们，登上城楼吧，充当哨兵！

眼皮，张开吧！眼珠，发亮吧！

田野，翻动所有的地沟！生命，唤醒一切的声音！

起来吧，所有沉睡的人！——因为派我充当前驱，

而它自己紧跟着就要来到的，

就是自由的天使，光明的巨人！"

1853年7月，泽西岛　（闻家驷　译）

这是一首政治抒情诗，它以昼夜更迭的自然现象来象征黑暗的第二帝国必将过渡到光明的法兰西共和国的历史进程，使基调阴沉的《惩罚集》放射出希望的光芒。《惩罚集》是拿破仑三世称帝以后，雨果在流亡期间所写的一部卓越的政治讽刺诗集，矛头针对这个独裁统治者。整部诗集建立在作者对人类进步的信念上，从"黑夜"开始，至"光明"结束，其中《晨星》这首诗起着承上启下的作用。

晨星，即金星，是各大行星中离地球最近的一个。地球上只能在清晨或黄昏用肉眼看到金星，这时它是天空中最亮的一个星。我国古代把金星叫作太白星，早晨出现在东方时叫启明星，意味着黑夜的过去，黎明的到来。早在1840年8月，有一天，雨果在莱茵河边旅行，破晓时分在马车里醒来，观看晨星："在清澈，蔚蓝，黯淡，耀眼，掺杂着难以形容的珍珠、蓝宝石和阴影的天空中，金星在闪耀，把它灿烂的光辉洒向田野和树林……犹如一只天上的眼睛充满爱意地睁开，俯视这沉睡的美丽景色。"（见雨果的游记《莱茵河》）当时的印象对他太深了，十余年后，他回忆起来，触景生情，写出了《晨星》这首诗，只不过地点从莱茵河边挪至大西洋边，场面显得更加开阔。

雨果善于描写景色。他通过生花妙笔，能使万物在我们的想象中栩栩如生，不仅动植物，连无生命的东西也如此，一切都拟人化了，而且显得十分自然。在这首诗里，晨星是充当前驱的星辰；它的光有思想，有

生命；它使暗礁不再遭受波涛的惊扰；我们仿佛看见这颗珍珠里面有个灵魂闪耀。在它的光辉照射下，象征恶势力的风神带着飓风逃跑，乌云形成一朵朵洁白的绒毛。作为人民化身的海洋热爱它，向它潮涌而来，而且好像生怕惊跑了它似的，放低呼啸的声息，看它高高地发亮。这时，满怀爱国激情的诗人通过晨星向人民发出公开的号召："起来吧，道德，勇气，信心！思想家们，登上城楼吧，充当哨兵！"要唤醒一切的声音齐声抗议，要唤醒所有沉睡的人共同战斗，捍卫共和，打倒暴君，迎接即将到来的自由的天使、光明的巨人！全诗在正义必胜的乐观气氛中结束。

作为一个抒情诗人，雨果想象力丰富，感情奔放，善于把深刻的个人感受与对世界的富于哲理的思索结合起来。《晨星》这首诗写得意境深远，令人回味无穷。

（金志平）

终身流放者之歌

雨　果

祈祷吧！现在正是宁静的黄昏。
上帝，我们的眼睛和胳臂向你举了起来。
凡是拿自己的眼泪和锁链献给你的人，
都是在苦难中最为痛苦的。
他们有着最多的荣誉，由于他们的苦难最深。[1]

　　忍受着吧！罪恶总有受惩罚的一天。

疾飞的鸟儿，清凄的风，我们的姊妹，
我们的家园，我们的母亲，
她们都在远方日夜流着眼泪。
飞鸟哟，告诉她们吧，我们深重的苦难！
晚风哟，带给她们吧，我们温暖的心！

---

[1] 诗人认为为了法兰西的共和而受难是光荣的。

忍受着吧！罪恶总有受惩罚的一天。

我们把我们的愿望告诉你；
上帝哟！请你把放逐的人们都忘记掉，
可是你得让法兰西[1]恢复它的光荣；
像我们这样的人，累坏了的，打伤了的，还是听其死去——
我们每天任白昼的骄阳付与黑暗的阴风！

　　忍受着吧！罪恶总有受惩罚的一天。

如同弓手射箭靶子一样，
酷热的太阳对准着我们投射火箭；
在做完了苦工之后，睡眠是不可能的；
寒热病像只蝙蝠，它从黑泥沼里飞出来，
把它那看不见的翅膀打在我们的额上。

　　忍受着吧！罪恶总有受惩罚的一天。

我们口渴，一瓢苦涩的水；
我们饥饿，一块黑面包；工作吧，不幸的人们！
在这荒野的沙漠上，每次把锄头挖下去，
死神就带着狞笑从泥土里钻出来，
一把把你抓住，勒死你，然后它又躺了下去。

　　忍受着吧！罪恶总有受惩罚的一天。

但这又何干？什么都不能降伏我们。
我们在受着苦刑，可是我们并不抱怨。
我们感谢上帝，我们正在唱着赞美的歌儿，

---

[1] 指拿破仑三世政变后的法兰西。

因为他选定了我们来肩荷苦难,而在这年头,
不认识痛苦就不是一条好汉。

  忍受着吧! 罪恶总有受惩罚的一天。

但愿永生属于伟大的共和国!
但愿安息属于一望无边的黑夜!
但愿安息属于地下长眠的死者!
但愿安息属于阴沉的海洋,它在天空底下,
把开云[1]的呜咽和非洲的呻吟混成一片!

  忍受着吧! 罪恶总有受惩罚的一天。

疾飞的鸟儿,清凄的风,我们的姊妹,
我们的家园,我们的母亲,
她们都在远方日夜流着眼泪。
飞鸟哟,告诉她们吧,我们深重的苦难!
晚风哟,带给她们吧,我们温暖的心!

1853年7月,叶尔色 (闻家驷 译)

  1852年12月2日,法兰西帝国正式成立以后,巴黎盛传拿破仑三世即将颁行赦令,凡因反抗"政变"而被拘禁在狱或逃亡在外者,均可恢复自由。这个消息传到海外,一部分流亡人士不免动摇,有些人并已在巴黎政府默许之下,准备启程回国。但是雨果却不为所动,为了表明态度,他写了《最后的话》,发出了斩钉截铁的誓言:即使只剩下最后一个人,他也要坚持到底,法兰西一天不得自由,他就决不回到祖国。半年过去了,诗人同流囚们在岛上受尽了苦难,这首《终身流放者之歌》就是他们悲惨生活的真实写照。

---

[1] 开云是南美洲法属殖民地圭亚那的首府。1851年12月2日拿破仑三世发动政变,开云和非洲被指定为政变反抗者终身流放的地带。

在这首诗中，诗人揭露了流囚们所遭受的非人待遇。饥饿、瘟疫、疲劳不断地折磨着他们，死神时时威胁着他们，对远方亲人的思念更使他们伤心不已。他们只能让"疾飞的鸟儿""清凄的风"来寄托心中的愁怨。然而，在这凄苦哀吟之中，我们依然听到了一个无畏的灵魂的吼声：

>但这又何干？什么都不能降伏我们。
>我们在受着苦刑，可是我们并不抱怨。
>我们感谢上帝，我们正在唱着赞美的歌儿，
>因为他选定了我们来肩荷苦难，而在这年头，
>不认识痛苦就不是一条好汉。

诗人这种以苦为乐、自我牺牲的精神是有着深厚的思想基础的。因为诗人坚信"罪恶总有受惩罚的一天"，他唯一的愿望是"让法兰西恢复它的光荣"。他的心同祖国、人民紧紧地系在一起，正像他在《最后的话》中所说："祖国，我的祭台；自由，我的旗帜""共和把我们团结在一起""你是我的力量，我的欢乐，我的支柱。"正是这种对祖国的热爱，对人民的忠诚，对自由的渴望，对理想的执着，成为他坚贞不屈的强大的精神动力，使诗人在海外坚持了长达十九年的流放斗争。

这首诗以真实、具体的现实主义描绘和直抒胸臆的笔法，写出了流放者的共同感情。全诗深沉、悲愤、哀怨、凄楚，很容易引起受难者的共鸣。它说明雨果作为一个浪漫主义伟大作家，同样能够写出充满现实主义精神的诗作。

《终身流放者之歌》收录于《惩罚集》。据回忆，列宁流亡巴黎时，很爱读雨果《惩罚集》中的诗篇，为它的"革命的气势"所吸引。　　（许自强）

阿韦尔(1首)

费利克斯·阿韦尔（Félix Arvers, 1806—1854），19世纪法国诗人和剧作家。他诗风精致细腻，颇具才华。我们这里所选的这首十四行诗，曾在当时的法国风行一时，但由于种种原因，阿韦尔被不公平地忽略和

遗忘了。因此,他在法国文坛上并不著名,只是由于这首优美的十四行诗,才使他保留在人们的记忆里而留名于世。

十四行诗

阿韦尔

我的灵魂深处有个秘密,我的生活有难以告人之处,
顷刻之间我产生了一种永恒的爱,
苦恼的是这一爱情毫无希望,而且我还得保持沉默,
而使我产生爱情的那一位却毫无察觉。

唉!我作为她亲近的人将虚度此生而不引起她的注意,
我总是在她身旁,然而又非常孤寂,
在世上直到我生命的最后一刻,
我什么也不敢要求,而且什么也得不到。

她呀!尽管上帝使她成为一个温柔体贴的人儿,
但她走她的路,漫不经心,而且也听不到那在她路过时,
传来的轻轻的爱的低诉。
她那严肃虔诚忠贞不渝的品质,
使她在读了这几行洋溢着出自对她爱慕之情的诗句后问道
"那么这位夫人是谁呢?"而且毫不领会。

(远方　译)

　　这是一首凄婉动人的爱情诗,是被压抑爱情的悲哀的叹息。主人公在灵魂深处产生了一种永恒的爱,这种爱是那样的强烈、执着而又深邃,但却毫无希望。他所爱的是位有夫之妇。这位夫人虽然温柔体贴,但却"严肃虔诚忠贞不渝"。因此,她结了婚就无意再去爱他人,尽管爱她的人总是伴在她的身旁;在她路过时,总是传来"轻轻的爱的低诉",可她由于无意,对他的爱毫无察觉。她的无意,是由于她真的不爱他?还是由于贞节观念使她不能去爱他,从而对他的绵绵情意无动于衷,

毫无察觉？她温柔而又体贴，对于爱的表示、暗示和表现，是真的没有察觉，还是不愿察觉？是不愿察觉，还是察觉到了而不愿或不能做出表示、反应和回答？

虽然无望，但由于爱得深沉，他无法离她而去，只有一生留在她的身旁；虽然"总是在她身旁"，由于引不起丝毫反响，内心十分孤寂。虽然内心的爱永恒而强烈，却又只能保持沉默，"什么也不敢要求，而且什么也得不到"，唯一得到的只有这被压抑爱情的痛苦与烦恼。

诗的最后，他写诗倾诉了对她的爱慕，而她读了那洋溢着爱的诗句后竟问"那么这位夫人是谁呢？"令人失落、尴尬。她是真的没有领会，还是不能去领会，或者不愿去领会？还是领会了而佯装不领会？这种多义性，为诗增添了许多层次和言外之意，带来极丰富的内涵。

这首诗写得柔和、平淡、纯真、清新，将由于爱情被压抑而产生的深深的痛苦与烦恼深埋其中，耐人寻味。　　　　　　　　　　（许桂亭）

缪塞 (1首)

阿尔弗雷德·德·缪塞（Alfred de Musset, 1810—1857），生于巴黎一个官吏家庭。自幼爱好文艺，十三四岁时就开始写诗。十八岁参加以雨果为首的浪漫派文社，经常朗诵自己的诗作，被誉为早熟的天才。二十岁发表抒情诗集《西班牙与意大利故事》，凭想象写出浓烈的异国情调。1833年出版著名长诗《罗拉》，开始流露彷徨不安的情绪。同年与比他年长六岁的女作家乔治·桑结识，很快发展成为爱情，两人同游意大利，但不久关系就发生挫折，至1835年彻底破裂，使缪塞陷入深深的痛苦之中。他陆续写出抒情诗《四夜组诗》：《五月之夜》（1835）、《十二月之夜》（1835）、《八月之夜》（1836）、《十月之夜》（1837），表达自己苦闷、绝望的心情。1833年至1838年是缪塞思想最动荡的时期，同时也是他创作力最旺盛的时期。除上述诗歌以外，他还著有剧本《任性的玛利亚娜》（1833）、《勿以爱情为戏》（1834）、《洛朗查丘》（1834），诗歌《出版法》（1835）、《致拉马丁书简》（1836），长篇小说《世纪儿的忏悔》(1836),以及一些中短篇小说等。随着思想日渐消沉,他的创作也日渐稀少。由于生活放荡不羁,酗酒无度,他的健康迅速恶化。1852年他被选为法兰西学院院士,五年后在巴黎去世,卒年四十七岁。

五月之夜(节选)
缪 塞

…………

缪斯:
诗人,拿起你的诗琴;我是女神,
看到你今夜沉默无言又悲哀,
像鸟儿听到一窝幼雏的叫声,
为了同你哭泣,从云天降下来。
你在痛苦,朋友。你是孤愁肠断,
有什么东西在你的心里号啕;
你有了爱情,像凡人所见那样,
是欢乐的虚影,有幸福的外貌。
来吧,面对上帝歌唱;在你遐想,
失去欢乐和往日痛苦中歌唱;
我们接吻起程,去的地方陌生,
我们随意唤醒你生活的回音,
我们来谈论幸福,荣誉和爱情,
不管是不是梦和遇到什么人。
想象一个地方,能被忘却消隐;
走吧,只有我们,宇宙属于我俩。

…………

拿起你的诗琴!我再不能沉寂,
在春风吹拂下,我要展翅飞走。
风要把我卷去;我要离开大地,

为我洒泪！上帝在听；正是时候。

诗人：

好姐姐，如果你只等
一个出于友谊的吻
和我眼中的一滴泪，
我会很爽快地给你，
我俩爱情，愿你牢记，
如果你重返天国内。
我既不想歌唱希望，
也不歌唱光荣、幸福，
唉！连痛苦也不歌唱，
嘴巴保持一声不响，
为了谛听心灵倾诉。

缪斯：

难道你以为我就像秋风一样，
直到坟墓里仍然沉浸于哭泣，
对我来说，痛苦不过是泪一滴？
诗人啊！一个吻，该由我来恩赏。
我想从这个地方拔走的野草，
是你的懒散；上帝要你将苦熬。
不管你的青春忍受多大烦扰，
让它扩大吧，这个神圣的伤口，
痛苦天使在你心底造成创伤，
没有什么比巨痛更使人高尚。
诗人啊，不要以为你受了打击，
你在人间的声音就应该沉寂。
最绝望的歌才是最优美的歌，
我所知不朽的歌是呜咽痛彻。

鹈鹕经过长途漫游，十分疲倦，
在黄昏的雾气中回到芦苇丛，
饥饿的幼雏一窝蜂跑到海边，
远远看见它一头猛扎到水中。
幼雏以为抓住猎物，就要分享，
纷纷奔向父亲，快乐得闹嚷嚷，
一面把难看肉囊上的嘴晃动。
鹈鹕缓缓地走上高耸的岩石，
垂下双翼，庇护它的一群孩子，
这忧郁的渔夫，它凝望着天穹。
血从它敞开的胸膛汩汩流淌；
原来它徒然搜遍海洋的深底：
大洋空空荡荡，海滩一片荒凉；
它只能带回它的心，当作粮食。[1]
黯然神伤，默默无声，躺在石上，
给孩子分食它做父亲的五脏，
它在崇高的爱中抚慰着痛苦，
看着从胸膛里流出鲜红血浆，
面对死亡的筵席，它虚弱摇晃，
深深陶醉于快感，温情和恐怖。
但有时候，在神圣的牺牲中间，
倦于酷刑太长久然后才归天，
它担心它的孩子们不让它死；
于是它站起来，迎风张开双翅，
发出凄厉叫声，拍打自己的心，

---

[1] 鹈鹕用自己的血肉喂养幼雏是一种传说，事实上它是从肉囊中吐出鱼来喂幼雏的。

在黑夜中诀别的哀鸣多凄楚,
吓得成群海鸟纷纷飞离海滨,
流连忘返的海滩游客也吃惊,
感到死神掠过,祈求上帝保护。
诗人啊,伟大的诗人都这么办,
他们让暂居尘世的人能欢忻,
他们给节庆奉献的人类欢宴,
大半都酷似鹈鹕献出的饭食。
他们这样谈论着受骗的希望,
忧愁和遗忘,还有爱情和不幸,
这不是能使人开心怀的齐鸣。
他们铿锵的词句像长剑一样:
它们在空中划出耀眼的光圈,
但光圈上总是带上鲜血点点。

诗人:

缪斯!不满足的精灵,
对我要求不可苛刻。
正当北风倏然来临,
人在沙上一无所写。
在我早年,我的青春
不停地在我的嘴唇
准备像鸟一样歌唱;
我受过艰苦的磨难,
我能说出的一点点,
放在我琴上来试弹,
弦便折断,芦苇一样。

(郑克鲁 译)

《五月之夜》属于"四夜组诗"的第一首,它是诗人和女小说家乔治·桑一段爱情经历的产物。1833年7月他们俩成为情侣,12月12日一同前往意大利游历,途中缪塞发现乔治·桑和他的意大利医生帕热洛打得火热,痛苦地离她而去。随后两人两次和好,又再度分手,至1835年3月关系终于最后破裂。缪塞说:"我的思想像一棵长期受到浇灌的植物那样,在泥土中汲取了汁液,在阳光下生长。我觉得我不久就要开口,我的心灵中有某种东西要求冒出来。"这要求冒出来的东西就是《五月之夜》,骨鲠在喉,不吐不快。他在一个晚上通宵写了出来,他感情的创伤于是封口了,他卸下了心头的重负。

《五月之夜》是诗人痛苦的心声。"最绝望的歌才是最优美的歌,我所知不朽的歌是呜咽痛彻。"这两句诗是缪塞的名句,既是《五月之夜》的主题,也是对这首诗最好的评论。缪塞比任何一个同时代诗人更加体现了浪漫主义的灵魂,他的个性本质是浪漫的,他利用这种气质和浪漫派艺术给他的全部自由去绘写内心,摒弃一切不能表达痛苦的闲文,他信奉的是"纯粹的呜咽"。可以说,一半的浪漫派都能以这两句诗作为座右铭,而只有缪塞在最大限度上符合这个要求。他表面上虽然保持雄辩和轻巧的形式,其实内心在进行着痛苦的搏斗,他的诗歌是带着点点鲜血的。他在《十月之夜》中说:"人是个学徒,痛苦是他的老师,没有经历过痛苦,就一无所知。"这两句诗可以作为《五月之夜》抒发失恋痛苦的补充说明。

缪塞绘写心灵痛苦时决不进行议论,他认为这是写诗的"首要之点",就是说必须保持情感的原始自发性,不以分析去解剖它,不以艺术的设计去伪造它。对他来说,诗歌应是在最隐秘、最亲切的激情处于震颤的时刻,最直接和最真诚的反映。在《五月之夜》中,缪斯像母亲般温柔,诗人则被失恋的痛苦所折磨,他们之间的对话不是议论,不是这一方去说服另一方,而都是诗人的内心表白,只不过分作两个角色来道出罢了。不发议论即是不加修饰地坦露内心,缪塞不惮把自己失去理智的心灵暴露出来。诚然,抒发悲哀,夏多布里昂、拉马丁、雨果莫不如此。然而夏多布里昂是有意把自己写成忧郁而崇高的形象,这不是真正的夏多布里昂,而是他力图塑造成高大形象的夏多布里昂;拉马丁则力求达到一种理想,铸造一个解脱人类苦难的虔诚心灵;雨果的诗往往令人意识到,这是凌驾于普通人之上的预言家。总之,他们在真诚方面是有所安排的,他们不让激情牵着自己走。缪塞则不同,他的诗没有哲理,没有庄重的沉思,没有理想,没有骄矜,没有誓言,没有豪言壮语。这是一个可怜人,不惮自惭形秽,不作违心之言,笔直走向不安的心灵推着自身走去的地方。诗人像是在一条没有罗盘、没有航舵的船上还算清醒的舵手。诗歌表达的是充满平凡的令人心碎的真实情感,这是《五月之夜》的可贵之处。

当然,诗人尽管急不可耐地抒发自己痛苦的心声,但他仍然寻求形象的表现手法,诗中引用了鹈鹕用自己的血肉喂养幼雏的传说,这插入的一段故事恰到好处地把诗人内心的痛苦形象化。鹈鹕是诗人的象征,诗人为了写出诗来给读者看,不得不把自己的内心掏出来,忍受着极端痛苦,这段插曲是《五月之夜》的画龙点睛之笔。浪漫派艺术向来主张诡谲奇丽,鹈鹕的故事使《五月之夜》具有一种沉郁悲怆的浪漫色彩。这一点正是与缪塞的前期诗作迥异之处,一反他轻松中略带俏皮、揶揄的明快风格,而更具有缪塞的真正风格——出于"巨大痛苦"的"纯粹呜咽"。

与抒发内心痛苦相适应,《五月之夜》行文流转自如,典雅之中有妩媚,情感激荡中包含亲切。它采用的对话形式显然从英国诗人爱德华·荣格(Edward Young, 1683—1765)的"九夜组诗"(1742—1745)得到启发。《九夜组诗》在18世纪和19世纪初流行一时,诗歌形式介于蒲伯的古典主义和格雷的浪漫主义之间。但荣格抒写的是灵魂不朽、生死友谊、信仰等问题,诗人与他的导师罗伦佐进行对话。缪塞在形式上加以借鉴,但他把对话人改为诗神,诗人仿佛在睡梦中与从天而降的缪斯展开对话,这样,浪漫情调就更为浓郁。总的看来,对话体抒情诗是缪塞最得心应手的诗体,他能据此畅快淋漓地表达内心感情。正如狄德罗善用对话体写小说,充分摆出正反两面的见解,体现出他的辩证法思想,缪塞也是用这种形式来表达心中矛盾的、交织在一起的、因狂热而变得纷乱的心绪。一般认为,缪塞不太注意诗歌结构,离题发挥太多,韵律有点随心所欲。确实,缪塞的诗作形式十分自由,缺乏规整的、精雕细琢的形式美。然而,须知缪塞的这些"缺点"也正是他的优点所带来的。他要不加矫饰地表达内心感情,就不可避免出现芜杂凌乱;他采用对话体,就容易流于段落长短不一(由于篇幅所限,本诗只能分段节选,保留了一半左右),令人有粗率之感。即使这样,《五月之夜》仍然瑕不掩瑜。正如一位法国评论家所说的:"材料的不完备,细节的疏忽,不够完美的韵律,都消失在诗意的情感和理想美之中。"　　　　　　(郑克鲁)

戈蒂耶(3首)

泰奥菲尔·戈蒂耶(Théophile Gautier, 1811—1872),法国诗人、小说家。早年曾与奈瓦尔等人结成小文社,站在浪漫派一边。1830年著名的"欧那尼之役"中,他身穿红背心,为雨果助威,被传为美谈。同年发表《诗集》,具有浪漫派特点。1832年出版的长诗《阿尔贝迪斯》叙述一个年轻画家受女巫之害的故事。长篇小说《莫班小姐》的序言(1836)宣称艺术应摆脱一切功利目的,独立于道德和政治之外,认为美才是永恒的,诗歌要同雕塑艺术加强联系,由此开创了"为艺术而艺术"的理论。1840年以后曾游历西班牙、意大利、希腊、俄国、土耳其,写有游记。1852年发表的《珐琅与玉雕》是他的诗歌代表作,进一步排斥写政治事件,主张像首饰工匠一样精雕细琢。十九世纪五六十年代他还出版了长篇小说《木乃伊传奇》(1858)、《好汉弗拉卡斯》(1863)。他还写过不少中短篇小说,情节离奇,想象怪异。另外,他的《浪漫主义史》留下了浪漫主义运动的宝贵史料。

春天最初的微笑
戈蒂耶

人们正当气喘吁吁,
为干坏事四出奔忙,

三月嘻笑，冒着骤雨，
暗中准备迎接春光。

趁着一切还在歇息，
他替那些小朵雏菊，
偷偷地烫平了领饰，
还把金扣雕出花序。

他来到果园、葡萄园，
像个鬼祟的假发师，
拿着天鹅羽扑转圈，
给杏树扑上了粉衣。

大自然在床上睡觉，
他来到无人的花园，
给玫瑰花蕾都系好
绿丝绒的紧身衣衫。

他编写视唱歌曲集，
轻声地吹给乌鸫听，
把雪花莲撒在草地，
又把堇菜撒在树林。

在竖耳听动静的鹿
饮水处的水田芥上，
他用手正隐而不露
剥落铃兰的银铃铛。

他把红艳艳的草莓
置于草下，让你采摘，
编出树叶帽往下垂，

给你遮挡烈日暴晒。

然后,他的工作完成,
他的统治尾声已近,
回头转向四月大门,
他说:"春天,请你来临!"

(郑克鲁 译)

这首诗赞美春天即将来临的美妙景象,它以热烈欢快的情调绘写这幅初春图。

诗人将三月拟人化,描写他的一系列繁忙活动:给雏菊烫平领饰;把金扣雕出花序;给杏树扑上粉衣;给玫瑰系好绿丝绒紧身衣;把雪花莲撒在草地,把堇菜撒在树林;剥落铃兰的银铃铛;把草莓放在草下。大自然含苞欲放的花卉树木像有人给它们打扮似的。诗人的构思新颖别致,给人以富有生活朝气、万物生机待发的印象,形象化地写出了春回大地,大自然焕然一新的景象。

对春天的渴望和企求历来是诗人们歌咏的主题,例如雪莱的《西风颂》就是著名的一例。但《春天最初的微笑》所反映的诗人心态与写《西风颂》的雪莱不同,雪莱尽管也怀着急切和希望的心情,预告春天为期不远,但他是对严酷的冬天抱着贬斥态度的,内心有一股忧闷悲愤之情。戈蒂耶则是怀着完全欢欣快乐的心情来写初春的,诗人的愉悦欣喜溢于字里行间。作为即将逝去的时间——三月,对于自己统治的期限已到,并没有怀着悲戚感伤,而是满心欢迎四月的来临。全诗充满热烈喜悦的情调,给人强烈的感染。

(郑克鲁)

嘉尔曼

戈蒂耶

嘉尔曼瘦削,——茶褐色的线条
把她吉卜赛人的眼睛围住;

她的头发黑得像不祥之兆；
魔鬼染成了她棕褐色的皮肤。

女人们说，她一点不俏，
但所有男子都疯魔上她；
托莱德的大主教
竟然向她跪唱弥撒；

在她黄褐色琥珀般的颈背，
盘着一只偌大的发髻，
在放床的凹室，发髻解开下垂，
像一件披风盖住她娇小的身子，

她苍白的脸孔上嘴巴
裂成两爿，笑容洋洋自得，
好似红辣椒，又像鲜艳的花，
它的艳红来自心房的血液。

这个黝黑的女人以这等模样
比垮最高傲的美貌，
她的眼睛炽热的光芒
使火焰熊熊燃烧；

在她有刺激性的丑陋中，
有大海的一颗盐粒，
从这海洋的无底深渊徐徐喷涌
赤裸的，挑逗人的，泼辣的维纳斯。

（郑克鲁　译）

梅里美笔下的吉卜赛女郎嘉尔曼是一个泼辣的、酷爱自由的美丽女郎，这是一个脍炙人口的女性形象。而戈蒂耶这首诗却刻画了另一个吉卜赛女郎，她非但不美，反而显得有点丑，不过这是有刺激性的丑陋。她同样具有吸引男性的魅力，"所有男子都疯魔上她"，甚至连大主教也向她顶礼膜拜。其中的奥秘在于她仍然具有一种挑逗人的泼辣的美：她的嘴唇鲜艳得像红辣椒，体现了她的性格，又给人以刺激；她的眼睛喷发出热情，射出炽热的光芒，能点燃男子心中的火焰。戈蒂耶的审美观受到了浪漫派如雨果的影响，他把美与丑结合在一起，认为一定的丑陋并不妨碍总体的美，因而他笔下的嘉尔曼便有别于梅里美笔下的同名人物，塑造了不同特点的一个女性形象。

戈蒂耶和梅里美一样，也指出了嘉尔曼这个吉卜赛女郎具有邪恶特征：她的眼睛有一道黑圈，她的头发黑得像不祥之兆，她的皮肤像被魔鬼染成了棕褐色。这个女郎有着令人畏惧的性格，这种性格强烈到反映在外貌上。可是，邪恶特点是嘉尔曼性格中不可或缺的一部分；她的泼辣、她的刺激性同邪恶是相结合的。从精神上来说，这种丑的方面与她热爱自由、无拘无束的品质——美的方面也是紧相联结的，属于美与丑的统一。

(郑克鲁)

花　盆
戈蒂耶

孩子偶尔捡到一小颗种子，
起初十分喜爱它色彩鲜艳，
他把它种在一只瓷盆里，
蓝色的龙、奇异的花装饰瓷盆两边。

他走了。水蛇般的根在延伸，
冒出泥土，开花，长成灌木；
每天，它带须根的脚扎得更深，
竟然撑破了瓷盆的大肚。

孩子回到家，吃惊地看到枝繁叶茂，

在破瓷盆上伸出多刺的绿枝；
他想拔掉它，可是根扎得很牢；
他用力拔，手指刺得鲜血淋漓。

爱情就这样孕育在我惊喜的心窝；
我原以为只种下一朵春天的花卉：
这却是一棵大芦荟，它的根顶破
大瓷盆颜色鲜丽的彩绘。

（郑克鲁 译）

这是一首用象征手法来抒写爱情的诗篇，由此可以看到戈蒂耶对波德莱尔以及后来的象征派诗人的启迪和影响。

诗歌前三节都用来描写一株灌木植物如何栽到瓷盆里，发芽、开花、长大，其实是在描写爱情的产生、成长和结果。孩子偶尔捡到一颗种子，意味着遇到意中人，她同这粒种子一样，色彩鲜艳，令人喜爱。孩子把种子种在瓷盆里，亦即把爱情植根于心中。不料，这爱情并不美好，它像水蛇——邪恶的形象——一样在心里延伸；瓷盆被撑破表示爱情的破裂。等到孩子发现这棵枝繁叶茂的灌木不是他所期待的花卉——理想的爱情时，他想拔掉它，可是灌木的根扎得太深，就是说，爱情已在恋人心中留下了不可磨灭的影响，要想拔除只会落得手指鲜血淋漓，心灵会受到切肤之痛的创伤。第四节的第一句诗点明了诗人的用意，指出他写的是爱情。随之诗人发出感叹，他原以为爱情多么美好，就像在心灵里种下一朵春来发枝的花卉，结果却是丑陋的植物，使诗人的心灵破碎了。

这种象征手法能委婉而细腻地描绘抽象事物或情感心绪，避免了平淡无奇和千篇一律的失恋之痛的描写，意象鲜明，类比脱俗，耐人寻味。

（郑克鲁）

鲍狄埃 (2首)

欧仁·鲍狄埃（Eugène Pottier, 1816—1887），法国和全世界无产阶

级的诗人，出生在巴黎一个包装工匠的家庭。十三岁开始当徒工，一生过着贫困的生活。

鲍狄埃从少年起就热爱诗歌，并以贝朗瑞为榜样，开始了诗歌创作。十四岁时，发表了第一部诗集《年轻的女诗神》，其中《自由万岁》是歌颂1830年革命的。鲍狄埃一生的诗歌创作都是同法国的革命斗争紧密联系在一起的。

1848年2月，巴黎工人阶级举行武装起义，鲍狄埃参加了街垒战斗，并创作《人民》一诗，表达了工人阶级"不自由，毋宁死"的决心。

1870年普法战争前夕，鲍狄埃发动图案画作坊五百多工人组织工会，并集体参加了国际工人协会法国支部。战争爆发的第二天，鲍狄埃在国际工人协会巴黎支部联合会《告全世界各民族工人书》上签名，号召各国工人阶级起来反对侵略战争。在普鲁士侵略军围困巴黎时，他参加了国民自卫军。1871年3月至5月，在巴黎公社斗争的七十二天中，鲍狄埃英勇斗争，被选为公社委员。在巴黎公社失败后的第二天，他创作了不朽的无产阶级的革命战歌《国际歌》。

1871年6月，鲍狄埃因被凡尔赛反革命法庭缺席审判判处死刑而流亡英国。1873年，马克思、恩格斯决定将第一国际总部迁往美国，鲍狄埃也随之流亡到了美国。在流亡期间，鲍狄埃积极参加工人运动，在美国时，他还参加了1877年美国社会主义工人党的筹建，并创作了《美国工人致法国工人》（1876）和《公社走过的道路》（1879年左右）等光辉诗篇。

1880年，法国工人阶级争取大赦的斗争取得了胜利，鲍狄埃结束了九年的流亡生活，回到祖国。回国后，他立即参加了社会主义工人党，并继续以诗歌为武器，为工人阶级的解放事业而斗争。

1887年11月6日，鲍狄埃病逝于巴黎，成千上万的工人高举红旗参加了他的葬礼。

鲍狄埃的诗歌充满了革命激情，雄浑、质朴、有力，充分表达了工人阶级改造世界的伟大气魄，他被列宁誉为最伟大的"用歌作为工具的宣传家"。

芦 笛

调寄《芦笛哟,芦笛!》

鲍狄埃

我此刻的变化
多么奇异,
失却诗人的形体,
成了简单的乐器。
哪还有硕大的肚腹?
我瘦得这么纤细!
　　　我是一支芦笛,
　　　芦笛哟,芦笛!
　　　我是一支芦笛,
　　　笛!笛!

我愿赴那光荣的盛宴,
不顾豪强的鄙夷,
谁送我去聚拢游人,
在那热闹的市集?
我将为欢乐的歌舞
奏出活泼的旋律。
　　　我是一支芦笛,
　　　芦笛哟,芦笛!
　　　我是一支芦笛,
　　　笛!笛!

谦卑而又忠实的芦笛,
奏出我思想的新鲜气息。
若是竖琴和长号,我的信仰
难道能表达得这样明晰?

让那吃人的妖魔
去听那短号或铜锣。
　　我是一支芦笛,
　　芦笛哟,芦笛!
　　我是一支芦笛,
　　笛!笛!

噢!飞翔的诗神,请耐心,
听一听我这庶民的谣曲。
虽然我卑微的歌喉
声音总是那么尖细,
但即使得服终身苦役,
累死在水上监狱,
　　我是一支芦笛,
　　芦笛哟,芦笛!
　　我是一支芦笛,
　　笛!笛!

既然我有这样的遭遇,
放呀,给我的吹孔放上
震颤的葱膜——
这神灵从仙界落地。
我们将要成百地撕碎
那些虚伪的纸神祇。
　　我是一支芦笛,
　　芦笛哟,芦笛!
　　我是一支芦笛,
　　笛!笛!

万有引力的定律

——宇宙和谐的奥秘,

你呀,这缠绕芦管的箴言[1]

要贯穿在我的诗句里,

发出爆破的轰响,

震荡在穷苦人的耳际。[2]

  我是一支芦笛,

   芦笛哟,芦笛!

  我是一支芦笛,

   笛!笛!

你们——工场和田野的劳苦大众,

你们——被剥夺一切的阶级,

来呀!用不着什么邀请,

卑贱者应受到最高的礼遇。[3]

来呀!拉撒路[4]和不幸的撒玛利亚妇女[5],

还有你,皈依宗教的强盗[6],也来听我这支芦笛。

  我是一支芦笛,

---

[1] 芦笛的管上一般都缠有纸带,上面写着箴言。
[2] 英国科学家牛顿发现万有引力定律,创立了天体运行的理论。傅立叶自称是政治范畴的牛顿,发表了他的重要著作《普遍统一论》,预言人类将会像宇宙受万有引力支配那样,进入一个和谐的新世界。鲍狄埃在此谈及的正是傅立叶的这种社会主义理想。
[3] 据《圣经》所载,耶稣认为处于社会上层的富人难入天国,而处于社会下层的穷人易进乐园。根据此说,鲍狄埃最欢迎卑贱者来听他吟唱诗歌。
[4] 拉撒路系《圣经》中一个饿死在富人门坎上的乞丐。
[5] 撒玛利亚是古巴勒斯坦中部的一个地区。《圣经》上记载,犹太人歧视这个地区的人,不跟他们来往。但耶稣途经这里时,曾到井旁向一位撒玛利亚妇女要水喝,并明确称自己是基督。
[6] 《圣经》上说,耶稣跟两个强盗同时被钉在十字架上,其中一个强盗死前皈依宗教。

> 芦笛哟,芦笛!
> 我是一支芦笛,
> 　笛!笛!

1848　(沈大力/刘凤云　译)

　　1848年革命风暴来临时,鲍狄埃怀着极大热情参加工人的各项社会活动。对二月革命的失望,使他以更高的革命情绪和更强烈的愤怒,投入了巴黎工人阶级六月起义的斗争。与此同时,作为一个革命歌手,他更加深刻地意识到诗人的使命:进行创作,让诗歌"去投入战斗"。

　　鲍狄埃自幼受到革命民主主义诗人贝朗瑞的影响,《芦笛》从内容到形式都留有贝朗瑞诗歌的遗痕:鲜明的政治内容和朴实的民歌风格。

　　鲍狄埃的革命意向,献身精神,为人民大众、为革命事业而创作的文艺观,构成了《芦笛》的基本特色。鲍狄埃写诗是为了表达他"思想的新鲜气息"和革命信仰。对下层人民苦难生活的体验,对他们不幸命运的同情,使他在1848年前后开始信仰傅立叶的社会主义学说。在这个时期他的诗歌里回响着空想社会主义的乐音。在《芦笛》中,他把傅立叶关于社会主义的理想作为"缠绕芦管的箴言",并贯穿在他的诗句里,使它"震荡在穷苦人的耳际"。后来鲍狄埃在给拉法格的信中谈到了他当时的这种信仰:"1848年革命使我的心灵和头脑开了窍,我阅读傅立叶的著作;我变成一个人们所谓的'狂人',并用歌曲来反映傅立叶的思想。"但鲍狄埃并不是一个真正的空想社会主义者。

　　鲍狄埃写诗表达自己的革命信仰,为一切劳动者和卑贱者而歌唱,即使为此"得服终身苦役,累死在水上监狱"也在所不惜。他立誓"要成百地撕碎那些虚伪的纸神祇",打倒一切偶像,表现了他无畏的斗争精神和牺牲精神。

　　鲍狄埃为劳动者歌唱,他最欢迎"工场和田野的劳苦大众","被剥夺一切的阶级",以及乞丐、被歧视的妇女来听他吟唱诗歌。因此,他采用了为劳动者和卑贱者所喜闻乐见的民间歌谣的形式。这种来自"庶民的谣曲",配上曲谱就能到处传唱,飞向四方。它通俗易懂,生动形象,意趣横生。在严肃的政治内容里又包含着些许的讽刺、俏皮、泼辣和诙谐。《芦笛》这种民间歌谣的形式最易为人民大众所接受,因此其中的革命思想在人民群众中能得到最大限度的传播,收到最为理想的艺术效果。

《芦笛》是以诗人自己的口吻写成的,语言亲切、流畅、自然。由于民间谣曲本身的节奏与韵律,使全诗具有很强的音乐感。全诗共七小节,每小节表达一个独立的意思,展现主题的一个侧面,各小节联结起来构成一个整体。每一小节后面的副歌,不仅加强了各小节之间的内聚力,而且使诗的主题和诗人的情绪得以回旋反复,大大强化了诗的感染力。

(许桂亭)

难道你一点也不知道
鲍狄埃

死神曾使我们两度流血:
一次是入侵[1],一次是内战[2]。

愤怒的大自然,
理应气得发颤。
我渴望它迸发出那猛烈的仇恨,
来一次地覆天翻的动乱。

怎么!你依旧那样庄严恬静,
森林呀,难道你一点也不知道?

啊,荒谬的恬静,你使我痛心,
刑车上满载起义者的尸身,
我目睹这些死者惨遭蹂躏,

---

[1] 普鲁士的入侵。
[2] 巴黎公社时期的国内战争。

而甚至刽子手也曾对他们肃然起敬。
雪白的石灰,黑暗的坟茔,
永远说不清牺牲者有多少,
怎么!你依旧只把蓝天映照,
沉思的水波呀,难道你一点也不知道?

阴暗的囚船[1],沉重的铁栅,
成千上万的战败者被你们关押,
他们被咒骂成乞丐、强盗,
但他们是父亲,要养活自己的家。
面色苍白的幼儿失去了父亲,
没有面包而被饥饿绞杀。
怎么!你依旧只管鸟儿筑巢,
古老的橡树呀,难道你一点也不知道?

劳动大众、艺术家和诗人,
当我们投入这火热的斗争,
曾满心希望扫除世间的不平,
为人类争取美好的命运。
而今毒痈又来腐蚀人心,
劳动者重又被判苦刑。
怎么!你依旧一片灰烬而没有烈焰燃烧,
火山呀,难道你一点也不知道?

机枪对衣衫破烂的人群横扫,
贫穷就是大逆不道!
我们的事业蒙受怎样的损失?

---

[1] 被逮捕的许多公社社员曾被囚禁在船上,即水上监狱。

我们的儿女将从哪里获得面包?
我们本想为最底层的人民,
争得作为平等公民的骄傲。
怎么!你依旧只管染红山顶树梢,
太阳呀,难道你一点也不知道?

疯狗[1]吐着毒沫,露着獠牙,
但凶险的未来更可怕。
我们的心脏已没有血液,
堆尸场吸尽了我们的精华。
资产阶级接替了普鲁士强盗,
窒息的法兰西在痛苦挣扎。
怎么!你依旧云雾缥缈,
遥远的天际呀,难道你一点也不知道?

人类深沉地回答:
这不是葬礼,而是一次诞生。
难道你看不见从我腹中,
即将诞生人类的平等?
快擦干我们身上的血迹!
我的骨肉也是你的至亲!
怎么!我将临盆,你还疑虑难消?
思想家呀,难道你一点也不知道?

1871年于格拉夫桑 (吴敏霞 译)

在这首诗中,鲍狄埃以昂扬的革命精神、深沉有力的诗句,抒发了他胸中的愤懑,控诉了凡尔赛反动分子对公社的残酷镇压和对公社社员

---

[1] 以梯也尔为首的资产阶级政府。

的血腥屠杀，立志继续斗争，向反革命复仇，迎接革命的再一次诞生。

这首诗是鲍狄埃流亡英国后所写的第一首诗。1871年7月，鲍狄埃携带着妻子和三个孩子，告别了祖国大地，经过长途跋涉，来到了伦敦附近的格拉夫桑。由于旅途的劳顿，他上肢的瘫痪加重了，他不仅要忍受疾病的折磨，而且还得承受贫困的煎熬。

革命的失败，疾病与贫困，流亡生活的艰难，都不能动摇鲍狄埃对革命的信仰。他虽然远离了祖国，远离了巴黎，来到了异国他乡，但他无法忘怀巴黎公社惊心动魄的斗争，公社社员的英雄壮举和流血牺牲，特别是凡尔赛反动分子对公社的血腥镇压，使他内心激动不已，甚至使他无法忍受周围大自然的宁静与和谐。三万多巴黎人被杀害，四万五千多人被监禁，被流放。反革命血洗巴黎的惨绝人寰的景象理应使大自然"气得发颤"；满腔的愤怒，猛烈的仇恨理应引起"地覆天翻的动乱"，可格拉夫桑的大自然依然庄严平静，似乎这一切都不曾发生，这是多么的荒谬。于是，满怀愤怒和痛苦的诗人向"森林"、向"沉思的水波"、向"古老的橡树"、向"火山"、向"太阳"、向"遥远的天际"提出责难，发出诘问：对于在巴黎发生的这一切，难道你一点也不知道吗？

这里的诘问有两层含义：一对于巴黎发生的这一切，大自然你不应不知道；另一层是你知道了，为什么还无动于衷，依旧保持昔日的模样？诗中借用对大自然的七次诘问，充分表达了诗人的愤怒和沉思的痛苦，表达了对镇压革命的刽子手的强烈抗议，同时也是对那些置身于事件之外、无动于衷的旁观者的一种批评和呼吁。这种诘问由于并置与重复使用，力量一次比一次加强，大大强化了诗人对凡尔赛反革命的深仇大恨和继续斗争的决心，大大加强了诗歌的表现力。　　　　（许桂亭）

波德莱尔 (9首)

夏尔·波德莱尔（Charles Baudelaire, 1821—1867），法国19世纪最重要的诗人和文艺批评家之一。他的创作上承浪漫主义的余绪，下开象征主义的先河，其影响遍及西方现代诗歌中的各种流派。

波德莱尔1821年4月9日出生在巴黎。他的父亲放弃教职后当过家庭教师,革命后在参议院供职,爱好艺术,具有启蒙思想。他虽然在波德莱尔六岁时即去世,但他的情趣和思想仍然对儿子产生了深刻的影响。波德莱尔的继父是个生硬古板保守的军人,很快就在他心中播下反抗的火种。波德莱尔离开中学后就过上了"自由的生活",并不顾家庭的反对,要去当作家。他读书很多,且涉猎极广,并对美术有浓厚的兴趣。1841年,他为家庭所迫,出游印度,但到了留尼汪岛即折回。他毕生都向往着"到别处去",其实他称得上旅行的,就只此一次。不过,这并不妨碍他在创作中屡屡开发这一主题。

波德莱尔的文学生涯是从画评开始的,而且一炮打响,继《1845年的沙龙》之后,《1846年的沙龙》即确立了他的权威艺术评论家的地位。他在画评中大力称颂浪漫派新秀德拉克洛瓦,极力推崇色彩和想象力。这期间,他已开始诗歌创作,不过发表极少。他在积蓄,在等待,在磨炼。1857年6月25日,几经预告的《恶之花》终于结集出版,并立即遭到第二帝国的卫道士们的攻击和诽谤,诉诸法庭被判三百法郎罚款(最终罚了五十法郎),并被勒令删除六首诗。波德莱尔的罪名是"伤风败俗"和"亵渎宗教"。四年以后,波德莱尔亲自编定的《恶之花》第二版问世,获得很大的成功。这时的波德莱尔精力充沛,往日的愁云为之一扫,先后出版了《1859年的沙龙》《人造天堂》以及其他一些散文诗。他成了魏尔伦、马拉美等一代青年诗人的精神领袖。然而,文学上的成功丝毫没有改变波德莱尔经济上的处境。虽然他还在勤奋写作,却终于在贫困和疾病的夹攻中,于1867年8月31日去世。

初放于1855年的《恶之花》至今未凋,且有愈开愈盛之势。一个半世纪以来,它不仅在学者的案头上常开不败,而且在普通读者的手中也仍然展示着神秘的诱惑。这些奇异的花,病态也好,不祥也好,有毒也好,终归是形成了一座恶的花园,一座现代城市中的恶的花园。

除了《恶之花》之外,波德莱尔的重要作品是散文诗集《巴黎的忧郁》(1869),这"依然是《恶之花》,但是具有多得多的自由、细节和讥讽"。散文诗并非自波德莱尔开始,但是,波德莱尔是第一个自觉地把它当作一种形式,并使之臻于完美的人。

高翔远举

波德莱尔

飞过池塘,飞过峡谷,飞过高山,
飞过森林,飞过云霞,飞过大海,
飞到太阳之外,飞到九霄之外,
越过了群星灿烂的天宇边缘,

我的精神啊,你活动轻灵矫健,
仿佛弄潮儿在浪里荡魄销魂,
你在深邃浩瀚中快乐地耕耘,
怀着无法言说的雄健的快感。

远远地飞离那致病的腐恶,
到高空中去把你净化涤荡,
就像啜饮纯洁神圣的酒浆,
啜饮弥漫玉宇的光明的火。

在厌倦和巨大的忧伤的后面,
它们充塞着雾霭沉沉的生存,
幸福的是那个羽翼坚强的人,
他能够飞向明亮安详的田园;

他的思想犹如那百灵鸟一般,
在清晨自由自在地冲向苍穹,
——翱翔在生活之上,轻易地听懂
花儿以及无语之万物的语言。

(郭宏安　译)

亚历山大体是庄严凝重的,但波德莱尔在第一节四行诗中,将其十二音节破碎成一系列短句,造成飞动之势,迫促的节奏使读者体味到一种腾飞的快感。这腾飞不是原地的盘旋,而是高翔远举,向着无限远的地方;这是空间的推移,也是心理的深入。前者是逃离"致病的腐恶",即"雾霭沉沉的生存"中充塞着的"厌倦和巨大的忧伤";后者则是让思想进入超凡入圣的境界,以"光明的火"为饮料,涤荡精神上的污浊和疾患。这是从有限向无限的伸展,是实现艺术的使命:"翱翔在生活之上,轻易地听懂花儿以及无语之万物的语言。"如董其昌所说:"潜行众妙之中,独立万物之表。"

能够高翔远举的人,才能够品尝到"无法言说的雄健的快感",也就是说,"羽翼坚强的人"才是幸福的人。幸福在于解脱,幸福的生活存在于"明亮安详的田园"。波德莱尔一向以城市诗人著称,然而在他的内心深处,无时不跃动着一种强烈的愿望:像"百灵鸟一般,在清晨自由自在地冲向苍穹"。他总是向往着"别的地方",然而他始终枯守在巴黎。他实际上只是在一种对于"高翔远举"的向往中体味到暂时的解脱,而在这暂时的解脱中,他看到了另一个"自我",与始终处于厌倦、悔恨、愤懑之中的自我迥然不同的另一个自我。说到底,波德莱尔的高翔远举始终是一种对于逃避和追寻的向往,然而,他将这种向往表达得多么真切、深刻,富于感染力啊!

(郭宏安)

灯 塔

波德莱尔

鲁本斯,遗忘之川,懒散的乐土,
新鲜的肉枕头,其上虽不能爱,
却汇聚生命的洪流,骚动不已,
就仿佛天上的空气,海中的海;

莱奥那·达·芬奇,深邃幽暗的镜,

映照着迷人的天使笑意浅浅，
充满神秘，有冰峰松林的阴影，
伴随他们出现在闭锁的家园；

伦勃朗，愁惨的医院细语呶呶，
一个大十字架是仅有的饰物，
垃圾堆中发出了哭诉的祈祷，
突然有一抹冬日的阳光射入；

米开朗基罗，但见那无名之地，
力士基督徒杂然一处，霞光中
一些强有力的幽灵傲然挺立，
张开五指撕碎了裹尸布一重；

农牧神的无耻，拳击手的义愤，
你呀，你善于把粗汉的美汇集，
骄傲伟大的心，软弱萎黄的人，
布杰，你这苦役犯忧郁的皇帝；

瓦多，狂欢节许多卓越的心灵
蝴蝶一般到处游荡，闪闪发光，
灯火照亮了新鲜轻盈的布景，
使这旋风般的舞会如癫如狂；

戈雅，充满着未知之物的噩梦，
巫魔夜会中人们把胎儿烹煮，
揽镜自照的老妇，赤裸的儿童，
好让魔鬼们理好它们的袜子；

血湖里恶煞出没，德拉克洛瓦，
周围有四季常青的松林遮蔽，

奇怪的号声在忧愁的天空下
飘过,仿佛韦伯被压抑的叹息;

这些诅咒,这些谴责,这些抱怨,
这陶醉、呼喊、哭泣、感恩赞美诗,
往复回荡在千百座迷宫中间,
如神圣的鸦片给了凡夫俗子;

这是千百个哨兵重复的呐喊,
是千百个喊话筒传递的命令,
是灯塔在千百座城堡上点燃,
是密林中迷路的猎人的呼应;

上帝,这确是我们所能给予的
关于我们的尊严的最好证明,
这是代代相传的热切的哭泣,
它将消失在悠悠永恒的边境!

(郭宏安　译)

八位画家(其中一位是雕塑家),直呼其名;八种画意,呈现的是八种境界。熟悉画史的读者,或可认出某句指某画。但不必坐实,波德莱尔是精炼其读画的印象,出以鲜活生动的情境,暗喻人生的种种遭际。这八节诗读起来惊心动魄,令人起雄浑阔大、浩渺无边之感。然其浓重的色彩、沉稳的节奏及拂之不去的悲凉气氛,又使人忧从中来,有不胜唏嘘的慨叹。果然,诗的最后三节,仿佛升华而结晶,将八种境界凝为诗的主旨:人类的尊严在于执着而悲壮的追求,它不乞求上帝,它乞求的是艺术。

人生如夜航船,依赖灯塔的指引。然而,鲁本斯的"生命的洪流",达·芬奇的"神秘",伦勃朗的"愁惨",米开朗基罗的"傲然",布杰的"忧郁",瓦多的"新鲜轻盈",戈雅的"噩梦",德拉克洛瓦的"忧愁",这些人类尊严的证人,他们是夜航船的灯塔,还是寻找灯塔的夜航船?

波德莱尔说，他们既是灯塔，又是夜航船；他们不再是高踞于普通人之上的导师了，他们是迷宫中的行人，是密林中迷路的猎人。然而他们的声音在迷宫中回荡，他们的喊声在密林中呼应。他们相互寻找，相互召唤，他们的诅咒、谴责、抱怨、陶醉、呼喊和哭泣，仿佛是相互鼓励的表示，而他们的感恩赞美诗，不再唱给上帝了，而是唱给了艺术。艺术是灯塔，艺术是命令，艺术是人类尊严的证明。

波德莱尔改变了艺术家的地位和使命，使他们不再生活在象牙塔中，使他们不再依赖神灵的启示或"迷狂"。他让艺术家生活在普通人之间，从生活的苦难和焦虑中汲取灵感。艺术和艺术家从此告别了古典时代，进入了现代阶段。

波德莱尔曾经说过："对于一幅画的评述不妨是一首十四行诗或一首哀歌。"《灯塔》则以四行诗句评述了一个画家的全部作品，并从中引发出深广的忧思和高深的哲理。不言而喻，走出象牙塔深入人间苦难的不只是画家，还有诗人、音乐家，以及一切以人类精神活动为创造源泉的那些人。灯塔，从此不止于照人，它还需自照，还需互照。　　　　（郭宏安）

理　想

波德莱尔

绝对不是那种画片上的美媛，
那种无聊时代的变质的产品，
脚踏高帮皮鞋，指上玩着响板，
能够满足像我这样的一颗心。

我还给伽瓦尼[1]，萎黄病的诗翁，
他的那些病院美女，嘈嘈群氓，
因为在这些苍白的玫瑰花中，

---

[1] 伽瓦尼（1804—1866），法国画家。

没有一朵像我那红色的理想。

这颗心深似渊谷,麦克白夫人[1],
它需要的是你呀,罪恶的强魂,
迎风怒放的埃斯库罗斯[2]的梦,

或伟大的《夜》[3],米开朗基罗之女,
你坦然地摆出了奇特的姿势,
那魅力正与泰坦[4]的口味相应。

(郭宏安 译)

这首十四行诗是波德莱尔的美学宣言,前两节四行诗是否定,后两节三行诗是肯定,针锋相对,态度何其鲜明,而且都以文学艺术作品为依托,内涵幽远而深刻。

波德莱尔否定的是时尚,只"产品"二字,就足以表示他的轻蔑,何况还是"变质的",而这样的产品只能出自一个"无聊"的时代。纤巧、浅薄、轻浮、萎靡,如那小画片上的美女,如何能使他那颗寄望高远的心得到满足?伽瓦尼虽也是他喜欢的画家,然其题材之琐细、风格之孱弱也曾使他深致不满。总之,"苍白的玫瑰"不能与他那"红色的理想"相比,因为红色是热情,是奋进,是生命力。看他曾经怎样描写过红色:"当大火炉降入水中时,红色的号声从四面八方响起,一种血红的和谐出现在天际,而绿色被染得通红,绚烂无比。"

波德莱尔肯定的是理想,是能够充满他那颗深似渊谷的心的雄伟,强劲有力的东西。麦克白夫人,虽然有罪,却有一颗强悍而永不满足的灵魂;埃斯库罗斯,笔下尽是意志坚强的雄伟高大的人物;米开朗基罗,

---

[1] 莎士比亚的悲剧《麦克白》中的女主人公。
[2] 埃斯库罗斯(约前525—前456),古希腊诗人。
[3] 米开朗基罗的著名雕塑作品。
[4] 泰坦是希腊神话中的巨人族。

神圣而痛苦,洋溢着崇高,那沉痛而悲愤的《夜》如何能不与巨人族的"口味相应"?波德莱尔后来说:"在自然中和在艺术中,假定价值相等,我偏爱宏伟的东西,巨大的动物,雄伟的风景,巨大的船,高大的男人,高大的女人,宏伟的教堂,等等。把我的趣味变成原则,我认为在缪斯的眼中,规模也并不是一个无足轻重的东西。"以"大"为美,这就是波德莱尔的理想。

在缪斯的眼中,规模当然不是无足轻重的,而以"大"为美从来就是一种健康的审美观,而且由来已久。不必说埃及的金字塔,我国先民就是以"大"为美的,《诗经》中屡屡歌颂"硕人",并有名篇《卫风·硕人》,就连女人也是以高大为美的。至于"美"这个汉字,有人解作"羊大为美",看来是很有道理的。

(郭宏安)

黄昏的和谐

波德莱尔

那时辰到了;花儿在枝头颤振,
每一朵都似香炉散发着芬芳;
声音和香气都在晚风中飘荡;
忧郁的圆舞曲,懒洋洋的眩晕!

每一朵都似香炉散发着芬芳;
小提琴幽幽咽咽如受伤的心;
忧郁的圆舞曲,懒洋洋的眩晕!
天空又悲又美,像大祭台一样。

小提琴幽幽咽咽如受伤的心,
温柔的心,憎恶广而黑的死亡!
天空又悲又美,像大祭台一样;
太阳在自己的凝血之中下沉。

温柔的心,憎恶广而黑的死亡,
收纳着光辉往昔的一切遗痕!
太阳在自己的凝血之中下沉……
想起你就仿佛看见圣体发光!

(郭宏安 译)

这首诗起得突兀而神秘,似乎花儿、小提琴、天空、太阳、诗人都在焦急地等待着一个时辰。是的,它们等待着黄昏,只有在黄昏降临的时候,花儿才散发出芬芳,小提琴才幽幽咽咽地倾诉,天空才呈现出悲哀的美,太阳才在自己的凝血中下沉,诗人才能在对死亡的憎恶中回味往昔的光辉。黄昏是沉思冥想的时刻,是万物应和的时刻,是人与自然交流的时刻。只有在黄昏的时分,诗人那颗受伤的心才能变得温柔,才能想起意中人而得到精神的升华。

黄昏是产生和谐的时刻,随着黄昏渐浓,和谐也趋向极致,因为和谐乃是万物应和的结果,而应和是由近及远、由浅入深的过程,到达极致时才产生净化。细读这首诗,诗人心境的变化不难体味,它是随着花儿、小提琴、天空、太阳等外物的逐渐融合而进入一种澄怀净虑、物我两忘的宗教境界的。诗中出现的香炉、祭台、圣体等词,则在语言层面上加重了宗教的氛围。然而,在这神秘的、略带宗教色彩的和谐中,透出一种解脱的喜悦,虽然这解脱是暂时的,这喜悦是笼罩在忧郁之中的。

这首诗取自由马来体,只有两韵,韵式为abba,baab。这种回环往复的咏唱极易造成一种缠绵悱恻的情调,其音乐性自不待言,难怪会被德彪西看中。象征派要从音乐手中夺回曾经失去的财富,这首诗可算作他们的一大战果。

(郭宏安)

邀 游

波德莱尔

孩子,小妹妹,
想想多甜美,

到那边共同生活!
　　尽情地恋爱,
　　爱与死都在
和你相像的邦国!
　　阳光潮湿了,
　　天空昏暗了,
我爱你眉目含情,
　　种种的魅力,
　　那样地神秘,
照亮了珠泪莹莹。
那里,是整齐和美,
豪华,宁静和沉醉。

　　家具亮闪闪,
　　被岁月磨圆,
装饰我们的卧房;
　　最珍奇的花,
　　把芬芳散发,
融进琥珀的幽香,
　　绚丽的屋顶,
　　深邃的明镜,
东方的辉煌灿烂,
　　都对着心灵
　　悄悄地使用
温柔的故乡语言。
那里,是整齐和美,
豪华,宁静和沉醉。

　　看那运河上,

船儿入梦乡，

　　流浪是它的爱好；

　　　为了满足你

　　　最小的希冀，

　　它来自天涯海角。

　　　——西下的太阳，

　　　把金衣紫裳

　　盖住整座的城市，

　　　原野和运河；

　　　世界睡着了，

　　在温暖的阳光里。

　　那里，是整齐和美，

　　豪华，宁静和沉醉。

（郭宏安　译）

　　这首诗最奇的是节奏：两行五音节句，叶韵；接着是一行七音节句，又是两行叶韵的五音节句，然后是一行与上一行七音节句叶韵的七音节句，或aabccb的韵式，如此反复，直到叶韵的两行七音节句，构成一段。全诗共三段，每段的最后二行七音节句完全相同，为叠句。这种快而不急、轻而不浮的节奏流露出一种催眠曲似的温柔与甜蜜。一个小伙子发出这样真诚而热切的呼唤，哪一个妙龄女子会不跟着他走，走向那个神奇而幸福的地方？这首诗的音乐性没有逃过作曲家的感觉，在波德莱尔生前就很快被谱成歌曲。

　　这种魔笛一样的诱惑力还在于诗人展现的迷人的前景，而这前景正与意中的女子相应和。即是说，在诗人眼中，风景变成了女人，女人变成了风景，两者相离又相即，在一种心灵的陶醉中融为一体。在女人与风景的应和中，阳光可以像女人的眼睛一样变得潮湿，天空可以像女人的面容一样突然变得昏暗，那女人的莹莹珠泪也可以顿时生出一种神秘。于是，家具、花草、屋顶、明镜、运河、船舶、夕阳、原野，一切都融进了女人的柔情蜜意之中。这样的地方难道还不是可以爱、可以死的地方吗?整齐、美、豪华、宁静和沉醉,这正是诗人的憧憬和追求。他要逃离眼前的世界,他要和他的情人一起逃离。节奏、韵律、色彩、想象,一切都在吸引着他们。

据说这首诗是从一幅描绘荷兰风景的画中汲取灵感的。细读之下,我们似乎可以看到,诗人正在这幅画前对他的女友说:"那里多像你呀,我们赶快出发吧!"在法国文学中,荷兰一向是被当作幸福之岛的,那里有平静,有幸福,有神秘的东方色彩。然而,波德莱尔曾经到过比利时,却不肯再迈出一步,去亲身领略那里的风光。也许,诗人愿意在内心深处永远保留这种甜蜜温馨的想象,而不想受到现实的任何玷污。

(郭宏安)

天 鹅

给维克多·雨果

波德莱尔

1

安德玛刻[1],我想到你!小小清涟,
这可怜、忧愁的明镜,曾经映出
您那寡妇的痛苦之无限庄严,
您的泪加宽了骗人的西莫伊[2],

正当我穿越新卡鲁塞尔广场,
它突然丰富了我多产的回忆。
老巴黎不复存在(城市的模样,
唉,比凡人的心变得还要迅疾);

---

[1] 特洛伊大将赫克托之妻,城破后成为庇吕斯的女奴,后嫁赫克托之弟艾勒努。
[2] 安德玛刻将敌国的一条小河当作故乡的西莫伊河,以寄托对亡夫的怀念。

我只在想象中看见那片木棚,
那一堆粗具形状的柱头、支架,
野草,池水畔的巨石绿意盈盈,
旧货杂陈,在橱窗内放出光华。

那里曾经横卧着一个动物园;
一天早晨,天空明亮而又冰冷,
我看见劳动醒来了,垃圾成片,
静静的空中扬起了一股黑风,

我看见一只天鹅逃出了樊笼,
有蹼的足摩擦着干燥的街衢,
不平的地上拖着雪白的羽绒,
把嘴伸向一条没有水的小溪,

它在尘埃中焦躁地梳理翅膀,
心中怀念着故乡那美丽的湖:
"水啊,你何时流?雷啊,你何时响?"
可怜啊,奇特不幸的荒诞之物,

几次像奥维德笔下的人一般,
伸长抽搐的颈,抬起渴望的头,
望着那片嘲弄的、冷酷的蓝天,
仿佛向上帝吐出了它的诅咒。

2

巴黎在变!我的忧郁未减毫厘!
新的宫殿、脚手架,一片片房栊,
破旧的四郊,一切都有了寓意,
我珍贵的回忆却比石头还重。

卢浮宫前面的景象压迫着我,

我想起那只大天鹅,动作呆痴,
仿佛又可笑又崇高的流亡者,
被无限的希望噬咬!然后是你,

安德玛刻,从一伟丈夫的怀中
归于英俊的庇吕斯,成了贱畜,
在一座空坟前面弯着腰出神;
赫克托的遗孀,艾勒努的新妇!

我想起那黑女人,憔悴而干枯,
在泥泞中彳亍,两眼失神,想望
美丽非洲的看不见的椰子树,
透过迷雾的巨大而高耸的墙;

我想起那些一去不归的人们,
一去不归!还有些人泡在泪里,
像啜饮母狼之乳把痛苦啜饮!
我想起那些孤儿花一般萎去!

在我精神漂泊的森林中,又有
一桩古老的回忆如号声频频,
我想起被遗忘在岛上的水手,
想起囚徒,俘虏!……和其他许多人!

(郭宏安 译)

《天鹅》一诗,明确标出献给流亡中的雨果,其主题已在不言中。当时是雨果自愿流亡的第七个年头,但他仍然有勇气对拿破仑三世的"大赦"表示轻蔑和不齿。波德莱尔这时献诗给他,其态度也已在不言中。

波德莱尔在给雨果的附信中说:"在我,重要的是赶快说出一件偶然的事情、一个形象可以包含着什么样的暗示。看见一个动物在受苦,这如何将精神推向我们爱着的那些人,他们不在我们身边,他们在受苦,又如何把精神推向被剥夺了某种不可复得的东西的那些人。"这段话乃是夫子自道,为我们理解《天鹅》一诗提供了一条基本的线索。

波德莱尔说是"赶快",果然,这首诗就开门见山,一开头便直入本题,赫然提出一个家喻户晓的流亡者的形象:安德玛刻。她之流亡本非自愿,乃是由于城破家亡,被掳为奴,但是她矢志忠于亡夫,其命运并不缺乏悲壮的色彩,亦有一种凛然的正气透出。而那条虚假的小河收纳了她的泪水,映照之下,更使其思夫思乡之苦有无限深广之感。安德玛刻的离乡背井,西莫伊河的不得其所,触动了诗人的情思:记忆中的巴黎已不复存在,眼前的巴黎已是另一番模样。那些业已消失的景物在历史和现实的冲撞中立即化作怀念的对象,逡巡不去。就在这使人顿生不胜今昔之感的对比中,诗人看见了一只逃出樊笼的天鹅,又是一个流亡者的形象!天鹅本来以水为家,只有在水上,它才能展现出雍容华贵的风姿,而现在,它面对的是"干燥的街"和"不平的地",它把嘴伸向小溪,溪中却"没有水",它要梳理羽毛,包围着它的却是"尘埃"。它那"有蹼的双足",需要水的抚摸;它那"雪白的羽绒",需要水的洗涤,然而,在这一片干涸中,它只能在"心中怀念着故乡那美丽的湖",只能怨恨地"望着那片嘲弄的、冷酷的蓝天"。在这只天鹅身上,诗人用了更浓重的笔墨和更细腻的笔触,因为它是诗情的真正契机,是灵感的真正触媒。对安德玛刻,诗人还只是"想到";对天鹅,则已是亲眼"看见"了。就其意蕴而言,天鹅要比安德玛刻更为丰富深广。安德玛刻已沦为女奴,任人宰割,每日只能以泪洗面;而天鹅则是自己逃出樊笼,它能愤怒地呼喊:"水啊,你何时流?雷啊,你何时响?"并且能"抬起渴望的头","向上帝吐出"它的"诅咒"。它成了一个反抗的人的象征。从安德玛刻到天鹅,有简有繁,中间接以变化中的巴黎。这巴黎并非虚设的过门,而是以工笔出之,施以浓墨重彩。它既是天鹅的流放地,又是诗人寄托抚今追昔而不可得的复杂感情的场所。他在这里既"看见"了失去家园的天鹅,又"看见"了已经醒来的"劳动";他既痛惜巴黎古老风貌的消失,又不能不感到劳动带给现代都会的某种英雄气概。宋人魏泰论诗曰:

"诗者述事以寄情,事贵详,情贵隐,及乎感会于心,则情见于词,此所以入人深也。"以此言论《天鹅》,其第一部分已可以说是"入人深"了。

然而,诗人的博大胸怀不止于给安德玛刻以怜悯,给天鹅以同情。在诗的第二部分,诗人的回忆扩展得更深更广,仿佛魔杖,所及之处,"一切都有了寓意"。现实的巴黎变成了神话的巴黎,眼睛中的映象变成了头脑中的回忆,而这回忆是比"石头还重"的。诗人的腿在巴黎的街头移动,诗人的眼睛却渐渐转向自己的内心,于是,一切又在"多产的回忆"中展开。这一次,天鹅的形象首先浮现,它被直呼为"流亡者","可笑又崇高",并且充满了"无限的希望"。然后是安德玛刻,她被置于悲惨的境遇中,在人格失落之余只能对着一座空坟追思往日的尊严。当诗人继续挖掘开拓他的回忆时,他的脑际出现了"憔悴而干枯"的黑女人,她那双失神的眼睛在浓雾后面寻找故乡的椰子树,这又是一个流亡者。还有那些一去不归、永远失去家园的人,那些把痛苦当作故乡的乳汁——罗马人的祖先乃是喝母狼乳汁长大的两兄弟——啜饮的人,那些像花儿一样枯萎的孤儿。他们都是流亡者啊!然而,诗人的回忆的脚步仍未停止,他的精神仍在森林中漂泊。终于,一声号角声传来,仿佛维吉尔出来引导,他于是又想到那些"被遗忘在岛上的水手"、"囚徒,俘虏",以及"其他许多人"。诗人一口气历数这许许多多流亡者,他们来自亲身见闻,来自神话传说,来自文学作品……无论他们来自何处,去往何方,他们都是流亡者,都是由于天鹅的暗示和引发而浮现在诗人脑际的。诗人的大脑仿佛一座堆满忧郁和痛苦的仓库,巴黎的巨变不曾使之减少毫厘,相反,一件偶然看到的事却像一座打开的闸门,刹那间让那些活跃在诗人心灵深处的流亡者流水一般涌出。这真是暗示和联想的奇迹,一只逃逸的天鹅竟在诗人的回忆中造就了一个世界,而且超越甚至取代了现实。细读全诗,我们会逐渐清晰地感觉到,诗人同时进行了两次旅行:一次是在巴黎街头徜徉,一次是在心灵深处漫游。两次旅行都是只有起点,没有终点,时间上如此,空间上亦然。

《天鹅》是一首痛苦而庄严的诗。 (郭宏安)

我没有忘记……

波德莱尔

我没有忘记,离城不远的地方,
有我们白色的房子,小而安详;
两尊石膏像,波莫娜和维纳斯,
一片疏林遮住了她们的躯体,
傍晚时分,阳光灿烂,流金泛彩,
一束束在玻璃窗上摔成碎块,
仿佛在好奇的天上睁开双眼,
看着我们慢慢地、默默地晚餐,
大片大片地把它美丽的烛光
洒在粗糙的桌布和布窗帘上。

(郭宏安 译)

夕阳,疏林,隐约可见的女神的雕像,一座小而安详的白色房子,玻璃窗在晚霞中幻出五光十色,而在粗糙的桌布和布窗帘上则化为无数美丽的烛光。桌旁,年轻的母亲和六岁的儿子正在晚餐。他们不说话,新寡的女人温柔地望着心爱的儿子,而这早熟的孩子却暗自庆幸他可以独占母亲的温柔了。这动人的一幕化作牢固的回忆,深深地镌刻在这孩子的脑际。他已经三十多岁了,而且"讨厌张扬家中事",然而他却将这一幕写在这首诗中。诗故意无题(题目为编者所加),唯其无题,更透着亲密,仿佛诗人不愿让局外人猜中而来分享他的甜蜜和苦涩。甜蜜,是因为这回忆使他重新尝到生活的欢乐;苦涩,是因他早已不能独占母亲的感情了。这首诗开头就说出"我没有忘记",仿佛一记重锤,带着欢乐、痛苦、嫉妒、报复等极为复杂的情感,敲在那个后来很快改嫁的女人的心上。波德莱尔爱得深切,恨起来也能不露声色地让人心上流血。

这是一首温馨的小诗,也是一幅斑斓的油画,难在让强烈的色彩烘托出柔和的情绪,更难在让柔和的情绪蕴含着复杂的成分。波德莱尔如何创造这一奇迹?他靠的是独特的场景,例如旧居;纯洁的氛围,例如疏林遮住了女神的裸体；唯一的场景，例如母子晚餐；以及神奇的变化，例如灿烂的阳光化作美丽的烛光，而这一切又都展现在一种充满影射暗示的朴素如倾谈的语言之中。

(郭宏安)

晨光熹微

波德莱尔

起床号从兵营的院子里传出，
而晨风正把街头的灯火吹拂。

这个时候，邪恶的梦宛若群蜂，
把睡在枕上的棕发少年刺疼；
夜灯如发红的眼，游动又忽闪，
给白昼缀上一个红色的斑点；
灵魂载着倔强而沉重的躯体，
把灯光与日光的搏斗来模拟；
像微风拂拭着泪水模糊的脸，
空气中充满飞逝之物的震颤，
男人倦于写作，女人倦于爱恋。

远近的房屋中开始冒出炊烟。
眼皮青紫，寻欢作乐的荡妇们，
还在张着大嘴睡得又死又蠢；
穷女人，垂着干瘪冰冷的双乳，
吹着残火剩灰，朝手指上哈气。
这个时候，在寒冷与穷困当中，
产妇们的痛苦变得更加沉重；
像一声呜咽被翻涌的血喧住，
远处鸡鸣划破了朦胧的空气；
雾海茫茫，淹没了高楼与大厦；

收容所的深处,有人垂死挣扎,
打着嗝,吐出了最后的一口气。
冶游的浪子回了家,力尽精疲。

黎明披上红绿衣衫,瑟瑟发抖,
在寂寞的塞纳河上慢慢地走,
暗淡的巴黎,揉着惺忪的睡眼,
抓起了工具,像个辛勤的老汉。

(郭宏安 译)

据波德莱尔的友人回忆,这首诗最迟写于1843年,正是他与母亲及当军官的继父住在一起的时候。首句中的"起床号"可能是他实实在在亲耳听见过的。可以说,《晨光熹微》这首诗写的是波德莱尔在此时此地的耳闻与目睹。"现实主义诗歌"这种概念是否成立,在不少人那里是存疑的。这首诗似乎是支持了那些持肯定意见的批评家,而且不乏说服力。

黎明是美丽而多彩的,然而巴黎的黎明不同,它是"暗淡"的。在一片灰蒙蒙的背景上活动或静止的人与物都是暗淡的,表现在形体上是疲倦,表现在精神上则是麻木。少年的头发不再金黄,荡妇的眼皮已然"青紫",穷女人的乳房"干瘪冰冷",产妇的痛苦"更加沉重",病人在"垂死挣扎",浪子则"力尽精疲";夜灯只如"发红的眼",高楼与大厦被雾海"淹没",本该嘹亮的鸡鸣却"像一声呜咽被翻涌的血噎住"。这些真实的细节无一不是暗淡的,这些暗淡无一不使人发生联想,而这些联想无一不朝向一个方向,其尽头是一个阴暗、悲惨、疲惫的世界。中国人常说"一日之计在于晨",法国中世纪的"破晓歌"咏唱的是盼望重逢的依依别情。可见,黎明乃是一个开始的时刻,是一个孕育着希望的时刻,是一个向前跃动的时刻。而巴黎的黎明却相反,是一个结束的时刻,是一个心灰体惰的时刻,是一个趋向静止的时刻。

巴黎的黎明也是有色彩的,只是不曾在诗人的眼中留下印象,他只看见它在"红绿衣衫"下"瑟瑟发抖"。然而,黎明究竟是新的一天,巴黎究竟是"辛勤"的，它不能不抓起工具，慢慢地打破塞纳河的"寂寞"。我们终于看见了一线希望，这希望来自由"工具"象征的劳动。这首诗以四行诗为一节结尾，短而有力，于暗淡中透出一点亮色。可以说，波德莱尔创造了一个现代大都会的典型。

（郭宏安）

西岱岛之行

波德莱尔

我的心啊像小鸟，快乐地飞翔，
围绕着缆绳自由自在地盘旋，
天空万里无云，帆船破浪向前，
仿佛天使陶醉于灿烂的阳光。

那是什么岛啊！凄凉而又阴暗？
有人说是西岱，歌谣里的胜地，
老光棍儿们有口皆碑的乐土。
看啊，说到底不过是一片荒原。

——甜蜜隐私之岛，心灵欢悦之岛！
那古代维纳斯的绝美的幽灵
在你的海上飞翔如香气回萦，
使精神啊充满了爱情和烦恼。

美丽的岛，盛开鲜花，遍生香桃，
全世界历来都对你膜拜顶礼，
爱慕之情啊化作心儿的叹息，
如同玫瑰园的上空香烟缭绕，

或如野鸽咕咕鸣叫永不停歇！
——西岱不过是块最贫瘠的土地，
一片被尖叫惊恐的荒砂乱石。

我却窥见一个东西怪异奇特!

那不是座林木掩映中的寺庙,
内有喜爱鲜花的年轻女祭司
走动,隐秘的热情烧灼着躯体,
一阵微风啊撩起了她的长袍。

就在我们贴着海岸航行之时,
雪白的风帆啊惊走鸟儿一片,
一个三根柱的绞架映入眼帘,
衬着蓝天,像一株黝黑的柏树。

一群猛禽栖在它们的食物上,
疯狂地撕咬一具腐烂的悬尸,
纷纷把邪恶的喙像镐样刨去,
刨进腐尸所有冒着血的地方;

双目已成空洞,肚子已被穿破,
沉甸甸的肠子流到了大腿上,
猛禽将丑恶的乐趣细细品尝,
坚喙一阵啄咬把他彻底阉割。

脚下还有一群垂涎的四足兽,
仰着嘴巴,在四周打转和徘徊,
那当中有一头大兽难熬难耐,
俨然有帮凶侍奉着的刽子手。

你住在西岱,美丽天空的孩子,
你默默地忍受着这种种凌辱,
为了那不洁的崇拜而受惩处,
为了那些罪孽承担无坟之苦。

可笑的悬尸，你同我一样受苦，
看见你摆动的肢体，我感觉到
往日的痛苦化作毒液的波涛，
一直涌上我的喉咙催我呕吐；

面对你，怀着珍贵回忆的苦人，
我感觉到了所有丑鸦的长喙，
我感觉到了所有黑豹的大嘴，
曾是那样喜欢咀嚼我的肉身。

——苍天一碧如洗，大海波平如镜；
从此一切对我变得漆黑血腥。
唉！我的心埋葬在这寓意之中，
好像裹上了厚厚的尸衣一重。

在你的岛上，啊，维纳斯！我只见
那象征的绞架，吊着我的形象，
——啊！上帝啊！给我勇气，给我力量，
让我观望我自己而并不憎厌！

（郭宏安 译）

　　说起西岱岛，人们多半会想到安托尼·瓦多的那幅画，其名正是《舟发西岱岛》。明丽的色彩洋溢着欢乐的气氛，盛装的男女掩饰不住甜蜜的隐私，热情的举止中透出些许的放荡。他们要去的是爱情之岛啊！波德莱尔这首《西岱岛之行》也是以欢欣的音调、轻快的节奏开头，但仅仅是开头。甚至在这开头的四节诗中，已有不祥的形象露出端倪：诗人的心不在天空中翱翔，却围绕着缆绳盘旋。殊不知缆绳与绳索只一字之差，而天使陶醉于灿烂的阳光，焉知不会像伊卡尔一样被烧熔柔嫩的翅膀？果然，诗人的笔至第二节便急转直下，先是以讽刺的口吻说西岱岛是歌谣里的胜地和乐土，然后一语喝断：西岱岛"不过是一片荒原"。

然而古代或传说中的西岱岛却并非如此,"甜蜜隐私之岛,心灵欢悦之岛"的慨叹和描绘,更反衬出今日之荒芜。诗的开头五节已隐然露出翻案之意,诗人将一扫传统的观念,呈现出一座崭新的、现代的爱情之岛。

于是,神话与现实、爱情与烦恼、野鸽之咕咕与某种骇人的尖叫,这一系列对比终于逼出了一个"怪异奇特"的东西。妙在不即指其名,而是先荡开一笔,从"不是"说起,这极富挑逗性和暗示性的四行诗,既让读者生出无穷的遐想,又让他进入一个神秘的世界,更仿佛欲扬先抑,使那"东西"出现得更突兀、更强烈,形象更为鲜明。到此,那个"三根柱的绞架"已经映入我们的眼帘,缆绳于是突然化作绞索,套住了诗人的心,也套住了我们的心。我们感到,航船继续向岸边靠近,我们终于看清楚了。诗人以极冷静、极客观、极细腻的笔触描绘出一场发生在爱情之岛上的惨剧,纤毫毕现,令人发指。我们不能不与诗人达成一种共识:这一切都是寓意,都是象征。悬尸,猛禽,四足兽,还有那头"大兽",似乎在向我们展示爱情的不洁及其恶果。爱情的崇拜是不洁的崇拜,爱情的惩罚是"无坟之苦":一颗永远漂泊无定的灵魂。诗人在与那悬尸的认同中,感到了强烈的悔恨和恐惧;毒液的波涛,丑鸦的长喙,黑豹的大嘴,这些令人惊怖的形象终于用厚厚的尸衣埋葬了他的心。然而,他并不想逃避这维纳斯之岛,他想学那十字架上的耶稣,"默默地忍受着这种种凌辱"。他向上帝祈求勇气和力量,试图用基督教的思想来抚慰和净化他的灵魂。这里,我们可以明显地感觉到,诗人是在精神和肉体的冲突中痛苦地挣扎着。这种冲突是爱情自身的冲突,它的向上的运动朝向平静的沉思,它的向下的运动朝向黑暗的死亡。爱情在波德莱尔的笔下永远是一场搏斗,世人津津乐道的爱情的欢乐,永远是在恶中品尝的。因此,他在维纳斯的岛上看到的,只能是"象征的绞架"吊着他的形象;倘若他能观望自己而并不憎厌,那也只能靠上帝给予的勇气和力量。

有研究证明,《西岱岛之行》受到奈瓦尔的一篇游记和爱伦·坡的一篇小说的启发。但是,正如波德莱尔的其他"旅行"一样,这西岱岛之行仍然是在他的头脑中、在他的回忆中进行的。因此,他让那幕惨剧发生在爱情之岛上,让它容纳和担负着那么多的"寓意",完全是出于他的诗人的独创。当然,勇敢而冷静地自剖与自鉴,这也是波德莱尔区别于其他许多诗人的地方。可以说,自波德莱尔之后,爱情诗在许多方面不那么温柔了。

(郭宏安)

米斯特拉尔 (1首)

弗雷德里克·米斯特拉尔(Frédéric Mistral, 1830—1914),法国诗人,用普罗旺斯方言奥克语写作,1904年诺贝尔奖获得者。生于法国南方罗讷河口省的马雅纳。在阿维尼翁中学读书时,就对普罗旺斯的传统和语言发生浓厚兴趣,决心为复兴奥克语文化献出毕生的精力。1854年,他联合六位普罗旺斯诗人成立"菲列布里什"协会,开展用奥克语写作的文学运动,翌年创办杂志《普罗旺斯年鉴》。1859年,他创作的乡村题材的长诗《米蕾伊》出版,引起轰动,是"菲列布里什"派的重大收获。1866年又发表英雄史诗《卡朗达尔》。1878年,他用二十年时间编纂的一部词典《菲列布里什宝库》出版,包括法国南方使用的所有词汇,以及奥克语的各种方言。其他著作还有抒情诗集《黄金群岛》(1876)、"阿维尼翁之诗"《奈尔特》、诗剧《让娜王后》(1890)和长诗《罗讷河之诗》(1897)。1904年,他与西班牙剧作家埃切加赖分享该年度的诺贝尔文学奖。给米斯特拉尔授奖的理由是"他的诗作的新颖的独创性和真正的灵感,忠实地反映了自然景色及其人民的乡土感情,此外,还有他作为普罗旺斯语言学家的重大成就"。1906年,他出版回忆录《我的出身:回忆录和故事》。1912年发表最后一部抒情诗集《油橄榄的收获》,两年后在故乡去世。遗著有《年鉴散文》三种。

米 蕾 伊(节选)

米斯特拉尔

"不对,不对!"科罗的少女

答道,"五月的阳光

怎能把科罗的姑娘吓倒。
　　不过瞒着你也没什么好处!
　　我的心意再也掩藏不住!
　　樊尚啊樊尚,你想不想知道
我爱上你了!……"小溪边,草地上,

　　清新的空气,
　　古老的杨柳树林,
都激动地赞叹不已!……
　　"公主啊,你人儿这样美丽,
　　舌头却很调皮,"
　　藤编工甚感惊异,
这样喊着,从地上一跃而起!

　　"怎么,你爱上我了?
　　米蕾伊,看在上帝的分上,
别拿我贫穷而愉快的一生取笑!
　　别叫我相信这种事,
　　它一旦被我铭记在心,
　　就会成为我的死因!
米蕾伊,请不要这样逗我不停!"

　　"我要是在说谎,
　　就让上帝不准我进入天堂!
啊,我爱你,相信吧,这不会使你难堪,
　　樊尚!……但如果你
　　执意不要我做你的情人,
　　那就会使我痛不欲生,
跪倒在你的脚边伤心落泪!"

"唉！别再说这种事！

你我之间隔着一座迷宫，"

昂布鲁瓦兹老头的儿子结巴说，

"你是朴树庄的女王，

一切都在你面前低头……

我呢，瓦拉布莱克的藤编工，

米蕾伊，我只是个流浪者，庄稼汉！"

"哦，我的爱人是男爵

还是工人，这无关紧要，

只要他使我快活，使我快活，"她赶紧答道，

身子像打捆机似的滚烫。

"倘若你不愿让我伤悲，

樊尚，那为什么呢为什么，

你穿着破衣也使我觉得这样俊美？"

(金志平　译)

　　《米蕾伊》是法国诗人米斯特拉尔用奥克语写成的第一首长诗。1851年开始创作，八年后于阿维尼翁连同法译本一起印行。全诗由十二章组成。女主人公米蕾伊美丽、纯洁，是朴树庄农庄主的女儿。一天，有个名叫樊尚的热情、能干的英俊少年，贫穷的藤柳编织工，同老父流浪到此。两个年轻人在做农活时互相帮助，萌发了爱情。然而米蕾伊的父母对她的婚事却另有打算。米蕾伊一连拒绝了三个富有的求婚人。其中第三个求婚人乌里亚十分凶暴，向樊尚挑衅，被打倒在地。但他趁樊尚放开他之际，卑鄙地用三齿叉把情敌刺成重伤。他在逃离时遭到了报应，淹死在罗讷河里。三个牧猪人发现奄奄一息的樊尚，将他抬回朴树庄。米蕾伊悉心看护心爱的人，想方设法治好了他的伤。樊尚求他父亲去向米蕾伊的父母提亲，但农庄主夫妇重视的是财富而不是人品，不顾女儿的心意，把樊尚的父亲赶走了。绝望的米蕾伊独自徒步去朝圣牧人

们信奉的三圣玛丽,恳求她们的帮助。她长途跋涉,精疲力尽地抵达海边的教堂时,得了致命的日射病,死在赶来寻找她的情人樊尚的怀里,周围是她的追悔莫及的父母和为她哭泣的善良的人们。长诗在描绘普罗旺斯的风光和习俗方面十分出色。诗中还穿插着许多民歌、谚语、神话、传说。语言抒情、优美,比喻独特、生动。米蕾伊被塑造成"大地的女儿",形象可爱动人。这从上面节选的片断诗文中也可看出:米蕾伊不顾门第差异,主动向意中人表白爱情,率直自然,情真意切,终于打消了樊尚的顾虑,一对恋人刻骨铭心地相爱了。《米蕾伊》1859年问世后随即受到广泛的赞扬。著名作曲家夏尔·古诺把它改编成歌剧,1864年在巴黎首演,其中一些歌曲借用了普罗旺斯古老的民间曲调,流传甚广。　　（金志平）

苏利·普吕多姆(3首)

苏利·普吕多姆（Sully Prudhomme, 1839—1907）,法国诗人,诺贝尔文学奖第一位获得者。获奖原因是:"特别表彰他的诗作,它们是高尚的理想、完美的艺术和罕有的心灵与智慧结晶的实证。"

他生于巴黎一个富商家庭,在科学系攻读,获得工程师学位。后在施奈德企业中任职,不久厌倦了这个工作,返回巴黎从事法律工作,并从这时起开始写作。但公证人事务所的实习生工作同样使他厌弃。1865年他发表了《长短诗集》,获得成功,其中《破裂的花瓶》一诗不胫而走,到处传诵。诗人同巴那斯派的合作,进一步加强了他追求形式美的欲望。《孤独集》(1869)倾向于写思想而不是表露情感,开始带有哲理意味。但《徒劳的温存》(1875)又回到写内心情感上来,抒写"心灵暗晦和持久的爱",这是一颗追求理想,赞美责任、品德和祖国的高尚心灵。随后他又写了两首长诗：《正义》(1878)写的是社会道德题材;《幸福》(1888)是一首具有象征意义的场面广阔的史诗。诗人企图将诗歌与科学相结合,上述两首长诗就是力图"把科学的美妙成果和现代思辨的高度综合引进诗歌领域",当时曾受到知识界的赞赏,但实际上不仅表达笨拙,而且过于迂回曲折,显得晦涩难懂。苏利·普吕多姆后期还写过一些关于美术、社会学和宗教方面的著述。他于1881年选入法兰西学院。1901年获诺贝尔文学奖后,他用这笔奖金建立了由文学家协会颁发的诗歌奖。

破裂的花瓶

苏利·普吕多姆

扇子一下微微敲裂
马鞭草枯萎的花瓶;
这只不过轻轻一击:
并没发出什么声音。

可是这轻微的裂痕
每天蚕食水晶容器,
隐蔽而切实地延伸,
慢慢绕圈裂开瓶壁。

清凉的水滴滴外渗,
花儿的汁液全枯竭,
发觉此情还没有人;
别碰花瓶,花瓶已裂。

情人的手往往这样,
碰伤心灵,留下痕迹;
随后心儿自裂衰亡,
爱情之花凋谢而死;

表面看它原封不动;
感到伤痕深深扩大,
心儿低声饮泣哀痛;
它已破裂,别去碰它。

(郑克鲁 译)

这首诗以淡雅别致的笔法来描绘爱情,它表达出沙龙里或知识阶层男女谈情说爱的温馨情调,比喻形象而新颖,细腻地写出爱情的感受。

诗歌以比兴手法开始:诗人先描写扇子轻轻一击而导致花瓶破裂,这裂缝不断扩大,瓶中的水慢慢渗出,终于使马鞭草枯萎,花儿凋谢。这是一幅沙龙风俗画,一切在暗地里发生,不为人所觉察,这一描绘给人以观察生活十分细致的印象。诗人以"别碰花瓶,花瓶已裂"的呼吁结束这一场景,意含双关,为下文的正题叙述做了铺垫。第四节笔锋一转,把情人之间常常出现的误伤与破裂的花瓶联系起来,指出情人有意无意之中给对方心灵造成的伤害,会导致心儿开裂,爱情之花随之凋谢。这略带哲理的联系能使人回味思索。诗篇最后一句"它已破裂,别去碰它"与前面的呼吁遥相呼应,只不过句法颠倒了一下次序,却能产生加强呼吁的效果,令人震动。

诗歌以委婉的笔致去描写爱情,它不去正面抒写情侣的热恋,不写情场失意或失恋的苦闷,也不写情人发生摩擦或龃龉的情景,而是以告诫的形式、形象的比喻去写伤害情人心灵会造成的恶果,对心灵状态进行了开掘。诗人认为,心灵是由敏感的纤维组成的,对待它必须小心谨慎,爱护备至,而不能损伤分毫。表述方式细微绵密,素雅精巧,这正是《破裂的花瓶》的成功之处。

(郑克鲁)

眼 睛

苏利·普吕多姆

可爱,漂亮,蓝或黑的
无数眼睛凝视破晓;
它们睡在坟墓之底,
太阳正在节节升高。

黑夜柔美,胜过白日,

迷惑了无数的眼睛；
满天繁星闪烁不止，
眼睛却充满了阴影。

噢！愿它们失去视力，
不，不，这是非分之想！
它们已经转向某地，
朝着不可见的方向；

好似在倾落的星辰
离开我们，仍留天穹，
眼睛也有入睡时分，
但决不消逝冥府中。

在坟墓的另外一侧，
向无边的黎明大张，
可爱，漂亮，蓝或黑的
眼睛，合上仍在凝望。

（郑克鲁　译）

　　诗人看到满天繁星，想起了无数各种颜色的美丽眼睛，但这不是人世间的秀目，而是像在坟墓深处凝视的眸子。繁星点缀在黑夜的天穹中，使诗人获得了这种晦暝幽深的联想和印象。诗人循着这个思路发展下去：是因为黑夜比白天更加柔美，迷惑了眼睛吗？可是黑夜中的眼睛——繁星却不免充满阴影，令人惆恨，因为这使人想到坟墓中张大的眼睛有所期待，表达出怨恨和悲哀。星辰的移动使诗人进而想象这些眼睛目光投向别处，向不可见的方向凝望；倾落的星星宛如入睡的眼睛。但诗人认为两者都不会消失，即使在坟墓里，合上的眼睛仍在凝视。这个结尾表达了诗人对灵魂不朽的信念和对未来生活的向往。

诗人敏锐地捕捉住自己精细的感觉,这种感觉可能是一刹那间的、朦朦胧胧的,但诗人及时地确定下来,并在这个基础上,进一步发挥自己的想象力,把大自然景象与内心沟通起来,并与哲理相连接。这一连串感觉的转换却又以冷眼旁观者的口吻叙述出来,像巴那斯派诗人所主张的那样保持无动于衷的态度。

由于把真实与幻感结合来写,这首诗的意境带上幽冥、迷蒙、神秘的色彩;诗人在富有抒情意味的叙述中加入了神幻的联想和思索,使诗篇具有更丰富的内涵,从而避免了将繁星比作眼睛这类常见的浅显无味的比喻和想象,赋予诗歌以独特的韵味。 (郑克鲁)

天 鹅

苏利·普吕多姆

在静而深的湖面上,天鹅
用宽蹼无声地追逐水波,
徐徐滑行,两侧羽绒好似
阳光下四月雪消融闪烁;
巨翼载着它像缓慢航船,
暗白,坚定,在和风中瑟缩。
它昂起秀脖,越过了芦苇,
又弯下在水面伸长摆弄,
优美的曲线像株老鸦企[1],
黑嘴藏在闪亮的脖子中,
忽而沿幽暗宁静的松树
蜿蜒而行,密密的小草丛
在它身后似长发般披散,

---

[1] 一种宽叶植物,十分秀挺。

它游弋时姿态迟缓倦慵。
使诗人百感交集的岩洞,
还有像哭诉永别的泉下,
都招它喜欢:它徘徊不去,
柳叶悄然落下,擦过肩垂。

忽而它游出去,远离暗林,
矫健地振翼直飞向蓝天,
为了迎迓它喜爱的白色,
选择那阳光灿烂的地点。
待到湖水边沿分辨不清,
万物看来像隐约的幽灵,
变暗的天际抹上了红霞,
灯芯草、菖蒲都凝然安定,
雨蛙在静谧中发出鸣声,
黄萤在月光下分外晶莹,
幽暗湖底映出满天繁星,
白中泛紫,那天鹅的头颈
插在翅下,睡在水天之间,
宛如钻石间的一只银瓶。

(郑克鲁 译)

  天鹅是外国诗人们喜爱吟诵的对象,但不同的诗人笔下的天鹅其立意亦不相同,例如波德莱尔的《天鹅》写的是流亡者的象征,马拉美的《天鹅》写的是诗人创作的停滞状态,而苏利·普吕多姆的《天鹅》则描绘天鹅的优美姿态和矫健身影,追求美的意境。

  呈现在我们面前的是天鹅在幽静深邃的湖面上安然游弋的画面。诗人用柔和的笔触勾画天鹅的形态:它的羽绒好像阳光下四月雪在消融闪烁;翅膀巨大、暗白、有力、坚定;羽毛被和风微微吹动;它的秀脖时而高耸越过芦苇,时而在水面上摆弄,曲线柔美。天鹅是美的化身,它在大自然里得其所哉,畅游湖中,给人一种安宁、闲逸、潇洒的印象,令人赞叹不已。它不仅像有高贵血统的族类一样,拥有纯净优雅的美,而且具有矫健挺拔的美。有时它会游出幽暗的树林,振翼展翅,直冲蓝天,飞向阳光灿烂的地方,在天空遨游,悠然自在,无拘无束,仿佛天之骄子。这是天鹅的动态美。它还有静态美:当黄昏来临,大自然一片静谧,只传来蛙声时,天鹅将头颈插在翅下安睡。它的身姿裹在水天之间,水光点点闪烁,恰如衬在钻石背景中的一只银瓶。动态美和静态美相结合,把天鹅的优美形象描绘得淋漓尽致,这是诗人追求的理想美。天鹅纯洁无瑕,超凡脱俗,刚柔相济,自由无羁,像珍宝一样可贵,是大自然创造的美的结晶。

这首诗还绘写了一幅优美的自然景色。这是一片水波浩渺的湖面,岸边水草丛生,岸上松树成林,枝叶扶疏,幽雅宜人,岩洞深邃,回声鸣响,泉水潺潺,似在呜咽,柳叶不时悄然落下。白天,阳光明媚;傍晚时分,湖水与岸边混沌一片,万物如同隐约显现的幽灵,天际一抹红霞,灯芯草、菖蒲纹丝不动。随着天色昏暗下来,只见黄萤在月光下飞舞,发出闪光,繁星在湖底白中泛紫。夜景同样具有仙境般的魅力。这是一幅景致色彩缤纷,宛如印象派画家笔下的鲜丽夺目的风景画。诗人摄取了一个个有特色的镜头,用浓墨重彩点染出来。这是巴那斯派诗人擅长的手法。

诗人在状物写景时,抱着冷静客观的态度。他似乎在不偏不倚地如实记录自己的所见所闻,赞美之情不从字面上直接表露出来,而是让人去揣摸意会,这显示了诗人高超的表现方法。

(郑克鲁)

马拉美 (3首)

斯特凡·马拉美(Stéphane Mallarmé, 1842—1898),法国象征派诗人,生于巴黎,五岁丧母,从小爱沉思。他从1861年起,受到波德莱尔和爱伦·坡的影响,诗歌较为晦涩。他曾到英国学习英文,回国后,长期从事教学。1866年他的十首诗被收入《现代巴那斯派》,这是巴那斯派诗人的作品合集。1871年他到巴黎任教,在此期间致力于两首长诗的写作:《希罗蒂亚德之歌》,虽花了十年时间,却只留下片断;《一个牧神的下午》花了十一年工夫,于1876年发表。前者描写的少女,象征不可企及的美,它困扰着诗人。后者描绘的牧神开始沉迷在冲动和幻想中,最后复归于沉默——诗人的象征。

从1880年开始,马拉美每逢星期二在自己位于罗马路的寓所中接待朋友和他的门徒,其中有于勒·拉福格、莫里斯·巴雷斯、保尔·克洛岱尔、安德烈·纪德、保尔·瓦莱里等重要作家。但当时马拉美自己的名声却很小,直至1884年,魏尔伦在《被诅咒的诗人》、依思芒斯在《逆流》中向读者介绍了他以后,他才蜚声文坛,他家的聚会也更加令人瞩目。

马拉美后来的诗作进一步走向晦涩,他的关于波德莱尔、魏尔伦、爱伦·坡、瓦格纳的几首悼诗以及《天鹅》(即《纯洁的,轻快的……》)等十四行诗就属于这一类。

1897年,马拉美将他论诗的文章和讲演结集出版,题名为《乱弹集》。1898年9月,马拉美在瓦尔万遽然逝世。

窗 户

马拉美

厌倦于愁惨的医院和难闻乳香,
好像平淡的白色窗幔,这气味
升向空壁烦人的耶稣受难像,
阴郁的垂危病人挺起衰老的背,

拖着脚走,不是为了晒热腐臭,
而是为了看看石上阳光,贴住
瘦脸的白汗毛和老骨头
在那明媚阳光要晒黑的窗户,

而发烧的、贪婪的蓝色嘴唇,

似乎年轻轻的,去呼吸它的宝藏,
昔日那种纯洁的皮肤用辛酸长吻
玷污温热的金色的玻璃窗。

他陶醉地看着,忘却恐惧圣油,
挂钟,被迫躺卧的床,汤剂,
咳嗽;傍晚在瓦片间照得血流,
他的目光沐浴在光灿灿的天际,

看到金色的双桅战船美若天鹅,
沉睡在紫红和芬芳的河上,
沉湎于充满回忆的倦怠落寞,
摇曳着线条万千,黄褐色的闪光!

因此,我厌恶心灵异常冷酷,
沉溺在幸福之中,饕餮贪吃,
执着地追求这种污秽,然后献出,
送给奶孩子女人的那类男子,

我逃走,我抓住所有的窗子,
从那里人们可以转向生活,庆幸
在玻璃之中,受到永恒露水的洗涤,
而"无限"那圣洁之晨在给露水披金。

在镜中我见自己是天使!我死去,在盼
——愿玻璃是艺术,是狂热的信仰——
再生,把我戴金冠的梦幻
献给美得到充分发展的往昔天堂!

唉!人间才是主宰;它的烦扰
时常闯到这可靠的隐身地,令我丧气,

而愚蠢这家伙的呕吐恶臭难熬，
迫使我面对蓝天捂住鼻子。

啊，我多了解凄苦，有没有办法
冲破被魔鬼藐视的水晶玻璃，
靠我的无羽双翼逃到天涯
——哪怕冒险在永生中掉落在地？

（郑克鲁　译）

　　这首诗写于1862年5月左右，那时马拉美只有二十岁。诗人受到波德莱尔的影响，运用了象征手法，但诗句的晦涩则显示了马拉美的特点。第一节写一个垂危病人厌倦了医院和难闻的气味；第二节写他将骨棱棱的瘦脸贴在窗户上，为了看看石上的阳光；第三节写他的嘴唇在吻玻璃，玷污了玻璃；第四节写他忘却了死的恐惧和药物，目光沐浴在天际；第五节写他看到河上美若天鹅的双桅战船和线条万千的闪光；第六节笔锋一转，"我"代替了病人，厌恶心灵冷酷、沉溺享乐、饕餮贪吃、将污秽献给做母亲的女人这种男子；第七节写"我"企图从窗户逃走，投身生活，向往大自然的美景；第八节窗玻璃变成镜子，"我"看到自己成了天使，"我"死去，为了再生获得纯洁，盼望生活于柏拉图描绘过的美得到流行的天堂；第九节写人间困住了"我"，"愚蠢"的呕吐迫使我捂住鼻子；第十节写"我"不知有什么办法冲破玻璃，逃离凄苦的生活，哪怕要在永生（即死后）中掉落在地，陷入地狱。这首诗所写的垂危病人是诗人心境的象征，诗人感到困扼在狭窄憋闷的现实中，现实犹如一个大医院，这里充满了死亡的气氛。诗人也像染有重病沉疴，长年待在这所充满难闻气味的医院中。诗里从病人到我的转折，只不过是转到对人物内心的直接刻画，"我"厌恶无情无义、醉生梦死的人，向往美好的天堂般的生活，想摆脱周围的现实。这个形象象征着人厌倦了污浊的日常生活，想逃离而去，但达不到目的。

　　《窗户》有可能从波德莱尔的名作《灯塔》的第三节得到启发：

伦勃朗，愁惨的医院细语呶呶，
　　一个大十字架是仅有的饰物，
　　垃圾堆中发出了哭诉的祈祷，
　　突然有一抹冬日的阳光射入；

波德莱尔把大画家伦勃朗善于画阴影和黑暗的技法、风格喻为愁惨医院，只见冬日的阳光突然射入，带着哭诉的祈祷从垃圾堆中升起，一派悲哀阴暗的景象呈现在读者面前。这是将视觉、听觉、味觉混合在一起的通感手法。马拉美借用了这幅景象的背景和某些实物，但立意完全不同，给予了新的理解。这首诗表达了马拉美热诚的理想主义信念，他在1863年6月3日给友人卡扎利斯的信中说："如果梦想是这样凋零和受到压抑，我们能逃往哪里？噢，我的亨利，渴饮理想吧。人间的幸福是卑污的——双手必须长满胼胝，才能捡起这幸福。"这段话是对《窗户》的追求给予印证的一种解释。诗歌对理想的追求是执着的，结尾的问句包含着决心：即使只靠无羽双翼，也要逃到天涯，哪怕要往下跌落。

《窗户》也借用了波德莱尔另一首诗《前生》的题材。《前生》歌咏梦想中的另一世界：巨柱庄严，一到晚上，柱廊变得像玄武岩洞府，我在蓝天、海涛和光彩之中，由涂抹香料的奴隶侍奉。不过，《窗户》追求的理想天地不像《前生》那么美妙、实在，而显得虚空、抽象：那里受到永恒露水的洗涤，"无限"的圣洁之晨照得露水泛出金光；这是柏拉图的理念世界。马拉美虽然执着地追求理想，但这理想却是虚无缥缈的。　　　　（郑克鲁）

蓝　天

马拉美

永恒的蓝天从容的嘲讽像花朵，
有一种慵倦的优美，在责怪
无能的诗人；越过痛苦的荒漠，
诗人在诅咒自己缺乏天才。

我闭着眼睛逃遁,感到才能
怀着深沉的内疚和惊慌凝视
我空落落的心灵。逃往哪里?试问,
似破布的长夜如何扑向恼人的蔑视?

雾呀,升起吧!往天空倾倒
雾气的破长衣和单调的灰烬,
秋天苍白的沼泽会把天空淹掉,
请造出巨大的寂静的天顶!

你快走出使人遗忘的池塘,
一路上捡起泥沙和苍白芦苇,
亲爱的烦恼,以便用不倦的手堵上
蓝色窟窿,这是可恶的鸟的胡作非为。

愿使人忧愁的烟囱冒烟不止,
愿烟炱的流动牢房
以恐怖的黑色长带压熄
在天际发黄的垂死太阳!

天死了。——我奔向你!啊,物质,
让它忘掉严酷的理想和罪孽,
它是与幸运的两腿动物一起
共享所睡垫草的殉道者。

最后,既然我的脑瓜空得活像
躺在墙脚的脂粉罐,
再没本领乔装打扮在呜咽的思想,
我愿向暗淡的死亡悲伤地打哈欠……

都是徒劳!蓝天胜利了,我听见它

在钟声里歌唱。我的心灵变成声音,
它可恶的胜利更使我们害怕,
它从活金属逸出,化作蓝色的三钟经!

它在雾中滚动,久久不息,穿过
你的刚生即,穿过可靠的利剑;
在无益、狂乱的反叛中向何处逃脱?
我烦扰不安。蓝天!蓝天!蓝天!蓝天!

(郑克鲁 译)

  这首诗写于1863年末。诗人无可抗拒地被蓝天所吸引,蓝天象征何物?蓝天象征诗歌的理想境界,它高高在上,俯视着诗人的无能为力。诗人感到无法达到他梦想的诗歌的完美,诅咒自己缺乏天才。于是蓝天的吸引变成烦忧:它像有生命的悔恨追逐着诗人。诗人想逃脱,内心感到才能在凝视他空虚的心灵,而蓝天也投以恼人的蔑视。诗人呼吁浓雾和烟囱喷烟,淹没天空,压熄太阳。这样的愿望和诅咒都是枉然,逃遁也是无用的,即使诗人产生幻象,以为蓝天死了。然而蓝天的召唤更为强大,它依然存在着,诗人对它无可奈何,它得到了胜利,充斥于钟声里,钻入诗人的心灵中,在雾中滚动,要在诗歌中出现。诗人最后承认自己的反叛是无益和狂乱的,他一再呼喊着蓝天。这首诗以象征手法来写诗人的作诗,认为无法达到诗歌的完美境界;即使这样,诗人仍然为写诗所吸引,投身于创作。马拉美用强烈的抒情词句去表达这种内心困扰和"悲剧"。马拉美认为,纯洁完美的诗歌语言使命在于驱除日常事物的一切不完美;语言的纯粹完美这种不断增长的困扰,是同生活的完美的困扰不可分割的;没有生活的艰难,也就不会有语言的艰难。为了再创造一个宇宙,使之变得清澈明朗,诗人应该在自身打开自由和透明的空间,字句的明镜可以在其中找到位置。换句话说,马拉美认为只有完美的诗句才能与完美的生活相一致。

  另一方面,马拉美认为诗歌本身就是最美的语言,普通字句在诗中都具有"更纯粹的意义"。这种语言能使人看到观念和本质的世界,而这个世界是难以言传的。因此,诗歌应该是神秘的:"凡是神圣的和力图成为神圣的东西都包裹着神秘。"既然神秘,诗歌就不能一眼看透,它的象征手法应有多种含义。蓝天既象征写诗的完美境界,也可以看作一种抽象的理想,因为除了第一和第二节诗谈到诗人的天才和才能以外,其余七节诗似乎已经脱离了这个着眼点;全诗的立意十分抽象,所以蓝天的象征也不必局限在一点上。诗歌的神秘性和象征的抽象性带来了诗的晦涩难懂,读者难以领会马拉美的本意和诗句具有何种象征意义。然而马拉美却认为,诗歌本应使庸俗无能的人和懒汉失去读懂的信心,这种晦涩难懂是诗歌固有的优点,《蓝天》的不少诗行正体现了马拉美的主张。

(郑克鲁)

纯洁的,轻快的……

马拉美

纯洁的,轻快的,美丽的今天
是否将扇动狂热的翅膀去划破
这被遗忘的坚硬湖面,未曾飞翔过,
在浓霜下的透明冰鹅常光顾湖边!

一只属于往昔的天鹅记起当年
华贵的姿态,如今无望加以摆脱,
因为当烦恼在不育寒冬放光闪烁,
它未曾歌唱过生活的空间。

天鹅的颈将震落白色的垂危,
是天空把这强加给否认它的鸟类,
它却不能震落对压身泥土的恐惧。

这幽灵纯净的光辉给它规定在此,

> 天鹅一动不动，在蔑视的寒梦中睡去，
> 而在徒劳的流放中才有这种蔑视。

（郑克鲁 译）

这首诗写于1885年，又名《天鹅》。诗里描写的是一只冻结在湖上的天鹅的情景。但天鹅只是一种象征，诗中的具体描写也含有特定的象征意义，例如第三行"未曾飞翔过"指诗人写不出诗；第五行"一只属于往昔的天鹅"指天鹅如今不能飞翔；第七行"烦恼在不育寒冬"，冬天被诗人视作不育时节，而烦恼则是创作之季；第八行"生活的空间"指蓝天；第十一行"它却不能震落对压身泥土的恐惧"，指天鹅虽然摆脱冰封，抬起头来，但不能飞翔；最后一节暗指天鹅有朝一日能重新飞上蓝天。

有人认为这首诗写的是马拉美不满于自己前一段写作的不丰，犹如天鹅一样，以前姿态华贵，在蓝天翱翔，即指创作力旺盛；但后来在寒梦中睡去，即指创作力萎缩，作品几乎等于零。不过，天鹅不会忘记自己的天赋，对寒冷抱的是蔑视态度，即指诗人要重新振作起来，写出更多的诗篇。这种解释为努莱夫人提出，得到多数人的赞同。

萨特则认为这首诗阐明了马拉美的创作"异乎寻常的否定逻辑"，这已为"诗歌的内部注释"所证明，这就是第二节诗；天鹅的华贵姿态已属于过去，如今无望摆脱这种无所作为的状态。

第三种说法认为天鹅象征"存在的解放梦想"，天鹅的不动是一种牺牲，但它抱着解脱的希望。

三种说法都有一定道理。马拉美说过："诗歌不是去创作，而仅仅是要发现。"诗人要发现，读者也得去发现，发现他的诗所包含的意义。

这首诗讲求音韵美，全诗围绕着i这个元音押韵：一、四、五、八行为ui，二、三、六、七行为ivre，九、十行为ie，十一、十三行为is，十二、十四行为igne，具有和谐的音乐性。但从作诗的角度来看，则增加了难度。这两方面正是马拉美后期诗作的特点。马拉美凝字炼句的功夫对20世纪的诗人产生了很大影响。

（郑克鲁）

魏尔伦 (9首)

保尔·魏尔伦 (Paul Verlaine, 1844—1896),法国象征派的先驱之一,生于梅兹,在巴黎读中学。1864年,他在巴黎市政厅任职员,即开始与巴那斯派诗人来往。1866年,发表诗集《忧郁诗章》,从诗集中我们可以看到他的敏感和趋向音乐性的特点及巴那斯派的趣味。他的第二部诗集《佳节集》(1869)从法国画家瓦托(1684—1721)的绘画中汲取表现手法,将画与诗结合起来。第三部诗集《美好的歌》(1870)歌咏他对未婚妻玛蒂尔德·莫泰的爱情。但魏尔伦结婚后却与妻子不和。普法战争期间,他开始酗酒,随后因被怀疑同情巴黎公社而失去市政厅的职位。1871年9月,魏尔伦离开了妻子与新结识的兰波同游比利时和英国。这段流浪生活被他写进了《无言的情歌》(1874)。1873年7月,魏尔伦同兰波来到布鲁塞尔。在一次酒醉中他开枪打伤了兰波,被判两年监禁。在狱中,他得知妻子经法院判决,与他分居(1874年5月),受到深深的震动,痛苦异常,从此变成了一个热诚的教徒。1875年1月魏尔伦出狱。在以后的好多年里,他像理想的基督徒那样生活,力戒恶习。《智慧集》(1881)反映了他在狱中和出狱后的思想状态以及同各种诱惑做斗争的状况。他先后在英国、法国的中学教书,后来想经营农场,遭到失败。倦于"使人心烦和简单的工作这种平凡生活"后,他又开始沉迷于恶习之中。

魏尔伦后期的创作有《从前和不久以前》(1885)、《同时集》(1889)、《献给她的歌》(1891)等。他一直生活在贫困中,1886年母亲去世后,他的生活更是一筹莫展。然而,也就在这时人们发现了他的诗歌的价值,而且是在他向读者推荐了柯尔比埃尔(1845—1875)、兰波、马拉美(见《被诅咒的诗人》,1883)之后。他声名大振,欧洲各地纷纷邀请他去作讲演。1894年勒贡特·德·利尔(1818—1894)逝世后,他被尊为"诗王"。不过他的生活仍未改善,他继续酗酒,最后悲惨地死去。在他的葬礼上,他受到马拉美等象征派诗人的高度赞颂。

秋 歌

魏尔伦

萧瑟秋天,
提琴幽咽
　声声情,
单调颓丧,
深深刺伤
　我的心。

一切闷人,
苍白,钟声
　多忧郁,
我回想起
过去日子,
　泪如雨。

行走匆匆,
任凭阴风
　卷我到
四处漂泊,
此情宛若
　枯叶飘。

（郑克鲁　译）

这首诗收入《忧郁诗章》。

三节诗构成三幅画面。第一幅,幽咽的提琴声,声声表达着感情,单调的旋律透露了颓丧之感,深深刺伤诗人的心。第二幅,空气憋闷,景色惨淡,传来忧郁的钟声,使诗人回想起过去美好的日子,不觉泪如雨下。第三幅,诗人急急行走,但愿阴风把他像枯叶那样托起,吹到天涯海角。从这三幅画面可以看到,诗人受到夏多布里昂、拉马丁等浪漫派作家以秋天落叶形容内心孤寂的影响,也受到波德莱尔对忧郁吟唱的启迪。诗歌写的是一幅秋景,但魏尔伦不像拉马丁那样花费大量篇幅去描绘秋色,他只写印象。大自然的忧郁与心灵的忧郁相连。而提琴声使人想起波德莱尔的手法(如《黄昏的和谐》),以表现悔恨、厌烦、倦怠的心绪。提琴的幽咽增加了诗人的烦恼,魏尔伦以此绘写了提琴声以及钟声对人的精神所起的作用,把声音和感情沟通起来。他用了几个感情强烈的词:提琴声"刺伤"他的"心",钟声使他"泪如雨"。描写钟声也是浪漫派诗人和作家所喜爱的题材,如夏多布里昂的《勒内》这样描写主人公:"我思索时,在哥特式大教堂里,钟声有节奏地敲响了。""我时常在大树林里透过树丛,倾听远处的钟声……是青铜的钟声,每一下震动都传到我的心灵。"拉马丁在《孤独》中这样写道:"宗教乐曲从哥特式尖顶凌空而起,在空中徐徐消遁。"但在《秋歌》中,既没有哥特式教堂,也没有对昔日童年的回忆和对时间消逝的叹息,而变成衬托鸣咽、揪心,使眼前困苦更显强烈,转而对茫茫前景黯然神伤,情景交融,写得更为紧凑。

  诗歌的节奏也巧妙地表达了诗人烦恼加厌弃的复杂感情。全诗由两个4音节与一个3音节的诗句连缀而成,这种短句使韵脚十分接近地回复,产生富有启发性的音响。急促的音节似有魔力,把音乐节奏转化为心灵的不安。全诗由三节6行诗组成,每一节以两个成双的三行押韵诗来安排,前两行不作停顿,第三行才作停顿,能产生厌烦感和痛苦的忧愁气氛。此外,诗中多次使用开音节与闭音节的元音o,以产生单调之感;流音l的运用则产生慵倦、柔和意味;鼻音的作用是缓和及减轻战栗;复合元音彼此呼应,加强音乐性。第一节诗音调平和,第二节的前两行模仿钟声,音响突兀,第三行戛然而止,忧愁陡增。最后一节似有动态,风的吹动犹如心绪起伏。全诗在形式上构成和谐优美的整体。

(郑克鲁)

我熟悉的梦

魏尔伦

我常做一个怪梦,难以摆脱,
梦见的是我爱她,她爱我的陌生女郎,
每次她既不是同一个模样,
也不是另一个人,她爱我,了解我。

因为她了解我,我的心只有对她来说
才是通明剔透,唉,只有对她,我的胸膛
才光明磊落,我苍白的脸庞
只有她哭泣时才使汗湿变凉隐没。

她是褐发,金发还是棕发?——我不知道。
她的名字呢?我记得响亮美妙,
仿佛被生活放逐、冷落的情人姓名。

她的目光犹如塑像的眼神,
她那遥远、平静、庄重的嗓音,
有着已经沉寂的亲切音调的变声。

(郑克鲁 译)

诗人在记叙一个梦,一个经常做的熟悉的梦,他觉得这个梦很古怪:他梦见一个陌生女郎。以梦入诗是一种新手法,最早大约始于法国作家奈瓦尔(1808—1855),如《在马车里苏醒》描写在马车颠簸下昏然入睡所梦见的原野和村落;《遐思》则写诗人的幻觉,从一首歌中看到两百年前古堡窗前的一个金发黑眼贵妇。魏尔伦则加以发展,他在梦中见到的是一个意中人。诗人以忆梦方式来表达他朦朦胧胧的感觉,这是情窦初开的少年对理想伴侣的憧憬,因而梦中出现的女性既具体,又模糊,如雾中看花一般。这女郎虽然陌生,却是"我爱她,她爱我",这就写出了少年的心理状态:希望自己所爱的姑娘也爱自己,即使她每次出现时不是同一个模样——因为她并不存在，只是记忆中某几种意念或印象的辐射，因此也就不可能产生完全相同的形象。

　　第二节诗进一步写"心心相印"：一个是通明剔透，一目了然；另一个是光明磊落，无所隐瞒。少年额角上沁出汗珠，是不是激动引起的？只有她哭泣时，他出于感动，汗湿才会退下去。诗人选择这个细节，表现了少男少女相见时的局促不安和过度亢奋。少女的头发是什么颜色，诗人都记不清，或者由于激动，并没注意；她的名字当然应是优美动听的，既然是想象中的女子，姓名又从何而来呢？不过她会是被生活所冷落的可怜女子。留在记忆中最鲜明的是她的目光，像塑像，该是冷冰冰的；而那难忘的嗓音像从远处飘来，虚无缥缈，既亲切又难以捕捉。

　　全诗写出幻梦的迷离恍惚，情调略带哀愁。诗人不是直白地道出心中所思，而是通过梦中形象去捕捉少年理想情侣的身影，笔触委婉细腻。

（郑克鲁）

记忆啊记忆……
魏尔伦

记忆啊记忆，你要我怎样？秋天
使鸫鸟在沉闷的空气中蹁跹，
太阳照射出单调的光线
落在北风怒吼的黄叶之间。

只有我俩，我们走着，沉思默想，
她和我，头发和思绪随风飘荡。
突然，她朝我转过动人的目光：
"哪天是你最美好的日子？"声音似流金鸣响。

这声音柔和响亮，音色像天使说话。
一丝审慎的微笑算是回答她，
我吻着她白皙的手时态度虔诚。

——啊!初放的鲜花多么芳馨!
从可爱的嘴唇吐出的第一声
"是的",传出多么迷人的颤音!

(郑克鲁 译)

  这首诗也采用追忆手法,描绘出秋冬时节与恋人同行的一幅画面,但色调明朗。诗人撷取下一个镜头:两人默默行走,她突然转过动人的目光,用流金般的脆声发问,将她妩媚的形象写得栩栩如生。对于"哪天是你最美好的日子"这个问题,本是无须回答的,微笑、吻手,意味着幸福就在眼前,至少这是他迄今为止最美好的日子!诗篇末尾再次提到她迷人的声音柔和响亮,像天使的嗓音。这里强调的是声音,而不是历来爱情诗对形体的赞美,显示出诗人的独特感受。

  同《我熟悉的梦》一样,这首诗写得雅而不俗,流畅自然。魏尔伦在评论法国诗人柯佩(1842—1908)同时期出版的诗集时赞叹说:"美妙的诗句,极为精致,表面毫不费力,甚至带着哀歌式的无拘无束那种精细的造作,不时以略带一点忧郁的讥刺对之嘲讽。"这段评语的前半句完全适用于他自己,无论《我熟悉的梦》还是《记忆啊记忆……》,表面看似乎信手拈来,却又精美绝伦,并带着哀歌式的情调,把少男少女相爱的甜蜜、稚拙表现得恰到好处。

(郑克鲁)

感伤的对话

魏尔伦

古老的公园凛冽而冷落,
两个身影刚刚一掠而过。

他们眼睛无光,嘴唇疲沓,
几乎听不清他们的说话。

古老的公园寒冷而偏僻,
两个幽灵刚刚提起往昔。

"你还记得我们过去欢情?"
"为什么你要我缅怀旧境?"

"听到我名字就心跳卜卜?
你总在梦中见我灵魂?""不。"

"啊!难以形容的幸福日子,
我们嘴唇贴一起!""可不是。"

"天空多蓝,希望多么灿烂!"
"希望破灭,已向冥空消散。"

他们就在野燕麦地漫步,
只有夜听见他们的吐露。

(郑克鲁 译)

这不是一对情侣在公园里的一次约会,这是两个幽灵的一次相遇,选材角度不同,情调便迥异。

这对情侣是正当盛年去世,还是有过什么不幸落在他们头上?或是两人已尽天年?他们的经历作者都没有交代,读者只是从他们的对话得知他们旧日有过一段欢情,在寒冷而偏僻的公园一隅,传来他们几乎听不清的说话声,读者难以分清哪个是男哪个是女,诗人让读者自去琢磨。但他们的对话足以反映他们爱情的美好,其中一个无限怀念旧情,并抱着重温旧梦的希望;另一个则更现实些,认为希望已经破灭。他们的对话终于在夜色中消失。凄清、冷峻、哀怨,构成这首诗的情调。魏尔伦写这首诗时还不到二十五岁,他对爱情抱着如此悲凉的态度,确实令人吃惊!也许是1867年他所爱慕的表姐爱莉萨逝世才使他产生这样幽怨的悲哀,他曾热情地描绘过她:"金发,脸颊粉红,侧面却庄重,爱幻想,有着美丽的蓝眼睛""流金鸣响般的声音,音色像天使。"可是她后来结了婚,因难产而死去。魏尔伦得知噩耗后,开始过量地喝苦艾酒,而不是以前只喝的啤酒。《感伤的对话》写的就是诗人和他表姐幽灵的对话?魏尔伦的构思似乎同这段经历有关,他的感伤情调是由此而产生的。

　　诗人的表现手法巧妙而新颖。如果这不是一对幽灵而是一对分离的情侣,他们的对话便会显得索然无味。如今情趣完全不同,一种幽深而神秘的气息扑面而来,简短的对话便显得含蓄,引人遐想。再者,幽灵的出现和飘然而过也增加了全诗的阴冷、怨怼、哀伤之情。可以说,这是魏尔伦最诡奇沉郁的一首诗了。

(郑克鲁)

月　光

魏尔伦

你的心灵是幅精选风景,
假面和贝加摩舞添风采,
他们跳着舞,又弹起竖琴,
在奇装异服下近乎悲哀。

他们一面在按"小调"歌唱,
爱情得胜,还有及时行乐,
模样不像相信幸福在望,
他们的歌声同月光融合,

那宁静的月光惨淡、华丽,
使鸟儿在林中入梦逍遥,
使喷泉迷醉得嘤嘤啜泣,
大理石中水柱又高又飘。

(郑克鲁　译)

　　《月光》选自《佳节集》,当时,魏尔伦受到法国画家华托和其他启蒙时期画家的启发,以色彩入诗。华托的画善用淡茶褐色背景,表现出阴影的蓝色反光,而且力图将人物溶入风景中,把扩散光的效果反映出来。魏尔伦据此来描绘风景,他不再像浪漫派诗人那样,把风景当作某种情感或悲剧的背景,也不再像巴那斯派诗人那样,把风景当作一种纯美学效果的器具,而是用作最敏锐、最美妙的感觉的表现空间,以描绘出心灵的"内部景致"。

《月光》一诗就是这种以色彩入诗的佳作。这首诗描绘了月光下的一场假面舞会,它象征着心灵的精神状态,换言之,这是心灵的一幅内在风景。悲哀是这幅场景的主调:人们虽然跳舞弹琴,穿着奇装异服,但掩盖不住这种心情;他们尽管歌唱爱情和及时行乐,但唱的是表达哀愁的"小调",他们的模样不像相信得到幸福。周围的景色富有诗意而又令人忧愁:月光惨淡而美丽,喷泉在哭泣,鸟儿入梦,水柱在飘洒。一种难以描摹的不安毫无缘由地在树荫下回荡。狂欢之中隐含着悲愁,形成这种悲愁气氛主要靠的是色彩效果:暗黑的夜晚,古怪的假面具,五颜六色的服装,惨淡而美丽的月色。尤其这月色,既融汇人们的歌声,又使自然界的一切沉醉,它弥漫在空间,迷蒙空幻。整幅画面以暗色调为主,明暗对比强烈。魏尔伦对色彩极为敏感,这首诗运用他从生活中观察得来的感受,将色彩与感情沟通起来。这种以暗色为主,间以亮色的描绘,用来传达以悲哀为主的情绪,确是恰到好处。

从这首诗也可看到,这幅画同印象派,比如马奈的画颇为相似。马奈善于在画笔的点涂中自由地重建图案和空间,而魏尔伦的诗总是以一连串"印象"构成,半明半暗,聚合着精致的菘蓝色。他在《诗艺》一诗中说:"啊!只有色调才能联结梦与梦幻,笛子和号角!"《月光》一诗就体现了这种用色彩来沟通梦幻般的现实与内心世界的联系,因此印象派作曲家德彪西和加布里埃尔·富雷都曾为《月光》谱过曲。　　(郑克鲁)

皎洁月光

魏尔伦

> 皎洁月光
> 照亮树林;
> 树枝摇晃,
> 发出鸟鸣,

回荡树下……

心上人啊。

好似明镜,
池塘映出
垂柳身影,
幽暗模糊,
风儿饮泣……

入梦之时。

一片平静
柔和无边,
仿佛降临
从那苍天,
月泛彩虹……

其乐无穷。

(郑克鲁　译)

　　这是一幅情侣月下漫步图,全诗充溢着欢快之情。尽管诗中也有画,也有色彩,但同《月光》不一样,这里的色彩并不必然就是感情的色泽。起作用的是节奏,是音乐性。整首诗的节奏是徐缓的,每一节的结句用省略号表示延长,好似漫步时在流连景色,沉醉在思索之中,放慢了脚步。大量运用流音l,前颚轻擦辅音ch,阴性韵等,产生一种梦幻般和谐的效果。另外,每节诗的后面来一句感叹,就像提琴演奏完一段停顿一下,再来一个乐句,令人震动,能产生极大的感染力。短促的音节同样产生这种跳荡欢跃之感。不过,同《月光》一样,这首诗也是以景生情,情景交融,即运用象征派所主张的移情手法。

　　魏尔伦不像兰波,将诗歌的创新建立在"我"体验过的怪诞中,

"我"毫不犹豫地要奔向"不为人知的领域"。在魏尔伦的诗中,没有突如其来的痛苦,也没有强烈色彩的语言;"我"不是"另一个",他不以异化和语言的神奇组合来吸引人。诗人不远游到别的现实中,他宁可让世界各种各样的现实接触自己,渗透自己,这些现实包括人、物体、风景、喃喃低语声,其价值更多是在音响中,其力量更多是在旋律中。魏尔伦充分把自我分散和消融在无人称和时间的模糊之中(回忆和悔恨)或空间的模糊之中(雨、雾、黎明、暮色)。很少有诗人像他那样,把"我"这种美妙但不安的情感消融在景物之中。魏尔伦正是以此革新了象征的含义和精神。他不仅仅运用语言的象征去表明隐藏在表象之下的意义和本质,在他的诗中,能指和所指、象征和现实结合为不可分割的整体。他的心灵溶化在现实背景中,换句话说,风景赋予心灵内在的力度。《皎洁月光》就是很好的范例。

(郑克鲁)

泪洒落在我的心

魏尔伦

泪洒落在我的心,
仿佛雨落在城里。
是什么样的悲辛
深深刺进我的心?

啊,这雨声多凄清,
落在地上和屋顶!
对于烦恼的心灵,
雨之歌多么凄清!

泪落得无缘无故,
在这沮丧的心上。
什么!彼此心不负?
这悲哀无缘无故。

> 这是最深的悲愤,
> 因为我一无所知,
> 没有爱也没有恨,
> 我的心多么悲愤。

(郑克鲁 译)

这首诗流露的深沉苦闷是由于诗人的妻子离开他而引起的,被收入《无言的情歌》中"被遗忘的小咏叹调"组诗中,写于1872年上半年。这年年初,魏尔伦力图同妻子和好,从一月下旬至三月中旬,他独自在巴黎,给妻子写了几封信,并写下这一组诗,这几首诗大多在表白与妻子分手后的痛苦。

诗歌采用反复吟唱的手法。第一节用冷雨来形容眼泪,但这不是真实的泪,而是心里的泪,表达曲折,含意和意境都耐人寻味。对于"是什么样的悲辛"这个问题,第二节中诗人并没有回答,而是回过头来写雨的凄清,强调对于烦恼的心灵来说,雨的吟唱非常凄清。即是说,雨的凄清是人的感情产物。第三节才回答第一节的问题:泪落得无缘无故,因为诗人和妻子彼此并不负心,这样说是希望再度和好。第四节把自己的悲哀深化,认为自己对造成这种情况一无所知,他既没有别的爱情,又没有什么怨恨,这反而是最深沉的悲哀。这浅浅的哲理是自责还是另有所指?诗人让读者去思索。

这首诗富有音乐性。魏尔伦在《诗艺》一诗中指出:"音乐性先于一切东西。"《泪洒落在我的心》体现了魏尔伦的这个主张。这首诗每一节的一、三、四句押同一韵,每句诗七个音节,这种押韵法在以往的诗中似乎找不到,至少不多见,由于韵的频繁出现而具有节奏感。其中一、四句不仅同韵,而且同字,按理说,这是违反法语诗歌押韵规则的,但在这里却能起到加强力度的效果,像回声一样,相隔两行之后,重新响起,似感情在回环不已。雨声、泪声彼此呼应,洒落在城里和心上,点点有声,无法分清,形成情感的奏鸣曲或小咏叹调。诗中大量采用谐韵和叠韵,如第一句下雨的动词pleure与心一词

coeure是叠韵,第五句雨pluie同声音一词bruit也是叠韵,第十句心与烦恼s'écoeure是叠韵。此外,这首诗使用奇数音节和阴性韵也有特殊音响效果。奇数音节在法语诗中能较好地表达平凡而可怜的生活,效果胜于十音节诗和十二音节诗。每行诗是奇数,每节诗则是偶数,奇、偶结合产生协调感,同中国古典诗歌的传统不谋而合,是符合音律的。

这首诗对戴望舒的名作《雨巷》和李金发的《雨》《夜雨孤坐听乐》产生过直接影响。

(郑克鲁)

啊,我的心绪多低沉,多低沉
魏尔伦

啊,我的心绪多低沉,多低沉,
这是由于,由于一个女人。

我不能聊以自慰,
虽然我的心已远走高飞,

虽然我的心,虽然我的灵魂
已经远远逃离这个女人。

我不能聊以自慰,
虽然我的心已远走高飞,

我的心,我的过于敏感的心啊,
它对我的灵魂说:有可能吗,

有可能吗,——哪怕如此——
这高傲的流徙,这忧郁的流徙?

我的灵魂对我的心说道:
这陷阱要对我们怎样,我怎知晓?

我们仍在一起,虽然已流亡,
尽管已经远离他乡。

(郑克鲁 译)

　　这首诗的特点是用重复的字与诗句,创造出幽怨的情调和音乐的节奏。第一行有两个"低沉",第二行有两个"由于",第四和第五行有三个"虽然",第九行有两个"我的心",第十和第十一行有两个"有可能吗",第十二行有两个"流徙";另外,第三、四行和第七、八行重复。法国有首古老的情歌,其中一句是:"我的心,我的心多么痛苦!"魏尔伦汲取了这种重复的手法,创造出一种幽怨之情萦回不去、排解不开的情调。不过,重复的字与句排列位置不断变化,使得这种重复不显得单调,而像咏叹调一样,主旋律不断出现。与此相应,押韵方式也是重复之中有变化:一、二、五、六句押同一韵,而且一、五与二、六是同一个字(译诗稍有变动),但后面八句只是两句一韵,与前八句不同。这种押韵方式无非要取得和谐之中有变化的音乐性。法国诗人保尔·克洛岱尔这样评骘魏尔伦的诗:它们"不是由音节组成,它们是由节奏赋予生命的。这不再是硬分开的、有逻辑的整体,这是一股气息,精神的呼吸;不再有音步,而只有一种起伏,一系列的鼓起与放松"。这是从魏尔伦的诗歌具有内在音律而总结出来的评语。《啊,我的心绪多低沉,多低沉》就体现出这种起伏流动的诗歌节奏,"没有滞涩或装腔作势"(《诗艺》),是发自内心痛苦的自然流露。

(郑克鲁)

天空在屋顶上面
魏尔伦

天空在屋顶上面,
　　多蓝多静!
棕榈在屋顶上面,
　　摇曳不定。

钟在可见的天空
　　悠悠长鸣。
鸟在可见的叶丛
低回呻吟。

上帝，上帝，这生活
　　简单宁谧。
这喧嚣声多安乐，
来自城市。

——你在这儿做什么
　　不停哭泣，
讲吧，你做了什么
　　在青春期？

（郑克鲁　译）

这首诗写于1873年布鲁塞尔的监狱里。诗人通过狭窄的天窗，仰望到一块天空和微风摇曳的棕榈树。重复"在屋顶上面"，而且以此押韵，有意违反一般的诗律，读者从中却感受到诗人内心的困扰，并令人想到视野的可怜巴巴。但这片蓝天和这些绿叶令他感到愉悦，他的目光在这自由的天地驰骋，仿佛第一次看到似的。天空、棕榈、蓝、静，这些词虽然常用，在这里却富有诗意，构成一幅平凡的美景，突出的是生活平静的乐趣，这同监狱的沉寂恰成对比；外面的生活虽然平静，却是自由安乐的，监狱的生活纵然也平静，却孤寂烦闷。

在第二节，屋顶和树好像被遗忘了，重复"可见"，反映了诗人欣喜惊讶的心情，他的视觉和听觉结合起来，悠扬的钟声和如怨如诉的鸟鸣促使诗人由一时的惊喜逐渐回到忧郁的心境。这里，"低回呻吟"的鸟鸣恐怕是诗人的心绪在起作用，实际上欢快的鸟叫声听起来却变成愁苦的了，这是用鸟鸣来绘写心态，当中省略了说明，让人慢慢去意会。

第三节，两声呼唤上帝表露他的精神深受震动，开始转向宗教。这时，想象在起作用，诗人想起外界这简单宁谧的生活，那是他在以往迷茫时所不曾体会到的；城市里传来的喧嚣声也显得那么平静安乐。诗人在牢狱中发现了生活的真正可贵，这是多么使人悲哀啊！他的心灵不由得激起痛苦的波澜，怀念起自由、纯洁的生活和平静的幸福。这一节将诗人的内心矛盾和盘托出，展现了他心中的悔恨和对生活的无限留恋，预示着他的精神即将产生变化。

第四节叙述口气突然一转，这是上帝在说话，还是诗人的良心在自语？诗人是忧郁的，既然他在不停哭泣；诗人是自责的，既然他缅怀过去纯洁的爱情、欢乐的青春。重复"做了什么"既加强语气，又表明反复追问，穷根究底。这是在第三节内心斗争的基础上再发展一步，似有否定过去、重新面对生活的勇气和决心，用问话的形式写出，使全诗的格式变得更为轻灵隽永。重复中有变化，消除了同一字、同一短句多次重复容易产生的呆板。

这首诗写得非常真挚，在淡淡的哀愁中，透露出一颗受伤的心灵，一个备受痛苦的灵魂的深沉怨恨。魏尔伦没有运用雄辩滔滔的议论和矫揉造作的句子，而是运用富有音乐感的诗歌语言和一长一短具有舒缓节奏的句子，达到一种出色的单纯明晰的境界。这是魏尔伦的抒情诗中达到炉火纯青的作品之一。

(郑克鲁)

兰波 (7首)

阿尔蒂尔·兰波（Arthur Rimbaud, 1854—1891），法国诗人。生于阿登省沙勒维尔。自幼聪颖过人，其早慧的才华使他中学里的师生大为惊异。1870—1871年普法战争与巴黎公社期间，三度离家出走，在极度贫困中写出一批具有独创性的诗篇。1871—1873年间与诗人魏尔伦交往，后因发生冲突，在布鲁塞尔被魏尔伦开枪击伤，其散文诗《地狱中的一季》记录了这段失败的经历。1873—1875年间，四处流浪，完成另一部散文诗《灵光篇》，此后即向诗坛告别。1876年参加荷兰外籍军团赴爪哇服役，1881年去亚丁港然后又往埃塞俄比亚经商达十年之久。1891年11

月10日病逝于马赛,年仅三十七岁。

兰波在1871年5月给中学时代的修辞教师乔治·伊桑巴尔和友人保罗·德梅尼的两封信中提出了新的美学思想:诗人应该具有足以透视无限深处的慧眼,应该摆脱个人人格的束缚而成为"永恒"的代言人。

兰波自十五岁至二十岁短短几年的创作生涯所留下的大约一百四十首诗篇,凭借其不满现实的反抗激情与创造意境的奇异魅力,引起人们日益强烈的研究兴趣,对现代诗歌产生了深远的影响。这位早慧又早逝的天才诗人不愧为象征主义运动的典范。

奥菲莉娅

兰 波

1

雪白的奥菲莉娅宛如一朵圣洁的百合花
漂流在引得繁星入梦的平静而阴郁的波涛上,
飘飘悠悠地渐渐远去,安眠中裹着长长的轻纱……
——她从遥远的树林里听见猎人的号角声在回荡。

一千多年了,满面愁容的奥菲莉娅素衣缟服的幽灵
从这漫长而忧伤的大河上飘然而去。
一千多年了,她温柔而狂热的爱情
迎着黄昏的微风悄悄地唱起她的浪漫曲。

晚风亲吻着她的胸脯,吹开她柔美的轻纱,
这花冠般的轻纱因波浪而舒缓地飘动;
微微颤抖的柳丝扑在她的肩头泪如雨下,
芦苇向她耽于沉思的高贵的面容频频鞠躬。

被碰伤的睡莲纷纷在她的四周叹息;
她偶尔从一株沉睡的桤木中唤醒

某个鸟巢,从巢中只听得翅膀一阵轻微的战栗;
——一片神秘的歌声于是从金灿灿的繁星中降临。

2
啊,脸色苍白的奥菲莉娅!你有白雪般秀美的姿容!
你果然隐去影踪,姑娘啊,你竟被大河卷走!
——正是从挪威那高大的山峰上飘来的风
向你轻声地谈起顽强的自由;

正是吹拂着你浓密的长发的一阵微风
把奇怪的声音传向你沉思的灵魂;
正是从树木的呻吟与黑夜的叹息中,
你的心谛听着大自然的歌声;

正是发狂的大海的吼声,那无边的嘶哑的喘气声,
撕碎你这少女过于仁慈又过于温柔的心;
正是四月的一个早晨,有个可怜的狂人,有位英俊
而脸色苍白的骑士,坐在你的脚下,保持着沉静!

苍天!爱情!自由!可怜的疯姑娘啊,多美的梦幻!
你隐没在梦中,宛如雪融化在火中;
你庄严的幻影抑制住你的呼喊,
——可怕的无限偏又害得你的蓝眼睛流露出惊恐!

3
——诗人说:借着繁星的闪光,
夜里你总来寻找你所采撷的鲜花;
他曾看见像一朵圣洁的百合花似的从波涛上
飘然而过的裹着长长的轻纱安眠的雪白的奥菲莉娅。

(张秋红 译)

奥菲莉娅,原是莎士比亚于1600年或1601年首次公演的悲剧《哈姆

雷特》中的人物。在莎士比亚这部最负盛名的悲剧杰作中，作为王子哈姆雷特的情人与首相波洛涅斯的女儿，奥菲莉娅这位天真烂漫的少女形象不仅以其温柔与纯洁令人陶醉，而且以其不幸的结局引人同情。她爱哈姆雷特，但不能理解这为复仇而佯狂的王子对真理的追求，在哈姆雷特误杀了她的父亲后，一度精神失常，终于坠水而亡。奥菲莉娅这位可爱而又可怜的姑娘为历代文学家与艺术家带来灵感，兰波的《奥菲莉娅》也正是这种启发的产物。

1870年5月24日，年仅十五岁半的兰波在寄给法国诗人泰奥多尔·邦维尔的信中表白：缪斯女神突然拨动了他的心弦；处于燃烧着希望与洋溢着梦幻的锦瑟华年，他开始倾诉他的爱、他的希望、他美好的信念和他视为诗人所特有的感受；他发誓永远热爱缪斯与自由这两位女神。《奥菲莉娅》就是这封信的附诗。

这首诗，与其说是一首诗，毋宁说是一幅空灵隽永的图画，一支沁人心脾的乐曲。诗人展开想象的翅膀，飞翔在一千多年前引得繁星入梦的平静而阴郁的波涛上，以真实而具体的白描手法与细致入微的笔触，使宛如一朵圣洁的百合花似的飘然而去的雪白的奥菲莉娅跃然纸上。随着回荡在遥远的树林里的猎人的号角声，随着奥菲莉娅温柔而狂热的爱情唱起的浪漫曲的旋律，如泣如诉的诗句展示了令人黯然销魂的画面，使人如临其境。透过晚风的亲吻、柳丝的垂泪，芦苇的鞠躬、睡莲的叹息与鸟翼的战栗所组成的一片神秘的歌声，读者自然而然地感受到作者对女主人公无限的怀念与赞美之情。姿容如白雪般秀美的奥菲莉娅竟被大河卷走，渐渐隐去苍白的面影，诗人终于情不自禁，发出声泪俱下的呐喊。在不可遏止的倾诉中，无论山风的细语，还是树木的呻吟，无论发狂的大海的吼声，还是英俊的狂人的沉静，每一种现象，每一个事实，都显示出美好的信念：公正的苍天、永恒的爱情与顽强的自由并没有消失，而可怜的疯姑娘只是隐没在梦中而已。浮想联翩的诗人最后断言，他从金灿灿的星光下看见这圣洁的少女的活动，这更体现了爱的飞跃与希望的升华。

（张秋红）

捉虱子的少女

兰 波

当孩子那充满红色风暴的脑海
恳求着白茫茫一片模糊的梦幻,
两个长着带有银白色指甲的柔弱的手指的又可爱
又高贵的姐姐来到他的床边。

她们让孩子坐向窗口,
透过这敞开的窗子只见蓝色的天空笼罩着一堆鲜花,
她们伸出迷人而富于激情的纤手,
抚摩着他那落下露水的浓密的头发。

他谛听着她们惶恐的呼吸的歌声,
这呼吸发出经久不散的来自植物的玫瑰红蜜的香味,
这呼吸有时因一阵嘘声而停顿,
这嘘声意味着渴望亲吻或唇上正收回口水。

他听见她们黑色的睫毛在香气袭人的宁静下
拍打着;她们那电流般的温柔的手指
迫使小虱子的死亡迎着她们无敌的指甲
在他毫无生气的麻木中噼啪作响,爆裂不止。

于是,也许会发狂的口琴的悲歌,
那怠惰的酒涌上他的心头;
孩子感到,依据舒缓的抚摩,
哭泣的愿望不断地产生又化为乌有。

(张秋红 译)

儿童时代的兰波郁郁寡欢。他的父亲,一个祖籍普罗旺斯热衷于旅行与冒险的军官,在他出生后不久就远赴克里米亚。他的母亲毫无商量余地的骄横与顽固所引起的夫妻不睦最后导致了1860年的决裂。父母的离异，家计的困顿，环境的恶劣，特别是母亲的粗暴与专制，使他的孤独感与日俱增。1870年7月，普法战争爆发，兰波被迫辍学；8月，独奔巴黎，因无钱购票而中途被拘；10月，在饥寒交迫中游荡于法国北部与比利时。1871年2月25日，卖了表去巴黎，度过极度贫困的半个月；4月19日，身无分文再去巴黎，正遇上巴黎公社的街垒战，目睹了凡尔赛匪帮血洗巴黎的暴行。兰波在1871年5月13日致乔治·伊桑巴尔的信中表明，燃烧在他心头的怒火催促他去投入巴黎的战斗；又在两天后致保罗·德梅尼的著名的《通灵者书简》中附上诗篇《巴黎战歌》。

这就是诗中孩子的脑海充满红色风暴的缘故。虽然餐风沐雨的流浪生活害得他浓密的头发落下露水，但他依然从白茫茫一片模糊的梦幻中迎来两位象征着复仇女神的捉虱子的少女。这两个又可爱又高贵的姐姐不仅给他带来家庭从未给过他的温暖，而且以无敌的指甲迫使象征世间害人虫的小虱子纷纷死亡。象征着因一度被压抑而姗姗来迟的激情的"怠惰的酒"终于冲决毫无生气的麻木而涌上他的心头，使他因无限哀思而想痛哭一场，又因获得慰藉而止住了眼泪。　　　　（张秋红）

幽谷中的长眠者

兰　波

这是个郁郁葱葱的偏僻的角落，有条河正在歌唱，
发狂地缠住一片褴褛般的草地，
闪着银光；太阳从高傲的山上放射出光芒：
这是个小小的山谷，阳光中弥漫着雾气。

一个年轻的士兵，张开了嘴，光着脑袋，
颈背浸在鲜艳的青青的水田芥中，
酣然入梦；他直躺在草地上，面对着云彩，
从他那洒满阳光的绿茵中露出苍白的面孔。

双脚伸在菖兰丛中,他睡着了,他的微笑
宛如一个生病的孩子的笑容,他睡上一觉:
大自然啊,请热情地抚慰他吧:他受了寒。

芳香没有引得他的鼻孔微微颤抖;
他安息在阳光下,手压着胸口,
一动也不动。他的右肋有两个血红的枪眼。

(张秋红 译)

  1870年7月,因普鲁士王室利奥波特亲王觊觎西班牙王位可能导致普西联合反法而形成对法国的威胁,两国关系日趋紧张。7月14日,俾斯麦发表挑战性的埃姆斯电报,触怒法国政府。7月19日,拿破仑三世对普鲁士宣战。普鲁士攻势凌厉,法军节节败退。继梅斯要塞陷入重围后,8月31日,由麦克马洪元帅指挥的法军主力又被围困于色当。9月1日,法军突围失败;9月2日,拿破仑三世率十万军队投降。这场战争给法国人民带来巨大的不幸:1871年5月10日,卖国政府同德国缔结《法兰克福和约》,割让阿尔萨斯和洛林,赔款五十亿法郎;5月28日,凡尔赛匪帮在普鲁士军队的援助下镇压了巴黎公社。

  兰波写于1870年夏秋之交流浪途中的这首诗表现了反战的主题。诗人始而以细致入微的描绘渲染出留有战争创伤的环境:郁郁葱葱的幽谷虽然地处偏僻的角落,但仍未幸免于难,洒满阳光的绿茵因炮火的摧残而沦为一片褴褛般的草地;继而通过正在唱歌的闪着银光的河流、放射出光芒的太阳、天空中的云彩、小小的山谷四处弥漫的雾气与芳香所显示的大自然蓬勃的生机,反衬出一个张开了嘴、光着脑袋、颈背浸在水田芥中的年轻士兵的可怜的形象,透露出对受了寒的像病孩子似的躺倒的主人公的深切同情;终而解开手压着胸口,一动也不动的安息者之谜——原来他的右肋有两个血红的枪眼。这个结尾画龙点睛,耐人寻味地揭露与控诉了那场战争的罪恶。

(张秋红)

醉 舟

兰 波

当我从无动于衷的河上顺流而下时,
我感到自己再也没有纤夫在引路:
乱叫乱嚷的印第安人早已把他们作为靶子,
一个个赤裸裸地钉向彩色的支柱。

我全不把所有船员,这运送
英格兰棉花或佛来米小麦的人们放在心上。
当这阵喧闹和我那些纤夫一起失去影踪,
大河已经让我漂到我向往的地方。

在潮水发狂的汩汩声中,有一年冬天,
我呀,比孩子的头脑更麻木不仁,
居然往前赶路!那些半岛纷纷解了缆,
简直没有忍受过更得意扬扬的噪声。

风暴曾为我航海的觉醒祝福。
比一把干草更轻,我曾在人们称作牺牲品
永久的推运工的波涛上跳了十夜的舞,
毫不惋惜风灯那傻里傻气的眼睛!

比那有酸味的苹果对孩子们更甜蜜的绿波
闯入我冷杉的船体,
驱开了四爪锚,驱开了舵,
为我洗去呕吐物与蓝色的酒迹。

从那时候起,我就沐浴在海洋
这乳白色的吞没青天
又浸透繁星的诗篇中,偶尔有个沉思的溺水者浮向灰白而狂喜的吃水线；

突然，把耀眼的阳光下那无际的碧波，
极度的兴奋与缓慢的节奏染得一片昏黄，
比酒精更强烈，比我们的诗情更广阔，
爱情这痛苦的浊流涌起了巨浪！

我熟悉这因闪电而破裂的天空，我知道
这龙卷风，这激浪，这狂澜：我了解
这黄昏，这宛如一大群白鸽般的狂热的拂晓，
我偶尔见过人类似乎见过的一切！

我见过这因神秘的恐怖而沾上污迹，
照亮长久的紫色的凝滞的低垂的太阳，
我见过这远远地卷起百叶窗般的战栗，
宛如十分古老的悲剧的演员似的波浪！

我梦见过飘起令人眼花缭乱的雪片的绿色的夜晚，
从大海的眼前渐渐升起的亲吻，
闻所未闻的液流的循环，
放声歌唱的磷那黄蓝相间的欢腾！

我曾经整月整月地跟随向暗礁
猛攻的仿佛歇斯底里大发作一般凶狠的波澜，
从不考虑玛丽那发光的双脚
也许会碰伤气喘吁吁的大洋的鼻尖。

你可知道，我撞过难以置信的佛罗里达，他们
居然把人皮豹的眼睛和花朵
混在一起！那像海平线下拉住青绿色马群的缰绳
一般张紧的彩虹，我也撞过！

我见过巨大的沼泽的骚动,
那害得整整一头巨兽在灯芯草丛中腐烂的罗网!
我见过风暴前后的平静中大海的日暮途穷
和那纷纷堕向深渊的远方!

啊,冰川,银白色的阳光,火光四射的天空,
珠光闪闪的波涛!听任巨蛇受尽臭虫的熬煎,
从散发出忧郁的芳香的扭扭弯弯的树丛中
纷纷坠落的棕色海湾深处那可怕的浅滩!

我简直想让孩子们看到碧波间
这些唱歌的鱼,这些金色的鱼,这些鲷鱼的形象。
——一朵朵鲜花般的浪花曾摇荡我随波逐流的船,
不可名状的风又不时给我添上翅膀。

有时,我因漂泊于天涯地角而受尽折磨,深感疲乏,
一直以呜咽引得我的船轻柔地横摇的大海
向我涌起带有黄色吸盘并笼罩着阴影的浪花,
我像个跪在地上的女人一样目瞪口呆……

半岛任那金黄色眼睛的乱叫乱嚷的鸟群的粪
与争吵纷纷散落在我的船边。
当溺水的人们穿过我脆弱的绳索下沉
而长眠,我竟然倒退着划船!

此刻我呀,我这被风暴打入不见鸟影的天空的船
消失在小海湾的乱发下,
汉萨同盟的帆船与低舷重炮舰
恐怕也救不起我这水中醉舟的骨架;

我自由而激动,从紫色的轻雾中一跃而上,

穿破像一道墙似的淡红色的空际，
给善良的诗人带来美味的果酱，
那阳光下的地衣与碧蓝色的鼻涕；

当那装有燃烧的漏斗的比海更蓝的天空
被七月用棍子打得纷纷坍倒之际，
我这发了疯的滑雪板似的船，正由黑色的海马伴送，
带着闪电留下的新月形斑痕飞驰；

我颤抖起来，只听得五十里外
发情的怪兽与湍急的大漩涡正在呻吟
并无休无止地尾随着静止的碧海，
对设有古老的护墙的欧洲，我不禁涌起惋惜之情。

我竟看到了恒星的群岛！有些岛，
那极度兴奋的天空正向航行者开放：
——啊，未来的活力，你无数金黄色的飞鸟
莫非就在这无底的黑夜中入眠与流亡？——

然而，我委实流过太多的眼泪！黎明真令人伤心，
每一道月光都叫人难受，每一道阳光都引起悲哀：
强烈的爱使我心头充满了令人陶醉的痴情。
啊，让我的龙骨炸成碎片！啊，让我投向大海！

假如我想望欧洲的一片水塘，
那就是临近香气袭人的黄昏时分，让一个蹲下
而满怀忧愁的孩子放出像五月的蝴蝶一样
脆弱的纸船的阴沉而寒冷的水洼。

沉浸在你的忧郁中，啊，海潮，
我再也不能抹去运送棉花的人们远征的脚印，

再也不能体验旗帜与火焰的骄傲,

再也不能在囚船那令人恐怖的目光下航行。

(张秋红　译)

　　兰波于1871年9月底赴巴黎与法国诗人魏尔伦会晤,会晤前夕完成的这首象征主义杰作,技艺精湛而又意象新颖,是他最著名的诗篇之一。

　　《醉舟》所反映的实际上正是诗人在历史长河上的羁旅生涯,正是他对未来世界的憧憬。从这象征性的颠簸在世界大海中的人生之舟上,我们依稀看到这位早慧的天才1870—1871年间流浪生活的烙印,听到动荡不安的艰难时世的回声。

　　兰波曾热烈歌颂并渴望投入战斗的巴黎公社在5月21—28日"流血周"中遭到凡尔赛匪帮的血腥镇压。第一个无产阶级政权被敌人扼杀在摇篮之中,公社起义者纷纷遇害蒙难,约两万人被屠杀,近四万人被逮捕,七千人被流放。四个月后,虽然时过境迁,岁月的流逝渐渐洗去淡红的血色与微漠的悲哀,但那些走在时代前列的斗士,那些艰难地开拓历史新纪元的"纤夫"却一直活在诗人的心坎里。当他从无动于衷的河上顺流而下时,他痛切地感到自己再也没有向导了;五个月前,他曾热望做一个工人,加入他们的队伍,和他们一起战斗,一起前进。他以乱叫乱嚷的印第安人影射喧嚣一时的凡尔赛匪帮,又以残酷镇压斯巴达克斯奴隶起义时把起义者一个个钉在十字架上的古罗马统帅克拉苏影射扼杀巴黎公社的刽子手,字里行间不仅流露出对那些杀人犯的痛恨和对那些向导的深切怀念,而且毫不掩饰地表现出对熙熙攘攘地为利而来、为利而往的人们的不屑一顾和对新生活、新世界的热烈向往。他这不同流俗的追求,这令他沉醉的梦幻,无异于一篇宣言:真正的生活不在这个唯利是图的世界上,而在别处,在另一个世界里。

　　巴黎公社的红色风暴燃起兰波对新生活的希望,鼓舞他驾起人生之舟驶向新世界的大海。作为巴黎公社激烈的街垒战的见证者,他经历了风暴的洗礼,从此,他就沐浴在这海洋的诗篇中。然而,追求得热烈,痛苦得也就剧烈：象征着公社殉难者的沉思的溺水者一浮向水面，就勾起他惨痛的回忆，交织着爱与恨的心潮顿时涌起巨浪。历历往事，纷至沓来，他不禁触景生情，感慨丛生。他觉得自己熟悉这因闪电而破裂的天空，知道这龙卷风、这激浪、这狂澜，因为他了解这黄昏、这拂晓，他曾有幸见过别人未曾见过的事物；在他的信念中，象征着夭折了的巴黎公社的太阳，虽然落下去了，因神秘的恐怖而沾上污迹，却照亮了长久的凝滞，那影响深远的斗争浪潮毕竟打破了历史的沉寂，引起整个旧世界的战栗。他浮想联翩，情不自禁地对那冰川、银白色的阳光、火光四射的天空与珠光闪闪的波涛发出由衷的赞美与欢呼。他沉醉在梦幻中，大海的壮观奇景使他惊叹不已。当溺水的人们穿过他脆弱的绳索下沉而长眠，他不免陷入哀思；想起1870年7月爆发的普法战争，他立刻颤抖起来，对虽然设有古老的护墙却被可怕的战争破坏了安宁的欧洲，不由自主地涌起惋惜之情。

诗人展开想象的翅膀在宇宙间飞翔。面对恒星的群岛，面对极度兴奋的天空，他禁不住深情地呼唤未来的活力。但随即又感到惆怅：回首巴黎公社那转瞬即逝的晨曦，那顷刻间化为泡影的黎明，令人伤心的往事就害得他流下太多的眼泪；由于每一道月光都叫人难受，每一道阳光都引起悲哀，由于强烈的爱使他心头充满了令人陶醉的痴情，他简直痛不欲生，恨不得粉身碎骨，投入大海。在这悲痛欲绝的时刻，他的希望依然显示出像5月那翩翩起舞的蝴蝶一样脆弱的巴黎公社（起初生气勃勃，但后来在5月的"流血周"中惨遭扼杀）的影子，流露出他对新世界雏形的深沉的眷恋之情。热血沸腾的大海那不断高涨的波涛消失了，眼前只剩下一片萧条的景象。然而，沉浸在落潮的忧郁中，目送着为谋利而熙来攘往的人们的足迹，诗人依然委婉地表现出去体验旗帜与火焰的骄傲的渴望，并透过对囚船那令人恐怖的目光的诅咒曲折地发出对压迫忍无可忍、要继续抗争的呼声。

《醉舟》标志着这位从小立志把整个身心献给英勇的盗火事业的诗人在希望最初的激情中所保持的清醒的胜利。这首诗篇充满了奇特而巧妙的想象与浓郁的象征主义色彩，伴随着有意识的回忆，运用清晰与朦胧相交错的语言，深刻地揭示出复杂而变化多端的内心世界，不愧为兰波的代表作。

（张秋红）

元音字母

兰　波

黑A，白E，红I，绿U，蓝O：啊，元音字母，
我总有一天会说出你们潜在的出身：
A，在令人难以忍受的臭味周围以洪钟般的呼声
嗡嗡作响的苍蝇那毛茸茸的黑色紧身服，

笼罩着阴影的海湾；E，洁白的汽船与天篷，
骄傲的玻璃商的长枪，清白的国王，伞形花的战栗；
I，绯红，咳出的鲜血，愤怒时
或忏悔的陶醉中美丽的嘴角的笑容；

U，循环，碧海神奇的震荡，
布满牛羊的牧场的安宁，勤勉而广阔的前额上
由炼金术印下的皱纹的平静；

O，发出满耳古怪的尖鸣声的至高无上的军号，
被人间与天使所打破的寂寥：
——啊，奥梅加，她那对眼睛的紫色的光明！

（张秋红　译）

　　1871年8月，兰波给巴黎诗人魏尔伦寄去几首新诗，这首著名的十四行诗就是其中之一。魏尔伦读后极为赞赏，立即邀他去会晤："来吧，亲爱的了不起的孩子！"

　　这首诗是受波德莱尔《应和》一诗影响的产物。象征主义诗派的先驱把心理学中的"通感"引入诗歌创作，在表现人与自然界的关系的同

时，表现人自身各种感觉之间的关系：声音可以使人看到色彩，色彩可以使人闻到香味，香味可以使人听到声音。亦即声音、色彩与香味可以互相沟通，声音可以诉诸视觉，色彩可以诉诸嗅觉，香味可以诉诸听觉，这就为诗的表现力开拓了新的源泉。

兰波在当年5月15日致保罗·德梅尼的那封著名的《通灵者书简》中提出，诗人应该找到一种语言，这种语言融合了香味、声音与色彩，囊括一切，足以把思想与思想联系起来，并引出意念，使心灵与心灵互相呼应。这首诗正是他实践自己的文学主张的一个标本。

兰波凭借飞动的神思与联翩的浮想，在这首诗中不仅别出心裁地为元音字母披上五彩缤纷的外衣，而且通过不同角度的观察与不同侧面的描绘，运用丰富奇巧的比喻与精妙双关的语言，赋予元音字母以形象与灵魂。两年后，诗人在《地狱中的一季》的"语言炼金术"一章中回顾自己的这一创造时，依然抑制不住内心的喜悦。　　　　　　（张秋红）

最高塔之歌

兰　波

啊，无所事事的青春，
你已沦为一切的奴隶；
我竟因娇嫩
而失去我蓬勃的朝气。
啊！但愿心灵
充满爱的时候快快来临。

我心里思量：
算了吧，但愿我再也不与你相遇：
你就别指望
更高尚的乐趣。
但愿什么也阻止不了你的前进，

啊，庄严的退隐。

我忍了这么多工夫，
终于永远地忘怀；
畏惧与痛苦
全给抛到九霄云外，
不健康的渴望
偏又害得我的才思黯然无光。

长起乳香
与黑麦草
并开满鲜花的牧场
就这样被忘掉，
任无数肮脏的苍蝇
与凶恶的熊蜂一起横行。

啊！如此可怜的灵魂的无限凄凉！
你竟只容
圣母的形象
永存于你的心中！
你可正在祈求
圣母玛利亚的保佑？

啊，无所事事的青春，
你已沦为一切的奴隶；
我竟因娇嫩
而失去我蓬勃的朝气。
啊！但愿心灵
充满爱的时候快快来临！

(张秋红　译)

1871年9月，兰波应魏尔伦之邀来到巴黎，先住在魏尔伦的岳父家，后来因无固定住处而到处流浪。1872年1月，魏尔伦在康帕涅-普雷米耶尔街为他租了个房间，两人住在一起，从此过起同性恋生活，以致流言四起，魏尔伦家庭不睦。3月，兰波被迫返回阿登。5月，再度来到巴黎。7月，魏尔伦抛下妻子，随兰波流浪到伦敦，两人在极度贫困潦倒的生活中不断地发生争吵。1873年7月在布鲁塞尔，兰波试图与魏尔伦分手，不料魏尔伦竟向他开了两枪，打伤他的左手腕。为此魏尔伦被判处两年徒刑。8月，兰波在罗什完成散文诗《地狱中的一季》——他失败经历的记录。

《最高塔之歌》写于1872年5月，正是兰波"精神迷乱"的时期。诗人在《地狱中的一季》的"语言炼金术"一章中坦白地承认自己"在沉重的热病控制下"变得闲散无聊，性格也变得乖戾浮躁，并借用这首诗中的两节"向人世告别"。

兰波在《最高塔之歌》中毫不掩饰地表现出内心深处重又燃起的对新生的希望，同时也流露出因回首往日的经历而产生的慌乱与不安。这首带有忧郁情调接近未知世界的诗篇，可视为精神传记的一种尝试，我们从中不难窥见作者内心旅程上的足迹。透过对"退隐"的呼唤与对"忍耐"的咏叹，我们依然感受到诗人在放纵中，一度想重新找到光明，但终于只能徒然靠追求梦幻而与世隔绝的境遇中的彷徨、苦闷与矛盾的复杂心情；而"一起横行"的"无数肮脏的苍蝇与凶恶的熊蜂"又向我们暗示了一个信息：为了争取幸福，为了让灵魂得救，诗人曾经做出何等艰苦的努力，以求摆脱环境诱惑的侵袭与自身惰性的困扰；但再度响起的"啊！但愿心灵充满爱的时候快快来临！"这希望的呼声终于犹如划破黎明前的夜空的流星一般，显示出觉醒中的灵魂回春的力量。 （张秋红）

啊，季节

兰　波

啊！季节！啊，宫殿！
怎样的灵魂才毫无缺点？

啊，季节！啊，宫殿！
我对幸福进行过神奇的探索，
这幸福没有一个人骗得过。

啊，每当高卢雄鸡放声歌唱的时候，
这幸福就永垂不朽。

但我将再也不去渴望，
我的生命已归这幸福扶养。

啊，这魅力！它吸引住灵魂与肉体，
分散了一切精力。

你从我的话里听出了什么衷曲？
这魅力竟害得我的话逃之夭夭，飘然而去！

啊，季节！啊，宫殿！

(张秋红 译)

  在收入这首短诗的《地狱中的一季》的"语言炼金术"一章中，兰波直率地倾吐了衷肠：他的健康受到了威胁，遇到了危险；他一躺下去就沉睡多日，醒来以后，许多最悲惨的噩梦依然连续不断；他的软弱与缺陷正沿着一条危险的道路把他引向世界和阴影与旋风的国土西梅里（冥界）的交界处；在等着他去跋涉的未来的路程上，他得驱散那聚集在他头脑中的魔狂；他爱那大海，因为大海似乎可以洗净他一身的污秽，他看见给人带来慰藉的十字架正从海上升起；"幸福"终于成了他的命运，他的悔恨，他的蛆虫；"幸福"的利齿对死亡显得温柔，在最阴暗的城市，当雄鸡报晓的时候，"幸福"通知他去做晨祷，因为基督已经来临。诗人的上述内心独白，作为一种精神序曲或思想背景，有助于我们对这首短诗的理解。

  从与魏尔伦的交游中所获得的全部"幸福"，害得兰波因荒唐的欲望而牺牲了梦幻，虚度了光阴。伴随着对这"幸福"的命运的承认，诗人在这首诗中更表露出对这"幸福"的命运的顺从。这"幸福"也确实吸引住他的整个身心,分散了他拯救自己灵魂的一切精力,甚至使他的话语不再协调,不再可能成为和谐的反映与征兆。在他的心目中,对于"谁能逃脱这幸福的诱惑呢?"这类无可奈何的情绪的认可,仿佛成了人所固有的缺点;而"季节"与"宫殿"又似乎意味着他所憧憬的空中楼阁式的生活的最佳时间与最佳地点。正是从这里,我们一再听到他在朦胧的希望中对光明的忧郁多于痛苦的呼唤。

(张秋红)

古尔蒙(4首)

雷米·德·古尔蒙(Rémy de Gourmont, 1858—1915),法国诗人、评论家,生于诺曼底一个贵族家庭。1883年进入巴黎国家图书馆工作,1890年与朋友合作创办杂志《法兰西信使》。1891年因发表文章《爱国主义这小摆设》,被认为反对爱国,不得不辞去图书馆职务。他的诗歌创作有《拙劣的祷词》(1900)、《西茉纳》(1901)、《卢森堡之一夜》(1906)、《一颗童贞的心》(1907)。他研究文学、语言和诗法的作品有《神秘的拉丁语》(1892)、《有关假面具的书——象征主义者肖像,关于昨天和今天的作家的评论和资料》(1896—1898)、《法语的美学》(1899)、《思想的修养》(1900)、《风格问题》(1907)等。此外还写有哲理剧、评论及随笔等。古尔蒙学识异常渊博,被认为是法国后期象征主义诗坛的领袖和象征派权威的批评家。

下面的四首诗选自他的诗集《西茉纳》(又译《西蒙娜》)。《西茉纳》虽只包括十一首小诗,但最能反映他的创作特点:微妙、纤细、清丽,富有音乐性,是他诗歌创作的代表。

发

古尔蒙

西茉纳,有个大神秘
在你头发的林里。

你吐着干刍的香味,你吐着野兽
睡过的石头的香味;
你吐着熟皮的香味,你吐着刚簸过的
小麦的香味;
你吐着木材的香味,你吐着早晨送来的
面包的香味;
你吐着沿荒垣
开着的花的香味;
你吐着黑莓的香味,你吐着被雨洗过的
长春藤的香味;
你吐着黄昏间割下的
灯芯草和薇蕨的香味;
你吐着冬青的香味,你吐着藓苔的香味,
你吐着在篱阴结了种子的
衰黄的野草的香味;
你吐着荨麻如金雀花的香味,
你吐着苜蓿的香味,你吐着牛乳的香味;
你吐着茴香的香味;
你吐着胡桃的香味,你吐着熟透而采下的
果子的香味;
你吐着花繁叶满时的
柳树和菩提树的香味;
你吐着蜜的香味,你吐着徘徊在牧场中的
生命的香味;
你吐着泥土和河的香味;
你吐着爱的香味,你吐着火的香味。

西茉纳,有个大神秘

在你头发的林里。

（戴望舒　译）

在这首诗中，诗人将西茉纳丰盈的头发幻化成一座神奇的树林。一丝丝长发就像一棵棵树木，满头浓密的长发俨然一座神秘的树林。从头发里飘散出树林中种种动植物及其他各种不同的香味，想象丰富而奇特。每一种香味都是诗人诗意的灵感，温柔而含蓄。这种奇特的想象是诗人经验和观察的总和。

诗人将干草的、石头的、小麦的、面包的、花的……各种香味巧妙地搭配在一起，既有局部香味的对比，又有整体香味的铺排，而整体香味的铺排最后则由"爱"和"火"的抽象香味作结，给人一种香味丰富而又极端浓郁之感。种种不同的香味都表现出诗人对诗歌表现性的深刻体验。

诗人将林中种种香味并置，不是为了再现林中景物，而是为了抒情，是为了生动、细微地传递出隐藏在诗人内心深处对西茉纳丰饶的情感。这里的石头、花、草、小麦、蜜、泥土、河水等具有不同的表象，但却具有相同的内在性质——清新、香味、生命和美。因此，将这种种不同的表象并置在一起，就使这种相同的内在性质得以突显出来。这种并置与铺排的结构，大大加强了诗歌表现力，使诗人的情感进入较深的层次。

诗歌中的并置，实际上是一种重复。"你吐着……香味"在诗中一连用了二十五个。在这种重复中，诗人注意了变化，以克服由于并置而带来的板滞。因此在每种东西的"香味"之前都冠有不同的修饰语，如"野兽睡过的石头""刚簸过的小麦""沿荒垣开着的花"，等等。在重复中变化，在变化中重复。

西茉纳丰盈的头发如同一座树林，它也拥有一个丰饶的、勃发着生机、吐露着芳香的美丽而神奇的林中世界。通过对这个世界的描绘，表达出诗人对西茉纳难以言传的情感。

（许桂亭）

雪

古尔蒙

西茉纳,雪和你的颈一样白,
西茉纳,雪和你的膝一样白。

西茉纳,你的手和雪一样冷,
西茉纳,你的心和雪一样冷。

雪只受火的一吻而消融,
你的心只受永别的一吻而消融。

雪含愁在松树的枝上,
你的前额含愁在你栗色的发下。

西茉纳,你的妹妹雪睡在庭中。
西茉纳,你是我的雪和我的爱。

(戴望舒 译)

这是一首借雪喻人的诗。在这首诗中,诗人用西茉纳颈和膝的白比喻雪的白,用雪的冷比喻西茉纳的手和心。通过相互比喻,诗人将雪和自己所爱的西茉纳这两种不同的意象巧妙地结合在一起,使西茉纳具有了雪的性质:高雅、纯洁、美丽、冰冷而又忧郁含愁……雪的多种性质使西茉纳的形象有了多种含义,反映了诗人对西茉纳的无比爱慕和惋叹。

但西茉纳又与雪不同,雪虽冰冷无情,可只消火的一个亲吻,雪就会立刻融化;而西茉纳的心则比雪更为冰冷,只有那生离死别的一吻才能打动她,使她的心消融。这道出了诗人在爱情追求中的艰辛,其中隐含着无数的失败和痛苦。

在这首诗中,一句一个比喻,全诗构成一种隐喻。雪与西茉纳之间似姐妹的微妙关系;使人产生丰富多彩的体验和联想,它使无生命的雪有了生命,有了人格;也使有生命的西茉纳的品性得以显象的表现。

(许桂亭)

死　叶

古尔蒙

西茉纳，到林中去吧：树叶已飘落了；
它们铺着苍苔、石头和小径。

西茉纳，你爱死叶上的步履声吗？

它们有如此柔美的颜色，如此沉着的调子，
它们在地上是如此脆弱的残片！

西茉纳，你爱死叶上的步履声吗？

它们在黄昏时有如此哀伤的神色，
当风来飘转它们时，它们如此婉转地哀鸣！

西茉纳，你爱死叶上的步履声吗？

当脚步踩躏着它们时，它们像灵魂一样地啼哭，
它们做出振翼声和妇人衣裳的绊绦声。

西茉纳，你爱死叶上的步履声吗？

来啊：我们一朝将成为可怜的死叶，
来啊：夜已降下，而风已将我们带去了。

西茉纳，你爱死叶上的步履声吗？

（戴望舒　译）

这首咏叹飘零落叶的诗，实际上是一首哀叹人生与生命的悲歌。它以飘零的落叶比喻对生命的感叹与哀怨。

诗中落叶这一意象有着双重的含义：一重是，落叶是美的象征，被风吹落的叶子，有着柔美的颜色，铺满了林中的苍苔、石头和小径，构成了美的境界，充满了诗情画意。人们欣赏着它们五彩斑斓的颜色，谛听

着它们在人们脚下发出的动人的沙沙声响。落叶本身是一种美,由它构成的意境也是一种美。它的另一重含义是,美被毁灭,生命死亡。这一重含义是由前一种含义反转而来的。叶子生长在树上是有生命的,被风吹落下来就变成了残片,变成了死叶。可黄昏时,风还在继续飘转它们,使它们发出哀鸣;人们用脚步践踏它们,使它们的灵魂哭泣。这样,人们踏落叶,不再是美的享受,而是对落叶死亡的凭吊。

落叶意象的两重含义是相互抵触的。这两种截然相反的喻义,造成了喻义的模糊与朦胧,从而增添了落叶意象的多义性。

最后,诗人将落叶与人的生命联系起来:有朝一日,我们也将成为这可怜的死叶。人的生命是美好的,但随着日月的流逝,或者由于社会恶势力的摧残,她也会像树叶一样,被风吹落,受人践踏,趋于毁灭与死亡。这种社会性的联想,使诗进入了较深的层次,引起人们对人、对生命、对美的无数联想。因此,随着从落叶到人生与生命的"转换",诗人就将更为复杂的含义和感情投射到落叶的形象中了,人们由落叶而产生的体验与感受就成了一种具体的自我认识,引起读者情感上的共鸣。

全诗每小节后面都有句问话:"西茉纳,你爱死叶上的步履声吗?"每小节的内容不同,这问话的含义与回答也自然会有不同,而且每小节之间有一种层层递进的意味,树叶由飘落到变成脆弱的残片,由在风中哀鸣到在人的脚步下啼哭。最后一节,由落叶"转换"到人的生命,我们也将被风带去变成可怜的死叶。这就使得这一问话内涵更加深邃,也更加难以作答:是爱,还是不爱,是兼而有之,还是别样的回答? (许桂亭)

园 子

古尔蒙

西茉纳,八月的园子
是芬芳,丰满而温柔的:
它有芜菁和莱菔,

茄子和甜萝卜,
而在那些惨白的生菜间,
还有那病人吃的莴苣;
再远些,那是一片白菜,
我们的园子是丰满而温柔的。

豌豆沿着攀杆爬上去,
那些攀杆正像那些
穿着饰红花的绿衫子的少妇一样。
这里是蚕豆,
这里是从耶路撒冷来的葫芦。
胡葱一时都抽出来了,
又用一顶王冕装饰着自己,
我们的园子是丰满而温柔的。

周身披着花边的天门冬
结熟了它们的珊瑚的种子;
那些链花,虔诚的贞女,
已用它们的棚架做了一个花玻璃大窗,
而那些无思无虑的南瓜
在好太阳中鼓起了它们的颊;
人们闻到百里香和茴香的气味,
我们的园子是丰满而温柔的。

(戴望舒 译)

　　这首诗以芬芳、丰满而温柔的八月的园子,喻诗人和西茉纳的爱情及生活的丰满与温柔。诗中八月的园子丝毫没有秋季将临的悲凉、萧瑟和朦胧的气息,而是充满了生命的欢愉、丰收的喜悦,激荡着诗人对生活的热爱,给人以明朗、欢快和灿烂之感。

　　八月的园子里,生长着芜菁、莱菔、茄子、甜萝卜、莴苣……在八月和煦阳光的照耀下,它们都在迅速地生长、开花、结实。八月是收获的季节,八月的园子,色彩斑斓,香气四溢,生机勃勃,温暖而又充实。

拟人化的手法,更给八月的园子增添了无限的意味与情趣,显示了诗人对生活、生命的热爱。豌豆缠绕的攀杆,像"穿着饰红花的绿衫子的少妇",胡葱"用一顶王冕装饰着自己",天门冬"周身披着花边","结熟了它们的珊瑚的种子",链花像"虔诚的贞女""用它们的棚架做了一个花玻璃大窗",南瓜"无思无虑","鼓起了它们的颊"……诗人的描绘,在读者头脑中形成了上述植物光、色、态的具体形象。八月的园子丰富多彩,生动可爱。从诗人所描绘的图画中,不仅可以看到形态、色彩,可以听到声音,嗅到芳香,还可从中体味到一种含蓄不尽的意味,带有强烈的主观色彩。

八月园子的意象,寄寓着诗人的深情,暗示着诗人同西茉纳爱情的生长与成熟,丰饶与温馨。 (许桂亭)

雅姆(3首)

弗朗西斯·雅姆(Francis Jammes, 1868—1938),一译亚默,生于法国上比利牛斯省的图尔奈。父亲到波尔多任税务员后,雅姆就在该市上中学。父亲死后,他于1889年和母亲一起到比利牛斯—大西洋省的奥特兹居住,不久开始文学创作。

雅姆在奥特兹度过三十余年恬静的乡间生活,在那里阅读、狩猎、垂钓、散步、赋诗,1890年起出版几部诗集。他主张返回自然生活,作品富有乡土气息和民歌色彩,在法国诗坛引起注意,深受一些对晦涩的象征主义诗歌感到厌倦的读者的欢迎。主要诗集有《从黎明三钟经到夜晚三钟经》(1898)、《报春花的哀伤》(1901)、《生命的胜利》(1902)、《天上云隙》(1906)、《披树叶的教堂》(1906)等。他信奉天主教,其宗教思想在作品中经常有所反映。

1907年,雅姆同一个热爱他诗歌的少女结婚。他还著有几部小说。1917年,他获法兰西学院颁发的文学大奖。1920年,他发表自传体作品《乡村诗人》。1921年,他迁至阿斯帕朗居住,撰写回忆录,同时继续发表诗集,有《我的诗国法兰西》《云雀》《泉水》等。1937年他去巴黎参加一次会议,受到热烈欢迎,达到荣誉的顶点。1938年11月1日病逝。

我想念你……
雅 姆

我想念你,我的目光从玫瑰花丛
　　移到一簇簇如火如荼的山梅花上。
我想再看见你,当麝香葡萄
　　在青李子树旁沉睡的时候。

从我出生以来,我感到心底里
　　有一股难以解释的情感。
我对你说,玫瑰花已掉在沙地上,
　　玻璃花瓶放在桌面上,
　　姑娘已穿上便鞋,
　　金龟子比花朵沉重。

"但是,所有这些牧草不久都会消逝吗?"
　　"噢,我亲爱的,一切都在消逝:
　　摇曳的牧草,毛驴的蹄子,
　　乌鸦的歌声,情人的亲吻。"

"但是我们的亲吻,亲爱的,不会消逝吧?"
　　"肯定不会,"我说,
　　"牧草在消逝,诚然如此。
　　但是我们的亲吻,亲爱的,决不会消逝。"

(金志平 译)

《我想念你……》摘译自诗集《天上云隙》(1906)。第一、二节写诗人对不在身边的情人的思念,第三、四节写他想象中与情人的对话,时间在秋天。最后一节画龙点睛:姑娘担心爱情也会跟万物一起消逝,但诗人打消了她的顾虑。

在这首诗里,就像在雅姆的大多数作品中那样,大自然占着显著的位置。花草虫鸟,构成和平、宁静的气氛。在寂静中,玫瑰花掉在沙地上,便鞋减弱了姑娘的脚步声,摇曳的牧草使人感到微风习习,只有乌鸫在鸣啭歌唱。这种感人的气氛增强了信任感。

然而仍然不乏某种哀愁。夏天让位于秋天,景色依然斑斓,可死神的阴影已出现在地平线上。诗人感叹人生短暂:"一切都在消逝。"

尽管如此,这首诗并不悲伤。什么都不能影响这对情侣的感情,一切都是过眼云烟,"但是我们的亲吻,亲爱的,决不会消逝"。

原诗是自由诗,每节长短、节奏都不同,第二节包括六行,其余为四行。十八行诗中十二音节的八行,八音节的十行,长行至短行表现节奏加快的运动(诗人急忙回答),相反则放慢速度,短句并列表示迅速列举。全诗写得朴素、自然,情真意切。

(金志平)

哀歌之一

雅 姆

"我的爱。"你说道。——"我的爱。"我回答。
"在下雪。"你说道。——我回答:"在下雪。"

"还在下。"你说道。——"还在下。"我回答。
"像这样。"你说道。——"像这样。"我对你说。

后来,你说:"我爱你。"而我回答:"我啊,更加爱……"
"美好的夏天结束。"你对我说。——"秋天来了。"

我回答。咱俩的话不再完全雷同。
终于有一天你说:"哦,亲爱的,我多爱你……"

（这是寥阔、灿烂的晚秋时分）
而我回答你："对我再说一遍……再……"

（金志平　译）

这是雅姆写的十七首《哀歌》中的第十四首，诗人回忆他的初恋。篇幅虽短，却几乎写出了恋爱的全过程。第一、二节，隆冬时节，双方有一搭无一搭地谈论天气，而且所说的话完全相同，表现出初恋的情人的腼腆和拘谨。第三节，他俩的关系有了发展，话不再完全雷同，有了一些变化：一个说"我爱你"，另一个说"我啊，更加爱……"第四、五节，已到第二年的晚秋，当女方终于冲破顾虑，表白"我多爱你……"时，诗人一叠连声地要她"再说一遍"，欣喜若狂的神情跃然纸上。　　（金志平）

让白云……
雅　姆

让白云在阳光下飘过。
这儿只有你，大地和天空。
几乎什么都不想。像蜜一样甘美。

青色的水芹边，绵羊将来饮水。
姑娘将在黑色的农庄里歌唱。
熟透的梨将掉在温热的地上。

老妇会因纺车颤动而颤抖。
公羊会在咩咩叫的羊群里叫。
姑娘会以爱回报情人的爱。

毛驴将一边抖掉苍蝇一边走过。
母亲将俯在她催眠的孩子身上哼唱，
而我将抱吻你，嘴对着嘴。

以后天空会变蓝，以后天空会变灰。

鸟儿会鸣啭，会发出叫声。
在古老的井边会长出黄杨。

你听，亲爱的，谷仓顶下有个燕窝，
几只叽叽喳喳乱叫的小燕子
过着平静、乖巧的生活多愉快。

大车过去了。牛群闪闪发光的角上
有林中长长的蕨类植物遮盖，
夏天阴凉的树林有缓慢的泉水流淌。

麦子被割倒了，躺在阳光下……
然后雨水来临，它来自天上，
它淹没我的心，它冲掉蜂蜜。

我的心被割下了，躺在阳光下……
一位姑娘来临，她来自天上，
她没收我的心，她吃掉蜂蜜。

但痛苦是甜蜜的，你的爱是温柔的。
你将你的心，你的头和你的膝给了我，
咱俩已合而为一，你的心是咱俩的。

(金志平　译)

　　作为一位淳朴的乡间诗人，雅姆用简单的语言歌唱简单的事物，特别善于歌唱大自然和少女。《让白云……》这首诗就是一例。表面上看来，他笔下的这些事物太平凡了，似乎不值得吟诵。其实不然，这些平凡的事物里蕴含着情趣，需要敏锐的目光去观察、善感的心灵去体会。雅姆认为凡是自然的事物都是值得描写的，因此他要"像学校里的孩子尽量准确地描摹字帖一样，有意识地摹写一只漂亮的鸟、一朵花，或一位妙龄少女"。他热爱大自然和生命，熟悉并了解乡村的事物。在这首诗里，他通过正确的观察，如实描绘了不少动植物和自然现象，无论是绵羊、毛驴、燕子、牛群还是水芹、梨子、黄杨、树林，无不引起他浓厚的兴趣，然而占中心地位的仍然是人。雅姆同情下层穷苦人民，他写过《有一个小鞋匠》《可怜的中学舍监》等诗，赞颂他们勤恳而有益的劳动，哀叹他们苦难而悲惨的命运。在这首短诗里，他写了一个纺棉纱的老妇，一位为孩子催眠的母亲，还刻画了一对情侣合而为一、心心相印的爱情。

雅姆用日常语言写诗，避免陈词滥调。他向修辞开战，认为与其夸张矫饰，不如朴实无华。比如在这首诗里，他写情侣接吻，就直接说"嘴对着嘴"。他追求简洁适度，认为十二音节的诗太"啰唆"，为革新诗歌形式而采用自由诗体。他的诗具有一种特殊的清新质朴的风格，不能用一般的尺度衡量。法国著名文学评论家朗松写道："要欣赏雅姆的诗，必须忘掉一切习惯，一切俗套，一切传统，一切流派的一切的美。" （金志平）

瓦雷里（8首）

保尔·瓦雷里（Paul Valéry, 1871—1945），诞生在赛特港城。父亲是科西嘉岛一个海员的后裔，母亲是意大利人。后随父母移居蒙彼利埃。他喜爱文艺，也爱阅读《建筑词典》和《装饰艺术基本原理》这一类书。在入蒙彼利埃大学法学院以前，他已经写出两个短小的剧作，稍后又写了八十多首诗。他崇拜马拉美，常向他请教。1891年，马拉美回信说："你的《水仙辞》把我迷住了，请你保持这种珍贵的笔调吧。"1892年一个暴风雨的夜晚，他受到一次精神危机的袭击，决定放弃诗歌和爱情，而献身于形而上学的冥想和抽象的推理。1894年写《与台斯特先生夜谈》这篇反映变态心理和反常行为的散文，吸引不少人的注意，包括超现实主义者在内。定居巴黎后，写《达·芬奇方法引论》，入哈瓦斯通讯社担任私人秘书工作。1912年听从好友的劝告，将青年时代的旧稿结集出版。于是清理诗稿，有的存旧，有的略加改动，并打算增一首向青春告别的诗。哪知诗兴勃然大发，他花了四年时间，写成了五百行的《年轻的命运女神》，收入1920年出版的《旧作诗谱》。出版后，一举成名，被公认为法国当代最伟大的诗人。《海滨墓园》也是这时写的，收入1922年出版的《幻美集》。这两首诗的结论都是有积极意义的。在第一首诗里瓦雷里自喻为年轻的命运女神，女神在梦中失身自尽。可是一觉醒来，体会到晨曦的美。太阳在呼唤她，给她带来新的生命。第二首亦是歌颂新生，因为万物都为重生而死亡。1925年当选为法兰西学院学士。法兰西公学的专题课《诗学》由他担任。他的荣誉与日俱增，许多国家邀他前去讲学。国内约稿接连不断，瓦雷里性情随和，应约撰写文艺、哲学、政治、经济、神学……各种文章，先后出版了五册《杂文集》。

第二次世界大战期间，他没有离开沦陷了的巴黎，但没有向敌人屈膝。他依旧写他的文章和每天记他的随笔。自1894年到1945年，他记下的随笔数量惊人，一家出版社竟印成二十九册。1945年7月20日逝世，享年七十四岁。戴高乐将军坚持主张为他举行国葬。按传统他可安葬在先贤祠，但为了尊重他生前的意愿，27日将他安葬在家乡赛特的海滨墓园里，就用他的不朽之作的两行诗作为碑文：

多好的酬劳啊，经过一番深思，
得以放眼远眺神明的宁静！

瓦雷里是一个不平凡的诗人。他的诗内容深刻，形式完美，做到了内容与形式的统一。瓦雷里一向强调制作、筹算与格律，认为诗文有别于散文就在此。至于诗的纯粹性，他亦认为总是相对的，不可能做到百分之百。

纺毛线的姑娘

瓦雷里

纺毛线的姑娘，坐在窗前的蓝天下面。

色调和谐的花园轻轻地摇曳。

陈旧的纺车隆隆作响，使她陶醉，迷恋。

她懒得去纺,因为饮啜蔚蓝,
纺那容易从温柔的手指间滑落的毛线,
她遐想,倾侧着她娇小的容颜。

一棵小树和清气便是活的源泉,
悬挂在日光中,幽雅地用点点花瓣,
洒落在悠闲女子的花园。

被风吹动的花茎,它徒然
频频点首,弯着它星形的优美,
端庄地献给古旧的纺车,以玫瑰。

入睡的姑娘在纺孤零零的一根毛线;
柔弱的影子顺着已带睡意的十指纤纤,
神秘地编织已告完毕。

睡梦用天使般的懒倦
来纺线,而羊毛犹在听从温柔的纺锤,
不断荡漾,全凭抚爱的意愿……

蔚蓝躲藏在多少花朵后面,
纺线姑娘,阳光与树叶围绕着你:
整个蓝天要消失了,最后一棵树还在燃点。

你的姐姐,圣女在其中微笑的大朵玫瑰,
使你朦胧的容颜生香,吹入纯洁的气息,
而你觉得昏昏欲睡了……你终于隐灭。

在你方才纺着毛线的窗前的青空下面。

(沈宝基 译)

这首诗是瓦雷里的初期作品,《旧作诗谱》的开卷诗。全诗九节,每节三行,最后一节仅一行,共二十五行,全用阴韵。每节三行与全用阴韵,这很别致。许多人喜爱这首诗,特别是文艺沙龙中的诗歌爱好者。此诗被收入不少法国诗文选集中,甚至选入教科书作为教材。虽然它亦被指出某些小疵,但编写者大多赞声不绝,认为是一幅绝妙的倩女入睡图,描绘细腻,文字优美,充分运用波德莱尔的"应和"主张,视听契合。象征主义的特点之一——诗歌语言的音乐性——贯穿整个诗篇,浅唱低吟,对读者的确是一种享受。这位姑娘,容颜娟秀,心地纯洁,像花园里的玫瑰。她是人间贞女,天上圣女的小妹。诗人在微风里似乎嗅到这朵玫瑰的香气,这个少女的心香。从午后到黄昏,倩影越来越朦胧了,人儿已经入梦,影儿也渐消失,消失在太虚幻境中。

法国教科书编者对这首诗做了简单的介绍后,拟了一些思考题,启发人们阅读时应该注意些什么。为了帮助中国读者更好地理解,我选了几则转抄在下面,不解自明的放过去,需要解释的说上几句。

1.你认为这首诗的作者是用明晰、确切和单纯的文字来发展这个主题吗?

不是的,作者并不希望读者一看就懂。他有意识地用象征主义的各种手法来丰富、扩大、加深读者的印象。譬如他用"悦耳"这个形容词来修饰"花园",译者只好改译为色调和谐。诗人爱用多义字、歧义字,有意让它不明确,如第六节的"抚爱",第八节的"隐灭"。

2.作者煞费苦心,细腻微妙,甚至有些造作,这种手法的效果如何?

有些晦涩。譬如第二节,要读好几遍方能体会它的含义。"饮啜蔚蓝",指的是她纯粹的微妙的遐想。读者应该结合这首诗的背景,扩展他的想象力,来充实"蔚蓝";蔚蓝是夏季的天色,是晴朗的一天,到处是鸟语花香,到处是热与光。又如"抚爱",究竟指纺线姑娘的手、清风的飘忽、还是黄昏的影子的抚爱?"星形的优美"指的是花开放时形似星星。有些人不喜欢这类修辞,但表现手段的确新颖,具有魅力。

3.除此以外,你还喜爱什么?

全诗都押阴韵,配合少女的动作、姿态、懒倦与入梦,非常协调。无限温柔,身心荡漾。因而翻译时,我也力避响亮的韵脚。

4.试把第三节译成散文。

5.纺线姑娘在第五节里睡着了,你怎样解说"孤零零的一根毛线"?

诗人描述少女由清醒到入睡的过程,是通过一节复一节逐渐进展的。先是她清醒地纺线,没有倦意;后来她开始遐想,手指停止动作了,成了一个悠闲女子(第三节);最后她完全进入梦乡,已是"睡女"。她"纺孤零零的一根毛线",就是说她迷迷糊糊手中拿着的这一缕线不动了。这样,既已不再是纺锤上的一部分,也尚未成为线团上的已纺毛线的一部分,它在线的组成部分里没有连续性。

6.在第五节最后两行里,诗人怎样表达光与影?

纺线姑娘的手指还懒懒地拿着线;随着落日逐渐下沉,线影在改变位置,在少女的手指上游移,就像十指纤纤的编织动作;毛线又细又匀称整齐,它的影子仿佛已是纺成的线。

(沈宝基)

诗
瓦雷里

在诗神的胸脯前
"嘴"正在吮她的奶,[1]
忽然惊呼,把带
绒毛的双唇移开:

"啊,智慧的母亲,
慈爱从你身中外溢,

---

[1] 嘴,婴儿的嘴。婴儿用嘴吮奶,吮他的母亲诗神缪斯的奶。婴儿不会说话,是自比为婴儿的未来的诗人在说话,他在第二节里就惊呼为什么没有奶了。(第二节)直到最后一节,母亲诗神才回答他的问题"为什么"。(第十一节)

怎么会这样分心,
竟使奶汁涸竭!

我曾在胸脯上经受
丝丝洁白的困扰,
你满载财富的心头
波浪把我轻摇;[1]

在你幽暗的天空,
我贴着你美丽的乳房,
饮朦胧的奶时觉得有一种
光明[2],侵占我的心脏!

自己本质中的神祇,
使我怡然自得,[3]
听从最终的
静穆的认识,

我接触到纯粹的夜晚,
不知有死,可以永生,
因为一条河川长流不断,
似乎通过我全身……

你说,由于什么虚惊的袭击,

---

[1] 波浪,婴儿怡怡然贴在胸脯上吮吸着洁白的奶汁时,听得见母亲的心房怦怦跳动,仿佛觉得自己如在波浪上,柔软的浪波轻轻地把他摇动。(第三节)
[2] 光明,而在这种轻摇中,慢慢地、慢慢地开始意识到他看见的天虽是朦胧的天,他吮的奶虽是朦胧的奶,但他吮这朦胧的奶时,已有一种光明进入他的心脏。(第四节)
[3] 怡然自得,因为诗人有了明确的意识,只要母亲的奶从夕到旦长流不息,他可以永生,长流的奶转化为他全身的血液。(第五、六节)

由于什么恼恨的压抑,

这神奇的奶汁

切断在我唇边?

你是一个标志,谨严,

说明我不讨心灵的喜爱!

天鹅起飞[1]的静寂

在我们中间不复存在!

不朽的女神,你的眼皮

拒绝我宝贵的躯体,

你的肌肉已成石块[2]

从前在我身子下,体贴入微。

你给我断奶,怎么这样不公正,

甚至给我断了蓝天[3]!

你成了什么呢?如果没有我的嘴唇?

我又是什么呢,如果没有爱?"

但是悬挂在长空的源泉

回答道,并不凶狠:

"你咬住我,我疼得厉害,

我的心停止了跳动!"

1921　　(沈宝基　译)

---

[1] 天鹅起飞,象征诗人的起飞,马拉美诗中的天鹅静待解冻起飞。(第八节)

[2] 石块,坚硬冰冷,不再是温暖的肉体了,怎么还能哺育诗人呢?(第九节)

[3] 蓝天,蓝天的意义很丰富:光明、理想、希望、事业、成就……但我认为最应重视的是像瓦雷里在《棕榈树》一诗中所说的那样,一个完善的诗人必须从两个方面来培养自己,一是地,一是天。作为生在天地之间的诗人,先要看得见宇宙中的天地,这要靠耐心与修养方可做到。急于想成为诗人,反而成不了诗人。

全诗十一节,每节四行,共四十四行。"嘴"指诗人的嘴,诗人自比婴儿,要吃母亲的奶,母亲喻诗神。瓦雷里所说的诗神,不单指感情、心灵,而更重要的是智慧、思想。不过二者须交融在一起,方可称诗。诗有诗的自身要求,有些人却不明白这个道理,或偏于情,或偏于理,二者均各有缺陷,往往不能把灵与智处理得当,保持平衡。而且,他们不谙自然规律,不愿反躬自问,反倒责怪他人,甚至抱怨哺育自己的诗神。要知道怨天尤人,无助于成长,成长有它一定的过程。一面吸取营养,一面耐心等待,怎么可以心急如焚,咬痛母亲的乳头?后果如何?由于剧痛,导致母亲的奶汁涸竭。

(沈宝基)

足 步

瓦雷里

你的足步,是我的沉默的孩子们,
它们神圣又缓慢,
不作声,冷冰冰,
朝着我醒时的卧床前来。

纯洁的人儿,神妙的影子,
你谨慎的行步多么柔和!
神明!……我猜度的天赐
却来自向我移动的这双赤裸的足!

如果伸出嘴唇,
为了让他心平气和,
作为食粮,你准备好一个吻,
赠给我思想中的户主,

不要忙于做这样的好事:
让他提前尝到完成与否的甜情。

因为我过去盼的只是你到来的日子,
而我的心灵不过是你前来的足步声。

(沈宝基 译)

全诗四节,每节四行,共十六行。我们阅读这首诗时,仿佛看见诗人睡在床上,并不想睡而在静静地等待他心爱的人回来,想听到她回来时的足步声。足步没有什么声响,冷静、谨慎、含情意。如果盼来以后,未来的诗人只要求她吻一下,缓和他的情绪,不要求其他什么。那么,她从什么地方来呢?原来她就在诗人自己心里。由此我们体会到他的爱人是诗人自己心内的"灵感",此刻尚未到来。全诗的主题,只是表达灵感来到以前他的种种遐想。灵感,是诗神缪斯的赐予,她赤着足走路,他只能在自己的静默中听到她的步声。诗人因为懂得时辰未到,不可急躁,现在最好的食粮是诗神的吻,让他静下心来,不要急于让他提前尝到完成与否的甜情。前些时他只为了等待诗神而生活着,只满足于自己的心声化作诗神的步声,灵感的步声。瓦雷里写作时,认为自己将来一定能成为诗人,因为他心里已有她的足步声。

这首诗的特点:字句优美婉转,色调柔和朦胧,暗示力很强,没有明言。诗人等待的是诗神的灵感,粗心的读者可能认为是写男女之间的爱情诗;细心的读者,则根据其中某些单词,某些词组,或某行的隐喻和感情色彩,多读几遍后便能识辨出来了:原来是首象征诗。　　(沈宝基)

睡　女

瓦雷里

是什么秘密在我年轻的女伴心中焚,
灵魂在温柔的容貌下正嗅着花香?
是什么日常的食品将她天真的热能
转化为这睡梦中少女焕发的容光?

呼吸、梦境、安静、难以克服的困倦,

你胜利了,比眼泪还有威力的安宁,
当这酣睡的庄重之波辽阔无边,
在冤家胸前展开,如此迷人。

睡女的倩影,与慵懒的辉煌玉体,
你的小憩,神通广大具有可怕的魅力,
横陈在一串串葡萄边的倦怠的母鹿,

虽然魂离身躯,与睡梦周旋,
你柔软的手臂护着袒露的腹部,
你玉体保持警惕,我,我却睁大了双眼。

(沈宝基 译)

《睡女》于1920年发表,是一首十二音步的十四行诗,睡女是诗人正在观赏赞美的"年轻的女友"。

第一节描述女友的睡眠,在两个方面使得诗人深感神秘。一是年轻女子的心灵,秘密的内心生活;二是她的肉体光艳照人。轻微的口息、热、光,暗示一种陌生的隐藏的生活,这种生活未经"面具"即入睡者的颜面反映出来。

第二节描述寂静与和平,好似从她的睡眠中涌出来的"波"把诗人团团围住。睡女不再是"仇敌"了,倒成了欣赏的对象。

第三节迟迟不放松肉体的慵倦和神秘的美,肉体的光和影配合的肌肤,像是水彩画里的睡在葡萄串旁边的母鹿。

第四节又把诗人的眼光直接移到赤裸的肉体、情人所欣赏的形体上,而这形体的美本身足够令人销魂。

这一对情侣的形象,男的注视睡女时的兴奋,女性美的神秘,四周的幽静与和平气氛,这种种,瓦雷里是用微妙的笔触暗示给我们的。灵与肉的主题,魂与体分离、合一的主题,是瓦雷里的特色之一,因而这正好说明为什么某些评论家认为这首诗表面上看来有点色情,其实是有关文艺创作的一种暗喻,所以他"睁大了双眼"。不过这究竟是少数人的意见。 (沈宝基)

风里的精灵

瓦雷里

无人见,无人知,
我是一股芬芳,
吹起一阵风儿,
便活跃和消亡。

无人见,无人知,
天才还是侥幸?
我是刚到这里,
一举就能成功!

无人读,无人解,
会有多少乖僻,
才子那儿出现?

无人见,无人知,
急换内衣慌乱,
露胸一刹那间?

(沈宝基 译)

这首诗较难懂,字句省略简练,往往没有主语,诗里是精灵在说话,而这精灵象征诗人的心灵,又可以理解为一切创造性劳动的灵感。这样的一位精灵,不是一般人所熟悉的诗神或仙女,而是中世纪克尔特和日耳曼民族所独有的一种传说中的精灵。说她是和风之神吧,可是在某种情况下她会在风中消亡,总之她是个难以捉摸的风灵。

第一节,"芬芳":精灵自喻为灵感,而灵感好比一股芬芳,在风中散发,时间不长,活跃一阵,随即消失。

第二节,"天才还是侥幸":瓦雷里所说的天才是聪明加苦练,即才与学的混合体一旦成熟化为灵感;另一种灵感则出于偶然,不是长期酝酿的，偶然仅仅是表面现象。精灵不愿明言，只强调一有灵感便会有作品的产生，用不着很多时间。

第三节，"无人解"：超群的作家高人一等，他是创新者，他的思想和作品的确新颖，可能也有怪诞之处。但是凡夫俗子总是把他的整个作品当作乖僻的东西，不理解，不愿读。

第四节，"一刹那间"：写诗，灵感是主要的，灵感的出现是美妙的。它好像一个纯洁又羞怯的少女在房里更衣，把身上的内衣脱下，忙把洗好的内衣换上。两件内衣的脱换如此迅速，胸部外露时间非常短促，仅仅一刹那。以少女换内衣的具体形象来喻一纵即逝的灵感，真是绝妙好诗。

（沈宝基）

石　榴

瓦雷里

坚硬的石榴，你籽粒多，
膨胀导致你开裂，
我似见大好头颅
奇才爆发，光彩显现！

如果说，啊！半绽的石榴，
天天经受的骄阳
使你们得到锻炼而昂首，
打破了红宝石的隔墙，

如果说干黄如金的硬皮
由于时间的推移，
裂成红艳艳的美玉，

那么这一辉煌的开裂，
使我想起过去某一时期

自己思想上的内在建筑。

（沈宝基　译）

　　有人说这首诗的描写堪与塞尚或马蒂斯的静物画媲美。这种比喻的含义，读者不容易捉住。在表达手段、艺术功力方面，可以这样说，至于形象的宏伟瑰丽，则有过之无不及。这首诗高超有力，用词确切，一笔到底，组织严密。用《石榴》来象征他"过去某一时期自己思想上的内在建筑"。是的，瓦雷里把人的大脑当作一座建筑，这是生理上的；把思想当作一座建筑，把诗歌当作一座建筑，这是心理上的，亦是艺术上的。要成为真正的艺术品，要在艺术上有所建立，必须具有内因的推动和外因的促成，而且必然有个过程。

　　第一节讲内因，石榴籽多，已经成熟而开裂。第二节讲外因，骄阳给半绽的石榴以锻炼的机会，让石榴把自己饱满的籽粒变成红宝石。第三节讲过程，讲壮大成熟的过程需要一定的时间，等到那个时候，内是红艳艳的美玉，外是辉煌的形象。第四节，瓦雷里回到第一节"大好头颅奇才爆发……"上来，同时回想起他过去的成绩主要靠"自己思想上的内在建筑"。

　　这首诗虽是象征诗，并不难懂。瓦雷里是否应用辩证法，我不敢轻易肯定或否定。但我相信，他侧重"理智"，故逻辑性强；注意"制作"，故落笔稳健。至于内因、外因、过程，这是我的主观看法，是否恰当，有待方家指教。

（沈宝基）

逝　酒

瓦雷里

有一天我曾在大海里，
（但不记得什么地方），
作为向虚无致祭，
洒下了一点琼浆。

谁要你白白消失呢，佳酿！
也许占卜者的话我还记在心头，
也许我郁郁不乐，无限惆怅，
想到了血，就洒下了酒？

大海一向透明，
激起一阵玫瑰色的水汽，
又恢复了原来的澄清。

逝矣此酒，醉矣波澜！
我看见海风里腾起
最神秘深奥的神怪。

（沈宝基　译）

《逝酒》或《消失的酒》，也是《幻美集》里的一首十四行诗。即使是红葡萄酒，倒几滴在水盆里，根据物理学原理，表面上几乎不可能使水变色，但水已不是原来的水了，水质多少起了一点变化。瓦雷里在一篇散文中影射耶稣将水变葡萄酒时提到过这种现象。现在通过几个注释把全诗解释一下。

第一节"向虚无致祭"：瓦雷里不是随便把酒倒在海里的，而是采取古代祭神或是宗教中祭圣饼的仪式。虽然在诗文里常提到神，但瓦雷里是个无神论者，可见这里的祭酒并非虔诚的表示，他仅仅借此抒发胸怀，说明此举另有原因。

第二节"占卜者的话"和"血"：那时瓦雷里的心态并不宁静，而是相当复杂，郁郁不乐。他的命运究竟如何，茫然不知，本不想祭酒，白白地把酒洒在海里。然而"我"看见这杯酒，红红的，像是被钉在十字架上的耶稣的鲜血。出于莫明的行动，不禁想到自己的命运多舛，还是听从占卜者的话，求神保佑，让我在人生的道路上有所成就。

第三节"玫瑰色"："我"孤独，但并不悲观；"我"的作品好像几滴红酒，投入大海，最初曾呈现玫瑰的清晕，后即自行消失。

第四节"醉矣波澜":经过沉思,瓦雷里深有体会,物质不灭,但能转化。单看外貌,酒是消失了;若讲精神,则不会完全消失,所以说"醉矣波澜"。他的思想是准确的,有积极意义的,不是什么自我安慰,而是一般所看不到的真理。洒下几滴酒,常人以为劳而无功,然而大海醉了,不断地波动起伏,就像艺术家和思想家的新发现、新发明、独特的想法、新颖的表达方式……似乎被遗忘,却又可以激起后来人的意想不到的杰作。

(沈宝基)

棕榈树

瓦雷里

用他几乎透露光华
难以抵抗的美的姿态,
一位天神[1]在我桌上放下
柔软的面包,清淡的牛奶,
并且用他的眼光
做出请求的模样,
对我的幻影这样说:
"安静,安静,请安静![2]
要懂得承受丰硕的果实,
棕榈枝的沉重!

正因为大量财富,
棕榈枝而今已弯曲,
它的形象趋于完善,

---

[1] 天神,据《新约圣经》载,圣母玛利亚领受天使向她传报上帝的旨意,告知她将由"圣灵"感孕而生耶稣。这里瓦雷里借以说明一首诗的孕育以及后来的成熟过程。
[2] 此句指瓦雷里劝人要耐心等待一首诗的开花结果,要像天使所指出的棕榈树的形象一动不动那样安静。

沉重的产物是保持它的连杆；

你要赞赏它那样振荡，

而且像时间的钟摆那样，

一根柔软的树木纤维，

并不神秘地辨别

大地的吸力，

和天空的压力！[1]

这轻摇着的雅美[2]的裁判，

在阴影和太阳之间，

模拟女预言者的[3]

智慧与睡眠。[4]

在同一的位置周围，

广宽的棕榈树它不厌，

不厌呼唤与告别……

它多么高贵，多么情意绵绵！

它多么理所当然地

预料只是优胜者向它伸出手来！

轻盈的黄金是它的低诉，

只需微风的弹指便会发音，

并以光泽的甲胄

装载大漠的灵魂，

---

[1] 吸力与压力，棕榈树巍然屹立在天地之间，保持平衡，然而又和天地紧紧联系在一起。
[2] 雅美，女性的优美可能导致诗人转移他创作的方向；但是天使是前来给诗人以慰抚与鼓励的。
[3] 女预言者，或女巫，这里是指古希腊的。
[4] 智慧与睡眠，智慧指阳光，睡眠指女巫在精神恍惚的睡梦中宣告神的指示。

风沙吹向棕榈,
棕榈与风沙共语
对它倒成了神谕,
永远不会消灭,
而且它把忧心的对歌[1]这一奇迹,
当作是一种荣誉。

当它在沙与天之间
尚不自知、未被了解,
仍在照耀的每天
为它酿一点蜜[2]。
测定它的甘甜
要靠神圣的期限[3],
神圣的期限不计日子,
但的确日积月累
化作情爱的
整个芳香的精髓[4]。

有时如果人们感到悲哀,
如果可敬的严峻不管你流泪。
只是留在懒散的影内,
你不要责难,
一位正在准备那么多辉煌,
那么大威望

---

[1] 对歌,棕榈树的歌与诗人的歌。
[2] 蜜,熟果的美味。
[3] 期限,像果实一样,使诗人不朽的诗篇亦是缓慢地成熟的产物。
[4] 精髓,指树液。

的智慧女神的吝啬；
通过隆重的液汁，
一个永恒的希望[1]
正在成熟，向上滋长。

这些时日，你觉得
是白白的浪费，对于世界，
它们有着渴望的根源，
要把荒漠的模样改变，
带根须的植物树木[2]
本是幽冥的选择，
永远不会停，
一直到世界的核心，
不会停止把深水寻找，
出于树顶的需要。[3]

耐心，耐心，对蓝天是
要耐心等待！
每个沉寂的原子
是每颗熟果的机缘！
出乎意外，可喜的事将会发生：
一只鸽子，一阵和风，
一次最轻微的摇动，
一个来倚树的女人，
都会使它果落如雨，

---

[1] 永恒的希望，指诗人的期望，通过他的诗篇获得成功。
[2] 指深深扎入泥土，高高伸向天空。
[3] 这一整节是暗喻艺术品的产生。

而人在雨中跪祷!

现在让凡夫俗子倒下,
不可抵抗的棕榈枝……
让他们在尘埃中爬,
仰望青空的果子[1]!
你没有浪费时间!
你那样轻盈敏捷,
通过这卓越的懒散,
你像一个沉思者
费尽精力心思,
来增长他的才智!"[2]

(沈宝基 译)

  这首诗(1919年)是《幻美集》的压卷诗篇,歌颂诗人的耐心等待与果实的成熟过程。诗篇的第一节以"告知"的形式出现,关于主题思想连同形象,亦做了初步交待。接着,天使以棕榈树作为象征,发展了这一主题,详述了肉眼看不见的事物的内部运动。一首诗的成功,并非一旦之功。它的孕育,遵从自然规律,并非全凭灵感即兴的抒发,而要强调成长的过程,一天一天地成熟、完善;犹如十月怀胎,一朝分娩,父母健康,所生的婴儿也健康。诗中的形象严肃壮丽,高贵完美,棕榈树的形象也就是生长在天地之间的诗人形象。对人生乐观,对事业有期望,而且充满了信心。与此同时,他这颗似乎无动于衷实际上很敏感的心,在大漠中时刻吸收营养,自我完善,以待日后能结金黄的果实。你说他冷酷也罢,贪睡也罢,你说他闲散也罢,虚度年华也罢,他不计较这些。他的严峻的实质就是智慧,没有到果熟的时候,果实尚青的时候,他那么悭吝,摇他

---

[1] 果子象征诗篇。
[2] 这一句是瓦雷里主体思想之一:由于创造性的劳动,诗人更加"丰富"。

树干,一个也不落下来;但到果子熟了,只稍一阵微风,或是什么别的轻微的动作,则像雨点一样纷纷落下。一个懂得沉思的诗人之所以煞费苦心来增长才智,不顾庸人的冷讥热讽,或是无知的劝告,就是为了等待"这个"可喜的时刻的到来。

瓦雷里把这首诗特意放在《幻美集》的最后部分。很明显,是要读者和他的好友理解,他为什么多少年来一直抱沉默态度,直到今天才结集问世的原因所在。他听从马拉美的教导,逐渐领悟要真正懂得卓越诗人的佳作,要自己亦能写出暗示力较强具有一定魅力的作品。必须在孤独寂寞中,再三深思,加以体会,重视修养,提高素质,否则写出来的诗句只是人云亦云的东西。瓦雷里在这首诗里表明他心中不是没有诗,表明他的沉默并非一般人所说的沉默,天地万物每天在为他酿一点蜜,每个沉寂的原子是每个熟果的机缘。他沉默的那一段时间是创作过程的组成部分,看来是虚度,是浪费,其实不是空白的空白。既然他不想依样画葫芦去写老一套的东西,那就要对与诗歌创作有关的问题熟加思考,而最重要的除主体思想外,莫过于诗艺与诗歌语言问题。他意识到内容与形式浑然一体,不能单靠情感、内容,同时要重视形式,语言要简练,制作要精美。也就是说,他对抒情的哲学精神和艺术精神双管齐下,越挖越深,后来终于超过了其他诗人,独树一帜,被尊为法国现代伟大的诗人。他确实在形式与语言上做出了辉煌的榜样,千锤百炼,炉火纯青,而不是熊熊烈火,或是满室烟雾。

棕榈树用永不疲倦的耐心,期待着终于成熟的果实自空中落下来。它还告诉我们花了多少代价才取得一篇杰作的完善:持之以恒的劳动,成熟的缓慢过程,平心静气地、颇有信心地等待有利的环境。棕榈枝,是优胜者的酬报。瓦雷里把包括这首诗在内的《幻美集》献给他的夫人,向她表示衷心的感谢,因为他的夫人为他的文艺事业创造了有利环境,使他获得成功。

(沈宝基)

阿波里奈尔 (7首)

吉约姆·阿波里奈尔（Guillaume Apollinaire, 1880—1918），大家公认的西方现代派的先驱者。他的父亲是意大利人，母亲是波兰人，他美妙的童年是在蔚蓝的尼斯度过的。十八岁赴巴黎，开始写作短篇小说和诗歌。1901年8月—1902年8月在德国当家庭教师，狂热地爱上了一个英国姑娘阿妮·柏莱顿。不幸的分手促使他后来写出了著名诗篇《失恋者之歌》。1907年结识女画家玛丽·洛朗笙，彼此相爱，他们的分手又促使他写下了著名诗篇《地区》。1913年阿波里奈尔出版了一部"论立体主义等画家及其作品"专著。法国现代派艺术之所以有今日，影响全世界，也有阿波里奈尔的一份功劳。不久阿波里奈尔又出版了他最重要的诗集《醇酒集》。1914年7月31日，第一次世界大战爆发，他入了法国籍，毅然从军。在军队中，他继续写诗，有不少是图像诗。1916年受伤，回巴黎治疗。1917年上演超现实主义戏剧《蒂雷西亚的乳房》，1918年出版了他的第二部重要诗集《图像集》。同年11月9日与世长辞，年仅三十八岁。他逝世以后，友人把他的遗著略加整理，出版了好几部诗集。

阿波里奈尔是诗人和新艺术的传播者。他很早就写小说，他小说中的故事超现实的气氛相当浓厚。他的几部诗剧，除《蒂雷西亚的乳房》外，另一部《时间的颜色》，在他逝世后一个月在巴黎公演。剧中人物大多是科学家，他们远离战火，到南极去寻找乐土。阿波里奈尔歌颂科学，歌颂和平。可是这些科学家由于私欲作祟，不能共处与合作，你争我夺，互相残杀，归根结底，还是没有和平。结论悲观了一些。

他的文艺主张有一个时期过于激进，主张取消这个，打倒那个，甚至他喜爱的古典作家和现代主义创始人之一波德莱尔都在被打倒之列。后来他声明他并非否定古典作家的贡献和价值，仅仅强调作家要有自己的自由，千万不要模仿，希望年轻人破除迷信，推陈出新。1917年的讲演稿《新精神》，可以说是他的文学遗嘱。在文章中他谈到了批判继承的问题；寄希望于排印技术的改革，使诗歌成为一种以视觉作为抒情表达的方式;提倡借鉴电影的艺术手法,消除时空的距离,真幻同时并存,不可能变为可能。此外,他还主张诗歌无需标点。

编注《阿波里奈尔诗集》的皮里说,他是一个大诗人,是最后一个伟大的哀歌作家;是20世纪的巴洛克风格的代表者,他的古怪与放肆,是吸引人的,有积极意义的,令人鼓舞的。

失恋者之歌(节选)
阿波里奈尔

明智的尤利西斯
终于回到了故里
从前的老犬没有把他忘记
妻儿在长绒毯子边
等他回来盼归期

沙恭达罗的丈夫是个君王
破镜重圆何等欢畅
只见她憔悴减容光
年年心焦的等待磨损了她的眼睛
一面抚摸着她的羚羊

我想起这些幸福的国君
当我遇见那虚假的爱情
和我还在钟爱的女人[1]
当我遇见这负心的双影
他们真叫我伤心

---

[1] 指阿妮·柏莱顿。

带来地狱之苦的悔恨
但愿眼底能出现遗忘之境
世上帝王也许为吻她而丧生
可怜的要人为了她
也许出卖了自己的身影

我在自己的往日里过冬
但愿复活节的太阳再度来临
晒暖一颗冰冷的心
巴斯特的四十位信徒没有像这样挨冻[1]
没有像我受到这样折磨的苦痛

我美好的身啊我的记忆
是不是够长了我们的航行
在苦涩难饮的冰波上
是不是够多了我们的飘零
从美丽的晨曦到悲哀的黄昏

虚假的爱情再见
他和去年我在德意志
失去的女子
从此不能再见面的
女子合而为一

迦南洁白的冰川
倩女洁白的身躯
你是它们明亮的姊妹呵银河

---

[1] 四十个罗马士兵为坚持信仰基督教宁愿冻死在中亚细亚古城巴斯特。

505

被淹的落水者我们是不是顺着你的流水
努力向别的星云游去[1]

我想起有一年
那是在四月的一个早晨
我歌唱我的得意忘形
用雄壮的声音歌唱爱情
在一年的爱情的季节良辰

遗憾地怀念荡女的媚眼
她美如花豹一般
心爱的人你佛罗伦萨式的亲嘴
有股苦涩味
使我们的命运感到心灰

她的眼光在颤动的夜晚
留下星星一连串
在她眼里游着美人鱼
而我们的吻咬出血来
我们的神仙代母因此泪落心酸

但是真的我在等待
一心一意地等待
如果在盼归桥上
有一天她真能回来
我会对她说我很痛快[2]

---

[1] 这一节是诗人的幻觉。迦南为巴勒斯坦和腓尼基的古称。
[2] 这一节,不少人喜爱,说是真情流露,朴素单纯,胜过他的比较朦胧、似乎经过反复推敲的诗句。

六月你的太阳像是炽烈的琴[1]

燃烧我痛苦的手指

带着伤心而悦耳的疯痴

我徘徊在美丽的巴黎

却无意死在巴黎这个城池

节日继续到深夜

手风琴在灰暗的

院子里呜咽

巴黎阳台上的鲜花

像比萨斜塔一样倾斜

巴黎的夜陶醉于金色的琼浆

到处是电灯的辉煌

电车顶上闪绿光

电车行驶铁轨上

沿路发出机器的疯狂

我会唱王后爱听的曲子

如同流水年华的哀思

将葬身鱼腹的奴隶的颂辞

失意者的罗曼史

为鲛人而作的歌词

(沈宝基 译)

这首诗是阿波里奈尔的杰作,收入1913年出版的《醇酒集》。
1901年8月—1902年8月,阿波里奈尔在德国米文福子爵夫人家做家

---

[1] 以下所描述的是诗人回到巴黎后的情景。可见早在《地区》之前,阿波里奈尔已是一位描写都市生活的能手。

庭教师,一个英国姑娘阿妮·柏莱顿也在子爵夫人家教孩子。两个年轻人相亲相爱的时间并不长,后来阿妮不愿意嫁给一个诗人,即性情古怪的人。阿波里奈尔一再哀求、生气、威胁,阿妮并不回心转意。但阿波里奈尔没有绝望,他回到巴黎一年多,总是不能忘情,而且情意更浓。1903年9月和1904年5月,他两次到伦敦去寻找她,阿妮依然拒绝。为了摆脱他的纠缠,可以说她逃到美国,连地址也不告诉他。《醇酒集》有一半诗篇充满了这种酸甜的回忆,看来是可以理解的。

《失恋者之歌》初名《失恋者的故事》。阿波里奈尔在献词中说,这首诗作于1903年,六年以后才发表。这首长诗,其实是组诗:共三十九节,每节五行。他把两次赴英寻找阿妮混在一起,可见并非一气呵成,而是后来有所修改和增补的。因为是组诗,主题思想时隐时现,连绵不断,细微之处亦是奇妙地贯穿统一的,无不表达一颗多情的心。多少时期以来感受到的绝望:苦痛的泉源是一个,色调却有多种。

一个伦敦的夜晚,诗人在雾中行走,有个女人从不三不四的酒吧间里出来,见他就躲。诗人相信不是别人,也许是阿妮,于是想起古代传说中的忠贞的女子,尤利西斯的妻子和沙恭达罗。

"银河"一节,被称作这首诗的第一道迷魂的符咒。

接着诗人又回想起去年春天封斋期的第四个星期日。他在那个美好的节日里多么高兴,尽情歌唱。在热恋的大自然里,出现了维纳斯和潘的身影,美与爱情之神和牧神的影子,但所有的神都要死亡消失的,包括爱神在内。只有那个"会唱王后爱听的曲子……"的人夸耀自己永远忠诚不变心。梦想虽然不可能实现,他却永远难忘,因为忧郁的七把剑刺穿了他的心。失恋者无可奈何地回到了巴黎,在城市的酷暑中独自徘徊,无限凄清。"我会唱王后爱听的曲子"这一节在诗中重复多次,音节优美动听,被视为第二道迷魂的符咒。

《失恋者之歌》如果把最后一段也算进去的话,有六十节之多,可谓长矣。但这是多年恋爱,三次被拒绝的积郁。多少年来的旧恨新愁,一一涌上心头。哪怕这首诗再长些,也是写不尽,说不完,多情人如泣如诉，抒发愁怀。诗的开头几节是以伦敦为背景，时在1903年秋。最后几节提到6月，是1904年5月第二次赴英回国的那个月份。深知言归于好绝无希望，远隔重洋，生离有如死别，至此他才死心。于是他通过丰富的想象、历史传说和他自身的回忆，以生花之笔交织在一起，写出这一首比较难懂的长恨歌。加之时间上的颠倒和错综，不够细心的读者一时不易捉摸，特别是文艺作品，一般说来平铺直叙较少，《失恋者之歌》亦不例外。它既不是以结尾开始的倒叙，更不是以缘起开始的展示，只是从十六节起才谈到他和阿妮的恋爱的最初阶段，这好似热泪纵横的脸上露出一丝微笑，接着又是伤心的回忆，把自己的不幸和传说中爱情的胜利者做了对比。

后来阿波里奈尔回忆和阿妮的关系，这样写道："……[我们]相处有一年之久，只好各自回国。彼此不通音讯。这首诗（指《失恋者之歌》）的好些句子对于一个丝毫不了解我而却爱我的女子，后因知道爱的是一个诗人，即奇僻的人，而感到狼狈的女子，是太严厉而侮辱了；我在肉体上爱她，我们的心灵却是彼此远离的。然而她容貌娟丽，性情开朗。我没有理由地妒忌，而且因为不在一起而更加妒忌。我这首诗的确表达了当时的心境。既然她在远方不能来巴黎，我到伦敦去看她两次，她的赴美决定一切。结婚绝无希望，我极感痛苦。此诗可以作证……有如《地区》《米拉博桥》和《玛丽》（我自己认为最悲哀的一首），同属于伤心的回忆。"

在转入《地区》之前，不妨先做个小注：阿波里奈尔出版《失恋者之歌》时，他在校样上签名付印的时候，又加了一节：

1903年
我唱这个歌子
不知道爱情就像是
美丽的凤凰在一个晚上死去
翌日凌晨生命又重新开始。

有人说《失恋者之歌》比较"杂乱、混乱"。关于这个问题，倒不一定都是非难和批判之意。所以有些人替"混乱"这个名词加上"美妙"这个形容词。这也是阿波里奈尔的独特之处,不一定是缺点。问题在于他时间与空间的概念不像人家那样理解得过于死板。今日之我可能还是昨日之我,今日之她(譬如阿妮)已非昨日之她。我还是我,一直在爱她,她已判若两人。巴黎的秋天、德国的秋天和伦敦的雾天,不在一个地区,可是同属秋天。现在是过去的继续,息息相通,甚至在古人身上寄托他的哀思;此地和他邦河山阻隔,全凭一念,距离即可消除。因而诗人忽焉在东,忽焉在西;至远至近,有虚有实。上句说"你"下句说"我",其实是一个人;前半句说"你"后半句说"我",其实先是和自己对话,后是自言自语。这样一来别人不易体会,诗人自己却很清楚。看来是混乱,其实自有头绪,可以说这也是一种新颖的表达手段。因篇幅关系,不得已做了一些删节,如伦敦的夜晚、封斋期、扎博洛格、七把剑等,删去以后,对全诗的气氛并没有多大损害。

(沈宝基)

米拉博桥
阿波里奈尔

桥下塞纳水悠悠剪不断
　旧时欢爱
　何苦萦萦记胸怀
苦尽毕竟有甘来

　一任它日落暮钟残
　年华虽逝身尚在

你我手携手面对面
　交臂似桥心相连
　多时凝视桥下水
水中人面情脉脉意绵绵

　一任它日落暮钟残

年华虽逝身尚在

爱情已消失好似水一般
　爱情已消失
　人间岁月何漫长
希望又这般狂热

　一任它日落暮钟残
　年华虽逝身尚在

让昼夜旬月紧相催
　　过去的时光不复返
过去的情爱不可再
桥下塞纳水悠悠去不回

　一任它日落暮钟残
　年华虽逝身尚在

(沈宝基　译)

　　《米拉博桥》是阿波里奈尔的成名之作。1902年诗人与英国姑娘阿妮·柏莱顿分手后,写下了《失恋者之歌》。1907年结识野兽派女画家玛丽·洛朗笙,亦以失恋告终。先是阿波里奈尔为了便于接近玛丽,亦搬到巴黎西郊屋端叶居住;如欲进城,必须经过米拉博桥,同往同回,次数频繁,伫立桥头,相对谈心。诗人失恋后,再在桥上经过时,触景生情,能不凄然?年华如水不复还,爱情流去不再来。诗句有限,且多重复,着重爱情的消失,而不是时光的流失,故不同于维庸的哀曲和传统的感慨,也不是浪漫诗人的尽情诉苦,而是用墨经济,表达含蓄,抑扬顿挫,荡气回肠。诗人写作时,虽不模仿象征派诗人魏尔伦的风格,但也在诗歌语言的音乐性方面煞费苦心:原诗全用阴韵,译者注意到这点,亦不押响亮的韵脚。此外,阿波里奈尔若按中国的说法,讲求对称,好多处出现这种情况。第一节写诗人来到米拉博桥上,望着河水,回想起两次失恋,更想如何能忘。第一次失恋后,毕竟还是苦尽甘来,结识了玛丽。可是这一次怎么样呢!此刻已是黄昏,晚祷的钟声响了,他感到岁月蹉跎,虽还活着却剩下他孤零零的一个人。第二节从字面上看,还像两个人在桥上,其实现实只有一个他。如果加上"曾记得",读者就清楚了。但诗人不那么做,他以远为近,生动地把过去的场面移至眼前;这样,情景依旧,历历在目,更难遣愁怀。第三节写明知不可能有重圆之日,他却还不死心,焦热地盼望着。第四节写最后终于绝望了,就像"桥下塞纳水悠悠去不回"。只落得天天无可奈何地活下去,日出也罢,日落也罢,行尸走肉,不会再有生活的乐趣。

因理解不同,包括法国人在内,说法不一,但从整体看来,无不承认是首绝妙哀曲,是在法国诗歌史上不能不提的代表作。

现代派诗歌一般不讲逻辑性,这首诗的副歌之所以引起不同理解,就是因为阿波里奈尔省略了表示逻辑性的字眼和句法上的主副句关系,只用独立句,貌似对称,然而彼此有关联,意义上并不并列。

《米拉博桥》最初有标点的,后来取消了,因为阿波里奈尔说诗歌的旋律节奏是最好的标点,何必画蛇添足,多此一举。马雅可夫斯基表示赞同,也这样做,各国(包括我国在内)的青年诗人跟着这样做。

(沈宝基)

别

阿波里奈尔

我采这朵欧石南
请你记住秋已残
你我此生相见难
欧石南有岁月味
请你记住我在盼你回

(沈宝基 译)

这是阿波里奈尔最短的诗,是与柏莱顿小姐分手以后苦忆时的心

声。只有五行,清新幻美,凄婉动人,许多法国人都能背诵。　　（沈宝基）

地　区（节选）
阿波里奈尔

你终于对这古老的世界感到厌恶烦恼

牧羊女呵埃菲尔铁塔今朝一座座桥梁在咩咩叫

你和古代希腊罗马生活得够了

这里的汽车也显得古老

依然很年轻的只有宗教

宗教仍然很单纯像机场的飞机库

在欧洲只有你不老呵基督教

最时髦的欧洲人是你教皇庇护十世

而你各家窗户都在监视

你害羞不敢进教堂你不敢忏悔今天早上

你阅读书刊介绍说明书海报广告它们都在高声歌唱

今天早上的诗歌就是这些至于散文

有日报有陆续出版的廉价书推理小说只售二十五生丁一本

还有名人肖像其他各种书籍

今天早上我看见一条漂亮的街道什么名字我忘了

又新又整洁它是太阳的军号

经理工人和漂亮的打字员每天经过四次

从星期一早上到星期六傍晚

汽笛每天清早呻吟三回

中午有座寺钟要咆哮

招牌和墙上招贴的宣传文字

广告通告像鹦鹉那样乱叫

我喜欢这条工商街的特点
位于巴黎的奥孟·蒂埃维尔街和台尔纳林荫大道之间

这是你少年时代的一条街那时你还是个孩子
你母亲只让你穿蓝白两色的服装
很虔诚你和你同窗最久的奈内达理冶
你们最最喜爱教堂的富丽堂皇
九点钟煤气灯暗了你们在青光中偷偷走出卧室
在学校的经堂里祈祷……

你现在回到了巴黎受到了法官的预审
你被捕了把你当作犯人
在你意识到谎言和年龄以前
你做过多次痛苦和快乐的旅行
二十岁时三十岁时你尝到失恋的苦汁
我像疯子那样活着蹉跎岁月
你不敢再看看自己的掌纹每时每刻我总想哭泣
为了你为了我的心上人为了使你害怕的一切

你喝着像你生命那样燃烧的酒精
你喝着烧酒那样的你的生命

你向屋端叶走去徒步回家
在大洋洲和几内亚的偶像中间躺下
这是些另一种形式的基督另一种信仰的偶像
这是些低级的基督模糊的希望

别了别了

太阳砍断了的颈项

(沈宝基　译)

在《米拉博桥》赏析中，提到过玛丽·洛朗笙。1907年，他们在一家画商那里相遇后，种下情根。河畔散步，桥头顾影，卿卿我我，朝朝暮暮，哪知日后各自东西，未能成为眷属。《地区》作于1912年，比《米拉博桥》稍晚，诗中的气氛是这次失恋所造成的。他回顾一生，伤心泪落，可以说是一篇自传诗。诗题《地区》据德谷顿专家意见，是指巴黎地区的气氛。那时阿波里奈尔正热衷于未来派的反传统，他把此诗排在《醇酒集》的最前面，表示他在诗歌上的革新。全诗共155行，这里只选了开头的和最后的几十行，以概其余，有长有短，参差不齐；有时押韵，有时不押；有时像诗，有时像散文，有的短短一句就算一段，大胆创新，富有现代精神。原名《呼声》，后改为《地区》，未发表以前，于1912年9月在好友面前朗读过。

《地区》一开始就批评厚古诗的风格，也与之前不同，他随手拈来，兼收并蓄，目之所见，心之所思，触动灵感，点铁成金。他把埃菲尔铁塔比作牧羊女，把塞纳河上的桥比作羊群，现代化的汽车在宗教面前亦显得陈旧。这种意象，足够说明他写作时的心态。最平凡的时事新闻和广告传单也好，出人意料和荒诞无稽的人也好，分身有术同时并举也好，在魔法师一般的诗人笔下，皆可化为神奇。其所以如此，只因再次失恋后，他把所见所闻所感的东西，彼此无甚关联的东西，统一在他的深沉的痛苦中，而这种深沉的痛苦起到了净化的作用。他不是教徒，而且一开头还在讽刺宗教，然而总摆脱不了它的影响，心里很矛盾。他痛苦，他需要精神上的援救，他需要祈祷。看见一座教堂却不敢进去，怕人见笑，这和童年时代的情况不一样啊。他继续走路，巴黎的景色掠过身旁，已逝的年华闪闪发光，照见他内心的幽暗。他带着含泪的微笑，低声地唱他的哀歌，他唱他从前到过罗马，到过阿姆斯特丹和别的地方，他唱他在巴黎坐过班房，二十岁时三十岁时两次尝到失恋的苦味。今后命运如何，不知道，不知道！他怕知道他更想痛哭，但是他知道不幸的人在巴黎很多。

诗人又想到了自己借酒消愁，在喝他自己的生命，然后冷冷清清，徒步回家，和非洲的偶像做伴，睡在他们中间。别了！别了！太阳，砍断了的脖子。

这是一首"漫步诗"。阿波里奈尔在返回屋端叶的路上一面看,一面回忆,一面想象。随着思想的起伏,记录了好似彼此无关的印象,其实和他过去的一幕幕生活是息息相通的。这种手法代表了他那时的诗美学新精神,巴洛克风格。

最后,补充一两句。现代派画家和作家,都喜爱非洲艺术,如毕加索、艾吕雅……至于"砍断了的颈项",有位注释家说,初稿为"升起的太阳砍断了的颈项",就是说如血的旭日。还有人解释:"世界的太阳砍断了的脖子,说的不是世俗的太阳,而是基督太阳,精神上的太阳。"　　(沈宝基)

玛　丽

阿波里奈尔

你曾来这里跳舞当你是个少女
是不是再来跳呢当你做了祖母
跳的是马克洛特舞
各处晚钟都响了
什么时候你再来呢玛丽呵

面具悄然无语
音乐如此缥缈玄虚
仿佛来自天宇
是的我要爱你但又不即不离
我的痛苦反而显得美妙有趣

羊群在雪地里走过
雪花似的毛绒银色的花朵
战士们也过去了为什么我留不住
这一颗易变的易变的心啊
此外我还知道些什么

我怎能知道你的发丝欲往何处
如卷白浪不停起伏
我怎能知道你的发丝欲往何处
还有你的手掌秋天的落叶
和随落叶飘下的我们的蜜语

我挟着一本旧书
在塞纳河边散步
河水长流不会枯
一似我的痛苦
这一周呵教我如何过

(沈宝基 译)

我们在《失恋者之歌》赏析中，曾引证过他的一段话，他说："……有如《地区》《米拉博桥》和《玛丽》（我自己认为最悲哀的一首），同属于伤心的回忆。"我们也谈到杂乱、混乱的问题。现在就拿这两个问题作为出发点。

1899年阿波里奈尔曾在斯达弗洛小住过，他看见有个少女跳马克洛特舞，有点爱她。她名叫玛丽，但不是玛丽·洛朗笙。他和女画家的玛丽相遇，是在1907年，晚好多年。何况女画家没有去过斯达弗洛，未曾在那里跳过舞。阿波里奈尔构思时，失恋后的痛苦起了主导作用，精神恍惚，把两个玛丽的倩影重叠在一起——忽儿对农村姑娘说话，忽儿对女画家说话，或是语义双关。作者清楚，读者难以捉摸。

除了最后一节，整篇的气氛是朦胧的，一切景物并非真实的具象，是染着他浓厚的心灵色彩的意象或幻觉。意象幻觉和询问的交织，更使人困惑。再加上时间的跨度那么大，由少女到祖母，由回忆过去、诉说现状到憧憬未来，由他的初恋到失恋后没有希望的期待的复杂心情，以及采用以部分代整体的修辞手法，使读者既感到奇妙，又感到有点混乱，找不着主题思想的所在。

原来,这首诗是他在巴黎街上漫步时的回忆;思绪万千,想象与错觉夹杂在一起,是这首诗的特色之一。譬如,冬天只是阿波里奈尔心里的冬天,雪下的羊群和雪中的倩女,意象也并不分明。印象派和现代派画家也有同样的风格。最后一节叙述阿波里奈尔失恋后,还在盼他从前的情人回心转意,言归于好。他目前的生活百无聊赖,十分空虚,只有在河滨路上散步,买一两本旧书回来打发日子。这一节是实景,与前四节不同,主题思想就在最后一行:"这一周呵教我如何过。" (沈宝基)

下 雨

阿波里奈尔

女子的声音如下雨
甚至好像她们
也在回忆里死去

下的也像是你们
我一生中奇妙的相遇
呵滴滴的水珠

而这些跨越的云
开始嘶鸣了
一大群传声的城

你听是不是在下雨呢
当遗恨与藐视
飘下旧时的乐曲

你听下的是
细丝缕缕
把你上下系住

(沈宝基 译)

《图像集》是阿波里奈尔重要的诗集。顾名思义,诗以图像出现,但不全是如此,《一颗星的悲哀》就是例子。集中尚有"谈话诗""列举诗"等。阿波里奈尔的图像诗,与中国的题画诗、配画诗不同,而是亦诗亦画,合二为一,倒有些像中国的盘成花篮或其他形状的回文诗。阿波里奈尔怎样进行的呢?主题明确后,他把每一诗行的每个字分成字母,然后圈成各种切合主题的图像:马车、鸽子、喷泉、烟斗、雨……不单是咏物写景,大多是抒情的。《受伤的鸽子》和《喷泉》这两首是控诉战争带来的苦难,是好诗,国内已多次介绍,我不提了。我再介绍一首《下雨》,五行雨丝合成一首很好的抒情诗。文字并不难懂,恕我不解说了,应该注意的是图像。阿波里奈尔为什么要这样做,我倒要说几句。他不是心血来潮,一时好奇,他认为,诗歌的革新要从多方面着手,今后的诗歌要加以"配备"。诗歌不仅仅是分行写的文字,还要让耳朵听见诗歌的音乐,让眼睛看见诗歌的图像。诗歌要成为一种视听艺术。这样一来,和立体派绘画可以打成一片,并肩前进。他的主观愿望虽好,实际效果不大。他逝世后,现代诗人几乎都听他的话不加标点,但几乎没一个学写他的图像诗。

(沈宝基)

一颗星的悲哀

阿波里奈尔

美丽的米耐尔伐从我头脑里降生了
一颗血星永远是我冠冕的记号
理智在头底下青天在头顶上
女神你早在我的头脑里披挂好

因而并非是我莫大的苦痛
这几乎致命的星形的伤痕
激起我狂热的内在的悲哀
远远超过任何人隐藏的不幸

我负着这炽热的创伤

　　像萤火虫保持燃烧它自身的火光

　　像法兰西在战士心中闪烁振荡

　　像百合花蕴藏着花粉的芬芳

（沈宝基　译）

　　1914年9月30日，德军进逼巴黎。阿波里奈尔急急乘坐汽车赶回来，正式入了法国籍，初为炮兵部队下级军官，后转入步兵部队为少尉。1916年3月17日，他正在战壕里阅读《水星杂志》，敌人开炮。弹片穿过钢盔，打伤了他的右鬓，他被送回巴黎治疗。后又转送郊区，给他做穿颅手术。他写信给未婚妻马特兰，说明情况，不得已解除婚约。他在肖像画或相片上的形象，额上有一个星形的创伤，顾影自怜，写下了《一颗星的悲哀》这首著名的短诗。

　　第一节：他在两个战场上作战，军事的和文艺的。头脑里的思想感情，从小就像米耐尔伐。米耐尔伐即雅典娜，在天帝宙斯头脑里成长，出世时全身披挂。她既是智慧之神，又是雅典人民的保护神。

　　第二节：肉体上的创伤几乎使他丧生，这倒算不了什么，他心里最感痛苦的，甚至要发狂的就是不得不解除婚约；从此以后，不可能再过爱情生活。

　　第三节：他毕竟是个勇敢的人，并不垂头丧气；相反，他能把悲痛化为力量，化为光与热，像萤火虫一样，使自己发光。作为爱国战士，法兰西的名字在心中振荡；作为文艺之花，蕴含着花粉的芬芳。

　　短短十二行诗，说明了多少问题，表现了多少深刻的感情。通过含蓄、暗示与比喻的象征手法，让我们体会到这颗星的心态，是感人肺腑的，令人钦佩的，并不消沉惨淡无光，而是仍在振作精神，对国家、对事业、对自己充满了信心。的确，阿波里奈尔在巴黎疗养期间，恢复了过去的文艺活动。他写作，做报告，许多人围在他身边，这颗星越来越亮了。

（沈宝基）

圣琼·佩斯(2首)

圣琼·佩斯(Saint-John Perse, 1887—1975),法国诗人。原名阿列克西·圣莱热·莱热,生于法属瓜德罗普岛,童年在风光旖旎的海岛上度过。1899年随父母回到法国上学,十七岁开始写诗,早期诗作有《赞歌》(1911)等。1914年考入法国外交部。1916至1921年在法国驻华使馆任职,在中国境内广泛游历,并在北京西北郊一座道观内写出长诗《远征记》(1924年以圣琼·佩斯的笔名发表)。此后,他历任法国外交部秘书长等职,反对迁就纳粹的"绥靖政策",因公务辍笔近十六年。1940年,他流亡美国,恢复创作,写成《流亡》《雪》《风》等诗。1957年出版长诗《航标》并返回法国,常隐居在地中海边的吉安半岛上。此后又发表诗集《纪事诗》(1960)、《鸟》(1962)等。圣琼·佩斯不断革新写作技巧,创造了一种文字绚丽、布局特殊的散文诗体,节奏随着描写对象的不同而变化,富于音乐美感,风格自成一派,因而受到许多文艺评论家的推崇。1960年,圣琼·佩斯"由于他诗歌中展翅凌空、令人激奋的形象以幻想的形式反映当代的场景",而获诺贝尔文学奖。

赞 歌

圣琼·佩斯

现在丢下我吧,让我独自走去。

我要外出,因为我有事情:一只昆虫在等着和我打交道。

我开始喜欢

昆虫的大复眼:有棱角的,意想不到的,宛若柏树的球果。

或者我和呈现蓝色纹理的岩石有盟约:你同样丢下我吧,

让我去那儿抱膝而坐。

(金志平 译)

这是圣琼·佩斯的成名作《赞歌》的第十八首诗。年轻的诗人回忆、赞美他童年时代在美丽的海岛上所过的富有情趣的淳朴生活。那时,他希望不受别人干扰,独自外出到大自然中去探讨人生和宇宙的秘密。他甚至对小小的昆虫发生兴趣,通过细致的观察,发现昆虫的大复眼很像柏树的由许多覆瓦状木质鳞片组成的球果。这种富于想象力的生动比喻给人以新奇的感觉。后一节和岩石"有盟约"是前一节和昆虫"打交道"的稍有变化的重复,使这首自由散文体的短诗像回旋曲似的产生了节奏感,扩大了联想的空间。

(金志平)

远 征 记(节选)

圣琼·佩斯

到了一片云母石的地方!风的胡须里没有夹带任何一颗纯的种子。阳光犹如泼下的油。从上下眼皮缝儿里,我看到远处一溜重峦叠嶂。我知道石山布满空隙,宛似明亮的蜂窝上静悄悄的蜂群;我的心不禁担忧起蝗灾。

剪了毛的温顺的骆驼,身上伤痕累累,好比土色天空下逶迤的山丘——它们在炽热的灰色原野上不声不响地行进。终于,在土地化为齑粉,人迹灭绝,梦幻烟消云散的地方,它们跪了下来。

这是一些安静的长长驼队,奔向未必存在的青色葡萄园。大地不止一处正在酝酿紫色风暴;干涸的河中升起烟雾般的沙尘,如同世世代代旅人所见的场景。

(金志平 译)

《远征记》是圣琼·佩斯创作的一首著名史诗,作者因而被公认是法国诗坛上少有的史诗诗人。标题兼有地理和精神意义,即意味着既向外地又向内心远征。这是"我"的历史,他既是战斗部落的领袖,又是寻求智慧的哲人。长诗表达了一种不断开拓的进取精神,歌颂了人类无穷无尽的创造力。

全诗共分十章,外加序曲和终曲。从第一章开始,讲述这位征战者的事迹,他的出没"犹如风中一把荆棘的烈火"。在第二、三章,他描绘途中所见:"世界美得胜似一张染红了的牧羊皮"!第四、五章写不息地探寻的历程。第六章讲述定国安邦的宏图。第七章写继续前进的决策:"我们不思久居这黄土带,我们已领受的极乐……"第八、九章写这位诗人兼君主历经千辛万苦终于抵达伟大的新国度之门。第十章描绘新世界的景色。终曲与序曲相呼应,抒发了诗人的心愿和感叹。

上面节译的片断选自《远征记》第七章。诗人描写穿越夏日沙漠的情景,表现了热带地区的异国情调。诗人想象力丰富,例如他把石山上布满的空隙想象成"明亮的蜂窝上静悄悄的蜂群",又从蜂群联想到蝗灾,显露出他忧国忧民的心态。诗中刻画的事物虽然纯属虚构,但细节真实,比喻贴切,似又合乎情理。四周景色极为荒凉,驼队的目的地——青色葡萄园又"未必存在",更显得征途艰险,充满严峻考验。但诗人认为"这段旅程并非徒劳……"他要永不停滞,顽强奋进。

《远征记》全诗结构严谨,文辞优美,意象新颖,气势磅礴,1924年问世后立即在法国和国际诗坛上引起轰动。西欧一些著名诗人如奥地利的里尔克、英国的艾略特、意大利的翁加雷蒂等纷纷发表评论予以赞扬,此后还被译成多种文字出版。 (金志平)

艾吕雅(8首)

保尔·艾吕雅(Paul Eluard, 1895—1952),原名欧仁·格朗岱尔,生于巴黎郊区劳动人民聚居的小镇圣·特尼。父亲是会计员,母亲是女裁缝。第一次世界大战期间发表第一部诗集《义务与不安》。战后和几个年轻诗人勃勒东、阿拉贡和苏波开展达达运动。不久,达达运动结束,他们又开展超现实主义文学运动。

艾吕雅并不追求在形式上标新立异,而是不断地探索最适合于表达他内心深处感情的朴素的自然的形式。他的早期作品有《为了不死而死》(1924)、《痛苦的首都》(1926)、《爱与诗》(1929)、《直接的生活》(1932)、《公共玫瑰》(1934)、《丰富的眼睛》(1936)等。

西班牙人民的反法西斯战斗以及第二次世界大战,使超现实主义诗人艾吕雅积极投入现实的政治斗争。1941年,在纳粹武装占领下,艾吕雅加入被迫转入地下的法国共产党,参加地下抗敌斗争。他写了许多政治诗,表达他和反法西斯斗争中的人民大众紧紧结合在一起的火热赤诚的心。他的爱国主义诗篇在群众之间传抄,鼓舞了人民的斗志。这些诗歌稍后收入《诗与真理》(1942)、《活得问心无愧》(1944)、《和德国人约会》(1944)等集中。这些作品标志着艾吕雅诗歌创作的最高成就。

第二次世界大战以后,艾吕雅发表了几部抒情诗集《没有间断的诗》(1946)、《伦理课》(1949)、《什么全能说》(1951)等。和他早期的抒情诗相比,他晚年的作品显得胸襟更为开阔。在诗的形式方面,他一向写作自由诗,到了晚年也常用比较匀整的格律。

诗 1914

艾吕雅

心挂在树枝上你们去摘就是,
微笑和笑,笑和超感觉的温柔。
战败者,战胜者和光彩焕发者,天使般纯洁。
高高耸向天空,和树木一起。

在远处,一个美人在呻吟,她想斗争,
可是不能,她躺在丘陵脚边,
不管天空是悲苦或者透明,
你不能看见这个女人而不爱她。

日子过得像手指一节一节能屈伸。
花朵都已枯干,种籽都已丢失,
炎热的盛夏在等待严寒和霜冻。

看可怜的死者的眼睛。在瓷器上绘画。
音乐在演奏,赤裸裸的白手臂。
风和群鸟相结合——天空变色。

(罗大冈 译)

艾吕雅自幼羸弱多病,曾患肺结核。父母节衣缩食,攒钱送儿子到瑞士高山上疗养三年(1911—1913)。那时期,艾吕雅经常带在身边反复阅读的书是惠特曼《草叶集》的法文译本。很可能那时他已开始写诗,但是他的少作都没有保存下来。现在我们能见到的他毕生第一首诗,就是我们上面翻译的《诗1914》,那是他1914年所写的若干首诗中之一首。这首诗之所以不同凡响,主要在它的第一行:

心挂在树枝上你们去摘就是

只有年轻的天才诗人能写出这样从心灵深处自然流露的隽永诗句。然而出现这种天籁,对于一个诗人来说,绝非偶然。这一行诗表现了艾吕雅为人的品格,精神风貌和道德高度,当然也反映了他的艺术风格;预示了他一生的品行与艺术成就。

法国后期象征主义诗人瓦雷里曾说:"第一行诗是天赐的。"一首诗中的第一句,或者第一句中的头几个字,往往是诗人神来之笔,可遇而不可求。而这一行诗,这几个字,决定这首诗的主要格调与中心内容。如果说这一行诗象征了艾吕雅毕生诗歌艺术的方向,也不过分。

1914年艾吕雅是十九岁的小青年。这首诗想必是在那年七月以前写的,因为七月中战争爆发,青年诗人不可能有闲散的心情写那样的诗了。

(罗大冈)

爱 与 诗

艾吕雅

我对你说这些为的是天上的云

我对你说这些为的是海上的树木

为了海上每一道波浪为了树叶丛中的鸟

为了互相撞击有声的小石块

为了熟识的手

为了变成面目或变成风景的眼睛

睡眠还给它天空的颜色

为了一饮而尽的整个夜晚
为了大路上的铁栅栏
为了敞开的窗子为了一个裸露的额头
我对你说这些为了你的思想你的言语
所有的抚慰所有的信任将永远存活。
(《爱与诗》发表于1929年,全诗无标点,除了最后的句点。)

(罗大冈 译)

平 易

艾吕雅

你一站起水纹舒展
你一躺下水花开放

你是避开深渊的水
你是生根的泥土
一切在泥土上建立

在嘈杂的沙漠中你吐出沉默的水泡
你讴唱夜之颂歌用天上虹彩作琴弦
到处都有你一切道路被你摧毁

你牺牲时间
为了保存正确火焰的永恒青春
它蒙蔽自然同时使自然再生

妇人你给世界产生一个永远同样的身体
你的身体

你是同一性本身。
(本诗发表于1935年,全诗无标点,除了最后的句点。)

(罗大冈 译)

艾吕雅是现代派抒情诗人中突出的代表人物。他的作品是现代诗的艺术与法国文化思想优良的人道主义与国际主义传统的珍贵结晶、重要的收获。他的抒情诗是他的淳厚、善良、平易近人、和蔼可亲的人品的表现。艾吕雅是法国（可能不止法国）现代派诗人中最富于人情味的诗人，也是将超现实主义的艺术创新应用得最出色的诗人。超现实主义诗歌艺术最突出的表现在于诗的语言、诗的逻辑，与散文的语言、散文的逻辑有明显的差别。这一点，艾吕雅接受了。超现实主义诗歌形象的错综复杂与突兀，艾吕雅在一定程度上也接受了。然而他的特色在于用平易的形象，或者说，通过平凡的事物反映不平凡的深理。

艾吕雅即使在他参加超现实主义的阶段（1924—1939），仍把爱和妇女作为诗歌创作的重要主题。我们在这儿选译了他的《爱与诗》和《平易》两首诗。这两首诗既充满幻想又富有激情，既神秘又质朴：《爱与诗》里诗人以许多互不连贯的意象歌颂了爱的深切和永恒，《平易》则以一系列新颖巧妙的比喻，赞美女性的崇高和美，表现出艾吕雅独特的创作风格。

（罗大冈）

自　由

艾吕雅

在我的小学生作业本上
在我的课堂小桌上树木上
沙土上雪地上
我写你的名字

在所有阅读过的书页上
在所有洁白的书页上
石头鲜血白纸或焦灰上
我写你的名字

在涂金的画像上
战士们的武器上
君主们的王冠上
我写你的名字

在丛林中沙漠上
鸟巢中花草上
在我童年的回音上
我写你的名字

黑夜的奇妙事物上
白天的洁白面包上
在和谐配合的四季里
我写你的名字

我见到的蓝天碎片上
阳光发霉的水池上
月光闪烁的湖面上
我写你的名字

在田野间地平线上
在飞鸟的羽翼上
黑影旋转的磨坊上
我写你的名字

在黎明传来的气息上
在大海和船舶上
在狂暴的高山上
我写你的名字

在云层间的泡沫上

在雷阵雨的汗水上
在紧密而且乏味的雨水上
我写你的名字

在闪闪烁烁的各种形体上
在各种颜色的钟上
在物质的真理上
我写你的名字

在苏醒的羊肠小道上
在舒展广阔的大路上
在人群拥挤的广场上
我写你的名字

在发光的灯上
在熄灭的灯上
在我那集合起来的房屋上
我写你的名字

在我的房间和镜中反映的房间
形成对半切开的果子上
在空贝壳似的我的床上
我写你的名字

在我那只温和而贪吃的狗身上
在它的竖立的耳朵上
在它拙笨的爪子上
我写你的名字

在我门口的跳板上
在家常日用的器皿上

在受人祝福的熊熊大火上
我写你的名字

在所有得到允许的肉体上
在我朋友们的前额上
在每只伸过来的友谊之手上
我写你的名字

在出其不意的玻璃片上
在小心翼翼的嘴唇上
高高在上的寂静中
我写你的名字

在被摧毁了的隐身处
在倒塌了的灯塔上
在我无聊厌倦的墙上
我写你的名字

在并非自愿的别离中
在赤裸裸的寂寞中
在死亡的阶梯上
我写你的名字

在重新恢复的健康上
在已经消除的危险上
在没有记忆的希望上
我写你的名字

由于一个字的力量
我重新开始生活
我活在世上是为了认识你

为了叫你的名字

自由。

（原文诗行一律没有标点，只有最末一行诗"自由"二字有一个句点。）

勇 气
艾吕雅

巴黎在挨冻巴黎在挨饿

巴黎街上没有烤栗子吃了

巴黎穿上老太婆的老衣裳

巴黎在缺空气的地道车上站着睡觉

穷人们受的罪更不少

不幸的巴黎

你的贤明和热狂

是那些饿肚子的劳动者

有善良的心优美的态度

是纯洁的空气是火

不要喊救命巴黎

你充满无比的生命

你一双眼睛透露充分的人性

隐藏在你赤裸裸的

苍白瘦削外貌后面的人性

巴黎我的美丽城市

你纤细像根针坚硬像把剑

博学天真

你不能忍受冤屈

对于你这是唯一的纷扰

巴黎一定能获得解放

巴黎颤动着像一颗星

我们仍然活着的希望

你将要从疲乏和污泥中解救出来

兄弟们鼓起勇气来

我们既不戴钢盔

也不穿靴不戴手套也不很懂礼貌

我们血管里亮起一道光

光明回到我们这边

我们中优秀的人已经为我们牺牲

现在他们的血流到我们心中

这又是一个早晨一个巴黎的早晨

解放的突破点

新生的春天用武之地

愚蠢的武力不占优势

这些奴隶我们的敌人

如果他们已经明白

如果他们能够明白

他们也要起来反抗。

（全诗无标点，除了最后一个句点。）

（罗大冈 译）

1914年，第一次世界大战爆发，法国政府总动员令下达之后，像艾吕雅那样年岁的青年随时准备应召入伍。果然，1915年他被召唤入伍了。由于他身体不壮实，领导上把他安排在"卫生"工作的队伍中。可是他自己要求参加步兵战斗队。在一次战斗中，敌人使用化学武器，艾吕雅中毒气，受了重伤。再加他本来有肺痨的底子，伤势更加严重，他被撤退到后方医院长期治疗。

1918年第一次世界大战结束，艾吕雅发表诗集《和平咏》，反映从水深火热的战争环境中熬出来的人民大众的欢乐。

评论家把艾吕雅毕生创作道路划分四个阶段。1924年以前为第一阶段（也有人把1917到1924年算作第一阶段，1917年以前发表的诗被认为不成熟的作品，不计算在内）。1924至1939年为第二阶段，他积极参加超现实主义的阶段。1939至1946年为第三阶段，这时诗人积极参加反法西斯战争（第二次世界大战），参加法共领导的法国人民群众反击纳粹侵略与武装占领法国的"抵抗运动"（地下抗敌斗争）。这是诗人艾吕雅创作生活的最重要时期。我们在这儿选译了他的不朽的代表作《自由》与《勇气》。1946到1952年是艾吕雅生命的最后阶段，也是他创作生涯发出最后光辉的阶段。

1946年11月，诗人的爱妻努许病逝。多情的诗人哀痛到不堪忍受的程度，他的好朋友们都替他担心，怕他出什么意外。可是艾吕雅的性格中具有法国文化人（思想家、文学家、诗人等）的优良传统品质，那就是决不把人道主义和窄狭的个人主义联系起来，而是怀有信服真理、仁善、慷慨的气魄。晚年的艾吕雅（从五十一岁到五十七岁），学习晚年的诗人雨果"从个人的地平线走到大众的地平线"。第二次世界大战虽然告一段落，但是世界的持久和平仍然没有保障，超级大国、战争狂人们挥舞着原子武器，为了少数个人、集团的利益，威胁着整个人类的生存。许多弱小国家和民族的独立、自由、和平生活都没有保障。艾吕雅认识到，要解决个人祸福问题，先要解决全人类的祸福问题。他把中年丧偶的悲痛暂时放在一边，为了声援各民族为和平、独立、自由而斗争。他各处奔波，访问了希腊、西班牙、意大利、捷克、波兰等地。

在晚年，艾吕雅提出"诗的目的在实践的真理"这句重要的口号，这是艾吕雅与故意脱离实际、脱离现实的现代派诗歌至关重要的分歧，也是他1940至1945年在沦陷的法国，以诗歌为武器参加地下抗敌运动获重大成就的缘由。他在法国沦陷后不久写成的《自由》这首诗恢复了传统诗歌中叠句的形式，前二十节以排比的手法，每节最后一句都是"我写你的名字"，引起读者充分的注意。直到最后一节才引出这个心爱的名字:"我活在世上是为了认识你,为了叫你的名字,自由。"这首诗广为流传,鼓舞着人们为自由解放而战。艾吕雅以实际行动对祖国解放事业做出了贡献。《勇气》一诗同样表现出诗人豪迈的爱国热情。在巴黎挨冻受饿最艰难的时期,诗人满怀信心地唱出:"不要喊救命巴黎,你充满无比的生命。"号召"兄弟们鼓起勇气来"勇敢地迎接新生的巴黎。《自由》和《勇气》这类战斗性的诗歌,毫无疑问,都将作为法国文学的不朽瑰宝、重要遗产载入史册。

(罗大冈)

清新空气

艾吕雅

我向前注视
在人丛中见到你
在麦田中见到你
在一棵树下见到你

在我每次旅行的终点
在我一切苦恼的深处
一切欢笑的转折点
从水和火中出来时

夏天冬天我见到你
在我家中见到你
在我怀中见到你
在我梦中见到你

我永远不离开你。

(本诗见《凰凤集》,1951年出版。原诗无标点,除了最后的句点。)

(罗大冈 译)

春 天
艾吕雅

在沙滩上有几片水洼

林中树上鸟雀多得发狂

白雪融化在山上

苹果树花开得这样绚烂

苍白的日光只好退让一步

冷酷的人群中有一个冬天晚上

我见到了春天紧靠在天真的你身旁

对我们来说没有黑夜

任何要消灭的东西对你不起作用

而且你也不愿意受冻

我们的春天是有道理的春天。

(本诗收在《鸾凤集》(1951),无标点,除了最后一个句点。)

(罗大冈 译)

我 爱 你
艾吕雅

为了一切我不曾认识的女人我爱你

为了一切我不曾生活过的时间我爱你

为了汪洋大海的气息为了刚出笼的面包香味

为了正在融化的雪为了最先开放的花

为了见人不害怕的纯洁禽兽

我爱你为了爱

我爱你为了一切我不爱的女人

除了你谁能反映我我自己很少看见自己

没有你我什么也看不见除非一片荒凉的空间

在往昔和今日之间

有多少人死去了我在干草堆上跨过他们的尸体

我没有穿通我的明镜之垣墙

我不得不一个字一个字把生活从头学起

人们是多么容易忘记

我爱你为了你的明智我所没有的明智

为了健康

我爱你因为我反对无非是虚幻的一切

为了这颗不朽的心我不掌握这样的心

你自己以为是疑问可是你完全是理性

当我对自己有了把握

你就是照在我头上的灿烂阳光。

（此诗见于《凤凰集》，全诗无标点，除了最后的句点。）

（罗大冈　译）

1949年艾吕雅到墨西哥参加和平大会，认识了青年女子多弥尼克。她的热情感动了艾吕雅，他们俩很快就结为夫妻。幸福的阳光最后一次温暖了艾吕雅的心。可是好景不长，三年后，1952年11月，他因病去世。艾吕雅与多弥尼克结婚后，共同生活三年，感情甚笃。1951年艾吕雅发表《凤凰集》，这是他献给多弥尼克的爱情诗集。艾吕雅一生没少写爱情诗，然而专门献给他夫人厚厚一册情诗，《凤凰集》是唯一的例子。我们在此选译三首诗。当然，在《凤凰集》里还有更长的爱情诗，限于篇幅，我们不能多选。这三首诗意思都不难懂，和艾吕雅年轻时期所写的爱情诗相比，《凤凰集》中的诗篇显得感情更深沉，艺术更成熟，达到炉火纯青的程度。

（罗大冈）

阿拉贡 (7首)

路易·阿拉贡(Louis Aragon, 1897—1982),法国诗人、小说家,生于巴黎。私生子,父亲是当时显赫一时的巴黎警察局局长、议员,母亲则是良家闺秀。不幸的出身使他心灵上一辈子蒙着阴影。中学毕业不久应征入伍,尽管厌恶和反对战争,但表现得十分英勇,荣获十字勋章。1919年参加达达运动,不久和勃勒东等人一起发动超现实主义运动。1926年发表著名的《巴黎的土包子》,蜚声文坛。1927年初参加法国共产党。1930年与超现实主义的朋友们正式决裂。1935年成为法共文化战线上的代言人,长期领导左翼文化运动,直到1969年抗议苏联作协开除索尔仁尼琴,《法兰西文学报》被迫停刊。1970年爱尔莎逝世后,息影政治舞台。1982年《人道报》特为德高望重的阿拉贡举办专题展览。总统密特朗授予他最高的荣誉勋位团十字勋章。1982年12月24日与世长辞,终年八十五岁。

被誉为一代民族诗人的阿拉贡,无论其作品的丰富性和多样性,作品的深度和广度,作品的革命力量和社会作用,都可以同19世纪的雨果相媲美。诗人在第二次世界大战时期的诗歌很快成为抵抗运动的号角,戴高乐将军亲自带头在伦敦的法国电台朗诵,后来还下令向法国敌占区空投他的诗歌。他的爱情诗也遐迩闻名,有许多脍炙人口的名篇,由六十多名音乐家谱成歌曲。他的诗作丰富多彩,最著名的诗集有《断肠集》(1941)、《蜡像馆》(1943)、《爱尔莎的迷狂者》(1963)、《告别集》(1982)等。

阿拉贡的诗篇雄浑豪放而自然淳朴,他一身兼有雨果热情似火、气势磅礴的浪漫气质和歌谣诗人贝朗瑞为平民而倾注全部心血的高尚情操,在20世纪法国诗人中,堪称首屈一指。

阿拉贡同时也是一代杰出的小说家,最著名的小说有《巴塞尔的钟声》(1934)、《奥雷利安》(1945)等。以《现实世界》(1933—1951)为总题的小说,卷帙浩繁,称得上是近半个世纪法国历史和社会人情风俗的宏伟画幅。50年代末发表一系列摆脱传统框架的新小说,也具有较高的艺术水平。

丁香与玫瑰

阿拉贡

百花盛开的月呵风云变幻的月
万里无云的五月呵惨遭蹂躏的六月
我永远忘不了丁香与玫瑰
还有在春天怀里去世的人

我永远忘不了悲剧性的幻想
气昂昂的队伍欢腾的人海和太阳
满载着爱的坦克引起比利时遭殃
空气颤抖是因为坦克蜂拥在大道上
轻率的胜利掩盖了争吵
带口红的亲吻预示流血
他们接受陶醉的人民奉献丁香
不久却站在坦克中死亡

我永远忘不了法国的花园
如古旧的祈祷书一般凋零
忘不了激奋的夜晚和神秘的寂静
沿途可见玫瑰处处生长
花儿在望风披靡中好不沮丧
风声鹤唳的士兵们纷纷窜逃
自行车发狂呵大炮乱了套
难民们衣着杂乱可笑可恼

不知为何这些急旋转的形象
总把我引到相同的停止点上
在圣玛特一个将军或一堆堆黑树枝
诺曼底森林边的一座别墅

万籁俱寂敌人在暗处休息

　　今宵我们听到巴黎投降的消息

　　我永远忘不了丁香与玫瑰

　　还有我们两次失去的爱情[1]

　　第一天的丁香花束呵弗朗德勒的丁香

　　早已黯然失色垂头神丧

　　你们这些撤退的安茹玫瑰[2]

　　被远处的大火映得满脸羞愧

(沈志明　译)

《丁香与玫瑰》写于1940年6月，发表在《费加罗报》上，立即引起极大的震动，被誉为第二次世界大战中第一首唤醒法兰西民族灵魂的歌。

诗人清醒地看到，5月份法军坦克长驱直入比利时的盛况是多么的脆弱。"万里无云的五月"，转眼间变成"惨遭蹂躏的六月"。从此，花园般的法国一片凋零、凄凉。由于法国政府腐败和法军将领无能，法国人民毫无战争准备，纳粹德国入侵，巴黎危急，全国惊慌。士兵们风声鹤唳，纷纷窜逃；老百姓张皇失措，纷纷逃难。害苦了逃不走的花儿，只好在望风披靡中沮丧。

诗人面临这种"可笑可恼"的局面，不胜悲愤，深深怀念被遗弃的"丁香与玫瑰"，"还有在春天怀里去世的人"。法兰西祖国山河破碎，家破人亡。丁香虽然已经凋谢，但玫瑰依然盛开，为节节败退的法军羞得通红。玫瑰作为战火的见证，提醒法军应该为失败而脸红。

大战期间，阿拉贡的诗歌符合被压迫的法国民族对诗歌的渴求，

---

[1] 暗指法国二次失去阿尔萨斯和洛林。

[2] 诗人概述了德军长驱直入法国。德军绕过马其诺防线，先占领比利时，然后入侵法国。法军从弗朗德勒一直撤退到安茹，即从5月10日至6月16日，节节溃败。此处的意思是，弗朗德勒（比利时境内）的丁香已凋谢，撤退到安茹的法军被一路上的玫瑰（战火的见证）羞得满脸通红。

表达了受蹂躏的法兰西的呻吟和灾难深重的人民的愤怒。这首诗后来收入《断肠集》(1941),无疑是诗人那个时期痛苦而愤懑的慷慨悲歌。

(沈志明)

从来没有幸福的爱情

阿拉贡

人的一切所得决不能一劳永逸
无论是力量还是嗜好与情义
以为伸臂可得却迎来死亡的阴影
以为抓住幸福却把幸福捏碎
人生就是一场奇怪而痛苦的离异
　　从来没有幸福的爱情

人的生活犹如手无寸铁的士兵
身穿军装却无法从事戎马生涯
清晨即起对他们又有什么用场
既然晚上他们又无所事事和彷徨
承受你的生活并把眼泪咽回肚肠
　　从来没有幸福的爱情

我美好而珍贵的爱情我伤透的心
我怀着你好像揣着一只受伤的鸟
不明底细的人看到我们出风头
跟在我后边重复我编织的悲歌
但在你的慧眼里歌词已云散烟消
　　从来没有幸福的爱情

刚踏上生活就已为时太晚矣
我们的心在黑夜里齐声呜咽

哪怕一个短歌亦出自痛苦
哪怕一个战栗亦出自痛悔
哪怕一个小调亦出自痛哭
　　从来没有幸福的爱情

没有不使人痛苦的爱情
没有不使人受伤的爱情
没有不使人沮丧的爱情
爱你亦然呵爱国亦然呵
没有不使人哭泣的爱情
　　从来没有幸福的爱情
　　然而这是咱俩的爱情

(沈志明　译)

这首诗是《被查禁的九首歌》(1942—1944)之一,署名弗朗索瓦·怒吼,1945年编入诗集《法兰西晨号》。

被誉为抵抗运动号角的阿拉贡清醒地意识到,为了迎接曙光,必须承受黑暗的重负,做出必要的牺牲。历史上任何一次反侵略战争的胜利,都付出过沉重的代价。

在这块为"死亡的阴影"所笼罩的土地上,"人的一切所得"都是暂时的。你以为抓住了幸福,却把幸福捏碎了;你以为穿上军装就可以从事戎马生涯,上边一道命令却叫你不战而退,解甲归家;你以为编织了如泣如诉的爱情悲歌,不同凡响,到处传诵,大出风头,却不料人家根本不在乎你的歌ণ;你以为刚踏上生活,前途无量,哪知道你的前程已经被黑暗吞没。人生的一切,哪怕是一首短歌,一个战栗,一曲小调,都充满了痛苦,更何况是对情人的爱,对祖国的爱。"然而这是咱俩的爱情",值得为之"痛苦",为之"受伤",为之"沮丧",为之"哭泣"。

要奋斗就会有牺牲,包括生命与爱情。自古以来的民族英雄,为了大多数人获得幸福,自己从来没有幸福的爱情。很多年之后,阿拉贡在跟克雷米约谈话时指出:"共同遭难时,幸福是不可能的,就是说在这种情况下,人的义务高于一切……当别人不幸时,自己要幸福,那是自私的。"从中看出诗人宽宏的胸怀。

这首诗曾被谱成歌曲,由法国一流歌星演唱,是家喻户晓的一首名歌。诗的韵味浓厚,措辞自然淳朴、朗朗上口,深得人民喜爱。(沈志明)

我跌跤我跌跤我跌跤

阿拉贡

我跌跤我跌跤我跌跤
最后跌进坟墓前瞧瞧
回顾坎坷不平的一生
只需短短的一个时辰
整个世界在我脑海盘旋
如我经历那样排列出现
一幅幅图像闪过我眼帘
如石头落井激起的波涟
一圈圈黑色光环皱水面
过去的一切已化为齑粉
记忆雪片似的扬扬纷纷
阳光和泪水掺杂着难分
如雨露和着摸不着的世尘
人如坠入灰蒙蒙的烟海
迷惘摸不着自己的命脉
晕头转向自己把自己害
我跌进了这神奇的梦怀
加速自己的沉沦而后快

小说自行完成

阿拉贡

小说自行完成
我撕毁我的诗和人生

等将来人们把我评论

我砸烂一圈圈诗的光轮
让我映在镜中的脸受惩

反正我已得罪了太阳神

我撕掉我的书和记忆
里面充满黯淡的时辰

我撕开蓝天冲破天际

我撕破歌喉掩饰哭泣
消灭震天价响的武器

雨后仍带着雨水笑嘻嘻

撕裂我的心撕散我的梦
让曙光从碎片之中起升

她哪里会知道我的见闻

(沈志明 译)

这两首诗选自备受赞扬的自传体诗集《未完成的小说》(1956)。诗人追溯从虚无主义者走向共产主义者,从超现实主义者走向社会主义现实主义者的艰难历程,以及在漫长的岁月所受的挫折和所犯的过失,以诗的语言揭示了自我鞭策、自我否定的心迹并表达了难言之衷。

苏共二十大在西方左翼知识分子中产生了巨大的震动和强烈的反响。作为20世纪30年代初法共文艺战线的发言人，阿拉贡虽然对苏联肃反扩大化早有所闻，却仍然受到极大的震撼。于是，他对自己所走过的路程和执行的路线进行了深刻的反思，发现"身后拖着太多的挫败或失误"。诗人的反思触及自己的观念，自己的著作，自己的历程，对自己进行了无情的解剖和否定。

诗人把自己的一生看作不断求索，不断碰壁，不断"跌跤"的过程。跌跤，跌跤，再跌跤，一直跌到坟墓，表达了诗人不断进击、孜孜寻求真理的决心。在"回顾坎坷不平的一生"时，自己的经历就像演电影，"一幅幅图像"在眼前闪过。每走一步都有脚印，都有反响，有如石头投进水中，必然激起波涟。"过去的一切已化为齑粉"，人们的记忆，雪片似的纷纷扬扬，难以分清"阳光和泪水"、"雨露"和"世尘"。就是说，每次进击的胜利都包含着挫败，每个行为或每部著作的成功总包含着失误。"人如坠入灰蒙蒙的烟海，迷惘摸不着自己的命脉。"登上时代的列车，身不由己啊。诗人似乎在说，他的挫败恰恰是时代的挫败，他的失误也是历史的失误。但他并不后悔投身时代的洪流，"自己把自己害"，为追求崇高的理想和美好的未来，与洪水搏斗决不退却，死而后快。

《小说自行完成》进一步抒写了人生道路的艰难，世道变化的无情，精神蜕变的痛苦。诗人在对时间、生命、事业、爱情和死亡经过沉重的反思之后，痛苦地发现人不能获得自己，抓不住自己的本质，由此而产生人生最大的苦恼。人的一生好似一部小说，很多事情的发展不以我们的意志为转移，我们只能做应当做的事，让"小说自行完成"吧。至于"我的诗和人生"的价值、功过，让后代去评说吧。诗人头上的"光轮"将消失，留下脸上层层的皱纹，"反正我已得罪了太阳神"（不相信上帝，而相信人的上帝就是他自己），管它呢。"我"的痛苦将随着"我的书和记忆"消失，"我"那饱含血和泪的呐喊冲上云霄，刺破天际。虽然招惹了上帝，受到倾盆大雨的惩罚，但"我"不在乎，不后悔，决心忍辱负重,含着笑"撕裂我的心撕散我的梦",来个彻底的精神蜕变,"曙光"将"从碎片之中起升"。"我"一生的见闻成了新生的资本。我们可以从中看出,诗人自我否定,投入烈火中而后再生,达到一种自我更新的境界。

这两首诗以及整集《未完成的小说》,格调激越、悲壮,好似痛苦的呼唤,又似愤懑的抗议,在经历了克己的无穷苦恼之后,终于在矛盾的搏斗中升华,给人以"凤凰涅槃"的诗境。　　　　　　　　(沈志明)

我要告诉你一个大秘密
阿拉贡

我要告诉你一个大秘密
时间就是你时间就是女人
她需要人追求和在她脚边磨蹭
时间就像一件要解开的连衣裙
时间就像理不完的长头发
一次一次的梳理
呵一口气蒙住镜面然后水汽消尽
时间你于黎明睡觉我于黎明苏醒
你像一把刀刺穿我的喉咙
不肯消逝的时间多折磨人
停止的时间犹如青血管里的淤血
比永满足不了的欲望更叫人难受
比囚徒们渴望的眼神更令人焦虑
我知道不应当打破奇妙的魅力
更不应当感到跟你是萍水相逢
不可捉摸的女人
脑想别处心却已飞向另一个世纪
言词笨拙累赘真受罪我的上帝

我的爱情超越乐趣逃走如今不可企及
而你偏在我频率均匀的太阳穴跳得急
倘若你不呼吸我便感到窒息
你在我肉体上踌躇躺着不起

我要告诉你一个大秘密
一切话在我嘴边干瘪得像女乞丐
你的手伸向贫困你的眼盯着黑暗
所以我经常对你说我爱你
你脖子上不挂晶莹清澈的语句
莫为我平庸的谈吐而生气
这刺耳的声音是清水滴进了火里

我要告诉你一个大秘密
我不善于把你和时间相比
只是装装模样谈论你而已
如留在车站月台上的人不肯走
火车已经离开他仍不断招手
泪水压酸手腕还不肯罢休

我要告诉你一个大秘密
我怕你更怕陪你爬上窗户的黄昏
怕你的手势动作怕你的言下之意
我怕时间过得太快或太慢我怕你
我要告诉你一个大秘密
关上门吧死比爱更容易
所以我情愿活着受罪
为我的爱而受尽折磨

爱尔莎的手

阿拉贡

我忐忑不安时渴望你伸手
我身只影单时思念你的手
为排解忧愁我梦寐以求
把手伸给我吧让我得救

当我把你的手抓在我可怜的手心
我是多么害怕多么急切多么欣幸
当我把你的手如雪水似的高捧起
我感到沁骨的雪水使我耳目一新

你知道是什么沁入我的手骨节
什么使我感到震惊和意深情切
你知道是什么使得我心碎欲绝
我颤抖时不禁泄露了什么心迹

你知道这是哪种深沉的言语
这是动物用感官发出的哑语
动物用感官反映的无影之镜
这爱情的战栗胜过千言万语

你知道手指抓住猎物时
那一瞬间的感觉怎解释
你知道沉默不语的手指
能闪电般明白隐秘的事

让我的心在你的手中塑造
至少暂且躲开世界的吵闹
让我的魂在你的手中安睡

与世无争地长眠永不聒噪

(沈志明 译)

这两首爱情诗分别选自诗集《爱尔莎》和《爱尔莎的迷狂者》。众所周知,阿拉贡是著名的爱情歌手,而且专颂妻子爱尔莎。他把爱尔莎诗化了。在把爱尔莎奉为诗神的道路上走过三个阶段:"首先涌现爱尔莎的海市蜃楼,然后出现爱尔莎的现实,最后海市蜃楼与现实相结合,产生爱尔莎神话。"(叙扎娜·拉布里语)因此,爱尔莎和她的作品是阿拉贡创作的重要源泉。《爱尔莎》是对《尼龙时代》三部曲之一的《赊欠的玫瑰》做出具有诗意的反响和注脚,《爱尔莎的迷狂者》则是在该三部曲的另一部《灵魂》的感召下产生的诗苑奇葩。

读罢《我要告诉你一个大秘密》,掩卷凝思,不禁发问:这个大秘密是什么?诗人把时间比作女人。时间和女人一样,稍纵即逝,叫人抓不住、摸不透,所以需要"追求"和"磨蹭"。即便如此,还是"剪不断,理还乱",头发越长,越梳理,越叫人愁肠百结。爱情引起"欲望""焦虑""折磨""刺痛""淤血",追求爱情的人则像囚徒那样无能为力,而偏偏还要"为消磨时光而歌唱"(阿拉贡另一首诗的标题),即为爱情而歌唱,一往深情。因为心中有了爱,"太阳穴跳得急",不会"感到窒息",盼望活到美好的下个世纪。

爱尔莎啊,你同情"贫困",你憎恨"黑暗"。"我"对你的爱难以用语言表达,只会重复"我爱你",但这是多么"平庸"、多么"刺耳"、多么"装模作样"。"我"如何留得住你呢?可"我"即使"泪水压酸手腕","仍不断招手","还不肯罢休",孜孜以求,痴情如初。"我"怕陪伴你,因为"我"不配,不愿惹你生气;"我"又怕离开你,因为"我"爱你。"我"不愿死,因为死太容易了,"所以我情愿活着受罪",为爱情"而受尽折磨"。情愿付出一辈子受苦受难的代价,为爱而生,为爱而死。这就是"我要告诉你"的"一个大秘密"。据说,阿拉贡夫妇经常吵架,甚至大吵大闹,但谁又离不开谁,是一对患难与共的伴侣。我们似乎能从这首诗中品出"爱之深,才恨之切"的韵味。

"爱尔莎的手",对阿拉贡来说是一双神手。曾是这双手把他从爱情危机、精神危机和创作危机的深潭中拉出来,使他"得救"。从此,阿拉贡心甘情愿成为爱尔莎手中的乐器,任凭她"那双令人神往的回春妙手"弹奏"撩动心弦"的乐曲。

正当诗人"身只影单""忐忑不安""忧愁"万分的时刻,爱尔莎向他伸出爱神之手。他抓住这双"梦寐以求"的手时,"害怕""急切""欣幸",如捧雪水,感到沁骨的清新。手是人的触觉最敏感的部位,也是两性交往最初触及的部位。性爱如同电流,使人"颤抖",使人泄露"心迹"。这"感官发出的哑语"胜过任何"深沉的言语","这爱情的战栗胜过千言万语"。"沉默不语的手指"通过"一瞬间的感觉",一切"隐秘"昭然若揭。诗人一旦成为爱神的猎物,不再受"世界的吵闹"的干扰,潜心赞美他的诗神。对爱尔莎本人的笃爱忠贞不贰,终于成为爱尔莎的迷狂者。

无神论者阿拉贡把人们对上帝的崇拜转移到对爱尔莎,即对妇女的崇拜上来。他认为,人不是上帝的创造物,而是妇女的创造物。上帝是一种抽象的概念,一种虚无缥缈的幻觉,而妇女则是创造者,人类的种源,未来的希望。崇拜爱尔莎就是确信"只要人类不断进步,男女融为一体终将实现"。

阿拉贡的爱情诗继承了法国诗典雅的古风,具有史诗的风采,哲理意味浓厚,诗韵淳朴,节奏明快;有一定的性感,但不庸俗,也不落俗套,格调明朗清新。

(沈志明)

莫献鲜花和桂冠

阿拉贡

淡黄色头发高个儿妇女你们四十年来
揣着茄色证件从少走到老已心弱力衰
但莫要停留曾记否那年八月最后一天

傍晚下过雨你们的裙子在湿风中飘摆
睫上的雨点使眼光更亮人们对你们讲
不要机械地用手撩开你们额前的发绺
更不要老抹面颊呵这不过是雨水在流
人们惯于画一道斜线把一切一笔勾销
人们有时事先想象出这次该轮到谁了
到时候爱莫能助让他们听天由命拉倒
人们惯于让他们一一离去并不会唠叨
九月可能天凉切莫忘记穿你们的外套
总之让我们姑且承认一切皆自然碰巧
然而他已离世水果即将在餐桌上烂掉
从他手里悄悄地飞走了神话中的青鸟
世上的一部分人岁寒然后知松柏后凋

世界的一部分和我的一部分随他而天
已经变成身外之物却这也是一个预兆
使我回想起我跟他相遇时的青年时代
屹立在西蒙德娄街高处的高个儿佼佼
面对万物静谧的美他惊叹得手颤心跳
在司空见惯的东西前面数他最为谦卑
连那盏套着玻璃罩的歪灯也生了灵性
这冒烟的煤油灯至今我们仍记忆犹新
他也许与众不同那晚我想起勒韦尔迪[1]
我想起故人眼睛带走的蒙玛特尔夜景

---

[1] 皮埃尔·勒韦尔迪(1889—1960),法国诗人,超现实主义的先驱者之一,创办初具超现实主义色彩的杂志《南北》(1917),曾对年青的阿拉贡有过一定的影响。但不久隐居,追求纯粹的美,并未加入后来的超现实主义运动。

布拉克[1]死于星期天谁回想得起星期五
这对镜子里世界的一部分全有了归宿
世界的一部分迷失在黯然失色的眼里
房间的光线悠忽没有东西来打破幽静
某下午殷殷期待的幽灵不知从何而至
时光所踏之处必然留下其暴力的痕迹

自然没有死亡但在你注视下逐渐消失
大海及其周围的景色就属于这种情势
第厄普或瓦朗日维尔只占天幕一小摊
人以及与人相似的帝国缓缓在此截止
遇难船的一块软木漂流中被打上浅滩
容纳一切的沙丘向它伸出多情的巨臂
它像特地到此如出租的别墅那般可悲
被海潮抛弃在身后的支离破碎的沙呵
你们这幅画跟当今的情景出奇地相似
好像画家就为选择色彩而生活一辈子
没有音乐的歌剧似乎什么也没有发生
映入眼帘的故事出自一个执着的乐音
形象一个接着一个地向着我聚拢缠身
是我在看没有鸟儿和没有鸟鸣的树林
搜索枯肠地在寻找共鸣却总押不成韵
文辞搭建的荒诞形象的桥梁不交好运

画布上画的一切难道不足以说明事情
难道你们期待他作出证词和拿出证明

---

[1] 乔治·布拉克（1882—1963），法国画家、雕刻家，曾一度跟毕加索密切合作，第一次世界大战前为立体派画家。

啥杯子和刀子啥还有面包啥还有光线
人的过去不复存在但在我却十分新鲜
他们优先看完热闹一走了之也属徒然
也许出于厌倦离开我们但留下了脚印
无论他们是夏尔丹[1]或布拉克或弗美尔[2]
总有人继承他们的学问耿耿一心不贰
但我们幸存的人若没有他们就成瞎子
这个世纪每一刻都有画家和诗人逝世
我们惯于眼见人们奔命在刮风的荒原
我们临渴才去掘开柏油马路寻找甘泉
我们在死者的卧像旁似被废黜的君王
佳节已过却还在怀念凡尔赛宫的盛况
我们已不信仍屹立在座子上的石神像
只在花园等信号让他们离开这块地方

(沈志明　译)

由于现实过于严酷，饱经沧桑的阿拉贡到了晚年，开始感到人生孤独，暮年凄凉。虽然鹤发童颜，仪表不减当年，心却似乎已经碎了。他在《戏剧/小说》(1974)中感叹幻灭之后的孤独，以催人泪下的诗句结束这部新小说："鸟儿统统从我的枯枝丫离走，撇下泪水的残窝理不完的愁，留在面颊四周。"他焦急地等待着死亡的来临，这是晚年诗集《房间》(1969)和《告别集》(1982)的基调。

《莫献鲜花和桂冠》选自诗人最后一本诗作《告别集》。一开始，诗人通过对老年妇女的观察，作为镜子，审视自己的生活、爱情和一切。我们可以猜想，诗人坐在一家咖啡馆里向外观望，看着几个年迈的女公民在夏日傍晚的细雨中行走。她们四十年如一日，"从少走到老"，"已心

---

[1] 夏尔丹（1699—1779），法国画家。
[2] 弗美尔（1632—1675），荷兰画家。

弱力衰"。她们任凭"裙子在湿风中飘摆",任凭"发绺"披在"额前",任凭"雨水"在"面颊"上流淌,机械地忍受着岁月的颠簸。现在已到风烛残年,人生的旅途快走到尽头,回顾以往,时间已抹掉所有的足迹,犹如"人们惯于画一道斜线把一切一笔勾销"。人谁无死?人至耄耋之年,心中有数,下次"该轮到谁了"。"爱莫能助",只能"听天由命",说不定"碰巧"在某个场合突然离开人世。人死了,就让他静静地离去吧,"莫献鲜花和桂冠",就像水果慢慢在餐桌上烂掉,就像"神话中的青鸟"悄悄溜掉。

"岁寒,然后知松柏后凋。"人没有经过磨难,难以显示真面目。诗人回想起青年时代走过的艰难历程,那时才情横溢,意气风发。但一旦登上巴黎的舒蒙岗,却茫然不知所措,"面对万物静谧的美",既"惊叹",又胆怯。然而就在徜徉徘徊中,发现"司空见惯的东西"的背后蕴藏着神奇的色彩,那歪斜的、冒烟的煤油路灯似乎也有"灵性"。每个人、每件物都蕴含着无穷的奥秘:"每件物不仅是它本身,而且裹着它的奥秘,给人以多彩的形象,是丰富的神话。"(《巴黎的土包子》)总之,通过想象,激发对"具体"的感受,产生形象的思维,进入超现实境界。因此,"时光留下的痕迹","房间的幽静","幽灵"的来临,都能使你获得新知。在超现实主义诗人的眼里,具体性包含着诗的力量,形象具有强大的创造力。

接着,"诗情"转为"画意":每个形象都是一幅图画,而每个画面又包含着对思维本质的一场梦想。诗人想起了法国北部的港口第厄普和瓦朗日维尔。这两个原为诺曼底人的古老村庄,曾在第二次世界大战中遭到严重的破坏,但并没有因此而从地球上消失。人事沧桑,海港依旧,"自然没有死亡"。两个"只占天幕一小摊"的英吉利海峡港口曾经是阻挡希特勒第三帝国推进的天然屏障,如今只留下被海浪冲上沙滩的残骸,在"容纳一切的沙丘"上显得那般可悲可叹。这自然的画面,这自然的色彩是画家取之不尽的源泉,有如大自然中的声音是音乐家的创作源泉。画家靠色彩,音乐家靠音响,给你一个一个形象,而诗人得靠"文辞"、"搜索枯肠"、"却总押不成韵"、"搭建"的形象荒诞不经。诗人真不走运哪。

画面上的情景和光线是历史的见证,画家们先"看完热闹",然后"留下脚印",厌倦地离开人世。"我们幸存的人若没有他们就成瞎子",但我们每每只在画家和诗人去世之后才重视他们,才怀念他们活着的时候的"盛况",才为他们塑像。然而,塑像又能屹立多久呢?今天把塑像立在花园,为的是明天把它搬掉,反正早晚是要搬掉的。

应当说,诗人面临无底深渊的虚无,心跳得相当平静,以视死如归的豪气保持了晚节,实践了他在《诗人集》(1960)中提出的豪言壮语:"应当正视虚无以便战胜虚无。"

这首诗是阿拉贡晚年的代表作,风格奇谲而清通;形象与梦幻纵横交错,浑然一体;内涵深邃复杂;格调深沉悲壮。可以说是一首夜幕降临时的悲歌。

原诗是十六音节的诗句,在法兰西诗中实不多见。由于原诗形式严谨,所以在翻译时形式上也做了移植,即译成十六个字一行。在押韵方面,虽然想追随原诗,但难以完全办到,所以有些地方做了变动。 (沈志明)

塞盖斯 (4首)

皮埃尔·塞盖斯(Pierre Seghers, 1906—1987),法国诗人、出版家。生于法国南方乡村,十九岁来到巴黎。他从小喜欢诗歌,1939年发表第一部诗集《美好的希望》。同年创办诗歌杂志《戴钢盔的诗人》,团结了一批从军的年轻诗人。此后,他一边参加抵抗运动,一边在法国非沦陷区从事出版工作,坚持主编《诗刊》(1940—1948),发表了艾吕雅、阿拉贡等许多抗战诗人的作品。战后,他创办的皮埃尔·塞盖斯出版社专门印行诗作和诗评。他编有大型丛书《当今诗人》《法国诗歌精粹》《抵抗运动诗人》《法国诗歌辞典》等,为法国诗歌的发展做出了卓越的贡献。他还坚持创作,著有诗集《公地》(1944)、《先将来时》

(1947)、《根》(1956)、《石》(1958)、《隐语》(1970)、《告诉我,生活》(1972)、《奇迹的时代》(1978)等。

1941 年 10 月[1]

塞盖斯

十月,当在腥风血雨中收完葡萄,
寒风吹起落叶一柱柱,
只见满天硝烟,战火纷飞,
　　带来对无辜者们的杀戮。

在白茫茫的冬天,人间的积雪上
洒下鲜红的血迹,愤怒在增进,
厄斯塔什·德·圣彼埃尔[2]交出城门的钥匙,
　　死神夺走五十个孩子的生命。

五十个曾在棚铺里在平原上歌唱的人,
五十个未干过坏事的人,他们是祖国的儿郎,
五十个在仇恨的眼睛中目光最正直的人,
　　纷纷倒在了地上。

另外五十个也是这样,我们的卢瓦尔[3]血流成河,
波尔多在哭泣,法兰西巍然挺立,痛苦悲哀,
天空是青的,遍体弹孔的孩子们不断高歌,
　　正义之神将他们接待。

---

[1] 1941 年 11 月,诗人听闻在法国各地有一些人质被纳粹枪杀,怀着悲愤的心情写下这首诗。
[2] 厄斯塔什·德·圣彼埃尔(1287—1371),加莱六市民代表团的领袖,为挽救他们的城市而去给英王爱德华三世当人质。
[3] 卢瓦尔和波尔多均为法国地名。

> 他们将穿着火红的衣服复活在我们的学校,
>
> 他们从自己孩子们的怀里被人夺抢,
>
> 通过战争,流亡和不合调的语言,他们会听到
>
> 　　别的孩子们把他们的英名颂扬。
>
> 尽管从被杀者的鲜血中诞生的绿色的十月,
>
> 在戴着铁面罩的贞德旁边,
>
> 见到一百个身子折断气绝,
>
> 　　但他们最终将在这片髑髅地再生重现。

(金志平　译)

这是塞盖斯创作的众多抵抗运动诗歌中的一首,写于第二次世界大战法国沦陷初期。1941年法国战败,大部分领土被德军占领,但法国人民并没有屈服,酝酿采取各种办法抵抗。纳粹用大量屠杀人质的血腥手段进行镇压和恐吓。《1941年10月》一诗就是诗人对这种法西斯暴行的谴责。那些惨遭杀害的"祖国的儿郎"不见得已有抵敌的壮举,相反,诗人指出他们都是善良无辜的,只是由于他们"最正直",不愿与入侵的敌人合作,才成为法西斯匪徒实施恐怖政策的牺牲品。他们面对死亡"不断高歌",表现出一个民族反对法西斯暴力和奴役的不屈不挠的斗争精神。他们在人间的积雪上洒下的鲜红血迹,增进了法国人民的愤怒,使得诗人在这黑暗的时刻有理由坚信,这些"被杀者"将被"正义之神"接待。"他们会听到别的孩子们把他们的英名颂扬。"随着反法西斯战争的胜利,"他们最终将在这片髑髅地再生重现"。诗人的预言果然得到应验,他的诗成了历史的不朽见证。在法兰西解放后的隆重纪念会上,法国人民悼念战时的牺牲者,《1941年10月》这首充满爱国激情的诗由著名演员在会场朗诵,强烈地打动了听众,获得高度的评价。

(金志平)

当我爱你的时候
——献给高莱特[1]
塞盖斯

当我爱你的时候,
在我们的森林里,
你显得那样美丽,
连黑夜都会赶来,
在你的怀里
献上它忠实的羽翼。

你将一无所见,
除了毛茸茸的夜晚,
皮衣和毛毯,
而它黑色的大氅,
将很快成为
你唯一的打扮。

于是,我们与世隔绝,
单独彼此相爱,
时光将要在
树莓和叶丛之间徘徊,
浮云高高在上,
悠悠飘开……

你对我说,今宵
是我们互相熟悉

---

[1] 高莱特是塞盖斯的夫人,女作家,著有小说数部和她丈夫的传记:《皮埃尔·塞盖斯,一个身上布满了名字的人》。

最好的时机,
远远超过过去的二十年,
我们眼看着时间消逝,
却没有爱情兴起。

爱情犹如一声叫喊,
它突然迸发,
在枯叶上飘洒,
而我们互相拥抱,
在夜的抚慰下,
跟随爱神迸发。

当我爱你的时候,
在我们的森林里,
你显得那样美丽,
连白昼都会赶来
从你的怀里
取走它光明的新衣。

(金志平 译)

　　这是塞盖斯献给夫人高莱特的一首抒情诗。诗人对爱情有自己的看法。他认为在长期的婚姻生活中,爱情往往被日常的工作和琐事埋没,难以兴起。只有在特殊的良辰美景的配合下,爱情才会像"一声叫喊",突然迸发,这时他们就该抓住"最好的时机"互相拥抱,"在夜的抚慰下,跟随爱神迸发",享受美好的爱情。全诗充满丰富的想象、奇妙的比喻、动人的形象和梦幻般的意境。为什么像初恋的情人似的,他们的爱情之花在"与世隔绝"的森林里才绽放得格外鲜艳呢?诗人在另一首诗中是这样解释的:"情人是些奇怪的人,他们在时间之外生活,他们乘风远游,他们内心炽热如火……情人是些奇怪的人,不断出发,不断变化,他们到处野营,周围是荆棘、薄荷和鲜花……情人是些奇怪的人,他们弄乱了大白床单,可那地方却是长满蔷薇和树莓的花坛……多怪的人啊,如果我体验过这些奇怪的情人的生活,那我就决不放弃它。你们问我怎么会,为什么……因为生活是多么美好……" (金志平)

秋

塞盖斯

为了轻拂树林的气息,
需要一只长着十万指头的手。

为了返回昔日的童年,
需要一只手拉着你的手走。

曾记否,辽阔明朗的天空
倒映在波光粼粼的池塘上头,

一阵风吹过倾圮的城堡,
夹杂着细雨蒙蒙,落叶悠悠……

曾记否,在去科尔—沃朗的路上,
那是季节交替的时候,

天上飘过片片浮云,
我们跟它们一样也不停留。

如果有时你感到在你的身上,
就像从前,就像今天照旧

拂过一只长着十万指头的手,
那你就不断提醒自己这就是秋。

(金志平 译)

这首诗给人印象最突出的一点,是它的意象"一只长着十万指头的手",用来比拟金秋季节的风,既奇特,又生动。全诗通篇只有一个"风"字,却处处使读者感受到秋风的存在,这正是诗人的高明之处。因为只有刮起秋风,才会"轻拂树林的气息",使枝条微摇。只有刮起秋风,才能使你产生"一只手拉着你的手走"的感觉,从而引起回忆和联想。只有秋风飒飒,天空才会"辽阔明朗"。只有秋风飒飒,才有"细雨蒙蒙,落叶悠悠"的景象。只有秋风飒飒,空中才会经常"飘过片片浮云",一刻也不停留。而这种无处不在的秋风,用"一只长着十万指头的手"来形容,确实十分贴切。因此,诗人最后点明主题:当这些"指头"在你的身上拂过,使你感到似被按摩时,你就应该不断提醒自己,这就是"秋"。

(金志平)

我是一个瞬息的人……
塞盖斯

我是一个瞬息度过一生的人,
稍纵即逝的闪电、声响、反光,
至另一个生命的一次弹跳,
激流冲击的一块蹦起的卵石,
吻一吻时间的时间。

我只是一粒寿命难以把握的尘土,
在银河刮起的龙卷风中,
这个小点不可感知,不能回收,却又没有界限。

除存在之外,什么都不能对我加以证实。
我经过,回来,消失,又重新出现,
万变不离其宗,一颗来自石棺的麦粒,
生来为了播种,创造别的种子,
没什么秘密,一个人,卑微者……

(金志平 译)

这是一首哲理诗,表达了诗人对人生深沉的思考。诗人感慨自己"是一个瞬息度过一生的人,稍纵即逝的闪电、声响、反光……"从宇宙银河系的角度看,他"只是一粒寿命难以把握的尘土……这个小点不可感知,不能回收……"尽管如此,这首淡淡哀伤的诗并不颓废、绝望。因为诗人承认自己又是"一颗来自石棺的麦粒,生来为了播种,创造别的种子……"所以从人类的角度看,他又是"至另一个生命的一次弹跳",是人类不断发展的一个不可或缺的环节,具有强大的生命力。诗人最后总结说,没什么秘密,他是"一个人,卑微者……"塞盖斯确实是一位十分谦虚的诗人、编辑家。仅就他主编的大型丛书《当今诗人》来说,每本介绍一位诗人及其诗作,但直到出至一百六十本时,他才在别人的劝说下将自己编入。他把一生奉献给了诗歌事业,创作、编辑的诗集达数百册,早已超越国界,超越时空,仅凭这一点他也是值得人们记住、怀念的。

(金志平)

福格威德 (2首)

瓦尔特·封·德尔·福格威德(Walther von der Vogelweide,约1170—1230),中古德语文学最重要的抒情诗人,宫廷骑士抒情诗的主要代表。大约出生于奥地利蒂罗尔一个下层骑士家庭。他的生平和创作分为三个时期。第一时期为青年时期(1189—1198),主要是在维也纳宫廷服务,开始写作宫廷抒情诗,歌颂骑士的殷勤、忍让和甘愿为女主人服务的精神。这些诗歌大多内容虚假,缺乏真情实感,形式上也矫揉造作。第二时期为漫游时期(1198—1220),他作为骑士和吟游诗人走遍德国及与德国相邻的国家,也常在一些宫廷中做客。这个时期是他创作的高峰,他以诗歌为武器,揭露和攻击罗马教皇,宣传爱国思想,维护中央集权,主张德国统一。第三时期为晚年时期(1220—1230),他得到施陶芬王朝一块封地,经过长期流浪生活后终于安定下来。但他看到国家依然封建割据,四分五裂,十分失望。他怀念封建社会全盛时代,哀叹骑士阶层的没落。

瓦尔特·福格威德流传下来的作品,歌颂自然和爱情的诗歌约七十首,政治格言诗约一百首。他是德语文学史上最早的政治诗人、爱国诗人。他的诗歌在内容和形式上都为中世纪德语文学做出了巨大的贡献。

我坐在岩石上
福格威德

我坐在岩石上，
一条腿搁在另一条腿上，
我的臂肘撑在上面。
我的手托住了
下巴和脸庞。
就这样我沉思默想，
人应该怎样在世上生活。
我自己找不到答案，
怎样才能获得三种至宝，
一种也不会遭到损失。
其中的两种是声誉和人间的财富，
它们时常会互相排斥。
第三种是上帝的恩惠，
这比前两种还要贵重。
我希望能把三者兼备于一身，
可惜这是不可能的，
财富和尘世间的声誉
以及上帝的恩惠
很难兼容于一颗心中。
到处是障碍重重：
不忠的谎言比比皆是，
强权暴力统治着一切，
和平与正义都受到致命伤害。
这二者得不到恢复，三种至宝也就无法保全。

(孙坤荣 译)

这是一首政治抒情诗，作于1198年福格威德漫游初期。12世纪末13

世纪初,正是德意志帝国陷入严重政治危机时期,祖国分裂,各邦国间为争夺皇权展开了激烈的斗争。罗马教皇利用这种矛盾,挑拨离间,以维护教会经济上对德国的勒索,政治上达到教权高于皇权的目的。诗人坚决支持施陶芬王朝同罗马教皇做斗争,写了一系列政治抒情诗作为与教皇斗争的武器,《我坐在岩石上》是其中著名的一首。

诗人坐在一块岩石上,一条腿搁在另一条腿上,一只手托住下巴和脸庞,正在沉思。他想得很多,"人应该怎样在世上生活"。诗人提出了自己的理想:希望把声誉、人间的财富和上帝的恩惠三者结合。这在当时来说,对于基督教会只要求骑士和信徒信仰上帝而否定世俗的声誉和财富,无疑是一个很大的进步。诗人认为,这三者得以并存,兼备于一身,就必须有和平与正义。但是现在障碍重重,到处是谎言和暴力。要有和平与正义,就必须有统一全国的国王,因为这是国王加冕时的誓言。德国只有有了统一的国王,和平与正义才会得到恢复。诗人在诗中没有直接攻击教会,也没有明确提出德国统一的问题,但字里行间这种忧国忧民的爱国思想跃然纸上。这首诗歌中提到的声誉和财富的矛盾,不仅古代社会里存在,就是现代社会里也尖锐地存在着,诗人的提示发人深思。

本诗内容深刻,语言锐利,形式简洁,一向被认为是福格威德政治抒情诗的代表作。诗的原文为中古高地德语,有多种现代德语译文。德国中世纪马奈塞手抄本中,根据此诗画的一幅彩画——诗人坐在岩石上托腮沉思的形象,差不多被收在每一本附有插图的德语文学史里。

(孙坤荣)

菩提树下

福格威德

在郊野的

菩提树下,

我坐在我最心爱的人儿身旁,

你们可以看到,
我们俩人
采折了许多花草。
在树林前的山谷里
汤达拉达伊!——
　　一只夜莺在甜美地歌唱。

　　我走到了
那处河谷草地,
我心爱的人已经来到。
他对我热情欢迎,
圣母玛利亚,
我看到他是多么幸福!
他会和我亲吻吗?
汤达拉达伊!——
　　瞧,我这嘴唇多么殷红!

　　于是他在
逗乐中用鲜花
铺成一张卧床。
要是有人从这条路上走来,
今天定会从心里
发出笑声。
他可能从玫瑰花上
汤达拉达伊!——
　　看出我的头枕在哪里。

　　若是有人
知道他就躺在我身旁,

我会感到十分害羞!
但愿无人知道
我们做了些什么,
除了他和我
以及一只小鸟:
汤达拉达伊!——
它一定会保守秘密。

(孙坤荣 译)

  这是一首优美的抒情诗,是福格威德写下的许多歌颂自然和爱情的诗歌中最著名的一首,也是描写所谓非贵族妇女"低级爱情"的代表作。诗人在二十多年的漫游生活中,既认识上层阶级又熟悉下层社会,这首抒情诗就是描写普通青年男女恋爱幽会的杰作。

  菩提树是德国的一种代表树种,阔叶乔木,树干挺拔,生长比较普遍,在柏林的勃兰登堡门下就是著名的"菩提树下大街"。郊野菩提树下芳草地,青年男女进行幽会实在是难得的好场所。在这首诗中,诗人虽然也描写了大自然的景色:郊野、树林、河谷、草地、鲜花、夜莺,但更主要的是刻画了一个普通少女初恋时的喜悦情景,抒发了人类之爱的苏醒,对大自然的描写充满着对少女心理的比兴意味。少女与情郎在菩提树下相会,激动的心情难以形容。俩人热情拥抱、亲吻,用采摘的鲜花铺成一张卧床,尽情享受爱情的欢乐。可是少女害怕有人从路上走来,又担心别人会知道他们所干的事情。幸好除了少女和情郎,只有一只夜莺知道他们,而它是一定会保守秘密的。诗人把初恋少女的内心世界非常真实生动地描绘了出来,读来令人叫绝。

  本诗采用的是民歌体,语言简洁朴素,比喻通俗易懂。全诗四节,每节中的"汤达拉达伊"是古代德国民歌中的一种音调,读起来使人有一种轻松愉快的感觉。原诗用中古高地德语写成,有多种现代德语译文。

(孙坤荣)

路德(2首)

马丁·路德(Martin Luther, 1483—1546),德国宗教改革家、新教创始人。出生于图林根的艾斯莱本一个农民家庭,父亲是矿工。他先在大学学习法律,1505年入埃尔富特的奥古斯丁修道院学习神学,1507年成为神甫,1511年去罗马旅行,1512年获维滕贝格大学神学博士学位,并任解释《圣经》的教授。当时在德国,罗马教皇通过出售赎罪券获得巨额收入。1517年10月31日路德发表《九十五条论纲》,援引《圣经》的章节,抨击教皇,在农民、市民和下层贵族中引起巨大反响,因而引发了宗教改革运动。后来,路德又多次宣传他的改革主张。1521年1月,德皇卡尔五世在沃尔姆斯召开帝国会议,召路德到会,劝他放弃自己的观点,遭到拒绝。同年5月,卡尔五世下令逮捕路德。在选帝侯萨克森公爵庇护下,路德隐匿在瓦特堡,化名为容克·约尔格。他利用这段时间,把《圣经》译成德语,1534年完成出版。这对德国语言的统一和发展起了很大作用。

当农民革命兴起时,路德的立场却趋于保守,甚至反动。他反对闵采尔领导的农民战争。1546年2月18日,路德在家乡逝世。

马丁·路德在德国文学史上的贡献除了翻译《圣经》外,还写了不少讲演词、论辩文、布道词和歌词。这些作品都与他的宗教改革活动密切配合,反映了他的理论和信仰。特别是他撰作的宗教赞美诗,语言通俗易懂,富有战斗性,在宗教改革运动初期影响很大,其中部分诗歌流传至今。

我在深重的苦难中向你求告

路 德

我在深重的苦难中向你求告。
主啊,求你垂听我的呼声。
你的仁慈的耳朵侧向我,
愿你听到我的恳求。

如果你要看到
我们所犯的罪孽和过失,
主啊,谁能留在你身边呢?

然而,在你那里只是仁慈和恩宠,
你宽恕了我们的罪过。
我们所做的一切都算不得什么,
即使是过着最好的生活。
在你身边没有人可以夸耀什么。
因此每个人都应该敬畏你,
并身领你的仁慈。

所以我要信靠主,
而不信赖我的功绩。
在他面前我的心应该安静下来,
完全信赖他的恩惠,
他对我说的珍贵的话语,
是我的安慰和可靠的财宝,
因此我愿在任何时候期待。

不管持续到深夜,
或者又是天亮,
我的心总是靠着上主,
既不绝望也不忧伤。
这是以色列子民的真正本性,
是出自心灵的肺腑之言,
迫切期待上主的帮助。

不管我们有多少罪过,
在主身边能得到更多的宽恕。

>　　他的帮助之手没有终极,
>
>　　多么伟大而又崇高。
>
>　　他是个善良的牧人,
>
>　　他要从他们所犯的一切罪孽中,
>
>　　拯救他的以色列子民。

(孙坤荣　译)

　　马丁·路德为了使基督教徒在做礼拜时能使用民族语言,一扫上层知识分子用拉丁文写作的积习,用德语写了不少圣歌,亦称赞美诗,共有三十六首。这些赞美诗大部分作于1523年或1524年,主要是根据《圣经》的有关章节,特别是《诗篇》创作的,供唱诗班合唱用。

　　《我在深重的苦难中向你求告》是其中著名的一首,大约作于1524年。这首诗的主题是:祈求主(上帝、耶和华)的帮助。它根据《旧约·诗篇》第一百三十首写成,原诗仅三节,路德把它改写成五节。在这之前,路德隐藏在瓦特堡,感到一种压抑,向主求告,希望得到帮助。

　　我们过去对宗教赞美诗译介甚少,这里把路德的这首名诗全部译出,以便读者对这类诗歌有所接触和了解。这类宗教赞美诗由于涉及社会各方面以及各个阶层,并且还包括男男女女老老少少,因此一般都写得通俗易懂,明白晓畅。所以,对这首诗歌在思想内容上不需要多加说明。这里要指出的是,整个诗歌基调是一种祈求;虔诚的宗教徒在祈求中仰视上帝,期望会得到上帝的仁慈和恩宠,可以获得宽恕和赎罪。因此,这首赞美诗也就成了教堂唱诗班和教徒经常吟唱的一首圣歌。第四、五节诗中的原文"以色列",不仅是指以色列子民,而且也是指整个上帝的子民。至于"善良的牧人",即指耶稣基督。在《新约圣经》中,以牧人喻耶稣,以羊群喻教徒,故基督教新教对主持教务和管理教徒的人称牧师。

(孙坤荣)

我们的上帝是座坚固堡垒

路 德

我们的上帝是座坚固堡垒，
稳固的防御，良好的武器，
我们现在遇到苦难，
他帮助我们摆脱一切苦难。
旧日凶恶的宿敌，
他现今严肃认真。
力量强大，诡计多端，
还有那残暴的装备。
世上没有人能与他相比。

单靠我们的力量难于对抗。
我们很快就会失败。
幸有上帝亲自选出圣人，
他率领我们去征战。
你若问他是谁人？
他的名字叫耶稣·基督，
万军的统帅，
而不是别的天神。
他领导我们固守阵地。

即使世上充满魔鬼，
妄想把我们全都吞食，
我们一点也不惧怕。
胜利一定属于我们。
尘世的诸侯，
他出现时疯狂怒吼，
但也不敢对我们怎样。

他定会受到审判,
基督一句话就能使他败跑。

人们理应信奉上帝言辞,
不能违背圣经中的愿望。
基督以他的智慧和才能,
与我们并肩战斗在疆场。
即使他们夺去你的生命,
以及财产、荣誉、孩子和妻子,
那也没有什么关系!
他们得不到什么好处。
因为天国永远属于我们。

(孙坤荣　译)

这首宗教圣歌是路德所有赞美诗中最著名的一首,它的题目也有人译为《上帝跟我们同在》。诗歌是根据《旧约·诗篇》第四十六首重新创作的,产生于1521或1524年,1527年最后完成。

海涅于1834年在他的著作《论德国宗教和哲学的历史》第一卷中说:"这是一首战歌。古老的大教堂在这首新歌的声调中震颤,并使栖息在昏暗的塔顶窝巢中的乌鸦感到惊恐。这首歌,这首宗教革命的马赛曲,直到今天仍然还有鼓舞人心的力量。"(《海涅全集》第8卷第221—222页,河北教育出版社,2003)恩格斯在《自然辩证法·导言》中,赞誉路德"创造了现代德国散文,并且撰作了成为16世纪《马赛曲》的充满胜利信心的赞美诗的词和曲"。(《马克思恩格斯选集》第3卷第446页,1973)全诗的主要思想是:上帝跟我们同在,定能战胜一切妖魔鬼怪。这充分表达了路德派教徒的战斗团结精神和胜利信念。

这首诗歌四大节,描写了两个营垒,一个是"上帝跟我们",一个是"异教徒和魔鬼"。在第一节诗中,路德说明了上帝的力量,以及他帮助世人摆脱苦难。但世上存在"旧日凶恶的宿敌"——这里指"异教徒"

（异教徒是魔鬼的信徒）。他现今"力量强大，诡计多端"。接着在第二节诗中，路德认为单靠人自己的力量难于抵抗"异教徒"的进攻，幸而上帝亲自选出圣人，他就是耶稣基督。他是万军的统帅，在他率领下就能打败敌人，固守阵地。在第三、四节诗中，路德描写了另一个敌人——世上的魔鬼（在基督教会里也有将"异教徒"称为魔鬼的）。这中间也包括"尘世的诸侯"，有的德国学者认为"尘世的诸侯"指的是"魔鬼撒旦"。尽管魔鬼"妄想把我们全都吞食"，"他出现时疯狂怒吼，但也不敢对我们怎样"，"基督以他的智慧和才能，与我们并肩战斗在疆场"。即使魔鬼夺去我们的生命、财产、孩子和妻子，他们也得不到什么好处——他们永远进不了天国，"因为天国永远属于我们"。总之，在这两节诗中同样说明了上帝的力量。

路德在诗中，反复吟唱一个思想：人的力量是有限的，魔鬼的力量是强大的；但只要人彻底信赖上帝，依靠上帝的力量，人就会变得异常强大，就能战胜魔鬼。这首赞美诗文字简练，铿锵有力，包含了庄严而深刻的思想内容。早在16世纪宗教改革时代，它就广为流传；在今天，它仍为广大德国人民所喜爱，不仅在宗教仪式上演唱，就是在日常家庭聚会上也经常吟唱。

关于这首诗的译文我国有多种，出入都较大。本译文是根据柏林—魏玛建设出版社"古典德国作家丛书"《胡腾·闵采尔·路德》第二卷修订版译出。对有些词句的理解，许多版本的注释也不尽相同。　　（孙坤荣）

金特 (2首)

约翰·克里斯蒂安·金特（Johann Christian Günther, 1695—1723），德国早期启蒙运动诗人。出生于西里西亚的斯特里高，父亲是医生。他中学毕业后在维滕贝格、莱比锡学医。他有志于文学创作，但遭到父亲的强烈反对。父亲后来断绝了他的经济来源，使他成为一个孤独的人。他一直过着不安定的流浪诗人生活；1722年到耶拿本想继续学习，但贫病交迫，1723年3月死于该地，年仅28岁。

金特是德国17世纪宫廷文学向18世纪资产阶级启蒙运动文学过渡时期的重要抒情诗人。他著名的抒情诗是1718年写的《欧根亲王颂歌》,长达五十节,诗中颂扬这位亲王战胜土耳其人、缔结和平条约的功绩。在其他一些诗中,金特谴责了宫廷生活和封建贵族的腐败,并对鄙陋的社会表示出强烈的不满。他的爱情诗,有许多首是写给他的初恋情人莱奥诺蕾的,感情真挚,十分动人。他的诗歌是情感的自然流露,在歌德之前还很少有人可以与他相比。我国对这位诗人介绍得很少。

啊,德国,千万小心!

金 特

我的天啊,我们的生活历程

进入了什么样时期!

各方各面苦难重重,

啊,德国,千万小心!

罪恶成了荣誉和时髦,

青年在自吹自擂中成长,

老人干出卑劣的行径;

人们面对耻辱保持虔诚,

从国土上把爱情和真理驱走,

纯洁无辜失去法律保护。

多少王公诸侯吮饮鲜血和眼泪,

臣仆忘记了义务职责;

大人物到处搜刮,中饱私囊,

贫穷的苦难一点没有改变;

邻居是他人的魔鬼,

教师教导争吵和怀疑,

教会、司法和行政权力横行;

傻瓜趋炎附势往上攀爬，

　　他们真的能够纵情享乐，

　　噢，上帝！我早该诅咒你了！

（孙坤荣　译）

　　金特的这首政治抒情诗作于1720年4月9日，原诗有十节，题名为《对世界现状的忏悔想法》，前半部分反映了诗人对当时社会的批判精神，后半部分则反映了诗人消极悲观、逃避到宗教中去的愿望。全诗较长，许多选本一般均选用第一、二两节，冠以《啊，德国，千万小心！》的标题。

　　德国经过1618—1648年的三十年战争后，政治上更加分崩离析，经济上受到严重破坏，至18世纪初叶，整个国家仍没有从战争创伤中恢复过来。各小邦诸侯在自己的管辖区内进行专制主义统治。所以诗人一开始就惊呼："我的天啊，我们的生活历程进入了什么样时期！各方各面苦难重重，啊，德国，千万小心！"接着诗人以凝重的笔触揭露了封建专制制度下的种种罪行和丑行。豺狼当道，世道颠倒，"罪恶成了荣誉和时髦"，不仅青年人趋炎附势，自吹自擂，而且老年人都"干出卑劣的行径"。由于恐惧统治者的迫害，人们害怕说出真情，面对耻辱都保持虔诚。而"爱情和真理"——人们历来最向往和追求的东西，却从国土上被驱走。

　　诗人在第二节诗中进一步批判了统治阶级的骄奢淫逸、纵情享乐，他们是在吮饮老百姓的鲜血和眼泪，而不管百姓的死活，整个国家"贫穷的苦难一点没有改变"。由于世风日下，人们之间互相猜疑、妒忌，邻居成了"他人的魔鬼"。教会、司法和行政本来应该是保护人民，为人民办事的，而现在却横行乡里，鱼肉百姓。那些傻瓜因为谄媚统治者，却步步高升，纵情享乐。最后，诗人表达了无比的悲愤，甚至喊出了"诅咒上帝"的言辞。从这里我们可以看出诗人对当时的社会怀有何等的不满情绪。

　　这两大节诗歌充分表达了金特对国家的前途和人民的命运的关心。

这是诗人政治抒情诗的代表作。这首诗歌格律严谨,音韵优美,读来富有感染力。

(孙坤荣)

赠莱奥诺蕾
(我常站在高山顶上)

金 特

我常站在高山顶上,
向我的家乡眺望;
我愿有代达罗斯神奇的手艺,
做出一副鸽子的翅膀,
这只是为了能像昔日那样,
插翅飞到你,我的天使的身旁。

啊,你是我生活中的太阳,
啊,你是我炽烈爱情的泉源!
难道我张口将你呼喊,
这种努力已经无效?
不!我知道你锐敏的耳朵
常在倾听我痛苦的呼叫。

当白天在大地上消失,
你的倩影便不能使我安宁;
当风儿从东方吹来,
我把脸庞迎向东风;
因为我似乎感到那东风
带来了你甜蜜的亲吻。

无论我坐着、站着还是躺着,
你都偎依在我的身旁,

我可以在你美丽的脸颊上
数出那最微细的线条;
但当我伸手将你抚摸,
我抓到的不过是空气和墙壁。

但愿我从你一千个亲吻中
能享受其中的几个,
往昔我不曾将它们好生品味,
因为我常常不知不觉地陶醉;
啊,我现在多么想望,
能从你的唇上品味你的亲吻!

(严宝瑜/孙坤荣 译)

这是一首非常优美的爱情诗,大约作于1720年后的流浪生活时期。金特在故乡西里西亚的施伐特尼茨上中学时,结识了莱奥诺蕾,为她的美貌所倾倒,深深地爱上了她。从这时起他开始创作爱情诗,同一题材的作品有十几首,大部分都以《赠莱奥诺蕾》为标题,表达自己的情怀。金特和莱奥诺蕾两人互相爱慕,但他们的爱情带有悲剧色彩,因为诗人长期找不到固定职业,生活没有保障,婚姻未能成功。这首诗是金特爱情诗中最著名的一首。

自古以来,爱情诗多如牛毛,但金特的这首爱情诗不同凡响。它立意新颖,构思巧妙,比喻生动,情意真切。诗人这时已远离家乡,过着流浪生活,但他时常思念故乡的情人。诗歌一开始就运用了古希腊神话中代达罗斯的故事。他是著名的工艺师和建筑师,曾为克里特岛国王弥诺斯建造一座"迷宫"。但弥诺斯怕泄露机密,把代达罗斯和他儿子伊卡洛斯软禁在迷宫里。代达罗斯为了自己和儿子的自由,就用蜡和羽毛做了两副翅膀,粘在背上,飞出了迷宫。诗人但愿自己有代达罗斯神奇的手艺,做出一副鸽子的翅膀,飞到情人的身旁。接着,诗人以"生活中的太阳""炽烈爱情的泉源"比喻自己的情人,并想象她也常在倾听爱情痛苦的呼叫。

诗歌的第三节,诗人对"东风"的描述独具匠心。金特的家乡西里西亚位于德国东部。东风指来自他家乡的风。"当风儿从东方吹来,我把脸庞迎向东风;因为我似乎感到那东风带来了你甜蜜的亲吻。"这几行诗语言简洁明了,比喻生动贴切,充分勾出了一个游子的思恋之情。第四节,诗人表露了自己无时无刻不在思念情人的心态,简直到了如醉如痴的地步。最后一节,诗人大胆地表达了自己的感情,既是对过去爱情的甜蜜回忆,又是对现在爱情的向往。诗人和莱奥诺蕾的爱情,早已不是处于最初的萌芽阶段和朦胧阶段。他们彼此相爱数年,有过千百次的亲吻,但过去由于"陶醉",没有"好生品味",而现在多么想望,"能从你的唇上品味你的亲吻"。至此,这首诗歌爱缕萦怀、情深意切,可以说已表达得淋漓尽致。

本诗德文原文每节前四行用的是交叉韵,后两行用的是毗连韵,读起来音调优美,委婉动人。金特虽然是生活在18世纪的诗人,但他的这首爱情诗完全可以和现代优秀的爱情诗相媲美。 (孙坤荣)

克洛卜施托克 (2首)

弗里德里希·戈特利布·克洛卜施托克(Friedrich Gottlieb Klopstock,1724—1803),德国启蒙运动时期诗人。出生于奎德林堡一个市民家庭,父亲是律师。1739年入舒尔普福塔贵族学校,打下了人文科学的良好基础。1745至1748年在耶拿和莱比锡学习神学,结识了《不来梅杂志》的一些同人。1748年在这个杂志上发表史诗《救世主》的前三歌,引起很大反响,使他获得诗人荣誉。1750年去瑞士旅行,在苏黎世访问了主张革新诗歌创作的博德默(1698—1783)教授。1751年克洛卜施托克应邀去哥本哈根,丹麦国王给他一笔每年400塔勒的年金,让他专心致志把《救世主》写完。他在那里住了二十年,直至1770年才回到汉堡,1803年3月14日在该地逝世。

克洛卜施托克的诗歌创作,突破了早期启蒙主义文学强调理智和理性的约束,将感情的因素提到了首位。他的代表作《救世主》(1748—1773)是一部宗教史诗,共有二十歌,分上下两部,上部叙述基督受难,下部描写基督升天和胜利。但这部作品的后面部分由于冗长的宗教内容和过分的宗教感情,现在很少有人卒读。他在文学史上的主要成就是描写自然、友谊、爱情、死亡、祖国的颂歌。这方面著名的诗歌有《苏黎世湖》《蔷薇花带》《春祭颂歌》《早年的坟墓》《溜冰》《我的祖国》等,以及描写他对表妹玛丽亚·索菲娅·施密特爱恋之情的《赠芳妮》《告别》等。这些诗歌感情充沛,热烈真实,形式新颖,生动活泼,至今仍为人们传颂,有的已谱成了歌曲。

1789年法国大革命成功,使克洛卜施托克欢欣鼓舞,他写了多首诗篇,颂扬法国革命。法国国民议会于1792年授予他和席勒"荣誉公民"称号。

蔷薇花带
克洛卜施托克

在春天的绿荫下我见到她;
我用蔷薇花带系住她:
她没有觉到,只在那儿微睡。

我瞧着她;我的生命
随着这视线系上她的生命:
我感觉到,却莫名其妙。

可是我却对她无言地低语,
我把蔷薇花带抖动,沙沙作响:
于是她从微睡中惊醒。

她瞧着我;她的生命
随着她的视线系上我的生命,

我们的四周变成极乐世界。

(钱春绮　译)

这是一首爱情诗歌,写得既优美又含蓄,并富有民歌风味。

1751年,克洛卜施托克开始认识梅塔·莫勒,两人情投意合,十分相爱。1753年,诗人写了这首《蔷薇花带》作为圣诞礼物赠给梅塔,歌颂他们之间的爱情。1754年6月10日,克洛卜施托克和梅塔·莫勒结婚。婚后两人感情甚笃,可是梅塔不幸于1758年因病早逝,这首诗歌成了他们永久的纪念品。

这首小诗共四节十二行。第一节诗人抒写了"在春天的绿荫下"见到她时的情景。诗人没有直言其美,没有对她进行任何描述。但毫无疑问,她一定非常美丽动人,否则诗人怎么会被她吸引住呢?!以至于必须"用蔷薇花带系住她",免得让她"逃脱"。这种"言在不言之中"的描写,表达了克洛卜施托克对梅塔的爱慕之情。40年代中后期,诗人曾经热恋过他的表妹玛丽亚·索菲娅·施密特,并在他的颂歌中以"芳妮"的名字加以赞美,在1748年还专门写了《赠芳妮》等诗篇,抒发他的爱恋之情。但由于某些原因,他们并没有结合。因此,当1751年诗人结识梅塔后,爱情的火苗重又燃起,1753年写下了这首抒情诗赠给梅塔。诗人系上"蔷薇花带"时,"她没有觉到,只在那儿微睡"。

接着第二、三节,诗人表达了他将倾其生命爱他所爱的人,并将两人的生命紧紧地系在一起,"我瞧着她;我的生命随着这视线系上她的生命"。这里,我的生命→(通过)视线→(系上)她的生命,是爱的自然结果。因此,诗人情不自禁地"对她无言地低语",并"把蔷薇花带抖动",于是她从微睡中惊醒。如果说,诗人在第一节诗中表达他对她的爱慕之情"言在不言之中",那么,这种"言在不言之中"在二、三节诗中有了进一步发展。

在第四节诗中,诗人的"爱"得到了回报,"她瞧着我;她的生命随着她的视线系上我的生命"。这里,她的生命→(通过)视线→(系上)我的生命,与第二诗节恰好呼应,说明他们之间的爱是彼此的、相互的,谁也离不开谁。正是由于这种爱,"我们的四周变成极乐世界"。至此,诗人通过"蔷薇花带"系住的爱情,随着视线的传递,得到了圆满的成功。

克洛卜施托克的这首爱情诗展现出若许新颖和独特,描绘的意境令人回味;它的语言简练,感情炽烈,一向被作为爱情诗的名篇传诵,有采尔特等多位作曲家把它谱成乐曲。 (孙坤荣)

春祭颂歌
克洛卜施托克

在那全宇宙的海洋中
我不想奔腾而去,翱翔而去,
那儿最初的创造,光之子们[1]的欢声,
在祈祷,在深深祈祷,没入欢愉三昧。

我只想环绕着那汲瓮上的水珠[2],
只想环绕着大地翱翔,祈祷。
圣哉!圣哉!汲瓮上的水珠
也是从"全能者"的手中迸出。

从"全能者"手中
涌出了更大的大块,
激起了光涛,成就了北斗,
水珠哟,你是从"全能者"的手中迸出!

一股光涛从那儿涨来,太阳从那儿生产,
猛如从云峰奔下的瀑布,
带绕参星之座,

---

[1] 光之子们,指星宿而言。
[2] 汲瓮上的水珠,亦指星辰。

水珠哟,你是从"全能者"的手中迸出!

大千是谁?万汇是谁?
谁在水珠上居住着,居住过,我又是谁?
圣哉造物者哟!比滚着的地球更大,
比从光中汇流出的七星更明!

但是你,春之昆虫哟,
你在我身边炫耀金碧,
你怕不是永生罢,
啊,你怕不是不朽罢!

我要出去祈祷,
我在哭吗?请把这,把这
眼泪儿洒向有涯,
哦,你是有涯!

你会把一切疑窦替我解开,
哦,你会引导我通过那"死"的幽谷!
我那时会知道,
黄金虫儿有无一个灵魂?

你若只是个着彩色的尘土,
你"五月之子"[1]哟,
那吗,你又再成为飞尘,
或者成为虫臂鼠肝,任那真宰的旨意!

我的眼儿呀,你重新又
洒出了欢愉之泪!

---

[1] 五月之子,即黄金虫,直译为"五月之甲虫",故称为"五月之子"。

我的琴儿呀,
你赞美我主罢!

我的竖琴又缠上了,
又把椰枝[1]缠上了,我在歌颂我主。
我立在这儿。环绕着我的
一切都是"全能",都是"不可思议"。

我小心翼翼瞻仰着万汇。
因为你,
你无名者哟,
你创造了他们!

微风哟,你在我周围吹着,
把柔和的凉意吹上我的灼颜,
你不可思议的微风,
你是我主,无穷者,送来的!

但是你会要沉静了,会要断息了。
朝阳会如蒸了;
云涛上涌;
无涯者会显现出来了!

此刻风在飞,风在叫,风在回旋,[2]
森林招摇,河流激涨了!
显现万物者在显现,
然哉,显现的是你,你无穷者哟!

---

[1] 椰枝,椰子树枝为道义、虔诚、忍耐、和平、胜利等之象征。
[2] 此处叙述暴风、雨、雷、电之光景。

森林在倾颓,河流在遁逃,
而我不会扑倒么?
主哟,主哟,大慈大悲的上帝哟!
于是我的亲近者,可怜我罢!

主哟,因为黑夜障了你,
你在怒么?
黑夜是地上的天惠,
天父哟,你不要怒罢!

黑夜送清凉剂来,
清解已熟的麦禾,
清解欣欣向荣的葡萄,
天父哟,你不要怒罢!

在你之前的一切都是沉静,你亲近者哟!
环绕着你的一切都是沉静。
就是这金衣的虫儿也在注意。
他怕是无灵魂的么?他怕是不死的么?

啊,主哟,我愿毕生赞你!
你显示得愈加威严,
"夜"在你的周围也愈加浓厚,
愈多天惠!

看见了亲近者的表示,那电光么?
听见了耶和华的雷声么?
听见了么?听见了么?
听见了我主震动着的雷声么?

主哟,主哟,上帝哟,

大慈大悲的!
你的圣名
永受昭告,永受赞美!

听见了那暴风么?那传布雷声的。
他在号叫,他在森林中激起了怒涛而奔泻!
他又沉默了,
徐徐逍遥着的黑云哟!

你又看见了那亲近者的表示,那飞着的电光么?
你又听见了那云中高处,我主的雷声么?
他在叫道:"耶和华哟!耶和华哟!"
击破了的森林在飞烟雾呀!

但是我们的茅庐不破。
我们的天父禁止了
他的破坏者,
不许击破我们的茅庐。

啊,琮琤着了,琮琤着了,
天地之间充满了惠雨。
现在呀,大地尽可苏生了,
充满了天惠的苍苍净无纤云了。

看哟,耶和华不再从暴风中来:
耶和华在从静谧的
柔和的琮琤中来,
耶和华之下穹窿着平匀的长虹哟!

(郭沫若 译)

这是一首歌咏自然的歌,作于1759年。它既是一首人类的祭歌,又是一首宇宙之歌——因为克洛卜施托克所理解的自然不再是那个天真的以人类为中心的地心说里的自然,而是一个包容了无比辽阔、无限运动的宇宙的自然。

早在求学时,克洛卜施托克就认真研究了伽利略、牛顿、莱布尼茨等人的自然科学成果。他是第一个脱离托勒密的地心说将目光投向"日心说"的诗人,在心灵深处为之欢欣鼓舞的同时,也产生了疑问:在这无垠的宇宙里,人和地球究竟是什么呢?在这新发现的宇宙里,到哪里去寻找上帝呢?耶稣作为人和上帝的中间人又起着怎样的作用呢?……一个个问号包围着他,使他为之奋斗终生。《春祭颂歌》也可算作他的一种解答吧!

在第一、二节里,克洛卜施托克只想吟颂大地(而非宇宙)和地上的暴风雨及其涉及的生物。然而,即便如此,诗人亦流露出一种对无尽宇宙的敬畏感和由此产生的隐隐的失落感——因为相对于全宇宙的海洋而言,人不过是一粒尘土,整个地球也不过是汲瓮上的一滴水珠!因此,紧接下来的三、四节,诗人即勾勒出一幅壮丽的宇宙起源的壁画。这壁画表现的不是安逸的春季,也不是宁静的氛围,而是在宇宙这个大舞台上进行的运动和骤变。

在这样一个巨大无比的宇宙里,人类及人类外的一切生命自然而然地作为一个问号提了出来:"大千是谁?万汇是谁?谁在水珠上居住着,居住过,我又是谁?"

这是本诗的中心问题,亦是克洛卜施托克终生试图加以解答的问题。其实,诗人在开头几段里构筑的"宇宙起源图"已经回答了:宇宙是从"全能者"的手中迸出,"光之子"(即星辰)是造物主的作品,运动着的地球是"全能者"手中一颗滚动的水珠,而人类看到的各种自然现象如风吹、云飘、打雷、闪电都是"我主"和"天父"的启示和暗号。也就是说,冥冥之中对人类以及一切生物的生存起作用的不是什么法则,也不是什么原始自然力,而是"天父"!

由此,诗人揭示了上帝、宇宙和人三者之间的关系:与广阔的宇宙相比,与无边的神力相较,人不过是一粒尘土,渺小之至。然而人同时又是这个世界、这个宇宙法定的继承人,是作为上帝的孩子被上帝创造出来的,他拥有一个不朽的灵魂,拥有一个能创造奇迹的内心世界。所以,诗人紧接着在同一段中自豪地回答道:"圣哉造物者哟,比滚着的地球更大,比从光中汇流出的七星更明!"

可以看出,敬畏、失落感尽管依然存在,但这种感觉并不像以前的作家那样始于原罪,而只是因为意识到了自己作为人类的一员在上帝面前实在是太渺小、太微不足道了。因此,诗人考虑的就不再是"我怎样才能得到上帝的宽恕",而是"仁慈的上帝是如何启示这无垠宇宙中微不足道的人类的"。

这个问题引出了下文。人类,在无穷宇宙中通过上帝的抚养而得以保护的人类,颂扬着上帝的宽容:无边的神力在生活中处处得以体现,他是那样威严、大慈大悲;在自然中他也是那样乐善好施:不可思议的微风,已熟的麦禾,欣欣向荣的葡萄,柔和的凉意、惠雨——宇宙中处处洋溢着和谐、统一,体现了上帝的仁爱:"我立在这儿。环绕着我的一切都是'全能',都是'不可思议'。"

既然如此,自然的毁坏力是否亦为上帝的一种启示,它在上帝施与的安宁中又起着怎样的作用呢?这个疑团是通过"死"这个概念提出来的。人类热切地将目光投向春之昆虫,急于知道:人之外的生物是否亦拥有不朽的生命?"但是你,春之昆虫哟,你在我身边炫耀金碧,你怕不是永生罢,啊,你怕不是不朽罢!"

上帝是否会允许毁灭?倾泻的暴风雨带来的是同样的疑问,暴风雨强有力又带有几分威胁性地掠过地面:电闪雷鸣,森林倾颓,河流遁逃,击破了的森林烟雾迷漫!

诗人美妙的世界里突然闯进了几个不和谐音符,上帝对世界的威胁一下子是那么显而易见。然而,阴影是暂时的,克洛卜施托克的世界仍旧阳光明媚。在后面部分的许多诗行中,人类灵魂由不安、疑惑很快转为对上帝的歌颂和赞美——人类坚信:上帝是仁慈的,和谐的世界一定能挺过这暂时的威胁。人类更多地出于对上帝的信任而得到安慰,不再为人类以外的生物的命运而不安——如同上帝通过死亡将人类领入光明之地一样,他也会给各种生物以好运,尽管这一切现在都在未知之中。同样通过暴风雨,宇宙万物只会加倍感受到上帝的威严与仁慈:"啊,主哟,我愿毕生赞你!你显示得愈加威严……愈多天惠!"

恰恰是在这几行描绘暴风雨的诗行中,上帝仁慈、可近的特点愈加明显地表现出来:他使万物沉静下来,给它们,哪怕只是一个金衣小虫儿以生之希望;貌似毁灭的暴风雨实为惠雨,森林也只是被击破,而没有被击毁,闪电也只是从人们的茅庐上匆匆掠过。

犹如人类在自然中经历的暴风雨一样,上帝的创造及其创造的世界实质也是一种巨大的暴风雨般的神力的爆发:当它仁慈地赋予世界以生命时,"黑夜送清凉剂来","现在呀,大地尽可苏生了,充满了天惠的苍苍净无纤云了"。像上帝的第二次创造——地球从洪水中涌现一样,"平匀的长虹"——这人与上帝联盟的标志也出现于天边,宇宙的每一次出生和再生,每一次危机和复苏都在不断孕育着上帝创造其第一部作品时的奇迹。

就这样,诗人真实地不折不扣地表现了人类生活的场景,在一幅滋润大地、使人复苏的雷电图里他呼唤着一个世界的春天,一个生活在上帝恩泽之中的人类虔诚的、包容一切的春天。

克洛卜施托克的诗歌对后来的作家产生过很大的影响。歌德少年时就"怀着所有的虔诚尊敬他,把他看作长辈"。歌德笔下的绿蒂听到"远方传来滚滚雷声,春雨唰唰地抽打在泥地上,空气中有一股扑鼻的芳香升腾起来,沁人心脾"时,"她眼里噙满泪花"。"'克洛卜施托克'呵,她叹道"——脑际萦绕着诗人创作的《春祭颂歌》。此外,席勒、荷尔德林、海涅等也都从他的诗歌中汲取了营养。 (周敏)

克劳狄乌斯 (1首)

马蒂亚斯·克劳狄乌斯(Matthias Claudius, 1740—1815),德国诗

人、评论家,出生于荷尔斯泰因地区的莱茵费尔德一个牧师家庭。1759至1763年在耶拿大学学习神学、法学和政治学。大学毕业后当过秘书、杂志编辑等,与作家赫尔德、莱辛、克洛卜施托克等结识。1815年1月在汉堡附近的万茨贝克逝世。

克劳狄乌斯主要从事诗歌创作。他那充满感情的、富有民间风味的诗歌包含着一种自然的音调,表达了普通人的感情,因此很受欢迎,并被许多作曲家谱成歌曲。著名的有《两只夜莺》《摇篮曲》《五月歌》《死神和少女》《莱茵葡萄酒歌》《晚歌》《炉边的歌》等。这些诗歌大部分作于18世纪70至80年代。除诗歌外,他也创作寓言、警句、格言诗等。他的文学评论,促进了"哥廷根林苑派"诗人的创作。

克劳狄乌斯处在德国狂飙突进运动时期,但他的思想比较保守。他信奉上帝,拥护君主政体,同激进的作家不易合作。

晚　歌
克劳狄乌斯

月亮已经升起,
在天空清明地
闪耀着金色的星辰;
森林黝黑而无语,
一片奇妙的白雾
从牧场上袅袅升腾。

世界是多么沉寂,
在朦胧的夜幕之下,
显得多么亲切温柔!
就像是一间静室,
你在那儿沉睡,
忘记白昼的烦忧。

你瞧见那边的月亮?——
你只瞧见它的半边,
实际它是团圞而美丽!
许多世事也是这样,
我们自信地加以讽刺,
因为我们的眼睛近视。

我们骄傲的世人,
只是可怜的罪人,
我们知道的很有限;
我们织着虚无的绮梦,
施逞许多的伎俩,
离开目标却越远。

上帝,让我们伫待你的祝福,
不要相信一切无常,
不要以虚妄自喜!
让我们归真返璞,
在你的面前,在世间
做一个虔诚而快乐的孩子!

将来,请用温和的死亡
使我们脱离一切烦恼,
召我们离开这个人世!
当你把我们召去之后,
请让我们进入天堂,
你,忠实的虔诚的上帝!

弟兄们,你们就请这样
凭上帝的名义躺下;

黄昏的暮气十分清凉。
上帝,请对我们免除惩罚,
让我们安静地睡去,
对我们患病的邻人也像这样!

(钱春绮 译)

这是克劳狄乌斯最著名的一首诗歌,作于1779年。《晚歌》抒写了月亮升起后的情景,诗人兴许独自一个或者和家人一同坐在月光下,抒发自己的情怀。面对这"闪耀着金色的星辰"的银色世界,诗人首先描述了大自然的景色:黝黑的森林,奇妙的白雾,朦胧的夜幕,沉寂的世界……接着,诗人从"半边月亮"过渡到人间世事。人们往往对许多事情仅仅凭着一知半解的自信,就加以讽刺嘲笑,而实际上他们的眼睛没有全面地看到客观事物。诗人以月亮为喻,规劝世人切莫骄傲,不要虚妄,也不要相信倏忽即逝的东西;要大家"归真返璞",在上帝面前"做一个虔诚而快乐的孩子"。诗人在最后几节中,充满虔敬的、深沉的宗教感情,并由己及人,祝愿"患病的邻人"也能得到安寝。这既体现了基督教的博爱精神,也反映了诗人一向具有的"人类必须依靠上帝"的基督教思想。

这首诗歌简洁明了、清新优美、朴素自然,曾被许多作曲家如赖夏特(1779)、希勒尔(1790)、舒尔茨(1790)、海顿(1801)、舒伯特(1816)等谱成歌曲。赫尔德曾把它作为德国民歌,收集在他的《民歌中各族人民的声音》里,并指出,这首诗歌提示了最好的民歌将有什么样的内容。

(孙坤荣)

歌德 (16首)

约翰·沃尔夫冈·歌德(Johann Wolfgang Goethe, 1749—1832),德国诗人,狂飙突进运动和古典文学的主要代表。1749年8月28日出生于美因河畔的法兰克福,1832年3月22日在魏玛逝世。歌德生活在欧洲政治、经济、文化处于历史大变动的时代,他的思想和创作不断地发生变化。

他的文学作品在世界文学中占有重要地位。

1765年10月歌德入莱比锡大学学习法律,但他的兴趣却在文学和绘画方面。在洛可可风格影响下,他写了早期的诗歌和戏剧。1768年8月歌德因病休学。1770年4月病愈后,他去斯特拉斯堡大学继续学习法律,第二年8月获法学博士学位。在此期间,他结识赫尔德。赫尔德介绍他读荷马史诗、莎士比亚戏剧、莪相的诗,并一起采集民歌,对他影响很大。1771年8月至1775年10月,歌德积极参加了狂飙突进运动,创作了剧本《葛茨·封·伯里欣根》(1773)、小说《少年维特之烦恼》(1774)、一些自由体诗歌和《浮士德》初稿等。《少年维特之烦恼》使歌德名声大噪,在国内外引起强烈反响。

1775年11月,歌德接受魏玛公国卡尔·奥古斯特公爵的邀请到魏玛,不久就被聘为国务参议,整顿矿山,管理交通,掌握财政,参加军事委员会,还要陪公爵打猎、游泳、滑冰、旅行;每逢节日,又要写出一些剧本应景上演。这时,他虽被封赠为贵族,但文艺创作受到阻碍,陷入危机,内心充满矛盾。为了摆脱这种境况,1786年9月3日歌德隐姓埋名,去意大利旅行。他在那里住了一年零九个月,深受古希腊罗马的艺术熏陶和感染。同时在创作上也有收获,完成了剧本《埃格蒙特》(1787),把《伊菲格涅亚在陶里斯》(1787)的散文原稿改写为诗剧,《浮士德》和《托夸多·塔索》的创作也都有进展,并写了一些诗歌,作了一千多幅描绘意大利风物的画。1788年6月18日,歌德回到魏玛,公爵同意他只担任剧院监督,兼管矿业。法国革命时期他始则拥护,后来反对革命所采取的暴力手段。

从1794年起至1805年席勒去世,歌德与席勒交往频繁,密切合作,成为两人创作上丰收的十年。他们除了合写《赠辞》,竞写叙事谣曲外,歌德还完成了长篇小说《威廉·麦斯特的学习时代》(1796)、长篇叙事诗《赫尔曼与窦绿苔》(1798)、诗剧《浮士德》第一部。以后,歌德完成了自传《诗与真》前三卷并创作了有240多首诗的《西东合集》(1819),晚年完成了《浮士德》第二部等作品。

歌德除进行文学创作外,还从事自然科学活动。他研究植物学、昆虫学、解剖学、光学、颜色学和矿物学,并都有论著。他的一生著作浩繁,总计达一百四十多卷,是世界文化史上少有的伟人。歌德的诗歌创作甚丰,其中一部分为人们所熟知,另有一部分曾被忽视或遭冷遇,但后来却逐渐被发现、被理解,放射出歌德在世时人们感受不到的光辉。

迷 娘 歌
歌 德

你可知道吗,柠檬开花的地方,[1]
葱茏的碧叶里,桔子金黄,
和风吹自晴碧的天上,
番石榴树静挺,月桂树儿高张,[2]
你可知道吗?
　　　去吧,去吧,
我愿相随呀,呵我的爱人,[3]去吧!

你可知道吗,屋梁顶在圆柱上,
灿烂的广厦,辉煌华堂,[4]
大理石的立像把我张望:
人们怎么你了,可怜的姑娘[5]

---

[1] 指意大利。迷娘的故乡在意大利近瑞士边境的玛交莱湖畔。此处迷娘对故国的怀念也表达了诗人对意大利南国的向往。

[2] 番石榴,亦译作桃金娘,为维纳斯的神树,是爱情的象征。月桂为阿波罗的神树。

[3] 爱人,指原作的主人公威廉·麦斯特。迷娘对他怀有感恩之情,又曾认其为父,故此诗中三处各称其为"爱人""保卫者""爸爸"。

[4] 广厦、华堂,是指意大利的一所乡间别墅,迷娘童年时曾在那里居住过,故怀念不已。

[5] 这是借大理石像的问语,暗示迷娘曾受过许多委屈。迷娘曾说:"我孑然一身,跟欢乐无缘。"

你可知道吗?

　　　　去吧,去吧,
我愿相随呀,呵保卫者呀,去吧!

你可知道吗,那云径和山岗?[1]
驴儿在雾里寻求路向,
洞窟中有古老的蛟龙潜藏,[2]
岩头崩裂、瀑布乱奔忙。
你可知道吗?

　　　　去吧,去吧,
登上路程呀,呵爸爸,让我们去吧!

(郭沫若　译)

这首脍炙人口的抒情名曲选自歌德的散文小说《威廉·麦斯特的学习时代》第三卷第一章。

威廉·麦斯特是一个商人的儿子。他不满足于商人孜孜为利的平庸生活,要在诗和戏剧中寻求他的理想。有一次,城里来了个杂技团。其中有一个十三岁的意大利姑娘,被团长虐待,威廉见义勇为,把她赎了出来,当作自己的女儿,收养在身边。这姑娘就是迷娘。后来威廉又收留了一个弹竖琴的老人(这是迷娘真正的父亲)。作者让迷娘和竖琴老人唱了三首动人的歌曲。这首《迷娘曲》就是抒写迷娘怀乡之情的。

诗人先以各种美丽的热带植物赞颂了意大利温暖明丽的南国风光。桔子、柠檬、月桂、番石榴,都是人们所珍爱的果木,色彩鲜艳,甘美芬芳,正衬出迷娘娟秀、清雅的形象,也反映她对故国的热爱和自豪。第二节,进一步抒写迷娘对家乡的思念。灿烂辉煌的大理石建筑,暗示

---

[1] 迷娘从意大利来到德国,需经阿尔卑斯山,这一节写阿尔卑斯山沿途景象。
[2] 蛟龙,歌德在《诗与真》第十八章中写他游览利维纳山谷的印象时说:"不难想象,这儿的岩窟乃是蛟龙的窠穴。"这一句形容洞窟的幽深、阴森。

出迷娘高贵的出身和不幸遭遇。最后一节描绘阿尔卑斯山沿途阴森的景象,更反衬出迷娘故国家乡的可爱,同时也隐示出迷娘离乡背井、历尽沧桑的艰苦,流露出忧悒、感伤的情绪。

这首诗以迷娘委婉自述的口吻,写得亲切自然,娓娓动听,充满着对故乡和亲人的深情,十分感人。歌德年轻时游历过意大利,借此也道出了诗人对意大利自然美的憧憬。

初稿写于1783年,1794年改成本诗。曾由贝多芬、舒伯特、舒曼、李斯特、柴可夫斯基等作曲,达百种以上。

(许自强)

绿蒂与维特

歌 德

青年男子谁个不善钟情?
妙龄女人谁个不善怀春?
这是人性中的至洁至纯,
为什么从此中有惨痛飞迸?[1]

可爱的读者哟,你哭他,你爱他,
请从非毁之前救起他的声名;[2]
请看,他出穴的精灵在向你目语:
做个堂堂的男子,不要步我后尘![3]

(郭沫若 译)

这是歌德著名的书信体小说《少年维特之烦恼》的卷头诗。

---

[1] 指维特与绿蒂的爱情悲剧,维特终以手枪自杀。
[2] 维特一书发表后,曾遭到封建卫道者的攻击,视为"淫书","有害无益"。意大利米兰教会曾将此书收买后全部销毁;还有人"狗尾续貂",重写一本《少年维特之欢乐》,矛头所向都是主人公维特。另外,当时一般读者对维特的思想意义也缺乏正确的理解。
[3] 维特的自杀虽是对现实的一种抗议,但毕竟是消极的。

少年维特狂热地爱上了一个名叫绿蒂的姑娘,而绿蒂已同别人订婚,无望的爱情使维特悲痛欲绝,终于自杀。这场爱情悲剧融有作者自身的一部分经历和体验。小说揭示了个性自由与封建社会的冲突,批判了当时德国许多不合理的社会现象,反映了青年一代的苦闷和觉醒。恩格斯称赞作者写成维特是"建立了一个最伟大的批判的功绩"。维特的悲剧虽有一定的反封建进步性,但他所追求的只是个性解放、恋爱自由。他孤独、软弱、伤感、绝望,以至悲观自杀,反映了作者思想的消极面。

这部小说1774年出版后,立即引起强烈反响,在欧洲一时形成一阵"维特热"。不少爱情上失意的青年仿效维特,穿上他的服饰去自杀。其实,自杀并不是反抗旧道德的可取方式,反倒是懦弱者的一种消极行径,歌德本人就没有这样做。有为的男子为什么要成为恋爱的牺牲品呢?故1778年以后的《少年维特之烦恼》卷头,歌德又加上了这首诗。

《少年维特之烦恼》曾被译成十几国文字,仅法语就有十五种译本。郭沫若将它翻译到中国后,同样受到我国青年的欢迎。这首卷头诗更是在知识阶层中广泛传诵,对于当时我国的反封建主义曾产生过相当影响。

(许自强)

五月之歌
歌 德

自然多明媚,

向我照耀!

太阳多辉煌!

原野含笑!

千枝复万枝,

百花怒放,

在灌木林中,

万籁俱唱。

万人的胸中
快乐高兴,
哦,大地,太阳,
幸福,欢欣!
哦,爱啊,爱啊,[1]
灿烂如金
你仿佛朝云
飘浮山顶![2]

你欣然祝福
膏田沃野、
花香馥郁的
大千世界。[3]

啊,姑娘,姑娘,
我多爱你!
你目光炯炯,
你多爱我!
像云雀喜爱
太空高唱,
像朝花喜爱
天香芬芳。

我这样爱你,

---

[1] 这里的爱,并非单指男女间的爱情,而是一种广泛的、充溢于自然界的爱。
[2] 此处指莱茵河东南的陶奴斯山。
[3] 大千世界,泛指范围广大的世界。

热血沸腾,
　　你给我勇气、
　　喜悦、青春,

　　使我唱新歌,
　　翩翩起舞。
　　愿你永爱我,
　　永远幸福!

(钱春绮　译)

　　爱情是歌德抒情诗的主要源泉。他说:"我们所歌唱的主题,最要紧的乃是爱情。"

　　这是歌德同布里翁相恋时写下的又一首抒情名诗。

　　经过一冬频繁的交往,1771年春,诗人同布里翁的爱情如春潮般怒涨。他们常常携手散步于塞森海姆的原野上。从斯特拉斯堡喧嚣的城市中,一旦踏入恬静清新的乡村田野,自然觉得心旷神怡。明媚的春光,幸福的爱情,使诗人禁不住引吭高歌起来。

　　这首诗既歌颂自然,又歌颂爱情,把自然美和人情美交融在一起,描绘出一幅五月迷人的画面。辉煌的太阳、芬芳的原野、怒放的鲜花、欢唱的云雀……自然界的一切都充溢着蓬勃的生机和青春的喜悦,更衬出了诗人陶醉于爱情中的幸福。真是"良辰美景、赏心乐事"集于一身了。

　　歌德把自然和爱融成一体,还反映了他的泛神论思想。这在诗人的许多作品中都有所体现。歌德曾接受过斯宾诺莎的泛神论。正如海涅所说:"歌德是文学中的斯宾诺莎,歌德的全部诗作充满了斯宾诺莎作品中那种鼓舞人心的精神。""歌德的泛神论在他的短篇诗歌中表现得最纯粹,最可爱。斯宾诺莎的学说咬穿了数学形式的茧儿,变成了歌德的诗歌,飞舞在我们周围……它是那样轻盈曼妙,那样飘逸自如……"这种思想,认为神存在于世界万物之中,"上帝就是自然",自然就是神,自然中的一切都充溢着上帝的爱。正像这首诗中所写：

哦，爱啊，爱啊，

灿烂如金

你仿佛朝云

飘浮山顶！

你欣然祝福

膏田沃野、

花香馥郁的

大千世界。

这种泛神论观念，否认有超自然的造物主，否认上帝创造世界，把自然界的一切错综复杂的联系和变化，都归因于自然本身。这不仅是唯物的，还包含某些辩证的因素，在反对唯心主义和宗教神学方面，具有一定的进步性。不过，它也容易被某些哲学家利用来调和科学与宗教的矛盾，变成"世界存在于神中"的唯心主义理论。

歌德在斯特拉斯堡学习期间，曾结交了许多积极参加狂飙突进运动的青年朋友，其中热爱民间文学的赫尔德对他影响最大，歌德常常帮助赫尔德从老太婆的口中"搜集民歌"。民间文学的熏陶，对歌德诗风的转变起了重大作用。这首《五月之歌》就摆脱了旧传统的羁縻，语言精练流畅，音韵铿锵悦耳，风格明朗纯朴。歌德曾说："不是我作诗，是诗在我心中歌唱。"确实，这首诗听起来犹如淙淙清泉，沁人心田，具有一种音乐的美感。贝多芬曾为它谱曲。　　　　　　　　　　（许自强）

相逢与离别

歌　德

我的心在跳，赶快上马！

霎时间立即奔上征途；

黄昏已把大地摇入睡乡，

群山笼罩着一片夜幕；
槲树已披上云雾的衣裳，
像屹立着的巨人一样，
幽暗从那边的茂林之中
睁着无数黑眼睛张望。

月亮从山一样的云端里
分开薄雾凄凉地窥瞧；
山风鼓动着轻捷的羽翼，
在我耳边凄厉地呼号。
黑夜创造出无数的怪象，
我的心却快乐而高兴：
我的血管里燃烧着火焰！
我的心房里充满热情！

我看到你，从你的秋波里
就倾泻出温和的欢喜；
我的心完全守在你身旁，
我一呼一吸都是为你。
一种蔷薇色的春天光彩，
笼罩着你可爱的面庞，
你对我表示的深情——天啊，
我无福消受，徒然巴望！

可是，呵，离愁已随着晨曦
一步步塞满我的忧胸：
在你的亲吻里，充满欢喜！
在你的眼中，充满苦痛！
我去了，你站在那儿俯望，

你目送着我,泪珠满目:
可是,呵,被人爱,多么幸福!
天呵,有所爱,多么幸福!

(钱春绮 译)

  这是一首充满热情的抒情诗,描写青年与他的情人欢会和离别的情景。1770年歌德在斯特拉斯堡大学学习,与塞森海姆乡间牧师的女儿弗丽德里克·布里翁相爱,写出了最早闻名的抒情诗,通常称为"塞森海姆诗歌",《相逢与离别》《五月之歌》等就是其中最著名的几首。

  《相逢与离别》有二稿,第一稿完成于1771年初,第二稿发表于1789年,现在通行的是第二稿。这是一对青年恋人幽会的真实记录。全诗四节,第一、二节写青年在黄昏时分跃上马背去和情人幽会时的激动心理。诗人大胆地抒发出青春的爱情,并用拟人化的手法描绘了周围的自然景色:"橡树已披上云雾的衣裳,像屹立着的巨人一样,幽暗从那边的茂林之中睁着无数黑眼睛张望。""月亮从山一样的云端里分开薄雾凄凉地窥瞧;山风鼓动着轻捷的羽翼,在我耳边凄厉地呼号。"读来真是如见其"人",如闻其"声"。第三、四节描写这对情人见面后和离别时的情景。青年倾诉了对恋人的无限深情,"我的心完全守在你身旁,我一呼一吸都是为你。"情之所至,爱之真切。但在分别时,诗人把离愁别绪写得非常感人,"离愁已随着晨曦一步步塞满我的忧胸:在你的亲吻里,充满欢喜!在你的眼中,充满苦痛!"这里,诗人将亲身的感受用极通俗的语言,非常细腻地表达了出来。最后两行,诗人对爱情做了独特的哲理性的概括:"被人爱,多么幸福!""有所爱,多么幸福!"

  灼热的诗句来自诗人的心田,要知道歌德这时正沉浸在弗丽德里克·布里翁所给予的爱河中,十分陶醉,也万分幸福。本诗德文原用的是交叉韵,朗朗上口,语言形象生动,音调和谐优美,可以说是爱情诗歌中的珍品,舒伯特等曾将此诗谱成乐曲。

(孙坤荣)

普罗米修斯

歌 德

宙斯，用云雾
把你的天空遮盖住好了，
像割掉蓟草的孩子那样，
你去对橡树和山巅
施展你的本领；
可我的大地
你不要乱动，
还有我的茅屋，它非你建造，
还有我的炉灶，
它的火光
使你妒火中烧。

在太阳下面，众神，
我看不到有谁比你们更加可怜！
你们悲惨地
靠供奉的祭品
和祈祷的声息
喂养着你们的尊严，
若不是儿童和乞丐
充满希望的傻瓜
你们就得忍饥挨饿。

当我是个孩子时，
我不知道，哪儿去寻求指点，
我睁着迷惘的眼睛，走向太阳，
好像那儿有一只耳朵
在倾听我的哭诉，

有一颗和我的一样的心，
去怜悯那些受苦的人。

谁帮助我
去抵抗泰坦人的蛮横？
谁把我从死亡中救出
免受奴役？
难道这一切都不是你自己完成，
神圣炽热的心？
而你天真善良，
被欺骗，却要热忱地
去感谢那个酣睡者的救命之恩？

我尊敬你？为什么？
难道你减轻了每个受难者的痛苦？
难道你止住了
每个受害者的泪水？
难道不是全能的时间
和永恒的命运，
我的主宰和你的主宰，
把我铸成男子汉？

也许你在胡思乱想，
我会仇视人生，
逃向沙荒，
因为所有的美梦
没有实现？

我坐在这里，去造人，
按着我的形象，

一个新的种族，跟我一样，

去受苦，去哭泣，

去享受和去欢乐，

并且看不起你，

像我一样！

（高中甫　译）

　　歌德在1773年动手写戏剧《普罗米修斯》，在这部未完成的作品中，他要表达的是什么呢？在《诗与真》的第十五卷中，他有这样的叙述："普罗米修斯这一题材在我的脑海里活了起来。按照我的愿望，我剪裁这套古老的泰坦族衣服，没有经过进一步的考虑就着手写一个剧本。在这个剧本里去描写用自己的手亲自创造了人的普罗米修斯如何陷入宙斯同新的群神之间的争端里。这些新人由于智慧女神密涅瓦的宠爱而获得生命并建立了第三王朝。这确实是使当权的诸神感到不安的十足原因。因为这个王朝会被看作是插足于泰坦和人类之间的非法生物。"但歌德只写了两幕就中断了。1774年秋，他又写了一首《普罗米修斯独白》，这原本是要做第三幕的开始。这首独白即是我们现在要介绍的《普罗米修斯》颂歌。全诗共有七节，共五十六行，以无韵的颂诗体写成。

　　普罗米修斯是希腊神话中的形象，有不同的传说，一般都把他看作伟大的殉道者。他把火种从上界盗走，带到人间，因而受到天神宙斯的残酷惩罚：把他锁在高加索山峰上，让鹰每天噬食他的心肝。另一个传说是：他用泥土和水创造人。歌德采用的是后一种，而且还做了改动：在神话里，普罗米修斯是泰坦神雅帕多的儿子，在歌德手里他成了天神宙斯的一个儿子。

　　这首颂诗产生在狂飙突进运动初期，它也成为体现这个运动思想的作品的范例之一。它表达了叛逆的精神，歌颂了创造的力量。在第一节，普罗米修斯轻蔑地直呼天神宙斯的名字，睥睨他的威力，他可以随意在各处施展他的权威，但不许碰"我"这里的一切。第二节，普罗米修斯把矛头转向宙斯庇荫下的诸神，他们不过是一群靠儿童、乞丐和傻瓜们的祭品和祈祷为生的可怜虫。在第三、第四节中，普罗米修斯诉说了自己的轻信和觉醒，懂得了只有自己才能救自己。在第五节里，普罗米修斯激烈地喊出了对神的责难；神既不值得尊敬，也不是全能的，宇宙的最高主宰是时间和命运。在结尾的两节中，普罗米修斯以胜利者的口吻向宙斯宣告：他在按照自己的形象制造一个新的种类，建造一个新的王朝。这个族类会喜怒哀乐，并且像他一样蔑视神界。这首诗以直呼宙斯名字开始，以充分体现自我意识的"我"为结束，气势磅礴，激越慨慷，用傲慢的口吻和轻蔑的语调向天神宙斯提出了挑战。

歌德的这部未完成的戏剧和这首普罗米修斯独白是他在完成了戏剧《葛茨·封·伯里欣根》之后创作的，这两部作品有着相同的思想。在《葛茨·封·伯里欣根》中，歌德笔下的农民战争中的骑士是一个反抗皇帝，反抗封建领主的叛逆者、自助者；在《普罗米修斯》中，歌德笔下的主人公反抗天上的皇帝——宙斯，和天上的封建诸侯——奥林匹斯诸神。葛茨和普罗米修斯在精神上是相通的，他们都成了歌德用来表达狂飙突进精神的形象。这也正如歌德的一位研究者毕肖夫斯基所指出的："这个普罗米修斯是升入泰坦族的葛茨。"

普罗米修斯出之于神，但他激烈地反对神的最高统治者宙斯和诸神，不论是天上的还是地上的。他凭借自己的力量挣脱奴役，摆脱苦难，制造新的族类；他的王朝虽小，但他是它的主人，是他自我意识的体现物。他蔑视宙斯，因为他无所作为，是个酣睡者；他更不是一个全能的神，他也受时间和命运的主宰。不难看出，这不也正是反基督教精神的一种反映吗？！

普罗米修斯这一形象既表达了对天上的统治者宙斯及其统治的反叛，也表达了一种反宗教的欢乐。这首诗中所洋溢的这种革命精神，是青年歌德思想的必然反映。然而对于做了魏玛宫廷大臣的歌德来说，不会不感到忧虑，因此，当时并没有发表。1785年，在歌德本人不知道的情况下，哲学家雅克比在自己的一篇文章里把它披露出来。这使歌德感到不快。1789年歌德把这首诗收在他的集子里，但为了减弱这首颂歌的反叛精神，他把另一首尊崇神的诗《伽尼迈德》紧附其后。歌德晚年时，对这首诗所表达的思想更感到不以为然了。1820年5月11日，他在致蔡尔德尔的信中这样写道："不要让这个手稿（指这首独白）公开，这样就不会印出。否则，我们的革命青年会把它当作福音书那样欢迎，而柏林和美因茨的最高当局对我青年时代的胡思乱想会满脸不悦呢。"青年歌德、魏玛大臣时的歌德和老年歌德对这首颂诗的态度上的变化，正是从一个侧面为恩格斯的论断做了注脚："歌德有时非常伟大，有时极为渺小；有时是叛逆的、爱嘲笑的、鄙视世界的天才，有时是谨小慎微、事事知足、胸襟狭隘的庸人……而且愈到晚年，这个伟大诗人就越是疲于斗争，愈是向魏玛大臣让步。"（马克思、恩格斯《论艺术》第二册第370页，人民文学出版社，1963） （高中甫）

铭　记
歌　德

懦弱的思虑，

担心的犹豫，

羞怯的畏缩，

胆小的哀诉，

转变不了苦难，

不能给你自由。

拒一切暴力

以保持自己，

永远不屈降，

显示出力量，

这就呼唤过来

群神的帮助。

（冯至　译）

从这首短诗里可以看出歌德对生活的态度。这样简短明确的诗，歌德写过许多首，不需要说明。只是第三行形容词的原文是"weibisch"（女人气），译者没有按照原字翻译，译为"羞怯的"了。

这本来是歌德在1777年写的小歌剧《丽拉》中的一段插曲。这部小歌剧在歌德著作中没有什么重要意义，但是歌德曾把这段插曲从小歌剧中抽出，单独发表，就成为一首比较有意义的独立的诗了。　　（冯至）

冬日游哈尔茨山

歌　德

像苍鹰，
在早晨浓厚的云端
展平柔软的翅膀
寻索捕获物，
翱翔吧我的歌！

因为一个神
给每个人注定了
他的道路。
幸福的人
迅速地奔向
快乐的目的；
但是谁的心
若被不幸消损，
谁就挣脱不开
铁丝编制的栅栏，
直到无情的剪刀
最后把铁丝剪断。

粗暴的野兽

挤入阴森的丛莽,
富人们久已
跟芦雀一起
沉入他们的渊薮。

幸福女神驾驶的车
容易跟随,
像从容不迫的随从
在修整的路上
尾随着公侯的队伍。
但是谁在偏僻处?

他的狭路消失在丛林里。
灌木在他身后
紧接着又合在一起。
荒凉把他吞没。

啊,谁医治这人的痛苦!
他把香膏当成毒药,
从丰富的爱里
吸饮人的憎恨。
先被蔑视,如今是个蔑视者,
在不满足的个人欲望中
他暗自耗尽
自己的价值。

爱的主宰,从你的诗篇
若有一个声音
听入他的耳里,
你就舒畅他的心胸!

打开云雾迷蒙的目光
看见千股清泉
涌在沙漠中
焦渴者的身边!
你带来许多快乐,
对每个人都超过限度,
你赐福给狩猎的弟兄
踏着野兽的踪迹
以乐于屠杀的
年轻人的高昂气概,
他们是迟来的除害者,
农民多年来用棍棒
抵制不住这些灾害。

但是你把这个独行人
裹入你的彩云里!
爱啊,你用冬青
围绕你的诗人的
湿润的头发,
直到玫瑰又成长开花!

你用朦胧的火炬
照耀着他
在夜里涉过浅水,
在荒凉的地带
走过泥泞的道路。
你用千红万紫的晨曦
愉悦他的心。
你用凛冽的狂风

把他吹向高处。

冬日的河流从岩石

倾注他的赞美歌,

那可怕的山峰上

白雪皑皑的峰顶

成为最亲切感谢的祭坛,

过去百姓们曾想象

巫婆和妖魔在那里环舞。

你以尚未探索过的胸怀

秘密而公开地

矗立在惊奇的世界之上,

你从云端眺望

在你身旁

从你弟兄们的血脉里

灌溉世上的丰饶和壮丽。

(冯至 译)

　　1777年冬,魏玛公爵在哈尔茨山区狩猎。歌德陪伴他到了诺尔德豪森,于11月29日离开狩猎的队伍,独自冒着风雪严寒,骑马漫游哈尔茨山,12月10日登上山的最高峰布罗肯,15日又与公爵会合。在这半个多月的时间内,歌德观赏了哈尔茨山变幻多端的冬景,隐瞒自己的姓名在韦尔尼格罗德访问了一个忧郁的青年卜莱兴,视察了山区内的矿坑和炼冶厂,一路心情起伏,思想在过去与现在、不幸与幸福、空想与事业、现实与理想之间徘徊,按照自然的节奏在当时写出这首诗。歌德把他的诗比作云端翱翔的苍鹰,从天空、从地上寻索捕获物;捕获物品类不可能相同,他在每节诗里所歌咏的有时也不相联属,诗里出现的"你"或"他",也不都是一个人。这是一首跳跃性很强、转折较多的诗,但是歌德并不是故作艰深,而是表达他内心的跳跃和思想的转折。

1774年,《少年维特之烦恼》出版,社会上掀起一阵"维特热",感伤病在一部分青年中流行。1775年11月,歌德到了魏玛,1776年被任命为魏玛公国的枢机顾问。歌德通过实际的工作,逐渐克服了狂飙突进时期的感伤病,精神恢复健康。可是有些维特型的青年,把《少年维特之烦恼》的作者引为知己,经常给他写信倾诉青春的苦闷,卜莱兴就是其中的一个。他精神忧郁,无法排解,一再写信给歌德,歌德却没有回答他。1777年12月3日,歌德访问了卜莱兴,说自己是一个来到山里写生的画家,二人进行友好的谈话。歌德想起自己的过去,对他无限同情;念及自己的现在,跟他不大相同,并且认为他这种情况不能长此下去。诗的第五、第六节都是描绘这个不幸者的处境,第七节则祈求"爱的主宰",给"焦渴者"以"清泉"。作者是山里的"独行人",他在第九、第十节向爱呼唤,歌颂爱引导他享受着山林美景,越过一切险阻,登上当时冬季很少有人登上的、雪深盈尺的布罗肯峰顶。布罗肯峰顶,根据民间传说每逢5月1日前夜巫婆与妖魔麇集在那里舞蹈,可是作者这时的心情却把它看成是"感谢的祭坛"。最后一节里的"你",不再是"爱",而是布罗肯峰顶,它俯视大地,看到山区内已开发的矿脉,给世上增添富饶和壮丽。

　　以上是诗的主干,中间又穿插了与前后不相联属的第三节和第七节。第三节蔑视城里的富人们跟渺小的芦雀一样,蜷曲在"渊薮"里;第八节则称颂公爵狩猎是为民除害。

　　为了这首诗,歌德在1821年写过一篇较长的说明,同年他在《出征法国记》里有一节详细地追述了他在哈尔茨山与卜莱兴的会晤。由此可见,歌德对于这首诗的重视。这首诗的形式是歌德在狂飙突进时期惯于使用的古希腊颂歌体。

(冯至)

水上精灵之歌

歌　德

人的灵魂

像是水;

它来自天空,
它升向天空,
它必须又
降到地上,
它永远循环。

若是莹洁的水光
从又高又陡的
岩壁流下,
它就妩媚地
如云浪纷飞
流向平坦的岩石,
轻松地被接受,
隐隐约约地
潺潺地
涌入深处。

若是巉岩峭立
阻挡它的倾注,
它就愤激四溅
一层一层地
奔入深渊。

在浅水的河床,
它潜入草谷,
在平静的湖中
万点星辰
欣赏它们的倒影。

风是水波的

可爱的情人,

风从水底掀起

水沫飞腾的涛浪。

人的灵魂,

你多么像是水!

人的命运,

你多么像是风!

(冯至 译)

从1779年9月到1780年1月,歌德旅行瑞士,10月在劳特布伦恩附近观看三百米高的施陶巴赫瀑布。望着水从岩石上流下的情景,想到水在天地之间蒸发和下降的永远循环,正如人的灵魂时而向上追求理想,时而执着于尘世——这种思想在歌德著作里经常得到反映。虽然如此,这首诗主要还是写水向下流,经过陡直的岩壁,经过峭立的巉岩,最后流入深处,流入深渊,流入山谷,流入澄澈的平湖。这说明人的灵魂还是离不开地。而且地面上有风,微风能把湖水吹出波纹,狂风能从湖底掀起涛浪,这不都是人世间可能遭遇到的命运吗?歌德于1779年10月9日至14日间完成此诗。

诗题"水上精灵"是复数的。歌德把诗的初稿寄给石泰因夫人时,曾把全诗分为两个精灵的对唱:一个精灵唱第一节前四行和第二、第四、第五、第六节的前两行,另一个精灵唱第一节后三行、第三节和第四节的后三行、第五和第六节的后两行。这首诗最后的定稿没有采用对唱体。　　(冯至)

漫游者的夜歌

歌　德

一切峰顶的上空

静寂,

一切的树梢中

你几乎觉察不到
一些声气；
鸟儿们静默在林里。
且等候，你也快要
去休息。

(冯至 译)

在诗歌广泛的领域里，有一种诗写得很朴素，这种诗一般都是短诗。它们语言简单，却非常精练；没有任何辞藻，却能发挥诗的最大的功能；看不出作者有什么艺术上的技巧，但多半是最杰出的诗人才能写得出来。这种诗浑然天成，好像自然本身；它们洗涤人的精神，陶冶性情，给人以美的享受，如李白的《独坐敬亭山》、柳宗元的《江雪》等简短的绝句都是这样。外国的大诗人，在他们的长篇巨著之外也常常留下几首朴素而短小的绝唱。《漫游者的夜歌》是这种诗里最有代表性的一首。

这种诗很不容易译成另一种语言。因为它们之所以成功，在于诗人充分发挥了自己的语言的特长，而这特长又不是另一种语言所能代替的。若是逐字逐句地去翻译（尽管我们主观上念念不忘是在译诗），其结果往往索然无味，表达不出原诗中每个字的音与义给予读者的回味无穷的感受，可是这也正是那些为数不多的优秀的朴素的诗具有的特点。如果译者只体会诗的意境，不顾原诗的形式和字句，那么译出来的诗，成功的无异于是译者本人的创作，失败的会弄得面目全非。歌德的《漫游者的夜歌》短短八行，它的声誉并不在一万二千一百一十一行的《浮士德》之下。1982年歌德逝世一百五十周年时，西德文化界征求群众关于歌德诗歌的意见，公认《夜歌》是歌德诗中最著名的一首[1]。据20世纪20年代统计，《漫游者的夜歌》被作曲家谱成乐曲，就超过了二百多

---

[1] 见康拉第（K.O.Conrady）：《歌德》上册第405页，1982年版。

次。它在中国也不是生疏的，20世纪20年代郭沫若、30年代梁宗岱、钱春绮都先后把它译成中文。郭沫若和梁宗岱是诗人，钱春绮是德语诗歌有经验的译者，他们译这首诗，各自有独到之处，读者可以参阅。本文内我的这首译诗，自信不能体现原诗之美于万一，但在翻译时，尽量体会了诗人写这首诗时的处境和心境。有些好诗，感人甚深，但诗人是在怎样的情况下写的，则无从考究，这就不无影响对于诗进一步的理解。歌德这首诗，则有资料可供参考，从中能够得到一些启发。

歌德于1780年9月6日在图林根林区基克尔汉山顶上狩猎小木楼里过夜，他吟成这首《漫游者的夜歌》，用铅笔写在小楼的板壁上。同时他写信给他的女友石泰因夫人，信里有这样的话：

> 我在这地区最高的山基克尔汉住宿……为的是躲避这个小城市（指伊尔梅奥——译者注）的嚣杂，人们的怨诉、要求，无法改善的混乱。

我最初读《漫游者的夜歌》，总以为"漫游者"是从平地走入山区，仰望山顶和林中的树梢，一片寂静。读了这信后才知道，"漫游者"的所在地是在这地区最高的一座山上，那么，他就不是仰望而是俯视了。从高处举目四望，才很自然地看到一切的峰顶和一切的树梢，而寂静的并不只是峰顶，更广阔的是峰顶的上空（因为德语中标明在某某事物之上的介词有两个，一个表示上下两物紧密相接，另一个表示中间有一定的距离，原诗中所用的介词则是后者）。至于树梢，不能说完全没有声气，只是作者在高处几乎觉察不到罢了。

歌德写《漫游者的夜歌》时的心境，也不像是诗里写的那样平静。歌德于1775年应魏玛公爵卡尔·奥古斯特的邀请到了魏玛（那时他二十六岁），不久就接受了许多繁重的任务。先是重新开发图林根林区伊尔梅奥附近的铜矿和银矿，后来又参与军事、交通、水利等委员会的领导工作。一个狂飙突进时代的诗人处理这些非常实际的事务，需要不断克制自己，以极大的耐力来应付。歌德为了使这贫穷狭隘的小公国能够政治进步、财源富裕，付出了许多心血。但是宫廷里人事的倾轧和落后保守的势力使歌德的工作遇到不少障碍,他初到魏玛时的一片热忱也渐渐减退。1779年他到瑞士旅行,曾写信给石泰因夫人说,若能从各种政治势力的斗争中摆脱出来,专心从事文艺工作,该有多么好啊。现在,从前边引用的给石泰因夫人信里那句话的后半句可以知道,歌德是以怎样的心情来到基克尔汉的,这也就是《漫游者的夜歌》里最后两行"且等候,你也快要去休息"的背景。

  以上是根据歌德给石泰因夫人的信对《漫游者的夜歌》做了些粗略的说明。下边对这首诗再做一点分析。诗虽然只有短短的八行,但也自成一体,有完整的结构。若用几句话来概括,那就是从上而下,从远而近,从外而内,在这样的层次中,静寂的程度逐渐减弱。一切的峰顶上空是既高且远;树梢就不像峰顶那样高,也比较与人接近了,林中的小鸟比树梢又低了一些。峰顶的上空是无边无际的静寂,树梢和林里的小鸟总不免有些动静和声气,不过在这静寂的夜里人们难以觉察得到。最后,诗人把自己安排在诗里,第七、八两行与前六行相反,只说出自己的愿望,去得到休息。歌德给石泰因夫人的信可以证明,他心里一点儿也不平静。

  由远而近,由外而内的结构在这种朴素的短诗里相当普遍(当然,也不能说都是这样)。以中国诗为例,如本文前边提到的《独坐敬亭山》前两句"众鸟高飞尽,孤云独去闲",是高空中的远景;后两句"相看两不厌,只有敬亭山"则表达诗人是怎样吟味他"独坐"的寂寞之情。又如《江雪》一诗"千山鸟飞绝,万径人踪灭"是一望无边的雪中的景象,可是骤然一转就转到眼前的"孤舟蓑笠翁,独钓寒江雪"。这垂钓人虽不是诗人自己,但从他身上反映出长期贬谪的诗人孤冷的心境。在"由外而内"这一点上与《漫游者的夜歌》更为相似的元人马致远那首著名的小令《天净沙·秋思》"枯藤老树昏鸦,小桥流水人家",虽然显得萧索,究竟还是属于客观世界;"古道西风瘦马"这三种景物与诗人便有了关系,而且是一种比一种更为接近;"夕阳西下",日暮途远,时间紧迫了,最后才好像喊叫似的说出"断肠人在天涯"。这与《漫游者的夜歌》里一层层由外而内最后的两行"且等候,你也快要去休息"是同样的结构。

《漫游者的夜歌》之所以成为一首著名的诗歌,它独特的音乐美也是一个重要的原因。原诗不遵守固定的格律,但语气自然,音调和谐,使用的词汇里a、au、u、ü等元音比较丰富,适合于从字音上形容夜色。这种音乐的特点很难用另一种语言移译过来。我翻译这首诗,只能根据自己的理解,注意每行诗的节奏,用韵脚来补偿译诗里难以表达的原诗的音调。我用以韵母i收尾的字表示寂静与休息,以韵母ong收尾的字表示高处;诗里有两行提到"你",实际上是诗人自己,这两行则押ao韵。我虽然做了一定的努力,但结果只是给《漫游者的夜歌》制造出一个不大像样子的模型,模型是不能代替具有生命力的原物的。

在西方,有不少歌德的研究者为这八行诗写过不少论文,甚至专著。我写这篇短文,不过是一得之见,而且译诗也译得很平常,未必能对读者欣赏这首诗有多少帮助。但我有一个愿望,想通过《漫游者的夜歌》向读者介绍,诗歌领域里有一种朴素的诗,这种诗无论在中国或外国往往有共同的特点:类似的结构,好像没有思想内容,却能提高人们的思想境界。

写到这里,本来可以结束,可是有些关于《漫游者的夜歌》的事迹需要附带提一提。《漫游者的夜歌》于1780年写在狩猎小木楼的板壁上后,只在魏玛少数友人中间流传,直到1815年歌德才把它连同另一首《漫游者的夜歌》编入他的诗集里。三十三年后,即1813年8月29日歌德再登上这座山顶,曾把壁上题诗的笔迹加深。此后又过了将近二十年,即1831年8月27日歌德又登上此山,看到壁上的旧诗,心里无限感慨,自言自语地念道:"且等候,你也快要去休息。"第二年,诗人果然与世长辞——不是休息,而是永远安息了。这首抒情诗实为用德语写出的最精美的诗篇之一,曾被舒伯特、李斯特、鲁宾斯坦等谱成乐曲,为全世界熟知。

(冯至)

自然和艺术

歌 德

自然和艺术,像是互相藏躲,
可是出乎意外,又遇在一起;
我觉得敌对业已消失,
二者好像同样吸引着我。

这只在于真诚的努力!
只要我们用有限的光阴
投身艺术而全意全心,
自然就活跃在我们心里。

一切的文艺也都是如此。
放荡不羁的人将不可能
把纯洁的崇高完成。

要创造伟大,必须精神凝集。
在限制中才显示出能手,
只有规律能给我们自由。

(冯至 译)

18世纪80年代以后,歌德很少写像前边几首那样自由体的诗,更多写的是各种诗体的格律诗。十四行诗在欧洲是一种格律谨严的诗体,起源于意大利。它在德国17世纪一度流行,后来趋于沉寂,直到18世纪末德国早期浪漫派诗人才又写十四行诗。歌德在浪漫派诗人的影响下,于1800年写出他的十四行诗中的第一首。

歌德利用这格律谨严的十四行诗体表示他对于自然与艺术、自由与规律的关系的看法。这两方面的关系,好像是互相排斥,实际上能相辅相成。艺术是人为的,但不能违背自然,真正的自由只有掌握了客观规律才能达到。并且无论是自然,是艺术,是人生,都有一定的局限,盲目地否定一切限制,很难有所成就。这首诗要求人真诚地努力工作,诗的最后两行具有高度的概括性,可以说是歌德"创作论"中的警句。

(冯至)

变化中的持久

歌 德

把捉这早年的幸福
啊,只有片刻的时辰!
和煦的西风已经
吹拂得花雨纷纷。
绿叶刚给我荫凉,
我应否为绿叶而欢悦?
狂风就要把它吹散,
当它枯黄地在秋天摇曳。

你若要摘取果实,
你的那份赶快去拿!
这些刚开始成熟,
那一些已经发芽;
你的秀丽的山谷,
每场雨后都有改变,
啊,在同一条河流
你不能游泳第二遍。

你也在变!你面前
耸立着坚固的建筑,
你看城墙,看宫殿
永远用不同的双目。
唇,亲吻时得到健康,

脚,攀登险峭的岩石
与大胆的羚羊较量,
那唇与脚都已过去。

那只手,它举止温柔,
它曾经乐于为善,
以及躯干和四肢,
一切都有了变换。
凡是在那个地点
联系你姓名的事物,
当时像一个波浪过来,
都奔驰着化为元素。

让开端跟着结束
紧紧地结合一处!
甚至你匆匆过去
比物体还要迅速。
要感谢缪斯的恩惠
预示两件事永不消逝:
是你怀里蕴蓄的思想
和你精神里构成的形式。

(冯至 译)

　　这是一首哲理诗,大约作于1803年8月。歌德最珍惜时间,最善于使用时间,他能在有限的时间内做出超越寻常的大量工作。正因如此,他更痛切地感到时间在迅速消逝,宇宙无时无刻不在变化。这首诗用迫切的语气、动人的比喻描绘万物的变化无常,任何人和事都不能例外。"逝者如斯夫,不舍昼夜",古今同慨。古希腊的哲人赫拉克利特的名言"在同一条河流里人们不能泅入两次"说得更为生动,所以歌德把这句话写在第二节最后的两行诗里。

但是，面对这不断消逝、不断变化的世界，人们总希望能有些永恒的事物存在。纵使是认为万物如流水的思想家也常常为此而探求、思索。歌德作为诗人，他感谢文艺女神缪斯的恩惠，使他感受到"变化中的持久"，即思想与形式的结合——艺术使人间和自然界瞬息即逝的"美"传之久远。

（冯至）

幸运的渴望

歌　德

别告人说，只告诉智者，
因为众人爱信口雌黄；
我要赞美那生存者，
它渴望在火焰中死亡。

在爱的深夜的清凉里，
创造了你，你也在创造，
有生疏的感觉侵袭你，
如果寂静的蜡烛照耀。

你再也不长此拥抱
在黑暗的荫下停留，
新的向往把你引到
更高一级的交媾。

没有远方你感到艰难，
你飞来了，一往情深，
飞蛾，你追求着光明，
最后在火焰里殉身。

只要你还不曾有过
这个经验：死和变！

你只是个忧郁的旅客

　　在这阴暗的尘寰。

(冯至　译)

　　1814年6月,歌德读德文翻译的14世纪伊朗诗人哈菲兹的诗,对波斯和阿拉伯的诗歌产生浓厚的兴趣,好像发现一个新的诗的世界。在这些诗的启迪下,歌德诗泉喷薄,在1815、1816两年,写出大量具有特殊风格的抒情诗,后来收辑为《西东合集》,于1819年出版。这是歌德晚年诗歌创作的瑰宝,但当时在德国文艺界受到冷淡的待遇。而海涅却独具只眼,在歌德逝世后的第二年,就在《论浪漫派》里说,这部诗集"充满了鲜艳夺目的短诗,坚实有力的格言,包含着东方的思想方式、感情方式"。海涅在那时这样评价《西东合集》,有真知灼见,但我认为,还须略做修正,那就是:方式是东方的,思想感情是歌德自己的。

　　《幸运的渴望》和下边的两首诗(《银杏》《任凭你在千种形式里隐身》)都选自《西东合集》。《幸运的渴望》以飞蛾扑火为比喻,歌颂人不满足于"爱的深夜的清凉",不"在黑暗的荫下停留",向往光明,追求更高的存在,但向往和追求不免于在火焰里焚身。歌德把焚身不看作是生命的终结,而像是凤凰那样从火里得到新生,他用"死和变"概括他的这种思想。原文"Stirb und werde"里的"werde",除了"变"以外,还有"完成"的含义,只译为"变"不能完整地表达原义,但想不出其他更为恰当的单音动词了。

　　飞蛾扑火,无论在东方或是在西方,都经常被人采用,作为比喻。中国南北朝梁武帝写的一篇《连珠》里有这样的句子:"研磨墨以腾文,笔飞毫以书信,如飞蛾之赴火,岂焚身之可吝。"这说的是献身文艺,不顾牺牲。至于歌德这首诗,主要是从哈菲兹的诗里得到启发。哈菲兹在一首诗里说:"灵魂在爱的火焰里燃烧,像蜡烛一样明亮,我以纯洁的心情牺牲我的生命。你若不是像飞蛾因欲望而焚身,你就永不能得救,解脱爱情的苦闷。"诗里还说:"世俗怎能认识珍珠的高价?

最贵重的宝石只赠送给知情人。"这里说的是为爱情而牺牲。从字面上看,歌德的诗与哈菲兹的诗是有共同点的,但歌德给"飞蛾扑火"以更深刻的意义,尤其是诗的最后一节,写出牺牲与完成、死与新生的辩证关系。

(冯至)

银 杏

歌 德

这样叶子的树从东方
移植在我的花园里,
叶子的奥义让人品尝,
它给知情者以启示。

它可是一个有生的物体
在自身内分为两个?
它可是两个合在一起,
人们把它看成一个?

回答这样的问题,
我得到真正的含义;
你不觉得在我的歌里,
我是我也是我和你?

(冯至 译)

银杏,又名白果树、公孙树,落叶乔木,生长在中国和日本,19世纪初输入欧洲,种植在植物园里。银杏叶作扇形,中间分裂,成为两部分,像是两个叶子并在一起。歌德看到这种树叶,既是一分为二,又是合二而一,用以比喻他的诗歌体现两个爱人亲密无间的关系。1815年9月,他把这首诗寄给马丽安娜·韦蕾梅尔夫人。

(冯至)

任凭你在千种形式里隐身

歌 德

任凭你在千种形式里隐身,
可是,最亲爱的,我立即认识你;
任凭你蒙上魔术的纱巾,
最在眼前的,我立即认识你。

看扁柏最纯洁的青春的耸立,
最身材窈窕的,我立即认识你;
看河渠明澈的波纹涟漪,
最妩媚的,我能够认识你。

若是喷泉高高地喷射四散,
最善于嬉戏的,我多么快乐认识你!
若是云彩的形体千变万幻,
最多种多样的,在那里我认识你。

看花纱蒙盖的草原地毯,
最星光灿烂的,我美好地认识你;
千条枝蔓的缠藤向周围伸展,
啊,拥抱一切的,这里我认识你。

若是在山上晨曦照耀,
愉悦一切的,我立即欢迎你;
于是晴朗的天空把大地笼罩,
最开阔心胸的,我就呼吸你。

我外在和内在的感性所认识的,
你感化一切的,我认识都由于你;
若是我呼唤真主的一百个圣名,

每个圣名都响应一个名称为了你。

(冯至 译)

这是一首赞美爱人的诗。用自然界一切美的事物和美的姿态比喻爱人,用一切美好的名称称呼爱人。这些新奇而又恰当的比喻,是受了东方诗歌的影响;使用最高级的称呼,也是来自伊斯兰教。据说伊斯兰教的真主(Allah)有一百个圣名,如至仁至慈的、怜悯一切的、救助一切的、医治一切的等等。

这首诗采用波斯、阿拉伯诗中咖塞尔(Ghasel)诗体的形式。咖塞尔体每个偶数的诗行,不仅押韵,而且往往用同一个字收尾。这种诗体容易使人感到单调,或是近乎游戏,但是歌德这首诗却写得生趣盎然,好像行云流水、花草树木,以及晨曦晴空,都成为爱人的化身。既生动活泼,也很严肃。

(冯至)

暮色徐徐下沉
歌 德

暮色徐徐下沉,
身边的都已变远,
金星美好的柔光
高高地首先出现!
一切动移不定,
雾霭蒙蒙地升起;
一片平湖反映
夜色阴森的静寂。

在那可爱的东方
我感到月的光辉,
柳条袅袅如丝
戏弄着树旁湖水。

透过阴影的游戏

　　颤动卢娜的媚影，

　　眼里轻轻地潜入

　　沁人肺腑的清冷。

（冯至　译）

　　这是歌德于1827年春季写的《中德四季晨昏杂咏》十四首中的第八首。歌德在这时读到法文译本的中国小说《玉娇梨》和英文译本的粤曲唱本《花笺记》，《花笺记》后还附有《百美图新咏》。那时到中国来的欧洲人接触不到中国古典文学的精华，只把民间一度流行的三、四流作品当作中国文学的代表译成他们本国的文字，而且译笔也很平庸。但是歌德从不很高明作品的不很高明的译本中能够体会到中国人的生活艺术和道德观念，以及中国人是怎样歌咏自然，与自然融为一体的。关于这些，歌德在1827年1月31日与爱克曼的谈话里说得很透彻。《中德四季晨昏杂咏》也同样表达了歌德对中国人的理解。这里译出的第八首，几乎完全是中国风景诗的情调，甚至有人以为是一首中国诗的译作，这当然是没有根据的。

　　《杂咏》在19世纪默默无闻，到20世纪起始有人注意。里尔克在1914年2月3日写给基彭贝格的信里说："您能否便中告诉我，那《德中四季》（标题对不对？）在歌德（显然是最晚的？）创作中占什么地位？其中有极不相同的成分融合在一起，使我觉得它那最精彩的诗句具有最重要的抒情的感染力，可是同时在其中也有游戏装饰的成分……例如第八首。"

　　这首诗写的夜景不是静止的，而是从暮色下沉、金星出现、柳拂平湖，直到月光显露的过程。诗的第二节第六行"卢娜"一词是Luna的译音。Luna的字义是"月"，常用于诗句中，本来是古罗马月女神的名称，我曾经想把Luna译为"嫦娥"，继而一想，诗虽然充溢着中国诗的情调，但究竟是德国诗人写的，不要太中国化了。

（冯至）

浮士德（节选）

第二部第五幕，宫中广大的前庭，炬火……

歌 德

靡非斯特

这里用不着精巧的工夫，
只须把自己来当作尺度！
最长的可直躺在地上，
其余的便在四周起土；
同埋葬我们的祖先那样，
挖出一个窀穸其形长方！
从宫廷来到这隘狭的阴宅，
到最后总不免是这样荒唐。

死灵们（用滑稽的态度掘穴）

当我年轻时，求生亦求爱，
今日试回思，甘味尚萦回，
十处如打锣，九处必然在。
年岁不容情，拄着拐杖来；
倒在墓门前，墓门巧好开。

浮士德（从宫中走出，摸索门柱）

那锄头的声音多么使我愉快！
他们是那些群众，为我服务而来，
他们要维护大地不要使它崩坏，
对于海浪要建筑一道境界，
要用一条紧带捆着大海。

靡非斯特（旁白）

你辛苦一生都在为我们效劳，
尽管用你的波堤，你的防道，

因为你为海神波赛东，
已把盛大的筵席备好。
无论如何你是已经丢掉；——
四大无行都和我联系，
我们使一切东西冰消。

浮士德
管事呀！

靡非斯特
到！

浮士德
用什么方法都好，
你去把人工募集，愈多愈妙，
要用快乐和威吓把他们驱遣，
给以金钱，诱惑，甚至迫害也要！
你须得每天每天向我打报告，
看我们所掘的壕沟掘了多少。

靡非斯特（以稍低的声音）
据我所得的消息，我所听闻，
没有提起壕沟，只在掘坟坑。

浮士德
有一个污潴在那边山脚下，
一切完成了的都被它污化；
目前须得到要把那污水排除，
这是最终而又最重要的事务。
我为几百万人开拓出疆土；

虽然还不安全,但也可自由勤苦。
原野十分青翠,土壤一片膏腴,
人畜都在这新地上得到安居,
勇敢勤勉的人民垒成了那座高丘,
向那周围移植都可以衣食无忧。
外面虽有海涛不断地冲击堤岸,
而里面却安居乐业如同天国一般,
即使海潮啮岸,有溃堤的危险。
人民全体合力,立即把漏穴补完。
是的!我完全献身于这种意趣,
这无疑是智慧的最后的断案:
"要每天每日去开拓生活和自由,
然后才能够做自由与生活的享受。"
所以在这儿要有环绕着的危险,
以便幼者壮者——都过活着有为之年,
我愿意看见这样熙熙攘攘的人群,
在自由的土地上住着自由的国民。
我要呼唤对于这样的刹那……
"你真美呀,请停留一下!"
我在地上的日子会有痕迹遗留,
它将永远不会化为乌有。——
我在这样宏福的预感之中,
在将这最高的一刹那享受。
(浮士德倒下,死灵们将他扶起,放到地上。)

靡非斯特

没有快乐,能使他餍饫,
没有幸福,能使他满足,

他向着变换的物象只顾追逐；
连最后的空虚不吉的瞬间，
这可怜的人也想将它捉住。
他顽强地向我反抗，
时间最终战胜，老人倒地死去。
时钟已经停止——

合唱
停止了！如这夜半无声。
指针已经坠落——

靡非斯特
坠落了，大功已告成。

合唱
那是过去了。

靡非斯特
过去了？这话太蠢！
为什么说是过去？
过去和太虚，本是浑然一体！
永恒的创造原本毫无意义，
不过是把创造物驱向"无"里！
你说"那是过去了！"完全是放屁！
那便等于是从来就没有，
只好像存在过一样，在摆迷魂阵。
我喜欢的是永恒的太虚。

（郭沫若 译）

诗剧《浮士德》由两个赌赛和五个阶段的悲剧组成，共有12111诗行，分两部。第一部开头的"献词"是诗人自己的述怀，"舞台序幕"阐述了诗人的文学艺术观点。"天堂序曲"说明了写剧目的,是剧情的开端。天帝和魔鬼靡非斯特展开一场关于人的争论,天帝坚信人无论陷入怎样的迷误,最终都能走上正路,表示了对世界和人的肯定;魔鬼认为人是性欲的奴隶,只能困惑终生,永远受苦,表示了对世界和人的否定。于是以浮士德为双方赌赛对象,从这一赌赛又引出浮士德和魔鬼的赌赛。第一部写知识悲剧和爱情悲剧。年近半百的浮士德博士沉湎于中世纪书斋中,彷徨、矛盾。读了几十年书,过的是脱离现实的生活,虽然探索了各种学术领域,获得的却是烦琐、僵死的知识,因此陷入苦闷的深渊,甚至企图自杀。听到复活节的钟声,才断了此念。春天,浮士德在郊游时,靡非斯特变作狗,看出了浮士德的内心矛盾,乘机来同他打赌,订立契约;魔鬼甘愿做浮士德的仆人,带他到天地间去追求各种需要,帮他解除苦闷;一旦浮士德感到满足,说出"你真美呀,请停留一下!"魔鬼就算赢了,浮士德的灵魂就归他所有。浮士德由此离开可厌的书斋生活,鼓起胆量,去体验世间的苦乐。接着是爱情悲剧。浮士德被引进"魔女之厨",喝了魔汤后便返老还童,恢复青春。魔鬼陪他去体验"小世界"(爱情)生活,他同市民出身的少女玛加蕾特(一译甘泪卿)恋爱。他享受官能的快乐,体验爱情的幸福。但与此同时,玛加蕾特错误地毒死自己的母亲,浮士德又误杀了她的哥哥;接着她溺死婴儿,被关进监狱,判处死刑。这次爱情生活酿成一场悲剧,带给浮士德的不是满足,而是极大的内心谴责和痛苦。

《浮士德》第二部分五幕,写政治悲剧、美的悲剧和事业悲剧。浮士德恢复活力后,魔鬼把他带到宫廷,进入政治和社会生活的"大世界"。在这里,非法的行径全都披上合法的伪装,一切邪恶都冠冕堂皇。浮士德在魔鬼帮助下,为皇帝发行纸币,解决了濒临崩溃的财政困难;又应皇帝的请求,召来了古希腊美女海伦。浮士德经历了用自己的才能为统治者服务的悲剧。他惊叹海伦的美丽,深为美的象征和化身所倾倒,产生了新的追求。第四阶段是美的悲剧,浮士德漫游古希腊的神话世界,寻找海伦,终于找到了象征古典美的海伦,两人结了婚,并生了一个儿子欧福良——古典美与浪漫精神的结晶。象征浪漫主义的欧福良在无止境地追求中,结果坠地而死。后来海伦消失,她的衣服和面纱化为云彩,把浮士德裹入高空,带回现实。他在古典美的世界里生活了一段时间,结果只是一场虚空。第五阶段是事业悲剧。浮士德借助魔鬼之魔法,为皇帝平息内乱,获得一块海滨封地。他在这里带领人民同大海搏斗,去实现改造自然、造福人类的伟大理想。这时浮士德已一百岁,双目失明,仍然孜孜不倦,继续努力。魔鬼看到他末日已到,派鬼怪为他挖掘坟墓。浮士德听到铁锹的撞击声,以为这是他的人民在劳动。他在改造大自然的伟大事业中,得出"智慧的最后的断案:要每天每日去开拓生活和自由,然后才能够做自由与生活的享受"。在这一瞬间,浮士德感到满足,情不自禁地喊出"你真美呀,请停留一下!"随即倒地而死。按照契约,他的灵魂要为魔鬼所有。但这时天帝派出天使把浮士德的尸体连同灵魂抬往天国,在光明圣母那里,与玛加蕾特重逢,象征天帝和浮士德对魔鬼靡非斯特的胜利。

《浮士德》是歌德最主要的代表作,取材于德国中世纪民间传说。浮士德博士实有其人,生活的年代约1480至1540年。他是文艺复兴时期探索知识的代表人物,有非凡的能力,知道很多东西。当时,星象学、数学、物理学等有很大发展,这些东西在封建教会看来都是异端邪说,都是魔鬼,而实际上这正是文艺复兴时期发展起来的科学。教会篡改了浮士德的故事,宣传浮士德和魔鬼订立契约后,永世不得翻身,用以告诫人们,不要和魔鬼来往,实际上是要阻止人们发展科学。但人民群众看了这类书或听了这方面的传说后,恰恰相反,对浮士德和魔鬼的故事很感兴趣。当时流传最广、影响最大的是德国民间故事书《约翰·浮士德博士的生平》(1587)和英国戏剧家马洛的《浮士德博士悲剧的故事》。歌德小时候看过这方面的木偶戏,留下深刻的印象;狂飙突进运动时期就开始酝酿和写作《浮士德》悲剧,企图塑造努力探索人生意义和社会理想的一代巨人的艺术形象,经过近六十年的努力,终于获得成功。

歌德在作品中对浮士德做了充分的肯定。浮士德代表了渴求生活、不断探求、永不满足的精神。他所经历的五个阶段,也就是人类精神生活的各个发展阶段。他冲破了书斋生活的牢笼,摆脱了官能的享受和爱情的羁绊,走出了"小世界"。而在"大世界"中,他投身政治,为皇帝服务;后又同古典美结合,生了儿子欧福良。但这一切给他留下的是一片空虚和一场幻景。最后他在改造大自然、为人类造福的宏伟事业中,才感到最大的满足,得出了"智慧的最后的断案"。浮士德经历了漫长的一生,他的生活道路体现了锲而不舍的探求;他在不断克服错误和过失中去追求真理,获得圆满。这正体现了人的存在价值,而具有一种族类的意义。

歌德塑造了浮士德和靡非斯特这两个在欧洲文学中具有典型意义的人物形象。这是一对矛盾的统一体,他们在发展过程中,相辅相成,相互补充,在肯定中存在否定的东西,在否定中包含着肯定的因素,充满了辩证法思想。浮士德代表了肯定的力量,努力探求,永不满足:"他在景仰着上界的明星,又想穷极着下界的欢狂,无论是在人间或在天上,没一样可满足他的心肠。"他在感受到生气勃勃的生活后回到书斋,就强调行动,立刻把《圣经》里的"泰初有道"改译成"泰初有为",对什么事情都积极进取,自强不息。但浮士德也有自身的弱点。这些弱点通过靡非斯特的促进和帮助,得到了克服和解决。靡非斯特是一个魔鬼,能呼风唤雨,能够变为各种东西,好像是超现实的形象。但是从他的言谈和行动来看,他也是一个社会生活中存在的现实的人,代表了另一种类型。作为浮士德的对立面的魔鬼出现,正如天帝所说:"人们的精神总是易于弛靡,动辄贪爱着绝对的安静;我因此才造出恶魔,以激发人们的努力为能。"魔鬼和浮士德互为存在的辩证关系,加深了这两个人物的典型意义。靡非斯特自我介绍说:"我是作恶造善的力之一体。""我是否定的精神!凡物都有成必有毁。所以倒不如终始无成。因此你们便叫作'犯罪''毁灭',更简单一个字'恶',这便是我的本质。"他对浮士德性格中的"追求"最不理解,因此也造成自己的悲剧。但是另一方面,靡非斯特又有揭露的精神,他对宫廷、宗教、专制教育制度、唯心主义哲学、虚伪的道德、新兴大都市的罪恶、殖民主义的海上掠夺,都进行了尖锐的批判和讽刺。歌德通过靡非斯特的形象,揭露和批判了当时欧洲的社会现实,特别是德国的社会现实。靡非斯特的性格是极其复杂的。文学史和文学评论中对靡非斯特形象的看法有很多争论。我们认为,这个人物形象不存在正面、反面的问题,而实际上是一个人身上的两个方面。歌德自己也说魔鬼是他性格的一部分:"不仅主角浮士德的阴郁的、无餍的企图,就连那恶魔的鄙夷态度和辛辣讽刺,都代表着我自己性格的组成部分。"(朱光潜译爱克曼《歌德谈话录》,1827年5月3日)

歌德的《浮士德》第一部开始于1773年,第二部完成于1831年,前后差不多历时六十年。从总体上看,第一部结构严谨,第二部比较庞杂。但第一和第二部浑成一体,是一种完整的艺术品。一万两千多诗行,首尾呼应,始终贯串着主人公浮士德努力追求的精神。在艺术手法上,诗人把现实主义和浪漫主义有机地结合在一起,产生出一种奇特的艺术魅力。浮士德的抱负和追求表达了歌德对于人类未来的远大理想,而《浮士德》这部作品则是他为人类文化宝库贡献的灿烂瑰宝。 (孙坤荣)

席勒 (8首)

弗里德里希·席勒(Friedrich Schiller, 1759—1805),德国诗人和剧作家。出生于德意志符腾堡公国内卡河畔的马尔巴赫城。其父是少尉军需官,母亲是面包师的女儿。席勒早年毕业于拉丁语学校,十三岁进了军事学校,后来做了军医。席勒喜爱自由,受启蒙文学运动狂澜的影响,创作了反抗暴君的剧本《强盗》,受到公爵监禁。他后来潜逃,先至曼海姆,以后又到莱比锡和魏玛。1783年发表了优秀剧本《阴谋与爱情》。1787年起,席勒致力于历史研究,由歌德推荐,做了耶拿大学的历史教授。1789年法国大革命爆发,席勒在1792年被授予法兰西共和国的荣誉公民;雅各宾派专政时,席勒被吓得退缩了,在理想与现实相矛盾的情况下转入对康德哲学和美学的研究,写了《审美教育书简》和《论朴素的诗和感伤的诗》等美学著作。1794年席勒和歌德开始了为期十年的携手合作阶段,席勒从"美的王国"回到现实世界之后,诗歌创作大放异彩,一些取材于古希腊和民间传说的叙事诗如《手套》《潜水者》等歌颂了爱情、友谊、勇敢、忠诚等人道精神。这阶段,席勒不仅获得诗歌方面的较高成就,还写了《华伦斯坦》《奥里昂姑娘》和《威廉·退尔》等重要的历史剧。

1804年寒冬,席勒病重卧床,于1805年5月9日逝世,终年四十六岁。席勒是一位毕生为民主自由而勇敢斗争的伟大战士,是德国狂飙突进运动时期和古典文学时期的代表作家,他的文学声誉可与歌德齐名。

憧 憬
席 勒

山谷迷漫着一片凉雾,
呵,从这山谷的深处,[1]
我要是能找到出路,
呵,我会觉得何等幸福!
那边我看到美丽的小山,[2]
永远年轻而常青!
我若有羽翼,我若有翅膀,
我真想飞上那座山顶。

我听到和谐的音调,
甘美的平静的天国的声音,
微风给我送来
香油树[3]的芳馨,
我看到金色的果实
在绿叶间闪烁迎人,

---

[1] 诗人在阴沉的现实世界之中憧憬着理想的王国。
[2] 指理想的净土。
[3] 缓和一切人世痛苦的香油。

还有在那边盛开的花儿,
在冬天也不会凋零。

呵,在那无尽的阳光之中
散步逍遥,该是多么欢畅,
那座小山上的空气,
它该是多么凉爽!
可是奔腾的激流[1]
阻拦了我的前路,
它的波涛汹涌,
使我心神恐怖。

我看到一只小舟漂动,
可是,唉!缺少艄公。[2]
上去吧,不要犹疑!
轻帆已孕满了好风。
你要有信心,你要能冒险,
神并不给世人担保;
只有一件奇迹[3]才能
把你带往美丽的仙岛。

(钱春绮 译)

这首诗作于1801年,是一首借托自然美景抒发诗人热烈憧憬未来、向往自由理想的抒情诗。

诗歌开始,诗人以色彩灰暗的笔调,描绘了雾霭朦胧,山回路转的自然景象,"凉雾""山谷的深处"象征黑暗、褊狭、令人窒息的德国的社

---

[1] 尘世烦恼的川流。
[2] 只有靠自己的力量才能到达理想的净土,虽有艄公,亦无能为力。
[3] 把你自己带往理想之域,这就是一种奇迹。

会现实。诗人置身于这样一个险恶、鄙陋的环境,热切地希望寻求一条到达光明前程的道路。

"美丽的小山"的"山顶"象征理想美的境界,诗人连用了两个假设句:"我若有羽翼,我若有翅膀",生动而又准确地表达了诗人渴望到达理想世界的急切心情。"我真想飞上那座山顶",一个"飞"字,将诗人迫切要求摆脱丑恶现实,飞身理想境界的内心世界刻画得惟妙惟肖,十分传神。

接着,诗人改变了笔调,以色彩明丽的画笔,描绘了象征诗人心目中理想天国的自然美景。那里鸣响着甜美和谐的声音,微风徐徐,送来芳香;那里果实累累,鲜花盛开,永不凋谢。甜美的极乐世界阳光普照,空气新鲜,诗人感到无比惬意、欢畅。不料,前进的道路被那象征专制暴力和尘世烦恼的奔腾的激流、汹涌的波涛所阻挡。

正当"山重水复疑无路",诗人感到"心神恐怖"之时,幸好看见了江面上漂荡着一叶扁舟。真是绝路逢生,可是又缺少划船引渡的人。怎么办呢!诗人勉励自己,不要犹疑,上船去,勇敢地经受惊涛骇浪,靠自己的努力而不要靠什么神力去把奇迹创造,即到达理想的境界——"美丽的仙岛"。

这首抒情诗富于理想主义色彩,但它并不抽象空洞。它以生动的诗歌形象象征诗人的美好理想,使人产生鲜明的感觉和视觉印象。它抒写诗人的情怀,但无神秘晦涩的瑕疵。全诗共四节、三十二行,音韵自然、铿锵,富于音乐美和色彩美,语言流畅、清新,通过明暗不同的色彩曲折地反映了诗人不满德国现实,艰难、执着地寻求自由理想的美好的内心世界。

(陈周方)

欢 乐 颂
席 勒

欢乐啊,美丽的神奇的火花,
　极乐世界的仙姑,
天女啊,我们如醉如狂,

踏进你神圣的天府。
为时尚无情地分隔的一切,
　　你的魔力会把它们重新连结;
只要在你温柔的羽翼之下,
　　一切的人们都成为兄弟。

合唱

　　　　万民啊! 拥抱在一处,
　　　　　和全世界的人接吻!
　　　　弟兄们——在上界的天庭,
　　　　　一定有天父住在那里。

谁有那种极大的造化,
　　能和一位友人友爱相处,
谁能获得一位温柔的女性,
　　让他来一同欢呼!
真的——在这世界之上
　　只要有一位能称为知心!
否则, 让他去向隅暗泣,
　　离开我们这个同盟。

合唱

　　　　居住在大集体中的众生,
　　　　　请尊重这共同的感情!
　　　　她会把你们向星空率领,
　　　　　领你们去到冥冥的天庭。

一切众生都从自然的
　　乳房上吮吸欢乐;
大家都尾随着她的芳踪,
　　不论何人, 不分善恶。

欢乐赐给我们亲吻和葡萄
　　以及刎颈之交的知己；
连蛆虫也获得肉体的快感，
　　更不用说上帝面前的天使。

合唱

　　　　万民啊，你们跪倒在地？
　　　　　世人啊，你们预感到造物主？
　　　　　请向星空的上界找寻天父！
　　　　　他一定住在星空的天庭那里。

欢乐就是坚强的发条，
　　使永恒的自然循环不息。
在世界的大钟里面，
　　欢乐是推动齿轮的动力。
她使蓓蕾开成鲜花，
　　她使太阳照耀天空，
望远镜看不到的天体，
　　她使它们在空间转动。

合唱

　　　　弟兄们！请你们欢欢喜喜，
　　　　　在人生的旅程上前进，
　　　　　像行星在天空里运行，
　　　　　像英雄一样快乐地走向胜利。

从真理的光芒四射的镜面上，
　　欢乐对着探求者含笑相迎。
她给他指点殉教者的道路，
　　领他到美德的险峻的山顶。
在阳光闪烁的信仰的山头，

可以看到欢乐的大旗飘动，
就是从裂开的棺材缝里，
　　也见到她站在天使的合唱队中。
　　　　　合唱
　　　　　万民啊！请勇敢地容忍！
　　　　　为了更好的世界容忍！
　　　　　在那边上界的天庭，
　　　　　伟大的神将会酬报我们。

我们无法报答神灵；
　能和神一样快乐就行。
不要计较贫穷和愁闷，
　要和快乐的人一同欢欣。
应该忘记怨恨和复仇，
　对于死敌要加以宽恕。
不要让他哭出了泪珠，
　不要让他因后悔而受苦。
　　　　合唱
　　　　　把我们的账簿全部烧光！
　　　　　和全世界的人进行和解！
　　　　　弟兄们——在星空的上界，
　　　　　神担任审判，也像我们这样。

欢乐从酒杯中涌了出来；
　饮了这金色的葡萄汁液，
吃人的人也变成温柔，
　失望的人也添了勇气——
弟兄们，在巡酒的时光，
　请离开你们的座位，

让酒泡向着天空飞溅:
对善良的神灵举起酒杯。

合唱

    把这杯酒奉献给善良的神灵,
     在星空上界的神灵,
      星辰的合唱歌颂的神灵,
    天使的颂诗赞美的神灵!

在沉重的痛苦中要拿出勇气,
  对于流泪的无辜者要加以援手,
已经发出的誓言要永远坚守,
  要实事求是对待敌人和朋友,
在国王的驾前要保持男子的尊严,——
  弟兄们,生命财产不足置惜——
让有功绩的人戴上花冠,
  让欺瞒之徒趋于毁灭!

合唱

    我们要巩固这神圣的团体,
     凭着这金色的美酒起誓,
     对这盟约要永守忠实,
    请对星空的审判者起誓!

(钱春绮 译)

  《欢乐颂》这首诗是诗人在1785年10月于德累斯顿近郊的罗斯维兹村写的。罗斯维兹村位于易北河畔,风景秀美。席勒应克尔纳等友人的邀请,从莱比锡来到这里,宾主欢聚一堂。在青葱的树林里野餐,诗人望着如画的美景和朋友们热情的笑脸,一股欢乐的暖流顿时流遍全身,赞颂自由和欢乐的诗情便油然而生,《欢乐颂》这首名诗即在此问世。贝多芬在第九交响乐中采用了这首诗歌作为主题合唱曲,流传于全世界。全诗共八节,每节正诗之后都有副歌,即合唱歌紧紧相随。

诗篇开始(第一节),诗人以炽热的感情和一泻千里的宏伟气势,尽情地抒发了对自由和欢乐的热烈追求与赞美。这是贯穿全诗的中心主题。

诗人用拟人的手法,将欢乐比喻成极乐世界的仙姑,把欢乐女神讴歌为永恒自然的推动力,因为欢乐女神的力量可以使人们消除一切纷争,团结得像亲密的兄弟一样。诗人高唱爱的赞歌,第一合唱歌里的"万民啊!拥抱在一处,和全世界的人接吻!"是诗人爱的哲学的表现,宣扬了不分性别、不分等级的泛爱人类的人道主义思想。合唱歌的后两句"在上界的天庭,一定有天父住在那里",表达了诗人的宗教神秘主义思想。

诗篇第二节,赞颂了诗人和朋友的可贵友谊。当时席勒在秋高气爽的天气与友人围坐在河岸树林中,心情十分兴奋。在座的还有克尔纳的新婚妻子明娜,席勒与她碰杯时,由于兴奋过度,将酒杯都碰碎了。诗人激情满怀,热烈赞颂友情和爱情,认为只要能够得到友谊和爱情,哪怕只有一位知己,生活便会充满欢乐。如若不然,一定会十分痛苦。这一节的合唱歌唱出了友谊的颂歌,和前一首合唱歌一样流露了宗教神秘主义思想。

诗篇的第三节,歌颂了大自然。诗人将大自然看作是世上一切欢乐幸福的源泉,无论什么人(不论善恶)和物(即使蛆虫)以及天使,都可以享受大自然的恩泽。诗人在这里一方面表达了自由、平等的思想,同时也反映了抽象的人类爱的思想。这节诗的合唱歌显示了万民同乐,共同去寻求理想的思想。

第四节,诗人热情赞颂欢乐,将欢乐比喻成钟表的"发条""推动齿轮的动力"。欢乐的力量能够使蓓蕾开成鲜花,使太阳照耀天空,甚至使天体在空间转动。对欢乐,也即是对自由幸福如此热烈的称颂,表达了诗人争取自由解放,反对封建暴政的反抗精神。与此同时,诗人把欢乐推崇到至高无上的地位,把欢乐看成是自然发展和社会前进的动力,反映了诗人的唯心主义历史观。这节合唱歌表达了坚持进步的乐观战斗的思想。"像行星在天空里运行,像英雄一样快乐地走向胜利"这两个比喻句的运用,充分反映了诗人坚持进步理想的必胜信念。

第五节,诗人在赞颂欢乐推动万物(指物质世界)的伟大力量的基础上,又颂扬了欢乐在真理、道德、信仰等一切精神领域,甚至连在冥府都显示了它那无穷的力量。这节合唱歌强调了基督教的容忍思想,鼓吹了泛爱精神,有宗教神秘色彩。

第六节,诗人在对欢乐女神膜拜的同时,提倡容忍、宽恕和以德报怨的阶级调和的思想。诗人从人类大同的抽象观念出发,主张"应该忘记怨恨和复仇,对于死敌要加以宽恕"的仁爱思想,这种仁爱思想是人道主义思想的核心。在阶级对立的社会,具有空想的性质,容易将人引入歧途。这节合唱歌与这节正诗所表达的思想是一致的。诗人以"账簿"比喻过去的仇和恨,"账簿全部烧光,和全世界的人进行和解"宣传了宽恕一切人的人道思想。

第七节,饮酒高歌,盛赞欢乐的巨大作用。欢乐的力量大到能够使"吃人的人也变成温柔,失望的人也添了勇气"。由于欢乐能给人们带来这样大的变化,人们也就高举酒杯,向着天空,对欢乐女神表示谢忱和赞美。这节合唱歌也就是对欢乐女神的赞美与敬仰。

第八节,既是前面诗歌内容的总结,也是前面诗情的深化。诗人强调了"对于流泪的无辜者要加以援手","要实事求是对待敌人和朋友","让有功绩的人戴上花冠,让欺瞒之徒趋于毁灭!"诗人爱憎分明而强烈,爱的是"无辜者""有功绩的人",恨的是"欺瞒之徒";要正确区分敌我,要信守誓言,不得朝秦暮楚。这节合唱歌发出了团结友爱的誓言。这里的"神圣的团体",是指以好友克尔纳为中心的德累斯顿席勒崇拜者团体,他们为席勒清偿债务,支持他的艺术活动等。后两句,表达了席勒渴望朋友们永远忠实于他们之间的友谊。

这首诗抒发了诗人对美好欢乐的人生理想的无限向往和热情赞美,希望未来的世界人们丢掉一切仇怨,像兄弟般和睦相处。赞颂友情可贵,颂扬了大自然,歌颂欢乐在一切物质的和精神的领域中所显示的无穷力量;祝愿人们欢欢喜喜,在人生的旅程上前进。这首诗贯穿着乐观、进取精神,洋溢着轻松、欢快情绪,是诗人博大的胸怀和进步的世界观和人生观的反映。

诗人在无限向往和热烈赞颂美好欢乐的人生理想的同时,自始至终贯穿了人性论和人道主义思想的说教,早期那种反封建暴政的呐喊已经听不到了。相反,诗人却在号召万民拥抱、互相亲吻、忘记仇怨、宽恕敌人的人类爱。这是由于狂飙突进运动遭到失败,诗人丧失了原有的反抗热情,受到康德的哲学和美学思想的影响,以先验论的方法看待人类社会的矛盾和斗争,强调对立面的统一,提倡容忍、宽恕,即以仁爱为中心的人道主义。这从另一方面又反映了席勒世界观中的唯心主义和改良主义的局限性。

席勒的诗歌以善于形象的表达思想为其特色,这篇《欢乐颂》是诗人表现思想的抒情诗的第一篇杰作。全诗气势磅礴,抒写细腻,感情炽热,形象鲜明,含义深刻,富于哲理,是席勒诗歌创作的高峰。(陈周方)

异国女郎

席 勒

每年初春的时光,
听到第一只云雀歌唱,
在谷中贫苦的牧人那里,
就来了一位美貌的神秘的女郎。

她不是出生在谷中的姑娘,
谁也不知道她的家在哪里;
只要她一朝和人告别,
她的踪迹就很快地消逝。

在她身旁使人感到幸福,
每个人的心都舒畅欢喜;

可是有一种尊贵和崇高，
使人们无从对她亲昵。

她带来了无数的鲜花，
还有在别处成熟的果实，
那是在一个更幸福的自然界
受另一种阳光抚育的果实。

她给每一个人分赠礼品，
给这位赠果，给那位赠花；
不论少年或拄杖的老者，
每个人都带了礼物回家。

一切的客人都受她欢迎；
尤其是一对情侣走近了她，
她要赠给他们最好的礼物，
赠给他们最最美丽的花。

（钱春绮　译）

《异国女郎》这首诗是1796年写的。当时正是席勒从康德的哲学迷津走出来，开始与歌德合作，共同创造德国民族文学的时期。这阶段，席勒被法国大革命的暴力行动震惧了，想要通过美学教育探讨一条不使用暴力也能改造社会的途径。这首诗形象地表达了诗人的这一充满浪漫色彩的理想主义。诗歌里的"异国女郎"，即诗人完美理想的象征。

诗人以朴素、清新的笔调，描绘了一幅春满人间、春色宜人的自然美的景象。

每年初春季节刚一来到，第一只云雀开始了它的歌唱，就有一位美貌而又神秘的姑娘来到贫穷的山民中间。她不是山里的姑娘，她来无踪，去无影，是一个和蔼、善良，具有崇高的理想美的象征形象。每当她来到人们当中，每个人都觉着舒畅、欢喜，她给人们带来了象征幸福、美好的鲜花,她给人们带来了丰收的果实。她给每一个人都分赠礼品,无论年幼、年老,不是赠以鲜花,就是赠以果实。所有的人都得到她的好处,都受她欢迎,尤其是一对情侣,得到她丰厚的馈赠,赠给他们鲜艳夺目的鲜花。

这对"情侣",我们可以理解成是席勒和他妻子的象征。席勒的妻子夏绿蒂是一位外貌娴雅、举止端庄、棕色卷发、聪慧过人、雍容典雅的女性。这位贵族少女是在席勒贫穷到寄人篱下时与席勒结婚的,他们之间的真挚爱情是诗人终生引以为自豪的。最后两句诗,可以看作是对他们的赞赏和嘉奖。

这对"情侣",我们也可看作是席勒的好友克尔纳和他妻子明娜的象征。1785年4月席勒囊中空无一文,拖着疲乏的身子到达莱比锡,是明娜代表克尔纳热情接待了他。此后,这对情人对席勒表示了真诚的友谊,生活上无微不至地关心他。著名的《欢乐颂》就是在他们感人的友情的激发下写成的。总之,诗歌里的"情侣",我们可以理解为充满爱和善的精神的象征。

这首诗想象丰富,诗情充沛,意境清新,声调铿锵,以比拟和象征手法创造了富于理想美的艺术形象,反映了诗人在德国古典文学时期所努力探索和推崇的人道理想。

(陈周方)

德国人的伟大

(草稿,一八○一年)

席 勒

德意志人,在目前这个时辰,
他已不光荣地结束了他的
悲惨的战争,两个傲慢的民族
正把他们的脚踩在他的项部,
征服者正在决定着他的命运——
他能否自觉?他能否以自己的
名字感到自豪和欣慰?他能否

抬起他的头来,以自信之心
跻于世界上各民族之列?
现在,法国人和英国人
正踏着骄傲的征服者的步伐,
操纵一切地决定着他的命运?
踩过他的颈项?
默默不语地站在远方
观望着世界的分割……

可以,他可以这样!他不幸地
结束了斗争,可是,构成他的
真正价值的至宝,他并没有失掉。
德意志帝国和德意志民族
是两回事情。德国人的
崇高庄严绝不是寄托在
他的君侯们的头上。德国人
创造了一种固有的真实价值,
和政治情况漠不相关,
即使帝国走上灭亡的道路,
德国人的尊严也依然不受侵犯。

这是一种道德的伟大,它存在于
民族的文化和特性之中,
和政治命运没有什么关联。
这种王国在德意志领土上繁荣,
它成长得非常壮大,这种
生气盎然的王国从古代
野蛮状态的废墟当中
长成。(德国人住在一间

有倒塌危险的老屋子里,但是
他自己是一个高贵的住户,
在政治王国动摇不定的时候,
他却把精神的王国建立得越加巩固,
越加完全。)

……德意志的崇高庄严和荣誉
并不倚托在他的君侯们的头上;
哪怕德意志的帝国
在战争的兵火中崩溃,
德国人的伟大依旧丝毫无损。

(钱春绮 译)

《德国人的伟大》这首诗是1801年写的。德国由于三十年战争(1618—1648)的影响,政治上曾经分裂成296个小公国和66个自由城;经济上由于战争原因,人口锐减,土地荒芜,生产破坏,三百年前的农奴制又在德国"再版",自由农民简直"如白乌鸦一样稀少"(恩格斯语)。到了18世纪,德国还是一个分裂的国家,政治上褊狭而反动,经济上也远远落后于英、法等国。普鲁士国王弗里德里希二世不断发动战争以扩大自己的权力,"七年战争"(1756—1763)实际上是英、法两个强国在德国土地上的争夺。德国的工商业在18世纪后半期才得到一定的发展。随着资本主义因素的发展,一种新的自由的民族情感,反对诸侯国分裂状态的斗争情绪日渐高涨起来,以莱辛(1729—1781)为代表的启蒙运动和以克令格尔(1752—1831)的剧本为名的狂飙突进运动蓬勃发展起来,出现了民族意识的高涨。由于德国资产阶级政治革命的条件尚未具备,于是在文学和哲学方面求得发展。正如恩格斯指出的:"这个时代在政治和社会方面是可耻的,但是在德国文学方面却是伟大的。"1750年左右,诗人歌德、席勒,哲学家康德、费希特都诞生了,过了不到二十年黑格尔又诞生了。这就是诗人席勒和所有德国人引以为自豪的。诗人从自己的感受出发，写下了这首政治抒情诗。

诗歌开始，诗人以饱满的爱国激情描写了作为战败者的德意志人所面临的惨状。诗里所说的"战争"，是指1794年法国热月党人同普鲁士之间的战争，这次战争于1795年休战。1798年普鲁士又同法军交战，结果德国还是战败。英、法两国经过资产阶级革命，此时已成了欧洲资本主义强国。两国激烈争夺，而处在分裂状态中的德意志的统治者为求得苟安，常常依附于一方强权。此时的英、法已成了德国的征服者，操纵着德国人的命运。诗人连用三个反诘句："能否自觉？""能否以自己的名字感到自豪和欣慰？""能否抬起他的头来，以自信之心跻于世界上各民族之列？"表达了诗人的爱国热情和高度的民族自尊心。这是贯穿全诗的中心主题。

诗人在中间部分，用两节诗对这三个反诘句做了回答。诗人首先将德国腐败的政治同德意志民族的伟大区分开，还将统治人民的君侯同广大的人民相区别。德意志帝国的统治者是卑劣无耻的，但德国人是崇高庄严的，德国人的崇高、尊严是德国真正价值的至宝。正是由于德国人的崇高、尊严，"在政治王国动摇不定的时候，他却把精神的王国建立得越加巩固"。诗人颂赞德国人"道德的伟大"，在德国的土地上出现过哲学家康德、费希特、黑格尔，音乐家贝多芬，文学家莱辛、赫尔德，诗人歌德、席勒，以及伟大的革命导师马克思、恩格斯，等等。当时，德国在政治上是反动的、腐朽的，而在思想文化上则是先进的、辉煌的。诗人以生动的意象表达了自己对德国现状的理解和思考，德国的现状如同一个高贵的住户，住在一间"有倒塌危险的老屋子里"，"在政治王国动摇不定的时候，他却把精神的王国建立得越加巩固，越加完全"。诗人热爱自己的民族，熟悉并深切了解本民族的历史、文化。尤其难能可贵的是诗人用辩证的方法正确估价历史，分析现状，在自己祖国的历史翻到悲惨的一页的时候能够发现本民族足够引以为自豪的因素，由此坚定不移地回答了前面三个反诘句。这就是作为一个伟大的德国人，面对征服者，他能够自觉、自豪、自信地跻身于世界上各民族之列。

最后两句"哪怕德意志的帝国在战争的兵火中崩溃,德国人的伟大依旧丝毫无损",与前面两句"即使帝国走上灭亡的道路,德国人的尊严也依然不受侵犯"相呼应。它庄严地宣告了德国人是伟大而不可侵犯的,充分表达了诗人爱国的激情和民族的尊严,字里行间没有丝毫悲观绝望的情绪。相反,给人以自觉、自豪和自信的启示,从中感受到这首诗歌的巨大魅力。

这是一首政治抒情诗,它以浅显易懂、明白如话的语言表达了诗人深刻的思想和强烈的感情,情与理并重,爱与恨交织。虽然席勒曾感到自己的诗歌诗情不足,有概念化的倾向,但这首政治抒情诗还是不乏其诗歌形象特有的艺术魅力。

(陈周方)

恋 歌

席 勒

森林萧萧,云迢迢,[1]
姑娘在碧岸逍遥,[2]
水波拍岸高复高,
姑娘歌声澈暗宵,[3]
眼儿被泪打湿了。

心儿已死,世已空,
世间无复可心忡。[4]
圣母召儿归九重,[5]

---

[1] 森林,原文为"槲树林"。槲树是一种阔叶乔木,在德国很普遍,在我国却很少见,故此处只译为"森林"。萧萧,形容风吹树林发出的响声。迢迢,悠远。

[2] 逍遥,此处有徘徊、徜徉之意。

[3] 澈暗宵,响彻黑暗的夜晚。

[4] 心忡,心忧,这里指希望。

[5] 姑娘痛不欲生,愿圣母把自己召到天上去(即死去)。

侬已领略人间宠,

侬生已遇志诚种。[1]

(郭沫若 译)

这是一首凄凉、哀婉的抒情民歌,它以清新、自然的笔触,抒发了主人公对爱情的执着精神和失去爱人的苦痛心情,情调缠绵悱恻,能给人的心理以审美的享受。

在一个寂寥、凄清的夜晚,林中橄树的叶子被风吹动,发出沙沙的响声,广漠的天空浮动着朵朵远去的乌云。一位年轻的姑娘,独自一人在河岸边徘徊、徜徉。水波似乎也解人意,不停地追击着河岸,发出一阵高过一阵的响声。姑娘止不住用歌声将内心的悲痛宣泄了出来,珠泪随着这悲凉的歌声不住地流淌。夜空中回荡着姑娘的歌声,姑娘的脸颊都被泪水打湿了。这第一节诗抒发了姑娘悲哀、伤感的痛苦心情。

由于自己深爱的人远去了,欢悦的心已不复存在,人世已变得空虚、寂寞,再也没有什么可挂牵的了。姑娘想到这里,万念俱灰,悲痛欲绝,愿神灵把自己召回到天上去。想到自己已经同真诚相爱的人相爱过了,已经领略过人间的恩爱幸福了,她觉得自己已经是死而无憾了。

这首《恋歌》很富于诗情画意。不同于席勒的政治抒情诗,它有独特的意境,真挚的感情,意蕴晓畅,易于捕捉诗歌形象,具有优美朴素的民歌风格。歌德曾谈道:"席勒的文体,当他不做哲学的议论的时候,就极高雅而动人。"这首抒情诗就是这段话最好的说明。

(陈周方)

渔 歌
席 勒

湖光含笑招人浴,

儿童酣睡岸草绿,

---

[1] 侬,我。志诚种,真诚相爱的人。

忽听一声鸣,

声如笛样清,

又如乐园天使声。

神怡心畅儿梦回,[1]

流水荡漾胸四围,

声自水中呼:

儿乎已属吾;[2]

余诱睡者入水都。[3]

(郭沫若 译)

这首《渔歌》是席勒1803年为历史剧《威廉·退尔》的开场所写的。歌唱者是一个在瑞士四林湖上划着小舟的渔童,渔童的歌唱显示出人民未遭暴力蹂躏,过着安居乐业的和平生活。

这是一首短诗,由两个诗节组成。

诗人在第一节诗里,描绘了一幅宁静优美的山水画。清澈的湖水波光荡漾,隔湖可以望见绿草如茵的湖滨牧场。湖的一边是白云缭绕的高峰,另一边白雪皑皑,雪山在望。在这如画的美景中,有一牧童,荡一叶扁舟,用牧牛调在歌唱。

歌词将美丽的湖光山色比拟成含笑盈盈的美人,她欢迎人们到她的湖中沐浴。一个渔童正在湖滨草地上甜甜地酣睡,突然听到一声宛如芦笛的鸣响,又好像是天使的歌声。渔童从睡梦中醒来,顿时感到心旷神怡,而湖水已在渔童的四周围荡漾了。水中仿佛有个声音在呼唤:"好孩子,你已属于我所有了,是我诱惑酣睡的人到我水中来的。"

这首短诗的意境优美,犹如仙境般超凡脱俗。诗人以色彩淡雅的笔

---

[1] 儿梦回,渔童的梦醒了。

[2] 湖水发出声音说:好孩子,你已属于我了。

[3] 意思是:我引诱睡着的人,把他拖入水中。据传说,瑞士有一湖具有一种神秘的力量,能把睡在湖边的人吸引到水中去。

触,点染了一幅湖光山色、绿草如茵、渔童酣睡、仙乐渺渺、浴水悠悠的自然美景的生动画面,给人以清凉澈透的通体之感,情致优雅,洋溢着愉快的乐生情绪。诗人极尽和平生活的美景描绘,以衬托人民惨遭暴力践踏的痛苦不幸,从另一侧面表达了诗人反抗强暴的一贯思想。诗的结尾余味无穷,引人遐想。

(陈周方)

旅 人

席 勒

当我还是年轻健壮,
　我便去漂泊流浪,
撇下年少的轻狂,
　留给我父母家庄。

一切家业,一切财产,
　我欣然托别人照管,
有旅人的轻杖做伴,
　去呵,凭我天真烂漫。

一个强烈的憧憬,[1]
　一个模糊的使命,[2]
督促我:"这是前程,
　去吧,路,永远上升。

"到了一扇黄金阙,[3]
　那么,你便踏进去,

---

[1] 诗人对人类社会的美好理想。
[2] 诗人企图寻找改革社会的途径。
[3] 黄金阙,比喻天堂乐园,这是诗人理想王国的象征。

里面，人间的一切，
　　像天上，不朽不灭。"

朝去暮来无尽期，
　　我永远不憩息；
但我所求所望的东西，
　　始终还是个秘密。[1]

山岳挡住我前途，
　　狂涛困住我脚步；
我拓开悬崖的路，
　　我筑桥把急流渡。

终于到了大川旁，
　　它滔滔流向东方；
我泰然信赖波浪，[2]
　　霍的投入它胸膛。

川上澎湃的波澜，
　　把我冲入大海里面，
眼前是空阔无边，
　　目的地，我不曾接近。

呵，没有道路可通连，
　　呵，我头顶上的苍天，
永远不会接触地面，

---

[1] 一无所获。
[2] 泰然：安然。这句意思是放心地以为波浪能把我带到黄金阙去。

"那边"呀终不成"这边"![1]

(缪灵珠 译)

《旅人》这首抒情诗写于1803年,诗人在这里回顾了自己的一生。这首诗具有诗人自传的性质,是诗人探索自由、幸福的理想美的艺术总结。由于一生辛苦追求,终无所获,抒怀中流露了迷惘和惆怅情绪。

这首诗比较长,由九个诗节组成。

诗歌开始,我们眼前出现了一个热情洋溢、充满勃勃生气、不计个人私利、富于探索精神的天真烂漫的青年人的可爱形象,这个青年人就是诗人自己。

诗人就是这样怀着对人类社会美好理想的憧憬和企图寻找改革人类社会途径的热切渴望,踏上了人生漫长的道路。"黄金阙"象征光明、幸福的理想王国。诗人"朝去暮来无尽期","永远不憩息",满以为能够到达这一理想的"黄金阙"世界,可尽管自己热切渴望,努力追求,还是一无所获。

"山岳""狂涛",可视为德国专制黑暗势力的象征,也可作人生道路上的艰险的象征。正当诗人努力向前的时候,高山挡住了自己的去路,狂暴的波涛阻隔了自己前进的道路。困难没有使诗人却步,他"拓开悬崖","筑桥"过河。诗人历尽艰辛,终于来到象征时代洪流的"大川旁"。诗人安然地投身于狂涛巨浪,任其波汹浪涌,其势滔滔,"冲入大海里面",眼见海阔天空,心胸豁然开朗,却未能到达理想世界。

最后,诗人哀叹"苍天"和"地面",没有道路可通连,理想终归是理想,现实世界不等于理想世界。

这首抒情诗以绚丽多彩、宏伟奇观的自然景象的变化,含蓄地表达诗人内审的心理,反映了诗人追求一生的理想终不可得的失望情绪。抒发的虽是对人生真理的探索和慨叹,但无抽象、神秘色彩;在探索与慨叹中,表现了诗人富于诗意的哲学思考,流露出理想脱离实际、陷于空

---

[1] "那边""这边",指理想和现实。在走投无路的情况下,诗人感到了理想的幻灭。

想的悲哀。席勒从来也不是一个悲观厌世者,他的创作才能是在理想方面,这种理想之光可说是诗人生活的动力。一旦发现他的理想是永远实现不了的虚幻,他情绪上是痛苦的,但不是悲观的。席勒一生都在为民主自由而勇敢地战斗。

(陈周方)

孔夫子的箴言

席 勒

1

时间的步伐有三种:
未来姗姗而来迟,
现在像箭一般飞逝,
过去永远静立不动。

当它缓行时,任怎样急躁,
也不能使它的步伐加速。
当它飞逝时,任怎样恐惧犹疑,
也不能使它的行程受阻。[1]
任何后悔,任何魔术,
也不能使静止的移动一步。

你若要做一个聪明而幸福的人,
走完你的生命的路程,
你要对未来深谋远虑,[2]
不要做你的行动的工具!
不要把飞逝的现在当作友人,

---

[1] 《论语·子罕》中载:"子在川上,曰:'逝者如斯夫!不舍昼夜。'"
[2] 孔子曾说:"人无远虑,必有近忧。"(《论语·卫灵公》)

不要把静止的过去当作仇人![1]

2

空间的测量有三种:

  它的长度绵延无穷,

  永无间断;它的宽度

  辽阔万里,没有尽处;

  它的深度深陷无底。

它们给你一种象征:

  你要看到事业垂成,

  必需努力向前,不可休息,

  决不可因疲乏而静止;

  你要认清全面的世界,

  必需广开你的眼界;

  你要认清事物的本质,

  必需审问追究到底。[2]

只有恒心[3]可以使你达到目的,

只有博学[4]可以使你明辨世事,

真理常常藏在事物的深底。

(钱春绮　译)

　　孔子的思想,早在17世纪时就已传入欧洲,比文学作品要早七八十年。当时西方的传教士为了了解中国传统思想,先后把《大学》《中庸》

---

[1]　不要以为"过去"已经过去,它可以帮助人们总结经验教训。
[2]　孔子主张:"敏而好学,不耻下问。"
[3][4]　《论语》中有"博学而笃志"的话。

《论语》等译为拉丁文,也介绍了孔子的事迹。欧洲不少学者,如伏尔泰、狄德罗、歌德等都曾研究过孔子,受到孔子的某些思想影响。席勒后期从事于历史和哲学的研究,对中国文化曾发生兴趣,自然也会接触到孔子的思想。

这两首论述时空观的小诗很富于哲理性,在1795年和1799年发表于《文艺年鉴》上。

第一首,主要说明诗人对待时间(未来、现在和过去)的认识和态度。他认为,"未来"固是人们所盼,往往显得姗姗来迟。对此,急躁是无用的,应当深谋远虑,去迎接未来,安排未来。"现在"正在飞速进行之中,光阴似箭,要善于不失时机,充分利用。"过去"不可能重新回复,后悔或留恋都无用,应从中总结经验教训。

第二首,讲的是对空间的认识,即认识和对待世界的方法。世上任何事物都有长度、宽度和深度,在做一件事时,要有恒心,努力做彻底;在认识世界时,要博学多闻,力求广泛全面;在探求真理时,应透过现象,认清本质,深究到底。

这两首诗的意思有一定联系,反映了对客观世界的认识和态度,同《论语》中记载的孔子的言论有不少近似的地方。例如孔子曾说:"逝者如斯夫,不舍昼夜"(《子罕篇》)"告诸往而知来者"(《学而篇》)"温故而知新"(《为政篇》)"成事不说,遂事不谏,既往不咎"(《八佾篇》)"吾见其进也,未见其止也"(《子罕篇》)等。显然,从题目看席勒是受了孔子思想的启示所写的。

席勒还写过《理想与现实》一诗,阐述过类似的观点:

> 永远工作而不知疲,
> 慢慢创作从不放弃。
> 纵只是粒粒砂石的堆积
> 来把那不朽的巨厦造起,
> 但从时间的债台里
> 就会划去那年月日时。

(许自强)

荷尔德林 (5首)

弗里德里希·荷尔德林(Friedrich Hölderlin, 1770—1843),德国诗人。出生于内卡河畔的小镇劳芬,父亲是当地修道院总管,在他三岁时就去世了。荷尔德林在毛尔布龙修道院学校学习后,于1788年进图宾根神学院学习,和同学谢林、黑格尔结为挚友,深为1789年的法国大革命所鼓舞。他喜读文学、哲学著作,对神学不感兴趣,也不愿从事神职人员的工作。1793年经席勒介绍当了家庭教师。1796年初去法兰克福银行家贡塔尔德家当教师,与女主人苏赛特发生了无望的爱情。两年多之后,也就是1798年9月不得不离开那里。1801年他去瑞士和法国当家庭教师。由于长期忧郁而身心受到很大损害,一年后,他精神有些失常,只得步行回到德国。回到德国后,他继续从事文学创作和翻译工作,直到1806年精神完全失常,被送进精神病院,在那里经受了野蛮治疗。1807年荷尔德林被图宾根一对好心的木匠夫妇所收留,但他已无法再进行创作。此后又度过了三十六年漫长的岁月,于1843年6月7日逝世。

荷尔德林的诗歌创作,早期受克洛卜施托克和席勒的影响,其中一部分诗被称为"人类理想的颂歌"。每一颂歌以某一理想为对象,著名的有《自由颂》《人类颂》《美的颂歌》和《友谊颂》等。这些诗歌反映了法国大革命后,德国青年的热情和对封建制度的反抗精神。中期作品更为成熟,一系列抒情诗被称为"狄奥提玛诗篇",将恋人苏赛特作为希腊美的象征来歌颂,十分感人。这时的另外一些名篇,如《人》《海德尔堡》《内卡河》《故乡》《德国人的歌》等,则反映了作者的人道主义思想和对故乡、对祖国的热爱以及对祖国分裂局面、鄙陋状态的忧虑。书信体长篇小说《许佩里翁》(1797—1799)也是这个时期的重要作品。他翻译的希腊悲剧《俄狄浦斯》和《安提戈涅》获得很高的评价。

荷尔德林在世时没有受到文坛注意。直到20世纪初,他的很多重要遗稿被发现,研究他的人越来越多,他的声誉也越来越高。他被认为是伟大的爱国诗人和抒情诗人,他瑰丽的诗篇被认为是德国语言的高峰。从他作品形式完整性、人道主义理想、美的追求、对希腊文化的歌颂等方面来看,他是属于以歌德、席勒为代表的古典主义的;从他那梦一般忧郁的渴望、热情的主观意识、现实和理想的不协调、幻想中的自我陶醉等方面来看,他又是属于当时兴起的浪漫主义的。

许佩里翁的命运之歌

荷尔德林

你们遨游在上界天光里
　脚踏柔软的云层,极乐的天神啊!
　　光耀四射的神风
　　　轻轻地吹拂着你们,
　　　　就像女艺人的手指
　　　　　弹拨着神圣的琴弦。

　　天神们不受命运摆布
　　　就像熟睡的婴儿自在呼吸;
　　　　在谦逊的蓓蕾中
　　　　　贞洁地保存着
　　　　　　神的精神,
　　　　　　　并永远开花,
　　　　　　　　而极乐的眼睛
　　　　　　　　　在宁静永恒清澈的
　　　　　　　　　　光辉中眺望。

可是我们却被注定
　没有休憩之地,
　　忍受苦难的人们
　　　盲目地从一个时辰
　　　　到另一个时辰
　　　　　消逝、沦亡,

> 就像流水从巉岩
>
> 抛向巉岩,长年向下
>
> 坠入未知的深渊。

(孙坤荣 译)

《许佩里翁的命运之歌》是荷尔德林的书信体长篇小说《许佩里翁》第二卷中的一首插曲。这卷小说发表于1799年,但这首诗可能作于1797年底法兰克福时期。小说中的主人公许佩里翁准备乘船去见心爱的人狄奥提玛(荷尔德林的恋人苏赛特的象征),临行前,他唱起了"命运之歌",但就在此时他得到狄奥提玛的诀别信,她已离开了人世。

许佩里翁,原来是泰坦巨神的名字,因反抗宙斯而被推入地狱。希腊神话中他也是古老的太阳神赫利俄斯(后来与阿波罗混同)的父亲。荷尔德林用"许佩里翁"这个名字象征受难的人类,本诗的主题表现了人对神的抗议和不满。

这是荷尔德林最著名的一首抒情诗。诗歌采用对比法。全诗共三节,第一、二节描写了上界天神的情景。他们脚踏云层、遨游太空,神风吹拂、神花永放,过着极乐的、不受命运摆布的生活。而第三节则描写忍受苦难的人间。世上的人们背负深重的苦难,命中注定没有休憩之地,他们时时刻刻都受到战乱、灾祸以及人为的威胁,不断地消逝、沦亡。人在命运面前无能为力,"就像流水从巉岩抛向巉岩,长年向下坠入未知的深渊"。上界——人间、天神——凡人,二者对比十分鲜明。这种对比,实际上指的是当时德国各封建邦国中的统治者与广大人民之间的对立。诗人通过许佩里翁的"命运之歌",充分表达了对统治者的不满和当时人民与作者自己的苦恼心情。

诗歌在用词和音调上也有明显的对比。第一、二节用的词多数是明朗的、乐观的、热烈的、向上的词语,原文尾韵多半是"t",显得铿锵有力。第三节用的词多半比较暗淡、悲观、消极、低沉,其尾韵多半是"n",显得沉闷抑郁。

荷尔德林的诗歌创作,喜欢采用"楼梯"形式。特别是在这首诗中,感情真挚,语句简洁,排列有序,节奏明快,具有高度的艺术性。著名作曲家勃拉姆斯(1833—1897)等曾把本诗谱成乐曲,广为流传。　　(孙坤荣)

致命运女神们

荷尔德林

万能的女神们,只求你们赐予我一个夏季!
　再加一个让我的诗歌成熟的秋季,
　　我的心满足于这甜蜜的游戏,
　　　然后我就愿意死去。

这颗心,在活着时没有获得它那神圣的权利,
　在九泉之下也不会安宁;
　　可是我相信,有一天这神圣的事业,
　　　萦系在我心上的诗歌总会成功。

那时,欢迎你,冥府的寂寞!
　我会感到满足,即使我的乐器
　　没有陪伴我一起下去演奏;
　　　我已像神一样生活过了,就别无需求。

(孙坤荣　译)

《致命运女神们》是一首颂歌,作于1798年。当时荷尔德林正在创作悲剧《恩沛多克勒斯之死》,从诗中可以看出作者对这部诗剧所花费的心血和对成功的希冀,但也流露出命运的不济和对死亡的满足。为此,诗人于1799年7月8日写给他母亲的信中,再次谈到了这首颂歌:"这首小诗不该使您不安,亲爱的妈妈!我无非是希望有一个宁静的时间,以便完成这部作品(指《恩沛多克勒斯之死》——引者注)。"

　诗中的命运女神是复数,指的是罗马神话中的三个命运女神,也就是希腊神话中的摩伊拉(一译墨依拉)三姊妹。其中的克罗托专司生命之线的纺织;拉克西斯搓扭生命之线,决定着命运的好坏;阿特洛波斯

专司切断生命之线,使生命终止。这三个女神决定了荷尔德林的诗歌创作和一生的命运。为此,诗人在诗中向命运女神们提出了要求,这无疑是剖剥心怀的内心独白,祈求女神赐予时间,以便完成他正在创作的悲剧——公元前5世纪古希腊哲学家和医生恩沛多克勒斯投身埃特纳火山口的故事。诗人为创作这部悲剧,呕心沥血,但没有完成,只留下三部残稿。

但是这篇诗歌的意义不在于诗人创作悲剧这一具体事实,而在于诗人艺术地、形象地表达了作为一个诗人的神圣的权利,并由此向命运女神们提出了抗争。荷尔德林诗才横溢,作为诗人,深感自己肩负的重任。他要把诗歌献给人民,并以此去鼓舞人民、教育人民、激励人民。他把这称为甜蜜的游戏、神圣的事业。诗人没有完成诗歌创作,没有获得神圣的权利。假如死去,"在九泉之下也不会安宁";相反,完成了诗歌创作,获得了神圣的权利,诗人就愿意死去。这时候,到了阴间冥府,即使没有把竖琴带下去演奏(指诗歌创作),也会感到满足。荷尔德林把诗歌创作与神的生活等同起来,这是何等的崇高啊!

荷尔德林一生的遭遇十分不幸,由于时代的悲剧、事业的悲剧和个人生活的悲剧,命运女神们没有对他青睐,他最后还是被"命运"所压倒。但是,他留下的诗篇却成了诗人们的共同心声。 (孙坤荣)

谢 罪

荷尔德林

神圣的造物主!我时常打扰你美好的
　　神仙般的安静,而你从我身上
　　　体会到了好些更隐秘的
　　　　更深层的人生的痛苦。

噢,忘了吧,宽恕吧!我要离你而去,
　　如同那边的浮云离开宁静的月亮,

你又可以在你那美境中安息,

重新照耀,你可爱的光!

(孙坤荣　译)

　　这是一首忏悔诗,作于1798年,表达了诗人当时的心绪。荷尔德林在1796年初到法兰克福银行家贡塔尔德家当家庭教师,后来与女主人苏赛特发生了爱情。两人一起读书,一起娱乐,情投意合,如胶似漆。在这个时期他创作了许多抒情诗,把恋人苏赛特称为"狄奥提玛",作为希腊美的象征来歌颂(在这之前和之后他写过多首关于狄奥提玛的诗歌)。狄奥提玛是柏拉图《文艺对话录》中的人物,为希腊曼提尼亚的女祭司,苏格拉底曾受教于她,听她讲述爱的真谛。但是,荷尔德林深知他和苏赛特的这种无望的爱情不可能持久,内心充满了矛盾。这首"谢罪"诗就是在这种背景下写成的。

　　全诗两节八行。第一节开始就向造物主请罪,由于自己的过错因而时常打扰神的安静。但紧接着又表露了心胸:"我"打扰了你,而你却从"我"身上体会到了更隐秘的、更深层的人生的痛苦。这种人生的痛苦不单是"我"有,别的人也都有;不单是爱情的痛苦,还包含别的方面的痛苦。第二节诗人请求宽恕,他决心离开这里,不再以自己的痛苦打扰造物主。在这里,诗人把浮云和月亮的关系,既比喻自己和造物主的关系,也比喻自己和苏赛特的关系,语义双关,情真意切。果然,就在1798年9月荷尔德林毅然离开苏赛特回到故乡。但是,他对苏赛特的真诚的恋情一直没有忘怀。

(孙坤荣)

故　乡

荷尔德林

船夫兴高采烈地从遥远的岛上

　　回到寂静的河边,如果他满载而归;

　　　假如我获得如此多的痛苦

　　　　就像如此多的财富,我也要回到故乡。

从前培育过我的可爱的河岸，
　　　你们能应诺我，消除我爱情的痛苦？
　　　　我少年时代的那些树林，
　　　　　如果我回来，能否还再让我休憩？

　　在清凉的溪边，我看到过水波嬉戏，
　　　在河流边，我看到过舟船航行，
　　　　不久我要回到那里；又要见到那些
　　　　　从前守护过我的亲爱的山峰，故乡的

　　崇高的安全的边界，母亲的房舍
　　　以及亲爱的姐妹们的拥抱，
　　　　不久我要向你们问好，你们将包围我，
　　　　　就像绷带缚住一样，医治好我的心病。

　　你们这些永远忠实的亲人！但是我知道，我知道，
　　　爱情的痛苦，不会很快就能给我治愈，
　　　　催眠曲纵然能使垂死的人得到安慰，
　　　　　可是它不能把爱情的痛苦从我胸中消除。

　　因为，把天上的火种给予我们的神，
　　　同时也把这种神圣的痛苦赠给了我们，
　　　　因此它将永远存在。我是尘世间的
　　　　　一个儿子；我享受爱情，也经受痛苦。

（孙坤荣　译）

　　《故乡》一诗原作于1798年，当时只有前面两节八行。1799年，荷尔德林辞去法兰克福贡塔尔德家家教一职后，回到家乡，在原来两节基础上修改扩充成现在的六节二十四行。

　　这是荷尔德林失恋后回到故乡的"内心独白"。诗歌一开始，以船夫兴高采烈满载而归与自己相比。船夫获得的是财富，而自己获得的却是

痛苦。即使这样,他还是愿意回到故乡。因为故乡有培育过他的河岸,孩提时休憩过的树林,嬉戏过的溪流,守护过他的山峰及慈祥的母亲和亲爱的姐妹们。但是,纵然故乡的大自然是那么美丽、那么令人陶醉,故乡的亲人是那么慈爱、那么关怀自己,也不能把爱情的痛苦从"我"心中消除。诗人在这里,通过对许多具体事物的描绘,充分表达了对故乡对亲人的热爱之情,同时也表露了自己内心的矛盾和痛苦。诗的最后一节是带有总结性的至理名言。诗人认为,神既把火种给予人类,同时也把爱情赠给人类;人类既享受爱情,也将经受苦难。诗人面对这个现实,有着充分的思想准备,因此他并没有消极悲观,而是在家乡适当休憩后,开始了新的历程。从这个意义上说,《故乡》不是一首悲歌,而是一首颂歌。

(孙坤荣)

生命的一半

荷尔德林

挂着黄灿灿的梨子,
长满一簇簇野蔷薇,
陆地映入湖水中。
那些可爱的天鹅,
被亲吻所陶醉,
你们把头浸入
神圣洁净的水中。

我真悲痛,冬天来到,
我到哪里去采集花朵,
哪里有和煦的阳光
和大地的荫影?
围墙无言地、
冷酷地矗立着,

风信旗在寒风中作响。

(孙坤荣 译)

这首诗歌作于1803—1804年,是荷尔德林后期名诗之一。我们可以从两方面来理解。首先,把它看作一首自然写景诗。第一节写春夏的景色,诗人描绘了大地上的果木和花草,没有泛泛地列举,只写了"梨子"和"野蔷薇"。湖水清澈,陆地映入湖中。大地的景色,诗人不是在陆上所见,而是在水中所见,更增添了几分诗情画意和神秘色彩。与此同时,象征春天、爱情的天鹅在水中嬉游,无忧无虑,十分陶醉,一派生机盎然的景象。第二节写秋冬的景色。自然界的季节变化是极其正常的,秋天过去,冬天来到,没有花朵,没有阳光。只有冷酷的围墙默默地矗立在那里,寒风中的风信旗发出格格的声响。这寒冬的景象寂寥、萧瑟,完全破坏了生机盎然、万物和谐的春夏景象,诗人感到无限的悲痛。其次,它也是一首人生旅程诗。第一节写生命的前半,也就是青春年少时期,朝气蓬勃,硕果累累,为爱情所陶醉,为使命所驱使。第二节写生命的后半,也就是老年垂暮时期,孤独、寂寞,在孤苦中了此余生。我们也可以把上述两种理解结合在一起,那么,这首诗就暗喻人生和岁月流逝、夏去冬来相似,表达了人与自然生命融为一体的主题。

荷尔德林由于长期忧郁而身心受到很大损害。1802年6月,他精神已开始有些失常,从法国步行回到家乡。当他得知恋人苏赛特已于6月下旬去世后精神上受到沉重打击。本诗就是在这个时期创作而成的。联系他七十三年的生命,前三十多年是在正常、健康的情况下度过的;后三十多年是在精神失常的情况下度过的,差不多刚好是生命的一半。荷尔德林不幸为他自己所言中了。所以后来有的人写荷尔德林传记和摄制他的传记影片,其标题就用《生命的一半》。

(孙坤荣)

诺瓦利斯(2首)

诺瓦利斯(Novalis, 1772—1801),原名弗里德里希·封·哈登贝格(Friedrich von Harderberg),德国早期浪漫派诗人。出生于一个贵族世家。1790年入耶拿大学学习法律,但听得最多的课程是哲学和历史。哲学教授赖因霍尔德和历史教授席勒对他影响很大。1791至1793年在莱比锡大学学习,结识弗·施莱格尔。大学毕业后,遵从家庭的愿望在行政部门任公职。这期间他研究了费希特哲学,"行为道德"学说深深地激动着他。1796年初,他去魏森菲尔斯任盐务官。该地离耶拿不远,他常和施莱格尔兄弟一起探讨哲学和诗歌问题,成为早期浪漫派的主要成员。1797年底由于业务上的需要,他被派到弗赖贝格矿山研究院,进修自然科学和技术科学。这就使他了解到当时欧洲科学技术的新发展——正处于突破传统的机械领域,开始了革命的转折。科学技术的发展影响到他的世界观和文学活动。1799年春,他结束进修回到魏森菲尔斯,本来将要得到新的任命,但由于染上肺病,1801年3月25日逝世,只活了二十九岁。

诺瓦利斯很早就显露出诗歌才能,但过早去世,留下的作品不多。代表作《夜之赞歌》(一译《夜颂》),是为悼念早亡的未婚妻而作。十五首《宗教歌》,作于1799年夏至1800年秋。《亨利希·封·奥弗特丁根》(1802)是他的一部未完成的长篇小说。生前发表取名《花粉》的片断汇集共有114条,刊登在1798年5月出版的《雅典娜神殿》第一卷第一期上,"诺瓦利斯"这一笔名就是从这时开始使用的。这些片断表明了他对当时哲学和文学问题的看法。此外,他还写有反对启蒙运动和法国革命的论文《基督教或欧罗巴》(1826),希望出现一个由新的教会领导的理想化的中世纪社会。

诺瓦利斯被认为是德国早期浪漫主义的代表诗人,对后来诗人影响颇大。

夜之赞歌(其一,节选)

诺瓦利斯

……………

我转而沉入神圣的、不可言传的、神秘的夜。

世界在远方——
仿佛陷进了深邃的墓穴
——它的处所荒凉而孤寂。
胸口吹拂着深沉的忧伤……
　　……黑魆魆的夜呀,
你可曾也在我们身上找到一种欢乐呢?……
从你的手里,
从罂粟花束上滴下了珍贵的香油。
你展开了心灵的沉重的翅翼……
我感到光亮是多么可怜而幼稚啊!
白昼的告别是多么可喜可庆啊……
夜在我们身上打开的千百万只眼睛,
我们觉得比那些灿烂的群星更其神圣。
它们比那无数星体中最苍白的一颗看得更远;
它们不需要光,
就能看透一个热恋的心灵的底层,
心灵上面充满了说不出来的逸乐。
赞美世界的女王,
赞美神圣世界的崇高的宣告者,
赞美极乐之爱的守护神吧!——
她把你送给了我——
温柔的情人——
夜的可爱的太阳——
现在我醒了——
因为我是你的,
也是我的——
你向我宣告夜活了——
你使我变成了人——

用精神的炽焰焚化我的肉体吧,

我好更轻快、更亲切地和你结合在一起,

永远过着新婚之夜。

(刘半九　译)

夜之赞歌(其三)

诺瓦利斯

从前,当我流着辛酸的眼泪——

当我沉浸于痛苦之中,

失去了希望,

我孤单单地站在枯干的丘冢之旁,

丘冢把我的生命的形姿埋在狭窄的黑暗的地室里,

从没有一个孤独者像我那样孤独,

我被说不出的忧心所逼,

颓然无力,

只剩下深感不幸的沉思——

那时我是怎样仓皇四顾,

寻求救星,进也不能,退也不能——

对飞逝消失的生命寄以无限的憧憬——

那时,从遥远的碧空,

从我往日的幸福的高处降临了黄昏的恐怖——

突然切断了诞生的纽带、光的锁链——

尘世的壮丽消逝,

我的忧伤也随之而去。

哀愁汇合在一起流入一个新的不可测知的世界——

你,夜之灵感,

天国的瞌睡降临到我的头上。

四周的地面慢慢地高起——

在地面上飘着我的解放了的新生的灵气。

丘冢化为云烟,

透过云烟,

我看到我的恋人的净化的容貌——

她的眼睛里栖息着永恒——

我握住她的手,

眼泪流成割不断的闪光的飘带。

千年的韶光坠入远方,

像暴风雨一样——

我吊住她的脖子,

流下对新生感到喜悦的眼泪。

这是在你、黑夜中的最初之梦。

梦过去了,

可是留下它的光辉,

对夜空和它的太阳、

恋人的永远不可动摇的信仰。

(钱春绮 译)

《夜之赞歌》是早期浪漫派诗歌中最有代表性的作品。1794年11月,诺瓦利斯在巴特滕施台特工作时认识邻居家一个十二岁的女孩索菲·封·库恩,为她的美貌和气质所吸引,深深地爱上了她,第二年两人订婚。但1797年3月19日,年轻的未婚妻因患病去世,这对他打击很大。诗人多次去她墓地凭吊,感慨万千。1800年1月底至2月初,写下了这篇《夜之赞歌》(《夜颂》)。

《夜之赞歌》共六首,现存有两个版本,一个是自由韵律分行诗体,一个是1800年在《雅典娜神殿》第三卷第二期上发表的散文体(第四、五、六首有部分分行诗体)。两个版本文字略有出入,现在通行的是后者。这篇抒情诗表现了诗人对未婚妻的深情悼念,歌颂了黑夜、死亡、疾病和梦境。

《夜之赞歌》第一首,主要是用热烈的、病态的语言,歌颂"神圣的、不可言传的、神秘的夜"。诗人把光亮说成"多么可怜而幼稚啊!白昼的告别是多么可喜可庆啊"。诗人特别喜爱黑夜,因为黑夜将使他心灵充满说不出来的逸乐。"逸乐无非是一种兴奋的病态的自我感觉,一种在苦乐之间动摇不定的斗争。"(勃兰克斯:《德国的浪漫派》第187页,人民文学出版社)在一般常人看来,夜是黑暗的,并显得寂寞和恐怖,而对诺瓦利斯来说,"夜在我们身上打开的千百万只眼睛,我们觉得比那些灿烂的群星更其神圣"。他把夜称作世界的女王、神圣世界的崇高的宣告者、极乐之爱的守护神,对它大加赞美。诗人要和夜更轻快、更亲切地结合在一起,永远过新婚之夜。对于"夜"如此歌颂,在德国文学史上乃至世界文学史上都是罕见的。因此,不少评论家认为,诺瓦利斯和其他一些德国浪漫派作家对夜的迷恋完全出自一种病态心理,是一个肺病患者所希望的一切。"他们的诗艺实际上是一种疾病。"(海涅语)

《夜之赞歌》第三首乃全诗的核心。诗人在未婚妻索菲去世后,经常来到她的墓地,沉浸于痛苦之中。诗歌的开头就是抒写这种心情的。诗人感到自己的生命的形姿像被埋在狭窄的黑暗的地室里一样,孤独彷徨,忧心忡忡,"仓皇四顾,寻求救星,进也不能,退也不能"。但紧接着出现了转机——这不是别的,而是黄昏降临,诗人感到无限的喜悦,"忧伤也随之而去"。黄昏之后是黑夜,"你,夜之灵感,天国的瞌睡降临到我的头上。……在地面上飘着我的解放了的新生的灵气"。诗人在黑夜来临之后,获得了"解放",获得了"新生的灵气",他对黑夜有一种不可名状的情感。在1797年5月13日,诗人又一次来到索菲的墓地。黑夜降临,他感到坟墓(丘冢)就像云烟在面前升起。诗人离索菲越来越近,他终于看到了她的净化的容貌。他握住了她的手,"眼泪流成割不断的闪光的飘带",他向她倾诉了衷情。这首诗的最后,诗人也说出了这是"黑夜中的最初之梦",但梦过去了,留下的却是它的光辉,以及"对夜空和它的太阳、恋人的永远不可动摇的信仰"。诺瓦利斯对夜的描写与众不同,他把夜和恋人的死亡、自己的疾病、幸福的梦境联系在一起,给人一种既神秘又神圣的感觉。而这样的描写完全出自诗人主观的真情实感和个人的实际经验。它以崭新的手法反映了分离和痛苦之情,因此在艺术上有重要的创新。

海涅在《论浪漫派》中认为,诺瓦利斯是真正的神秘主义者。"诺瓦利斯,到处看到的只是奇迹,娇媚可爱的奇迹;他倾听花草树木的交谈……和整个大自然合而为一。"又说,诺瓦利斯"完全是真正的浪漫派诗人"。(《海涅全集》第8卷102,103页,河北教育出版社)丹麦文学批评家勃兰克斯在《德国的浪漫派》中说:"憎恶白昼和日光,在浪漫主义者身上是司空见惯的……诺瓦利斯在他的名著《夜颂》中,不过在这条道路上走得更远罢了。他所以爱夜,是容易理解的。因为夜向'我'隐藏了周围的世界,它便仿佛把'我'驱进了自身。自我感觉和夜的感觉是二而一,一而二的。"(第188页,人民文学出版社)

以上评论将帮助我们理解诺瓦利斯的作品。他的诗歌虽然不多,但他的艺术成就在世界诗坛上却有着重要的影响。 (孙坤荣)

乌兰德 (2首)

路德维希·乌兰德(Ludwig Uhland, 1787—1862),德国浪漫派诗人,出生于图宾根一个职员家庭。拉丁文中学毕业后,入图宾根大学学习法律,1808年毕业,并通过律师考试。1810年获法学博士学位。他长期担任律师和大学语言、文学教授,1848年革命后,被选入国民议会,是当时一位著名的学者和活动家。

乌兰德在十三四岁时就开始写诗,1807年发表第一批诗作二十七首。后来他一面从事律师或教授工作,一面写作诗歌。1815年出版的第一本《诗集》,具有浪漫主义倾向,其中著名的有《铁匠》《投宿》《春天的信念》和叙事谣曲《复仇》《歌手的诅咒》等。这个时期他与施瓦本地区其他诗人,如凯尔纳、施瓦布等交往甚密,成为施瓦本浪漫派的领袖。后来他发表的一些诗集,以民间叙事诗最有代表性,如《退尔之死》(1831)、《艾登哈尔的幸福》(1834)等。

乌兰德积极参加争取自由和统一的政治活动,并为反拿破仑的解放战争取得胜利而欢欣鼓舞。1814年他写了《致祖国》《一个德国歌手之歌》等爱国诗篇,并出版《祖国诗集》,表达他对故乡的衷爱和期望祖国统一、人民自由的热情。除了诗歌外,他还创作戏剧,写有二十多个剧本。后期主要从事学术研究,发表关于日耳曼语文学的著作。

投 宿

乌兰德

最近我投宿一家旅店,
店主对我招待真亲切;
一只金苹果是他招牌,
高高地挂在树枝头上。

原来我投宿的这旅店,
是一棵善良的苹果树;
他对我款待十分殷勤,
给我甜食和新鲜果汁。

许多轻捷欢快的客人,
也来到他的旅店住下;
它们自由跳跃并美餐,
还唱着最动听的歌曲。

我在软绵绵的绿垫上,
找到一张床供我休憩;
店主用他清凉的树荫,
亲自为我遮盖在身上。

于是我问他多少费用,
他却摇晃着他的梢头。

谨祝他时时得到保佑,

从他的树根直到树梢。

(孙坤荣 译)

海涅在《论浪漫派》中称乌兰德为"真正的抒情诗人","他是幸福的施瓦本地区的骄傲,所有说德语的人们都为这高贵的歌手的心情感到高兴"。(《海涅全集》第8卷161页,河北教育出版社)《投宿》是乌兰德最优美的抒情诗之一,作于1811年11月,具有浓厚的民歌风格。

诗歌中所写的"投宿",实际就是在一棵大苹果树底下休息。诗人以丰富的想象把眼前的情景描写得十分逼真,如同住"旅店"一般。全诗五节,第一节抒写了诗人投宿的是怎样的一家旅店,"一只金苹果是他招牌"。第二节说明了诗人受到的殷勤款待,甜美的果品任其享用。第三节描绘了许多飞鸟同时也来到这棵苹果树中休息,诗人以轻松幽默的笔触写了这些"客人"的动态。第四节显示了诗人在旅店得到很好的休憩:他睡在绿茵上,树荫遮盖在他身上,悠然自得。最后一节画龙点睛,道出了投宿这样的旅店不需要费用;为此,诗人愿上帝赐福于苹果树,保佑他平安生长。这首诗里的苹果树——"店主"——完全拟人化了,真像店主一样,因此笔者在翻译时也全用了"他"(德语中苹果树也刚好是阳性),以增强店主与旅客之间关系的气氛。

本诗的语言通俗生动,韵律十分齐整,通篇都是abab韵;诗歌含义幽默风趣,整个基调乐观欢愉。因而它一直被选入德国中学教材,并由作曲家菲舍尔、克罗伊策尔等谱成了歌曲,广为流传。　　(孙坤荣)

春天的信念

乌兰德

和煦的轻风已经苏醒,

它们日夜不停地吹拂,

它们在到处活动忙碌。

噢,清新的香气,新的声响!

如今,可怜的心啊,别再烦恼!
现在一切的一切都要变化。

世界将一天天变得更加美丽,
人们不知道还会变成怎样,
各种花朵开放不完。
在最远最深的山谷中也开着鲜花:
如今,可怜的心啊,忘掉苦恼!
现在一切的一切都要变化。

(孙坤荣 译)

《春天的信念》是乌兰德代表性诗篇,作于1812年。后来他曾把自己创作的关于春天的诗歌辑成一组,题名《春天的歌》,共八首,本诗排列第二。

这首诗歌仅两个自然段,共十二行,语言朴实,明白晓畅,不需要多加说明。诗人以欢乐的心情迎接春天的到来,反复歌颂了一个思想:春天来到,万物都要更新,"世界将一天天变得更加美丽";规劝世人,别再烦恼,忘掉苦恼,对春天应充满信念。诗歌语言简洁,音韵优美,用的是aabccd韵。门德尔松、舒伯特等十几位作曲家曾为本诗谱曲。 (孙坤荣)

艾兴多尔夫 (5首)

约瑟夫·弗赖赫尔·封·艾兴多尔夫(Joseph Freiherr von Eichendorff, 1788—1857),德国诗人和小说家。出生于上西利西亚的卢博维茨城堡的一个贵族家庭,1857年11月26日于尼斯逝世。他被公认为德国浪漫主义抒情诗人之一。早年在布雷斯劳上天主教中学,1805至1806年在哈勒攻读哲学和法学,1807年在海德尔堡大学继续深造,和那里的浪漫主义作家布伦塔诺和阿尔尼姆等人结识,并开始发表诗作。随后他到德国各地和奥地利旅行,后来去了柏林。1810年在维也纳和德国浪漫主义创始人之一弗·施莱格尔来往甚密,受到他的一定影响。1813年普鲁士解放战争爆发，他志愿报名参加吕措夫自由军团抗击拿破仑。这场战争造成艾兴多尔夫家族的衰落和卢博维茨城堡的巨大损失，这是他在诗歌中充满多愁善感的根源。在解放战争年代里，他写了两部散文作品、一部浪漫主义的长篇小说《预感与现实》(1815)和童话《大理石雕像中篇小说集》(1819)。1826年写的中篇小说《一个废物的生涯》，则是德国中篇小说中不可多得的瑰宝。1831年在柏林文化部任天主教事务和学校事务顾问，1844年辞去普鲁士国家公职，以便全力投入诗歌和文学史的写作。他的一部分文学作品，特别是那些几乎没有搬上过舞台的少数剧本，今天早已被人们所遗忘。但是他的一些抒情诗，特别是那些描绘大自然的抒情诗，歌颂了德国的原野和森林，风格接近民歌，为广大读者所喜闻乐见，受到人们的极大欢迎，并被一些著名的作曲家如舒曼、门德尔松和施特劳斯等谱成乐曲，广为传诵。

告　别
——在卢博维茨附近的森林中
艾兴多尔夫

哦，宽广的山谷，哦，高处，
哦，美丽、苍翠的林薮，
你是我欢乐与痛苦
和虔诚的住所！
在外边，经常受骗，
纷扰、忙碌的人世间，
你绿色的天幕，请在我
周围，再画一条弧！

曙光初露的清晨，
大地的雾霭闪烁和蒸腾，
鸟儿欢乐的啼声，

在你内心发出共鸣:
那种浊世的烦恼,
但愿消散干净,
到时你将复苏,
重新焕发出青春!

在那寂静的森林,
写着一句肃穆的引文,
谈论人类的真谛,
和正直的行为与爱情。
我已忠实地念过
那朴实的至理名言,
它贯穿我整个心身,
清楚明白自不待言。

不久我要离你远行,
漂泊异乡,行踪无定,
在五光十色的旅程,
观赏人生的戏文;
在我一生的中途,
你那力量的真诚
将振奋孤独的我,
使我的心永葆青春。

(韩世钟 译)

　　《告别》作于1810年,是艾兴多尔夫告别故乡卢博维茨时所写的一首诗,也是诗人抒写的森林诗中最脍炙人口的一首。本诗共分四节,第一节写卢博维茨是诗人欢乐与痛苦的住所,那儿有宽广的山谷和苍翠的林薮。一句话,是个美丽的地方。这个地方和纷扰、忙碌的人世间比较起来,实在是个安乐窝。他要远行,对此多少有些留恋;诚如我们俗语所说:"外面金窝银窝,不如家里的草窝。"第二节描绘家乡美丽的景色,虽然这里也有烦恼,但会像云雾消散,重新会焕发青春。第三节诗人进一步在森林里念到至理名言和人生真谛,这里包括人的正直行为和爱情。但是仅仅在森林里是找不到这些东西的,要找到这些东西必须走出森林。由此承上启下,引出离家远行的第四节。这一节所描绘的情景不仅在诗歌中有,在小说中也有。艾兴多尔夫的诗歌和散文,以此作主题的不少。这与诗人本身生活经验有关,也是他作品的一个特色。全诗总结为"在五光十色的旅程"中"观赏人生的戏文"。门德尔松曾为本诗谱曲,使它成为家喻户晓的名篇。 (韩世钟)

断裂的指环

艾兴多尔夫

一个凉快的溪谷中,
磨坊的轮子在转动,
那里住过我的恋人,
如今却不见她影踪。

她向我海誓山盟,
还送我指环一枚,
她如今弃义背信,
那指环断成两半。

我愿当一名歌手,
旅游到海角天涯,
唱起自编的歌曲,
从一家到另一家。

我愿当一名骑兵,
走进浴血的战争,

黑夜躺在沙场上，
四周是微火余烬。

我听见磨坊的轮声，
我的心就怔忡不定，
我想最好离开红尘，
一下子就全得安宁。

（韩世钟 译）

　　《断裂的指环》作于1810年，是一首民歌式的杰作。它从断裂的指环讲到恋人的背信弃义，恩断义绝。诗人艾兴多尔夫讲的不仅是指环，而且是恋人间的恋情，这里"断裂"这个词语义双关。诗的第一节和最后一节，前后呼应，借物思人。读了这首诗，不禁使人想起一首中国诗：

去年今日此门中，
人面桃花相映红。
人面不知何处去，
桃花依旧笑春风。

　　这里的桃花，在《断裂的指环》这首诗中，换成了磨坊的轮子声。门德尔松曾为此诗谱曲，这首诗在德国成了家弦户诵的名曲。　　（韩世钟）

快活的漫游人

艾兴多尔夫

上帝要对谁表示真心的宠爱
就遣送他去广阔的世界；
在高山、森林、江河和田野，
给他显示他创造的奇迹。

躺在家里没事干的懒人，
没法在曙光中恢复精神，
他们只知道给子女操心，

为糊口而劳累、忧虑和困顿。

小溪从山间跳跃奔腾,
云雀在天空唧唧欢鸣。
我干吗不该扯开嗓门,
敞怀和它们同唱助兴?

我把万物交托给亲爱的上帝;
云雀、森林、田野、小溪
以及天地都要受他的管理,
我的事情也要听凭他的旨意。

(韩世钟 译)

  艾兴多尔夫写过一篇闻名世界、为德国人喜爱的中篇小说《一个废物的生涯》。而1817年产生的《快乐的漫游人》这首诗就是这篇小说中的一支歌。小说主角是个缺乏生活经验、非常天真可笑的小伙子。他父亲开个磨坊,他饱食终日,无所用心,有时细听磨轮的转动声,有时躺在树荫下仰望天空,拉起提琴唱起歌;他不问世事,一切听凭上天安排,大有船到桥头自会直的样儿。他曾在一个贵族夫人家里当园丁,偷偷爱上了一个漂亮女子,向她唱歌抒恋情,向她送花献殷勤,可惜那女子不知他的意思。一天他见自己的提琴上积满灰尘,遂起外出漫游的念头,于是伙同一些人去了意大利。上述这首诗就是他在刚出门时唱起来的。全诗四节,第一、二节做了对比,说明出门漫游者是上帝所宠爱的,而躺在家里睡懒觉的,不配看到清晨的曙光。就像以色列人出埃及时,在旷野必须起早捡吗哪当食物充饥,起得晚了,吗哪在阳光下融化了。第三节写主角在大自然中的快活心境,第四节则表达主角听天由命的思想。这里写的虽然是那个小伙子,其实也是诗人本意的流露。我们如果把这和同一小说中的另一首诗来对照,多少能看出这快乐小伙子的心态。

  谁要想出外旅行,
  就得随带恋人,

不然别人欢欣，
出门人则孤苦伶仃。

你们这些暗黑的树顶，
美丽的古代可曾知情？
山峰后边便是故村，
离这里有不少路程！

我最爱看天空的星辰，
我去幽会时它们眨眼睛，
夜莺在她门前啼鸣不停，
我最喜欢听它的歌声。

清晨使我兴奋，
周围静寂无声，
我登上远处最高的山顶，
德意志，衷心问候您！

　　读了这两首诗，我们可以这样说，艾兴多尔夫的诗擅于描绘大自然，文字朴实无华，但有很高的意境。前面选译的那首诗曾由弗勒利希谱曲，在民间广为传诵。

（韩世钟）

月　夜

艾兴多尔夫

苍天仿佛默默地
吻过了大地，
她在花丛闪光里
对天梦牵依依。

和风吹过田地，
麦穗起伏微微，

森林絮絮低语,
星空澄澈如洗。

我的心灵宽广地
舒展它的双翼,
飞过宁静的大地,
仿佛朝家乡飞去。

(韩世钟 译)

《月夜》作于1830年左右,是诗人抒情诗中的名作。如同艾兴多尔夫喜欢在诗中描绘天空、大地、月亮、夜晚、星光、山谷和森林那样,在这首诗中,诗人对月亮、夜晚、森林、星光和大地做了咏唱,全诗三节十二行,勾勒出了一片美丽、幽静的夜景。这首诗在诗人的全部抒情诗中非常典型,带有诗人独特的风格和德国后期浪漫主义诗歌的特点。诗人从月夜而思念故乡,这样的诗歌在我国也是常见的,如下面这首诗是人们所熟知的:

床前明月光,
疑是地上霜。
举头望明月,
低头思故乡。

艾兴多尔夫的《月夜》曾由舒曼作曲,广为传诵。 (韩世钟)

憧 憬
艾兴多尔夫

天上星星闪烁着金光;
我孤独地站在窗旁,
听见静静的远方,
传来邮车的号角响。
我的心儿在胸中燃烧,

我作着暗暗的思考:
在这美丽的夏日良宵,
啊,有谁旅行在一道!

两个年轻的伙计,
走过山坡的前方,
沿着这静静的地区,
听他们在边走边唱:
唱令人眩晕的壑隙,
风中树木微微叹息,
他们唱深谷的清泉,
倾泻入那森林之夜。

他们唱那大理石像,
还唱岩顶上的园林,
暗叶掩映荒芜凄凉;
他们唱月下的宫廷,
在那美丽的夏日夜晚,
当琵琶琤琤作声,
喷泉困倦地如泣似咽,
少女倚窗仔细窃听。

(韩世钟 译)

《憧憬》作于1830至1831年,是艾兴多尔夫描绘大自然的一首代表作。诗中主角从星星、月光、深谷的清泉抒发自己淡淡的哀愁,诗中的"我"从远处邮车的号角响,想到远方的来客。原来有两个漫游的小伙子,在边走边唱歌。他们唱深壑、树木、深谷的清泉、大理石像、园林和宫廷。全诗在最后一句,才画龙点睛地指出诗中的"我",就是那位少女。吕拉曾为本诗谱曲。

(韩世钟)

德罗斯特-许尔斯霍夫 (2首)

安妮特·封·德罗斯特-许尔斯霍夫（Annette Von Droste-Hülshoff, 1797—1848），德国女诗人，出生于明斯特附近的许尔斯霍夫庄园，她的家庭是古老的威斯特法伦天主教贵族世家。她从小身体病弱，很少与外界来往。十岁开始跟她的家庭教师学习数学、拉丁文、希腊文、法文、荷兰文、意大利文和英文。她从小就显露出诗文才能和音乐天赋。1826年父亲去世，她长期住在母亲的吕施豪斯庄园，过着寂寞的生活。1841年迁居博登湖畔的梅尔斯堡宫她姐夫家。这时期她和青年作家莱温·许京（1814—1883）互相爱恋，写有多首《赠莱温·许京》的诗篇，但由于年龄差别太大及其他原因，未能结成眷属。1848年5月在该地逝世。

德罗斯特-许尔斯霍夫生活的时代，正是法国大革命至1848年革命这一激烈动荡的时代，但是她既害怕永世长存的社会制度，又惊恐彻底变革的革命风暴。因此她有意避开一切社会事件和政治斗争，过着隐居的生活。她从1813年开始创作诗歌，早年受浪漫主义的影响写了骑士史诗《华尔特》（1818）。1838年出版第一本《诗集》，1844年出版第二本《诗集》。她还创作了著名中篇小说《犹太人的山毛榉》（1842）和游记文学《威斯特法伦画卷》（1845）。她去世后，莱温·许京编纂出版了她的三卷全集。她的诗歌以别具一格的思想内容和艺术特色，获得诗坛的重视。女诗人具有细致敏锐的观察力，她的作品主要是歌咏威斯特法伦地区的自然风貌、风土人情、山川景色；她把故乡的原野、山林、沼泽、湖泊以优美生动的笔触展现在读者面前，人物心态和自然景色有机地交融在一起，形成一幅幅威斯特法伦地区的风俗画。著名诗篇有《原野画卷》《在草地里》《月出》等。她被认为是19世纪德国最出色的女诗人。

赠莱温·许京

德罗斯特-许尔斯霍夫

我看见你青春的血在热烈地沸腾，
　噢，别问，什么东西使我深深地激动，

为何悲伤的泪珠从我睫毛上落下,
掉在你那明亮的额头上。

从前当我是一个幼稚的孩子时,我曾梦想过,
并在桌子旁孜孜不倦地勤奋学习;
那些单词有着无比的力量,
它们又变成了难以辨认的象形文字!

后来当我觉醒后,我流下了热泪,
这时我感到如此的清醒和理智,
我无拘无束,我过于聪明,
在责骂和鞭子面前一点也不感到恐惧。

可是,当我温柔地看着你的脸庞,
那儿有万千充满活力的生命之芽在萌发,
这时的我,仿佛大自然把我的图像
从魔镜中取出放到自己的面前;

我所有的希望,我心灵的火焰,
我破晓时爱情的曙光,
还有将要消失和已经消失的事物,
我不得不在你那里为这一切而痛哭。

(孙坤荣 译)

  这首抒情诗作于1841—1842年。在此之前,德罗斯特-许尔斯霍夫曾多次到博登湖畔的梅尔斯堡宫她姐夫家做客,结识了青年作家莱温·许京。1841年女诗人迁居到姐夫家,就经常和许京在一起,进一步产生了爱恋之情。在这过程中,她写了多首《赠莱温·许京》,其中以这一首最能表达她的爱恋之情和矛盾心理。

  女诗人在这首诗中直抒胸臆,把她和恋人之间因年龄差别太大不能结合的苦衷充分地表达了出来。当时女诗人已经四十五岁,许京还不

到二十八岁。在19世纪的上流社会里,如果正式结婚,女的比男的大出一二十岁是很罕见也很不体面的;相反,如果男的比女的大一二十岁则是司空见惯、完全无所谓的了。

全诗五节二十行。第一节女诗人就吐露了衷肠。她眼见恋人正是青春年华,全身充满着活力,使她深深地激动。但也正因为这样,她不由得泪珠从睫毛上落下,掉在他的额头上,心里感到非常悲伤。第二、三节是女诗人对童年和青年时代的回忆。她出身贵族世家,聘有家庭教师。孩提时经过"耳提面命",自己的刻苦学习,终于克服了重重困难,掌握了丰富的语文知识。她虽然无拘无束、绝顶聪明,但在贵族家庭里她过的是与世隔绝的生活。第四、五节女诗人通过两人的对比深感彼此之间的强烈反差,爱情的希望破灭,情不自禁地失声痛哭。过去,她"在责骂和鞭子面前一点也不感到恐惧",可是看到了恋人的脸庞,"那儿有万千充满活力的生命之芽在萌发",而自己这时已是"明日黄花",仿佛大自然把她的图像从魔镜中取出一般,"人老珠黄,自惭形秽",无法与他般配。女诗人情感的抒发达到了顶点。最后一节"我不得不在你那里为这一切而痛哭",又和第一节中的"为何悲伤的泪珠从我睫毛上落下,掉在你那明亮的额头上",遥相呼应,珠联璧合。

这首诗用词讲究,格律严谨。通篇都是抑扬格、交叉韵(abab),一唱三叹,哀婉动人。

(孙坤荣)

月　出

德罗斯特-许尔斯霍夫

我倚着阳台上的格子旁
等候着你,你温柔的光!
在我的上空,穹苍的天庭,
消融漂动,宛如混浊的水晶;
缓缓舒展的湖波幽暗模糊,——
是融化的珍珠还是云的泪珠?

四周昏暗,听到潺潺的声响,
我等候着你,你温柔的光!

我站在高处,和菩提树顶并齐,
它的枝干都在我的脚底;
在树叶间听到尺蠖蛾舞蹈之声,
我又看到赤翅虫闪闪地上升,
花儿像半睡一样酩酊昏糊;
这儿似乎有一颗心在寻求归宿,
一颗心,充满了悲哀和欢喜,
充满了幸福的过去的回忆。

黑暗上升,暝色由四面合来,——
我温柔的光,你在哪儿徘徊?——
暝色四合,好像罪恶的邪想,
穹苍的碧波好像在动荡,
赤翅虫的微光颤颤地抖动,
尺蠖蛾早就沉落到土中,
附近只看到森严的峰峦,
在阴暗之中,像阴暗的法官。

树枝在我的脚边私语切切,
好像是警戒,又像是死别;
在遥远的谷中升起嗡嗡的声音,
好像民众在法庭上作不平之鸣;
我觉得,好像有账目要结清,
好像有什么畏缩的迷误的生命,
好像有一颗寂寞的痛苦的心,
抱着罪孽和悲哀,孤苦伶仃。

那边——在碧波上坠落一幅银纱,
虔敬的光,你缓缓地升起光华;
你轻轻地抚摸高山的峰顶,
森严的法官化为慈祥的老人;
碧波的闪动是迎人的微笑,
我看到水滴在各处枝头闪耀,
每一颗水滴好像是一间小房,
在里面闪动着故乡的灯光。

呵,月儿,你好像是我迟暮的友人,
你以青年之身结交我这贫乏的人,
你让我那些死灭的回想
笼罩着生命的温柔的回光,
你不是迷人而炫目的太阳,
在火海里生存,在血中埋葬,——
你好像是病诗人的一篇诗章,
呵,你是陌生的、温柔的光。

(钱春绮 译)

女诗人德罗斯特-许尔斯霍夫善于描写自然风貌和山川景色,1844年创作的《月出》是这方面的重要代表作。

这首诗可以说是咏物抒情的典范。全诗六节。第一节诗人倚在阳台上,在静静地等候温柔的月光的出现。此时天色昏暗,苍穹混浊,只听到潺潺的水声。第二节诗人由远及近,回到身边,菩提树枝干在她的脚下,树叶间尺蠖蛾飞舞,萤火虫闪烁,半睡的花儿酩酊昏糊。诗人的那颗心在寻求归宿,这中间充满悲哀和喜悦,也充满对过去的回忆。第三节诗人笔锋一转,月光没有等来,黑暗却在上升,暝色四合,穹苍动荡,森严的峰峦却像阴暗的法官。第四节诗人触景生情,树枝好像在窃窃私语,山谷中好像响起嗡嗡之声。诗人自己的那颗寂寞的痛苦的心,孤苦伶仃。第五节诗人终于等来了虔敬的月光,它缓缓升起,于是一切都变了样。"森严的法官化为慈祥的老人",水滴在枝头闪耀,好像是一间小房,"在里面闪动着故乡的灯光"(此时女诗人在梅尔斯堡宫,回忆起故乡威斯特法伦的情景)。第六节诗人在月儿身上寄托了她与青年作家莱温·许京的复杂感情,既是咏月也是咏人,并对自己的一生抒发了无限的感慨:"呵,月儿,你好像是我迟暮的友人,你以青年之身结交我这贫乏的人,你让我那些死灭的回想笼罩着生命的温柔的回光。"全诗通过对自然的描写,不断地刺激着抒情主体;到这里,抒情主体的自我表露可以说达到了极限。

在这首诗中,女诗人把自然景色——包括月光、苍穹、云层、湖水、树木、昆虫、峰峦、水珠——和人物的心态有机地交融在一起,通篇借喻,给读者以无穷的回味。女诗人创作态度严谨,讲究诗歌格律。这首诗用的是五音步抑扬格,全诗都是aabbccdd毗连韵,音韵优美,朗朗上口。

(孙坤荣)

海涅 (15首)

亨利希·海涅(Heinrich Heine, 1797—1856),德国革命民主主义诗人。1797年12月13日出生于杜塞尔多夫一个犹太商人家庭。中学毕业后,父母要他经商。1816年去汉堡叔父所罗门·海涅处,爱上了堂妹阿玛丽,开始写抒情诗。1819年秋入波恩大学学习法律,听奥·威·施莱格尔的德国语言史课,并经常与之来往,因而受浪漫派的影响。后来他又到哥廷根大学和柏林大学学习。在柏林时他听过黑格尔的哲学课程,结识了浪漫派作家沙米索、富凯等,并积极参加争取犹太人解放的工作。1825年获法学博士学位。

在1821至1830年期间,海涅曾到德国各地和波兰、英国、意大利旅行。1822年出版第一部《诗集》,次年又出版《悲剧——抒情插曲》。1827年他把早期抒情诗汇集在一起出版,题名《诗歌集》,引起轰动,奠定了他在文坛上的地位。这期间,他还创作了《哈尔茨山游记》等散文作品,也引起巨大反响。海涅这个时期的抒情诗和游记，大多抒写他个人的经历、感受、憧憬，感情真挚，语言优美，具有明显的浪漫主义色彩。

1830年法国爆发七月革命，海涅深受鼓舞，决定前往巴黎。在这儿他结识了大仲马、贝朗瑞、乔治·桑、巴尔扎克、雨果等作家和李斯特、肖邦等音乐家，并与空想社会主义者圣西门的信徒交往，也受到这方面的影响。这时期他写了《论德国宗教和哲学的历史》（1834）和《论浪漫派》（1836）两本著作。为了和激进派诗人内容空洞的"倾向诗"进行斗争，他写了长诗《阿塔·特罗尔，一个仲夏夜的梦》（1843）。1843年底，海涅和马克思在巴黎结识，他受到先进的社会政治思想的影响，诗歌创作达到了新的高峰。这个时期，他发表了《新诗集》（1844），其中包括一部分以《时代的诗》命名的政治诗，和长诗《德国，一个冬天的童话》（1844）。这些诗歌在思想内容和艺术技巧两方面都取得很高的成就，成为1848年欧洲革命前夕时代的最强音。

海涅在1848年革命失败后，忍受瘫痪的痛苦，在"床褥墓穴"用口授方式创作了许多优秀诗篇，其中包括《罗曼采罗》（1851）、《1853至1854年诗集》和一些遗诗。这些诗歌中虽有悲愤忧郁之作，但大多数仍充满战斗的豪情，对祖国和人类的未来具有坚定的信心。1856年2月17日，海涅在巴黎逝世，葬于蒙马特尔公墓。

乘着歌声的翅膀

海　涅

乘着歌声的翅膀，
心爱的人，我带你飞翔，
向着恒河的原野，
那里有最美的地方。

一座红花盛开的花园，
笼罩着寂静的月光；

莲花在那儿等待
它们亲密的姑娘。

紫罗兰轻笑调情,
抬头向星星仰望;
玫瑰花把芬芳的童话
偷偷地在耳边谈讲。

跳过来暗地里倾听
是善良聪颖的羚羊;
在远的地方喧腾着
圣洁的河水的波浪。

我们要在那里躺下,
在那棕榈树的下边,
吸饮爱情和寂静,
沉入幸福的梦幻。

(冯至 译)

  这首诗作于1822年,曾由门德尔松谱曲,是海涅最著名的爱情诗之一。

  海涅写爱情诗,用了很多手法,但归结起来,大致可分为三类。一类是直抒胸臆的,或可称为"动作型"的,比如《我一看到你的眼睛》《我把我的头偎依在你的雪白的肩上》《一个青年有所爱》;一类是通篇借喻的,或可称为"寄寓型",比如《蝴蝶爱着玫瑰花》《一棵松树在北方》《莲花儿战战兢兢》;一类是以比兴为主或以环境描写为主的,或可称为"烘托型",比如《恋人啊,我们并坐着》《哪怕室外的雪堆得很高》《在极美的五月里》。本诗当属于第三类。

  这首诗分五个自然段。前四段全是写环境,直到第五段才写出"爱情"的真意。海涅的时代尚是意境的时代(进入20世纪后在诗里人们才开始大规模地崇尚意象)。这首诗给了我们一个非常美妙的意境,如果用我们中国诗论的概念来说,整首诗也有个"诗眼",那就是"寂静"。这首诗通篇是多么的静啊,"寂静的月光",莲花的"等待",羚羊的"暗地里倾听"自不待言,紫罗兰、玫瑰的"轻笑调情"、"偷偷"讲童话似乎有声。其实谁都知道是无声的,愈发在寂静上加上拟人化的、幽美的色彩,使那个"静"字像涟漪般一圈圈溢开来,静得更深,更可爱了;至于远处恒河水的喧腾,则有如我国古诗"鸟鸣山更幽"的写法,以自然界的有声,进一步托出万籁俱寂的境界。待这个静的环境铺陈得淋漓尽致了,诗人和他的爱侣才出现了,"吸饮爱情和寂静,沉入幸福的梦幻"。这种净化了的、"静"化了的爱情理想在这么一种环境中得以实现,完全是水到渠成了。

这首诗的另一个特色,不妨称之为"辅助诗眼",是神奇。在那个时代的欧洲人(尤其是诗人)心目中,东方是个神奇的世界,陌生和遥远都是神奇的导因。比之诗人们生活的世俗环境,那儿像有一种猜测性的、超脱尘俗的光环。海涅曾在波恩大学听过梵语学家施莱格尔的课,故一直对东方印度心神系之。诗中出现的羚羊是东方诗人(如哈菲兹)常爱描绘的动物;把花儿散发的芬芳喻为花儿的语言,也是东方的表达方式。海涅把诗的环境放在东方,并用了一系列东方的诗歌形象,使诗歌得以神奇化,使难以表达的爱情的美妙神奇得到了充分的烘托,从而充分写出了作者纯真的爱情理想,那无边的向往渴望。　　　　　　(黎奇)

星星们动也不动

海　涅

星星们动也不动,
高高地悬在天空,
千万年彼此相望,
怀着爱情的苦痛。

他们说着一种语言,

这样丰富,这样美丽;
却没有一个语言学者
能了解这种言语。

但是我学会了它,
我永久不会遗忘;
供我使用的语法
是我爱人的面庞。

(冯至 译)

  这是海涅于1822年,为他所爱的堂妹阿玛丽写的一首情诗。可惜他的爱遭到了冷遇。这首诗用星星做比喻,它那千万年高悬天空动也不动的冷漠情状,仿佛是诗人追求的无动于衷的爱人,道出了可望而不可即的惆怅和失望。

  不过,星星的喻义远比单相思、失恋要深刻得多。诗人实际上赋予了星星多方面的内涵,它隐示着不可实现的爱情的丰富含义:有彼此永远相爱的誓约,有不用语言表达的心灵的默契,有他人无法理解而只有相爱者才能解读的语言,有仅凭面庞的一丝表情就可心心相印的沟通。当然,也有那种无法摆脱的永恒的失恋的痛苦……

  这首小诗深得我国古典诗歌所具的"意境"之美,值得人们长夜当空、目视星星而深省不已。倘说李白的望月思乡已家喻户晓,那么,这诗的望星叹情也可以与之相媲美了。

(许自强)

一棵松树在北方

海 涅

一棵松树在北方
孤单单生长在枯山上。
冰雪的白被把它包围,
它沉沉入睡。

> 它梦见一棵棕榈树,
>
> 远远地在东方的国土,
>
> 孤单单在火热的岩石上,
>
> 它默默悲伤。

(冯至 译)

海涅的青年时代可以说是在恋爱的波峰浪谷之中度过的。他的《诗歌集》向人类奉献了许多幸福美丽的爱情诗,然也不乏充满失恋痛苦的篇章。《一棵松树在北方》就是一首典型的失恋诗。

青年时的海涅爱上了他叔父所罗门·海涅的女儿阿玛丽。诗人的恋情之烈,许多诗都可以为证。但这位堂妹似乎并不爱他,诗人自己也不得不承认这一现实:"她从来没恨过我,也从来没爱过我。"阿玛丽于1821年8月嫁给有钱的地主弗里德兰德,对诗人打击很大。他把痛苦倾泄在许多诗中,比如在一首诗中写恋人的眼睛、香腮、素手还像花朵一样"开放,开放个不停,只是那颗心已经凋零";在另一首诗中,"我在睡梦中哭过,梦见你没改变心肠。当我醒时,泪珠儿依然像潮涌一样"。1822年,诗人怀着并不稍减的痛苦写下了这首诗。

这首诗是用寄寓法写的,通篇无人,但通篇写的恰恰是诗人自己,是诗人强烈的内心活动。短短一首诗抓住了三个要素。

第一个要素是距离。一棵松树在北方,一棵棕榈树在东方,相距何其遥远,永远不能相会。这是一种心理上的距离。实际上诗人和出嫁后的情人相距并不远,但有情无缘,何啻咫尺天涯。类似的写法诗人在写于同一年的另一首著名的诗中也用过:"星星们动也不动,高高地悬在天空,千万年彼此相望,怀着爱情的苦痛。"

第二个要素是环境的强烈对照。松树在寒冷的北方,为冰雪所覆盖,而棕榈树在炎热的东方(实际指印度一带),立于火热的岩石上。这两个环境实可谓冰炭不相容。海涅认为阿玛丽是"嫁给她偶然遇到的第一个最好的男人",是出于匆忙的选择,而失身于世俗环境中。那是个以金钱为上帝的世俗世界,与海涅所选择的冰清玉洁的艺术世界是格格不入的。这么一对比,他们之间的距离就更加遥远了。

第三个要素是寂寞。无论在北方或东方,除了这两棵树,没有任何生物出现在诗中,也听不见任何声响。静是静到了极点!何止是"千山鸟飞绝,万径人踪灭"?诗人又用了两个"孤单单"(einsam,即"寂寞"),使这种意境得到进一步的提炼。在诗人的心目中,热恋时期往往是鲜花盛开,百鸟争鸣,如:"在极美的五月里,所有的鸟儿都歌唱,这时我向她表白了我的恋慕和渴望。"但在失恋时,诗人沉浸在无人可分担的忧愁中,痛苦淹没了一切,自身便进入了绝对寂寞的心理状态,只能"沉沉入睡",托梦远方。诗人本身是孤独的,而他认为阿玛丽这么个纯洁的姑娘在那个世俗环境中也是孤独的。这是主观的想当然,但也正是诗别于理的特征之一。

三个要素汇成了一个总的意境,那便是无穷的依恋、向往和痛苦。

这首诗写得真实、巧妙;深沉,而又通俗易懂,所以不难为人们所接受。截至20世纪初,它已先后被谱成七十七种歌曲。 (黎奇)

罗累莱[1]

海涅

不知道什么缘故,
我是这样的悲哀;
一个古代的童话,
我总是不能忘怀。

天色晚,空气清冷,
莱茵河静静地流;

---

[1] 罗累莱是传说中的一个魔女,她坐在莱茵河畔的一座巉岩顶上,用歌声引诱河上的船夫。

落日的光辉
照耀着山头。

那最美丽的少女
坐在上边，神采焕发，
金黄的首饰闪烁，
她梳理金黄的头发。

她用金黄的梳子梳，
还唱着一支歌曲；
这歌曲的声调，
有迷人的魔力。

小船里的船夫
感到狂想的痛苦；
他不看水里的暗礁，
却只是仰望高处。

我知道，最后波浪
吞没了船夫和小船；
罗累莱用她的歌唱
造下了这场灾难。

(冯至 译)

　　这首诗作于1823年，是海涅最优美、最著名的诗作之一。李斯特、西尔歇尔等人都曾为它谱曲，一百五十多年来广为传唱，经久不衰，已经成为民歌。即使在希特勒时期，海涅的作品被焚被禁，但纳粹分子仍不得不以"无名诗人"的字样取代海涅的名字，允许它在歌本中存在下去。在20世纪70年代震撼世界的美国电视剧《大屠杀》中，犹太人魏斯一家在灾难来临前，曾合家幸福地唱这首歌，与后来的灾难形成对比。可见这首诗已成了德国美好的和平生活的象征。由于海涅的如椽巨笔，罗累莱也已成为"德国之父"——莱茵河的象征。

德国有条莱茵河,一如中国之有长江;莱茵河有罗累莱,长江有巫山;罗累莱上有"妖女",巫山上有神女。真是太巧了。如果把海涅的《罗累莱》与孟郊的《巫山曲》加以对照,我们可以发现更多有趣的现象:

"巴江上峡重复重,阳台碧峭十二峰。荆王猎时逢暮雨,夜卧高丘梦神女。轻红流烟湿艳姿,行云飞去明星稀。目极魂断望不见,猿啼三声泪滴衣。"

这两首诗都写得极美,而且都写的是传说。只不过"罗累莱"是民间传说,《巫山曲》是根据宋玉的(一般认为系后人假托,这且不去管它)《高唐赋》中楚王梦遇神女的故事写的,因而应算文人传说。罗累莱已成为女性魔力的象征,而由楚王梦遇神女的故事而来的"巫山云雨"也早就成了男女情欢的代称。两首诗的结尾都是悲剧,一是船夫之死,一是楚王的梦觉魂断,但悲剧都不是目的,两首诗实际上都表达的是男性对女性的强烈向往之情。两首诗都写的是"故事",但与此同时,都有意无意地"附带"地成了风景诗。凡此种种,说明海涅的《罗累莱》和孟郊的《巫山曲》有许多相同之处,也说明中德文化有着许多让人意外的吻合之处。

然而恰恰在最相近的事物中可以看到其大相径庭之处。从艺术风格上看,《罗累莱》代表了小巧玲珑、秀美辉煌的德国风格,而《巫山曲》代表了宏大悠远、清幽凄迷的中国风格。从这两首诗中可以看出,地域因素是影响艺术风格的重大原因之一。从人物描写上看,罗累莱"妖女"是明摹实绘,而巫山神女是暗点虚描。《罗累莱》的形象朗朗,而《巫山曲》的形象更多是以景象来点出带过的。两首诗都做到了"言有尽而意无穷",但《巫山曲》表现得更含蓄飘逸,体现了中国诗歌中典型的对"羚羊挂角,无迹可求"的追求。从思想观念上看,《罗累莱》表达的是"可望而不可即",实际上是一种追求;而《巫山曲》表达的是"可即而不可追",实际上是一种失落的迷惘。这种迷惘在中国古代文学中是十分典型的,代表了士大夫们在佛教、道家思想影响下的一种消极心态,与以《罗累

莱》为代表的德国文学中的积极心态适成对照。　　　　　　（黎奇）

你就像一朵鲜花[1]

海　涅

你就像一朵鲜花，
温柔、纯洁而美丽；
我一看到你，哀伤
就钻进我的心里。

我觉得，好像应该
用手抚摩你的头，
愿上帝保持你永远
纯洁、美丽而温柔。

（钱春绮　译）

　　这首小诗是海涅最受人欢迎的作品之一，它竟先后被谱成二百五十种歌曲，它的作曲者包括舒曼、李斯特等乐坛巨擘。在世上诗歌被谱成歌曲次数最多的诗人海涅的作品中（共五千多首歌曲），这首诗恐怕要堪称之最了。但它读来却是这般朴素、平凡。奥秘何在呢？

　　从艺术风格上看，它是真情的吐露。1823年，多情的诗人爱上了从前恋人阿玛丽的妹妹台莱丝，直至1827年，无穷的眷恋仍涌上笔端，造就了这首诗。诗人在《论浪漫派》一文中说过，德国的文艺女神应该是"一个自由的、开花的、不矫揉造作的、真正德国的女孩子"（冯至：《海涅诗选》序）。在他所有的爱情诗中，我们都可以看到这么个"女孩子"天真活泼的身影。这首诗正是这种一反骑士文学传统的纯真的艺术作风的典型体现。

　　从艺术构造上看，这首诗虽以比喻兴起（"一朵鲜花"），但在整体

---

[1] 赠不来梅的安娜·赖内克之诗，于1827年。但产生此诗的动机，仍不外是对台莱丝的思恋之情。

上应属于"动作型"。似乎表现得很直,把话都说完了。后一段若按原文直译,应为"我觉得,好像应该双手抚着你的头,祈祷上帝永保你纯洁、美丽而温柔"。按照西方的宗教习俗,只有牧师或长辈才可能把手放在教民或孩子头上为之祈祷。这里似乎不但写实了,而且把诗人自身老化了。但细读全诗,却可发现,无处是实,处处皆虚。第一句的"一朵鲜花",连诗人爱用的"玫瑰"都不用了,接下来的三个形容词"温柔、纯洁、美丽"全是虚的、极普通、极抽象的形容词。这已经表明,这个女孩子在诗人心中的形象已是美好得界临理想,难以形容,到了一经写实便被亵渎的程度了。第二段的关键是"好像应该"这几个字。这表明下面的双手抚头、祈祷上帝仅仅是诗人内心的一种冲动,那是欲望,而不是实现。联系上面"哀伤就钻进我的心里"的句子,便可看到,这是一种爱得心都揪痛了的感觉,一种极端的怜惜。正像我们中国人说的"捧在手里怕摔了,含在嘴里怕化了",爱得简直不知道怎么才好了。所以说,这首诗通篇是虚写,无一字落到实处,给读者留下了无限广泛的想象空间,使每个人都可从中寻找到自己美好的爱情理想。

从接受美学的角度看,这首诗的成功还不仅在给人无穷的想象空间这一点上。它在风格上和海涅的大多数诗作一样,朴素清新、活泼跳脱,格律上继承民歌传统,用了民歌常用的抑扬格,读来顺口又有嚼头,所以很容易为人民所接受。

同我国大诗人李白写《静夜思》一样,海涅只不过一伸手把一个瞬间的强烈感情抓攫住,一首不朽的诗便诞生了。　　　　(黎奇)

海中幻影

海　涅

但是我躺在船边,
梦眼矇眬,向下观看,
看着明镜般的海水,
越看越深——

深深地看到海底,
起初像是朦胧的雾霭,
可是渐渐色彩分明,
显露出望楼和教堂的圆顶;
最后,日光晴朗,露出来一座城,
具有古老的荷兰风味,
人们来回走动。
老成持重的男人们,穿着黑外衣,
戴着雪白的绉领和光荣的项链,
佩着长剑,一副长的面孔,
他们迈过拥拥挤挤的市场
走向高台阶的市议厅,
那里有帝王的石像守护,
拿着权杖和宝剑。
不远的地方,房屋排列成行,
窗子镜一般地明亮,
菩提树修剪成圆锥形,
房屋前有绸衣窸窣的少女游荡,
细长的身材,如花的面貌,
羞怯地被黑色的小帽
和涌出来的金发围绕。
杂色的侍从们穿着西班牙式的服装,
意气扬扬地走过,还点头致意。
上年纪的妇女,——
穿着褐色过时的衣裳,
手里拿着赞美诗和念珠,
钟声和宏亮的风琴声
催促她们

迈着碎步，
跑向大礼拜堂。

我自己深深感到
远方的声响含着神秘的悚惧！
无穷的渴望、深沉的忧郁
浸入了我的心，
我几乎还没有痊愈的心；——
我觉得心里的伤痕
好像被可爱的嘴唇吻开，
它们又在流血，——
热烈的、红色的血滴，
一滴滴缓缓地滴下，
滴到那下边深深的海市里
一座老屋——
一座有高高尖顶的老屋上边，
那里忧郁地没有一个人，
只是在窗前
坐着一个女孩，
一个可怜的、被人遗忘的女孩——
我却认识你，可怜的、被人遗忘的女孩！

你躲避着我，
隐藏这样深，深到海底，
是闹着孩子的脾气，
你再也不能上来，
人地生疏坐在生疏的人们中间，
几百年之久，
这中间，我的灵魂充满怨恨，

我在大地上到处找你，

　　并且永久找你，

　　你这永久亲爱的，

　　你这长久失落的，

　　你这终于找到的——

　　我找到了你，我又看见

　　你甜美的面庞，

　　聪明的、忠实的眼睛，

　　可爱的微笑——

　　我决不再丢开你，

　　我要下来到你身边，

　　我伸开两臂

　　跳下来到你的心旁——

　　但是正在这时刻，

　　船长捉住我的脚，

　　把我从船边上拉回，

　　他喊着，又愤怒地发笑：

　　"博士呀，你可是中了魔？"

（冯至　译）

　　1825年8月至9月，海涅曾去北海中的诺得奈岛游览，1826年7月至9月二度光顾。两次旅游的收获是一系列以大海为题材的诗歌，诗人以"北海"为名，将它们收入1827年出版的《诗歌集》中。

　　《海中幻影》同"北海"中的其他诗一样，是一首自由体诗。共分四个自然段。它写的是一个"白日梦"，是诗人想象中的产物。

　　序幕拉开，诗人"梦眼矇眬"地向下看着，海底的景象起初如雾霭般模糊，然后"渐渐色彩分明"，出现了一座城市的景象：端庄持重的男人们走向市政厅；美丽的少女们游荡着；侍从们"意气扬扬"；上年纪的妇女在钟声和风琴声中跑向大礼拜堂。一切都明朗真实,使读者不再觉得置身于梦幻之中。可是紧接着第二段,诗人的"我"又出现了,随着"我"的"热烈的、红色的血滴"缓缓滴到"下边深深的海市里",幻境的迷雾再度飘来,一切又变得若隐若现。待到诗人引出那个孤独可怜的女孩,第二段就结束了。第三段全是描绘诗人见到女孩后的激动心情,读者再一次被诗人带到一种真实而热烈的感情洪流之中。随着诗人"我伸开两臂跳下来到你的心旁",人们会感到,一个真实的童话要实现了。然而恰值此时,第四段异峰突起,船长捉住诗人的脚把他拉回,愤怒地喊:"博士呀,你可是中了魔?"这一段是全诗最精彩之处,使全诗一下子翻转反扣,出现了一种意想不到的活力。在前三段,我们看到的只是个抒情的、浪漫的海涅,而这一段又给了我们一个幽默的、嘲讽的海涅。至此,这个海涅才终于完整了。

第四段不但点醒我们,前三段所写的只是个幻境,而且提醒我们去反思前三段的内容。于是我们又想起前边对那个女孩子的描述:"一个可怜的、被人遗忘的女孩","隐藏这样深,深到海底,是闹着孩子的脾气,你再也不能上来,人地生疏坐在生疏的人们中间"。这里无一言不使人想起诗人以前的恋人阿玛丽,想起诗人笔下那棵孤单单立于东方火热的岩石上的"棕榈树"。从"可怜的、被人遗忘的""生疏的人们"这些词句中,我们又自然会想到阿玛丽所处的世俗环境,从而对本诗第一段中大段的城市风情描写便有了新的感觉和认识。

在《他们坐在桌旁喝茶》一诗中,诗人曾嘲讽当时上层社会里虚伪的爱情,最后说:"我的爱人,你却不在。但愿你也这么美好地谈论谈论你的爱。"可见在诗人心目中,他的心上人是纯真的,而上层社会的人们则多是虚伪的。在《哈尔茨山游记》序诗中,诗人说得更直截了当:"黑色的上衣,丝制的长袜,白净的、体面的袖口,柔和的谈话和拥抱——啊,但愿他们有颗心!"由此联想本诗第一段中那些"老成持重的男人们","绸衣窸窣的少女","手里拿着赞美诗和念珠"的妇女,原先觉得他们端庄高尚的印象一下子被打得粉碎,原来他们都是虚伪世俗的,恰恰缺少一颗"心"！这就是为什么那女孩处于一座熙熙攘攘的城市中，却又是"可怜的、被人遗忘的"原因所在了。

这就是第四段的妙用。原先一切都写得那么美妙动人，青烟缥缈，读者完全被作者捉入了罗网之中，陶醉激动，不能自已。然后被作者突然从高空摔落。"忽魂悸以魄动，怳惊起而长嗟"，腰酸背痛之余，另一种兴奋和深沉的反思回味油然而生。这种高举猛摔是海涅在早期作品中很喜欢用的艺术手法。恩格斯对此十分赞赏，他说："海涅是把市民的梦幻故意拧转到高处，为的是随后同样故意地使那些梦幻跌落到现实里。"(《诗和散文里的德国社会主义》)《海中幻影》堪称体现海涅这种艺术手法的代表作。

(黎奇)

向海致敬

海　涅

塔拉塔！塔拉塔！[1]
我向你致敬，你永恒的大海！
我从欢呼的心里
向你致敬一万遍，
像当年一万颗希腊人的心

那样向你致敬，
那些克服不幸的、渴望家乡的、
闻名世界的希腊人的心。

潮水汹涌，
它们汹涌、咆哮，

---

[1] "塔拉塔"（Thalatta），希腊语"海"的译音。希腊历史家色诺芬（Xenophon）在他的《进军记》（Anabasis）里记载，公元前401年希腊雇佣兵参与波斯内战，失败后剩下一万名士兵退却，在望见黑海时，齐声喊道："塔拉塔！塔拉塔！"（海呀！海呀！）——译者原注

太阳急速地注下来
嬉戏的蔷薇色的光辉,
惊起的海鸥群
长鸣飞去,
马蹄橐橐,盾牌在响,
声震远方,像是胜利的欢呼:
"塔拉塔!塔拉塔!"

我向你致敬,你永恒的大海!
你的水向我喧腾,你是故乡的言语,
在你汹涌的波浪世界上
我看着水光闪烁像童年的梦幻,
旧日的回忆又向我重新述说
一切可爱的美丽的玩具;
一切光亮的圣诞节的礼品;
一切红色的珊瑚树;
金鱼、珍珠、彩色的贝壳,
这些你都神秘地保存着
在下边透明的水晶宫里。

啊,在荒凉的他乡我是多么憔悴!
我的心在我的怀里,
像一朵凋萎的花
在植物学家采集标本的铁盒里。
我像是一个病人,
在阴暗的病房度过漫长的冬天,
如今我忽然离开了它,
碧绿的、被太阳唤醒的春天
照得我眼花缭乱,

白花盛开的树木风吹作响,

地上幼小的花朵望着我

用彩色斑斓的、芬芳的眼睛,

到处在放香、作响、呼吸、欢笑,

小鸟们在蔚蓝的天空歌唱——

"塔拉塔!塔拉塔!"

你勇敢的退却的心!

北方的蛮女们[1]怎样常常,

怎样令人难堪地常常迫害你!

她们从大的、胜利的眼里

射出灼热的利箭;

她们用尖酸刻薄的语言

威胁我要劈开我的胸膛;

她们用楔形文字[2]的短简

打碎我可怜的、昏迷的头脑——

我徒然用盾牌去挡,

箭飕飕地射来,刀不断在砍,

我被北方的蛮女们

赶到了海边——

我自由地喘一口气向大海致敬,

可爱的、救命的大海,

塔拉塔!塔拉塔!

(冯至 译)

---

[1] 北方指德国。蛮女们指海涅的两位堂姐妹。——钱春绮注
[2] 楔形文字亦称箭头文字,为古代亚述人等使用之文字。至1802年,始由哥廷根大学的古代语言学家格罗台芬德破读。——钱春绮注

大海，历来是诗人们最热衷于讴歌的对象之一。他们有的抓住海的光："又一次，广阔的海光从天空的坛坛罐罐落下，从沙滩的泡沫上升……"（聂鲁达：《海光的颂歌》）；有的抓住海的形态："升腾起来——菊苣和雏菊绑扎了的，松散的，看来不像花……"（威廉斯：《海滨的花》）；有的抓住海的色彩："荣耀归于宏伟，归于大海，黄金！"（阿莱克桑德雷：《海》，祝融译）海涅的这首诗看上去五花八门，但实际上也主要是抓住了一个东西：海的声音。本诗最初发表在1825—1826年出版的《北海集》中。

　　诗的第一句，就是脆亮的"塔拉塔"——希腊语"大海"。用这个词，诗人与当年那一万名逃到海边的希腊士兵同声向大海欢呼。接着，在太阳"蔷薇色的光辉"中，响起了一系列声音：海鸥的惊起、长鸣，马蹄声、盾牌撞击声，古今融汇，万响交鸣，全合成了"胜利的欢呼"——"塔拉塔"，我们听到的依稀是它的谐音——"哗啦啦"。

　　接着，闪烁的水光化为"童年的梦幻"，美丽的玩具、圣诞节礼品、珊瑚、金鱼、珍珠、贝壳全在粼粼水光中闪烁。多美的色彩，多么动人的联想，然而这一切都是喧腾的海浪述说的。诗人在这儿运用了声音和色彩的联觉，它们互相辉映，互相伴随，给人以一种高度的美的感受。

　　再接下去，诗人笔调一挫，描述了自己犹如"一朵凋萎的花"的心境和处境，在德国令人压抑的社会——"阴暗的病房"里度过一个"漫长的冬天"后，忽然来到"春天"。色彩斑斓、芬芳的春天，"到处在放香、作响、呼吸、欢笑"，嗅觉（"芬芳的眼睛"）又加入了诗人的联觉。在这大自然的合唱中，小鸟在蔚蓝的天空领唱："塔拉塔！"色和香全都在这个高亢的笛音的统领之下，无限向往地侧首，陶醉在宏伟大海的哗哗声中。

　　最后一段，笔锋又是一顿，写到"北方的蛮女们"的"迫害"，即诗人在堂妹阿玛丽及其妹妹台莱丝那儿遭遇的两次情场败北。痛苦的失恋被描述为她们的追逐、迫害和诗人边招架边逃跑的狼狈样。他终于在海边心胸一阔，大海洗去了他的烦恼，就像当年拯救上万名希腊士兵一样。于是他纵情欢呼:"塔拉塔!塔拉塔!"

"塔拉塔"既是诗头,又是诗尾,中间又反复出现。这既是诗人对大海的欢呼,又是大海本身的声音,在这个声音中,绚烂的色彩、大海的气息和花的芬芳、美好的和痛苦的往事、豁然一爽的心情融汇撞击,犹如一支庞大的交响乐队,奏出了一曲对大海、对大自然、对人生、对坚定的生活意志、对乐观的生活理想的辉煌颂歌。多么豪迈而神奇,多么隽永而难忘:塔拉塔!

(黎奇)

教 义

海 涅

敲起鼓来,你不要恐惧,
去吻一吻随军商店的少女!
这就是全部的学问,
这就是书里最深的意义。

把人们从昏睡中敲起,
敲着起身鼓,用青春的力气,
敲着鼓永远向前迈进,
这就是全部的学问。

这是黑格尔的哲学,[1]
这是书里最深的意义!
我聪明,又是一个好鼓手,
所以我懂得这个道理。

(冯至 译)

这首诗作于1842年。1844年发表在德国在法国流亡者办的《前进

---

[1] 海涅曾经受过黑格尔左派哲学的影响,所以他在主张实践时说"这是黑格尔的哲学"。

报》上。1847年,《新诗集》出版时,海涅又将它置于诗集最后一部分"时事诗"之首。可见海涅对该诗有多么重视。

这是一首哲理诗,又是一首政治诗。读来浅显易懂,但要真正理解它,恐怕还得回顾一下海涅的思想历程。

海涅很早就受到德国哲学的熏陶。1821年曾在柏林听过黑格尔讲课,深受影响。在那抒情的青春年代,他也写过一些探索哲理的小诗。在《问题》一诗中,他探索人生的意义:"他从何处来,他往何处去?"大自然不予置理,"可是一个傻子等待着回答"。他以自嘲的方式,虽反映了康德不可知论的思想,但也表现了一种积极向上的精神状态。这种乐观的人生哲学,在《姑娘》一诗中表现得更明确,诗人劝"姑娘"不要为日落悲哀:"它在你前面落下,还要从你后面升起。"

在30年代中,诗人生活在革命后的法国,以敏感的诗人触角发现了哲学与革命的关系。1831年,海涅便认识到:"我们德国的哲学不是别的,而正是法国革命的梦。"(《海涅作品书信集》)1834年,他又写道:"德国的精神革命显示出与法国的物质革命最奇特的相似之处。"(《论德国宗教和哲学的历史》)恩格斯在《费尔巴哈和德国古典哲学的终结》中指出,哲学革命做政治变革前导的现象"不论政府或自由党人"都未觉察到,但海涅"早在1833年"已经看出来了。这种认识逐渐成长为海涅的"实践论",并在《教义》这首诗中得到了高度集中的体现。

这首诗的核心是"敲着鼓永远向前迈进"。这鼓声的意义,当然首先是唤醒人民,进行一场革命,把德国从封建保守的状态中拯救出来。海涅的许多言论都可以证实这一点;同时也是表达诗人将精神与物质结合起来的积极的人生观,即"它在你前面落下,还要从你后面升起"那种观念。后者在一定程度上是圣西门主义对诗人的影响的产物。诗人接受了圣西门主义关于历史是"精神论和感觉论的斗争"史的观念,从而努力去推翻肉体和灵魂的二元论。在这首诗中,这种观念清楚地在"去吻一吻随军商店的少女"一句中留下了痕迹。换句话说,这首诗既体现了积极的政治观,也体现了积极的人生观。只是后者多少含有一些及时行乐的消极色彩,然而并不至于掩去这首诗夺目的思想光芒。

　　这首诗是用夹叙夹议的半象征手法写成的。在短短十二行中,用了不少重复句,"敲起鼓来"重复了三遍,"这就是全部的学问"和"这是书里最深的意义"各重复了两遍,但不给人以厌烦感,相反却使人感到一种蓬勃的朝气。这种重复回荡与诗中的意象——敲鼓——巧妙地相辅相成。鼓点本身就是重复的。故尔全诗有一种贯彻始终的节奏,内容和形式得到了高度的统一。

(黎奇)

夜　思

海　涅

夜里我想起德意志,
我就不能安眠,
我的热泪滚滚而出,
我再也不能闭眼。

一年年来了又去!
自从我离开了母亲,
已经过了十二年;
渴念和想望与日俱深。

渴念和想望与日俱深。
这个老人把我迷住,
我永久想念着她,
这个老人,愿上帝保佑!

这个老人这样爱我,
我在她写给我的信里,
看出母亲的心怎样感动,
她的手是怎样战栗。

母亲永久在我的心里，
十二个长年在那儿流，
十二个长年都已流去，
自从我不把她抱在心头。

德意志将永久存在，
这个国家永久顽健；
它和它的橡树、菩提树，
我总会能够再见。

若是母亲不在那里生存，
我不会这样渴望德意志；
祖国总不会衰朽，
可是母亲能够死去。

自从我离开了祖国，
那里许多我爱过的人
都沉入坟墓——我若数一数，
我的心血就要流尽。

可是必须数——我的苦恼
随着死者的数目高涨，
好像尸体滚到我的胸上——
感谢上帝！尸体最后都消亡！

感谢上帝！从我的窗户射进
法兰西爽朗的晨光；
我的妻子走来，清晨般地美丽，
她的微笑赶走了德意志的忧伤。

（冯至　译）

海涅自1831年流亡法国，除两次短暂回国外，便再也无缘得见故乡。怀着浓烈的思乡之情，他写了不少思乡诗，一些已成为他的传世名篇。比如："我曾有过一个美丽的祖国。橡树亭亭玉立在那里，紫罗兰轻轻摇曳。这已成梦影。她给我德国式亲吻，她用德语（那么好听真难以置信）对我说：'我喜爱你！'这已成梦影。"再比如那首《人生航行》，都写得极美。相比之下，《夜思》(1843)这首思乡诗中的代表作则是以情感人。

这首诗是直抒胸臆之作，开篇，一股滚烫的热情便滚滚而来。不能安眠的诗人热泪滚滚。读者立刻便被这股真情抓攫住。从第二段到第七段，诗人着重写了对老母的思念。"这个老人把我迷住"，可见母亲在海涅心目中有着多么重要的地位。诗人的母亲蓓·海涅酷爱文艺，对诗人的成长很有影响。他在《致母亲蓓·海涅》(1820)一诗中说，我"高傲自大，目空一切，在你的幸福而亲切的身旁，我却常常感到卑微、胆怯"。由此可看出他对母亲抱着一种掺杂着敬畏的热爱。接着是描述从母亲来信中看出母亲多么想念他。这儿的母亲来信与我国古诗中的"慈母手中线"十分相似，只是写得更直些，丝毫不去含蓄。

在思念母亲的这一部分中，诗的结构是一叹一咏一叹。"一年年来了又去！……已经过了十二年"，先是一叹，然后是叙述母子双方的思念（一咏）；第五段又来了两个"十二个长年"，又是一叹（第二叹），通过对第二段中"十二年"的加倍重复，叹得更深了；第六段是叙述重见德国的可能（第二咏），至第七段，以"祖国总不会衰朽，可是母亲能够死去"，又是一声长叹（第三叹）。平平写来，但感情所至，自然具有一种强烈的震慑力量。

实际上，这里是把对母亲和祖国的思念融合起来了，从"它和它的橄树、菩提树"，可以看出，诗人对祖国的思念是多么深。诗里"我不会这样渴望德意志"一句并不至于引起误会，在表达可能会再也见不着母亲的意思的同时，诗人实际上表明了"总有一天能再见到祖国"的信心。这种信心到了晚年就不同了，在《垂死者》(1851)一诗中，诗人表露出别人在德国"能像在温暖的火炉旁一般安睡"的强烈羡慕，而对自己

"已经瘫痪,纵然希望,也不能再把家还"感到绝望。

在第八、九两段中,诗人接着"可是母亲能够死去",想起已逝去的亲友,心情更沉重了。至此,诗人似乎在思念中进入了浅睡,做了个可怕的噩梦:"尸体滚到我的胸上"。

诗中描写了诗人从半夜到天亮的心理活动(包括噩梦)过程。最后一段,随着天亮,诗人的心情终于好转了,阳光照了进来,美丽的妻子"赶走了德意志的忧伤"。这里写"法兰西的晨光",显然有双重意义。诗人曾为法国革命所鼓舞,一度还崇拜过拿破仑。后来虽然有所失望(见《法兰西现状》),但法国在他心目中始终是光明的,是黑暗、保守的德国的未来。所以"法兰西的晨光"也表明了诗人对德国未来的向往。另一方面,"美丽的妻子"和"法兰西的晨光"相互辉映,就像前面"母亲"和"祖国"互相重叠一样,前后两个重叠之间形成了幸福与忧愁、明与暗的强烈对照。1841年,诗人与恋爱七年的法国姑娘玛蒂尔德结了婚,终于建立了一个幸福的小家庭。本来这道阳光是十分灿烂的,然而继忧伤的强烈爆发之后照射进来,却给人以故作轻松、强颜欢笑之感。明与暗的强烈对照,使那黑夜中燃烧着的熊熊乡思显得更为突出。这同《人生航行》的最后一段很相似:"又是一片欢笑和歌唱——大风呼啸,船板震响——天上没有一颗星照耀——我心忧伤!故国迢迢!"尽管有新的朋友,有"一片欢笑和歌唱",有"法兰西的晨光",但在诗人内心深处,却是"没有一颗星照耀"的。

(黎奇)

阿斯拉人 [1]

海 涅

美丽的苏丹的女儿
天天晚间走上走下

---

[1] 阿斯拉人,属于阿拉伯族,他们多半充当奴隶。

在喷水池的旁边,

那里溅着雪白的水花。

年轻的奴隶天天在晚间

站在喷水池旁发呆,

那里溅着雪白的水花;

他的面色一天比一天苍白。

一天晚上公主走向他,

匆匆地说了一句:

"我要知道你的姓名,

你的故乡,你的家族!"

奴隶说:"我叫穆罕默德,

也门是我的故乡,

我的家族是那些阿斯拉,

他们若是爱,就要死亡。"

(冯至 译)

　　这是一首美丽动人的小叙事诗,作于1846年,与《一个青年爱一个姑娘》《有个年老的国王》属同一类型。这些诗有几个共同特点:它们主要是通过叙事来抒情;前面两段都用高度洗练的笔墨来写爱情的过程;最后一段(本诗则为最后两段)异峰突起,迸发出强烈的、绝望的爱情火花。

　　《一个青年爱一个姑娘》的前两段中,没做任何铺陈,用几句话说了一个故事:一个青年爱一个姑娘,姑娘却爱上别人,那人却不爱她,她于是匆匆嫁给了随意的人,青年伤心欲绝;《有个年老的国王》第一段写年老的国王娶了个年轻的妃子,第二段写侍童侍候那年轻的妃子,含蓄地点出了他们之间微妙的三角恋情,以年龄和地位两种不同的对比来暗示。

本诗的前两段写得更含蓄，也用了对比法。第一段写"美丽的苏丹的女儿"，第二段写"年轻的奴隶"，写出了两个地位悬殊、性别不同的年轻人；接着，公主天天晚上在喷水池旁走上走下，奴隶天天晚上在那儿发呆，同一地点，一动一静，十分巧妙地点出了这两个人心中燃起的爱情的火花；然后，借用喷水池这一景点，两段重复了"溅着雪白的水花"，这在第一段中成了美丽的、徘徊的公主的衬托，同时成了她的象征，使人如同看到她飘动的、雪白的衣裙和雪白、动人的肤色。在第二段中，这"水花"如同溅在奴隶的心上，使他产生了极痛苦的思恋："面色一天比一天苍白。"

在《一个青年爱一个姑娘》中，前两段已把故事讲完，所以第三段是议论：这是个古老的故事，但却"永远新鲜"，谁碰上了，"心就裂成两半"，用这段议论给平铺直叙的前两段赋予了高度抒情的色彩；《有个年老的国王》的第三段则简单地点出结果"他们只得都死了，他们彼此太相爱"，虽然把前两段中含蓄的描述点明了——这是个爱情的悲剧，但却丝毫不写过程，不写他们是怎么死的，给人留下无穷的想象空间。

本诗的第二部分略有不同：它是由两段构成的，而且采用的是对话的形式。仍沿用头两段中的对应形式：第三段是公主说的话，第四段是奴隶说的话。"一天晚上公主走向他，匆匆地说了一句"，从第一段中的"走上走下"到"走向他"，把公主饱受思恋之苦后终于下了决心的心理活动过程写活了。而奴隶则回答："我的家族是那些阿斯拉，他们若是爱，就要死亡。"听来犹如童话中的咒语，给人以一种神秘感。但同时又让人感到地位悬殊造成的爱情的绝望，平平说来，却一下子点明了"面色一天比一天苍白"的原因，具有惊心动魄的力量。

这三首小诗都是海涅爱情诗中的名篇，同时给后人提供了写小叙事诗的光辉典范。

(黎奇)

决死的哨兵[1]

海 涅

在自由战争的最前哨,
三十年来我忠实地坚持。
我战斗,并不希望胜利,
我知道,绝不会健康地回到家里。

我日夜警醒着——我不能睡眠,
像是在一群战友的帐篷里——
(这些好人的鼾声把我搅醒,
每逢我有一些儿睡意。)

在那些夜里我常常感到无聊,
也感到恐惧——(只有傻子才毫无恐惧)——
为了驱除恐惧,我于是哼出来
一首讽刺诗泼剌的韵律。

是的,我警醒地立着,枪在怀里,
附近出现一个可疑的坏蛋,
我射得准,向他丑恶的肚皮
打进一颗热的、滚热的子弹。

这中间当然也能够发生,
这样一个坏蛋——啊,我不能否认——
会同样地射得很准,
伤口裂开——我的鲜血流尽。

---

[1] 原诗题为法语"Enfant perdu",意思是站在最危险的岗位的哨兵,这样的哨兵往往是九死一生。

一个岗哨空了！——伤口裂开——
一个人倒下了，别人跟着上来——
我的心摧毁了，武器没有摧毁，
我倒下了，并没有失败。

(冯至 译)

这是一首言志诗，也是海涅对自己一生的总结。它与《夜思》同为诗人最常为人引用的政治诗。

回首一生，海涅不屑只提自己同样不失于光辉的一面——"金星和夜莺，日光、玫瑰和蝴蝶"，而把自己始终看成一个战士："在自由战争的最前哨，三十年来我忠实地坚持。"这首诗作于1851年。也就是说，从19世纪20年代初开始，诗人就一直是位于"最前哨"的士兵。

是的，1819年，诗人就曾参加学生运动；1822年，参加犹太人文化学术协会，为解放犹太人尽力。但他之作为"哨兵"，主要用的是诗歌和散文的武器。从《哈尔茨山游记》(1824)到《德国，一个冬天的童话》(1844)，从《杜卡登之歌》(1820)到《1849年10月》(1849)，处处闪耀着钢枪上的光辉。1828年，他声称："我从来不特别重视诗人的荣誉……但是你们应该把一柄剑放在我的棺上，因为我是人类解放战争中一个善良的战士。"1830年，在法国七月革命的鼓舞下，他宣布"我是革命的儿子"，并写下了《我是剑，我是火焰》的革命"颂歌"。坚决的战斗，使他被迫长期流亡他乡，有家难归，"绝不会健康地回到家里"。

这个哨兵"日夜警醒着"，德国的命运，战友的命运，使他难以入睡。战友们的"鼾声"很容易使他激动起来，一篇战斗的诗文，一点受迫害的信息，都足以驱走他的睡意。其中尤其响亮的恐怕是马克思的共产主义"鼾声"，每每使他热血沸腾。

在那些黑沉沉的夜里，"天上没有一颗星照耀"，这个哨兵常感到"恐惧"。是的，"只有傻子"才会对在"虚假的祖国""只繁荣着耻辱和罪恶"(《西里西亚的纺织工人》)不感到恐惧，才会对战友们的"尸体滚到……胸上"(《夜思》)不感到恐惧。于是，"为了驱除恐惧"(既是指驱除笼罩在祖国命运上的"恐惧",又是一种幽默的"自圆其说"),诗人"哼出来一首讽刺诗泼刺的韵律"(是"掉换来的怪孩子",还是"颠倒世界"?反正多的是)。

诗人的枪"射得准",他射过一些具体的人头,但最准确的恐怕还是不断地射中那"掉换来的怪孩子"——普鲁士。当然,有时坏蛋也射得很准,比如,1835年,德意志联邦会议查禁青年德意志派作家的作品,海涅便有幸荣登榜首。于是,乡国遥远——"伤口裂开";望断浮云——"鲜血流尽"(当然还有别样的"裂开"和别样的"流尽",这里只是举个例子)。

最后一段最为脍炙人口。这里将可悲的客观情形与不屈的主观意志做了一系列强烈的对比。整个欧洲舞台上,前仆后继,"一个人倒下了,别人跟着上来"。有家难归,亲友相继离去,逝去,"哨兵"的"心摧毁了",但"武器没有摧毁",他还有世间最犀利的笔!他倒下了,1848年便瘫痪在床上,再也起不来。但这位可敬的"哨兵",他绝不承认"失败"。多么高亢的尾声呵,足以绕梁三日。正所谓"老骥伏枥,志在千里;烈士暮年,壮心不已!"他也确实没有失败,时至今日,那个"怪孩子"已不复存在,但"哨兵"的英名永垂史册。

从海涅的一生中醒来,我们发现,我们居然一度与他的"梦"融为了一体。他一进入"哨兵"的角色,便沉醉到底。这是个真实的"梦",是诗人一生高度洗练概括的诗化象征,也是这首诗的魅力所在。　　(黎奇)

奴 隶 船(节选)

海　涅

1

运货监督曼赫尔·望·柯克,

坐在他的舱里精打细算;

他计算着货运的数目,

估计有多少利润好赚。

"橡胶很好,胡椒很好,
有三百件木桶和麻袋;
我也有金粉和象牙——
都赶不上这批黑货可爱。

"在塞内加尔河[1]边我换来了
六百个黑人,价格低廉。
都像是最好的钢铁,
肌肉结实,筋络强健。

"我以货易货,用的是
烧酒、琉璃珠、钢制器材;
只要有一半给我活着,
我就能获利百分之八百。

"在里约热内卢[2]的海港
只要有三百头黑人生存,
刚萨勒斯·彼赖洛公司
买一头给我一百都卡顿[3]。"

这时曼赫尔·望·柯克
忽然从他的沉思里惊醒;
船上的外科医师走进来,
这是望·德尔·斯密逊医生。

这是个瘦得皮包骨的人物,

---

[1] 塞内加尔河,在非洲西部。
[2] 里约热内卢,1960年前为巴西首都。
[3] 都卡顿(Dukaten),金币名称。

鼻子上长满了红瘤——
望·柯克喊道："水上的看护长，
我可爱的黑人近来怎样？"

…………

医生回答："由于自己的罪过
许多的黑人才死去；
他们浑浊的呼吸
败坏了船舱里的空气。

"也有许多人死亡由于忧郁，
因为他们感到致命的无聊；
通过一些空气、音乐和舞蹈，
他们的病能够治疗。"

望·柯克喊道："一个好计谋！
我忠实的可敬的医生
跟亚力山大的师傅，
亚里士多德是同等聪明。

"德尔夫特[1]的郁金香品种改良会，
它的会长足智多谋，
可是比起你的才智，
连你的一半都没有。

"奏乐！奏乐！叫黑人们
都到甲板上边舞蹈。
谁不肯蹦跳取乐，

---

[1] 德尔夫特，荷兰城名。

鞭子就要严加训导。"
2
高高地从深蓝的天幕
闪烁着千万颗星星,
它们焦灼渴望,又大又聪明,
像美丽的妇女的眼睛。
它们俯视着汪洋大海,
大海上广阔地蒙着一层
放射磷光的绯红的烟霭;
波浪在纵情地沸腾。

....

大约一百黑人,男男女女,
他们疯狂一般地旋转,
他们欢呼、蹦跳,每一跳
都合乎节奏地响着铁链。

他们狂欢地摩擦着甲板,
一些黑色的美人
纵情地抱着裸体的伙伴——
这中间发出呻吟的声音。

监管人是个"享乐能手",
不断地用皮鞭抽击,
刺激怠惰的舞蹈者,
鼓动他们快乐的情绪。

....

的答嘟答,的东的东东——

舞蹈总是舞不完。
鲨鱼咬着自己的尾巴,
它们感到不耐烦。

我相信,许多这类的家伙
对音乐都没有感情。
阿尔比昂伟大的诗人说过:
"不要信任不爱音乐的畜生!"[1]

的东的东东,的答嘟答——
舞蹈总是舞不完。
曼赫尔·望·柯克合掌祈祷,
他靠着船头的桅杆。

"主啊,为了基督的缘故,
请饶恕这些黑色的罪人!
纵使他们触犯了你,你要知道,
他们是牛一样的愚蠢。

"为了基督的缘故,饶他们的命吧,
基督为我们大家死亡!
因为我若不剩下三百头,
我的买卖就要遭殃。"

(冯至 译)

海涅既是个伟大的抒情诗人,又是个伟大的叙事诗作家。他一生写了不少叙事诗。他的抒情诗和叙事诗高度地融会贯通,往往到了难分彼此的地步。比如《罗累莱》《阿斯拉人》《一个青年爱一个姑娘》这些

---

[1] 阿尔比昂(Albion),英国最古老的名称。阿尔比昂伟大的诗人,指莎士比亚。"不要信任不爱音乐的畜生!"这句话见莎士比亚的《威尼斯商人》。

作品历来被人视为情诗,但却又分明是用叙事诗的方法写成的。而《鼓手长》《觐见》《查理一世》《善人》这些叙事诗却无不充满了抒情的韵味。《奴隶船》(作于1853年)自然是首典型的叙事诗,但它的情又是那么浓郁,实可称之为一篇批判奴隶制的宣言。

起源于16世纪的捕捉、贩卖黑奴活动,在海涅生前仍方兴未艾。英国虽于1833年宣布了废除奴隶制,但美国直到1865年南北战争结束才废除(是时诗人已去世十年),全世界范围内这个过程直到1926年才正式完成。作为受到一定马克思主义思想影响的革命民主主义诗人,海涅对此深恶痛绝。他并没有这方面的生活体验,但却选择了这个当时人涉猎不多的题材,而且一举成功,取得了经久不衰的轰动效应,他这首诗可以说成了反奴隶制文学中的经典之作。

这首诗的成功全在于诗人凭借自己敏锐的艺术感觉,在几个方面做出了出色的选择。

首先,是取景瞬间的选择。诗人没有去写捕捉、贩卖黑奴的全过程,也避开了较常见的以此岸(捕捉)或彼岸(奴役)为框架的取景法,而是独出心裁地选择了海上运输这一段。这一段本是枯燥乏味,十分难写的,但诗人凭借丰富的想象力,把它写活了,不但把黑奴贩子的心理写活了,而且通过这么一段的描写,把整个奴隶制残忍、贪婪、极端不平等的实质活生生地呈献在读者面前。

第二,是叙述角度的选择。通篇,诗人没有让黑奴说一句话,也没有描写他们的心理活动,而是完全从贩奴者的角度来写,写他们的对话,写他们的心理活动。从这个角度来写,一方面使这首诗能够完整地以幽默嘲讽的风格加以贯通而毫无滞涩,使诗人能尽情地发挥他的天赋;另一方面,也把黑奴根本没有发言权、连思想的权利都没有、完全不被当人看的历史特点巧妙地表现了出来。

第三,是表现手法的选择。诗人有意识地采用了戏剧手法,将此诗分为两节,在两个不同的地点展现(船舱里和甲板上),写成了二幕剧的形式。在第一幕中,主人公运货监督望·柯克和斯密逊医生处于舞台中央；在第二幕中，望·柯克则站在舞台一角，处于旁观者的地位。第一幕中几乎全是独白和对话，而第二幕则几乎全是景象。通过这样的处理，这首诗就显得很活泼，并把读者带入了一个从观察、思考到感情深化的过程。

第四，是艺术风格的选择。这首诗的艺术风格在两节间既有所区别、割裂，又是高度统一的。在第一节中，很少有描绘（"瘦得皮包骨""鼻子上长满了红瘤"是唯一的例外），独白和对话写得高度精练，中心突出。诗人抓住了一个中心点——贩奴者的贪婪、残忍来写，几句话就把这种心态写活了。望·柯克和斯密逊观点上似乎有所区别，斯密逊似乎更残忍，对黑人的死、鲨鱼之吞尸抱着欣赏态度，而望·柯克只把黑人看成赚钱的货物，因而对他们的死感到痛心。但诗人轻而易举地让人意识到，他们在不把黑人当人看的本质上是一致的，望·柯克甚至尤有过之。第二节则写得十分抒情、美丽，"千万颗星星……像美丽的妇女的眼睛"，"放射磷光的绯红的烟霭；波浪在纵情地沸腾"，甚至写出黑人的快感，"这中间发出呻吟的声音"。这种抒情笔调与全诗的主题似乎极不协调，但恰恰是这种高度的不协调、强烈的对比使全诗的风格得到了完满的统一——幽默嘲讽被极有力地强化了！幽默是这首诗的主要风格的第一层表现。对话中幽默无处不在，在"抒情"部分，幽默甚至在鲨鱼身上拟人化地发挥出来，读到"阿尔比昂伟大的诗人说过：'不要信任不爱音乐的畜生！'"读者恐怕几乎要笑出声来。但这里还有深一层的风格，那就是，全诗是一种"平静的俯瞰"。平淡，便是这首诗的主要风格的第二层表现。第二节的场面写得够激烈热闹的了，可是我们可以发现，作者始终从客观的角度出发来描绘，不发任何议论，不做任何表态。作者唯一出现的一次（"我相信，许多这类的家伙对音乐都没有感情"）也只是为了使幽默得到更充分的发挥。全诗中，诗人是站在高处，嘴角上挂着十分平静的微笑俯瞰着这伙人的表演的。当作者仍然客观地，甚至似乎怀着"同情"心来写望·柯克的祈祷时，平静和幽默高度地融为一体，艺术上和思想上同时达到高峰："为了基督的缘故，饶他们的命吧……因为我若不剩下三百头,我的买卖就要遭殃。"这种贯穿全诗的平静比之一波推一波,让人愈加激动的做法,似乎别具一种震撼力和回旋力。在艺术上,这种"平静的幽默"与当代"黑色幽默"看来不无渊源。

"的东的东东,的答嘟答",这个声音我国的读者恐怕已很熟悉了,甚至想起殖民主义制度,耳边就会响起这个声音,由远而近,动魄惊心。

(黎奇)

流 动 鼠

海 涅

世上有两种老鼠:
饥饿的和吃饱的。
吃饱的心满意足居家,
饥饿的出门浪迹天涯。

它们游走千里万里,
毫不停顿毫不休憩,
笔直向前愤怒地奔跑,
狂风暴雨照样不歇脚。

它们越过高高山坡,
它们游过澹澹湖泊;
有的淹死了有的摔破头,
活的把死的抛在了身后。

这些怪物长着
令人寒碜的嘴巴;
它们的脑袋全部都剃光,
一概光秃秃,个个油亮亮。

这群极端的耗子
不知道天父老子。
生下的不要洗礼神甫,
雌性的全是公共尤物。

这纵欲的老鼠一群,
只懂得狂吃暴饮,
喝啊吃啊,仿佛不知
我们的灵魂万劫不逝。

这一群野蛮耗子
既不怕地狱,也不怕猫咪;
没有财产,没有金钱,
想把世界重分一遍。

这群流动鼠,噢老天!
它们已经近在眼前。
浩浩荡荡,我已听出
尖声呼哨——难以计数。

噢老天!我们完蛋啦,
它们已兵临城下!
市长先生和市府议员
摇着头,不知怎么办。

市民们全副武装,
牧师把大钟敲响。
高尚的国家摇摇欲坠,
市民的财产岌岌可危。

无论是钟声或牧师的祈祷,

无论市政府法令多少道,
即使是大炮,几百磅重,
都救不了你们,亲爱的孩子们!

古老的雄辩艺术
今天也无济于事。
用演绎怎能把老鼠抓获,
最妙的诡辩它们一跃而过。

饥饿的胃里只能容纳
汤的逻辑和圆子的大法,
还有煎牛排的推理依据,
加上哥廷根香肠的语录。

牛油煎的沉默的鳕鱼干
使这群极端的老鼠舒坦,
远胜于一个米拉伯[1],
远胜于所有西塞罗[2]。

(黎奇 译)

这首诗作于1855年,即海涅逝世的前一年。在海涅后期埋在"床褥墓穴"中口述的作品中,它闪烁着一种奇特的光芒。仁者见仁,智者见智,西方和苏联、东欧国家的评论界从不同的角度读它,都给予它高度的评价。所以我们也不妨从两个不同的视角出发读它两遍。

第一遍,从艺术形式的角度出发来读,我们看到的是一个可怕的故事:一群饥饿的老鼠,成千上万,难以计数,笔直地、不停地向前奔跑,

---

[1] 米拉伯(Mirabeau,1749—1791),法国雅各宾派政治家,1791年曾任国民大会主席。
[2] 西塞罗(M.T.Cicero,公元前106—前43),古罗马政治家,雄辩家。本诗句直译应为"远胜于西塞罗以来的雄辩家"。

这是一种"愤怒的"、失去理智的奔跑，一些鼠的淹死、摔死全阻不住它们；它们有着令人毛骨悚然的嘴巴和光秃秃的头，一路吃喝纵欲。可想而知，如此巨大的一群鼠的啃啮必使所经之地无物留存。它们逼近了一座城市，可怕的尖声呼哨已传来，市民们惊恐万状，牧师敲响了大钟，市政府颁布法令，但看来一切都阻止不住这座城市灭亡的命运了。

恐怖和幽默（一种气氛和一种态度）的交织，是这首诗的艺术特征。它已摆脱浪漫主义的艺术观，甚至摆脱了传统的诗歌艺术观，同海涅后期的其他一些作品一起，成了20世纪现代派文学的直接先驱。浪漫主义的艺术观首先是对美的理想化的追求："诗是最快乐的、最优秀的才智之士的最美好、最愉快的时刻的记录。"（雪莱：《诗辩》，见《20世纪文学评论》上册第194页，上海译文出版社）其他流派的诗歌艺术观也大体如此："文字的诗可以简单界说为美的有韵律的创造。"（爱伦·坡语）海涅前期的诗歌也完全是从这种观念出发来创作的。到了后期，则出现了美与丑的并存和强烈冲突。在这首诗和一些其他诗作（如《掉换来的怪孩子》）中，诗人已不再追求传统的"美"，而是去刻画一种"极度的丑"，创造一种令人毛骨悚然的气氛。这首诗以丑的、恐怖的氛围塑造和"黑色幽默"的结合，开了20世纪现代派之先河。谓予不信，不妨读一下现代法国小说家加缪的《鼠疫》。《鼠疫》很可能在相当程度上受了这首诗的影响。只是相比之下，这首诗的恐怖氛围为幽默所中和、冲淡，不像《鼠疫》表现得那么极端。但它们拥有共同的特点则是毋庸置疑的。

海涅的诗歌创作在许多方面走在了现代派的前面，这已成公论。比如互相矛盾的联想和图像（《耶胡达·本·哈列维》《不完美》）；时间的闪电般穿插（《夜行》）；叙述风格的跳跃（《阿波罗神》《退值更夫》）。而《流动鼠》所代表的美的观念的变迁则有着更具根本性的意义。

第二遍，从思想内容的角度来读。从这个角度出发，我们首先要一把抓住"饥饿"这个概念。是饥饿使群鼠失去了理智，笔直地、不停地向前涌去，它们不信上帝，不管什么灵魂、地狱、"猫咪"，它们"没有财产，没有金钱,想把世界重分一遍",它们大规模的逼近使饱食终日的"市民们"惊慌失措。从这儿,我们听到的是时代的声音。

政治上,19世纪中期是革命的时代,标志是1848年的欧洲革命和同年《共产党宣言》的诞生;文学上,那是批判现实主义的时代,巴尔扎克、狄更斯、果戈理、屠格涅夫、托尔斯泰相继出现。从历史记载和这些作家的描述看,那个时期的无产阶级的确是受尽剥削、压迫,而资产阶级确是贪婪、凶狠。作为高度敏感的诗人,海涅已预感到无产阶级革命的不可避免,发现了资产阶级的惊惶情绪。这首诗就是这两方面的寓言化表现。如果说,在《等着吧》(1844)一诗中,诗人还只意识到资产阶级革命的意义:"一些教堂的高塔要倒塌,一些宫殿也将要动摇!"在《西里西亚的纺织工人》(1844)一诗中还只意识到无产阶级的情绪和局部造反的前景。那么在《流动鼠》中,应该说诗人已迈进了一大步,意识到了大规模无产阶级革命洪流的即将到来。(当然这并不等于说诗人完全拥护无产阶级革命,他也担心这场革命会"摧毁地球上美妙与高尚的一切,对艺术和科学发泄他们暴风雨般的愤怒"。《路苔其亚序言》)

从这点出发,反过来看,我们应认识到:海涅的所有诗歌都是有的放矢的。20世纪现代派的无理由、无理性,纯描绘人的心理状态(《鼠疫》亦然),在海涅那儿尚未萌芽。所以,海涅虽在艺术手法和观念上开了现代派的先河,但与现代派还是有着重大的区别的。　　　　(黎奇)

何　处 [1]

海　涅

何处将是疲倦的旅人
获得最后安息的住家?
是在南国的棕榈树荫?

---

[1] 本诗可能作于1839年到1840年之冬。海涅死后,葬于蒙马特尔公墓,墓碑上刻此诗作为墓铭。

是在莱茵河畔的菩提树下?

我将被那陌生人的手
葬在某处的荒漠之中?
或者我将永远休憩在
一处大海之滨的沙中?

不管怎样!围绕着我的,
处处总是上帝的穹苍,
夜间,挂在我头上的星,
就像灵前的油灯一样。

(钱春绮 译)

有人说过,爱情和死亡是两大永恒的主题。然而从文学史上看,中国和西方诗人的死亡观念是大不相同的。中国古代的诗歌中很难找到把死亡作为一种意境来描绘的作品,虽有佛教的轮回思想做后盾,但诗人们多半仍不敢直接面对这个主题。西方诗歌中则不乏描绘死亡甚至歌颂死亡的名篇。将死亡视为解脱,是西方宗教观影响下一种普遍的心理。

《何处》这首诗通篇是想象死后的葬身之处。第一句中的"疲倦的旅人"把读者带入了一种淡淡的忧伤之中。"疲倦"固可理解为对人生的厌倦,但也可理解为对人间丑恶的厌恶,同时还使人想起诗人战斗的一生(到人生终途时,"疲倦"是自然现象)。

接下来六句全是写地方,从南国到莱茵河畔,从荒漠到大海之滨,浮想联翩,大开大阖,气象恢宏。实际上表明的是,别处都可能是葬身之地,唯独祖国——"莱茵河畔"是回不去了。这里当然隐含着极深沉的痛苦,也只有放逐他乡的诗人才写得出来;但又表现得如此旷达、平静。

最后四句是痛苦的乡思与乐观的胸襟冲突的产物,可说两种因素兼而有之。不管葬身何处,死亡终是一种解脱,这是一层境界;无可奈何,故作达词,恐怕是又一层境界;虽然饱含痛苦和解脱的愿望,但读来确让人感觉不到丝毫的绝望,反而感觉到诗人豁达的胸怀和高尚的人生观,这是第三层境界。比之波德莱尔笔下那个扭曲了的、过分快乐的死亡境界,这首诗显然以真诚、深沉见长。把死亡描写得这般优美动人的诗歌在世界上恐怕是不多的。难怪这首作于1840年的诗会被作为海涅的绝笔,铭刻在他的墓碑上。

(黎奇)

德国,一个冬天的童话(节选)

海 涅

第1章

在凄凉的十一月,
日子变得更阴郁,
风吹树叶纷纷落,
我旅行到德国去。

当我来到边界上,
我觉得我的胸怀里
跳动得更为强烈,
泪水也开始往下滴。

听到德国的语言,
我有了奇异的感觉;
我觉得我的心脏
好像在舒适地溢血。

一个弹竖琴的女孩,
用真感情和假嗓音
曼声歌唱,她的弹唱
深深感动了我的心。

她歌唱爱和爱的痛苦,

她歌唱牺牲，歌唱重逢，
重逢在更美好的天上，
一切苦难都无影无踪。

她歌唱人间的苦海，
歌唱瞬息即逝的欢乐，
歌唱彼岸，解脱的灵魂
沉醉于永恒的喜悦。

她歌唱古老的断念歌[1]，
歌唱天上的催眠曲，
用这把哀泣的人民，
当作蠢汉催眠入睡。

我熟悉那些歌调与歌词，
也熟悉歌的作者都是谁；
他们暗地里享受美酒，
公开却教导人们喝白水。

一首新的歌，更好的歌，
啊朋友，我要为你们制作！
我们已经要在大地上
建立起天上的王国。

我们要在地上幸福生活，
我们再也不要挨饿；
绝不让懒肚皮消耗
双手勤劳的成果。

---

[1] 宗教上麻痹劳苦人民乐天知命，不要起来反抗的歌曲。

为了世上的众生
大地上有足够的面包,
玫瑰,常春藤,美和欢乐,
甜豌豆也不缺少。

人人都能得到甜豌豆,
只要豆荚一爆裂!
天堂,我们把它交给
那些天使和麻雀。

死后若是长出翅膀,
我们就去拜访你们,
在天上跟你们同享
极乐的蛋糕和点心。

....

第27章

....

伪善的老一代在消逝。
如今啊,要谢谢上帝,
它渐渐地沉入坟墓,
它害着说谎病死去。

新的一代正在生长,
完全没有矫饰和罪孽,
有自由思想,自由的快乐——
我要向它宣告一切。

那样的青年已经萌芽,

他们了解诗人的豪情善意,
从诗人的心头取得温暖,
从诗人太阳般的情绪。

我的心像光一样地爱,
像火一样地净洁纯真,
最高贵的优美女神
给我的琴弦调好了音。[1]

这是我的师父在当年
弹奏过的同样一张琴,
师父是文艺女神的宠儿,
是已故的阿里斯托芬。

....

现实的阿里斯托芬,
这可怜的人就要受罪,
我们将要立即看见
陪伴他的是宪兵合唱队。[2]

流氓们立即得到准许,
对他不是奉承,却是谩骂;
警察们也接受命令,
把这高贵的人追拿。

啊国王!我对你抱有善意,

---

[1] 三个优美女神在罗马神话中称为格拉琴(Grazen)。
[2] 古希腊的悲剧和喜剧一般在表演过程中都穿插有合唱队的合唱。这里指的是被普鲁士的宪兵逮捕。

> 我要给你一个建议：
> 死去的诗人，要尊敬，
> 可是活着的，也要爱惜。
>
> 不要得罪活着的诗人，
> 他们有武器和烈火，
> 比天神的闪电还凶猛，
> 天神闪电本是诗人的创作。
> …………

（冯至 译）

长诗《德国，一个冬天的童话》是海涅最重要也是最著名的作品。1843年深秋，海涅在离开德国十二年后重回祖国。他这次到汉堡旅行，一方面是探望母亲，另一方面也为了和出版商商谈出版他著作的问题。他于10月30日到达汉堡，12月7日离开。这次在冬天的德国之行，是这部27章长诗诞生的背景。海涅一回到祖国，就禁不住强烈的心跳，"泪水也开始往下滴"。弹竖琴的女孩弹唱的依然是"断念歌"和"催眠曲"，诗人则要唱"一首新的歌，更好的歌"，要在大地上"建立起天上的王国"，人人不再挨饿，人人得到满足，子孙后代无比幸福。但是，现实的德国腐朽、丑恶。边境上普鲁士税关人员"翻腾箱子"，诗人称他们为"蠢人"，"我随身带来的私货，都在我的头脑里藏着"。在亚琛驿站，诗人看到那只丑恶的凶鸟——普鲁士国徽上张牙舞爪的鹰，仇恨充满胸膛，"一旦你落在我的手中"，"我就揪去你的羽毛，还切断你的利爪"。夜晚来到科隆，虽然在月光里，但那科隆大教堂"阴森森地高高耸起"，在这里，诗人抒发了对封建统治的精神支柱教会的憎恨，他把它称为"精神的巴士底狱"。他要把来自东方的三个圣王——即结成"神圣同盟"的普、奥、俄三国国王，"装进那三只铁笼里，铁笼悬在明斯特的塔上"，也就是说，要用当年残酷处死三个农民起义领袖的同样办法来处死这些封建君主。接着诗人来到莱茵桥头，他把莱茵河比作一个久经事变的老人，展开了与"莱茵父亲"的对话。他怀念受法国革命影响的美好时期，嘲讽了德国狭隘的民族主义；"不要去想那些恶劣的诗篇，你不久会听到更好的歌"。长诗中，诗人强调了思想必须见诸行动，批判了逃避现实的唯心主义、自由主义、国粹主义等杂乱思想。在第14至17章中，诗人利用自由主义者所歌颂的传说中的红胡子皇帝的故事，构思了梦中与红胡子皇帝对话的情景。长期以来，德国民族主义者把睡眠的红胡子皇帝一旦将要觉醒作为祖国复兴的象征。而诗人笔下的红胡子皇帝感觉迟钝，行动缓慢，对世界上的重大变化毫无所知，很像"一个古董收藏家"。因此，诗人大声喊叫："你是一个古老的神异，你去睡你的吧，没有你，我们也将要解放自己。"作者对那些美化中世纪封建社会的民族主义者和浪漫主义诗人，也表示了极大的鄙视，称他们是"半阴半阳的两性人"，"中古的妄想与现代的骗局"组成的"混合物"。最后几章描写了诗人旅行的最后目的地汉堡。作者创造了代表汉堡资产阶级庸俗社会现实的守护女神汉莫尼亚，她与诗人的对话中，宣扬折中主义，中庸之道；诗人则向她述说长期流亡巴黎怀念祖国的心情。最后她要诗人掀开她椅子上的坐垫，通过圆洞下边的"魔术锅"，看看"德国的将来"；诗人把头伸入圆洞，一股恶臭冲来，"它们真是可怕，啊，上帝！好像是有人扫除粪便，从36个粪坑里。"这36个粪坑便是德意志联邦的36个邦国。长诗的结尾一章与第一章相呼应，表达了诗人的信念："伪善的老一代在消逝"，"新的一代正在生长"。警告统治者"不要得罪活着的诗人"，否则就要被咒入"但丁的地狱"。

这部长诗的题目富有深刻的寓意。海涅认为，德国现存制度是那样腐朽和落后，而德国反动政府企图用假象、伪善和诡辩来掩盖腐朽，这只能是一个不切实际的童话般的幻想。诗人又用一切生机死灭萧条的冬天来象征德国社会的昏睡和停滞，所以在"童话"前又冠以"冬天"。长诗在旅途中就已酝酿成熟，1844年初完成，并在同年作为《新诗集》的一部分问世，还由马克思交给《前进报》于1844年10月至11月陆续发表。

海涅在1844年2月20日写给出版商康培的一封信中说，这长诗"是一个崭新的品种，诗体的旅行记，它将显示出一种比那些最著名的政治鼓动诗更为高级的政治"。诗人在这部政治抒情长诗中用大量的篇幅揭露、讽刺德国必须灭亡的旧制度和社会中不合理的现象，用一定的章节歌颂美好的未来，并且在适当的地方表达了他自己的革命思想和立场。揭露和讽刺的矛头主要指向三个方面：一是以普鲁士为代表的封建专制统治；二是所谓"反政府"的自由主义派别；三是庸俗保守的德国资产阶级市侩思想和心态。海涅对德国腐朽的封建制度一向怀有深深的憎恶与仇恨，长诗以普鲁士为德意志联邦36个邦国中封建专制制度的典型代表，对它进行了集中的揭露和猛烈的抨击，诸如书报检查制度、关税同盟、分裂的城邦、骑士制度、军队和宪兵、"神圣同盟"等等。当时的普鲁士国王威廉四世把教会和国家的最高权力集于一身，把恢复中世纪真正的基督教国家看作是自己的使命。海涅深刻认识到宗教和教会是封建专制统治的精神支柱和有力工具，在长诗中一再出现对教会——特别是天主教会的尖锐批判。在回顾教会摧残理性、焚人烧书的罪恶时，也对僧侣的伪善进行了无情的揭露。红胡子皇帝的传说在当时的德国颇为流传，海涅通过对他形象的描绘，梦中同他的对话以及周围环境等，运用非常尖锐刻薄的讽刺方式，戳破了这个为德国国粹主义和民族主义者长期美化的童话传说，使它露出君主复辟的反动本质。诗人宣称："我若是把事物仔细思量，我们根本用不着皇帝。"海涅对汉堡守护女神汉莫尼亚的描写独具匠心，他通过这个形象，讽刺了德国资产阶级的怯懦、平庸以及对封建势力的妥协。汉莫尼亚对过去的美化与恋情、对现状的满足正是德国社会进步的巨大障碍，是社会停滞的重要原因。按照汉莫尼亚的主张，资产阶级和封建贵族相互结合，德意志36个"粪坑"的现状用不着改变。诗人指出治疗德国的"重病沉疴"，"不能用玫瑰油和麝香"，只能运用革命的手段才能彻底变革腐朽的不合理的现实。和长诗的题目相适应，海涅在诗中借用了许多来自民间传说、童话以及《圣经》故事中的形象，并同时赋予这些形象以新的色彩和政治意义。这样,诗人通过浪漫主义的幻想与象征的形式表现出异常深刻的现实主义内容。所以,长诗最大的艺术特点是:现实与幻想相交织,在描写德国现实时,往往出现梦境与幻想;而从梦境与幻想中,又可以看到德国的现实与诗人的思想。全诗多姿多彩,色调斑斓;讽刺辛辣,比喻机智;语言形象,节奏优美,特别是讽刺艺术,达到了登峰造极的程度。讽刺的对象有:普鲁士的各种制度,普鲁士的反动统治者、军队、官吏、宗教和教会、贵族、御用文人、民族主义者、国粹主义者、资产阶级市侩、自由主义派别以及小资产阶级激进派等。因为讽刺对象的不同,诗人表现了不同的风格,有嘲弄,有戏谑,有幽默,有暴露,有挖苦,有蔑视,展示了杰出的艺术才能。

(孙坤荣)

默里克(4首)

爱德华·默里克(Eduard Mörike, 1804—1875),德国诗人、小说家。1804年9月8日生于符腾堡的路德维希堡,1875年6月4日逝世于斯图加特。他是歌德以后德国最伟大的抒情诗人之一,受过浪漫主义的影响,但已采用现实主义的方法来反映现实。出身于医生家庭,曾在乌拉赫一修道院学校念书,后又在图宾根读神学,嗣后当过教师。他曾接受斯图加特文学讲师职位,直至1866年。晚年与姐姐克拉拉和小女儿一起生活,生活贫困,晚景凄凉。默里克一生作品不多,但各种体裁均有,而且各具特色。就拿他的长篇小说《画家诺尔顿》来说,除文笔细腻,刻画深刻外,还对精神失调具有心理洞察力,对潜意识领域也做了探讨。他的民间故事《斯图加特的好心小矮神》(1853),带有童话色彩和施瓦本的乡土气息。他的中篇小说《莫扎特赴布拉格途中》(1856),是德国中篇小说中的一颗明珠。默里克作为抒情诗人,他的才华发挥得更加突出。他的抒情诗《是你啊,春天》《九月的早晨》《猎人之歌》和《失恋的少女》等,丰富了德国抒情诗的宝库。《佩雷格丽娜》一诗,是德国最优美的爱情诗之一。

是你啊,春天

默里克

春天又让它的蓝带
在空间翻飞;
甜蜜而熟悉的香味,
预感地轻拂着大地。
已在睡梦中的紫罗兰,
要想马上赶来。
听啊,远处轻柔的琴声!
春天,是你啊!
我已经听见你的声音!

(韩世钟 译)

九月的早晨

默里克

世界还安息在迷雾之中,
森林和草地还在做梦:
要是雾帘收起,你就会
看见蓝天的本来面目,
蒸腾的世界凭着秋天力量
流逝在暖和的金光之中。

(韩世钟 译)

默里克曾受过德国浪漫主义的影响,被称为德国浪漫主义的最后一位诗人。但他已采用现实主义的方法来反映现实了。

《是你啊,春天》是一首歌颂春日将临的诗。诗人常常用蓝色比喻美丽、明净,而"蓝带"含有快捷到达之意,所以诗一开头说春天让它的蓝带在空间翻飞,意即春天已经把自己迅速到达的信息,在天空传播开来,从而使人们嗅到初春早开的香花气息,这跟我们的古诗中的"春风又绿江南岸"差不多,人们看到江岸绿色,便知道春天已到人间;这是用蓝色,用绿色,来预示春天的到来。紫罗兰不是早春开花的植物,一般要在三四月才开,因此诗里说紫罗兰还在睡梦中就是这个原因。只有报春花等在初春时节已经张开花瓣迎接春的到来。

《九月的早晨》一共只有六行,写到了秋雾、森林、草地、蓝天,把一个景色如画的秋晨描绘了出来,所谓诗中有画,大约就是如此。默里克虽受德国浪漫主义的影响,但他的诗作中已有现实主义成分。以上这两首诗,基本上如实地反映了春天和秋天的大自然景物,没有幻想,也少夸张,这是这位诗人创作的特点。 (韩世钟)

猎人之歌
默里克

鸟儿在山峦高处漫步,
雪中的足迹多么细楚,
远方恋人寄我的书简,
可爱的笔迹更加秀娟。

一只鹭鸶向空间飞去,
箭矢和子弹无法企及:
恋人忠于爱情的思念,
比这更高更快一千倍。

(韩世钟 译)

失恋的少女
默里克

清晨,当金鸡高唱,
星星还高挂在天上,
我得站在灶旁,

把炉火点燃旺。

　　炉火五彩缤纷，
　　火花四处飞迸；
　　我望着它出神，
　　痛苦深埋在心。

　　蓦地我就想起
　　那个负心少年，
　　昨夜我在梦里，
　　还曾把他看见。

　　泪水滚出眼梢，
　　就像断线珍珠；
　　白天就此来到——
　　哦，愿它快又消逝！

（韩世钟　译）

　　《猎人之歌》这首诗，用两两比较的方法写成。从高山上鸟儿漫步留下的足迹，联想到恋人书简的手迹，这两种痕迹比较起来，还是恋人书简的字迹更加秀娟，这是第一层。主角又从鹭鸶向空间飞去这一景象，觉得它飞得又快又高，即使用弓箭和子弹也无法赶上它，这里已经有了一种比较；然而主角又把鹭鸶的飞行和恋人的思念做比较，觉得这种思念比前者更高更快一千倍。这样，第一节归结到恋人的手迹，第二节归结到恋人的思念。这是全诗所要说明的要点，也是猎人自己心中的思念。这种比较一层比一层深入，带有一定的夸张手法。这里的"一千倍"和"白发三千丈"的比喻有相似之处。本诗押韵用的是aabb毗连韵规则。第一行和第二行押韵，第三行和第四行押韵。

　　《失恋的少女》共四节，每节四行，用的是交叉韵，第一行和第三行押韵，第二行和第四行押韵，即abab，和前一首诗不同。这首诗写一个少女虽被负心少年遗弃,但仍魂牵梦绕,夜里做梦也见到他。她虽然把痛苦埋在心底,但还是对他恋恋不舍,痛哭流涕。因此她希望白昼早点逝去,再和少年梦中相会,重温旧情。可以说,她对少年一往情深,不能自已;虽被抛弃,但无半点懊悔之意。这首诗应该说是首爱情诗,写得朴素无华,明白简练,具有民歌的风味。

(韩世钟)

施托姆 (3首)

特奥多尔·施托姆(Theodor Storm, 1817—1888),德国诗人、小说家。1817年9月14日生于北海之滨小城胡苏姆,1888年7月4日在哈德马尔欣逝世。他出身于古老的富裕市民家庭。根据父亲的意愿,他于1837至1842年在基尔和柏林学习法律;1843年起在他故乡城市当律师。1848年的革命几乎没有触动他市民家庭田园诗的写作,他把自己局限在故乡的狭隘的牧歌世界里。他搜集家乡的民歌、格言、传说和神话,他文学上的榜样是默里克和后期浪漫派作家。1848年他故乡石勒苏益格—荷尔斯泰因地区的人民起义,反抗丹麦入侵者的统治,使他走出牧歌世界,参与了这场斗争,写出了一些爱国主义诗歌。起义失败后,丹麦并吞了他的故乡,他不得不离乡背井,前往波茨坦做法院推事。1856年调到海利根城工作,直到后来丹麦人撤出他的家乡,他才回到故里当行政官员。后来,由于痛恨"俾斯麦的强盗政策",他告老退职,不再奔波仕途。1880年迁到哈德马尔欣村居住,直到去世。

他的早期抒情诗,主要写家乡胡苏姆,内容简朴,形式优美,主题大都是讴歌爱情、大自然和对乡土的怀恋。他的抒情诗虽然不多,但其中的佳作,可以列入德国最优秀的抒情诗之林。语言简练,音调铿锵,不仅具有民歌形式,而且还有牧歌风味。

除诗歌之外,施托姆在中短篇小说方面也很有成就。早期的《茵梦湖》(1849),写得缠绵悱恻,委婉动人,堪称他的代表作。

城

施托姆

在灰色的海岸,在灰色的海滨,
坐落着这座城;
浓雾沉重地压着屋顶,
大海的咆哮打破寂静,
单调的涛声围绕着这座城。

没有树林簌簌作声,五月里
没有鸟儿不停的啼鸣;
只有大雁叫声凄厉,
飞过这秋夜的天地,
海风轻拂岸边的草茎。

然而我整个的心牵挂着你,
你这海滨的灰色城。
青春的魅力微笑地
永远在你那里,在你那里,
你这海滨的灰色城。

(韩世钟 译)

黄昏时分

施托姆

隔壁房间里坐着我和你;
夕阳穿过窗帘照进房间;
勤劳的双手只好停息,
你的额头为霞光染遍。

我俩不吭声,我不知说啥好,

在这美妙的时刻倒也恰当；
只有隔壁的老人还在唠叨——
你用神奇的眼睛直瞪着我望。

(韩世钟　译)

复 活 节
施托姆

那是在我故乡的海堤上；
我让目光向天际眺望，
复活节的钟声向我传来，
既响亮又充满着希望。

大海像沸腾的银子闪光，
岛屿在大海面上浮动，
海鸥穿梭来往令人眼花，
白色的羽翅浸在海水中。

从围垦地直到海堤边缘，
草地长得像绿色天鹅绒；
春天预告将要降临人间，
云雀欢唱，花蕾绽放重重。——

巨大的力量不再受束缚，
大地泉涌，活水到处下滴，
大伙在干活、织布和张罗，
我听见生活的脉搏在敲击。

新的雾霭从海潮上升起；
金色的阳光自天空倾泻；
春风动听悦耳地穿过空气，

瞌睡的最后躯壳迅速爆裂。

风继续吹吧,直至每个花蕾绽开,
最终给我们迎来整个夏天;
上帝创造的光,你赶快舒展,
别动摇,你,故乡的坚实土地!——

如果十一月夜晚大海酿起
浪花飞溅的波峰,我常站在这里,
如果暴风雨在空中掀起,
猛禽的羽翅就拍击着海堤。

我在坚固的堤边呼喊狂喜,
让浪涛磨砺我愤怒的牙门,
大海无力地嘶叫着尘风披靡——
这土地是我们的,永远属于我们!

(韩世钟 译)

施托姆对北海之滨的故乡深怀感情,大学毕业后便到故乡小城胡苏姆当律师。他对这段生活十分留恋,曾说:"我的律师和诗人职业大多数时间非常协调,我甚至常常感到这是走出幻想世界进入实际生活的提神剂。"那时,康丝坦采·埃斯马尔希常在夏天到他的老家来做客,两个年轻人之间渐渐产生了深厚的感情,并就此订了婚。《黄昏时分》这首诗,就以朴素的笔墨写出了当时两人相恋的情景,脉脉含情,相对无语,却表达了深厚的情意,在爱情诗里,别有一种风味。这种情景后来在他的中篇小说《木偶戏子保罗》中做了深刻细腻的刻画。他不仅对未婚妻有深厚的感情,而且对故乡城市胡苏姆、故乡的秋天和海岸也有感情,这从《城》这首诗中可以看出来。这座故乡的城尽管到处笼罩着一片灰色,浓雾压顶,雁声凄厉,涛声单调,然而诗人仍然以整个的心牵挂着它,眷恋不已。

1846年,他和康丝坦采结了婚,婚后的两年生活都在安逸中度过。

然而，不久出现了威胁和平的石勒苏益格-荷尔斯泰因地区的危机，当时的丹麦政府想并吞这个地区，把诗人从无忧无虑的生活中驱逐出来，迫使他必须清醒地面对现实。他的诗《复活节》就在1848年复活节写成，这是一首对新生活的赞歌；诗人在故乡的海堤上，面对大海尽情地讴歌自然，赞美人生，歌唱那春风阳光下的"生活的脉搏"的跳动。这篇针对狂暴的大海的战斗檄文，同样也是针对邻国的强盗意图的。他骄傲地唱出：

别动摇，你，故乡的坚实土地！
这土地是我们的，永远属于我们！

表达了诗人热爱家乡、热爱祖国的炽烈情怀。

从这儿我们可以看出，诗人的态度可以分作两个阶段。在1848年丹麦人入侵他的家乡之前，他不问政治，生活在牧歌式的氛围中，他的诗歌也是牧歌式的，他崇拜的对象是默里克和德国后期浪漫派诗人，他抒写的对象不外乎爱情、海滨、秋雾、星星、海鸥和树林等。在这以后，他醒悟了，写出了一些爱国主义的诗歌，在诗歌情调上发生了重大变化，呈现出迥然相异的风格特色。

（韩世钟）

马克思 (2首)

卡尔·马克思（Karl Marx, 1818—1883），马克思主义的创始人，国际无产阶级的革命导师，伟大的革命家、思想家、哲学家。生于普鲁士莱茵省特里尔城的一个律师家庭。曾先后就读于波恩大学和柏林大学法律系，但其主要精力一直放在历史和哲学的研究上。1841年3月大学毕业，获哲学博士学位，后长期投身于政治斗争之中。曾担任过《莱茵报》主编，创办过《德法年鉴》杂志。1844年在巴黎同恩格斯会见，从此，他们并肩为无产阶级革命事业奋斗终生。

马克思在从事工人运动的革命事业期间，创作了大量革命著作《资本论》《共产党宣言》等，成为指引无产阶级革命的经典。他还撰写过许多关于哲学、历史、文学、艺术方面的论著，成为马克思主义的重要组成部分。

马克思青年时代还曾喜爱文学创作,写过不少优美的诗歌。虽然,它们同他大量的政治哲学论著相比只可谓九牛一毛,但它确实反映了革命导师丰满人格的另一方面,为我们全面认识马克思提供了有力佐证,仅此一点就弥足珍贵了。

给 燕 妮
马克思

其二

尽管书页数不尽,我也能让你的名字
把千千万万卷书籍填满,
让你的名字在里面燃起思想的火焰,
让战斗意志和事业的喷泉一同迸溅,
让现实生活永恒的持久的真理揭晓,
让整个诗的世界在人类历史上出现。
那时愿旧世纪悲鸣,愿新时代欢欣!
让宇宙啊,亿万斯年永远光芒不息!

燕妮的名字,哪怕刻在沙粒般的骰子里,
我也能够把它念出!
温柔的风送来了燕妮的名字,
好像给我捎来了幸福的讯息,
我将永远讴歌它——让人们知悉,
爱情的化身啊,便是这名字燕妮!

(黄伟经 译)

马克思同夫人燕妮的爱情纯洁高贵、忠贞不渝。燕妮不仅是马克思生活中的伴侣,也是马克思事业的助手、思想的知己。他们的结合被誉为"举世无双的结合",成为革命加爱情的理想典范。

燕妮是一个才智出众、美丽端庄的姑娘,她是马克思姐姐的好友,从小即同马克思相识,常常结伴而游。其后,他们热烈相爱,但因双方家庭的障碍,致使他们经历了长达七年之久的痛苦期待和不懈努力,到1843年才结为伉俪。

1836年马克思为了到久负盛名的柏林大学求学,不得不忍痛与燕妮分离。当时十八岁的马克思正是青春勃发、激情充沛之时,只得以诗抒怀,表达对燕妮的强烈思念和真挚爱情。在此期间,他曾写满三册诗歌献给燕妮,成为"世界上最美丽,最富于诗意的爱情"的明证,可惜大多散失,直到二十世纪五六十年代才陆续发现出几首。这是其中之一,采用的是自由体十四行诗。

马克思一生与书为伴,读过的书籍无计其数,这首诗便由此生发,首句就点明了诗的主旨。这一构思远远超越了常人的谈情说爱,而是把燕妮的爱同诗人的理想、事业紧紧连在一起。"愿旧世纪悲鸣,愿新时代欢欣",更把个人的爱情同世界的前途息息相通,展示出革命导师无比宽广的胸怀。

(许自强)

思 念
马克思

燕妮,即使大地盘旋回翔,
你比太阳和天空更光亮。
任凭世人把我无限责难,
只要你对我爱,我一切甘当。

思念比永恒的宇宙要久常,
比太空的殿宇还高昂,
比幻想之国还更加美丽,
焦急的心灵——深过海洋。

思念无边,无穷无尽,
你给我留下来的形象——

像似神灵塑造的一样，
使我永远把你记在心上。

你值得思念，但思念一词
无力表达我热烈的心肠；
可以说，思念似火在燃烧，
在我的心中永远永远激荡。

（李显荣　译）

　　马克思和燕妮虽然早就热烈相爱，但因双方家庭的阻碍，加上马克思又为求学和从事革命活动，二人在婚前曾经常分离，"思念"便成了他们之间心灵相通的慰藉。

　　这首诗是1960年从马克思的外孙马·沙·龙格处找到的。全篇采用一系列比喻，反复表述了马克思对燕妮的刻骨铭心的思念。在开创国际共产主义运动的伟大斗争中，马克思处在各类敌人的重重包围中，是燕妮给了诗人无限的鼓舞和力量："要知道世界上唯有你，对我是鼓舞的泉源，对我是天才的慰藉，对我是闪烁在灵魂深处的思想光辉。"（《给燕妮》）由此，我们更可理解诗人为何思念得如此之深，又为何能面对世人的"无限责难"而"一切甘当"！的确，燕妮是值得思念的，正如她自己所说："我不仅应该成为一个贤妻良母，而且也应该成为他的同志，他的谋划人。不仅要相信而且要相敬，因为其中包括我的全部精神生活。"

（许自强）

尼采 (2首)

　　弗里德里希·威廉·尼采（Friedrich Wilhelm Nietzsche, 1844—1900），德国哲学家、诗人。1844年10月15日出生于吕茨恩附近的勒肯。父亲是路德派新教牧师，在他五岁时去世了。1864年进波恩大学学习古典语言文学，一年后转到莱比锡大学。他和古典语文学家罗德建立了友情，第一次读到叔本华的著作，并认识了音乐家华格纳。1869年春尼采应聘到瑞士巴塞尔大学任教。

1872年，尼采发表第一部重要著作《悲剧的诞生》。此后，连续发表四篇长文，结集为《不合时宜的看法》，展开了对现代文化的批判。以后他又写了《人性的，过于人性的》等著作，对欧洲基督教思想和道德传统进行了分析和揭露。1883—1885年，尼采完成了他的主要著作《查拉图什特拉如是说》。尼采也用格律体和自由体创作过许多诗歌。他把自己的诗分为两类：一类是"格言"，即哲理诗；另一类是"歌"，即抒情诗。他的诗歌语言优美，言简意赅，诗意浓郁，内容深邃，贯穿着哲理。著名的有《醉歌》（1883）、《放浪公子之歌》（1887）、《威尼斯》（1888）和组诗《酒神颂》，以及一些描写孤独的抒情诗。尼采的诗作是哲学的诗化，独树一帜，对后来的诗人格奥尔格、里尔克、霍夫曼斯塔尔、黑塞等都有影响。

1879年尼采因病而退休，以后主要在意大利一边著述，一边度过漂泊生涯。1889年1月，他在都灵街头突然发作精神病，从此偏瘫，神经错乱。1900年8月25日在魏玛逝世。尼采是位重要的思想家，他的哲学和文学著作，充满先知式的训示和反传统的叛逆性，有极大的魅力，影响了世界文坛上一大批作家、艺术家的人生观及其作品的思想内容。

看啊，这人

尼　采

是的，我知道我来自何处！
我像火焰一样永不满足地
燃烧着、消耗着。
我发出的是光辉，
我丢弃的是灰烬：
我确是火焰无疑！

（孙坤荣　译）

这首诗歌作于1881—1882年，可以说是尼采的自我写照。标题用的是拉丁文Ecce homo，语出《新约·约翰福音》第十九章第五节："耶稣出来,戴着荆棘冠冕,穿着紫袍。彼拉多对他们说:你们看这个人。"这第十九章写的是耶稣从被戏弄到被捕,最后被钉十字架的事。尼采用"看啊,这人"作为诗歌标题,显然是有象征意义的。1888年,尼采撰写的自传,也是用"看啊,这人"作为标题。

尼采是一位颇有争议的思想家,一百多年来对他的毁誉不一。他宣告"上帝已死","重新估定一切价值",无视一切传统,是个彻底的偶像破坏者。他反对当时德国的社会政治状况,反对一切传统道德,反对基督教,反对颓废庸俗;他宣扬"肯定生活""权力意志""超人思想"等等。但是,他是站在精神贵族的立场上反对一切旧的传统;他强调天才,蔑视群众;他从个人主义出发,既反对资本主义,也反对社会主义。总而言之,尼采的哲学思想,既有积极部分,也有消极部分。他的这首《看啊,这人》,表现了诗人积极的、革命的一面,也是他的自我写照。在这首诗中,尼采把自己比作火焰,永不满足地燃烧着、消耗着,"发出的是光辉","丢弃的是灰烬"。这里无疑也包含着作者的桀骜不驯和自我夸耀。

全诗只有短短六行,押的是aabaab韵,音调铿锵,节奏明快,富于音乐性。

(孙坤荣)

醉 歌

尼 采

哦,人啊!注意听!
深沉的午夜在说些什么?
"我睡了,我睡了——,
我从深沉的梦中醒来:——
世界是深沉的,
比白天想象的更深沉。
它的痛苦是深沉的——,
快乐——比心中的忧伤更为深沉:

痛苦说：去吧！
可是一切快乐都要求永恒——，
要求深沉的、深沉的永恒！"

(孙坤荣 译)

  这首抒情诗出自1883—1885年出版的《查拉图什特拉如是说》，在本书的第三部中的《第二舞蹈之歌》之三和第四部中的《梦游者之歌》之十二都写有这首歌，可见尼采对本诗的重视。

  查拉图什特拉，又译为苏鲁支，是古代波斯哲人，波斯拜火教的始祖（中国称火祆教）。他的教义认为：世界上有两种对立的本原在斗争，其一为善，另一为恶。尼采利用这个始祖之口，宣传自己的哲学思想。他在书中宣称，世风日下，人已变形，将要产生一种新人，这就是"超人"。他认为，恶产生于软弱，善产生于力量，"权力意志"造就最强的人，这样才能粉碎社会上一切骗人的、病态的、仇视生活的东西。他说"上帝已死"，主张"重新估定一切价值"，并创造新的价值观。他企图克服西方哲学的弱点，在精神发展史上引起一个转折。《查拉图什特拉如是说》既是一本哲学著作，也是一本散文哲理诗。全书充满批判性的思想闪光和晦涩的隐喻。

  在这样一本著作中，抒情诗《醉歌》犹如一朵奇葩在那儿开放。它吐露出沁人的芳香，使人陶醉，也使人迷惘。《醉歌》是作为查拉图什特拉的圆舞曲而演唱的，语言简单，但内容十分晦涩。短短的十一行诗，差不多用了各种标点符号；"深沉"这个词出现了八次，深沉的午夜、深沉的梦、深沉的世界、深沉的痛苦、深沉的快乐、深沉的永恒，如此等等。因此有的德国评论家认为，这首诗歌是"语言的冒险"。诗歌抒发了人在睡梦中苏醒过来，对世界的沉思，对痛苦、对快乐的沉思。钱春绮先生对尼采的"痛苦—快乐"的解释可以帮助我们对这首诗的理解，他认为这首诗中，"痛苦不想永远痛苦，而快乐却想永远常驻，亦即要求把痛苦转化为永远的快乐，这是尼采思想的最终点，也就是永远复归说的核心"。尼采的这首诗歌语言简明，思想深邃，是他诗歌创作的代表作。（孙坤荣）

黑塞 (5首)

赫尔曼·黑塞（Hermann Hesse, 1877—1962），20世纪上半叶德语作家，主要成就是小说和散文，诗歌创作数量较少，却很重要，因为黑塞本质上是一个浪漫诗人。

黑塞于1877年7月2日出生于德国施瓦本地区一个虔诚的传教士世家，自幼便受到东西方不同文化思想的熏陶。他虽然很小便背叛父母要他继承的宗教事业，家庭仍对他的创作和生活留下了深刻影响。黑塞于1912年后定居瑞士，1923年加入瑞士籍，1962年8月9日在瑞士的蒙太格诺拉小村逝世。

黑塞八十五岁高龄去世时为后人留下了五十多部著作，有长篇小说、短篇小说、散文、诗歌和论文集。作家在写作的同时也整理出版了许多受到不公正评价的前辈和同时代人的著作，还编辑出版了世界文化范围的多种专题论著、选集和若干文化期刊。黑塞1946年获诺贝尔文学奖时自己开过一份主要作品名单：小说《克诺尔普》（1915），《德米安》（1919），《席特哈尔塔》（1922），《荒原狼》（1927），《纳尔齐斯与歌尔德蒙》（1930），《东方之旅》（1932）和《玻璃球游戏》（1943）；诗歌《诗集》（1942年版）；文集《回忆之页》（1937）和《战争与和平》（1946）。

在 雾 中

黑 塞

在雾中漫步，多么奇特！
树木、石头，全都孤零零，
没有哪棵树看到另一棵，
每棵树都很孤独。

在我愉快活泼的时候，
世界上充满朋友，

如今，雾霭弥漫，
再也看不见任何人影。

不认识黑暗的人，
不能称为真正明智，
黑暗不可避免地悄悄
把他和世上的一切隔离。

在雾中漫步，多么奇特！
生活多么孤零零。
没有哪个人看清另一个，
每个人都很孤独。

（张佩芬　译）

　　首先要说明，这里选择和赏析的五首诗尽管都是黑塞的著名诗歌，却并非诗人不同创作阶段的代表之作，而仅仅选自作家生平唯一一张朗诵唱片。其中除黑塞晚年所写的一篇杂文《幸福》外，还有七首诗：《在雾中》《转瞬而逝》《阶段》《九月的中午》《所有的死亡》《写在沙上》和《秋雨》。

　　联邦德国评论家伏克尔·米歇尔在整理黑塞遗稿时惊讶地从作家1949、1953和1954年自己录制的音响资料里发现了若干朗诵资料。米歇尔在这些录音带中选出上述作品编纂成了一张唱片，并且根据作家遗留资料说明这些诗歌乃是七十多岁高龄时黑塞最喜爱的诗作。唱片自1971年初次发行，至1976年已重版九次。

　　《在雾中》是五首诗中唯一一首早期诗歌，曾收入多种黑塞诗选。黑塞的诗歌创作受德国民歌和浪漫派影响颇深，讴歌美，歌颂梦境和幻想，喜爱把文学和童话、奇迹融在一起，把外在宇宙和内心世界联系在一起。与此同时，也不缺乏德意志民族和黑塞个人比较理性的风味：孤独寂寞、沉默寡言，即或是比较尖刻的揶揄、嘲讽，甚至是发牢骚，也都冒点儿德国式的傻气。

《浪漫主义之歌》(1899)、《在途中》(1912)和《孤独者的音乐》(1915)是黑塞三部早年诗集,以民歌风格的田园诗居多,大都抒发少年游子对家乡、自然、生活的热爱。《在雾中》既具这类田园气息,也兼具诗人中年以后深沉思索的特征。诗中从树木、石头等虽然毗邻而立,却各不相见,全都孤零零,写到人类尽管生活在一起,却"没有哪个人看清另一个",从自然与内心两相对照的角度抒发一个艺术家的"孤独寂寞感"。诗里那位第一人称完全符合当年黑塞本人从城市迁居农村,由厌恶追名逐利而走上返璞归真道路的实际情况。　　　　　　(张佩芬)

所有的死亡

黑　塞

我已经历过所有的死亡,
我愿再次经历所有的死亡,
在树中是木的死亡,
在山上是石的死亡,
在沙滩是土地的死亡,
叶片死在窣窣响的夏日草丛,
还有那悲惨而血淋淋的人类死亡。

我愿再生变成为花卉,
花和草是我乐意的再生之地,
还有鱼儿、牡鹿、小鸟和蝴蝶。
每一种形象都会让我
穿越过一个渴望的阶段,
通向那最后的痛苦,
通向人类高层次的痛苦。

噢,颤抖的绷紧的弓啊,
当那位狂热的探索者浮士德

奋力把生活的阴阳双极

相互弯向一处的时刻！

正是你催促我一而再地

努力追逐通往新生的死亡。

追逐无数留下痛苦痕迹的形象，

追逐无数留下壮丽痕迹的形象。

(张佩芬　译)

《所有的死亡》写于1918年左右，是黑塞经历了第一次世界大战灾难后的产物，作家那条既修身又治国的"通向内在之路"便诞生在此时。而始于《德米安》(1919)的向东方取经的历程在这首小诗里就已露端倪。

黑塞青少年时代就已经读过许多印度婆罗门教和中国佛教著作，颇为欣赏婆罗门教中的"僧娑洛"观点和佛教中的"涅槃"观点。僧娑洛是婆罗门教中对世间生死轮回循环的专门称呼，强调人必须历尽沧桑才能获得新生；而涅槃是佛教对人的解脱烦恼、灭除痛苦的专门称呼。按照佛教的解释，人生是痛苦的，尘世苦海无边，唯有超越生死的涅槃才算新生境界。黑塞不少重要著作都曾形象地再现此类观点，当然用的是作家独创的语言，用意也不是引导读者遁入空门，而是他自己说的"为了治疗"，为了"探索一切信仰和一切人类虔诚善行的共同之处"。

《所有的死亡》前两节所写正是上述两种宗教遵循的超越生死的"新生"观点。诗人愿意再生为"花""草""小鸟"或者"蝴蝶"，目的在于借以"穿越过一个渴望的阶段"，也就是通过每一次"轮回"而更上一层楼。因而，第三节里出现"浮士德"便是顺理成章的事。黑塞一生都很崇敬歌德，歌德提出的世界文学观念和东西方融合观念在黑塞的文学创作中有了进一步的实践和发展。在这首诗里，甚至诗人本人也成了"狂热的探索者浮士德"，努力追踪着一切伟大不朽者留下的"痛苦痕迹"和"壮丽痕迹"。

(张佩芬)

阶 段

黑 塞

如同鲜花凋萎,青春会变老,
生命的每个阶段都曾鲜花怒放,
每一智慧,每一德行都曾闪耀光彩,
却不能够永恒存在。
我们的心必须听从生命的召唤,
时刻准备送旧迎新,
毫不哀伤地勇敢奉献自己,
为了另一项全新职责。
每一种开端都蕴含内在魔力,
它将保护我们,帮助我们生存。

我们快活地穿越一个又一个领域,
我们决不囿于哪一种祖国观念,
世界精神使我们不受拘束,
它鼓舞我们向上攀登,心胸开阔。
当我们的生命旅程稍稍安定,
舒适生活便使意志松懈,
唯有时刻准备启程的人,
才能够摆脱懒惰的惯性。
也许在我们临终时刻,
还会被送进全新的领域,
生活的召唤真正永无穷尽……
来吧,我的心,
让我们快活告别!

(张佩芬 译)

《阶段》是黑塞长篇名著《玻璃球游戏》的主题诗。这部规模巨大的长篇小说花了作家整整十二年精力（1931—1943）。当然，中间还出版了其他作品。1933年希特勒上台后，黑塞的著作在德国本土遭到禁止和焚毁，促使作家对自己所处的社会进行更深邃的思考，试图以作家身份为改善人类和时代的根本关系做出建树。黑塞的精神"游戏"当然不是文化娱乐，而是美学理想，希望人类与自然同步，永恒变化发展，常逝又常新。诗人通过自己的特殊语言使文学成果纳入与全宇宙节律一致的次序之中。

《阶段》之命名便得之于上述哲学思想。诗人丝毫也不哀伤"鲜花凋萎"和"青春变老"。相反，他高兴地欢呼生命的含义在于"时刻准备送旧迎新"。全诗音调铿锵，节奏明快，好似一首胜利进行曲，这种欢快风格在黑塞诗歌中实属罕见。

（张佩芬）

写在沙上

黑 塞

世间美好和迷人事物，
都只是一片薄雾，一阵飞雪，
因为珍贵而可爱的东西，
全都不可能长存：
不论云彩、鲜花、肥皂泡，
不论焰火和儿童的欢笑，
不论镜子里花容月貌，
还有无数其他的美妙事物。
它们刚刚出现，便已消失，
只存在短短的瞬间，
仅仅是一缕芳香、一丝微风，
懂得这一切，我们多么伤心。
而所有恒久固定的东西，
我们内心并不珍爱：
闪烁冷光的宝石，

沉甸甸灿烂的金条。
就是那数不清的星星，
遥远而陌生地高挂天穹，
我们短暂过客无法比拟，
它们也不会进入我们内心。
不，我们内心所珍爱的，
却是趋于凋零的事物，
而且常常已濒临灭亡。
我们最最心爱的，
莫过于音乐的声调，
刚一出现便已消失、流逝，
像风吹，像水流，像野兽奔走，
还缠绕着淡淡感伤，
因为不允许它稍作逗留，
稍有片刻的停息、休止；
一声接一声，刚刚奏响，
便已消失，便已经离开。

我们的心便是这样，
爱流动、爱飞逝、爱生命，
爱得宽广而忠贞，
绝不喜爱僵死的事物。
那固定不变的岩石、星空和珍宝，
我们很快便腻烦。
风和肥皂泡的灵性，
驱使我们永恒变化不停，
它们与时间结亲，永不停留。
那玫瑰花瓣上的露珠，

那一只小鸟的欢乐,

那一片亮云的消散,

那闪光的白雪、彩虹,

那翩翩飞去的蝴蝶,

那一阵清脆的笑声,

所有和我们一触即逝的东西,

才能够让我们体会

欢乐或者痛苦。

我们爱和我们相同的东西,

我们认识风儿写在沙上的字迹。

(张佩芬　译)

　　《写在沙上》写于第二次世界大战结束后欧洲社会比较平静的年代。黑塞此时已逾七十高龄,常常病魔缠身,已无力从事大型著作,反倒促成了许多优美的小诗,《写在沙上》便是其中的一首。全诗音律严谨,雕琢精细,是典型的黑塞晚年诗歌。

　　《写在沙上》抒发了黑塞对须臾无常这一宇宙特性的殊爱。年老的诗人感叹人类仅是宇宙的"短暂过客",因而也只能爱"和我们相同的东西",不论它们是"一缕芳香""一丝微风",还是"风儿写在沙上的字迹"。而一切固定不变之物,尽管珍贵如黄金宝石,却并非与人同类,最终不值得珍爱。我们从充盈全诗的浪漫气息中感到,黑塞早年诗歌中歌颂美、歌颂梦幻、热爱自然、热爱生命的童话世界再度重现了,黑塞似乎又回到了彩色缤纷的少年时代,区别仅仅是掺入了老年人比较深沉的思想和语言。

(张佩芬)

秋　雨

黑　塞

噢,雨丝,秋天的雨丝,

灰蒙蒙似薄纱轻罩群山,

最后的树叶也衰败凋零!
透过水气荫翳的窗子望去,
病奄奄一年正沉重辞行。
你穿着湿漉漉外套,寒战着
走出家门。在森林边缘,
蟾蜍和蝾螈醉汉一般,
蹒跚着爬出褪色的落叶,
雨丝淅沥沥无穷无尽,
急匆匆流下道路,潺潺不停,
直至那无花果树畔的一片草地,
才耐心地汇聚成小小池塘。
从山谷里一所教堂的尖塔
传来钟声阵阵,迟疑又疲乏,
村子里在埋葬一位居民,
丧钟便为他而鸣。

你心里十分悲哀,亲爱的,
不是因为被埋葬的邻人,
也不是留恋夏日的幸福,
更不是为了那青春的欢乐!
一切都会永存于虔诚的记忆,
牢牢保持在语言、图画和歌曲之中,
永恒准备好为归来而举行庆典,
那时一切便焕然一新,金碧辉煌。
你时刻都乐意奉献,乐意变化,
信仰的欢乐之花
正在你内心快活怒放。

(张佩芬 译)

《秋雨》写于20世纪50年代中期,是诗人风烛残年之作,与黑塞的最后诗篇《老人和他的双手》《一根枯枝之歌》有着类似的厌倦尘世之意。黑塞一生都孜孜不倦学习和研究东西方不同宗教文化的成果,对死亡不但具有比较超脱的见解,甚至渴望去体验"涅槃"或者类似的经历。《秋雨》所反映的正是经常受病魔折磨的老诗人的此种心境。诗中第一节开头时的一行诗句"病奄奄一年正沉重辞行"和该节最后一行诗句"丧钟便为他而鸣",前后呼应,点明了全诗主题。

当然,黑塞作为一个智慧长者,任何一种宗教文化对于他都仅是辅助剂和营养源,他用自己诗意语言创造的美学世界是明朗而欢乐的。我们看到《秋雨》结尾处写到的死亡景象既非基督教的得救升天,也非佛教的寂灭涅槃,而是由于"乐意奉献"而在内心盛开了"信仰的欢乐之花"。

(张佩芬)

贝恩(2首)

戈特弗里德·贝恩(Gottfried Benn, 1886—1956),德国诗人。1886年5月2日出生于曼斯费尔德一个新教牧师家庭。中学毕业后在马尔堡和柏林学习神学和语言学,1905年改学医学,1912年获医学博士学位。后在柏林开业行医,并和表现主义作家过从甚密,参加表现主义团体的活动,创作并发表表现主义的诗歌。第一次世界大战期间,他在前方当军医,战后继续当医生。1932年他被选为普鲁士艺术科学院院士。希特勒纳粹党上台,贝恩开始时发表广播讲话表示支持。但不久他即发现自己的错误,从1935年起采取消极避世的态度。1936年他的《诗选》出版,受到纳粹党徒的猛烈攻击,接着被开除出医师协会;1938年又被开除出帝国作家组织,禁止他从事写作。第二次世界大战中,他靠行医生活;战后在西柏林继续行医,同时进行文学创作。1956年7月7日在柏林去世。

贝恩的一生褒贬不一。他受叔本华和尼采的影响,世界观中有浓厚的虚无主义和悲观主义成分,加上他30年代初对纳粹的支持,因此曾引起许多非议。但是,他的文学创作,特别是诗歌作品有不少崭新的表现。著名诗集《停尸房和其他诗》(1912)和《尾声》(1955)等，在20世纪50年代曾风靡西欧，并影响了战后一代诗人的创作。贝恩在1951年获毕希纳文学奖。

小紫菀

贝　恩

一名醉死的运酒者被放在台上，
有人把一朵深色的紫菀花
嵌在他的牙齿里。
当我从他胸部开始
在皮肤下
用一把长长的刀
割下他的舌头和腭腔，
我不得不碰着她，因为她已滑到
侧着的脑袋旁。
在缝合刀口时，
我把她裹在木棉中
放入他的胸腔。
在你的花瓶里尽情地吸吮吧！
温柔地安息，
小紫菀！

(孙坤荣　译)

贝恩早期是一位表现主义诗人，《小紫菀》是他的代表作之一。最初发表在1912年出版的诗集《停尸房和其他诗》中，1920年被收入德国表现主义诗集《人类朦胧时代》中。

贝恩是一位主要治疗皮肤病和性病的专科医生。他在自己的职业范围内接触到社会的弊端和脓疮，在自己的诗歌作品中用许多严酷的、冷冰冰的医学术语表现出来，形成自己独创的风格，从而也改变了传统的诗歌概念。

表现主义作家的信条为:"艺术是表现,不是再现。"他们不满足于对客观事物的摹写,要求进而表现事物的内在实质;要求突破对人的行为和人所处的环境的描绘而揭示人的灵魂。表现主义诗歌主要有两类:一类是激情呼喊式的,一类是主观表现式的。贝恩的《小紫菀》显然属于后者。它描写的是偶然醉死的运酒者在医院手术台上被解剖的情景。诗人用梦幻式的意象,把对尸体的解剖和一朵美丽的小紫菀花并列在一起进行描写。尽管这里没有多少内在的逻辑联系,但通过"意象并列",产生强烈的对比,表现了隐逸的伤感情绪,宣扬了普遍的人性。

表现主义诗歌一般地说没有格律、没有韵脚,它是不和谐的。表现主义的创作以节奏来推动语言的音调。通过《小紫菀》这首诗的德文原文可看到这方面的艺术特点。

(孙坤荣)

只有两样东西

贝 恩

走过那么多形式,
经过我和我们和你,
但一切皆在痛苦中煎熬
由于一个永恒的问题:为了什么?

这是一个孩子的问题。
你很晚才意识到,
只有一条:忍受
——无论是感受、欲望或传说——
你注定的命运:你必须承受。

无论是玫瑰、雪花和海洋,
一切盛开者皆已消逝,

只有两样东西存在：虚空

与刻上罪人印记的自我。

(王建　译)

　　这首抒情诗出自1960年西德维斯巴登出版的《贝恩作品全集》第三卷，它最初发表于诗集《蒸馏》(1953)中，这是诗人后期的重要作品。

　　贝恩经过坎坷的一生，有许多感触。他由于自己的过错，曾遭到各方面的责难。有一次他这样说过："近十五年来，纳粹把我骂成猪，共产党人说我是傻瓜，民主主义者叫我精神上的娼妓，流亡者称我为倒戈者，教会说我是病理学上的虚无主义者。"这首《只有两样东西》，也可以说是他用诗歌表达自己一生的写照。贝恩活了整七十岁，经历过威廉时代、魏玛共和国时期、希特勒纳粹时期和战后西德恢复时期。无论是人生道路或诗歌创作确实是"走过那么多形式"，"但一切皆在痛苦中煎熬"。他在很晚时才意识到："只有一条：忍受——无论是感受、欲望或传说——你注定的命运：你必须承受。"贝恩的一生有光辉时期，也有衰落时期，更有倒霉时期。"无论是玫瑰、雪花和海洋，一切盛开者皆已消逝，只有两样东西存在：虚空与刻上罪人印记的自我。"诗人在最后不免表现出人的自我分裂和一种无可奈何的失落感。

(孙坤荣)

贝歇尔 (3首)

　　约翰尼斯·贝歇尔(Johannes R.Becher, 1891—1958)，德国诗人。出生于慕尼黑一个大官僚家庭，青年时就结识当时慕尼黑的一些著名作家。1911年在柏林出版第一部诗作——为纪念克莱斯特逝世一百周年而作的诗《奋斗者》。他最初的作品收集在两卷集《崩溃和胜利》(1914)中。这些诗歌的主题是崩溃，表现作者眼中看到的资本主义社会的普遍衰退和作者在这个到处是"腐烂的废墟和瓦砾场"的世界中感到的深刻的精神危机。诗中以幻想、讽喻和宗教象征代替现实的社会关系的描写，形式上否定一切传统方法，寻找新的形式的原则被他发展到极端。他有意识地破坏语法结构，采用大量冗长、奇特的比喻和怪诞、过分夸张的形象，往往很难为读者理解。这时贝歇尔的诗歌创作,具有表现主义的特征。

二十世纪二三十年代是诗人世界观转变的关键时刻。在十月革命的影响下他渐渐克服了思想上的彷徨和迷惘,找到了和革命阶级结合,投身于改造世界的斗争的正确方向。他感到表现主义的"反叛"精神和直露的豪言壮语不能起到真正摧毁旧世界的作用,因此他转向古典式格律严谨又具有革命思想内容的抒情诗。贝歇尔一生创作的诗歌体裁丰富多样,既有适于在前线喊话的政治宣传鼓动诗,又有表达对人生思考和历史人物、事件的抒情哲理诗及抒情叙事诗。古典传统中的叙事歌谣、颂诗、哀歌、十四行诗等形式他都运用得纯熟,达到了内容与形式的完美统一。此外他还写了自传小说《告别》、诗剧《冬战》等。

三人叙事诗

贝歇尔

军官叫道:"埋掉这个犹太人!"
俄国人却倔强地说道:"不成!"

他们把他送进了墓坑。
犹太人却倔强地望着:"不成!"

军官叫道:"一起埋掉这两个人!"
一个德国人走出来说道:"不成!"

军官叫道:"把他算在那两个一道!
把他一起埋掉!他也想做一个德国人!"
于是德国人也埋掉这个德国人……

(钱春绮 译)

贝歇尔十分重视向民歌学习,从民间文学中汲取营养,以求达到通俗易懂的效果。他写下了一些以一个短小的故事为中心的叙事谣曲,《三人叙事诗》就是其中一首。全诗只有短短九行,洗练的语言已经为读者描绘出一个行刑的场面：军官命令把犹太人活埋，受到了俄罗斯人的反对；当他转而下令把俄国人活埋时，犹太人又违抗命令；而当他要把二人一同活埋时，德国士兵又挺身而出拒绝执行。最后军官恼怒地把三人一起处死。前边三段都是十分简单的对话，命令——抗拒，最后一句画龙点睛地点出主题。德国法西斯妄图奴役世界，同时也奴役本国的人民。他的屠刀同时也对着自己的同胞，不肯做他的帮凶和工具的正直的德国人同样被屠杀。民谣的一个特点是语言质朴，甚至就像普通日常对话中的口语。它的修辞手段是反复层层加深，短语或诗节重复若干次，以加深印象。通过生动活泼的对话介绍出人物，故事情节，语言音乐性强，句法简练，便于上口吟唱。《三人叙事诗》可以说集中体现了这些特点。作者运用群众易于接受的谣曲形式表达了人民国际主义团结反对法西斯的意志。最后一句既是悲剧结局，也表现了作者对蕴藏在德国人民内心深处的人道主义精神的信念。　　　　　　　　　　（宁瑛）

努亭根的内卡河

贝歇尔

河岸是这样平坦，连草地
也好像随着河流一同和缓地流去。
一片无边无岸的绿色的泛滥，
一片泛滥，一切都要随之而去。

苹果树正在开花。大地笼罩着
柔和的微光。花儿来自你那里。
沉静。只有河流，只有花……我愿
永远留在这里。在这里完全像在家里。

在凉亭里我坐在一张木桌旁，
从高高的酒壶里引酒自斟。
这种夜晚，纵然我已不信上帝，

却是充满了奇迹而且神秘迷人。

良夜啊，多么生动，有星有月有风——
是否有一天，内卡河啊，我还会和你重逢？！

（钱春绮 译）

这是一首选自《故乡的诗》的十四行诗。贝歇尔出于对祖国、故乡深深的爱写下许多歌颂祖国秀美山川景色的自然景物诗。吟颂自然的抒情诗在德国诗歌中一直具有悠久的传统。特别是德国历史上长期分裂，诗人往往被权贵贬抑，心情忧郁或被迫远离故乡，因此他们大多把自己对美、和谐、宁静的追求，对祖国的思念寄托在壮美秀丽的河流山野中。荷尔德林的《尼喀河》（今译内卡河）、海涅的《哈尔茨山游记插曲》都是德国山水诗中的佳作。贝歇尔的这首诗同样是通过对内卡河畔景色的描绘抒发了自己对祖国的爱。诗中描写的显然是春天的景色：河畔一片新绿，苹果花盛开，诗人在凉亭里啜饮美酒，沐浴在故乡的晚风、月色和星光中。这是一幅多么沉静又带有几分神秘的画面啊！然而值得注意的是诗人描绘的并不是一个静的画面，而是包含了一个动态的、发展过程的过程——代表生命的绿色随着河水的流淌不仅染绿了河岸，而且泛成无边无岸的一片。在读者心中会引起一种生命的躁动，感到一种勃勃生机。在语汇使用上，他采用了同一个词重复并扩展的手法。诗中重复出现河岸、河流、流淌等词，但又不是简单重复，而是加上前缀或后缀，意义也就扩展了，从"河岸"到"无边无岸"，从"河流"到"一片泛滥"，从"流淌"到"一起流去"，这样的语言表达方式在原文中看得更清楚。人们读起来、看起来都有似曾相识的熟悉之感，但又加上与之相关，扩展了的新意。在第二段中诗人吐露了他的心愿，"永远留在这里"。然而我们读到最后，也往往是十四行诗中点题的两句，我们才知道，在夜色中流连于内卡河畔，欣赏这平坦绿地、繁花似锦的美景是诗人梦牵魂绕的心愿。他此刻正在流亡中，把目光投向异国的夜空，头脑中浮想联翩，眼前出现他昼思夜想的故乡。在此时此刻他不由得以提问的方式表达自己的愿望：是否有一天能与内卡河重逢。从全诗来看，这不是一个游子悲观绝望的哀叹，相反，前面的绿色泛滥，苹果花香给人一种希望，传达了一种重返故乡的信念。

（宁瑛）

已经是黄昏

贝歇尔

已经是傍晚七点，黄昏时刻，
"夏日给我们留下什么？"
我问道，并说："开灯！"
在昏暗中可以提出问题，
悲叹或沉默不语。
黑暗不会说出真理。

何为欢乐，何为苦难
只有在光亮下才可分辨。
我需要光明，在光亮中
丑恶不能扮成善良，
不义无法将正义冒充，
深渊和苍穹才可分清。

为了解开谜团需要光亮，
也为了不致迷失方向。
朦胧之中难辨真伪，
黑暗将把一切掩盖。
我需要光亮，为了看清，
他用来说话的那张嘴。

也必须注意双手，
手语也把真情显露。

或是紧握双拳,
口中却在哀求,
也许没有只言片语,
手势却显出,他已末日临头。

黑暗中我们感到焦虑,
光亮帮我们驱走畏惧。
你,黑暗中的星宿,
在我房中高高飘浮,
在你的微光中审视自我,
我将把自我把握。

已经是傍晚七点,黄昏时刻。
生活中还留下了什么?
黑暗中镜子也失去光泽。
开灯!让我们信赖灯火!
正需要在数面镜中观照,
直至我们把真理反射。

(宁瑛 译)

　　这首诗选自诗集《世纪中的步伐》,是诗人晚年之作。这时的贝歇尔已经接近暮年,经历了人生的矛盾、斗争、疾病的侵袭,预感到生命即将终结,死亡即将来临。但是他不像存在主义诗人那样对即将到来的终结悲观、绝望。生理和精力上的衰退使他更迫切地呼唤光明。诗的开头似乎是一个垂暮之年的老人平静地叙述一种司空见惯的日常生活场景:暮色黄昏,已是傍晚七点,周围渐渐模糊不清,于是老人要求灯光。仅仅这三行似乎是平淡无奇的叙事,但是放到全诗中就看出它蕴藏的深意。接下去的诗行把主题展开了。昏暗和光亮不只是自然光线,不只是暮色和灯火,而且象征着两个世界:在昏暗中无法分辨善恶、欢乐和苦难,只有光亮才能使人避免走入歧途。黑暗中一切罪恶也会被掩盖,在光亮下则将暴露真情。这里表达的是已近高龄的诗人生活经验的总结。在德国历史上经历过许多黑暗的年代,谎言代替了真理,把善良的人们蒙蔽。因此诗人要求,把灯火点亮!不只是为了给昏暗的房间照亮,而且更意味着呼唤人生中有启蒙意义、拯救作用的光明。在第五段中诗人动情地呼唤,"你,黑暗中的星宿",歌颂了光明能启迪人的心灵,帮助人们观照自我、认识自我的作用,而且把客体和主体在人生中的变化过程联系在一起:认识世界的同时也认识自我。结尾一段和开头相呼应。从夕阳西下,夏日的白昼结束,联系到人近暮年,不得不思考生活中究竟留下了什么。诗人的思考升华到对人生存在价值的反思,对光亮的肯定发展到对真理的肯定,对人类将战胜反人道的信心。同样是写黄昏、黑夜,同样是预感到生命将到尽头,但生活在不同时代,对人生持不同态度的诗人会有完全不同的联想和感触。浪漫派诗人诺瓦利斯歌颂黑夜,写出《夜之赞歌》。古典主义诗人歌德则追求和谐、宁静,呼唤"多一点光"。我国封建社会中失意文人往往又触景生情,哀叹"只是近黄昏",倾诉悲凉、失望的心绪。贝歇尔的这首诗则表现了树立了革命人生观的诗人肯定人生、追求真理的态度。

(宁瑛)

内莉·萨克斯(3首)

内莉·萨克斯(Nelly Sachs, 1891—1970),德国女诗人。1891年12月10日生于柏林一富有的犹太工厂主家庭,早年聘请家庭教师,受到多方面的教育。爱好音乐和舞蹈,本想成为一名舞蹈家,后来对文学发生兴趣,17岁时开始写作具有浪漫主义色彩的诗歌。1921年出版处女作《传奇与故事》,并在报刊上陆续发表诗篇,但没有引起文坛的注意。1933年希特勒上台后,她在法西斯排犹恐怖中生活了七年,在隐居的情况下研究希伯来和德国的神话故事。1940年由于瑞典女作家、诺贝尔文学奖得主拉格洛芙的帮助,她同母亲一起逃离德国去瑞典,其他亲人后来全都死在集中营里。之后她加入瑞典国籍,定居斯德哥尔摩。她是国际笔会德语作家俱乐部成员，也是联邦德国一些文学和艺术协会会员，曾多次获瑞典和联邦德国文学奖。1966年，"由于她卓越的抒情诗篇和剧作以感人的力量表述了以色列的命运"，获得诺贝尔文学奖。授奖词中称萨克斯的作品"最强烈地……表现了犹太民族精神对深重苦难的感受"，并特别指出，诗人在描写灭绝人性的纳粹集中营时远远超越了仇恨，流露出一种使人难以忘怀的哀伤。

内莉·萨克斯是在1945年后成名的，她以创作诗歌和诗剧为主，表现了欧洲犹太民族的痛苦和希望，特别是反映了犹太民族在法西斯统治下遭受的残酷迫害及其悲惨命运，隐喻深刻，格调悲怆。她以"犹太人命运的女诗人"而被誉为"卡夫卡的妹妹"。重要诗集有《在死神的寓所里》(1946)、《星辰黯淡》(1949)、《无人再知晓》(1957)、《逃亡与蜕变》(1959)、《进入无尘之境》(1961)、《死亡依然在庆生》(1961)、《炽热的谜语》(1964)、《寻找生存者》(2卷，1971)，诗剧有《艾里》(1951)、《沙滩上的画》(14个诗剧，1962)。她的创作既有犹太民族文化传统的影响，又有德国古代神秘主义的影响。在形式上，从古典风格渐趋于现代派风格，从有韵到无韵，从运用明朗的语言走向运用阴沉晦涩的词汇。有些诗歌隐喻含蓄，神秘难解，富于多义性。大部分诗歌的主题是：逃亡、苦难、命运、生命与死亡，具有较强的震撼力，读来发人深思。女诗人还致力于把瑞典诗歌介绍给德国诗坛，曾出版《瑞典诗选》两卷。

哦，哭泣的孩子的夜晚

内莉·萨克斯

哦，哭泣的孩子的夜晚！
写上了死亡的标记的孩子们的夜晚！
睡眠不再降临。
令人战栗的女看守
代替母亲来了，

她们的手可以随意地处人以死亡,
她们把死亡撒在墙壁里、种在房梁上——
在恐怖的巢穴里处处孵化着死亡。
孩子们吸吮的不是母乳而是恐惧。

昨天母亲还像
洁白的月亮一样带来安眠,
一次次亲吻而失去红色脸颊的玩具娃娃,
抱在一个孩子的手臂里,
这制作的动物玩具
在关爱中已经变得鲜活,
来到了另一个孩子的手臂里,——
现在刮来了死亡之风,
把孩子们的衬衣吹到了
不会有人再来梳理的头发上。

(孙坤荣 译)

这首诗发表在1946年出版的《在死神的寓所里》诗集中,描写了纳粹德国时期,希特勒法西斯灭绝犹太人的政策也降临到无辜的孩子们身上。他们和大人一起被关入集中营或收容所,过着非人的生活。1933—1945年间,希特勒德国屠杀的六百万犹太人里,其中不少是天真无邪的孩子,本诗是对这种滔天罪行的血泪控诉。诗歌开头两句,诗人用两个惊叹号道出了犹太孩子们的悲惨命运。夜晚来临,他们哭泣着,无法进入梦乡,因为死亡正一步步逼近,"令人战栗的女看守代替母亲来了","孩子们吸吮的不是母乳而是恐惧"。昨天,孩子们还幸福地抱着玩具娃娃酣睡在母亲的怀里,现在却母子分离,死神的寓所里刮来了死亡之风,他们的死期已经到来。全诗采用自由体,没有严格的韵律,但意境清晰,层次分明,节奏和谐,读来感人至深,为女诗人的代表作之一。

(孙坤荣)

被拯救者的合唱

内莉·萨克斯

我们这些被拯救者,
死神已经将空空的骨骼制作成长笛,
死神已经在我们筋络上拉动弓弦——
我们的身体还在
用残缺不全的音符倾诉苦难。
我们这些被拯救者,
套索总还在蓝色的空气中转动
等待着我们的脖颈——
时钟总还在用我们的滴滴鲜血注满空间
我们这些被拯救者,
令人惧怕的虫豸总还在我们身上吞噬。
我们的命运被掩埋在泥土之中。
我们这些被拯救者
请求你们:
慢慢地向我们展示你们的阳光。
带领我们从星辰走向星辰。
让我们悄无声息地重又学会生活。
鸟儿像往常似的在歌唱,
灌满了水的井边提桶
显露了我们已经封闭的痛楚
以及抚平了的怒气——
我们请求你们:
不要再在我们面前出现咬人的疯狗——
有可能,有可能
我们已经化作尘土——
就在你们的眼前化为尘土。

是什么把我们结合在一起?

我们这些已经变得没有气息的人,

在人们把我们的躯体拯救之前

早已有人使我们的灵魂逃离午夜

来到眼前的诺亚方舟。

我们这些被拯救者,

我们握住你们的手,

我们认出你们的眼睛——

但是只有告别使我们拥抱得更紧,

尘世间的别离之情

把我们和你们牢固地团结在一起。

(孙坤荣 译)

  这首诗是内莉·萨克斯于1946年创作的一首名诗,后收入同年出版的诗集《在死神的寓所里》。这是一组题名为《午夜后的合唱》(共13首)中的一首,其他尚有《流浪者的合唱》《孤儿的合唱》《死者的合唱》《石头的合唱》等等,无不反映犹太民族的历史和苦难的遭遇,以及悲惨的命运和未来的希望。内莉·萨克斯素有"控诉的女歌手"之称,她的大部分诗篇都是为犹太民族控诉纳粹暴行而作。

  《被拯救者的合唱》描写了经历千辛万苦逃出纳粹魔掌得到拯救的犹太人的心态。全诗三十七行,不分诗节,一气呵成,十分紧凑。从诗的内容上看,前十二诗行描写了被拯救者在纳粹集中营里遭受的苦难,他(她)们经历了敲骨吸髓的折磨濒临死亡,空空的骨骼制作成长笛,在筋络上拉动弓弦,套索总在脖颈上转动,时钟总在用鲜血注满,虫豸总在身上吞噬,"我们的命运被掩埋在泥土之中"。这是一幅多么可怕的法西斯集中营的景象啊!女诗人在进行血泪控诉。中间十四诗行描述了"我们这些被拯救者"得到了拯救后的情况。由于长期在集中营里过着黑暗的、非人的生活,他们只能请求那些拯救者:"慢慢地向我们展示你们的阳光,带领我们从星辰走向星辰。让我们悄无声息地重又学会生活。"这些言辞是多么可怜,又是多么无奈。但是即便如此,他们还心有余悸,害怕一旦暴露,他们又将落入狼群虎口,重新被投入集中营里。因此,他们由衷地请求"不要再在我们面前出现咬人的疯狗",甚至不惜化为尘土。最后十一诗行,女诗人抒发了被拯救者和拯救者的人间情谊:"是什么把我们结合在一起?"人间自有真情在,那些认识的和不认识的人只要一有机会,就会伸出援助之手,把"我们这些已经变得没有气息的人",从灵魂到肉体拯救到诺亚方舟中来。当被拯救者握住拯救者的手,看着他们的眼睛,互相拥抱在一起时,预示了人民团结的力量,法西斯的末日即将来临。

这首诗语言简练,但含义十分深刻,在凄楚哀婉中看到了希望,看到了光明;歌颂了真情,歌颂了人性,确是诗人的代表作,曾收入多种选本。

(孙坤荣)

逃亡中

内莉·萨克斯

逃亡中
一路上
何其盛大的欢迎——

裹进
风的纱巾里
双脚陷进沙的祈祷中
沙从不会说声阿门
因为它
必须从鳍到翼
继续被驱赶——

那只病蝴蝶
不久又将知晓大海——

这块刻有

苍蝇碑铭的石头

已经送到我手中——

我掌控的是世界的蜕变

而非故国的蜕变——

（孙坤荣　译）

迫害、集中营、逃亡、流浪、死亡是内莉·萨克斯的诗歌主题。发表在1959年出版的诗集《逃亡与蜕变》中的《逃亡中》，是她的一首著名诗篇。1966年女诗人在接受诺贝尔文学奖致答辞时，再次引用了这首诗，可见诗人对它的珍视和偏爱。

犹太人在德国法西斯统治时期受尽迫害，为了生存而逃亡的事比比皆是。萨克斯在这首诗中，超脱了一般性的描述，而是运用象征和暗喻，表现逃亡的艰险和犹太民族的永生。"逃亡中一路上何其盛大的欢迎"，是一句饱含着血和泪的反讽，这哪是什么"欢迎"？！而是处处受到希特勒纳粹追捕。"风""脚""沙""鳍""翼"象征着存在的不确定性，"蝴蝶"象征超越，"大海"象征生命和再生，而刻有苍蝇碑铭的石头则象征着历史和永存。诗人告诉我们，人类逃亡受难的命运终究是会过去的，"这块刻有苍蝇碑铭的石头"，记录下人世间的苦难欢乐、成功失败、千秋功罪、沧海桑田……却是永存的，并且"已经送到我手中"，而我——作为一个诗人，掌控着世界的蜕变。至此，诗人的理想和抱负得到了彻底的升华。

这首诗没有标点，格律自由，隐喻深奥，富于多义性，因此翻译和理解往往不尽相同，读者见仁见智，可以尽情发挥。 （孙坤荣）

布莱希特（2首）

贝托尔特·布莱希特（Bertolt Brecht, 1898—1956），德国剧作家、诗人。1898年2月10日出生于巴伐利亚州奥格斯堡市一个富裕市民家庭。

1917年进慕尼黑大学哲学系,后改学医学。第一次世界大战期间曾被派往战地医院护理伤员。他的激进思想和鲜明的政治态度得到士兵的信赖,1918年德国爆发十一月革命时,他被选为士兵委员会成员。战后他继续在慕尼黑大学学习,并开始创作诗歌和剧本。1922年他的剧本《夜半鼓声》在慕尼黑话剧院上演,获得好评。后来他应邀去柏林任德国话剧院艺术顾问;1926年在柏林马克思主义工人学校学习。1927年出版第一部诗集《治家格言》,他的这些早期诗歌大多采用可以咏唱的歌词和歌谣体。希特勒法西斯上台后,布莱希特流亡国外,先到法国后去丹麦,又取道苏联去美国。1947年他返回欧洲,1956年8月14日在柏林逝世。

布莱希特的主要成就在戏剧方面,他创立了"叙事剧"(一译史诗剧)理论,其艺术方法是"间离效果"(陌生化效果)。这种戏剧理论偏重于诉诸观众的理性,让他们在观看与思考中判断剧情的是非曲直,得出自己的结论。最能体现这种戏剧理论的创作有《大胆妈妈和她的孩子们》《伽利略传》等。布莱希特把自己的戏剧理论同样用到诗歌创作上,他后来出版的诗集《歌与诗》(1934)、《斯文德堡诗集》(1939),以及1951年出版的诗选《诗歌一百首》,其中的优秀代表作都有诉诸理性、启迪人们思考的特点。他的戏剧理论和实践对世界文坛产生了重大影响,他的诗歌理论和实践也独树一帜,在德国拥有广泛的读者。

妓女之歌
布莱希特

1

先生们,十七岁那年
我过起了情场生活,
我见过许多世面。
数不尽的恶作剧,
不过,那都是儿戏。

然而有些也遭到我的斥责。
（到头来我也是人呀。）
> 谢天谢地，一切都是过眼云烟，
> 连爱情和烦恼也不例外。
> 昨夜的泪水哪里去了？
> 去年的积雪哪里去了？

2
自然喽，随着年龄增长，
在情场谋生倒也不难，
她拥抱的人成伙成帮。
可是要论感情，
冷淡得令人吃惊，
若是有人过分地吝惜。
（到头来储备也有用光的时候。）
> 谢天谢地，一切都是过眼云烟，
> 连爱情和烦恼也不例外。
> 昨夜的泪水哪里去了？
> 去年的积雪哪里去了？

3
在爱情市场上，
纵然学会讨价还价，
把情欲变成生活进项
谈何容易？
总有一天能达到目的，
到那时，人也成了半老徐娘。
（到头来谁都不会永远十七岁。）
> 谢天谢地，一切都是过眼云烟，
> 连爱情和烦恼也不例外。

昨夜的泪水哪里去了?
去年的积雪哪里去了?

(张黎 译)

这是布莱希特采用流行小调形式写的一首抒情诗。这首诗从形式到内容,都是他早年的典型作品。

布莱希特开始诗歌创作时,恰值德国表现主义文艺思潮盛期。表现主义诗人们在内容上重视主观情绪的抒发,在形式上讲究创新和离经叛道。因此传统的,尤其是民歌民谣体裁,被视为过时的形式,是表现主义诗人不屑采用的。布莱希特不然,他不避俗气,不赶时髦,那些有故事情节、有人物形象,严格押韵的歌谣体,如街头艺人惯用的罗曼采、毛利塔特、行乞歌曲、流行小调等,都是他惯用的形式。他自己也说过,他开始文学创作时,不论诗歌还是戏剧,都是从传统形式入手的,只有感到自己所要表达的东西受到束缚时,才想到突破旧形式,进行创新。从内容来说,这是一首以妓女生活为题材的诗。由于出身的关系,布莱希特对本阶级内部的种种腐败和弊端十分熟悉。他在青年时代的诗歌中,不断地从各方面去探讨造成社会道德堕落的原因。而资产阶级的娼妓制度作为一种艺术题材,不断出现在他早年的诗歌创作当中。除了这首《妓女之歌》,还有《妓女艾弗琳·茹的传说》《堕落的少女之歌》《关于犹太妓女玛莉·桑得斯的叙事诗》,甚至《杀婴女人玛莉·法拉》也可归入这类题材的诗歌。他的著名剧作《三分钱歌剧》《四川好人》,都有关于妓女生活的描写。

《妓女之歌》这首诗,因为采用的是流行小调形式,带有歌词的特点,各节有着相同的行数,整齐的节奏和韵脚,并且每节都有一个副歌。在译文中除了能保持原诗的行数和部分韵脚之外,由于语言的差异,原诗节奏已无法反映出来。这首诗基本上是一首"角色抒情诗",诗里的人物以第一人称口气讲述自己对世界的感受。说它"基本上",是因为在第二节里作者用了一个第三人称代词"她"字,但在多数场合下,作者又采用第三人称不定式代词,即"有人"。

这首诗的第一个特点是,作者尽量有意识地避免在诗里传达自己的主观情绪,努力做客观的陈述。因此,它不同于常见的直接抒情的诗歌。诗里的第一人称主人公——妓女,主要也不是抒发自己的生活感受,而是以回忆和展望的方式,叙述自己的情场经验。作者无意用主观的或者诗中人物充满感情的语言去感染读者的情绪,而是在于让读者从事物现象的描述中得出结论。这体现了布莱希特诗歌重理性思维的独特风格。

第二个特点是,采用"自我披露"的手法塑造形象,借人物自己的口来揭示人物自己的本质。一个刚刚十七岁的女子,沦落风尘,把自己当作商品投放到资本主义娼妓事业的市场上,尽管随着年龄的增长,学会了讨价还价,但是作为商品的女人的价值,还会随年龄增长而贬值的。这种"角色抒情诗"的手法,在布莱希特一生诗歌创作中被运用得相当广泛。

第三个特点是,作者并不追求把自己的感情和思想直接传达给读者,由诗人自己充当受苦受难的人类的代言人。布莱希特这首诗的社会批判倾向表现为,不靠辞藻和感情来制造一种"美"的艺术伪装,而是利用最坦率、最直截了当、最粗犷的表达方式,把现实生活中娼妓制度最本质的现象揭示出来,供读者认识、思考和抉择。每节重复出现的四句副歌,正是表现了沦为妓女的女主人公对于世态炎凉淡漠得令人惊讶的一丝感慨。

(张黎)

一个读书的工人的疑问

布莱希特

谁建造了七座门的忒拜城?[1]

书上写着许多国王的名字。

---

[1] 忒拜是古代希腊的奴隶城邦,位于彼俄提亚境内。公元前4世纪伊巴密浓达当政时,曾与斯巴达、雅典争霸希腊十数年。公元前335年为马其顿的亚历山大所毁,后又重建,公元前2世纪并入罗马版图。荷马《伊利昂纪》中有诗云:"我们攻下过有七座门的忒拜城。"

是国王们背来的那些石块?

是谁多次重建了

反复遭到破坏的巴比伦?[1]

在金碧辉煌的利玛[2]城里

建筑工人住着什么样的房子?

中国长城竣工的那天晚上

民夫们在哪里栖身?

伟大的罗马城[3]

有着数不清的凯旋门。是谁建造了它们?

皇帝们打败了什么人?

倍受颂扬的拜占庭[4]

只为它的居民建造了宫殿?

据说神话里的阿特兰蒂斯[5]

被海水吞没的那天夜里,

溺水的人们呼唤着他们的奴隶。

---

[1] 巴比伦是古代西亚两河流域最大都会,曾是巴比伦王国与新巴比伦王国的首都。约建于公元前30世纪,曾是西亚著名商业文化中心。公元前1世纪为亚述人所毁,其遗址在今伊拉克的巴格达城南。

[2] 利玛(今译利马)是秘鲁首都,始建于1535年,曾长期是西班牙殖民主义者在南美的行政、宗教和文化中心,城里有南美最古老的圣马科斯大学和游览名胜。

[3] 罗马为意大利首都。

[4] 拜占庭即今日之土耳其最大城市伊斯坦布尔。始建于公元前660年,称拜占庭。公元330年重建,并成为东罗马帝国首都,以后改名为君士坦丁堡,15世纪中叶以后始称伊斯坦布尔。城内多名胜古迹和伊斯兰寺院,还有伊斯坦布尔大学和博物院等。

[5] 阿特兰蒂斯为欧洲古代传说中的岛名,位于大西洋,具体位置其说不一。希罗多德所说的阿特兰蒂斯,今人多认为是在北非地中海沿岸;柏拉图所说的阿特兰蒂斯,被认为已沉没在大西洋里。

年轻的亚历山大征服了印度。[1]

靠他自己?

恺撒打败高卢人。[2]

他身旁至少还有一个厨子吧?

西班牙的菲利浦,[3]当他的舰队沉没时,

抱头痛哭。此外再没有人哭过?

弗里德里希二世在七年战争中打了胜仗。[4]

除了他之外,还有谁打了胜仗?

每一页一个胜利。

是谁烹调了胜利的酒宴?

每十年一个伟人。

是谁偿付了那许多费用?

这么多的记载。

这么多的疑问。

(张黎 译)

---

[1] 亚历山大生于公元前356—前323年,马其顿国王,在位时大举东侵,建立了东起印度河、西至尼罗河与巴尔干半岛的亚历山大帝国。公元前326年入侵印度,抵达旁遮普附近的希发西斯河畔,后因气候不适,士兵厌战,又遭当地人民抵抗,便于前325年分水陆两路退回巴比伦。

[2] 恺撒为古代罗马著名统帅和政治家、作家,公元前58—公元前51年间出任高卢(今法国、比利时等地)总督,任内以分化和武力手段征服高卢全境,并越过莱茵河入侵日耳曼地区,渡海侵入不列颠岛,掠夺大量财物和奴隶,运回罗马。后来他把这些经历都写入《高卢战记》一书。

[3] 菲利浦二世是西班牙16世纪一国王,在位期间对内维护天主教势力,迫害异端,以加强其专制统治,对外不断发动战争,企图称霸欧洲。1588年远征英国,其无敌舰队132艘全部沉没,据说菲利浦闻讯后抱头痛哭。

[4] 弗里德里希二世为18世纪中后期普鲁士国王,在位时竭力维护农奴制,加强军事官僚专制制度,多次发动侵略战争。1756年以入侵萨克森为起点,掀起对奥地利的战争,历时七年,史称"七年战争"。英国、葡萄牙站在普鲁士一方,法国、瑞士、萨克森、俄国和西班牙站在奥地利一边。战事至1763年方结束。

这是一首革命启蒙诗歌。诗人认为工人阶级在反对剥削的斗争中，必须同反对愚昧的斗争结合起来，而学习是他们摆脱愚昧的必经之路。所以布莱希特在20世纪20年代末30年代初德国工人运动高潮时期，一度创造了一种"教育剧"，借以向工人大众，也向演出者进行革命的启蒙。

布莱希特认为，无产阶级"对学习有着巨大而实际的兴趣，他们一定要弄清自己的处境，并且知道没有学习他们便不能翻身"。他称无产阶级的学习，是"快乐的、战斗性的学习"。(《布莱希特戏剧论文选》第72页，法兰克福，1957) 它应该包括善于独立思考和提出质疑，尤其是对历史问题，必须用提出质疑的方法，去探讨正确答案，而不轻信和因循历史书上的描述。正是基于这样的思考，他于1936年创作了这首诗歌。

在《一个读书的工人的疑问》里，布莱希特借读书的工人之口，对历史书上所记载的一系列帝王的丰功伟绩提出质疑。历史上遗留下来许多伟大建筑物：从古希腊的忒拜城，秘鲁金碧辉煌的利玛到巍峨的中国长城和罗马凯旋门。历史上出现过许多次伟大的战争：从年轻的亚历山大征服印度，恺撒打败高卢人到弗里德里希二世在七年战争中的胜利；真是"每一页一个胜利""每十年一个伟人"。不过，若是对那些宏伟建筑和征战的胜利，都提出一个"为什么"，又会怎样呢？人们不难看出，在每一个疑问背后，都埋伏着一个"人民创造历史"的答案。这便是这首诗暗含的主题思想。

布莱希特认为，质疑是创造性思维的开端。解决问题的过程，是思维和认识的过程。因此，他主张作家的任务在于引导读者从特定的角度去思考，而不在于给出现成的答案。他的作品并不着力于去感染读者的感情，而是努力启发读者的理性。

在这首诗里，诗人把每个问题都尽量提得具体、明确，以便读者思考。结尾一节的两句"这么多的记载。这么多的疑问"，是全诗结构原则的注释，即"记载"——"疑问"。它在阅读效果上，具有稳定读者情绪的作用。这种毫无修饰的、几乎是枯燥的诗句,避免了像在通常的乐曲和抒情诗结尾处那样的感情爆发。它们把在第三节里升腾起来的感情,引导到冷静的思考中去。

(张黎)

格拉斯(3首)

君特·格拉斯(Günter Grass, 1927—2015),德国作家。1927年10月16日生于但泽(现波兰格但斯克),父亲是德国小商人,母亲是波兰人;1944年被纳粹征兵入伍,次年受伤被美军俘虏;1946年获释后当过农业工人、矿工和石匠学徒;1948—1951年在杜塞尔多夫艺术学院学习雕刻和版画,后又转入柏林造型艺术学院继续深造;1956—1959年旅居巴黎,进行文学创作;1960年后主要居住在柏林和石勒苏益格—荷尔斯泰因州;1983—1986年任西柏林艺术科学院主席。

格拉斯最初是以诗歌和戏剧登上文坛的,早期重要作品有诗集《风信鸡的优点》(1956)、《三角轨道》(1960),剧本《洪水》(1957)、《叔叔,叔叔》(1958)、《恶厨师》(1961)等。这些作品揭露了时弊,抨击了社会丑恶现象;在艺术手法上既有现实主义成分,又受表现主义、超现实主义和荒诞派戏剧的影响。使格拉斯获得世界声誉的是他1959年发表的长篇小说《铁皮鼓》。这部作品在未出版时就获得1958年四七社文学奖,确立了他在文坛上的地位。接着他又发表了中篇小说《猫与鼠》(1961)和长篇小说《狗年月》(1963),由于都以但泽为背景,合称为《但泽三部曲》。后来他除了发表《平民试验起义》(1966)和《在此之前》(1969)两个剧本,诗集《盘问》(1967)、《诗歌全集》(1971)和《十一月的国家》(1993)外,主要创作小说,重要的有长篇《局部麻醉》(1969)、《蜗牛日记》(1972)、《比目鱼》(1977)、《母老鼠》(1986)、《铃蟾的叫声》(1992),中篇《在特尔格特的聚会》(1979)。他的小说往往以动物隐喻人类,构思奇诡,情节怪诞,探讨的问题比较隐晦。作者喜爱烹饪,作品中常有烹饪知识。他还著有散文集、杂文集十多部。1995年发表的长篇小说《辽阔的原野》,摄入了德国近两百年的历史,着重探讨了1870—1871年德国的第一次统一和1989年底至1991年秋德国这次统一前后的事件。格拉斯在1999年出版《我所经历的世纪》，它由100个故事组成，即20世纪的每一年一个故事。作者让不同的人物从不同的视角叙述了100年中在德国发生的或与德国有关的重要事件。之后，他发表的重要作品有中篇小说《蟹行》(2002)、回忆录《剥洋葱》(2006)。后者他自曝了年轻时参加党卫军的事件，他说："我所写的关于'耻'与随之而来的'愧'，只有回忆能让我保持清醒。"这一事件成了2006年全球最具影响力的文化事件。

格拉斯信奉社会民主主义，积极参与政治活动，不以党派画线（他曾加入过西德社会民主党，后来退出），而以自己的见解为准绳。他反对暴力，主张在"正常状态"下实行渐进的改革，扩大民主，公民平等；因此他有时会遭到"左右夹攻"。在艺术上他主张摆脱一切意识形态的影响，提倡创作自由。他常到世界各地旅行，除欧洲各国外，去过美国、以色列、日本、印度，1979年来中国访问。他曾获多种文学奖（包括毕希纳奖），为当代德语文坛最负盛名的作家之一。他除了创作文学作品外，还进行版画和雕刻创作，他的许多作品都由自己绘制封面或插图。

瑞典文学院在1999年决定给格拉斯颁发诺贝尔文学奖，称赞："他以辛辣和荒诞的寓言描述了被遗忘的历史""他是寓言家和学问渊博的学者，他是各种声音的录音师，也是倨傲的独白者，既是文学的集大成者，也是讽刺语言的创造者。""格拉斯1959年发表的《铁皮鼓》似乎使德国文学界在经过几十年的破坏以后有了一个新的开端。可以毫不夸张地认为，《铁皮鼓》将成为20世纪影响最深远的文学作品之一。" （孙坤荣）

风信鸡的优点

格拉斯

因为它们几乎不占空间
站在气流包围的杆子上

从不啄食我温顺的椅子。
因为它们从不鄙视坚硬的梦的外皮,
从不追寻邮差每天早晨遗落在我门前的
那些字母。
因为它们站在那里,
从胸口一直到旗帜
一块宽容的平面,全是小写的字母,
没有遗忘一片羽毛,没有遗忘一个省略号……
因为它们让门敞开,
钥匙始终是比喻,
不时地啼叫。
因为它们下的蛋是如此之轻
易于消化,娇嫩透明。
谁已经看见这一时刻,
黄颜色感到厌烦,竖起了耳朵,沉默不语。
因为这种寂静如此柔和,
维纳斯下巴上的肉,
我为它哺乳。——

经常在刮东风的时候,
当隔墙轻轻翻起,
新的一章展现在面前,
我幸福地倚着篱笆,
用不着去数这些鸡的数目,——
因为它们数不清而且还在不断增加。

(蔡鸿君　译)

洪 水

格拉斯

我们等待下雨,
虽然我们已经习惯于
站在窗帘后面,不让别人看见。
调羹已经变成筛子,没有人再敢于
伸出手来。
大街上这时漂来许多东西,
那是人们在干燥时小心收藏的物品。
看见邻居用坏的床是多么尴尬。
我们经常站在水位标尺前
比较我们的忧虑,如同比较手表。
有些东西可以调整。
然而当容器漫溢,继承下来的限度已被超过,
我们将不得不祈祷上帝。
地下室已被水淹,
我们把箱子搬了上来
对照清单检查里面的东西。
什么也没有丢失。——
因为洪水必然很快退去,
我们开始缀补阳伞。
再次穿过广场,一定非常困难,
清清楚楚,带着铅一样沉重的阴影。
我们起初会惦念窗帘
经常钻进地下室,
为的是观察洪水
给我们留下的那条线。

(蔡鸿君 译)

德国浪漫派的重要理论家弗·施莱格尔（1772—1829）早就提出了"综合诗"概念。他认为浪漫主义诗就是"进步的综合诗"，其使命是把创作的不同种类综合为一体，使诗和哲学、修辞学相联系，而且诗与散文、创作与批评、艺术诗与自然诗要互相混合或互相融合。无独有偶，格拉斯也一直主张诗、文、画的结合。他在答记者问时说过："对我而言，诗最重要，长篇小说往往以一首诗诞生。""诗、文、画在我作品里是非常民主地一同并列的。""自《蜗牛日记》起，我开始将诗和文放在一起。这些诗别具一格。我觉得诗文分家没有什么道理，尤其是德国文学传统一向让两种文类精彩地结合。"[1]1972年后，他的小说中常有诗歌出现，并配以插图，以实现他诗、文、画互相结合的目标。但格拉斯早期的诗歌还是一些纯粹的诗作，富有现实主义因素，也有超现实主义等现代派的影响，联想丰富，节奏感强。

格拉斯以诗歌登上文坛，《风信鸡的优点》和《洪水》可以说是早期代表作。两诗均发表在1956年出版的诗集《风信鸡的优点》中。这两首诗都描绘了日常的现实生活，但赋予了新的视角，因此其中的隐喻具有多重的意义。风信鸡在德国十分普遍，特别是在乡镇村舍，差不多每家每户的屋顶上都装有风信鸡。它一方面是一种装饰品，另一方面也用于识别风向和风力，有一定的实用价值。诗人用平实、质朴的语言，描写了风信鸡的优点，令人忍俊不禁，但其字里行间的隐喻却见仁见智，各取所需。《洪水》更像是一首纪实散文诗，描写了发大水前人们期待下雨，而洪水来了，却淹没街道和地下室。"大街上这时漂来许多东西，那是人们在干燥时小心收藏的物品。"容器漫溢，超过限度，"我们将不得不祈祷上帝"。但洪水必然很快退去，一切又将恢复原样，可是洪水给我们留下的那条线却让人惦念。格拉斯在文学创作上，致力于扩大现实主义，主张现实主义应包括"潜意识、梦幻、想象等等捉摸不到的东西。"这

---

[1] 参见香港《信报》1999年10月2日报道。

首诗和上一首诗一样,诗人在诗的下半部分,运用弗洛伊德的心理分析法,把潜意识运用到诗歌创作当中,强调对幻觉的记叙,因此显得有些杂乱无章,晦涩费解。这实际上反映了作者当时所受的超现实主义和表现主义的影响。

(孙坤荣)

十一月的国家

格拉斯

十一月的祖国,每年逢九必庆。
我逃离它,越过想象的栅栏,
倒穿鞋子,跑到外界询问,
发现自己名声奇臭,像一堆大粪。

祖国的面孔变来变去,又恢复到从前
犹如橱窗里质地可疑的时装——
从牛仔裤到粗呢服变换花样——
现出第三帝国发黄的照片。

让十一月的亡魂安息,别把它们惊醒!
我们对付生者,已经疲于奔命。
然而生者并非死者,死者不再沉睡,
它们重新策划了,类似当年的犯罪。

一笔欠债没有了结,
也没有交税,又生出了红利。

(刘慧儒 译)

格拉斯认为艺术活动与政治活动也是可以并存的。他曾坦言:"我有责任要积极参与政治。"因此他的作品中常常表露出他的政治立场和政治观点。1993年格拉斯出版的十四行诗集《十一月的国家》是一部政治性较强的现实主义作品。诗人把自己对统一后德国现状的体验和感受,用十三首十四行诗予以表现,并给每一首诗配上插图。20世纪德国几次重大历史事件恰好都发生在11月9日:1918年11月9日的"德国十一月革命";1923年11月9日希特勒发动的"啤酒店暴动";1938年纳粹反犹太暴行"水晶之夜"也是11月9日;最后是1989年11月9日柏林墙的倒塌。格拉斯出于对国家和民族的思考,写下了这些诗篇,上面选取的是其中的一首,其他十二首的内容和格调也十分相似。这《十一月的国家》既是德国的历史,又是德国的今天。诗人在严格的十四行诗的形式里,或直抒胸臆,或曲折隐喻,把十一月的历史和今天,艺术地呈现在读者的面前。诗集发表后引起巨大反响,有的评论家把它比作海涅的长诗《德国,一个冬天的童话》。

(孙坤荣)

Ⅳ 俄国卷

普希金（15首）

亚历山大·谢尔盖耶维奇·普希金（Александр Сергеевич Пушкин，1799—1837），19世纪俄国的伟大诗人。自小爱好文学，1811年进入皇村学校，在进步老师和同学（未来的十二月党人）影响下，培养了高尚的情操、美的鉴别力，掌握了丰富的知识、锤炼了语言。在皇村写的百来首诗篇中，他热情地讴歌了大自然，讴歌了友谊、爱情和人世的欢乐。

1817年，普希金从皇村学校毕业后在外交部任职。这是亚历山大一世反动统治加剧的年代，一批贵族革命家组织秘密团体、聚集革命力量。他们通过"阿尔札玛斯"和"绿灯社"等文学社团，宣传反对专制、农奴制思想。普希金是这些文学社团成员，思想上和秘密团体是完全一致的。这期间他写了《自由颂》《致恰阿达耶夫》《乡村》等歌颂自由的诗篇，它们以手抄本形式在社会各阶层中流传，引起极大反响。长诗《鲁斯兰和柳德米拉》写成后，受到被誉为当代第一诗人茹科夫斯基的盛赞，在他送给普希金的相片上写着："被击败了的老师赠给胜利者的学生。"

普希金歌颂自由的诗篇落入沙皇手中，1820年，沙皇将他流放南俄。南方流放时期标志着诗人艺术发展的重大变化。在这期间，诗人写出了浪漫主义长诗《高加索的俘虏》《强盗兄弟》《茨冈》等。在这些诗篇中充满对自由的渴望，对旧世界的叛逆。

诗人终因触怒了上司而被革职,沙俄当局将他流放普斯科夫他父亲领地米哈伊洛夫斯克村。1825年12月14日爆发的十二月党人起义,对诗人艺术、思想的转变产生了极深刻的影响。他写了一组现实主义作品:诗体小说《叶甫盖尼·奥涅金》的主要章节、悲剧《鲍里斯·戈都诺夫》、长诗《努林伯爵》和其他九十多首诗。

新沙皇尼古拉一世即位后,下令将幽禁中的诗人召回莫斯科,企图拉拢他,但普希金决定不让自己"倔强的竖琴"供沙皇"消遣"。最后十年的创作表明,他并没有辱没作家的尊严。《致西伯利亚的囚徒》《阿里昂》和《安恰尔》等名篇表明诗人仍然忠于十二月党人的信念。

后期,普希金写了《戈柳辛村史》和《别尔金小说集》。他把小手工业者、小官吏、破落农民等"小人物"带进了文学,为后世作家开拓了文学创作的新领域。

沙皇对普希金的妻子生发好感,为在宫中经常见到她,赐普希金以宫廷近侍头衔。这对伟大诗人来说是莫大侮辱。他对沙皇的反抗日趋激烈,而以沙皇为首的"权贵"对他的迫害也步步进逼,终于演出了一幕决斗的悲剧。他们假借法国亡命徒丹特士之手,杀害了诗人,从此结束了他在罗曼诺夫家族统治下悲凉的一生。

诗人柯尔卓夫,当时还是一个初露头角的"学生",对普希金的死无限痛惜地写道:"太阳被射穿了!……"然而普希金诗歌的太阳是永远不会陨落的!

自 由 颂[1](节选)

普希金

去吧,从我的眼前滚开,

---

[1] 本诗在诗人生时以手抄本流行(全部发表在1905年)。沙皇政府得到它的抄本后,以此为主要罪名将诗人流放南方。本诗写作于尼古拉·屠格涅夫兄弟的居室中,从这间屋子可以望见米海洛夫斯基王宫,暴君巴维尔一世于1801年3月被害于此。

柔弱的西色拉岛的皇后!
你在哪里?对帝王的惊雷,
啊,你骄傲的自由的歌手?
来吧,把我的桂冠扯去,
把娇弱无力的竖琴打破……
我要给世人歌唱自由,
我要打击皇位上的罪恶。

请给我指出那个辉煌的
高卢人[1]的高贵的足迹,
你使他唱出勇敢的赞歌,
面对光荣的苦难而不惧。
战栗吧!世间的专制暴君,
无常的命运暂时的宠幸!
而你们,匍匐着的奴隶,
听啊,振奋起来,觉醒!

唉,无论我向哪里望去——
到处是皮鞭,到处是铁掌,
对于法理的致命的侮辱,
奴隶软弱的泪水汪洋;
到处都是不义的权力
在偏见的浓密的幽暗中
登了位——靠奴役的天才,
和对光荣的害人的热情。

---

[1] 一说指法国革命诗人雷勃伦(1729—1807),一说指安德列·谢尼埃(1762—1794),法国大革命中牺牲的诗人。

要想看到帝王的头上
没有人民的痛苦压积,
那只有当神圣的自由
和强大的法理结合在一起;
只有当法理以坚强的盾
保护一切人,它的利剑
被忠实的公民的手紧握,
挥过平等的头上,毫无情面。

只有当正义的手把罪恶
从它的高位向下挥击,
这只手啊,它不肯为了贪婪
或者畏惧,而稍稍姑息。
当权者啊!是法理,不是上天
给了你们冠冕和皇位,
你们虽然高居于人民之上,
但该受永恒的法理支配。
…………

接受这个教训吧,帝王们:
今天,无论是刑罚,是褒奖,
是血腥的囚牢,还是神坛,
全不能做你们真正的屏障,
请在法理可靠的荫蔽下
首先把你们的头低垂,
如是,人民的自由和安宁
才是皇座的永远的守卫。

1817　（穆旦　译）

这是普希金写的第一首歌颂自由的诗。1836年,诗人在《纪念碑》

的一份草稿中表明自己"追随拉季谢夫之后,歌颂自由"的意向。的确,在年轻诗人的这一诗篇中可以看到拉季谢夫的影响和传统。普希金曾在"阿尔札玛斯"尼古拉·屠格涅夫(后来的十二月党人)小组读到过18世纪俄国著名革命家、思想家和作家拉季谢夫的《从彼得堡到莫斯科旅行记》和《自由颂》。在这些作品中,作者深刻地揭露了专制、农奴制,拉季谢夫的传统就是反对专制、反对农奴制的革命传统。

普希金的《自由颂》可以分为四部分。

第一部分(前三节),年轻诗人痛心疾首地描写了君主的暴行,人民的惨状:到处都是"不义的权力",到处都是统治者的铁掌,到处都是被统治者无力的眼泪……在这种情况下,诗人怎能袖手旁观?怎能继续弹唱爱情的歌?诗人祈求"骄傲的自由的歌手"打破他那"娇弱无力的竖琴","我要给世人歌唱自由,我要打击皇位上的罪恶"!

第二部分(第四、五节),全诗的核心。诗人阐述了"法理"的主题。诗人认为,要解救人民的苦难,就必须依靠强大的"法理"以约束君主的权力。这一思想,实质就是尼古拉·屠格涅夫及青年军官恰达耶夫(早期秘密团体成员)等挚友的"君主立宪"思想。尼古拉·屠格涅夫在反对农奴制度方面也是十分坚决的,但他认为,"俄国农奴的解放,唯有依靠君主权力方得实现",而君主必须接受"法理"即宪法的限制。尽管普希金诗中"法理"的概念并不明确,也没有提出实行法治的具体途径,但反对"君权神授"的思想是难能可贵的。

诗的第三部分(已删节),诗人举法王路易十六和沙皇保罗一世为例,说明不法君主必然受到人民的惩罚。年轻的诗人未能达到拉季谢夫的高度,认为专制政体是万恶之源,他也不可能从正确的历史观对历史事件进行分析。在他的笔下,路易十六"只是显赫的过错的殉难者",他"帝王的头因祖先而跌落"。

关于保罗一世的被杀,诗人着墨较多,大概在尼·屠格涅夫家写作此诗时,从窗口正可望到1801年3月这个暴君被杀后弃置的米哈伊尔城堡,从而使年轻的诗人产生深刻的印象。保罗一世身边的警卫"出卖"了他,放下吊桥让刺客潜入宫中……然后,"戴王冠的恶徒死于非命"。在他的笔下,称弑君者为"野兽",视这一事件为"时代的暴行",但对被杀君主的谴责却写得铿锵有声,气势磅礴:"我憎恨你和你的皇座,专制暴君和魔王!我高兴地看到你的覆灭;你的子孙的死亡!"

第四部分(最后一节)是全诗的总结。诗人一再强调,无论刑罚、褒奖、牢房还是神坛,都不能挽救暴君死亡的下场,而尊重"法理",保障人民的自由和安宁,才是唯一的出路。

揭露的锋芒和有力的谴责,使全诗充满激越、高昂和紧张的气势,对沙皇来说,不啻号召起义的檄文。诗中的名句:"战栗吧!世间的专制暴君,无常的命运暂时的宠幸!而你们,匍匐着的奴隶,听啊,振奋起来,觉醒!"好比紧锣密鼓,好比利剑匕首,使沙皇胆战心惊!对于正在集合力量的秘密团体成员来说,是绝好的革命鼓动的宣言书。普希金在世时,此诗未获发表,却以手抄本形式广为流传。也正是这首诗,决定了沙皇对诗人的流放。

(管珑)

致恰阿达耶夫

普希金

爱情、希望和平静的光荣

并不能长久地把我们欺诳,

就是青春的欢乐,

也已经像梦、像朝雾一样地消亡;

但我们的内心还燃烧着愿望,

在残酷的政权的重压之下,

我们正怀着焦急的心情

在倾听祖国的召唤。

我们忍受着期待的折磨

等候那神圣的自由时光,

正像一个年青的恋人
在等待那真诚的约会一样。
现在我们的内心还燃烧着自由之火,
现在我们为了荣誉的心还没有死亡,
我的朋友,我们要把我们心灵的
美好的激情,都献给我们的祖邦!

同志,相信吧,迷人的幸福的星辰
就要上升,射出光芒,
俄罗斯要从睡梦中苏醒,
在专制暴政的废墟上,
将会写上我们姓名的字样!

1818　（戈宝权　译）

19世纪初叶的俄国,正值沙皇亚历山大一世统治的时代。他对内狂热地维护专制政权和农奴制度,对外则企图扼杀欧洲各国正在发展着的革命运动。就在这时候,俄国出现了最初的一批贵族出身的革命家。他们决心推翻沙皇政权和农奴制度。为了实现这个目标,在1825年12月14日这一天,当沙皇亚历山大一世突然逝世、新沙皇尼古拉一世尚未当政的时候,他们在彼得堡发动了反对沙皇专制的武装起义。不幸的是,由于他们行动不够坚决,主要是脱离了广大的人民群众,因此武装起义很快就被沙皇当局镇压下去。五个领袖被判处了绞刑;被通缉和审讯的将近六百人;有一百多个参与起义的人被判处徒刑,流放到西伯利亚去做苦役。因为这次起义发生在十二月,所以他们被叫做"十二月党人"。列宁对于十二月党人曾做过很高的评价,他说:"这些革命者的圈子是狭小的。他们同人民的距离非常远。但是,他们的事业没有落空。"

　　普希金和十二月党人有着深厚的友谊,对他们的革命事业深表同情。远在十二月党人起义以前,当普希金还在彼得堡的外交部供职时,他就写过《自由颂》(1817年)和《致恰阿达耶夫》等革命诗歌,公开地表露出对沙皇专制的憎恨,号召大家起来进行反对专制统治的斗争。这些诗被人们相互传抄着,很快就传遍了全俄国。恰阿达耶夫(1794—1856),原是驻扎在皇村的近卫骑兵团的一位军官,1821年参加了十二月党人的秘密团体"幸福同盟",1836年发表了著名的《哲学书简》,批判了俄国的农奴制度,宣扬了反对沙皇暴政的思想。他的自由思想对普希金有很深的影响。普希金在1818年十九岁时,写成《致恰阿达耶夫》这首诗,当时他并不打算发表,但是它的手抄本却流传非常之广,特别是在十二月党人中间起了很大的作用。因为这些革命诗歌,沙皇亚历山大一世就把普希金流放到南俄去。在流放期间,普希金接近了十二月党人的南方秘密组织,参加过十二月党人举行的秘密集会。这时候他又写成了革命诗歌《短剑》(1821年),号召实行革命的恐怖手段来推翻沙皇暴政。后来,由于敖德萨总督的告密,普希金又被解送到他父母的领地米哈伊洛夫斯克村去幽禁。可是就在这幽禁和孤寂的日子里,十二月党人普希钦曾经来访问过他,告诉了他有关十二月党人北方秘密组织的情形。1825年十二月党人的起义被残酷镇压的时候,从很多被捕的十二月党人的身上,都搜出了普希金所写的革命诗歌。普希金本人虽然当时不在彼得堡,但是他是全心同情十二月党人的。在这以后不久,普希金写道:"处绞刑的人被绞死了,但是一百二十多个朋友、兄弟和同志要去做苦役,那也是可怕的。"他当时还在自己的诗稿上画了一个绞架,上面吊着五个人的尸体,并且写道:"我也会……""我也会……"据说在流放到西伯利亚去做苦役的大批十二月党人身上,都藏着一个秘密的徽章,上面刻着普希金在《致恰阿达耶夫》一诗中的诗句:"同志,相信吧,迷人的幸福的星辰就要上升,射出光芒。"

十二月党人起义失败以后,新皇尼古拉一世登位,在第二年就赦免了普希金,召他到莫斯科去觐见。沙皇当时问他:"普希金,假如你在彼得堡,你也会参加十二月十四日的那次起义吗?"普希金毫不犹豫地回答说:"一定的,皇上。我所有的朋友都参与了起义,我不会不参加的。

只因为我不在当地,才能幸免于难。"　　　　　　　　　　(戈宝权)

乡　村

普希金

祝福你,荒远僻野的一角,
闲适,工作和寄兴的所在,
是在这里,我的日子悄悄流去了,
　　沉湎于快乐和遗忘的襟怀。
我是你的,我已抛弃了豪华的宴饮,
虚妄的游乐,女人的声色的迷宫,
只为了田野的静谧,树林和谐的乐音,
为了自由的安闲,最宜于幻想驰骋。

　　我是你的:我爱这一座花园
　　幽深、清凉,各样的野花开遍,
我爱这广阔的绿野,洋溢着禾堆的清香,
一些明澈的小溪在树丛里潺潺喧响。
无论放眼哪里,我都会看见生动的画面:
　　这里是两片湖水,平静无波,
在碧蓝的水上,偶尔闪过渔船的白帆,
湖后是起伏的丘陵,一条条庄田,
　　远处散布着稀疏的农舍。
在潮湿的湖岸,成群的牛羊正在游荡,
谷场冒着轻烟,半夜旋转着磨坊的风车,
　　啊,到处是劳作和富裕的景象。

我住在这里,摆脱了世俗的束缚,
我学会在真理中去探寻快乐,
我以自由的心灵崇拜自然的规律,

我不再聆听蒙昧的世人的窃窃私议,
我会以同情回答羞怯的心灵的倾诉,
　　而不再羡慕恶徒或者蠢驴,
尽管他们怎样以不义而飞扬跋扈。

古代的先知啊,是在这里我向你们请教!
在这里我的居处庄严而僻静,
你们慰人的高曲更清晰而美妙,
它驱散了我悒郁而慵懒的梦,
它燃起了我的工作的热情,
啊,你们种种卓绝的思想,
也正在我心灵的深处滋长。

然而,一个阴沉的思想却令人不宁。
　　在富庶的田野和丘陵间,
谁关心人类的命运能不悲悯地看见
到处是愚昧的令人疼心的情景。
　　这里有野蛮的地主,
一不守法,二无感情,仿佛命中注定
　　他们该是人们的灾星,
　　对于眼泪和哀求一概不顾,
只顾用强制的鞭子把农民的财产、
劳力和时间,都逼到自己的掌握。
这里的奴隶听从无情的老爷的皮鞭,
伛偻在别人的犁上,被牵着绳索,
　　瘦弱不堪地苟延残喘。
这里,一切人毕生是负着重轭的马牛,
没有希望,谈不到一点心灵的追求,
　　这里,就是青春少女的娇艳

也只供无情地摧残。
父亲一代衰老了,就由下一代儿子
那可喜的梁柱和劳动能手来接替,
他们从祖先的茅屋不断地繁殖
成群的家仆,那些受折磨的奴隶。
噢,但愿我的歌能把人的心弦打动!
激情在我心中燃烧,但又有何益?
为什么上天不给我滔滔雄辩的才能?
噢,我的朋友!是否有一天,我会看见
沙皇点点头,使人们不再受奴役?
我能否在我们的国土上看见
开明和自由的美丽曙光终于升起?

1819　　（穆旦　译）

1819年6月,在彼得堡任职的普希金,回到米哈伊洛夫斯克村父亲的世袭领地小住。根据农村见闻与感受,写下了这首诗,这是普希金继《自由颂》之后所写的名篇。

农村的逗留使诗人尽情领略大自然的美景,同时又有机会接触农奴制下的农村现实。美好的大自然与农奴制下农奴的惨状激发了诗人强烈的人道主义和爱国感情。愤怒的谴责和有力的揭发便成为这篇名诗的主题。

全诗共分两部分。第一部分,诗人对农村做了现实主义的描写:广阔的绿野散发出禾堆的清香,明澈的小溪在林中淙淙作响,两汪湖水和偶尔掠过的渔舟白帆……"到处是劳作和富裕的景象"。诗人连用两个"我是你的……"以表示自己由衷的喜爱。

诗的下半部,气势急转直下。沃野千里,稻谷成堆,牛羊成群,却不归生产者——农奴所有。而地主——农奴主却不劳而获。他们霸占了一切,连少女的娇艳也不放过。农奴受尽折磨后默默地死去,他们的子女代代相传,过着同样的奴隶生活。

第一部分恬静的田野、幸福的劳动景象和第二部分备受折磨的农奴生活恰成鲜明的对照。这种手法收到了极大的艺术效果,读了之后,发人深思、催人泪下,从而得出结论:非消灭这种野蛮的制度不可!

诗篇是在满怀激情的乐观气氛中结束的。诗人预示着有一天会看到"人们不再受奴役……在我们的国土上看见开明和自由的美丽曙光终于升起"。

当时,俄国进步知识分子确信:废除农奴制、解放农奴是当务之急。至于达到这个目的的途径,在早期形成的秘密团体中还没有统一的看法。尼古拉·屠格涅夫认为,俄国农民的解放,只有依靠君权方能实现。普希金很可能受到他的这种思想的影响。但他的这一诗篇震响着奴隶的哀号,召唤着人们为废除这一"可耻的制度"而进行不懈的斗争,从而起到了广泛的、强大的宣传鼓动作用。

全诗以手抄本形式流传开来,引起了沙皇亚历山大一世的注意。当他读了之后,并没有责怪诗人,只说:"谢谢普希金,为了他在诗中表达的良善情意。"当然,这只是俄国头号大农奴主在国内不满情绪高涨的形势下所作的一种姿态。

(管珑)

囚 徒

普希金

我坐在阴湿牢狱的铁栏后,
一只在禁锢中成长的鹰雏
和我郁郁地做伴;它扑着翅膀,
在铁窗下啄食着血腥的食物。

它啄食着,丢弃着,又望望窗外,
像是和我感到同样的烦恼。
它用眼神和叫声向我招呼,
像要说:"我们飞去吧,是时候了,

"我们原是自由的鸟儿,飞去吧——

飞到那乌云后面明媚的山峦,

飞到那里,到那蓝色的海角,

只有风在欢舞……还有我做伴!……"

1822　　(穆旦　译)

　　这首诗写于诗人被流放南方时期。有一次,普希金与当地权贵发生冲突,为了挽回影响,英佐夫总督对普希金做了为期两周的软禁。当时普希金住在总督府的一层。室内阴暗潮湿,窗子上原来就钉着铁护栏,使普希金感到自己仿佛置身于牢房之中。府邸中有一只给总督看门的年轻的鹰,爪子被铁链牢牢地拴住。这就引起了诗人的忧思与联想:两个本是自由的生命,如今都失去自由。那鹰,本是天空与海洋上的宠儿,如今只靠他人施食,终日啾啾然,只和一个囚徒郁郁地做伴。这是多么的令人忧伤!然而诗人并不停留在困境的描写上,从诗的第二节开始,色调渐渐明快。诗人笔下的这只善解人意的鹰,用眼神和叫声召唤囚徒"我们原是自由的鸟儿,飞去吧",冲破层层乌云,飞向明媚的山峦,飞向蓝色的海角!

　　短短几行诗,写的是不自由的鹰,抒发的是囚徒的心怀,表达了诗人对自由的热切向往。其实,对于诗人来说,他所囿身的何止是英佐夫的府邸,而是沙俄当局设下的更大、更坚实、更阴森的牢房!　　　(管珑)

致巴赫奇萨拉伊宫的水泉

普希金

　　爱情的水泉,活跃的水泉!

我给你带来两朵玫瑰做礼品。

我爱你絮絮不休的细语

和充满诗意的清泪。

　　你那银白色的水尘

像寒露洒满了我全身:

哦,流吧,流吧,你快乐的清泉!

用凉凉的流响,对我诉述你的隐情……

> 爱情的水泉,悲哀的水泉!
> 我也问过你的大理石:
> 我读过对那远古的国度的赞美,
> 但你却缄默了关于玛利亚的事迹……
>
> 你这后宫的苍白的星光呀!
> 难道你在这儿竟被忘怀了吗?
> 或者玛利亚和扎列玛
> 只不过是两个幸福的幻影?
>
> 或者这只是一个想象的梦,
> 在荒漠的黑暗之中
> 绘出了自己一瞬间的幻影,
> 那心灵的暧昧的理想?
>
> 1824　　(戈宝权　译)

这首诗作于1824年。巴赫奇萨拉伊宫的水泉建于18世纪。相传克里米亚可汗吉列伊西侵波兰,俘虏了美丽的波兰公主玛利亚,深为宠爱。可汗的妻子扎列玛出于嫉妒,深夜潜入玛利亚的内室,将其杀害。可汗为了纪念玛利亚,在宫中建造了这座水泉。后人因其涓涓细流如泪,故名"泪泉"。1820年9月普希金被放逐南俄期间,曾路过巴赫奇萨拉伊,带病访问了王宫和"泪泉"的遗址。1823年,普希金根据这个爱情悲剧故事创作了长诗《巴赫奇萨拉伊的水泉》。翌年,他又以同一题材写下《致巴赫奇萨拉伊宫的水泉》这首抒情诗,可见历史陈迹对他触动之深。

诗的开头洋溢着欢快明朗的情调:

> 爱情的水泉,活跃的水泉!
> 我给你带来两朵玫瑰做礼品。

普希金当年实际看到的水泉遗址已遭毁坏,铁漏斗生了锈,水只是一滴一滴地掉落。但他在诗里却以奇特的想象,描绘了泉水的清澈、流淌，甚至幻想出"你那银白色的水尘，像寒露洒满了我全身"。在诗人的想象里，爱情就应该像欢快流淌的泉水，充满活力，充满幸福。然而，从第三节开始，诗人的情感发生了转折。欢快为悲哀所替代，幸福也渐渐变成了幻影。诗人终于发现，那泉水，那清流，"只是一个想象的梦"；那遥远的国度，那美丽的爱情传说，也不过是"心灵的暧昧的理想"。这种感情的转折，一下子把诗人从浪漫主义的幻境拉回到现实世界。诗人陷入了对历史和现实的沉思。诗的格调也由欢快、乐观变为深沉、凝重，反映了普希金身处逆境时心情的复杂变幻。　　（戈宝权／李辰民）

酒神之歌

普希金

为什么欢乐的声音喑哑了？
响起来吧，酒神的重叠的歌唱！
来呀，祝福那些爱过我们的
别人的年轻妻子，祝福柔情的姑娘！
斟吧，把这杯子斟得满满！
　　把定情的指环，
当啷一声响，
投到杯底去，沉入浓郁的琼浆！
让我们举手碰杯，一口气把它饮干！
祝诗神万岁！祝理性光芒万丈！
哦，燃烧吧，你神圣的太阳！
正如在上升的曙光之前，
这一盏油灯变得如此暗淡，
虚假的学识啊，你也就要暗淡、死亡，
在智慧的永恒的太阳前面。
祝太阳万岁，黑暗永远隐藏！

1825　　（穆旦　译）

1825年,普希金在米哈伊洛夫斯克村被幽禁时写下了这首不朽诗篇。这可能是诗人根据在附近三山村奥西波娃家中做客,或是邀请她们来家中欢聚时所获得的印象写成的。诗人曾和那些小姐们一起度过了许多充满欢乐、充满青春活力的时光。不久以后,即1826年6月,阿列克塞·武尔弗和亚泽科夫来到三山村。那时对十二月党人的审讯已基本结束,他们的谈话自然离不开当代这场历史性的悲剧。但是,为了排遣心中的郁闷和沉重感,他们几个和年轻的小姐们一起在露天下摆酒设宴,载歌载舞,赋诗作乐。就在这次宴会上,普希金朗读了这首诗。

在这首诗中,依然可以看到早年诗人步入社会时对尘世欢乐的迷恋,充满了轻松愉快的调子。1818年写的《酒神的节日》里,我们听到歌唱、击鼓、狂舞乃至喊叫。在这首诗篇里,我们看到的依然是对人世欢乐的执着追求,不过较之青春年少时期表现得更为深挚、更为含蓄,也更为空灵。这当然和时代的气氛、放逐者的心情是密切相关的。

在开头,诗人热情地歌颂青春和爱情:歌颂那些年轻的妻子和柔情的少女,歌颂那些情人们,歌颂那令人心荡神移的瞬间:当"定情的指环当啷一声"投入斟满浓郁琼浆的杯底的时候。

在诗的下半部分,诗人的笔锋转向黎明景象的描写:瑰丽的曙光、冉冉升起的太阳……诗人写道,光明即将来到,黑夜终将消失,一切虚伪和不义终将显现原形,真诚的艺术必将千秋永存。诗人热切地欢呼道:"祝太阳万岁,黑暗永远隐藏!"

普希金的这首歌颂爱情和美酒的诗,在俄国的诗坛上堪称一绝。还没有人能够以如此轻快的节奏和准确、优雅的文字,如此尽情开怀地写出酒色歌舞之乐,而又不失分寸地把它们提到美的最高限度,赋予它们以深邃丰富的内涵。全诗贯穿着对人的智慧、对人的创造性劳动的赞美,对改造环境和争取幸福的坚定信念,洋溢着历史乐观主义的精神。所以高尔基毫不过分地称赞这首诗是"伟大的欢乐的颂歌"。　　(管珑)

致 凯 恩

普希金

我记得那美妙的一瞬,
在我的面前出现了你,
有如昙花一现的幻影,
有如纯洁之美的天仙。

在那无望的忧愁的折磨中,
在那喧闹的浮华生活的困扰中,
我的耳边长久地响着你温柔的声音,
我还在睡梦中见到你可爱的倩影。
许多年代过去了。暴风骤雨般的激变
驱散了往日的梦想,
于是我忘却了你温柔的声音,
还有你那天仙似的倩影。

在穷乡僻壤,在囚禁的阴暗生活中,
我的日子就那样静静地消逝,
没有倾心的人,没有诗的灵感,
没有眼泪,没有生命,也没有爱情。

如今心灵已开始苏醒:
这时在我的面前又重新出现了你,
有如昙花一现的幻影,
有如纯洁之美的天仙。

我的心在狂喜中跳跃,
心中的一切又重新苏醒,
有了倾心的人,有了诗的灵感,
有了生命,有了眼泪,也有了爱情。

1825　　（戈宝权　译）

《致凯恩》是普希金爱情诗中写得最出色、最完美的一首,作于1825年。诗中的凯恩是普希金的女友。普希金1819年20岁时,第一次在彼得堡艺术学院院长奥列宁的家中见到她。那时她才19岁,已经嫁给一位52岁的将军。诗中第一句,即指这次初见而言。当普希金1825年被囚禁在他父母的领地米哈伊洛夫斯克村时,凯恩来到邻近的三山村探亲,又与普希金再次相见。凯恩离开三山村返回里加的这一天,普希金赠送了《叶甫盖尼·奥涅金》第一章给她,其中就夹了这首诗,署的日期是"1825年7月19日"。凯恩曾在回忆录中记述了当时的情景。

这首诗的艺术魅力在于把爱的激情和生命的激情有机地交融在一起。我们知道,普希金短暂的一生充满了坎坷和磨难。他21岁时就因写诗歌颂自由而被沙皇流放到南方。在南俄又因继续写作充满反抗情绪的诗,并与敖德萨的总督不和而被押送到他父母的领地,前后禁居两年之久。普希金尽管生活在颠沛流离之中,但凯恩的形象却时时伴随着他。与凯恩的初次相见,成为诗人最美好、最幸福的回忆。这种美好的回忆使诗人在忧愁中获得了快慰,在磨难中获得了解脱。诗人的耳边久久地响着凯恩"温柔的声音",梦中常常见到凯恩"可爱的倩影"。

然而,生活的激变驱散了诗人的梦想;乡村的幽禁,使诗人失去了写诗的灵感。凯恩的形象也渐渐从诗人脑海中淡忘。诗人已经心如死灰,"没有眼泪,没有生命,也没有爱情"。就在普希金感到心灰意冷的时候,凯恩又一次来到他的身边。爱和美的力量唤醒了沉睡的心灵,一切冷却了、死亡了的东西又重新在他的心中复苏。诗人终于从凯恩"可爱的倩影"中唤回了生命,唤回了眼泪,唤回了爱情。

在诗歌形式上,这首诗韵律和谐整齐,富有节奏感。例如两次重复"有如昙花一现的幻影,有如纯洁之美的天仙",不仅描绘出凯恩不同凡响的风姿,而且这样反复咏叹,给人以回肠荡气之感。由于这首诗本身具有浓郁的抒情性和音乐性,俄国著名作曲家格林卡曾把它谱成歌曲,成为俄国最有名的一首情歌,一直流传至今。　　(戈宝权/李辰民)

致西伯利亚的囚徒

普希金

在西伯利亚矿坑的深处,
望你们坚持着高傲的忍耐的榜样,
你们的悲痛的工作和思想的崇高的志向,
决不会就那样徒然消亡。

灾难的忠实的姐妹——希望,
正在阴暗的地底潜藏,
她会唤起你们的勇气和欢乐,
大家期望的时辰不久将会光降:

爱情和友谊会穿过阴暗的牢门,
来到你们的身旁,
正像我的自由的歌声
会传进你们苦役的洞窟一样。

沉重的枷锁会掉下,
黑暗的牢狱会覆亡,
自由会在门口欢欣地迎接你们,
弟兄们会把利剑送到你们手上。

1827　（戈宝权　译）

1826年12月底,普希金在莫斯科见到了十二月党人伏尔孔斯基的妻子玛丽亚·尼古拉耶夫娜。这时候玛丽亚正准备不辞千辛万苦,冒着风雪严寒,一个人到她丈夫流放的地方去。普希金深为她的这种英勇的行为所感动,于是就冒着生命的危险,写成了《致西伯利亚的囚徒》这首诗,托十二月党人尼吉塔·穆拉维约夫的妻子带到西伯利亚去了。

这首诗虽然只有短短的四节,一共十六行,但是诗人在这里却写出了他对十二月党人的崇高的敬意和深厚的感情。在第一节诗里,普希金对十二月党人所进行的革命事业做了很高的评价,指出了它的重大意义。普希金告诉那些流放在西伯利亚和在阴暗的矿坑里做着苦役的十二月党人,他们的"悲痛的工作和思想的崇高的志向",决不会落空,也不会"徒然消亡"。他号召他们在最艰苦的情况下,也要始终保持着"高傲的忍耐的榜样"。紧接着,诗人在第二节和第三节里,又用充满乐观主义精神的诗句,对他的朋友——十二月党人进行了热忱的鼓励。普希金告诉他的朋友们,在灾难和不幸的地方,同时也存在着希望;十二月党人所期望的时辰,不久就会来临。他告诉他们,朋友和同志们并没有把他们遗忘,爱情和友谊会像诗人的自由的歌声一样,穿过阴暗的牢门,传到他们的身旁。在最后一节诗里,普希金满怀着信心,预言十二月党人所开始的反对沙皇专制统治的斗争事业,总有一天会取得最后的胜利。

普希金的《致西伯利亚的囚徒》这首诗,在十二月党人中间曾经引起过很大的反响。流放在当地的一位十二月党诗人奥多耶夫斯基还和了普希金一首诗,其中有这样两句:

我们的悲痛的工作决不会就那样徒然消亡,

从星星之火当中会迸发出熊熊的火光。

这两句诗,在后来的俄国革命运动中曾经发生过巨大的影响。我们知道,伟大的革命导师列宁是非常喜爱普希金的诗歌作品的。据列宁夫人克鲁普斯卡娅回忆说,"他(列宁)最喜欢普希金的作品"。当列宁被流放到西伯利亚的舒辛斯克村的时候,身边就带着普希金的诗集。后来,当他1900年在国外创办《火星报》的时候,就采用了奥多耶夫斯基和诗的后一句诗作为题词,印在报纸的题名旁边。这后一句诗的另一译法是:星星之火,可以燎原。

普希金的《致西伯利亚的囚徒》这首诗,在他生前始终没有能够发表,直到1856年才第一次刊登在俄国革命思想家赫尔岑在伦敦所创办的刊物《北极星》上。赫尔岑曾经这样谈起过普希金的革命诗歌作品,他说在沙皇尼古拉反动统治的年代,"只有普希金的响亮的和辽阔的歌声,在奴役和苦难的山谷里震响着;这个歌声继承了过去的时代,用勇敢的声音充满了今天的日子,并且还把它的声音送向那遥远的未来"。普希金在沙皇尼古拉一世反动统治年代里写成的《致西伯利亚的囚徒》,就像他在沙皇亚历山大一世统治时写成的《致恰阿达耶夫》一样,也是一首杰出的政治抒情诗。这也正是在一百多年以后它们还被我们朗诵着并仍然能够激动着我们的原因。

(戈宝权)

假如生活欺骗了你

普希金

假如生活欺骗了你,
不要忧郁,也不要愤慨!
不顺心的时候暂且容忍:
相信吧,快乐的日子就会到来。

我们的心永远向前憧憬,
尽管活在阴沉的现在:
一切都是暂时的,转瞬即逝,
而那逝去的将变为可爱。

1825 (穆旦 译)

普希金在青年时代受到当时爱国思潮和进步思想的影响,并结交了一些十二月党人(俄国的贵族革命家)为朋友,写出了《自由颂》《致恰阿达耶夫》等一系列具有进步思想、抨击农奴制和暴君的诗篇,受到沙皇反动政权的迫害。

1824年8月,普希金在宪警的押送下被发配到原籍米哈伊洛夫斯克村。不久,他的父母、全家人都离去,只留下一个年老的奶娘同他孤独相处了两年,过着寂寞、幽居的生活。他说:"我忍受着精神饥渴的痛苦,独自踯躅在阴暗的荒原。"他感到"气闷极了",简直像得了"忧郁症"。好在普希金家乡附近的三山村有他的不少好友、好邻居。普希金早年结识的女友凯恩的姑母奥西波娃家就成了诗人常常探访的场所。他同奥西波娃一家度过许多欣慰的时光,友人的慰藉赋予诗人莫大激情和灵感,在此期间,普希金写出了《致凯恩》《酒神之歌》等不朽名篇。这首《假如生活欺骗了你》也是其中之一。

别林斯基说:"普希金是第一个偷到维纳斯腰带的俄国诗人……他的每个感觉、每种情绪、每个思想、每种情景都充满着诗。"

普希金热爱生活,并相信光明、正义必将胜利。虽然在他生活的长河中也布满了暗礁、漩涡,常有不称心的时候,但他总能"在一阵沉郁之后,像狮子耸起鬃毛似的突然摆摆头,把悒郁的阴云逐开"。这使他的不少诗篇充满了乐观向上的情调,使人精神振奋,可以成为培养人高尚道德情操的教科书。[1]

这首小诗,是诗人题在奥西波娃的女儿姬姬的纪念册上的,言简意赅地阐明了一种积极的人生态度。后来不少年轻人曾把它当作生活的座右铭。在我国青年人中曾产生过巨大的积极影响。　　　　(许自强)

小　花

普希金

我在书里发现一朵小花,

它早已干枯了,也不再芬芳,

因此,我的心里就充满了

许许多多奇异的遐想:

是哪一个春天,在哪一处

它盛开的?开了多长时间?

谁摘下的?是外人还是熟人?

---

[1] 正如高尔基所说:"我开始读普希金诗时,好像我走进了一片树林中的草地,到处盛开着鲜花,到处充溢着阳光。"

为什么放在这书页中间?

可是为了纪念温柔的相会?
还是留作永别的珍情?
或者只是由于孤独的散步
在田野的幽寂里,在林荫?

是他还是她?还在世吗?
哪一个角落是他们的家?
啊,也许他们早已枯萎了,
一如这朵不知名的小花?

1828　(穆旦 译)

诗人无意中看到夹在书里的一朵小花。由这朵小花想开去,想到折花的人,是外人还是熟人,是她还是他?在什么地方,哪一个春天折的,为什么把它折下来?那折花的人如今流落在什么地方?抑或和这朵小花一样,凋零了,枯萎了,被人遗忘了?这里并没有华美的词句、高昂的音调、激越的感情;也没有伤感的叹息、忧郁的情调,却在司空见惯的事物中表述了往事云烟、倏忽间即逝的思想,含蓄地流露出对故人的怀念。

一连串的问话,却没有作答,也不需要作答,因为事实上答案尽在其中了。全诗给人以空灵的感觉,难怪梅里美赞赏普希金的诗篇是"自然流露的、质朴的散文中所开出的瑰丽的花朵"。

(管珑)

我曾经爱过你
普希金

我曾经爱过你:爱情,也许,
在我的心灵里还没有完全消亡;
但愿它不会再去打扰你;
我也不想再使你难过悲伤。
我曾经默默无语地、毫无指望地爱过你;

我既忍受着羞怯,又忍受着嫉妒的折磨;
我曾经那样真诚、那样温柔地爱过你,
但愿上帝保佑你,另一个人也会像我爱你一样。

1829　　（戈宝权　译）

　　这是普希金1829年写的一首脍炙人口的爱情诗,究竟是写给谁的至今无从查考。但写给谁这一点已无关重要,重要的是它生动而真实地描绘了一个青年人对一个姑娘的钟情和爱恋。青年对姑娘的爱是那么真挚,那么专一,尽管姑娘可能还不知道他爱着她,也可能姑娘早已另有所爱,或者干脆她已经有了丈夫。不论是哪一种情形,青年显然陷入了单相思。他只能"默默无语地、毫无指望地"爱着她,宁愿忍受羞怯和嫉妒的折磨,也不愿去打扰她或者使她悲伤。他爱她爱得那么真挚,那么温柔,甚至在知道她已经不属于自己时,还祈求上帝保佑她,但愿另一个人也像他那样真挚而温柔地爱着她。这是一种多么纯真、多么高尚的爱情啊!

　　这首诗写得精练含蓄,几乎没有场景和多余的人物描写,也没有气氛的烘托和渲染,只是用质朴的语言,直截了当地写出"我"这个痴情男子对心上人坦率而真诚的爱。篇幅虽短,但感情丰满,具有强烈的艺术感染力。

（戈宝权/李辰民）

我们一同走吧,我准备好啦

普希金

我们一同走吧,我准备好啦;朋友们,无论
　　你们去到哪儿,
凡是你们想去的地方,到处我都准备跟随着
　　你们走,
只要躲避开我那傲慢的人儿:
哪怕是去到遥远的中国万里长城边,
哪怕是去到喧腾的巴黎,哪怕是最后就去到
　　那些地方,

在那儿，午夜的船夫不再歌唱塔索的诗章，
在那儿，古代城市的遗迹在灰烬下假寐，
在那儿，柏树林在散发出清香，
无论去到哪儿我都准备好啦。我们一同去吧
……但是，朋友们，
请你们告诉我：我的热情会不会在浪游中
　　消亡？
我会不会忘掉我的那骄傲的使人苦痛的少女，
或者就拜倒在她的脚前，向她年轻气盛的忿怒投降，
把我那惯常的贡礼——爱情，重新给她献上？
…………

1829　（戈宝权　译）

1828年，在莫斯科的一次舞会上，普希金认识了一位16岁的少女娜塔利亚·冈察罗娃。她那惊人的美貌使普希金为之倾倒，普希金狂热地爱上了她。此后，他经常出入她的家庭，并结识了她的父母。1829年4月，普希金正式向冈察罗娃求婚，但遭到了她的家人的婉言拒绝。当天夜里，他就启程到高加索去，参加当时正在进行的俄土战争，直到10月才返回莫斯科。

1829年年底，普希金写下这首诗，形象地记述了他第一次向冈察罗娃求婚失败后的苦涩心情。诗人表达失恋痛苦的方式是独特的，既没有眼泪，也没有悲伤，更没有歇斯底里的失态。作为失恋后的最初反应就是立即远离爱人，走向战场。他要让血与火的战斗来洗涤心灵的创痛，获得精神上的补偿。他要远离"傲慢的人儿"，走得越远越好，"哪怕是去到遥远的中国万里长城边，哪怕是去到喧腾的巴黎"。然而，这种躲避并不表示忘却，更不表示怨恨。这只是暂时到避风港去抚慰一下受伤的心灵。即使是在这样的时刻，诗人的热情也没有完全冷却，他甚至反问："我会不会忘掉我的那骄傲的使人苦痛的少女，或者就拜倒在她的脚前，向她年轻气盛的忿怒投降，把我那惯常的贡礼——爱情，重新给

她献上?"事实证明,普希金并没有忘掉冈察罗娃。一年以后,他鼓起勇气再度向冈察罗娃求婚,终于获得了成功。1831年2月,普希金和冈察罗娃正式结婚,开始了他那美满幸福但也充满波折和以悲剧结束的家庭生活。

(戈宝权/李辰民)

乌 云

普希金

啊,暴风雨后残留的乌云!
你独自曳过了明亮的蓝天,
唯有你投下了忧郁的阴影,
唯有你使欢笑的日子不欢。

不久以前,你还遮满了苍穹,
电闪凶恶地缠住你的躯体;
于是你发出隐秘的雷声,
把雨水泻满了干渴的大地。

够了,躲开吧!时令已变换了,
土地已复苏!雷雨消逝无踪:
你看那微风,轻轻舞弄着树梢,
正要把你逐出平静的天空。

1835 (穆旦 译)

普希金在这首晚期的著名诗篇里,以极其生动的笔触,描写了暴风雨过后残留于空中的一片乌云。明净、蔚蓝的天空,只有她,依然在天空浮动;只有她,依然向人间投下阴影;只有她,使得本是欢乐的日子变得忧伤。第二诗节,回笔描写不久前这片乌云肆虐人间的情景:她遮天蔽日,电光闪闪,雷声隆隆,将倾盆大雨洒向大地……和普希金其他诗篇一样,即便在写景的时候,也没有让乌云继续称霸称王。在诗的末节,诗人告诫乌云,让她"躲开"!时过境迁,如今大地已经复苏,雷雨已经过去:"你看那微风,轻轻舞弄着树梢,正要把你逐出平静的天空。"霎时,峰回路转,诗人预示:乌云必将消失,天空必将恢复平静!

  普希金是写景的能手。如果说在他早期的作品中,我们还能看到浪漫主义的写景特色和痕迹,那么,30年代的诗篇就只有鲜明的现实主义。他写乌云,就是不肯引退的、不知趣的、逞凶一时的乌云,他笔下的暴风雨,简直使人掩耳躲避;你看那闪电,如此凶恶地缠住乌云,紧接着就是一声闷雷!……诗人写得如此逼真传神,如此有声有色!别林斯基在谈到普希金的写景艺术时,曾举《乌云》和《雪崩》两首诗为例,他说:"《乌云》和《雪崩》两首诗是普希金观察自然的典型的例子。这两首诗尽管在内容上很不相同,却都是诗的彩色画……"

  普希金晚期诗篇不仅达到圆润、优雅和朴素的高度,而且内涵蕴深,这片乌云的形象,难道不可以理解为沙皇宫墙内外那班"达官贵人"的写照?他们在诗人逝世前两年向诗人投下了罪恶的罗网。 (管珑)

纪 念 碑

Exegi monumentum[1]

普希金

我为自己建立了一座非人工的纪念碑,
在人们走向那儿的路径上,青草不再生长,
它抬起那颗不肯屈服的头颅
  高耸在亚历山大的纪念石柱[2]之上。

---

[1] 拉丁文,引自古罗马大诗人贺拉斯的一首颂歌(《致司悲剧的缪斯墨尔波墨涅》)的第一句,意为"我建立了一座纪念碑"。

[2] 亚历山大纪念石柱,高27米,1832年建于彼得堡的冬宫广场,至今犹存。当1834年11月举行揭幕典礼时,普希金因为不愿参加,前五天曾避离彼得堡。

不,我不会完全死亡——我的灵魂在遗留下的诗歌当中,
将比我的骨灰活得更久长和逃避了腐朽灭亡——
我将永远光荣不朽,直到还只有一个诗人
  活在这月光下的世界上。
我的名声将传遍整个伟大的俄罗斯,
它现存的一切语言,都会讲着我的名字,
无论是骄傲的斯拉夫人的子孙,是芬兰人,
  甚至现在还是野蛮的通古斯人,和草原上的朋友卡尔梅克人。
我所以永远能为人民敬爱,
是因为我曾用诗歌,唤起人们善良的感情,
在我这残酷的时代,我歌颂过自由,
  并且还为那些倒下去了的人们,祈求过宽恕同情[1]。
哦,诗神缪斯,听从上帝的旨意吧,
既不要畏惧侮辱,也不要希求桂冠,
赞美和诽谤,都平心静气地容忍,
  更无须去和愚妄的人空作争论。

1836　（戈宝权　译）

  这首诗是普希金1836年8月21日在彼得堡的石岛写成的,距离他因决斗而死,只不过半年多的时间。他在这首诗中写出了自己的崇高志向和使

---

[1] 这四行诗的初稿是:
  我所以永远能为人民敬爱,
  是因为我给诗歌获得了新的声音
  我追随拉季谢夫之后歌颂过自由,
  并且赞扬过宽恕同情。
这里提到的拉季谢夫(1749—1802),是俄国18世纪后半叶的革命作家,以《从彼得堡到莫斯科的旅行记》一书闻名。他曾因此书被流放到西伯利亚去。就在这本书中他写了一首《自由颂》,指出俄国的主人不是沙皇,而是人民。

命,为自己一生的诗歌创作活动做了一个最后的总结,而且预言了他的名字将永不会被人们遗忘。他说他的纪念碑不是用人工所能建成的,它要高耸在1832年彼得堡冬宫广场上建立的沙皇亚历山大的纪念石柱之上。但这首诗在普希金逝世以后不能按原文发表,而是经诗人茹科夫斯基修改过的,如"亚历山大的纪念石柱"改成了"拿破仑的纪念柱";如"在我这残酷的时代,我歌颂过自由",就改成为"是因为我的诗歌的生动的优美对人民有益",从而贬低了普希金原诗的革命战斗精神。　　（戈宝权）

达吉雅娜给奥涅金的信
普希金

我在给您写信——难道还不够?
我还能再说一些什么话?
现在,我知道,您完全有理由
用轻蔑来对我加以惩罚。
可是您,对我这不幸的命运
如果还保有点滴的爱怜
我求您别把我抛在一边。
最初我并不想对您明讲,
请相信:那样您就永没可能,
知道我是多么的难以为情。
如果说我还可能有个希望
在村里见到您,哪怕很少见,
哪怕一礼拜只见您一次面,
只要能让我听听您的声音,
跟您讲句话,然后专心去想,
想啊、想,直到下次再跟您遇上,
日日夜夜只惦着这一桩事情。
可是人家说,您不愿跟人交往;

这穷乡僻壤到处都惹您厌烦,
而我们……没什么可夸耀的地方,
只是对您真心实意地喜欢。

为什么您要来拜访我们?
在这个人所遗忘的荒村,
如果我不知道有您这个人,
我就不会尝到这绞心的苦痛。
我幼稚的心灵的一时激动
会渐渐平息(也说不定?),
我会找到个称心的伴侣,
会成为一个忠实的贤妻,
也会成为一个善良的母亲。

别人!……不,我的这颗心,
世界上谁也不能拿去!
我是你的——这是命中注定,
这是老天爷他的旨意……
我之所以还需要活着:
就为了保证能和你相见;
我知道,上帝把你派来给我,
做保护人,直到坟墓的边缘……
你的身影曾经在我的梦中显露,
我虽然没看清你,已感到你的可亲,
你奇妙的目光让我心神不宁,
你的声音早响彻我灵魂深处……
不呵,这不是一场梦幻!
你刚一进门,我马上看出,
我全身燃烧,全身麻木,

心里暗暗说：这就是他，看！
不是吗？我听见过你的声音：
可是你在悄悄地跟我倾谈，
当我在周济那些穷人，
或者当我在祈求神灵
宽慰我激动的心的熬煎？
在眼前这个短短的一瞬，
不就是你吗，亲爱的幻影，
在透明的暗夜里闪闪发光，
轻轻地贴近了我的枕边？
不是你吗，带着抚慰的爱怜
悄悄地对我在显示希望？
你是什么？是保护我的天神，
还是一个来诱惑我的奸人？
你应该解除我的疑难。
也许，这一切全是泡影
全是幼稚的心灵的欺骗！
命定的完全是另外一回事情……
然而，就算它是这样！
我也从此把命运向你托付，
我站在你面前，泪珠挂在脸上，
我恳求得到你的保护……
你想想，我在家里孤孤零零，
没有一个了解我的人，
整日里头脑昏昏沉沉，
我只有默默地了此一生。
我等你：请用唯一的你的眼
把我心头的希望复活，

或是把这场沉重的噩梦捅破,
唉,用我应该受到的责难!
写完了!我真怕重读一遍……
我木然地感到羞愧和惧怕……
但是您高贵的品格是我的靠山,
我大胆地把我自己托付给它……

(智量 译)

本诗节选于普希金诗体小说《叶甫盖尼·奥涅金》。这部诗体小说始作于1823年,终于1830年,前后持续了七年之久。这期间正当俄国贵族优秀分子——十二月党人起义的酝酿和起义失败后遭到严酷镇压的黑暗时期。普希金通过小说主人公奥涅金的形象,展示了相当多的贵族知识分子在这一时代的灾难面前所表现出的精神上的苦闷、探索及悲剧命运。奥涅金智力超群,向往自由,对沙俄社会持深刻否定态度。但他缺乏社会实践,远离人民生活,结果只落得一事无成,毫无出路,连唾手可得的个人幸福也失去了。奥涅金的形象在俄国文学中被称为"多余人"形象的始祖。同时,由于小说中塑造了京城和外省贵族的典型形象,描写了广阔的社会生活画卷,提出了贵族与人民的关系以及教育等问题,被称为"俄国生活的百科全书"(别林斯基语)。

达吉雅娜给奥涅金的信在全部小说中起着重要的作用。它不仅提供了心理分析的典范,更重要的还在于展示了女主人公坦率纯真的性格,对爱情的坚定信念和高尚的道德情操。

达吉雅娜的美质,得之于大自然的灵秀和民族、乡土古朴的风气。连她的名字也平朴得和一般村姑、使女差不多,缺乏庄园贵族小姐的高雅。作者在抒情插笔中称她有一颗"俄罗斯的心灵"。

通过诗人连斯基的引见,达吉雅娜在家中首次与奥涅金见面。奥涅金出身彼得堡贵族名门,外貌出众,打扮入时,举止潇洒,谈吐文雅。他的漠视一切的态度,加上"改革"庄园的意图……使达吉雅娜折服钟情,认定他正是自己所渴求的"那么一个人"。

达吉雅娜模仿自己读过的小说中的女主人公,用法语给他写了一封洋洋洒洒的信,在异国文字的外衣下,表露了对他的爱慕。

达吉雅娜劈头就说:"我在给您写信——难道还不够?我还能再说一些什么话?"三言两语,点出了把笔倾诉前的矛盾复杂心情。一个女孩子先写信向人求爱,多么的难为情!要是遭到对方的拒绝,或是成为"情场"的笑柄?!……在宗法制社会中,女子只能在"未婚妻的集市"上从父母之命出嫁,哪有自由择偶、主动写信之理?她的举措难道不正好说明她无视封建礼教习俗,大胆争取个人幸福的勇气?!至于其他一切后果都置之度外了。

信中说:"我之所以还需要活着:就为了保证能和你相见。"这句话虽属"心灵的狂言乱语的倾流",却是全信的中心思想。对于达吉雅娜来说,爱情绝不是一时的冲动,而是"是生,或是死"的极其严肃的问题。

达吉雅娜在她那封可爱的信中还谈道:"会成为一个忠实的贤妻,也会成为一个善良的母亲……"对于这个年方十七的少女来说,婚姻,意味着履行为妻为母的神圣职责,是给予,是奉献,因而,是彻底的利他主义。这里表述了达吉雅娜纯洁的生活理想、高尚的道德观念。

不难想见,达吉雅娜的性格、理想、道德、情操是和奥涅金完全对立的。只是在她初恋的热情中把他美化了,拔高了。其实,奥涅金只不过在外国家庭教师的"指导"下,受过"东鳞西爪、一知半解"的教育,十六岁步入社交界,在餐厅酒馆、舞会戏院过了八年懒散放荡的生活。他是情场的老手,"时髦的暴君"。

他拒绝了达吉雅娜。他对她说,他不想用家庭的圈子来约束自己,"一旦生厌,会立即把您丢开"。

奥涅金在决斗中杀死了连斯基,他"无目的、不劳动地活到今天,他已整整地活了二十六年"。他来到莫斯科,在一次宴会上认出了达吉雅娜,并且"孩子般地爱上了她"。

此时的达吉雅娜已嫁给了一位有战功的将军,成为社交界的一位"不可侵犯的女神","涅瓦河上雍容华贵的女皇"。

这回轮到奥涅金给达吉雅娜写信倾诉衷肠。达吉雅娜承认自己依然如故,爱着奥涅金,爱着草原的家乡,她不慕豪华的生活与显赫的地位。她说:"现在我已嫁给了别人,我将要一辈子对他忠诚。"达吉雅娜的表白和拒绝,满含痛楚与辛酸。这个结局标志着她那颗始终如一的、完整的心灵的毁灭。别林斯基正确地指出:"爱情对她来说,可能是生活中最大的幸福,也可能是最大的不幸,任何介乎两者之间的结局都是不相容的。"

奥涅金怅然离去,漫游各地,失魂落魄,也是痛苦的。小说的终场是悲剧式的。

达吉雅娜给奥涅金的信是全部小说情节的开端,第八章奥涅金给达吉雅娜的信可视为小说的终曲。两者前后呼应,互相辉映。　　(管珑)

丘特切夫 (2首)

费奥多尔·伊万诺维奇·丘特切夫(Фёдор Иванович Тютчев, 1803—1873),普希金同时代的俄国诗人。他出生在一个古老的贵族家庭。1819年入莫斯科大学语文系学习,1821年毕业。从1822年起他先后在俄国驻慕尼黑、都灵等地的外交使团任职20多年。19世纪30年代以后开始在普希金主办的《现代人》杂志上发表诗作,40年代回国后一直任书刊审查官。他文学创作的高峰期是50年代。1854年出版第一本诗集,并受到好评。屠格涅夫称赞说"他的每篇诗都发自一个思想,但这个思想好像一个星火,在深挚的情感或强烈印象的影响下燃烧起来",而且"他的思想对于读者从来不是赤裸的、抽象的,而总是和来自心灵或自然界的形象相融合,不但深深浸润着形象,而且也不可分地、连续地贯穿在形象之中"。这些话很好地道出了丘特切夫抒情诗的特色。他的爱情诗写得也非常出色,如著名的《杰尼西耶娃组诗》,不仅能恰如其分地传达恋人的真情实感,而且富有社会内容,堪称现实主义的佳作。丘特切夫还是俄国抒情哲理诗的代表,在这类诗中可以看出,他深受德国谢林唯心主义哲学的影响,宣扬万物有灵、外部世界与人的内心是同一的等思想。他的政治观点也偏于保守的斯拉夫派,但因长期受欧洲思潮的影响,又有其特点。对此,列宁有精确的评价。在邦奇·布鲁耶维奇的列宁回忆录中讲到,列宁非常欣赏他的诗。一方面,他很理解他是来自哪一阶级的,而且完全精确地估计到了他的斯拉夫主义者的信念、心情和体验;另一方面,他谈到了这个天才诗人的原始的反抗性,恰恰是预感到当时在西欧业已酝酿成熟的伟大事件的到来。丘特切夫在诗歌写作技巧方面有许多创新。他广泛运用对比、对照、拟人、比喻、象征等表现手段,敢于不拘一格,打破经典诗的格律,寻求最佳表现思想的节奏和音韵。正是由于他惯用象征手法,后世又奉他为俄国象征主义的鼻祖。

春天的雷雨

丘特切夫

我爱那五月初的雷雨,
那春天的第一声雷鸣,
它像是跳跃着游玩戏耍,
隆隆声响遍蔚蓝的天空。

青春的雷声轰鸣着,
骤雨初下,尘土飞扬,
雨点像珠串挂在天空,
阳光把雨丝镀成金黄。

山间泻下奔腾的小溪,
林中的小鸟鸣啭不停,
树林的喧哗、山谷的沸腾——
一起应和着那欢快的雷声。

你会说：那是轻佻的赫柏[1]，

一面喂着宙斯的雄鹰，

一面擎起鼎沸的酒杯，

微笑着洒下万钧雷霆。

1828 （野里 译）

丘特切夫的《春天的雷雨》，在俄罗斯可以说是家喻户晓，无论大人和孩子，都非常爱读这首诗。在出版诗选和诗集时，凡涉及丘特切夫的作品，《春天的雷雨》总是在必收之列。那么，这短短的十六行诗，何以对人们产生如此大的吸引力呢？简单说，就是诗人把春天的雷和雨写活了！在诗人的笔下，春天的雷雨是那么亲切感人，那么令人振奋。诗人不仅让你感觉到雷雨的存在，还让你看得见它的形态，听得着它的声响。诗的开头，读着诗人那满怀激情的呼唤"我爱那五月初的雷雨，那春天的第一声雷鸣"，我们仿佛已置身于蓝天之下，听到了滚滚而来又渐渐远去的雷声。在这里，诗人用"跳跃着游玩戏耍"来形容雷声由远及近，又由近及远的情景，真是再贴切不过了。在我们的听觉中雷声尚未消失时，仿佛又看到大雨骤然而下，扬起了大地上的尘土；金色的阳光把雨丝照得黄灿灿的，就像金丝织就的雨帘，挂满天空。置身于这样美妙的自然景观之中的人，心情怎能不激动呢？但诗人没有马上写人心的激动，而是写雷声和骤雨使沉睡的大地复活了：小溪奔流，小鸟歌唱，树林和山谷开始沸腾。地上复苏的声响应和着天上隆隆的雷声，使大自然呈现着一派生机盎然的气象，告诉人们，春天来临了。在这里，诗人充分调动了人的听觉和视觉，让听觉形象和视觉形象不断交错变换，从而完整地把春天的雷雨带给大地和人类的一切展现无遗。而听觉和视觉又自然地引起人的心灵感应，让大自然的景色和人类的情感水乳交融。读到这里，我们似乎开始步入诗的意

---

[1] 赫柏，青春女神。她是宙斯和赫拉的女儿，在奥林匹斯山侍候诸神，为他们斟酒。她经常被描绘成一个头戴花冠、手持金杯的少女，有时又被描绘成在喂宙斯的鹰。

境，诗人让我们感觉到、看得见、听得着的不单单是春天雷雨的形象，还有春天的形象、青春的形象。雷雨就是生命力旺盛的象征。这一切，就像一股自然之风，吹拂着你的心灵，不仅令你觉得亲切，而且让你觉得新鲜。你会由衷地体会到，诗人在告诉我们，雷雨带来了春天，你要珍惜它。因为春天是更新和创造的季节，是给你带来新的希望、新的起点、新的追求的季节。不仅要珍惜自然界的春天，还要珍惜生命的春天！

诗的最后一节，不仅把诗推向了一个新奇的境界，而且还大大增强了诗歌意蕴的广度和力度。在希腊人看来，能进入赫柏庙的人，就能获得自由。赫柏不仅象征着青春，而且还和自由是一对姊妹。赫柏献给诸神的是欢快无比、永葆青春的美满。诗人在这里，借赫柏从天上洒下的美酒，喻大自然赋予人类的最大喜悦，最珍爱的力量的源泉。这一节诗，不仅给全诗蒙上了一层神话色彩，还把雷雨、春天、青春、自由融为一体，在带给你一种别样的诗韵外，还把一种哲理意蕴久久地留在你的心头，令人咀嚼不尽。

（连铗）

最后的爱情
丘特切夫

啊，在我们迟暮残年的时候，
我们会爱得多痴迷，多温柔……
行将告别的光辉，亮吧！亮吧！
你最后的爱情，黄昏的彩霞！

夜影已遮暗了大半个天空，
只有在西方，还有余晖浮动；
稍待吧，稍待吧，黄昏的时光，
停一下，停一下，迷人的光芒！

尽管血管里的血要枯干，

>   然而内心的柔情没有稍减……
>   哦，最后的爱情啊！你的游荡
>   竟如此幸福，而又如此绝望！
>
> 1852—1854　（穆旦　译）

这是丘特切夫最著名的爱情诗《杰尼西耶娃组诗》中的核心之作。《杰尼西耶娃组诗》共有22首，创作于1850—1868年之间。

杰尼西耶娃是诗人的两个女儿就学的那所学院院长的侄女。1850年，50岁的丘特切夫和24岁的杰尼西耶娃一见钟情。这段爱情保持了十四年之久，直到1864年杰尼西耶娃逝世。在这期间，诗人和她组织了另一个家庭，生有三个子女。这件事却召来了当时社会的非议和宫廷的不满，而舆论的压力又大部分落在了女方的头上。虽然双方都很痛苦，尤其诗人深感内疚，但他们的爱情却没有因此而稍减。诗人正是在这种特定的遭遇和心境中，写下了俄国诗歌史上最杰出的爱情组诗。诗人在创作时，主要是想对自己的情感做一番审查和记录，并没有意识到是在写情诗。大概正是出于这种内心感情的自然流露，使这组诗更富有现实心理刻画的深度和对社会的控诉，与他早期的爱情诗相比，具有明显的不同。其内容，似乎更接近于俄国现实主义的社会心理小说。组诗把诗人心中深沉而真挚的情感和清醒而冷静的理性交融一体，令人震颤，也给人以启迪。

《最后的爱情》正是这一组诗的点题之笔。在这有限的十二行诗中，却以无限的容量极为深刻和形象地把诗人对爱的理解、对爱的渴望、对爱的忠诚，把爱给人带来的幸福和欢快、忧伤和绝望都融汇其中，几乎写尽了人世间爱情的酸甜苦辣。这巨大的容量不仅把组诗推向了高峰，而且使这首诗成为爱情诗的王国里的又一曲绝唱。大概正是出于这一原因，此后十年诗人没有再续写这组诗；再一次动笔已是杰尼西耶娃逝世后的1864年。诗人写这首诗的时候，已与杰尼西耶娃相爱了两三年，他自己也已过了知天命之年。他们既尝尽了相聚的幸福，也看惯了社会上投来的冷眼。诗人在这里用"最后的爱情"为题，是颇具深意的。他的希望与此相反，他希望爱情不会有"最后"之说，希望爱情不会像黄昏的霞光一闪而过，希望此爱绵绵无绝期……诗人正是以这种最忠诚的态度来看待爱情的。他深信："尽管血管里的血要枯干，然而内心的柔情没有稍减。"在这里，诗人把"黄昏的彩霞"和"最后的爱情"交错对照，正是要告诉人们，自然界的霞光会消失，但爱情却永远不会灭亡。

(连铁)

莱蒙托夫 (12首)

米哈依尔·尤里耶维奇·莱蒙托夫（Михаил Юрьевич Лермонтов，1814—1841），俄国诗人。1825年十二月党人遭到沙皇尼古拉一世镇压后，他的诗歌像一把火，燃明了整个黑暗王国，照亮了当代人和后世子孙们的心灵。

1814年10月2日，诗人出生在莫斯科的一个退休军官家里。三岁丧母，长年在外祖母的地主庄园里生活，受到优越的教育，通晓德、英、法三国外语。在这里他目睹了地主虐待农奴的人间不平，养成了孤僻自傲的性格和耽于幻想的癖好。

1827年末，莱蒙托夫随外祖母从塔尔汗迁居莫斯科，1828年入莫斯科大学附设贵族寄宿中学读书，并开始写诗。1830年秋，入莫斯科大学，但因参与了驱逐反动教授的学潮，于1832年11月不得不辍学。又迁到彼得堡，入彼得堡近卫军士官学校。在贵族寄宿中学和莫斯科大学学习的四五年间，诗人写下了近300首抒情诗、16首长诗和3个剧本。莱蒙托夫的创作可分成两个时期：青少年时期（1828—1836）和成熟时期（1837—1841）。事实上，早在第一时期内，就有不少作品，如抒情诗《帆》、长诗《贵族奥尔沙》（1835—1836）、诗剧《假面舞会》（1835—1836）等，都已达到成熟的水准。他最主要的代表作长诗《恶魔》也是第一时期就已开始不断创作的。

1837年1月27日，伟大的俄国文学奠基人普希金在决斗中遭杀害，沙皇当局和上流社会的狰狞面目震惊、震怒了莱蒙托夫。他奋笔疾书，写下了"俄国诗歌中最有力的诗(高尔基语)"《诗人之死》这一不朽名篇。诗人把自己公开摆在沙皇当局和上流社会的敌对位置上,一方面赢得了人民的爱戴,另一方面却遭到了沙皇政府的逮捕和放逐。沙皇妄图借高加索山民之手结果诗人,把他派往镇压山民的前线参战。在高加索,他写下了以古讽今的著名长诗《卡拉希尼科夫之歌》,歌颂了不畏强暴,挺身维护正义与尊严的高尚精神。1838年4月,经过外祖母的奔走和诗人茹科夫斯基的斡旋,莱蒙托夫重返彼得堡原部队。1840年2月,因所写《一月一日》触怒了上流社会,被迫与法国公使的儿子巴兰特决斗,后又遭逮捕并被流放到高加索。

1840年4月出版了长篇小说《当代英雄》。该书以出色的心理分析,塑造了19世纪30年代的新的"多余人"形象,同时褒贬了他身上兼有的先进性和致命弱点。

1841年2月回彼得堡,最后完成了寄寓深刻叛逆思想的长诗《恶魔》(1829—1841)。回高加索后,与受上流社会唆使的马尔特诺夫发生冲突,1841年7月27日在决斗中被害。

乞 丐

莱蒙托夫

在那圣洁的修道院门前,
有一个乞讨施舍的穷汉,
他瘦骨嶙峋,气息奄奄,
受尽了饥渴,备尝苦难。

他只不过乞求一块面包,
却露出无比痛苦的眼神,
但有人竟拾起一块石头,
放在他那伸出的掌心。

我也似这样祈求你的爱,

满怀惆怅,泪流满面;
我的那些美好的情感,
像这样永远为你所骗!

1830　（顾蕴璞　译）

　　这是一首即兴赠诗。一天,莱蒙托夫、苏什科娃以及几个青年,结伴步行到一所修道院去玩。修道院门口有个盲乞丐,听到他们几人扔给他的铜币后说道:"善良的人们,上帝给你们赐福!不久前,也有一些老爷到这里来,是年青人,调皮鬼,他们捉弄我,在我杯子里装满了石块。"莱蒙托夫有感于乞丐的话,在从修道院回家途中,仅用在小饭馆等候吃饭的片刻工夫就写成了此诗,并立即赠给了苏什科娃。

　　这首短短十二行、用十几分钟急就成章的小诗,却具有巨大的内涵容量。首先,它是一首爱情诗,抒发了因失恋而滋生的淡淡的惆怅,诉说了他当时的心上人苏什科娃对他的一片痴情不是酬以真情,而是报以假意,使得他产生一种莫名的失落感。其次,这又是一首哲理抒情诗。诗人从乞丐的遭遇和他自身的经历中引出了共同的更为深刻的哲理:真心往往受假意的欺骗,轻信是愚蠢而又可以原谅的行为。

　　诗人采用了比较两个意象的手法,从乞丐的"乞求一块面包"到抒情主人公的"祈求你的爱",从乞丐的"无比痛苦的眼神"到抒情主人公的"满怀惆怅,泪流满面",只消"我也似这样"这几个字的轻轻一拨,便相互融为一体了,同时还留给了读者广阔的想象空间:乞丐物质上的饥渴需要善人雪中送炭式的施舍;抒情主人公感情上的饥渴也需要恋人早降甘霖似的情意。可是乞丐受骗了,诗人也受骗了。是乞丐不值得可怜吗,不是的;是诗人不值得人爱吗,也不是。那么是因为什么呢?那自然是因为施舍者的伪善和恋人的轻佻。

　　我们不难看出,与其说诗人是在这首诗中表白爱情,不如说他是在诗中捍卫纯真的爱情,捍卫爱的权利,戏谑的比喻寓含着严肃的主题。

（顾蕴璞）

我要生活!我要悲哀……
莱蒙托夫

我要生活!我要悲哀,
抛却恋爱和幸福的情怀;
热恋和幸福使我玩物丧志,
把我额上的皱纹舒展开。
如今该让上流社会的嘲笑
驱散我心中宁静的雾霭,
没有痛苦岂是诗人的生涯?
缺了风暴怎算澎湃的大海?
诗人要用痛苦的代价去生活,
要用苦苦的焦虑把生活换来,
他想要买取天国的歌声,
他不愿坐享荣誉的光彩。

1832　　（顾蕴璞 译）

这是一首哲理抒情诗。它用诗的旋律对诗和诗人的本质进行了哲理的思考。人们凭常识都能懂得:诗是有缺陷的人生之窗所透射出来的最迷人的理想之光。莱蒙托夫不但谙熟这一真理,而且使它升华成了诗:"我要生活!我要悲哀……"是的,诗人离不开生活,也就离不开悲哀。因为生活不能没有理想,而理想的实现,在现实的条件下,尤其是在尼古拉一世治下的俄国必然要遭受种种磨难,酿成种种悲剧。因此,一个面对厄运而不感到悲哀的人是说不上懂得生活的,也是不配领受诗人的崇高称号的。然而,莱蒙托夫没有简单地重复"悲愤出诗人"的老生常谈,而有着他独特的视角和自己的诗感,所以才写得出如此饱含哲理而又充满新意的诗句,使人不仅受到思想的启迪,也获得情操的陶冶和美的享受。

诗人一反常情,把悲哀置于恋爱和幸福之上。为了悲哀,他要"抛却恋爱和幸福的情怀",因为它们会把他额上的皱纹舒展开。当然,并不是诗人不珍视恋爱和幸福的价值,而是上流社会的嘲笑,早把他心中宁静的雾霭一扫而光了。痛苦的时代,没有真正的恋爱和幸福可言,连他笔下的"帆"也在祈求风暴,"仿佛风暴里才有宁静",更何况是充当人民喉舌的诗人了。所以他喊出了"没有痛苦岂是诗人的生涯?缺了风暴怎算澎湃的大海"的时代最强音。诗人决心要伴随悲哀生活,誓要追随那些以悲哀换取生活的真正价值的先驱者们:因写了《自由颂》而被判处死刑的拉吉舍夫;因写了《智慧的痛苦》而惨死在国外的格里鲍耶多夫;为反对专制制度而被绞死在广场上的十二月党人……学习他们用生命的代价"买取天国的歌声"。从创作实践看,诗人从一开始所写的诗篇,不是呻吟悲哀的现实(如《独白》),就是在等候悲哀的未来(如《不,我不是拜伦,是另一个……》),"我要生活!我要悲哀"也是莱蒙托夫一生创作活动的写照。

(顾蕴璞)

帆

莱蒙托夫

蔚蓝的海面雾霭茫茫,
孤独的帆儿闪着白光!……
它到遥远的异地找什么?
它把什么离弃在故乡?……

呼啸的海风翻卷着波浪,
桅樯弓着腰在嘎吱作响……
唉!它不是在寻找幸福[1],
也不是逃离幸福[2]而飘荡!

下面是比蓝天清澈的碧流,

---

[1] 这里所谓幸福,是指世俗概念中的幸福。
[2] 对它既不寻找,也不逃避,是指处于一种对现状已经厌倦,但还未彻底决裂的彷徨状态。

上面泼洒着金灿灿的阳光……

不安分的帆儿却祈求风暴,

仿佛风暴里才有宁静之港。

1832　（顾蕴璞　译）

在莱蒙托夫的诗歌宝库中,《帆》说得上是一篇闪着异彩的杰作,不但在其早期诗作中冠压群芳,而且在他全部创作中以至在整个俄罗斯诗歌史上也都堪称不可多得的佳篇。著名作曲家华尔拉莫夫还把它谱成了一首抒情名歌。

《帆》是物化了情思的咏物诗。诗人以飘零在茫茫大海上的一叶孤帆,暗示了他因在莫斯科大学驱逐反动教授而被迫迁到彼得堡后的孤独苦闷的心绪。和帆一样,诗人也漂浮在尘世的茫茫海洋之上,迷雾遮蔽了他的前程,风浪激发他去抗争,连红日和碧流都不能给他的心灵以宁静,他只有寄希望于风暴。在追求中彷徨,在彷徨中追求,这是帆的脾性,也是抒情主人公的心态。

本诗意象丰美、跳跃,而且富有浪漫色彩。孤傲不群的性格在相互反衬的物象中显现出来:大海与孤帆、异地与故乡、寻找与逃离、红日与碧流、风暴与宁静……根据想象的逻辑,由三个蒙太奇镜头(一个诗节包含一个镜头)组接而成。这三个镜头摄自气候互异的海空,彼此之间呈现出明显的跳跃,但正是由不同的拍摄角度才能组接成一个完整的帆的形象。第一个镜头是一幅"雾海孤帆"图,传达的是天涯游子的迷惘感。他在这茫茫海面之上,想追求,但不知该追求什么;欲回望,但又有什么值得留恋呢? 第二个镜头是一张"怒海风帆"画,传达的是顶风冒浪的紧迫感,汹涌的波涛反衬着起伏的心潮。但是帆儿令人不解的是,既不在寻找幸福,也没有逃离幸福。它一定是在寻找别的什么吧,但到底是什么呢? 第三个镜头则描绘了"晴海怪帆"的情景,传达的是一种逆反感。风平浪静,丽日碧流,可是帆儿却在祈求风暴。噢! 原来,只有在风暴里它才寻找得到宁静之港。丽日碧流、风平浪静的宁静不过是虚假的宁静。正如尼古拉一世专制统治下上流社会的歌舞升平一样,必须用风暴打破这个假象,才能真正找到自然界和心灵世界的宁静境界。这就是《帆》的象征意蕴。

  诗的结构极为严谨,除三个诗节均为一、二行写景,三、四行抒情外,各诗节的最后两行节节相扣,围绕一个帆的价值取向的问题。第一诗节设问"寻找什么";第二诗节否定地为设问作答:不是在寻找幸福,也没有逃离幸福;第三诗节则从正面为设问作答:帆儿寻找的是风暴,因为风暴才孕育着宁静,这才是它所要追求的真正的幸福。

(顾蕴璞)

祈 祷
莱蒙托夫

圣母啊,我如今向你祈祷,
对着你的圣容和你的光轮,
不求你拯救,不为战事祝祷,
不向你忏悔,也不对你谢恩。

我祈祷,更不为我这空寂的灵魂,
不为我这个飘零者的受苦的心;
我要把一个纯真无邪的少女,
交给冷漠尘世中热情的保护人。

请把幸福赐给受之无愧的心,
让体贴入微的人们伴她终生,
让她那善良的心灵有所希冀,
享受青春的光辉和暮年的宁静。

待到辞别尘世的时刻来临,
无论是沉寂的夜晚或喧闹的清晨——
求你派一名最最圣洁的天使,

到病榻前引接她那美好的灵魂。

1837　　（顾蕴璞　译）

　　这首爱情诗是莱蒙托夫爱情诗中最感人的一首代表作,也是俄罗斯爱情诗宝库中的一颗明珠。苏联著名诗人纳罗夫恰托夫称它为"爱情诗的杰作",恐怕不是没有根据的。一般爱情诗的名篇,大都是写初恋、热恋或失恋的。那一见倾心的爱慕,那如醉似痴的狂恋,那丢魂失魄的失恋,都是比较容易加以抒发的。唯独那恨不相爱未嫁时或绿叶成荫子满枝的错失而难断的恋情,看似平淡,实则深沉、细腻而复杂,令人难以把握,写成好诗就更难了。

　　这首诗的感人处在于它是一幕恋爱悲剧的余韵,字里行间处处洋溢着悲剧美。莱蒙托夫和这首诗的赠献对象洛普欣娜,是一对真诚相恋、有情而终未成眷属的恋人。洛普欣娜是位聪颖、活泼而又富于想象的姑娘,莱蒙托夫在1831年和她一见钟情。但因诗人为前程奔忙,错过了进一步向她求爱的时机,以致她于1835年在家庭的压力下嫁给了一个她所不爱的中年男子,后来郁郁寡欢而过早地离开了人世。这首诗所创造的,正是诗人在恋爱悲剧酿成后,克制了自己内心的痛楚,无私地抚慰对方受创的心灵的意境。

　　莱蒙托夫虽有过几次恋爱的经历,但对洛普欣娜的爱最为深沉,可以说是至死不渝。这种爱像水晶一般纯净,像松柏那样常青,没有留下半点庸俗的痕迹,没有蒙上一粒自私的尘埃。他的情不是燃自索取的欲望,而是发自奉献的爱心。这种爱是那样强烈和纯洁,使他对她的相思之苦反而变得淡漠,只使他想起一切与她有关的美好祝愿,而且使这些心愿成了他向上帝低诉的心曲,使这些祝愿成了一首真正的诗。 （顾蕴璞）

沉　思

莱蒙托夫

我悲哀地望着我们这一代人!

那前途不是黯淡就是缥缈,

对人生求索而又不解有如重担,
定将压得人在碌碌无为中衰老。
我们刚跨出摇篮就足足地占有
祖先的过错和他们迟开的心窍,
人生令人厌烦,好像他人的喜筵,
如在一条平坦的茫茫旅途上奔跑。
真可耻,我们对善恶都无动于衷,
不抗争,初登人生舞台就退下来,
我们临危怯懦,实在令人羞愧,
在权势面前却是一群可鄙的奴才。
恰似一只早熟且已干瘪的野果……
不能开胃养人,也不能悦目赏心,
在鲜花丛中像个举目无亲的异乡客,
群芳争艳的节令已是萎落的时辰!

我们为无用的学问把心智耗尽,
却还嫉妒地瞒着自己的亲朋,
不肯倾吐出内心的美好希望
和那受怀疑嘲笑的高尚激情。
我们的嘴刚刚挨着享受之杯,
但我们未能珍惜青春的力量,
虽然怕厌腻,但从每次欢乐中
我们总一劳永逸地吸吮琼浆。

诗歌的联翩浮想,艺术的件件珍品,
凭醉人的激情也敲不开我们心房;
我们拼命想保住心中仅剩的感情——
被吝啬之情掩埋了的无用的宝藏。
偶尔我们也爱,偶尔我们也恨,

但无论为爱或憎都不肯作为牺牲,
每当一团烈火在血管里熊熊燃烧,
总有一股莫名的寒气主宰着心灵。
我们已厌烦祖先那豪华的欢娱,
厌烦他们那诚挚而天真的放浪;
未尝幸福和荣誉就匆匆奔向坟墓,
我们还带着嘲笑的神情频频回望。

我们这群忧郁而将被遗忘的人啊,
就将销声匿迹地从人世间走过,
没有给后世留下一点有用的思想,
没有留下一部由天才撰写的著作。
我们的子孙将以法官和公民的铁面,
用鄙夷的诗篇凌辱我们的尸骨,
他们还要像一个受了骗的儿子,
对倾家荡产的父亲尖刻地挖苦。

1838　　（顾蕴璞　译）

　　这是一首被俄国著名的文学评论家别林斯基誉为莱蒙托夫的"纲领性的诗"的抒情名篇,对俄国的社会进步产生过深远的影响,列宁在与立宪民主党人的斗争中也曾引用过此诗。

　　如果说,《诗人之死》抒发了莱蒙托夫因目睹沙皇尼古拉一世的暗夜殒灭了俄罗斯的文化巨星所产生的悲愤之情,悲天才之死、愤权贵之恶,那么,《沉思》则以惊人的洞察力和醒世的语言,尖锐地剖析了同时代人在黑暗王国里所形成的可悲心态,哀其不幸,怒其不争。这首诗与其说是用语言,倒不如说是用鲜血写成的。诗人不是站在同时代人之外,而是以同时代人普通一员的身份,忍着切肤之痛抚摸心灵深处所残留的累累伤痕。这真是如别林斯基所说:"是一个认为缺乏内心生活比最可怕的肉体死亡还要难受千万倍的人的哀号、呻吟!"

全诗共分四个部分,由四个诗节自然地合成。第一部分勾画了当代贵族知识青年的迷惘、厌倦、麻木、懦弱的神情;第二部分描绘了他们对待生活的矛盾心态;第三部分剖析了他们那被苦涩的生活冷却了的心灵;第四部分是对他们在后人心目中的地位的展望。

诗的开头就意味深长地吟出一句"我悲哀地望着我们这一代人!"同时代人的悲剧处境使诗人油然而生悲凉的感情。诗人先从他们的前途说起,断言他们的前途"不是黯淡就是缥缈",这是说大多数青年都只有期待黯淡的前途的义务,而对少数不甘寂寞的青年来说,至多也只有驰骋想象的权利,尝一尝可望而不可即的前程的滋味。这种可悲的社会处境令他们感到困惑莫解。于是,他们想通过对人生意义的求索来解谜,但这种徒劳的求索像个重担,压得他们在碌碌无为中衰老了。这是一幅多么悲凉的画面啊!这样一种志不得伸、才不得展的社会氛围怎能使血气方刚的青年不对生活感到厌倦呢?诗人在这里用了一连串发人深省的新颖比喻,惟妙惟肖地刻画了他们那可恼可悲的形象。如他们把人生视若"他人的喜筵",无论多么丰盛,都不是自己的。又如说他们的人生好似"平坦的茫茫旅途",单调乏味,漫无目标,不知何时能了。更为精彩的是诗人把他们比作"一只早熟且已干瘪的野果",早熟意味着逆境的催逼,"干瘪"是摧残的恶果,"野果"暗示他们是自生自灭的多余人。

接着,诗人用精神分析法剖析了当代人在悲剧处境下的矛盾心态:一方面苦苦地探求画饼充饥的学问,另一方面,又默默地把真理埋在心底,不敢让它在生活中成为物质的力量;一方面他们难得接触享受之杯,另一方面又在一旦接触时频频碰杯,便不惜取自己的青春;一方面自恃清高,似乎想保持对物欲的厌腻,另一方面在琼浆面前迫不及待,无所顾忌。这里所刻画的性格线条,正是作者在《当代英雄》中所塑造的多余人形象的心理特征:很高的天分使他一眼望穿生活的空虚和无聊,但过剩的精力又使他在无聊中排遣心灵的空虚。

冷峻的人生必然要结出冷峻的心灵苦果。当代人对一切都厌倦了,冷淡了，绝望了，即使诗歌的灵感和艺术的珍品也难敲开他们的心房。甚至当烈火在血管里熊熊燃烧的时候，心头也总是同时被一股莫名的寒气笼罩着。他们不但厌烦自己所过的生活，连祖先们那"诚挚而天真的放浪"也使他们感到厌倦。他们还来不及尝到人生的乐趣就匆匆走向坟墓。那张张虚度了年华的脸上露出了一缕苦笑，这苦笑发自一颗颗冷却了的心。

诗人以悲哀的心情望着他们这一代人的现在，更以悲哀的心情望着他们的未来。不难设想，他们即将无声无息地走过这苦涩的人世，在人们心目中立刻销声匿迹。但是，果真能无影无踪地从人世消失，倒也罢了，后辈子孙却不会让他们的灵魂得到一时一刻的安宁。他们将以法官和公民的铁面无私精神，用奚落的诗行对他们百般嘲弄，尽情挖苦，认定他们是欺骗了子孙们对他们所怀有的厚望，愧对了光荣祖先给他们所留下的遗愿，倾家荡产地毁尽了祖先留下的遗产。

这首诗既是政治诗，又是抒情诗；既是讽刺诗，又是哀歌。手法上直抒胸臆，但并不直露，使人读后有愁肠百转、痛定思痛之感。 （顾蕴璞）

诗人之死 [1]

莱蒙托夫

诗人死了，这荣誉[2]的俘虏！

他受尽流言蜚语的中伤，

---

[1] 1975年以前的版本有引自法国诗人罗特鲁的悲剧《温采斯拉》的几行题词：
　　复仇啊，国王，要复仇，
　　我俯伏在你的足前，
　　求你主持正义，把凶手惩办，
　　好让他的死刑在未来世代，
　　向后人昭示你的公正裁判，
　　好让恶徒们看到前车之鉴。
现已查明，这不是诗人所引，而是在流传过程中，好心人为避沙皇耳目而添加的。

[2] "荣誉"俄语是честь，不仅指名誉，还可以指人格与尊严，这里一语双关，内涵丰富。

胸饮了铅弹,渴望着复仇,
垂下了高傲的头颅身亡!……
诗人的这颗心已无法忍受
那琐碎的凌辱带来的耻羞,
他挺身对抗上流社会的舆论了,
还是单枪匹马……被杀害了!
被杀害了!……而今谁要这嚎哭,
这空洞无用的恭维的合唱,
这嘟嘟囔囔的无力的剖白!
命运正做出它的宣判!
难道不正是你们这伙人
先磨灭他才气横溢的锋芒,
然后为了让自己取乐解闷,
把他强压心头的怒火扇旺?
好啦,你们可以高兴了……
他已受不了那最后的磨难;
熄灭了,这盏天才的明灯,
凋零了,这顶绚丽的花冠。

凶手[1]漠然地瞄准他放枪……
此刻连搭救都没有希望:
那空虚的心平静地跳着,
他手中的枪竟没有抖颤。
有什么可怪?……命运把他
从远方抛向我们的祖邦,
让他来猎取高官厚禄,

---

[1] 指杀死普希金的法国保皇党人丹特士,法国七月革命后,他逃亡到俄国。

如同千百个逃亡者那样。
他常放肆地蔑视和嘲笑
这个异国的语言和风尚。
他哪能珍惜我们的荣耀,
他怎知在这血腥的一瞬,
对准了谁举起手放枪……

他被杀害了——被坟墓夺走,
像那位经他用妙笔赞美过的
不为人知但很可爱的诗人[1],
就是那妒火难熄的牺牲品,
也像他在无情的手下殒命。
为什么抛却适情逸趣和纯朴友谊,
他要跨进这窒息幻想和激情的
　妒贤嫉能的上流社会的门槛?
既然他年轻时就已能洞悉人世,
为什么还同中伤他的小人握手言欢,
　为什么听信虚情假意和巧语花言?
他们摘去他先前佩戴的花冠,
把满插月桂的荆冠给他戴上,
　　但一根根暗藏着的棘针,
　　把他好端端的前额刺伤;
那帮专好嘲笑的愚妄之徒,
以窃窃的恶语玷污他弥留的时光,
他死了——空怀着雪耻的遗愿,

---

[1] 指普希金的诗体小说《叶甫盖尼·奥涅金》中的主人公之一连斯基,他在决斗中被奥涅金击毙。

带着希望落空后的隐隐懊丧。

　　美妙的歌声从此沉寂了,
　　它再也不会到处传扬,
　　诗人的栖身之所阴森而狭小,
　　他的嘴角打上了封闭的印章。

你们这帮以卑鄙著称的
先人们不可一世的子孙,
把受命运奚落的残存的世族
用奴才的脚掌恣意踩躏!
你们,蜂拥在皇座两侧的人,
扼杀自由、天才、荣耀的刽子手,
　　你们藏身在法律的荫庇下,
　　不准许法庭和真理开口……
但堕落的宠儿啊,还有一个神的法庭!
　　有一位严峻的法官等候着你们,
　　他听不进金钱叮当的响声,
　　他早就看穿了你们的勾当与祸心。
到那时你们想中伤也将是枉然,
　　恶意诽谤再也救不了你们,
你们即使倾尽全身的污血,
　　也洗不净诗人正义的血痕!

　　　　　　　　　　　1837　　（顾蕴璞　译）

　　1837年2月10日,俄罗斯新文学的奠基人普希金在与逃亡俄国的法国保皇党徒丹特士的决斗后死于非命。这场决斗实际上是上流社会对普希金的侮辱所酿成的恶果,官方舆论千方百计地掩盖诗人之死的真相。莱蒙托夫出于对伟大诗人的热爱和对沙皇尼古拉一世黑暗统治的义愤,写下了这首不朽名诗:痛揭诗人之死的谜,猛追凶手的宫中后台,在十二月党人失败后,头一个喊出了与沙皇抗争的人民心声。这首重量过千钧、锋利如匕首的悼亡诗,震动了整个俄罗斯,上流社会和沙皇尼古拉一世则恨之入骨。于是,莱蒙托夫从此连遭囚禁和流放,直至四年之后自己也和普希金一样,惨死于上流社会暗中设置的决斗圈套,也为歌唱自由而献出自己年轻的生命。

这是一首充满了艺术美的政论诗。说它是政论诗,是因为作者借普希金之死用诗的形式猛烈抨击了沙皇尼古拉一世的专制统治。说它充满艺术美,是因为诗人是用艺术的眼光对现实进行观照,用诗寻找到了光与火:从普希金的不幸遇害看出整个沙皇专制大厦即将倾颓的希望之光,从诗人内心喷射出了挞伐假恶丑的愤怒之火。诗人为寻找光与火所运用的意象丰美的一切艺术手段也都是美的。在这里,作为诗的灵魂的思想主题和作为诗的载体的艺术形式得到了和谐的统一。

全诗结构严谨,层次分明,基本上按自然段分成四个部分。第一部分(从开头到"凋零了,这顶绚丽的花冠")痛悼普希金之死,第二部分(从"凶手漠然地瞄准他放枪……"到"对准了谁举起手放枪……")怒斥凶手,第三部分(从"他被杀害了——被坟墓夺走"至"他的嘴角打上了封闭的印章")反思诗人之死的悲剧,第四部分(即诗人在听到上流社会百般为凶手开脱时忍无可忍而添写的最后16行)痛揭凶手后台,直捣沙皇宝座的两侧,从而彻底地揭开了诗人之死的谜底。读者不禁会惊讶,一首即兴的抒情诗,竟能从不同的视角,层层剥笋式地透视俄罗斯诗歌的太阳的悲剧命运,并把它与笼罩并妄图吞噬它的光芒的阴霾相联系、相映衬:一方面用锋利的诗剑拨开了这一时的乌云,另一方面用抒情的歌喉咏赞了永恒的太阳。无怪乎高尔基要称赞这首诗是"俄国诗中最有力的诗"了。也正由于它如此锋芒毕露,如此爱憎分明,才给它的作者招来了横祸,此诗在经过了十九个年头之后才得以在国外刊物上发表。

本诗的有力,主要不是逻辑的力量,不是靠三段论式的抽象思维模式获得,而是感情的力量,是形象思维所赋予的惊心动魄的功能。别林斯基说过:"诗人是用形象思维的,他不是证明真理,而是展示真理。"既然是展示,就要靠读者自己去领悟,诗人并不给读者做充分的说理,而是往往在展示的同时给读者留下想象的空间,给诗造成了空白美。例如,诗一开头,就说"诗人死了,这荣誉的俘虏!"显然作者是在暗示读者,诗人的死,和他成了荣誉的俘虏是密切相关的。但是荣誉一词的含义却是多元的,对它的理解可以有弹性。一方面,可以指人民的荣誉,祖国的荣誉,就是说,他是为了人民的、祖国的荣誉(对手是法国逃亡者)而中弹身亡的,他是祖国利益的殉难者。但另一方面,本诗的悲愤情调又向读者充分地暗示:诗人是为了自身的荣誉,即捍卫自己的人格与尊严才中了上流社会毒设的决斗奸计的,他是骗局的受害者。这层含义更具揭露性、反叛性和悲剧性,对全诗的主题起着画龙点睛的神奇作用,但只有靠读者审美活动去开掘。莱蒙托夫在痛悼诗人之死时对上流社会的凶残与虚伪是通过浪漫主义的反衬笔法来揭露的,含蓄而深刻。如他在第一部分中把诗人的死和一些人的哭、捧、装并列在一起;把磨灭诗人的才华与扇旺诗人的怒火并列在一起,便使得凶手及其支持者们毒设圈套的真面目不点自破。此外,在第三部分反思诗人之死的悲剧性质时,莱蒙托夫也成功地运用了揭示矛盾的心理分析法:普希金一方面早就洞悉人世,另一方面在被害前又善恶不辨。这样,上流社会虚伪的可恨和对上流社会轻信的可悲便交融在一起了。全诗充满了悲愤的情调,悲的是伟大的民族诗人之死,愤的是把诗人置于死地的尼古拉一世的黑暗统治。诗人悲与愤的交加来自爱与恨的交织。爱与恨,是贯穿莱蒙托夫全部作品的感情电源的正极和负极。对俄罗斯的爱,对天才的爱,对自由的爱,对荣誉的爱,萌生了俄罗斯失去天才的悲哀;而对沙皇的恨,对奴役的恨,对专制制度的恨,对上流社会的恨,则激发起对造成普希金不幸早逝的种种根源的愤怒。正如有爱才有恨、有恨才有爱一样,有了悲才会有愤,有了愤才会有悲。有悲而无愤,就会悲悲切切;而有悲且愤,就能化悲痛为复仇的力量,唱出向刽子手讨还血债的人民心声和时代强音:

你们即使倾尽全身的污血,
也洗不净诗人正义的血痕!

(顾蕴璞)

云

莱蒙托夫

天上的行云,永不停留的漂泊者!
你们像珍珠串飘挂在碧空之上,
仿佛和我一样是被逐放的流囚,
从可爱的北国匆匆发配南疆。

是谁把你们驱赶:命运的裁判?
暗中的嫉妒,还是公然的怨望?
莫非是罪行压在你们头上,
还是朋友对你们恶意地中伤?

不,是贫瘠的田野令你们厌倦……
热情和痛苦都不关你们的痛痒;
永远冷冷漠漠,自由自在啊,
你们没有祖国,也没有流放。

1840　　(顾蕴璞　译)

莱蒙托夫于1840年因冒犯了宫廷和上流社会而再次被流放到高加索。他动身前,朋友们在卡拉姆辛家聚会为他送行。诗人仰望涅瓦河上空的流云,有感于个人的命运而成诗。

像寄情于大海的孤帆的《帆》和托意于天空的飞鸟的《心愿》等咏物言志的抒情诗一样,莱蒙托夫的这首《云》,以南去的飞云的匆匆行色,物化诗人自身命运的多艰;通过对云的遭遇的层层诘问,抒发诗人内心的深深忧虑。全诗共分三个诗节:第一诗节描绘云的形象,第二诗节对云设问,第三诗节替云作答,写得层次分明,结构严谨,意境幽深,使读者分不清何者是我,何者是云,给人以我中有云、云中有我的扑朔迷离的境界。

第一诗节里呈现的是一幅碧空云移的动态画。诗人站在卡拉姆辛家的窗前,望见头上万里碧空之中,白云像珍珠串似的一朵接着一朵,由北向南绵延不绝地飘荡而去。这种景色很自然地使诗人联想到包括他自己在内的政治流放犯,正被沙皇当局一个接一个地从彼得堡发配到高加索去。这一比喻不但贴切,而且自然。

第二诗节内集中了一连串有关云(也就是有关诗人自己)的设问,如射向敌人的一发发炮弹,百发百中了目标。是命运的作弄?是遭人的忌恨?是欲加之罪?是朋友的中伤?都像是的。这是莱蒙托夫继承普希金和十二月党人未竟的事业过程中必经的坎坷和磨难,特别是因和法国公使的儿子巴兰特决斗而招致的被捕和流放。这也就暗示了本诗的政治背景。

第三诗节由诗人的笔锋突兀地一转,前一诗节中关于诗人与云相同的联想,便转化成相异的对比,使得诗人的苦闷进一步深化:诗人虽和云命运相似,但云毕竟是物不是人,它和热情与痛苦都毫不相干,它生性冷漠,不受感情的约束,它没有祖国,也就无所谓流放。可是,诗人既像行云那样到处漂流,又须承受行云所无法体尝的离乡背井的苦楚。

(顾蕴璞)

祖 国

莱蒙托夫

我爱祖国,是一种奇异的爱!
连我的理智也无法把它战胜。
无论是那用鲜血换来的光荣,
无论是那以愚信自豪[1]的平静,

---

[1] 指百姓以对沙皇的无限信任而自豪。

无论是那远古的珍贵传说[1],
都唤不起我心中欢快的憧憬。

但是我爱(自己也不知为什么):
她那冷漠不语的茫茫草原,
她那迎风摇曳的无边森林,
她那宛如大海的春潮漫江……
我爱驾马车沿乡村小道飞奔,
用迟疑不决的目光把夜幕刺穿,
见路旁凄凉村落中明灭的灯火,
不禁要为宿夜的地方频频嗟叹;

　　我爱那谷茬焚烧后的袅袅轻烟
　　我爱那草原上过夜的车队成串,
　　我爱那两棵泛着银光的白桦
　　在苍黄田野间的小丘上呈现。
　　我怀着许多人陌生的欢欣
　　望见那禾堆如山的打谷场,
　　望见盖着谷草的田家茅屋,
　　望见镶着雕花护板的小窗;
　　我愿在节日露重的夜晚,
　　伴着醉醺醺的农夫的闲谈,
　　把那跺脚又吹哨的欢舞,
　　尽情地饱看到更深夜半。

　　　　　　　　　　1841　　(顾蕴璞　译)

　　这首诗是莱蒙托夫祖国主题的总结和升华,也是他对保皇的斯拉夫派所鼓吹的愚忠的正统爱国观念的反叛。诗人在这里宣告,他要用连

---

[1] 指关于沙皇统治的精神支柱之一的东正教的佳话。

自己的理智都无法战胜的"奇异的爱",要用"许多人陌生的欢欣",来爱祖国的山川、森林、沃野和田亩,来爱农民哀中有乐的淳朴生活。

诗人这种祖国观被世人视为"奇异",这在十九世纪三四十年代的俄国是并不奇怪的。首先是因为它一笔勾销了沙皇当局引以为自豪的"用鲜血换来的光荣",也就是沙皇尼古拉一世对十二月党人的狠毒绞杀,对"霍乱暴动"、诺夫哥罗德村民起义等的血腥镇压,对波兰起义的无情扑灭,对高加索的野蛮掠夺等。其次是因为它全盘否定了百姓"以愚信自豪的平静"的心态。再次则是因为它从此不再迷恋东正教的那些古老的珍贵传说了。总之,诗人的视线,从沙皇移向百姓,从愚忠移向觉醒,从"古往"移向"今来"。这就是莱蒙托夫的叛逆精神在祖国主题上所实现的重大突破。

在表现手法上,《祖国》也是独辟蹊径的。它一反浪漫主义空灵虚夸的诗风,改用了严格写实的笔法,如引人注目地采用了铺排(即我国古代文论所说赋、比、兴中的赋)技巧,给人以一种返璞归真的美,一种充满生活气息的美。全诗充分发挥了铺排的艺术感染力,第一诗段一连用了三个"无论",第二诗段一连用了五个"我爱"和三个"望见",像奔流不息的江水,一浪高过一浪,汹涌奔腾,一泻千里,痛快淋漓地把长年累月积淀在诗人胸中的祖国情倾泻无余。对于一个从浪漫主义向现实主义过渡的转折时期的诗人来说,《祖国》正是创作方法过渡的鲜明标志之一。

"我爱祖国",是爱什么样的祖国?是爱沙皇的俄罗斯,还是爱人民的俄罗斯?是爱污浊不堪的上流社会的俄罗斯,还是爱清新美丽的自然界和乡村的俄罗斯?这是全诗明点或暗示的神韵所在。诗人在第一诗段中采用了暗示的手法,说沙皇的武功、人民的恭顺和远古的传说全都唤不起他心中欢快的憧憬。那么到底什么才能唤起他心中的美好憧憬呢?诗人在第二诗段中便点明了他所憧憬的到底是什么,原来就是"那冷漠不语的茫茫草原""迎风摇曳的无边森林""宛如大海的春潮漫江……"这是鸟瞰式的宏观镜头。与此同时,他的诗的"摄像机"还拍摄了不少特写式的微观镜头,诸如乡间小道上的滚滚车轮,凄凉村落中的悠悠灯光,谷茬焚烧后的袅袅轻烟……这一切难道不是俄罗斯农村的典型景色的写照?尤其是那傲然挺立、泛着银光的白桦,自古以来就是俄罗斯的象征。诗人笔下的农村景象有哀也有乐,有凄凉村落中颤抖的灯光,也有聚在一起跺脚又吹哨的欢舞;有冷漠不语的茫茫草原,也有滔滔不绝的农夫闲谈,是真实的生活的写照,是悲与喜的交织:农民是贫困的,农奴制的重负压得他们喘不过气来;但农民又是乐观的,热爱生活的,尽管心头笼罩着长久的痛苦的愁云,但他们是不会放弃哪怕是短暂的欢乐的,因为他们热爱生活。

(顾蕴璞)

别了,污浊不堪的俄罗斯……
莱蒙托夫

别了,污浊不堪的俄罗斯,
奴仆的国度,老爷的王国,
天蓝色的军服[1],我们永别吧,
驯服的顺民,也别了我!

也许我在高加索的山外,
还能从你长官们[2]手中逃脱,
躲过他们窥见一切的眼睛,
避开他们无所不闻的耳朵。

1841　　(顾蕴璞　译)

这首诗写于1841年4月诗人最后一次去高加索流放前夕。当时他对呻吟在尼古拉一世统治下的俄罗斯已怀着弃如敝屣的感情,同时也预感

---

[1] 指宪兵,沙皇时代宪兵穿天蓝色军服。
[2] 指沙皇当局,原文有三种版本:"巴夏"(土耳其、埃及等国的高级军事及行政长官)"沙皇""领袖",这里笼统译成"长官们"。

到他很难再生还莫斯科了。

如果说,莱蒙托夫怀着一颗奇异的爱心写了《祖国》,那么,他却以一种绝情的憎恨与嫌恶写下了此诗。同一位诗人,写在同一年的这两首抒情诗,好像是他对自己短短的生活与创作的互为补充的自我总结:对人民的俄罗斯眷恋难舍,对老爷和奴仆的俄罗斯誓与永别。

这首诗感情强烈,思想深刻,而且采取直抒胸臆的形式,但写得质朴、生动,抒情与讽刺水乳交融。"污浊不堪"一词点出了全诗的题旨。诗人所以要告别俄罗斯而到高加索去,是因为他再也无法忍受使他感到窒息的"污浊不堪的俄罗斯"了,弦外之音是他心上还揣着另一个他心驰神往的清新淳朴的乡村俄罗斯,即《祖国》中所咏赞而被他称作"祖国"的俄罗斯。

(顾蕴璞)

悬　崖
莱蒙托夫

一朵金光灿灿的彩云,
投宿在悬崖巨人的怀里,
清晨它便早早地赶路,
顺着碧空欢快地飘移;
但在悬崖老人的皱纹里,
留下一块湿漉漉的痕迹。
悬崖独自屹立着沉思,
在荒野里低声地哭泣。

1841　　（顾蕴璞　译）

这是一首咏物诗,通过对悬崖风骨的吟咏,颂赞了孤傲不屈者的品格。它也是一首象征诗,诗中所描绘的悬崖与彩云的意象,只是作者没有言传而让读者凭各自的生活的和审美的经验去意会的象征:是坚强?是孤独?是离情?是伤逝?……审美显然可以是多视角的。

诗的中心意象是悬崖,这是荒原上兀立不动的巨人。无情的风霜未能剥蚀它的容颜,岁月的河流没有淹没它的心志,它总是那样雄伟挺拔、气度不凡地屹立在天地之间。彩云离去了,给它留下了湿漉漉的泪痕。但它在沉思和哭泣中仍没有一丝一毫的动摇,仰望着苍天,俯视着荒原,给人以一种不可摧毁的坚强感和超越时空的永恒感。这就是悬崖性格的客观状景,也是诗人品格的自我写照。莱蒙托夫何尝不是巍然屹立在沙皇尼古拉一世时代这个人间荒原上的悬崖?短短的生涯已让他饱经逮捕、流放、欺骗、中伤等人间沧桑。普希金和十二月党人争取自由的斗争曾燃亮过他的童心,但希望的彩云早已飘离,他只得长期在黑暗中生活。他沉思,他哭泣,但他没有中止争取自由的斗争。他也像悬崖一样苍凉,也像悬崖一样坚强,永远屹立在广漠的天地间,注视着空间的远方,也注视着时间的远方,傲然地自信将比人间的一切杂树和草芥活得更久长。因此他才会沉思起历史的不公正,哭诉起现实带给他的委屈来,但相信千秋功罪总会有人评说的。

(顾蕴璞)

叶

莱蒙托夫

一片橡树叶[1]离开了它的亲密的枝头,
为无情的风暴所追逐,飞向旷野荒丘;
它受尽寒暑困苦的摧残而枯萎凋零,
就这样地终于辗转漂泊到黑海之滨。

在黑海岸上长着棵年轻繁茂的白杨;
微风在抚摩着绿枝,正同它倾诉衷肠;
在那碧绿的枝上摇晃着几只极乐鸟,[2]

---

[1] 橡树,是高大的落叶乔木,多生长于荒山地区。
[2] 极乐鸟,亦称"凤鸟",有多种。其中有一种,大如黄鹂,体态、羽毛极华美,栖息丘谷林中,为世界著名的观赏鸟。这里隐喻那些歌功颂德、粉饰现实的人。

它们歌唱着关于海王的光荣的曲调。

漂泊者紧紧贴在高高的白杨树根旁;
它怀着深深的悲哀恳乞暂时的寄藏,
它这样地说:"我是一片可怜的橡树叶,
我未老先衰,我生长在那寒冷的原野。

"我独自茫然地在这世界上漂泊许久,
我凋残了,没有梦[1]也没有安息的时候。
请你把这异乡客收留在你的绿叶间,
我知道不少稀奇绝妙的故事美谈。"[2]

"我要你有什么用?"年轻的白杨对它讲,
"你又脏又黄——怎能配我那鲜丽的儿郎?
你多闻多见——但我要你的故事干什么?
极乐鸟的聒噪早已折磨够我的耳朵。"

"走你的路吧;啊,漂泊者,我不认识你呀!
太阳爱我,我为它而生长,为它而开花;
在这里我把我那树枝向着天空高伸,
而那寒冽的海水在冲洗着我的树根。"

1841　　(余振　译)

"任谁也不来听取我的语言……我独自一人"
"不能向任谁伸出自己的手"
"我惴惴不安地瞻望着未来,
我哀伤地回顾着已往,

---

[1] 梦指对美好生活的幻想。
[2] 故事美谈,喻指美好的真理和理想。

> 我正像一个临刑的死囚,
> 向四面寻找着亲切的心灵"
> ……

上面这些哀怨的诗句同这首《叶》写在同一时期。

在黑暗的俄罗斯,诗人感到极度的孤独、寂寞。他看不到前途和光明,只是徒然怀着一线希望在探索着、寻找着,然而得到的回忆却是冷酷的。这使他的诗更明显、更尖锐地表现出"怀疑、否定、痛恨的思想"(赫尔岑语)。这首正是这种一贯思想的流露,反映了"深沉的幻灭的时代"的悲哀。

《叶》全诗采用了象征手法。一片生长在"寒冷原野"的橡树叶,"受尽寒暑困苦的摧残",终于"未老先衰""枯萎凋零"了。它又为"无情的风暴所追逐",只能独自茫然地辗转漂泊。好不容易来到黑海边,它恳乞南国的骄子——白杨,能给它一个容身之处,却遭到了无情的拒绝。因为它"又脏又黄",而它的才智(知道许多绝妙美谈)对白杨又毫无用处。

很显然,这片饱经忧患的橡叶,正是诗人悲惨身世的象征,也是当时命运坎坷的进步志士的共同象征。他们的理想、抱负无处实现,他们的才华无人赏识,降临他们头上的只是漂泊、流放、苦刑、死亡……而那傲岸、骄贵的白杨,正影射着平庸得意之辈,体现出人世的黑暗和冷酷。这一切完全是当时俄罗斯现实的真实反映。不过,诗中毕竟透露出企图摆脱孤独的愿望。它写于诗人生命的最后一年,多少露出一点积极的亮色,反映了当时一部分觉醒的知识分子的共同心理。

这首诗除了通篇具有象征性外,还巧妙地运用了对比、拟人等艺术手法把叙述、描绘和生动的对话穿插在一起,带有寓言、童话的色彩,读时饶有风趣,掩卷发人深思。庄严的内容赋于活泼的形式,反映了诗人艺术上的成熟。

(许自强)

常常,我被包围在红红绿绿的人群中 [1]

莱蒙托夫

常常,我被包围在红红绿绿的人群中,
每当我面前,仿佛是透过迷离的梦境,
   满厅里舞姿翩翩,乐声悠悠,
低声讲着纯熟的话,表面却羞羞怯怯,
好多没有灵魂的、戴上礼仪的假面的
   人样的东西晃来晃去的时候;

每当多时来早已不再畏缩的纤手不断
带着那种城市女郎的放浪不羁的大胆
   碰到我那冰冷的两手的时候,
我在表面上沉湎于他们的浮华与辉煌,
而内心里却爱抚着我那些往日的幻想,
   那些逝去年月的神秘的哀愁。

如果我不管怎么样能即刻把一切忘掉,——
我就借着回忆像自由的、自由的小鸟
   飞向那个不怎么久远的往时;
我看见自己还是个小孩子,而在四旁
都是可爱的地方:高大的贵族的庭堂、
   美丽的花园和那废圮的暖室;

沉睡的池塘被浮萍的绿网轻轻地掩起,
池塘那边荒村中冒起炊烟——远远地
   雾霭高高笼罩着田野和丛莽。

---

[1] 原诗无标题,这里采用诗的第一句为题。从 1831 年以后,莱蒙托夫的抒情诗常常采用具有独特风格的日记体,这种诗体日记,通常是以写作的日期作题目。

我走向幽暗的小径；越过了树林田野
眺望着那苍茫的暮色，而枯黄的落叶
   在我轻轻的脚步下飒飒作响。[1]

而奇异的忧思在我的胸膛中纷乱如麻：
我想着它，我哭着它，我也在爱着它，
   我爱我那幻想中美丽的女郎，
她长着一对充满了天蓝色火焰的眼睛
她脸上玫瑰色的微笑正好像丛林上空
   黎明时候升起的那一抹霞光。

正如同一个奇异的国度的至高的君王——
我常常这样独自一个默默地呆坐半响，
   在怀疑与热情的急风暴雨下
这些回忆而今还活生生地留在我心里，
如同大海中一座清丽的小岛，安然地
   在海洋湿润旷野上开着花。

当我清醒过来，识破了梦幻的欺骗，
而人群的喧嚷把我的那些美好的梦幻，
   喜庆中不速的来客都给赶去，
啊，我真想搅乱他们那些欢乐的嬉戏，
而对着他们的眼睛大胆地愤然地投以
   注满悲痛与憎恨的铁的诗句！……

        1840 （余振 译）

又苦闷、又烦忧、能向谁伸出自己的手，
在这样心怀抑郁不乐的时候……

---

[1] 此节是诗人回忆他的童年生活，描写的是他在塔尔罕内的外祖母庄园的房子和花园。

1840年过新年那天,莱蒙托夫在彼得堡参加了一个假面舞会。参加舞会的人中,除了爵爷、贵妇外,还有几位大公主,沙皇的女儿也戴着假面具戏耍地追逐着诗人。莱蒙托夫装作没有认出她,用开玩笑的无礼态度回答这"至尊"人物。诗人被上层社会里那些红红绿绿的人群包围着,感到无比厌恶,不禁怀念起童年时代乡村幽静可爱的世界。这首诗就是在那次舞会后写下的。

　　前两节诗人以犀利的笔触,尖刻地嘲笑了彼得堡上层社会中的权贵,把他们讥为"没有灵魂的"、晃来晃去的"人样的东西"。对那些虚情假意的女士更投以无比的蔑视。从第三节开始,诗人的灵魂飞出了令人窒息的舞厅,翱翔于乡村广阔的大自然中。他眷恋着家乡池塘的浮萍,远村的炊烟,田野的枯叶,"幻想中美丽的女郎"……感到无限欣慰和亲切。这一对比,更突出了诗人强烈的爱憎。可惜梦幻毕竟不能长久,诗的最后,诗人又回到了丑恶的现实。他唯一的报复只能向可憎的人群投以"注满悲痛与憎恨的铁的诗句"了。

　　莱蒙托夫的抒情诗里,主人公(诗人自己)的形象常常十分鲜明。读这首诗,我们仿佛随同诗人周旋于烦嚣的人群,又随诗人漫步于俄罗斯宁静的田野,并始终看到诗人那双阴郁、厌倦、轻蔑而又富于幻想的眼睛。

　　伟大作家屠格涅夫曾在这次舞会上亲眼见到过当时的情景:"人们不给他一刻安静,不断地去纠缠他,去同他握手。一个假面完了,再换一个假面。而他几乎动都没有动,默默地听着他们嘈闹,轮流地把自己阴郁的眼睛向他们一一地转去。我当时觉得,我在他的脸上已经捕捉到了创作的最好表现。"

　　诗人在舞会上的傲慢态度,加上这首诗的公开发表,引起了沙皇俄国宫廷上下的憎恨和报复。不久,他们用流言和奸计,把诗人逐出了彼得堡。

(许自强)

屠格涅夫(2首)

伊凡·谢尔盖耶维奇·屠格涅夫(Иван Сергеевич Тургенев, 1818—

1883），俄国作家。出身于贵族世家，母亲是一个专横、暴虐的农奴主，但屠格涅夫在时代潮流和革命民主主义者别林斯基的影响下，终生反对俄国的农奴制。他19世纪40年代发表的特写《猎人笔记》和50年代发表的中篇小说《木木》，被誉为"对农奴制度的控诉书"。

作为一位勤奋而有才华的作家，屠格涅夫从事多方面的文学创作，写下了大量的诗歌、戏剧、小说、散文和书简。他的六部长篇小说《罗亭》《贵族之家》《前夜》《父与子》《烟》《处女地》是俄罗斯19世纪30年代到70年代迅速嬗变的艺术编年史，是平民知识分子取代贵族知识分子的真实写照，也是封建农奴制俄国向资本主义俄国转化的艺术概括。

在艺术风格上，屠格涅夫是享誉世界的抒情大师。他对大自然诗意的、赋有灵性的描绘，对人物心理，尤其是女性心理细腻入微的刻画，以及他的善于通过雄辩和论战塑造人物性格的高超技巧，无不令人为之叹服。

60年代后，屠格涅夫漂泊异邦，长期寄居国外，但对祖国时时怀着拳拳赤子之心。1877—1882年间，他以一组新颖、独特的散文诗（共82首），结束了自己长达四十多年的创作生涯，寄托了对祖国、人民的思念和对真、善、美执着的追求。

散文诗是屠格涅夫艺术宝库中的珍品。在艺术上，它是屠格涅夫抒情风格和精练语言的完美体现；在思想上，它又是作者"灵与肉"的生动写照。

门　槛

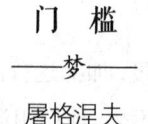

屠格涅夫

我看见一所巨大的建筑。

正面的一道窄门大敞着。门里面阴森昏暗。高高的门槛前面站着一个女郎……一个俄罗斯的女郎。

这望不穿的昏暗发散着寒气，而随着冷气从建筑的深处还传出一个缓慢的、重浊的声音。

"呵,你想跨进这门槛来做什么?你知道里面有什么东西在等着你?"

"我知道。"女郎这样回答。

"寒冷、饥饿、憎恨、嘲笑、轻视、监狱、疾病,甚至于死亡?"

"我知道。"

"跟人们的疏远,完全的孤独?"

"我知道,我准备好了。我愿意忍受一切的痛苦,一切的打击。"

"不仅是你的敌人,就是你的亲戚,你的朋友也都要给你这些痛苦,这些打击。"

"是……便是他们给我这些,我也要忍受。"

"好。你准备着牺牲吗?"

"是。"

"这是无名的牺牲!你会毁掉,甚至没有人……没有人知道,也没有人尊崇地纪念你。"

"我不要人感激,我不要人怜悯。我也不要声名。"

"你还准备去犯罪?"

女郎埋下了她的头。

"我也准备去犯罪……"

里面的声音暂时停止了。过后又说出这样的话语:

"你知道将来你会否认你现在有的这信仰,你会以为你是白白地浪费了你的青年的生命?"

"这一层我也知道。我只求你放我进去。"

"进来吧。"

女郎跨进了门槛。一幅厚的帘子立刻放了下来。

"傻瓜!"有人在后面这样嘲骂。

"一个圣人!"不知道从什么地方传来了这一声回答。

1878.5　（巴金　译）

　　《门槛》是歌颂民意党人[1]女革命家的杰作。它是在著名民意党女革命家索菲亚·彼罗夫斯卡娅[2]等人的革命活动影响下写成的。它运用"梦"的形式,象征的手法,通过简洁的宣誓一样的对话,塑造了一个高大的、决心为人民的正义事业献出自己一切的女革命者的崇高形象。

　　作品的开头部分,作者用"巨大的建筑",把神圣的革命事业象征为巍峨的殿堂,用门里面的"阴森昏暗"以及这昏暗中散发出的"寒气""冷气",象征革命征途上的坎坷不平。俄国是一个既落后又反动的专制农奴制的国家,阶级矛盾错综复杂,封建余毒根深蒂固。因此,摆在俄国人民面前的革命任务十分艰巨,革命的航船不会一帆风顺,它要求每一个革命者都要为它付出代价,甚至做出牺牲。所以站在"高高的门槛前面"急切地要迈入这革命大门的俄罗斯女郎受到了严峻的考察。

　　从建筑的深处传出的"缓慢的、重浊的声音"是屠格涅夫心目中"革命"的化身,我们只闻其声,未见其形。它和女郎之间进行了一场简短而有力、庄严而深刻的对话。通过这一场对话,热烈赞美了女郎高度的革命自觉性,讴歌了女郎感人的献身精神。

　　当威严的审问者,向女郎层层进逼地提出一连串尖锐的问题时,女郎连续回答了三个"我知道",并坚定地表示"我准备好了。我愿意忍受一切的痛苦,一切的打击"。哪怕这些"痛苦"和"打击"来自亲近的人,"我也要忍受"。这几句回答,表露了女郎为革命做好了充分的自我牺

---

[1] 民意党人即民粹主义者,是俄国革命运动中的小资产阶级派别,产生于十九世纪六七十年代。它主张"到民间去",主张发动农民去反对专制制度,后期发展到用个人恐怖手段去进行斗争。

[2] 索菲亚出身于贵族家庭,但坚决反对沙皇暴政。她16岁起就投身到民粹主义运动中。1881年3月1日,她作为民意党执行委员会的成员组织了刺杀沙皇亚历山大二世的行动,获得成功。同年4月3日,她因"弑君罪"被判处绞刑,就义时年仅28岁。

牲的精神准备。为了人民的正义事业,她可以忍受一切,她不怕"寒冷、饥饿、憎恨、嘲笑……甚至于死亡"。一个连死都不怕的人,还有什么能征服她呢?这就是一个革命家凛然的革命气节。

真正的革命家,不仅能为革命献出自己的一切,而且还不需要任何回报,她表示"不要人感激","不要人怜悯","也不要声名"。她还"准备去犯罪",去冒犯统治者的大不韪,也要为社会进步和人民的解放做出应有的贡献。这就是革命者的博大胸襟。革命者追求的是真理,是事业,而不是个人的得失和虚名。

全诗的最后两句,反映社会上两种对革命者截然不同的态度。在白色恐怖严重的高压政策下,社会空气被禁锢得像罐头一样。少数勇士敢于铤而走险去冲破黑暗,必然会遭到诽谤和责难。因此一些庸人、懦夫嘲骂革命者是"傻瓜",而广大同情革命的人民则称赞这个具有高度革命自觉性和坚定性的女郎为"圣人"。

当然,从《门槛》中我们也可看到屠格涅夫的思想局限。由于他不同意暴力革命的主张,因而他不能正确、全面地描写革命者。在品质上、道义上他同情并支持革命者,认为他们是优秀的、正直的、具有强大精神力量的新人,可又认为他们所走的道路不可避免地要遭到失败。所以,他往往在他们的命运上打上悲剧性的烙印,把他们写成正直的悲剧人物。在《门槛》的女革命者身上,也被投上了这样的阴影,比如诗中把为革命献身说成是"无名的牺牲",把暴力革命说成是"犯罪",并且声言革命者是白白地浪费了"青年的生命"等。这正是屠格涅夫的思想,是他内心中另外一种声音的反映。诗的结尾那"傻瓜"和"圣人"的不同评价,也是作者矛盾心声的真实写照。

(葛杏春)

玛 莎

屠格涅夫

许多年以前,我住在彼得堡时,每次雇街头马车,我总要和马车夫聊聊天。

我特别喜欢和夜间的马车夫谈话，他们都是近郊的贫苦农民，赶着赭色油漆的小雪橇和羸弱的瘦马，来到京城，希望挣得糊口的费用，和凑些钱还地主们的代役租。

那一天，我就雇了这样的一个马车夫……他是个二十岁光景的小伙子，身材高大，体格匀称，仪表堂堂；他有一对蓝色的眼睛，红润的面颊，他那一直戴到眼眉边的带补丁的帽子下边，露出卷成一个个小圈圈的淡黄色头发。而且，他那魁伟的肩膀怎么能穿得上这么一件褴褛的厚呢上衣！

然而，马车夫那漂亮的、没有胡须的脸上，露出悲伤和郁闷的神情。

我和他攀谈起来。从他的话语里，也听得出他的悲伤。

"怎么啦，兄弟？"我问他，"你为什么不愉快？难道有什么不幸吗？"

小伙子没有马上回答我。

"是的，老爷，是的，"他终于说道，"再没有什么比这更不幸的了。我死了妻子。"

"你爱她……爱自己的妻子吗？"

小伙子没有回过头来看我，他只是低下头。

"我爱她，老爷。已经过去七个多月了……但我还不能忘掉。我心里难过……真是啊！她为什么竟会死去呢？她年轻！健壮！仅仅一天工夫，她就给霍乱病夺走了。"

"她待你好吗？"

"唉，老爷！"贫苦的农人沉重地叹了口气，"我和她在一块儿生活得多么和睦啊！她死时我不在家。所以，我突然在这儿听到这个消息时，人们已经把她埋掉了，——我立刻赶回村里去，赶回家里去。等到我回来，已经是半夜啦。我跨进自己的小木屋，站在屋子中间，就这样小声地说：'玛莎！玛莎呀！'只有蟋蟀的吱吱叫。我不觉哭起来，坐在小木屋的地板上——还用手掌拍了一下地板！我说：'你这贪得无厌的东西！……你吞噬了她……也把我吞噬掉吧！唉，玛莎！'"

"玛莎！"他突然压低嗓子又叫了一声。他没有放松缰绳，用手套揩了揩眼泪，又把它退出来，丢到一边，耸了耸肩膀——就再也没有说一句话了。

我跳下雪橇时，多给了他剩下的十五戈比。他深深地向我鞠了一躬，双手抓着帽子，——随后踏着街上空荡荡的雪地，在一月严寒的灰白色的雾里，小步慢慢地挣扎着走去。

1878年4月　（黄伟经　译）

《玛莎》描写了帝国京城彼得堡生活的一个小小的侧面——年轻的马车夫对亡妻的难以忘却的怀念和深切的悲痛。

这个来自近郊贫苦农民的年轻的马车夫，"二十岁光景"，"身材高大，体格匀称，仪表堂堂"，"他有一对蓝色的眼睛"，"淡黄色头发"和"魁伟的肩膀"，这都是青春和生命的象征。本来，他应该是快活的、幸福的、无忧无虑的。可是，在他"漂亮的、没有胡须的脸上"，诗人看到了"悲伤"和"郁闷"。原来，在七个月前，他丧失了爱妻玛莎。盛年丧妻，是人生之大不幸。何况他的"不幸"来得如此之突然，"仅仅一天工夫，她就给霍乱病夺走了"。而且，玛莎的死还给他留下了无法弥补的内疚和遗憾，"她死时我不在家"，等赶回家"人们已经把她埋掉了"。生离死别是痛苦的，他却连最后一面也未见到，怎不使他痛不欲生呢？"你这贪得无厌的东西！……你吞噬了她……也把我吞噬掉吧！唉，玛莎！"他的撕人心肺的呼唤，他的沉重的叹息，他的恸哭，他的咒骂，他在陌生人面前忍不住去"揩眼泪"的举动，以及他最后"踏着街上空荡荡的雪地""慢慢地挣扎着走去"的悲哀神态，都使人揪心，催人泪下。

屠格涅夫一向被称为"情圣"，被誉为描写爱情的艺术大师。本文写的虽然也是刻骨铭心的夫妻之情，可它一反过去描写的那种"花前月下"的绵绵柔情，选取了劳动者"丧妻之痛"的典型情节。运用精练的语言、集中的描写，创造出感人的意境，揭示出深刻的社会主题——在专制农奴制迫害下，俄国广大农民的痛苦与不幸。他们在农闲时节，离别亲人，赶着"羸弱的瘦马"来到繁华的京城卖苦力，为了挣点"糊口"和"还地主们的代役"的费用，不仅要付出血汗，甚至还要搭上亲人的生命。

诗中的"我"是主人公可以推心置腹的朋友，同时，"我"也是个敏感的、富有同情心的、正直君子的形象，是作者的化身。这位飘零异邦、异国的赤子，对祖国和人民始终怀着炽热的爱心，尤其对挣扎在农奴制桎梏下生活的广大农民，更怀着难以言传的忧思和关切。

《玛莎》一诗惜墨如金，而展现在读者眼前的人、物、情、景又如此逼真和生动。笔锋所至，一种饱含着忧伤和同情的柔情生发开来，不禁令人感动，令人焦虑，令人心碎。

（葛杏春）

涅克拉索夫 (5首)

尼古拉·阿历克赛耶维奇·涅克拉索夫（Николай Алексеевич Некрасов, 1821—1877），19世纪俄国诗人。生于乌克兰的一个野蛮而残暴的地主家庭。童年时，他对父亲任意鞭打和虐待农奴，甚至于粗暴地对待亲人极为不满。以后全家移居雅罗斯拉夫省。中学毕业后，诗人违背父亲意愿，拒绝入军官学校，而考入彼得堡大学。然而，残暴的父亲竟然以断绝经济来源相威胁。于是年轻的诗人在饥饿中挣扎，而彼得堡下层人民生活的苦境使他更坚定了斗争的决心。在饥饿的威胁下，诗人终于执笔写诗了。

1840年初，诗人出版了第一本诗集《幻想与声音》，从此正式开始了他的诗歌创作道路。尽管这是一部失败之作，却使他接近了别林斯基，投身于革命民主主义活动，写出了一系列优秀的诗作。

涅克拉索夫除写作之外，还先后主编过《现代人》和《祖国纪事》两个进步刊物，使它们成为革命民主主义的喉舌。在《现代人》周围，团结了一大批优秀的俄国作家，尤其是涅克拉索夫充当了伯乐的角色，发现和扶植了诸如陀思妥耶夫斯基和托尔斯泰这样的文学大师，并使其登上了文坛。他还吸收像车尔尼雪夫斯基、杜勃罗留波夫等卓越的思想家、理论家和文学批评家主编刊物。《现代人》和《祖国纪事》之所以能在俄国民族解放运动中产生巨大的作用,是与涅克拉索夫的功绩分不开的。

涅克拉索夫以创作诗歌为主展开了多方面的活动。他的诗作不只写人民,而且也为人民而写,因此他的诗作的风格、韵脚、题材等多取自民歌,他的诗作充满民间谚语、格言、口语等。普希金、莱蒙托夫写的是二音节为一个音步的诗,而涅克拉索夫则多用三音节为一个音步的诗。这种作诗法为民歌广为采用。

诗人的著名作品有《祖国》《故园》《诗人与公民》等短诗,《俄罗斯女人》《铁路》《大门前的沉思》《严寒,通红的鼻子》《谁在俄罗斯能过好日子》等长诗。

涅克拉索夫的诗作影响深远。苏联诗人伊萨科夫斯基、特瓦尔多夫斯基等继承了他的诗歌传统,形成一个"涅克拉索夫派"。而诗人的战斗风格、崇高品质与形象不仅是一代风范,而且是文学史上的丰碑。

故 园 [1]

涅克拉索夫

啊,又看见你们了,这些熟悉的地方,
在这里,我的父辈的生活既贫乏又空虚,
他们耽于豪华的酒宴和无知的骄气,
这样,就在荒淫无耻和卑鄙的暴行中度过;
在这里,那些忍气吞声、战战兢兢的奴隶们
甚至羡慕最下等贵族的狗的生活,
在这里,我注定要见到上帝主宰的人间,

---

[1] 这首写于1846年的诗,直到1856年才在《涅克拉索夫诗选》中正式发表。《故园》曾使别林斯基"惊喜若狂",赞叹不已。作者在自传中提到:别林斯基喜欢其中的那些向社会抗议的"否定素质"。这是诗人自传性的诗篇之一。"故园"指的是他父亲的世袭庄园格列什涅沃,作者在这里度过了悲惨的童年和少年。

在这里,我饱尝了忍耐和仇恨的熬煎,
而我却可耻地把仇恨埋在自己的心中,
在这里,有时我自己也做着地主;
在这里,幸福的宁静如此迅速地
离开了我这过早腐化堕落的灵魂,
而那并非稚气的愿望和忧虑的火焰,
日夜炙烤着我,早已烧毁了我的心田……
少年时代的回忆——那豪华阔绰、
美妙绝伦的年华的回忆啊——
使我的心胸充满愤怒和忧郁,
并在我的面前展现出它的全部美丽……
这是座幽暗幽暗的花园……在深远的林荫道上,
是谁的满带病容、悲伤的脸[1]在枝桠中间闪动?
我知道,你为什么哭泣啊,我的母亲!
是谁毁了你的一生……啊,我知道,我知道啊!……
你永远委身于一个闷闷不乐的粗人[2],
你并不醉心于那无法实现的希望——
奋起反抗命运的想法使你感到恐慌,
你在奴隶的沉默中承受着自己的命运……
但我知道:你的心灵从来就不缺乏热情;
它是何等的自豪、倔强而又美丽啊,
你临终的絮语,难道对迫害者所加给的、
你又竭力忍受的一切,都已经宽容?……

---

[1] 指诗人的母亲叶莲娜·安得烈耶夫娜·涅克拉索夫,1841年7月29日在格列什涅沃逝世。

[2] 指诗人的父亲阿列克谢伊·谢尔盖耶维奇·涅克拉索夫(1788—1862),一个退役少校,以对农奴和家属残暴而出名。

妹妹啊,你与这默无一言的受难者在分担
她那可怕命运的痛苦和耻辱,
我亲爱的妹妹[1]你竟也离开了人间!
你羞愤地从蓄有农奴姘妇和饲犬人的家里
出走,于是将自己的命运托付给
一个你所不认识而且不喜欢的人……
而在人世上重演了自己母亲的
悲剧,你也带着冷峻的微笑躺进棺材里,
而这样的冷笑就连那因悔恨而失声
痛哭的刽子手看了,也都会战栗不已。

这是一座灰暗的古老住宅……如今空旷而岑寂:
没有女人,没有狗,没有丑角,也没有仆役。
那么从前呢?我记得:这里有什么压抑着所有的人,
在这里,事情无论大小都使你心里感到郁闷。
我向奶娘跑去……啊,奶娘!当我心头
感到沉重的时候,我曾多少次对她流过眼泪啊!
一提起她的名字,我便深深地感动,
我是不是早已懂得了对她深表虔敬?……

我想起了她那不多的几个
毫无意义的,甚至有害的善良特征,
我的胸膛里充满了新的仇恨和新的悲愤……
不!在我那反叛的、冷酷的少年时代,
没有任何可以使我的心灵感到愉快的回忆;
而那从早年就剥夺了我生活的意志,

---

[1] 指诗人的妹妹叶莉扎维塔(1821?—1842),她于1841年嫁给一个上年纪退役的中校兹维亚金。显然她是死于分娩,她留下一个儿子 K.C. 兹维亚金。

并以无法反驳的诅咒加到我头上的一切——
在这里,在我的故园,正是今后一切的发轫地!……

我怀着厌恶的心情向四周望去,
我愉快地看见黑压压的松林已被砍掉——
那里有炎热烤人的夏日庇荫,并飘拂着凉意,——
田地晒枯了,牲畜懒散地打着盹儿,
低垂着头,面对着干涸了的小溪,
空寂的阴暗的房屋也倒向了一边,
在这里,回应着杯盏声和欢呼声的,
是遭受痛苦的人们长年发出的沉闷的嘈杂声,
他独自一个压制着所有的人,只有他
才能自由地呼吸,自由地生活,自由地行动……

1846

　　《故园》视点新颖,别具一格,既不写故园迷丽可爱的山色风光,也不写对故土的依恋眷念。诗中充满了对故园的控诉、愤怒和揭露,展示出一幅令人憎恶的阴暗图画。

　　诗人是以重返故园起笔的。"又看见你们了,这些熟悉的地方",开宗明义,道破了对故园的"熟悉",又单刀直入,绘制出故园的野蛮、粗暴、阴暗的图景。诗人这种急迫的着笔正好揭示出他那股对故园无法压抑的愤怒之情。

　　从笔端里涌出的感情洪流是双向的:一方面揭露故园主人穷凶极恶,阴暗暴戾,"耽于豪华的酒宴和无知的骄气,这样,就在荒淫无耻和卑鄙的暴行中度过"的生活真相;另一方面则是对忍受者、顺从者、羡慕者的怯懦的谴责。前者为主,后者为次,形成本诗的表面层。

　　诗人不是着重写作为农奴主的父亲怎样摧残和折磨农奴,而是在这个一般背景上选择了特殊的焦点。这就是从亲人之间的矛盾铺展开全诗的情节,即抒情主题。

沿着这条感情线索，出现了诗人自己的抒情形象，故园给他留下的是"愤怒和忧郁"，使他学会了"忍耐和仇恨的熬煎"。故园的主人，一个十足的恶棍，对自己亲人的折磨远不至此。且看诗人逐次展开的描写：

在幽暗幽暗的花园，他的母亲的脸上满带病容而在枝桠中间痛哭，"在奴隶的沉默中承受着自己的命运"。这位灵魂"自豪、倔强而又美丽"的夫人竟无端死掉，给诗人留下深深的哀伤和愁肠。诗人恶魔般的父亲还把自己的女儿过早地埋葬，使她"离开了人间"，"重演了自己母亲的悲剧"而躺进了棺材。诗人就是从这个独特的角度揭示了父亲——一个凶恶的农奴主的野蛮与残忍。显而易见，这种曲笔里正隐含着对于广大农奴悲惨命运的焦虑与思考。

诗人并未正面地绘制农奴的凄惨生活的图景，但是，诗人的亲人尚且如此罹遭厄运，还能设想那些处在奴役地位的普通农奴命运会更好吗？诗人所选取的这个焦点，更执着更深刻地给读者留下了广阔的想象空间。

诗篇抒情洪流的另一个方面，是诗中自始至终的自责意识，即诗人的忏悔意识。这是一条深厚的感情洪流，包含的底蕴远为丰富而有价值。

诗人在揭露父辈罪恶的同时，就把自己置入诗篇之中。他对于不义和残忍，习以为常，"把仇恨埋在自己的心中，在这里，有时我自己也做着地主"。诗人的自责意识反映了诗人的觉醒。

革命民主主义者不仅同情农奴，支持农奴的斗争，反对农奴制，而且还和农奴自身的怯懦和受害者的容忍与妥协斗争。从这一意识出发，诗中在抒发对母亲、妹妹不幸遭遇的同情时，还对她们的顺从与容忍表现出含蓄的指责。

母亲处境悲惨，却默默地承受着，"你并不醉心于那无法实现的希望——奋起反抗命运的想法使你感到恐慌"，甚至于在她临终的絮语中流露出对危害者的宽恕。可以看出，母亲是作为一个承受者而度过一生的。这种容忍一切的承受态度就是危害者施虐的温床。

亲爱的妹妹也是一个苦命人，她同样承受着悲惨命运对她的折磨。然而，她毕竟在躺进棺材时，脸上带着"冷峻的微笑"，这微笑使刽子手战栗。较之母亲,妹妹是新生的一代。

对于母亲和妹妹,诗人哀怜大于指责,伤感超过忏悔。但是当笔锋转向奶娘,诗人的谴责也炽热和猛烈起来。诗人写道:"我想起了她那不多的几个毫无意义的,甚至有害的善良特征,我的胸膛里充满了新的仇恨和新的悲愤……"那个危害者对于如奶娘一类的农奴,施加了多少危害和灾难,然而,她们却以善良的性格宽厚地忍受着。这是何等可怕的现实呀!诗人胸膛里充满的"新的仇恨和新的悲愤",既是对危害者反叛的自白,也是对承受者的顺从的批评。

诗情从这里升向顶峰。诗人以自己的自责意识开篇,又以自己的反叛作结,把诗歌的战斗性加强,诗中的革命民主主义思想倾向明显地呈现出来。

《故园》结构紧凑,感情炽热,一气呵成,把诗人重见故园的瞬间勃发的感情,一倾而泻,势不可挡。诗作前后呼应,彼此关照,情感洪流时而涌起,激昂悲愤;时而缓和,一一倾诉。跌宕起伏,紧扣读者心扉。《故园》预示了诗人的革命民主主义思想方向,虽是早期创作,但说明了诗人在思想与艺术上的开始成熟。

(雷成德)

未收割的田地[1]

涅克拉索夫

晚秋时候。白嘴鸦已经飞去。

树林落光叶子,田野一片空寂,

未收割的田地只有一块……

这勾起人们忧愁的思虑。

---

[1] 此诗最初发表于1855年的《现代人》。诗里表达了诗人对俄国农民悲惨处境的沉思,也流露出诗人对自己命运的忧虑。诗写于1853年一场大病之后,其中播种者(农夫)的形象,论者多以为是诗人的自况。

麦穗仿佛彼此在絮絮诉说：
"我们听厌了这秋天的风雨，

"脑袋耷拉在地上多无聊，
饱满的谷粒沐浴在尘土里！

"各种过路的、贪食的鸟群
没有一夜不来破坏我们，

"野兔把我们糟蹋，暴风雨把我们吹打……
我们的农夫在哪里？他还在等待什么？

"是我们长得不如别的田地？
还是开花、秀穗不够整齐？

"我们并不比别的庄稼差，不！
我们早已灌满浆液，颗粒成熟。

"难道农夫又耕耘又播种，
就是为了让秋风吹散我们？……"

风儿给它们送来悲伤的音讯：
"你们的农夫已经筋疲力尽。

"他知道为什么要耕耘和播种，
只是去收割，已是力不从心。"

"可怜的人已病倒，不吃也不喝，
蛆虫在吸吮着他害病的心窝，

"那开出这些垄沟的双手，
垂着像枯藤，干瘪如柴瘦，

"农夫眼色暗淡,而且又哑了歌喉,
再不能用歌声抒发自己的哀愁,

"他再也不能手扶犁杖,
沉思地走过自己的田头。"

1854

这首诗诗情哀伤,图景阴郁。以"未收割的田地"为背景,展示了农民悲惨的生活实况。读来哀婉凄惨,为之动容,是涅克拉索夫的优秀诗作之一。

这首诗质朴简明,有浓郁的民间诗歌的气味。前两节四行,可看作序诗,后面的十三节是诗的主体部分。

在序诗里,诗人交代了背景,点出了题旨。"晚秋时候"成为发生事件、引出矛盾的基础。在这个季节,不仅"白嘴鸦已经飞去",树林落光了叶子,而且,早已过了收割季节,应该准备过冬。然而,在一片空寂的田野里却有一块未收割的田地。这不协调的情景怎能不引起"忧愁的思虑"?

把"忧愁的思虑"展开,具体描写是诗篇主体部分的核心内容。先写未收割的麦穗的"絮絮诉说",再写秋风所做出的"悲伤的音讯"。一诉一答,前后照应,形成一幅阴郁哀伤的凄楚画面。

诗人以隐喻的手法,让麦穗历述自己的哀伤。它在一片空寂的田野里,听厌了秋天的风雨。贪食的鸟群破坏它们,野兔糟蹋它们,暴风雨吹打它们……这不幸的遭遇,使它们不能不呼唤自己的农夫。尤其是,它们还在自责自怨,以图为农夫开脱。然而,它们粒饱浆足,并未给农夫提供出扔弃它们的借口。这段描写如泣如诉,哀婉动人,先以客观的加害铺写,后以自责自怨深化。这就加强了对农夫的呼唤。

诗的后半段的描写画龙点睛,廓清"忧愁的思虑"的真相。诗人运用了欲扬先抑的手法。

如果前半段只有心理的真实,是一种假想的形式的话,那么,这里便完全是实写了。农夫"只是去收割,已是力不从心"了,其原因就是他

"病倒"了,"蛆虫在吸吮着他害病的心窝"。诗人不仅刻画出农民受疾病折磨的悲惨形象,"垂着像枯藤,干瘪如柴瘦";而且也写出农夫的心地,"又耕耘又播种,就是为了让秋风吹散我们?"既写出他今天暗淡的眼光,枯萎的神态,也写出他昨天唱着凄凉的歌儿,"沉思地走过自己的田头"的沉重身影。一个完整的农民形象站立起来。今天他不能去收割田地,正是长期劳累导致的疾病。俄国农民就是忧郁和苦难的化身。

涅克拉索夫的诗构思奇巧,选择这样一个特殊的题材——未收割的田地,使一首短诗包含了无限的容量;它有情节,有对话,有心态的揭示,也有事件真相的铺叙。诗中的秋风既是媒介,又是情节的参与者,自然而然地把全诗熔铸一炉。

(雷成德)

大门前的沉思[1]

涅克拉索夫

这里是一座大门。每逢喜庆节日,
那害着奴颜婢膝病症的
整个城市的人,诚惶诚恐,
走向一座座朝夕思慕的大门;
登记上自己的姓名和职位,
客人们便各自走回家去,

---

[1] 1858年夏,涅克拉索夫有一次从自己寓所的窗口看见,街对面一座住有财产部大臣 M.H. 穆拉维约夫(后来获血腥镇压1863年波兰起义刽子手的绰号)的官邸的门口,有几名看守院子的和一名警察正在推着前来请愿的农民撵走他们。这件事激发了诗人的创作灵感,很快便写成了这首诗。

这诗有五年之久不得在国内刊物上发表,1860年赫尔岑在伦敦的《警钟》上首次将此诗刊出,但未署作者姓名,仅附一注:"我们很少刊登诗,但这样的诗则不能不刊登。"《大门前的沉思》一诗于1863年始在《涅克拉索夫诗选》中正式发表,立刻受到进步青年的普遍欢迎。

诗的结尾部分:"请给我指出这样一个处所"经谱曲后,不久就成为大学生们爱唱的歌曲。

他们是这样的心满意足,
你心里会想——这是他们天赋的职务!
可是在平常日子,一些穷苦的人
却将这豪华的大门团团围住:
富于幻想的人,求差谋职的人,
有年迈的老头,也有孤苦的寡妇。
每天早晨总有一些送公文的信差
川流不息地奔驰着,进进出出。
有的在归途中得意地哼着"特拉姆—特拉姆",
而有的请愿人则在不住地啼哭。
有一次,我看见几个农民走进来,
这是些俄罗斯的乡下人,
他们对着教堂祷告了一阵,便远远站定,
将亚麻色的头垂到了胸前;
看门人出现了。"放我们进去吧,"——
他们说话时带着希望和痛苦的神情。
他将客人打量了一番:外表实在难看!
脸和手晒得黢黑,
肩上披着破烂的衣衫,
那伛偻的背上各背着一个行囊,
颈上系着十字架,而那一双双
穿着草鞋的脚上布满了斑斑的血痕,
(看来,他们经过长途跋涉,
来自遥远的省份。)
是谁对看门人高喊了一声:"赶走!
我们主人不爱见这衣衫褴褛的穷百姓!"
大门砰的一声关上了。这些朝圣者站了一会儿,
于是解开了自己的钱包,

但看门人不收这微薄的门礼，也不放他们进去，
于是他们走了，被太阳炙烤着，
他们一再说道：让上帝惩罚他吧！
他们绝望地摊开两手，
直到我还能看见他们，
他们走着走着，一直光着头……

而这豪华官邸的主人
还在做着酣畅的好梦……
你认为陶醉于无耻的阿谀、
追求妇女、大吃大喝、纸醉金迷，
才是最使人倾羡的生活，
快醒醒吧！还有另一种快乐：
唤他们回来！你就能拯救他们！
但是幸福的人们，对于善行却已置若罔闻……

天上的雷霆不会使你惊恐，
地上的众生却握在你的手中，
这些无名的人们内心里
都忍受着无穷的苦痛。

这惊人的悲哀与你有什么相干？
这贫苦的人民与你有什么牵连？
生命像永恒的节日，
飞逝着不让你清醒。
这又何必呢？你将人民的幸福
叫作低能作家的文字游戏；
没有它，你不仅会光荣地活着，
而且也会光荣地死去！

最后一段安逸的
田园生活的日子消逝了:
在西西里的天空下,
在芳香四溢的树荫里,
你观望着紫红色的太阳
正用一条条霞辉把大海镀上金光,
而又慢慢地沉入了蔚蓝色的大海,——
你被地中海的波涛的温柔歌唱
催眠着——像一个婴孩,
你入睡了,你被包围在
亲爱的家庭的深切关怀里
(它正在焦急地等待着你的死亡);
人们把你的遗骸给我们运来,
让我们给你举行葬礼,
而你就要进入坟墓了……英雄,
你被祖国悄悄地咒骂着,
却有响亮的赞词来把你歌颂!……

不过,干吗为了这些小人物,
我们来打搅如此显赫的贵人?
我们是不是不该对他们表示愤恨?——
在什么上头寻找一点安慰,
更保险……而且更愉快……
农民忍耐一下,那不是什么不幸;
因为指导我们的天意
早已如此表明……而且它已习惯不惊!
在关卡那边,在那寒碜的小饭铺,
那些贫苦人喝酒,总要喝光最后一个卢布,

他们走了,沿途乞讨着,
他们呻吟着……祖国的大地啊!
请给我指出这样一个处所,
这样的角落我还不曾见过
在那里你的播种者和保护人——
俄罗斯的农民可以不再呻吟。
他呻吟在田野上,在道路上,
他呻吟在监狱里,在城堡里,
在矿山里,而且身系着铁链;
他呻吟着,在烘房下,在草垛下,
他呻吟着,在草原过夜时的大车下;
他在自己可怜的破房子里呻吟,
他并不因上帝的阳光而感到欢欣;
他在每一个偏僻的小镇里,
在法庭和官邸的门口呻吟。
走上伏尔加河畔:在伟大的俄罗斯河上,
那回响着的是谁的呻吟?
这呻吟在我们这里被叫作歌声——
那是曳着纤索的纤夫们在行进!……
伏尔加!伏尔加!在春天涨水时期,
你横扫田野,茫茫无际,
但怎比得人民巨大的悲哀,
到处泛滥在我们这辽阔的土地——
哪里有人民,哪里就有呻吟……唉,可怜的人!
你这绵绵不绝的呻吟意味着什么?
你是否充满了力量,还会觉醒?
难道你还要服从命运的法则?
难道你所能做的,都已经完成?

难道你创作了一支婉转呻吟的歌曲，

　　而灵魂就永远沉睡不醒？……

1858

　　这是一首结构完整、和谐，情节真实、可信的政治抒情诗。从诗的总体内容来看，可分为两大部分。第一大部分包括第一节，写出了大门前的求谒者的情景；第二大部分则包括随后的四节，写出了大门前的"沉思"，情节和抒情则已越出了大门前，而驰往广阔的空间和时间，加深了主题，拓展了画面。

　　诗人立意的奇巧就在于他选择了大门前这一视角。因此，落笔不凡，有引人入胜之感。诗人选取了大门前的两个不同时间的情景，采用对照的手法叙写出两个对立的世界。在"每逢喜庆节日"，大门前就出现了成群结队的谄媚者，他们"害着奴颜婢膝病症"，在大门前登记上自己的姓名和职位，便心满意足地回去，把这种出于讨好、奉迎的下流行为视为他们自己"天赋的职务"。与之相对的则是"平常日子"的情景。这时候，大门前出现一些穷苦的人，他们是一些真正的请愿人：年迈的老头，孤苦的寡妇，求差谋职的人，还有富于幻想的人，他们带着各自的困难和忧愁在大门前踟蹰、徘徊、犹豫，但他们却以失望而归。

　　然而，诗人着意并不在此。他要揭示当代社会的主要矛盾，即表现农民问题。因此，在做了概括的略写之后，立即触及几个农民请愿者的形象。这是诗人详写的主要对象。

　　诗人首先通过农民的行动揭示他们的心态，然后通过看门人的观察，写出了在看门人眼里的农民形象。诗人由一般而具体，由略写而详写，渐渐地凝聚了焦点，使农民的忧郁、悲愁和苦难的处境生动有力地展示出来。他们在大门前只能"绝望地摊开两手"。这就从结构上启示了情节展开的脉络。诗人的沉思必然从豪华官邸主人和农民两个方面写起。

　　第二大部分正是沿着这一轨道展开。前半部写大门里的主人，后半部写大门外，伸向无限天际的正在呻吟中的农民。这两部分都超越了特定的空间和时间,把画面无限地扩大起来。

先看对豪华官邸主人的描写。这一部分主要是叙事,铺展开地主贵族、王公大臣的生活。而诗人采用了揭露和规劝的手法,既揭露了贵族地主、王公大臣"陶醉于无耻的阿谀、追求妇女、大吃大喝、纸醉金迷"的生活,又敦促他们认识另一种生活,清醒过来,施福于受苦痛的人民。

自然,诗人的规劝,包括反驳地主们的错误观点都是偏重在描写地主非人生活引起的个人道德上的堕落,因而软弱无力。但诗人以此来促进他们觉醒,从而改善农民的处境,仍然是有积极性的。

后半部分是对农民苦难的描写。这一部分运用了大量的抒情穿插,把诗篇的感情推向高潮。诗人从正面具体写出农民的贫苦。"那些贫苦人喝酒,总要喝光最后一个卢布,他们走了,沿途乞讨着,他们呻吟着……"他们的幻想化为失望。陷于水深火热之中的农民,在全国各地、在祖国的大地上呻吟。

诗人用排比的句式,反映出整个俄罗斯都在呻吟,且听:"他呻吟在田野上,在道路上,他呻吟在监狱里……"这样,无论农民在平日的劳动中,还是被劳役折磨而挣扎在矿坑的深处,或者陷身在黑暗、发臭和险恶的监狱里,俄罗斯农民到处受到迫害,到处发出呻吟。这就是当时俄罗斯的阴郁的真实画面。

"哪里有人民,哪里就有呻吟",哺育俄罗斯人民的伏尔加河,即使是春季的涨水季节也比不上人民的悲哀。诗人的比附,充满了无限的辛酸与悲愁,伏尔加"横扫田野,茫茫无际,但怎比得人民巨大的悲哀"。写到这里,诗人就完成了描绘人民灾难的主题。

诗人面对到处呻吟的现实,无法压抑住自己的愁肠。他在诗的末尾一连提出五个问题:"你这绵绵不绝的呻吟意味着什么?你是否充满了力量,还会觉醒?难道你还要服从命运的法则?难道你所能做的,都已经完成?难道你创作了一支婉转呻吟的歌曲,而灵魂就永远沉睡不醒?……"这五个问题,除前两个问题显得平和以外,随后的三个问题,采用反问式，以更为有力的冲击力量震撼着读者的心灵。这里虽没有发出"拿起斧子"来的召唤，但却以雷霆万钧之力敲破了沉睡不醒的俄罗斯农民的灵魂，呼吁俄罗斯农民不再停留在呻吟、请愿、乞求的泥沼中，勇敢地挣脱命运的法则，寻求光明的出路。

《大门前的沉思》的结尾是有力的，它把希望、信念与力量注入字里行间，把全诗的感情汇成一股巨流，让诗的节奏与音符在千百万农民的心中唤起行动的凯歌。强有力的结尾体现了，而且完满地体现了诗人心中的主旋律。

长诗《大门前的沉思》构思新颖、结构完美，由叙事而抒情、激越悲愤，节奏鲜明，旋律明朗；诗情起伏跌宕，时伏时起，而在末尾构成巨大的感情波涛，震撼山河。诗的语言质朴健康、通俗平易，恰当地传达了诗情。

(雷成德)

沉闷啊！没有幸福和自由 [1]

涅克拉索夫

沉闷啊！没有幸福和自由，
漫长的黑夜没有尽头。
暴风雨快来吧，难道不来吗？
痛苦的酒快漫出杯口！

在大海的上空轰鸣吧，
在田野、在森林呼啸，
快把盛满人间痛苦的酒杯
推倒，全都泼掉！……

1868

---

[1] 此诗最初发表于1869年的《涅克拉索夫诗选》。涅克拉索夫为了削弱诗的革命意义，并骗过审查官的眼睛，曾加了个副题"译歌德诗"。但临终前，诗人又将它涂掉，并批道："自己的。"19世纪70年代的革命者曾把此诗当作革命口号。

这首无题的诗,饱含热烈的追求与顽强的呼唤,是一首政治抒情诗。

第一节写对暴风雨的呼唤与期待的心情。在"漫长的黑夜没有尽头"的感受中,他期待着自由与幸福,期待着暴风雨的到来。沉闷使人痛苦,正是在这种痛苦中爆发出希望。而暴风雨所带来的就是战斗的欢乐,自由与幸福。

这一节诗感情平抑缓和,揭示了内心的犹豫、悲伤与追求。其中对暴风雨,既期待快来,又犹豫而捉摸不透,这反映了诗人内心的焦灼与不安。"痛苦的酒快漫出杯口",肯定了暴风雨的必然到来,因为时机已经成熟了。

紧接这种感情轨迹,第二节主要写暴风雨来临的气势,从而揭示诗人欢呼的情绪与迎接暴风雨的决心。这四行诗,写得极为精彩,从大海写到田野,由田野而写到森林。大海上空的轰鸣与大地上的呼啸,有声有色,气势非凡,雷霆万钧,震撼人心。"快把盛满人间痛苦的酒杯推倒,全都泼掉!"一个"快"字,揭示了诗人行动的迅猛,一个"全"字表达了心态的坚定与彻底。二者的综合就强化并突出了诗人对暴风雨的由衷喜爱之情。这一节诗旋律突变,节奏紧张,从平稳而激越,使诗情达到前所未有的高度。

(雷成德)

致 济 娜 [1]

涅克拉索夫

你还有生存的权利,

我很快就到了风烛残年。

我要死了——我的荣誉将会暗淡,

---

[1] 济娜——涅克拉索夫的妻子济娜伊达·尼古拉耶夫娜。她的真名叫费克拉·阿尼西莫芙娜·维克多洛娃。涅克拉索夫是在死前患病期间与她结婚的。他死后,济娜便离开了彼得堡,1912年在萨拉托夫逝世。

不要惊异吧——也不要为它悲叹!

要知道,孩子:荣誉的光辉
不能永远照耀我的名字:
斗争妨碍我做一个诗人,
诗歌妨碍我当一名战士。

谁要是为这时代的伟大目标服务,
把自己的一生完全献给那为了
实现人与人是兄弟关系的斗争,
那他就能在死后得到永生……

1876

《致济娜》是一首哀婉动人的抒情诗,写于诗人病逝的前一年。

济娜是诗人的妻子,原名费克拉·阿尼西莫芙娜·维克多洛娃。1870年与诗人同居,诗人称她为济娜伊达·尼古拉耶夫娜,昵称小济娜。这位年轻的姑娘与诗人年龄相距甚大,当时涅克拉索夫已近五十,但是她还十分年轻。在诗人风烛残年时她给予了关怀与照顾。1876年诗人久病不愈,且日见严重,预感到死亡的迫近遂写下这首诗。

这首诗是写给济娜的,作为对亲人的遗言,既有对妻子善后生活的安排,也有对她的希冀与期望;既有对自己一生的总结,也有对未来的热烈追求。因而,这首诗既是留给济娜个人的,也是留给俄罗斯人民的。

第一节是写给济娜个人的。前两行鼓励年轻的妻子要有生活的勇气和力量,享有生活的权利,后两行劝慰妻子勿为他的死和死后荣誉的消失惊异、悲叹。显示了诗人博大的胸怀,对亲人的眷恋与面对死亡的平静心情。

第二节集中抒发了对荣誉的态度。诗人谦逊地说自己"斗争妨碍我做一个诗人,诗歌妨碍我当一名战士"。正因为如此,他的名字上不会闪耀着永恒的灿烂的光辉。诗人以这种宽厚的精神境界,自谦的高尚品质总结了一生,含意深透、韵味无穷,包含着对济娜的勉励。

第三节提出了人生的价值和人应有的选择。时代的伟大目标乃是人人都要把自己的一生献给"实现人与人是兄弟关系的斗争"。从这种选择里才能找到、发现和取得人的永恒价值。选择与价值是统一的,诗人从正面提出的这一准则正是对济娜和后来人的希冀。

这首诗环环相扣,结构完整;层层递进,前后呼应。以荣誉问题为纽带,使诗意浑然如一。语言质朴,亲切感人,感情平稳沉静,似有相对絮语之感。而把个人和社会,亲人与后人统一,更拓展了诗的意境。 (雷成德)

迈科夫(5首)

阿波隆·尼古拉耶维奇·迈科夫(Аполлон Николаевич Майков,1821—1897),俄国诗人。生于一个醉心于艺术的古老贵族世家,其父亲是著名画家。迈科夫童年时代在莫斯科郊区的乡村度过,深受大自然环境的感染。后举家迁居彼得堡,入彼得堡大学法学系就学,著名作家冈察洛夫曾授过他的课。1841年大学毕业后,先在国家金库工作,后长期在彼得堡的图书馆、博物馆与外国书刊检查委员会任职。

迈科夫15岁起开始写诗。在大学期间,曾一度与别林斯基接近,写过反映当代生活的长诗《两种命运》(1845)和《玛申卡》(1846),对贵族生活有所微词。但不久他就遁入"纯艺术"的象牙之塔中,与《莫斯科人》杂志接近,在俄国19世纪50年代的革命高涨时,站在保守阵营。他的重要诗集有《诗集》(1842)、《罗马素描》(1847)、《给小姐们》(1846)、《克莱寺院》(1853)、《一八五四》(1855)等。

爱情、自然、艺术,是迈科夫诗歌的基本主题。他善于以一个画家的敏锐眼光,把大自然各种美妙的瞬间捕捉到他的诗行中。大自然在他的笔下,充满了沁人的芬芳和灵性。但他的风景诗,常常与人民生活的描绘结合在一起,从民间传说中取材,因而富有生活气息。迈科夫对于爱情的描写也十分真切细腻,常常穿插着对生活的思考,富于哲理性。由于他长期在图书文博单位工作,又在意大利和法国研究过古代艺术,所以,赞美古代的宫殿和神庙,讴歌神话世界,是他创作的一个重要题材。他的诗歌形式完美,韵律和谐,有的曾被谱成歌曲流传。

迈科夫虽然在理论上强调纯艺术,但在创作实践中还是反映了一定范围的生活。他潜心于诗歌艺术的创新,是俄国诗歌史上纯抒情诗歌流派的重要代表。他还翻译过歌德、海涅、密茨凯维奇等人的诗。

沉 思
迈科夫

无忧无虑的生活,像明媚的晴天,
惊恐不安的生活,是初春的雷雨。
彼地,在橄榄树的酷热中,阳光投下荫庇,
此处,有迅雷,有闪电,有眼泪……
哦!我欲领略春日雷雨的斑斓色彩
和那如注的泪水,既辛酸又甜美!

1841　　（黎皓智　译）

这是一曲进取者的颂歌。诗人以自然景色为烘托,表现了他勇于求索的精神,充满着昂扬的情绪。全诗只用了两处比兴,言彼及此,寄托自己的联想。"明媚的晴天"和"初春的雷雨"分别比喻不同的生活情绪。彼处有阳光荫庇,此处是闪电迅雷,生活无论呈现出什么色彩,诗人都欲领略一番。即便是眼泪,不管甜酸苦辣,人生也应该品尝。

寥寥数行,并冠以"沉思"为题,加强了诗歌的思辨色彩,贯穿着诗人对人生意义的思考。

（黎皓智）

小 景
迈科夫

我喜欢漫步在林中小路,
　到处徘徊,不问去处;
沿着两条深陷的车辙
信步走着——道路没有尽头……

环顾四周,森林郁郁葱葱,
秋色染红了一片枫林,
而云杉仍旧青翠欲滴;
黄杨树在风中嘶鸣,
白桦林的落叶翩然起舞,
像地毯铺满了小路……
你仿佛如履水面——
脚下有流泉淙淙……凝神谛听
松软的凤尾草在丛林中打鼾,
而那一行行红艳艳的蝇蕈
像童话中沉睡的侏儒……
夕阳已经西沉……
河水在远方荡漾着清波……
远处那座摇摇晃晃的磨坊
水轮发出阵阵喧闹……
路上行驶着一辆沉重的大车,
时而映着斜阳,时而覆盖着林荫……
老把式的吆喝催促着驽马,
车上坐着一个幼童,
爷爷用动听的故事逗着孙儿;
一条黑狗垂着毛茸茸的尾巴,
随着大车来去奔跑,
欢快的吠声震响了暮色中的林涛,
向旷野里渗透。

1853　　（黎皓智　译）

这首诗清新、恬淡,洋溢着田园诗般的浓郁情趣,读后余韵不尽。

诗人在深秋的原野漫步,道路没有尽头。跟随着诗人的脚步,你可以看到经霜的枫林、铺满落叶的小路、摇摇晃晃的磨坊、蜿蜒的小河;

闻到黄杨木、云杉林的芳香;听到淙淙的流泉夹杂着阵阵的林涛……这一切都沐浴在夕阳的金辉里,你如同沉醉在纯净的童话世界之中。

在一片葱翠的密林深处,一个马车夫驾着马车驶来,蹄声踏碎了四野的宁静,幼童出神地听着老爷爷讲述的故事……诗人把悠然自得的牧歌情调表现得如此活泼鲜灵、意趣盎然,使人产生通体清凉之感。

迈科夫把大自然描绘得这般有声有色、充满灵性,文字读来如行云流水,令人叹服。

(黎皓智)

春
迈科夫

一朵淡蓝色的
　　纯净的迎春花!
依偎在松软的
　　最后一片雪花旁……

是最后的泪水
　　诉说往日的辛酸,
是最初的梦幻
　　把另一种幸福期待……

1857　(黎皓智　译)

春天是什么?在古今中外的文人雅士中,留下了多少千古绝笔!然而,读了迈科夫这首《春》,不禁令人拍案叫绝。

正如一叶飘落而知秋,一滴水可以映照出整个大千世界一样,依偎在"最后一片雪花旁"(请注意"最后"二字,言冰雪已融尽)的一朵纯净的迎春花,报告了春之信息。仅此一景,展示了姹紫嫣红的大好春光。

然而,诗人没有更多的描写,而是转入深沉的思考:最后一片雪花融成的泪水,诉说着往日的辛酸;第一朵迎春花好似最初的梦幻,把另一种幸福期待。诗人把视觉形象转化成回忆和幻境,不仅加深了诗歌的意蕴,而且赋予作品一种飘忽状的朦胧美。人生,总希望告别辛酸的往昔,期待未来的幸福,这就是春天的含义。　　　　　　　　　(黎皓智)

我的天啊!

迈科夫

我的天啊!昨天——绵绵细雨,
而今天——又是这么好的天气!
太阳欢笑,小鸟歌唱,色彩多么艳丽!
小草沾满露珠,丁香花开满地……

可你还在安睡,我的小天使,
睡得那么懒散,那么甜蜜……
哦,等一等,等我去摘一朵丁香,
还沾着冰凉的露滴……

突然,我把露水洒在了你的脸上……
这反而使我满心欢喜,
这清新的春之信息,
会战胜你对我的责备!

1855　　(黎皓智　译)

　　这是一首委婉含蓄的恋歌,写一个情郎在睡美人旁的喜悦心情。太阳欢笑,小鸟歌唱,丁香花开放……寥寥数语,勾勒出春天的蓬勃景象,更衬托出人物的热烈心境。诗篇没有写主人公的欢爱,而是从旁着笔,"我"去采摘了一朵丁香,把露水洒在懒散而又甜蜜地入睡的小天使的脸上,引起了"我"的满心喜欢。起首两句与结尾两句遥相呼应,从昨天的"绵绵细雨"到今天"这么好的天气",隐示情人之间昨天有过误会,而今天"战胜你对我的责备"。露珠这春之信息,把一切美好的东西都带给了人间,包括爱情的欢悦。这首诗的语言简洁,感情真挚,充分显示了诗人的抒情才华。　　　　　　　　　　　　　　　(黎皓智)

秋

迈科夫

黄灿灿的落叶铺满了
  林中湿润的土地……
我莽撞地用双脚踏碎了
  树林中春天的美丽。

我的两腮冻得火热:
  而在林中奔跑十分惬意,
倾听树颤动的声响,
  用脚把落叶搂在一起!

这里再没有我往日的慰藉!
  森林也脱下了神秘的外衣:
最后一颗胡桃已被摘下,
  最后一朵鲜花已经凋谢;

青苔已不再恣意地蔓延,
  蓬松的乳蘑也不再连绵崛起,
越橘果穗的紫色罗衣
  也不在树桩周围悬起。

深夜的严寒躺在落叶上
  久久不散,明净的天空
穿过树林冷眼凝视着
  这染过秋色的大地……

落叶在脚下簌簌地响个不停;
  死神把自己的祭品铺砌……
只有我内心充满了欢愉——

如痴如狂地唱着歌曲!

我知道,在青苔中摘下早春的花朵
  并非徒然,有着深刻的道理;
当秋天鲜花盛开的季节来临
  每一朵花儿都会和你相遇:

心灵向鲜花诉说着什么,
  鲜花又向心灵捎来了那些话语,——
在冬季那漫长的日日夜夜,
  我会怀着幸福的心情来回忆!

落叶在脚下簌簌地响个不停……
  死神把自己的祭品铺砌!
只有我内心充满了欢愉——
  如痴如狂地唱着歌曲!

1856　　　(黎皓智　译)

秋天本来是万木萧瑟的季节,容易使人产生感伤惆怅的情调;这一首诗却反其意,抒发了诗人积极乐观的精神。

诗篇从大自然之秋写到诗人的心灵之秋。大自然的秋天是一幅现实主义图画:青苔消失,严寒凝聚,落叶铺陈在大地,森林脱下了神秘的外衣。秋天是严峻的,带走了人们"往日的慰藉";秋天也是可怕的,"死神把自己的祭品铺砌"。然而,诗人在着力渲染了这个纯净的秋天世界之后,并没有抒泄孤独和苦闷的情绪;他笔锋一转,流露出自己内心的欢愉,他在"如痴如狂地唱着歌曲!"诗人心灵上的秋天是欣欣向荣的。

迈科夫不仅用诗人的心灵去感受秋天,而且用哲学家深邃的思想去理解秋天。在冬季那漫长的日日夜夜之中,他透过秋天的落英,可以怀着幸福的心情回忆起春天的明媚。这,就是"心灵向鲜花"诉说的悄悄话语,也是"鲜花向心灵"捎来的信息。心灵上的感应和思想上的顿悟相契合。

诗人把景、情、理结合在一起,情景交融,以情达理。写景,浓淡交错,动静相宜;写情,热烈明丽,真挚感人;写理,言此及彼,余味无穷。秋色美、心灵美与情操美交融在一起。

(黎皓智)

尼基钦(6首)

伊凡·萨维奇·尼基钦(Иван Саввич Никитин, 1824—1861),19世纪俄国诗人。生于沃罗涅什一个制造蜡烛的小工厂主家庭,童年时曾在当地的神学校和正教中学学习。中学时期,他便对文学发生了兴趣,尤其喜爱茹科夫斯基、普希金、柯里佐夫的诗歌。从1844年起,曾开办过小旅店和书店,此书店后来成了他家乡的文化活动中心。1856年出版了第一部诗集,受到了车尔尼雪夫斯基的批评。1859年他的第二部诗集出版,字里行间开始洋溢着他巨大的创造才华。长期的艰辛劳作,使他的身体受到极大的损害,他染上了肺结核。1861年,正值他文学创作活力的高峰时,便不幸辞世。

尼基钦的诗往往以悲剧的主题表现出对社会的直率批评,对令人窒息的俄国现实的愤懑,对未来美好理想的追求。他的许多优秀作品继承了涅克拉索夫传统,具有深厚的公民责任感,生动地描绘了农民、纤夫、马车夫、纺织女等劳动者的生活。诗行中流露出忧郁的基调。但不少作品洋溢着高昂的激情和反抗精神,反映了他对自由与解放的渴望。他善于把悲剧的主题、史诗的语调和真挚的激情融为一体,具有独创意义。

尼基钦还是一位描绘大自然的风景画大师。他对大自然的美,感受得十分细腻。那绚丽的色彩、变幻莫测的光线和幽静的音响等自然界的声光色香,他都能写得惟妙惟肖、楚楚动人。尼基钦的爱情诗写得不多,但很有特色,善于表现热恋中的情人种种错综复杂的心理活动,笔调轻松含蓄,诗意隽永。所以他的诗一直为人民喜爱,也给后世的诗人以滋养的乳汁。

我的草原,别再沉睡不醒

尼基钦

我的草原,别再沉睡不醒:
冬天的王国,已经悄然逝去,
寂寥无人的小径,芳草苏醒,
冰雪消融了,又温暖,又光明。

快醒来吧,用露水擦擦眼睛,
袒露出你百看不厌的姿色,
用嫩草装点起你的胸脯,
像新嫁娘,打扮得花枝招展。

尽情地观赏,这大好春光:
大雁在高空翱翔,成队成行,
白昼沉湎在金色的霞光里,
溪流在河谷中喧腾地流淌。

蓝色的天穹下,广袤的空间,
任白雪般的云朵自由浮沉,
在你的胸脯上,渐次投下
彩带般变幻莫测的云影。

不久,宾客齐集草原,
你瞧!到处建立起舒适的家庭,
人声鼎沸,歌儿唱个不停,
整天忙碌,从深宵到黎明!

夏天来临……针茅草丛生,
枕着镰刀熟睡,割草人多么惬意!
把一个又一个草垛高高垒起,

唱着歌儿,割草人彻夜不眠!

秋凉季节,绯红的云朵,
在晴朗的朝霞里时隐时现,
我的草原,请在朝雾中歇息,
安稳地睡吧,莫操心,莫挂牵。

1854　（黎皓智　译）

  在这首诗中,诗人为俄罗斯草原绘制了一幅变幻莫测的风景画。全诗以冬天悄然逝去开始,以深秋来临做结束,展现了草原上一年四季的瑰丽景色。

  冬天消逝了,封冻的草原上,冰雪消融,芳草苏醒。诗人以拟人化的手法,把草原比作一位青春少女。呼唤她醒来,用露水擦亮眼睛,用嫩草装点起胸脯,打扮得像新嫁娘一样花枝招展。然后,以这位草原少女尽情领略大好春光的艺术处理,展现了一幅草原之春的美景：高空翱翔的大雁,河谷中流淌的小溪,广袤空间里沉浮的云朵,草地上变幻异常的云影……诗人好像一位娴熟的画师,在画面上涂抹了那么多绚丽的色彩,有碧绿的芳草,有蔚蓝的天空,有金色的彩云……诗人又像一位出色的音乐家,把雁群的长鸣、溪流的喧腾组成了一曲和谐的乐章。这里出现了一种重合现象：诗人写草原,却立意在青春少女的纯真可爱；写少女,却着笔于初春草原的欣欣向荣,两相结合,相得益彰。这种写景的手法,构思精巧,立意深远。

  最后三个诗节,由拟人一变而为写实。夏天的草原,割草人纷至沓来,好不热闹。在情调上,从前一部分温馨的抒情发展到欢快的协奏；在节奏上,也由舒缓深沉变化为急促高昂,这种写法符合读者的接受心理。全诗以秋凉时节来临收尾,情绪上又从欢乐转为平和,给人们一个宁静的氛围来回顾一番在草原上所领略到的一切。值得回味的是最后两行,诗人嘱咐疲倦的草原安稳地歇息,以期待来春降临,全诗的结构也显得首尾相连,浑然统一。

这首诗,有斑斓的色彩,有和谐的音响,舒缓有致,动静相宜,是别具一格的草原牧歌。

(黎皓智)

早　晨

尼基钦

星光暗淡,渐次消隐。火红的云霞中,
　　一缕白濛濛的轻烟,在草场上蔓延。
在明镜般的水面,在蓬松的柳枝梢头,
　　一道殷红的光芒从云端流泻出来。
芦苇丛静寂不动。四野静悄悄,渺无人烟,
　　一条洒满露水的小径,隐约可见。
你的肩头一碰那灌木——白银般的露珠,
　　顿然间便从枝头洒落到你的脸面。
轻风徐来,吹皱一池水,涟漪频传,
　　鸭群掠过水面,又欢快地游去。
在遥远的地方,传来一阵铃声,
　　惊醒了草棚中渔夫的酣梦。
他取下渔网,拿起双桨,走向小船……
　　东方的天际,正火红一片。
鸟儿在歌唱,等待初升的朝阳,
　　树木林立,枝叶露出了笑脸。
一轮朝阳,告别了投宿的大海,
　　喷薄而出,从田野那边升起;
又以其金灿灿的光流,源源不断地
　　投向原野,投向牧场,投向树冠。
农夫骑马下地,拉着木犁,唱着歌儿,
　　沉重的负担,落在年轻人的双肩……
莫难过,心儿呀,要排除尘世的忧烦,

去迎接太阳，迎接欢乐的清晨！

1854—1855　（黎皓智　译）

这是一首朴素、流畅、自然、清新的风景诗。诗中写的是大自然的早晨，色彩绚烂，景物明丽，意境幽雅，想象瑰丽。诗人善于准确地把握大自然的美，也巧于挖掘大自然的诗意，把自己的感受完全融化到自然美景中去了。

对于大自然景色的描写，极富层次感。首先是写色彩，你看：星光，由暗淡而消隐；霞光继之而出，从云端流泻到地面；白色的薄雾，在草场上蔓延。色彩由淡而浓，又渐次淡化，变幻异常。其次是写音响，你听：四野岑寂，然后是徐徐的风声，露珠落地的声音，鸭群的划水声，远处传来的铃声，鸟儿的鸣叫声。第三层是写动态：铃声惊醒了渔夫的酣梦，拿起双桨走向了小船；农夫骑马下地，拉着木犁……

诗人这样一层深入一层地描绘出早晨的景色，由色彩而声音，由静态而动态，语言明白如话，形象逼真鲜明，不用假托，也没有寄寓，完全是现实主义的摹写。诗人捕捉大自然的美景，极其准确，又十分传神。

然而，这首诗的感人之处还在于，诗人把自己的感受与大自然景物融化为一。置身这令人陶醉的清晨，他没有狂喜，也极少有舒坦的心意，诗行中反而流露出一丝淡淡的哀愁。风光无限美，生活多艰辛，诗人为农民双肩承受的重负，深情嗟叹。美丽的自然与辛酸的人生，在这首诗中构成了鲜明的反差，表现出诗人的民主主义精神。但是，结尾清新，诗人劝导诗中人要排除尘世的忧烦。这里既包含了对农夫的体贴同情，又给读者留下了无穷的余蕴，使全诗的气氛和谐统一。　　　　（黎皓智）

不分日夜，期待和你会见

尼基钦

不分日夜，期待和你会见，

一朝相会——又惊惶不安；

我说着话，却又用整个心灵

来诅咒我说出的语言。

极欲使感情自然流露,
我想回答你对我的爱慕,——
但说出来的是天气如何,
是在品评你的衣着。

你别生气,别听我表白;
我自己也不相信这种胡说,
我讨厌我的言不由衷,
我讨厌我的真话假说。

这就是我的愉悦,
就这样消磨自己的岁月:
心情沉重吗——我必须沉默,
我在钟情吗——爱情不能直说。

1856　　（黎皓智　译）

  这是一首构思奇特的爱情诗,清新、醇美而又自然。诗中既没有寄情于物的比喻象征,也没有信誓旦旦的爱情表白,主要写一个一往痴情的小伙子在见到日夜思慕的情人时惊惶不知所措的尴尬心理,读来饶有兴味,不落窠臼。

  第一小节写他日夜期待与情人会见的焦急心愿;第二小节写他见到情人后的窘迫表情。你看,他"极欲使感情自然流露","想回答你对我的爱慕",也许他早就想好了自己见到情人后应说些什么话。但是,见面后脱口而出的,是今天天气如何如何,是在品评情人的衣着。这种矛盾的心情,真是剪不断,理还乱,姑娘生气了。于是,第三节又写小伙子的解释和自我否定:"我讨厌我的言不由衷,我讨厌我的真话假说。"怕姑娘生气,又自我谴责一番。第四小节具有概括特征:"我在钟情吗——爱情不能直说。"雄奇的山峰,不在于高,而在于险;甜蜜的爱,不在于表白,而在于真诚。

这首爱情诗的构思,立意于一种"痴情",有力地表现了爱恋的真诚和深度,突出了诗的主题,而且还把爱情形象化了。本来爱情是一种抽象观念,但此诗写得具有动态感,因此产生了艺术魅力。　　(黎皓智)

村中夜宿
尼基钦

室闷的空气,松明的浓烟,
　　脚下垃圾成堆,
长凳染满尘土,蜘蛛网
　　在房角编织花纹;
被烟熏得黝黑的木板墙,
　　干硬的面包就着凉水,
纺织女的咳嗽,孩童的啼哭……
　　啊,贫穷,苦不堪言!
悲愁,伴随着终生辛劳,
　　穷苦人劫运难逃……
这当儿,就应该努力学会
　　有信仰,而且要忍耐!

(黎皓智　译)

这首诗,勾勒出了农奴制改革前夕俄罗斯农民的凄惨生活景象。

诗人偶然投宿一个农舍,农民的生活使他目不忍睹。短短的几行诗句,把农民的居住、饮食、劳动条件描写得栩栩如生,一片悲凉凄苦的情景。"纺织女的咳嗽"伴随着"孩童的啼哭",暗示出俄罗斯农民的生活,世世代代如此。苦不堪言的辛劳交织着精神上的压抑,等待着他们的只是劫运。诗句对农民贫苦生活的描写,一层深似一层。

这首诗的情调忧伤,诗人劝导农民要有信仰,要忍耐,显示出他对农民悲惨命运的深厚同情,也能激发人们变得更加高尚和纯洁。　　(黎皓智)

我们肩负着沉重的十字架

尼基钦

我们肩负着沉重的十字架,弟兄们,
思想被禁锢,言论被封锁,
诅咒埋藏在心灵深处,
眼泪在胸中沸腾。

俄罗斯在桎梏中,俄罗斯在呻吟,
你的公民在忧愁中缄默不言,
欲放声痛哭,又哭不出声,
儿子思念着病中的母亲!

你没有吉兆,没有乐土,
你是苦难和奴役的王国,
你是贿赂和官僚的乐园,
你是棍棒和皮鞭的化身。

1857—1861　　(黎皓智　译)

这是一首充满了革命激情的政治抒情诗,但诗人不是以标语口号来装点诗句,而赋予诗歌以充实的艺术生命。诗句极其凝练而又不单调,感情激越又不失节奏。全诗仅三节,诗人的感情在每一个小节中都有一个回旋,激越的感情在回旋中步步高昂,层层推进。你们看诗人的形象:肩负着沉重的十字架,而眼泪在胸中沸腾;言论被封锁,而诅咒却埋藏在心灵深处。这一张一弛的修辞手段,把诗人悲愤的控诉和热情的呼唤熔铸在一起。

全诗用有力的语言和巧妙的隐喻,表现了两种情绪的鲜明对比:对于在呻吟的俄罗斯祖国,诗人欲放声痛哭,好像儿子思念病中的母亲;而对于独裁者的国度,诗人怀着满腔愤怒在诅咒。最后一节用了一系列排比,控诉给俄罗斯祖国套上桎梏的专制暴君。诗人对祖国母亲那种真挚的感情,像火山一样爆发在这些掷地有声的诗句之中。这首诗表现了作者对俄国现实有着敏锐而深刻的理解。

全诗的语言形象、音调铿锵、节奏明快,那优美的诗行时而像大海中起伏的波涛,时而像闪闪发光的烈焰,撩人心房! (黎皓智)

幽暗的树林里夜莺停止了歌唱
尼基钦

幽暗的树林里夜莺停止了歌唱,
蔚蓝的天空,划过一道星光;
月亮透过树枝投下深情的一瞥,
把小草上的露珠照得晶莹明亮。

玫瑰睡了。四野一片清凉。
有人吹了一声口哨,哨声又停息了。
耳中隐约听见,一片虫蚀的树叶
悄悄地飘落到地面。

月色下,你亲切的面影,
多么温顺,又多么恬静!
这个充满了金色幻想的夜晚,
我真愿把它延长,延长到无限!

1858 (黎皓智 译)

这是一首别开生面的爱情诗。诗人从写景开始,一下就把你引入一个万籁俱寂的神奇境界:在那个幽静的丛林里,夜莺停止了歌唱,玫瑰睡熟了,哨音停息了。多么幽静啊!只有月亮透过树枝向大地投下一抹清辉。古今中外,圣洁的月亮总是与甜蜜的爱情联系在一起,"月上柳梢头,人约黄昏后"。花前月下,是情人幽会的好地方。诗人着力渲染的,一是幽静,二是月色,铺垫了一个令人神往的情境。

环境的幽静与情人心境的恬静如此投合,晶莹的月亮与情人亲切的面影如此切近,夜色的柔和与情人的温顺如此和谐一致,情与景浑然交融,弥合无间。

然而,世上美好的事情总不能长久,诗人迷恋于这个充满了金色幻想的夜晚,于是诱发出"我真愿把它延长,延长到无限"这种感叹。"但愿人长久,千里共婵娟"这种心愿,人皆有之。这首诗写出了天下情人共同的内心隐秘。

(黎皓智)

敏斯基(1首)

尼古拉·马克西莫维奇·敏斯基(Николай Максимович Минский,1855—1937),俄国诗人。真姓维连金(Виленкин),生于维连斯基省格鲁鲍斯基村一犹太人家庭。1879年毕业于彼得堡大学法律系。1880年,他的第一本诗集由于带有自由主义色彩而被沙皇政府书刊检察机关查禁。1884年在基辅《霞光报》上发表了维护"纯艺术"观点的文章《老的争论》,成为颓废派艺术的宣言。1905年,布尔什维克党人曾邀请他担任《新生活报》的正式编辑,以利用他办报的合法身份。后因《新生活报》上刊载以"全世界无产者联合起来"为内容的《工人之歌》和《国际歌》(歌词缩译),敏斯基被控犯有"号召推翻现存制度"罪而遭逮捕,出狱后流亡国外。十月革命后他住在柏林、伦敦、巴黎,曾翻译过荷马的《伊里亚特》以及魏尔伦、雪莱、拜伦、福楼拜的作品。晚年脱离了文学活动,在巴黎去世。他的象征主义诗歌作品曾于1907年在圣彼得堡出过四卷本全集。

浪

敏斯基

你温柔却没有热情,
　温柔而又冰冷,
　你永远是自由的,
　又永远被操纵。

你依恋着岸边,
慵懒而又妒忌,
你热爱自由,
总是向大海的中心跑去。

你诞生于海洋的深处,
时刻都会消逝,
你依恋着天空,
神秘是你诱惑的武器。

你虚幻而又清晰,
声音传达出你的哀伤,
你若即若离,美丽无比,
你在近处也在远方……

(王守仁　译)

象征主义诗歌与现实主义诗歌不同,它通过象征的表现手法来表达主观精神世界,而不是客观物质世界。它要求表现内心的"最高真实",赋予抽象概念以具体的形式。象征与暗示乃是象征主义诗歌的突出特点,诗歌形象的跳跃性很大,常常从一个形象飞到另一个形象,且天上人间任意驰骋,但毕竟不乏一定的思想深度,而形式又极其简洁。有的诗明显表现出诗人着意追求瞬间的幻觉、飘忽的意念,其栩栩如生的画面,颇为耐读。敏斯基的这首诗便是典型例子。这里,虽是象征形象,但却具体可感,并不扑朔迷离、朦胧晦涩。细心的读者一定能看出,此诗表面上写的是"浪",实际上写的却是"女性"。诗人不仅用象征手法突出了形态,而且追求的是神态的惊人的毕肖,真可谓"浪"与"女性"浑然一体了。这里的象征手法极大地增强了诗的艺术魅力。可见,象征主义诗歌并非一概晦涩难懂,有的虽然谈不上思想的深度,但却具有艺术的光彩。

(王守仁)

吉皮乌斯 (3首)

吉那伊达·尼古拉耶夫娜·吉皮乌斯（Энаида Николаевна Гиппиус，1869—1945），俄国象征派早期领袖人物。1869年生于图拉省涅仁城一个法院院长的家庭，先后居住在莫斯科和梯弗里斯（即今第比利斯）。1889年，在梯弗里斯和德米特里·谢尔盖耶维奇·梅列日科夫斯基结婚。吉皮乌斯一生既写小说，也写剧本，但最为人们称道的是诗。从1893年第一首诗《歌》问世起，先后出版的诗集有：《1889—1903诗集》《诗集：1903—1909》《最后的诗：1914—1918》《长征之歌》《诗：1911—1921年的日记》《后光》等。吉皮乌斯十月革命后流亡国外，1945年9月9日在巴黎逝世。吉皮乌斯的诗，无论形式或内容，都独具一格，既重视格律又不囿于格律。她认为诗就是祈祷，"仅仅是祈祷在我们心灵里所采取的形式之一"，"是我们的心的瞬间的充满的反映"，因此，她的每一首诗都带有一些新的特点。俄国诗人对她评价很高。

歌

吉皮乌斯

我的窗户高悬在大地之上，
　　高悬在大地之上。
我只看见天，看见傍晚的霞光，——
　　傍晚的霞光。

但我却感到天是这样苍白、虚空。
　　这样苍白、虚空……
它不会哀叹我的可怜的心灵，
　　我的可怜的心灵。

唉哟，我会在极度的悲哀里死去，
　　在悲哀里死去。
我拼命地追求我不了解的东西，

>   不了解的东西……
>
>   这个愿望我不知道从何想起,
>   从何想起,
>   但是心儿却想望着、祈求着奇迹,
>   奇迹!
>
>   呵,来吧,那根本不存在的东西,
>   根本不存在的东西:
>   苍白的天竟允诺我看到奇迹,
>   看到奇迹,
>
>   但我却对不真实的许诺空自悲哀……
>   没有泪,空自悲哀……
>   我需要它呀,而它在世上并不存在,
>   在世上并不存在。
>
>   1893   (卢永 译)

此时此刻,坐在高悬在纷纷扰扰的"大地"之上的"窗户"旁,诗人在祈祷(进入心灵极其活跃的刹那)。面对着"这样苍白、虚空"的"天"(虽然还蒙着一层"傍晚的霞光"),她在思索着人世:前途在哪儿?希望何在?连"天"都这样陌生,不能了解我、同情我,这般孤独,这般悲哀!但是,毕竟诗人不是一个无所作为的弱者。心灵的火花一个闪耀,凄凉悲怆的旋律跟着一个急转:我要"拼命地追求我不了解的东西",我的心儿"想望着、祈求着奇迹"!于是,心潮汹涌澎湃,高潮和低潮交替,希望和失望更迭。然而依旧迷茫!在迷茫中前行,奋斗不懈!

这确是一首歌,心灵的歌;也是一支乐曲,节奏由徐缓转向渐快、由低沉转向昂扬,也有回旋。一个诗节一韵,像一个乐段,每一段都用两个重复的词语加强感情(低沉或高昂)。歌或乐结束了,然而余音仿佛还在荡漾!

这是一篇诗人关于诗的艺术的宣言：我的诗是格律诗，但不是千篇一律的"格律"；我的诗就是我此时此刻的完全的感觉，它只具有只有它才能有的形式，我有我特殊的追求。"窗户""大地""天""霞光"，都不是为了写"景"，它们只能代表我的内心的隐秘的意向，都是象征的符号。

这实际上也是诗人关于人生的诗的阐说。　　　　　　（卢永）

在　家　里

吉皮乌斯

绿色的，紫藤色的，
银白的，鲜红色的……
我的朋友是严格的，
我的花朵是纤弱的……

你们——我的日子是虚妄的，
我的时光是怯懦的，
呵，艳红的和苍黄的，
紫藤色的和白色的！

静息了的和卑污的，
垂头丧气的和渴盼着的……
顺从的，残酷的，
用沉默把死神呼唤着的……

呼唤着，巍然无所惧怕的，
呼唤着，越来越胜利在握的……
我的花儿，我的花儿哟，
我的朋友，几个为数不多的！

1908，巴黎　（卢永　译）

有人说,吉皮乌斯的每一首诗都带给俄国诗以新的东西,这首诗尤为明显。原诗四个诗节,1、3和2、4行押韵,每行四顿,两个重读。特别是每行(第四诗节第三行除外)最后一个字都是长尾形容词或形动词。译文基本上照原诗格律和韵式整体移植了过来。试将每行第二个重读放在"色、色、格、弱","妄、懦、黄、色","污、盼、酷、唤","怕、握、花、多"上读一读看,的确,抑扬顿挫,韵味无穷,别具一格。

诗人又在"祈祷"(又是一个心灵极其活跃的刹那),坐在家里回忆过去,包括过去的人,过去的事。有积极的,有消极的;有暖色的,有冷色的;有谴责,也有自责,但人和事都隐藏在一片朦胧的氛围中。然而在这种进行曲般作响的铿锵的心灵的运动中,不是可以感到一种执着的、不屈的精神么?!

(卢永)

鹤

吉皮乌斯

那儿现在,在春天化雪的地方,
　　白嘴鸦大声地叫喊,
而那怯生生的春天的光芒
　　充满着非人世的爱怜。

　　　　透亮的光线拖长了开来,
　　　　就像是秘密事件的信差,
　　　　从天上来到了人间。

该以什么样的尺度衡量忧心?
　　呵,请让我,呵,请让我相信
　　　我的大地的真理完全实现!

　　那儿,在结冰的、柔和的袈裟下,
　　　可以听到河流的呼吸。

那儿现在，在柔和的小白桦下，
融化着的白雪更加无力……

不是向着那儿吗，顺着深远的苍穹，
不是向着那儿吗，排成长长的队形，
那些鹤，呻吟着，展翅飞去？

该以什么样的尺度衡量激情？
呵，请让我，呵，请让我相信
我的大地的幸福无比！

我听见，冰层怎样地被冲破，
江河一派威严地流响，
像太阳一样红艳艳的花朵
在苏生的大地上开放……

报信的鸟儿做过了预言，
夜晚远处的闪光停止了打闪，
太阳已从远处升起……

该以什么样的尺度衡量爱情？
呵，请让我，呵，请让我相信
我的大地的力！

1908.3，巴黎　（卢永　译）

诗人把自己的诗也叫作"文字的音乐""说话的音乐"，那么，这首诗不就像一首优美的抒情性很强的乐曲，或称"春之曲""春之歌"么？

看，每三个交叉的诗节构成一个乐段，三个乐段构成一篇完整的乐章。

第一段：春的讯息，忧虑，信念。

第二段：春的脚步，鹤阵，激情，大地的幸福。

第三段：春来了，花开了，太阳出来了。爱情无边无际（大地的力）！

而如果你再一遍又一遍地吟读这首诗，仿佛它又成了一幅春天的连环画卷。

"怯生生的春天的光芒""秘密事件的信差"——"河流的呼吸""融化着的白雪"、鹤阵凌空翱翔——坚冰破裂，大河奔流，春暖花开……世界充满了爱！此时候，对这首诗你简直是通过视觉去理解和欣赏。诗的词汇（对比的，隐喻的，象征的，朦胧的，明朗的）、诗句的排列（如鹤群飞翔的倒装句），仿佛都变成了诗人画笔下的绚丽的色彩，是色彩构成的形象感染着人心。

全诗的主线是一个"春"字，但为什么诗人却用仅在一个诗节里出现过的"鹤"字来作标题呢？妙哉，其味无穷！ （卢永）

勃洛克（7首）

亚历山大·亚历山德罗维奇·勃洛克（Александр Александрович Блок，1880—1921），19世纪末20世纪初叶俄国象征派诗人，出身于贵族知识分子家庭。父亲是华沙大学法学教授，母亲是文学翻译家。诗人的童年和少年时代是在外祖父——彼得堡大学校长、著名植物学家别克托夫家度过的。

1898年勃洛克进入彼得堡大学法律系，1901年转入文史系，毕业于1906年。1903年在彼得堡象征派杂志《新路》第3期初次发表诗作《献词》（10首）。1904年莫斯科神鹰出版社出版了勃洛克第一部诗集《美妇人诗集》。这部诗集是他创作第一阶段（1897—1904）的代表作品。诗作多以爱情为中心主题，富有神秘主义色彩，较多地表现了封闭的自我精神世界，具有一种朦胧美。创作的第二阶段（1905—1908）以诗集《意外的喜悦》（1907）、《白雪假面》（1907）、抒情剧《草台戏》（1906）等为标志。1905年俄国革命促使勃洛克突破狭窄的生活圈子，转向表现生活、社会、大自然、人的自发性力量。第三阶段（1909—1917）诗人创作出版了《意大利诗集》（1909）、《抑扬格诗集》（1907—1914）、长诗《夜莺花园》(1915)、《报复》(1910—1921),以及剧本《玫瑰花和十字架》(1913)等。勃洛克的诗从表现自发性力量过渡到强调诗歌的倾向性和诗人的天职,追求实现美好生活的理想。1917年诗人热烈地迎接了伟大的十月社会主义革命。革命以后诗人创作了长诗《十二个》(1918),这一优秀作品表现了诗人对革命的追求和赞颂。

十月革命后诗人积极参加社会活动和文学活动。他在1918年1月写的《知识分子与革命》一文中,号召人们"要用整个的身体、整个的心、整个的意识,倾听革命"。他积极参加高尔基创办的世界文学出版社的工作。1920年当选为全俄诗人联合会彼得格勒分会主席。马雅可夫斯基称勃洛克为"声望最高的象征主义巨匠",说他的"创作是整整的一个诗的时代","对现代诗歌发生过很大的影响"。

透明的、不可名状的影子

勃洛克

透明的、不可名状的影子
向你飘去,你也和它们一起飘,
你将自己投入——我们不解的
蔚蓝色的梦的怀抱。

在你面前不尽地展现
大海、田野、山峦、森林,
鸟儿在自由的高空彼此呼唤,
云雾升腾,天穹泛起红晕。

而在地面上,尘埃里,卑贱中,
他瞬间看到了你不朽的面容,
默默无闻的奴仆充满着灵感,
歌颂你,你对他却置若罔闻。

在人群中你不会将他识辨,
不会赏赐他一丝笑影,
当时,这不自由的人正在后面追望,
刹那间品味到你的永恒。

1901.7.3　　(孙美玲　译)

这是一首充满幻想的奇异的爱情诗,选自《美妇人诗集》。

《美妇人诗集》是一部充满神话色彩、具有独特艺术风格的诗集,它既继承了俄国抒情诗的优秀传统,又与世界同时代抒情诗的艺术倾向相呼应。诗人在创作这部诗集的两三年里,由于受到旧世纪的最后年代和新世纪最初年代的神秘主义和浪漫主义气氛的影响,与俄国象征派的先驱者——哲学家和诗人弗拉基米尔·索洛维约夫的诗歌产生了强烈的共鸣。通过索洛维约夫的诗,勃洛克领悟了柏拉图关于理念及实物两个世界的思想,后者是前者的影子,为前者所从生。柏拉图、索洛维约夫的神秘主义与勃洛克艺术思维的象征主义相适应。

此外,这一时期正值诗人处于热恋中,他对未来妻子柳鲍芙的爱情激发了他巨大的创作灵感。

《美妇人诗集》的一系列诗歌构成了一个具有内在联系、彼此呼应、交相谐趣的体系,但是每一首诗又是独立的。美妇人形象是抒情主人公"我"存在的精神基础,抒情主人公"我"乃是生活在喧闹人群中间的凡人,然而他永远向上追求那非人间的"天上"的美妇人。抒情主人公对美妇人的等待、对她降临的渴望、对她的崇拜赞颂、对她的崇高圣洁的爱情,贯穿全部诗集。

在这首诗中,诗人同样把美妇人想象得超凡入圣,有如永恒的处女神,她与轻柔神秘的影子为伴,降临在我们不解的蔚蓝色的梦境。她的降临也如梦幻一样,神秘莫测,虚无缥缈,但却令人心境纯洁、惬意无限。

美妇人俯瞰人寰,人寰由于她的出现而生气勃勃,大海、田野、山恋、森林在她面前展现,鸟儿为她欢唱,自由呼唤,云雾像伴随女神,为她升腾,天穹欢愉,为她泛起红晕。

生活于凡尘、卑贱中的抒情主人公,无声无息、默默无闻。一旦仰见了超凡的美妇人的不朽面容,便顿然获得了灵感,生命里充满了仰慕的、爱的欢畅。抒情主人公因是美妇人的奴仆,才摆脱了尘世的烦扰,获得心灵的自由。这奴仆的地位,不是贬低自我,而是自我的高扬。他期待爱的赏赐,但并不因为没有被识辨便气馁,便惆怅,能够仰慕和赞美"你"的圣洁、永恒,就是他无限的幸福和宽慰。诗人通过美妇人形象,表现了崇高的爱的理想,永恒的真善美的理想。　　　　(孙美玲)

我走进昏暗的教堂

勃洛克

我走进昏暗的教堂,
完成简单的仪式。
我等候美妇人的到来,
明灭的灯光闪着红色。

在高高圆柱的阴影中
吱呀的门声使我战栗。
面对面直视着我的——
唯有光灿灿的神像,唯有关于她的梦。

啊,我已看惯高傲的永恒之妻
身着这样的法衣!
笑声、童话和梦
沿着屋檐高高地离去。

啊,圣女,烛光是何等地可人,
你的容颜又是何等的欢愉!

我听不到叹息,听不到人语,

但我确信:亲爱的——是你。

1902.10.25　(孙美玲 译)

　　这首爱情诗体现了诗人将诚挚的爱情感受和神秘崇高的探索追求杂糅在一起的和谐的美。诗人把爱情的感受表现为某种崇高的神圣仪式。教堂里明灭的红色灯光、高大圆柱的阴影,无不充满圣洁神秘的色彩。诗人热恋的姑娘与这里的似乎是非尘世的气氛相连。美妇人形象对于诗人来说,是"世界之魂"的尘世体现。抒情主人公热切地等待美妇人,但吱呀的门声又使他战栗:是胆怯?是激动?是狂喜?抒情主人公崇拜美妇人,称她为高傲的永恒之妻、身着法衣的圣女,他视自己热恋着的美妇人为笑声、为梦、为童话。"我"已看惯"你"飘然离去,然而"你"又时时在我心中:"我听不到叹息,听不到人语,但我确信:亲爱的——是你。"

　　诗人写的关于美妇人理念的这一系列诗篇,并不是都能被理解和被接受的。当诗人把类似这样的诗献给自己未来的妻子柳鲍芙的时候,柳鲍芙写道:"您把我从生活引向某些高处,在彼间我感到很冷、很可怕……很寂寞。"然而勃洛克却回答说:"你是我的青春,我的活生生的希望,我的尘世的存在。你不仅是我彼间的理想,而且也是我此间的理想。"在诗人的观念中,"彼间"为实,"此间"是虚,虚实交融,宾主一致,理想在尘世中得到体现。

　　这首诗再鲜明不过地体现了诗人所说的"彼间"和"此间","天上"和"人间"的理想的结合统一。它们既不同,又互相转换。美妇人形象既是近在身边的可亲可爱的尘世姑娘的写照,又是天上的虚幻神奇的爱情理想的化身。

(孙美玲)

陌生女郎

勃洛克

每日黄昏,餐厅、酒馆的上空,

热气蒸腾,喧嚣而氤氲,
春天腐臭的气息,
左右着酒醉的喊声。

远处,透过窄巷的烟尘,
透过郊区别墅的冷清,
面包店的幌子隐约地闪着金光,
还可听见孩子的哭声。

每日黄昏,铁路过道的横栏杆外,
久经沙场的调皮鬼们
歪戴着帽子,
在沟渠间同女伴散心。

湖上飘来桨架的吱扭声,
还有女人的惊叫声,
天上,看惯了一切的月轮
歪着脑袋,无动于衷。

每日黄昏,唯一的好友
映在我的酒杯之中,
和我一样,被苦涩神秘的汁液
变得和和顺顺,懵懵懂懂。

附近餐桌的旁侧,
伫立着昏然欲睡的侍者,
醉汉们睁开兔子眼睛,
嘴里喊着:"一切真谛尽在酒中!"

每日黄昏,在一定的时辰,
(或许这只是我梦中所见?)

一个纱围绸裹的姑娘的倩影,
移过烟雾朦胧的窗前。

她缓缓地从醉汉当中走过,
从来没有伴侣,只是孤独一人,
呼吸着香气和烟雾,
在窗子旁边就座。

她轻柔的纱裳,
她装点着服丧黑羽的华冠,
还有那戴着指环的纤手,
都洋溢着古老信仰的幽馨。

一种奇异的亲近感将我紧紧锁住,
我望着黑色的面纱,
看见了迷人的海岸,
看见了迷人的远方。

深藏的秘密已嘱托给我,
不知是谁的太阳也交到我手上,
我心灵的幽曲
受到醇醪的涤荡。

弯曲的鸵鸟羽毛
在我脑海里荡漾,
深不见底的蓝色眼睛,
花朵似的在远方开放。

无价珍宝藏在我心中,
开锁的钥匙交在我手中,
真有你的,醉人的魔鬼!

> 我明白:"一切真谛尽在酒中!"
>
> 1906.4.24　(孙美玲　译)

　　1905年,第一次俄国革命敲开了勃洛克闭塞生活的大门,促使他走向广阔的天地,面对现实生活。澎湃的现实生活,革命的兴起和失败,个人生活中由于夫妻离异而产生的家庭悲剧性事件,激动和觉醒,痛苦和失望,使他的美妇人的梦难以在原来的朦胧而温馨的氛围中继续做下去。在他的诗歌创作中,尘世气息的渗入和参与越来越多,越来越浓重。

　　《陌生女郎》一诗创作于1906年。这首诗给诗人带来了极高的声誉。它表明诗人的诗歌个性和艺术成就已经迈上了一个新的阶梯。这首诗表现世俗生活的乌烟瘴气同诗人浪漫主义的理想的冲突。

　　这首诗在结构上分为两部分。第一部分描写彼得堡近郊的世俗生活——陌生女郎出现的现实环境:春天的腐朽气息,酒店的热气蒸腾,醉汉们的叫喊,侍者困乏的眼神,湖上传来的桨架声,女人的叫声,孩子的哭声,还有面包店的黄色招牌,远巷的烟尘,郊区别墅的冷清,天上无动于衷的月轮……第二部分描写陌生女郎出现的情景。她的到来,是向庸俗生活的冲击,是对庸俗生活的否定,是诗人在庸俗生活中努力追求和希冀的解脱。

　　每日傍晚陌生女郎在酒馆里出现,是真实?是虚幻?还是诗人的梦?诗人自己也弄不清。不过有一点是清楚的:陌生女郎每次出现,都是在"我"被苦涩的酒变得和顺和懵懂的时候。

　　尽管从表面上看,"陌生女郎"似乎仍然隐含着某种"美妇人"的神秘韵味,然而她已经完全不是"美妇人"了。"美妇人"身上的虚幻的美,不可企及的美和神秘的行踪,在"陌生女郎"身上已经一丝不见。"美妇人"是纯真圣洁的化身,爱情的化身,真善美的化身。天上、人间、教堂、大地,似乎一切圣洁美丽的地方都有她的踪迹。她无所不在,但又永无定址。她是真实的,然而又是虚幻的,或许她只存在于理念的天国,存在于诗人的心灵深处,存在于诗中。"陌生女郎"则不同,她已经是一个完全真实的、具有血肉之躯的现实形象。她有个性化了的外貌,她有一双深不见底的蓝眼睛,她衣着入时。她戴着面纱,她的华冠上装饰着作为服丧标志的黑色羽毛,这一切都符合当时彼得堡的时尚。她行踪有定:每日黄昏在一定的时辰,出现在彼得堡近郊湖滨火车站附近的酒馆里。这里充满了世俗生活的庸俗气息。这种时间、地点和氛围,都与"美妇人"出现的情况形成强烈的对比。

"陌生女郎"来自何方?她的装束和她戴着指环的纤手,"都洋溢着古老信仰的幽馨"。这种古老的信仰对于诗人来说,仍然保留着一种永恒的美和神秘的力量。就让它是由于酒的奇妙魔力而在诗人脑中产生的幻觉和梦吧!然而这梦和幻觉,既可能是完全现实的写照,也可能是比真实更具深意的理想的再现,它是诗人心灵中通向理想的一条小路,是摆脱尘世的龌龊、纷扰、庸俗和矛盾的一片绿洲,使诗人看见了"迷人的海岸""迷人的远方"。

"陌生女郎"的出现,使喧闹的庸俗生活瞬间不可思议地改变了色彩,神奇般地转换成另一个美的、光明的世界。这个光明世界,这个迷人的远方,只有在诗人心灵的幽曲受到美酒涤荡的时候才会出现。诗人在结尾处有一神来之笔:"真有你的,醉人的魔鬼!我明白:'一切真谛尽在酒中!'"这句诗把庸俗的现实和美好的理想融在一起,但又打破了两者的混合统一。这句诗蕴含了诗人的无限感受,庄严和调侃,苦闷和甜美,幽默和伤感,理想与失落,热诚追求和自我嘲弄,苦辣酸甜俱在其中。

(孙美玲)

她像过去一样

勃洛克

她像过去一样
想将自己的气息
吹进我备受摧残的身躯,
吹进我冰冷的住室。

她像高天一样来到我身边,
我却不能迎上前去,
不能摆动一下受伤的手,
表白一声:我多么想你……

我用无光的眼睛望着,
她为我悲戚,
我们兀自相对,
没有话语、没有幸福、没有怨恚……

尘世的心疲倦了
年何其多,日何其多……
尘世的幸福来晚了
驾着它那疯狂的三套马车!

最后我染上不治之症,
呼吸别样,苦闷也别样,
我满足于落日的霞光
并不畏惧永恒的夜。

永恒望着我的双眼,
将宁静还于我心,
用蔚蓝色的夜的清露
淋灭了我激情的火焰……

1908.7.30　(孙美玲　译)

　　这首诗写于反动的"恐怖时代",这是一曲人世的慨叹,生活的悲歌。

　　勃洛克以一个诗人的敏感的心,深切地感觉到"可怕的世界"的残酷无情。他曾写道:"俄国革命结束了。所有的木柴都燃到了最后,成了灰烬,或者说人们心灵的酒杯都泼得干干净净,铅一般的乌云拥压过来,疾风凛冽……一切都回归了,一切。当然,首先回归的是黑暗。"

黑暗的阴影也笼罩了诗人的心田,他的诗中出现了孤独、寂寥、苦闷、绝望乃至死亡的旋律。

这首诗中的女主人公"她"依然美丽可爱,依然像高天那么蔚蓝圣洁。"她"似乎仍旧是幸福、是佳音、是理想、是美好未来的象征。或许更具体、更贴切地说,是往昔爱情理想的象征。然而抒情主人公的"我",已非昔日之"我"。"我"已经熬过了多少个尘世的春夏秋冬,"年何其多,日何其多";"我"已经经受了多少风霜雨雪的摧打,走过了多少人间道路的坎坷,"我"身残手伤,眼睛失去昔日的光芒,任"她"把自己的温暖的气息,吹进"我"的身躯、"我冰冷的住室",然而"我"的心灵再也不能复苏,不能温暖了。我们默然相对,没有激情,没有眼泪,没有痛苦,没有幸福,没有话语,没有怨恚:"尘世的幸福来晚了,驾着它那疯狂的三套马车!"再也没有人能够拯救处于忧患人生中的"我","我"已患上不治之症——因为从可怕的现实中找不到出路而生出了绝望。

绝望的顶点是彻底的冷漠。唯一所求的是摆脱尘世的巨大痛苦,进入永恒的无知无觉无生无死的宁静境界。

然而诗人还念及"她"的到来、"她"的眷顾,末了,诗人还渴求用夜的清露,淋灭"我激情的火焰"。这一切的背后不是仍然隐约地透露出他执着地依恋人生、珍惜人生、追求人生的强烈欲望吗? (孙美玲)

俄 罗 斯

勃洛克

有如在黄金时代,
三套马车的后鞧磨得破破烂烂,
绘着花饰的车轮辐辏
陷进东扭西歪的辙沟……

俄罗斯啊,赤贫的俄罗斯,
你灰色的茅屋,
你飘荡的歌声,
是我初恋的泪!

我不会怜悯你,
我小心翼翼地背着自己的十字架……
任凭你把野性的美
随便交给哪个魔法师!

无论他怎样诱惑、欺骗,——
你也不会没落、不会死亡,
唯有忧伤才会模糊
你俊秀的面庞……

能怎么样呢?只是忧伤过于沉重——
只是眼泪使河流更喧嚣,
然而你还是你——是森林,是田野,
是一块齐额头巾缀满刺绣……

不可能的会成为可能,
漫长的道路也会变得轻松,
当头巾下的目光
在道路远方倏忽一闪的时候,
当马车夫低沉的歌声
唱出囚徒的忧伤的时候!……

1908.10.18　(孙美玲　译)

祖国、俄罗斯的主题在勃洛克的抒情诗中,占有非常重要的位置。他说:"我自觉地、义无反顾地将生命献给这一主题……要知道这里有着生或者死、幸福或者灭亡。"诗人在黑暗年代,在极度伤感乃至悲观的时刻,之所以还能奋进,就是因为他对祖国、对俄罗斯一往情深,忧思难忘。俄罗斯祖国的主题与勃洛克探寻道路的主题,彼此谐调一致。他说过:"在充满堕落、矛盾、痛苦的振奋和不必要的悲伤的道路的终端,展现出一个永恒的和无垠的平原——亘古以来的故乡。这也就是俄罗斯本身。"

《俄罗斯》一诗是勃洛克最诚挚、最明快的抒情诗之一。诗人笔下的俄罗斯形象,常常与果戈理在《死魂灵》中所描绘的象征俄罗斯形象的三套马车相联系。果戈理创造出俄罗斯的颂歌——追不上的、以不可阻挡的力量奔向无际远方的三套马车,它轰鸣着,风驰电掣般向前飞奔,疾速得甚至都能将空气撕成碎片。这一形象撼动着勃洛克的心,在他的诗中不断回响,寄托着诗人的激情和他对祖国的希望。

勃洛克热爱的俄罗斯,是赤贫的俄罗斯,是忧伤的俄罗斯,是历经无数磨难的俄罗斯。诗人将他热爱俄罗斯的深情比作初恋的泪,这泪中饱含了世界上最笃挚、最深沉的青春激情。透过这青春的泪,闪出诗人一颗无比纯真的心。诗人由衷地慨叹俄罗斯亘古不变的赤贫,诗人感愤于祖国的被蹂躏,诗人深深惋惜祖国的怒而不争,和她的过分的忧伤。

尽管俄罗斯是赤贫的、没有欢乐的,忧伤遮住了她俊秀的面庞,然而诗人却在她身上看见了雄浑的、不能为任何敌人所战胜的力量:"任凭你把野性的美,随便交给哪个魔法师!无论他怎样诱惑、欺骗,——你也不会没落、不会死亡。"这种对俄罗斯的思考和为俄罗斯的自豪,使诗人对她的未来充满了信心:"不可能的会成为可能,漫长的道路也会变得轻松。"

(孙美玲)

秋 日

勃洛克

我同你,我的温顺朋友,
在收割后的麦田里缓步徜徉,
心在倾诉,

犹如在昏暗的乡间教堂。

秋空高远，谧静，
只闻——孤鸦嘶哑地
将自己的伙伴呼唤，
还有老妪的咳声。

麦谷烘干房散发着低低的烟雾，
我们久久地在它近旁
注目追视
群鹤翱翔……

飞啊，飞成一个弧形，
头鹤且鸣且泣……
它鸣的是什么，是什么，是什么？
秋日的泣唤意味着什么？

矮矮的赤贫的村庄
数不清，也望不到头，
当渐近昏黑的时候
远方草地上闪起一处篝火……

啊，我赤贫的家国，
你对于我的心意味着什么？
啊，我可怜的妻，
你为什么伤痛地哭泣？

1909.1.1 （孙美玲 译）

《秋日》是一幅俄罗斯的苍凉的水粉画，清新，透明，内中闪露出几多忧伤，几多深情。秋日蓝色的天，麦收后带有黄茬的地，麦谷烘干房低低的烟雾，空中群鹤的呼叫和孤鸦的哀鸣，无垠的原野，数不尽的赤贫的村庄……秋深了,深得令人感觉得出它的逼人的寒气。老妪的咳声和日暮时分的篝火,更平添了暮秋的苍凉。

俄罗斯对诗人是这样的至亲至近,被他呼之为"我可怜的妻",她的伤痛的哭泣,正是诗人心中流出的血和泪。

诗人在诗中执着地发问:鹤鸣的是什么?秋日为什么泣唳?我赤贫的家国对于我意味着什么?我可怜的妻为什么哭泣?这一切都没有回答。然而在这一派萧瑟的秋日里,在一片沉寂的大地上,鹤唳和哭泣之声催人泪下,这里有诗人深重的忧伤,有为俄罗斯无法摆脱旧面貌而在内心中产生的焦虑不安,以及希冀未来但不知出路何在、动力何在的迷惘。

(孙美龄)

十 二 个(节选)

勃洛克

黑色的夜。

白色的雪。

风呀,风呀!

人的脚都站不住。

风呀,风呀——

吹遍了上帝保佑的全世界!

…………

风在散步,雪在飞舞,

十二个人在走着路。

枪上的黑皮带。

四周围是——火,火,火……

嘴里——衔着蹩脚的烟卷,军帽乱戴着,

背上应该绣上红方块爱司的花样![1]

　　自由,自由,
　　唉,唉,没有十字架啦![2]

....

听不见城市的喧闹声了,
涅夫斯基钟楼的上空是一片寂静,[3]
再也没有巡警了——
孩子们,没有酒也好游荡!

一个资本家站在十字街口
把鼻子藏进了衣领。
旁边有一条夹着尾巴的癞狗
缩起粗毛在那儿发抖。

这个资本家站着,正像一头饿狗,
他不声不响地站着,正像一个问号。
旧世界就像一头无家可归的狗,
夹着尾巴站在他背后。

一阵雪风狂烈地刮过,
　　哦,雪风呀,哦,雪风呀!
大家都彼此看见呀!
　　虽然只隔着四步路!

---

[1] 红方块爱司的花样,原文为Бубиновый туэ,是扑克牌中的一种花样。在十月革命前,这是缝在苦役犯人背上的一块红布片。
[2] 含有无宗教信仰之意。
[3] 这两行诗引自俄国诗人费多尔·格林卡的《囚徒之歌》。涅夫斯基钟楼指在彼得堡涅夫斯基大街杜马(市议会)建筑物上的钟楼。

雪像漏斗在旋转,
雪像圆柱在升腾……

——哦,怎样大的雪风呀,上帝保佑我!
——彼奇卡!唉,不要讲废话!
圣坛前的金帏
能庇护你什么?
你这个没有自觉性的人
应该正确地判断,健康地思想——
为了卡奇卡的爱
你的手不是已经染了血?
——坚持着革命的步伐吧!
永不睡眠的敌人就在近旁!

前进,前进,前进,
劳动的人民![1]

…………

十二个不信仰圣名的人
向着远方走过去,
他们为了一切都准备好,
他们什么都没有惋惜……

…………

他们踏着威武的步伐在走——
后面——是头饿狗,
前面——拿着血红的旗子,

---

[1] 这两行诗引自俄国流行的革命歌曲《华沙革命歌》。

雪风遮得看不见他,
子弹不能伤害他,
他踏着轻柔的步伐,驾临在雪风之上,
雪花的细屑飞舞,有如珍珠,
他戴着白色的玫瑰花环——
走在前面——这就是耶稣基督。

1918.1 （戈宝权 译）

《十二个》是俄国诗坛出现的第一部描写十月革命后最初日子的长诗,是俄国诗歌所达到的最高成就之一。勃洛克以一个象征派作家特有的敏感和艺术表现力,以自己对革命的理解,谱写了一曲庄严悲壮的革命交响乐。

革命后,勃洛克常常出现在彼得格勒的大街上,他观察一切,倾听一切。他说:"我,我们诗人寻找革命的心灵。它是美好的。"

《十二个》表现的就是诗人寻找的美好的革命心灵。为了创作这首长诗,勃洛克在1918年1月,构思和酝酿了三个星期,最后于27日和28日两天完成。当时他满意地说:"今天我是天才""这部作品是在激情中写出的,富有灵感,和谐完整。"他认为这是他写得最好的一首诗。

勃洛克在长诗中描写猛烈的暴风雪、吹得人站不住脚的骤风、严寒的黑夜。他常常给予这些自然现象以特殊的神秘的象征意义。在写作《十二个》的过程中,他的日记里不断出现这样的记载:"傍晚暴风雪（变革的旅伴）"（1月3日）、"风在喧啸（又是旋风?）"（1月6日）。他在生理上都能感到旧世界被摧毁的声音:"近日睁着眼睛躺在黑暗中,听见轰隆、轰隆,我想地震开始了。"（1月9日）他说"革命像骤风,像暴风雪",它的"激流发出威严和震耳欲聋的轰鸣","伟大的轰鸣"。诗人将自己高昂的革命激情,将自己雄浑的诗歌力量融于长诗中飞扬于天地之间的白色的雪的和怒风呼啸的黑色的夜的旋律之中。

白色的雪,黑色的夜,呼啸的狂风,掀起股股雪柱,没有比这一切更能真实地表现革命胜利过程中的那种气势磅礴的现实和那个历史转折时刻的严肃悲壮的氛围。

在彼得格勒大街上,从黑夜的暴风雪深处,出现了长诗的主人公——巡逻队,十二个赤卫军战士。他们是新世界的代表者,是新世界的十二使徒,他们主宰历史的命运。他们四周是火,火,火。火是革命的象征。他们要使全世界燃起熊熊大火。诗人把十二个描绘成背上应该绣上红方块爱司花样的人,他们是被上流社会视为暴徒、罪犯的人们,是来自社会最底层的群众。然而他们愤怒了,造反了。这种造反表现出强大的人民自发性力量。在造反过程中发生过抢劫、情杀(十二个中唯一有名字的彼特鲁哈杀死了他的情人卡奇卡),他们睥睨一切,为所欲为:"自由,自由……没有十字架啦。"如果连千百年来根深蒂固的宗教信仰都可以抛弃,那么旧制度、沙皇、贵族、地主、资本家……还有什么不可以打倒的呢!

勃洛克将大自然的暴风雪和黑夜、将象征世界革命的大火,同主人公的自发性革命激情融汇成一个汹涌澎湃、呼啸怒号的英雄主义多声部的悲壮交响曲。

十二个赤卫军是坚强的,彼特鲁哈的同伴们力劝他不要因情人死去而悲伤,因为他们通过革命的洗礼,清醒地意识到,在革命的严峻时刻,他们要坚持革命的步伐,准备好一切去战斗。因为旧世界就像一头无家可归的狗,紧紧地跟在他们的后头。

勃洛克以前的诗歌写的多是主人公个人同社会、个人同环境的对立和斗争,而只有在《十二个》中表现了新旧两个世界的势不两立的决战。

十二个赤卫军战士在长诗中从始至终都在暴风雪的黑夜中行进,他们具有极大的概括性和象征性,我们看不见他们的表情,只能感觉到他们为了革命斗争表现出严峻、冷漠、坚强。他们带着上了刺刀的枪,保持革命的纪律,跟着耶稣基督走向远方,走向革命的圣地天国。

耶稣是一个象征性形象,他戴着圣洁的白色的玫瑰花环,然而他拿着的却是体现革命斗争的血红的旗子。这样,他已经不再是旧概念中的耶稣了,而成了新世界的引导者。他踏着轻柔的步伐,驾临在雪风之上,引导着在强劲的黑夜里的暴风雪之中刚毅前行的十二个革命"使徒"。

我以为这个耶稣是诗人美学构思中的一个抒情形象。在这个形象中体现出诗人对革命前景的期望和自己对革命圣洁的崇敬情绪,当然也体现出诗人对革命前途热情向往、但却迷蒙的一种心境。

总之,《十二个》是诗人发自心底的对十月革命和站起来投入斗争的人民群众的一曲激昂的赞歌。

(孙美玲)

别德内依 (1首)

杰米扬·别德内依 (Демьян Бедный, 1883—1945), 19世纪末20世纪初俄国著名的革命诗人和寓言作家,被誉为"伟大十月的第一个诗人"(伊萨科夫斯基语)。别德内依原名叶菲姆·阿列克谢耶维奇·普里德沃罗夫,生于赫尔松省古波夫卡村的一个贫苦农民家庭,自幼酷爱俄国文学。他1904年自修通过中学毕业文凭考试的全部课程,进入彼得堡大学历史语言文学系学习,1908年毕业。1905年俄国第一次革命失败以后,他开始了自己的文学创作活动。1911年《明星报》发表了他的著名诗篇《关于害人的庄稼佬——杰米扬·别德内依》,从此,诗人即以诗中主人公的名字作为自己的笔名。1912年加入布尔什维克党。从《真理报》创刊号起,他就积极为布尔什维克党的报刊撰稿,一直到他生命结束为止。1913年他的第一本诗集《寓言》问世,曾引起列宁的关注。据同时代人回忆,列宁很早就十分重视他的创作活动,称赞他在《真理报》上发表的作品写得"好极了",说"他的作品才是真正无产阶级的"等等。

十月革命后国内战争时期是他创作的鼎盛时期。在这些艰苦岁月里,他用自己的笔和战士们的枪一起为保卫新生的苏维埃政权而英勇奋战。他的诗在当时工农群众中,尤其是在红军战士中广泛流传。这时期内他出版了四十多本诗集,发行量达百万册以上。为了表彰他文学活动所建树的功绩,1923年苏联政府授予他"红旗"勋章。在苏联作家中,他是第一个获得这样的荣誉。在将近四十年创作里程中,他写下了大量的诗篇。这些作品紧密结合无产阶级的革命斗争和布尔什维克党的宣传工作,形式多样,通俗易懂,但有时也存在着简单化、概念化的弊病。他的主要代表作有:《关于土地、关于自由、关于工人的命运》(1917)、《送别》(1918)、《大街》(1922)、《雪花》(1925)等。　　　　　(岳凤麟)

大　街(节选)
(长诗)
1917年11月7日—1922年

别德内依

咚隆—咚—咚—咚隆!

咚隆—咚—咚—咚隆!

前进,前进,前进,前进,

像铁环串起的一条条巨链

迈着雄健的步伐威严地挺进,

威严地挺进,

挺进,

挺进,

向着这最后的、主要的堡垒进行斗争。

大街一片狂乱惊慌:

脸色苍白、浑身颤抖,如同发了疯一样,

丧魂落魄、仿佛猛地被蜂螫伤,

——衬衣浆得笔挺的俱乐部经纪人,

高利贷骗子和狡诈的银行老板,

工场主和时装成衣师,

皮货大王,珠宝专卖商——

从远处传来一阵阵声嘶力竭的吼叫,

一个个抱头鼠窜,惊恐万状,
在繁华的橱窗旁,
在证券交易所里,——
俄国人和德国人,法国人和犹太人,
拉动铰链,发出信号,关锁门窗:
——哎,把铁窗帘放下!
　　快点!
——快点!
——快点!
——快点!
——为了永远杜绝骚乱,
对这帮该死的畜生必须严惩不贷!

....

精力旺盛,力大无穷,
团结一致,万众一心,
鲜红的旗帜,印着苦难和血泪的斑痕,
在他们上空飘舞,光彩照人,
从昏暗的、坑坑洼洼的、弯弯曲曲的胡同里,
小巷里,
愤怒地高举起千万只青筋嶙嶙的、
黑乎乎的、粗陋的、长满老茧的臂膀,
像一阵风暴冲出了千百年禁锢的
受罪的困境,
从熏得污黑的工人区
新的主人迈步走上大街,
前进,——周围的一切突然发生巨变:
大街颤抖着,呆滞着,

焦躁不安,失魂落魄,——
工人威严的、钢铁般的意志,
震慑大街,威风凛凛:
——这是——我的!!
这大街,官殿和运河,
银行、商场、橱窗、地下室,
黄金、布匹、饲料和食品,——
这是——我的!!
图书馆、剧院、博物馆,
花坛、街心花园、公园和林荫道,
大理石雕塑和青铜铸像,
这是——我的!!

大街的回答是怒吼。
勇士挺起身,而去路却被堵绝。
一群无耻的、贪婪的恶鹫。
用尖爪刺进了工人的胸脯。
大街——竟忘了恐惧!——
顷刻间刀矛林立,怒火冲天,
到处充斥着粗厉的哀号,
呼喊、咒骂、呻吟、尖叫,
马群噗哧嗤鼻,蹄声嘚嘚。
从埋伏的警察和宪兵里面
跳出一帮凶狠的狂徒:
——跑步……冲呀!
　　　　——用马鞭抽他们!
——用枪托揍他们!
——把他们赶回去!

用军刀、用军刀,砍掉那伙举旗的人,
让他们今后溃不成军,
滚回自己的车间、机床吧,哈哈,
对付他们就该这样!就该这样!!
——世上哪有这样不成体统!
——愚昧的乌合之众!……
　　——鞑靼暴政!……
　　　　——亚细亚式的蛮横!……
——流氓!……
　　　　　　坏蛋!……畜生!……恶棍!……

…………

玻璃橱窗重又闪亮。
斑斑血迹也已冲洗干净。
大街上回荡着不祥的欢笑,
夜晚的灯光照得四处通明。
一簇簇高贵的不同身份的人群
又在大街上互相恭候、行礼致敬,
悠哉悠哉、俗不可耐、嘴里吃得吧嗒有声,
他们测算着,这吧嗒声将永远不停,
他们确信,这伙"吓坏了的贱民"将永远安于自己奴隶的命运,
他们确信,拍岸的巨浪被打得落花流水
将永远不会回潮翻身!

又一次……
又一次。
汹涌的浪花在翻滚……
枯朽的根基在溃烂……

高大的墙垣轰然坍崩。
——来!
——来!
——一、二,
用力使劲!……
——一、二,
团结一心!
——一、二,
大步进军!!
终于爆发了一九一七年的革命。

....

尾声

绞索、死结已成历史的轨迹……
钟声已经敲响——第一遍,还是第二遍?
宏伟斗争的严峻岁月——
这是我们胜利的桂冠!

....

我们向着我们的大街挺进,
难道今后就不会逆转?
尽管力量悬殊时也会退却,
但我们必将进攻,一次次向前。

....

弟兄们,注视着远处闪烁的火光,
倾听着远处隆隆的响声:

这是久经锻炼的后备军在挺进。

咚隆—咚—咚—咚隆!

咚隆—咚—咚—咚隆!

前进,前进,前进,前进,
像铁环串起的一条条巨链,
迈着雄健的步伐威严挺进,
威严地挺进,

挺进,

挺进,

向着这世界上最后的堡垒进行斗争!……

1922　(岳凤麟/李健　译)

　　长诗《大街》是别德内依的代表作之一,它最初发表在1922年11月5日《真理报》上,是作者为纪念十月社会主义革命五周年而作的。诗人以昂扬的激情、宏伟的气魄,歌颂了俄国革命人民在这场震撼世界的风暴中所经历的艰难历程和所建树的历史功绩。

　　长诗以"大街"为名具有深刻的内涵和象征的色彩,它是革命斗争的舞台、阶级拼搏的战场。十月革命前后,一批新时代的诗人在革命浪潮的激励和鼓舞下,让缪斯之神走出"象牙之塔",投身到群众的火热斗争中去。马雅可夫斯基唱道:"老一辈人唱不完那些陈腔滥调。同志们!到街垒去!""大街是我们的画笔。广场是我们的调色板。"(《给艺术大军的命令》1918)别德内依也宣称:"我的诗不是芦笛——是号角。"(《我的歌儿平淡无奇》1919)大街、广场、号角等等,正反映了这时期革命诗歌的战斗风貌和群众性的特点,也可以说,是新的一代诗风的具体体现。

　　长诗中反复出现"大街"的形象,作者在原诗中还特意给"大街"两字打上了着重的标记。正是在大街的舞台上导演出了一幕幕叱咤风云、威武雄壮的斗争活剧。俄国工人阶级在布尔什维克党的领导下所经历的伟大历史事件——1905年第一次革命和1917年的十月革命,像浮雕一般展现在读者面前。长诗一开始,生活在社会底层的劳苦大众,高举起粗黑的臂膀,冲出了千百年来禁锢的牢笼,从四面八方汇成大军,奔向大街。一群旧世界剥削阶级的丑类:欺诈的高利贷者、狡黠的银行老板、巧取豪夺的珠宝专卖商和皮货大王等,被远方传来的战鼓声和呐喊声吓得丧魂落魄,抱头鼠窜。他们以百倍的疯狂进行挣扎、反扑。革命的道路坎坷曲折。在1905年第一次冲击中,俄国工人阶级和广大群众遭到了暂时的挫折和牺牲,但是他们没有被征服,历史的车轮终于推进到1917年,无产阶级成了新时代的真正主人。"宏伟斗争的严峻岁月——这是我们胜利的桂冠!"革命与反动、正义与邪恶、光明与黑暗……这两种力量的冲突和抗争,构成了长诗内在的底蕴。斗争、失败、再斗争、再失败、直到胜利——这是革命人民前进的逻辑,它谱写了全诗强劲的主旋律。在长诗的"尾声"中,诗人从历史的高度和全球的视角对丰富的革命实践进行了回顾和思考:革命潮流"尽管弯弯曲曲、崎岖不平",但始终奔腾不息,向前挺进。豪迈的英雄气概和必胜的乐观精神交相辉映,使长诗的主题获得了进一步的开拓与深化。

长诗《大街》结构严整,层次分明,气势磅礴,风格雄浑。在诗歌语言和韵律方面也达到了高度艺术水平。诗中既有直铺陈述,又有生动对话,既有真切的抒情,又有辛辣的嘲讽,庄严的革命曲调和粗俗的民间俚语交替运用,独具匠心,充分显示出作者是一位"优秀的语言能手"(高尔基语)。诗中跌宕铿锵的声韵节奏与风雷激荡的革命旋律紧密配合,和谐一致。

(岳凤麟)

古米廖夫 (7首)

尼古拉·斯捷潘诺维奇·古米廖夫(Николай Степанович Гумилёв,1886—1921),俄国诗人。生于喀琅施塔得一海军医生家庭。童年在彼得堡近郊的皇村度过,曾就读于皇村中学。8岁开始写诗,1902年发表处女作。中学毕业那年(1905),他的第一本诗集《征服者的道路》出版了。此后的作品有诗集《浪漫之花》(1908)、《箭袋》(1916)、《篝火》(1918)、《帐篷》(1921)、《火柱》(1921)等。他是阿克梅派的主要代表人物。1921年,由于与"反革命阴谋活动"有牵连被苏联政府处决。近年来实际上已被平反,恢复名誉。

幽 会

古米廖夫

你今天来同我幽会,
我今天才真正领悟,
何以独自一人在月色下,
感觉是那么异样,分秒难度。

你停住脚步,脸色苍白,
悄无声息地脱下风衣。
明月是否也是如此,
从晦暗的密林中升起?

就像被月亮迷住了似的,
我仿佛被你禁锢,
寂静、黑暗、命运
都使我感到幸福。

凄凉的森林中的野兽,
已嗅到春天的气息,
它正倾听嘀嗒的表声,
眺望明月,视线不移。

它偷偷地潜入峡谷,
唤醒夜梦,
轻轻的脚步

与月影一起移动。

我也想缄默不语,
既忧又爱,像它一样,
怀着长驻的忐忑不安,
迎接你,我的月亮。

一转眼,你已不在我身边,
又是白昼和黄昏,
可月儿照亮的心灵里,
却留存着你的身影。

结合在一起的两个躯体
又两相分离,
但夜半之爱会永放光芒,
就像天上的明月一样。

1910　　（王守仁　译）

古米廖夫的爱情诗继承了普希金的传统。他像普希金一样,写的也是尘世之爱,情与欲、灵与肉是统一的,始终表现出对妇女人格尊重的骑士风度。情欲不是被表现成放纵的快感,男欢女爱不是停留在繁衍生命的动物生理水平上。在多数情况下,情欲被视为净化和升华人的灵魂的必要前提。但他又不是实写的,而是虚写的,按美的规律避免其粗鄙和野蛮。他更侧重恋爱中的人们的心理,通过自然界花草树木、山川地理制造气氛进行渲染和烘托,有时也用象征寓意传达尘世之爱。但又与象征主义不同,他基本是写实的。这个实,主要是指对心理活动的刻画,他深刻的笔触往往能从个别到一般,抽象出作为社会人的普遍的心理活动的规律来。

《幽会》一诗,几乎写了桑中濮上的全过程,但把男欢女爱的具体过程略去了,只用"森林中的野兽""与月影一起移动"加以暗示,那情欲的蠢动和明媚的月影的对照是耐人寻味的，建立于对女性尊重的基调上的忧伤情怀，更使诗篇别具一格。诗人把主要篇幅放在着力抒写度日如年的焦急期待和心上人倏忽离去。良宵苦短的心绪，正是紧紧把握住了情欲升华和净化爱情的主题。全诗起中心象征作用的月亮贯彻始终，它既是时间环境的实写，又是对心上人的恰如其分的比喻（西俗本来就有把月神黛安娜喻为爱情和心上人的传统），轻巧拈来，天衣无缝："结合在一起的两个躯体又两相分离，但夜半之爱会永放光芒，就像天上的明月一样。"这就把瞬间即逝的幸福转化为恒久的人的情感了，完成了由欲到情、情与欲统一的审美的深化了。尽管这首诗的社会批判意义不足，也不是直接表现诸如爱情忠贞之类的道德主题，但它把情爱的自然性与情爱的神圣性统一了起来，对于有情无欲和有欲无情的任何一种形而上学的爱情观都是"不着一字"的言外的批判和反驳。可供读者深入思考的爱情的美学问题，也在诗篇提供的形象画面之外。

（楼肇明）

疑　惑

古米廖夫

我独自一人在寂静的夜晚，
只会把您思念，把您思念。

信手拿起书，"她"立刻就出现。
于是心儿陶醉，又惶惶不安。

我扑到吱轧作响的床上，
枕头灼热……无法进入梦乡。

我踮着脚走到窗前，
将月亮和薄雾缭绕的草地瞅一眼，

瞧，就在那花坛前您对我说"好吧"，

噢,这"好吧"永远伴随着我啊。

突然,意识这样回答我:
您,如此顺从,过去和现在都不曾有过,

您的"好吧",您的激动,
您的吻——只是青春的呓语和梦。

1912　　（王守仁　译）

《疑惑》,不妨看作是《幽会》主题的一个变奏。我在上一篇评赏中提到古氏爱情观的美学问题总是留在诗篇之外交给读者去思考的。他有一种反宗教禁欲主义的宗教情感的倾向,我未曾说清。所谓反宗教禁欲主义的宗教情感,我指的是他那种对情欲的虔诚的态度,对女性的倾倒和崇拜的态度。他是把情欲当成上帝和大自然的恩赐来对待的。虔诚的基督教徒,往往端起一杯白开水就会在心头涌起感谢上帝的情感。不产生这种情感,仿佛就是不可饶恕地亵渎了上帝。古氏笔下的情欲就往往是这一类情感燃起的一堆圣火。我对《疑惑》的赞赏也可归结为他这种反宗教倾向的宗教感情。

诗篇写了男主人公对女主人公的单相思为时已久,男女双方作为朋友虽然十分稔熟,但追求一直没有结果。不曾跨越爱情的门槛,而终于成就了一段露水姻缘,却又并非是女主人公出自心底的爱——她被苦苦追求的爱感动了——而是她在一次偶然的青春骚动中失态了,充其量只是"青春的呓语和梦"而已。这种爱,虽不是逢场作戏,但一定会如过眼烟云似的消散不留痕迹。难道这还值得肯定和歌唱吗?我以为诗篇的高明之处,恰恰在于写了这种有悖常规却又在常规之中的爱。因为男主人公并非情场老手,更不是玩世不恭、戏弄青春的登徒子。把他与好色之徒区别开来的正是他对女性的欲置之神龛上加以焚香膜拜的虔诚态度。试想,他并没有渔色之徒往往在对方就范以后的自鸣得意之情,及玩弄爱情于股掌之中的寡情薄恩之态。相反,从他苦苦的追求中,从他"永远伴随着我"的真挚的呼声,从他时时凭吊"月亮和薄雾缭绕的草地"的行为里,我们倒是可以估摸出一个铭心刻骨的痴情男子的颜容笑貌的。因此,这一段纯系偶然和骤发的艳情,看起来是不道德的,却又不是非道德的。或者说,它的道德意义是稀薄的,而它的审美意义却是宽泛的。诗篇之外,我总感到有一种如教堂里悠远的钟声的余音,唤起人的一种肃穆的情感。 (楼肇明)

野 游

古米廖夫

我们在泛白的林荫路上飞奔,
我们飞跑——沿着水边
金色的树叶纷纷落进
沉寂的蓝色水潭。

她向我倾诉了自己的一切——
所有的怪癖、幻想和思绪,
凡是这姑娘关于爱情
所能想象出来的一切,统统倾吐无遗。

她说:"是的,爱情是自由的,
即使相恋,人也是自由的人,
唯独善于持久地爱,
心才是高尚的心。"

我注视她的一对大眼睛,
我看到一张可爱的脸,
金色的树木和一汪汪的水
在它四周汇成一个圈。

于是我想道:不,这不是爱!
就像林中的大火,爱蕴藏在命运里,

因为即使得不到回答,
从今以后我也注定属于你。

1917　（王守仁　译）

初看,似乎只是灯下随手写下的一则抒情日记,摄下白天携手郊游时的两个镜头,一场有关爱情的对话。但细加咀嚼白描的场景会发现,朴素的对白,男女主人公的观点,尽管用了驳正时使用的"不"字,却不是针锋相对的,而是互补的。女的在自言自语,男的何尝不也是一种自言自语。双方审视内心的自白有点类似舞台上人物的独白,自说自话而造成对话的错位,从而让观众更加看清了一对恋人的相爱之深。这种借用舞台调度的手法、结构诗篇想象空间的做法和移用是相当巧妙的。

恋爱中的男女喜欢探讨有关爱情的哲学,并且都是从自身的祈求、心愿和欲获得永恒的幸福出发的。他们企图从对这神奇玄秘的情感的深邃思考中获得力量和支撑,加固爱情的堤坝,升高人生的价值和意义。应该说诗篇中的男女的思考都是对的。女方说,相爱双方的人格是自由的,唯其自由才能善于持久地爱;男方说,爱蕴藏在命运中,唯其置生死于度外的盲目地爱,才是真正的爱。这看起来颇有一点宿命论的味道,爱情似乎是没有逻辑,没有文法,连标点符号也没有的无法解开的线团,他强调的是非理性的一面。应该说,这后一说法也许还有比前一说法站得更高因而是更为重要的补正。爱与命运连在一起,才能被排除任何一种功利主义的考虑。因为无缘无故的爱,比有缘有故的爱要持久、无私;理性转化成和积淀成非理性之后,要比理性强大得多。

（楼肇明）

太阳的嘴唇

古米廖夫

你孩童般的小口和少女般大胆的眼神,
我一生都不会忘记,

这就是为什么当我思念你的时候,
说的和想的都富有韵律。

我感觉到无边的大海
在月球的引力下如何晃动,
亘古以来注定运转的星辰
如何闪烁,如何运行。

噢,你这含笑的真正的美人,
若能永远同我在一起,
我就会踏上一颗颗星星,
去亲吻太阳那火热的嘴唇。

1917　（王守仁　译）

　　古米廖夫于1910年4月与安娜·高连珂(即阿赫玛托娃)结婚,1913年离异。1917年他去巴黎期间,爱上了一个法俄混血的女子叶莲娜·德。这一场恋爱,并没有结果,叶莲娜后来嫁给一个美国人。但诗人写了大量的爱情诗,结集为《蔚蓝的星》。这儿选译评赏的这一组爱情诗,虽无法确定哪一篇是写给谁的,但大体上都与诗人钟情的这位女子有关。从某种意义上讲,自恩格斯说的性爱"在最近八百年间……竟成了这个时期中一切诗歌必须环绕着旋转的轴心了"(《路德维希·费尔巴哈与德国古典哲学的终结》)之后,时代风气所及,爱情,作为艺术创造的灵感的源泉,我们说一个诗人的生命史差不多是以其恋爱对象来划分阶段的,大概不算十分过头。古米廖夫的"叶莲娜·德时代"的爱情诗,即是他短暂一生中富有创造生机的记录。他倾其全力讴歌爱情作为创造的力量,如同日月星辰,天体宇宙中所固有的创造力和秩序一样,是浪漫派以来的所有诗人的共同作风,那"上天揽月,碧海掣鲸"的力量的爆发,那作为一个情人的桀骜不驯的自豪感,那作为人类的繁殖力转化为向文化和科学领域的胜利进军,那激发想象力的腾越和飞升,也都是我们所习见的。较之仅仅在情感圈子里打转转的艳词丽句(例如,把月亮当梳子摘下来给爱人插到发髻上之类),在境界的浩荡恢宏上,是不可同日而语的。而这一篇《太阳的嘴唇》,比喻奇诡,浓郁的抒情包含在平淡的叙事之中。这两种特征正是古米廖夫的看家本领。不过,我总感到在情人和爱神的鼓舞下,别的诗人就未必会做"踏上一颗颗星星,去亲吻太阳那火热的嘴唇"的奇想。"太阳的嘴唇"当然不会是情人的嘴唇的直译,那"火中取栗"的冒险意味,把诗人性格中固有的更为深层的下意识带了出来。"诗谶"之说,并非全是迷信和宿命论作祟,主观上的依据正是这种并不自知的潜意识。

(楼肇明)

蔚蓝的星

古米廖夫

你的美撩拨人心,令人痛苦,
你的美无与伦比,
它把我从贫乏而单调的生活里,
从艰难困顿中拯救了出来。

于是我升天了……我看到
从未有过的火焰,
一颗耀眼的蔚蓝的星
闪烁在我的眼前。

变换着灵魂和躯体,
曲调起而复落,
你的血液有如歌唱的诗琴,
不停地激荡和诉说。

香味如此甜蜜和浓烈,
它胜过生活中我所能找到的一切,
甚至胜过那生长在

高高的天国花园里的百合。

突然从被照亮的深处
复又出现了人间,
你霎时像一只受伤的小鸟,
战栗在我的面前。

你一再说,"我痛苦不堪",
可我又有什么办法呢?
当我终于如此甜美地得知,
你不过是一颗蔚蓝的星而已。

1917　　（王守仁　译）

聂鲁达曾经激情洋溢地说过:"男女结合是天地间最美好的事物。"不过,要把粗陋的情欲写成美丽的诗篇却并非易事。笔者所见不广,不敢说《蔚蓝的星》是所有写情欲的诗篇中写得最美丽的诗篇,但它写得如此引人入胜,如此圣洁,给予人的是高层次的审美陶冶,离污浊与凡庸很远、很远,不得不击节赞赏、倾倒和深思。

情爱与审美之间存在着深刻的广泛联系,情欲不是人生而有之的原罪,不仅仅是人类的繁殖的生物本能,也不仅仅是生理快感的源泉。只有把情欲纳入到审美化的视野之内,它才最终把人与动物区别开来;人优于动物的未确性的本质特质,也反映在人的情欲超越动物的种的尺度生理本能之上。英国哲学家休谟在其巨著《人性论》中说到"美引起生理的追求",其实只看到了两者联系的一条渠道。事实是,生理的追求开放了全部感觉,从而使人发现了情欲对象身上更多的美。瓦西列夫在《情爱论》中指出:"男女彼此把个人属性偶像化是评价和理想化地认识感情对象的一种形式。与之意义相近的另一种形式就是情侣彼此把关系和属性审美化。"费尔巴哈说,爱情追求的对象既上升到天空,同时又回到地面。对象一身兼有神的超自然的完美和人的可以感知的实在性。我以为这是比较准确地把握了健康的情欲与审美的联系的,起码也是一条情欲通向审美的正路。因为它无须像弗洛伊德主张的那样,为了宣泄而去寻求力比多的转移和补偿。

《蔚蓝的星》的成功,虽然也是一种力比多的升华,他采取的却正是这种"个人属性的理想化和偶像化"的审美道路,"情欲对象一身兼具神的超自然的完美和人的可以感知的实在性"。不过,这只是一个普遍的公式,为从文艺复兴到批判现实主义作家所共同采用的。《蔚蓝的星》的独特之处,还在于它继承了民族文学中的美学遗产。当我读到无与伦比的美反而令人痛苦,"你"把"我"从贫乏困顿的生活里拯救出来,女主人公在情欲的风暴中"霎时像一只受伤的小鸟,战栗在我的面前"等等出神入化的诗句,我马上就记起了陀思妥耶夫斯基"美能拯救世界"的箴言,以及列夫·托尔斯泰的名著《安娜·卡列尼娜》中安娜和渥沦斯基初次幽会场面的不朽描写。托翁笔下安娜那惊慌失措、苦不堪言的此情此景,不也是一只受伤的小鸟吗?!诚然,安娜的悲剧性的爱情具有更为深广的社会内容,《蔚蓝的星》的痛苦不堪,属女性情感上的逆心理反应的成分更多,但是这种受难的美毕竟不是生理上的,甚至也不完全是心理上的。它与宇宙万物运行的悲壮秩序,难道不曾存在着某种我们至今还难以完全说清楚的关系么?!受难的美,像是一束来自永恒的宁静的光芒,把尘世凡俗的爱映照得圣洁而光辉。这是女人脸庞上的圣洁的光环。世俗的神性,或神性的世俗化,是该诗篇之所以具有如此震撼人心的艺术魅力的最终原因。相形之下,男性被置于被拯救的肉身凡胎的膜拜者的地位,有些黯然失色,与诗人自身的思想境界也是合拍的。渥沦斯基终究比安娜矮了一头。不过,情欲本身成了净化和提高人的灵魂的熔炉,却是情欲审美化的逻辑结果。(楼肇明)

梦

古米廖夫

在噩梦中呻吟不已,

醒来了,——心情沉痛而悲郁;

我梦见你爱上了别人,
那人使你受了委屈。

我跑离自己的床铺,
有如犯人逃离断头台,
我眺望那野兽眼睛似的路灯
怎样阴沉地闪出光彩。

噢,大概没有任何人
会无家可归似的流浪,
沿着今夜这晦暗的街道,
就像沿着干涸的河床。

就这样我来到了你的门前,
我注定不会有另一条去路,
尽管我知道,此门
我任何时候都不敢跨入。

我知道,他欺侮了你,
尽管这只是发生在梦里,
但在你紧闭的窗前,
我终究会痛苦地死去。

1918 (王守仁 译)

《梦》是古米廖夫向后来的情人叶莲娜·德表忠诚的诗篇,它与诗人的前妻阿赫玛托娃无关。有趣的是,古、阿两人作为阿克梅派的诗歌巨擘,在爱情诗的风格上却有共同之处。我们知道,阿赫玛托娃的爱情诗,往往是一曲"心理剧本"的生动演出,人物平静的表面行为与人物内心的激动冲突构成了富有强烈艺术效果的心理张力场。一首诗里所写心灵的戏剧性冲突是前一首诗的尾声,这一首的结尾又可能是另一幕戏的序幕。诗人加以撷取描绘的是生活长河中一个精彩的戏剧片断。从空间平面看,富有心理层次,挖掘到了人的深层意识;从时间纵向看,每每是一个没开头和结尾的动态开放结构。这两个特点,也同样见之于古米廖夫的诗篇。这一首《梦》是写铭心刻骨、生死相关、梦魂萦绕的爱的忠贞不贰的,若从主题相似的同类诗篇的史的角度看,我们甚至不妨说是普希金的一首诗的继续和深化。普希金的无题"我爱你……"的末尾四句:

> 我默默地,无望地爱你,
>
> 有时苦于羞怯,又为嫉妒暗伤,
>
> 我爱你那么温存,那么专一,
>
> 啊,但愿别人爱你也是这样。

这是遐迩闻名,为许多世代沉湎于爱河中的男女青年们所熟悉的,或许还被无数封情书和日记所反复运用过的诗句。写爱情对于人格的尊重,写爱情的忠贞不贰,实在也难出其右了。古米廖夫是以普希金的终点为起点的,他别出心裁地杜撰了一个子虚乌有的梦,借梦境的荒诞为真实,把沉入潜意识里对对象的关切和深沉的爱恰如其分地酣畅淋漓地倾泻出来。按弗洛伊德《释梦》的理论,梦是潜意识和无意识的释放,它要经过凝缩、移置、润色等伪装的工序。"梦的目的在于隐瞒",那么,这个经过伪装的梦,被伪装的是"野兽眼睛似的路灯",是"今夜这晦暗的街道"——即险恶环境对爱情的觊觎和威胁的隐喻和象征。从而,这欲"逃离断头台"的噩梦,却正是在神志清醒时候将爱情反复掂量之后的结果。"尽管这只是发生在梦里,但在你紧闭的窗前,我终究会痛苦地死去。"绕了一圈,终于又回到了普希金的"我爱你"的主题。由此,我们还可以看到普希金在无望的爱情中始终保持着绅士风度,古米廖夫在一场风雨飘摇的爱情纠葛中,虽然同样有一不敢造次唐突的人格尊重的保护层,却又是地地道道的中世纪的骑士风度。换言之,古米廖夫在并没有越出普希金纯用清醒意识所表达的樊篱的情况下,挖空心思地把爱的忠诚的主题深化到了潜意识的层次,对于爱情这一常写常新的永恒主题,是不乏借鉴意义的。

(楼肇明)

你我拴在同一链条上

古米廖夫

你我拴在同一链条上,
这我满意,因而歌唱,
我把自己的一颗跳动的心
献给虚幻的壮丽辉煌。

你不时地皱起眉看看我,
看看大家,看看太阳,
对你那少女般的宽厚来说,
宇宙跟空壳的坚果一样。

你不停地争辩,目光严厉,
为了不跟我单独在一起,
你寻找种种口实,
可它们日益变得与事无济。

1920 (王守仁 译)

庞德说过:"诗是情绪的方程式。"这话是有道理的。不过,这位美国意象派大师的这个诗的定义,只是就诗的创造主体而言,并不涉及抒情主人公以外诗中人物的情绪的方程式。古米廖夫的爱情诗,则两者兼而有之。他特别擅长捕捉恋爱中的男女从相识到相爱,从相爱到离异,那种种焦急的期待、渴求、和谐、献身、创造等复杂而微妙的心理变化。他的每一首爱情诗都是情绪方程式的一次艺术展示。这一首《你我拴在同一链条上》,写了一位姑娘对一个男子由于日渐行迹亲密,欲罢不能,无力自拔,抽刀断水水更流,情感的丝缕愈系愈紧,每一次疏远反而向感情的深度推进一步的心理轨迹。展示这一类纯抽象的模式,说不上有什么进步的社会思想,但较之那类干脆以进步的思想取代情感本身的没有爱情的爱情诗,较之用花红柳绿、你死我活等秾词丽句装点起来,且一竿子插到底的爱情诗,在诗的价值方面,怕仍不能以道理计的了。因为:

一、人世间的爱情并非都是两厢完美的。残破的、有缺憾的爱情，就注定不能入诗吗？几乎所有的诗人还不敢去接触人世间这种相当普遍的爱情存在方式。古米廖夫敢于这样做，不得不承认是一次有新意的突破。二、爱情中那个有缺憾的因素，即把自己的心"献给虚幻的壮丽"的男子，是诗人夫子自道，也是《姑娘》一诗中 "海阔天空"、口若悬河的高谈者。这样的徒有其表的绣花枕头，常常还使一些爱好幻想、入世未深、天真烂漫、性格温柔的少女以为王子来到自己的身边了，于是一见钟情，以身相许。从这个意义上讲，这是《姑娘》一诗的续篇。当姑娘终于发现现实击破了幻想，"宇宙跟空壳的坚果一样"，这对于把自身的价值全部寄托在夫婿身上，以男人的世界为世界的女子来说，无疑是振聋发聩的启蒙。三、背面敷粉的诗歌技巧与情感悖反的内容达到了高度和谐的切合，姑娘欲罢不能，欲断还深的心理状态，不是由姑娘自己直抒胸臆加以呈示，而是从男子又是多少有些扬扬自得的眼里和口中写出，使诗篇那略显平淡的内容陡然增色不少，也简洁、凝练和含蓄多了。诗评家常说的"量体裁衣"的口头禅，容易使人产生仅仅从外表的体积去考虑内容与形式的关系，这是不全面的。从古氏对本诗的处理，我们可以看到形式是分层次的，诗的形式还应包括人的视角、空间结构、语言的性格色彩等等与负载内容的自然生成。

（楼肇明）

阿赫玛托娃（5首）

安娜·安德烈耶夫娜·阿赫玛托娃（Анна Андреевна Ахматова，1889—1966），苏联女诗人。生于敖德萨一海军工程师家庭。曾在彼得堡女子大学学习法律，但她酷爱文学，尤其是诗歌。1910年与著名诗人古米廖夫结婚，周游许多国家。曾加入阿克梅派。1912年出版诗集《黄昏》，1914年诗集《念珠》问世，20年代初期出版诗集《车前草》（1921）和《Anno Domini McmxxI》（拉丁文，意为耶稣纪元，1921—1922）。她以爱情诗闻名，有"俄罗斯的萨福"之称。40年代曾被斥为"颓废""色情"诗人，50年代中期恢复名誉。晚年以深沉的哲理抒情诗反思时代和个人命运。后期的代表作有《没有主人公的叙事诗》(1940—1962)和《安魂曲》(1935—1940,1987年首次发表)。

最后一次相见
阿赫玛托娃

心变得那么冰凉,
脚步却迈得匆忙。
我竟把左手的手套
套在了右手上。

我只记得迈了三步,
实际上跨下了许多梯级!
秋在枫树间悄声低语:
"跟我一起死去。"

"命运欺骗了我,
它沮丧、乖戾、多变!"
我回答说:"亲爱的,亲爱的!
我亦如此。让我们一起归天……"

这是最后一次相见。
我睥睨你那晦暗的楼房。
只见卧室的烛影
闪烁着冷漠的黄光。

1911　　(王守仁　译)

全诗仅16行,却写出了一个女子毅然逃离负心人时的激动、矛盾和迷惘的心境,而且,这种心境又是通过对主人公的动作的描写表现出来的:她是如此匆忙下楼,"竟把左手的手套套在了右手上";她跨下的梯级虽然很多,但却"只记得迈了三步"……至于以拟人手法写出的"秋"

如何对她同情，主人公如何睥睨"闪烁着冷漠的黄光"的卧室窗户，则更是栩栩如生，跃然纸上。

此诗的基调沉郁哀婉。"秋在枫树间悄声低语：'跟我一起死去。'"这里的视觉意象不仅使读者看到了枫叶泛黄、枯萎、飘零的凋败景象，而且还会使其情不自禁地产生一连串承上启下、由外界到内心的联想：从枫叶一片红时的初秋美景到即将来临的严酷寒冬，从炽烈的爱到激情火花的熄灭……这时，人与自然同命相怜，各自在对方找到了心灵的慰藉和归宿，人与自然融合一起。这首诗是阿赫玛托娃早期的代表作，也是她当时作为阿克梅派诗人崇尚"返回大自然"的具体表现。

"卧室的烛影""冷漠的黄光"，这不仅是爱情"终点"的标志，同时也是孤独、空虚和情感死亡的象征。这是抒情主人公的内心独白，又似乎是潜在的对话，读者尽可驰骋想象，根据自己的生活经验去充分地联想。这是一首哀歌，它还体现出阿赫玛托娃早期爱情诗的特点：有情节，但无故事的开头和结尾。诗人注重的是表现感情色彩，让读者从诗中集中听到抒情主人公最紧张、最激烈的内心冲突，待到掩卷沉思时，再去推测事情的起因、发展经过和结局。这首诗的艺术魅力似乎正在于此。　　（王守仁）

爱　情

阿赫玛托娃

时而像一条卷曲的青蛇，
在深邃的心底兴妖作怪；
时而像一只调皮的白鸽，
整日在窗台上咕咕叫唤。

它在晶莹的霜花中闪烁，
它带来紫罗兰般的梦幻，
每逢欢乐和静谧的时刻，
它准会悄儿没声地赶来，

听着小提琴哀怨的祈祷,

它嚎啕痛哭,却十分甘甜;

透过那暂时陌生的微笑,

会莫名其妙地将它看见。

(宁思 译)

批评家班尼科夫谈到阿赫玛托娃的爱情诗时说:"在阿赫玛托娃诗歌的抒情主人公身上,在女诗人的内心里,永远是对真正高尚的爱情的炽烈而迫切的渴望。"阿赫玛托娃最擅长的是以爱情为主题的诗歌。她的作品感情真挚,语言简练,形象鲜明,颇类似于古希腊著名女诗人萨福的爱情诗,故被称为"俄罗斯的萨福"。

阿赫玛托娃早期的诗歌创作与阿克梅派的创作特色紧密联系。她主张抒写人的具体隐秘的内心活动、情感冲突,主张对细节精心描绘,要求雕塑式的艺术形象和预言式的诗歌语言,追求诗歌形式的完美和诗句的简洁、凝练、节奏匀称。这首题为《爱情》的小诗,就很有代表性。它采用了几组新颖鲜活的意象,用比喻手法充分表现出爱情的两面性,痛苦时爱情会像窜入内心的青蛇"兴妖作怪",简直令人恐惧难忍;甜蜜时她又像明媚的阳光下的"咕咕叫唤"的白鸽;她的浪漫犹如"晶莹的霜花"的闪烁;她的神秘似"紫罗兰般的梦幻"……真是酸甜苦辣,五味俱全。这其中溶解着女诗人自身的爱情经历,她一生向往爱情,追求完美,实际上却历尽坎坷,饱尝忧患。她曾在《要我听命于你?》这首诗中愤慨地说:"对我来说,丈夫是刽子手,夫家是牢狱。"这首诗也可视作女诗人情感凝聚的结晶。

(许自强)

我披着深色的披巾捏住他的双手

阿赫玛托娃

我披着深色的披巾捏住他的双手……

"为什么你今天脸色惨白忧愁?"

原来是我让他饱尝了

心灵的苦涩的痛楚。

怎能忘记啊! 他摇晃着往前走,
歪着嘴唇十分难受……
我没扶楼梯扶手奔下楼来,
跟着他跑到大门口。

我一边喘气,一边喊叫:"过去的一切
都是玩笑。你一走,我就会死掉!"
他平静地强颜一笑,对我说:
"你别站在风里头!"

(陈耀球 译)

阿赫玛托娃的抒情诗常常喜欢采用小说戏剧的叙事手法。她善于捕捉生活中瞬间出现的情景,用极其简练准确的手法,突现出人物的表情、神态,犹如几个特写镜头,把人物的情思表露无遗,极富于戏剧色彩。阿赫玛托娃的一则日记,写道:"以前的勇敢,经过三十年以后变得平庸了。存在着另一条道路,这就是准确性,而且更重要的,是要诗行中的每一个词都各得其所,似乎它一千年以来就是站在这个位置上的。然而,读者听到它,却简直是一生中的第一次。这是一条极其艰难的道路,但是,一旦做到了,人们就会说:'这是在写我,这好像是我写的。'"这首诗短短十二行,就把男女主人公即将分手却又难舍难弃的矛盾、犹豫心理描写得细致入微,每一句几乎就是一个生动而传神的细节表演。尽管作为爱情诗,它的情节是零散的,故事也无头无尾,但只要能把情感表现得真实具体,就会引起人们的无尽联想,回味无穷。美国学者斯济宁写道:"她的全部作品读起来就像是一个分享人世间爱情的悲欢离合而逃出修道院的激情修女的抒情日记……人们把她那简练的、显然是纯朴的诗歌解释为写一个女人一生的缩影——从瞬息欢乐的狂喜到爱人对她的冷淡、分居和被遗弃,以及饱受孤独的痛苦。"(许自强)

我们再不会共用一只酒杯……

阿赫玛托娃

我们再不会共用一只酒杯,
不会同喝一樽酒,或是一杯水,
我们不会在黎明时刻相吻相偎,
也不会在黄昏时分共眺窗外的落晖。
你追求的是太阳,我向往的是月亮,
而爱情却牢牢地拴住了我俩的心房。

我那忠诚温柔的男友终日和我形影不离,
你那生性愉快的女友天天同你厮守在一起。
我何尝不理解你那灰眼睛中的诧异和猜忌,
正是你害得我形销骨立,病体支离,
然而我们并不增加匆匆幽会的次数,
我们必须珍惜心底的宁静,何苦平添痛楚。

我们并不贪恋世俗的儿女情长
只求在我的诗中有你的清音回荡,
在你的诗中有我的余音袅袅。
啊,有一种火,人们不会忘却,不会恐惧。
然而你可知道,此刻我多么想吮吻
你那干爽的、玫瑰红的双唇!

(戴骢 译)

  这是一首描述少女在热恋中内心犹豫、彷徨的佳作。阿赫玛托娃常被人称为"室内诗人",更准确地说,这"室内"可以诠释为"心内"。她的笔触往往深深地探入少女灵魂的心底,纤细秀婉不禁让人想起我国宋代的婉约词,只是表现更为大胆、直率,更具有时代气息。

  这首诗通篇表现出一种强烈而豁达,理解而不弃,求同存异,突破世俗束缚的一种奇异的爱情。尽管双方存在分歧、芥蒂,并各有所钟,然而仍然两心相依,思念不已。这从传统的爱情观念来看,显然有悖常理,并不忠贞如一。这大约也是女诗人曾遭到不公的谴责的原因之一。不过,今天看来,这样的爱情心理在现实中并非稀有,何况诗人结尾要求彼此能在诗中长存,留下美好回忆,未尝不算一种浪漫的结局。特瓦尔多夫斯基在谈到阿赫玛托娃诗歌创作时说:"……在读者总的印象里,阿赫玛托娃的诗歌声望,主要是爱情抒情诗的同义语……阿赫玛托娃精心刻画的诗歌故事中的主人公总是一个女性,一个正在恋爱,正在忍受着尚未被理解或者已经失去爱情的痛苦的女性,一个具有女人特有的'内心回忆'的女性……但她的这类诗篇绝对不是属于'贵夫人'式的女性的诗歌……阿赫玛托娃的诗歌与矫揉造作、玩味庸俗情感、卖弄风情、描写心神不定的'女性'妒忌与虚荣、刻画内心自私自利是格格不入的……在阿赫玛托娃笔下,爱情并不是一种供消遣的嗜好,也不是赐予就年龄来说是无可非议的情欲的一种礼品。它富有深刻的内涵,是衡量人的尺度……"这种评价基本上是可以接受的。

(许自强)

安 魂 曲(节选)

阿赫玛托娃

献辞

在这类痛苦面前,高山低头,

大河断流,

但牢门紧闭,

"苦役的洞穴"

和催命的焦愁藏在门后。

清鲜的风为谁吹拂,

落日晚照为谁温柔。

我们不知道，我们到处一样遭遇，
只有钥匙声咬牙切齿侵入耳鼓，
还有，那士兵沉重的脚步。
我们起床，仿佛是去赶早晨的弥撒，
我们在荒凉了的首都走过，
在那儿相逢，比死人更无生气。
涅瓦河烟雾茫茫，太阳黯淡，
但希望始终不渝在远方高歌。
一声判决……顷刻间泪雨滂沱。
我已经远离人群，茕茕孑立，
如同从心头夺走了生命，
如同被粗暴地打翻在地，
但是走着……蹒跚着……一个妇女……
在遭逢凶险的两年之后，
我那失去自由的姐妹今在何处？
在西伯利亚的暴风雪中她们能梦想什么？
在月圆之夜她们又能影影绰绰幻觉什么？
我要把临别时的那一份敬意给她们捎去。

1940.3

判决

又是石头般沉重的誓言，
落到我一丝余息尚存的胸前，
不要紧，因为我早已有所准备，
我能对付不管是谁的撒手锏。

今天，我有许多事情要办：
我要连根杀死我的记忆，

我要把心儿变成石头,

我要重新学会生存——

不然,夏季绿荫的沙沙声,

在窗外竟会与节日喜庆相仿,

我早就预感到这一天的来临,

日子明朗朗,房间空荡荡。

1939,夏

致死神

你终归要来,何必不是现在?

我虽然很难,但我在等候,

我熄了灯,打开门,

请你来,多么简单,多么奇怪,

你来吧,用你乐意出现的面貌,

或像毒气弹扔进房来,

或像老练的匪徒,手持铁锤偷偷逼近,

或用伤寒菌将我杀害,

或拿你胡编乱造

大家都熟悉得作呕的故事——

为了让我一眼看见吓得面无血色的

房管员和他那蓝色的帽子顶。

这一切,眼下已统统对我无所谓了。

北极星当空照耀,叶尼塞河翻滚波涛。

那一双我所钟爱的蓝眼睛,

光芒已将最后时刻的恐惧遮盖住了。

1939.8.19 泉宫

尾声

1

我知悉一张张脸怎样凋谢,
眼睑下流露畏怯的目光,
苦难怎样将粗砺的楔形文字,
一页页刻上面颊,
一绺绺乌黑浅灰的卷发,
霎时间怎样变成一片银白,
微笑怎样从谦和的嘴唇枯萎,
恐惧在干涩的轻笑里战栗。
我不仅是为我一个人祈祷,
而是为了所有与我站在一起的人们,
无论酷烈寒冬,还是七月热浪,
我扑倒在瞎了眼的红墙下。

2

又临近了奠祭的时辰,
我看,我听,我感到你们出现:

一位,踉踉跄跄押到窗前,
一位,压根儿不曾践踏生身之地,

一位,摇摇美丽的脑壳,
说了声:"我像回家一样来到这里。"

我本想——报出大家的姓氏,
但名单被夺走了,无从探悉。

我要用偷听到的她们的话语,
给她们编织一幅巨大的遮盖布。

我不论何地，无时无刻都要将她们回忆，
在新的劫难里，我也决不忘记。

假使有谁封住我痛苦到极点的嘴巴，
这张嘴喊出了亿万人民的心声，

就在我忌日的前一天，
让他们用这种伎俩悼念我。

假使这个国家在将来某个时候，
想起要为我建筑一座纪念碑，

我将答应这一盛典，
但只有一个条件——

不能建立在我出生的海滨，
我与大海已断绝了最后联系；

不能建立在皇家花园朝夕思慕的树墩旁，
在那儿，极度伤心的影子在寻找我；

而要建立在这里，我整整站立了三百个小时，
他们怎么都不肯为我打开门闩。

因为安逸的死亡我也害怕，
不再想黑色的玛露斯隆隆轰鸣，

不再想令人心惊肉跳的砰砰敲门声，
不再想老妪像负伤的困兽号啕悲哭。

让那僵冷的青铜塑像的眼睑，
像融雪簌簌地流下热泪，

让监狱的鸽子在远方咕咕哀鸣,

让轮船在涅瓦河上平稳航行。

1940.3　（肇明／理然　译）

　　这首由十四首小诗组成的抒情长诗,是女诗人一生中最重要的作品之一,同时也是苏联诗歌史上不可多得的杰作之一。顾名思义,这首长诗是在未曾平反的岁月里为悼念那些在20世纪30年代肃反扩大化中被冤屈而死的所有无辜者,其思想意义和社会作用已无须多费笔墨,诗的字里行间已尽述其详。值得反复探究的是诗篇悲剧美学力量何以能如此深入读者的灵府深处,难道仅仅是因为女诗人本人是受害者和受害者的母亲,仅仅因为她自己经历过那"整整十七个月"的生死悬心的煎熬吗?不,不尽如此。并不是所有的死亡和哀痛声,所有的愤怒和抗议声都能转化为感人的诗篇的。它们仅止于诗歌熔炉里的材料而已,诗毕竟是充满创造性的精神劳动,从矿石到光芒四射的艺术结晶,还有一个精到而复杂、高超而不平凡的冶炼过程。那么,阿赫玛托娃是如何来熔裁这悲怆岁月的体验的?笔者以为有三个方面的特征值得读者留心玩味。

　　首先是作家创造主体精神风貌上的特殊身份问题。阿赫玛托娃本人在诗篇中固然以一名受迫害的妇女和一名爱子受难的母亲的身份出现,但作为抒情主人公却又并不仅止于此,她在好几个地方显然是把这一场灾难担之于肩,承之于心,大有灾难汇集于一身之感。她甚至拿自己比附于儿子受难的圣母,她援引圣经里的诗句"不要为我流泪,母亲,在我装入灵柩的时候"。她写入殓的过程,连参加葬礼的人都无法忍受这巨大的悲痛:"自始至终,谁也没敢看一眼朝母亲默默站立的地方。"女诗人尽管没有正面描绘母亲哀戚的容貌,但读者心里却立即出现米开朗基罗的基督受难横躺在圣母膝头的那座雕像!女诗人开宗明义表明她是以一个悲剧时代的见证人的身份来记录这一场悲剧的。她又说"我不仅是为我一个人祈祷,而是为了所有与我站在一起的人们",她那"痛苦到极点的嘴巴",原在于"喊出了亿万人民的心声","在我人民蒙受不幸的地方,我与我的人民同在"。从诗篇的题铭、代序直至尾声,她女囚的身份、受难母亲的身份、人民代言人的身份交替出现,渐次上升,而统筹这几重身份的则是圣母的形象。如果没有这一持之有据的以圣母自况的身份,这首《安魂曲》的悲悼气氛就不可能如此广阔、如此尖锐、如此深沉地刺痛人的心灵。

其次,阿赫玛托娃被西方学者推戴为具有举世无双独特风格的女诗人,我看其独特风格乃是女诗人的特殊气质和特有的艺术思维相契合的产物。日丹诺夫错了,错在他胡扣帽子,但他的污言秽语中忘了一顶在中世纪常常用来迫害女人的帽子,这就是动辄以"女巫"罪名处死异教女子时所使用的口实。为日丹诺夫设想,如果他在当年使用这顶帽子,那倒是不折不扣、不大不小适合阿赫玛托娃美丽而智慧的头颅的。所谓女巫,一般意指其超常的直感能力,洞穿事物本质的穿透力,不受逻辑因果限制、把毫不相干的事物联系在一起的能力,超越时空限制、模糊物质世界和精神世界的界限以及超常的预见能力,把握认识事物时的整体性,表现事物时的神秘朦胧等等。总之,是与不讲逻辑的原始人的思维比较接近,无以名之,故称之为"巫性思维"。阿赫玛托娃早期的"室内抒情诗"中,往往充满这种对爱情的来临和离去的预见能力。她那点到为止,留下大块空白却能意会的艺术表现手段,都属于这一"巫性思维"的范畴之内。笔者以为,女巫最大的特征是所谓通灵和通神,她能与神对话,是神的意旨的代言人和传递者。《安魂曲》则可以视为阿赫玛托娃熟练运用了若干"巫性思维"准则的经典性作品。因篇幅关系,这里不便做全面分析,只列举几个例子。例子之一,"不能建立在皇家花园朝夕思慕的树墩旁,在那儿,极度伤心的影子在寻找我"。原始人是把影子看成是灵魂的一部分的,往往把影子混同真实人,影子也是有生命的。如此运用原始思维,充分显示了整体把握一段思绪的极度经济和力度。例子之二,"让那僵冷的青铜塑像的眼睑,像融雪簌簌地流下热泪"。这是物质世界和精神情感世界的混淆,切勿拟人化目之。例子之三,"在玛露斯黑黝黝的车轮下,无辜的俄罗斯在痉挛挣扎""你用灼热的泪水,将新时代的坚冰烧穿"。在精神世界与物质世界相撞的同时,不是带有一点女巫蛊惑诅咒的口吻么?!

第三,《安魂曲》是女诗人集毕生艺术创作经验之大成的经典之作。全诗平实中见深度,平淡口吻中出深情,言简意赅,外枯中膏,处处充满高低、顺逆,运转自如,以恨写爱、悲喜交错的艺术辩证法。这里也只能请读者尽可能鉴赏全诗。现仅举以低调写高亢,以乐景写悲的两个细微的例子。例子之一,女诗人自称老妪,以负伤的困兽作比,固然出之"哀兵必胜"的策略,但这种不避丑怪的低调,骨子里却是置迫害者于被审判的席位上;例子之二,儿子被捕之后,"日子明朗朗,房子空荡荡",那孤寂无告的心情,却用窗外在夏日里算得上令人暑气顿时为之一消的绿荫的沙沙声来反衬,这就是诗家脍炙人口的"乐景写悲"的具体运用。阿赫玛托娃更擅长此道,她悼念帕斯捷尔纳克的诗篇,也曾用此法取得了正写和顺写无法取得的艺术效果。她写到,五月里城市的椴子树发了疯,将没有来由的繁花开满树(大意),就一下子把读者带进挂纱志哀的气氛中去了。

(楼肇明)

帕斯捷尔纳克(5首)

鲍利斯·列昂尼德维奇·帕斯捷尔纳克(Борис Леонидович Пастернак,1890—1960),是20世纪苏联诗歌史上最杰出的大诗人之一。他出身于画家兼哲学家的高级知识分子家庭,早年攻读哲学,曾一度迷恋作曲,参加过未来派的文学团体。20世纪30年代以前著有诗集《云雾中的双子星座》《在街垒上》《生活,我的姐妹》,长诗《1905》和《施密特中尉》,散文作品《旅行符照》《柳威尔斯的童年》等,以后专门从事翻译,1957年发表造成世界性事件的长篇小说《日瓦戈医生》。1958年瑞典皇家科学院褒奖他"在现代抒情诗和俄罗斯叙事诗传统方面取得重大成就",而授予诺贝尔文学奖。迫于政治压力,帕氏拒绝接受,并在国内的一片声讨声中被开除出苏联作协。1986年获得平反,恢复名誉。

二 月

帕斯捷尔纳克

二月。拿出墨水来伴我哭泣!
当隆隆轰响的泥泞
燃烧出一个黑蒙蒙的春天,
我痛哭流涕把二月抒写。

雇一辆四轮马车,花上六十戈比,
听教堂钟鸣,听车轮辚辚,
匆匆赶到那豪雨喧腾
盖没了墨水和泪水之地。

那儿,成千上万只白嘴鸦,
像烧焦了的梨子,
从树上坠落水洼,
枯燥乏味的伤感沉入眼底。

愁闷笼罩之下,化雪的土地泛着黑色,
风被内心的呼声搅乱,
那抽泣哽咽织成的诗章,
越是偶然,就越是真实。

(肇明/理然 译)

《二月》是帕氏早期诗歌的代表作。其意象的营造和构成颇具未来主义猛的令人震惊和战栗的意旨。诗人早年的起步就已经包含他而后一系列发展的诸多艺术种籽或胚芽。这种籽和胚芽,是包括诗人对自身在历史中,在社会中,在无限膨胀或无限收缩的宇宙中的地位的确认。他对历史时空的独特理解,是诗篇中不疲倦的反复出现的主题。帕氏在后来颇昂扬地喊出"诗人是宇宙创造精神的旗手"。他常常从我们这个世纪的"反题"出发,有意识地抑制自己的英雄主义腔调,做一名历史见证人的兴趣大于直接介入社会斗争的兴趣,做一名思想家和哲人的志向强过仅仅做一名纯艺术诗人乃至鄙薄做仆从式的诗人、循规蹈矩的诗人;他对复合情感的运用与复调主题的运用,双管齐下;他与自己的时代顽强不倦地进行争辩;俄罗斯民族文化广袤无边又春深如海的人道主义传统,最终在帕氏手里上升为悲天悯人,将流动的人类历史的过去、现在、未来统统囊括为一个静态的时空实体加以考察。诗人在自己的诗篇中隐隐以宣讲真理的耶稣自居,诗篇即启示录、传道书,如此等等,也都能或明或暗,或潜或显地在这最初的诗篇中找到蛛丝马迹般的墨痕。

这里我们只谈三点。①题旨,诗篇最后两句已点明了偶然性与真实的关系:偶然性是真实性的前提条件、必要条件,诗人强调必然性存在于大量的偶然性之中,唯有偶然性才是开辟真实的道路。这似乎只是谈诗艺诗学中的一个问题。其实不然,诗人同时在指涉历史,指涉万事万物,是内与外,诗和历史的双重复合。复合题旨成就了一箭双雕的艺术功能。②就意象的营造而言,二月当然是指春天,但诗人笔下的春天,哪里有古典诗歌和浪漫主义诗歌中习见的花红柳绿、鸟语花香的景象。诗人一扫这种陈腔滥调,固然切合了俄罗斯北国大地自然季候的事实,不过,"一切景语即情语",诗人显然是在写内心感受到了的"山雨欲来风满楼"式的时代低气压。诗人的时代敏感令人震惊,诗人的艺术创新精神同时令人敬佩。试问,在春天要拿出墨水来哭泣,可不是"伤春又伤别"?诗人是在忧虑春天到来之前和到来之后不得不付出的沉重代价,伤感情绪在严峻的时代面前,不仅陈腐不堪,甚至枯燥乏味,无聊之极。所以,诗人宁愿用"白嘴鸦"——"烧焦了的梨子"的隐喻,来提醒读者,切莫一股脑儿沉浸在春之喜悦之中。弄潮儿未必都是雄鹰和海燕,别忘了这嗜血的鸦族,它们也是历史事件的符码、时代的过客。由此,我们可以说,春天"隆隆轰响的泥泞"道路,"豪雨喧腾盖没了墨水和泪水之地",远比那些喜气洋洋却傻气可掬的盲目乐观的诗篇要深邃得多,更符合历史真实性。③自觉的创新精神(对浪漫主义诗歌传统的叛逆,有意压低英雄主义腔调),同时与一种可以称之为非常规的逆向艺术思维相辅相成的。逆向,即意味着倒过来,把着眼点放在每每被常人容易忽略的地方,注意那些被一种倾向掩盖下的另一种视而不见、听而不闻的倾向。帕氏在而后不算漫长的创作生涯中,不屈服地与自己所处的时代进行争辩,这篇只有十六行的小诗,却是一个相当坚实的起点!

(楼肇明)

彼 得 堡

帕斯捷尔纳克

仿佛是往一颗子弹里植入第二颗子弹,
或是打赌,每回赌注下一根蜡烛,
堤岸和街道就是这样布局的,
彼得大帝算计得精确无误。

啊,他曾经多么伟大!像被一张痉挛的网
蒙住了铁铸的面颊,
那时,彼得大帝的眼眶里,
涌出了泪水汪汪的苇草丛生的海湾。

当迷妄征服了他,他把帝国介绍给王国,
把疆界介绍给疆界,
波罗的海涌起了浩瀚的波涛,
一团团愁云惨雾冲向了咽喉。

灵感袭来,稍纵即逝。
那梦境里无论出现沼泽、陆地,
抑或是水洼,海洋,
我立刻就抓住它们结账完事。

沙皇陛下被乌云压倒,犹如公务缠身。

就像用一百盒制图仪的硬鬃猛扎图纸,
他,用狂暴猛扎
在阴沉天气扬起的风帆。

在大门口,在涅瓦河上,
不眠的士兵像地主的护院一般列队站岗,
在刨子、缆索和火铳狂热的喧嚣声中,
站过了一个世纪又一个世纪。

大家知道,只要他的制图框架
还披着泰加森林的泥泞,
他才不管你是干妈还是表大爷,
是主人还是女仆,他概不接见,

在烟雾茫茫的苍白的涅瓦河上空,
乌云如毛竖立。
啊,你是谁?你是谁?不管你是谁,
城市——是你的杜撰。

大街犹如思想,黑色的河流
注入沙皇御旨的港湾。
啊,不论在荒凉的坟墓,还是白色的裹尸布里,
你都没有找到自己的位置。

你用木桩子阻挡不住洪水滔滔,
洪水的语言,恰如瞎眼产婆的双手。
你这个精神错乱的人在说胡话,
又快又急,嘟嘟囔囔。

(肇明/理然 译)

《彼得堡》是帕氏直接着眼于民族社会历史的最优秀的抒情诗之

一,闪耀着堪称第一流的历史洞察力和巨大的艺术概括天才的光芒。讴歌俄罗斯民族兴旺发达史上那些里程碑式的历史英雄,当然不是始于帕氏。普希金写过普加乔夫,叶赛宁也是,但在他们笔下,再现历史、为历史恢复本来面目时,或多或少注入了诗人本人的浪漫主义的激情和想象。借古讽今或借古人的衣装演出旨在召唤当代人扮演当代斗争活剧的意向,都在有意和无意间、程度不等地干扰了对历史经验的客观而冷峻地进行总结。帕氏克服了这一类容易引起后世人訾议的偏颇。诗篇最令人醒脑的优点即在这种评说千秋功罪时的铁面无情,冷峻、严厉而客观。我们可以说帕氏并不是仅仅从政治、道德、美学的角度去评说彼得大帝的功过,而是将这三者有机地统一起来。他是全方位地再现彼得大帝,虽然他主要是从推动历史前进与否作为其中的基点,肯定中有批评,批评又不失公正。从某种意义上说,至今屹立在列宁格勒涅瓦河畔彼得大帝的青铜塑像未必尽善尽美,而帕斯捷尔纳克却以文字塑造了一尊更为真实的彼得大帝的不朽塑像。

在帕氏墨分五彩的笔下,彼得大帝既是雄才大略、高瞻远瞩的改革家,又是"痉挛的网蒙住了铁铸的面颊"的独裁者。没有这种独裁者的历史英雄主义,没有这种独裁者个人的钢铁意志与历史本身的意志的双重契合,俄罗斯就会仍然停留在"苇草丛生"的蛮荒阶段,"一个世纪又一个世纪"将会在"刨子、缆索、火铳狂热的喧嚣声中"重复。没有彼得大帝就没有俄罗斯广袤的疆土和俄罗斯的近代化。帕氏真实地描绘了一场自上而下惊天动地的社会改革的历史画卷,揭示了其中内在的带普遍性的历史运行规律。彼得大帝刮毒疗肌(以专制独裁的手段无情刮去依附于这个肌体的衰朽腐败部分,"顺我者昌,逆我者亡"同样也是针对本阶级的),他斩钉截铁,磐石般风雨不动。他用打赌般的勇气,"仿佛是往一颗子弹里植入第二颗子弹"的行之有效的强制手段,使诗篇显层面上油画般取得浓墨重彩的艺术效果。而深层次上,诗人又同时不曾忘却历史和道德、政治和人性的二律背反。在帕氏看来,历史产婆是盲了双目的,历史的语言即是洪水的语言。因此,作为一个活生生的人,帕氏对彼得大帝连同他统治下的那个特定历史阶段里的臣民,几乎都抱着一种同样的属悲天悯人的宗教情怀。"当迷妄征服了他,他把帝国介绍给王国,把疆界介绍给疆界",何其故作轻松!轻松里不是有那么一丝丝苦笑,一丝丝对英雄的嘲讽和揶揄么?!

大手笔源自诗人集政治、道德、美学三位一体的审判者的身份。在世界诗歌史上,具有这三重身份的诗人,试问有几多? （楼肇明）

草　原
帕斯捷尔纳克

那通往幽僻之处的道路目不暇接,多么秀美!
无边无际的草原像一幅海景画。
针茅草唉声叹息,蚂蚁沙沙爬动,
蚊子的哀歌飘浮天空。

干草垛和云霞结盟,连成一条火链,
火山重叠火山,渐渐熄灭。
无边无际的草原沉寂了,湿透了,
它摆荡着,移动着,推挤着。

雾从四面八方把我们团团围住,
雾在刺草丛中追着牲畜的腿,
漫步草原真是美不胜收,有如在海滨——
草原摆荡着,移动着,推挤着。

那隐在雾中的不是草垛吗?谁能知道?
不是我们的草垛吗?走近瞧瞧,是它。
找到了!草垛——就是它。
四周是雾霭茫茫和草原。

银河从一旁通向刻赤,

像是大路一般，牲口扬起了尘土。
绕过农舍，会令人无比激动：
多么开阔，四面八方纵览无余。

浓雾令人昏昏欲睡，针茅草甜似蜂蜜。
整个银河都降落草原。
雾将散去，夜幕从四面八方
把草原和草垛拥入怀抱。

黑魆魆的子夜站立路旁。
星光洒落在道路中央，
倘若不踩脏宇宙，你就不能
穿越道路，绕过极墙。

当星星还刚刚升起，
子夜被浸在杂草丛中，
湿漉漉的轻纱兴奋而又疑惧，
紧紧依偎着，蜷缩着，焦急地盼着结局？

请草原给我们评说千秋功罪，请夜做出裁决，
什么时候啊，什么时候：是起始——
蚂蚁沙沙爬动，蚊子的哀歌飘浮天空，
刺草丛绕着牲畜的腿戳立着？

把它们都蒙住吧，亲爱的，雪花就要飘落，
整个草原仿佛陷入了罪恶——
它被世界拥抱，像顶降落伞，
它整个儿是冥顽屹立着的幽灵！

(肇明/理然　译)

笔者在《与世纪争辩的诗人——鲍·帕斯捷尔纳克"宇宙意识"的

三个层次》一文中谈到《草原》时说，他"几乎完完全全撇开了具体的历史事件的投射，他力图概括的对象世界，已不是单个儿的断代的昨天、今天和明天的现实，他唾弃那种割裂的残缺不全的历史感和时代感，他要面对整个人类的过去、现在和未来，是从开辟鸿蒙的时代直至人类无穷世代以后的未来，他要囊括的是作为时空实体的历史长河，是从这个时空实体中抽象剥离出来的哲学"。又说，帕氏的《草原》与屠格涅夫的《白净草原》、契诃夫的《草原》虽属同一题材的艺术珍品，但屠氏和契诃夫写的是现实人生的一份感慨，是生命历程和心灵历程中的一种转折，是天真未凿的儿童心里、眼中的天堂、地狱和人间的图画。帕氏承先贤的气韵脉息，写的是一幅气象更为宏阔的宇宙本体论的图画。诗是象征的，诗人以最具俄罗斯自然风光特色的草原作为考察和观照宇宙运行规律的本体象征，诗人以如同列维坦、库英治的彩笔，一方面具象地描绘我们人类世代居住的宇宙，另一方面又将"摆荡着，移动着，推挤着"的人类社会兴衰荣败和宇宙收缩膨胀联系了起来。《草原》绝不是一般意义上的风景诗，哪怕是仅仅寄寓一点小哲理的风景山水诗。帕氏以语言指涉的题旨远不是小打小闹的哲理所能涵盖的。康德曾说："有两种东西，我们对它们的思考越是深沉和持久，它们所唤起的那种惊奇和敬畏就会越来越大地充溢我们的心灵，这就是繁星密布的苍穹和我心中的道德观。"帕斯捷尔纳克也是如此，只不过他将繁星密布的苍穹置换为俄罗斯大地上的草原了，凝注和思考越是深沉和持久，惊奇和敬畏就越来越大地充溢心灵。这不可多得的抒情诗精品正是帕氏凝注和思考内外双元的宇宙的一份独具异彩的艺术记录。值得注意的是，帕氏笔下的宇宙固然也有一份"鹰击长空，鱼翔浅底，万类霜天竞自由"式蓬勃不枯竭的生机，有"干草垛与云霞结盟，连成一条火链，火山重叠火山，渐渐熄灭"的壮丽悲慨，但他主要着眼宇宙的可亲可敬、平凡、温馨、和谐，而不是黄沙漠漠的荒寂苍凉。"银河从一旁通向刻赤，像是大路一般，牲口扬起了尘土。"与这种亲切的诗句相对照，则是"倘若不踩脏宇宙，你就不能穿越道路，绕过极墙"。在这里我们又依稀听到了一个微弱但令人胆战心惊的伟大告诫：人为了自身微不足道的生存目的，不得不破坏宇宙和谐的秩序，在人们弄脏赖以生存的宇宙的同时，也就破坏了生存的根本。而人这种破坏自身生存根本的做法又何时才是终结？这是人开发宇宙、毁坏宇宙又排解不开的无有终止之日的悖论。诗篇写作于1917年夏，当时地球生态环境危机和人类精神生态环境危机还远远隐藏在时代地平线之下，诗人的忧患意识何其深远。不过，要解开人类生存中这个最大悖论的条件何时才能成熟、具备，睿智深沉的帕斯捷尔纳克终其一生也未曾找到答案，是故他只能借象征载体的本体——草原，连同诗人主观精神的投射，做一个千秋功罪的仲裁人。帕斯捷尔纳克就是评说千秋功罪的仲裁人。不，对俄罗斯而言，他就是"冥顽屹立着的幽灵"！

（楼肇明）

解　释
帕斯捷尔纳克

生活又这般无缘无故地恢复原状了，
正如当初古怪地被中断了一样，
就像那一年夏天的那一时刻，
我又来到了这条古老的大街。

还是这些人，还是这些烦恼，
在那个死亡的夜晚，落日斜晖，
仓促间钉在曼涅日城墙上。
至今依然不曾冷却发暗。

穿着廉价粗劣衣装的女人
依旧在晚间来街头踯躅，
然后在她们铁皮屋顶的阁楼里，
依旧承受那十字架上的苦刑。

这就来了一个，拖着疲惫的身子，
慢步踏上石级，
从地下室的门槛上踅来，
到斜对过的院子里去。

我又准备好一套遁词，
我又是对这一切漠然置之。
这位芳邻绕过后院，
把我们俩面对面冷在那里。

* * *

别哭泣，别噘嘴，
莫要弄皱肿胀的嘴唇，
莫去触痛春天，那一场
寒热病里已经愈合的伤痕。

拿开你的手掌，别抚在我的胸前，
我们是通了电流的电线，
当心啊，我们随时都能重新遇合，
那个忽然降临的邂逅，不是偶然。

岁月会流逝，你要嫁人，
你得忘掉这些混乱不堪的日子，
做女人是一桩伟大的冒险事业，
把男人弄得神魂颠倒是种英勇行为。

而我，我的平生
素来像仆从似的眷恋，
拜倒在女人的奇迹面前，
那手，那背，脖子和双肩。

但不管黑夜把我

锁进郁闷的镣铐里，

那挣脱它的诱惑更要刚强，

我始终拥有与之决裂的火热向往。

（肇明/理然　译）

本篇收在长篇小说《日瓦戈医生》的附录里，以小说男主人公尤里·日瓦戈的遗著的面目出现。《解释》是日瓦戈医生献给情人拉拉的诗篇之一。据国内外苏联文学的专家们研究表明，拉拉不仅是苏联文学中最富有迷人艺术光彩的女性形象之一，她甚至是可以与普希金笔下的达吉雅娜（《叶甫盖尼·奥涅金》），托尔斯泰笔下的娜塔莎·罗斯塔娃（《战争与和平》），陀思妥耶夫斯基笔下的娜斯塔西娅·菲里波夫娜（《白痴》）相媲美的俄罗斯妇女形象。拉拉天生丽质，生不逢时，一生多灾多难，十四五岁即遭母亲的情人、律师、反动政客奸污。她丈夫是位忠烈的红军将领，被内部清洗而自杀。她与日瓦戈自幼相识，于颠沛流离中患难相遇，又不得不忍痛生离，为反动政客的旧日情夫裹胁而去。国内战争的风烟平息之后，拉拉又被苏维埃政权收监，瘐死狱中。从文学的社会历史分析看，一个妇女的苦难命运折射出革命和反革命两大阵营之间的斗争，折射出一个动乱的时代。拉拉是反动势力的受害者，又是革命失误的牺牲品。从作家凝聚在人物形象里的审美思想和妇女观念的意义上说，拉拉的形象集中体现了帕斯捷尔纳克独特的审美理想和对待女性的"骑士风度"。综合这两个方面，则可以说拉拉是帕斯捷尔纳克心目中的女神，而并非仅仅是表现时代的一个艺术载体，如同"桃花扇底南朝"的孔尚任，抨击上层贵族社会伪虚洁癖的莫泊桑（《羊脂球》）。帕氏笔下的拉拉是走下神坛的维纳斯，最终又走上时代的祭坛，是时代祭坛上受难的美神。

《解释》分上下两阕，各自独立，若离若接，拼接成篇。上篇写性商品和性奴隶的妓女，她们作为人类文明史上的耻辱和脓疮，日复一日地承受着"十字架上的苦刑"，而后引出作者对自己冷漠的愧疚。下篇写作为一个女性的倾慕者、崇拜者的堂堂男子汉对于女性的深深理解。尽管作者没有说,但这种理解是建立在深受男子中心主义文化压榨下的女性命运的深刻同情的基础上的。从而,也就把日瓦戈医生对拉拉的爱上升到了创造一种男女双性合理文化水平的思想高度。"做女人是一桩伟大的冒险事业,把男人弄得神魂颠倒是种英勇行为。"前一句也许能得到普遍的认同,后一句却有可能会被看成是严肃的笑谈。其实不然,这是笑谈后面的严肃,对女性性格魅力的夸张肯定。这两行诗如同我国古代律诗里的一联对句,有其内在的关联。统观全诗字里行间所弥漫着的忏悔情调、悲剧气氛,我们不妨把这首诗看成是男人对女人罪孽的忏悔、表白和解释,这也正是帕氏的人道主义思想在妇女问题上的具体体现。　　　　(楼肇明)

喀西玛尼花园

帕斯捷尔纳克

天边的星星在闪烁,
漠不相关地照着路的转弯,
这条路绕过橄榄山下,
凯德伦河在山脚流过。

草地伸到一半陡然跌落,
再过去便是银河,
橄榄树一片灰白,泛着银光,
仿佛悬空向远方跨出一步。

土地囊括的背景上,最远处是一户人家的花园。
他把门徒们留在院墙外,
他对他们说:"我心灵忧伤,有生命之虞,
你们待在这里,守望着我。"

他拒绝任何反抗,

仿佛那是借来的物品,
他交出了全智全能和行神迹的力量,
现在他是会死的凡人,与我们一样。

那一夜晚辽阔的疆域,
就像是灭绝和空无的疆土,
整个宇宙荒无人烟,
只有这花园里还有生命。

他凝视这黑沉沉的深渊,
那里空空洞洞,无始无终,
他为避免死亡的苦杯,
浑身血汗,向天父祈祷。

祷告真的减轻了死的痛苦,
于是,他走出园门。
墙外,门徒们一个个困乏得睁不开眼,
横七竖八地在路边草地上仰卧。

他叫醒他们说:"上帝赐予你们生命,
我在世之日,你们得以与我相聚,
你们这样仰面昏睡,
人之子的时限已到,他要把自己交到罪人手里。"

他的话刚刚说完,一群奴隶,
和一大帮无赖,莫名其妙地不知从哪儿冒出,
他们手执火把和刀剑,犹大作先锋,
他嘴唇上带着叛徒虚情假意的吻。

彼得挥剑上前抵抗暴徒,
砍下其中一名贼子的耳朵,

但他听到主说:"解决争端怎能用兵,
人啊,快把你的剑收回剑鞘。

"莫非你以为我在天之父,
不能派一支有翼的天军来保护我?
那么,敌人触动不了我的一根毫毛,
就会四散逃窜,不见踪迹。

"但如今生命之书已翻到了这一页,
这一页比一切神圣的东西都更加宝贵,
上面写着这一刻应当实现的事,
那就让它应验兑现吧,阿门。

"你们看吧,时代的流逝像一篇寓言,
在流逝中能够起火,发光。
为维护我主令人敬畏的声望威名,
我不辞受苦,甘愿踏进坟墓。

"我踏进坟墓,并在第三天复苏。
而且,千秋百代的历史和无穷世代的未来,
将如顺流而下的木筏,鱼贯行进的商船,
它们从黑暗中向我游来,接受我的审判。"

(肇明/理然 译)

  这是《尤里·日瓦戈诗钞》中的最后一篇,全诗取材于《圣经》,依据耶稣受难夜的传说故事演绎而成。初看平铺直叙,而叙述的故事又是读者耳熟能详的,这却是体现晚年帕斯捷尔纳克思想的重要诗篇。它甚至是他一生寻找诗人道路、探索诗人在人类社会中的职责和使命的最后总结,自然也是他写作《日瓦戈医生》一书的核心思想之一。这里且把诗人将一个枯燥的宗教故事按事件的顺序发展叙述得有条不紊,诗意盎然的高超诗艺撇在一边不谈,仅就耶稣在受难前升华了的思想联系帕氏本人的思想略谈一二。其一是"时代的流逝像一篇寓言",在未来的世代里"能够起火,发光",我们可以说这正是帕氏每每从时代的反题着眼,探究他所经历的时代事件在后世中的意义的自信。亚里士多德说"寓言和历史同样宣扬真理",帕氏也是笃信不疑的。他的《日瓦戈医生》用他自己的话说"诗是现实的一个背景",他愿为后世提供一个他生存时代的背景。其二,"他听到主说:'解决争端怎能用兵,人啊,快把你的剑收回剑鞘。'"这个意见的正确性如何姑且不论,但帕氏从人性的发展和改造着眼,确信战争是不能解决问题的,暴力连同科学技术和物质文明的进步,都不能直接导致人类道德的进步和人性的改善。从这个意义上讲,帕氏的意见值得听取,其警世醒世的作用不该低估。其三,晚年的帕斯捷尔纳克以耶稣自许,他以来到人世间宣讲真理为己任。他不仅是自己生存的历史时代的见证人、观察家、审判者,他更要把审判者的身份扩大到死生界限之外的无限的时空之中。你听,"千秋百代的历史和无穷世代的未来,将如顺流而下的木筏,鱼贯行进的商船,它们从黑暗中向我游来,接受我的审判",这是何等的胸怀,何等的抱负,何等的气度!这是对人类的关爱,而且是终极的关爱。看来,帕斯捷尔纳克以耶稣自诩,把诗提到宗教的并列高度,原因正是在终极的对人类的关怀上找到了共同点。

(楼肇明)

茨维塔耶娃 (4首)

玛丽娜·伊万诺夫娜·茨维塔耶娃(Марина Ивановна Цветаева,1892—1941),俄国女诗人。出身于莫斯科一教授家庭,从小受到良好的教育,有着广泛的兴趣爱好。她六岁时便练习写诗,十八岁发表了处女诗集《黄昏纪念册》,此后又出版了《神灯》(1912)、《两本书的摘录》(1913)、《少年诗篇·1912—1915》(1915)、《里程碑》(1921)等诗集,引起了诗坛上的注目。十月革命后,因其丈夫是白军军官而与苏维埃现实生活格格不入,1922年流亡布拉格,1925年迁居巴黎。在没有祖国、没有亲人的沦落异国的日子里,她开始审视自己的过去,怀念祖国,并于

1928年在巴黎出版了诗集《离开俄罗斯之后·1922—1925》。第二次世界大战爆发后,由于无法忍受法西斯的暴行而于1939年夏回到莫斯科,主要从事诗歌翻译。后因德国法西斯逼近莫斯科,撤退到小城叶拉布加后,终因精神抑郁而自缢身亡。

茨维塔耶娃的诗歌基本主题是爱情、死亡和艺术。她的诗歌韵律丰富多彩,感情凝练真实,不失为一位具有独特风格的女诗人。

你那样子同我相像,走起路……

茨维塔耶娃

你那样子同我相像,走起路——
两只眼睛羞涩地瞧着低处。
我从前也是低垂着眸子!
过路人啊,请停一停脚步!

采撷一束毛茛花和罂粟,
然后再把那碑文读一读,——
从前我的名字叫玛丽娜,
我在世上活了几多岁数。

千万别以为这里是一座坟墓,
我一旦出现,会使你失声惊呼……
我这个人原本实在太爱嬉笑,
可那时候却不允许真情流露!

血液曾经滋润过我的肌肤,
卷曲的秀发也曾轻轻飘拂……
我原也是一个活着的人!
过路人啊,请停一停脚步!

先自己掐上野草一株,

随后再采摘野果一簇——
　　墓地上草莓无与伦比,
　　个头儿硕大,甜美芳馥。

　　只是不要神情忧郁地延伫。
　　默默地、默默地低垂着头颅。
　　请你轻松愉快地思念起我,
　　请你忘却我吧——心境一如当初。

　　光芒那样强烈地把你照耀!
　　你浑身笼罩着金色的光雾……
　　但愿我发自九泉下的声音
　　不至于使你感到困惑惊怵。

1913.5.3,科克杰别里　（苏杭　译）

　　这是一首韵味隽永的抒情诗,由此可窥见茨维塔耶娃早期诗作风貌的一斑。

　　诗人以轻灵的笔触勾画一位健康、充满活力而又有些拘谨的少女形象:那滋润肌肤的年轻人的血液,那轻轻飘拂的鬈曲的秀发,那走路时低眸的羞涩神态……寥寥几笔勾勒出一个生活在旧俄时代的有教养的敏感的女郎形象。这不妨认作是诗人的自画像。

　　耐人寻味的是这种自怜自爱的描画,偏用诗人躲在坟墓里的构思出之,便酿成一种隔离之美,引发读者产生恍如隔世之感,含蓄着诗人对韶华春光的珍惜与思索。

　　诗人越是写到坟墓,就越叫读者想到现实;越写到死,就越令人想到生。茨维塔耶娃描画了一个和自己一模一样的姑娘,写她享受生活中的芳草、甜美的草莓,"浑身笼罩着金色的光雾",其实这都是表达诗人的愿望,愿能有永久的年轻的生命长存,能享受人生的快乐,能永久焕发青春的光耀。所以我们不妨把"那活着的人"和诗人一样的女郎认作诗人生命的延长。

这首诗是诗人关于生命和青春的哲思的诗化。虽然不能说其中没有忧郁和感伤,但基调是纯净、优美的,启人深思和遐想。

此诗作于茨维塔耶娃二十一岁时。早熟的女诗人常做出人意料的幻想,关于生、死、爱情、艺术……这些被称作永恒的主题是她乐于一再探究、一再表现的。这一方面是受到当时象征主义的文学氛围的影响,另一方面也是因为她那颗孤寂高傲的心常常不被人理解所致。

此诗构思奇妙,形象婉美,语言简洁传神,堪称诗人早期诗作之杰作。

(尹厚梅)

我在青石板上挥毫……
——给谢·埃[1]

茨维塔耶娃

我在青石板上挥毫,
在褪了色的扇面上泼墨,
在河滩和海岸上白描,
用冰刀在冰上,用戒指在玻璃上铭刻,——

在经历过千百个严冬的树干上留题,
最后,——为了让天下人大白!——
我爱你!我爱你!我爱你!我爱你!——
我大书特书——挥洒经天的虹彩。

---

[1] 谢·埃:谢尔盖·埃夫伦(1893—1941)是玛丽娜·茨维塔耶娃的丈夫。他早年参加了白军,溃败后流亡捷克;1922年茨维塔耶娃携幼女阿利娅离开苏联去投奔丈夫。后来埃夫伦在国外参加了苏联的一些情报活动并于1939年回国。阿利娅已先期归国,1939年茨维塔耶娃携子格奥尔基亦返回苏联。但不久阿利娅与埃夫伦先后被捕,杳无音信。1940年诗人在编选诗集时曾将《我在青石板上挥毫……》一诗作为开卷篇收入其中,在个人家庭的悲惨的遭遇下,诗人以这种隐晦的方式将此选集献给了丈夫。这充分表现了她的良苦用心和难言之隐。据研究者推断,从技巧的娴熟,风格的洗练,语言的深邃上来讲,此诗当属1940年之作。本诗第二节,作者曾有40余种不同草稿,可谓精雕细镂。

　　　　我多么希望每个人都能永远
　　　　同我形影相随！白头偕老！
　　　　可是后来，我把额头抵着书案，
　　　　把那名字狠心地一笔勾销……

　　　　然而你，[1]却被我这个无行的文人
　　　　攥在手心里！你呀咬噬着我的心田！
　　　　你没有被我出卖！在戒指背面永存！[2]
　　　　你完好无损地珍藏在我的心间。

　　　　　　　　　　　　1920.5.18　　（苏杭　译）

　　这首短诗抒写了诗人的铭心刻骨的情思，表达了她至死不渝的忠贞爱情。

　　诗句犹如潺潺泉水，自由地从她心底流泻而出。在这里写，那里写，写什么？就写"我爱你"。写在哪儿？从青石板一直写到天上。也许诗人并未着意安排诗句的次序与轻重，可读者却能从中辨析玩味："我在青石板上挥毫"，这大约是诗人在思念爱人时常走过的石板路吧？"在褪了色的扇面上泼墨"，这用了很久的旧扇可能伴着诗人和爱人度过无数难忘的良辰佳宵吧？"在河滩和海岸上白描"，大概是诗人在追寻他们相依漫步过的足迹？诗人把满腔的爱都倾注在写了又写、描了又描上面，可又比不了"用戒指在玻璃上铭刻"，那该多么深刻而永久！何况订婚的戒指正是永结良缘的坚贞爱物！

　　写了这一节，意犹未足，炽热的爱浪仍在激升。"在经历过千百个严冬的树干上留题"，把爱的誓言刻在那久经考验的常青树上面，它将随着大树成长、永存。可是这些书写、镌刻还不能让天下人都知道，于是"我大书特书——挥洒经天的虹彩"，诗人要以彩虹为笔把爱语写上高

---

[1] 指丈夫的名字：谢·埃。
[2] 妻子的结婚戒指背面镌刻有丈夫的名字和婚期。

空,让人人仰望而得见。

第三节,诗人低回地表明自己选择的爱人是经过了严格的筛选,虽然他们也曾"同我形影相随",但仍"把那名字狠心地一笔勾销"。使前两节诗于此现出一个顿挫来。

最后,诗人以"你完好无损地珍藏在我的心间"压住了前面一大排诗句。因为无论写在哪里,都只是写在身外之物上,只有"珍藏在我的心间",才是最深刻最长久的爱恋。"无行的文人"是调侃之语,意谓"出卖描绘人们心灵的诗行的人",并非指无操守者。恰恰相反,她把戒指"攥在手心里",写得真诚而又俏皮。我们知道,诗人因当时对十月革命不理解而深感孤独,但她不袒护自己这种迷误,更不掩饰孤寂时刻倍加思念爱人的心境。相反,她敞开心扉,大书特书,要"让天下人大白",读至此,我们不能不叹服诗人的正直坦荡和感情的真诚质朴!

这首诗的韵律有如潺潺细流,极妥帖地抒写了诗人内心款款情愫;又如奔腾的江水,尽情地宣泄了诗人滚烫的激情。由此可窥见其爱情诗的风貌。

(尹厚梅)

给儿子[1]的诗

茨维塔耶娃

不是为了任何一种因缘——
去吧,我的儿子,回到祖国,回到自己的家园——
它与一切家园迥然相反!
返回到那里去——就是向前
迈进,——尤其是对你来说,
因为俄罗斯你还不曾看见,

---

[1] 茨维塔耶娃的儿子格奥尔基·埃夫伦1925年出生在捷克斯洛伐克,1939年随母亲返回苏联,1944年牺牲于苏联卫国战争前线。

我的孩子……我的？是她的——
孩子！他像春草一般葱葱郁郁，——
那春草渐渐地湮没了往昔。
我难道要用颤抖的手掌
把那化为灰尘的泥土
捧到孩子的摇篮里去，——
　　"俄罗斯就是这抔灰烬，你要向它膜拜顶礼！"

因为你没有经受过那种遭遇——
去吧——一双双眼睛注视着那里！
全世界——眼睛，整个地球的——
眼睛，——还有你那双碧蓝碧蓝的
眼睛——我从那里面照见了自己——
从那双凝望着俄罗斯的眼睛里。

我们不要相信那些鬼话连篇！——
什么俄罗斯属于我们，俄罗斯属于祖先。
属于你们这些山顶洞的启蒙者的
是发出紧急呼救的苏联，——
而那漆黑的夜空里的呼救
与SOS[1]相比更要火急十万。

祖国不会把我们召唤！
去吧，我的儿子，回家去吧——勇往直前——
离开我们——回到自己的世纪，回到自己的时代，
　　回到自己的家园！
回到你们的——俄罗斯去，回到大众的——

---

[1] "SOS"，英文"紧急求救信号"。

俄罗斯去,

回到我们时代的——祖国去!回到现今时代的——祖国去!

回到奔向火星的——祖国去!回到没有我们的——祖国去!

1932.1　（苏杭　译）

这是一首诗人热切眷恋祖国、思念家园的歌。无论异国城乡风光如何绮丽迷人,但都不值得留恋,因为"它与一切家园迥然相反!"儿子虽然出生在国外,但孩子是俄罗斯的:"我的孩子……我的?是她的——孩子!"接着,诗人否定了自己曾有过的迷误,她要使自己忘却这个迷误,就像葱葱郁郁的青草"渐渐地湮没了往昔"一样,更不能再用误解和偏见去影响儿子:"我难道要用颤抖的手掌,把那化为灰尘的泥土,捧到孩子的摇篮里去"?不!俄罗斯不是一抔灰烬,而是举世瞩目的"大众的""奔向火星"的祖国,整个地球的眼睛都朝那里注视。诗人不再相信那些背弃祖国的白卫流亡者的鬼话,她告诉儿子"勇往直前",回到"现今时代的祖国去"。然而,诗人对新的国家是否欢迎自己也不无疑虑:"祖国不会把我们召唤!"但即使如此,也希望他离开她,也要回去,因为那里才是"自己的世纪""自己的时代""自己的家园"。

诗人作此诗时,她的儿子仅仅七岁。很显然,孩子是不能自己回国的,所以,与其说这诗是写给自己懵懂的幼童的,不如说是诗人内心的独白。全诗感情真挚,处处洋溢着对祖国母亲的眷念。诗中采用了民歌那种反复咏唱的手法突出了"回到祖国,回到自己的家园"这一主题,但诗中又不是直接表达,而是以自己是个母亲的名义呼唤儿子,让儿子宁可舍弃自己也要投向更为神圣的母亲——祖国的怀抱;就是"注视俄罗斯",也是从儿子那双"碧蓝碧蓝的眼睛里"照见了自己。这种借代手法使诗人的思乡之情猛然得到了升华,恰到好处地表达了诗人忏悔过去、渴望回到俄罗斯又仍存疑惧的复杂心理。全诗形似委婉,却收到了直抒胸臆的强烈效果,这种感染力正是来自诗人的质朴与真诚。　（尹厚梅）

致一百年以后的你[1]

茨维塔耶娃

作为一个命定长逝的人,
我从九泉之下亲笔
写给在我谢世一百年以后,
  降临到人世间的你——

朋友!不要把我寻觅!物换星移!
即便年长者也都早已把我忘记。
我够不着亲吻!隔着忘川[2]
  把我的双手伸过去。

我望着你那宛若两团篝火的明眸,
它们照耀着我的坟茔——那座地狱,
注视着手臂不能动弹的伊人——
  她一百年前已经死去。

我手里握着我的诗作——
几乎变成了一抔尘埃!我看到你
风尘仆仆,寻觅我诞生的寓所——
  或许我逝世的府邸。

你鄙夷地望着迎面而来的欢笑的女子,
我感到荣幸,同时谛听着你的话语:
"一群招摇撞骗的女子!你们全是死人!"

---

[1] 茨维塔耶娃在 1919 年笔记中记载:"昨天一整天都在思考一百年后这件事,于是为此写了几行诗。这些诗已经写就——诗将发表。"1924 年在一封信里又说:"而且——主要的——我深知一百年以后人们将会多么爱我!(阅读——什么!)"这首诗还有另一种版本(这里译的是诗人 1940 年的定稿)。

[2] 据古希腊神话传说,地府有一条河,死者的阴魂饮了河水,便会忘却人世间的一切。

活着的唯有她自己!

"我曾经心甘情愿地为她效劳!一切秘密
我全了解,还有她珍藏的戒指珠光宝气!
这帮子掠夺死者的女人!——这些指环
全都是窃自她那里!"

啊,我那成百枚戒指![1]我真心疼,
我还头一次这样地感到惋惜,——
那么多戒指让我随随便便赠给了人,
只因为不曾遇到你!

我还感到悲哀的是,直到今天黄昏——
我久久地追随西沉的太阳的踪迹,——
经历了整整的一百年啊,
我才最终迎来了你!

我敢打赌,你准会出言不逊——
冲着我那帮伙伴们的阴森的墓地:
"你们都说得动听!可谁也不曾
送她一件粉色罗衣!"

"有谁比她更无私?!"——不,我可私心很重!
既然不会杀我,——隐讳大可不必——
我曾经向所有的人乞求书信——
好在夜晚相亲相昵!

说不说呢?——我说!天生本是一种假定。
如今在客人当中你对我最多情多意,

---

[1] 茨维塔耶娃确实很喜欢赠人戒指,她在诗歌和散文中不止一次提到此事。

> 我拒绝了所有情人中的天姿国色——
>
> 只为伊人那骸骨些许。
>
> 1919.8　（苏杭　译）

这是一首极富浪漫色彩的预言诗,一支执着地追求艺术最高境界的理想之歌。

诗人以大胆的想象虚构出一个美好的未来世界。在这个世界里,诗坛所有那些令人鄙夷的"招摇撞骗"者虽生犹死,唯有诗人自己则虽死犹生——她的存在价值终于为后人承认、赞誉了。诗人坚信这一理想世界终会实现,并把它拟化为一个人——"在我谢世一百年以后,降临到人世间的你"。她渴望它,把它视为自己的艺术知音、热恋中的情人,因为"你"是"我久久地追随西沉的太阳的踪迹,——经历了整整的一百年啊,我才最终迎来了你"的。因此,全诗都充满了诗人对自己的知音、恋人倾诉的衷曲,以寄托自己的情思。诗人以对话形式对她的知音说:"我望着你那宛若两团篝火的明眸,它们照耀着我的坟茔——那座地狱。""风尘仆仆,寻觅我诞生的寓所——或许我逝世的府邸"。可见诗中的"你",是位有很高艺术鉴赏力的人,并为研究传播诗人的诗而奔走呼号,捍卫诗人的无私品格,慷慨奉献出自己的心血诗作。诗中所写"成百枚戒指"是成百篇诗作的物化,把抽象的精神财富化作具体感知的珍宝——戒指,更显形象鲜亮。同样,诗人的"乞求书信"也是她企望读者了解这一心态的物化。诗人深知这位等了一百年才迎来的知音"将会多么爱我":"你对我最多情多意,我拒绝了所有情人中的天姿国色——只为伊人那骸骨些许。"这正是诗人在诗歌艺术的创作实践中所得到的报偿,是付出真诚无私劳动的结果,从而点明了主题。

这首诗构思奇特,异想天开,含意明朗透彻,格调坦率而自信,读后仍使读者难忘年轻的女诗人那执着追求的精神和大方明快的笑容。

（尹厚梅）

马雅可夫斯基 (3首)

弗拉基米尔·弗拉基米洛维奇·马雅可夫斯基（Владимир Владимирович Маяковский, 1893—1930），苏联著名的革命诗人。他出身于格鲁吉亚一个林务官家庭。1906年父亲去世，随母亲到莫斯科，进入莫斯科第五中学学习。从这时起，他开始阅读一些革命书籍，接触社会主义者。1908年加入布尔什维克党，并从事革命宣传工作，曾先后三次被捕。在狱中，马雅可夫斯基开始学习写诗。1911年他考入莫斯科绘画雕刻建筑学校，与未来派诗人布尔柳克相识。1912年与布尔柳克等共同发表未来派宣言，成为俄国未来派的代表之一。十月革命前，他写过长诗《穿裤子的云》（1914—1915），对资产阶级制度和宗教表示愤怒和抗议，号召进行反抗，预言革命即将到来。十月革命后，他的创作进入了一个新的阶段，称十月革命是"我的革命"。1918年写了《向左进行曲》，号召人民起来反抗帝国主义的武装干涉，表达了自己的革命信念，受到广大群众的欢迎。1919年10月至1922年2月的国内战争时期，马雅可夫斯基参加"罗斯塔之窗"的工作，创作了许多诗画，号召人民支援前线，打击白匪和武装干涉者。这些诗画通俗易懂，克服了早期作品中那种过分雕饰和晦涩的毛病，在读者中很有影响。1924年列宁逝世，诗人怀着对领袖的热爱和悲痛心情，写下了长诗《列宁》，被认为是社会主义现实主义诗歌的代表作品。1927年，为了庆祝十月革命10周年，诗人又创作了著名的长诗《好！》。卢那察尔斯基称它是"十月革命的青铜塑像"。1928—1929年，诗人创作了《苏联护照》等一系列反映社会主义建设和青年一代精神面貌，以及富有爱国主义激情的诗。

马雅可夫斯基一生的创作是多方面的，不仅写诗，也写剧本，还从事绘画。他对诗歌形式进行了革新，开了楼梯诗的先河，对后世的影响是巨大的。他一生的经历，完全是一条不断探索、不断创新的道路，为苏联诗歌的发展做出了极为重要的贡献。

开 会 迷

马雅可夫斯基

当黑夜刚刚向黎明交班,
这种景象每天司空见惯:
有的到某部,
有的到某委,
有的到文教,
有的到政宣,
人流滚滚奔赴机关。

刚刚走进大楼内,
劈头盖脑文件一大堆。
匆匆挑出五十来份,
(份份都是特急件!)
干部们分头去开会。

我找上了门:
"今天总该接见了吧?
我来了多少趟,已经数不清!"
"伊凡·凡内奇同志开会去了,
研究戏剧处和饲马局的合并。"

爬了整整一百遍楼梯,
使我觉得连活着都乏味!
但答复仍然是:
"让你一小时后再来,
现在正在开会,
议题是省合作总社
打算买一瓶墨水。"

过了一小时再去,——
既找不到男秘书,
也找不到女秘书,
剩下的只有空气!
二十二岁以下的人
统统在开共青团会议。

眼看天色快断黑,
我又爬到七层楼上去:
"伊凡·凡内奇有没有回?"
"他正在出席
甲、乙、丙、丁、戊、己、庚、辛委员会。"

我大发雷霆,
像火山爆发,
我冲进会场,
一路上喷出野蛮的咒骂。
我看见:会议桌旁
坐着的全是半截子的人。
啊呀呀,见鬼啦!
还有半截子在哪呀?
"砍人了!
杀人了!"
我东奔西窜,大叫大喊,
被恐怖景象吓得精神错乱。
忽听得秘书向我解释,
他的语气极其平淡:
"他们同时要参加两个会。
一天之内

起码要赶二十个会议。
不得不采用分身法——
上半身在这里,
下半身在那里。"

我激动得一夜睡不安生。
到了早晨,
我抱着希望迎接新的黎明:
"啊,但愿能
再召开
一次会议
专门讨论
把一切会议扫除干净!"

1922　（飞白　译）

　　《开会迷》是一首绝妙的讽刺诗。诗中对官僚主义者的刻画可谓入木三分,虽然是20世纪20年代的作品,可今天读来仍不失其锐利的锋芒和直接的现实意义。

　　这首诗最初发表在1922年3月5日的《消息报》上,当时就引起了巨大的反响。一些对号入座者纷纷责问报纸编辑部:为什么让这样的作品刊载出来?但是,这首诗发表的第二天,即1922年3月6日,列宁在全俄五金工人代表大会共产党党团会议上的演说中,就肯定了它的意义:"昨天我偶然在《消息报》上读了马雅可夫斯基的一首政治题材的诗。我不是他的诗才的崇拜者,虽然我完全承认自己在这方面外行,但是从政治和行政的观点来看,我很久没有感到这样愉快了。他在这首诗里尖刻地嘲笑了会议,讥讽了总是不断开会的共产党员。诗写得怎样,我不知道,然而在政治方面,我敢担保这是完全正确的。"列宁的话,无疑是对那些反对这首诗发表的官僚主义者的迎头痛击;同时,也肯定了马雅可夫斯基,承认他把讽刺的矛头对准革命内部的官僚主义、文牍主义、会议成灾而许多人对此又无动于衷的不良倾向,是完全正确的。这首诗最大的特点,就是它把反对官僚主义等不良倾向的愤懑的激情与荒诞夸张的手法紧密地结合起来,水乳交融。诗人夸张得最为荒诞、最令人叫绝的地方,正是现实生活中最令人惊讶和愤慨的地方。当抒情主人公请求首长接见,一等再等,最后终于忍无可忍,冲进会场,却发现会场上坐着的都是半截子的人。这种现象,看似荒诞,实则是最真实地反映了现实的本质。那些为买一瓶墨水而开会,一天赶着开20个会,同时参加甲、乙、丙、丁、戊、己、庚、辛等许多会议的人,怎么可能是个完整的、正常的人呢? 这些半截子的人开会,会有什么样的成效呢? 而由这样一些人占据着苏维埃国家的重要工作岗位,什么事情能办好呢? 读着马雅可夫斯基的诗,会有许多疑问在你的头脑中涌现出来。而随着这些疑问的涌现,一个活灵活现的"开会迷"的形象就会呈现在你的眼前,令你厌恶,令你愤怒,恨不得把他们一扫而光,因为他们就是社会主义国家内部的蛀虫。所以,当你读到诗的最后一节,诗人希望"再召开一次会议,专门讨论把一切会议扫除干净"的时候,你会感到,这不仅是诗人的愿望,也是人民的呼声!整首诗,就是人民声讨官僚主义者——"开会迷"的一篇檄文。

(连铁)

青春的秘密

马雅可夫斯基

不,
　　那些人不是"青年",
他们迷上了
　　草地和小舟,
又开始
　　喧嚣和胡闹,
用烧酒
　　灌漱

　　　　　咽喉。
不，
　　　那些人不是"青年"，
他们
　　　在春天的良夜里，
装模作样
　　　　摆弄时装，
让喇叭形的裙子
　　　　　　拖曳在
　　　　　　　林荫道上。
不，
　　　那些人不是"青年"，
他们感到
　　　　血液里发痒，
但却在爱情里
　　　　　浪费着
朝阳一般
　　　　生命的火光。
难道
　　这是青春？
　　　　　　绝不是！
光是
　　十八岁
　　　　　还很不够。
那些人——
　　　　才算得青年，
他们
　　能代表

　　　　所有的孩子
对年老稀疏的
　　　　战斗队伍说:
"我们要改造地上的生活!"
青年——
　　　　这是一个称号——
　　　　　　献给
那些加入
　　　　战斗的青年共产国际的人,
献给那些
　　　　为了把劳动日
变得愉快、
　　　　轻松
　　　　　　而战斗着的人!

1928　（周明琛　译）

　　1928年9月,《莫斯科工人报》为纪念第十四届国际青年节,出了一张号外《大兵团在前进》。马雅可夫斯基的这首写给青年人的政治抒情诗就刊载在这张号外上,很受当时青年的欢迎。20年代末,正是苏维埃国家在非常困难的时期,开创社会主义事业需要青年人的革命激情和干劲,需要青年人为第一个社会主义国家献出自己的青春。马雅可夫斯基写这首诗,目的很明确,就是要帮助青年人做出正确的选择。读这首诗,会令人想起《钢铁是怎样炼成的》的作者奥斯特洛夫斯基的名言:"只为家庭活着,这是禽兽的私心;只为一个人活着,这是卑鄙;只为自己活着,这是耻辱。"当然,我们不是禁欲主义者,青春时期不能没有花前月下的爱情,舞场上的欢歌笑语。不过,如果只是一味地"用烧酒灌漱咽喉","让喇叭形的裙子拖曳在林荫道上",那的确是不足取的。诗人正是用这样两句简练的语言,形象地勾勒了当时青年中出现的不良倾向,表明了自己的好恶和爱憎。

(连铗)

苏联护照

马雅可夫斯基

我真想像狼一般地
    吃掉
      官僚主义。

证明文件
   我瞧不起。

任何公文纸片子
     都给我

滚他妈的去!
   但是,这本……

沿着长长的一排
    车厢
      和舱间

走动着
   一个彬彬有礼的
      官吏。

人们都交出护照,
      我也
       交出

我那
  鲜红色的小本子。

看见了有一类护照——
       嘴边上马上露出微笑。

对待其他的护照——
       都是一副鄙弃的神情。

例如,
  接过两头卧狮的

英国护照,
            就毕恭毕敬。
接过
    美国护照,
                就好像接着酒钱,
不停地
     点头哈腰,
两眼贪馋地盯着
              善心的大叔。
对着波兰护照——
              瞪着,
              好像山羊在看广告。
对着波兰护照——
              带着
                  那副警察的笨相,
他睁大了两眼:
这是,从哪儿来的,
             这又是什么
地理上的新发现?
接过
    丹麦人、
         各式各样的
其他瑞典人的
          护照,
              都不眨一眨眼皮,
卷心白菜似的脑袋
              一动也不动,
脸上

毫无
　　　表情。
突然
　　这位老爷
　　　　　像被火烧着了似的，
歪裂起了
　　　嘴巴。
这是
　　官儿老爷
　　　　　　接过了
我那本
　　　红皮护照。
他拿着它——
　　　　　　好像抱着一颗炸弹，
他拿着它——
　　　　　　好像捧着一个刺猬，
好像拿着一片双刃的
　　　　　　　剃刀，
他拿着它，
　　　好像托着一条
　　　　　　　两米长的
吐着二十根毒舌的
　　　　　响尾蛇。
搬运夫
　　　意味深长地
　　　　　　眨了眨眼；
要是给您搬运东西
　　　　　　是不必付钱的。

宪兵
　　怀疑地
　　　　望着密探，
密探
　　望着宪兵。
因为
　　我手里拿着一本
　　　　　　印着铁锤
和镰刀的
　　　苏联护照，
就把我
　　毒打
和钉上十字架，
那一帮宪兵
　　　该多么高兴。
我真想像狼一般地
　　　　　吃掉
　　　　官僚主义。
证明文件
　　　我瞧不起。
任何公文纸片子
　　　　都给我
滚他妈的去。
　　　但是，这本……
我由宽大的裤袋中
　　　　　掏出它，
好像掏出一件
　　　无价之宝。

看吧,

　　羡慕吧,

　　　　我是

苏联的

　　公民。

1929　（丘琴　译）

　　这是一首充满爱国主义深情的诗篇,字里行间都渗透着诗人对社会主义祖国的无限热爱,和作为一个社会主义苏联公民的自豪与骄傲。诗写于1929年,那时世界上只有一个社会主义国家——苏联。

　　这是一首略带叙事性的抒情诗,虽然没有什么故事情节,但其中人物的表演,都颇有戏剧性。诗人对官僚主义公文纸片的憎和对红色护照的爱,为诗定下了基调。诗描写在某国境线上,一个外国官吏检查护照的种种不同表情,用这漫画式的笔法,勾勒出了这个资产阶级奴才的形象。如果说,他对资本主义国家的护照,是以国之大小论表情的话,那么他对诗人递上去的苏联红色护照,却犹如谈虎色变,完全换了一种截然不同的神情。他"好像抱着一颗炸弹","好像捧着一个刺猬","好像拿着一片双刃的剃刀","好像托着一条两米长的吐着二十根毒舌的响尾蛇"。这个小吏的惊慌神色说明社会主义的苏联当时的确是一面革命的旗帜,引起敌人的无限惊恐。诗人又以"搬运夫意味深长地眨了眨眼;要是给您搬运东西是不必付钱的"这么简略的一笔,把普通劳动人民对社会主义苏联的友好和向往表现出来。红色护照在诗里,已不仅仅是一张身份证明,而是社会主义苏联的象征。也正是出于此,一贯对社会主义国家内部的官僚主义公文纸片极端厌恶的马雅可夫斯基,对这个也可以说是"公文纸片"的红色小本子——苏联护照,却情有独钟,爱不释手。不过,诗人在诗的开头和结尾两次把官僚主义的公文纸片和红色小本子并提对照,不仅是前后呼应,还颇具深意,这种对照充分地表现了爱与憎的辩证的威力。诗人之所以把红色护照视为"无价之宝",是因为它是社会主义祖国的象征。然而,对社会主义祖国的爱,并没有消减他对官僚主义的憎,爱与憎的辩证统一,更增强了诗的广度和力度。

(连铁)

叶赛宁 (5首)

谢尔盖·亚历山德罗维奇·叶赛宁(Сергей Александрович Есенин, 1895—1925),俄罗斯诗人。生于梁赞州康斯坦丁诺沃村(现名叶赛宁村)一农民家庭,教会师范学校毕业。第一本诗集《扫墓日》于1916年出版。主要作品有诗集《俄罗斯与革命》(1925)、《苏维埃俄罗斯》(1925)和长篇叙事诗《安娜·斯涅金娜》(1925),以浓郁的抒情著称。叶赛宁憧憬崇高的精神境界,但在个人生活中常常受感情的盲目驱使而不能自拔,最后在精神忧郁中自杀。

与马雅可夫斯基相比,叶赛宁创作风格截然不同,但他俩各有千秋,在苏联诗歌发展史上具有同等重要意义。

狗 之 歌

叶赛宁

早晨,在黑麦秆狗窝里,
破草席上闪着金光:
母狗生下了一窝狗崽——
七条小狗,茸毛棕黄。

她不停地亲吻着子女,
直到黄昏还在给它们舔梳,
有如雪花儿融成了水滴,
乳汁在她温暖的腹下流出。

晚上,雄鸡蹲上了
暖和的炉台,
愁眉不展的主人走来

把七条小狗装进了麻袋。

母狗在起伏的雪地上奔跑,
追踪主人的足迹。
尚未冰封的水面上,
久久泛起涟漪。

她舔着两肋的汗水,
跟跟跄跄地返回家来,
茅屋上空的弯月,
她以为是自己的一只狗崽。

仰望着蓝幽幽的夜空,
她发出了哀伤的吠声,
淡淡的月牙儿溜走了,
躲到山冈背后的田野之中。

于是她沉默了,仿佛挨了石头,
仿佛听到奚落的话语,
滴滴泪水流了出来,
宛如颗颗金星落进了雪地。

1915　（王守仁　译）

这生动真实的形象和真挚动人的感情使诗富有奇异的艺术魅力。无怪乎叶赛宁每次应朋友或听众的请求朗诵此诗时,最后总是抑制不住内心的激动,眼里闪着同情的泪花。高尔基在谈到这首诗时写道:"依我看来,在俄罗斯文学中,他是第一个如此巧妙而且是怀着如此真挚的爱来描写动物的。"

诗的开头是以一系列朴实的描叙性意象把时间、地点和事件交代得清清楚楚:早晨,农家黑麦秆狗窝里,一只母狗在破草席上生下了七条茸毛棕黄的狗崽。接着,诗人通过典型细节的描述,讴歌伟大的母爱

(母狗整整一天都在为自己的子女舔梳,与此同时,象征生命之源的乳汁"在她温暖的腹下流出")。正当母狗沉浸在喜悦和幸福之中,祸却从天降:晚上,愁眉不展的主人走来,把七条小狗装进麻袋背走了。此时,母狗拖着产后疲软的身子,冒着严寒,追踪主人留在雪地上的足迹。至此,诗人突然煞笔,改用诗歌蒙太奇手段,让意象跳跃,把七条小狗溺水的全过程删去了,诗的画面只出现"尚未冰封的水面上,久久地泛起涟漪"的镜头,使催人泪下的一幕悲剧达到了顶点。继而是描述母狗"舔着两肋的汗水,踉踉跄跄地返回家来",而且误以为茅屋上空的月牙儿是她的一只狗崽。只因诗人精心安排了这一虚拟性的意象,才引出母狗深沉"哀伤的吠声"这样的诗句,从而使母狗由喜转悲的绝望心境达到了顶点并催人泪下。

像人世间所有失去子女的母亲一样,默然流出的泪水蕴含着多少内心的痛苦,释放出多少伤心的回忆!这痛苦,这回忆,无不叩击读者同情的心弦,无不引起读者思想上的共鸣。

此诗层次井然,结构完美,恰到好处的收煞把人引入无限怅惘和沉思的诗境。

(王守仁)

你不爱我也不怜悯我

叶赛宁

你不爱我也不怜悯我,
莫非我不够英俊?
你的手搭在我的肩上,
情欲使你茫然失神。

年轻多情的姑娘,对你
我既不鲁莽也不温存。
请告诉我,你喜欢过多少人?
记得多少人的手臂?多少人的嘴唇?

我知道，那些已成为过眼云烟，
他们没触及过你的火焰，
你坐过许多人的膝头，
如今竟在我的身边。

你尽管眯起眼睛
去思念那一位情人，
须知我也沉浸在回忆里，
对你的爱并不算深。

不要把我们的关系视为命运，
它只不过是感情的冲动，
似我们这种萍水相逢，
微微一笑就各奔前程。

诚然，你将走自己的路，
消磨没有欢乐的时辰，
只是不要挑逗天真无邪的童男，
只是不要撩拨他们的春心。

当你同别人在小巷里逗留，
倾吐着甜蜜的话语，
也许我也会在那儿漫步，
重又与你街头相遇。

你会偎依着别人的肩头，
脸儿微微地倾在一旁，
你会小声对我说："晚上好！"
我回答说："晚上好，姑娘。"

什么也引不起心的不安，

>什么也唤不醒心的激动,——
>
>爱情不可能去了又来,
>
>灰烬不会再烈火熊熊。

1925　（王守仁　译）

　　诗如其人。叶赛宁的诗歌素有清新自然、飘逸潇洒的特色,在这首抒情诗中,读者也能体味到他那特有的风格。

　　乍看起来,此诗不过是写诗人的一段浪漫小史,流露出逢场作戏乃至玩世不恭的生活态度。其实不然。这首诗的主人公是一对青年男女。诗人采用的是互为衬托、相辅相成的艺术手法。通篇虽然只写男主人公的"问话""猜测""规劝""想象"和"沉思",对女主人公正面不着一笔,但男女主人公的形象和心态却都跃然纸上。其中女主人公的"醉"更加衬托出男主人公的"醒"。

　　此诗既有抒情主人公自我解嘲的苦涩情调,又渗透着他对身不由己的风流女子的怜悯、同情和难名的感喟。抒情主人公面对沉湎于放纵生活的女郎,并不试图扮演拯救其人的正人君子角色,而是旨在拯救其灵魂,发出足以触动其心灵深处的规劝:

>只是不要挑逗天真无邪的童男,
>
>只是不要撩拨他们的春心。

一个灵魂高尚的人,身处任何境况之中其心亦善!

　　不难看出,此诗的最后一节是抒情主人公的内心独白,流露出极度低沉的思想情绪:即使怀抱着一个"萍水相逢"而又自愿委身的美女,也排遣不了心头的郁闷。诗人写出这首诗之后,没过几个月便在列宁格勒的一家旅馆里留下一首血写的绝命诗而寻了短见。

　　从诗歌技巧来说,这首诗无疑达到了凝练集中、玲珑剔透的艺术高度。诗人用"爱情不可能去了又来,灰烬不会再烈火熊熊"这样强烈对照而又比喻贴切的奇警诗句收煞,既引人注目,又发人深思。

（王守仁）

我不叹惋、呼唤和哭泣

叶赛宁

我不叹惋、呼唤和哭泣,
一切会消逝,如白苹果树的烟花,
金秋的衰色在笼盖着我,
我再也不会有芳春的年华。

我的被一股寒气袭过的心,
你如今不会再激越地跳荡,
白桦图案花布一般的国家,
你不复吸引我赤着脚游逛。

流浪汉的心魂,你越来越少
点燃起我口中语言的烈焰。
啊,我的失却了的朝气、
狂暴的眼神、潮样的情感!

生活,如今我竟倦于希冀了?
莫非你只是我的一场春梦?
仿佛在那空音尤响的春晨,
我骑着玫瑰色的骏马驰骋。

在世上我们都难免枯朽,
黄铜色败叶悄然落下枫树……
生生不息的天下万物啊,
但愿你永远地美好幸福。

1921　（顾蕴璞　译）

这首抒情诗,从思想情调看,含沉痛之情,但低沉而不颓废。它唱出了一个因失去了"乡村俄罗斯"而沦为"无家可归"的"流浪者"的诗人痛心疾首、困惑难耐的真诚声音。忧伤与欣慰、挚爱与憾恨、愧疚与留恋、追悔与怅惘……这种种欲理还乱、相互交织的感受，就是诗人在表现悔恨主题时所弹奏的复杂心声的全部音阶。他正当二十六岁的盛年，却已在感喟"金秋的衰色"来临。这分明是他"身在盛夏心已秋"的写照，但他又以"一切会消逝"来自慰，喊出"我不叹惋、呼唤和哭泣"的强打精神的声音。诗人对"白桦图案花布"般的俄罗斯那样炽热的爱，竟被当时袭来的感情上的"一股寒气"（指对农村中变革的困惑莫解）凉了半截，造成他欲爱不能、欲罢不忍的憾事。诗人因胸中揣着"流浪汉的心魂"而感到万分愧疚，因为他仍对被这心魂所扼杀的"狂暴的眼神"（指他曾引以为自豪的诗人的慧眼）和"潮样的情感"（指他曾引以为自豪的诗人的激情）无比地留恋。诗人深感自己变得倦于希冀了，但又难以忘却那才思飞扬的过去，不禁怀疑它不过是春梦一场罢了（他始终为自己未能为苏联诗歌做出更多的贡献而抱憾）。总之，在诗人的心头，涌现出了万千的波澜，一言难尽，但其主旋律却是对祖国难以割弃的爱、对生活仍然怀有的情。他病态的自我嘲弄使自己更添烦愁，但当时还没有看到"精神危机"的尽头，他仍乐观地祝愿"生生不息的天下万物""永远地美好幸福"。这一思想境界对当时的他来说已属难能可贵。有些论者据此来批驳"自绝于革命"论，而以"叶赛宁相信新的祖国，但不相信自己"的新论断来为他正名。

本诗艺术上的造诣是颇高的。面对这纷然杂呈的内心感受，诗人摒弃了直抒胸臆或寓情于景的单渠道的传统抒情手法，吸取了象征派强调内心真实，强调幻想和直觉，立体地使用比喻、联想、暗示和象征，叠加地运用意象（如第五诗节前两句），交替地使用拟人手法和拟物手法（如"金秋的衰色在笼盖着我"是拟物，"黄铜色败叶悄然落下枫树"是拟人），交叉地变换明喻与暗喻（如"如白苹果树的烟花"是明喻，"白桦图案花布"是俄罗斯的暗喻），交融地传送各种感觉（如第二诗段中的凉感、动感和视感）……使得本诗不仅以惊人的真情感人，而且以迷人的魅力动人，读者可以从诗人用千彩诗笔所描绘的百感之中获得哲理的启迪、感情的慰藉和美感的享受。

（顾蕴璞）

农舍即景

叶赛宁

酥脆的烘饼散发出一股股清香,
盛放克瓦斯的发面盆放在门旁,
在那尖顶的小炉子的上边
爬着几只钻进屋顶缝隙的蟑螂。

炉盖上缭绕着袅袅的油烟,
成条的灰烬堆积在炉膛,
在长板上那个盐罐背后
有堆新打的鸡蛋壳存放。

母亲已经捏不动炉叉了,
她低低地弯起腰来,
老公猫悄悄地走近陶罐,
去偷喝热气腾腾的牛奶。

不安的母鸡咯咯叫着,
站在木犁的辕木上头;
公鸡在院子里引吭高歌,
像给和谐的弥撒声伴奏。

在那屋檐下的穿堂里面,
窗下挤着几只乱毛小狗,
听到一阵扰人的喧声后,
就从屋角钻进车辊里头。

(顾蕴璞 译)

叶赛宁最擅长于描绘俄罗斯壮丽的大自然,更擅长于表现俄罗斯普通农家的日常生活。他往往通过一些细微、平凡的细节,真实地反映民间的生活,充满着俄罗斯浓郁的乡土气息。这首《农舍即景》就是其中之一,它仿佛一个个电影的特写镜头,围绕着一个普通的农家炉台,做了一次上下左右全方位的扫描,让我们真实地感受到当时农民生活的质朴、艰辛和温馨。

这是一席色、香、味俱全的五官盛宴。在这诗里,我们可以闻到酥脆烘饼散发的清香,尝到"热气腾腾的牛奶",听到母鸡咯咯的叫声和公鸡的引吭高歌,看到偷偷走近陶罐的老公猫和屋檐下的"乱毛小狗",还有那位衰老弯腰的"老母亲"。尤其值得一提的是,在这首诗里,作者还特地描绘了一些并不优美的物件,像"钻进屋顶缝隙的蟑螂""炉盖上缭绕"的油烟,堆积在炉膛上"成条的灰烬",盐罐背后的"鸡蛋壳"……这一切都使我们眼前的这家农舍显得有点贫穷、杂乱,甚至肮脏,然而,它又是那么真实、朴素,充满着生活气息。

艺术原本是以美为目标的,但艺术家的一支生花妙笔,常常能使生活中并不美的事物,散发出美的光芒。这是艺术家"化丑为美"的高超技能。在这首诗里,尽管有些对象本身并不优美,像"蟑螂""油烟""灰烬""蛋壳",在现实生活中不但不美,还有点丑。然而,写进这首诗里,却让人感到十分真诚、自然、平易、亲切,令人不禁感叹:这是一个实实在在的毫无粉饰浮夸的、最普通不过的农家生活图景,这是一幅真正的十九世纪贫穷而充满生机的俄罗斯农家现实的写照。

维霍采夫主编的《俄罗斯苏维埃文学史》一书在论叶赛宁的一章中写道:"叶赛宁以一位抒情诗人登上诗坛的时候,俄罗斯诗歌中早已形成描写农民的传统,他们的繁重的劳动、困苦生活和对幸福的憧憬在某些俄罗斯诗人的作品中已经得到多次反映。阿列克赛·柯尔卓夫是写这一题材的最早作家之一,叶赛宁称他为自己所敬爱的诗人之一。"显然,叶赛宁是继承了柯尔卓夫的写实主义传统,并把它发扬光大,竟然能从一堆堆破旧丑陋的对象中发掘出诗意的美来。正如别林斯基对这首诗的高度评价所说:"随着柯尔卓夫的诗歌一起进入文学的既有'草鞋和破旧的上衣,又有蓬乱的胡须和破旧的包脚布——总之,所有这些污秽之物在他的笔下便充满诗意',这种现实的真实性和浪漫主义幻想,日常的琐碎细节和精深微妙的诗的韵律的统一,正是叶赛宁诗歌特色之一。这大自然最富典型性的一部作品就是《农舍即景》一诗,诗中农民的日常生活用品和他们的生活习惯浑朴而自然地进入了诗的画面。"难怪名诗人帕斯捷尔纳克说:"……我喜欢叶赛宁的全部作品,他那么出色地捕捉到了俄罗斯的乡土气息。"(《鲍利斯·帕斯捷尔纳克访问记》)

(许自强)

白 桦

叶赛宁

洁白的白桦树,
站立在我的窗前,
披一身雪粉
好似银子镶嵌。

在那树枝上
挂着白雪一串串,
毛茸茸的枝条
白缨缨一片。

在沉睡的寂静里,
白桦伫立默然,
那金色的火焰
又把雪花点燃。

慵懒的朝霞
偎在白桦的身边。
为白桦再次银镀
全身更加皑皑耀眼。

(蓝曼 译)

在艺术中,诗与画的联系一向最为紧密,我国有讲究"诗情画意"的传统,西方也有"画是无声诗,诗是有声画"的说法。当然,并非所有的艺术家,都能像王维那样达到"诗中有画,画中有诗"的境界,只有那些诗画兼长或者说能以画家的审美视角作诗的诗人才能做到。叶赛宁便是这样的一位诗人。在他那些描绘自然景色和生活画面的作品中,我们可以分明感受到这一点。《白桦》可以算作一个代表。

众所周知,俄罗斯人对白桦树有着特殊的情感,因为白桦在俄罗斯高寒地带依然能够成片成片地茁壮成长。她英姿挺拔,刚强屹立,颇有英雄气概;同时,她那银色的枝条,闪光的叶片,修长的躯干,又不乏柔性的秀美,可谓刚柔兼备。难怪她受到俄罗斯人民的普遍钟爱,连他们最优秀的歌舞团都以此命名。

叶赛宁的这首《白桦》是对白桦树优美品德的赞颂。一方面,他对白桦的洁白、沉静、淡雅极尽赞美,同时,又把白桦安置在一个灿烂光华的优美世界,那挂满枝条的白雪"好似银子镶嵌",又让她闪耀在"金色的火焰"旁;接着,又以明丽的朝霞,为她涂上一层妩媚耀眼的暖色。这一切,犹如一幅印象派大师的油画,色彩缤纷,光焰夺目,不禁使人联想到毛泽东《沁园春·雪》词中所创造的"须晴日,看红装素裹,分外妖娆"意境。当然,在这枝亭亭玉立的白桦形象中,我们还可以领悟到它蕴含的象征意义,深深感受到诗人对大自然的爱,对家乡乃至对祖国的爱。

科瓦廖夫说:"叶赛宁的早期诗作都洋溢着对可爱的俄罗斯大自然的热爱,诗人仿佛努力要使自己和大自然融成一体。"的确,我们处处可以感到人和大自然在叶赛宁身上的融合为一。美丽的大自然赋予诗人以灵感,而诗人则把自然景物人格化,使它们"充满了各种色泽、音响和律动",给人以无限的艺术美感。

(许自强)

施帕乔夫(2首)

斯捷潘·彼特罗维奇·施帕乔夫(Степан Петрович Щипачёв,

1899—1979），苏联诗人，生于农民家庭，幼年丧父，九岁起当雇农和石棉矿矿工，还在小铺子里当过店员。十月革命后走上革命道路，1919年加入苏联红军，成为布尔什维克党员。在军队中他曾当过政工干部，从事业余创作。1923年出版了第一本诗集《沿着世纪的丘陵行进》。1931年他被选派到红色教授学院写作班学习，从此离开部队，专事写作。他的创作在这时发生了转折，他摆脱过去一些错误观点的影响，努力吸取俄罗斯古典诗歌的优秀传统，抛弃高调诗，开始创作抒情诗。在他的抒情诗里，他满怀激情地抒发对祖国、对家乡的热爱，赞颂纯洁的爱情和友谊，充满了新时代的色彩和格调，很受群众欢迎。卫国战争期间，他一直是前线的军事记者。他的诗，抒情成分和英雄主题相结合，激荡着爱国主义的热情。战后，1948年出版的《诗歌集》和1950年出版的长诗《帕甫利克·莫罗佐夫》曾两度获得斯大林奖金。他的爱情诗写得短小，朴素自然，感情细腻，歌颂了社会主义的情操，很受青年的喜爱。

要善于珍惜爱情

施帕乔夫

要善于珍惜爱情，
年代愈久，愈要加倍珍惜。
爱情不是月光下的散步，
也不是长凳上的叹息。

爱情中会有风波和雨雪，
因为一辈子要生活在一起！
爱情正像一首好歌，
可是编一首好歌却不容易。

（飞白　译）

施帕乔夫的爱情诗，写得几乎都这样短小，这样朴素自然。初读起来，好像是有人与你娓娓聊天，说着他的心里话。但是，重新回味一下他那平淡无奇的诗句后,总有一种恍然大悟之感,你才领会到,他的字里行间都饱含着没有亲身体验的人不可能悟出的人生经验、生活的真理。爱情"要善于珍惜",这是人人会说的话,人人似乎都明白的道理,但要真正说到做到却十分不易。爱情是男女双方的一种缘分,不管是善缘,还是恶缘,这要双方的共同努力和创造,绝不是上帝的赐予。只有那些懂得爱情不是月光下的散步,长凳上的叹息,两人要生活一辈子,总免不了风风雨雨的人,才会有充分的思想准备,走向时间和感情的考验。爱情是甜蜜的,会给你力量,给你勇气;爱情也可能是苦酒,让你失去信心,变得颓废。诗人的一句"爱情正像一首好歌,可是编一首好歌却不容易",说尽了其中的道理。从这个角度看,说这是一首爱情诗,倒不如说是一首哲理诗更为合适。

(连铁)

小 白 桦

施帕乔夫

暴雨撕尽她的叶片,
把她粗暴地按倒在地。
她挣脱了,冰冷的一眼,
那暴雨就失去了威力。

冬夜里漆黑一片,
风雪捉住她的双肩,
拽住她雪白的双手,
自以为胜利已在眼前。

但要想叫她百依百顺,
风雪也只是白费了劲。
她虽纤细,却有挺直的性格,
她永远忠诚于另一个人。

(飞白 译)

爱情的最高原则，就是相互忠诚。《小白桦》讲的就是这个道理。尽管狂风肆虐，暴雪逞凶，小白桦却坚贞不屈，永远忠诚于自己的恋人。诗人在这里借用小白桦来象征忠贞的爱情，十分贴切，又富有民族风韵。因为小白桦是俄罗斯大地上随处可见的，俄罗斯人不仅喜爱白桦，而且还把它看作是俄罗斯的象征。如果从这里联想开去，我们就会领悟到，诗人选择小白桦，颇具匠心。小白桦靠俄罗斯大地的滋养，她对大地也充满了爱心和忠诚。爱情和爱国之情，丝丝入扣，紧密相连，令你想象不尽。好诗大概都是多义的，不能激起读者联想的诗，不能算是好诗。

施帕乔夫晚年在总结自己的经验时说过："我明白了，抒情诗人如果不揭示自己，也就不可能揭示别人的精神世界；我明白了，诗人在揭示自己最隐秘的思想感情时越是相信他人，他就越能接近自己的读者，并越为他们所需要。"而且认为，要做到这一切，是"道德的基础，美学的信念，而且主要是世界观在这方面起决定性的作用"。从这里我们可以清楚地看到，施帕乔夫之所以能写出这样多亲切感人的诗，并不是偶然的，是他正确的世界观，社会主义的道德和美学信念起了决定性作用。也只有具备了这样条件的诗人，才能用丰富多彩的形式去赞颂社会主义的道德观、爱情观。

（连铁）

伊萨科夫斯基 (2首)

米哈伊尔·瓦西里耶维奇·伊萨科夫斯基（Михаил Васильевич Исаковский, 1900—1973），苏联诗人。生于斯摩棱斯克州一贫苦农民家庭，对十月革命前俄罗斯农民的穷困有切身的体会和感受。1914年，他的第一首诗《士兵的请求》引起俄罗斯文学界的重视。1921年，他的诗集《沿着时代的阶梯》《飞跃》《四万万》相继出版。1927年，诗集《稻草中的电线》受到高尔基的高度赞扬。此后出版的诗集有《外省》(1930)、《种地的能手》(1931)、《四个愿望》(1936)、《诗与歌》(1944)、《祖国之歌》(1945)等。卫国战争时期，他的许多脍炙人口的抒情诗被作曲家谱成歌曲,广为传唱。1969年完成自传《在叶尔尼亚土地上》。他的作品继承了涅克拉索夫的诗歌传统,开创了反映苏维埃时代农村生活和农民内心世界的抒情诗的新阶段。

有谁知道他

伊萨科夫斯基

黄昏时分,有一个青年
徘徊在我家的门前,
他什么话也不说,
只是眼睛对我忽闪忽闪。
　　有谁知道他,
　　为什么眼睛忽闪。

只要我出来散步,
他就唱歌又跳舞,
可到栅栏门旁分手,
他却转过身去叹气。
　　有谁知道他,
　　为什么叹气。

我问他,为什么闷闷不乐?
莫不是日子过得不快活?
他回答说:
"我可怜的心没有了着落。"
　　有谁知道他,
　　为什么没有着落。

可是就在昨天清晨,
他寄来两封神秘的信,

每一行都是点点点,
仿佛说,你猜我暗示着什么。

  有谁知道他,
  暗示着什么。

我没有去猜,
你也不要指望和等待,
可不知为什么,
我的心甜得快融化。

  有谁知道它,
  为什么融化。

1938 (王守仁 译)

  伊萨科夫斯基的抒情诗,尤其是爱情诗,都注重故事情节。有的虽然篇幅极为有限,却仍反映出曲折、复杂的事件和抒情主人公的内心活动。这首爱情诗《有谁知道他》就很突出。诗人以极其细腻的笔触栩栩如生地刻画出一个情窦初开的腼腆少女的形象,使其富有意趣的"知情故作不知情"的喜悦而矜持的心态活现了出来。全诗紧紧扣住一个沉浸在初恋中的少女的心理活动,集中描写她的内心独白,洋溢着青春的气息。一对农村青年男女的纯洁恋情,深蕴在层层递进的"有谁知道他"这样的反问和沉思中。前四节中的"有谁知道他",把那坠入情网的青年的痴恋情态淋漓尽致地烘托了出来。而最后一节的"有谁知道它"则"道是无情却有情",这神来之笔,使一个初恋少女的幸福而羞涩的面容和心态和盘托出。诗到此收煞,读者会情不自禁地伴随着抒情主人公的甜美神情而会心地流露出祝福般的微笑。这里正显示出伊萨科夫斯基抒情诗的特色和艺术魅力。

  此诗通篇描摹心理,用语切合少女的身份、情态,在苏联30年代"严肃有余、活泼不足"的诗坛上,是颇为别开生面的。诗句明快,音调和谐而又委婉含蓄,富有俄罗斯民歌的朴实风格,无怪乎诗问世之后很快就成为苏联最流行的名歌了。

伊萨科夫斯基从未"专门"写过歌词,但他富有民歌风味的诗被谱成歌曲并广为传唱者为数甚多,《有谁知道他》就是其中的一首。（王守仁）

燕 子
伊萨科夫斯基

大炮还在不停地轰响,
流弹还在村边爆炸,
小燕子却已经忙了起来,
忙着为自己筑巢,安家。

人们走出了掩体,
迎接自己的伟大日子的到来,
七嘴八舌地议论:"看啊,
燕子虽小,却什么都明白!"

1944　（王守仁　译）

感情真实、细腻是伊萨科夫斯基的诗歌特点之一。诗人善于在一次心理活动里、在一次思想斗争中、在一个艺术形象里真实地揭示抒情主人公的内心世界,使其个人感受反映出本人的性格特征和时代精神,并且使读者在这种感受里看到蕴含于其中的思想感情。他的每一首诗都有一个含而不露但却使读者明了的独特主题。《燕子》一诗写于伟大卫国战争胜利前夕,诗人通过筑巢的燕子这一艺术形象表达了对即将到来的和平的喜悦心情。这里,不论是燕子本身还是它的"筑巢,安家",都令人联想到"春天"和"胜利"。而在大炮的轰响声中和流弹的爆炸声里,小燕子"忙着为自己筑巢,安家",就更反映出对胜利的信心。诗人成功地选取了这一战时的生活细节,巧妙地寄托了自己的喜悦心怀。与此同时,诗中还渗透着"重建家园"的革命乐观主义精神:从战争的胜利走向建设的胜利。
（王守仁）

舍夫涅尔 (1首)

瓦季姆·谢尔盖耶维奇·舍夫涅尔(Вадим Сергеевич Шефнер, 1914—2002), 苏联诗人, 生于工人家庭, 参加过卫国战争。1936年开始发表诗作, 第一本诗集《光明的岸》于1940年出版。主要作品有诗集《保卫》(1943)、长诗《城郊会见》(1945)、诗集《意外的一天》(1958)、《大地的特征》(1961)、《多次总结》(1967)、《高无止境》(1970)、《第二次回忆》(1981)等。他早期的诗以战争题材为主, 回忆和歌颂保卫祖国的英雄战士。20世纪60年代以来, 主要写道德、职责、忠诚、幸福主题。舍夫涅尔继承和发扬了罗蒙诺索夫、巴拉丁斯基、丘特切夫、叶赛宁的哲理抒情诗传统, 用词严格, 韵律一丝不苟, 创作了一系列脍炙人口的优秀诗篇。

箭

舍夫涅尔

我想射的不是鹫,
不是森林密菁里的猛兽,
我把不公正的愤恨之箭
射向了自己的朋友

我没有命中目标……
莫不是我们俩走运?
但是我射出去的恶箭
在田野上飞呀飞进。

穿越森林的一排排树木,
透过城市的一面面墙壁,
从海洋那汹涌的波涛上
把一簇簇浪花带起。

透过暴雨和风雪,
刺穿教堂和围墙,
也把座座大山钻透,
像威力无比的钻孔机一样。

我那有罪过的箭,
飞呀飞进我的谷地——
它环绕着地球飞来,
为的是扎进我的背脊。

(王守仁 译)

这诗语言明朗浅显,意蕴却颇为深厚。阐发富有警策意味的"害人如害己"的这种不朽主题,在古今中外的文艺作品中并不少见。《箭》是以其艺术想象和构思方式的独特而闪出奇异的光彩的。这里不像一般诗歌中追求真实情景逼肖的描绘,或者直抒胸臆式地阐述某种理念,而是采用虚拟的想象,让具有象征意义的"箭"环地球一周,"飞"回原地,命中罪恶的真正目标。此时,诗的形象立刻变得明晰,闪出思想的光华。诗中既有叙事细节的变化,又渗透着理性的深思。无疑,诗人是刻意向人的灵魂深处开掘的。也许,只有如此才能充分体现出哲理抒情诗的诗美。你看,此诗虽属典型的哲理抒情诗,却没有一点借诗谈理的痕迹。虽然想象奇特,却完全符合逻辑和客观真理,因而既有美学价值又能启迪人的心智。

(王守仁)

西蒙诺夫(1首)

康士坦丁(基里尔)·米哈伊洛维奇·西蒙诺夫(Константин Михайлович Симонов, 1915—1979),苏联诗人、小说家、剧作家、记者。出生于彼得堡一军人家庭,童年是在梁赞和萨拉托夫度过的。中等专科学校毕业后当过钳工。1934年到1938年就读于高尔基文学院。1934年开始发表作品,战前出版诗集有《真正的人们》(1938)、长诗《苏沃罗夫》(1939)等。后转向创作剧本《我城一少年》(1941)、《俄罗斯人》(1942)等。卫国战争期间担任《红星报》记者,常年同作战部队在一起。他在1942年初发表的抒情诗《等着我吧……》在全国前后方产生了难以估量的反响和力量。战后,西蒙诺夫作为诗人、记者和社会活动家出访过许多国家。战争期间和战后出版有诗集《同你在一起和离别的时候》(1942)、《友与敌》(1948);中篇小说《日日夜夜》(1943—1944);长篇小说三部曲《生者与死者》(1959)、《军人不是天生的》(1964)、《最后一个夏天》(1971)。曾多次获苏联国家奖金和列宁奖金。曾任苏联最高苏维埃代表,苏共中央监察委员,并荣获过苏联社会主义劳动英雄称号和列宁勋章。还担任过苏联作家协会书记处书记,《文学报》和《新世界》主编。

等着我吧……
——献给B.C.[1]
西蒙诺夫

等着我吧——我会回来的。

只是你要苦苦地等待:

等到那愁煞人的阴雨

勾起你的忧伤满怀,

等到那大雪纷飞,

等到那酷暑难挨,

等到别人不再把亲人盼望,

往昔的一切一股脑儿抛开。

等到那遥远的他乡

不再有家书传来,

---

[1] B.C. 即苏联著名话剧和电影演员瓦莲京娜·谢罗娃。

等到一起等待的人
心灰意懒——都已倦怠。

等着我吧——我会回来的,
不要祝福那些人平安:
他们喋喋不休地说——
算了吧,等下去也是枉然!
纵然爱子和慈母认为——
我已经不在人间,
纵然朋友们等得厌倦,
在炉火旁围坐,
啜饮苦酒,把亡魂追荐……
你可要等下去啊!千万
别同他们一起,
忙着举起酒盏。

等着我吧——我会回来的:
死神一次次被我击败!
就让那些不曾等待我的人
说我侥幸——感到意外!
那没有等下去的人又怎么会理解——
亏了你的苦苦等待,
在炮火连天的战场上,
我才从死神手中被你救了出来。
我是怎样死里逃生的,
只有你我两个人将会明白——
全因为同别人不一样,
你善于苦苦地等待。

1941　　(苏杭　译)

在古往今来浩如烟海的表现爱情和爱国主义的抒情诗中,《等着我吧……》堪称上乘之作。

人们常把一部卷帙浩繁的长篇小说比作一首诗,意在隐喻它文笔凝练,意境清新优美。然而有时人们也会把一首诗比成一部长篇小说,说明它思想深邃,意味蕴藉,可以铺叙许多情节和故事。《等着我吧……》便是这样一首读后使人产生无限联想、令人回肠荡气的诗作,它后来果真被演化成一部电影艺术作品,中译名为《望穿秋水》。

诗作于1942年2月发表在《真理报》上。时值艰苦卓绝的伟大卫国战争初期,德国法西斯分子在苏军的重创下从莫斯科败退。在这一特定的情境下,《等着我吧……》一诗的发表,在前后方军民当中产生了震撼人心的力量,引起了强大的共鸣和反响。战士们把这首诗从报上剪下来,竞相传抄,寄给自己的未婚妻或妻子;在战壕里背诵;人们甚至从伤员或阵亡者的衣兜里发现这首诗。这首诗同时使诗人的名字在战场上和后方成了号召军民同仇敌忾争取早日胜利重新团聚的一面旗帜。这种现象在文学史上恐怕是罕见的。

《等着我吧……》之所以富有如此巨大的魅力,不仅因为它把爱情与爱国主义天衣无缝地结合在一起,更重要的是它反映了人们的共同思想、感情和愿望。

诗分三节,仿佛三个乐章,"等着我吧——我会回来的"作为主旋律,在每一个乐章里反复鸣奏。然而诗的音符表达的不是凄恻的祈求,而是能使"我"起死复生,消灭侵略者的爱情的力量。

诗人在诗的开头运用对自然界现象的描绘,烘托出战乱年代里盼望亲人的日子是何等漫长而又难熬。然而就在风霜雨雪、暑去冬来年复一年的岁月中,哪怕前线杳无音信,别人的信心、意志和耐性都已消耗殆尽,"你"可不要有丝毫疑惑与动摇。

继而诗人把氛围设想得更为严峻:人们在"你"耳边"喋喋不休地说——算了吧,等下去也是枉然",或许连亲生的儿子和生身的母亲也都不得不相信"我"已经阵亡了,大家聚集在炉火旁给"我"做安慰祈祷,亲朋好友都感到绝望了。但是,即便处境如此艰难,"你"也万万不能与他们应和。

诗人最后终于道破了"我会回来的"的天机:"我"所以能够一次次击败死神,在硝烟弥漫的战场上出生入死、英勇杀敌,定将取得胜利的精神支柱乃是"你"的坚贞不渝的爱情。

诗的情调缠绵、婉约,舒徐绵丽,但却使人振奋,给人以力量,令人一唱三叹。

(苏杭)

伊萨耶夫(1首)

叶戈尔·亚历山德罗维奇·伊萨耶夫(Егор Александрович Исаев, 1926—2013),苏联诗人。生于农民家庭,十七岁时便直接从中学十年级奔赴前线,参加了伟大的卫国战争。战后在驻欧苏军中服役五年。1945年开始发表作品。1953年问世的第一部长诗《在多瑙河波涛上》,写苏联国外驻军的生活,引起人们的注意,从而也确立了作者在诗坛上的地位。伊萨耶夫1955年毕业于高尔基文学院,他的代表作是以战争与和平、俄罗斯人民命运为主题的两部长诗《记忆的审判》(1962)和《记忆的远方》(1977)。这两部长诗于1980年获列宁奖金。伊萨耶夫的诗歌特点是,在广阔的历史背景上突出重大的社会政治问题,在抒情与哲理的基调上探索道德良心、人类命运问题。苏联诗歌界公认他是俄罗斯优秀诗歌传统的继承者。

记忆的审判(节选)

伊萨耶夫

…………

突然,就在一瞬间,
一切都被记忆照亮。

工厂。

制造子弹的车间。

一九三四年。

铅水在流。不是像小溪,而是像大江。

车床像魔鬼一样,
呼呼直响,
于是手底下
  一份份
    铅
都飞进弹头的躯壳里。
数不尽的弹头,
一个个变得沉甸甸,
脱离开自己的巢眼……

一切是多么简单!

贴身的银质耶稣像
在衬衣底下汗湿。

而以后呢?
这并不重要。
上帝看得见!
它从那个窗口会看得更清。
但是射击场又活跃起来。
战争
已缠着皮绑腿在全国横行,
扼杀关于战争的真情。
扼杀关于那一次——
第一次
世界大战的真情,

为的是首先在国内,
尔后在国外,
把第二次
　　　　世界大战
　　　　　　　全面发动。

于是就枪杀共产党员。

而霍尔斯特,站在车床旁,
并不知道
自己的手是多么有分量。

工作就是工作!
没有任何干扰。
这制造子弹的车间,
像是在把通心粉制造。
车床呼呼地响,
唾液直飞溅!
蹦进弹箱里的
是指甲般大小的弹头——
一切炸弹
　　　　和火箭的
　　　　　　　祖先。

如此度过六年。
二十三岁以前。
铅水
　　化作
　　　　弹雨
日后将落向利物浦,

落向布列斯特，
落向基辅，
在黎明的晦暗里。

这些弹头将要撂倒的人，
那时还在大地上行走。
霍夫曼·库尔特还不曾没有腿。
他自己，
尽管诅咒自己的命运，
还不曾因遇到炮火而扑到壕沟里，
还不曾手持武器
闯进别国的城区。
那时他还年轻。
他曾热爱生活，喜欢泛舟湖上，
载着心爱的姑娘在微波上荡漾。
不，不是载着洛塔，
而是玛丽——第一位姑娘。
他曾把阿尔卑斯山的鲜花献给她，
曾为她歌唱。
那一年他很幸福，
因为姑娘的爱，因为被接纳进工厂。

而他身旁——
　　　　　他记得，就像现在一样，——
是汉斯，
是那个不谨慎的汉斯在开车床。
汉斯走进车间总是当着大家的面讲：
"这造子弹的车间
真像个殡葬场。"

他常常靠在车床上。收工时
总是开玩笑说：
"把手洗洗干净。
铅——它可是有血腥味
　　　　和硝烟味儿的。"
在车间里他以危险的傻瓜闻名。
后来他被解雇了。
唉，不走运呗！
从那时以来落过不少雨，
落向城市，
　　　落向头盔，
　　　　　落向田野——
那满是从战壕挖出的黏土的田野，
一九四五年，
在天际线以外，
田野有一半被血水浸染……
　……………

（王守仁　译）

长诗《记忆的审判》通过回忆、对比写现实生活中三个曾经参加第二次世界大战的希特勒士兵的生活及其对待战争的不同态度，强调人的道德良心和维护世界和平的主题思想，突出了人在历史事件中的地位及人在历史进程中的积极作用。人不能没有记忆，丧失记忆就等于死亡。《记忆的审判》是对战争狂人的有力谴责：

小小的弹头有亿万万！
它们
远自第一次世界大战
就在树皮里，
耕地里，

草土里。

液汁绕过它们，根须也回避……

第二次世界大战结束之后，已经过去了几十年，新的一代青年已经成长起来，但他们不知何谓战争。对他们来说，战争乃是遥远过去的事情。战争的遗迹——废墟、战壕、掩体、坟墓、创伤、死亡，似乎都早已掩埋在岁月的沉积层里，已从人间消失。但是对战争的记忆，永远也不会随着时间的推移而消失。

盖尔曼·霍尔斯特是中心主人公之一。战前，纳粹的信条使他"学会了杀人"，战争期间他充当了法西斯的战争工具：

从一个国家到另一个国家。

……他不停地行进。

一年又一年。

不停地杀人。

把痛苦的种籽

播在未来的岁月里。

战后他把已经废弃的打靶场变成了生财之地：把无数的铅弹挖出来化成铅块卖钱。他的这一"职业"实际上是帮助了备战，结果受到漫游在大地上的以"小小的女人"形态出现的"记忆"这个象征形象的审判：

她越过战壕，

不停地走着，

既不要签证，也不要登记。

眼睛里有时是寡妇的孤独，

有时是母亲深切的悲戚。

她的脚步很轻，听不清，

就像在那半睡不醒的青草地上

徜徉的微风。

她的头上不断变换着头巾——

受战争震撼的国家的旗帜。

第二个主人公是霍夫曼·库尔特,战争使他成了没有腿、拄双拐的残疾人,他看到孩子们玩打仗的游戏,联想到未来战争的恐怖,于是控诉战争的罪恶,受到"记忆"的称赞。长诗的第三个主人公是汉斯,他在战场上当了俘虏,受到苏联人的人道主义待遇,结果认识到法西斯战争的反人道主义的性质和罪恶,从此再也不愿打仗,他也受到"记忆"的赞赏。

《记忆的审判》构思别致、完整,可以说,作者是从哲学上阐述了第二次世界大战爆发的原因和后果,具有警策人心的力量。德国的一座庞大的打靶场就是一个巨大的象征形象:世界上千百万坟墓的"制造厂"。这部作品通过对战争的回忆、对庸人心理的揭示,强调了吸取历史教训和纯洁道德良心的必要性和迫切性。在当今世界上,个人的命运与世界的未来、人类的前途是紧紧地联系在一起的。个人在世界面前负有重大的历史使命,个人的幸福绝不能建筑在别人的痛苦之上。这部长诗虽然以战争历史为故事情节,但着眼点却放在未来,把时代、事件、史实、沉思有机地融汇交织在一起,构成了多层次的、有着千丝万缕联系的整体,旨在综合多面地理解"战争与和平"问题,唤起人们的理智与天良,去同邪恶势力做不懈的斗争,从而防止灭绝人性的侵略战争的再起。

《记忆的审判》塑造了鲜明、典型的人物形象,富有强烈的艺术感染力,并且具有广泛的历史意义和社会哲学意义。长诗蕴含着深沉的忧伤和对人类光明未来的憧憬,平静叙述的表层下汹涌着诗人情感翻腾的激浪。作品借助于合理的假定性艺术形式使反战主题得以深入浅出地揭示出来。

(王守仁)

罗日杰斯特文斯基(1首)

罗伯特·伊万诺维奇·罗日杰斯特文斯基(Роберт Иванович Рождественский,1932—1994),苏联诗人,生于阿尔泰边区的一军人家庭。1956年毕业于高尔基文学院。从第一本诗集《春天的旗帜》

（1955）开始，就探索通向青年读者心灵的道路，反映使同时代人激动不安的问题。他的诗大多有故事情节，充满了政论的激情。苏联诗歌界认为他继承了马雅可夫斯基的诗歌传统。在长诗《安魂曲》（1962）、《寄往30世纪的一封信》（1963）里就体现出政论与抒情交融，富有浓郁浪漫主义色彩的特点。他的长诗《二百一十步》（1975—1978）获1979年度苏联国家奖金。

二百一十步（节选）
罗日杰斯特文斯基

…………

我们——

   地球上的居民——

      都是勇士。

不论严冬还是酷夏，

不论白天还是夜间，

我们从黎明到黎明，

无间歇地把

沉重的包袱

   压在自己的双肩……

我们负载着

飞逝岁月的重荷，

我们负载着幻灭的期望

   和长久寒冷的重荷，

也留有一些小小的痕迹，

来自某人的嘴唇

   和手臂，

来自毫无道理的争吵

和不可思议的分离，

来自萍水相逢的友谊
和并非无缘无故的相遇。
这一切都如此而已,
但说的并不是这个问题!
习惯了的重荷,
　　　　　感觉不出分量……
但是,
　　除了这一切,
我们每一个人
都背着十五吨重的东西!……
大概,
　　您不知道这件事情?
大概,
　　您在温暖中生活得很舒适?……
然而,
在小小的
　　　　地球上
已经积累了
那么多
　　　各种类型的炸弹,
以致连上帝都不知道,
究竟有多少!……
这些炸弹
　　　　暂时都在安静地睡觉。
也许,
　　没有必要再去
回忆和谈论
炸弹……

每个人——
住在
　　熏黑了的城市里的，
在自家花园里
　　　　侍弄花木的，
毫无例外——
从出生的第一天起
到死亡之日，
每个人——
算来，都背着
　　　　十五吨重的炸药！
…………
跳高运动员浑身发抖，
　　　　　　并不是因为他胆小：
"负载着这重荷
如何把标杆跳越？！"
老翁从面包店里走出来，
　　　　　网线兜里提着
一个长面包，
可他背上
背着的十五吨重荷
　　　　就像一个旅行袋。
在他眼睛里
有着疲惫的烟雾……
妇产医院连续不停地
　　　　　接生。
可笑的是，
弱小的生命

刚刚诞生
　　　　就给他储备好
十五吨!
十五吨
　　　压在纤弱的双肩!
这就是为什么
所有的婴儿
　　　　都那么哭喊不停……
……透过欢笑和悲痛,
　　　　　　　透过忙碌和睡梦,
我们缓缓地
背着
这个包袱……
可这个负荷物——
　　　　　　真是岂有此理!——
竟是人们自己的
发明和创造!
竟是人们自己
　　　　制造出来的。
已被列入
　　　秘密档案里。
已被过了磅,
瞄准了方向……
可现在呢?
我们心中是否还怀有
　　　　拯救这一地球的
　　　　　　　期望?……

(王守仁　译)

长诗《二百一十步》选取了"脚步"这个象征着历史前进步伐的形象,广泛联想,描绘了苏联的革命历史和现实图画。"二百一十步"系指守卫红场列宁墓的卫兵换岗时,从克里姆林宫斯巴斯卡亚塔楼到陵墓的哨位之间的距离。卫兵穿过庄严的红场,每一步脚步声都引起抒情主人公对国家和历史的回忆。就实质来说,这是关于国家与时代命运的政论性的抒情独白。抒情主人公从镌刻在克里姆林宫墙上的英雄人物的名字,联想到他们的丰功伟绩。他要求"记忆"把他带回到遥远的过去,使自己亲身体验劳动和斗争的历史过程。伟大的经济建设遭到了战争的破坏,人民赢得了战争的胜利,紧接着就投入了艰巨的经济恢复的战斗。国家恢复了和平,人民迎来了欢乐。但是历史的前进离不开人们的劳动,而劳动也意味着克服困难,每克服一个困难也就是人们和历史前进了一步。诗人就是这样通过对"二百一十步"的描写,充分赞美了俄罗斯人民的斗争和发展的历史,并以历史唯物主义的态度去对待国家社会政治生活中的大事。在长诗的结尾部分里诗人写道:

> 我们
> 将不再存在。
> 我们会变成
> 　　　　轻雾,
> 变成一掬骨灰……
>
> 但是,
> 我们的
> 　　真理
> 　　　　会继续存在下去!

全诗艺术上写实与象征的穿插运用,使纪实性与假定性达到了和谐统一。与此同时,《二百一十步》体现出长诗抒情化的鲜明倾向。诗人有意识地用抒情去冲淡情节,浓化情绪所产生的氛围,从而使抒情主人公的主体意识得到了强化。

诗人通过"脚步""名字""翅膀""劳动""道路""战争""弹头""世界"等具体概念和象征形象,展示了历史与时代的复杂变化过程,展示了历史发展的必然联系及其重要环节,把历史、现实和未来连接了起来。从幻想的翅膀发展到人类第一个宇航员加加林飞往太空;战争年代年轻中尉的牺牲才换来了今天青年人的幸福生活等等,由意在言外的淡淡的情节而引出了具有内在联系的新颖意境。这就从深层开掘出反对全球性恶势力、捍卫人类光明未来的主题。 （王守仁）

沃兹涅先斯基 (1首)

安德烈·安德烈耶维奇·沃兹涅先斯基（Андрей Андреевич Вознесенский, 1933—2010）,苏联诗人,系"第四代"诗人的突出代表之一。生于莫斯科一科学工作者家庭,1957年毕业于莫斯科建筑艺术学院。1958年开始发表作品,1960年出版的诗集《东拼西凑》和《抛物线》由于创作手法上独树一帜而引起文艺界的不同反响。此后的作品有诗集《反世界》（1964）、《阿希尔的心》（1966）、《声音的影子》（1970）、《把鸟儿放掉!》（1972）、《大提琴似的柞树叶子》（1975）、《镂花巧手》（1977）等。他在诗歌创作上追求音响和视觉效果,作品充满复杂、奇特的联想和抽象的比喻。

恋

沃兹涅先斯基

我的爱,尤其当我描绘你的时候,
　我是多么爱你!
　但是万一我借你的躯体爱上别的妇女?
　万一你的美是我的臆想呢?
　为什么你跟朋友们亲近而我嫉妒?
　就连你喜欢大理石雕和炭画我也妒忌?
　当我塑造你的时候,我双倍地爱你,

> 当我准确地运用诗韵,我三倍地爱你。
>
> 我看到真正的美,
>
> > 我看到不为大多数人注意的
> >
> > 生活中确实存在的东西。
>
> 我像狩猎人那样急忙瞄准射击。
>
> > 神圣的东西透过艺术的棱镜
> >
> > 就更神圣无比!

(王守仁 译)

这无疑是一首献给爱侣的诗。

看来,这爱侣的美是无与伦比的!诗人完全从空际着笔,写的是自己迷恋于臆想中的美的情景。但读者不用担心另一位女子会在抒情主人公心灵中取代爱侣的地位,因为"嫉妒"与"爱"是并存的,而抒情主人公已供认不讳,不仅"嫉妒"她对朋友们的"亲近",就连她对艺术品之美的"喜欢"也"妒忌",足见其爱之深矣!诗人曾试图以造型艺术的手段去表现自己"双倍地"爱,但内心似乎还有未及传达的炽烈激情,于是转而运用诗韵去传达"三倍地"爱。只有这样,似乎诗人才看到了一般人所不曾注意的"真正的美",使它透过艺术的棱镜而闪烁出更为灿烂的光辉!这里的爱侣既是诗人从事艺术创造的"模特儿",又是诗人抒发诗意感受的灵感源泉,实中有虚,虚中有实,但并不扑朔迷离,表现出诗人的艺术造诣。这在苏联当代的同类诗中无疑是独树一帜的。

诗人并未正面去写爱侣之美,而是把美的形象留给读者去想象和创造。结果是,有多少个读者就有多少种美,千姿百态、异彩纷呈。一首小诗能够收到如此广泛的艺术效果,不能不归功于诗人的艺术探索和创新精神。

沃兹涅先斯基既是诗人又是画家,1957年毕业于莫斯科建筑艺术学院,他力图将绘画、雕塑和建筑方面的艺术美体现在诗歌创作之中。因此,他的诗作一般说来都带有独特的现代派风格,显得抽象,但有一

种朦胧美,引人联想和遐想,颇富余韵,本诗即是一例。　　　（王守仁）

叶夫图申科 (6首)

叶夫盖尼·亚历山德罗维奇·叶夫图申科（Евгений Александрович Евтушенко，1933—2017），苏联诗人，生于伊尔库茨克州济玛镇。1951—1954年就读于高尔基文学院，1949年开始发表诗作。第一本诗集《探索未来者》于1952年出版。此后的诗集有《第三场雪》(1955)、《热情者之路》(1956)、《诺言集》(1957)、《挥手集》(1961)、《白雪纷飞》(1969)、《内心抒情诗》(1972)、《父亲的听觉》(1975)等二十余种。他是苏联50年代末60年代初"大声疾呼"派诗人的代表人物。他的诗题材广泛,富有抒情性与政论性,既写国内现实生活,也干预国际政治,代表了苏联批判"个人崇拜"后的社会思想情绪。他的许多政治诗都体现出对人类命运和世界未来的透彻观察。1981年发表了长篇小说《浆果处处》,1982年发表了电影文学剧本《幼儿园》和长诗《妈妈与中子弹》,后者获1984年度苏联国家奖金。

温　情

叶夫图申科

这样的事难道可以继续下去？
这是多么不公平。
"对死人关心,
　　　　对活人冷漠无情。"——
这在何时何地开始风行的呢？
酗酒的酗酒,
　　　　腰身挺不直,
人们一个个相继死去。
盖棺论定,
人们在火葬场上

为死者讲一番温情的话语。

是什么将马雅可夫斯基的生命夺去？

手枪何以出现在他的手里？

要是在他生前，

  在他声音朗朗、

    容光焕发之际，

能够给他温情，

  哪怕给一点一滴……

活人——

  只会制造麻烦。

人死了他们才把温情赐予。

1963　　（王守仁　译）

  马雅可夫斯基于1930年自杀身亡，是苏联文学史上许多诗人之死公案中的一桩。是死于绝望的爱情？是死于30年代政治、文学宗派的迫害？是死于诗人自己一时的神经错乱？大体上的结论已经有了，但也许随着新材料的发现、人们视角的转移，还可以有所侧重地做出新的解释。不过，叶夫图申科却并非仅仅对这个公案有兴趣，而是出于对一位诗人的怀念、尊敬、惋惜而谱写下这一首《温情》的。诗人马雅可夫斯基之死，只不过是一则发生在往昔岁月里无数"不公正"的例证之一，是诗人叶夫图申科信手拈来，为广大读者所熟知，又不太违逆一定时期社会心理承受力的一个例证罢了。无论是作为人，还是作为诗人，马雅可夫斯基的命运还算是幸运的，遭受"不公平"待遇的诗人，何止一个马雅可夫斯基。召唤出他的亡灵，而不是那些命运更为悲惨的诗人，除了这个例子切合诗题，应该说这不是诗人在认识上的局限，而是诗人自己在"公开性"原则未曾提出的二十余年前那种历史条件下的"权宜之计"。

  因此，《温情》一诗所揭示的，并不仅仅在于提醒人们注意一种历史现象，对某些不公平的历史事件发一点感慨，叹息一番就算了事。诗人的意旨显然在于透过"人们一个个相继死去"，"在火葬场上为死者讲一番温情的话语"，同时又对"酗酒的酗酒""腰身挺不直"的人们不闻不问，任其自生自灭的令人痛心的现象，把反思的思绪引向深入。于是，"温情"的提出，人对"温情"的需要，就不单是衡量一个人的品格，而且是从政者的政绩和整体社会秩序的一杆标尺。它主要还在于，这是诗人自己的旗帜，人道主义的旗帜，是衡量和测定诗人良知的尺度。

（楼肇明）

火箭与大车
叶夫图申科

不要瞧不起大车——
大车有过自己的功绩，
它虽然并不美观，
　　　　可是在艺术作品里，
我到处都可以看见它。
我怀着忧郁的心情注视着同事，
注视着他的小说——
　　　　大车。
我们发射过月球探测器，
可是歌剧——
　　　　还停在大车时代的风格上。
噢，焦油般的习性，墨守成规的陋习！
将大车吊起来——
　　　　也成不了一幅画。
大车隆隆作响，爬上银幕，
它像攻城槌一样冲击。
噢，如此喜欢大车的人们，
你们的智力已经过时！
在艺术中你们需要的不是火箭，

而是大车,
　　　　　　唯有大车才中你们的意。
　　你们的艺术自有功底,
　　当然也有名气,
　　不过,它毕竟
　　　　　属于大车时代
　　在火箭世纪注定要退出舞台!

1959　　（王守仁　译）

　　如果从纯艺术的角度讲,叶氏的不少诗篇不免过于依赖理念,理胜于辞。如同所有转折时期在思想界冲锋陷阵的斗士诗人那样,他首先是思想界的斗士,其次才是诗人,公民的历史责任感才把他推送上诗歌艺术的圣殿。因此,且莫责备诗人在思想上还可能会有失误（这是诗人自己也承认的）,艺术上的粗糙和失误同样不可避免。即以这一首《火箭与大车》为例,也存在着理胜于辞的毛病,诗人在以诗喻理的时候,只取一点,不及其余,理就单一化了,虽锐气有余,终深沉不足。因为,从纯美学形式的意义上考察,火箭和大车孰美?是很难轩轾两者之间的高低优劣的,火箭有火箭之美,大车有大车之美。在画家眼里,说不定火箭直通通的形体不如大车形体的线条丰富,更具魅力,正如人们愿意居住现代物质设备的高层建筑,但入画的资格却不得不让位潮湿和采光不佳的茅屋和木屋。而且,即便在火箭时代,大车作为一种消逝了的年代的代表,不仅并未失去其美学形式上的价值,它还使许多乡土诗人在现代物质文明昌盛的条件下,得以寄托怀旧的情绪。这在实质上是对随着大车的消失而消失了的人性的肯定,不能说这一份温馨的回忆也是陈旧的,相反,它是火箭时代的人们所不可或缺的。唯其他作为历史进步的代价和牺牲,在今天就更加弥足珍贵,这可以说是同时具有思想进步和美学进步意义的文学怀旧倾向的一个共同特征。一般地讲,对历史和美学进步中二律背反的规律缺乏在更高层次上的深刻洞察,是包括叶夫图申科在内的"大声疾呼"派诗人们的一个共同缺陷。

这是为当时历史条件所决定的。他们的这个缺陷或空白，为而后的"悄声细语"派开始填补和校正，而最终又在舒克申、拉斯普京、别洛夫、阿斯塔菲耶夫、卡里姆等农村题材、道德-哲学探索的散文中所全面地超越了。

不过，这一个完整的文学发展过程，其第一步的摧毁旧基地的功绩，应该记在叶夫图申科及其同志们的名下。文学战线的前卫们有时是可能肤浅的，不那么周全和辩证，但他们披荆斩棘，功不可没。对于稍稍熟悉苏联50年代文学的读者来说，那笨重得如同大车似的文学模式，该是记忆犹新的，而转折时代的抱残守缺、冥顽不灵者，也并非只是苏联的特产。

（楼肇明）

感　激
——给M.B.
叶夫图申科

她说："他已经睡着了。"
随即拉上儿子小床的纱帐，
不好意思地熄了顶灯，
于是长衫滑落到椅子上。

我和她并未言及爱恋。
她对我说了些什么，声音很轻，
"P"音不准，犹如葡萄粒儿
在一列洁白的牙齿里面滚动。

"你可知道：我早就唾弃自己的生活了，
可突然又头脑发昏！
穿裙子的男人。拉车的马。
你觉得可笑吗——我突然又变成了女人？"

我应该感激她——由于我欠下的情。
在没有保护的人身上我寻求保护,
就像处在围猎圈里的一头野狼,
投入她这可信赖的雪堆似的被褥。

但她像被追赶得筋疲力尽的一头小狼。
泪流满面,贴着我的脸腮悄悄地讲,
说她十分感激,——
这好比用双倍的羞辱将我灼烫。

我本该用诗将她赞美,频频吟诵,
可我局促不安,脸一会儿白一会儿红,
而这个女人,却又对我表示感激!
就因为是我!男人!对她有点温情!

世上的事情怎么能够这样?
我们忽略了女人的根本特点,
忘却了她的内涵。我们把女人
贬低到跟男人等同的边缘。

世世代代的社会发展,
形成了一个多么有意思的阶段:
男人似乎变成了娘们儿,
女人几乎都成了男子汉。

噢,天哪,我的手指
怎样贪婪挤入她肩上的凹坑!
这罕见的异性眼睛怎样呼唤着
渐渐变得富有女性!

随后,它们半明半暗,模模糊糊。

> 它们像蜡烛之光幽幽闪闪⋯⋯
> 天哪,为了使人把女人看作是女人,
> 女人所需要的东西可真少得可怜!

1968　　(王守仁　译)

《感激》异乎寻常的思想力量和艺术力量,应归结为诗人独具个性色彩的纵向宏观视角。是妻子——女性"恒定不变的需求"的联接,使诗人把一些在常人看来平凡琐碎的生活细节,极易忽略不计的熟视无睹的女性的牺牲精神,熔铸成一尊当代俄罗斯妇女的诗的塑像。这尊塑像无疑是为时代社会内容所激活的,但同时也是民族文化传统和审美传统积淀的产物。我们知道,俄罗斯文学和俄罗斯诗歌差不多是一条摆满了性格坚强的优美女性形象的画廊,从普希金的达吉雅娜,涅克拉索夫的"俄罗斯妇女",十二月党人的妻子,直至伊萨科夫斯基、梅日拉伊蒂斯抒情诗中的女性形象,从屠格涅夫的"姑娘们"到契诃夫的"新娘"和帕斯捷尔纳克的"拉拉",我们可以说俄罗斯诗人们始终倾注着对妇女的极大热情。他们甚至是对"女性作为人性存在的弱点"也无不抱以同情、理解和庇护,他们像害怕灾祸一样不愿将女性的弱点集中起来加以描写。我们可以说,丑恶的女性形象在俄罗斯文学和诗歌中几乎是绝无仅有的少数例外,像列斯科夫笔下"姆岑斯克县的麦克佩斯夫人",是屈指可数的。我以为这与西方文学冷静的科学的态度解剖,包括女性在内的人性邪恶,是大异其趣的。俄罗斯诗歌始终以同情的态度,充满人情味的温馨态度和审美的态度对待妇女,在世界各民族的文学中,应该说是非常突出的。俄罗斯文学显然也出现过若干著名的荡妇或女性小市民的形象,却不曾出现过女恶魔或雌性的杀人生番。我想指出这一点有助于在大文学的背景上欣赏诗歌,也有助于我们可以向叶夫图申科学习些什么,他是怎样将民族文化传统和审美传统中的精髓在自己的精神气质中加以延续的。捷克诗人赛弗尔特诗云:"若是让女人来操作大炮,落到人世间的,只能是玫瑰。"赛氏的这个观点与叶夫图申科在精神上是十分接近的,但赛氏从纯抽象的角度加以总结,而叶氏所展示的是具象的生活图画，是女性在创造人类精神文明的过程中所承担的巨大牺牲。她们的牺牲和贡献都是她们美的天性和本性，这天性和本性是不会被任何外在的力量，被人类历史发展过程中的失误所磨损的！

（楼肇明）

马铃薯花

叶夫图申科

是无赖汉，
　　　　但不是渎神者，
我爱杜香和铃兰，
　　　　还有矢车菊，
把它们看作是上帝的赐礼，
但我讨厌任何一种
尿色的花露水，
它虽然散发出无可挑剔的香味，
但却似乎是化学剂。
我最爱普通的马铃薯花，——
　　　　并非装假，
犹如爱自己的兄弟，
只因它那不掺假的泥土气息，
哪怕只因人们无法拿它
　　　　去制作骗人的东西……

1974 　（王守仁　译）

诗人开宗明义，劈头盖脑承认自己"是无赖汉，但不是渎神者"。无赖也者，大约在苏联和在中国不会有太大不同。我国明代杰出的散文作家张岱在《西湖七月半》中，把红尘盛典中"看七月半之人"分为五类加以描写，其中有一类"不舟不车，不衫不帻"的，混杂在稠人广众之中，"装假醉，唱无腔曲，月亦看，看月者亦看，不看月者也看，而实无一看者看之"。鲁迅先生在一处提到在中国要做一个改革者须有点天津青皮的泼辣劲。综合上述可以看出,无赖一词,原系指无所事事的无业游民,但可引申指顽皮、天真带亲昵的谑称。因为游民无所牵挂,吊儿郎当,不拘礼法,在一定程度上不自觉地超脱俗尘,同时又因为生活艰难,磨炼了一身天不怕、地不怕的勇气,和软磨硬顶,不达目的誓不罢休的韧性。因而他们虽为世俗所容纳,但终因对社会秩序破坏性的一面而招致轻蔑和不齿。诗人叶夫图申科自认无赖门下,当然是一种反讽。曾经有一个时期,诗人在赢得许多顶桂冠的同时,又被公开和不公开地加上了多少侮辱性的雅号,"无赖"是其中不那么难堪的一顶。即便如此,诗人一边接过这顶雅号一边就不得不加以限制。诗人尽管可以拜无赖为师,向无赖学习前面提到过的超脱俗尘、不拘礼法、天真顽韧,但诗人是不能渎神的。这个神,不是指偶像和宗教神学领域里的神,而是指制约自然和人类社会的客观规律、美学和伦理学意义上的精神价值,或者说,是哲学家心目中的人类精神和终极价值。在这一层次,诗人是敬神的,无赖则是渎神的,是渎神还是敬神,就成为诗人与无赖之间最终的分界线了。诗人毕竟只能在有限的范围内肯定和赞赏无赖精神。不然,诗人神圣的美的事业,就有可能沦落为"为王前驱"式乞讨,和恶客式的不论美丑、唯破坏为能事了。

诗人叶夫图申科肯定"无赖精神",归根结底还不在肯定"流浪汉美学"或"流亡美学",他肯定的是一种傲岸不逊的、冲决网罗时的思想自由度。恰恰是思想自由度才是诗人作为"宇宙创造精神的旗手"(帕斯捷尔纳克语)的可靠依凭。诗人热爱自然界中的所有真花,无论是华贵的,艳丽的,卑微的,不起眼的,统统给予极高的评价。面对那一些做工精致的,形形色色变着法儿假冒的纸花、塑料花,则毫不留情地投以无所顾忌的轻蔑。"尿色的花露水"不如"不掺假的泥土气息",构成了强烈的对比,就将人们所熟知的俄罗斯谚语"人血浓于水"的真理放到了一个新的认识水准上了。马铃薯即山药蛋、土豆的学名,但在这里,其意蕴超出了乡土、文化、习俗这些词所包容的含义,它的内涵有着"真"与

"美"的联系。"真"是"美"的第一个和最终一个保姆,也是第一个和最终一个严酷无情的法官。　　　　　　　　　　　　(楼肇明)

我常常同虚伪搅合在一起

叶夫图申科

我常常同虚伪搅合在一起,
但是撇开纯洁不说,
如果我手中还捧有神圣的火星,
那么,这就是我的祖国。

没有荣耀,活着并非没有着落,
但是,朋友们,无论如何,
要说缺少了什么就无法生活,
那么,这就是我的祖国。

世上的一切都并非无限——
大自海洋,小到小河,
但是,要说世上有什么是永恒的,
那么,这就是我的祖国。

在生活中我常常贸然行事,不假思索,
自己把自己往什么地方拖,
但是,要说我为了什么而牺牲自己,
那么,这就是我的祖国。

一旦我离开人世,太阳照常升起,
大地存在,人们照旧生活,
要说有谁会回想起我,
那么,这就是我的祖国。

1974　(王守仁　译)

对于熟悉现代诗诗风的读者来说,浪漫主义直抒胸臆的"诗言志"方式,常常给人以傻不楞登的感觉,直露,单调,笨拙;诗人激昂慷慨、煞有介事,读者却不买账。这是一首以爱国主义为题旨的感人诗篇,从头到尾贯穿了一个接一个的诡论。那看起来如同瀑布般直泻而来的诗人汹涌的感情,却原来由一个接一个的情感涡流构成:不得不虚伪油滑处世和对祖国的纯洁之爱,追求荣誉却不能没有祖国,世界之大的惊叹和确信祖国之永恒,个人的莽撞、草率和思量再三去牺牲的决断,人生的短暂和报效祖国从而与祖国同在,这所有的情感涡流,各自包含着一个否定和一个肯定,一声喟叹和一缕柔情,一份雄奇和一股浩然之气。说确切一些,一节诗是一个诡论,一个诡论包含一组对立的否定与肯定,一组复合情绪与一个诡论对应相谐,而在节与节之间形成总体情绪的跌宕递进和回环往复。应该说,单一型、直线型的抒情方式被叶夫图申科改造过来,而代之以复合和辩证统一的抒情方式。这首诗,就如同一团发光的旋转的星云。

相同主题的诗,人们很容易就联想到莱蒙托夫的《祖国》。那也是一首用复合辩证的抒情方式写成的:"我怀着一种奇异的爱情热爱祖国,连我的理智也无法把它战胜,无论是鲜血买来的光荣,无论是虔诚崇信后的宁静。"但如果说莱蒙托夫的复合抒情方式,主要是一种悲喜交加的抒情方式,且侧重于悲剧性的沉重感的抒发,喜剧性的俄罗斯大自然和农村风光的优美描写,其亮色和暖色愈加衬托出这份爱的深度沉重。而叶夫图申科的情感结构,虽然也是一种悲喜交加的情绪复合,但因斗转物换、时序推移的关系,祖国悲剧性的苦难深重的主题消退了,代之个人命运和心灵对话的悲喜剧。这就是个人心灵层次上那种虚伪和纯洁,伟大和渺小,苟且和奉献之间的冲突。"一旦我离开人世,太阳照常升起,大地存在,人们照旧生活,要说有谁会回想起我,那么,这就是我的祖国",升华战胜了沉落,永恒战胜了短暂。那安身立命的祖国增加了一层更为重要的意义,这就是:诗人心灵的家园,心灵的居所!

(楼肇明)

在钢铁浇铸的诗行里

叶夫图申科

在钢铁浇铸的诗行里,
隐藏着冷酷的儿戏。
我把善与恶的搏斗
放在高于诗歌的地位。

诗歌无疑是僵尸一具,
当冷漠的创作之笔
颠倒黑白,是非不辨:
称善为恶,称恶为善。

冷漠——这是一种缺陷。
我信任这样的诗句,
要是它具有人的面孔:
有喜悦,有愤怒,有羞耻。

诗行里有半吞半吐的话为妙,
但不要有带气馁意味的含意,
如果诗行没有浸透血液——
诗人的威信就会降低。

我见到两个时代的冲突,
亲自参与摧毁恶势力,
这就是我的生成,
其他一切都属于技艺。

的确,谁的声音悦耳动听,——
这对我又有什么意义。
善取得胜利——证明我做得对,

恶占上风——我该受申斥。

然而在文学的殿堂里，
也有这样一种骗局，
就像娶两个老婆似的重婚：
把善与恶均娶为妻。

耍滑头永远也成不了天才。
艺术自有艺术的规律，
伟大艺术的成功
从来都不是恶势力的胜利。

1977　（王守仁　译）

　　写这首诗的时候，叶夫图申科已有四分之一世纪以上的创作生涯史了，这无疑不是一首一般谈论一下诗艺的"诗品"，而是诗人创作甘苦的总结，是诗人勉励自己刻在案头的诗的座右铭。俄罗斯诗人，从普希金创始以来，这类总结自己创作生涯的论诗的诗，可谓代不乏人。公民的责任感、诗人的历史使命充斥其间，那浩然正气扑面而来，"我为自己建立起一座非人工的纪念碑"，"我为倒下了的人们祈求过怜悯和同情"，"我的名字将永远活在月光下的世界上！"值得注意的是，普希金紧贴时代风云进行个人总结的传统一直延续下来，叶夫图申科也在步先人的遗风流韵。在他谈诗的诗里，思维的触角已伸向了时代的心脏。不过他更侧重将个人的创作史与时代的诗歌史联系起来，在总结个人创作的同时向自己游弋其中的诗歌河流的涨潮与落潮、河湾与浅滩投去严厉的一瞥。而这严厉无情的一瞥，高瞻远瞩，鞭辟入里，显示了他将审判自我与审判时代的辩证联系同时揳入了诗的肌体。

　　把这首谈诗的诗拆散开来，重新加以整理的话，我们就会发现它是由三个由低到高的层次组合起来的：（一）"诗行里有半吞半吐的话为妙，但不要有带气馁意味的含意，如果诗行没有浸透血液——诗人的威信就会降低。"这第一个层次是诗人的甘苦之谈。"半吞半吐"对于艺术体现来说是重要的,是诗的表达方式的第一位诀窍,又仅仅是表达方式的诀窍而已,它服务和从属于诗人所要表达的内涵,与诗人对内涵的自信、信念却不是背离的。含蓄是诗人对读者的信任,但好像还没有哪一位诗人和诗论家谈过,从创作的主体讲,含蓄还首先是诗人对自己的自信,没有诗人的自信,含蓄就会成为含混,成为模棱两可,战战兢兢的态度怎能取信读者呢!?因而,"半吞半吐"的前提条件是诗人的热情和自信。他区别于买空卖空、故弄玄虚、以冷漠来愚弄读者的人之处,就是诗人自己的一腔热血,是诗人人格的真诚。这就将纯粹的技巧与创作主体统一起来了,换句话说,诗人是从小处落笔、大处着眼的。(二)诗人的大处着眼,由两股思绪交汇而成:诗人由具体的诗艺引向对诗的本质,诗的生死存亡的思考,即美学思考,与对时代历史的思考交汇起来。在诗人看来,诗和美的本质是善的胜利,诗永远要站在善的一边。这个善,当然不只是伦理道德意义上的善,而是一种历史的善,即历史的进步。"善与恶的搏斗","高于诗歌的地位",诗的善要从属和服务于历史的善。这是俄罗斯诗歌的传统,也是叶夫图申科世界观和诗歌美学中的精髓。(三)如果说诗人对诗艺的总结是第一个层次,美的本质的思考和包括诗歌史在内的对历史的思考是第二个和第三个并列交汇的层次,那么,贯串这一切的却是诗人时时都不忘要高高擎起的人道主义思想。可以说,他反对人与人之间的冷漠,把冷漠视之为诗之大敌,并贯串诗的始终,其原因也正在这里。

(楼肇明)

阿赫玛杜林娜(1首)

贝拉·阿哈托夫娜·阿赫玛杜林娜(Белла Ахатовна АхмаTулина,1937—2010),苏联女诗人,属于"第四代"诗人的代表人物之一。1960年毕业于高尔基文学院。她的作品有诗集《琴弦》(1962)、《音乐课》(1969)、《诗抄》(1975)、《暴风雪》(1977)等。她的诗继承了阿赫玛托娃和茨维塔耶娃的传统,主要写生活琐事、爱情和艺术。她的抒情手法的突出特点是,大胆袒露自己的内心,"表现自我"和"自我剖析"。

别为我浪费很多时间

阿赫玛杜林娜

别为我浪费很多时间,
别向我提出一个个问题。
你那善良忠诚的眼睛
也不要凝视我的手臂。

春天里你不必踏着水洼
追随我的足迹。
我知道——这次相会
也于事无济。

你以为我是由于高傲
才不跟你继续交往?
不,不是高傲,而是痛苦
使我把头高昂。

(王守仁 译)

此诗的主人公是一个尝过爱情"苦果"却又能振作精神的女子。在苏联文学的人物画廊中,这是一个比较突出而鲜明的女性形象。

全诗属于第一人称的陈述和倾诉,语气率直酣畅,虽未明写怨情,但怨情自见。诗人未去点明男女主人公之间何以情有所阻,只着重突出女主人公的痛苦决定,使其决绝之情溢于言表,从而更衬托出女主人公的内心矛盾和意志力量。

此诗深婉含蓄,平和的表面下激荡着感情的波澜。女主人公怨而不怒的愤激情感洋溢在女性那独特的豁达大度的胸怀里。坦诚的"劝说"中饱含着"剪不断、理还乱"的深情。全诗以"不是高傲,而是痛苦使我把头高昂"戛然而止,但女主人公那个性鲜明的突出形象却依然留在读者的脑际,久久不会消逝。诗人对女主人公的同情和赞赏,尽在煞尾诗句的潜台词中。

如果说伊萨科夫斯基的爱情诗以较强的情节性为特点,那么,阿赫玛杜林娜的爱情诗则以抒情为主体,着力抒写主人公(尤其是女主人公)的心理活动,暗示其矛盾复杂的内心世界。而为了增强抒情的氛围,后者的诗中往往以某些情节的片断作为铺垫,在抒情中融入一定的叙事成分。正因为这样,阿赫玛杜林娜的爱情诗,常常具有情节若断若续但却"情如泉涌"的特点。也许,她的爱情诗之所以能使读者的心弦为之震荡,与其和谐共鸣,奥秘就在这里。 (王守仁)

布罗茨基(4首)

约瑟夫·布罗茨基(Иосиф Бродский,1940—1996),生于列宁格勒一犹太人家庭。他的父母都是知识分子,对他幼年的教育有过良好的影响,为他打下了语言和文学的坚实基础。他不满足于书本知识,从15岁开始便自动退学,抱着"到人间去"增长见识的目的,开始独立生活,先后做过火车司炉、地质勘探队员、水手、车工等十几种工作。闲暇时他写诗也翻译诗。他的作品在苏联不曾公开出版,但作为持不同政见者的"地下出版物"却广为流传,甚至流传到美国而被正式出版。1964年他受到苏联官方的审讯,罪名是"社会寄生虫",并被判处5年劳改,18个月后获释。1972年他前往西方,1977年加入美国籍。

布罗茨基同时用俄文和英文写作,国外使他出名的两本诗集是:《韵文与诗》(1965)、《荒野中的一次驻足》(1970)。此后,他的作品在国外出版的有诗集《一个美好时代的终结》《一种语言》《献给约翰·多恩的挽歌及其他》《约瑟夫·布罗茨基诗选》《乌拉尼娅》《20世纪的历史》和评论集《小于一》等。1987年,瑞典皇家科学院授予他诺贝尔文学奖,说他"具有伟大的历史眼光",作品"超越时空限制","思想清晰,诗意浓郁"。

那不是缪斯一言不发

布罗茨基

那不是缪斯一言不发。
应该说,那是她在沉睡,进入了梦乡。
她挥动蔚蓝色的头巾,
蒸气般的滚轮随即驰向她的胸膛。

不能一筹莫展,出口的话驷马难追,
正如无法使成堆的山杨木一排排复活。
眼睛往枕套上仔细地看,面庞便会浮现,
就像蛋卵出现于煎锅。

在那罗网里盖着六条呢毯,——
噢,宽恕吧,上帝,——
我像鱼儿一样用潮润的嘴唇捕捉你,犹如吸气,
你可曾浑身都是滚烫的?

我真想竖起耳朵提高警惕,
愿在森林中为你饮弹死去,
而在水下尽是老树枯根的黑潭里,
我也会浮现在你面前,"瓦兰人"[1]却无能为力。

可是,显然没有那种命运,岁月也不饶人。
头发灰白,使人羞于说出那样的话。
更多的是凸起的血管,而不是沸腾的热血,
一堆枯草似的思想也有如乱麻。

今日我们就要永远分手,朋友。

---

[1] 古时俄罗斯人对北欧诺尔曼人的蔑称。

在纸上画一个普通的圆圈好了。

这就是我:内心空空如也。

将来只须看上一眼,随后你就擦掉。

(王守仁 译)

这首诗人与缪斯对话的即兴小品表现的是一种即便失败、枯竭、身处绝境危崖之地,仍然不同流俗的高贵品格。诗人不是那种明明打败了却死不肯认输的"强者",他的大智大勇,不仅表现在一旦两鬓斑白、诗思陷入涸辙之时的挣扎,而且表现在他在上帝和缪斯面前那种平静地不亢不卑地等待命运的判决。他在上帝和缪斯面前,没有为自己辩白,而是如同在知己面前替自己在诗思如泉涌的时候曾愚蠢地自大过而忏悔自讽不已。"今日我们就要永远分手,朋友。在纸上画一个普通的圆圈好了。这就是我:内心空空如也。将来只须看上一眼,随后你就擦掉。"说得何等轻松、坦然,哪里还有牢骚不平、自怨自艾,哪里还有我们每每听文人们自诩的"文章如不朽的盛事"的气概呢?!其实,这种反气概、反英雄主义,才是真正结实的大气概和大英雄主义。

这是一篇诗人随意涂抹的小品,诗人拿自己的创作危机和一生事业命运做抽象画般挥洒的调色板,亦庄亦谐,雅俗兼备,其基调却是严肃的。也许是许多大诗人也罕见其嘲弄自己的事业,故而诗人在严肃的背景和基调里,间杂以村俗口吻,但不流于完全的滑稽一格。我终觉得这也似乎是诗人匠心所触及过的。它像一幅抽象画,使人联想到北国的严冬,那落光了树叶的错杂的灌木丛枝条,抑或那山毛榉或橡树的树冠,无论它们是以白雪皑皑的雪地或朦胧的月色做映衬的背景,还是以铅一般沉重的灰濛濛苍穹做背景,都给人以庄严肃穆,宇宙间似无序实有序的生命奥秘的启示;我爱这种虬枝铁杆,纵横交错、粗细不等的黝黑线条勾勒出来的自然画,我爱它的刚劲,苍凉,爱它在似与不似之间,爱它对称与非对称并列交错重叠的生命结构。我认为这大自然的诗篇是美的一种极致。说不定抽象画、根雕这些在结构层次上的艺术"仿生学",

与布罗茨基的诗该存在着一种更高生命层次——结构模仿上的异曲同工、异体同构的吧。

（楼肇明）

我只不过是这样一个人

布罗茨基

我只不过是这样一个人，
你的手掌曾接触过，
在那寂静而晦暗的夜晚，
你曾把额头俯向我。

我只不过是这样一个人，
你在下面曾辨别分明：
起初只是模糊的轮廓，
久后才看出特征。

这是激情炽烈的你，
一面悄声地诉说，
一面给我制作
左面和右面的耳朵。

正是你啊，拉开了窗帷，
往我湿润的口腔里
贯注了说话的能力，
使我连连呼唤你。

我简直就是个瞎子。
你偷偷地出现在我身边，
赐予我敏锐的视力。
行星就是这样出现，

就是这样留下痕迹。

它们完成创造的使命,

耗尽自己的馈赠,

常常就不再往返运行。

在茫茫的宇宙间,

地球就这样运转,

我们时而热,时而冷,

时而在光明的白天,时而在晦暗的夜间。

1981　　(王守仁　译)

这首短诗,可视为诗人与上帝的一次即兴对话,而且是有关他老人家是如何创造人的。反言之,诗人从自我的个体出发,在猜测人是如何被创造出来的。应该说,人格化的创造主已无任何宗教气息了,神的令人敬畏的光环已荡然无存了,这大约是宗教徒心目中的上帝和诗歌殿堂里的上帝的分界线。诗人的上帝让人感到亲切,是因为诗人按人的现实模型逆向分析了创造主的形象,其目的不在于恫吓人的弱点,让人匍伏跪拜在创造主的脚下。值得注意的是,诗人借用创造主的传统说法,但又越过了灵与肉冲突的基本范畴。他的倾向性是明确无误的,意蕴在于:上帝给予人视力,应该仰望星空;上帝给予人嘴巴,是为了自由表达意见,与创世主对话,而不光是为了吃饭。从这种创造与被创造双向反馈运行的带倾向性的阐述中,让人提高自己的使命感;从对宇宙运行史的基本规律(光明与黑暗交替),人类个体的发生史(从混沌走向有序)中,去恰当安排自己的位置。故而我以为,倘夸大一点讲的话,好像诗人力图做一次人的个体的创世纪的袖珍缩微。这样一种努力是无论如何都应予褒扬和肯定的,特别是在世界各个国家的诗人队伍里鼠目寸光者大有人在,我们自己民族的诗歌始终对"我是谁?我从哪里来?我到哪里去"的问题缺乏持续深入研究的兴趣。我以为布氏把诗的触角伸入人的本体论的领域,终究是一块他山之石。尽管他这一次只是小试锋芒,且用歌行小调来写这样的大题目,不免给人以大题小作之嫌;他浓缩具体历史的内容,其概括就不免空泛了。　　　　　　　　（楼肇明）

致乌拉尼娅 [1]
布罗茨基

一切都有极限,忧伤也不例外。

目光凝视窗口,酷似围墙内落进一片叶子。

可以倒水了。钥匙叮当响一阵。

孤独乃是双料的人。

单峰驼就这样皱着眉头嗅铁轨。

空旷像门帘一样拉开。

如果物体的每一点都不缺,

那么总的来说,什么是空间?

正因为这样,乌拉尼娅才比克利俄[2]年长。

白天,或者在油灯底下,你可以看到:

她什么也没有掩盖,

你注视地球仪,跟着她亦步亦趋。

瞧那森林,一片黑果越橘,

看那河川,正手抓欧鳇,

要么就抓住城市,那里的电话簿里

没有你的电话号码。再往前,看南方,

就是说,看东南——渐渐变成浅褐色的群山,

普尔热瓦利大马在苔原地上漫游,

马首泛黄。再往前——游弋的战列舰,

---

[1] 乌拉尼娅,希腊神话中爱情女神阿佛洛狄忒的别名;司文艺女神缪斯之一,司天文女神。

[2] 克利俄,希腊神话中司文艺女神缪斯之一,司历史女神。

开阔的海面一片湛蓝,像一件内衣带有花边。

(王守仁 译)

《致乌拉尼娅》是一篇以抒情诗形式写成的诗论。逐字逐句加以解析几乎是不可能的,正如不能指出点彩派画家笔下哪一个色点和那一团色块是什么意思一样地难以确指。如果我这样说是一种藏拙的托词,那就只能留待高明了。不过,若从总体去把握这一类企图总体说明世界的诗,不失为"以其人之道还治其身"之法。如诗题所示,这首诗是诗人向爱情、文艺、天文女神的谈话、独白,或倾诉都说得通。诗人舍弃了祈求的礼仪,似乎一个人在喃喃自语,半是清醒、半是昏眩地呓语着,东扯一句西扯一句地看似没有边际,而其实还是若暗若明地与艺术(诗)和历史的同异进行比较有关。在诗人看来,历史是盲目的,充满着数不清的偶然性。人类历史是残肢断体的,它未必就一定能通向人类所渴望的终极真理。历史尽管是人创造的,由人的生产实践和社会实践所书写的,但人未必就能控制住它的进程;它过去和未来的轨迹都不是按人的意愿行事的,不是人善良的愿望所能左右得了的。人们沉浸在世俗的社会里,沉浸在日常生活里,凡俗的生活过程无须要同艺术真神打交道。在科学技术高度发达的现代社会里,乌拉尼娅不如时装模特儿和公关小姐吃香(试想,她连电话号码都没有,这个调侃是够令人酸鼻的了)。但尽管如此,与历史的残缺相比,艺术占有更广阔的空间,只要你愿意,随时可以"像门帘一样拉开"。她的完整和圣洁是不容玷污的,她不可能逾越历史的"亲在"(海德格尔语)。她只能注视地球仪,亦步亦趋。此外,她毕竟拥有浅褐色的群山,马群漫游的苔原地……艺术家似乎注定只能是双重孤独的人,但他还得节制自己的忧伤。想超越历史的人终究又还要受历史的局限和制约。只不过,当今这个物质文明空前繁荣昌盛,"每一点都不缺"的时代,让人想忧伤也忧伤不起来罢了,忧伤和失望都已经变形扭曲了。

也许,我们不能苟同布罗茨基的诗学,你还会不同意我没有定格的诠释。但我还要说,布罗茨基做总体把握之严肃及其极端自由的抒写,这种诗格终归有一种"别趣"和迷人的魅力在。写得极好的咒语,难道就一定与浓郁的诗意无缘?!

(楼肇明)

哀 诗

布罗茨基

直到现在,每当我回忆起你的声音,
我就十分激动。这是很自然的事情。
因为声带并非冷眼下肉体、头发、知识所能相比,
也并非磨难决定古董的价值。
大凡声音脱离开肉体,
就不会由于与稀薄空气的摩擦而成为耗损。
但是,对近视眼来说,
你会犯老生常谈的毛病——
从两个不幸之中挑个大的。
清醒的头脑每到晚上就会因此久久地眩晕,
酷似歌词模糊不清的唱片,
手指也相互干扰,无法使唱针
与几乎磨平的波纹脱离,
仿佛在小曲快要结束的时候,
把荣誉赐给缺少词形的迷惑力。
你可知道,世上有这样的物象,
它们相互之间的联系
如此紧密,简直要以真正母系而出名,
如此等等,天性本该再前进一步,
使它们合而为一:狐步舞的咚咚声,
加上飞旋的中国绉绸裙;至少是
苍蝇和白糖;再就是我们。
就是说,提高到米丘林所取得

成果水平：此刻狗鱼的鳞片
已呈现出罐头的颜色，
呈现出手中所用的叉子的颜色。然而，
天性么，唉，多半是分，而不是合。
往往是缩小，而不是扩大。你想想
那更新世密林野兽的体积：
我们乃是庞然整体的组成部分，
一条无形的线像电话线那样
连接着我们，留下恐龙的普通的脊柱；
但是这条线，除了通向后天，
没有别的地方可通，在那里只有残疾人
会做出反应，因为
失去了胳膊和腿，失去了女友和心灵，
他仅仅成为演变的物种。给我接通这个号码，
真好比经历从水里爬上陆地的漫长过程。

(王守仁 译)

  非对称结构寻求稳固平衡，是包括现代建筑艺术在内的所有门类的艺术表现出来的普遍倾向。这大约是现代人关于世界和人的观念变化所致，它好像是一个对倾斜的世界抗议，是人为了克服"失重"状态所做的努力。《哀诗》是一篇现代人类生存处境的悲歌，它在结构上显而易见是失重的，从篇幅看可谓头重脚轻。勉强划分的话，全诗分三段，计三十八行，引子就占去了十五行，中间的过渡十三行，正面直逼题旨的仅十行。但形式外观上的这种不成比例，却丝毫不给人以结构不稳的感觉。这主要应归结为诗人在题旨部分提出来的思想是极其厚重的，诗是一气呵成的，情绪以长长的缓坡作为铺垫，最后的陡峰直插云霄。诗中的第二人称——你，从口吻上看好像是诗人的一位故人，而其实是整个人类中的每一个人，或者说是近代史以来人类社会发展一般形态中所提取出来的抽象人，是人对人的本体一个发生了病变的观念。你，是

在这一切背景后面的那个良知,在不得不做出错误的抉择之后而尚未泯灭、心有所不甘沦落的价值观。全诗若即若离、若明若暗的象征隐喻联袂而来,几乎是呈密集型的;警句叠出,错杂扭结中有一种斑驳陆离之美,哀而不伤构造了最为深刻的悲。

诗篇形而上学地探讨了人在历史的长河中,灵与肉、身与身外之物,肉身与赖以生存的地球的关系。诗人从这样一个特殊的宏观视角来谱写人类的过去、现在和未来的历史。确切些说,诗人是在写人及其人性的本体史。人在从事物质生产、发展科技以及满足永无止境的物质消费欲望的过程中,不仅并没有从动物的生存水平线上升华出来,反而把近代史以前那种可贵的人性也丢弃了。在诗人看来,人类对物质享受的追求,始终高过对精神心灵价值的追求。人从来都没有脱离过动物生存在水平线的阈限。"鸟为食亡",人为物死,死的不是作为种族的绵延,而是导致了人性发展极为可悲的停滞。人类社会发展好像注定是近视眼的,物质匮乏较之人性沦丧,充其量只是一种小不幸;人性沦丧、发展停滞,哀莫大焉。这一类观点,当然不算新鲜了,从庄子到海德格尔,从汤因比到池田大作已反复表达过了。但我以为,诗人布罗茨基的表达则另具魅力。诗人深广的忧虑,在于诗人指出了即使在现代条件下,我们人还有一条爬虫类恐龙的脊柱,极度发展了的物质消费主义控制下的人,以及由这一类人所构成的时代,并不比地质年代的更新世高明多少。不仅如此,恐龙的脊柱还会通向明天和后天。人只是作为物种在演变着,精神的肌肉片面萎缩,物质的肌体恶性臃肿,两者的鸿沟扩大了。它的结果是未来世界遍布这种残废人种。人要成为真正的人,还有一个从海洋爬上陆地的漫长过程。何以到这步田地,何以黯然神伤至此,这是与诗人对人性恶的本能分析分不开的。

姑且抛开诗人布罗茨基人性恶的观点是否片面的问题,人的动物性是否只有一重性而不是二重性,人的精神文明却只能有一重性而不是同样存在着二重性?在这一类问题上,笔者并不完全赞同布罗茨基。理由很简单,人的动物性在两个层次上不同于动物,人的动物欲望推动人类历史的前进,所谓人性恶是推动历史发展的杠杆即由此而来;动物的动物本能不可能改造世界,即便破坏了世界也受到了自为世界的制约。人的动物欲望一旦受到社会性的支持,其破坏性是无法控制的,因此作为人类史发展成果的人的社会性,它也如同人的动物性一样并非是单值的。不过,诗人布罗茨基尽管在这个根本的问题上有失偏颇,但我还是能理解他在现代西方社会所看到的种种弊病。他的忧虑绝不是无稽之谈,杞人忧天。我更钦佩和赞赏他拢千秋于笔端的大气魄。现实处境不妙,未来就未必皆大欢喜。乌托邦进军号沉寂,反乌托邦煞风景的哀歌升起。这是悲观背后呼之欲出的真正的人类良知! (楼肇明)

欧洲其他国家卷

意 大 利

但丁(2首)

但丁·阿里盖利（Dante Alighieri, 1265—1321），意大利文艺复兴运动的伟大先驱，卓越的抒情诗人。

但丁出生于佛罗伦萨，母亲早亡，父亲是没落的小贵族。他少年时生活清苦，便把全部精力倾注于学习，勤奋自修，在中古文化的各个领域都获得了精深的造诣。他青年时代投身政治运动，加入代表新兴市民阶级的归尔弗党，担任佛罗伦萨行政长官，为维护共和政权、反对教皇干涉世俗政权而不懈斗争，因此触怒教皇，被判处终身流放。

流亡期间，但丁周游各地，访友，讲学，开阔视野，思考人生，加深了对意大利面临的动乱现实的认识，开始创作《神曲》。

《神曲》以恢弘的构架、丰富的想象、深邃的寓意，展示出意大利从中世纪向近代过渡的转折时期的现实生活，透露了新时代的新思想——人文主义的曙光。这部长诗对中古政治、哲学、科学、诗歌、绘画、文化，做了艺术性的阐述和总结。因此，《神曲》不只是一座划时代的艺术里程碑，而且是一部百科全书式的鸿篇巨制。但丁还写有诗集《新生》，学术著作《论俗语》《飨宴》《帝制论》。它们为意大利抒情诗歌、文学语言、民族语言和近代政治学的发展,开辟了道路。

贝娅特丽丝的魅力

但 丁

她是多么温雅,多么纯洁,
我的姑娘,当她向人们施礼,
每一个人都惶乱无神地垂下眼帘,
嘴唇战战栗栗,羞赧地沉寂。

她淡妆素裹,翩然远去,
带走了声声惊奇,
啊,她恍若上界的一位天使,
降临人间,把奇迹向我们显示。

瞻仰她的神采,飘飘欲仙,
甜蜜穿过眼睛,流淌进心底,
幸福的水柱岂能在陌生人的心湖升起。

她的口唇里一个灵魂游动,
温柔亲切,又充溢着爱意,
它对我的心说:"渴求吧,你!"

(吕同六 译)

这首诗选自但丁的抒情诗集《新生》。

《新生》(1292—1293)是但丁的处女作,献给他毕生爱恋的女子贝娅特丽丝。

据但丁自述,他九岁时初次遇见贝娅特丽丝,九年以后,两人又在阿尔诺河畔相遇。他写了一系列抒情诗来赞美她。1290年,贝娅特丽丝染病去世,但丁伤心至极,就把这三十一首抒情诗用散文连缀,取名

《新生》，寄托自己的哀思。

这首诗的开端先写贝娅特丽丝温雅的花容。她"淡妆素裹"，却使每个见到她的人都显得六神无主，"垂下眼帘""嘴唇战战栗栗"，向她顶礼膜拜。这是贝娅特丽丝激发人的情感的感性"魅力"。

瞻仰贝娅特丽丝的神采，使人体验到无比的幸福，犹如"甜蜜穿过眼睛，流淌进心底"。她的"温柔亲切"，使人的心灵震动，受到一种强烈的"渴求"爱的感召。这是贝娅特丽丝使人的情感升华的精神"魅力"。

但丁笔下的贝娅特丽丝，又不完全是一个尘世的女子。诗人把她描绘成"上界的一位天使"，受上帝的遣使，向众人显示"奇迹"。由此，贝娅特丽丝是高尚的道德力量的化身。对她的纯真的眷恋，净化为一种宗教情感，世俗之爱净化为天国之爱。这是贝娅特丽丝使人的情感理想化的神秘"魅力"。

诗人层层开掘，步步深入，形象地揭示出贝娅特丽丝"魅力"的三重境界。但丁作为"中世纪最后一位诗人，新时代最初一位诗人"的爱情观，在这里获得艺术的、完美的体现。

（吕同六）

爱情与高贵的心灵

但　丁

爱情与高贵的心灵互为形影，
它们彼此辉映，难舍难分，
好似理性始终伴随灵魂，
诗人[1]曾经这样歌吟。

本性为倾慕的热流浸润，

---

[1] 指"温柔的新体"诗人圭多·圭尼采利（生于1230年至1240年间，1276年去世），他的著名抒情诗《高贵的心灵》歌颂爱情的崇高的内涵，吟咏爱情和高尚的心灵互相依存，不可分离。

它使心灵宛如华官，爱情恰似主人，
　　爱情在心灵中恬静地休憩，
　　或是短暂的睡眠，或是安度漫长的时辰。

　　娴静的少女仪态万千，
　　迷住了青年一双明亮的眸子，
　　飘进他的心田，种下他的相思。

　　那相思在心中不停歇地跃动，
　　惊破沉沉睡梦，唤醒爱情的精灵，
　　才貌拔群的青年，也这般把女子引动。

（吕同六　译）

这首也选自《新生》的十四行诗，堪称前一首的姐妹篇。

诗人真诚地表达对爱情和世俗生活的热烈追求。他的"本性"已不由自主地"为倾慕的热流浸润"，他被仪态万方的少女迷住了，心田"种下他的相思"。

但是，爱情的伟大又不只在于一种纯洁、高尚的情感，它更是荡涤邪恶、使人高尚的道德力量。但丁在诗中正是从这样一种新的角度来开掘爱情的内涵，"爱情与高贵的心灵互为形影"，只有具备一颗高尚的心灵的人，才配享有爱情。

但丁的爱情诗虽带有中世纪的神秘主义，但洋溢着人文主义精神，是对中古禁欲主义和传统道德观念的挑战，体现出新时代性爱的特征。他的爱情诗清丽自然，优雅动人，开文艺复兴抒情诗的先河。　（吕同六）

彼特拉克 (2首)

弗朗齐斯科·彼特拉克（Francesco Petrarca, 1304—1374），意大利文艺复兴时期又一位优秀诗人，杰出的人文主义者。

彼特拉克出生在佛罗伦萨附近的阿雷佐。父亲是律师，因从事政治活动和但丁同时被放逐。他幼年随父亲流亡法国，遵从父命攻读法学。

父亲去世以后,他弃法从文,并周游欧洲各国,体察生活,追求知识。他还曾在阿维农教廷担任过职务,有机会出入宫廷、教会。这都有助于他日后的诗歌创作和人文主义活动。

他热心搜寻古希腊罗马典籍抄本,亲自抄录古典作品,发现了一些古典作家佚失的书信和作品,并以新时代的眼光予以诠释,把人和现世生活置于中心位置,推动了意大利和欧洲人文主义的发展。

彼特拉克用意大利文和拉丁文写了许多诗歌。《歌集》是他的代表作,收抒情诗三百余首,除一部分政治抒情诗外,大部分是抒发诗人对一个名叫萝拉的美丽女子的爱。这些抒情诗蔑视中世纪道德观念,大胆吐露对幸福、爱情的渴望,把十四行诗这一艺术形式发展到完美的境地,为欧洲十四行诗的发展奠定了基石。

他还写过充溢着爱国主义激情的叙事诗《阿非利加》、对话录《秘密》、历史著作《名人列传》等。他因诗歌创作的成就而在罗马与巴黎获得"桂冠诗人"的荣誉。

我的心迷乱了

彼特拉克

我的心迷乱了,颤颤悠悠
在荒芜的田野上踽踽独行,
当我瞥见地上一个脚印
我惶遽不安了,仓皇逃窜。

我寻觅不到一个避风的港口
销声匿迹,躲避四周窥测的目光,
因为失去欢乐的脸上,悲悲戚戚
却清晰可见爱的火焰的跳动。

而今我晓得,每一座山峰,每一片树林,
每一湾溪水,每一株青草,

都洞察我枉自遮掩的心灵奥秘。

我从此不再踏上这般荒凉、这般崎岖的道路，
可是爱情已然永远消逝，
再也不会来到我的身旁，窃窃私语。

(吕同六　译)

轻拂的和风

彼特拉克

轻拂的和风送来明媚的时光，
花儿，青草和春的伴侣回来了；
燕子啾啾乱啼，黄莺呖呖欢唱
纯洁、璀璨的春天。

草原粲然微笑，天宇碧净明朗，
宙斯露出欣喜的面孔，迎接他的小女[1]，
柔爱荡漾在空气、流水、原野，
万物的生灵全在把爱追寻。

啊，唯独我，抒出声声凄楚的叹息，
她[2]，把我的心扉紧紧锁闭，
随身携着钥匙，奔向了遥远的天际。

鸟雀婉转啼鸣，大地姹紫嫣红，
高雅、美丽的女子们脉脉温情，
可我却是荒原，直如冷漠无情的走兽。

(吕同六　译)

---

[1] 指宙斯的女儿普洛赛尔皮娜，系春天女神。
[2] 指萝拉。

这两首十四行诗均选自彼特拉克的代表作《歌集》。

相传诗人二十三岁时在大教堂遇见一个名叫萝拉的美丽少女,一见钟情,便写了许多倾诉爱慕之情的诗歌。二十年后,萝拉病逝,诗人悲痛不已,又写下一些表示哀悼的诗歌。《歌集》可以说是彼特拉克对萝拉爱情的结晶。

第一首是具有独特的艺术魅力的爱情诗。诗人不是直露地抒情,而是讲究细致入微地刻画主人公欣喜或苦闷,狂热或失望的精神世界,尤其是借助自然景色来巧妙地剖析人物内心复杂而奥秘的感受。

主人公坠入爱河,喜悦与忧伤交织的感情波澜在他的心底冲击、激荡。他的"心迷乱了"。他不愿世人"窥测"他的心灵奥秘,于是,他独自去到"荒芜的田野",希冀避开世人的踪迹,躲过众多的耳目,寻觅一个"避风的港口"。

然而,爱无论如何是遏制不住的。他一举手,一投足,他的每一个表情,都映照出他内心跳动的"爱的火焰"。大自然同诗人已然融为一体,因此大自然同诗人的心灵是息息相通的。大自然的每一"山峰""树林""溪水""青草",都洞察诗人的爱的奥秘。

在第二首诗中,诗人用多姿多彩的色调,用瑰丽动人的意象"轻拂的和风"、"啾啾乱啼"和"呖呖欢唱"的鸟雀,讴歌爱的象征——"纯洁、璀璨的春天"的到来。

春天里,万物的生灵,"天宇""草原""空气、流水、原野",和诗人的心灵一样,无不追寻着爱,又无不荡漾着爱。在这儿,诗人寓情于景,由景及情,出色地传达出主人公追寻爱,沐浴着爱的温馨的微妙感情。

然而,萝拉不幸早逝,奔向了天国,只留下孤独的主人公,"抒出声声凄楚的叹息"。对于诗人来说,失去了爱,即是失去了春天,失去了欢悦。周遭依然那么姹紫嫣红的大地,依然那么婉转啼鸣的鸟雀,依然那么美丽、多情的女子,同诗人内心的痛楚形成强烈的反差,对诗人造成巨大的刺激;他曾沐浴着春天的甘露,荡漾着柔爱的心灵,顿时化作一片"荒原",凄凄戚戚。

在彼特拉克的诗中,爱情是一种高尚、圣洁的情感。无论是爱的甜蜜,还是失去爱的痛楚,都是爱的高尚品格的体现,都是爱的伟大力量的反映。萝拉实际成为当时人文主义者追求的人间美和爱的象征。　　(吕同六)

莱奥帕尔迪(1首)

贾科莫·莱奥帕尔迪(Giacomo Leopardi, 1798—1837),意大利19世纪著名浪漫主义诗人,也是但丁、彼特拉克之后最优秀的抒情诗人。他自幼刻苦攻读,博学多才,18岁开始写诗,显露出非凡的艺术才华。他写了许多田园诗、政治诗,或描绘自然景色,或抒发个人胸怀,或表达民族复兴运动的理想。诗作《致意大利》《但丁纪念碑》《致席尔维亚》等均为传世佳作。莱奥帕尔迪一生体弱多病,后来几近残废、失明,加之民族复兴运动陷入低潮,因此他后期的创作有较浓郁的悲观色彩。

无　限

莱奥帕尔迪

这荒僻的山冈
对于我总是那么亲切,
篱笆遮住我的目光
使我难以望尽遥远的地平线。

我安坐在山冈
从篱笆上眺望无限的空间,
坠落超脱尘世的寂静
与无比深沉的安宁,
在这里,我的心再也不用担惊受怕。
我倾听草木间轻风喁喁细诉
这幽微的风声,
生气盎然的时令,它的乐音,

同那逝去的季节，

同那逝去的永恒，

一起在我的脑中盘桓。

我的思绪就这样

沉落在这无穷无尽的天宇；

在这无限的海洋中沉没

该是多么甜蜜。

（吕同六　译）

《无限》是一首优美的田园诗。它作于1819年，当时诗人年仅21岁。一般的田园诗大多描绘乡村生活的场景，叙写牧人或渔夫之间的对话，在闲散、安逸的田园中寻觅情趣，缺少生活的理想之光的照耀。《无限》则不同于俗见的田园诗，它不只抒情优美，而且格调高雅，富于深远的意境。

塔博尔山冈是诗人家乡的一座小山，荒僻、幽静，是他青年时代经常散步的去处，因而对于他来说"总是那么亲切"。诗人安坐在山冈，放眼眺望，倾听喁喁细诉的轻风。一道篱笆隔断诗人的目光，使他难以望尽遥远的地平线。然而，这有形的障碍，却激发诗人去眺望遥远的、无垠的空间的愿望，赋予诗人以在"无限的空间"幻想的自由。因此，诗人的笔触不止于对眼前自然景物的描绘，而是展开幻想的丰满翅翼，驰骋于形而下的广阔天地。

诗人神驰千里，带着因疾病的长期折磨、人生与时代的痛苦而郁积胸臆的孤寂、愁思，进入一种"无限"的境界。但是，这"无限"不是一种纯粹抽象的、理念的境界，而是融合了想象与感觉的意境。"超脱尘世的寂静"，"无比深沉的安宁"，给人以一种恬适的感觉；幽微的风声，生气盎然的时令，自然的乐音，更增添一种色彩与音韵的美感。而诗人的思绪在"无穷无尽的天宇"中自由翱翔，又把这种恬适的美感升华为一种超然的、圣洁的深层情感。诗人沉没于无限的海洋，沉思于宇宙的无限和永恒，心凝形释，达到了与万化冥合的富于诗意和哲理的意境。

《无限》体现了莱奥帕尔迪的诗歌风格,语言洗练朴素,手笔高度概括,格律自由多变。他的诗歌开意大利近代自由体抒情诗的先河。读者若以想象与感觉去阅读这首诗篇,当会深切地体味到它的艺术魅力。

(吕同六)

卡尔杜齐 (1首)

乔苏埃·卡尔杜齐(Giosue Carducci, 1835—1907),19世纪末20世纪初意大利最出色的诗人之一、学者、文艺批评家。出身于医师家庭,父亲是烧炭党员。卡尔杜齐年轻时富于民主思想,向往革命。大学毕业后从事诗歌创作,后在博洛尼亚大学主持意大利文学讲座。1872年加入第一国际意大利支部,1890年被任命为参议员。他写过谴责异族侵略和封建专制、歌颂民主与革命的诗歌,又留下了许多抒情佳作,代表作有《撒旦颂》、《新诗集》(1861—1887)、《有韵的诗和有节奏的诗》(1887—1898)等。卡尔杜齐对意大利文学史和但丁、彼特拉克、塔索等著名意大利诗人都有精湛研究,著有多种文艺论著。1906年获诺贝尔文学奖。

古老的挽歌

卡尔杜齐

你曾伸过婴儿般小手的
那株树木
鲜艳的红花盛开着的
绿色的石榴树。

在那荒芜静寂的果园里
刚才又披上一抹新绿
六月给它恢复了
光和热

你，我那受尽摧残的

枯树之花

你，我那无用的生命的

最后独一无二的花

你在冷冰冰的土地里

你在漆黑的土地里

太阳不能再使你欢愉

爱情也不能唤醒你

（钱鸿嘉　译）

　　1870年，卡尔杜齐的独生子突然病夭，年仅三岁。诗人不胜悲痛，哀伤之情久久不能平息。翌年，他写下了这首怀念心爱的儿子的"挽歌"。

　　全诗很短，共四小节。和常见的哀悼诗不同，诗中没有悲伤的字句，没有痛楚的呼喊。前两节描绘在六月的光和热的沐浴下，绿色的石榴树和鲜艳的红花带来的愉悦。但这夏日的欢快立即勾起令诗人伤怀的回忆。诗人只轻描淡写地用一行诗"婴儿般小手"来忆及夭折的儿子。但诗人却觉得，那已经"荒芜静寂的果园"里，处处可以感受到儿子的生命的存在，他分明看见爱子在游戏，在欢叫，在奔跑。

　　最后两节，诗人再也抑制不住深沉的悲哀，以凄婉动人的笔触，叠用"受尽摧残的枯树之花"，"我那无用的生命的最后独一无二的花"的排比，反复咏叹命运的残酷，寄托对病夭的爱子的哀思。诗人又以儿子葬身的"冷冰冰的土地""漆黑的土地"，同人世间的"红花""新绿"对比，不只以哀景写哀，更以乐景写哀，倍增其哀，痛悼死神夺走了儿子的欢愉和父亲的幸福，真是字字含泪，声声滴血。诗人的悲哀是那么深沉，那么久远，它是无法慰藉的、永恒的痛苦，因此，诗人给这首诗取名为"古老的挽歌"。

（吕同六）

邓南遮(1首)

邓南遮(Gabriella D'Annunzio, 1863—1938), 意大利20世纪上半叶著名小说家、剧作家、诗人。早年的创作具有现实主义倾向,如短篇小说集《佩斯卡拉的故事》。后来写作唯美主义作品,如《玫瑰三部曲》,影响很大。后期堕落为法西斯御用文人,1937年任意大利科学院院长。张闻天同志在20世纪20年代曾把他的唯美主义剧本《琪硪康陶》译成中文。

夏日谣曲
邓南遮

微风拍着羽翅,
在柔嫩的沙子上
飒飒地写下迷离的文字。

微风向洁白的河堤
吐出低低切切的絮语,
盈盈秋波传递。

太阳落进了西山,
无限的音籁,阴影与光彩
自由嬉戏在你的温存的两腮。

海滩的宽阔、干枯的脸庞,
好像漾出了你的惝恍
奇妙的浅笑,万千模样。

(吕同六 译)

《夏日谣曲》是一首著名抒情诗。邓南遮选取微风、夕阳的两组镜头,表现夏日的美妙景色。但诗人无意用美丽的辞藻去修饰微风如何轻柔宜人,也不是照直描写微风如何吹过沙滩,轻轻地掀起尘埃,而是巧用譬喻,把风儿比作一只轻盈地拍打羽翅的鸟儿,在沙子上写下迷离的文字。微风从沙滩吹向河堤。诗人又发奇想,把微风与河堤比作一对情深一往的恋人,微风的吹拂,是向心上的人儿吐出低低切切的絮语,是向她脉脉含情地传递盈盈秋波。同样,对夕阳的描写也别具韵味。太阳落山,在诗人的笔下,竟化作一对生灵的一片纯真的眷恋之情。西山欣悦地仰起"温存的两腮",任太阳以它的音籁、它的阴影、它的光彩,去抚弄,去亲热,去嬉戏。多么别致、多么美丽的奇思异想!诗的最后一节,邓南遮更把微风轻拂、夕阳西沉的夏日景象做了艺术的概括,完美地传达出了它的楚楚动人的千姿百态,万千模样。

邓南遮写夏日的景色,完全是从人的设想出发,倾注进了人的丰富的感情,因而情意倍加深浓,意境分外开阔。他不只把夏日的光彩绚烂的风光做了极其生动、形象的描画,而且赋予美丽动人、可亲可爱的形象。微风、夕阳、河堤、海滩,无不具备了十足的灵气,神情毕肖地卓荦而立。

邓南遮的作品一向追求语言的雅致,注重音韵的优美。这首诗堪称楷模。全诗共分四小节,每节均为三行。诗的韵式整齐,前两节均取aba,交叉押韵,后两节均取aaa,韵脚一致。这样,整首诗的韵律严整,既前后照应,又变化有致,且音节清妍和雅。阅读时不仅能获得如观赏一幅精致的油画时的视觉美感,也能享受像聆听一支优美的乐曲时的听觉美感,译时按照原诗的韵律译出。

(吕同六)

萨巴 (1首)

翁贝尔托·萨巴(Umberto Saba, 1883—1957),意大利当代大诗人,出生于东北部边陲重镇的里雅斯特。他的母亲是犹太人,被丈夫遗弃,家庭的不幸从小在诗人幼小的心灵打下了烙印。贫寒的家境迫使他离开中学,去当海员、士兵。1921年发表《歌集》,蜚声诗坛。为了躲避法西斯推行的反犹政策,他流亡巴黎,后隐居罗马,饱经忧患。1946年获意大利最权威的文学奖——维阿雷乔文学奖。

山 羊

萨 巴

我跟一只山羊谈心。
她孤苦伶仃,拴在草原上。
牧草吃足了,雨水淋湿了,
咩咩地叫着。

那声声凄然的呼唤
仿佛诉说着我的痛苦。
我先是戏谑地回答,
但我终于明白
痛苦只有一个不变的、永恒的声音。
孤独的山羊的呻吟
是它的回音。

山羊有着闪族人的脸形
她喊出对一切邪恶的怨恨,
一切生命的悲愤。

(吕同六 译)

《山羊》是萨巴的一首名诗,收入诗集《家园与乡村》(1909—1910),已被译成世界许多文字。开篇头一句诗便显得不同凡响,用朴实明达的语言写道:"我跟一只山羊谈心。"人能够跟山羊谈心吗?在现实生活中,这自然是令人难以置信的。但诗人却以为是可能的、合乎情理的。这是一只拴在大草原上,任凭雨水浇淋的山羊,从它的孤苦伶仃中,诗人似乎瞧见了人世间普通生灵的深重苦难;从它的凄厉、原始的呼喊中,诗人仿佛听到了一种声音,这声音折磨着现实生活中所有的生命。这自然使诗人跟山羊获得精神上的感应,情感上的交融,语言上的沟通。山羊"声声凄然的呼唤",不啻是诗人内心痛楚的惨烈呼喊,也诉说着他的同时代人的普遍的痛楚。

诗人采用把自然界的生物拟人化的手法。山羊的脸孔,象征着犹太人的形象。这让读者联想到萨巴坎坷的身世。诗人的母亲是犹太人。家庭的不幸在他幼小的心灵打下了烙印。萨巴本人为了躲避法西斯推行的反犹政策,不得不流亡巴黎,后来隐居罗马,饱经忧患。"山羊有着闪族人的脸形",这一巧妙的隐喻,点明了他们共同的命运,牵引出了诗人出身的犹太民族遭受法西斯迫害的悲哀命运。诗歌由此从抒发个人不幸,升华到展现整个被压迫人民的苦难,具有震撼人心的艺术效果。

诗中反复使用一些字眼:"声音""痛苦""山羊",赋予全诗一种凄丽沉婉的风韵。而末尾两行诗"她喊出对一切邪恶的怨恨,一切生命的悲愤",把款款写来的抒情谣曲,转化为一曲庄重的合唱,显出悲壮雄浑的力量。

(吕同六)

坎帕纳 (1首)

迪诺·坎帕纳(Dino Campana, 1885—1932),20世纪初叶意大利最有影响的抒情诗人之一。一生坎坷,命运横逆多乖。15岁时得了严重的神经衰弱症。后漫游欧美许多国家,在异国他乡当过铁匠、司炉、门房、消防队员、水手。第一次大战前夕返回故乡,开始写诗。1918年神经错乱,被送进疯人院,直到1932年在那里病逝,再也没有恢复理智。

玻 璃 窗
坎帕纳

暮霭沉沉的夏日黄昏
一缕夕阳透过高高的玻璃窗投进昏暗
在我的心头留下灼热的印痕。
凉台、河畔的街灯亮了
是谁,是谁点亮了圣母桥边的路灯?

屋内一股霉蒸的气味

屋内一道痛苦的殷红的血痕。

星星仿佛珍母的耳环

黄昏披上了一重黑丝绒：

幽暗的黄昏索索颤抖

索索颤抖幽暗的黄昏，

黄昏的心头

永远刻下痛苦的殷红的血痕。

(吕同六 译)

《玻璃窗》是坎帕纳的代表作《俄耳浦斯之歌》(1914)中的一首抒情名诗。

一个夏日的黄昏，诗人在他的家乡马拉迪镇的住宅观看日落。西斜的太阳留下最后几缕光辉，黑夜迅速逼近。夕阳鲜红的闪光投在诗人寓所对面的一户人家的玻璃窗上，又折射回来，消融于黑夜的最初昏暗之中。这渐渐黯淡的落日余照，在诗人的心头留下了"灼热的印痕"。

黑夜降临了。打诗人住宅前流过的拉蒙内河畔的煤油灯点亮了，河滩上腐烂的植物，附近马厩里干草的霉蒸气味，一起侵入了诗人的屋内。残阳的最后一抹光辉也爬进了屋内，然而，这终究是衰弱的、行将褪逝的光，在多愁善感的诗人眼里，它闪烁着奇幻的血色，恍如"一道痛苦的殷红的血痕"。

诗人情动于衷，感情激荡，继续伸展他的想象的触角，浮想联翩。夜空闪出了一颗颗星星。诗人立即联想到美丽、晶莹的珍母的耳环。夜色浓重了。诗人又仿佛觉得这是给索索颤抖的黄昏披上的一重黑丝绒。那高高的玻璃窗反射的最后一缕残阳余照，在诗人灌注了自己情感的奇思异想中，犹如在黄昏的心头永远刻下的痛苦的殷红的血痕。

夕阳的余晖，是贯串这首抒情诗的主旋律。坎帕纳施展飞腾、奇异的想象，用各种变幻微妙的色调，用各种新奇而可靠的形象，描绘了一幅多姿的夕照画。在竭力营造残阳如血的艺术氛围之后，又在强烈的对比与反差中，表达出诗人对时光不可挽回地消失的悲凉，进而在更深的层次上刻画了黑夜的降临在诗人无比敏感、近于病态的心灵中勾起的痛楚的失望和恐惧。

在这首抒情诗里，坎帕纳把写景、状物同抒发主观世界的奥秘感受融为一体，写得婉约沉郁，色彩丰富，具有一种和谐的美。　　　　（吕同六）

翁加雷蒂 (1首)

朱塞培·翁加雷蒂（Giuseppe Ungaretti, 1888—1970），意大利隐秘派（又译隐逸派）诗歌代表人物之一。在非洲度过童年与少年。青年时代受到象征派和未来派的影响。先后在巴西圣保罗大学、罗马大学主持意大利现代文学讲座，并翻译了莎士比亚、拉辛、马拉美的作品。他的前期诗歌表现生活的辛酸和战争的罪行，致力于诗歌形式的探索。战后的诗歌则融进了古典诗歌的特点，贯穿了对战争给人类酿成的悲剧的思考。代表作有诗集《覆舟的愉快》（1919）、《时代的感情》（1937）、《呼喊与风景》（1952）等。

守　夜

翁加雷蒂

整整一夜
我守护着
一名被杀害的
战友

他的嘴唇
扭曲
他的双手
抽搐
清朗的月光

照亮

他的面孔

他闯进了我的

孤寂

我挥动羽笔

把爱注进了

书简

我从来不曾

这样眷恋

生活

（吕同六　译）

　　《守夜》这首诗作于1915年12月23日。当时翁加雷蒂作为服役士兵，正在意奥前线作战。圣诞节即将来临，诗人躲在战壕里，利用夜幕降临，炮火终于沉寂下来的时刻，给远方的亲人写信。四周静悄悄，在他的身旁，躺着一具刚被敌人的枪弹杀害的战友的尸体。清朗的月光，阴森的战场，在夜幕下编织成一幅色调反差极其强烈的景象，给诗人以残酷的刺激。他似乎觉得，战友既是死者，又是生者，他似乎瞧见战友的嘴唇在扭曲，双手在抽搐，闯进了他的孤寂。正是在死亡的包围中，诗人挥动羽笔，"把爱注进了书简"。正是这种痛楚地陷于死的幻影与生的希望交织的心态，驱使诗人终于忍不住发出了一声呐喊："我从来不曾这样眷恋生活。"这声呐喊，表达了诗人对死亡、对战争的断然摒弃，对生活、对和平的热烈追求。

　　这首诗鲜明地体现了翁加雷蒂的诗风。诗的篇幅短小，文字精当。翁加雷蒂把诗句锤炼得奇警挺拔，大有百锻为字、千锤为句的功力。诗的节奏短促、强烈，既富于冲击读者感官的刺激性，又具有表达郁积胸臆的情绪的深厚力度。

（吕同六）

蒙塔莱（2首）

埃乌杰尼奥·蒙塔莱（Eugenio Montale, 1896—1981），意大利当代著名诗人，隐秘派诗歌的旗手。从小酷爱音乐、古典文学，当过军人、图书馆馆长、音乐评论家、文学编辑。1925年因抒情诗集《乌贼骨》一举成名。后因拒绝加入法西斯党，遭到迫害。主要诗集有《境遇》（1939）、《暴风雨及其他》（1956）、《萨图拉》（1971）等。他在翻译方面也卓有成就，曾把莎士比亚、狄金森等人的诗完美地译成意大利文。1975年获诺贝尔文学奖。

汲水的辘轳

蒙塔莱

汲水的辘轳碾轧转动，
清澄的泉水
在日光下闪烁波动。

记忆在漫溢的水桶中颤抖，
皎洁的镜面
浮现出一张微笑盈盈的脸容。

我探身亲吻水中的影儿，
往昔蓦然变得模糊畸形，
在水波中荡然消隐……

唉，汲水的辘轳碾轧转动，
水桶又沉入黑暗的深井，
距离吞噬了影儿的笑容。

（吕同六　译）

《汲水的辘轳》是最能体现蒙塔莱诗歌特色的抒情诗之一，收入诗人的处女作《乌贼骨》。蒙塔莱运用隐喻、象征的手法，赋予日常生活中的普通的水井、泉水以深邃的寓意。汲水的辘轳碾轧转动,从深井中汲取泉水。蒙塔莱巧用新奇的想象,以此隐喻诗人从记忆的深处追寻往昔的形象。泉水终于从深井汲出,在日光下闪烁波动。诗人也从记忆的深井中捕捉到逝去的青春年华,水桶中漫溢的泉水映显出青春的盈盈微笑。然而,当诗人欣喜地走上前去,正欲亲吻青春的可爱形象时,往昔的脸容蓦地变得模糊畸形,在泉水中消隐。

诗人受到触动,引发感情,他把笔锋一转,再次以汲水的辘轳为隐喻,直吐胸臆。正像水桶又沉落黑暗的深井,诗人哀叹青春年华的可爱的影儿也从记忆的深处荡然失落。

诗人身受现实生活之恶的重压,希冀在回忆中得到解脱。对于诗人而言,对往昔的回忆,原是他抵御残酷的、变幻无定的现实的精神支柱。然而,诗人竟无法维护自己的回忆,美好的往昔不只在现实中无法再现,甚至在回忆中,除了带来一瞬间的喜悦,也是稍纵即逝,最终归于破碎,消失。

蒙塔莱在这里以深井喻记忆,以水面颤抖的笑容喻记忆中的青春岁月,新颖别致。诗中句句隐喻青春,句句抒发对失去的青春的缅怀,如影随形,紧密勾连,情真意切地咏叹了人生的坎坷与苦闷,对生活的美和价值的不可遏止的追求。

(吕同六)

英国圆号

蒙塔莱

今晚
黄昏的风,
仿佛刀剑铿锵,
猛烈地吹打
茂盛的树林,
擂响
天宇的鼓点,

催动
地平线上的浮云。

一抹晚霞,
仿佛纸鸢横飘高空,
朵朵行云如飞,
仿佛埃多拉迪国
时隐时现的城门的光辉。

激滟闪光的大海,
渐渐灰暗混沌,
吞吐浊浪,
咆哮翻滚。

夜的暗影,
悄悄地四处爬行,
呼啸的风,
慢慢地平静。

风啊,
今晚请你也把
我的心
这不和谐的乐器的
丝弦拨动。

(吕同六　译)

《英国圆号》是蒙塔莱写的以交响乐队的各种乐器(提琴、竖笛、巴松管)为题的一组诗歌中的一篇,收入他的成名作《乌贼骨》。英国圆号作为一种乐器,最擅长强烈地表现各种情感色彩,尤其是忧伤的情感。诗人正是借用它来抒发隐蔽在内心的微妙情绪。

风,是这首抒情诗的主角。诗中极写黄昏的风如何吹弄大自然的各种乐器：树丛、云彩、大海。诗人先诉诸读者的视觉：在一个多云的夜晚，风，虎啸龙吟，大海失去潋滟的闪光，渐渐灰暗混沌；风，催动朵朵行云如飞，在落日的光辉下，仿佛把人带进了传说中的黄金国埃多拉迪。诗人又诉诸读者的听觉，描绘黄昏的风猛烈吹打茂盛的树林，如刀剑的铿锵；风四处鼓荡不息，其声势如擂响天宇的鼓点。随着夜的降临，风慢慢平静了，但此时诗人的心潮却被呼啸的风掀起了滔滔波浪，再也无法平静下来，从而生发出无限感慨。

风，在这里统摄全篇，具有提纲撮要的作用。蒙塔莱写风，既是写景，又因景见情，着意营造艺术氛围，渲染愁情。由此，写了风，也就写了人，把诗人的不见形迹的精神感情，同风密切联系起来，人的无比孤独与深沉的忧伤，便活脱灵动地表现了出来。

诗的末尾，诗人悲叹自己孤寂的心灵竟与情感最丰富的大自然也格格不入，不得不发出如此哀幽动人的请求："风啊，今晚请你也把我的心这不和谐的乐器的丝弦拨动。"这既是画龙点睛之笔，又饱含不尽之意。

（吕同六）

夸西莫多 (2首)

萨瓦多尔·夸西莫多（Salvatore Quasimodo, 1901—1968），意大利当代优秀抒情诗人，隐秘派诗歌的重要代表。他出生在西西里岛。曾在大学攻读工程学、文学，但为谋生计，被迫辍学，到处漂泊。1930年发表抒情诗集《水与土》，跻身意大利优秀诗人行列。以后又陆续发表《消逝的笛音》（1932）、《新诗集》（1936—1942）等。后来应聘担任米兰威尔第音乐学院文学教授。对西西里乡土的眷恋，对童年、对青年时代恋人的怀念，贯穿他前期的诗歌。抵抗运动以后，夸西莫多转而写作"社会诗歌"，揭露法西斯带来的灾难，讴歌人民争取自由的斗争，如诗集《日复一日》（1947）、《生活不是梦》（1949）等。1959年，夸西莫多获诺贝尔文学奖。

瞬息间是夜晚

夸西莫多

每一个人
偎倚着大地的胸怀
孤寂地裸露在阳光之下:
瞬息间是夜晚。

(吕同六 译)

《瞬息间是夜晚》是夸西莫多的一首抒情名诗,为各种选本必收的佳篇。这首诗作于1930年,后收入抒情诗集《水与土》。当时正值墨索里尼法西斯专制时期,意大利史学家称之为"黑暗的二十年"。诗人的家乡西西里也沉陷黑暗之中。正如法国诗人、小说家阿拉贡在评论夸西莫多诗歌中所展示的西西里形象时所说:"在任何一处别的地方,都不曾笼罩这般的黑暗。这不是昏暗,而是风雨如磐,一片漆黑。"(阿拉贡:《向夸西莫多致敬》,载《法兰西文学报》,1959年11月11日)

这首诗短小精悍,总共才四行。夸西莫多在诗中没有从大处落笔,也完全摈弃浅露的直白或抽象的意念,而是自辟蹊径,以艺术家的敏锐,从自然中采撷片断的自然场景,摄取从日落黄昏到夜幕降临这一特定的、短暂的景象,去刻画这"瞬息间"人的内心深处微妙、复杂的情绪。夸西莫多直接诉诸人的视觉与幻觉,从这一特定的场景中,精心选取两组极富形象性的意象:"阳光"与"夜晚","偎倚"与"裸露",造成鲜明的对照,强烈的反差,并采用异常明快的、迅速转换的节奏,把诗人在灾难深重的岁月里,心灵如同黑暗的"夜晚",无比"孤寂"的主观感受,酣畅淋漓地渲染了出来。

夸西莫多十分重视语言的提炼。他的语言凝练、明净,形象感强。这首诗是体现夸西莫多语言风格的典范。诗人以简洁得不能再简洁的诗句,艺术地概括了从急剧变幻的客观景象,到人的幻想迅速更迭的跳跃。在这里,"阳光"与"夜晚","偎倚"与"裸露"这两组意象,既是外在的客观景象的素描,又是人物的主观世界的感情波澜的抒写,可谓亦景亦情,情景一体,制造了浓郁的抒情氛围和富于哲理的意境。短短四行诗,层次分明,婉转巧致,可谓言短情长,余韵无穷。　　　　(吕同六)

海　涛

夸西莫多

多少个夜晚
我听到大海的轻涛细浪
拍打柔和的海滩,
抒出了一阵阵温情的
软声款语。

仿佛从消逝的岁月里
传来一个亲切的声音
掠过我的记忆的脑海
发出袅袅不断的
回音。

仿佛海鸥
悠长低徊的啼声;
或许是
鸟儿向平原飞翔
迎接旖旎的春光
婉转的歌唱。

你
与我——
在那难忘的岁月
伴随这海涛的悄声碎语

曾是何等亲密相爱。

啊，我多么希望
我的怀念的回音
像这茫茫的黑夜里
大海的轻涛细浪
飘然来到你的身旁。

(吕同六 译)

夸西莫多曾在不止一篇的诗作中，用大海的形象来抒发对故乡西西里岛和青年时代爱恋的少女的缅怀。《海涛》则是其中别开生面的一篇佳作，收入抒情诗集《日复一日》。

多少个静夜，背井离乡，远离昔日钟爱的女郎，饱尝漂泊天涯的苦楚的诗人，沉浸在回忆之中。他耳畔仿佛又听见，西西里"大海的轻涛细浪"，轻轻地拍打着柔和的海滩；此时，从记忆的脑海里，仿佛又传来了心爱的人儿亲切的声音；他似乎听见了当年他和恋人在声声"海涛"的伴奏下，互相倾诉衷肠的"悄声碎语"。那难忘的岁月里和心上人亲密相爱的幸福情景，又重新浮现在诗人的眼前。

诗人的构思十分新奇。他彩笔横飞，描绘了波涛拍打"海滩"的现实的画面，又驰骋丰富的想象，勾画了思绪起伏的"脑海"里，他和恋人两情相悦的幻景，并略加点染，以海鸥"悠长低徊的啼声"，"鸟儿"迎春的婉转歌唱，制造浓重的抒情氛围，烘托主旋律。这两幅"海"景，一虚一实，一远一近，巧妙地糅合起来，构成新鲜而富于美感的诗的意境，把诗人对魂牵梦萦的故乡和恋人的无比深沉的"怀念"，把他内心世界的强烈情感，凝聚在这具有双重意蕴的"海涛"形象之中，使这首诗情味隽永，动人心曲。

如果再说明一点，这首情景交融的诗篇写于法西斯统治的灾难岁月（"茫茫的黑夜"），那它就更显得耐人寻思。

(吕同六)

帕维塞 (1首)

切撒莱·帕维塞(Cesare Pavese, 1908—1950),意大利战后文坛上声誉斐然的诗人、小说家。青年时代在都灵读大学,对美国文学发生浓厚兴趣。曾参加反法西斯抵抗运动,加入意共,被囚禁十个月。反法西斯战争胜利后,一面写诗、翻译,一面在出版社工作。1950年因长篇小说《月亮与烟火》获斯特雷加奖,但终因对现实深感厌恶与失望,1950年自杀身亡。他的作品大多反映纯洁的乡村同堕落的城市的对立,人在污浊的现实中的忧郁情感。他的抒情诗清新朴实,对战后意大利诗歌发生很大的影响。代表作有诗集《土地与死亡》(1947)、《死亡即将来临,它将占有你的眼睛》(1951),长篇小说《同志》(1947)等。

我走过西班牙广场

帕维塞

蓝天
骤然间碧青如洗。

青松掩映的山冈上
一条条街道
张开了双臂。

街道的震跳
微微颤过静谧的破晓

喷泉旁边
花儿熠熠闪烁

仿佛少女亭亭玉立
仰着娇态可掬的笑靥。

石阶,露台

低徊的飞燕
披着晨曦
抒奏出深情的乐章。

啊,那条大街
豁然开朗,
石板上歌声飞荡。

一阵阵战栗
仿佛喷泉的水珠纷纷洒洒,
顺着你的楼梯噔噔而上
——一颗惶惶悚悚的心。

石板和晨晖的
清新气息飞进了窗户。

门——打开了。
橙红的曙光下
街道的震跳
融和着心的悸动。

你,出现了——
那样丰姿绰约
那样精神飒爽。

(吕同六 译)

这是一首写主人公去会见恋人时的喜悦心情的抒情诗。但诗人不是直接抒发人物奔涌的感情,而是从一开始就着意写景,景中含情。诗人选择主人公赴约途中经过秀丽的西班牙广场时所见的景物加以描绘:蓝天碧青如洗,青松掩映山冈。天如此,山如此,自然界的生物呢?花儿熠熠闪烁,飞燕低徊。这些披着曙光的景色多么明媚可爱,多么生气盎然。优美的诗行既是景的抒写,又是情的洋溢;既是自然的形,又是人物的神,形神兼备。自然景物在这里同人的思想感情丝丝入扣,息息相通。主人公会见恋人时的内心喜悦,得到了异常热烈、饱满的表达。

  诗人不仅在景物中寄寓人的情感,而且以景刻画人的心声和灵魂。用喷泉纷纷洒洒的水珠激起的阵阵战栗,比喻主人公登上楼梯时所怀的"一颗惶惶悚悚的心",用曙光下街道的震跳衬托恋人房门打开时主人公"心的悸动",把人物见到情人时的无比激动,活脱脱地勾画了出来。

(吕同六)

塞雷尼 (1首)

  维多里奥·塞雷尼(Vittorio Sereni, 1913—1983),意大利当代著名诗人,早年受隐秘派影响。第二次世界大战期间当过兵,后被俘,囚禁于阿尔及利亚。战后在皮雷利垄断集团任职。1972年获意大利林琴科学院奖。1981年因诗集《变幻的星星》获意大利最权威的维阿雷乔文学奖。

战后的星期天
塞雷尼

两个人久别重逢
在战后的一个星期天
静寂的大海
莫非会重起波澜

……爱我吧——他说——你归来了
就用全副身心爱我
把这离别的岁岁月月全都补偿……
要知道

……在战争的最初时光

每一个星期天总是

温柔的失望

昏沉的钟声

从阿姆斯特丹驶来最后一班邮轮

抛在海面的缕缕青烟……

他们动情地凝眸对视

从铺着佛来米细布的长桌下，

悄悄地伸出手去摸索。

年复一年孤独寂寞

浪花卷走了岁岁月月

海峡因哑默无言

因韶光的流逝

迷离恍惚了

化作横亘天宇的巨石……

静寂的大海

莫非会重起波澜？

噢，不会的

他们彬彬有礼

互相嗅着互相试探

——他来自英格兰

她是佛来米人——

而后他们急忙开始谈论生意

今天并不是星期天。

(吕同六 译)

这首诗选自诗集《变幻的星星》。这是一首叙写恋人久别重逢的抒情诗。但如此激动人心的事件，诗人却用出奇平淡、冷静的语调徐徐写来。一名英格兰青年，一名佛来米姑娘，互相热恋。战争的烽火把这一对恋人生生隔断。在分离的岁岁月月,他们苦苦期待恋人的来鸿,但得到的只是温柔的失望、昏沉的钟声和孤独寂寞。战争结束了,他们久别重逢。往昔的情意已经消失,或者,还留下些许余温。然而,爱情的海洋再也不会掀起波澜,因为今天不是星期天,他们先得开始谈生意,全诗到此戛然而止。

诗的语言异常简约,感情极为含蓄。平淡的语调,飘忽的内容,自然、贴切地勾画出了一对恋人反常的扭曲心态,不着痕迹地展示了那个社会里人们的精神受到创伤,爱情被异化的畸形。然而,诗人绝不是冷漠的。诗篇的字里行间,涌动着一股痛楚、悲愤交织的感情的潜流,它对读者的心灵发生有力的撞击。 (吕同六)

西 班 牙

安东尼奥·马查多 (6首)

安东尼奥·马查多(Antonio Machado, 1875—1939)是西班牙"九八年一代"杰出的抒情诗人和剧作家。他出身于塞维利亚的一个书香门第,八岁时举家迁往马德里,在马德里大学获文学博士学位。1899年他与其兄马努埃尔同游巴黎,熟悉了19世纪下半叶法国盛行的新文学流派:巴纳斯派和象征主义。返回马德里后,他更亲近一些主张文学革新的作家,并开始在重要的杂志发表诗作。这个时期的马查多过着居无定所的生活。1907年他被派往远离马德里的卡斯蒂利亚小镇索里亚去教授中学法语,两年后与一名为莱昂诺尔·伊斯奎尔多的15岁女孩结婚,后携妻赴巴黎一年,研究法国语言。1911年7月,莱昂诺尔患上肺结核,并在回到小镇后不久的1912年的8月1日去世。经历一段时间的悲痛与消沉后,马查多搬到哈恩的巴埃萨中学一直到1919年。不久,他回到了安达卢西亚,转到马德里附近的塞戈维亚中学任教后,参与创建"人民大学",使其成为劳动人民和普通群众接受免费教育的文化中心。1927年,他入选西班牙皇家语言学院院士,一年之后结识了女诗人比拉尔·德·瓦尔德拉马,并与之保持了很长一段时间的感情。她便是诗人作品中的吉奥马尔,他诸多灵感的源泉。西班牙内战爆发后,他站在共和国一边,谴责法西斯暴行,歌颂人民的斗争。1936年11月携家迁居巴伦西亚,1939年1月与母亲一起流亡,一个月后在法国南部小镇高里奥尔相继去世(马查多死于2月22日,先于其母3日)。

  马查多的早期诗作受鲁文·达里奥的影响,具有现代主义特征。后来逐渐以社会政治生活为题材,抒发内心情感。《孤寂》(1903)和《孤寂、长廊及其他诗篇》(1907)确立了他与纯粹浪漫主义的联系;《卡斯蒂利亚的田野》(1912)是他的代表作,以赤裸和深沉的风格描绘卡斯蒂利亚严酷的自然景色并抒发其坚忍不拔的精神。《新歌》(1925)和《诗歌全集》(1928)显示出深刻的存在主义观点,表现了诗人的孤独。他还与其兄马努埃尔合作创作了一些诗剧。马查多没有再出版任何一本新诗集,然而,在相继面世的几版《诗歌全集》(1928,1933和1936)中出现了一些新的作品,其中突出的一组成名作是《伪歌者集》的册子,全由诗歌和散文写就,表现了他日渐加深的哲学倾向。

我走过许多路

安东尼奥·马查多

我走过许多道路,
开辟过许多小径
曾在上百处海岸停泊,
曾在上百个海洋航行。

我到处看见
人们凄凄惨惨,

高傲、忧郁
脸色阴沉的醉汉。

学究们注视着壁毯，
若有所思，默默无言。
他们很精明，所以
不理睬酒吧的杯盏。

恶劣的行人
会将大地糟践……

但我随处可见
人们在跳舞或消遣，
当他们有能力承担
就去将那巴掌大的土地照看。

他们每到一处
从不问是什么地方。
行路时，骑在
那老骡的背上。

即便是在节日里
也不晓得匆忙。
有酒就喝酒；
没酒，凉水也一样。

他们都很和善，
生活，劳作，梦幻，
待到那如同往常的一天
便在地下长眠。

（赵振江　译）

这首诗选自《孤寂》，是马查多早年的作品。从这首诗中不难看出，诗人已经摆脱了唯美的现代主义风格，全诗宛若一幅现实主义的风俗画卷，展现了西班牙安达卢西亚地区芸芸众生们的日常生活。人们很善良，但随遇而安，得过且过。实际上，在任何地方，大多数寻常百姓都是如此，只是不同的历史时期以不同的形式表现出来罢了。诗人以白描的手法，将人们司空见惯的现实，用朴实无华的语言表现出来，从而引发读者的思考，虽非醍醐灌顶，振聋发聩，却也如涓涓细雨，沁入人们的心田，唤醒人们追求变革、追求美好生活的愿望。　　　　（赵振江）

春天温柔地……

安东尼奥·马查多

春天温柔地
亲吻树林，
碧芽初绽
像一片绿烟，
朵朵白云
　掠过青春的田野……
叶片上
四月的春雨绵绵。

我在杏树下想到——
树上花枝招展，
对自己没有爱情的青春
我发过诅咒的怨言。
如今人到中年，
我思考再三……
青春啊，未曾体验，
谁会在梦中再将你挂牵！

（赵振江　译）

这首诗选自《孤寂、长廊及其他诗篇》(1899—1907)。当时诗人已到中年,却尚未有青春爱恋的体验,因而触景生情,抒发了自己理性的思考和心灵的感悟。马查多的爱情生活是不幸的:1907年他赴卡斯蒂利亚小镇索里亚任中学法语教师,两年后与15岁的女孩莱昂诺尔·伊斯奎尔多结婚,婚后生活十分幸福,曾一起去巴黎。但1911年7月,莱昂诺尔患上肺结核,并在回到小镇后不久的1912年的8月1日去世。妻子的去世令诗人痛不欲生。这首诗显然是在婚恋之前写的。诗人用碧芽、白云、杏花、春雨等一系列温柔美好的意象,表现了自己对孤独生活的慨叹和对知心爱人的憧憬。

(赵振江)

肖 像

安东尼奥·马查多

我的童年是对塞维利亚一个院落
和一个明亮果园的记忆,柠檬在果园里成熟;
我的青春,卡斯蒂利亚土地上的二十年;
我的历史,有些情况我不愿回顾。

我不是骗人的诱惑者也不是唐璜式的人物;[1]
——你们已经熟悉我笨拙的着装——;
但是丘比特向我射了一箭,
我便爱那些女性,只要她们有适宜居住的地方。

我的诗句从平静的泉水涌出,
可我的血管里的雅各宾派的血在流淌;
我不仅是一个善于运用自己学说之人,

---

[1] 原文中的伯拉多明是巴列-因克兰小说中的人物,贫穷、貌丑的天主教徒,但多风流韵事。

而且从美好的意义上讲,我很善良。

我崇尚美,在现代美学中
我采摘龙沙[1]的果园中古老的玫瑰;
然而我不喜欢目前时兴的梳妆
也不是那种追求新奇啼鸣的鸟类。

我看不起空洞的男高音的浪漫曲,
也看不起蟋蟀在月光下的合唱。
在众多的声音中,我只听一个声音,
我会停下脚步,区分原声与回响。

我是古典的还是浪漫的?我不知道。
我愿留下自己的诗行像将军留下他的剑一样:
不是因为铸剑者的工艺高超才受人尊重
而是因舞剑之手的强劲有力才威名远扬。

我与那个总和我在一起的人交谈
——独自说话等候着向上帝倾诉的那一天;
我的自言自语是与这位好友的探讨,
他曾将博爱的诀窍向我秘传。

最后,我不欠你们什么;可我的全部写作
你们都未曾偿还。我奔赴我的工作,
用我的钱支付穿的衣服、住的房间、
吃的面包和铺的床垫。

当那最后的旅行到来的时候,

---

[1] 龙沙(1524—1585),法国文艺复兴时期七星诗社中的主要诗人。他在法国诗坛的地位,在雨果之前无人能比。

当那一去不复返的船儿起航,

你们会在船舷上发现我带着轻便的行装,

几乎赤身裸体,像大海的儿子一样。

(赵振江 译)

这首诗选自《卡斯蒂利亚的田野》(1907—1917)。《卡斯蒂利亚的田野》是马查多的代表作。这是诗人的自画像。一般的西班牙诗选都会收录这首诗作。马查多突出的人格特征是勤奋善良、鄙视虚名、淡化服饰、忍耐困境、深刻内省,强调对话和容忍,维护人的自由和尊严。他的诗如其人:平易中见深邃,朴实中见真情。他的诗句从平静的泉水涌出,而血管里却有"雅各宾派的血在流淌"。他从不赶时髦,追时尚,而是一步一个脚印地走自己的路。诗人用一个个鲜明生动的比喻,深入浅出地高度概括了自己的人生经历和诗歌创作。全诗的语言简洁、明快,没有精心的雕琢和多余的夸饰,更显字字珠玑和大家风范。正如诗人自己说,他的诗"既不是坚硬永恒的大理石,也不是音乐和画卷,而是刻在时间上的语言"。

(赵振江)

致老榆树

安东尼奥·马查多

老榆树,曾被雷击
并有一半腐烂,
四月的雨水和五月的阳光
使它又长出了几个绿色的叶片。

百年的老榆树啊,
杜埃罗河舔着它所在的山岭!
发黄的苔藓斑驳了它发白的树皮,
布满灰尘的树干已被蛀空。

它不会成为会唱歌的白杨,

护卫着道路与河岸,
让褐色的夜莺搭建自己的巢房。

蚂蚁成群结队,沿树干
攀缘而上,在它的胸膛里面,
蜘蛛结着灰色的网。

杜埃罗河的榆树啊,
在樵夫用斧子把你砍倒,
木匠把你做成钟棰、
大车的车干或小车的车辕之前;
明天,在路边
贫苦小屋的炉膛里
你被燃烧得通红之前;
在旋风把你连根拔起,
银色山峦的风将你吹断之前;
在河水越过山谷和悬崖,
将你推进大海之前,
榆树啊,我要将你绿枝的优雅
记入我的卡片。
我的心也在向阳光
和生命期盼,
期盼产生新的奇迹的春天。

(赵振江 译)

　　这首诗选自《卡斯蒂利亚的田野》。在创作这首诗的时候,马查多已彻底摆脱了以鲁文·达利奥为代表的现代主义的影响。他关注政治生活,抒发内心情感,以赤裸、深沉的风格描绘了西班牙的社会现实。老榆树几经磨难,历尽沧桑,仍不失凌云之志,春天的到来使它又焕发了新的生机。这不正是当年伤痕累累、满目疮痍的西班牙的形象吗?老榆树枝头上萌生出的几片嫩绿使诗人看到了新的希望,期盼产生新的奇迹的春天。这正是"九八年一代"作家典型的创作理念与风格。在这首诗中,诗人借老榆树的形象抒怀咏志,语言朴实流畅,内涵深入浅出,它受到读者的喜爱也就是顺理成章的事情了。

(赵振江)

行 人 啊……

安东尼奥·马查多

行人啊,你的足迹
就是路,如此而已;
行人啊,地上本无路,
路是人走出。

路因走而成,
回头望
便会看到一条
永远不会再有人走的小径。
行人啊,原来没有路
正如船在大海上航行。

(赵振江 译)

在《卡斯蒂利亚的田野》中有一组"箴言与歌谣",由一些零散的哲学、文学、社会、政治以及道德思考组成。上面这一首堪称典范,尤其是其中的"地上本无路,路是人走出"更是尽人皆知。有人将它谱成歌曲,广为传唱。北京塞万提斯学院将其图书馆命名为"安东尼奥·马查多图书馆",并将这两句诗的译文写成条幅,挂在馆中的立柱上。这两句诗不禁令人想起鲁迅先生在《故乡》中的名言:"希望本是无所谓有,无所谓无的。这正如地上的路;其实地上本没有路,走的人多了,也便成了路。"两位文坛巨匠的思想何其相似! 全诗的语言简洁、明快,没有精心的雕琢和多余的夸饰,更显字字珠玑和大家风范。

(赵振江)

悼鲁文·达里奥

安东尼奥·马查多

既然世界的和谐充满在你的诗里,
达里奥,你还到哪里去寻觅?

赫斯佩里亚[1]的园丁,大海的夜莺,
对星星的音乐感到吃惊的心灵,

狄俄尼索斯[2]将你拖进了地狱,
你可会带着新鲜的玫瑰凯旋回程?

当你去寻找梦中的佛罗里达
和永恒的青春之泉,人们可曾伤害你,司令?

愿这清澈的历史留在母亲的语言中。
哭泣吧,西班牙所有的心灵。

鲁文·达里奥逝世在黄金的卡斯蒂利亚;
这新的语言穿过大海来到我们当中。

西班牙人啊,让我们在一块庄重的大理石上
刻下他的姓名、笛子、诗琴和一段碑文:
除了潘[3],谁也不能演奏这笛子,
除了阿波罗,谁也不能弹拨这诗琴。

1916　　（赵振江　译）

在《卡斯蒂利亚的田野》中,诗人写了十四首颂歌,其中有两首是献

---

[1] 赫斯佩里亚是希腊人对意大利、罗马人对西班牙的称呼。
[2] 狄俄尼索斯是希腊神话中的酒神。纵酒是达里奥主要的死因之一。
[3] 潘是希腊神话中的山林、畜牧之神,爱好音乐,创制排箫,常带领山林女神歌舞嬉戏。

给尼加拉瓜诗人鲁文·达里奥的:《致鲁文·达里奥大师》和《悼鲁文·达里奥》。达里奥是拉丁美洲现代主义诗歌大师,人们尊他为"诗圣",马查多也将他看作自己的师长。智利女诗人卡夫列拉·米斯特拉尔(1945年诺贝尔文学奖获得者)曾说:"从他的作品中,我读完了一所大学。"同时她也对一个"酒瓶不离手的人竟能在死后留下三十五本书感到惊讶"。1990年诺贝尔文学奖获得者、墨西哥诗人帕斯也说:"他的作品并未随着现代主义而消亡,他超越了现代主义,并超越了这一流派的语言(实际上是所有流派的语言)。他的诗歌创作与其说属于风格史不如说更属于诗歌史。"在这首短诗中,马查多用一系列达里奥偏爱的意象,高度概括了自己导师的艺术成就及其对西班牙语诗歌的影响。尤其是在最后的结论中,将达里奥与潘和阿波罗相提并论,更是起到了画龙点睛的作用。

(赵振江)

希梅内斯 (5首)

胡安·拉蒙·希梅内斯(Juan Ramón Jiménez, 1881—1958),西班牙诗人,生于安达卢西亚的小镇莫格尔,曾在塞维利亚大学求学。很早就开始诗歌创作。1900年去马德里,出版诗集《紫罗兰色的灵魂》和《白睡莲》,与友人共同创办《赫利奥斯》和《复兴》等诗歌杂志。1916年与翻译家塞诺维亚·坎普鲁比结婚,两人合译了印度诗人泰戈尔的作品。1936年,西班牙内战爆发,他流亡到波多黎各和古巴。后去美国,继续从事创作和学术活动。1952年迁居波多黎各,在大学任教。1956年,"由于他那西班牙语的抒情诗为高尚的情操和艺术的纯洁提供了一个范例",获诺贝尔文学奖。

他的创作可分为前后两个时期。前期从1900年至1905年,受现代主义影响,主要诗集有《悲哀的咏叹调》(1902)、《遥远的花园》(1904)、《牧歌》(1911)等。作品具有较强的音乐性,歌咏的主题多为安达卢西亚的自然景色,诗中经常出现花园、小路、月色和爱情,情调忧郁而哀伤。诗集《哀歌》(1908)、《有声的孤独》(1908),采用复杂而严格的亚历山大诗体形式，有雕琢的痕迹。1909年，朴素而清新、带有民歌和谣曲特色的诗集《春天歌谣集》出版，标志着他诗歌风格的转变。1916年起，他的诗歌摆脱了现代主义的影响，形成自然纯朴、用词精当、咏景抒怀浑然一体的独特风格。重要的诗集有《一个新婚诗人的日记》（1917）、《石头与天空》（1918）、《美》（1923）、《一致》（1925）、《冬季》（1936）等。

在诗歌理论方面，他提出"纯诗论"，主张创作没有任何修饰和雕琢的"纯粹的诗"，要求摆脱韵律和节奏的束缚，大胆追求直接的表达方式，提倡自由体。他认为诗歌应该通过自然景物抒发个人心灵，引导人们追求永恒的美和理想的境界。他的诗歌创作和诗论对西班牙诗歌的发展做出了一定的贡献，对20世纪20年代的著名诗人，如加西亚·洛尔卡、阿尔维蒂、豪尔赫·纪廉等人都产生了一些影响。

只有傍晚的光芒

希梅内斯

……只有傍晚的光芒
将草地染成玫瑰色和金黄，
只有天边的落日
使我的眼睛迷茫，
寂寞傍着大海，
爱的四周是黑杨。

我将走向吵嚷的小溪，
溪水染着古老的阳光，
在草地的小径上
洋溢着醉人的芳香；
我在那里将自由、明亮的
和谐生活向往。

啊，舒适！幸运！
那忧郁的绿色
使温顺、阴暗的松林的哀歌
变得柔和；
微风将变得更加迷人，
睡梦将变得更加深沉……

悲伤的亲吻！快乐的悲痛！
大家的世界的空洞！
在讽喻的记忆里
一种神圣的希望！
只有风和玫瑰，
只有波涛和太阳！

我不会再去……那将是
一次神秘的旅行，
冷漠地，从一种心驰神往
到另一种心驰神往，
在有去无回的
最隐蔽的小路上。

——译自《难忘的罗曼采》　（赵振江　译）

　　这是一首描写诗人的幻想的诗，其中充满了抒情主人公对人生的思考，闪耀着哲理的光芒。

　　"傍晚"是指人至暮年。诗的第一节，是借傍晚时分的美妙的自然景色，来比喻人至暮年时的美好。被夕阳的余晖"染成玫瑰色和金黄"的草地，那宛似待嫁的新娘般的灿烂与温柔的光色，只有暮年之人才真能体会它的美妙。因为暮年之人，知道自己的生命已所剩不多，所以更懂得珍惜，更眷恋世间美好的事物。"天边的落日"在诗中既是自然之象，也是诗人"自我"的象征。诗人遥望西天，看到那无限美好的太阳即将坠落,触景生情,想到同样美好的生命也终有一天要沉入茫茫深渊——美好的,为什么一定要失去呢? 诗人不禁有些"迷茫"了。"大海",在这里是"生活"和"尘世"的象征。"寂寞傍着大海,爱的四周是黑杨"是说:"我"虽然生活在喧腾的尘世上,虽然沐浴在大自然和亲人们爱的光照里,可是想到自己终将同夕阳被四周黝黑的杨树吞没似的从人世间消逝,心湖中仍不免漾起一阵阵寂寞与苍凉的微波。

诗的第二、三节是对抒情主人公的幻想的描写,表现了诗人对生命的热爱、对青春的留恋和亲近大自然的愿望。"吵嚷的小溪"是活泼的生命力的象征;"溪水染着古老的阳光",是以"溪水"的古老而又年轻,暗示出抒情主人公虽然已是垂暮之年,但身体里仍然涌流着青春的鲜血。此后诗人将自己引入了那想象中的大自然天地,神游于洋溢着泥土和青草香味的小径上。这一切,都使诗人感到生活着是多么"舒适""幸运"。可是,想到终有一天,自己将会告别人世——死亡之阴影的突然袭来,使他眼前的"绿色"也笼罩了一层"忧郁","松林"里传来的飒飒风声,也好似一曲哀婉的丧歌。但是,那象征着生命的"绿色"、那"绿色"的勃勃生机,仍使松林的"哀歌""变得柔和",使"微风"变得"更加迷人","睡梦"也变得"更加深沉"——这两节诗通过"小溪""草地""绿色""松林"等一系列富于象征意味的形象的呈现,含蓄地表现了诗人在垂暮之年对于生活的深刻的理解,对于生命的执着的热爱,情感更加平和,心境更为开阔。

第四节是说生的喜悦和死的悲哀都没有真实的意义。"大家的世界的空洞"一句,与《红楼梦》里所讲的"白茫茫大地真干净"之意相近似,即是说,从宇宙的宏观的立场上来看,生死忧乐都不会在时间的长河里留下什么痕迹。"一种神圣的希望"当是指人们愿意与天地共存的思想——热爱生活,希望长存天地间——这是一种美好的意愿,所以也是"神圣"的。然而,实事求是地来看,这种愿望又显得多么荒谬! 所以,每个人回忆起自己曾经有过的这种想法,都该会觉出其中所含有的一些"讽喻"的意味吧。

诗的第五节,带有一种"结论"的性质。"我不会再去……"做什么?抒情主人公没有说出。可是,我们从上面四节诗的意蕴,自然可以推断出,他"不会再去"做那种"长生不老"的妄想,"不会再去"做那种"夕阳无限好,只是近黄昏"的嗟叹。因为他已经完全了解了人生的奥秘和"有生必有死的"自然规律。接下来的"神秘的旅行",是暗示人死之后由"阳世"至"阴间"的途程。诗人对于"生"或者"死"都不再十分眷怀,也毫不感到惧怕;冷漠地踏上"最隐蔽的小路",即通向冥府之路,可以随遇而安,泰然处之。

以生动的形象和丰富的意象,表现出对人生的深入的思考;在优美的描写中跳跃着音乐的旋律和哲理的闪光,是这首小诗的魅力所在。

(岳洪治)

破碎的心灵

希梅内斯

我以为可怜的心灵
已经永久地铸成,
我纯洁、高尚的竖琴
诗一样的琴弦已将它固定。

在我经过的地方
优雅的新春鲜花竞放;
和平的梦乡,欢乐的歌唱
我的角落照进了阳光。

在玫瑰丛中,出现了你的身影,
像往常一样出其不意、满面笑容,
撒下了情网,抛出了丝绳……

嫣然一笑使我伤情

爱恋的心灵游移不定

又一次变得七落八零。

——译自《心灵的十四行诗》　（赵振江　译）

我国古人有一句话，叫作"不见可欲，其心不乱"。这位异国诗人的这篇诗作，所写的正是未见"可欲"时内心的宁静和既见"可欲"后心灵的纷乱。

也许是诗人在无望地单恋着那个女子；也许是为着某种原因，那个与诗人相恋的女子，忽然疏远了对方，所以诗人觉得自己"可怜的心灵已经永久地铸成"。"竖琴"，在这里当是诗人人格的象征；"诗一样的琴弦"，是指对真、善、美的追求。第二节紧承第一节，写抒情主人公既已认定自己是个小"可怜"，并且在对诗歌艺术的热烈追求中，以人格的光辉赢得了生活的欢乐——"经过的地方""鲜花竞放"，使受伤的心灵，也得到了抚慰，内心世界获得了暂时的宁静。

但是，在一个意想不到的时候，诗人心爱的姑娘，突然又出现在他的面前："在玫瑰丛中"，"像往常一样"露出了姑娘"满面笑容"的身影。"玫瑰"乃爱情之花，姑娘的"身影"的出现，如一张无形的网、一条不可见的丝绳一般，紧紧拴住了诗人的心，使诗人原本宁静的心灵，不由自主地"又一次变得七落八零"，如网中的鱼儿一般，"游移不定"了。

诗作通过生动鲜明的形象，真实地描绘了抒情主人公在失去心上人时，"欢乐"掩盖下的哀伤，和在重新获得姑娘的爱情之后，"伤情"掩饰下的欢乐。优美动人的诗句，表现了诗人对美好纯真的爱情的追求和向往。

（岳洪治）

春　天

——致一位女士

希梅内斯

玫瑰放射最细微的芳香，

星星闪烁最纯洁的光芒，

夜莺用最深沉的啼声
将夜色的美丽尽情地歌唱。

稚嫩的花香使我不爽,
神圣蓝色的闪烁使我前额无光,
夜莺嘹亮的歌声
使我不幸地哭泣忧伤。

那并非无限的惆怅
用美妙甜蜜的舌头
舐着我古老的心房……

请你让玫瑰为我放出馨香,
让星星为我燃起诗的火光,
让夜莺为我快乐地歌唱!

——译自《心灵的十四行诗》　（赵振江　译）

这是一首充满象征意味的爱情诗,是抒情主人公唱给心上人的恋歌——一首求爱的诗,和一支失恋的歌。

诗的第一节是对心上人的称颂。"玫瑰""星星""夜莺"都是心上人的象征;而"芳香""光芒""啼声"等优美的事物,在这里也都是用来比喻心上人的好处。第二节中"稚嫩的花香"是暗示那女子对"我"爱得不够深挚;"我"为此颇不快意——"不爽"。"神圣蓝色的闪烁"是形象地暗示女子那光艳逼人的芳姿,和在"我"面前所表现出来的一副高不可攀的神情。"你"生活得如此快乐——"夜莺嘹亮的歌声",而对"我"却如此高傲而冷漠,令"我"在人前没有脸面——"前额无光",这样的不幸,怎能不使"我""哭泣忧伤"呢!诗的第三节,是对抒情主人公上述思想和情感所做出的解释。在最后一节里,诗人才和盘托出了写这首诗的最终目的:希望"你"能够爱"我",像玫瑰放出"馨香"那样,用爱情的烈焰焚烧着"我";如星星闪烁着晶莹的光芒一般,用

"你"的爱情,引发"我"的诗的灵感;如同唱着美妙歌曲的夜莺一般,能够因为对"我"的爱情,而得到快乐。通过对"玫瑰""夜莺""星星"的描绘,巧妙地赞颂了心上人儿的美丽,并表现了抒情主人公对那姑娘的甚深的喜爱和渴望得到爱情的诚挚热烈的心情。　　　　　(岳洪治)

情　话

希梅内斯

沐浴玫瑰的风姿,面带甜蜜的微笑,
年轻的母亲将孩子稚嫩的小手儿
举起,尽可能伸向樱桃,
还是够不着!

身旁,一只小鸟儿歌唱,
太阳,在玫瑰下面跳荡,
用小草儿抖动金色的光芒;
泉水温柔地喷出
火红和阴影中
玫瑰的芳香。

爱和生命
融为一体,宛如大地和天堂
在柔和的光辉中,
这光辉既是一瞬,又是永恒!

——节选自《一个新婚诗人的日记》　(赵振江　译)

这首诗是《一个新婚诗人的日记》之113章。诗作的内容正如诗题所示,是诗人写给他新婚妻子的"情话"。

诗人赞美妻子优雅的风姿如刚刚经小雨沐浴过的玫瑰那样新鲜、娇艳,写母子间亲昵的情状也极其美妙动人。"樱桃",可以理解为樱桃树上那殷红的果实,然而,在这里似乎理解为母亲的樱唇更为准确,也更富于情趣。在下面的诗句中,这种寓意双关的情况还有不少,比如妻子身旁那歌唱的"小鸟儿",也许真是写小鸟,但也可理解为是孩子。"太阳,在玫瑰下面跳荡",如果想象成是孩子在母亲膝下快活地跳来跳去,似乎也未尝不可。在这里,它们既是美妙的自然景色的实写,也是母子俩亲昵情景和优美风韵的象征。诗的最后一节,以富于哲理性的句子,对前两节的内容做出了解释:"爱和生命"是不可分割的——犹如"大地和天堂"、母亲和孩子的不可分割一样。"柔和的光辉",即是指爱的光辉。它对于我们一个人的生命来说,也许只是短暂的"一瞬";但对于整个人类来说,却是"永恒"的。这种爱将千秋万代、永世长存。

以对优美的风景的描绘,来象征性地写出妻子的美貌、孩子的可爱和对妻儿无限爱恋的感情,并能够以哲理性的诗句作结,给读者留下人生的启迪,这些都显示了诗人非凡的才华和独具风格的艺术品位。　　(岳洪治)

赤裸的诗歌[1]

希梅内斯

她最初到来,
纯洁无瑕,天真的穿戴。
我像孩子般将她喜爱。

后来她渐渐穿戴
我叫不上名字的衣冠。
不知不觉,我对她厌倦。

她竟成了女王,
浑身珠光宝气……
不可一世又毫无意义!

---

[1] 标题是译者加的,原诗无题。

……她又在将盛装脱掉,
我对她报以微笑。

她只留下长袍——
古朴而又纯真,
我重新对她充满信任。

她连长袍也脱下,
全身一丝不挂……
生命的激情,赤裸的诗歌,
你永远属于我!

——译自《永恒》 (赵振江 译)

这是一首以诗论诗的诗,一首表述诗人自身的诗歌观念和美学倾向的诗的告白。

第一节是说"最初"的"诗",像个天真的孩子,"纯洁无瑕",因而,赢得了"我"的"喜爱"。第二节以"我叫不上名字的衣冠",形象地比喻"诗"在发展过程中曾一度追求形式上的怪异,对此,"我"是"厌倦"的。第三节,后来,"诗"又变成了"浑身珠光宝气"的"女王","不可一世又毫无意义",形象地写出了"诗"在一个阶段曾变得轻靡而庸俗,以及抒情主人公对之不屑一顾的态度。第四节是一个过渡的诗节,以"她又在将盛装脱掉",比喻"诗"从一味追求形式的怪异、从轻靡庸俗的诗风,而开始重返最初的质朴自然。"我对她报以微笑",点出了抒情主人公对此是持欢迎的态度。第五节以"她只留下长袍"比喻"诗"后来弃绝了一切形式上的虚饰与骄矜,而只留下一袭仅可蔽体的"长袍"——一个装载内容的形式——"她""古朴而又纯真"的形象,重新赢得了诗人的信任。诗的最后一节,以"全身一丝不挂",比喻诗人所推崇的"赤裸的诗歌";"她连长袍也脱下",呈现在我们面前的是不加修饰的"生命的激情"。

诗作运用拟人化的艺术手法,通过"她"在"穿戴"上的变化,形象地写出了"诗"在不同的发展时期,所具有的不同品性与风姿。同时,通过描述抒情主人公对不同时期诗歌所持态度的歧异，生动地表现了诗人在诗歌观念和美学倾向上，崇尚自然、纯真、质朴的鲜明特征。　　　（岳洪治）

加西亚·洛尔卡(5首)

费德里科·加西亚·洛尔卡（Federico Garcia Lorca, 1898—1936），西班牙现代诗人。生于格拉纳达，自幼喜爱安达卢西亚的民歌和民间戏剧。先后在格拉纳达和马德里两所大学学习，同时学习音乐和戏剧。求学期间，经常到安达卢西亚和卡斯蒂利亚各地旅行，并开始写作，与文艺界人士交往。1920年，他的第一个剧本上演。1922年，他参加主办格拉纳达的诗歌节，开始写作《吉卜赛谣曲集》（1928）和《深歌》（1931）。1929年去美国旅行，写成《诗人在纽约》（1940），诗歌风格开始从对民歌、民谣的模拟，深入到表现深刻的社会内容。30年代，他组成"茅屋"剧团，到西班牙各地巡回演出。1934年，写成著名的《桑托斯·梅希亚挽歌》。1935年，他与智利诗人聂鲁达一起创办《绿马》诗刊。1936年内战爆发时，他回到格拉纳达，于8月16日被占领该城的长枪党徒秘密枪杀。他的诗，是以民间诗歌为创作源泉来反映社会现实的最佳典范，不仅对后辈西班牙诗人有深刻影响，也影响了世界范围内的西班牙语诗歌。他的《作品全集》于1954年出版。

海　水　谣
加西亚·洛尔卡

在远方，
大海笑盈盈。
浪是牙齿，
天是嘴唇。

不安的少女，你卖的什么，
要把你的乳房耸起？

——先生，我卖的是
大海的水。

乌黑的少年，你带的什么，
和你的血混在一起？

——先生，我带的是
大海的水。

这些咸的眼泪，
妈啊，是从哪儿来的？

——先生，我哭出的是
大海的水。

心儿啊，这苦味儿
是从哪里来的？

——比这苦得多呢，
大海的水。

在远方，
大海笑盈盈。
浪是牙齿，
天是嘴唇。

（戴望舒　译）

古往今来，吟唱大海的诗篇何止万千，然而，同样的大海，在不同的时代、不同的诗人笔下，又是多么的不同啊！

加西亚·洛尔卡作为一个人民诗人，时刻关心的是人民的忧乐与好恶；因而，当他凝望着动荡不安的海水的时候，在大海表面的"盈盈"笑脸里，看到了社会邪恶的"牙齿"和随时可能将人吞噬的"嘴唇"。诗人在这首诗里,将大海作为社会的象征,并且正是通过对"海水"这面镜子所映现的幻影的描写,委婉含蓄地表现了人民的苦难和抒情主人公的深切的同情。

这种思想是通过对海边生活的三个人物的刻画来体现的。第一个是卖春的少女,她把"乳房耸起",明明在出卖自己的肉体,然而她回答"我卖的是大海的水",以海水的不可估量,形象地暗示了少女们在生活的逼迫之下,所付出的无尽的酸辛和深重的苦难。

接下来,诗作又以"乌黑的少年"的"血"与"大海的水"的相混合,比喻祖国的少年们小小年纪所经历的苦难,已如茫茫海水般深广;再以咸的海水,比喻母亲哭出的"咸的眼泪",以苦涩的海水比喻人民"苦味儿"的心儿;从而通过丰富的意象的创造,生动地表现了在当时那种社会环境里,人民群众所遭受的深重的苦难与不幸。在诗中"大海的水"反复出现,它是少女所卖的、少年所带的、母亲所哭出的对象。这样,既把大海同海边的人民巧妙地连为一体,使首尾出现的露着牙齿的大海成了吞噬苦难人民的罪恶象征,同时,大海的苦涩、无尽也成了人民苦难的象征,具有无限深广的含义。

诗的首尾两节,词句完全相同。这种复唱式的诗节,在回环中造成了一种音乐的旋律感,不仅把中间若即若离的几个诗节黏合在一起,使全篇显得单纯而完整,而且也使诗的感情得到加强,突出了作品的主题。

(岳洪治)

海 螺

——给纳达丽妲·希美奈思

加西亚·洛尔卡

他们带给我一个海螺。

它里面在讴歌
一幅海图。

我的心儿

涨满了水波,

暗如影,亮如银,

水鱼儿游了许多。

他们带给我一个海螺。

(戴望舒 译)

这首诗是诗人写给他的朋友希美奈思的。诗中所歌咏的是"一个海螺",别人带给抒情主人公的"一个海螺"。"海螺"在诗中,既是自然之象,又是读者的心象与诗人的意象——"海螺"在这里已经成为人的思想情感的存在方式,成了主观心境的展示与象征。诗作从"海螺"来自大海这样一个真实出发,通过合理的想象,写它"里面"在讴歌"一幅海图"。紧接着,诗人又了无痕迹地将自己想象为那只"海螺",他写道"我的心儿涨满了水波……"从而以象征的艺术手法,展示了主观心境。"暗如影",当是生活中的危难或不快的往事的象征;而"亮如银",则象征着生活中的光明和希望。"水鱼儿游了许多"这一句所象征的,既可以是对美好将来的憧憬,也可以是对欢乐的往事的追怀;既可以是对好友的绵绵思念,也可以是对聚首时的欢乐的渴望……其内涵是非常丰富的。诗的首尾两节都是同样一句话:"他们带给我一个海螺。"首节如前奏式的接引,末节则如尾声式的再现,这种复唱式的诗节,借助诗作主旋律的变奏,在回环中造成了一种优美的旋律,从而使诗的主题得到了深化。(岳洪治)

两个水手在岸上

——寄华金·阿米戈

加西亚·洛尔卡

一

他在心头养蓄,

一条中国海里的鱼。

有时你看见它浮起
小小的,在他眼里。

他虽然是个水手,
却忘记了橙子和酒楼。

他对着水直瞅。

二

他有个肥皂的舌头,
洗掉他的话又闭了口。

大陆平坦,大海起伏,
千百颗星星和他的船舶。

他见过教皇的回廊,
古巴姑娘的金黄的乳房。

他对着水凝望。

(戴望舒 译)

世人中最懂得寂寞滋味的是水手。他们长年漂泊在海上,日日夜夜只能与海鸥与游鱼相伴;靠岸时短暂的逗留,是水手欢乐的节日。

但是,这首诗中所描写的两个水手,他们"在岸上"却并不显得欢乐。他们"忘记了"那等待他们前去享用的鲜美的"橙子"和酒绿灯红、轻歌曼舞的"酒楼"。

他们为什么不尽情地欢乐,难道在漫漫航程中,还没有尝够"寂寞"之苦吗?

诗作告诉我们:原来"他在心头养蓄一条中国海里的鱼"。这条"中国海里的鱼",当是指一位美丽的中国姑娘。诗作在这里是采用了一种象征的艺术手法,将水手思念着一位中国姑娘,写为"在心头养蓄"着

"一条中国海里的鱼"。第一节诗中"鱼"的意象,为诗思的发展又提供了方便——"有时你看见它浮起小小的,在他眼里"。第二节诗借了上一节中的"鱼"的意象,将水手凝神注目地思念着远方的心上人的神情,非常生动地描绘了出来。第三、四节,则是以"他"的不同寻常的特异行为——不去追求感官的享乐——进一步暗示了那位中国姑娘在"他"的心上所占的很重的分量,以及"他"对心上人的深切思念——"对着水直瞅"。

诗的第二章写的是另一位水手。

第一节诗告诉我们:这位水手已经向诗人讲述了很多。诗人用"他有个肥皂的舌头,洗掉他的话又闭了口",来形象地表明水手在长谈之后,缄口无言的情状,不仅想象得奇特,而且非常生动。第二节诗是以暗示的方式告诉我们:"他"的水手生涯已经很长、很长了。"大海起伏",不仅是说"他"在波涛汹涌的海上讨生活,而且也是以象征的艺术手法暗示"他"的生活如起伏的海涛一般,充满着艰险与坎坷。"千百颗星星和他的船舶"一句,是以繁星来形象地比喻"他"作为一名水手,所服务过的船舶之多。第三节诗,是以美好事物中最具有代表性的东西——"教皇的回廊,古巴姑娘的金黄的乳房"——说明这位水手不仅跑遍了世界,而且也见识过世间最为美好的东西。同时,上面两节诗所表现的内容,也通过这一节诗得到了有力的印证。

可是,诗的最末一节也是一句"他对着水凝望"。由于这一章诗的首节,在写法上比前一章的首节更为含蓄,如果我们未能深入地体会它的含义——水手在讲述了自己的故事之后,突然沉默下来,乃是心有所累——读了这末一行诗,就难免要感到突兀。然而,这一章诗的妙处也正在于:它能够在前面的描写中不露声色,直到最后才一语破的地点出了水手突然缄默的原因——意想不到的结果,总比有准备的答案更富魅力。因而,读完了最末一句,我们不禁要问:这位见多识广、并未曾虚度年华的水手,还有什么不开心的事呢?他是在感慨身世,还是在思念着远方的故乡和故乡的亲人?诗作给我们留下了无限广阔的想象的天地。

这首小诗通过形象的呈现和意象的创造，非常生动地揭示了水手的情感世界的隐秘。诗句的含蓄、精练和象征手法的巧妙运用等，均显示了作者高超的艺术功力。

（岳洪治）

阳　台

加西亚·洛尔卡

拉·洛娜
在唱赛爱达[1]。
许多年轻的斗牛士
围绕着她，
那个小剃头匠
从自己门口
跟着她的拍子
在晃着头。
在罗勒花[2]、
薄荷花中间，
拉·洛娜在唱
赛爱达。
这位拉·洛娜，
下面的水池
就这样映着她。

（叶君健　译）

诗人从小受到安达卢西亚民歌的熏陶，又爱好音乐，可以说是西班牙民间歌谣培育了诗人的艺术天才。洛尔卡的诗歌之所以受到人民群众的喜爱，除了内容之外，就是在艺术形式上借鉴了民谣，这使他的诗歌在

---

[1] 赛爱达是诗人故乡安达卢西亚流行的一种小调。
[2] 这是西班牙一种紫白色的小花。

西班牙家喻户晓。

从这首《阳台》诗,我们不仅可以感受到诗人对于民间谣曲的热爱,就是在艺术表现上也可看出它是深受其影响的。"拉·洛娜在唱赛爱达",起句虽平,但紧接着就通过描写听众的各种神态、动作表现了演唱者技巧的高超和内容的引人:"许多年轻的斗牛士围绕着她,那个小剃头匠从自己门口跟着她的拍子在晃着头",这里诗人所赞颂的美——美的拉·洛娜、美的艺术、美的生活,完全是就美所产生的效果来表现美的。写了听众的如醉如痴的神态,既表现了歌者的美,也表现了听众炽热的感情。

除了上述就美的效果来写美,诗人还把歌唱者置身于"罗勒花、薄荷花中间",创造了一种美的氛围和浓重的乡土气息。最后写"这位拉·洛娜,下面的水池就这样映着她",更可以让读者感受到一种迷离朦胧的美。

全诗没有直接写拉·洛娜及其小调是如何美,但诗人用烘云托月的方法,通过听众、花朵、水池一系列的客观事物来侧面表现,这比正面去描写更简洁、更丰富,也给读者留下了较大的想象空间。

这首诗选自诗人的《深歌》。"深歌"是西班牙西南部的一种传统歌曲形式,它鲜明地表现了民谣的特色,新颖活泼,自由奔放,节奏跳荡,音律悦耳,有诉诸听觉、易唱易记的特点。洛尔卡给西班牙的诗歌注入了新鲜的血液。

(金波)

半 圆 月

加西亚·洛尔卡

月亮在水上行走。
天空是多么澄静!
河上古老的涟漪,
慢慢地织起皱纹。
这时一根年幼的树枝,

以为月亮就是一面小镜。

(叶君健 译)

洛尔卡十分熟悉西班牙的民谣,他的创作也深受其影响。他在求学期间,就开始了文学活动。他的诗先是在人们中间口耳相传,然后才收集起来出版。

这首《半圆月》也选自诗人的《深歌》诗集。"深歌"是一种由歌者即席吟唱的歌曲形式,因此,它常具有歌词简练、集中、上口的特点。

这首短诗描绘了西班牙迷人的景色,表现了诗人对生活的热爱。读这首短诗,我们好像看到了一幅西班牙的夜景:月映水面、天空澄静、波光闪烁、小树婆娑。这是一幅素淡雅洁的风景画。

诗人在这里不用大笔铺叙,也没有工笔细描,只几笔轻抹淡描,就勾画出了一组组镜头,把天空与大地、古老与新生、动与静衔接组合在一起。

诗人选取的是最常见的景色,抓住它们各自的特征,通过超拔的想象,表现得摇曳多姿。写月亮是"在水上行走",写古老的河水是"织起皱纹",写"年幼的树枝"是把月亮当成"一面小镜"。作者感物动情,采用了拟人化的手法,看似不经意,着墨也不多,但全诗充满了情趣,像一首童谣。

从这首短诗中,我们再次感受到诗人对于生活和西班牙美丽风光的炽热感情,也可看到诗人善于采用具有民间色彩的新奇大胆的比喻和明晰纯净的艺术风格。

(金波)

阿莱克桑德雷(5首)

维森特·阿莱克桑德雷·梅洛(Vicente Aleixandre Merlo, 1898—1984),西班牙诗人。生于塞维利亚,童年居住在马拉加,十一岁时迁居马德里,在大学攻读法律和商业。大学毕业后,执行律师业务,并从事诗歌创作。由于处在现代主义诗歌流行时期,初期诗作受鲁文·达里奥影响较深。1928年出版第一部诗集《轮廓》,由此从现代主义转向新古典主义。1933年,诗集《毁灭或爱情》,获西班牙皇家学院颁发的国家文学奖,从此确立了他在诗坛的地位。同年,与聂鲁达在马德里合办《绿马》诗刊,对西班牙诗歌的发展产生了积极作用。他属于西班牙皇家学院派,曾是"二七年一代"的主要成员。内战期间在乡村养病,没有参与政治斗争。

他推崇自由诗体,诗作不受任何韵律约束,倾向散文化,但用词造句又非常注重精练、优美、传神,在西班牙诗坛独树一帜。他的诗,多以表达对自然、生命、宇宙、爱情、人生和死亡的认识为主题,感情激荡,充满幻想。其创作风格,曾经历过三次明显的变化:1932年发表的《如唇之剑》是一部以个人为中心,抒情性较强的诗集,带有悲观主义色彩,倾向于超现实主义;内战之后,自《天堂的影子》(1944)问世,作品普遍带有乡土气息,感情趋于平静和忧伤,多是浪漫主义与超现实主义的混合体;自1954年出版诗集《心的历史》之后,作品开始触及现实生活与历史,带有哲理成分。1977年,因"作品继承了西班牙抒情诗的传统和现代流派,描述了人在宇宙和当今社会中的状况",获诺贝尔文学奖。他的诗集还有《在一个辽阔的领域里》(1962)、《知识对话》(1974)等。

给一位故去女郎的歌
阿莱克桑德雷

告诉我,告诉我你处女心田中的秘密,
告诉我你埋在地下的躯体的秘密,
我想知道你现在为什么化作一摊水,
在它清新的岸边,赤脚用泡沫洗涤。

告诉我为什么在你飘逸的头发上,
在你爱抚过的甜美的草丛上,
落着,滑动着,爱抚着,
一轮炽热或者安详的太阳
带着一只鸟儿或手儿宛如清风抚摸着你。

告诉我,为什么你的心像一片小小树林
在地下期待着不可能飞来的鸟禽,
整首的歌儿落在眼帘上
使梦魇掠过无声无息。

噢,你呵,为亡故或活着的躯体唱的歌儿,
献给了长眠于地下的美丽人儿,
你歌颂石头的颜色,吻或嘴唇的颜色
你的歌声宛如沉睡或呼吸的螺钿。

你那纤腰,你那忧伤的细窄的胸膛,
发儿飘散,任风吹扬
你那双眼睛游弋着沉静,
你那牙齿宛如珍藏的象牙
你那吹不动枯叶的呼吸……

噢,你呵,欢快的天空像浮云飘动;
噢,幸福的鸟儿在人的肩上畅笑,
清新的水柱喷出泉口,与月儿共舞;
柔软的草坪上,尊贵的脚儿踩过。

——译自《毁灭或爱情》　　(陈光孚　译)

正如诗题所示,这是一首献给一位已经去世的女郎的诗。

诗的第一节,通过抒情主人公向亡故女郎的请求,和渴望知道她"心田中的秘密""埋在地下的躯体的秘密",表现出诗人对这位亡友关切之深和思念之苦。后两句中的"一摊水",也许是一片湖泊,也许是一道川流,而在抒情主人公眼中,那却是亡友的化身。同时,这后两句又巧妙地呈现了全诗的情境。

抒情主人公看见"草丛",便把它想象为亡友的"飘逸的头发",并联想到当年他们并肩在这里散步的情景。"一轮炽热或者安详的太阳",

在此既是自然之象,又是诗人"自我"的象征。这是说:"我"像太阳一般,"炽热"而又"安详"地依恋在"你"的身旁,"一只鸟儿"跟在"我"身边飞,"我"的"手儿"自由地摆动着,犹如阵阵"清风"似的"抚摸着你"。

第三节,抒情主人公望见前面有"一片小小树林",于是便联想到:那该是亡友的一颗有所期待的"心"。"鸟禽"该是诗人"自我"的象征。"眼帘",也是诗人由所望见的"树林"而联想到的。这样,"树林"便又成了亡友的"眼帘"的象征。这是诗人从亡友的角度设想对方虽已身在坟茔,仍然眷恋着诗人;而诗人又期望自己的悼诗,能给亡友的灵魂带来安慰,表现了他们之间虽死犹生的深厚情谊。

诗的第四节,向我们透露了女郎生前曾是一位歌唱家的讯息。前两句是说,"她"歌唱人生,也歌唱死去的英灵,也包括而今已"长眠于地下"的自己。三、四句以"石头的颜色,吻或嘴唇的颜色"象征生活和"她"的歌唱内容的丰富多彩;并以"沉睡或呼吸的螺钿"形容女郎的歌声之美妙与微弱。接下来通过对女郎的腰肢、头发、眼睛和牙齿的生动描绘,形象地再现了女郎昔日的动人的风韵——"纤腰""忧伤的细窄的胸膛""吹不动枯叶的呼吸"是暗示"她"是一位多愁善感的纤弱女子;"发儿飘散",是形容"她"潇洒优美的风韵;而"游弋着沉静"的眼睛和"象牙"般的牙齿,则是暗示"她"性格的温柔和容貌的美丽。诗的最后一节,诗人回到了现实"天空""鸟儿""泉水"和"草坪"等,由于"尊贵的脚儿踩过"而显得分外美好。它暗示出:因为美丽的女郎曾经在这里生活过,所以至今这里的一切还都给诗人留下亲切优美的感觉。

这首诗生动地描绘了女郎的美妙神韵、绰约风姿,展示了一幅幅优美动人的多彩画卷,而抒情主人公对女郎的脉脉柔情和深深眷怀,也便不言自明地蕴含在这些平凡而又神奇的诗句之中。 　　(岳洪治)

玫　瑰

阿莱克桑德雷

我知道,在这里,我的手中

有你，冷艳的玫瑰。
一丝微弱的阳光
照耀着你，你旋转
散发香气。从哪里
我方能描绘出你使我
惶惑的冷意？是否从
一个储藏美丽的神秘王国，
在那里为了浸入整个天际
你散发着芬芳，
只有你的气味弥漫，使人幸福
如同火焰，人们在贪婪地呼吸？
呵，在那里，天上的万物
被你熏得痴醉入迷！

但是，在这里，冷艳的玫瑰，
你那么神秘，静止不动
纤细、苍白
被握在这只手中，还佯作
长在土地上的风韵。

——译自《天堂的影子》　　（陈光孚　译）

这是一首哀婉的爱情诗。

诗作由始至终以"玫瑰"作为爱人的象征，并通过对"玫瑰"的咏唱，委婉含蓄地表现了抒情主人公内心的情愫。

这支"玫瑰"是被诗人握在"手中"的，暗示这位女子是属于抒情主人公的。但是，这是一支"冷艳的玫瑰"，她时时令诗人感到"惶惑的冷意"，这暗示那女子对主人公在感情上是冷漠的。

"一丝微弱的阳光"是诗人形象地比喻自己对于那女子的作用与价值，其中含有很大的自我贬损的成分。而诗中写玫瑰"散发着芬芳""如同火焰",被人们"贪婪地呼吸",又写"玫瑰"的气味"使人幸福",连"天上的万物"也被"熏得痴醉入迷"等,则是以象征和夸张的艺术手法,极力赞扬那女子的美好,表现出抒情主人公对这位女子的真挚的爱情,确已达到"痴醉入迷"的程度。

第二节诗中写那玫瑰"神秘,静止不动",是与前一节中所写的"冷艳的玫瑰"相一致的,都是女子冷漠的态度在诗人心理上造成的那种独特的感觉。"纤细、苍白",却"还伴作长在土地上的风韵"几句,则透露出那女子由于爱情的不幸(属于一个自己所不爱的男人)而受到的伤害,和不愿在人前流露出这种不幸的女性的自尊心理。同时也含蓄地透露出抒情主人公那既哀伤又复杂的内心情感。

中国古代的咏牡丹诗中,曾有一句是"任是无情也动人",恰与此篇有异曲同工之妙。然而,无情之花,也许真能动人;而无情之人真的也能动人吗?这篇诗作或许会给你带来有益的启迪吧! (岳洪治)

海
阿莱克桑德雷

难道有谁说过大海也会叹息
用她爱情的嘴唇吻着海滩,悲泣?
任凭阳光将她裹胁,
多么壮观,天空、海面,一片金碧!
呵,阳光包容着你
歌唱着这欢乐海洋永不衰老的年华!
在那里,海市蜃楼
冲破时间的界限,大海永世生息
像永不会死亡的上帝的心,跳动不已。

——译自《天堂的影子》 (陈光孚 译)

这是一首大海的颂歌。

海洋,是诗人们最常歌咏的题材之一。在海的颂歌中,我们通常总能窥见一个诗人的性格、气质,并获得某种人生的启迪。

"海"在这首诗里,已经成为诗人情感的对应物,成了诗人的另一个自我。因而,"海"的"叹息""悲泣",以及它那"任凭阳光""裹胁"的无畏气概与天空连成"一片金碧"的"壮观"风姿等,也都是诗人精神世界的真实写照。

同时,这首诗又是爱情与人生的颂歌。"大海"在"叹息",在"用她爱情的嘴唇吻着海滩,悲泣"。这里,将大海的阵阵涛声,生动地比作人的"叹息"之声;将海潮呜咽着不停地涌上海滩的情景,形象地比喻为是用"嘴唇吻着海滩,悲泣"。也即是,通过大海对其生命的慨叹和对海滩的爱情,形象地写出了诗人对人生的慨叹和对生活、对爱情的深沉的爱的情感。"阳光包容着你"和"歌唱着这欢乐海洋永不衰老的年华",这两句既是对阳光抚爱下的海洋的生动描绘,也是诗人(海洋)在爱情(阳光)的光照下欢乐心情的一种象征。同样,"海市蜃楼"既是海上景观的真实描绘,同时,也可以是对美妙的爱情和"虚幻"的人生的形象的写照。诗作最后两句,则是通过对"永世生息"的大海的形象的描写,以象征的艺术手法,歌颂了真正的爱情和有价值的人生,将会"冲破时间的界限","像永不会死亡的上帝的心"那样永世长存。

(岳洪治)

致加夫列拉·米斯特拉尔 [1]

阿莱克桑德雷

明澈的湖
只映着一张
纯朴的脸。

---

[1] 加夫列拉·米斯特拉尔(1889—1957),智利著名抒情女诗人,1945年获诺贝尔文学奖。

我见到，一双大眼
明亮的前额，容光焕发，
哀愁的嘴。

长风刮过
掀起涟漪，破坏了
这副温柔美丽的形象。

在那里，天上有飞鹰
丰满并且呼扇着
坚定的翅膀。

强者的生活是美丽的：
在上帝的手里
显得更完美。

多么湛蓝的天空
凝结住了！没有云彩
光线是柔和的！

但是，下面有呼声，
有摩擦，谁在呼喊？
有阴暗和石块。

有小路和大路
沙漠、墙壁，
粗厚的城墙。

太阳。你的希望……
雨仍在下。
暴风雨已经死去。

光明。你的安慰……
手已经触到
云层的前额。

一切都包容在
你纯净颤抖的泪水之中，
泪水亮晶晶地挂在你的眼上，加夫列拉。

——译自《最后的诞生》　　（陈光孚　译）

这首献给女诗人加夫列拉·米斯特拉尔的诗篇，表现了诗人对女诗人的敬重、理解和同情。

诗作的前三节，在一个非常幽静而美妙的环境下，以特写技法，为我们展现了女诗人具有特征性的容貌。湖水的"明澈"与女诗人"纯朴"的脸、"一双大眼"、"明亮的前额"是和谐的，而那湖上的"长风"、湖水的"涟漪"，是不是也与女诗人那"哀愁的嘴"有着某种内在的、暗示性的联系呢？

四、五两节，诗人以"飞鹰"来比喻女诗人，并以"在上帝的手里"比喻"她"在民众中间。由此说明，"她"是一个"强者"；不仅她的"生活是美丽的"，而且其人格也是"完美"的。接下来的三节，以"湛蓝的天空"和柔和的"光线"，比喻女诗人高洁温柔的品性；以"呼声""摩擦""阴暗和石块"象征某些卑鄙小人对女诗人的恶意攻击和无耻中伤；"小路""大路""沙漠""墙壁""粗厚的城墙"等，则是女诗人生活和事业中遇到的种种磨难与阻碍的象征。

第九节中的"太阳"是温暖与光明的象征，"雨"象征着女诗人人生路上的磨难与障碍。这一节是说：如今已经没有大的灾难对"你"构成威胁了，可是，对"你"的责难与诟骂并没有停止。

第十节中的"光明"，象征着人们对女诗人的理解与尊重，"云层"则象征着女诗人生活中的阴影。当"你"将"云层"撕碎之时，阴暗的日子就会过去了。诗的最后一节，以女诗人眼含晶莹泪珠的特写肖像作结，虽是与诗的首节相呼应,但在意蕴上又有所发展。原本"明亮的前额"下"一双大眼",此时变成了"泪水亮晶晶地"挂在"眼上",展示了女诗人的坎坷人生和坚强性格。

(岳洪治)

花 园 里
阿莱克桑德雷

知道她从未生气
这多么甜蜜!

在她身旁
生活欢畅。
何曾见
西方的黑色风暴
掠过她的面庞。
至多不过:一缕忧伤。
"你看,小鸟!"要么:"树枝……"
或者:"什么在闪光?……"
是的。风儿吹来,
掠过,多情,芬芳。

园中鲜花,随她欣赏。
一棵高高的枫树:馥郁,优雅
正值青春的大好时光。
有时她在树旁,亭亭玉立
以她的馨香、新颖
在那里消磨时光。

有时她在园中活跃,沐浴光芒。
金黄的头发:太阳愤怒地用手将它摇荡……

然而我看见她的神采，沿着小径走动
在玫瑰花旁。

我突然忧心忡忡。
玫瑰花和她的爱情，她们的花瓣，花丛，
她的面孔无时不在鲜花里注视。
在馥郁中站定，光彩动人！多么年轻！

永远年轻的早晨
笼罩她的身影。
薄薄的衣裙，透明，火红。
我多么纯真，注视着她，
全然不觉她微裸的身体在轻轻拂动
石竹花茂盛，紫罗兰轻盈，
还有她脚下暗香洋溢的秘密的花丛。

阳光下，微裸的身躯，羞怯的面容，
她时刻在注视我，
传递神秘的、令人难以置信的爱情。
我顿时放开喉咙将她呼唤，
用由衷的声音呼唤她的芳名。
她越来越近，伸手可及，沁人肺腑。
她的声音一片赤诚。

令人销魂，鲜艳无比，
送给我一束花丛。
此时此刻，她就在眼前：
带着她的芳香
她湿润的素手
还有她的亲吻——

她的激情。

——译自《心的历史》 （赵振江 译）

景色美丽、环境幽雅的花园，是情人们聚会的圣殿，也是诗神最常光顾的地方。这首诗所写的，正是一对年青的情侣在花园里聚会的幸福情景。

"知道她从未生气，这多么甜蜜"，这开头两句诗犹如一个短短的序曲，为全篇的"音乐"奠定了一个欢快、温馨的基调。是的，诗人心爱的姑娘是温柔、善良的，她的脸上从不会出现"西方的黑色风暴"。她关心的是"你看，小鸟！""树枝……""什么在闪光？……"这些天真烂漫的话语都显示出姑娘欢快活泼的性格，也写出了诗人对姑娘衷心的赞美。所以诗人感到只有"在她身旁生活欢畅"。

三、四两节中，诗人以他心灵的摄像机，为我们摄下了他心爱的姑娘独自在花园中游乐时的情形。这里写枫树"正值青春的大好时光"，正是写姑娘的大好青春；写枫树"馥郁、优雅"，也是借称颂枫树来赞美姑娘纯洁、美丽。诗人还以太阳的嫉妒作为反衬。"金黄的头发：太阳愤怒地用手将它摇荡……"一句，是将"太阳"人格化，仿佛太阳因觉出姑娘的金发比自己的光芒更为美丽迷人，于是顿生嫉妒之心，而"愤怒地用手将它摇荡"，妄图将姑娘的秀发纷纷摇落，这种想象是少见的。"我"看见她"无时不在鲜花里注视"，唯恐"她"迷醉于花儿的美丽，而淡漠了"我"。

六、七、八三节，通过对姑娘美丽形象的具体描绘，和"我"与姑娘间心心相印的爱情交流，生动地表现了姑娘迷人的风韵，以及姑娘对抒情主人公那种炽热而深挚的爱情。"她微裸的身体在轻轻拂动"，"她时刻在注视我"，她给他送上一束鲜艳无比的花束，直至最后送来的亲吻，一步一步地同主人公接近，传神地写出了姑娘对抒情主人公的挚爱与纯情，完成了爱的交流和共鸣，使这支爱的颂歌在美满的结局中告终，给人留下轻快、喜悦的美感。 （岳洪治）

葡萄牙

卡蒙斯（3首）

路易斯·瓦斯·德·卡蒙斯（Luís Vaz de Camões, 1524？—1580）是葡萄牙的文学巨匠，欧洲文艺复兴时期杰出的文学家。他与塞万提斯同是伊比利亚半岛人文主义的先驱。他的代表作史诗《卢济塔尼亚人之歌》比塞万提斯的《堂·吉诃德》的写作与出版均早三十余年。他的作品对塞万提斯和洛佩·德·维加的文学创作都起过积极的影响。

卡蒙斯写过牧歌、颂歌、挽歌等多种形式的诗歌，而最擅长十四行诗。他早期创作的大量十四行诗，大部分以其不幸的爱情为题材，具有情感真挚、哀婉动人的风格。

我用一支弹弓

卡蒙斯

我用一支弹弓，

弹出我的目光，

射向一扇小窗。

一个迷人的女郎，

目光放在手上，

用力向我投来，

击中了我的心房。

我又拉开弹弓，

放上我的目光，

"喀嚓"一声响，打开了她的小窗。

（肖佳平　译）

只要听到一支优美动人的小夜曲，我们眼前便会立刻呈现出一幅女郎凭窗而望，少年在窗下倾诉衷肠的美妙场景。可是，当你读了这首

《我用一支弹弓》之后,在你脑海中所浮现出来的,不也是这样一幅美妙动人的景象吗?从诗作在我们心中所唤起的感情和在我们眼前所呈现出的图景来说,这是一个既优美动人而又古老平常的故事。但是,卡蒙斯却是以他自己特有的方式,从一个崭新的角度,来表现这个故事的。因而,使这幅古老而美妙的图画,获得了一种神奇的色彩。

由于客观环境的限制,诗人不能够与心爱的女郎待在一起,相依相偎地互诉衷肠。女郎只能够在自己的房间里,凭窗望着外面的情郎,而我们的诗人,也只能够远远地望着窗畔的女郎。他们是多么希望更贴近地相互爱抚啊——哪怕只是用目光。

怎样才能够更为贴近地,以目光爱抚心上人呢?诗人展开想象的翅膀寻到了那支"弹弓"。于是,在实际上仅能感知而不可把捉的"目光",在诗人笔下却变成了一种可以用弹弓弹来弹去的物体。诗人可以用"一支弹弓"将自己的目光弹出,女郎也可以将"目光放在手上",投过来情人的目光。由于蕴含着炽热的爱,它不仅是可以投掷的,而且还具有摧毁一切的伟力呢!

这首诗通过奇妙的想象,将"目光"变成了一种意象,并以其异于生活原型的情状和色调,创造了一个情人幽会的诗性世界,表现了诗人真挚而热烈的爱情。

(岳洪治)

爱情是不见火焰的烈火

卡蒙斯

爱情是不见火焰的烈火,
爱情是不觉疼痛的创伤,
爱情是充满烦恼的喜悦,
爱情的痛苦,虽无疼痛却能使人昏厥。

爱情是除了爱别无所爱,
即使在人群中也感不到他人的存在。

爱情的欢乐没有止境,
只有在牺牲自我中才能获得。

为爱情就要甘心俯首听命,
爱情能使勇士俯身下拜,
爱情对负心者也以诚实相待。

爱情既然是矛盾重重,
在人们的心中,
又怎能产生爱慕之情?

(肖佳平　译)

　　徐志摩曾写过一首诗,叫作《恋爱到底是什么一回事》。这种对于"爱情到底是什么一回事"的思考,历久常新地给一代又一代的人们,留下了一个难解的谜。卡蒙斯这首诗,从题目上看,是给爱情下了一个定义。可是,如果从诗作整个思想和情感内容上加以分析,却不难看出,这首诗实际上仍是表现了诗人对于爱情的困惑。

　　诗的第一节以一连串的比喻,写出了诗人对于"爱情"的认识和从爱情生活中获得的切身感受。爱情与"不见火焰"的烈火,与"不觉疼痛"的创伤,与"充满烦恼"的喜悦以及和"虽无疼痛却能使人昏厥"的痛苦之间,从客观存在上说,有着根本的质的不同;但是,从爱情给予人的多种感受来说,二者之间却又具有一点相似。诗人正是从二者明显的不同中,发现了隐蔽的美学联系,因而,通过想象的飞跃,对"爱情是什么一回事",做出了富于哲理的解答。

　　诗的第二节和第三节,以铺陈的艺术手法,通过对"除了爱别无所爱"的执着的爱情,"在牺牲自我中才能获得"的欢乐的爱情,"甘心俯首听命""俯身下拜""对负心者也以诚实相待"的诚挚的爱情等形象的呈现,还对爱情进行了广角的、多层次的描述;通过对爱情的力量的反复铺排和咏叹,最大限度地突出了爱情的特征,并摇曳生姿地展现了爱情的整体性的风貌。

但是，说了这么多，似乎仍未能把爱情是什么一回事说清楚。因而，在诗的最后一节，诗人终于以提问的方式，直接地托出了深藏于心底的困惑。

这首爱情诗不仅是爱的表白与宣泄，同时也是爱的思考与发现。诗作通过形象的呈现、意象的创造，以具体感悟抽象，使"爱情到底是什么一回事"这种哲思，在生动具体可感的形象中，获得了最为诗意的体现。

（岳洪治）

我人虽在而心神不定

卡蒙斯

我人虽在而心神不定，
激情荡漾而又周身寒冷。
我无端地哭泣转而又发笑，
世界虽属于我，而我却两手空空。

世上的一切都难以捉摸，
心灵中烈火燃烧而眼泪成河。
我时而希望，时而沮丧，
时而狂乱，时而斟酌。

我虽然在地上，而心却在九天飞荡，
一小时犹如一千年，
而一千年也难有那一小时的欢畅。

如果有人问我为什么会这样，
我无从回答，但是心里想：
只是因为见到了你呀，我可爱的姑娘。

（肖佳平　译）

这是一首表现爱情的痛苦的诗。

诗的第一节,通过对抒情主人公内在感觉和外在形态两个方面所表现出的癫狂状态的描写,生动地表现了诗人为爱情所受的折磨。"世界虽属于我,而我却两手空空"一句,表面看,似乎是表现了一种"爱情至上"的思想。但是,只要将这一句与该诗的立意和全部内容联系起来,便不难理解姑娘的爱情在诗人心目中无比珍贵的价值。诗的第二节,进一步描绘了处于爱情的火焰中的抒情主人公,一会儿清醒、一会儿糊涂的精神状态。"世上的一切都难以捉摸",在这里并非泛泛的一句话,而是特指那个"可爱的姑娘"的心意的"难以捉摸"。抒情主人公所以会如精神病和疟疾并发症患者似的,一会儿哭、一会儿笑,一会儿清醒、一会儿糊涂,一会儿"激情荡漾"、一会儿又"周身寒冷",原因全在于此。诗的第三节,含蓄地写出了在先前某个时候,他曾与那个"可爱的姑娘",一起度过了甜蜜的一个小时,"而一千年也难有那一小时的欢畅"。可见这种痛苦,其实是对欢乐的眷恋和向往。

这首诗正是通过对恋爱中的抒情主人公种种如痴如狂的情态的描绘,生动地表现了诗人所经历的爱情的痛苦,讴歌了纯洁高尚的爱情。

(岳洪治)

希 腊

萨福(3首)

萨福(Sappho,公元前612?—前580?),古希腊著名的女抒情诗人。关于她的生平事迹有不少传说,难以确证。据传她出身于累斯博斯岛的贵族阶层,幼年时曾受当地僭主的迫害,一度逃亡到西西里岛。她爱上一个名叫法翁的年轻男子,失恋后在海边跳崖自杀。

萨福十七岁即有诗名,是西方最早的专业抒情诗人。曾留下过九卷诗集,内容多抒写爱情、友情。中世纪基督教会认为它有伤风化,当作禁书毁掉,现仅存一些断章残简。她的抒情诗感情纯真、热烈,语言质朴、简练,历来受到人们的喜爱。有人把她同荷马相比,柏拉图称她是"第十个文艺女神",对后世诗歌发展产生过深远的影响。

相 思
萨 福

妈呀,亲爱的妈呀!
　我哪里有心织布,
我心里已经充满了
　对那个人的爱慕。

一个少女
萨 福

好比苹果蜜甜的、高高的转红在树梢,
向了天转红——奇怪摘果的把她忘掉——
不,是没有摘,到今天才有人去拾到。

好比野生的风信子茂盛在山岭上,
在牧人们往来的脚下她受损受伤,
一直到紫色的花儿在泥土里灭亡。

(周煦良　译)

　　萨福一向以擅长于抒写爱情著称,尤其善于描写未婚少女的心理。这两首小诗,虽不完整,但从不同侧面表现出爱情中的悲欢怨乐,相当感人。

　　《相思》写的是一个织布女子对母亲的自白,滚烫的语言,句句发自心底,似能把握到女主人公炽烈的脉搏的跳动。它不禁令人想起我国南北朝的一首民歌:"门前一株枣,岁岁不知老。阿婆不嫁女,哪得孙儿抱。"二者都表现出少女渴望爱情的强烈心情。相比之下,前者比后者要早几千年,又出于文人之笔,而其坦率、大胆却比民歌更有过之,可见萨福风格之热烈豪爽。

《一个少女》大约是残章片断,但六句的容量足以抵得上一首长篇情诗。这首诗用了两个比喻性的意象,抒写少女被人冷落遗忘的悲哀。如果说《相思》是炽烈、明朗的表白,那么,《一个少女》却充满着哀婉和幽怨。蜜甜的红苹果那么可爱,却无人去摘,直等她自己掉落到地,让人"拾去"。这一"摘"一"拾",虽一字之差,含义却大不相同。"摘"是正当成熟的好时光,由别人主动来求取;"拾"是成熟过后,掉落在地上,被人勉强捡去,这对红苹果(少女的象征)是多么不公平啊!

"风信子"的比喻就更惨了。它野生在山岭之上,人们把它看作微贱渺小的野花,不但无人理睬,连平凡的牧人也随意把它践踏,使它"受损受伤",直至在"泥土里灭亡"。这种悲剧性的结局,显然,是在为那些被人冷落、漠视的少女的命运鸣不平。这是一曲充满哀怨的悲歌。这一主题,在后世诗歌中经常出现,比如歌德的名诗《紫罗兰》就写无人理睬的紫罗兰,被它钟爱的姑娘踩死在脚下,意蕴相当深远。

在中外文学史上,断章残句能具有如此魅力,保持强大生命力的,恐怕只有我国的女词人李清照可以同萨福媲美了。 (许自强)

给所爱

萨 福

他就像天神一样快乐逍遥,
他能够一双眼睛盯着你瞧,
他能够坐着听你絮语叨叨,
  好比音乐。

听见你笑声,我的心儿就会跳,
跳动得就像恐怖在心里滋扰;

> 只要看你一眼,我立刻失掉
> 　　言语的能力;
>
> 舌头变得不灵;噬人的热情
> 像火焰一样烧遍了我的全身;
> 我眼前一片漆黑;耳朵里雷鸣;
> 　　头脑轰轰。
>
> 我周身淌着冷汗;一阵阵微颤
> 透到我的四肢;我的容颜
> 比冬天草儿还白;眼睛里只看见
> 　　死和发疯。

(周煦良 译)

传说萨福诗名大振后,在她身边常聚集着一堆女弟子,她是这群少女的领袖。她爱她们,彼此有深厚的友情,甚至发展到同性之间的爱恋。所以西方有人把她视作同性恋的代表。这些传闻当然难以考证。不过,从她的抒情诗来看,有时,友情和爱情确实不大好分。这首《给所爱》就可见一斑。

《给所爱》是写给一个新娘的一首婚曲,诗中的"你"是指新娘,传说是萨福心爱的女弟子阿那克托里亚。诗中的"他"则是指新郎。

第一节,诗人从旁观者的角度,写新郎的欢乐神态。这里从侧面衬托新娘的可爱,其中已隐隐流露出诗人一种酸溜溜的嫉妒之情。后三节直接写诗人自己见到新娘后的感受:她"只要看你一眼"就会心跳,舌硬,耳鸣,眼黑,四肢颤抖,周身淌汗,脸色发白,简直要发疯一般。这种极度强烈的情感波动,很难想象仅仅是出于对女弟子的普通友情,即便是热恋中的情人都未必会激动到如此地步。所以,人们对于这种激情是友情还是爱情发出了疑问。有的评论家对女诗人描写的对象究竟是男性还是女性表示怀疑,都是理所当然的。确实,不管怎么说,萨福在这诗里表现的情感已超出了应有的师生或朋友之情,是无可否认的。它使我们想起莎士比亚的十四行情诗,过去有人对其中的主人公是男是女也产生过怀疑。平心而论,把莎翁十四行诗看作对女性的恋情是顺理成章的,而萨福的这首情诗若也当作对女性弟子的恋情,就显得有悖人之常情了。

不过,从诗的角度看,这是一首好诗。它把恋人的微妙复杂的内心世界刻画得多么传神呵!尤其是诗人调动了全身感官的反应,把一颗焦躁不安、不能自已的激动的心,描绘得如此透彻淋漓,这在后世的情诗里还不多见。难怪浪漫主义诗人拜伦在长诗《唐璜》中对于"如火焰一般炽热的萨福"赞誉备至。

(许自强)

埃利蒂斯(1首)

奥迪赛乌斯·埃利蒂斯(Odysseus Elytis, 1911—1996),希腊现代诗人。原名阿历波德利斯,生于克里特岛的伊拉克利翁城。幼年曾在雅典学习法律,后来到巴黎攻读文学,1934年开始诗歌创作。他受到艾吕雅等超现实主义诗人的影响,早期两本诗集《方向》(1939)和《初升的太阳》(1943)都带有浓厚的超现实主义色彩。诗人对自然界(特别是太阳)表现出神秘的体验。

第二次世界大战,埃利蒂斯曾在阿尔巴尼亚参加过反法西斯战争,并写出长诗《献给在阿尔巴尼亚牺牲的陆军少尉的英雄挽歌》(1945),表现了他的爱国主义精神。此外,他的长篇组诗《理所当然》把诗人的主观情感同希腊民族的苦难历史结合,唱出了对光明未来的颂歌,被欧洲公认为20世纪的杰作。1979年,埃利蒂斯由于"他的诗以希腊传统为背景,用感觉的力量和理智的敏锐,描写现代人为自由和创新而奋斗"获得诺贝尔文学奖。

疯狂的石榴树

埃利蒂斯

在这些刷白的庭园中,当南风

悄悄拂过有拱顶的走廊,告诉我,是那疯狂的石榴树
在阳光中跳跃,在风的嬉戏和絮语中
撒落她果实累累的欢笑?告诉我,
当大清早在高空带着胜利的战栗展示她的五光十色,
是那疯狂的石榴树带着新生的枝叶在蹦跳?

当赤身裸体的姑娘们在草地上醒来,
用雪白的手采摘青青的三叶草,
在梦的边缘上游荡,告诉我,是那疯狂的石榴树
出其不意地把亮光照到她们新编的篮子上,
使她们的名字在鸟儿的歌声中回响,告诉我,
是那疯了的石榴树与多云的天空在较量?

当白昼用七色彩羽令人羡妒地打扮起来,
用上千支炫目的三棱镜围住不朽的太阳,
告诉我,是那疯了的石榴树
抓住了一匹受百鞭之笞而狂奔的马的尾鬃,
它不悲哀,不诉苦;告诉我,是那疯狂的石榴树
高声叫嚷着正在绽露的新生的希望?

告诉我,是那疯狂的石榴树老远地欢迎我们,
抛掷着煤火一样的多叶的手帕,
当大海就要为涨了上千次,退向冷僻海岸的潮水
投放成千只船舶,告诉我,
是那疯狂的石榴树
使高悬于透明空中的帆缆吱吱地响?

高高悬挂的绿色葡萄串,洋洋得意地发着光,
狂欢着,充满下坠的危险,告诉我,
是那疯狂的石榴树在世界的中央用光亮粉碎了

魔鬼的险恶的气候，它把白昼的橘黄色的衣领到处伸展，
　　那衣领绣满了黎明的歌声，告诉我，
　　是那疯狂的石榴树迅速地把白昼的绸衫揭开了？

　　在四月初春的裙子和八月中旬的蝉声中，
　　告诉我，那个欢跳的她，狂怒的她，诱人的她，
　　那驱逐一切恶意的黑色的、邪恶的阴影的人儿，
　　把晕头转向的鸟倾泻于太阳胸脯上的人儿，
　　告诉我，在万物怀里，在我们最深沉的梦乡里，
　　展开翅膀的她，就是那疯狂的石榴树吗？

（袁可嘉　译）

　　《疯狂的石榴树》是埃利蒂斯早年诗集《方向》中的名篇之一。它以华丽的形象、昂扬的节奏，如醉如痴地热情歌咏爱琴海的风光。在南风的吹拂中，石榴树欣喜若狂，在阳光中跳跃，撒落一地欢笑。由于树上石榴结得很多，树被风摇动，就仿佛抖落着"果实累累的欢笑"。一般拘泥于事实的作者是不敢这么描述的，超现实主义者强调超出自然的联想，注重个人的直觉，这样写就有特殊的效果，使你在视觉上看到这个欢笑不是空洞无物的，而是果实累累的丰收在望的喜悦。

　　接着，我们的视角转向长满青色三叶草的土地上。赤身裸体的姑娘们似醒未醒，还在梦的边缘上游荡。超现实主义者喜欢写梦境，这首诗也带有梦幻色彩，似乎是石榴树把阳光照到姑娘们新编的篮子上了，可能是阳光透过石榴树映照过去的吧？这些微妙处，诗人是不会直说的，他通篇用"告诉我，是……"的疑问语气，以加强语调的委婉和语意的含蓄。

　　太阳是埃利蒂斯的神。1943年《初升的太阳》出版，他在诗集中特地歌颂希腊传统中万物之神的太阳，因此有"饮日诗人"的美称。本诗名义上是歌咏石榴树，实质上太阳"渗透于诗的组织结构之中"，构成了诗篇的重要内容。本诗的第一、二节中已写到阳光明媚，第三节更大力渲染白昼的"七色彩羽"和"用上千支炫目的三棱镜围住不朽的太阳"，

第四、五节又写爱琴海上白昼"橘黄色的衣领","白昼的绸衫",可以说,整篇诗阳光灿烂夺目,空气明澈清新。

诗里有许多奇特有趣的意象。例如写石榴树欢迎人们,"抛掷着煤火一样的多叶的手帕","手帕"自然是指树叶,"煤火一样"则是指阳光照射下的树叶的色泽,确是出手不凡。又如写石榴树"把白昼的橘黄色的衣领到处伸展,那衣领绣满了黎明的歌声","把晕头转向的鸟倾泻于太阳胸脯上"等都出乎常人意料,精警而入理。

读这类有超现实主义色彩的诗,我们要注意诗人对真实的"深化和升华"。石榴树是真实的事物,诗人对它的感觉也是真实的,但在诗中得到了"升华",变成了一系列可感知的形象和节奏,传达给读者。我们作为读者则反过来,要充分感受诗的形象和节奏,去体会诗人的感觉。

埃利蒂斯在1940年参加了反法西斯战争,写出了抒情式史诗《理所当然》等名作。他扎根于民族传统而又融合了现代西方艺术,并不是走极端一味逞奇弄怪的"超现实"诗人。《疯狂的石榴树》虽然采用了超现实主义手法,写的仍是他家乡爱琴海的自然风光和歌颂太阳神的古希腊传统。

(袁可嘉)

奥 地 利

莱瑙 (2首)

尼科劳斯·莱瑙(Nikolaus Lenau, 1802—1850),奥地利民主革命时期诗人。1802年8月13日出生于原匈牙利境内的恰陶德(现属罗马尼亚),1819年起在维也纳、普雷斯堡、海德尔堡等地学习法学、哲学、农学和医学。1822年二十岁时在维也纳一些作家鼓励下开始创作诗歌,受德国浪漫派和"青年德意志"派的影响。由于家庭经济等原因,学习时断时续,1831年才结束学业,同年8月来到德国斯图加特,与施瓦本浪漫派诗人凯尔纳、施瓦布、乌兰德结识,并在当地的《晨报》上发表诗作。1832年出版第一部《诗集》。他不满欧洲的封建反动秩序,希望去美国过一种自由的、具有人类尊严的生活,于1832年秋在美国生活了半年多。他东奔西走,一无所获,贫病交加,不得不回到欧洲。以后他生活在维也纳和施瓦本地区,继续创作诗歌。1838年出版《新诗集》。由于他在事业上和爱情上屡遭挫折,长期以来精神忧郁,1844年9月突然中风,后精神完全失常,1850年8月在维也纳附近的一所精神病院中逝世。

莱瑙除上述两部诗集外,他去世后的第二年还出版了一部遗著。他的大部分诗篇表现了对自由的追求、对祖国的热爱、对人类美好愿望的向往;他反对当时梅特涅的专制统治,诉说人世间的痛苦,反映出时代的心声。著名的抒情诗有《芦苇之歌》《告别》《三个吉卜赛人》《森林之歌》等。他同情和支持波兰人民争取自由的斗争,写了《波兰之歌》《在酒店里》等诗篇;他赞美和歌颂各个民族的英雄人物和改革的创导者,写了《萨沃纳罗拉》(1837)、《阿尔比派教徒》(1842)等长篇叙事诗。

莱瑙被称为"奥地利的拜伦"。他的诗歌创作表现出革命民主主义思想,虽有忧郁悲诉的一面,也有热情奔放的一面。在同时代的德语文学中,他是仅次于海涅的杰出诗人。

芦苇之歌[1]

莱 瑙

一

那边的太阳已经西沉,
疲倦的白天已经入睡;

---

[1] 为夏绿蒂·格美林而作。诗人非常爱她,有人劝他和她结婚,可是他却放弃了这段爱情。诗人感到自己是不幸的人,认为和她结婚,将不会给她带来幸福。

这儿的柳枝拂着池水,
是这样的沉静而低垂。

我不得不避开我的爱人:
流吧,流出来吧,我的眼泪!
这儿有沙沙悲鸣的柳丝,
还有在风前战栗的芦苇。

远方的爱人啊!你照进我
寂静的深忧之中,温柔而明亮,
就像夜晚的星光射进
这儿的蔺草和柳叶丛中一样。

二

天色灰黯,乌云疾驰,
雨点不住地下降,
怒吼的风在叹息:
"池水啊,何处是你的星光?"

在动荡的湖波深处,
它找寻消逝的幽辉。
我的深忧,再也没有
你的爱来笑语相慰!

三

在幽静的林中小径上,
我爱悄悄地迎着斜阳,
走过荒凉的芦岸,
怀念你,我的姑娘!

暮色笼罩着丛林，
芦苇就神秘地低鸣，
它在叹息，它在耳语，
它说我应该流泪伤心。

我想象，我好像听到
轻微地飘着你的声音，
你那可爱的歌声
好像在池水中消沉。

四

夕阳已落；
乌云驰骋，
啊，阵阵的晚风，
多么郁闷恼人！

苍白的电光，
在天空里疾闪；
变化莫测的幻影，
遨游地掠过池面。

我好像看到了你，
宛如电光一样清楚，
看到你长长的秀发
在暴风雨中自由飘拂！

五

在寂然不动的池水上，
温柔的月光流连盘桓，

它在绿色的芦冠上，
　　编结苍白的蔷薇花冠。

　　麋鹿在那边山坡旁遨游，
　　抬起头仰望着黑夜；
　　芦苇深处的栖鸟，
　　常常在梦中鼓起羽翼。

　　我不得不低垂下泪眼；
　　一种甜蜜的相思之情，
　　宛如一种静静的夜祷，
　　袭过我最深奥的内心。

（钱春绮　译）

　　莱瑙于1831年8月来到德国斯图加特后，和诗人古斯塔夫·施瓦布交往密切。不久，认识了施瓦布的侄女夏绿蒂·格美林，对她产生了爱情。但当时莱瑙由于种种原因，没有可能同她结婚，便毅然放弃了这段爱情。1832年，他以这段经历创作了《芦苇之歌》，这是他抒情诗的第一个高峰。

　　这是一首爱情诗，全诗由五首歌组成。它以芦苇为喻，寄寓诗人和格美林之间难忘的爱情。第一首，诗人在夕阳西沉中回忆起他和格美林的恋情，当时他不得不避开她。一想到这里，他不禁流出了热泪。这种心头的痛苦，连柳丝都沙沙悲鸣，芦苇也在风前战栗。他祈求远方的爱人能给他温柔和光明。第二首，诗人描绘了天色变化，云起风吼，雨点下降，自己心中的深忧，就像雨天没有星光一样，同样没有爱人的笑语相慰。第三首，诗人散步在林中小径、芦苇岸边。芦苇的低鸣、叹息、耳语，好像都在诉说"我应该流泪伤心"。第四首，诗人在"苍白的电光"中，仿佛看到了自己的爱人，她那长长的秀发"在暴风雨中自由飘拂！"第五首是全诗的高潮，诗人抒写了暴风雨已经过去，温柔的月光流连盘桓，一切都得到改变：月光照在芦冠上好像编结了白色的蔷薇花冠，麋鹿在山坡旁遨游,芦苇深处的栖鸟在梦中鼓起羽翼。而更重要的,诗人经过这一段思索,内心得到了平静,"一种甜蜜的相思之情,宛如一种静静的夜祷,袭过我最深奥的内心"。

《芦苇之歌》写得非常含蓄克制,如同汩汩细流。诗人把人世间的爱情和大自然的现象和谐地结合在一起,在芦苇身上淡淡地寄托情思。莱瑙在艺术上非常讲究,用词十分精练;严格地采用abab交叉韵,读来音韵优美,如泣如诉,具有强烈的感染力。　　　　　　（孙坤荣）

三个吉卜赛人

莱　瑙

有一次我看见三个吉卜赛人

躺在一处草地上,

当时我的车辆正倦沉沉地

穿过多砂的荒野地方。

其中一个手拿着提琴,

悠然自得其乐趣,

映着黄昏的夕阳,

他自弹一首热情的歌曲。

第二个嘴里衔着烟斗,

望着袅袅的烟雾,

他这样快乐,好像在世间

再也不需要任何幸福。

第三个愉快地睡着,

他的打琴[1]挂在树上,

---

[1] 打琴（Zimbel）,一种用两只木槌敲击的弦乐器。

风儿掠过了他的琴弦,
梦影掠过了他的心房。

三个人穿的衣服,
全是褴褛的百衲衣,
可是他们却非常傲慢,
流露出对于宿命的讥刺。

他们给了我三重教训,
当我们的生命昏暗之时,
应当怎样在吸烟、睡眠、琴声中消磨,
而给它三重的鄙视。

我的车子虽然走了很远,
我对吉卜赛人还望了许久,
望着他们深褐色的面庞,
望着他们乌黑的鬈发的头。

(钱春绮 译)

莱瑙出生在匈牙利,对境内的一些吉卜赛人的生活颇为熟悉。他于1836年创作了这首《三个吉卜赛人》(1838年发表),描写他们的生活、思想、风俗、习惯,具有淳厚的地方色彩和丰富的幽默感。

这首诗把三个吉卜赛人——一个弹琴,一个吸烟,一个睡眠——描绘得栩栩如生。他们无忧无虑、悠然自得,愉快乐观、傲慢不羁。他们给人以三重教训,使人久久不能忘怀。这首诗叙事简洁,明白晓畅,不需要多加说明。德文原文押的是abab交叉韵,韵律整齐优美。匈牙利著名作曲家李斯特(1811—1886)曾把它谱成乐曲,广为流传。　　　　(孙坤荣)

霍夫曼斯塔尔 (2首)

胡戈·冯·霍夫曼斯塔尔(Hugo von Hofmannsthal, 1874—1929),

奥地利诗人、剧作家。1874年2月1日出生于维也纳,父亲是银行家。他自幼聪明过人,在中学时就用笔名发表诗作和短诗剧,表现出创作才能,被称为神童。1892年入维也纳大学学习法学和语言学,获博士学位。以后除旅行外他住在维也纳附近的罗道恩村,专心从事创作。1929年7月15日在这里逝世。

霍夫曼斯塔尔曾作为剧作家随剧团访问过意大利、瑞士、德国、法国、英国和希腊,结交广泛。他的一生受尼采、马赫和弗洛伊德的影响,同时又得到资产阶级人道主义和基督教文化的熏陶,因此在思想和创作中表现出复杂的矛盾。1891年他结识德国诗人格奥尔格,深受其唯美主义思想的感染。在1890—1899年的早期诗歌和剧作中,他在艺术上追求优美、典雅,作品富有寓意性和象征性;内容上脱离现实,抽象的生与死、苦与乐的矛盾以及探讨"生命"问题是他作品的主题。1903年出版的《诗选》,收录了他早期的重要诗作,如《早春》、《生命之歌》(1896)等。1900年以后,他主要创作戏剧,并和德国音乐家里夏特·施特劳斯合作,写了许多歌剧,著名的有《花花公子》(一译《玫瑰骑士》)、《没有影子的女人》、《阿拉贝拉》等。他也是"萨尔茨堡音乐戏剧节"的创导者之一。此外,他还写有不少散文作品(包括小说、信札)。他是奥地利新浪漫主义和象征主义文学的主要代表,在世界文坛上占有一定地位。

早 春
霍夫曼斯塔尔

春风吹拂着
光秃秃的林荫路,
罕见的事物
出现在它的吹拂中。

它摇曳着

葡萄藤株,
它紧贴着
刚吐露的茸毛。

它把金合欢花
抖落下来,
使其灼热的身躯
慢慢冷却。

它触动着
微笑的嘴唇,
它抚摸着
柔软的苏醒的田野。

它吹着长笛飞翔,
如诉如泣地呼唤,
在晚霞中
悄然离去。

它默默地飞过
轻声低语的房间,
它吹灭了行将燃熄的
挂灯的微光。

春风吹拂着
光秃秃的林荫路,
罕见的事物
出现在它的吹拂中。

经过它的吹拂,
光秃秃的林荫路

萌发了

淡淡的绿荫。

自昨晚开始,

它从它来的地方,

带来了

诱人的芳香。

(孙坤荣 译)

霍夫曼斯塔尔的这首《早春》作于1892年3月,刊登在德国诗人格奥尔格主编的宣扬"为艺术而艺术"的刊物《艺术之页》上。这首抒情诗是诗人的名篇,经常作为《诗选》的第一首刊印出来。

新浪漫主义作家是对自然主义的反动,他们认为自然主义的描写太赤裸了,无美可言。而他们则脱离现实,逃避到所谓"美"的世界里。他们刻意追求语言美,竭力把词从它的普通的、日常的范围内摄取出来,升华到一种"光彩的境界"中去,并且专找奇异的、神秘的、"有魔力的"事物作为创作对象。霍夫曼斯塔尔的《早春》可以说是这方面的典范作品。诗歌描写的是大自然的早春气息。这本来是极平常的事物,但在霍夫曼斯塔尔的笔下,一切是那样的优美、奇异、神秘。林荫路上的树木在冬天树叶落尽,显得光秃秃,但春风吹过,罕见的事物出现了。不仅是林荫路上的树木,大地上的葡萄藤株也在春风中吐露茸毛。一年中开花最早的金合欢已在春风吹拂下慢慢凋谢;而这时田野经过春风的抚摸却苏醒过来。春风在飞翔,春风在呼唤,"经过它的吹拂,光秃秃的林荫路萌发了淡淡的绿荫"。诗人在最后又神秘地写道:"自昨晚开始,它从它来的地方,带来了诱人的芳香。"它使我们想起我国唐代诗人岑参的名句"忽如一夜春风来,千树万树梨花开",和韩愈的"天街小雨润如酥,草色遥看近却无"。岑参、韩愈都喜欢用奇特的想象造成鲜明的诗句,霍夫曼斯塔尔亦是这样。他们的这类诗都写得清新隽永,诗意盎然,耐人寻味。

这首诗歌在语言技巧上非常出色。如果对德文原文进行结构分析，无论是语音层、语法层，还是语义层、节奏层，都达到了炉火纯青的地步。可惜诗歌汉译无法表达其万分之一。

(孙坤荣)

旅行之歌

霍夫曼斯塔尔

瀑布倾泻，欲把我们吞食，
岩石滚动，欲把我们砸烂，
鸟儿已飞上天空，
欲把我们载走。

山下一片大地，
硕果无边无际
映照在古老的湖中。

从花团锦簇的地上
耸起大理石建筑和喷泉，
微风阵阵吹拂。

(孙坤荣 译)

《旅行之歌》完成于1898年8月，当时霍夫曼斯塔尔在瑞士旅行，并穿过瑞士和意大利交界处的著名的辛普朗隧道。他在经过山间隘口后给他父亲的信中写道："这是绝对无法比较的，而且这是一件难以置信的伟大杰作。"并写下了这首诗歌。

作为新浪漫主义诗人，霍夫曼斯塔尔描写旅行见闻，自有一种艺术情趣。诗人在第一节诗中，采用魔力般的比喻，追求语言和韵律上的优美。"瀑布倾泻，欲把我们吞食，岩石滚动，欲把我们砸烂，鸟儿已飞上天空，欲把我们载走"，表现了诗人奇特的想象力。在第二、三节诗中，诗人站在山上，眺望大地、湖水、硕果、百花、建筑、喷泉，不时吹来阵阵微风，感到心旷神怡。这首简短的旅游诗，同样体现了霍夫曼斯塔尔的艺术风格。

诗人自己很喜欢这首《旅行之歌》,并经常作为赠诗手抄给友人。在他住过的旅馆"宾客留言簿"上,也可以看到他手写的这首诗的遗墨。

(孙坤荣)

里尔克 (7首)

勒内·玛里亚·里尔克(Rainer Maria Rilke, 1875—1926),奥地利现代诗人,1875年12月4日出生于奥匈帝国统治下的布拉格,父亲是奥地利人,母亲是犹太人。里尔克少年时期在布拉格上学,他的早期诗作《民歌》一开头就写道:"捷克人民的歌声……"足见他对自己的出生地是相当怀念的。回到奥地利之后,他进入了维也纳大学,学过文学史和艺术史及哲学等。他一生旅行过不少地方,1902年旅居巴黎并在那里待了多年,直到1919年才迁居瑞士,于1926年12月29日在瑞士病故。

到巴黎之后不久,里尔克结识了法国著名雕塑家罗丹,担任过罗丹的秘书,两人结下了深厚的友谊。1908年,里尔克特意把自己的新作《新诗集》题献给罗丹——"献给我伟大的朋友A.罗丹"。之后,里尔克又从法国名画家塞尚的作品中受到过不少启迪。从两位伟大艺术家那里,里尔克学习到像工匠一般严肃认真地从事创作劳动。

里尔克是一位严峻的诗人,严峻地对待生活,对待工作。通过艺术他寻求真实,寻求超越种种困惑的途径。在1907年写给朋友的信中,谈到自己的诗创作时,他说:"我尽可能遵循艺术真实的道路,这就是我自己的道路。"1910年他在一篇文章里写道:"诗并非如人们所想象的仅仅是来自感觉,而是出于经验。"

里尔克一生总在思索,总在用现代人的眼光审视和探究。对于纷纭复杂的万事万物,他分别用心灵的眼睛去看,用心灵的耳朵去听,然后以含蓄谨严的艺术手法、高度形象化的凝练的语言,将他独到的感受抒写下来。他是德语文学中新浪漫主义和象征主义的主要代表。

从19世纪末到20世纪20年代,里尔克发表了大量独具特色的诗作,以他智慧的、沉思的形象,屹立在世界诗坛。他先后出版的诗集有:《生活与诗》(1894)、《祭神》(1896)、《梦幻》(1897)、《耶稣降临节》(1898)、《图像集》(1903)、《祈祷书》(1905)、《新诗集》(1907)、《新诗续集》(1908)、《献给奥尔甫斯的十四行诗》(1923)和长诗《杜伊诺哀歌》(1923)等,此外还发表过一些中短篇小说和诗论。他的这些创作在西方文坛颇有影响。

豹
——在巴黎植物园[1]

里尔克

扫视栅栏的他的视线,
逐渐疲乏,直到视而不见;
他觉得栅栏似乎有千条,
千条栅栏外不存在世界。

老是在极小的圈子里打转,
健壮的跨步变成了步态蹒跚;
犹如力的舞蹈,环绕一个中心,
伟大的意志在那里口呆目惊。

当眼帘偶尔悄悄地撩起,
就有个影像进入到里面,
通过四肢的紧张的安静,
将会要停留在他的心田。

(陈敬容 译)

向来生活在山林中的猛兽,一旦被关进栅栏,它的世界缩小到仅仅

---

[1] 副题不是德文而是法文,英译本保留法文而未译出。有人想当然地将植物园译成了"动物园",那是不符合原作的。

咫尺之地,处境变得如同一只小老鼠。在它看来,铁栅栏仿佛有千条万条,给它布下了天罗地网,铁栅外面的世界十分陌生而与它无关,等于不存在一样。往日在山林中它是多么自由,如今被关在铁栅栏里,它那威武的跨步再也施展不开了,这正如我国老话里说的"英雄末路"。猛兽落到了犹如老鼠的地步,但又毕竟不同于老鼠,它的意志决不会被铁栏所界定。暂时它仿佛在闭目沉睡,但至少并没有真正死亡。而这,却正是悲剧所在。

诗作于1903年,里尔克的创作已进入成熟期。当时,他青年时代的感情抒发有所减少,而有关宇宙和人生的探索与追求则日渐增多和加深。这首诗从客观角度,反映出诗人探索人生的一些复杂思绪。 (陈敬容)

1906年的自画像
里尔克

祖传的古朴而高尚的气质,
清晰存留在眉目之间。
犹带稚气的眼神,含着惊恐和忧郁,
时或还有谦卑——不是那种奴性的,
而是乐于服务的,妇女的谦卑。
嘴生得还像样,阔大而轮廓分明,
不具有说服力,然而相当地
坚定。毫不狡诈的额头
仿佛荫蔽着静静俯垂的凝视。

这些都只能感知,正如那整个脸孔,
在苦难或成功之际,也从不
为了恒久目标而皱起。
但某些严肃和真实的已经在创造,
仿佛带着稀有的事物从远方来到。

(陈敬容 译)

法国名诗人勒内·夏尔为里尔克做的塑像，可说是一尊沉思之像：那俯垂的眼睛，那宽阔的前额，那紧闭的嘴唇，把整个面部表现得极有性格。1906年春天，里尔克用诗给自己画的像，正好可证明夏尔所做的塑像是成功的艺术品。

　　20世纪初叶，正当里尔克的诗创作艺术完全成熟并陆续结出了累累果实的时期，这首《自画像》真实地表现了诗人自己一贯的古朴高尚，以及他的谦和、忧郁、恐惧等品格和情绪。

　　里尔克是十分谦和的，但同时却有着充分的自信。他极其崇尚真实与严肃，这种真实是通过象征表现出来的艺术真实。他给自己画像也同他刻画别的人或物一样，透过表面深入到内里，哪怕是较难于理解的心理现象，如忧郁、恐惧之类，也毫不掩饰地予以抒写。　　　　（陈敬容）

舞蹈的西班牙姑娘

里尔克

如同手中的一根火柴，刚刚点燃
便朝四周伸出颤动的火苗——
她的圆舞光辉热烈，在围观者当中
也是像这样颤动着扩展开去，
忽然间变成了一团火焰！

她闪视的目光使她的鬓发生辉，
随后她又施展大胆的技艺，
让衣裙一面燃烧一面旋转，
赤裸的手臂从火中高举，
像被惊醒的蛇在嘶嘶鸣叫。

虽然依旧被火焰紧紧围裹，
她却把火拢成了一团，
高傲地投出，又急切地

对它注视:它躺在地上骚动
依旧燃烧着,不肯屈服——
胜利中,她坚定而欣慰地
甜甜一笑,抬起头用秀挺的
小脚,踏灭了火焰般的舞蹈。

(陈敬容 译)

  这是里尔克在1906年6月创作的一首诗,直接运用视觉形象而作的诗章之一,表现西班牙姑娘舞蹈时仿佛变成了一团火的生动情景,反映出诗人自己对生活的热爱与追求。整首诗里流动着一股欢乐情绪和进取精神,这在里尔克的大量诗作里是并不多见的。

  根本没有火苗或火焰,这首诗读起来却仿佛真看见那位姑娘跳起圆舞就变成了一团火,她的衣裙正在"一面燃烧一面旋转"着。写到诗的末尾,即舞蹈就快结束的时候,才十分自然地点明——那不过是一场火焰般的舞蹈,姑娘用秀挺的小脚将它踏灭了。"它",既是火焰,也是舞蹈。

  从整首诗里,我们呼吸到的,是火焰一般炽热的青春活力。

(陈敬容)

恋 歌

里尔克

我将怎么样守护我的灵魂,让它
不被你的灵魂所接触?我将怎么样
越过你而将它带向别的事物?
啊,我愿意欢乐地把它藏起,
让它在静谧的黑暗里——
在陌生而寂静的处所,当你深沉的灵魂
战栗又歌唱,它也不会震颤。
但一切触动我们的都使你同我成双,

就像那横过小提琴的弓

从两根弦上只拉出一种声响。

我俩是张在何种乐器上?

我俩是握在哪位伟大演奏家手中?

啊,最最甜蜜的歌。

(陈敬容 译)

  一首纯粹的抒情之作,写于1907年3月中旬,抒写的是极其炽烈深厚的爱恋之情,表面看来却似乎相当冷静。把自己同所爱的人比作两根琴弦,当琴弓横过它们的时刻,两根弦奏出的是同一种声调。这样别致而贴切的比喻,让人能自然地领会所写的恋情是何等真挚——两颗心如同一颗心,因为穿过它们的是同一支爱神丘比特的弓箭。那么这两根弦是张在什么乐器上的呢?是被怎样伟大的演奏者握在手中的呢?末尾这样的设问,仿佛透露着一点困惑。

  恋歌又称情诗,它是古今中外诗人们喜爱的品类,诗人们运用它写出过大量感人的诗章。里尔克的这首取材独特的恋歌,可以称是其中的别开生面之作。

(陈敬容)

严重的时刻

里尔克

此刻有谁在世上某处哭,

无缘无故在世上哭,

在哭我。

此刻有谁夜间在某处笑,

无缘无故在夜间笑,

在笑我。

此刻有谁在世上某处走,

无缘无故在世上走,
走向我。

此刻有谁在世上某处死,
无缘无故在世上死,
望着我。

(陈敬容 译)

　　这首诗只有短短的十二行,却能引发我们对许多问题的深思。宇宙是广阔无边的,时间是永续不尽的。大地上每一角落,时间长河中每一分秒,都可能有什么正在诞生或正在消亡,也或许正在行动,正在啼笑歌哭。诗人把自己安放在这样一个时刻,设身处地去体验、去感知那无比的严重。

　　请想象一下:假若你好端端突然听到这世上正有人在哭,在为你而哭;或在笑,在因你而笑;有人正在朝着你走来但不明白为什么;有人正在死去而双眼直勾勾望着你……在那样一个时刻,在极其短暂的分秒之间,即使仅仅面对着其中的任一种情景,谁能不被异常的严峻所震慑呢!在那一瞬间,你似乎听到了来自大宇宙的神奇的声音,似乎突然领悟了生命的奥秘。

　　一首仅十二行的短诗,它的包容性却如此巨大!从表面看来,全诗的用词遣字都十分单纯和平易,并没有什么惊人之笔,更没有任何华丽辞藻,但每个词每个字都是何等的准确精当,根本不可能做任何增减或修改。可见真正的名家、大家,都喜好深入浅出,不屑于玩弄笔墨,故作高深。

(陈敬容)

预　感

里尔克

我像一面旗被包围在辽阔的空间。
我觉得风从四方吹来,我必须忍耐,

下面一切还没有动静：
门依然静静关闭，烟囱里还没有声音；
窗子都还没颤动，尘土还很重。

我认出了风暴而激动如大海。
我舒展开又跌回我自己，
又把自己抛出去，并且独个儿
置身在伟大的风暴里。

（陈敬容　译）

在大风暴来到之前，一个人，尤其是一个诗人，会有些什么感受——什么不同于平常的特殊感受呢？里尔克将那时的自己比作一面旗，"被包围在辽阔的空间"。这种感受，与其说是孤独，不如说近乎洁身自好。大风暴将来未来之际，一切是多么沉寂："窗子都还没颤动，尘土还很重。"但风暴一来就掀动一切，冲刷一切，原先似乎孤独的个人，却要"把自己抛出去"了。唯其如此，他也才终于能够"置身在伟大的风暴里"。

诗人预感到的风暴，可能是实指自然界的风暴，也可能另有所喻。但我们不好随便妄测，例如设想它指的是若干年后的第一次世界大战等等。就诗论诗，它读来自有一种超尘脱俗、卓立不凡的气概，一如里尔克的为人。

法国18世纪著名散文家布封的那句名言"风格即人"，在里尔克的《预感》这首诗里仿佛获得了形象化的印证。

（陈敬容）

声 音

里尔克

题记

富足和好运很可以沉默不语，
没谁想知道他们的究竟。

但贫困却需要表白自己,
需要说出:我是个盲人,
或是:我快要变成盲人了,
或是:我这里情况不佳,
或是:我有一个生病的孩子,
或是:我身子好像要散架……

可也许那样还远远不够。

要不然谁都会不关心他们,
正如他们不关心别的,他们必须歌唱。

于是你也听到几支美好的歌。
人们可真奇怪;他们或许会
在儿童歌唱队听出阉割的声音。

但上帝亲自来到并且待了很久,
当这些被割切的人使他烦忧。

一、乞丐之歌

我常常逐门逐户地走去
接受施舍和辱骂,
忽然间我宁愿把我的右耳
藏在我右手的掌心。
这样在我听起来
我的声音就好像无比陌生。

这样我就弄不清是谁在叫喊,
是我还是别的什么人。
我叫喊只为了极少极少,

诗人们却为了更多才呼号。

到最后我就把脸面
连同双眼一齐贴在我手上,
当它在手上放下了全部重量,
看起来真像是在那儿休息。
这样他们就不会认为
我甚至没有让脑袋安息的地方。

二、盲人之歌

我是盲人,你走开吧——那是一声咒骂,
一个矛盾,一件相反的事物,
有点像常见的困难。
我把手扶着我妻子的胳膊,
我灰白的手扶着她灰灰的胳膊,
她便领着我穿过——不是别的,只是空虚。

你活动灵便而自认为壮健,
如同各色的石块;
但你可错了:只有我
活着,备受着折磨,而且呼喊。

我体内有一种永无休止的哭嚷,
我不知道那哭的是我
还是我的心或者肝脏。

你知道这些歌吗?这些歌你没有唱过,
没有用这样的歌调唱过。
因为每一个早晨,新的亮光
来到你开阔的住所使你温暖,

你有面对一切的感觉,
而它怂恿你甘心去忍受。

三、酒徒之歌
它不在我体内。它来去自如。
我想抓住它,它却被酒抓住,
(我不明白它究竟是什么。)
酒为我取得这个又取得那个,
直到我整个儿依赖于它。
愚蠢的我。

如今我是在它的戏法里了,
它用耻辱包围我并且至今
任凭我堕入兽道和死亡。
当它终于战胜我,肮脏的纸牌,
它就要用满是灰斑的爪子把我抓住,
并且扔进泥污。

四、自杀者之歌
好吧。再等一分钟。
他们想割断
我的绳索。
此刻我一切都准备就绪,
已经有一点儿永恒
在我内脏里。

他们把汤勺向我举来,
勺内满盛着生命。
不,我并不需要。我再也不要,

请让我吐掉。

我知道生命完备又美好,
整个世界就是满满的一锅,
可是对于我,它溶不进血液,
光只上升到我的头脑。

对别人它提供营养,然而只让我生病,
你明白我为什么拒绝不理。
因为我需要吃喝,
到现在至少已经一千年了。

五、白痴之歌

他们并不妨碍我,
却听我自便。
他们说什么事都不会发生。
多么美妙。

不会有什么事,一切都永远
围绕着圣灵[1]转来转去,
围绕着某种精神(你明白)。
多么美妙。

不,人们一定没想到
那里边存在着各种危险,
当然呵有血。
血是最了不起的。血是悲惨的。

---

[1] "圣灵"二字,原文是大写的。

有时我以为我不能继续下去——
多么美妙。

啊,那是一只多漂亮的球,
又红又圆像任何地方。
好,那是你所创造的,
是否有人呼唤它就会来到?

所有那些行为是何等古怪,
跑在一起,却各自游开;
友善,但有些冷淡;
多么美妙。

六、寡妇之歌
一开始生活对于我挺好,
它使我温暖,让我休息。
对所有年轻人它一向如此。
此外我怎么能知道!

我不懂活着是怎么回事——
忽然间年复一年
不再美好,不再新鲜,不再奇异,
仿佛从当中被撕成了两半。

那不是他的也不是我的过错;
我俩彼此间除开忍耐再没有什么,
而死亡呢它一无所有。
我看见他来了(他来是什么意思),
守着他取走又取走;
反正生命并不是我自己的。

可什么才是我的，我自己的？
连我悲惨的存在
不也是从命运借来？
命运可不只需要幸福，
它还要痛苦和哀哭，
为老年它购置了残破。

命运存在而且要求
我脸上每一种表情都等于乌有，
包括我讲话的方式。
那是一种日常的出卖；
而且当空空如也时它便抛开我，
让我一无挂碍。

七、孤儿之歌

我什么人都不是，也不会是什么人，
对于做人我现在当然太小，
但已经迟了。

母亲们和父亲们，
怜悯我吧。
的确不值得费心来将我抚养：
反正我会给抹杀。
没有谁能够利用我；目前还太早，
到明天可又太迟了。

我只有这一身衣裳，
早已破旧，早已褴褛，
但它或许会经历永劫，

即使在上帝面前。

我只有这一撮头发，
（这唯一仅存的）
往日那是某个人最爱的。

如今呢他什么也不爱了。

八、侏儒之歌
我的灵魂也许是正直而善良；
但我的心，我被搅乱的血液，
所有伤害我的一切事物，
我无法把它们弄直。
它没有花园，没有床铺，
它带着可怕的扇动的翅膀
挂在我精瘦的骨架上。

我的双手再也做不成什么。
它们是何等发育不全啊，瞧这里，
它们活动时阴冷、笨重而潮湿，
如同雨后的小蛤蟆。

我其余的一切也都
陈腐、老旧而悲惨，
上帝可怎会犹豫
不把它们安置在粪土里？

他是否因为我这副脸孔
和执拗的嘴唇而恼怒？
这脸孔时常准备

变得光辉、清楚,
但却没有谁像一条大狗
那样靠近他跟前。
而狗们是没有这种脸孔的。

九、麻风病者之歌

瞧,我被人们遗弃了。
这城里没谁知道我,
我得上了麻风病。
我敲打我的发声器,
把我愁苦的叹息
敲进每一个
走过我身边的人的耳朵。
那些偶尔听见了的人
不朝这边看,这里发生了
什么事,他们不需要明白。

在我的拍手声所到达的范围,
我十分自在;可是也许
是你使我的拍手声这么响亮,
打算躲开不走近我的人们,
没有谁相信距离我很远;
于是我能够走很长的路,
看不到少女、妇人、
男子或儿童。

我不愿去吓唬野兽们。

(陈敬容 译)

《声音》这一组诗——九首并题记一首,大部分作于1906年6月,是专门为不幸的人们写的。在组诗前面的《题记》诗中,一开头里尔克就道出了自己的创作意图,"贫困却需要表白自己",接着又说,"要不然谁都会不关心他们"了。

里尔克并不自认为具有改变一切的能力,但作为优秀的艺术家,他有一颗柔软的心,能够深入体察别人的不幸。在这一组的九首诗中,里尔克分别代之诉说的,就有乞丐、盲人、酒徒、自杀者、白痴、寡妇、孤儿、侏儒和麻风病者,总之都是些最容易被遗忘或鄙弃的人。

那个乞丐实际上根本没有可以安息的地方——他没有家也没有床铺,成天只是"逐门逐户地走去接受施舍和辱骂"。到了该睡觉的时候,他也不可能正常地躺下,只好在街上某一个角落,把脸孔和双眼一齐贴在双手上,制造一个正在睡觉的假象:"看起来真像是在那儿休息"——他是希望别人以为他真是在睡觉呢。人在困境中的可怜的自尊!

而那个盲人呢,竟然觉得自己的体内有一种永无休止的哭嚷,同时也知道别人活动灵便而且自以为是壮健的,知道别人并没有用他所用的声调唱过他所唱的歌,那不过是因为别人有开阔的住所,每天早晨都能照进去新的亮光。他自己的眼睛呢,根本看不见什么亮光,永远地处于黑暗之中。

"酒为我取得这个又取得那个……"自我陶醉的酒徒说。其实他并非不明白整个儿依赖于酒是愚蠢的,也感觉到作为一个酒徒所蒙受的耻辱——"堕入兽道和死亡",但又不能主动地戒除恶习,只好等着被扔进泥污,再不能自拔。

最令人惊心的,是那因为贫穷与饥饿而决心自杀的人临终前的话:"我需要吃喝,到现在至少已经一千年了。"当此之际,虽有人把满盛着生命的汤勺向他举来,他也不再需要了。虽然他知道生命是"完备又美好"的,但生命并不属于他,他马上就要同这个世界永别了。

那个白痴却对世间一切似乎都非常满意,老是连声地称赞:"多么美妙。"直到他发现有些人"跑在一起,却各自游开;友善,但有些冷淡",此时他虽然觉得古怪,但也依旧认为,那也是十分"美妙"的。

"可什么才是我的,我自己的?"这样提问的是个已经一无所有的寡妇。她很知道连她那悲惨的存在,也是从命运借来的,她自己早已被人们忘记了。最后她终于明白:命运并不只需要幸福,痛苦和哀哭它也需要;而对于老年,它就只用残破来对付了。

那幼小的孤儿,竟然会觉得自己做人还太小,可是呀"已经迟了"。真有点像个预言家,他明白不会有谁愿意费心来抚养他,他反正会被抹杀掉。若是有什么人想要利用他,那却又太早了,首先还得抚养他,让他长大。除了一身褴褛和一小撮头发,他早已一无所有。那做父亲的人曾经对孩子的头发十分珍爱,如今既然抛弃了孩子,按理大约会"什么也不爱了"。至此,我们再回头去读前面两行"母亲们和父亲们,怜悯我吧",就会更觉得心酸。

那个侏儒呢,他倒并没有由于自己的矮小丑陋而自暴自弃或自认卑下。他甚至敢于对上帝发出嘲讽,说自己得不到照顾是由于没有像一条大狗那样去靠近上帝,因为狗们的脸孔都比他的脸漂亮。

麻风病者该是最孤单的人了,谁都害怕被传染而不敢接近他们。为了孤单得更加彻底,他便使劲儿拍手,好让人们听见便赶快躲得远远的,这样他就能安静地走很长的路,路上再不会碰见任何人了。他为此还幽默地说,那是因为他"不愿去吓唬野兽们"。

以上这些诗,分别表现了处于社会底层的人们的一些境况,从中可以见出里尔克的博大胸怀和深深的悲悯之情。但里尔克并不以救世主自居,若想要从他的作品中觅取到什么济世的良方,那自然是会失望的了。

(陈敬容)

策兰 (2首)

保罗·策兰(Paul Celan, 1920—1970),奥地利诗人。1920年11月23日出生于原罗马尼亚的切尔诺夫策(今乌克兰境内),父母都是讲德语的犹太人。1938年他去法国图尔学医,次年返回故乡学习罗曼语文学。

第二次世界大战期间他因为是犹太人受尽迫害,他的双亲于1942年惨死在法西斯分子手下。1945年第二次世界大战结束后他又继续上大学,攻读日耳曼语言文学并担任过德语教师。1947年开始发表诗歌,重要诗歌集有《罂粟与记忆》(1952)、《从开端到开端》(1955)、《语言的栅栏》(1959)等。1960年获西德的毕希纳奖。他曾在布加勒斯特、维也纳、巴黎等地工作。1970年4月在巴黎自杀身亡。逝世后出版遗著《诗集》(1975)。

策兰是第二次世界大战后德语文学中最重要的诗人之一。他的诗歌深受法国象征主义和超现实主义诗歌的影响。在他的许多诗作中,结合自己的亲身体验描写了法西斯的专制统治和犹太人隔离区的恐怖生活。他在诗歌语言和象征手法上有不少创新,因此他的作品具有多义性,在当代西方诗坛上颇受重视。

死亡赋格曲

策 兰

早晨的黑色牛奶我们晚上喝它

我们中午喝它早上喝它夜里喝它

我们喝啊喝

我们在空中挖一座坟墓那儿睡得不太挤

有一个人住在房子里他玩弄毒蛇他在写信

天黑的时候他写信到德国你的金黄秀发的玛格蕾特

他写信给她他走到屋前天空中星光灿烂

他吹哨叫来了他的走狗恶犬

他吹哨叫来了手下的犹太人让他们在地上挖掘坟墓

他命令我们现在奏乐起舞

早晨的黑色牛奶我们夜里喝着你

我们早上喝着你中午喝着你我们晚上喝着你

我们喝啊喝

有一个人住在房子里他玩弄毒蛇他在写信

天黑的时候他写信到德国你的金黄秀发的玛格蕾特

你的枯槁灰发书拉密我们在空中挖掘一座坟墓那儿睡得不太挤

他高声命令你们这些人深深挖土你们那些人奏乐唱歌

他伸手拿起腰间的火器他挥舞着他的眼睛碧蓝

你们这些人铁锹深深踩下去你们那些人继续奏乐跳舞

早晨的黑色牛奶我们夜里喝着你

我们中午喝着你早上喝着你我们晚上喝着你

我们喝啊喝

有一个人住在房子里你的金黄秀发的玛格蕾特

你的枯槁灰发书拉密他玩弄毒蛇

他高声命令他甜蜜地扮演死神死神是来自德国的大师

他高声命令小提琴拉得低沉些你们就化为轻烟升入九天

你们就在云端有一座坟墓那里睡得不太挤

早晨的黑色牛奶我们夜里喝着你

我们中午喝着你死神是来自德国的大师

我们晚上喝着你早上喝着你我们喝啊喝

死神是来自德国的大师他的眼睛碧蓝

他用铅弹打中你他丝毫不错打中你

有一个人住在房子里你的金黄秀发的玛格蕾特

他让走狗恶犬折磨我们他送给我们一座空中坟墓

他玩弄毒蛇他想入非非死神是来自德国的大师

你的金黄秀发的玛格蕾特

你的枯槁灰发的书拉密

(倪诚恩 译)

《死亡赋格曲》是策兰最负盛名之作。它在当代德语文学中占有极其重要的地位。这首诗作于1945年,发表于1947年。当时第二次世界大战刚刚结束,欧洲大多数国家沦为一片焦土,德语文学在惨遭法西斯蹂躏之后破残不堪,许多德语词汇经过希特勒滥用也已面目全非。面临这一情况,德语文学界的许多人都处于悲观绝望之中。《死亡赋格曲》就像吹皱一池春水的东风使人们重新萌发了希望。

这首诗形式工整但内容费解。诗人在诗里使用了顿呼手法,即把不在场的人当作在场的人用"你"称呼,把非生物当作生物称呼,并与"你"对话。本诗中的"早晨的黑色牛奶我们夜里喝着你""你的枯槁灰发的书拉密""你的金黄秀发的玛格蕾特"等均属顿呼之列。因为全诗没有标点,有时人称代词究竟指代何人就不大清楚。诗中的"我们"都指代犹太人,"他"指代集中营的德国长官。至于"他高声命令你们这些人深深挖土你们那些人奏乐唱歌"等句要在加上标点之后才清楚易懂:"他高声命令:'你们这些人深深挖土,你们那些人奏乐唱歌。'"同时诗中的意象零乱重复,断断续续,这也使内容更加费解:早晨的黑色牛奶——坟墓——你的金黄秀发的玛格蕾特——枯槁灰发——来自德国的大师……这些景象不断地重现,只是它们的组合是变化不定的。如果按照逻辑加以排列,那就是:在某个被希特勒占领的国家里,有一座杀害犹太人的集中营。"一个人"是集中营长官,他住在房子里写信(犹太人住在木棚里,不准写信)。他想念故乡和妻子,走出屋子满怀乡愁仰望星空。为了驱除乡愁他就在这深更半夜把那些疲惫不堪的犹太人叫起来再次折磨他们。然而这样的平铺直叙就不成其为抒情诗;诗人抒情的角度是犹太人在做恐怖的噩梦,就像在发高烧那样,梦见的总是某几个意象,只是前后次序有颠倒和变化。诗中意象的零乱、重复和断断续续正是犹太人恐怖感的表现。

诗的开头"早晨的黑色牛奶"是一个逆喻。所谓逆喻是指把两个矛盾概念组合为一体的修辞手法,它不仅能引起人联想,而且由于两相对照,矛盾分外尖锐,特别能引人深思。人们早晨喝的牛奶是白色的,可是在集中营里牛奶是黑色的。黑色象征悲哀、绝望、死亡。在这一逆喻之后，诗人罗列了时间状语早上、中午、晚上、夜里。世界上只有婴儿才一天到晚都喝牛奶。诗人用这样的意象表现了犹太人就像婴儿一样虚弱、孤苦伶仃，他们所见、所闻、所感、所思只有黑色的牛奶。对他们来说，死亡的威胁无时不在，他们是死神手中的婴儿。

这首三十六行的诗可分为四节，每节都是噩梦的一次重现。全诗每一节都以"早晨的黑色牛奶"起头，这叫作首语重复，是用以加强语气的修辞手段，是在《圣经》中常见的。它像乐曲中的主导动机反复出现，引出了正主题——犹太人的恐怖悲叹。"有一个人住在房子里"的反复出现则是另一个主导动机，它引出第二主题——来自德国法西斯的残暴。全诗"我们"一词重复了二十次，它不是一般抒情诗中虚构的"我们"，而是诗人和同胞兄弟同甘共苦紧密团结的明证。

诗的后半部分里图像变换越来越快，最后变换遽然而止，零乱消除，全诗整整齐齐归结成为短短的两句——两个十分简明而对立的图像：长着金黄秀发、健康快乐的玛格蕾特，她是集中营长官的妻子；书拉密是犹太少女，这个名字出自《圣经》，《雅歌》第七章都在歌颂她的美貌——"……你头上的发是紫黑色。王的心因这下垂的发绺系住了。"而如今犹太少女变成一头枯槁灰发。"灰"在《圣经》中是极度悲伤的表示。玛格蕾特和书拉密两个形象在诗的结尾并列着、对立着：一个欢乐一个痛苦，一个生一个死。诗的主题在四次强调之后最后汇合成结尾和弦，这两行诗就像一段齐奏乐句把两个声部集中起来。它们是全诗的最强音，然而读者感受的却是一片沉寂，是死亡的到来。

这首诗的结构借用了音乐中的赋格曲形式，因而题为《死亡赋格曲》。赋格曲是复音音乐中最完美的形式，它的主题至少有两个独立、平等的声部，它们先后出现并以对位形式贯穿全曲。策兰严格地按照赋格曲程式来写这首诗。他以正主题"早晨的黑色牛奶"作为一个声部，以第二主题"有一个人"作为另一声部，并让它们彼此追逐。诗人采取这种回旋曲式不是单纯追求形式新奇。应该说,这种回旋曲式是受迫害的犹太人的心灵现实直接的表现:死亡的恐惧使他们头昏目眩,他们看到的景象是急速旋转的。赋格曲的回旋形式表现了疲惫不堪的人们回旋式的噩梦。诗的原文用扬抑抑格和抑抑扬格两种韵律交替,加上全诗没有标点,使人有飘忽失重、阴森可怕之感。

(倪诚恩)

白 杨 树

策 兰

白杨树,你的树叶露出白眼正视着黑暗。
我母亲的头发还从未变成白色。

蒲公英,你长遍绿草如茵的乌克兰。
我金黄色头发的母亲没有回来。

云中雨,难道你要下落到水井里吗?
我谨慎的母亲为所有的人哭泣。

圆形星,你围绕金色的飘带运行。
我母亲的心脏被铅弹击中。

橡树门,是谁把你从门轴上卸下?
我温柔的母亲再也不能回来。

(孙坤荣 译)

这首抒情诗作于20世纪50年代初,饱含着策兰的悲哀和愤怒,是对法西斯统治的又一次控诉。诗人以《白杨树》作为诗名,具有象征意义——它是恐惧的象征。德语中形容一个人恐惧有句谚语:"他颤抖得像白杨树叶子。"

全诗五节十行,用的是偶句形式,即每两行一节,有些类似我国北方民歌"信天游"。每一节第一行写的是自然界的事物,第二行写的是母亲。诗人的双亲都是惨死在法西斯统治之下,这首诗也可以说是策兰对他母亲的深情怀念。第一节写法西斯统治年代,白杨树叶正视着罪恶的黑暗统治。当时,诗人的母亲也就四十岁左右,"头发还从未变成白色"。第二节写东斯拉夫地区的乌克兰,也就是诗人的故乡,那里长满蒲公英,绿草如茵,景色宜人。可是,诗人的母亲被逮去后没有回来。第三节写阴沉的云雨天气,云雨好像要下落到水井里一般。天空下着雨,而母亲流着泪,她是为所有的人哭泣。第四节写天上的星星,它围绕着金色的飘带——宇宙的轨道在运行;而诗人的母亲却已被法西斯匪徒的子弹击中心脏,牺牲在匪徒的枪口下。第五节写橡树门。橡树在德语国家是力量和自由的象征,它坚固结实,做成大门能抵御敌人的侵入。可是希特勒法西斯把橡树门从门轴上卸下,"我温柔的母亲再也不能回来"。

这首诗歌采用的是对应手法,自然界的事物和母亲互相对应。表面上看,自然界的事物和母亲没有什么关系,而实际上他们有着一种内在的联系。诗人通过这样的对应描写,以一连串意象(白杨树、蒲公英、云中雨、圆形星、橡树门)和母亲交织在一起,唤起读者的联想,更增添了对法西斯分子的痛恨和对无辜百姓的同情。诗歌语言简练、无韵,但节奏性强,而其中的象征意义更是十分深刻。顺便说一下,关于白杨树,各个国家有各种不同的理解和象征。我国作家茅盾曾写有著名散文《白杨礼赞》,其中谈到白杨树"傲然地耸立","不但象征了北方的农民,尤其象征了今天我们民族解放斗争中所不可缺的朴质、坚强,力求上进的精神"。这和德国人对白杨树的理解大相径庭。

(孙坤荣)

巴赫曼 (2首)

英格博格·巴赫曼(Ingeborg Bachmann, 1926—1973),奥地利女诗人、小说家,1926年6月25日生于克拉根富特一教师家庭。1945—1950年,巴赫曼在因斯布鲁克、格拉茨和维也纳等地大学攻读哲学、日耳曼语言文学和历史,以论述海德格尔的存在主义哲学的论文获哲学博士学位,1951—1953年任维也纳广播电台编辑。之后旅居罗马、慕尼黑、苏黎世等地,专事文学创作。其间也曾去美国旅行(1955),在德国法兰克福大学讲授诗学(1959—1960)。她曾获得多种文学奖,包括四七社奖(1953)、毕希纳奖(1964)、奥地利国家大奖(1968)。1973年10月17日,巴赫曼在罗马的一次火灾事故中去世。

巴赫曼早在上大学期间就开始文学创作,1946年发表第一篇散文作品,1948年发表第一首诗作。她的主要作品有诗集《延期付款的时间》(1953)、《大熊星的呼唤》(1956),短篇小说集《三十岁》(1961)、《同声》(1972),广播剧《蝉》(1955)、《曼哈顿的善神》(1958)。1971年发表的长篇小说《马利纳》是原计划的长篇三部曲《死亡的方式》中的一部,描写女主人公、第一叙事者追求爱情和自我完善,最终归于失败的过程。其余两部因作者早逝而没有完成。巴赫曼的作品语言简朴,但内涵深刻,并具有存在主义倾向,在德语文坛占有重要地位。

(孙坤荣)

延期付款的时间
巴赫曼

更加艰难的日子即将来到。
取消延期付款的时间
已在地平线上显然可见。
不久你就得系好鞋带,
把狗赶回低湿地带的院落。

因为鱼的内脏
在风中已经变冷。
羽扇豆灯燃出黯淡光芒。
你的目光在雾中探望:
取消延期付款的时间
已在地平线上显然可见。

那边,你的情人正陷没在沙中,

沙围绕着她飘动的头发升腾,

它打断了她的话,

它命令她沉默不语,

它发觉她会死去

并且甘愿

在每次拥抱后同她别离。

你别左顾右盼。

系好你的鞋带。

把狗赶回去

把鱼扔进大海。

吹灭羽扇豆灯!

更加艰难的日子即将来到。

(孙坤荣 译)

  这首诗发表于1953年出版的同名诗集中,此时正是冷战时期,当时东西方两个军事集团虎视眈眈,战争有一触即发之势。巴赫曼善于把具体和抽象融为一体,隐喻了一个生活艰难的世界。时间本来是一个抽象的概念,人只能感觉到它的存在,但是看不见它;加上"延期付款"一词后,抽象概念"时间"就具体化了,容易捉摸了。"延期付款"是个金融名词,就是推迟偿还债务;"取消延期付款的时间"意味着债务到期必须付清。债务对欠债人来说是一种经常不断的威胁,所以诗人开头说:"更加艰难的日子即将来到。"如果偿还不了怎么办?就只得出走、逃遁。第二节诗就写了与情人的分离,"拥抱后同她别离"。第三节全是命令句,以强调在不得不出走的情况下态度要坚决,行动要果断。最后一行,诗人重复开头的句子。至此,人们从全诗中体会到了持续不断的战争威胁和非人世界的境遇,时时刻刻都有各种各样的灾难,诗人向世人发出了警示。这首诗采用的是自由体,语言简洁自然,意象鲜明生动,阐释富有多义性。这种内涵富有哲学思考的诗作,在巴赫曼的诗集中比比皆是,因此评论界说她的诗歌是"诗化哲学"。

(孙坤荣)

大熊星的呼唤

巴赫曼

大熊星,下到人间来吧,乱蓬蓬的夜晚,
云中毛皮动物老眼昏花,
星星的眼睛,
你那带有钩状的利爪
闪着光芒穿过灌木丛,
星星的利爪,
我们警惕地守护着牧群,
虽然被你吸引,但并不信任
你那疲倦的胁腹和尖锐的
半露的牙齿,
你这老熊。

一枚球形果:你们的世界。
你们:果上的鳞皮。
我驱赶它,滚动它
从开初的松树
到最后的松树,
嗅嗅它,在嘴里试试
然后用爪抓牢。

你们害怕吧或者你们不怕!
向捐款袋里投些钱,
对那个盲人说些好话,
以便让他把熊拴住。

把羔羊烹调得更加美味。

有可能，这头熊
会挣脱链子，不再恐吓威胁，
而是追逐所有从松树上
掉下的松果，这些巨大的、翼状之物，
是从天堂里飘落而下的。

（孙坤荣　译）

　　巴赫曼的诗歌《大熊星的呼唤》发表于1956年出版的同名诗集中。这首诗的最大特点是通过不同对象领域的交叉重叠而产生意境，它的意义由三个主题图像汇聚而成：星星、熊和松树。把不同对象领域的词从语言上结合在一起，从而产生新的搭配或新词，如"乱蓬蓬的夜晚""云中毛皮动物""星星的眼睛""利爪""疲倦的胁腹"等，通过这样的结合构成了这首诗结构原则的双重含义。大熊星和森林中的熊是一种对立关系，可以给人以丰富的想象。第二诗节是从熊的角度讲的，也可以说是熊的回话。人间世界在宇宙中只是供玩耍的球，就像森林中的熊所玩耍的球形果一样。这节诗中提到的球形果、松树，要同最后一节诗联系起来理解，"这些巨大的、翼状之物，是从天堂里飘落而下的"，意义出自《圣经》故事。第三诗节又回到现实，在教堂里向系有小铃的捐款袋捐钱，让盲人把熊拴住，把羔羊烹调得更加美味。天上人间，虚虚实实，给人以联想的空间。

　　巴赫曼是一位哲理诗人，她通过这首诗说明了在生活受到原则威胁的阴影下产生的一种普遍的生活感受。这种感受由互不关联的三个主题图像，用节奏自由的无韵诗句表现出来，读来有一种新鲜感和震撼感。本诗文字优美、细腻、凝练，融智慧与诗意于一体，被收入多种选本。由于这首诗"摆脱一切逻辑和认识"，内容比较深奥，在译介上往往各不相同。

（孙坤荣）

瑞　士

凯勒（2首）

戈特弗里德·凯勒（Gottfried Keller, 1819—1890），瑞士德语作家，小说家兼诗人。1819年7月19日出生于苏黎世附近格拉特费尔登一个工人家庭。父亲早死，家境困难；后入一所贫民子弟学校上学，1833年在苏黎世州立工业学校学习，一年后因参加学潮被开除。以后他学过绘画，并于1840年至1842年间在德国慕尼黑逗留。1842年返回苏黎世，正是19世纪40年代革命浪潮时期。他受到弗赖利格拉特和赫尔韦格等人的政治抒情诗启发，开始创作诗歌，表达自己的政治热情。1846年出版第一部《诗集》。

1848年革命时，瑞士通过了联邦宪法，在政治上建立了资产阶级民主制度。凯勒热爱祖国，对民主制度有极大的信心。这种热爱和信心对他一生创作起了决定性的作用。同年他得到苏黎世州政府的奖学金，去海德尔堡大学学习。在那儿他听过费尔巴哈讲关于宗教的本质的课，这对他确立无神论思想和唯物主义世界观起了很大作用。1850年凯勒来到柏林，五年后回到苏黎世，至1861年。这个时期是他创作上的第一个丰收期，出版了《新诗集》（1851）、自传体长篇小说《绿衣亨利》（1854第一版）、中篇小说集《塞尔德维拉的人们》（1856）等作品。1861年他被选为苏黎世州政府的秘书长，任职达十五年之久。这中间他积极投入社会工作，几乎放弃了文学创作。1876年他辞去了秘书长职务，出现了创作的第二个高峰，完成了《苏黎世中篇小说集》（1877）、《绿衣亨利》（1880第二稿）、短篇小说集《箴言》（1881）、《诗歌全集》（1883）和长篇小说《马丁·萨兰德》（1886）等。1890年7月，他在苏黎世逝世。

凯勒是19世纪瑞士最伟大的作家，被誉为"中短篇小说家里的莎士比亚"。他的诗歌和小说继承了德国古典现实主义的传统，具有浓厚的抒情气息和生活气息,还包含了深刻的哲理,在德语文学中占有重要的地位。

献给祖国

凯 勒

啊,我的祖国!啊,我的祖国!
我是多么恳挚而热情地爱你!
最美的蔷薇,尽管众芳都已委地,
你依旧在我荒凉的海滨香气馥馥!

当我贫而乐、漂泊异国之时,[1]
拿国王的荣华和你的群山相较,
我这穷叫花在那儿多么以你自豪,
由于你,我忘却人君的奢丽!

海尔维齐亚![2]当我远在他乡之时,
一种深切的忧伤常常攫住我心;
可是,只要见到你的一个子民,
我又多么迅速地转忧为喜!

啊,我的瑞士,我全部的宝藏,
有一天我的末日到来之时,
我这个弱者虽然无补于你,
请不要吝惜给我一处埋骨的地方!

有一天我脱去这尘世的衣着,
那时我要对我主上帝祈祷:
"请用你最美丽的星辰照耀,

---

[1] 诗人寄居德国慕尼黑时,生活颇为贫困。
[2] 瑞士的旧称。

照临我这人世间的祖国！"

（钱春绮　译）

　　这首诗作于1843年，是凯勒早期政治抒情诗的代表作。凯勒于1840年去德国南部文化中心慕尼黑学习绘画，但由于经济拮据，连生活都十分困难，根本谈不上去跟名画家学画的事。于是不得不在1842年返回苏黎世。刚回到家乡，情绪比较低落。正是此时，德国革命民主主义诗人弗赖利格拉特和赫尔韦格等流亡瑞士。他们的政治抒情诗大大鼓舞了凯勒，他从中受到很大启发。此后，凯勒放弃了学习绘画的愿望，开始关心政治，并和德国政治流亡者来往，尤其和弗赖利格拉特过从甚密。在1843年至1844年间凯勒创作了大量的政治抒情诗。

　　凯勒一向热爱祖国，特别是在慕尼黑过了两年流浪生活后，更体会到"祖国"二字的深沉含义。诗歌一开始，诗人由衷地喊出："啊，我的祖国！啊，我的祖国！我是多么恳挚而热情地爱你！"在第二节诗中，诗人以豪迈的语句把多山的瑞士和一些富裕的德意志邦国国王（包括巴伐利亚国王和普鲁士国王）相比较，然后唱道："我这穷叫花在那儿多么以你自豪，由于你，我忘却人君的奢丽！"在第三、四节诗中，诗人敞开了心胸。虽然他当时人在他乡，祖国却一直在他心中，"只要见到你的一个子民，我又多么迅速地转忧为喜！"即使自己末日来临时，也要把自己的尸骨埋在祖国："我这个弱者虽然无补于你，请不要吝惜给我一处埋骨的地方！"这两句诗行，表达得多么谦逊，又多么执着。诗歌的最后一节，诗人表示在自己去世后，还要向上帝祈求祖国繁荣昌盛。凯勒对祖国的热爱真是自始至终，至死不渝。

　　这首《献给祖国》语言简洁，情意真切，押的是abba抱韵，铿锵有力，朗朗上口。

（孙坤荣）

晚　歌

凯　勒

我的双目，我亲爱的小窗，

许久以来,赐予我美丽的辉光,
请亲切地摄入——的物象:
你们总有一天要暗淡无光!

有一天疲倦的眼睑闭起,
你们的光辉消失,心灵也就休憩,
它会伸手脱去漂泊的游屐,
躺入暗沉沉的棺柩里。

现在它从内心观看,还看到
两点火花闪烁,像两颗星一样,
一直看到它们摇动而黯淡无光,
好像被蝴蝶的羽翼拂去一样。

可是如今我还在暮野里散步,
我只是和那西坠的夕阳为伍;
眼睛啊,请你尽量享用猎取
我的睫毛所摄取的人间佳趣!

(钱春绮 译)

这首诗写于1879年,是凯勒诗歌创作后期的重要作品,差不多被收入每一本诗选中。它得到了同时代作家施托姆的赞赏,被认为是歌德以后的最好的抒情诗。

《晚歌》抒发了人到暮年的思想和感情。当时凯勒刚好六十岁,在那个时代无疑已进入迟暮之年。诗人在这首诗中,通过双目的变化感到岁月流逝;他激励和鞭策自己,应抓住时机,尽量享用猎取"人间佳趣"。按照自然规律,过了五十岁后人逐渐衰老,眼逐渐昏花,并且它们"总有一天要暗淡无光!"等到光辉消失,心灵也就休憩,换句话说就要躺入黑暗的棺柩里。但是现在双目还像两点火花闪烁,就像两颗星星一样。诗人虽是迟暮之年,在暮野里散步,与西坠的夕阳为伍,但仍然非常乐观开朗，禁不住呼喊："眼睛啊，请你尽量享用猎取我的睫毛所摄取的人间佳趣！"

读这首《晚歌》，使我们想起曹操的乐府诗《龟虽寿》中的名句："老骥伏枥，志在千里；烈士暮年，壮心不已。盈缩之期，不但在天；养怡之福，可得永年。"人老心不老，在迟暮之年，尽量多做出些贡献；乐观愉快，活得更长久一些。这恐怕是古今中外一切有作为的人士共同的理想和心愿。

（孙坤荣）

迈耶 (2首)

康拉德·费迪南德·迈耶（Conrad Ferdinand Meyer, 1825—1898），瑞士德语作家，诗人兼小说家。1825年10月11日出生于苏黎世一个城市贵族家庭，父亲是州政府顾问，历史学家。他从小生活优裕，神经脆弱。1840年父亲去世，接受母亲严格的宗教和道德教育。1843年入苏黎世大学学习法律，但不久即辍学，在家自学历史和语言学。1852年得轻度精神病。1856年母亲去世后他才独立；接着先后去法国、德国和意大利旅行，深受意大利文艺复兴时代文化的影响。1864年发表第一部诗集《二十首叙事谣曲》；1871年发表长篇叙事诗《胡滕的末日》，引起文坛重视。在此期间，他还写了许多优美的抒情诗，也获得好评。他的诗作经常修改，至1892年出第五版《诗集》时才算最后定稿。

除创作诗歌外，迈耶还写了不少历史小说，大多描写中古时期、文艺复兴、宗教改革和三十年战争时代的生活，著名的有长篇小说《于尔格·耶纳奇》（1876）和中篇小说《护身符》《圣徒》《少年的苦难》等。

迈耶是瑞士19世纪文学中仅次于凯勒的代表作家。他的诗歌感情含蓄，注重形式，形象富于象征性。凯勒曾以金丝银线织造的"锦缎"比喻迈耶艺术之精湛。

雪峰之光

迈 耶

虽然我那青年的游兴犹浓,
我胸房里的心儿却在跳动,
我如今已回到故乡,我看见
终年积雪的山峰,顶着碧天,
　　伟大的寂静的雪光!

我曾经急忙忙地仓皇呼吸,
吸过都市的灰尘,市场的烟气,
我见过斗争。你有何感想,
我纯洁的高峰的雪光,
　　伟大的寂静的雪光?

我虽没有夸耀过我的故乡,
可是我对它却是心爱难忘!
不论是我的气质、我的诗章,
到处都照耀着高峰的雪光,
　　伟大的寂静的雪光。

在我没有进入坟墓以前,
我对故乡能有什么贡献?
我有什么不朽的礼物送给故乡?
也许是一句话,一首诗章,
　　一点微小的寂静之光!

（钱春绮　译）

这首抒情诗没有确切的创作时间,大约作于19世纪50年代末60年代初。1857年至1858年迈耶先后去巴黎、慕尼黑和罗马等地旅行,回到故乡后创作了一系列抒情诗,《雪峰之光》就是其中之一,表达了热爱故乡的情怀。这里的雪峰指的是阿尔卑斯山的雪峰。阿尔卑斯山横贯瑞士全境,全国平均海拔高达1350米,长年冰雪不化的高山地带占全部国土面积的十分之一。诗人摄取"雪峰"作为歌颂故乡的对象,应该说是在情理之中。这首诗字里行间流露出对故乡的无比的热爱,并由衷地感激故乡的雪光所给予他的一切。头三节诗的最后一行都是"伟大的寂静的雪光",但诗人用了三个不同的标点,是有其不同的含义的。第一节末的惊叹号是表达诗人对故乡雪峰的崇高的赞美;第二节的问号,是以纯洁、寂静的雪光同都市的灰尘、烟气进行对比,流露出对于城市烦嚣生活的不满;第三节用的是句号,肯定了故乡雪光对自己气质、品格的熏陶和艺术成就的影响,这就从不同角度歌颂了雪峰在诗人心目中的地位。第四节,诗人表达了自己的心意。他想为故乡做些贡献。诗人十分谦逊,故乡的雪光才是"伟大的寂静的雪光",而自己的诗章只是"一点微小的寂静之光"。

迈耶讲求严谨的结构和格律。五行诗体在德语诗歌中并不多见。迈耶在每节的前四行押的是aabb毗连韵,第五行都是押的一个韵,朗读起来有一种缠绵眷恋之情,表现了高超的艺术技巧。 (孙坤荣)

罗马的喷泉
迈 耶

喷泉飞上又飞下,
注满大理石的圆盘,
圆盘里的水盈盈不胜,
转注入第二个水盘;
第二盘水再满时,
又把水送入第三个盘里,
每一个水盘同时在接受、施舍、
  流动、休憩。

(钱春绮 译)

这首抒情诗写于19世纪50年代末旅行时期，迈耶曾不断修改，精益求精。现在存有三个版本。第一版是对罗马喷泉一般性的叙事抒情，全诗分二大节十六行。第二版修改得较为精练，成了二节八行。现在的这首第三版，改成一大节八行，更加精练优美。从这里可以看出诗人对创作的严格要求，对形式的执着追求。

诗歌内容很简单，抒写罗马喷泉的水柱上下飞舞，从一个水盘注入另一个水盘，再流入第三个水盘。但这里面包含着深刻的哲理。它象征着自然规律和社会规律。"每一个水盘同时在接受、施舍、流动、休憩"，自然和人生无不如此。迈耶的诗歌不是感情的自然流露，而是感情的回忆，在回忆中抒发对自然、社会、人生、爱情的看法；描写细致入微，语言优美凝练，读起来别有一种风味。　　　　　　　　（孙坤荣）

施皮特勒（3首）

卡尔·施皮特勒（Carl Spitteler, 1845—1924），瑞士诗人，1845年4月24日出生于巴塞尔州的利斯塔尔。父亲是一名高级官吏，他19岁时因与父亲发生争执而离家出走。后来为了取悦于父亲，他进了巴塞尔大学学习法律，随后又到苏黎世和德国海德堡攻读神学，1868年回到瑞士格劳宾登地方当乡村牧师。从1871年起，施皮特勒先在俄国后在芬兰的一些贵族府第充任家庭教师，八年后才回到祖国，在伯尔尼等地的学校教书，当新闻记者与编辑。1881年，他发表第一部长篇史诗《普罗米修斯与埃庇米修斯》（1924年改写后更名为《受难者普罗米修斯》）。这部作品取材于《圣经》，表现了他对于天神，实际上也就是对现代社会的各种压抑和禁忌的反叛情绪，含有哲学上的寓意，但并未受到文坛重视。直至1892年，他继承了岳父母的遗产，经济得以独立，才能专事写作。这个时期，他发表小说、诗歌和美学论文，开始为评论界所注意。

1905年，施皮特勒发表他的代表作、长篇叙事史诗《奥林匹斯的春天》。这部史诗分五个部分，长达二万行，取材于古希腊神话，阐明了人必须与命运和兽性的力量拼搏,充分反映了作者的人道主义思想,使他赢得了欧洲优秀诗人的声誉。1914年一战爆发,他发表题名为《我们瑞士的立场》的著名演讲,主张瑞士严守中立,团结了他的国家,得到了国人的赞誉,却受到了德国民族主义的攻击。1919年,施皮特勒获得诺贝尔文学奖,授奖是由于"对其史诗式的作品《奥林匹斯的春天》的特殊赞赏"。他的其他作品还有诗集《文学象征》(1892)、《钟之歌》(1906),中篇小说《康拉德少尉》(1898),寓言小说《伊玛戈》(1906)、自传体小说《我的早年经历》(1914)等。综观施皮特勒的作品,大都利用圣经故事和古代传说等题材,采取象征寓言手法,写出以真善美对假恶丑的斗争为主题的诗歌、小说,力图以它们取代当时的所谓"颓废艺术"。然而这个尝试并未成功,因为他的作品尽管宏伟壮丽,语言粗犷有力,内容却远离现实生活,且有太多的哲学思辨成分,广大读者较难理解;加之又深受宗教神学和叔本华、尼采哲学的影响,整个创作基调低沉而悲观,在文坛的影响愈来愈小。晚年他的健康状况每况愈下,1919年无法去参加授奖仪式,由瑞士外交部长兰格尔伯爵代他领奖。1924年12月29日,施皮特勒在卢塞恩去世,享年79岁。

含笑的玫瑰

施皮特勒

一位公爵的女儿,
嗑着果仁,
在清清小溪边漫步。

一朵小玫瑰,
艳红零落白绦丝丝,
扑在林地凋萎干枯。
她虽不堪硬土的欺凌,
可嘴边依然笑意流露。

"告诉我，小玫瑰，
你的生命力从哪来，
凋零中，
还那样笑口常开？"

几经挣扎，
玫瑰把头抬；
气吁吁，
轻声诉说：
"我闯过天堂曲径，
受泽于仙境草地；
天国的花香，
在我身旁轻吹。
纵然今朝红消香断，
我也要含笑魂归！"

（马君玉　译）

太阳应考
施皮特勒

行星，彗星，点点闪闪，
围住太阳，
突然罗列难题。

说一说：
哪来的光和热，
何有红黄橙蓝黑，
昼夜交替理何在。
——颗颗星星俨如行家，
神情自得。

太阳说:

"你们说的,我全不知晓。"

说罢起身站,

满眼喜悦,火般欢跳,

四周顿时明亮,

破晓!

(马君玉　译)

《钟之歌》序诗[1]

施皮特勒

钟啊,张开你银铃般的笑嘴,

请向我吐露真情原委:

"你终年蛰居陋室,

孤零零,只有狐鼠作陪。

告诉我:

你洪亮的嗓音谁造就?

你动听的歌声又是谁师授?"

"阁楼阴冷昏暗,

身处高塔顶尖。

我望穿风雨云层,

目睹人世间痛苦、忧愁。

我以智慧造化了美,

如此歌唱,如此鸣奏,

你会感到意外?"

(马君玉　译)

---

[1] 原标题为主题曲。

施皮特勒于1919年获得诺贝尔文学奖时,曾在评论界引起激烈的争论。反对者认为他在世界文坛上名气不大,在某些国家几乎不为人知;其作品的艺术价值"与其时代格格不入";他的诗歌神妙莫测,"因其深度和晦涩使走马观花的读者对施皮特勒不禁大惑不解"。因此,他的影响力几乎微乎其微。支持者则认为,施皮特勒是一位具有希腊—拉丁智慧的诗人,特别是他的史诗《奥林匹斯的春天》是一部充满创作天才的、富有独特个性的作品。他不是一位"著名人物",这来源于作者自身坚决而值得称赞地拒绝放弃他令人瞩目的"精神独立"。瑞典文学院授奖辞的结束语对这位独一无二的创造性诗人的"独立文化"表示了欣羡。

施皮特勒作为一位具有独立意识的史诗形式的写作能手,创作抒情诗也独辟蹊径,具有不同于寻常之美感和相契的理想主义。上引三首短诗写于19至20世纪交替时期,从一个侧面反映了他的一贯风格:富于象征,充满寓意,饱含哲理,发人深思。《含笑的玫瑰》通过一位公爵小姐和小玫瑰的对话,阐明了生命的价值和意义,"纵然今朝红消香断,我也要含笑魂归!"这首小诗在诗人众多作品中流露出乐观的心绪。《太阳应考》更是一首哲理诗,众星围绕太阳,罗列各种难题,准备考倒太阳。它们俨如行家,神情怡然自得。但太阳却说:"你们说的,我全不知晓。"起身站立,东方破晓,四周一片光明,众星黯然失色。对本诗的理解,智者见智,仁者见仁,均可获得一定的教益。《〈钟之歌〉序诗》是1906年出版的诗集《钟之歌》的主题曲,反映了这部诗集的整个主题思想。诗人通过拟人化手法,赋予钟楼塔顶的大钟以无限的生命,与诗人一起有问有答。施皮特勒运用诗意的言语,问者饱经磨难、情深意切,答者真情吐露、畅所欲言。"阁楼阴冷昏暗,身处高塔顶尖。我望穿风雨云层,目睹人世间痛苦、忧愁。我以智慧造化了美,如此歌唱,如此鸣奏,你会感到意外?"寥寥几行,把人世间的悲欢离合、沧海桑田,展现于读者眼前,激起无穷的遐想!

(孙坤荣)

比利时

凡尔哈伦 (6首)

爱弥尔·凡尔哈伦(Emile Verhaeren, 1855—1916),比利时著名诗人,诞生在安特卫普附近的圣·阿芒镇,中学时代就开始写诗。曾进鲁汶大学攻读法律,但他大学毕业后并不研究法典,却一心从事诗歌创作。1883年发表第一部诗集《弗拉芒女人》,歌颂家乡的女性美和自然美,获得很大成功,显示出出众的才华,在诗坛崭露头角。

凡尔哈伦带着纯朴的乡土气息走上诗坛,尔后成为欧洲卓有成就的象征主义诗人。1892年加入比利时工人党,积极参加社会活动,建立"人民之家"的艺术分会。由于他受到新兴的社会主义思想的影响,走上了现实主义的创作道路,用象征主义的表现手法描绘五光十色的现代生活的画卷,从而形成了凡诗的不凡风格,在现代派诗歌大森林里独树一帜,凡尔哈伦也因此成为一名有国际影响的诗人。

凡尔哈伦的诗的题材极其广泛:农村,城市;农民,工人;宗教,科学;叫花子,银行家;爱情,战争……各行各业,男女老少,都成了他抒发感情的对象。他的诗称得上是19世纪末20世纪初欧洲资本主义社会的"一面镜子"。诗人敢于破除对上帝的迷信,推崇科学,相信人类自己;揭露资本积累的罪恶,同情下层人民的疾苦,洋溢着强烈的爱国主义热情。他的诗浓墨重彩,声情并茂,昂扬豪放,往往在关键的地方画龙点睛,妙语惊人。

凡尔哈伦的主要诗集有:《黄昏》《土崩瓦解》《恍惚的农村》《幻想的村庄》《章鱼城市》《喧嚣的力量》《五光十色》《整个弗兰德》《最高的节奏》《熊熊的火焰》《战争的红翅膀》等。他的诗已被译成英、俄、德、意、汉等多种文字,在世界广为流传,成为人类共同的一份宝贵精神财富。

风 车

凡尔哈伦

风车转着深暮,忽悠忽悠,
背靠着满天愁云满天惆怅;
它转呀转,它的风帆,又破又脏,
忧伤衰弱沉重疲倦,无止无休。

从清早,它的臂膀,唉声叹息,
举上去落下来;瞧,它们又
在那儿垂头丧气。天空黑黝黝,
气息奄奄的大自然万籁俱寂。

村野上一个痛苦的冬日昏昏入睡,
行云经过沉闷的旅行精疲力尽,
低矮的树林集拢起它们的阴影,
一道道车辙沿着它走向死亡的天际。

古老的水塘边,有几间茅屋
可怜巴巴地围坐成一圈;
一盏铜灯照着天花板,
一缕光亮从窗缝里漏出。

在辽阔的原野上,在沉睡的池水边,
昏昏沉沉的房屋,天低云暗,
睁着裂开的玻璃窗眼在张望,
古老的风车在转,无精打采,转到死难。

(杨松河 译)

这首诗写于1887年。

海边的风车,本应是勤劳勇敢、生龙活虎、欢天喜地、欣欣向荣的。然而,在凡尔哈伦的笔下,却变得萎靡不振、精疲力竭、愁眉苦脸、死气沉沉的了。为什么？原来，凡尔哈伦的这部风车，是19世纪末欧洲农村败落、农民破产的象征。

19世纪末，欧洲自由资本主义已发展到帝国主义阶段。城市变本加厉掠夺农村，造成了农村的破产。农民被榨干了血汗，失去了一切的活力，广阔农村一片凋敝破落的景象，犹如这部又破又脏的风车，在黄昏里无精打采地转着。

全诗以萎靡的风车为中心，把凄凉的环境和暗淡的前程加以渲染，气氛沉闷得让人透不过气来：天低云暗，暮气昏沉，大自然气息奄奄；风车忧伤、衰弱、沉重、疲倦地转着，垂头丧气，唉声叹气；它看到痛苦的冬日昏昏入睡，行云经过沉闷的旅行已精疲力尽，一道道车辙沿着树的阴影走向死亡的天际；几间破茅屋，睁着破裂的玻璃窗口看它有气无力地转着，一直转到死难，看不到一丝的希望。诗人从三个不同的角度描写风车的不幸命运：第一、二节是诗人看到的风车，第三、四节是风车看周围的世界，最后一节是破茅屋看风车，三者得出同样悲观的印象。

这首诗选自诗集《黄昏》，它与《土崩瓦解》和《黑色的火炬》构成诗人倾诉19世纪末悲观绝望的阴暗的三部曲。　　　　　　　（杨松河）

虔　诚

凡尔哈伦

冬夜举起纯洁的圣杯祝福上苍。
我也举起我的心，我的黑暗的心，
　主啊，我的心！我的心！向着你的无边子虚，
不过我知道你凡事守口如瓶，
我知道万物皆空此心正死，一片乌有；
我知道你即谎言而我却对你喃喃祈祷，
　我跪下双膝；我知道你把双手合上，
你闭上双眼无视失望在呼号，
我知道我，只有我，在痴心妄想；

宽恕我吧,主啊,原谅我实在疯狂。

向着你的沉默我要为我的不幸大哭一场!……

冬夜举起纯洁的圣杯祝福上苍。

(杨松河　译)

这首短诗写于1888年,选自诗集《土崩瓦解》,是诗人闹"精神危机"的产物,是一曲对信仰失望的悲歌。

凡尔哈伦从小就受到家庭和教会严格的宗教教育,成为一名虔诚的天主教徒。他早期写过许多反映宗教生活的诗篇,来表达对圣洁上帝的崇敬。1886年,他发表诗集《修道士》就极力鼓吹清心寡欲。但是,他一旦接触到现实的世界,步入活生生的充满物欲的生活,便"开始与上帝疏远了",宗教的愚昧和虚伪从根本上动摇着他的信仰,造成了他的"精神危机"。

诗人看到的是一个黑暗、冰冷、严酷、丑恶的世界。他怀着一颗虔诚的心,像冬夜一样举起纯洁的圣杯,向上苍喃喃祈祷,祈求大慈大悲的天主降福于人类。但天主却合上双手,闭上双眼,守口如瓶,完全无视诗人失望的呼号。诗人虔诚的信仰受到无情的嘲弄,内心的痛苦达到了极点,对自己的不幸简直要大哭一场!

全诗以"冬夜举起纯洁的圣杯祝福上苍"为起兴,又以此句为收尾,前后呼应,中间突出因失望所造成的精神痛苦,令人痛心疾首,具有震撼魂魄的力量。

(杨松河)

挂　钟

凡尔哈伦

夜晚,我们的住宅黑得静悄悄,

那儿,拐杖和手杖[1],你争我吵,

---

[1] 此处指时针和分针。

顺着时间的楼梯上上下下，
挂钟们，迈着他们的步伐；

玻璃后面古朴的珐琅标志
和古老的花纹、数码和玉饰，
空荡惨白的走廊上的月亮，
挂钟们，他们的眼睛在张望；

死板的声音，沉重的音符，如锤似锉，
木质店铺词汇隐隐约约
分分秒秒像鸟雀叽叽喳喳，
挂钟们，他们的嗓门在说话；

橡木为壳而阴影为椽，
冷墙上挂着紧盖的尸棺，
数齿啃着时间的老骨，
挂钟们，他们散发着恐怖；

挂钟们
自觉自愿而又严肃认真，
犹如老练的女佣
时而木屐踏踏时而款步轻盈，
我询问时间的挂钟们呀，
他们的双腿夹得我害怕。

(杨松河　译)

这首诗发表于1895年。

法国前总统蓬皮杜编过一部《法语诗选》，《挂钟》是入选的唯一的一首凡尔哈伦的诗。它言简意赅，寓意深刻，象征着时间的无情。

诗人把时间具体化、形象化在挂钟上，构思奇特，想象丰富，耐人寻味。挂钟有时针和分针，它们是时间的两条腿，像手杖和拐杖那样争吵着,一阶一阶地爬着楼梯,迈着自己的步伐,从来不肯歇脚;挂钟有表盘,表盘上有数码,像一轮惨白的月亮,那是时间的眼睛,观察着,观望着,监视着人们的一举一动,鉴别着人间的美丑善恶;挂钟有钟摆,钟摆发出如锤似锉的声响,辞藻虽然隐约,但语调却不含糊,这是时间在说话,像鸟雀叽叽喳喳在发言,在议论,在评头论足;挂钟有齿轮,齿轮在啃着时间的老骨,一分一秒也不放过,每咬一口,时间就失去一分,想想人生能有多少骨头可啃呢,真叫人不寒而栗!不过,时间又像忠实而老练的女佣,自觉自愿地为你服务,态度却极其严肃认真。诗人抬头看看挂钟,不禁感到光阴逼人,催人奋进。　　　　　　　　(杨松河)

宾主对话
凡尔哈伦

——开门,人们,开开门,
我敲敲门坎和窗棚,
开开门,人们,我是风,
我披着枯叶斗篷。

——进来吧,先生,进来吧,风,
这是为您准备的壁炉,
还有粉刷过的壁龛;
风先生,请进屋。

——开门,人们,我是雨,
我是穿灰裙子的寡妇,
那缕缕裙丝,
在黑色烟雾中飘舞。

——进来吧,寡妇,请进屋,
进来吧,冰冷苍白的寡妇,

潮湿的墙上张开着裂口，
欢迎您到我们这里落户。

——掀开吧，人们呀，把铁闩打开，
开门呀，人们，我是雪，
我的白色的大衣
在残冬的路上融解。

——进来吧，雪，请进吧，太太，
把您的百合花瓣全带进来，
把它们撒遍我的寒舍，
直到炉子那里伸着的火舌。

因为我们是令人不安的人们
在荒芜的北国居住，
我们喜欢你们——唉，自从什么时候？——
因为你们让我们受尽痛苦。

(杨松河 译)

这首诗用拟人化手法，描绘出风雨雪交加中一间破屋穷困潦倒的惨状，欲抑故扬，诉苦却笑，构思精巧，催人泪下，与我国大诗人杜甫的《茅屋为秋风所破歌》有异曲同工之妙。

诗中有三位客人：风先生，雨寡妇，雪太太。破屋的主人对他们的光临一概表示热烈的欢迎。

风先生敲着门槛和窗棚叫门，主人请他进屋，他卷进来一堆枯叶，入壁炉，上壁龛，可以为所欲为。可见这间破屋已四面漏风了。接着叫门的是雨寡妇，她拖着灰色长裙，缕缕裙丝即是雨丝，她一进门就可以不走了，因为主人欢迎她来落户。可见破屋床头雨漏无干处了。最后叫门的是雪夫人，她披着白色大衣，要主人把铁门闩打开。可见此时已大雪封门。主人请雪夫人光临寒舍，让她的百合花瓣撒遍陋室，任它们自由地在炉火上飞舞。

诗的最后一节点题：主人之所以喜欢风、雨、雪，是因为长期以来，他们使他受尽了痛苦。他似乎与他们结下不解之缘，成了知心朋友，有他们还可以苦中作乐罢。苦笑比痛哭还令人同情。

原诗发表于1895年。

（杨松河）

树

凡尔哈伦

孑然一身，
不论是夏天的爱抚，还是冬天的摇撼，
不论是躯干凝霜，或是枝条挂翠，
天长日久，不管那些日子是爱还是恨，
它让至高无上的磅礴生命
在平原扎根。

几百年来它看到的是同样的田地，
是同样的耕作同样的播种；
今天，列祖列宗
虽然已经闭上了眼睛，
却看过它成长，一轮又一轮，
长出树皮和粗枝。

它泰然自若地指挥着农事；
毛茸茸的根为他们精置一张青苔软床；
它保护着他们午间休息，
对他们的子孙布下荫凉，
为相亲相爱的孩子们赐予甜蜜。
天一亮，在村子里，
它或唱或哭，向人们预报着天气；

它掌握着乌云翻滚的秘密,
它知道太阳为何与天气赌气,
过去它一直挺立在阴郁的田野上,
但不管留下什么记载,
这回忆,在自己的年轮里,意味深长。
一月才刚刚离开,
正当树汁,在老树干里,外冒
每一片叶芽,每一根枝条,
——狂热的唇瓣和弯曲的手臂——
发出一声召唤惊天动地
向着未来。

于是它用雨丝和光线,
对嫩绿的新叶抚摸爱怜;
它打好树节,它润滑着枝条;
它直逼苍天,头越抬越高;
它向四面八方伸长细根,
它饥餐渴饮周围的土和水,
有时候它也猛然止步,似乎对自己
默默的深刻的辛勤劳动感到惊异。

但是为了根深蒂固叶茂枝荣,
啊,它要经受多少严酷的斗争,寒冬!
风向树皮发起全面进攻,
风在怒吼,早已发疯,
冰霜似锋利的锉屑,
千仇万恨拼死一决,
东方的冰雹北方的雪刀,
阴冷的白色的冰冻齿切牙咬,

直到老皮下的新嫩,一大束纤维,
动一发而痛全身,纤维绞而筋骨碎,
然而它从来不
——哪怕是一会儿工夫,
松懈自己的拼劲,
坚定地希望自己成长新生,
春天一到,便会更加美丽风流。

十月,当黄金在树叶中得胜,
我虽然步履艰难,但仍然迈开大步,
经常远道去向它朝圣,
朝着这棵招风的秋树。
如火如荼的树叶像一个巨大的火盆,
它傲然屹立,堂皇富丽,头顶穹苍,
身上似乎披着千百万精灵,
精灵们在枝叶间轻轻地歌唱。
我向它走去眼睛充满着光明,
我抚摸着它,用手指,用手心,
我感到它在摇动直到地的深层,
进行着一场气势磅礴的超然运动;
我的胸膛猛然贴在它的身上,
爱得那样深,那样虔诚,
它的深沉的脉搏和全部力量,
传给了我一直深入到我的内心。

此时此刻,我同它的壮丽生命融为一体;
成了它的一枝一叶感到自盛自强;
它为人师表,在灿烂辉煌中巍然挺立;
我因此更爱土地,树林,水网,

辽阔坦荡的平原浮云飘游；
我立志坚强与命运抗争，
我的双臂真想环抱整个宇宙；
肌肉和神经的激动顿使我体态轻盈，
我高声呼喊着："力量神圣！
人必须留下自己走过的脚印
一步一步，踩在自己的宏图上：
它掌握金钥匙通往天堂，
它巨手紧握打开天堂的重重大门。"
我吻着带枝节的树干，如醉如痴，
当黄昏向苍天拂袖告辞，
我茫然若失，旷野死气沉沉，
我径直朝前走去，不分西北东南，
从痴狂的内心爆发出阵阵呐喊。

(杨松河　译)

　　凡尔哈伦素有"力的诗人"的美称。这不仅因为他本人精力充沛，也不仅因为他的诗句铿锵有力，更主要的是因为他崇拜力量。凡尔哈伦写诗，"力量"一词用得很多，有一首诗的标题就是"力量"，一册诗集的名字是"喧嚣的力量"。在他的"力量"诗中，《树》写得十分精彩。这棵树就是力量的象征。

　　这是屹立在广阔平原上的一棵独立大树，顶天立地，呼风唤雨，浑身充满青春的活力。它孑然一身，不论是春天在它枝条挂翠，还是夏天对它亲热爱抚，或是秋天风霜相逼，或是严冬冰雪摧残，它总是敢爱也敢恨，从来不曾松懈自己的斗志，始终不渝地把至高无上的生命在平原上牢牢扎根。金秋时节，诗人迈开大步去向它朝圣。诗人拥抱着这棵大树，顿时感到自己与这棵大树的壮丽生命融为一体了，变成了它的一枝一叶，感到自盛自强，情不自禁地呼喊起来："力量神圣！"人必须留下自己走过的脚印，一步一步，踩在自己设计的宏图上，因为宏图掌握着通往天堂的金钥匙,有了金钥匙就可以打开天堂的重重大门。这棵大树之所以有力量,是因为它扎根在祖国的深厚的土地上,每一片叶芽、每一根枝条,都在呼唤着美好的未来。这棵树是诗人人格的化身,是力量之树,也是生命之树。力量之树常青,生命之树也常青。

这首诗选自诗集《五光十色》,发表于1906年。此时,诗人的世界观已发生巨大变化,一改19世纪末悲观阴暗的诗风,引吭高歌,豪放昂扬,色彩鲜明,对未来充满信心,洋溢着乐观主义的激情。　　　　（杨松河）

祖国的碎片[1]

凡尔哈伦

这只不过是无边世界的一块土地。
北方
徒然把撕咬人的寒冷释放。

这只不过是沿海的一点地盘,
它的贫瘠的沙滩在伸展。

这只不过是一块狭窄的地方,
但却监禁着它的王后和国王[2],
和热爱他们的全国人民的深情。
北方
徒然把撕咬人的寒冷释放
它被烧得滚烫,这土地至高无上。

几支军旅,幸亏国王,

---

[1] 1914年4月,德国背信弃义,撕毁了保证比利时中立的《伦敦条约》,出兵占领比利时。诗人义愤填膺,写了这首诗悼念沦亡的祖国。

[2] 当时比利时国王阿尔贝一世拒绝德军入侵,并亲临前线指挥抵抗,因而得到人民的称颂。

得以在这里战功赫扬,

在泥泞的战壕从这一头到另一头,

泛滥的伊塞河[1]在此煞住水流,

不忍淹没农庄的园圃

昔日的鸟儿在开花的老苹果树上哺雏。

迪克斯慕德及其防线,尼奥波尔[2]及其水渠,

富尔纳[3],它的钟楼像一把火炬,

仍然活着,要不就在机枪下战死。

弗兰德的蓝天哟,云彩如此鲜明,

人们把它们当作行空的天使,

谁曾有言在先,你将会战火满天,

有那么一天?

在你的苍穹下,光荣与辱丧

交替出现并互相混合。

神圣的名字啊!魏尔本,拜尔维兹和朗斯卡佩尔[4]!

就在你的钟楼附近,在大片的墓地,

他们尝到了安息的滋味,

那些凭着力量和愤怒作战的人。

热爱他们的土地盛情欢迎他们,

他们既没有棺木也没有殓衣裹包,

他们,直到他们的尸骨,却得到祖国的拥抱。

---

[1] 西欧的一条河流,源于法国,经比利时注入北海。
[2] 这两处是第一次世界大战时期比利时境内的战场。
[3] 比利时的一座古城。
[4] 当时抗击德军的比利时著名将领。

有时候，
她穿着笔挺的裙袍，或布的或毛料，
她就是自豪的日子里，他们欢呼的王后，
她来到他们可怜的十字架前徘徊祈祷；
她的行动腼腆娇羞的身影谨小慎微；
她流连做梦，当夜色降临，
向沙滩走去，那边，她脆弱的侧影
慢慢地消隐一下子失踪。

至于他，国王，圣乔治式的人物，
回来了，来的地方历史正在铸成，
在伊塞河浑浊暗淡的水滨；
他也一样，在做梦，追赶他的伴侣，
他们的脚步走在一起从野地里上去
朝着他们面海的简陋房屋。

弗兰德哟，
原来你今天，
是这样，严酷地生活；
原来你是这样
在光荣的火焰，哀丧的灰烬中生活。
以前，我爱你怀着如此深沉的感情
以至于我不信它有一天还能加深。
但我今天懂得了无尽的热情，
它陪伴着你，弗兰德哟，在垂危中，
照料你并跟随着你直到死亡逼近。
甚至，在一些如痴如狂的日子
我的心希望你更加不幸，
但求一死以爱你更深一层。

（杨松河　译）

1914年4月，德国背信弃义，撕毁了保证比利时中立的《伦敦条约》，悍然出兵侵犯比利时。当时比利时国王阿尔贝一世拒绝德军入侵，亲临前线指挥抵抗。比利时军民同仇敌忾，浴血奋战，但终因寡不敌众，致使全境沦陷。当年神圣的王国，竟然成了监禁自己国王和王后的地方。诗人义愤填膺，写了这首诗悼念沦亡的祖国。

　　比利时是西欧小国，"只不过是无边世界的一块土地"，"只不过是沿海的一点地盘"，"只不过是一块狭窄的地方"，但诗人爱它的平原，爱它的城镇，爱它的海滨沙滩，爱在这片美丽的土地上生活的同胞们。他本来就是一位爱国诗人，从1904年至1911年间，共写了五册光辉的诗集，总名为《整个弗兰德》，献给亲爱的祖国比利时。现在金瓯破碎，国耻难雪，诗人怎不心痛欲裂。

　　德国的寒风虽然撕咬着这片美丽的国土，但却扑不灭全国人民的爱国热情，因为这片至高无上的土地，被抗战的怒火烧得滚烫。当年国王指挥的几支军旅，曾建立过赫赫战功！浴血奋战而阵亡的将士们，他们虽然没有棺木和殓衣裹包，却得到祖国土地紧紧的拥抱。国王和王后虽然受到了软禁，但他们常常悄悄地来到烈士墓前徘徊祈祷。

　　凡尔哈伦的心同他的祖国一样在流血，在燃烧。抗战一开始，他曾几次拿起枪要冲上前线，但都被他的妻子和朋友劝住了，诗人的武器——笔——比他手中的枪更能发挥作用。于是，他拿起笔，写了《德国的罪行》《浴血的比利时》和《战争的红翅膀》等战斗诗篇，用来抒发他对德国侵略者无比仇恨和对祖国无限热爱的感情。为了拯救沦亡中的祖国，他到英国、瑞士、法国四处演讲，发表文章，声讨德国的罪行，宣传比利时军民英勇抗战的英雄主义和爱国主义精神，希望欧洲各国人民联合起来打击德国强盗。在风和日丽的和平时期，诗人原以为，他对祖国的爱已经深沉到不能再加深的程度。但当祖国危难，在水深火热中挣扎时，诗人竟有无穷无尽的爱国热情，以至于希望与亲爱的祖国共存亡，像阵亡的将士们那样，爱得"更深一层"。就在他发表《祖国的碎片》不久,就在他奔走呼号,悲愤满腔,到处演说途中,他不幸于1916年9月27日在法国的鲁昂被火车轧死,从此永远躺在祖国的怀抱中,实现了他诗中的遗愿。

《祖国的碎片》不愧是一首动人心魄、感人肺腑的爱国诗篇,正如诗人预言的那样,他的诗将经受住时间的考验,"久久地留在人们的记忆","放射出经久不息的光芒"。 (杨松河)

梅特林克 (2首)

莫里斯·梅特林克(Maurice Maeterlinck, 1862—1949),比利时诗人、剧作家、散文家,用法文写作,生于根特市。1886年去巴黎逗留期间,参加象征派文艺运动。1889年发表诗集《暖房》,描绘梦幻和瞬息即逝的感觉,书名象征现代人的境遇——犹如置身玻璃房子内那样孤独。同年,他的五幕爱情悲剧《马莱娜公主》问世。

梅特林克是象征派诗歌、戏剧的代表作家。早期作品具有悲观色彩,表现病态心理,宣扬命运的不可违抗等。1890年发表的剧本《群盲》,描写十二个瞎子陷入原始森林之中,曾经引导过他们的教士死了,可他们还在痴心等待他来搭救。这时期他的主要作品是《佩列阿斯与梅丽桑德》(1892),由音乐家德彪西谱成歌剧,流传较广。其他还有《阿拉丁和帕洛密德》等几个剧本。

1896年,梅特林克离开比利时,移居巴黎等地。这一年发表的散文集《卑微者的财宝》是他第一阶段思想的总结,他的思想有所发展。同年发表诗集《十二首歌》,后扩充为《十五首歌》(1900)。接着,他又写了一系列散文集,如《蜜蜂的生活》(1901)、《花的智慧》(1907)等,用唯灵论的观点研究一切生物的命运。这个时期,他还发表了剧本《莫纳·瓦娜》(1902)和《乔赛尔》(1903),力图解答道德和人生观的问题。

1908年,梅特林克发表六幕梦幻剧《青鸟》,这是他的代表作,其中青鸟象征着幸福。

1911年,梅特林克因他多方面的文学活动受到赞赏而获得诺贝尔文学奖。

此后,梅特林克又写了一些散文集和剧本。第二次世界大战期间,他流亡到美国。1947年返回欧洲,两年后在法国病逝。

我找了三十年……
梅特林克

我找了三十年,姊妹们,
　　他在何处藏隐?
我走了三十年,姊妹们,
　　尚未同他接近……

我走了三十年,姊妹们,
　　腿脚已经累坏;
他曾到处出现,姊妹们,
　　如今不复存在……

时光终归可悲,姊妹们,
　　请脱去我的鞋;
夜晚也已消逝,姊妹们,
　　我的心力衰竭……

你们芳龄二八,姊妹们,
　　远走离开此地,
拿起我的手杖,姊妹们,
　　你们也去寻觅……

(金志平 译)

作为一位象征主义诗人,梅特林克的诗作具有神秘的色彩。他重暗示,不明说,主人公的行为常常令人捉摸不透。在这首诗里,"我"出于某种隐秘的动机,不顾千辛万苦,跋山涉水,执着地寻找一个人。但他找了三十年的那个人究竟是谁?是他的某个亲友,还是什么救世主?还是……作者却没有交代,让读者去体会和猜测。然而有一点是肯定的,不管主人公走了多少时间,多远路程,仍没法同他要找的那个人接近。气氛类似现代以贝凯特的《等待戈多》为代表的荒诞剧,或以卡夫卡的《城堡》为代表的揭示"异化"世界的小说。

这首诗没有真正的结尾。读者只知道,当主人公累垮后,一些妙龄少女接过他的手杖(原文是指一种朝山进香者的手杖),继续去寻觅。作者没有说明最后的结局,但是我们可以想象得出,既然她们要找的那个人已不复存在,那么她们的一切寻觅活动注定也将徒劳。但她们和男主人公一样不会甘心失去希望,仍将苦苦地追求,直到心力衰竭而亡时再将手杖传给下一代,也许这正是诗人想暗示给读者的人类的命运。

《我找了三十年……》原载梅特林克的《十五首歌》。它格律类似民间催眠曲,节奏缓慢,具有一定的音乐性;语言近乎平直,不像某些象征主义诗歌那样晦涩;基调忧伤。 (金志平)

如有一天他回来
梅特林克

如有一天他回来,
　我该讲些什么话?
——就说我在去世前,
　一直都在等待他……

倘若他未认出我,
　还要继续提问题?
——像个姊妹安慰他,
　也许他心正悲戚……

他如问你在哪里,
　　我又应该如何答?
——给他我的金戒指,
　　不用回答一句话……

他如想知为什么
　　室内如此空荡荡?
——指给他看灭的灯,
　　还有敞开的门窗……

倘若他还追问我,
　　你临终前又何如?
——就说当时我微笑,
　　生怕他会失声哭……

(金志平　译)

《如有一天他回来》也是梅特林克的《十五首歌》中的一首,以对答体写成。通篇是一个处于弥留之际的少女与守在床榻边的女友或亲人的对话。梅特林克善于写爱情和死亡。这首诗中的女主人公与梅特林克的名剧《佩列阿斯与梅丽桑德》中的女主人公一样,"出生得莫名其妙,死得也莫名其妙"。她是由于思念远方的情人而死,还是由于身患什么绝症病故,作者没有说明,犹如谜一般神秘。在梅特林克看来,人生来就为了死,灾难与死亡是不可抗拒的。但当他写《十五首歌》这本诗集时,他已试图从悲观主义中摆脱出来,开始思索道德的价值,这种努力从《如有一天他回来》这首诗中也有所显露。奄奄一息的女主人公泰然接受死亡的命运,可她放心不下的是她一直在思念、等待的情人,生怕他回来得知她故世的消息后会过于悲伤,因此她叮嘱女友要"像个姊妹安慰他",并对他说她临终前在"微笑",免得他失声哭。这就刻画出一个完美的纯情少女的形象,表现出她善良的心地,使这首诗显得哀婉动人。

与梅特林克的剧本中的台词一样,这首诗里的对话也很简练、含蓄,具有弦外之音。例如女主人公托女友把金戒指转交给她的情人而"不用回答一句话",这就给读者留下想象的余地:很可能这枚金戒指是他俩定情的信物,有过什么誓言或私房话,因此对方只要看到戒指,不用多说就都能明白。至于熄灭的灯和敞开的门窗,显然是死神来过的象征,不用明说,只消指一指就够使人领悟。　　　　　　(金志平)

波　兰

密茨凯维奇 (6首)

亚当·密茨凯维奇(Adam Mickewicz, 1798—1855),波兰诗人,生于诺伏格罗德克的一个小贵族家庭。十七岁时,考入当时波兰的文化中心维尔诺大学,积极参加爱国运动,是学生秘密团体"爱学社"和"爱德社"的领导人之一。1819年大学毕业后任中学教师。

早在大学期间,密茨凯维奇便开始了文学活动。1820年,他写下充满激情的战斗诗篇《青春颂》。1822年出版了第一部诗集《歌谣和传奇》,1823年出版第二部诗集,内收著名长诗《先人祭》二、四两部和长诗《格拉席娜》。不久,诗人因参加爱国运动被捕,1824年流放俄国,1829年辗转到西欧,长期过着漂泊生活。

1826年,密茨凯维奇出版了《十四行诗集》,歌颂爱情,描绘克里米亚风光,抒发了沦落异邦的流亡者对祖国的思念和热爱。1828年又出版长诗《康拉德·华伦洛德》,鼓舞波兰人民为祖国的独立、自由和解放而斗争。1830年冬,华沙爆发武装起义。侨居罗马的诗人兴高采烈,激情难已。他克服重重险阻奔赴祖国,企望投效革命。不料未到华沙,起义即遭沙俄血腥镇压而失败,诗人不得不流亡德国。沙皇的暴行激起他极大愤慨，他当即以这次起义为题材，写成复仇诗剧《先人祭》第三部。1834年，诗人完成了最后一部长诗《塔杜施先生》。这部作品浸渗着崇高的爱国情感，号召波兰人民为祖国自由独立而战，它标志着密茨凯维奇诗歌创作的最高成就。此后，诗人基本停止了文学创作，全力投入革命洪流，撰写政论文章，献身祖国解放事业。

1848年，革命狂飙席卷欧洲，诗人组织了"波兰志愿军"开赴罗马；第二年，又在巴黎主编《人民论坛报》，宣传反对专制，鼓励反抗斗争。1855年俄土战争爆发，诗人毅然赴土耳其，想再组织波兰军团抗俄，可惜未能如愿，不幸被瘟疫夺去生命，终年五十七岁。

密茨凯维奇是波兰最杰出的人民诗人，波兰人民最忠诚的儿子。鲁迅称赞他是"波兰在异族压迫之下的时代的诗人，所鼓吹的是复仇，所希求的是解放"，其诗中之声"清澈弘厉，万感悉至"。这段话足可概括密茨凯维奇的诗歌特色和成就，说明他英雄的一生。

青 春 颂

旧形式崩溃了。

——席勒[1]

密茨凯维奇

到处是没有心、没有灵魂、只有骸骨的人们；
青春！把你的翼翅给我吧！
我要翱翔于这死灭的世界之上，
向幻想的天堂的境界飞行，
那里：神圣的热情产生了奇迹，
洒下了新奇的花朵，
以希望掩覆着它的黄金的光明。[2]

---

[1] 这里所引的是德国诗人席勒的一句诗。

[2] 以上三行是诗人对幻想的天堂境界的歌颂。

衰老已经将他遮蔽了——
那低垂着打皱的额头的人,
他只模糊地望着这世界,
用了他的疲倦的眼睛。[1]

青春!从低低的地平线上,
飞吧,像太阳一样地照临,
炽烈地穿过了
这人类的大群!

向下面望着!那里,永远的雾遮掩着
这没落于懒惰和混乱中的国境:
正是那大地本身!
望着!在那不动的死水上,
有一种爬虫负着甲壳爬行:[2]
它正是船哪,又张帆,又掌舵,
追逐着更小的爬虫,
忽而浮起,忽而向深深的水里下沉,
它不管波浪,波浪也不管它,
忽而在礁石上碰碎了,水泡似的,
谁也不知道它的死和生:
这自私的人们的命运!
青春!生命的美酒使你甜蜜了,
只要你把它与别的人均分,
我们的心都感到天堂的欢乐,
只要有金线连系着它们!

---

[1] 指失去了青春朝气同现实妥协的人。
[2] 这里的死水、爬虫,是用来比喻污浊社会中的争名逐利之徒的。

作为向着光荣之城去的阶梯,
奋不顾身的人们。
联合起来,朋友们!联合起来!
不管这路的崎岖和溜滑,
不管暴力和软弱阻挡着前进:
我们要以暴力抵抗暴力,
软弱呢,幼小时就要知道怎么战胜。

谁如果在孩子的时候敢斩断多头蛇,
他也就能扼死人马怪,到了成人,
他也能争取天堂中的月桂,
他也能拉出地狱里的牺牲。
粉碎理智所不能毁坏的一切,
达到目光所不及的远景:
青春!你的手臂恰像是电闪,
你的飞翔恰像是老鹰。

嘿!肩并着肩吧!在这地球上,
我们要用链子连系着我们,
我们的思想集中于唯一的焦点,
在这焦点上,也集中我们的灵魂!
你这古老的地球!去吧!离开你的地盘!
我们要推着你走向新的路程,
一直到你脱下霉烂的皮壳,
记起了你的鲜绿的时辰!

像是在黑夜的混沌的国里,
一切喧哗的分子正在纷争,
上帝一发出大力的"指挥",

物的世界就在坚固的轴上站定,
　　大风呜呜,波浪汹涌,
　　闪耀着天上的星星——
　　空洞的黑夜也这样统治着世界,
　　一切情感的分子正在纷争;
　　那时,爱却升起了火焰,
　　灵的世界就从混沌里诞生,
　　它将在青春的怀中孕育,
　　与它永远结合了的是友情,
　　大地上的无情的冰雪,
　　和遮掩着光明的成见一齐消隐;
　　敬礼!"自由"的晨曦!
　　"拯救"的太阳正跟着你上升!

(孙用/景行　译)

　　《青春颂》是密茨凯维奇早期著名的政治抒情诗。它以铿锵有力的诗句愤怒抨击异族统治下的波兰为"死灭的世界""不动的死水""空洞的黑夜",严厉谴责那些"没有心、没有灵魂、只有骸骨"的媚敌之徒,鄙视相互倾轧、追名逐利的小人,怜悯苟安现实、"衰老""疲倦"的平庸之辈,号召年轻的朋友为"大众的幸福"团结奋斗,不惧牺牲。《青春颂》是青春的礼赞、斗争的号角,是声讨旧世界的檄文,是弘扬理想、追逐光明、热情呼唤"自由"新波兰诞生的庄严颂歌。

　　该诗写于1820年。当时,正是波兰民族解放运动高涨、学生爱国民主活动蓬勃发展的年代。大学刚刚毕业、与学生秘密团体仍保持着密切联系的热血沸腾的密茨凯维奇,受时代洪流之推动、爱国精神之鼓舞、献身宏愿之策励,激情洋溢地创作了这首充满鼓舞力和感召力的脍炙人口的诗篇。

　　诗的开篇,诗人即以对比的手法诅咒黑暗的现实,幻想"黄金"般的光明。紧接着,他批评了"低垂着"额头的怯懦、苟安者,斥责在"死水"

中沉浮挣扎、蝇营狗苟的"自私的人们",他们同胸怀广阔、志向高远、乐于与人"均分"生命美酒的青年革命者又形成鲜明的对照。作者对前者的尖锐批判就为后文对自由、理想、光明的歌颂和对勇敢、奋斗、牺牲的赞扬做了有力的铺垫。

全诗的重点在后半部分,即对战斗青春的热情赞颂和对壮丽理想的尽情抒发。诗人满怀浪漫主义激情赞美青春是"穿过"人群的太阳、辉耀长空的闪电、搏击风雨的雄鹰;它能"粉碎理智所不能毁坏的一切,达到目光所不及的远景",能使年轻人团结坚强,勇敢智慧,奋不顾身,排除阻力前进;青春的怀中孕育着"爱",哺养着"灵",使"大地上的无情的冰雪,和遮掩着光明的成见一齐消隐"。那时,没有了"混沌""喧哗""纷争",天堂的欢乐人人共享,生命的美酒大家均分。人们生活在爱的火焰与灵的世界里,与青春作伴的是真诚的友情。于是,"自由"的晨曦普照大地,"拯救"的太阳冉冉上升。

《青春颂》以凝练、瑰丽、热情的诗句,表现了诗人吞吐宇宙的豪迈气概,俯瞰世界、力挽狂澜的雄心壮志,对光明和理想的不懈追求;抒发了诗人热爱祖国、向往未来和爱憎分明的磊落情怀。这首诗像战歌和号角,长期在群众中广泛流传,影响深远,被誉为波兰青年的"马赛曲"。

(吴宗蕙)

阿喀曼草原[1]

密茨凯维奇

我航行在没有水的大海之上,
我车子像一只船,摇荡着前去,
破着青草的波涛,花朵的浪头,
溜过了红红的山茱萸的岛屿。

---

[1] 阿喀曼是俄国西南部的城市,位于第聂斯特尔河右岸,离黑海十二英里。

黑夜下来了。没有路,也没有山——
我要寻出那指引水手们的星星。
那远远的云,闪耀的第聂斯特尔,[1]
那颗星,阿喀曼的晚间的明灯。[2]

我们站着。多么寂静!我听到鹤飞过,
太高了,连老鹰的锐眼也望不见。
我听到在草地上翩跹的蝴蝶,
也听到光滑的蛇在那里蜿蜒。
这么寂静,连立陶宛来的声音
也可以听到。——可是没有,让我们向前!

(孙用/景行 译)

此诗是《克里米亚十四行诗》首篇,乃密茨凯维奇流放俄国时所作。1825年,诗人羁旅风景优美、气候宜人的克里米亚。那儿,奔腾变幻的大海,雄险奇崛的山岩,鲜花烂漫的草原,神秘悠远的古迹,东方情调的风土人情,都使诗人心醉神迷,感叹不已。他满怀激情赋诗十八首,悉心描绘克里米亚旖旎风光,充分展示它的雄奇、博大、辽阔、幽远以及流动、变幻中的力和美,由此及彼,寄托作者对异族铁蹄下的多难祖国的深深眷恋。这组诗缘情写景,触景生情,情景交融,情理相汇,语言简洁明快,韵律铿锵,艺术臻于完美,是波兰诗歌中的瑰宝。

阿喀曼草原之美显然给诗人极深刻、极强烈的印象,这儿或许是诗人领略克里米亚风光的起点,因此,他将这首诗列于组诗之首。诗人以细腻抒情的笔触极写阿喀曼草原娇花遍野、芳草如茵的迷人景色,用一连串形象的比喻把读者引入那诗情画意中:辽阔的草原像无际的大海,轻车辚辚若摇荡的扁舟,草似波涛,花如浅浪,红色茱萸恍若碧涛中的小岛,

---

[1] 第聂斯特尔河发源于喀尔巴阡山,从波兰东部流入黑海。
[2] 指在阿喀曼的灯塔。

暮色降临后,第聂斯特尔河畔阿喀曼城的引航灯好似夜空闪烁的星星。这生动逼真的描绘,在读者面前呈现出野花摇曳、绿浪起伏、微风徐徐的美丽草原的明朗景观,展示了浩渺无垠、生机勃勃的大草原的动态美。

白昼的草原目光所及,一切都是流动的,诗人着意描写它的"色"之美和蓬勃生命力;夜晚的草原是宁静的,作者则倾力渲染它的"声"之静:草原之夜,群星闪烁,万籁俱寂,诗人听到野鹤凌空飞过,蝴蝶翩翩起舞,蛇在草丛中蜿蜒滑行……声息是极其轻微的,诗人也许听到,也许根本没听到,而是运用"通感"感觉到、想象到的。说"听"是为了突出"静",诗人能"听"到这无声的音响,空气的振波,"静"则被表现得淋漓尽致、入木三分了。

全诗结尾,诗人笔锋一转,异想天开地说:"立陶宛来的声音也可以听到。"这是诗"眼",表现了诗人对难中祖国的朝思暮想、刻骨铭心的思念。他渴望重见她的姿容,倾听她的声音。可惜,他没能见到、听到。但他并不失望,他要"向前",为祖国的独立、自由、解放而奋进。这里,热爱与捍卫、思念与行动完全交融在一起了。

(吴宗蕙)

平静的大海

(从塔尔干库特高岩俯瞰)

密茨凯维奇

船头的旗子几乎已不再飘荡;
海水在阳光之下温柔地颤动,
像是一个在睡梦中的年轻姑娘,
醒来了,又坠入未来的幸福的梦。
帆已经卷起在精光的桅杆上了,
正如战争结束了之后的军旗;
船轻轻摇着,锁在风平浪静的水面,
旅客们笑着,水手们也在休息。

大海啊！在你的快乐的生物之中，
风暴时候尽在水底睡着的水螅，[1]
一平静了，它就伸出长的触手抓着。
思想啊！记忆的怪蛇，当艰苦的日子，
它深深地睡着，等到平静了，
它的爪子就向你的安静的心袭击。

（孙用/景行　译）

　　这是一首哲理抒情诗，诗人登高俯瞰，极目风平浪静、碧澄浩渺的大海。他选取了几个富有特征性的形象描写它的"静"：船头的旗子不再飘拂，海水在阳光下微微颤动，白帆已卷，船儿轻摇，旅客浅笑，水手休息———一幅明朗静谧的旅海图。接着，诗人笔锋一转，写平静水面下的动感、不平静：沉睡在水底的水螅悄然伸出长长的触手；"记忆的怪蛇"在"平静"中突然向诗人"安静的心"袭击，勾起身处异国他乡的诗人对苦难祖国的无限思念和怀恋。

　　密茨凯维奇写景，不是孤立地静止地描绘大自然风光，而是写它的流动和变幻，它给人们的启示和触动，进而引出颇富哲理意味的深意来。如果说《阿喀曼草原》的描写手法是由动到静，在"静"中引发出诗人深沉遐思的话，那么，《平静的大海》则是由静到动，以水底生物活动为喻，写自己表面平静中的不平静的心，含蓄蕴藉地传达出诗人怀恋故国、渴求自由的浓烈情感和隐秘心愿。

　　在密茨凯维奇的绝大多数诗作中，都清晰地屹立着诗人的自我形象。这是一位热爱祖国、胸怀理想、忧国忧民、渴望行动、不畏牺牲的爱国者形象。在流放俄国、远离故土的岁月里，他的爱国忧民之情愈加深挚。他站在夜幕下的阿喀曼草原，幻想听到故乡声音。他凝望一平如镜的海面，又骤然忆起难中的祖国，怀思缕缕，一往情深。这种苦恋祖国的

---

[1] 生活于水中的一种小型动物，体呈指状，周围生有六至八条小触手，可以伸缩行动，常附着于水草或石块上。

情怀,是这首诗的主题,是立意和精华之所在。至于《平静的大海》结尾处,诗人记忆什么,联想到什么,祈愿与追求又是什么,诗中没有明写。这许许多多的潜台词,便留待读者去想象和补充了。　　　　　（吴宗蕙）

航 海 者

密茨凯维奇

如果你看见一只轻舟,
被狂暴的波浪紧紧地追赶,——
不要用烦忧折磨你的心儿,
不要让泪水遮蔽你的两眼!

船儿早已经在雾中消失了,
希望也随着它向远方漂流;
假如末日终究要来到,
在哭泣中有什么可以寻求?
不,我愿同暴风比一比力量,
把最后的瞬息交给战斗,
我不愿挣扎着踏上沉寂的海岸,
悲哀地计算着身上的伤口。

1825.4.14,敖德萨　（孙玮　译）

密茨凯维奇流放俄国期间,结交了许多朋友,赢得了真诚可贵的友谊。在彼得堡,他结识了十二月党人中的著名诗人雷列耶夫、柏斯杜舍夫等;到莫斯科,会见了伟大诗人普希金。1825年经基辅,又结识了波那温图拉和安娜·查列斯卡娅夫妇,与他们结下很深的友情。同年冬,安娜一家移居敖德萨,与诗人过从甚密。诗人1827年所著长诗《康拉德·华伦洛德》就是献给安娜夫妇的。《航海者》是诗人即将告别敖德萨远行时,写给安娜留作纪念的。

诗的开头,诗人自喻为一叶轻舟,被"狂暴的波浪"紧紧追赶,暗示自己处境艰险,道路坎坷,前程莫测。沙俄统治者的跟踪、监视和迫害,使小舟随时有覆灭之可能。但是,诗人劝慰挚友:不要用忧烦折磨心灵,不要让泪水蒙住双眼,要怀着希望,坚强自持。而诗人自己,则决心舍生忘死、拼搏到底:"我愿同暴风比一比力量,把最后的瞬息交给战斗!"他誓不苟且偷生:"不愿挣扎着踏上沉寂的海岸,悲哀地计算着身上的伤口。"他愿刚直地生,壮烈地死,宁为玉碎,不为瓦全。

这首诗句句金石,掷地有声。它是诗人心灵的自白,是告别朋友、踏上征途时的豪壮誓言,生动表现出献身民族解放事业的诗人的坚强意志和生死观。这不是诗人一时激动的廉价许诺,他以身报国、不屈奋斗、最终效死疆场的辉煌一生则是此诗的最好注解。　　　　(吴宗蕙)

犹　疑

密茨凯维奇

未见你时,我不悲伤,更不叹息,
见到你时,也不失掉我的理智,
但在长久的日月里不再见你,
我的心灵就像有什么丧失,
我在怀念的心绪中自问:
这是友谊呢,还是爱情?

当你从我的眼中消失的时候,
你的倩影并不映上我的心头,
然而我感到了不止一次,
它永远占据着我的记忆,
这时候,我又向自己提问:
这是友谊呢,还是爱情?

无限的烦扰笼罩我的心灵,
我却不愿对你将真相说明,

我毫无目的地到处行走,
但每次都出现在你的门口,
这时候,脑子里又回旋着疑问:
这是为什么?友谊,还是爱情?

为了使你幸福,我不吝惜一切,
为了你,我愿跨进万恶的地狱,
我的纯洁的心没有其他希望,
只为了你的幸福和安康,
啊,在这时候,我又自问:
这是友谊呢,还是爱情?

当你的纤手放在我的掌中,
一种甜美的感觉使我激动,
像在缥缈的梦中结束了一生,
别的袭击却又将我的心唤醒,
它大声地向着我发问:
这是友谊呢,还是爱情?

当我为你编写这一首歌曲,
预知的神灵没有封住我的嘴,
我自己也不明白:这多么稀奇,
哪儿来的灵感,思想和音节?
最后,我也写下了我的疑问:
什么使我激动?友谊,还是爱情?

(孙用/景行　译)

　　诗人流放俄国,不但结识了一批志同道合的朋友,赢得了珍贵的友谊,还曾萌生过一段令他心驰神往的爱情。《犹疑》生动地刻画出他彼时彼地、朦朦胧胧、微妙复杂的爱情心理。

诗人用细腻深情的笔触惟妙惟肖、精细入微地描写他长久不见她时的失落感,他的思念,他的无端烦恼与会面的渴望,见面时的甜蜜与欣喜,以及他愿为她的幸福、安宁不惜"跨进万恶的地狱"的献身的激情,巧妙地画出了由迷蒙到清晰的爱的轨迹,揭示出从友谊到爱情的自自然然、合乎情理的发展。

诗人的爱是含蓄深沉、崇高纯洁的,它默默供奉在心之圣殿上,埋藏于永恒的思恋中。

诚挚的友谊和纯真的爱情是人类的高尚情感、不可或缺的精神支柱。它们能给人温暖、抚慰与力量、信心,人们往往依恃着它们才走过崎岖艰险、风雪泥泞的人生之路。爱情是友谊的自然发展,但友谊不一定都升华为爱情。这是人们感情生活中的不同质的表现形式。表面看来,诗人似乎被友谊与爱情难以区分所困扰,实际上,他已清醒地意识到他对她的情感已超越友谊而脱颖为爱情,只不过由于客观原因,爱情难于实现罢了。诗人天真地反复吟哦、反问:"这是友谊呢,还是爱情?"显然,这只是一种表情达意的方式和技巧,它含蓄蕴藉地表达了诗人的感情波涛、灵魂律动,真是曲尽其妙,韵味无穷。 (吴宗蕙)

在澄澈而渺茫的湖水上
密茨凯维奇

在澄澈而渺茫的湖水上,
庄严地并列着矗峭的山岩;
透明的深深的湖水映出了
这些山岩的影子,在我眼前;

在澄澈而渺茫的湖水上,
飘浮着暗云,暴风雨的胎儿,
透明的深深的湖水映出了
这些暗云空洞的影子;

在澄澈而渺茫的湖水上,
闪耀着惊心动魄的电光,
透明的深深的湖水映出了
闪光!雷声也渐渐隐藏。

澄澈的湖,从这岸到那岸,
又很透明了,像以前一样。
这时我的灵魂恰像这湖水,
全世界的敬礼在水中映现——
崎岖的山岩的尊严的峰顶,
和立刻就沉默了的闪电。

山岩在阴暗的轻蔑中站着,
稠密的云朵挟带着骤雨,
闪电过去了,飞向沉默,
我平静的生活也这么流去。——

(孙用/景行 译)

这是一首借景述怀之作。诗人通过对勒芒湖瞬息万变的自然景观的描绘,含蓄地表达了对自然伟力和革命伟力的崇敬,热情呼唤暴风雨的到来,显示出流亡国外的诗人在相对平静的生活中不平静的心境。

此诗作于1838年。当时诗人侨居瑞士洛桑,从事政治活动,参加爱国斗争,曾主编进步刊物《波兰巡礼者》,翌年又到洛桑大学任教。这首诗正是彼时诗人心情的真实写照。

诗的前三节描写了暴风雨来临前勒芒湖景物的变化:澄澈浩渺的水面上,"并列着矗峭的山岩"的倒影;倏尔,湖上飘动暗云,水中又映现出暗云的影子;紧跟着,电闪雷鸣,电光映亮湖水,雷声隐藏天际。这是暴风雨的前奏曲。后两节侧重抒写诗人心境:在闪电雷声暂归岑寂的瞬间,清澈的湖又恢复原样。此时诗人的心恰似湖水,"全世界的敬礼"在胸中涌动、映现——崎岖山岩的"尊严的峰顶"和立刻"沉默了的闪电"。1830年的华沙武装起义和此起彼伏的爱国运动,在诗人和波兰人民心中记忆犹新。这里的"峰顶"和"闪电",显然不是自然物象,而是诗人心中的祖国和革命力量的象征物了。

这一节是全诗的核心,暗示出诗人的故国之思和对往昔波兰民族疾风骤雨、雷霆万钧的武装起义的深情礼赞。

暴风雨过去了,一切归于沉默。诗人"平静的生活也这么流去",这个结尾,抒发了诗人在斗争低潮时期对岁月流逝、壮志难酬的抑郁和感慨。

全诗运用象征手法,托物言志,寓情于景。"矗峭的山岩""惊心动魄的电光""尊严的峰顶",都是大自然伟力的具象,也是波兰人民力量之象征。作者对自然力的礼赞,实际上就是对蕴藏在波兰人民中的革命力量的礼赞,对波兰民族解放斗争的礼赞。

(吴宗蕙)

米沃什 (3首)

切斯瓦夫·米沃什(Czesław Miłosz, 1911—2004),波兰当代著名诗人。他出生于立陶宛维尔诺市附近的谢泰伊涅,童年在第一次世界大战中度过,曾随当时在军队服役的父亲到过俄国。战后回到立陶宛,于1929年考入维尔诺斯泰凡·巴托雷大学,在该校学过法律和经济学。1930年,他开始在大学的刊物上发表诗作,1933和1939年出版了两部诗集:《关于凝冻时代的诗篇》和《三个冬天》。这期间,他一直在华沙波兰广播电台文艺部工作。德国法西斯侵占波兰期间,他在华沙参加过波兰语言和文化的秘密宣传活动。1942年,他在收集整理波兰各地出现的反映反法西斯抵抗运动的诗歌的基础上,还编了一本《独立之歌》,对波兰反法西斯抵抗运动的发展,起了推动和鼓舞作用。1945年出版的诗集《解救》收集了他战前发表的一部分诗歌和占领时期发表的诗歌。后来他曾在波兰外交部门工作,1951年开始留居国外。先在巴黎待了十年,1960年迁居美国,一直在美国伯克利的加利福尼亚大学斯拉夫语言文学系任教。他一生出版的诗集主要有《白昼之光》(1953)、《诗的论文》(1957)、《波别尔王和其他的诗》(1962)、《中了魔的古乔》(1964)、《没有名字的城市》

(1969)、《太阳从何方升起,在何方落下》(1974)和《诗歌集》(1977)等。此外他还出版了两部长篇小说《权利的攫取》(1953)、《伊斯塞谷》(1955),撰写了一部《波兰文学史》。1980年获诺贝尔文学奖。

彷 徨

米沃什

当莫科托夫的苹果树凋落的时候,
我聆听着一首华沙的歌。
萧瑟秋风阵阵吹来,
丝丝细雨落在荨麻树上。

沉默的首都啊!你是多么凄凉。
梦中的摇篮啊!你是多么凄凉。
塔顶在燃烧,漫天烟火。
风儿淅沥,吹拂着一幅幅古画。

云雾中的桅杆,日暮后的房子,
都睡在覆盖着报纸的荒漠上。
夜来临了,漆黑一片。
这是被知识的手抛弃的夜,这不是梦。
这是死亡,这不是梦。

你的房子在哪里?
有人见它在迷茫的远方。
是在太阳斜幕的后面,
还是在那永不熄灭的火花后面?

蜜蜂嗡嗡地叮着一块明净的玻璃,
它们不知,穿过玻璃可以飞向大千世界。
我聆听着一首华沙的歌,

当友谊之火燃烧的时候。

这张脸方才显露,却又倏然不见,
它捉摸不定,如同飞逝的子弹。
在蜡黄的夜里,脸上闪烁着火花,
它变得苍白,就像一根着火的电线杆。

这不是屠杀,不是饥饿,不是秋天村里的大火;
这是夜,是视线的温泉,是折不断的电线杆。
梦的黄昏,降临到荨麻地里,
朵朵白云,笼罩着茫茫大地。

如果心灵懂得战争,理解战争,
它就不能一瞬间把城市举起。
我聆听着一首华沙的歌,
一部尚未完成的作品在黑暗中惨遭焚毁,
在半石头,半空气的圆柱大厅里惨遭焚毁。

(张振辉 译)

牧 歌

米沃什

微风在园中唤起一阵阵花浪,
就像那静谧、柔弱的大海。
浪花在绿叶丛中流逝,
于是又现出花园和绿色的大海。

翠绿的群山向大河奔去,
只有牧童在这里欢乐歌舞。
玫瑰花儿绽开了金色的花瓣,
给这颗童心带来了欢娱。

花园,我美丽的花园!
你走遍天涯也找不到这样的花园,
也找不到这样清澈、活泼的流水,
也找不到这样的春天和夏天。

这里茂密的青草在向你频频点头,
当苹果滚落在草地上时,
你会将你的目光跟踪它,
你会用你的脸庞亲昵它。

花园,我美丽的花园!
你走遍天涯也找不到这样的花园,
也找不到这样清澈、活泼的流水,
也找不到这样的春天和夏天。

(张振辉 译)

农民国王

米沃什

我不会用叉子进餐,你们却将王冠压在我的头上;
我最害怕魔鬼,魔鬼偏把毛皮套在我的身上。
一个满身绫罗绸缎的女人,她就是我的妻子。
侍从使女都在我的身边,像怕我听不够他们的美言。

嗡嗡叫声常伴我耳际,有人手舞足蹈,有人要进谗言,
一句话本可直说,却得拐弯抹角,不吐真言;
表面上道貌岸然,嘴里却谎话连篇;
本来是满头疮疤,还说像蝴蝶般俊美。

我整天瞅着他们,就像把他们当成疯人,
但我闭上眼皮,佯装熟睡,佯装什么都不曾看见,

他们的言行举止,已永远记我心间,
因为这世界就是这样,另一样我从未见过。

仇恨之火在我的心中燃烧,
这盏灯使我感到方便,这个火把给我带来了欢乐,
可是从我瘦削的脸上,谁也猜不到我在想些什么,
因为我非这样不可,不能另一样地生活。
只有在他们手舞足蹈,阿谀奉承中,
我才感到,我是火,我是永远燃烧的火。

(张振辉 译)

《彷徨》和《牧歌》这两首写的都是法西斯占领时期的华沙,但表现了两种完全不同的气氛和景象。在第一首中,诗人见证了首都被法西斯强盗的践踏和蹂躏,他所描绘的是一幅真实的图景,诗中"一部尚未完成的作品在黑暗中惨遭焚毁""在半石头,半空气的圆柱大厅里惨遭焚毁"的语句都是他在华沙的亲目所见。诗歌前两节通过一些现实的或想象的场景的描绘,反映了诗人看到华沙的文物古迹被法西斯分子焚毁感到痛苦的心情。第三节则更富于想象,诗人以各种不同的幻象显示了华沙陷入一片黑暗之中。但他并没有悲观失望,出于对他坚持反法西斯战斗的这个城市的热爱,他就是在最险恶的环境中,也倍感首都的亲切,认为她并没有失去她旧日美丽的容貌。在第二首诗中,通过"花园,我美丽的花园!你走遍天涯也找不到这样的花园,也找不到这样清澈、活泼的流水,也找不到这样的春天和夏天"的诗句的重复以加重语气,营造出一片欢乐的气氛,和上面的一首形成了对比,显示了诗人此时此刻复杂的心情。

留居国外后,米沃什的创作题材更加广泛,但离不开对他所见到的一切的直观的感受。对于世间的庸俗、虚伪,面对权势的阿谀奉承等丑恶的现象,诗人深恶痛绝,有时甚至口诛笔伐,毫不留情。他还明确地表示:"因为我非这样不可,不能另一样地生活。只有在他们手舞足蹈,阿谀奉承中,我才感到,我是火,我是永远燃烧的火。"这在《农民国王》

中,表现得很突出。他这时期的诗歌的一个显著特征,是他敢于揭露社会上的各种矛盾,对善和恶爱憎分明,以突出的形象将它们表现出来。他在1980年,正因为"在自己的全部作品中,深刻地揭示了人在充满着剧烈矛盾的世界上所遇到的威胁",表现了"人道主义的态度和艺术特点"而获诺贝尔文学奖。

(张振辉)

希姆博尔斯卡(2首)

维斯瓦娃·希姆博尔斯卡(Wisława Szymborska,1923—2012),波兰当代著名女诗人。她出生于波兹南省克尔尼克县布宁村,八岁时就随父母来到克拉科夫,在这里读了小学和中学。德国法西斯侵占波兰期间,她在一所波兰秘密开办的中学毕业后,在铁路部门工作过一段时期。1945至1948年间,她在克拉科夫雅盖沃大学攻读波兰语言文学和社会学,此外还学过哲学、自然科学和艺术史。她的处女诗作《我寻找词汇》发表在克拉科夫《波兰日报》1945年3月14日的"战斗"副刊上。1952年她出版了第一部诗集《我们为此而活着》,从此便开始了她的诗歌创作的生涯。她一生发表的诗集除以上外,还有《向自己提问题》(1954)、《呼唤雪人》(1957)、《盐》(1962)、《一百种乐趣》(1967)、《各种情况》(1972)、《大数字》(1976)、《桥上的人们》(1986)、《结束和开始》(1993)、《一瞬间》(2002)和《两滴》(2005)等。除创作诗歌外,她从1953年开始,就一直在克拉科夫《文学生活》周刊编辑部工作,负责主持该刊的文学部。从1968年开始,她还曾多年为该刊"课外读物"栏撰写过许多书评。后来她把这些书评编辑成书,分别于1973年、1981年和1992年出版。1996年获诺贝尔文学奖。

我们祖先短促的生命

希姆博尔斯卡

很少有人活得到三十岁

长寿本来是石头和树木所特有,

我们的童年和狼崽一样的短暂。
趁太阳还没有落山,
趁大雪还没有降落,
要尽快地赶上生活的步伐。

十三岁的少女成了孩子的母亲,
四岁的猎人在芦苇丛中找到了鸟窝,
二十岁成了猎户的头人。
如果这种情况过去未曾有过,
今后也不会发生。
没有终止的一切很快就会终止。
巫婆用细嫩的牙齿咀嚼咒语,
儿子在父亲的眼皮下长大,
祖父见到了孙子的诞生。

可实际上他们并没有算自己的年龄,
他们只算了他们用过的渔网、锅盆、窝棚和斧头。
时间是那么慷慨地献身于天上的星星,
它向它们伸出了一只几乎空着的手,
然后又把那只手缩回来,
好像不愿意让它失去。
它沿着一条闪闪发光的河
向前走了一步,两步,
看见这条河从黑暗中流出来,
又消失在黑暗中。

时间一分一秒都不会浪费。
问题如果要拖到后面去解决,
那是因为它没有尽早地提出来。

聪明的人不会等到满头白发,
明亮的东西他看得很清楚,
所有的声音他辨认得出来。

善良与罪恶——
人们知道得很少,
但知道当罪恶取得胜利的时候,
善良就会隐藏起来;
如果善良得以显示,
罪恶又会隐藏起来。
两者谁都战胜不了谁,
谁都不可能置谁于永远不得翻身的地步。
快乐总是伴随着恐惧,
绝望任何时候也不会没有希望,
生命虽然不短,但总是短暂的,
有时甚至短暂得必须对它加以补充。

(张振辉 译)

永志不忘

希姆博尔斯卡

他们爱恋着一棵榛树,
在露珠闪烁的阳光下,
把干枯的树叶和泥土
撒在头发上。

燕子的心,
你对他们要表示怜悯!

他们跪在小湖边,

梳下了发上枯干的树叶,
鱼儿从湖面上游来,
像一颗颗星似的游到了岸边。

燕子的心,
你对他们要表示怜悯!

大树在粼粼细波上留下了倒影,
就像湖面上升起一团团烟雾。
燕子啊!让他们
别把这美好的时刻忘记!

燕子啊!你是空气里的铁锚,
白云中的一个黑点。
你胜过了伊卡洛斯,
你像燕尾服样在空中飞翔。

(张振辉 译)

希姆博尔斯卡是一位富于哲理的诗人,这和她在大学学习时曾对哲学和自然科学感兴趣是分不开的。在她看来,世上的一切都在不断地延续和发展,也在不断地变化:"儿子在父亲的眼皮下长大,祖父见到了孙子的诞生。""当罪恶取得胜利的时候,善良就会隐藏起来;如果善良得以显示,罪恶又会隐藏起来。""快乐总是伴随着恐惧,绝望任何时候也不会没有希望。"因此诗人认为,无论在什么情况下,既不要过于乐观,也不要彻底悲观;有肯定就有否定,有否定也有肯定,要辩证地看待一切,这是万物存在和发展的规律。除以上外,希姆博尔斯卡还有大量的诗歌反映她日常生活中的见闻或亲身经历的各种事务,表现了爱情、亲情、友情、命运以及生和死等主题。有的作品带有浓郁的抒情色彩,有的具有强烈的讽刺意味。希姆博尔斯卡写过许多爱情诗,收入诗集《呼唤雪人》中的《永志不忘》这一首表现了她作为长者对一对年轻的恋人由衷的关爱。湖边的榛树下有一对年轻的恋人,正沐浴在露珠闪烁的阳光下,"鱼儿从湖面上游来,像一颗颗星似的游到了岸边","大树在粼粼细波上留下了倒影,就像湖面上升起一团团烟雾"。这是一幅多么美妙的风景画,诗人以此衬托出他们正沉浸在幸福和美好的爱恋中。诗中还把燕子这种可爱的飞鸟比作"情人头上的光圈",她要燕子提醒那一对恋人"别把这美好的时刻忘记"。诗中"燕子的心"就是诗人的一颗爱心,她对他们表示了出自内心的"怜悯"。整个作品洋溢着浓郁的诗情画意,在诗人看来,爱情乃是人间最美好的感情。它像大自然那样的纯真和美丽,值得她关爱和赞颂。由于她的诗歌创作的成就,她在波兰国内外获得过许多奖项;因为作品"以精确的讽喻揭示了人类现实中若干方面的历史背景和生态规律",又于1996年获诺贝尔文学奖。

(张振辉)

捷克斯洛伐克

马哈 (1首)

卡雷尔·希内克·马哈(Karel Hynek Mácha, 1810—1836),出生在一个贫苦的家庭,童年生活郁郁寡欢。中学时期就已显露出文学才能,曾在布拉格查理大学学习哲学和法学。他酷爱本国古老的传统、神话、英雄故事,并大量阅读德国浪漫派诗人的作品。马哈酷爱旅游,对大自然的观察细致入微。他曾在意大利和捷克北部过流浪生活,旅途印象和他勤奋地博览群书,给他的诗歌创作提供了启示。

他的作品大多以浪漫主义的笔调,描绘捷克人民为争取民族独立和解放、反对专制暴政的斗争,讴歌自由理想,早期用德语写作。大部分抒情诗表现了梦幻的天国与现实世界的矛盾。在《踏进世界》《民间故事诗》中就流露出这种情绪。

1836年4月出版的抒情叙事诗《五月》是马哈艺术剧作的顶峰。这部长诗的发表使他成了"捷克诗歌的施洗者和培育了整个现代诗歌的精神之父"。

五 月（节选）

马 哈

黄昏，日子是五月初一，
五月的黄昏是爱的佳期。
斑鸠唱出求爱的妙音，
在那芬芳的松树丛里。
静静的泥沼温柔地把爱情吐露，
花朵盛开的树似乎为爱而忧戚，
夜莺向玫瑰花唱起恋歌，
回答他的是一阵馥郁的叹息。
灯芯草荫蔽下的平静的湖
在暮霭中低诉着她的愁苦，
树丛蒙盖着的四岸在倾听，
像新娘的花环似的把她围住。
在那崇高而宏伟的苍穹，
其他世界的许多灿烂的太阳
漂泊于它们蔚蓝的长空，
像爱的泪珠似的闪着光，
直到照亮了一个个辉煌的世界，
在永恒的爱情的礼拜堂——
那闪烁的夜空之中；
它们热情地互相照耀，
灿烂地继而暗淡地彼此问好，

像漂泊累了的爱侣的重逢。
团圆的月亮的秀美的脸蛋
（像寻找爱人的姑娘的面容，
灿烂得多苍白，苍白得多灿烂）
在粉红的光辉下深深地赤红。
她窥见湖面上映着自己美丽的倒影，
孤独地，顾影自怜地跌下，死去。
白色的田地的苍白的精魂
变得更白了——自得更甚；
暮霭搂住它们，它们一块一块
仿佛在朦胧幽光下互相靠近，
它们在沉下去，更往下沉，
在暮霭的灰色膝盖上缠绕，
它们似乎渴望拥抱在一起，
慢慢降下的夜幕终于把它们笼罩。
于是树和树便亲热地相偎依，
夜的阴影盖住最远的山峦，
那边，松树歪向桦树，桦树倒向松树；
在小河上，涟漪逐着涟漪。
一切的生物，在这爱的时辰，
都想倾出自己满腔的爱情。

一个玫瑰色的薄暮，归巢的小鸟
看到一棵橡树底下一方岩石上，
坐着一位苗条的姑娘，梦想得出神。
湖面上起着微微的波纹，
在她脚下荡漾着青青的涟漪，
慢慢扩大，越来越显得碧蓝，

越显得苍翠，它们终于相逢，

　　融合成透明的、璀璨的一片。

　　向着那广阔的湖的彼岸，

　　姑娘用着期待的目光眺望；

　　向着那广阔的湖的此岸，

　　瞬息万变的黄昏的天上，

　　…………

(杨熙龄　译)

　　《五月》是马哈最负盛名的代表作。全诗由三部长诗、两组插曲和一个尾声组成，共一千二百行。故事发生在作者游览贝兹杰斯城堡时为之神往的一个地方多克斯，那儿有着宽阔而美丽的湖面，能眺望青山和一座城堡废墟。当然，激发诗人灵感的，不只是那青的山、绿的水，还有那人世间的狂风暴雨。《五月》以大自然为背景，描写了维兰和雅尔米拉以及作者本人的悲剧。主人公维兰是个感情炽烈的人，他被家庭驱逐，成了一伙强盗的首领。他杀死了一个诱奸了他所热恋的姑娘的人，后来发现这个被杀的人正是他的父亲。天主教因而把他送上断头台。绝望的姑娘雅尔米拉也葬身绿色的湖中。事件发生多年之后，诗人来到刑场，看见维兰的头颅，便悲伤地缅怀自己一去不复返的青年时代，思索着维兰悲剧的社会根源，从而对整个社会提出强烈的控诉。诗人在描写自然景色时，充满哲理思想，以大自然美景反衬出封建社会制度的黑暗。

　　美丽的大地，亲热而可爱的大地，

　　我唯一的母亲，我的摇篮和坟墓，

　　坟墓是大地赠我的唯一可贵的馈赠，

　　唉！大地如此广阔，唯一的大地！

　　这里节选的是长诗的开头，诗人以清新、细腻的笔触，勾画出五月之夜的迷人景色。宁静的湖面盛开的鲜花，秀美的月光，薄暮中的小鸟……这一切犹如一幅清丽的水彩画，衬出一位湖边沉思的姑娘的倩影，具有神话般的意境。在马哈以前还不曾有哪位捷克诗人像他这样令人折服地描绘过一年四季,特别是五月之夜的大自然的美。从全诗来看,这种自然描写又有强烈的对比作用,一方面是那美丽、迷人的五月风光;另一方面是无辜的主人公所受的精神折磨、牢狱和上断头台的可怕情景。诗人以自然的和谐来衬托出黑暗社会的残忍与混乱,更具有惊心动魄的魅力。

音韵流畅是《五月》的又一特点。它以单音节声韵的重复来加强诗句的音乐感,韵律加上优美的文字,使全诗非常和谐、工整,极富节奏感,故《五月》成了捷克配乐朗诵的保留节目。　　　　(蒋承俊)

聂鲁达(1首)

扬·聂鲁达(Jan Neruda, 1834—1891),生于布拉格,父亲是个退役军人,在小城区经营一家杂货铺。父亲死后,母亲靠卖纸烟维持生活。在中学时,他积极参加校内爱国文化活动。1848年欧洲资产阶级民主革命宣传的反对封建主义、争取民族解放的精神对聂鲁达影响很大。1853年,他经多方努力进入查理大学攻读法律和哲学,不久因家庭困难而辍学。曾任教师和报刊编辑,同时从事文学创作。长期的新闻工作,使他更广泛地接触到社会各阶层人物,为他的创作提供了丰富的素材。"作家必须深入了解社会生活,必须同民族解放运动相结合"这一思想贯穿于他的全部创作中。

聂鲁达在捷克文学史上首先是个抒情诗人。他创作过《墓地的花朵》(1857)、《星期五之歌》(1896)等六部诗集。这些诗歌作品题材广泛,具有深刻的内容。《民间故事诗与浪漫曲》在聂鲁达的诗作中占有特殊地位。它表现了诗人在人性与艺术性方面的一切特点:"人民性、民主性、对社会与革命问题的关切、幽默与完美的艺术形式。"它与马哈的《五月》、聂姆曹娃的《外祖母》、爱尔本的《花束集》一同成为捷克文学中的四块瑰宝。

在散文方面,聂鲁达也有非凡的成就。他写了两千篇小品文、杂文和小说,被认为是捷克现实主义散文创作的奠基作品。

再 前 进

聂鲁达

我们在暴风雨中诞生,
一步一步在暴风雨的阴茔中前进,
傲然走向我们灿烂的目标,
只在自己的民族之前才肯折腰。
我们知道,什么在我们路上等待;
任它雷声轰鸣,寒风如刀——
自古以来这就是捷克的音乐,
在它的伴奏声中我们前进——
不断地前进!

这个民族,多么纯洁、晶莹,
好像今天才由上帝的手做成;
它怀抱着惊人的理想,
虽然多少年前一度为这理想牺牲!
为人类的自由——在我国
  曾经鲜花般怒放!

今天的捷克人仍然这样,一如往年:
这个信念把我们大批带进了坟茔,
却又把我们引上光荣的路——前进,再前进!

再前进!新的时代要求新的业绩,
新的一天交给我们新的工作,
祖先的荣誉虽然能给后代增添光彩,
然而谁想受人尊敬,就要自己去赢得!
我们像孩子似的怀念着
一切以往的荣誉,即使它像钻石般闪烁,

也只是船尾后面发亮的水波——
拉紧绳子——扯起帆篷——再前进!

去吧,叹息,把嘴唇闭起,
别抱怨时代不那么晴朗!
当太阳被云层遮上,
玫瑰花难道就不开放?
去吧,睡意,你赶快离开舵手:
谁停留片刻,谁就落在后头,
时机不会两次成熟,
过去的日子决不会重返——前进,再前进!

阳光晒红了我们的脸,
黑夜过去就是白天,
我们跟别人一样,
是伟大时代的儿子——
她,时代,需要的是真正的男子!
愿喧嚷变为我们欢乐的舞会,
来吧,来吧,我们可爱的客人,
你,金色的希望,铁色的勇气,
举起我们的旗帜,我们欢呼着前进!

不知道未来给我们预备了什么——
而捷克的战神仍然活着,
为着伟大的新的胜利,
捷克的原野依旧很辽阔!
如果上帝什么时候愿意再给我们新的战役——

如果胡斯[1]的声音重新为我们高歌,
我们有足够的钢铁铸造好剑,
人民的血脉里也有钢铁——前进,再前进!

哦,小心翼翼守护着自己的船只,
我们是船板,是船上的钉子,
只要大家忠实、热忱地和船身紧紧靠在一起,
幸福马上会降临到捷克的土地!
即使捷克拥有了
她在梦中所祈求的一切——
像人类的海洋不知道休息,
你也不知道休息,行动没有终止,
前进,我们亲爱的民族,永远前进!

(杨乐云/孔柔 译)

《再前进》选自政治性极强的《星期五之歌》诗集中。该诗集是聂鲁达给捷克民族留下的一份珍贵的遗产。集子的名称表达了某些诗篇的基本思想:"历史上的捷克在前进的道路上为他人作了牺牲,我们的历史就是人类的大礼拜五(耶稣受难日。笔者注)"诗人把捷克人民当时的处境比作耶稣受难,相信复活就要到来。他把对祖国和民族的爱认为是自己生活的全部意义,他在感情炽烈、真诚的诗歌中,预示了捷克民族的美好未来。《再前进》是该诗集中的名篇,它提醒人们,捷克民族假如想自立于世界民族之林,任何时候也不能贪图安逸或缺少热情,必须永远向前,这样才能盼到民族理想的实现。

该诗的第一段,艺术地概括了捷克民族光辉、苦难的历程。纯洁、晶莹的捷克民族,为实现人类的自由这一美好的理想而流血牺牲,把大批人带进了坟茔,但今天的捷克人仍如以往要前进,再前进!

---

[1] 扬·胡斯(1371—1415)捷克宗教改革家,被教廷处以火刑。

诗的第二段,号召捷克民族不要躺在祖国的荣誉上,而要追求新的业绩。"拉紧绳子——扯起帆篷——再前进!"叹息、睡意都见鬼去吧,"谁停留片刻,谁就落在后头","过去的日子决不会重返——前进,再前进!"

诗的第三段,感情更加激越昂扬,诗人以捷克民族历史上最光辉的一页——胡斯革命前辈的英勇精神来激发捷克民族的力量与勇气,这个民族不久前刚刚觉醒,重新投入政治生活,信心百倍地去战斗。

最后一段则号召人们团结起来,"忠实、热忱地和船身紧紧靠在一起",永无终止地永远前进!

《再前进》充满了庄严的激昂情绪,有强烈的政治色彩。诗语朴实,句式整齐,节奏明快,具有一种气势豪迈、激昂振奋的英雄气概,在捷克民族反对黑暗统治的长期斗争中经常被人们引用和传诵。 (蒋承俊)

塞弗尔特(1首)

雅罗斯拉夫·塞弗尔特(Jaroslav Seifert, 1901—1986),是捷克著名诗人、诺贝尔文学奖获得者。出生于布拉格一工人家庭,童年生活十分凄苦,未念完中学就跨进社会,在报界任职并从事文学工作。塞弗尔特受俄国十月革命的影响,积极投入革命斗争,参加了共产党。可1929年因不信任新当选的党的总书记而退党,之后就再也没回到党里。塞弗尔特自幼喜欢捷克古典诗词和现代诗。不满二十岁,他就奉献给诗坛一部诗集《泪城》。从此,他用自己富于创造性的犁铧,开始在诗歌的田野上辛勤地耕耘,一共发表了三十部诗集和几部散文集,并翻译了法国几位现代派诗人的作品。

他二十岁成为当时著名的先锋派文艺团体"旋覆花社"的主要成员。后来由于受西欧哲学思想和艺术流派的影响,接受了"诗歌主义"的观点。这一时期的诗集《全部的爱》等,主要表现个人内心世界,充满怀疑、悲观情绪,带有超现实主义倾向。二十世纪三四十年代,诗集《别了,春天》《泥盔》等的先后发表,表明诗人已走出追求内心宁静的小圈子,投身于沸腾的斗争生活。50年代以后发表的诗集还有《母亲》等多部。塞弗尔特的诗歌大多取材于平凡的日常生活,质朴而深沉,有浓郁的抒情色彩。1984年,由于"他的诗富于独创性、新颖、栩栩如生,表现了人的不屈不挠的精神和多才多艺的渴求解放的形象"而获得诺贝尔文学奖。

窗 旁

塞弗尔特

春天来到的时候,
路旁的小树在春日的照射下发芽开花。
妈妈静若止水,默不作声
轻轻地转向窗子哭泣。
——你为何哭呢,有什么痛楚难言,
告诉我,什么使你忧伤不安?
——我要告诉你,我要告诉你,
待到树木永不再开花的那一天。

大雪飘飘,一会儿
雪花依恋上了玻璃窗。
窗旁,发出微弱的亮光。
妈妈静静地坐在那儿编织——
眼眶里噙着泪花。
——你为何流泪,有什么不顺心?
——我会告诉你,我会告诉你,
待到永不再下雪的那一天。

(蒋承俊 译)

《窗旁》是一首诚挚而朴实的颂歌。诗人以极其平易的日常语言,赞美一个劳动者母亲的伟大胸怀,把一切苦痛深深地埋在心里,决不去扰乱儿子的方寸。

《窗旁》一诗是诗集《母亲》中的名篇之一。塞弗尔特经常回忆起他那充满苦难却又水晶般纯洁的童年,回忆起含辛茹苦的母亲。他于1954年发表的诗集《母亲》是献给他妈妈的。诗中诚挚地表达了他对母亲深挚的爱,同时成功地塑造了一个无产阶级母亲的光辉形象。除《窗旁》外,像《母亲的镜子》《一束紫罗兰花》等都是名篇。这部诗集被认为是"思想性和艺术性绝妙的融汇,情深意浓,风采照人"。它获得了哥特瓦尔德国家奖金。捷克斯洛伐克人民十分喜爱它,每逢国际妇女节或圣诞节,做儿女的都喜欢将《母亲》作为最珍贵的礼物献给自己心爱的妈妈。当其中的一些诗篇译介到中国来后,很快就引起了我国广大读者的共鸣。著名诗人、诗歌翻译家绿原同志在读了《窗旁》后曾这样写道:"……我想,人人都会承认,语言在这样的诗中没有任何别的目的,只是用来掘发生活中本来就有的诗意。用这样的语言写出来的这样的诗,无论译成别的什么语言,无论让什么样的读者来读,我相信,没有一个不会心心相印而击节叹赏:这才是真正的纯诗啊!" (蒋承俊)

匈 牙 利

裴多菲(7首)

裴多菲·山陀尔(Petöfi Sándor, 1823—1849),匈牙利最著名的爱国诗人。他父亲是个屠夫,母亲是农妇。他从小过着贫困的生活,只上过几年中学。后来当过兵,参加过流浪剧团,几乎走遍了匈牙利。艰苦的漂流生活,同农民的广泛接触,对他以后的文学创作产生了良好的影响。

诗人熟悉民间生活,热爱民间文艺。从1842年起,他就用民歌形式写诗,其中有五十多首一直在匈牙利流传,成为真正的民歌。

裴多菲是诗人,也是个革命家,他把一生都献给了匈牙利的民族解放事业。19世纪40年代后期,匈牙利的革命运动蓬勃兴起。诗人积极组织佩斯的激进青年,从事政治运动和文学研究。在编辑文艺刊物的同时,发表了许多抨击国王、贵族的诗篇(如《反对国王》《匈牙利贵人》等)。1848年春,革命浪潮席卷欧洲,裴多菲曾领导激进青年发动起义,反对奥地利的民族压迫和国内的封建专制统治,要求独立、改革。在壮烈的斗争中,写下了《民族之歌》《把国王吊死》等激越昂扬的诗篇,充满着对祖国的热爱,对革命未来的关心和向往。正如诗人所说:"我用我的诗作战……每一首诗就是一个能征惯战的战士。"这些辉煌的政治抒情诗在当时的斗争中发挥了强大的鼓舞作用,至今闪耀着不灭的光彩。

1849年7月,欧洲各国的革命相继失败,匈牙利坚持到最后。裴多菲参加了匈牙利革命军,一手拿枪,一手拿笔,"迎着猛烈的炮火进击"。但终于在寡不敌众的斗争中,死于沙皇哥萨克骑兵的矛尖上。

裴多菲一生还写过大量爱情诗,约占他抒情诗总数的三分之一。这些爱情诗大多感情诚挚、风格明朗。尤其出色的是他后期写给妻子的诗篇,把对爱情的忠贞同为自由献身的革命精神融合一起,升华到崇高的领域,这是历来的爱情诗无法相比的。有人把裴多菲称为"马扎尔抒情诗王"并非没有道理。诗人还写过长诗《农村的大锤》《雅诺什勇士》以及一些小说、剧本等。

裴多菲的诗不仅在匈牙利,而且在全世界,特别是在被压迫、被奴役的弱小民族和国家里,得到广泛的流传,已译成五十多种文字出版。

佩 斯 [1]

裴多菲

佩斯就是佩斯,不容争辩!

---

[1] 匈牙利首都布达佩斯,在1873年以前分为两个部分,以多瑙河为界,左岸是布达,右岸是佩斯。当时首都在佩斯。

我先前一直是佩斯的好伙伴,
只是应该,我袒护这座城市。
我在此度过许多愉快的日子。
我无目的地闲逛在街头巷尾:
我幸福,在天使们身旁徘徊。
我到处张望,像是一条大蟒,
在浩浩荡荡的人群中间流窜。
这里的一切给了我无限乐趣,
我的心在欢乐中不停地战栗。
修鞋匠们的粗暴的打骂行动,
出租车轮子下结束人的生命,
扒手,还有叫卖的女商贩们,
总是给人带来欢乐让人开心。
还应该看到,假如天气晴朗,
好打扮的女人们在街上闲逛;
那精神生活:她们该多美丽,
脸上涂着胭脂,大屁股凸起。
光荣的雄狮们行走在大街上!
我称这里是买卖牲口的市场。

1845.2—3　（兴万生　译）

19世纪40年代,裴多菲把布达佩斯看成是阶级矛盾表现最为露骨、最为尖锐的城市。他一方面看到了京城的辉煌、富丽和奢华,大贵族地主的趾高气扬,投机商人的图谋重利,纨绔子弟的流氓气息;另一方面也看到了流落在多瑙河两岸的成群的乞丐、穷人的黑面包和眼泪,劳动人民的汗水和疲惫的身影。裴多菲本人就是来自下层劳动人民的一员;在佩斯城里,他当过民族剧院的杂役,演戏时当配角;他有时夜宿在仓库的角落里或多瑙河桥头下面。本篇具有诗人自己深刻的感受,真挚的抒情,对古老京城做了一个侧面的刻画。

本篇采用随韵体（AA, BB）写成，每行五个音节，译文追随原诗形式。

(兴万生)

荒漠上的冠冕

裴多菲

荒漠恰似老国王
光秃秃的头顶，
头发像野草般摇晃，
只有稀疏的几根。

这老国王的头顶上，
戴着橡树做成的桂冠，
假如我开始讲述，
可以讲上几个世纪。

它终于开始讲述了。
愠怒的乌云飘来，
疲倦了，就降落
在大地上休息。

它恳求着，并讲述
自己的生命的事迹，
橡树就对乌云
说了下面的话语：

"在远离世界的浪漫的山岩上，
我幸福的祖先们在那里繁殖成长，
我的母亲（天的圆顶向她靠近）
是原始森林中最美丽的大树。
大风暴对原始森林爱得入迷，

但是它的爱却达不到目的:
我向母亲(啊,多么下贱的灵魂!)
向我可怜的母亲发誓要报仇雪恨。
终于实现了。在那里我和我的弟兄们
倚偎在我们父母的胸膛上;
呼号的风暴在愠怒中
拔掉了我们,并把我们驱散。
直到现在它的愤怒仍在把我追赶,
这荒漠就悄悄把我隐藏。
我在这里长高了,我已看见
多少个世纪来临,又去向远方。
我的无聊而漫长的生命啊!
我只是悲哀地向四处眺望,
不管向哪里看:我不可能看见
我可怜的母亲和我的弟兄们。
每天早晨,人们向我走来,
我向往友谊,假如有可能来临。
谁在夏天走来,当太阳燃烧着,
我就替谁搭起凉爽的帐篷,
假如冬天人们向我走来,
我就抛下干树枝,让他生火取暖,
假如世界使他陷入绝望之中,
他走来,就朝着我吊死在树杈上。——
我就这样完成任务。我漫长的
生命的短暂的历史就此结束。
尽管我的生命已经到达终点!
大风暴渐渐向这里刮来
大风暴是我旧日的敌手。

它不能战胜我,不能把我治服。
经过多少个世纪,是谁
那样勇敢而坚定地傲然屹立着。
现在是谁把这英雄推翻在地呢?
那是他胸膛里的肮脏的蛀虫们!
啊,上帝呀上帝,谁在创造,
这里没有我高贵的死亡吗?"

橡树说了这些话。
乌云密集在橡树
顶端,同情地
听着橡树在倾诉。

从同情和怜悯中
乌云迸发出雷霆,
击向孤独的橡树,
把树燃成了灰烬。

1845.10.16—11.25　(兴万生　译)

　　《荒漠上的冠冕》是裴多菲的前期的作品,带有浓厚的浪漫主义色彩。诗的开头和结尾部分,作者交代了橡树与乌云产生的关系,做了衬托形式的描写。中间部分,作者采用橡树对乌云倾吐内心苦哀的方式,表达了人生的苦难的历程。橡树是刚毅挺拔性格的体现,从它生长发芽时起,就饱经风暴的打击,但它毕竟是成长起来了。它给人们遮阴,枯死时给人们作为燃料取暖,给绝望者作为上吊的地方。它虽然能抗拒狂风暴雨的袭击,但最终是被来自内部的蛀虫所毁灭!

　　深沉,抒情,令人玩味,具有一定的哲理成分。

　　作者采用"抱韵"(AB,AB)形式写成,译文追随原诗形式。

(兴万生)

你爱的是春天

裴多菲

你爱的是春天,
我爱的是秋季。
秋季正和我相似,
春天却像是你。

你的红红的脸:
是春天的玫瑰,
我的疲倦的眼光:
是秋天太阳的光辉。

假如我向前一步,
再跨一步向前,
那时,我就站到了
冬日的寒冷的门边。

可是,我假如退后一步,
你又跳一步向前,
哪,我们就一同住在
美丽的、热烈的夏天。

1846.10.7—10.10　（孙用　译）

这是一首富于人生哲理的爱情诗。

1846年秋天,在艾尔多特村的一次舞会上诗人结识了一位伯爵的女儿森德莱·尤丽亚,并热烈地爱上了她(后来成了他的妻子)。裴多菲给尤丽亚共写了102首爱情诗,表现了对爱情的忠贞和对自由的向往。

本篇写于诗人向尤丽亚求爱的初期,由于女方父亲的阻挠,诗中流露出一些惆怅、苦闷的心绪,但诗人还是怀着强烈的希望在追求着。

诗人用一年四季作比,以"春天"赞美情人的娇艳、可爱,以"秋天"暗示自己内心的惶惑和相思的疲倦。冬日是失恋后凄冷的象征,夏天则是诗人向往的爱情成熟如愿的标志。这一连串比喻,新颖、朴素,恰当地表现了诗人殷切、焦急但又不失自尊、不强加于人的求爱心理。最后一节"进一步","退一步",同住夏天的比喻,更耐人寻味,说出了爱情生活中相互体谅、共同努力的重要。扩而大之,它对我们在人生的其他领域,同样能给以不少有益的启示。　　　　　　　　　(于慧英)

我愿意是急流

裴多菲

我愿意是急流,
山里的小河,
在崎岖的路上、
岩石上经过……
只要我的爱人
是一条小鱼,
在我的浪花中
快乐地游来游去。

我愿意是荒林,
在河流的两岸,
对一阵阵的狂风,
勇敢地作战……
只要我的爱人
是一只小鸟,
在我的稠密的
树枝间做窠,鸣叫。

我愿意是废墟,
在峻峭的山岩上,

这静默的毁灭

并不使我懊丧……

只要我的爱人

是青青的常春藤,

沿着我荒凉的额,

亲密地攀缘上升。

我愿意是草屋,

在深深的山谷底,

草屋的顶上,

饱受风雨的打击……

只要我的爱人

是可爱的火焰,

在我的炉子里,

愉快地缓缓闪现。

我愿意是云朵,

是灰色的破旗,

在广漠的空中,

懒懒地飘来荡去,

只要我的爱人

是珊瑚似的夕阳,

傍着我苍白的脸,

显出鲜艳的辉煌。

1847.6.1—6.10　　（孙用　译）

这是裴多菲写给情人尤丽亚的又一首情诗,深受我国人民的喜爱。诗人以"急流""荒林""废墟""草屋""云朵"等一系列荒凉冷落的形象自比,又以"小鱼""小鸟""常春藤""炉火""夕阳"等美好、欢快的形象比喻心中的爱人,两组比喻形成鲜明的对比。

这些比喻和对比总的含义是一致的,即不管自己的命运多么坎坷、险恶,只要同"爱人"在一起,就能化险为夷,幸福无比,从而歌颂了爱情的强大威力。但它们并不是简单的重复,每一节比喻各有着独自的新意:"小河"要穿越"崎岖"山路,意味着爱情的历程将百折千回,艰难曲折;"荒林"要同狂风恶战,表明可能遇到的挫折和打击;"废墟"已被毁灭、遗弃,象征着为爱情付出的牺牲;深谷底的草屋突出了处境的孤寂;飘荡的云朵则隐示着诗人的流浪生涯。这一切都含蓄地体现出主人公刚毅不屈的性格和对爱情坚贞不渝的追求。诗人对爱人的比喻,也很值得回味:浪花中的"小鱼",取其活泼、自由;鸣唱枝头的"小鸟",喻其欢乐、天真;青青的"常春藤",象征着永不枯衰的美德;炉中的"火焰",能给人以温暖;而珊瑚似的"夕阳"不但美丽迷人,还能给人带来光明和憧憬。

这几组比喻和对比,有机地组合在一起,完整地勾画出男女主人公的丰满形象,表达了对美好爱情的向往。

这首诗通篇采用了博喻手法,即用一连串丰富多彩的比喻来表达同一中心意思。这种手法,我们在莎士比亚的作品中常常见到,所不同的是,诗人在这里把每一个比喻都加以展开,并同对比结合运用,从而包含了更丰富的寓意,具有更浓郁的民歌风格。

(梁丽荣)

谷子成熟了……
裴多菲

谷子成熟了,
天天都很热,
到了明天早晨,
我就去收割。
我的爱也成熟了,
很热的是我的心;
但愿你,亲爱的,

就是收割的人!

1843年7月—8月之间　（孙用　译）

这是裴多菲早期创作的一首短诗,深受匈牙利人民的喜爱,被音乐家谱成歌曲,广为传诵。

裴多菲一贯热爱民间文艺,他认为:"诗歌不是大老爷们的客厅,只有穿着华丽的衣服和穿着光亮的皮靴的人才可以走进去。不!诗歌是一座神圣的教堂,那些穿着破皮靴的人,甚至赤着脚的人都可以走进去。"(《〈诗歌全集〉序》)所以,他的作品常常描写劳动人民的形象,从劳动人民的口语中提炼出生动活泼的语言,充满着明朗清新的民歌风格。

这首短诗,采用了极其简练的笔墨,以一个农夫娓娓细语的口吻,写出了劳动人民淳朴炽烈的感情。通篇采用了我国所谓"比兴"手法。天热同心热,谷子成熟同爱情成熟,收割谷子同收割爱,自然巧妙地融合在一起,暗示着爱情同劳动的密切关系,把爱情、谷子双丰收的喜悦倾吐无余。它同人民大众创作的民歌实在没有什么区别了。后世各国民歌中以"葡萄熟了""苹果熟了"等来比喻爱情成熟的相当多见,但以"谷子熟了"作比尚为少见,而且效果更妙。

（许自强）

旗　帜

裴多菲

你在干什么,你在缝什么?
你在缝补我的那件衣裳吗?
我对破烂衣裳已十分满意。
我的妻子,你还是缝起一面战旗!

我预感着,我预感到了什么,[1]

---

[1] 诗人曾自述:"我觉察革命之来临,有如狗之觉察地震。"当时欧洲正处于革命风暴来临的前夕,已出现种种迹象。诗人对革命的预感并非没有根据。

只有天知道我预感到了什么；
够了，预感出自我的心里，
我的妻子，你缝起那面战旗！

这样下去，不太长的时间，
我预感时局将会发生突变，
就一跃而起向战场上跑去，
我的妻子，你缝起那面战旗！

自由是我们的无价之宝，
不会白得，付出的代价很高；
贵重的金钱：鲜红的血滴，
我的妻子，你缝起那面战旗！

如果是你那白嫩的手缝的，
胜利一定会爱上这面战旗，
胜利越来越和它亲密；
我的妻子，你缝起那面战旗！

1848.1，佩斯　（兴万生　译）

裴多菲是匈牙利的一个民族英雄，具有强烈的爱国主义精神。他的爱情诗中最有光彩的是那些革命与爱情相结合的篇章，《旗帜》就是其中之一。

写这首诗时，裴多菲与尤丽亚结婚刚刚四个月，但他并没有缠绵于新婚的柔情蜜意之中，而是时刻关注着革命形势的发展。

1848年初，整个欧洲处于"山雨欲来风满楼"的局面。一场震撼全欧的革命风暴即将来临，诗人敏感地欢呼道：

来了，美丽的时光来临了，
我的希望长上翅膀迎面飞去。

这首《旗帜》以一个丈夫对妻子温存絮语的方式，把儿女情与英雄气巧妙地融合一体,亲密无间的爱恋里倾注着革命的激情。诗人让新婚的妻子别再为自己缝补衣裳,而要她为即将到来的革命缝制一面战旗。这充分显示了诗人的革命预见性和高度责任感。他还谆谆告诫妻子:"自由"是个"无价之宝",为了它要付出鲜血和生命的代价,甚至舍弃自己的爱情,"一跃而起向战场上跑去"。这正是"生命诚可贵,爱情价更高。若为自由故,二者皆可抛"一诗主题的再现。

诗的结尾是朴素的,但蕴含着钩深致远的情思:

"如果是你那白嫩的手缝的,

胜利一定会爱上这面战旗,

胜利越来越和它亲密;

我的妻子,你缝起那面战旗!"

这里有对妻子温柔美丽的喜悦,有对革命前程的乐观,更有着为妻子参与革命的自豪。倘若每一个匈牙利妇女都能像尤丽亚一样投身于革命洪流,那么革命的胜利岂不更指日可待了!

确实,尤丽亚没有辜负诗人的期望,在匈牙利三月起义的日子里,她同丈夫一起参加了战斗。3月13日晚上当裴多菲伏案写作《民族之歌》的时候,她就在一旁缝制着民族的旗帜。裴多菲在3月17日所写的《日记抄》中曾写道:"大半夜的时间,我和我的妻子——我心爱的、勇敢的鼓舞者都没有睡着;她时时刻刻在鼓舞着我。她走在我的思想和计划的前面,正像一面军旗在队伍前面迎风招展。我们商量过:应该怎样行动呢?当时有一件事情对我们来说,是十分明确的,那就是应当行动起来。就在明天,后天也许已经太迟了。"

《旗帜》一诗发表于3月19日出版的左翼文艺刊物《三月十五日》第一期上。不久,《生活景象》报道了这首诗的创作背景:

"佩斯的作家们的妻子筹备要为民族近卫军献一面旗帜。如果是她们的手缝制的,战士们将高兴地为祖国而战。裴多菲在两个月以前就写下此诗;诗篇原名是《你缝起那面旗帜吧,我的妻子》。我们可以自豪地说:诗人是世界事变的预言家。"

(许自强)

民族之歌

裴多菲

起来,匈牙利人,祖国正在召唤![1]
时候到了,现在干,或者永远不干!
是做自由人呢,还是做奴隶?
就是这个问题:你们自己选择!——
在匈牙利人的上帝面前,
我们宣誓,
我们宣誓,我们
永不做奴隶!

我们做着奴隶,直到现在这时候,
连我们的祖先也遭受诅咒,
他们原来自由地活着、死去,
当然不能在奴隶的土地上安息。
在匈牙利人的上帝面前,
我们宣誓,
我们宣誓,我们
永不做奴隶!

谁如果在紧要关头还不肯牺牲,
把自己这渺小的生命,
看得比他的祖国还要宝贵,
那么他真是太恶劣、太卑鄙。
在匈牙利人的上帝面前,
我们宣誓,

---

[1] "祖国正在召唤"这一句,在原诗初稿中并没有,据说是诗人在咖啡馆向激进的革命青年朗诵时,按照群众的要求改成的。这大大加强了诗的感召力。

我们宣誓,我们
永不做奴隶!

刀剑是比铁链更为辉煌,[1]
佩带起来呢,也更为像样,
我们却还是佩带着铁链!
来吧,我们的古老的刀剑!
在匈牙利人的上帝面前,
我们宣誓,
我们宣誓,我们
永不做奴隶!

匈牙利这名字一定重新壮丽,
重新恢复它的古代的伟大荣誉;
几世纪来所忍受的污辱羞耻,
我们要把它彻底地清洗!
在匈牙利人的上帝面前,
我们宣誓,
我们宣誓,我们
永不做奴隶!

我们的子孙以后有一天
要向我们叩头,在我们的坟前,
他们要为我们念着祷词,
祝福我们的神圣的名字。
在匈牙利人的上帝面前,

---

[1] 刀剑,象征着自由和战斗;铁链,象征着奴性和屈辱。诗人曾写过一首《宝剑和铁链》的寓言诗,把宝剑说成美丽天使与美丽姑娘所生的天堂之子,而铁链却是魔鬼和女巫所生的地狱之子。

我们宣誓,
我们宣誓,我们
永不做奴隶!

1848.3.13 (孙用 译)

我已经写过很多的诗,
并不是每一首都毫无用处,
可是给我带来声誉的诗篇——
最美丽的诗,我还没有写出。

当祖国向维也纳复仇的时候,
我的最美丽的诗才会出现,
那时,我就用闪光的剑锋,
在一百条生命中写下:"死亡"!

以上裴多菲在《我的最美丽的诗》中的预言,不到一年果然实现了。匈牙利三月革命爆发时,他写出了"最美丽的诗",即著名的《民族之歌》。

1848年春天,革命浪潮席卷了整个欧洲,意大利、法国、西班牙等国相继燃起了革命火焰。裴多菲急切地渴望着在匈牙利也能够"暴风来了,火星顿时燃成大火"。3月13日,维也纳革命的消息传来,裴多菲兴奋至极,他敏锐感到这是匈牙利革命的信号。就在这天晚上,诗人写下了《民族之歌》这一不朽诗章。

3月15日,匈牙利人民为了反对奥地利的民族压迫和国内封建专制奴役,在佩斯也发动了武装起义。裴多菲亲自参加并领导了这场伟大战斗,用剑和笔同时跟敌人搏斗。当天清晨,一万多人冒着滂沱大雨,集合在民族广场前,裴多菲慷慨激昂,在大会上当众朗诵了《民族之歌》这首诗。

《民族之歌》是匈牙利革命的第一声怒吼。诗人提出了当时匈牙利人民面临抉择的重大问题:做奴隶还是做自由人?诗人悲愤地回顾了匈牙利人民长期遭受奴役的历史,指出这种民族的悲剧再不能继续下去了:"时候到了,现在干,或者永远不干!"为了祖国的荣誉,为了人民的自由,为了子孙的幸福,他号召人们用刀剑来粉碎铁链,不惜牺牲生命,同敌人决一死战!

这首气壮山河的战歌,很快被印成传单,广为散发,成为3月15日匈牙利革命的动员令。它像进军的号角、催征的战鼓,激励着人民的斗志,鼓舞人民冲锋陷阵。示威群众包围了市政府,迫使反动政府答应了释放政治犯和实行自由主义改革的"十二项要求"。群众又涌向监狱,打开牢门,放出了许多有影响的政治家和其他犯人,起义者一时控制了整个首都。布达佩斯沸腾起来了,游行队伍一直延续到深夜,各条街道都装上了彩灯和彩旗,到处悬挂着裴多菲的画像,在画像下面写着:"起来,匈牙利人,祖国正在召唤!""我们不再继续做奴隶"等革命口号。当晚,《民族之歌》就被谱成了歌曲,当人们唱起那悲壮的歌曲时,往往激动得流下热泪。

《民族之歌》节奏急促有力,语气果断刚毅,誓词式的结尾反复出现,充满着义无反顾、视死如归的革命气概,振荡着钢铁般嘹亮的洪钟巨音。革命的内容与战斗的形式完满结合,不愧是一曲响彻云霄的民族壮歌。按照匈牙利文的意思,"民族之歌"也可解释为"国歌",实际上在奥匈帝国与霍尔蒂反动统治时期,《民族之歌》在匈牙利人民心中,已成为非正式的国歌了。

(梁丽荣)

莱维茨基 (1首)

莱维茨基·久拉(Revécky Gyula, 1855—1889),匈牙利19世纪后期最著名的抒情诗人,"新"与"旧"交替的代表人物。年轻时代遭受许多痛苦,这成了他诗歌创作的主题。他是裴多菲与奥第的继承者,诗中充满着强烈的革命性。

《裴多菲活着!》是根据传说写成的。实质上,裴多菲是在1849年7月31日瑟什堡战役中战死。

裴多菲活着
——相传裴多菲在西伯利亚的铅矿里服劳役

莱维茨基

裴多菲活着！但是你们不相信
他不是一个显露出疲倦的老人。
时间并没有在他脸上刻下皱纹，
且莫想象白发出现在他的两鬓。
如今他抬起头，眼睛闪烁光辉；
还是那样年轻：只有二十六岁！

裴多菲活着！他永远不做囚犯。
你们不要相信他会披挂铁锁链！
手里握着军刀，嘴里唱着战歌；
他向前冲锋，恰似愠怒的风暴，
他高亢的军号声压倒大炮怒吼，
一曲神圣的国歌："全世界的自由！"[1]

裴多菲活着！燃起火焰的心灵。
衰老和死亡永远不能把他战胜。
怀着骚动的心，还是那样年轻。
自由地活着，亲爱的匈牙利人！
宝座和国家很早以前就已覆灭，
可是，至今尚未替他挖掘墓穴！

1877　　（兴万生　译）

匈牙利爱国诗人裴多菲究竟死在哪里？葬身何方？一百多年以后的今天仍然是一个谜。1849年匈牙利革命失败之后，国内的学者权威以及

---

[1] "全世界的自由！"引自裴多菲1846年12月著《一个念头在烦恼着我》一诗。

军界首要人物，证实裴多菲死于7月31日瑟什堡的大血战中，并同1005名英烈合墓而葬。其后曾多次掀起关于裴多菲之死的调查与考究，但均无结果。学者们一直沿用了诗人战死在瑟什堡之说，鲁迅也曾说诗人"死在哥萨克兵的矛尖上"。

1989年7月，一个由匈牙利、美国、苏联著名考古学家和人类学家组成的23人考察队，在西伯利亚的达巴尔古津地区的公墓进行挖掘。7月17日他们发现了十二月党人丘赫里贝凯尔的坟墓和骸骨，同时在离该墓8米远处发现另外一墓。经挖掘，遗骨完整，其特征与裴多菲相符。这一消息轰动了整个匈牙利。但是，最后经人类学家鉴证，出了一个大笑话：证明骨盆是女的！但是出资千万福林的匈牙利的企业家莫尔瓦依·费伦茨并不甘心此次调查的失败，仍然准备出巨款支援考察队继续进行考察。裴多菲死亡之谜，将来能否揭开，难以断定。

莱维茨基的《裴多菲活着》写于1877年，即诗人死亡28年之后。那时匈牙利国内各界纷纷传说，裴多菲被俄国兵俘虏，在冰天雪地的西伯利亚的矿井里服劳役。但这只是一种期望：裴多菲活着，还会重返祖国参加民族解放事业的斗争。

（兴万生）

奥第 (2首)

安德莱·奥第（Ady Endre, 1877—1919），匈牙利著名革命诗人，出身于没落的贵族家庭。早期诗歌受法国象征派诗人波德莱尔和魏尔伦的影响，采用象征主义手法进行创作。作品中反映了对封建社会的憎恶与对西欧资本主义社会的向往。1906年发表了《新诗集》，揭开了匈牙利现代文学的序幕。他的政治诗的主题，集中揭露奥匈帝国的封建统治，歌颂向往光明的进步的人们。例如《孔雀飞起来了》（1907）、《血与金》（1907）、《多热久·尔吉的孙子》（1908）等诗篇，表现了无产阶级伟大力量和创作中的革命倾向。

匈牙利的雅各宾党人之歌

奥 第

我们从头到脚把你摸个够。
鲜血从我们的手指尖往下流；
你沉睡的穷苦的匈牙利哟，
是你吗，你还属于我们所有？

难道我们还等待着好的命运？
已经疲倦了，我们的眼睛和灵魂；
巴比伦[1]的受奴役的人民哟，
什么时候你们才能觉醒？

在千百万个死去的愿望里，
为什么没有一个顽强的意志？
匈牙利、罗马尼亚、斯拉夫的忧郁，
让它们永远凝结在一起。

我们同受耻辱，同受困苦，
一千年以来我们就成了亲戚。
为什么不能在思想的营垒里，
我们放声怒吼，我们相聚？

多瑙河与奥尔托河是一个声音，
奔腾着，咆哮着，永流不息；
我们在阿尔帕德[2]的国家生存，
从来不在老爷和流氓面前哀泣。

---

[1] 巴比伦（Babylon），古代西亚两河流域的最大城市，是古巴比伦王国和新巴比伦王国的首都。
[2] 阿尔帕德，匈牙利国家的建造者之一，大约死于907年。

被压迫的人民！被放逐的人民哟！
还有匈牙利人和非匈牙利人！
为了那伟大的事业，什么时候
我们能够联合起来共同行动？

千百万的人民哟！什么时候
我们能汇成一支强大的队伍？
匈牙利人民哟！为什么你们
竟成了囚笼中的一只小鸟？

匈牙利变成一个忧郁的乞丐，
我们缺乏信心，我们缺乏食粮。
明天呀，一切将属于我们所有，
假如我们有志向，假如敢干。

1908　（兴万生　译）

　　《匈牙利的雅各宾党人之歌》是奥第的代表性作品。本篇以象征主义手法描写19世纪末20世纪初匈牙利人民在奥匈帝国统治下的苦难。诗人在本篇中号召全身披满刀伤的匈牙利人民起来斗争，并且要联合周围的斯拉夫民族共同战斗。武装斗争是一个方面，在"思想营垒"里相聚，就更为重要。"明天呀，一切将属于我们所有"，这是对无产阶级革命的向往，诗人深信未来的世界必将掌握在劳动者手中。

　　奥第的创作深受法国诗人波德莱尔的影响，就诗艺来讲，他的作品比波德莱尔的诗较为明朗和易懂。深沉、内在，是奥第诗歌的特点。

（兴万生）

青年人的历史教训

奥　第

荒淫无耻、横征暴戾的野蛮人，
他们占领了我们祖国的土地；

在学校里读书时,他们就对
做好事的穷人进行奴化教育。

可是这事情不能延续一千年,
工人们在轭下劳累中死亡;
一两千个有钱的贵族老爷们
却把千百万奴隶用绳子捆绑。

匈牙利是一个富饶的国家——
庄稼、野兽,地下无数宝藏,
这一切都是穷苦人民创造,
可是却装进了老爷们的钱囊。

只有那些富翁,只有那些暴君,
他们享受这土地出产的果实。
他们愚弄着成千上万的穷人,
又给劳动者戴上沉重的枷锁。

如今我们的心变得坚硬了。
青年小伙子的脸色变得枯黄;
当天空和大地合拢起来时,
匈牙利就会变成另一个模样。

这国家属于穷苦人民所有,
贵族老爷们铸造手铐和脚镣;
所有的面色苍黄的青年工人,
却被赶上了流血的战场。

祝福的太阳照射着这片土地。
红色的空气在天空中飘荡;
贵族老爷们,从这里滚开吧,

不然你们就统统在这里死亡。

起来吧,青年们!要学习!
去参加战斗,保重身体健康!
你们是被奴役国家命运的转换者,
你们将成为这国家幸福的人民。

1912　　(兴万生　译)

科苏特领导的1848—1849年匈牙利资产阶级民主革命失败之后,60个年头过去了,匈牙利依然处在奥匈帝国的统治之下。工人们在"轭下劳累中死亡",千百万的农奴由于无土地而受贵族地主的盘剥,缴纳不起租税而遭受捆绑与吊打。在学校里实行奴化教育,采用德语教学。本篇写作的时间,正是在匈牙利红色政权建立即1918年之前的头六年,国内已经孕育着一场无产阶级革命风暴的到来。作者预言,青年们将是匈牙利国家命运的转换者,必将成为国家的主人。　　　　(兴万生)

斯洛文尼亚

普雷舍伦(2首)

弗兰采·普雷舍伦(France Prešeren,1800—1849),斯洛文尼亚诗人,出身于富裕农民家庭。曾在维也纳大学攻读法律,当过律师助理,后为民族独立和民族文学的发展进行过战斗。他大学时代就写诗,1827年开始发表,其作品收于《抒情诗集》(1833)和《诗集》(1847)中。他的诗多叙述爱情的不幸,表现反对民族压迫的爱国主义思想和对未来的信念,以十四行诗为多。在诗歌的韵律和形式上有所创新,对斯洛文尼亚文学的发展产生过重大影响。

十 行 诗

普雷舍伦

我问你的眼睛我是否敢于爱你,
亲爱的,你的眼睛不给我答案。
从远处望着我时你的目光总是那么温和,
而我走过你身边,你却不看我一眼。
当我的眼睛渴望地寻找你,
你就背过脸去,仿佛毫不在意。
如果我望一望别的姑娘,
你却不能将你突来的愤怒目光隐蔽。
那么请表示你的爱或憎,
请解除我的疑虑——你说吧,我该怎么办呢?

1833年　（张奇　译）

这首小诗揭示了爱情中十分微妙复杂的一种心理:似明若暗,似有若无,这大约是初恋的前奏,爱情的信息。

人们常说,眼睛是心灵的窗户。在这首诗里,诗人虽说"眼睛不给我答案"。其实,旁观者清,从姑娘的目光里,人们是可以猜测到她的心思的。倘若说远望时"目光温和",近对时假装不识,可能是因为腼腆、害羞的话,那么,当主人公"望一望别的姑娘",她的目光就会射来"突来的愤怒",则显然是一种强烈的、难以掩饰的忌妒。这种忌妒正是爱的反射,爱的信号(不爱无须如此强烈地忌妒)。从中不难窥视姑娘心中的秘密。然而"当事者迷",在得不到明确肯定的爱的表示前,主人公心中总是不踏实的。更何况少女的心如变幻无常的天气难以捉摸,谁又敢肯定说,那些表示不会出于其他原因呢?

历来爱情诗多不胜数,而爱情的内容总是这一些。要写出新意,让人有回味不尽的余地,确实不容易。这首诗是有魅力的。读这首诗不禁使人想到我国古诗中所说的"东边日出西边雨,道是无晴却有晴",想到白居易的"花非花,雾非雾,夜半来,天明去。来如春梦几多时?去似朝云无觅处"那种变幻无常的心理，那种朦胧飘忽的意境，用来形容爱情萌芽状态时的微妙，恐怕有某种相通之处。当然，普雷舍伦的这一首比起白居易诗要具体、明朗得多，抒情主人公的心理也很确定。结尾祈求式的问句，更是西方诗人才会有的求爱方式。 （许自强）

漂到哪里
普雷舍伦

你漂流在痛苦而动荡的黑夜里。
你一再问我漂到哪里？

去问海里的狂涛怒澜——
那飞云的野蛮侣伴，

当风儿驰骋，那被鞭策的飞云
扫过原野和天空。

哪一片飞云也不能回答我在何处，
也不能把我从失望中引出。

但我知道这事可以断定——
我永远也不会再看到她的眼睛；

然而世界上没有一块藏匿的地方，
在那里我会把她的面容遗忘。

（张奇　译）

这首充满伤感情调的小诗，涉及三个不幸的人——你、我、她。这三个人里除了"我"可以视作诗人自我外，"你"和"她"是谁，都不得而知。他们都是苦难的影子。

最后两节中提到的"她"，是诗人心中念念不忘的恋人。她大约已经离开了人间，"永远也不会再看到她的眼睛"，但诗人对她永志不忘，这正是"我"痛苦的根源。第一行提到的"你"虽活着,却"漂流在痛苦而动荡的黑夜里",生活中充满着坎坷、磨难。不仅如此,这个"你"还有另一层悲哀,那就是再不能得到"我"的真正的爱(凭猜测,这个"你"应是女性),因为占满"我"心间的是"她"。诗中主要表现的是"我"的痛苦,不知自己该漂往何处。也许,这个"我"是个水手,确实终年漂泊在茫茫大海上,不知去向。但从更广阔的含义去理解的话,这是一种对生活失去目的、失去信心的绝望。诗中的"飞云",是"我"发问的对象,何尝又不可理解为是一种自比?它被风鞭策,扫过原野天空,渺茫空虚,没有定向,终年同野蛮的狂涛怒澜做伴,忍受着生活的熬煎。这种浓重的失落感、悲剧感,根源自然在于失去了心中的"她",带有自暴自弃的味道。但也可以反映出"我"在生活中确实缺少其他精神寄托和乐趣,已陷于难于自拔的悲观境地。

以上是我们就诗论诗所做的猜想。其实,爱情诗不宜写得太实,自然,也不能解得太实。这也正是本诗的长处,它给我们留下了不少想象的空白。读者尽可凭自己的经历,去编织出各种情思的网络。不管怎么说,这首十二行的小诗能容纳下三个人如此深重巨大的悲哀,它的浓缩和精练确是令人佩服的。

(许自强)

罗马尼亚

巴科维亚(2首)

乔治·巴科维亚(George Bacovia, 1881—1957),罗马尼亚诗人,生于巴科乌的商人家庭,自幼喜爱绘画和音乐。青年时期在雅西和布加勒斯特学习法律,毕业后任小职员和教师,经常贫病交加。1946年他的处境有了改善,被任命为艺术部参事,同年获全国诗歌奖。他自中学时开始写诗，第一部诗集《铅》（1916）使他成为罗马尼亚象征主义诗歌的代表人物之一。此后发表的集子还有《黄色的火花》（1926）、《和你们一起》（1930）、《现实喜剧》（1936）、《资产者组诗》（1946）等。旧时，由于巴科维亚处境悲凉，心情郁闷，所以酷暑严冬、暗淡秋色、连绵夜雨、枯树老鸦、荒废的田园、贫民区、疯人院、屠宰场等都是他在诗歌中抒发悲愤的凭借。颜色是他经常使用的一种表意手法。黄色象征疾病和贫困；黑色是衰竭、焦化的表现；白色代表空虚、乌有；黑白两色是墓地、丧葬的象征；紫色引起幻觉；铅色意味着沉闷和压抑。在他的作品中，线条、形状、运动、静止、沉寂、嘈杂以及诗的韵律也是表意的符号。

铅

巴科维亚

憩睡着，铅的棺椁、
铅的花、志丧的挽幛——
我独守墓室……风在吹……
铅的花圈吱咯地响。

憩睡着，铅的爱恋伏在
铅的花上，我开始呼唤——
独与亡人相伴……阴凄凄……
低垂着，铅的翅膀。

（冯志臣　译）

这篇作品选自同名诗集。有一次，诗人在巴科乌参加亲戚的葬礼，目睹了地下的阴暗墓室和庞大的铅制棺椁。此后，令人压抑的墓地气氛使他久久不得平静，加之当时的沮丧心情，他提笔创作了这首象征主义短诗。

该诗的依托是一间墓室，墓室中的气氛和景物引发了诗人压抑的感情。墓室虽是实在物体,可它却包含着多种潜意。它可能象征诗人当时的艰难处境、阴暗的居室、他生活的那座小城和令人窒息的世界。或许墓室就是他本人的躯壳,在这个躯壳中栖息着备受压制、毫无希望的"铅"的灵魂。"铅"是这首诗的关键词,它具有强烈的凝聚力和丰富的修辞与象征功能。诗中景物都是围绕"铅"字展开的,它不是简单的重复,伴随新的词语组合,它都获得新的含义。如果说在第一小节中它修饰的都是实体,主要通过限定和比喻功能渲染墓室中的压抑气氛,那么在第二小节里,它开始同抽象概念——爱恋等相结合,突出了象征功能。通常,在象征主义诗歌中,许多词语因情景关系而有多种解释。"铅"可以是气氛的普遍沉闷,也可能特指诗人的压抑感、社会的黑暗不公或者气候及小城的沉闷。同样,末尾一句的"翅膀"也应该做出象征主义的解释。这里的翅膀不是实体,根据上下文,它可能指死人的阴魂的翅膀,也可能就是诗人的翅膀。在那个时期,他在生活和事业上很不得志,宛如一只受了伤的鸟,欲飞不能,翅膀像铅块一样低垂着。　　　　(冯志臣)

湖上桩屋

巴科维亚

夜夜听雨声,
万物伴雨哭……
孤身多思绪,
若居湖上桩屋。

浊浪拍击脊背,
床板已经湿透——
梦中常常惊醒,
唯恐跳板仍通滩头处。

旷古空虚
将我团团围住,

水中木桩正折毁,
绵绵雨如注。

夜夜听雨声,
猛惊醒,苦期盼……
孑然一身,
若居湖上桩屋。

(冯志臣 译)

该诗选自诗集《铅》(1916)。它也是通过象征手法表现了诗人的孤独、压抑、哀伤、恐惧的复杂心情。篇首一节,连绵夜雨和孤独无助的情景把读者带入凄苦悲凉的境界,陋室淫雨使人联想起原始人居住的湖上桩屋。清苦的条件自不必说,而且要像原始人那样时刻提防潜在的威胁。睡梦中仍然挂念是否拉起了连接桩屋与岸畔的那块跳板,否则凶猛的野兽或其他祸患就会向桩屋袭来。空虚、忧虑仿佛使诗人朦朦胧胧回到了史前时代,乍惊乍醒之际,又下意识想到现实的处境,绵绵夜雨中更觉孤寂,唯有苦苦期盼而已。

(冯志臣)

布拉加(2首)

卢奇安·布拉加(Lucian Blaga, 1895—1961),罗马尼亚诗人、哲学家,生于乡村牧师家庭。1917—1920年曾在维也纳攻读哲学,获博士学位,论文题目是"文化与认识"。在此期间他创作了风格清新的哲理诗,收于《光明诗集》(1919)中。从维也纳回国后,他曾从事编辑和外交工作。1937年被选为科学院院士,发表了《罗马尼亚乡村颂》著名演说。1939年到克鲁日大学任教,主持文化哲学教研室的领导工作。1948年调出大学,在科学院任研究员。出版的诗集还有《先知的脚步》(1921)、《伟大的过渡》(1924)、《睡眠颂》(1929)、《分水岭》(1933)、《在思念的庭院里》(1938)、《坚实的台阶》(1943)等。由于他对西方哲学和老子的《道德经》颇有研究,他的建立在反唯理主义基础上的哲学思想经常融化到诗歌中。他认为光是启迪的象征,万物赖以生存的条件。光意味着生命、认识、感知和神灵,所以他在诗歌创作中热情歌颂了光明,为此他被誉为"光明诗人"。在认识问题上,他的看法是世界充满奥秘,只靠逻辑思维不能完全了解世界,有时甚至产生相反的效果。他崇尚自然、古朴与宁静,广阔的农村天地经常是他抒发胸怀的理想环境。

我不践踏世界的奇妙花冠

布拉加

我不践踏世界的奇妙花冠,
也不用理智杀害
我在旅途、鲜花、眼睛、
嘴唇或墓地
遇到的各种奥秘。
他人的光明
扼杀了沉沉黑暗中
未被揭示的奥秘的魅力,
而我,
我却用我的光明增加世界的神秘——
恰如月亮用它的光华,
不是缩小,而是颤悠悠地
更加扩大夜的隐蔽。
面对神圣的奥秘,我深感惊异,
我就是这样丰富了黑暗的天际,
未被理解的一切事物
在我眼里
变得更加神奇,
因为我

> 既爱鲜花和眼睛，也爱嘴唇和墓地。

（冯志臣 译）

　　该诗是《光明诗集》(1919)的开篇作品。布拉加在这首自由体诗歌中，通过自白的形式，生动表述了他的哲学思想和对诗歌艺术的精辟见解。

　　广博的宇宙充满了奥秘，它们像美丽的花朵一样装点着人间，构成了"世界的奇妙花冠"。该诗的首句通过一个"我"字，开门见山地道出了诗人对待美如花冠的世界奥秘所采取的"不践踏"态度。"我"是诗中的关键词，曾反复出现，用以强调作者有别于"他人"的鲜明立场。作为哲学家，他认为奥秘是人类存在的主要特征。奥秘遮掩着存在，它既是激发人类认识的强大动力，也是阻挡人类认识的严重障碍。为此，他把认识分为两类：局部缩小奥秘的理性认识和增强世界魅力的情感领悟。诗歌属于情感层次，它通过神奇的想象力和深邃的艺术手法，比理性和逻辑思维更能深入世界的永无穷尽的奥秘。在唯理主义和反唯理主义面前，他选择了后者，所以他"不践踏"，"不用理智杀害"各种奥秘，而是"增加"和"丰富"世界的神秘性。与此相反，唯理主义者在局部揭示奥秘的过程中，把世上万物概念化了，无情地"扼杀"了奥秘的魅力。布拉加避免用枯燥的语言向读者进行哲理说教，抽象的概念是通过生动的诗的形象表现出来的。例如，"光明"是认识世界的思维形象，"我的光明"代表了诗人的形象思维，"他人的光明"则指泛义的理性认识。为了突出两者之间的明显区别，布拉加运用了"我"与他人，"我"的光明与他人的光明等一系列反衬手法，诗句中的谓语成分在"扼杀"与"爱"的含义中逐步深化。那么，布拉加为什么要保护和培植奇妙的奥秘？他在篇末点破了主题，并且与篇首一句相呼应，因为他"既爱鲜花和眼睛，也爱嘴唇和墓地"。此处的鲜花、眼睛、嘴唇和墓地都具象征含义，它们是无所不在的奥秘的具体表现。诗中的"爱"字很有分量，它不单单是情感的强烈流露，也是诗人用以认识世界的唯一工具。只有通过对事物的爱，对可以触摸的具体形象做直接的感受，人们才能从个别走向一般，抵达奥秘的深处。

（冯志臣）

栎 树

布拉加

仿佛心脏在钟楼的胸膛里搏动,
清晰的远方传来阵阵钟声,
甜甜的声音里
我觉得
我的血管里流的不是血,而是滴滴宁静。

林边的栎树啊,深沉的静谧
何以展开柔软的翅膀
占据了我的心灵?
只是因为我躺在你的阴凉里,
你用树叶安抚我,在我头上摇动?

噢,谁能知晓?也许过不了多久
人们将用你的躯干
为我制作一口棺木,
眼下,我似乎已经开始领略
我将在木板中品尝的
宁静,

你的叶片正把它滴入我的心中。
无言静卧,
林边的栎树啊,
流逝的光阴使我听到一口棺木,
我的棺木,
在你的躯干里萌生。

(冯志臣 译)

布拉加是一位对时间的流逝非常敏感的诗人。时间意味生命,也危及生命,无形的死亡踏着时间的脚步走过来,走过来。对此,布拉加像其他许多诗人一样深感不安。他曾写道:"又是一年,又是一天,又是一个时辰,所有的路随着我的脚步,从我的脚下,向后退去。又是一年,又是睡眠,又是一场梦,我也将化为朽骨,在地下安眠。"有时,诗人对待死亡的态度却十分平静。在《光明诗集》的《栎树》中,他对生与死的问题做了思考,理智和豁达战胜了下意识的恐惧。从结构来看,这首诗由三部分组成。第一部分在情景交融的旋律中描写了作者的心境;第二部分通过提问方式揭示了由静谧引起的下意识感情;第三部分是诗的结论,下意识的感情升华为自觉的意识,生死更迭本属正常的自然现象。全诗贯穿两组中心词:"宁静"和"栎树","觉得"和"似乎"。"宁静"的概念一共出现四次,篇首两行隐含静寂,此后步步深化,变为可以感知的"滴滴宁静"、展开翅膀的"深沉的静谧",直至末尾"宁静"才完全成了"死亡"的同义词。"栎树""躯干""木板"和"棺木"从另一个侧面表现了生死相依的关系。"觉得""似乎""也许"等词语反复出现,烘托了诗人的主观感觉和遐想。

(冯志臣)

斯特内斯库(2首)

尼基塔·斯特内斯库(Nichita Stănescu, 1933—1983),罗马尼亚诗人,生于普洛耶什蒂。1957年于布加勒斯特大学语言文学系毕业后曾任《文学报》诗歌组编辑,倡导诗歌革新运动。在他的带动下,罗马尼亚诗坛自20世纪60年代起逐步突破模式化的束缚,出现繁荣景象。他的第一部诗集《爱的含义》(1960)以童年生活和战争岁月为主题,意境不够开展。但是随着《情感形象》(1964)的问世,他的诗歌作品开始显露了自己特有的性格。此后陆续发表的诗集还有《时间的权利》(1965)、《哀歌11首》(1966)、《蛋与球体》(1967)、《非语词》(1969)、《诗的状态》(1975)等。他曾说过:"诗人是没有生平的,诗人的生平就是自己的作品。"的确,他的作品体现了他一生的追求,诗中有诗、非物质化、透明、幻觉和抽象是他得以在诗歌创作中实现的理想。在他的笔下,普通事物、哲学思想、科学概念以及数字和字母不再接受传统规律的支配，视觉、听觉、触觉、嗅觉和味觉获得了新的感受功能。诗的磁力替代了万有引力，抽象语词可以像有形物体那样在空中飞翔，幸福的冲动化为血液，在脉管中流淌。丰富的想象力编织了一幅幅奇特的画面，可这些画面却又显得那么真实，那么感人。

情感的故事
斯特内斯库

我们相会的次数越来越频繁。
我站在时间的一端，
你站在另一端，
仿佛是尖底陶瓷的两只提环。
只有飞翔着的词句
往返于你我之间。
词句卷起了隐约的旋涡，
突然
我单膝跪倒
用臂肘支撑地面，
为了察看跌落的词句
是否像奔跑着的雄狮
把野草踏弯。
词句回旋着，不停地回旋，
往返于你我之间。
我越爱你，它们越是
在隐约可见的旋涡中
使物质的原始结构再现。

(冯志臣　译)

这篇作品选自诗集《情感形象》(1964)。情感是精神产物，可是它在斯特内斯库的诗歌天地里却可以幻化为有形物质,可以触摸,可以运动。同样,物质的东西也可以非物质化。在异乎寻常的诗歌空间和时间里,自然界的各种规律已经失去效用,支配想象的是另外的法则。无所不包的大千世界在他的作品中重新组合,新的凝聚力促成了新的诗的意境。

"我站在时间的一端,你站在另一端,仿佛是尖底陶瓮的两只提环",通过这一组诗句,斯特内斯库把我们带入了该诗的特定时空。交流情感的双方各居时间的一端,这是抽象的比喻;可他们又酷似趴俯在古希腊尖底瓮两侧的提环,这是实在的形象。由于时间和空间的阻隔,他们要想见面是不大容易的,这层意思似乎与首句相悖。那么,他们是怎样频繁相会的呢?答案是通过"飞翔着的词句"。这里,诗人所指的语词已经不再是传统意义上的语言成分,它一半是时间,一半是物质,既是情感的载体,也是构筑诗歌的材料。语词物质化了,它们可以在有情人之间往返飞翔,在空气中激起旋涡。为了进一步描绘情感载体——语词的形象,诗人又用简洁明快的笔法叙述了琅琅词句滚落地面的精彩场面,那情景恰似在田野上奔跑的雄狮踏弯了青草。语词的形与声顿时展现眼底,传诸耳畔。末尾一段把"情感故事"推向高潮,在爱的强大引力的作用下,回旋的词句仿佛不停运动的原子,变得异常活跃。

(冯志臣)

歌

斯特内斯库

它是我感受最深的一件事:
那时,内心的幸福
比我自己还强烈,比我的骨骼,
你曾拥抱得咯咯作响的骨骼,还要坚硬。
它,永远带着苦味,却又那么甜。

让我们对话、交谈，倾吐一连串
闪光的句子，就像借助钢凿
在滚烫的三角洲中开出一条清凉的河，
用词句分割昼夜，切开玄武岩。

幸福，请你送我飞上蓝天，
让我的额头撞到星星上，直至
我赖以生存的悠久、无限的世界
化为一根擎天柱或者别的什么物体，
要尽量的高，尽量早实现。

你和我，多么美好，多么奇妙！
两首不同的歌互相碰撞，互相谐调；
两种从未见过的颜色，
一个很高，直冲九霄，
一个很低，垂向地表；

你和我，在无与伦比的
美妙和偶然中经受磨炼。

（冯志臣 译）

该诗也是《情感形象》（1964）中的一篇力作。爱情属于情感范畴，历代诗人都曾为之讴歌。斯特内斯库开宗明义，首句即指出"它是我感受最深的一件事"。那么，诗人的感受是什么呢？爱情到底有哪些特征？首先，爱情意味着幸福，一种有形的幸福，"比我自己还强烈，比我的骨骼……还要坚硬"。可是爱情又是矛盾的产物，"永远带着苦味，却又那么甜"。甜蜜的爱情能够使你飘飘然，能够送你"飞上蓝天"，完全超脱世俗观念的束缚。此外，真诚的爱还能构成无限的空间和时间，诗人把它比作"擎天柱"。爱的支柱一旦倾覆，人类社会也将不复存在。爱情需要表白，需要"对话、交谈"。在这里，诗人再一次把语词实体化了，绵绵情语是"一连串闪光的句子",是可以开通心扉、"分割昼夜"、"切开玄武岩"的"钢凿"。而恋人们则是爱情世界的两个极区,相互作用,相互依存。在美妙而又充满偶然的境界里,他们又是两种"互相碰撞,互相谐调"的歌曲或者颜色。爱的奥秘为宇宙增添了无限光彩。 (冯志臣)

保加利亚

波特夫(1首)

赫里斯托·波特夫(Христо Ботев,1848—1876),保加利亚19世纪革命诗人,民族解放运动的卓越领袖。生于启蒙学者兼教师的家庭。十五岁去俄国敖德萨求学,受到俄国古典作家和革命民主主义者的影响,开始写作诗歌,当地保加利亚富商因他的思想激进而取消了他的奖学金,他被迫辍学。之后回故乡接替父亲的工作。由于他的革命宣传活动触怒了土耳其当局,父亲再次送他去俄国求学。途经罗马尼亚时,他毅然参加了保加利亚爱国流亡者的行列,在此创办革命报刊,宣传民族解放思想。1875年被选为中央革命委员会的领导人。1876年保加利亚爆发4月起义,他带队回国参加战斗,横渡多瑙河后,受到土耳其正规军的阻击,不幸中弹牺牲。

波特夫的诗歌创作是同他亲身参加民族解放斗争的革命实践紧密联系在一起的。他的诗作凝聚了革命者的心血,表达了人民群众挣脱土耳其统治和本国大财主剥削的强烈愿望,是被压迫的弱小民族在争取自由解放的火热斗争中发出的一声惊雷,是保加利亚人民几百年前仆后继的殊死战斗孕育出来的民族骄傲之花。他的诗作在艺术上继承了保加利亚诗歌的现实主义传统,风格沉郁激愤,于柔美中见粗犷,于抒情中见刚毅,把保加利亚的古典诗歌推向了最高峰。

哈吉·迪米特尔

波特夫

他还活着,活着!那儿,在巴尔干山,
他躺在血泊里,呻吟、呼唤——
一个胸口受了重伤的勇士,
一个年轻力壮的男子汉。

他身子的一边扔着一支长枪,
另一边是折成了两段的军刀,
他的眼前发黑、头在摇晃,
嘴里诅咒着这可恶的世道。

天空的太阳仿佛停止了运行,
愤怒地烤晒着大地,烤晒着村庄,
收割的村女在田野里歌唱,
勇士的鲜血在汩汩地流淌。

女奴们,唱这收割时节的悲歌吧,
太阳啊,只管把这奴隶的土地烤晒干涸,
血泊中的勇士就要永远地离去,
而我的心啊,也该静下来思索!

在争取自由的战斗中倒下的人,
永生不死!
大地、苍天、猛兽、草木都为他哀悼,
歌手们的颂歌也声声不止。

白天,老鹰为他展翅遮阴,
狼温顺地舔净他的伤口,
天空的山鹰,勇猛的鸟,

照拂勇士像兄弟一样情意深厚。

黄昏来临,明月上升,
繁星撒满了九天、银河,
森林喧啸,晚风吹拂,
巴尔干山唱起了海杜特之歌!

温柔、美丽的白衣仙女,
联袂飘飘,从天上降落,
她们静悄悄地踏上绿色的草地,
在勇士身旁团团围坐。

一个用草药敷住他的伤口,
另一个用凉水喷洒他的身躯,
第三个轻轻地吻他的脸颊,
勇士望着她,她亲切和蔼,笑容可掬!

"告诉我,好姐姐,卡拉加在哪里?
我忠诚的队伍又在哪里?
告诉我,然后把我的灵魂带走,
姐姐啊,我就在这里安息!"

仙女们拍拍手,拥抱在一起,
唱着歌儿飞向天际,
她们唱着,飞着,直到天明,
到处寻找卡拉加灵魂的踪迹……

巴尔干山上天已黎明,
勇士躺着,鲜血流着,
狼还在舔着他那剧痛的伤口,
太阳又在烤晒着,烤晒着!

(陈九瑛 译)

波特夫诗歌创作中思想价值最高的是革命英雄的颂歌。《哈吉·迪米特尔》就是其中著名的一首。保加利亚于14世纪末被奥斯曼土耳其帝国占领,国土沦亡达五百年之久。19世纪中叶,民族解放斗争高涨。流亡罗马尼亚的革命者纷纷组织游击队,越境返国发动反土武装起义。哈吉·迪米特尔即是起义队伍的一个领袖。1868年夏,他同战友斯特凡·卡拉加率队横渡多瑙河,进入保加利亚。在巴尔干山脉的布兹鲁贾山同土耳其军队遭遇,作战中他不幸中弹牺牲。波特夫的《哈吉·迪米特尔》即是一首悼念烈士的挽歌,也是对革命英雄的庄严颂歌。1873年发表在《独立》报上。

这首诗紧紧抓住他弥留以至牺牲这一细节,抒发了诗人对英雄沉痛哀悼和无比崇敬之情;诗歌一开头就点明了英雄牺牲的特定环境——巴尔干山。"他还活着,活着!"这凝练、短促的诗句,似乎只是说出了英雄一息尚存的事实,或者至多反映了诗人希冀和庆幸的心情。但从诗歌的立意和通篇的主旨来看,实际上有更深刻的意蕴。那就是:英雄可能死去,但又永远不会死去,在诗人和人民的心中,他将永远活着。这是诗人的坚定信念,也是全诗的第一个最强音。

接着,诗歌形象地描绘了英雄在战斗中身负重伤的情景。折断的军刀表明殊死的搏斗刚刚过去,受伤的勇士再也无力握住他的长枪。他鲜血流淌,呻吟、呼唤,眼前发黑,头在摇晃。这种惨烈的描写使人感受到揪心的痛苦,而英勇的牺牲更是激起了天怨人怒:"太阳仿佛停止了运行","愤怒地烤晒着大地……"在欢乐的收割季节,村女们却在田野里唱起了悲歌。诗人单刀直入地表现了惨剧的本源,以高度的艺术概括力揭示了英雄的时代特征。在诗人的笔下,异族的统治使祖国美丽的山河变成了奴隶的土地,使收割的村女成了任人奴役的女奴。这种揭示是诗人对奴役制度的愤怒的诅咒,也是对奴役者血腥镇压的强烈控诉。

痛定思痛,诗人从哲理的高度思索牺牲的意义。"在争取自由的战斗中倒下的人,永生不死!大地、苍天、猛兽、草木都为他哀悼,歌手们的颂歌也声声不止",这高度凝练的诗句与诗歌开头"他还活着,活着"

的断语遥相呼应，点明了诗歌的主题，道出了为人民利益而死，虽死犹生的伟大真理。这是对牺牲的价值的最中肯的概括，也是对千千万万英勇献身者的庄严颂歌。

诗人以生动的拟人手法表现了"大地、苍天、猛兽、草木"对英雄的关切、爱护、崇敬和哀悼。日月经天、江河行地，本是自然的规律。可是，太阳目睹英雄血流如注的惨象，也停止了运行，而"愤怒地烤晒"；狼和老鹰、山鹰，本是食肉的猛兽、猛禽，可是在英雄革命精神的感召下，变得那么驯良温顺，争相为英雄遮阴、舐伤口。这种异乎寻常的拟人化描写，不仅别开生面，而且使诗歌更加富于深情，并且也更加深刻地揭示了思想主题。

诗歌仍以狼舐伤口和太阳烤晒结尾。这种重复和叠咏的写法，把人们从浪漫的想象中拉回到严酷的现实中来。哈吉·迪米特尔牺牲的悲剧，正是当时保加利亚民族悲剧的真实写照。经过一次次血与火的洗礼，包括诗人波特夫本人的流血牺牲，保加利亚终于在1878年获得了民族解放。一百多年来，特别是反法西斯战争中，这首诗曾鼓舞着保加利亚人民建立功勋。在保加利亚诗坛，这首诗也成了脍炙人口的绝唱。

（陈九瑛）

巴格梁娜(1首)

埃利萨维塔·巴格梁娜（Елисавета Багряна, 1893—?），保加利亚二十世纪二三十年代著名女诗人，生于索非亚。中学毕业后担任乡村教师，开始练习写诗。1911年至1915年在索非亚大学攻读斯拉夫语言文学，1915年开始发表诗作。在第一次世界大战后各种文学思潮纷呈错杂的保加利亚文坛，巴格梁娜属于民主主义、现实主义流派的诗人。她以自己人道主义者的眼光把握现实、映照社会和表现自我。她的诗歌的主旋律是表现对祖国的热爱，以及妇女对个性解放的追求和对自由与爱情的渴望。她的重要作品有《永恒与神圣》(1927)、《海员的心》(1932)、《人的心》(1936)、《我爱你，祖国！》等。1944年保加利亚解放后巴格梁娜写了许多反映新生活的诗集,曾获许多光荣称号。她的诗歌被译成25种文字。

爱 情
巴格梁娜

你是谁?在我的旅途上悄然来临!
从我的眼帘下你赶走了我的睡梦,
从我的唇边你夺走了我的笑靥。
你,莫非是什么妖魔、精灵?
在陈旧的神像前我看到了你的身影,
在深夜的梦中我听到了你的声音;
你用那偷窃者的眼光凝视着我,
你嗓音中的每一个振响都抚慰着我的心。
你是谁?是靡菲斯特[1],还是克列斯蒂[2]?
你搅扰了我的神思与安宁!

有如百花园中小鸟的啁啾,
我的心儿已唱起了信赖的歌曲,
它千百次地呼唤着你:我的神主!
就像玛格达林娜[3]面对着耶稣,
我温顺而幸福地喃喃低语:
领我走吧,我的双臂已向你伸出!

(陈九瑛 译)

《爱情》一诗选自巴格梁娜的诗集《永恒与神圣》。这部爱情诗集

---

[1] 指《浮士德》中的魔鬼靡菲斯特。
[2] 指约翰·克列斯蒂,耶稣的施洗人。
[3] 耶稣最虔诚的信徒之一。

在保加利亚诗坛占有重要地位。在诗集中,巴格梁娜把爱情,尤其是妇女的爱情,讴歌为人类永恒的、神圣的感情。她的抒情主人公是求得了个性解放、冲破了束缚妇女的"银笼"的乳燕——她要展翅飞翔,无视一切世俗偏见和传统的桎梏;她要求和呼唤真实自然的爱情,寻找和追求合乎妇女本性的人生幸福。诗集中的许多诗都以巨大的匠心表现了爱情给妇女带来的甜蜜、幸福、痛苦与惆怅等种种美好的心理感受。《爱情》一诗即是一首爱情的颂歌,是对一个姑娘复杂的恋爱心灵的形象写照。

诗歌表现的是一个少女的初恋之情,歌颂的是真诚、纯洁的爱情给人生带来的幸福。诗中没有许多革命诗人爱情诗中常有的那种高昂激越的音调。抒情主人公也不是某些诗人臆想中高不可及的淑女,她只不过是一个普普通通的姑娘。然而,这个姑娘的真实而自然的爱情,却震撼着普普通通的人的心灵。诗中,读者感受到的是一个少女内心世界的完全坦露。她爱得那么炽烈,那个使她迷恋的人仿佛是什么妖魔精灵,在她的感情世界中掀起了巨大的波澜;她爱得那么深沉,一颗焦渴的心寻求着心灵相通的知音,因而对方嗓音中的每一个微弱的振响都能慰藉她的灵魂;她爱得那么真诚,无须对自己的感情做任何的掩饰。即使在庄严的神像前,她也神不守舍,仿佛看到的是心上人的身影。不管对方是魔鬼靡菲斯特,还是神圣的约翰·克列斯蒂,她都愿屈从他的魔力,毫无顾忌地向他敞开自己的心扉。正如朱丽叶向罗密欧所说的那样:我给你的越多,我得到的也就越多。在感情的天平上,真正的爱情是不能斤斤计较得失的,它只能是最无私、最慷慨的奉献。这种奉献在抒情主人公的心灵中得到了最富特色的展现。读者在诗中可以听到她发自肺腑的真诚表白,感受到她对爱情全身心的呼唤,透视出她心中每个皱褶处隐藏的微妙与奥秘。在这里,诗人越是揭示人物感情的丰富层次,就越是揭示了真正爱情的价值。真实、自然、无私、奉献,这便是抒情主人公全部感情的内容,是她根本的价值尺度,也是诗人反对强加于妇女的精神桎梏、追求个性解放的真谛。

在表现形式上，诗歌的韵律和谐柔美，语言质朴自然，节奏徐疾有致，富于动感。诗歌写主人公的感情波澜没有过分的铺陈与虚浮的矫饰，而是着意于表现真实感情不可遏止的直泻奔流。这种简约凝练的抒情手法，真切地展现了初恋少女感情升华的轨迹，读来使人怦然心动。纯情少女的纯真感情是美的，诗歌的抒情艺术也是美的。这首小诗奉献给人们的，就是这样的双重美的享受。　　　　　　　（陈九瑛）

阿尔巴尼亚

弗拉舍里(1首)

纳伊姆·弗拉舍里（Naim Frasheri, 1846—1900），阿尔巴尼亚民族复兴时期具有民主思想的最重要的爱国诗人、教育家，阿尔巴尼亚新文学的奠基者，生于普尔梅特附近的弗拉舍里村。他很早就开始学习土耳其语、阿拉伯语、波斯语和法语，并且在穆斯林派作家影响下，模仿鲁米和萨迪的艺术风格，开始用波斯语写作。1878年，弗拉舍里同爱国组织普里兹伦建立了联系，并积极参加了它所领导的爱国斗争。普里兹伦同盟被土耳其摧毁后，他被迫领着家人到伊斯坦布尔定居。在这儿，他开始编写教科书，搜集、改编拉封丹的寓言。另外，还写下了《畜群和大地》等不朽作品。1890—1895年，是弗拉舍里创作最旺盛的五年，主要作品有组诗《夏季的花朵》和长篇叙事诗《斯坎德培的一生》。1895年以后，他的健康情况愈来愈坏，最终病逝于伊斯坦布尔。

畜群和大地（节选）
弗拉舍里

啊，阿尔巴尼亚的群山，啊，您——高高的橡树，

百花争艳的广阔原野，我日夜把你记在心头，
您——美女般的峻岭，您——清澈明净的河流，
丛莽、丘陵、峭壁、葱绿的森林和岩岫！
我要为畜群歌唱，是你养活了羊和牛；
啊，锦绣斑斓的大地，您的形象在我的头脑里永世长留。

阿尔巴尼亚，你使我光荣，赋予我阿尔巴尼亚人的姓名，
你使我心里充满希望，燃起烈火熊熊。

呵，阿尔巴尼亚，你是我的心灵，
虽然我流落在异国他乡，可是心里从未忘记你的爱情。

迷途的羔羊听到母亲的召唤，摇头摆尾叫几声，
即使二三十人拦路恫吓它，也挡不住它四蹄生风，
箭也似的飞向亲人身边，为了母亲不顾性命。
我的游子心眷恋着你，像羔羊那样满怀希望朝你飞腾。
在那里，清凉的泉水响淙淙，夏季里刮北风，
在那里，花儿芬芳艳丽，朵朵争妍喜盈盈，
牧人放着牛羊，笛声向四处传送，
带头羊的铃声叮叮响，那儿游荡着我的魂灵，
喜笑颜开的太阳从那儿升起，欢快的月亮皎洁光明。
祖国的一切都很美好，万物繁茂峥嵘；
那里夜色更迷人，白昼更明净，
神仙栖息在翠绿的森林中。
我的思念飞出城市，穿越平原和丛山峻岭，
冲出忧虑、流言蜚语和混乱，冲出人群的困扰。

那里蜜蜂欢乐地嗡嗡叫，鸟儿唱出充满希望的歌声，
鹧鸪快活地微笑，夜莺温情脉脉地啼鸣，
玫瑰花飘散香气，那儿寄托了我的憧憬，

我也要和百灵鸟一同歌唱,尽情地放开喉咙,
我要看看各种羊羔,看看牡绵羊、绵羊、山羊和羊种,
我要看看花艳生辉的土地,看看那美丽的天空。

牧民的美丽姑娘,卷衣挽袖朝这边走动。
她心花怒放,面带笑容,
张开那美人般秀美的双手,把两只羊羔抱在前胸,
在你的目光里我看到了欢乐,从来未见过这样的表情。
眼圈黑黑的羊羔跟着你,脖颈上拴着银铃,
忠诚漂亮的猎狗跟着你,摇头摆尾分外高兴。
为了主,请你告诉我,你可曾把我们的畜群放在眼中?
"看见了,黎明时我看见了……它们正在远处移动!"

(郑恩波 译)

《畜群和大地》是纳伊姆·弗拉舍里的代表作。这是一首清新隽永、脍炙人口,散发着浓烈的泥土芳香的抒情长诗。全诗文笔清丽,一气呵成,激荡着高昂的爱国主义情感。

全诗分成几乎相等的两部分。前半部分描绘了畜牧劳动一幅幅秀丽的图画,后半部分展示了农业劳作一幕幕动人的场景。诗人以巨大的热情、高昂的基调歌颂了祖国,赞美了阿尔巴尼亚美丽的自然风光、农夫及牧民的生活和劳动,颂扬了祖国同胞高尚的道德品质。这里是长诗前部分的节选。

在弗拉舍里从事创作的年代里,有些反民族反人民的阿尔巴尼亚人成了外国侵略者进行反阿宣传的吹鼓手;还有一种人,他们的民族意识还未觉醒,不能从反动的宣传中明辨是非。面对这些民族的叛徒和头脑不清醒的人,弗拉舍里以强有力的声音宣告:对于那些为祖国辛苦工作的人来说,阿尔巴尼亚是一个美丽富饶的国家;对于那些未抛弃祖国的人来说,阿尔巴尼亚是一个非常幸福的国家。他满怀民族的自豪感,纵情歌唱:"阿尔巴尼亚,你使我光荣,赋予我阿尔巴尼亚人的姓名,你

使我心里充满希望,燃起烈火熊熊。呵,阿尔巴尼亚,你是我的心灵。虽然我流落在异国他乡,可是心里从未忘记你的爱情。"长诗一开始就以这些熠熠生辉的诗句、真切火炽的心声,抒发了诗人对祖国赤子般的深情。这种美好的感情,不是用空洞的议论来表达的,而是凝结在对祖国一山一水、一景一物的描写中。于是诗人便把读者带到气象万千、色彩斑斓的境地里:"啊,阿尔巴尼亚的群山,啊,您——高高的橡树,百花争艳的广阔原野,我日夜把你记在心头。您——美女般的峻岭,您——清澈明净的河流,丛莽、丘陵、峭壁、葱绿的森林和岩岫!……啊,锦绣斑斓的大地,您的形象在我的头脑里永世长留。"长诗就以这样一些富有阿尔巴尼亚风光特征的诗行,唤起人们对阿尔巴尼亚无限热爱的感情,促进了民族意识的觉醒。

《畜群和大地》在艺术方面取得了突出的成就。在阿尔巴尼亚文学史上,祖国的山山水水和普通农民、牧民的生活,受到如此充满激情的描绘与歌颂,这还是第一次。全诗充满田园牧歌式的情调,感情真切、炽烈。诗中有时是放纵浩歌,有时是委婉低吟。在作者多彩的笔下,有时突然展现出一幅色调绚丽的水彩画,有时又响起淙淙的流水声;有时漫天的暴雨惊得你心神不安,有时又被皎洁的月色或芬芳的花丛绿野陶醉得手舞足蹈。长诗之所以具有如此的魅力,固然与诗人对祖国怀有无限热爱的真挚感情有直接关系,但我想艺术上的高深造诣,对作品的成功也是起了很大的作用的。诗行完美和谐,语言纯洁丰富,诗句通过一系列感情色彩的调度,强烈的抑扬起伏,把诗人对祖国阿尔巴尼亚的真切之爱,抒发得淋漓尽致。弗拉舍里在长诗中采用了十六音节的长诗行,读起来气势磅礴,恰似奔腾的江河一泻千里,不可遏止。这种长音节的诗行也是一种新颖的成功的尝试,有助于更加充沛地表达作者热爱祖国和普通劳动者的纯真而深厚的感情。 (郑恩波)

希洛加 [1首]

菲利普·希洛加(Filip Shiroka, 1859—1935),阿尔巴尼亚民族复兴时期著名流亡诗人。曾在意大利求过学,对爱国组织普里兹伦同盟采取积极支持的态度。之后被迫离开祖国阿尔巴尼亚,转移到埃及定居,在那里与著名诗人恰比佑结识为友。1935年病逝于黎巴嫩的贝斯特里巴。主要诗作写于1898—1903年,曾用笔名盖格·贝斯特里巴。《飞去吧,燕子!》和《飞来吧,燕子!》是他的代表作,表达了诗人对故乡斯库台的思念眷恋之情。

飞去吧,燕子!

希洛加

春天来了。飞去吧,燕子!
祝你一路平安!
离开埃及,飞向别的地方,
去寻找那平原和群山;
请你飞到阿尔巴尼亚去吧,
到我的城市斯库台住上一个夏天。

请你替我捎上几句话,
向我住过的老屋问好,祝愿;
再向那附近的地方逐个问候,
在那里我度过了美妙的芳年;
向那里飞去吧,
向我的城市问好,祝愿!

请你飞到我的学校,
在那里,与我一起读书的有童年的伙伴,
请飞到我做祈祷的教堂,
先对上苍祷告一番。
就向那里飞去吧,
向我的城市问好,祝愿!

请你向群山、丘陵问好,
也别忘了那河流、清泉;
请你在斯库台广阔的原野上停下来,
那里百花盛开,景色斑斓;
请你把甜蜜的歌儿对他唱,
向我的城市问好,祝愿!

我也要使出全部力气同你一起飞去,
奔向那遥远的天边,
我多么想飞过斯库台,
再亲眼把他仔细观看……
可是……还是你向那儿飞去吧,
为我的命运去哭喊!

燕子啊,当你飞到拉玛依的福舍[1],
请你在那里好好休息、游玩。
在那令人悲戚的地方有我父母的两座坟墓,
苦难中他们抚育我长大成人;
放开你那感天动地的歌喉吧,
唱一支哭诉的歌表达我眷恋的情感!

我已很久没再到墓地哭泣,
我离开阿尔巴尼亚已经多年;
燕子啊,披起黑纱恸哭吧,
就替我把父母怀念,
放开你那感天动地的歌喉,
唱一支哭诉的歌表达我眷恋的情感!

(郑恩波 译)

---

[1] 福舍是斯库台附近的一个地名,那里是埋葬天主教徒的墓地。

《飞去吧,燕子!》是菲利普·希洛加的名篇。诗人曾在意大利求过学,后因支持爱国组织普里兹伦同盟遭受迫害,被迫离开阿尔巴尼亚转移到埃及定居。久居异国他乡,他写下了不少激动人心的思乡怀旧的诗歌作品,其中《飞去吧,燕子!》和《飞来吧,燕子!》最有名。这里选的是两首诗中的前一首。

即景生情,以物言志,是中外诗人常用的表现手法。与众不同的是,希洛加在这首诗里把燕子写活了。这只安详、通人情事理的燕子,听从诗人的呼唤,到达诗人想要去的一切地方,替诗人微笑、捎信、歌唱、恸哭,成了诗人最忠诚的代言人。诗人思念故土亲人的感情是真挚的、细腻的,燕子本身的特点又使这种感情增强了几分。物、情、景的高度融合,是这首诗意境美的最显著的特点。

全诗在感情的抒发上,层次是很清楚的,先让燕子飞去祖国问候老屋、学校、群山、丘陵、河流、清泉。把感情的波澜充分掀动起来之后,才写到父母双亲的坟墓,让你流下思念亲人的热泪,使全诗的感情逐渐上升,最后达到了高峰。看来诗人的心灵辩证法掌握得相当娴熟。 (郑恩波)

阿果里(1首)

德里特洛·阿果里(Dritëro Agolli, 1933—2017),诗人、小说家、文艺评论家。曾任阿尔巴尼亚作家艺术家协会主席,人民议会代表。主要诗集有《我上了路》(1958)、《我走在柏油路上》(1961)、《山径和人行道》(1965)、《中午》(1969)、《精雕细刻的语言》(1977)等。著名长诗有《德沃利,德沃利!》(1964)、《父辈们》(1969)和《母亲,阿尔巴尼亚》(1974)。这三首长诗分别荣获共和国一等文学奖,它们是阿果里诗歌的代表作,确立了诗人在当代阿尔巴尼亚诗坛上的领先地位。长篇小说有《梅莫政委》(1970)、《带炮的人》(1975)(均已摄制成电影,前者的影片名为《第八个是铜像》)、《杯子里的玫瑰花》(1978)等。另外还有电影文学剧本《广阔的地平线》(1967),以及百余篇报告文学作品。阿果里被公认为阿尔巴尼亚当代的三大诗人之一。

德沃利，德沃利！（节选）
阿果里

是的，德沃利，
我就是德沃利人，
我知道
…………

因为我的血液太多，
我才那样满脸红润，
显得非常健康，
充满火热的生命。
这是因为——我喝过你河流中
清澈甘甜的水，
我呼吸过你树木花草中
清新洁净的空气。
我从来不愿待在温暖的屋子里，
游手好闲，守着火盆，
我要奔赴连绵起伏的山冈，
再到地平线上留下我的脚印；
我愿意和猎人们一起去打猎，
在狩猎场上比比枪法该多开心！
在那里，大鹏鸟展翅拍击苍穹，
猎狗沿着脚印把野兔追寻……
我的感情绝不是矫揉造作，
不像装模作样的"自由"诗人那样捉弄人，
他们胆怯地站在粉红色的岸边，
在粉红色的天空下，
无病呻吟。
而我却有自己的志向，

我决不和那伙诗人一起消磨光阴。
他们用爱情害得人烦恼无聊,
一生中喋喋不休地表达忠心:
"噢,我爱你,我的蜜蜂花,
你真美丽,娇媚动人!"
我需要的是健康的爱情,
我爱我的妻子,
她具有健壮的体魄,美丽的灵魂!
……我愿意痛饮杯中的烈酒,
让它辣歪我的面腮和双唇。
我和德沃利人一起跳舞,
一直跳到夜半更深。

....

我喜欢德沃利人的婚礼,
婚礼上——
苹果吐清香,
肉饼香喷喷。
姑娘们挺起胸脯翩翩起舞,
院子里,她们的脚下扬起烟尘。
这是用辛苦的汗水赢来的婚礼,
怎能不载歌载舞欢庆幸福的时分?
桌子上闲着一只粗糙的手,
为这手怎能不写作一些诗文?
这手收割挂满露水的青草,
这手扶着犁铧把土地深深耕耘。
这手在畦沟里撒播种子,
这手在黑夜里点燃火把温暖人心!
这手在女人的胸脯上散步游荡,

这手早起忙碌,拥抱金光灿烂的清晨。
现在,这手兴致勃勃地敲起饭桌,
举杯祝贺幸福的人。
婚礼的舞会进行得热热闹闹,
烟尘蒙蒙,风声阵阵……

(郑恩波 译)

爱国主义是社会主义国家的诗人经常表现的主题。爱国主义不是一个空洞的口号,热爱祖国总是要与热爱自己的家乡联系在一起,所以有的作家说,一个不热爱自己家乡的人,很难说他能热爱自己的祖国。

一个地方的山水草木、风土人情,在外乡人看来,可能平淡无味,有时甚至显得有失风雅。但是,在热爱家乡的诗人眼里,一山一水、一草一木,却都具有特殊的风韵和异常的魅力。"情人眼里出西施"这句至理名言,用在爱乡如命的诗人身上,也是完全合适的。

阿果里的故乡德沃利的山水草木就给予诗人特殊的灵感和情怀。瞧,那德沃利河水、连绵起伏的山冈、狩猎场、猎狗、大鹏鸟、乡下人的婚礼、德沃利舞蹈、农民们那双勤劳智慧的手,在别人看来也许毫无奇妙可言,但在诗人阿果里的笔下是那样富有生命力,是那样令人沉醉。诗人全都把它们捧上了美的仙境,赋予它们新的内蕴和情趣。平凡的景物风情,唤起你无限的审美追求,这就是诗人非同一般的艺术修养和功力。

"艺术家的特异功能,不在于反映,而在于创造;不在于揭示众口之所称为美者、善者,是在能于事物的隐微之处、人所经常见到而不注意之处,再现美、善,于复杂、矛盾的人物性格之中,提炼美、善。"朗诵《德沃利,德沃利!》这首长诗,更觉得上述一般对美的论述是多么精辟!

(郑恩波)

瑞 典

海顿斯坦 (3首)

魏尔纳·冯·海顿斯坦(Verner von Heidenstam, 1859—1940),瑞典抒情诗人和小说家,19世纪末叶瑞典文坛上新浪漫派代表。他出身于贵族家庭。十七岁时因病中断学业,父母把他送往国外养病,他的青年时代是在意大利、希腊、叙利亚、埃及、法国和瑞士等国度过的。三十岁时才回到瑞典定居。

1889年秋,他发表了一篇题为《文艺复兴》的论文,提出作品应创造美感,要有生活乐趣和浓厚的民族感,从而开创了瑞典文坛上的新浪漫主义派。他的主要诗作有《朝圣与漂流的年代》(1888)、《诗集》(1895)、《人民集》(1899)和《新诗集》(1915)等。他的许多诗歌以丰富的想象、浪漫主义的手法表达了诗人热爱祖国、思念家乡的强烈感情;有的诗歌则没有思想倾向,却优美生动。其他作品有短篇小说集《卡尔十二世麾下的军队》(1897—1898)和长篇小说《福尔孔世家》(1905—1907)等。

海顿斯坦于1912年被遴选为瑞典学院院士。1916年获诺贝尔文学奖,以"表彰他作为瑞典文学新时代的首要人物的重要性"。

瑞 典

海顿斯坦

瑞典,瑞典,瑞典,祖国,
我们朝夕思念的家园,
我们安身立命的乡土!
雪橇铃儿叮当响,
篝火把斧钺金戈映亮,

军旅的业绩必定载入传奇,
然而终究靠的手拉紧手万众一致心齐
你的儿女一如既往
吼出了愿作国殇的宣誓。

飘舞吧,圣诞节的雾霏飞雪
呻吟吧,广漠寥廓的荒原!
闪亮吧,东方的星辰
让烈焰腾空把六月的夜空燎卷!
瑞典,慈母!
为了你
我们去厮杀战斗,
心里才能感到安宁,
在你身上,
我们子孙后代生育繁衍
教堂石板下长眠着祖宗的亡灵,
啊,你啊,我们的国度。

(石琴娥 译)

飞雪、荒漠,肃杀的景象;篝火熊熊、金戈铁马、军旅整装待发。这是一幅何等波澜壮阔、气势磅礴的图画。诗人用不多的笔墨便把这个辉煌伟大的场面描写得淋漓尽致,使人恍若身历其境。落墨不在于多少,贵在传神,海顿斯坦的大手笔栩栩如生地勾勒出了瑞典壮士出征的悲壮慷慨的气氛。

军旅往何处去?显然不是瑞典国内诸王卿公侯之间的争斗,而是奔赴同国外作战的前线。"闪亮吧,东方的星辰"这一句用含蓄的隐喻手法点明了军旅的去向——往东去。战斗的目的则是为了保卫祖国而去厮杀。于是,我们便可大致推测出来,这首诗是描写1700年瑞俄大战初期的情景。深秋彼得大帝率领四万之众的俄罗斯大军长驱直入侵入瑞典本土，11月下旬攻入北方重镇纳尔瓦，瑞典处于危急之中。年仅十八岁的瑞典国王查理十二世率领了一万精兵与俄军决战于城下，终于大获全胜，并于第二年夏季将战果扩展到瑞典国境之外。

正是在这样的背景之下，诗中的军旅振臂高呼，发出了愿作国殇的吼声，表明了万众一致齐心共同抗御外侮的决心。这样的场面是悲壮慷慨的，同我们所熟悉的荆轲所唱壮别的歌"风萧萧兮易水寒，壮士一去兮不复还"有异曲同工之妙。然而荆轲的离别悲哀极浓，而"愿作国殇"的吼声则是壮烈的强音，因为鹿死谁手尚未分晓还有待于拼命厮杀。正是在这样的背景下，便不难理解诗里从圣诞的大雪纷飞一下子转到了6月的烈焰烧燎了整个原野。诗人渴望胜利的强烈心情通过景物表现出来了。

海顿斯坦的诗歌大多具有强烈的爱国主义色彩，这首诗中寄寓了浓郁的爱国主义情绪。他放声讴歌这块安身立命的乡土，不但想到了长眠在这里的祖先，也想到了将会出生在这里的子孙后代，从而有力地说明了个人和祖国之间那种生于斯、长于斯的血肉相连的关系。他颂扬为了祖国去驰骋疆场的战士，呼出了"军旅的业绩必定载入传奇"的号召。这是诗人的召唤，也是诗人的心声。他以自己的如椽大笔写下了这样瑰丽的诗篇，记载下了出征军旅战士对祖国的赤子之心。　　（石琴娥）

孤独的思想（节选）
海顿斯坦

一

我的灵魂深处藏着一颗星火；
白天举起它是我的目标，
是我的生命，是我生活的开始和终结。

它同我一起，燃烧和毁灭。
这颗小小的星火是我的财富；

却又使我的生活充满痛苦。

四

我渴望着家乡已八年之久。
连睡梦中我都渴望着它。
渴望着家乡。我渴望着去一个地方
——不是人群之中！我渴望泥土，
渴望孩提时代玩过的石头。

十六

祖先留下一只高脚杯，
一只锡的特大高脚杯。
当我把它斟满
在大厅里高举起时，我的心变得火热。

啤酒的飒飒声中流着记忆之歌，
歌词像熊熊燃烧的烈火。
上帝将帮助我们的子孙
能听到一次关于我们的这首歌！

二十三

来吧，朋友们，让我们在
宁静的乡村坐下
守着我们的砖炉
讲着古老的童话！
没有人相信会有
比这更好的生活，
因此让我们

同我们亲爱的欢快地住在一起。

巨大的黑暗就要临近。

（石琴娥/雷抒雁　译）

　　这四节片段撷自长诗《孤独的思想》。1880年出身贵族豪门的年青诗人迫于父母严命不得不结了婚。这桩门户相配却很不美满的婚姻使他心灰意懒，苦闷之极。婚后几年里他一直在欧洲大陆漫游，写下了诗集《漂泊与流浪的踪迹》。《孤独的思想》是诗集中的一首，也是他的成名之作。

　　年青的海顿斯坦是唯美派诗人，他认为诗应该是富有变化无常的幻想、充满着美的痛苦和沉湎于生活的愉悦。正是出于这种想法，他在诗中没有提到瑞典的国土和历史，只提到了孩提时代的游戏场所，渴望着再玩一玩那些石子和泥土，这样含蓄婉约地表达出了诗人热爱祖国、思恋本乡故土的情愫。

　　然而思乡之情却并未因此而消。诗人举起酒杯，不是别的酒杯，而是祖先留下的大锡杯。这杯故乡的酒将是何等甘醇，这样就进一步烘托出了乡恋的气氛。石子、泥土、酒杯寄寓了诗人思乡爱国之情，层层交叠，使得主题突出起来，表现出诗人对家乡祖先的一往情深、依恋不舍。这样，便不难理解诗的第一节中所提到的灵魂深处藏的"星火"。原来诗人即使天涯萍踪、流浪异域也在灵魂深处怀恋着祖国故土。它像星火一般在闪烁，虽然故国曾经带给过他诸如不幸的婚姻等痛苦，但是更多的是生活的愉悦。而在诗的最后一节展示了一幅美丽动人的田园风光：宁静的乡村、人们围坐在砖炉旁边讲叙着童话故事。确实是没有比这更美好的生活了。这也是诗人的童年回忆和热恋故国的道理。

　　虽然是摘选的片段，但是可以看出全诗结构是严谨的，自首至尾意脉是贯通的。全诗字里行间处处流露出诗人的爱国主义情愫，使整篇诗显得格外蕴藉深厚。这首诗也是一首浪漫主义的好作品，风格既豪放又含蓄、想象丰富、意境博大。尽管是孤独的思想，然而并没有凄凉孤寂、惆怅茫然的感觉。这样更加反证出他当初作为海外游子时的孤独苦闷，从而使诗的主题得到深化和升华。

（斯文）

家

海顿斯坦

我渴望回到森林中的家园。
那草地上的一条小路。
那海岬上的一座小屋啊。
那里的果树还能采到大苹果吗?
被风吹拂着的庄稼
是否还在嘘嘘地响着摇晃?
在我扎过帐篷的地方
是否还有钟声
有节奏地在傍晚敲响?

那儿长存着我的记忆?
那儿会活着我的死亡?
我吝啬地用着漫长的岁月,
那是我的命运在灰色线上摇动的岁月吗?
我像个阴影一样生活,
我的记忆也在阴影中活着。
树和小屋并不靠近,
屋门还在沉沉地锁着。
台阶上堆积着的
是被风吹聚在一起的
枯叶的地毯。
让别人去狂笑吧,
让新的潮水
在桥下过分宽阔的溪谷里
去汹涌流淌,
我不想听,也不想说,

我坐在我的屋子里，
在窗户旁，独自凝思。
那里是我的王国。

当他们闭着眼睛坐着，
永远不要以为他们老了。
我们离开的那些人，
我们抛弃的那些人，
很快就会失去香味和颜色，
如同花朵和青草，
我们从心中撕碎
一个名字，就像从你的窗框上
擦掉陈迹灰尘。
他们站起来那么高大，
就像高大的幽灵。
他们给大地
和所有你的思想披上阴影，
你的命运将会如何呢，
每晚回到家中
如同燕子回窝一样。
一个家！这是安全可靠的地方，
我们筑起围墙来使它安全可靠
——我们自己的世界——这唯一的
在世界上我们所建立的家。

（石琴娥／雷抒雁　译）

　　《家》这首诗是海顿斯坦年青时代由于婚姻不幸而漂泊在国外期间所作。诗人借"家"这个题目寄寓对故乡深厚的感情。

　　这首诗从儿童时代的故乡景色起笔，森林、草地、小路，一派北国风光顿时映在眼前。然后,诗人一笔宕开,以能否采到大苹果、庄稼是否飒飒摇曳、晚钟是否敲响一连三个问题由景入情,直抒故国情思。尤其是"还能采到大苹果吗"这一句更是神来之笔,用的是天真稚气的语调,表现出诗人梦萦魂绕的乡恋,浓情淡写,显得含蓄醇雅,意境深邃。

接下来,诗人用反诘的口气询问自己的忆想是否会长存于故乡,自己能否叶落归根安葬在本土。这样就加深了一层申说,更加表现出诗人萦怀之深。经过诗人苦苦回忆,忽然想到自己记忆有误,原来树林和小屋是不靠近的,屋门还上着锁,台阶上还有一堆风吹聚起来的枯叶。这种在细节上重重落墨的手法的运用增加了亲切之感和缠绵之情。窗外溪水流淌,人们欢笑;屋里诗人向隅独坐,在凝思冥想。这几句是重描之句,用来加叠一层,更生动地表现出诗人缱绻绵长的故乡之思。

诗的第三段一开始便写到了人,由故乡的景物自然联想起了至爱亲朋、父老桑梓。诗人的心境是黯然的,他在悔恨,在自疚,责问自己为什么离开、抛弃了他们。把他们的名字好像是擦掉窗框上的陈迹灰尘一般从自己的心中撕碎,然而他们不像花朵和青草很快会失去香味和颜色,他们不仅活着,而且像高大的幽灵一样追逐着诗人,使诗人的思想披上了他们的阴影。这几句虽然寥寥数笔,着墨不多,然而使全篇笼罩了凄凉孤寂的气氛,进一步反衬出诗人和故乡亲人那种想忘也忘不了的亲密关系,令人感到诗人是何等渴望早日同他们团聚相会,畅诉离别衷肠的。

诗的结尾用诗人对家的概念来收住全篇。他用燕子归窝来做比喻直抒己见,说出了家是自己安全可靠的地方,是自己的世界。诗人在这几句里没有提到故乡,然而却让人似有所悟,诗人所咏的家岂不是也包含着故乡故里吗?这样使全诗的立意更高远,富有含蓄之美。　　(石琴娥)

卡尔费尔德(3首)

埃里克·阿克塞尔·卡尔费尔德(Erik Axel Karlfeldt, 1864—1931),瑞典抒情诗人,原名埃里克·阿克塞尔·埃里克逊,出身农民,当过图书馆馆员。1904年被选为瑞典学院院士,1912年起担任该学院终身秘书。他曾于1920年拒绝接受诺贝尔文学奖,1931年他逝世后不久,又被追授以诺贝尔文学奖。

他的代表作为诗集《弗里多林之歌》(1898)和《弗里多林的乐园》(1901)。卡尔费尔德在诗集中塑造出了他所憧憬追求的农民形象——弗里多林。弗里多林是瑞典中部达拉那省人,深深扎根于本乡故土,是个热爱生活的乐天派。他爱劳动又有学问,会唱山歌,又能吟哦优美的诗歌,既文雅又粗犷。卡尔费尔德借助达拉那特有的乡土风光和方言,描景叙情,勾勒出一幅幅热情奔放、色彩夺目的风景画和风俗画。

他的诗作优美动人,诗韵严谨而不刻板。其他诗作还有《荒原和爱情之歌》(1895)、《弗洛拉和波玛拉》(1906)和《秋日的号角》(1927)等。

祖　先

卡尔费尔德

他们都是微不足道的芸芸众生
丹青史册上找不见他们的尊姓大名
我却仍能依稀辨认
祖祖辈辈生育繁衍
从上古绵延至今。
是啊,就在这块古老的地方
世世代代住在约恩贝拉郡
他们在河滩上垦出膏腴,
在深山里把矿石找寻。
当时还没有农奴徭役,
尚不懂得使用锅釜瓢盆。
他们关起家门就唯我独尊
辛勤之余开怀畅饮。
他们亲吻着芳华豆蔻的姑娘,

对自己的女人一往深情。
他们对国王诚惶诚恐,
对上帝敬畏虔敬
终年劳累得筋疲力尽,
直到无声无息地寿终正寝。

我的列祖列宗呀!
在欲壑难填独自烦恼的时刻
想到了你们就有了力量。
面对这奢华过分的鲜衣美食
我想起了——
你们披荆斩棘却功成不居:
穿得衣不蔽体,筚路蓝缕,
吃的是难以下咽的粝食粗粮,
难道我岂能有权提出非妄之求?
在我向熏心贪婪苦苦搏斗的时刻,
我缅怀起你们,
痛快得像在湍流里沐浴淌漾,
这种回忆使我知足常乐
避邪趋善,遇难呈祥。

我的祖先呵!
我在梦中见到了你们,
灵魂变得依从温顺。
我像一颗苗壮发芽的幼苗,
被安逸享受从土壤里拔掉了根,
一半是心甘意愿,
一半是随波逐流,
背离了你们的事业,

抛弃了自己应尽的责任。
夏去秋来岁月悠悠
我耳边常萦绕着一个诱惑的声音,
曲调像民谣那样迷人:
"随它去吧,
得过且过乃是做人的本分。"

可是,
我心中的诗发出了强劲的响声
如狂飙猛烈呼啸,
如急流湍湍奔腾。
一个想法浮现在我脑际,
它既雄伟而又混沌:
昔日的沼泽上哪有云雀啁啾,
哪有熙和的丽日阳春。
在广袤的深山老林里——
你们长歌当哭,频频叹息
弯着腰默默砍伐耕耘,
但听得:
车声辚辚,斧声铮铮,
你们犁耙下垦出了阡陌万顷。

(斯文 译)

这是一首怀古讽今、忆苦思甜的作品,立意鲜明直率、论证精辟有力、风格粗犷豪放,因而具有很强的感染力,读了令人感情相通,精神也随之大为振奋。

全诗围绕着瑞典古代居民展开。作品开始用明快的笔法概括地描写了古代居民的生活和劳动,更重要的是点明了当时没有奴隶和徭役,也就是说不存在财富分配不匀和阶级差异问题。诗人所颂扬和缅怀的不是哪个祖先个人，而是古代原始农村公社制和淳厚朴实的民风。正因为从远处写，从大处落墨，使全诗从一开头起便气势磅礴，质实明白了。

在诗的第二段里，诗人在享受鲜衣美食、过度奢华的时候，想起了祖先，想到他们劳苦终日、勤勉不息，然而却食粮粗粝、筚路蓝缕。诗人自感惭愧了，扪心自问觉得太过分了。然而仅仅省悟到这一点是意义不大的，因为时代不同，生活条件自然会水涨船高，说明不了太多问题。关键是在诗人向熏心贪婪搏斗的时刻，他忆起了这些披荆斩棘而功成不居的祖先。这样，问题便成了享受与付出的劳动相比，后人与先人在道德情操上相比。这样，诗人又省悟到了知足者常乐的道理。

难以填满的欲壑、无止无境的物质追求都是令人可怕的诱惑和陷阱。然而诗人却做了进一层的探究，写到了安于享受、好逸恶劳的危险就像茁壮发芽的幼苗被从泥土里连根拔起。而安于奢华的成因则半归于自己的甘心情愿，半归于随波逐流，也就是说社会的时尚习气所致。而且还写到了社会舆论是得过且过，人生苦短，何不及时行乐。这样，诗人便以鲜明的笔法触及了时弊沉疴，点出了全诗的主旨。从诗的开端起，层层铺叙，直言胸臆，至此达到了直接抨击现时社会的高潮。

诗人在结尾处急转直下，发出了雷霆万钧的呼声：没有昔日祖先劳动辛苦，哪里来今天的美好生活。于是就含蓄地提出了一个问题：我们如何面对子孙后代？而答案必定是：应该像以往的先辈一样辛勤耕耘。这样，整个作品就充满了积极的、开朗的情绪。因此这首诗很富有生活气息，用精练、朴素的语言给人以力的感受，激励人们去奋发上进。作品虽然言简意赅，然而读者可以通过自己的联想而产生共鸣，收到感染力很强的艺术效果。

（石琴娥）

收获的欢歌
卡尔费尔德

弗里多林跳起了舞，

甜酒喝得醉醺醺,
饕餮了小麦地边的水果,再把野莓果汁饮尽,
悠扬起伏的华尔兹乐声使他心旌神移难自禁。
看哪,他把外氅的下襟搭到臂上
拉着每个姑娘热烈地跳舞,
一直跳得她们娇喘吁吁——像无精打采的罂粟花儿——
贴在他胸前情意绵绵。

弗里多林跳起了舞,
前尘影事使他心迷神醉。
吱吱嘎嘎的农家小提琴声
曾经给过他父亲祖先安慰。
如今你们这些老人,早已入土为安在地下长睡,
昔日拨弄琴弦的那只手,如今也已经笨拙颤抖,
你们的生命和你们的时代,像是一阕轻声细气的俚歌,早已
　被风吹得烟消云散。
它曾有过人生的欢乐,也充满了辛酸和悲哀。

但是现在你们的后代,弗里多林在这里跳舞!
他身强力壮,温文潇洒,
同农民讲话满口粗话
可是和学者却用拉丁文攀谈。
在新垦不久的田野里,
沉甸甸的谷物一片金黄。
他曾一口气不歇地刈割,
只听得长柄镰刀飕飕作响。
谷物装得仓满囤流,
他像你们一样笑逐颜开。
你们家的男人都是一个模样:

在秋夜橙红的满月照耀下，
他把自己心爱的姑娘，
高高举起，细细端详。

(斯文 译)

《收获的欢歌》是诗人在1898年发表的诗集《弗里多林之歌》里的一首诗歌。弗里多林是诗人所塑造的一个瑞典农民的典型人物，也是诗人心目中认为的瑞典农民的高大而完美的形象。弗里多林受过良好教育，学识丰富，身强力壮，体格硕健，善于劳动；性格豁达，乐观开朗，能同周围的农民打成一片；能歌善舞，既能唱粗俗的乡里小曲，也能唱高雅的上层社会的歌曲，甚至可以把阳春白雪和下里巴人掺和在一起。总之，这是一个具有一切优点，也是瑞典所没有的农民形象。然而这个弗里多林对美的享受则苦苦追求，声色犬马、放浪形骸，而且他面目俊美，口齿伶俐，容易讨得姑娘们的欢心。这个形象在瑞典流传至今，深受人们喜爱。据说，诗人所灌注心血匠心塑造的其实就是他自己，这种说法也是可信的。

综观诗的全篇，紧紧围绕美、欢歌和跳舞这个题目，既描写了弗里多林的多才多艺，不同于笨拙古板的先辈，又有声有色、淋漓尽致地抒发了喜庆欢宴的豪情逸兴，字字句句都洋溢着诗人对农村的田园牧歌生活方式的迷恋钟爱和对宴饮游乐的向往赞赏。诗人以不多的笔墨勾画出了狂态可掬、不拘形骸的弗里多林，也重笔浓彩描绘了瑞典农村欢庆丰收时大家载歌载舞、情绪高涨的热闹而壮观的场面。诗里展示出这样一幅明快的画面：秋夜、橙红色的满月、刈割完毕的田野、仓满囤流的粮仓，小麦地边放满水果、野莓果汁，还有少量难以助兴的甜酒。小提琴演奏着华尔兹，盛装浓抹的姑娘们转圈跳舞、娇喘吁吁。这是一幅何等色彩绚丽、生气蓬勃的农村行乐图，也是一幅欢快热闹的瑞典民俗图。正因为如此，尽管弗里多林这个人物是子虚乌有的，诗人笔下的农村也绝非瑞典当时的真实生活，然而仍受到广大民众的喜爱，因为美的享受也是人的本性。有些评论家说卡尔费尔德的诗如果镶上镜框便可以作为油画供人鉴赏，从

这首诗的艺术效果来看,这种评价无疑是毫不过分的。　　（石琴娥）

你的眼睛是火焰

卡尔费尔德

你的眼睛是火焰,
我的灵魂是石蜡和松脂。
转身离开我吧,
在我的心像炭火熊熊燃烧之前。
我是一只小提琴,
全世界的歌都装在我的胸间。
任你演奏哪一首曲子,
随你怎样拨弄这一根根琴弦。

转身离开我吧,
不,快快回到我的身边!
我要燃烧,我要冷却。
我是渴望,我是欲念,
哪管它一年四季暑冬春秋。
所有的琴弦都已绷紧;
等待着有人让它们歌唱,
那将是如醉如痴,似狂似癫,
它们将引吭高歌,
倾吐出我纠结在胸中多年的痴恋。

回到我身边吧,
不,快快转身离开我!
在深秋的黄昏暮霭里,
让我们像七月流火一样炽燃。
暴风雨般的欢乐

在我们血管里泛起了狂澜——

直到它平息下来

我才看到你迈着轻盈的脚步,

在朦胧暮色中徐徐消失,

你呀,你的倩影萦绕着我,

经年累月无时无刻,

虽然我火热的青春,

如今早已一去不再复返。

(斯文 译)

这一首诗是情歌中的上乘之作,写得细腻婉转、清新俊雅。色彩虽然艳丽,然而并不俗气;用字虽然浅近,然而并不流于轻浮挑逗。

诗的一开始就用了两个比喻来表现对爱情的追求。诗人将对方的眼睛比作火焰,而将自己的灵魂比作石蜡和松脂。这个比喻十分妥切,也很浅近,同我们俗语中将青年男女形容为干柴烈火有异曲同工之妙。诗人再进一步铺开,将自己比作小提琴,但等对方的手来拨动琴弦。这个比喻就更意蕴丰富了,因为诗人胸中装满了美妙的歌曲磅礴欲出。两个比喻绘形绘色地把热恋的情态描写出来了。

接下来的诗句展现出年轻男子在热恋之中的纷纭复杂的心态。诗人从四个层次上加以展示:盼望着姑娘立即来到身旁,但又害怕她真的来到,情绪矛盾的焦灼不安是单相思的痴恋者所常有的心态。歌德在《少年维特之烦恼》中有更细腻入微的描述。心头在燃烧而头脑要冷却,感情和理智的冲突属于第二个心态层次。然而理性的明智似乎总难浇灭爱情之火,诗人呼出了"我是渴望,我是欲念"的呼声,这是诗人为了爱情不惜一切的感性观照,也是他占有欲的坦诚自白。于是,诗人下定决心不管在什么情况下都要倾吐出自己的痴恋,要在爱情之中求得痛苦的解脱,这是第三个心理层次,也展现出了痴恋刻骨铭心的程度。

在下一节里,诗人描叙了爱情的旖旎场面。在黄昏的薄雾中,姑娘轻盈地来到,一对恋人再也克制不住自己,都像七月流火般燃烧起来,缠绵和欢乐使他们热血泛起狂澜。这是何等销魂的夜晚。这几句在表现手法上是可以同"月上柳梢头,人约黄昏后"的佳句堪为比美。因为两者都留出巨大的空白让人自由地想象恋人们幽会的情景,可以收到异途同归的艺术效果。然而后者相当含蓄婉约,而前者则大胆直率地把感情推到了高峰。

诗的结尾却宕出新意。火热的幽会结束了,姑娘的倩影在夜晚中消失了,然而诗人并没有真正得到她,以至于虽然青春早逝,却还经年累月地思念着这个姑娘。于是就产生了一个问题,恋人的会面是否是真实的?诗里没有明白交代,然而从朦胧含糊中似不难看出这是诗人年青时代的梦幻,是他的渴望和欲念。而正是这种占有的渴望和欲念使得诗人既燃烧又冷却,既苦恼又害怕。这种情绪上的跌宕转换是和诗的开端遥相呼应的。诗的结尾几句是全篇的高潮,也是精华,因为深刻地描写出了爱情的第四个心理层次:青春和幸福是短暂的,然而真正的爱情却是长远的,直到生命的终结方才罢休。姑娘的倩影虽然一去杳然,诗人的爱情却绵长无休。它不像年青时代那样火山爆发般燃烧,然而却像炭火般灼热不会熄灭。这种情绪转换也留下了较大空白,让人寻思玩味。

这首诗的艺术结构具有严谨合理的特色,层层铺叙,推向高潮。诗的用字很浅近,可是语淡情深,言有尽而意无穷,收到了清新隽永的艺术效果。

(石琴娥)

拉格克维斯特(3首)

帕尔·拉格克维斯特(Pär Lagerkvist, 1891—1974),瑞典诗人、剧作家和小说家,父亲是铁路工人。1910年高中毕业后,他曾在乌普萨拉大学读书,后因家境贫寒而辍学。他在法国立体派艺术和瑞典作家斯特林堡表现主义影响下走上写作道路,是瑞典文坛上表现主义和象征主义的主要代表。他于1940年被遴选为瑞典学院院士。1951年,他"由于在作品中为人类面临的永恒的疑难寻求解答所表现出的艺术活力和真正的独立的见解"获诺贝尔文学奖。

拉格克维斯特以写人类的善与恶为主题。作品的主人公是一些形象化、人格化的抽象概念。他用虚拟对比手法表现爱与恨、善与恶、生与死、物质与精神、光明与黑暗之间的转换和斗争。他的早期作品表现了对生活缺乏信念的苦闷以及对黑暗和死亡的恐惧。20世纪20年代后的作品开始反映出他比较积极的世界观,坚信人类定能战胜邪恶。

主要诗集有《苦闷》(1916)、《混乱》(1919)、《诗歌和战斗》(1940)和《傍晚的大地》(1953)等;长篇小说有《侏儒》(1944)、《巴拉巴》(1950)和《西比兰》(1956)等。

苦 闷

拉格克维斯特

苦闷,苦闷是我继承得来的遗产,
是我喉咙的伤口,
是我的心在世界上的尖叫。

现在柔似泡沫的天空
僵住在黑夜的粗糙手里,
现在森林
和僵硬的丘岗
那样光秃秃地朝向天宇
愈缩愈小的苍穹。
一切都是那么冷酷,
那么僵硬、阴暗和死寂!

我在这晦暗的空间四处摸索,
我的手指触摸到岩石犀利的边缘,
我向上伸出的双手

在冻冰的残云上割划得鲜血淋淋。

呵,我的指甲从手指上撕裂掉啦,
我的双手割划得鳞鳞伤痕,疼痛难忍
在丘岗上和阴沉沉的森林中,
在黑得像铁一般的天空中
和寒冷的大地上!

苦闷,苦闷是我继承得来的遗产,
是我喉咙的伤口,
是我的心在世界上的尖叫。

(石琴娥/雷抒雁 译)

  这首诗是存在主义和表现主义的佳作。在内容上,它表现了诗人探索人生奥秘,希望找到合乎逻辑的解答而却在矛盾中徘徊,对客观现实充满怀疑的存在主义者的想望。在艺术手法上,它不像写实主义或印象主义作品那样注重对声光形色、音容笑貌等外在客观事物的描绘,而是突破事物表象,表现事物的内在实质,突破对人的行为的描写而揭示其内在的灵魂。这首诗写于1916年,第一次世界大战的浩劫使欧洲陷入了严重的生存危机。诗人面对这兵燹战乱、满目疮痍的现实,精神状态是极其抑郁和彷徨的,甚至悲观厌世起来。他的苦闷的内心感触在这首诗里表现得淋漓尽致。

  不妨看看诗里的景物:本来柔软得像泡沫的天空现在被黑暗所盘踞、所玷污了,变得像铁一般黑,甚至连片片残云都已凝结成了冰块。非但如此,这个已经失掉煦和的阳光和绚丽的云彩的苍穹还在愈缩愈小!森林和丘岗都是僵硬的、光秃秃的,成了见不到枝叶的绿色和见不到蓬勃生机的不毛之地。在诗人描绘的画面上,见到的只有冷酷、僵硬、阴暗和死寂。这是一幅何等令人不寒而栗的图画,是一幅歪曲得何等不像样子的图画。然而在陷于苦闷和彷徨的处境中的诗人眼里看来,这就是当时的窒息得叫人透不过气来的现实世界的写照。

不妨再看看诗里人的形象：他在晦暗的空间四处摸索，为的是寻找出路。他挣扎着，他奋斗着。可是他的双手触摸到哪里都会被割得伤痕斑驳，鲜血直流，连指甲也从手指上撕裂。他的手触摸到原先柔似泡沫的云彩上，那些云彩也照样伤害了他，因为云彩早已被冻结成了冰块。在这个世界里，天空、大地、森林、丘岗无一处是安宁的地方，都再也不适合人类安居乐业了。人的苦苦挣扎不过是徒然费力而已。这是一副被扭曲了的人的形象，但恰恰也是存在主义者心目中的那种无可奈何的悲观形象。

拉格克维斯特诗作的一大特点是主题几乎一成不变地描叙人生奥秘的哲理，探讨人生的两重性。例如透视善与恶、欢乐与忧愁、爱情和仇恨、生命和死亡、成功和失败之间的关系等。然而，偏偏在这一篇堪称他的代表作的短诗中却并没有触及哲理，甚至也没有揭示内心的秘密和彷徨。原因是很明白的，诗人虽勇敢地向人生挑战，揭露了人生的阴暗面，渴望能得到使他完全满意的答案，然而他却不能够得到满意的答案。因为他自己也寻找不到摆脱危机的出路，只能像诗里被扭曲的人的形象那样处处碰壁。这就是为什么诗人在这首诗里没有分析人生哲理，而只能哀叹：苦闷、苦闷。这种巨大的苦闷是同危机感相伴相随而来的，也正如诗人所说的是继承得来的遗产。也就是说先前过度的欲望和追求触发了危机，而现在的人们深受其害，背负着这沉重的负担而找不出摆脱的出路，只能在世界上尖叫"苦闷……"由于诗人是用唯心主义的观点来探索人和社会状况的关系，仅仅看到人和社会状况的格格不入，因而即使再高呼苦闷也无济于事，只能在矛盾中继续彷徨徘徊，在旋涡中随波浮沉。

（石琴娥）

一封来信

拉格克维斯特

一封关于春小麦，
　关于红醋栗树丛、樱桃树的来信，
一封我的老母亲的来信，

那是以颤抖的手写下的粗糙的信啊!

字字句句都是三叶草地,
熟透的黑麦和开花的田野,
都是她长年管理着的
远远近近的一切事物。

在上帝可靠的保护下,
阳光照耀着那些毗邻的农舍,
清彻悦耳的钟声欢快地敲着
降和平于世界。

在那花园的香气中,
在薰衣草和晚祷歌的气息中,
在星期日的一片宁静里,
她写信给我。

总是日日夜夜的忙碌,
总是没有休息,在
远方的我知道——哦,神秘!——
这是无穷无尽的。

(石琴娥/雷抒雁 译)

这首思念慈母之情的小诗是诗人笔下较为少见的格调明快、色泽鲜艳的作品。它温柔朴实,却情致蕴藉,读来沁人心脾。

诗人写的是收到他老母亲从家乡寄来的信时的内心感受。一封普普通通的平安家信,信上只写到了村里庄稼生长如何、树木情况怎样这一类的日常琐事。然而,这又不是一封普通的信,是颤抖的手写的粗糙的信,信上字字句句都讲的是她长年累月辛苦照料的一切事物。信不仅凝聚着慈母对远方游子的深情厚爱,也渗透了她的心血和汗水。诗人在诵读来信时未免感慨万千,甚至唏嘘泪下。诗里并没有正面抒发思亲之情,字里行间却让人强烈地感受到了萦绕心头的思念。高明的诗人给我们留下了充分的想象余地,使我们可以用自己的人生经验去分享舐犊深情。言语平平淡淡,情意尽在不言之中,也正是这首诗的艺术魅力所在。

这首诗的另一大特色是:通篇融情入景、写景抒情,情景对比映衬又互相融合浑成一体。这种"以有形象征无形"的艺术手法更增强了作品的感染力。诗人将我们的视线从他手上的那封信引向远处,引向他用写实手法描绘出来的一派北国农村景象。画面里:熟透的黑麦在田地上随风摆动、开花的田野染成姹紫嫣红、牛群在三叶草地上哞哞咀嚼、绿色的枝叶丛中挂满了殷红饱满的樱桃、阳光照耀白色的和褐红色的农舍、屋前园子里薰衣草散发着芬芳。这一切构成了色彩斑斓而境界开阔的画面,充满了健旺的气息,洋溢着生命的活力。而在画面的最近处,一个农村老妇人正坐在树下聚精会神给远方的儿子写信。这样景物不单纯是静物,而是静中有动,构成了一幅既有人物又有风光的完整画面。母亲在她特定的生活环境中显得更为生动真切,气氛的濡染烘托出了人物,使得主题更为突出。母亲在专心致志地写信,而阵阵晚祷歌声打破了宁静,自然也难免打扰她。这是向我们交代明白母亲是用安息日来写信的。为什么非要在安息日写信呢?我们自然会联想到那是平日她辛苦劳动,管理庄园一切事情,只有到安息日才忙中偷闲写信给儿子。另外也暗示出母亲是孤单的,没有别的子女在膝下承欢照顾,只能通过书信来向儿子诉说自己身边的一切。这样就在画面明快的色调中抹上淡淡一笔凄凉,不禁令人遐思:儿子在收到母亲来信时除了思念之外,还作何着想呢?这样寓情于景、以景见情的表现手法既含蓄又隐蔽,唯其含蓄与隐蔽更令人回味无穷,从而达到了诗的高致。

(石琴娥)

谁在我童年时代从窗户旁走过

拉格克维斯特

谁在我童年时代从窗户旁走过,

往玻璃窗上呵着气,

在我的童年,在那深深的
没有星光的夜晚,是谁走过。

他用手指在窗户上做了一个记号,
在湿淋淋的玻璃上,
用他柔软的手指,
沉思着往前走。
留下我单独一个人,
永远。

我怎么能猜出这个记号,
那潮湿的呵气中的记号。
它停得那样短暂,短得不足以猜出,
永远、永远猜不出的记号。

早晨起来窗框是清爽的,
我看到的世界就是这个样子。
一切都是那样陌生,
在窗后,我的灵魂充满孤独和恐惧。

是谁走过了,
经过我童年深深的夜晚,
留下我单独一个人
永远。

(石琴娥/雷抒雁 译)

黑夜里,有人从窗户旁走过,朝着玻璃呵了一口气,用手指在玻璃上画了个符号。这个符号代表什么?这个行人又是谁?这两个问题一直萦绕在诗人的头脑之中,从童年困惑到如今,怎么猜也猜不出来。清晨,窗户玻璃上清澈明亮,那个符号已经消退得无影无踪,而行人也早已不知去向,留下来的只有诗人的孤独感和恐惧感。这种对人生奥秘的探索就像是站在表现主义的抽象派油画前面,仔细端详,非要猜出某个颜色的几何图形代表什么,某块不成形状的色斑象征什么等。然而表现主义的作品并不要求猜出这些,只留下巨大的空白,听凭任何人的思想在这个空间自由驰骋。也许这就是这首诗的立意:通过行人在玻璃上画个符号的偶然来反衬出人生逆旅中相逢未必相识的必然;渲染若无若有、似朦似胧的气氛和孤独恐惧的心态来表现一切在冥冥中早有安排的人生神秘。法国文学家纪德曾称赞说拉格克维斯特的成功在于他能在现实世界和宗教的精神世界之间保持内心的平稳。在这首诗里我们也可以看到。

这首表现主义的诗篇并不注重于写景物,景物只是发掘人的内心世界和阐述意识现象的跳板,因而那个陌生行人在窗上画的符号大小、形状等都无关紧要。重要的不是他画了什么,而是他为什么画,为什么偏偏在这扇窗玻璃上画。出于猜不出这一奥秘的恐惧,那个人是谁的疑问也就合乎逻辑地提出来了。这首诗在很有限的时间、空间和情节里,从潜意识中发掘内心活动,并且将童年的过去和现在联系起来,更加强了诗的艺术表现力。这首诗语言并不晦涩难懂,应该说是诗人写得较为简洁明了和口语化的不多作品之一。

(石琴娥)

马丁逊(3首)

哈里·马丁逊(Harry Martinson, 1904—1978),瑞典诗人和小说家。七岁成为孤儿,由教区福利机关转托当地农家扶养。十六岁开始在外国轮船上当司炉工、水手,到过印度、南美洲等许多地方。1949年被遴选为瑞典学院院士。1974年同瑞典另一名作家埃温德·约翰逊一起获诺贝尔文学奖,授奖是"由于他的作品通过一滴露珠反映出整个世界"。

悲惨童年、异国情调和海洋风光是马丁逊创作的重要素材来源。作品有诗歌、散文、小说和戏剧。他的诗作浩繁,是个迅思多产的诗人。主要诗作有《鬼船》(1929)、《游牧者》(1931)、《信风集》(1945)、《蝉》(1953)、《阿尼阿拉号》(1956)、《光明与黑暗之诗》(1971)和《草丛》(1973)等。长篇小说有《开花的荨麻》(1935)和《通向钟国之路》(1948)等。

马丁逊的创作风格以浪漫主义为主,间或有神秘、悲观色彩。无论是诗歌还是小说,他都十分讲究字斟句酌。他喜爱自己造词,因而他的作品较为晦涩难懂。

村 姑

马丁逊

童年时的村姑仍旧在我的记忆之中;
记得她们的灵魂
显露在忧伤而放荡的眼神中;
记得她们的胸脯高高耸起
身上裹着暖和的粗毡裙袍——曾是
   强国的古代遗留的纪念物。
好斗的嘴巴像刈割干草一刻不停地
   聒噪;
她们围在干草仓里合唱赞美诗;
蜷曲在芫菁堆中进入梦乡;
装酸奶的陶罐撂在田埂上。
气鼓鼓地嘟囔埋怨
圣·奥尔加[1]怎么去了爱达荷[2]。

许多一无所有的姑娘
坐在那儿心事重重无精打采;

---

[1] 奥尔加(?—969),俄国女圣人,950年赴康士坦丁堡皈依基督教。
[2] 美国的爱达荷州。圣·奥尔加从未到过美国,更未去过爱达荷州,此处系表明瑞典农村中的讹传。

还有许多女人坐在那儿趾高气扬:
　　叫人奇怪地夸耀对孩子的疼爱
　　音调低沉动听滔滔不绝
听起来仿佛神话一样。有的村姑像童贞女般神秘不可测,
她们的围巾兜满了圣徒传奇故事
迷惑不明的眼睛里闪烁着一串串疑问。
　　圣母玛丽亚飘飘荡荡
　　吐着白蒙蒙的雾气
　　行走在阴冷似秋的人间舞台上。

有的是吉他歌曲哀声唱到的该死的村姑。
还有一心只想着跳舞的浪荡姑娘
碰到水手就纠缠住不放
——对海员制服崇拜得五体投地。

但是,最古怪的要算深秋黄昏时候的村姑
仿佛是施展魔法的女巫一样,
牛奶分离器发出沉闷的呻吟,
她们就像身材笨重的女祭司
弯腰匍匐着往前挪动,
弯腰匍匐着往前挪动,
阿法·拉伐[1]分离器里牛奶沸腾,
　　火炉膛里烈焰熊熊都映照在
　　焦急的眼睛里。

　　于是精灵般的村姑沉思地唱起歌
　　　　像是一块沉甸甸的矿石。

---

[1]　一种牌子的牛奶脱脂分离器。

那低沉幽怨的歌喉。
孩子躺在摇篮里非常好奇,
猎犬在窝棚里仰首张望。
难道不是在唱一首永世不变的农民的歌?
他们就像是肥沃土地上的矿石。

(石琴娥 译)

诗人通过回忆童年时代,描写了当时瑞典农村妇女的形象,既写出了她们的音容笑貌,也叙述了她们的爱好、习惯、劳动和生活等方面的情况。诗的特点是非常精练、概括、集中、流畅,充满了生活气息,读来情趣盎然。

诗一开端就写出了村姑们的外貌和特征。我们仿佛亲眼看到了那些眼神忧伤而放荡、身段硕大健壮、穿着褐色或黑色粗毛毡裙袍的女人。她们碰在一起就叽叽喳喳,一边干活一边闲聊家常,说三道四。俄罗斯圣女奥尔加跑到美国爱达荷州去朝圣之类的无稽之谈就是这样流传开来的。在干完活了之后便不择地方呼呼地睡上一觉,缓解疲劳。短短几句便把瑞典农村妇女写得活龙活现,令人不能不佩服诗人洞察力的细致和概括精练的功力。

诗的第二段做了个对比,有些姑娘心事重重,无精打采,因为她们"一无所有"。这里指的并不完全是财产和金钱,更主要的是丈夫和孩子。而另一些妇女趾高气扬地炫耀对孩子的疼爱,无疑她们是有丈夫有孩子的,自然以此为荣了。她们说话的声调自然就像讲述神话那么动听。这种现象在农村里难道不是很常见的吗?

下一段描写了瑞典农村妇女的迷信心理,把她们对宗教的笃信写得十分生动。她们满脸神秘不可测的神态,然而她们的眼睛里却闪烁着疑问之光。因为她们虽然有虔诚的信念,其实许多事情她们自己也弄不明白,她们所知道的只是一些圣徒传奇故事。诗人在这里说她们围巾里兜满了圣徒传奇故事,这一写法十分俏皮。虽然不无奚落的口吻,但确能表明她们充其所有也不过知道这么些而已。然而她们却一个个都以圣母玛丽亚自居,飘荡在这个惨淡的人生舞台上,未免令人可怜她们的愚昧无知,同时也感慨她们精神世界如同物质生活一样的极度贫乏。

20世纪初瑞典吉他歌曲常常唱到瑞典北部农村姑娘对漂泊不定的水手的痴恋,痴情往往酿成悲剧,以姑娘的不幸为结局。诗人没有轻易放过这种普遍而可悲的社会现象,在诗里描写了这些姑娘对水手的崇拜和倾慕。大概由于他自己是个水手的缘故,诗人一味苛求、责怪那些姑娘的放荡、纠缠,这些非难虽不无理由,但总的来说是很不公允的。

瑞典农村姑娘最辛苦的一项劳动是早晚挤牛奶,诗里做了很精彩的描述,也可以说是全诗的精华所在。诗人把挤奶比喻为女巫施展魔法,牛棚变成了光怪陆离的山洞,牛奶分离器变成了架在火塘上的水罐,洞里烟雾腾腾,烈焰冲天。就在这氤氲缥缈的气氛中,像女祭司般的挤奶妇在弯腰挪动。这种比喻是古怪的,然而也有其风趣之处。

这首诗在格式上非常优美,韵律严谨,在文字上达到了几乎可以说是炉火纯青的地步。有不少词是词典上找不到的,诗人独创的这些词既贴切入微又浅显易懂。这种风格在瑞典被誉为"马丁逊风格",有不少诗人现在还在模仿。中译文虽然优美传神,毕竟不可能将这种风格表现出来,令人不禁为之扼腕。

(石琴娥)

六月之夜

马丁逊

现在太阳不落山了,[1]
它的光芒使人眼花缭乱。
夜晚的边缘变成晨曦
不早也不晚。

大海挽留住黄昏余晖

---

[1] 瑞典的北部地处北极圈内,夏天太阳不降到地平线以下,有白夜之称。

在镜子般的水面上滑曳
在波浪顶峰上跳动
水面还没有暗下去,就
反射出初升旭日的火焰。

六月之夜是白夜,
像一个露华正浓的清晨。
撩掉了夜晚的面纱
波光激滟的大海一片明亮。

(石琴娥/雷抒雁 译)

这是一首很短的小诗,一首吟咏太阳不落的夜晚的小诗,篇幅很短却给人以美妙的艺术享受。

北欧的六月之夜是奇妙的,几乎明亮得像白昼。天色刚刚骤然变黑,太阳刚刚擦着地平线,立即又反弹跳跃,冉冉升到中天,四周又一片明亮。诗人描写的正是这一瑰丽多姿的美景。

哈里·马丁逊年轻时当过多年水手,熟悉大海,也经年累月地在海上观看日出。他的许多诗篇都是以大海和日出为主题的。他也确实能把这种景色写得出神入化,让读者得到美的享受。马丁逊运用语言的技巧也是现代瑞典诗人中最高超的,能够栩栩如生地把景物形态,而且是捕捉住一瞬间最美好的形态描写出来,这就给人以更多的美感。

在这首小诗里,诗人没有分散精力,只集中捕捉了三个瞬间最美的形态。在第一节里,把夜晚的边缘变成晨曦的峥嵘气象。在第二节里,海面的明暗交迭、骤暗即明的光怪陆离。在第三节里,朝阳迅速取代夜晚,天际海面一片明亮的排山倒海之势。诗人不囿于写静物,而是写出了动态,静中有动的美。为了达到更生动的艺术效果,诗人还采用了拟人化的手法,将大海比作好客的主人来挽留即将消逝的黄昏余晖,将旭日比作美丽的女子撩开夜的面纱露出姣好面容。诗人无疑是将自己的情感灌输到了景物之中,景物才能"活"起来了。

鉴别吟咏景物的精粗高下，除了要看作者能否有捕捉物象的形态的本领之外，更要看他能否将自己的情感输入到物象之中，使得情景交融，咏物抒情。诗人的这首小诗无疑达到了这一境地。　　（石琴娥）

阿尼阿拉号（节选）
马丁逊

二

宇宙飞船阿尼阿拉号封闭了，警报器发出了信号
根据预定路线起飞
旋转杆开始
把宇宙飞船拖向天穹最高处的亮点，
那里地球的磁力消失了它的力量
很快信号的位置出现在零点，飞船可以自由飞翔。
像一只毫无重量的大蝶蛹
阿尼阿拉无震动地遨游
没有任何来自地球的干扰。
一次单纯的常规起飞而不是冒险，
一次通常的旋转飞行。
谁能预料就是这次旅行
注定将是一次完全的宇宙旅行
使我们离开太阳和地球，
离开金星和火星以及离开多里斯谷地。[1]

二十六

完全失聪的聋子开始描述

---

[1] 多里斯系希腊神话中的女神名，作者在此借用。

他听到过的最可怕的声音。听不见声音。
听得见的,正当耳膜被震裂之际
一阵悲哀的声音冲击过来,最后——
光的旋涡炸掉了多里斯堡[1]。
我听不见了,聋子总结说。
我的耳朵来不及听见
灵魂怎样被炸得粉碎,
躯体怎样被扔得狼藉遍地
一平方公里的城市地皮
怎样上下翻腾
就在那时,光的旋涡吞没了
名叫多里斯堡的伟大城市。

死去的聋子就是这么说的。
但是据说石头会呼喊
死去的聋子在石头中说话。
他在石头中往外喊道:你们能听见吗?
他在石头中往外喊道:你们听不见吗?
我是从多里斯堡城来的呀。

接着瞎子开始讲述
使他双目失明的
这可怕的强烈之光。
他难以描述整个情景。
只提到一个细节:他是用后脑勺看见的。
整个脑壳变成了一只眼睛

---

[1] 古希腊的一个省,作者在此借用。

在爆炸的一刹那丧失视觉
还被腾空高高抛起,在盲目中以为能进入
地府安息。但是没有任何安息。

据说石头会呼喊
正是这一点他和聋子说的一样。
于是他在石头中和聋子一起往外呼喊。
于是他们在石头中往外相互呼喊。
于是他们在石头中和卡珊德拉[1]一起往外呼喊。

我拼命冲向秘玛[2]
想用我的苦难来制止可怕的行径。
但秘玛显示着一切,真实而清晰
最后的画面是大火和死尸
我转向乘客
对多里斯的死亡发出悲痛凄惨的

     叫喊:

几乎有一切手段可用于抵挡住
由风暴和寒冷带来的大火和伤害
是呀,数一数可以想出来的措施

     办法吧,
但是没有任何手段能保护人类。

当需要的时候仍没有人看得清。

---

[1] 希腊神话中能预卜凶吉的女神。
[2] 秘玛的原文为 mimma,系诗人自己创造的词汇。有人认为此词是根据瑞典语 minne(记忆)一词造出,也有人认为是根据希腊文 Mimos 或 Mimessis(模拟)一词造出。从全诗看来,秘玛一词的意思为"机器"或"电脑",能把时空中的一切展现出来。诗中的"我"是管理秘玛的人。

是呀，只有当把心里所存的
活在寒冷痛苦的岁月中的梦碾碎
成灰烬才能看得清。

一道闪电的蓝光把秘玛打瞎
面对眼前的一切我变得哑口无言
可怜的地球，鞭打在它上面的蓝光呀
在我的心中像一道裂开的伤口。
我，秘玛忠实的蓝衣牧师
在冰冷的血里得到可怕消息
多里斯女神在遥远的多里斯堡死亡。

(石琴娥／雷抒雁 译)

长篇叙事诗《阿尼阿拉号》是哈里·马丁逊的代表作。1974年，瑞典学院在授给他诺贝尔文学奖时，对这首长诗给予了以下的评价："对那艘意图从冻结的地球上已逐渐增加敌意的生活中，寻求解脱之路，并因而与母港断绝、迷失了目的地、又失去舵的宇宙飞船阿尼阿拉号，我们也可以在脑中浮现悲剧性的美丽情景。"这首诗奠定了哈里·马丁逊在瑞典诗坛上的泰斗地位，也成了瑞典诗歌史上的一个重要里程碑。不仅如此，这部力作也是现代欧洲诗歌中的一个重要作品。正因为如此，它在1959年被改编成歌剧，在瑞典和欧洲许多国家历演不衰。这首长达103节的叙事诗在艺术上有不少重大突破，别树一帜的艺术风格更增添了它的艺术魅力，使它成为瑞典现代诗歌中的珍品。

长诗《阿尼阿拉号》的梗概大致是：地球上发生了核大战，核辐射消灭一切，几乎使地球毁灭。宇宙飞船阿尼阿拉号满载着八千名劫后幸存者逃离地球，飞向火星。由于飞船偏离既定轨道，迷失在茫茫太空之中。搭乘飞船的难民们所面临的只能是永恒的死亡。

长诗栩栩如生地描绘了末日来临的可怖场面和宇宙飞船上难民目睹

地球毁灭的惊恐心理,试图由此说明人类发明了先进科学,而科学又使人类走向灭亡的思想。这也是诗人从科学和哲理出发探索人生的尝试。诗人虽然预言了人类的愚蠢招致了地球的毁灭,然而他并不是彻底悲观的。长诗的最后部分写到虽然飞船上导航仪器失灵而在宇宙中盲目飞行,但是二十四年后终于能够在适合生物成长繁衍的火星着陆。飞机上的八千难民虽然都已经死了,所幸的是留下了两个活着的细胞:自然和宽容。它们化成了一男一女,在没有生命的火星上撒下宽容忍让和乐善好施的种子,终于使火星成为一个拥有人类的智慧和才能,而没有人类的贪婪自私和蝇营狗苟的乐园。

不难看出,这是一部充满了浓郁的象征主义色彩的作品。诗中渲染了人的危机感,表明在物质文明和科学高度发展的现代社会里,人是何等脆弱无能。当核战争之类的无妄之灾突如其来落到自己头上的时候,人是无法摆脱灭亡的,甚至整个地球也毁灭于一瞬间。甚至搭乘上飞船的难民也难逃此厄运。正因为灾难来得突兀,更表明了灾难的深重和广阔,以及人的无法逃脱。尽管诗人在结尾留下了一线光明和希望,然而整个诗篇是带有歇斯底里病态的。通过诗里的各种形象对人生和存在提出了悲观颓废的看法,反映出了诗人在核战争的威胁面前的惊恐畏惧心理和由于寻找不到出路而抑郁苦闷的精神状态。

这首长诗也用艺术手法描绘了现代社会里的人的异化现象。在长诗里,人的命运是受原子弹、宇宙飞船等"物"的摆布。"物"操纵了人,把人也变成了物,或者说"非人"。非但如此,人还创造了拟人的"物"来支配掌握自己的命运。诗中出现一个名叫"秘玛"的精密仪器,"秘玛"具有人的一切智能,甚至良心,还能再现过去的一切和预卜未来。当"秘玛"再次重现地球上核大战的情景的时候,人类的愚蠢和邪恶超过了它的良心所能容忍的程度,以致它气愤得自我爆炸,而"阿尼阿拉号"宇宙飞船也因为缺少它的导航而偏离了航线。这样,一幅可怖的人的异化的图景便活龙活现地再现了。

这首长诗的艺术造诣是极高的。它的特色在于把现实与想象、科学与哲理、抒情与叙事有机地结合在一起,而且不给人以生硬零碎之感。诗人打破了时间与空间的限制,把过去和将来、地球和宇宙、神话和生活、内心世界和客观事物互相契合得浑成自然。不仅如此,整篇长诗,曲折回环,前后呼应,层次十分清晰。诗人巧妙地把这部多层次的作品融合成一体,既照顾到诗的整篇结构,又注意到局部的灵活自如,从而使这部诗篇达到了形式与内容的完美统一,充分地表达了诗人想要表达的一切,取得了很高的艺术效果。

诗人在文字运用上是下过苦功夫的。不仅字斟句酌,务求出语惊人,为了更好表达诗意,他还自己造词。例如,长诗里"宇宙飞船"(原文GOLDONDER)一词就是诗人煞费苦心用两个词拼凑在一起创造出来的。前半段原来词意是征服者,尤指16世纪侵占墨西哥、秘鲁等国的西班牙殖民主义者,也可以转意为"征服者的古老梦想之国";后半段则是一般空中运载工具的结尾缀音。诗人把这些词的原意、转意和词音结合在一起创造了新的词,意思已不是普通的宇宙飞行,而是"一艘空中运载工具所进行的一次不知目标的大胆的探测飞行"。像这类的词的重新组合在这首长诗里常常见到,这虽使得这首诗较为晦涩难懂,然而一旦了解诗人组词的用意,便能更深刻地了解这部作品了。　　(石琴娥)

丹　麦

延森(1首)

约翰内斯·维尔海姆·延森(Johannes Vilhelm Jensen, 1873—1950),丹麦作家。出身于兽医家庭,曾在哥本哈根学医,因家境清贫,必须自谋生计,他只得弃医从事新闻报道和文学创作。代表作是描写人类发展史的神话小说《漫长的旅行》(1908—1922)。这是一部由许多自成一体的短篇散文体故事串连成的作品，从混沌初开人类的原始状态起一直写到哥伦布时代。他于1944年因这部六部曲而获诺贝尔文学奖。其他小说有《希默兰的故事》(1898—1910)，文集《哥特式的文艺复兴》(1901)，游记《非洲》(1949)和诗作《诗》(1906)等。他中晚期作品大多采用表现主义和形象主义手法，对丹麦许多作家产生较深影响，他在丹麦语言改革方面也做出重大贡献。

闲荡的姑娘

延　森

你究竟是谁，陌生的姑娘？
你在大路上信步闲荡，
红色的夕阳早已西下，
你为什么还迎风站在路上？

天色太晚啦，
莫非你同疾吹的狂风有约会？
他是飞翔在空中的，
除非他掉下来你才能找得到。

多情的晚风缠绵着你，
把你单薄的裙子撩到了膝盖。
风儿在你身边徘徊，
勾勒出你那摆动的年轻腰肢。

为什么你要同狂风来作较量？
为什么你要在风中弯腰挣扎？
不要再使劲啦，他会把你高高飘起，
因为那狂风就是我，就是我！

（斯文　译）

这是一首什么诗？是恋歌还是悲曲？是象征着追求还是隐喻着失败？真难叫人知道，也许诗人并不要我们知道。不妨见仁见智，各凭所好吧。

短短的十六行诗，描写的情景并不复杂：夕阳西坠，夜幕四合，一个陌生的姑娘在大路上走着，晚风吹拂着她单薄的衣裙。可是，引起的疑问却不少：那个姑娘是谁？为什么天色那么晚还在路上闲逛？果真有约会还是别有衷肠？不要问吧，因为也找不到答案。只知道，那幅画面是挺美的。如果我们这样想：夕阳余晖，落日熔金，光线从她身后照射过来。她信步走在一道似乎是堤岸的高坡上，我们见到的是一个黑色的剪影，裙裾在狂风中飘舞，身体朝前倾倒着往前走去，那情景就更美啦！而且还带有一丝丝、一缕缕淡如轻烟的哀怨。

然而，诗人在诗里倾注了他的感情，寄托了他的一种说不清、道不明的追求和憧憬。所以在诗尾呼出了"那狂风就是我，就是我！"难道诗人是想要施虐一番来把那姑娘压倒吗？他的冀求和企图实在太朦胧、太晦涩了。

诗原本是抒发感情而作，诗人既为我们勾勒出了这样一幅图画，那么我们就不妨赏心悦目地观赏一番吧！不必再煞费苦心地去探究那些谁也找不出答案的疑问。

（斯文）

伯德克尔 (1首)

塞西尔·伯德克尔（Cecil Bodker, 1927—2020），丹麦女诗人、女作家。父亲是画家。她曾在瑞典一家银器工厂学艺。28岁发表处女作诗集《蒲公英球》（1955）。她的作品受卡夫卡影响较大，是丹麦重要的表现主义作家。她在写社会现象或问题时不明确规定时间和地点。除诗歌外她还创作了长、短篇小说，散文和儿童文学作品。主要有诗集《飞马》（1956）、反映资本主义社会妇女孤独和受压迫的长篇小说《爱娃的共鸣》（1980）以及童话《西拉斯和黑马》（1967）等。她曾获丹麦科学院奖（1967）、德国儿童读物奖（1971）和国际安徒生奖（1976）等。

青　草

伯德克尔

我们只是青草

生长在沟壕边上

顺着时光磨损的大路

只是青草，

也许是欢乐歌唱的花朵，

也许有时候是——

      有刺的荨麻。

命运的女神

挺胸凸肚，摇晃着乳房，

迈开沉重的脚步，

从我们身上一踩而过。

她头上两只淡红色犄角之间

长着难看的疙瘩——

      也许已经发霉。

女神的长胡须

在我们身上飘拂

当她把一棵青草吃下去

或者吞咽欢乐歌唱的花朵的时候。

细细咀嚼，大快颐朵，

她用力一跺脚

踩断了荨麻的脖子。

我们只是青草

生长在沟壕边上，

一颗颗尘土满身的青草

顺着一条大路
韶光年华滚滚而过
乘坐在气派的马车里
车厢上装饰着金色的王冠。

(斯文 译)

  这是诗人借咏物来自嘲自娱,抒发郁结在胸中的一腔牢骚的诗作。诗为心声,说是咏物,其实是咏自己,不平而鸣,如鲠在喉而不得不发。全诗文字浅显,明白如话,没有太难懂的话,但是含意很深厚,在写作上也有其特色,把满腹怨怼淋漓尽致地倾倒出来。

  诗的开头,可以说是一无依傍,劈空而来。"我们只是青草",一语就道出了虽不愿接受这个事实,却又无可奈何的心情,尤其是那个"只"字用得恰到好处。

  青草只是逆来顺受、任人践踏的弱者,花朵是自己能够歌功颂德而又被众人所喜爱的宠儿,而荨麻则是身上带刺的角色。诗人在这里说出了一个人所习见、平常得很的然而却深刻非常的人生哲理。大多数人都是芸芸众生(但绝非全是庸碌的),有少数精英像花卉一样显眼,也有一些"刺儿头"之辈因为爱刺痛别人终于没有好下场。

  对于命运之神,各种神话里说的不一样。这里用的不是希腊神话中的命运三女神,而是北欧神话中的传统形象:头上有两只长长的犄角,长着山羊胡须和小尾巴,然而却是个女身形象。诗人由于一生的坎坷遭遇而感叹,而呼号,而哀鸣,直言斥责命运对人生的拨弄。然而诗人却对她的淫威无能为力,听任摆布。

  这首诗语言平实,却发自肺腑,字字意切,句句情真。这首诗虽然把诗人对乖蹇命运的牢骚尽兴地表达了出来,但是诗的情绪有不健康的东西。再说西方对命运、对人生都有着与我们不同的价值观念和看法,诗人自然也没有能摆脱这种局限,这恐怕是我们需要注意的。

(斯文)

里夫贝里（1首）

克拉斯·里夫贝里（Klaus Rifbjerg, 1931—2015），丹麦诗人、作家，出身于知识分子家庭，大学毕业后曾任《信息与政策》杂志的记者和《风中玫瑰》诗刊的编辑。他是一位多产而又多才多艺的作家。他不仅写诗，也写小说、散文、戏剧乃至电影。从1956年发表处女作到1985年，他已出版了一百七十余部作品。

里夫贝里以现代主义诗歌在丹麦文坛确立了自己的地位。1956年，他的第一部诗集《我行我素集》问世，讴歌人生需享受醇酒和美女的乐趣。1957年第二本诗集《战后集》呼出了战后年轻一代焦躁紧张的心理和对异性的性欲追求。然而在《冲突集》（1960）中他不再沉湎于声色，唾弃放浪形骸的生活，开始顺应时代的情感，愤怒地斥责了当代的物质享受主义，并且认真严肃地探索当今时代的发展方向。在《伪装集》（1961）中，他以强烈的自我反响歌颂生的喜悦，此后他又出版了《沃利埃莱》（1962）和《肖像集》（1963）等。长篇小说有《安娜，我安娜》（1969）以及戏剧《我们为什么活？》（1963）等。曾获丹麦学院文学奖（1966）和北欧理事会文学奖（1970）等。

仲　夏
里夫贝里

夏天的夜晚
匆匆地来急忙地去
我记不起
你究竟是谁
像是个巨大的棕色剪影
坐在水沟边上
是个姑娘还是别的人？

一球球丁香花从地上冒出来，

栀子树
骄恣地抽长,
为夏天增添
芬芳,
夜鸟的翅翼
把如同甘露般的薄暮
端到我的嘴边
从我眉间抹去冰凉的忧愁。

你究竟想问我要点什么
蹲坐
在水沟旁?
在一个完美的现实里
使人容易不大在意。
这个季节活生生的存在
挡住了人们的视线,
只把你看成是
悲哀的追忆和反思的
第二个
第三个
黯然神伤的大剪影。

我记不得你
可是难免问心自疚
就像抑郁地醒过来
从梦魇中
你的身影
在脑海里翻腾
充满了夜的气息

如同腋窝下的汗味。
你
或者别人
都是中枪坠地的蝙蝠
受伤的翅膀已经折断
袖口里伸出的不是手而是
拐杖。

难道这般疯狂
在醒来时不曾使我震栗阵阵,
我突然认出了你,我的姊妹,
想起了我们亲密的关系,
难道我也成了蝙蝠家族一员?
我认出了你,
回忆,
你把脸庞移开,
阴影在我身上洒下一行行
眼泪。

(石琴娥 译)

诗人在这首诗里借景抒情,排遣心中的郁闷。

夏日的夜晚是北欧国家最好的时光,天黑的时间并不很长,所以诗里有夜晚匆匆而来又匆匆而去之句。仲夏更是个受人欢迎的季节,人们纷纷在草地上树起高大的节日花柱,柱端挂有节日花环。在仲夏节来到的时候,人们穿上节日盛装,围绕着花柱载歌载舞,欢乐通宵达旦。许多爱情故事的序幕往往是在这时候开始的。因而,仲夏一般是被认为欢乐的日子。

然而,在这首诗里却看不到半点欢乐的气息。作品里虽然也描写到了丁香树的芬芳和栀子树的抽长,但是整个气氛是悲哀和愁苦的,连诗人眉间还深锁着一层冰凉的忧愁。可以说与其在描写仲夏,倒不如说写的是残秋。

那么,是什么东西带来了悲哀,而使得欢乐消失得毫无踪影呢?诗里也有了很明白的交代:就是那个剪影,那个蹲在水沟边上的棕色剪影。这个巨大的剪影的存在,破坏了完美的现实的和谐画面。而这个剪影又是悲哀的追忆和反思的象征。非但如此,这个剪影还带来了第二个、第三个倒霉的剪影。

诗人记不起来这个大剪影是谁,于是在脑海翻腾寻找,终于想起来,是中枪坠地的蝙蝠,也就是被命运所损害的弱者。"同是天涯沦落人,相逢何必曾相识",诗人自己也遭到命运的拨弄,不得不承认自己也是被损害的一族,也不禁流下了一掬同情之泪。诗里写的是阴影在他身上洒下眼泪,其实是诗人自己的泪水。因而,"难道我也成了蝙蝠家族一员"是用了放纵之笔,来大声呼号,在剪影的伴随下百感交集,迸发出了辛酸的热泪。

(石琴娥)

冰 岛

拉克斯内斯(1首)

哈多尔·奇里扬·拉克斯内斯(Halldór Kiljan Laxness, 1902—1998),冰岛作家,原名哈多尔·古兹永松。生于雷克雅未克,三岁时全家迁到拉克斯内斯农场,后来便以此为笔名。1955年获诺贝尔文学奖。十七岁发表处女作《自然之子》(1919)。1929年前往美国,目睹资本主义的丑恶,毅然走上为社会主义而斗争的道路。20世纪30年代发表了几部多卷本长篇小说,确立了他在冰岛文学中的地位。有描写渔民生活的《萨尔卡·瓦尔卡》(1931—1932)、赞扬农民为获得土地和独立自主而斗争的《独立的人民》(1934—1935)以及描述冰岛贫苦诗人惨痛经历的四部长篇小说《世界之光》(1937—1940)等。

第二次世界大战期间,他创作了《冰岛之钟》(1943—1946)三部长篇小说,借17世纪冰岛人民反抗丹麦统治的事迹,鼓舞冰岛人民争取民族独立的斗争。《原子站》(1948)揭露冰岛统治阶级出卖国家利益把冰岛变成外国的空军基地。拉克斯内斯是位多产而全面的作家,作品除长、短篇小说外,还有剧本、诗歌、论文和随笔等。他批判地继承了冰岛古代史诗的艺术传统,作品抒情、幽默,创造了现代冰岛文学独特的风格。

她就是你的爱

拉克斯内斯

她就是你的爱,
凝聚了你的一切渴望和梦想。
你用全部智慧为她讴歌吟诵,
高唱出对她的深情珍重。

我在你心灵深处,
找到了含苞吐蕾的真知灼见,
所有这一切的象征是
最强烈地追求人生和光明。

我们坦荡荡地在追求中生活
真理把全世界团结到一起:
从变幻莫测的欢悦场面
直到快乐得无心犯下过失。

(石琴娥 译)

《她就是你的爱》是一首很美的政治抒情诗,柔笔隽永,语言工致而音律婉约,既可引吭高歌,亦可曼声吟唱,诉出了诗人发自肺腑的爱,寄托了他对祖国深厚的感情。

诗人在诗里把祖国比喻为一个风华正茂的少女，向她倾吐出全部的苦恋，诉说着自己的"渴望和梦想"，唱出对她的一片痴心和深情。当然，诗人对她的爱并不是盲目的，因为她在内心深处蕴藏着"真知灼见"。它们像鲜艳的花朵含苞吐蕾，这真知灼见就是对人生和光明的最强烈的追求，这就使诗的意境升华，达到了新的高致。

全诗的最后一段似乎费解。既然冰岛人民胸怀坦荡地生活，又怎会欢悦之中还变化莫测？既然真理把全世界团结起来，又怎么会快乐得犯下过失？似乎矛盾。但仔细一想诗人是有难言之隐。冰岛在第二次世界大战中被盟军出兵占领，输入了不少美国生活方式的恶癖，毒害了冰岛年轻一代，也败坏了冰岛纯朴古道的风气。战后，冰岛又设有美军基地，更为冰岛人民所憎恶。因为在基地附近就是灯红酒绿的罪恶渊薮，更不用说基地对冰岛的独立和主权的侵犯了。至此我们已不难明白，诗人在最后一段指的是什么了，一方面是冰岛人民坦荡地与世界人民走到一起，团结在真理之下；而另一方面则是统治阶级为了快乐享受而不惜出卖冰岛利益。诗人敢于如此点出问题正是由于他对祖国怀有的最诚挚的爱，看出了他的祖国正在患着的疾病。不过诗人讲得很隐晦，这恐怕是由于当时的环境和条件关系。

（斯文）

瓦尔蒂玛逊 (1首)

吐斯坦恩·瓦尔蒂玛逊（Thorsteinn Valdimarsson, 1918—1977），冰岛诗人。就读于冰岛大学神学系，毕业后在冰岛高等学校任音乐教师。他是20世纪40年代冰岛重要的浪漫派诗人。他的诗作优美、富于音乐感。共出版过七部诗集，其中一部为五行打油诗，这是冰岛诗坛上第一部这种诗格的作品。

风 和 花

瓦尔蒂玛逊

为什么会有风来，哥哥，

为什么会有风来,
你知道吗?
大树摇动了树枝,妹妹,
就会有风来,
大树摇动就有风来。

那么花怎么来的,哥哥,
难道花是风吹来的,
你知道吗?
那不是花朵,妹妹,
它们是天上的星星,
天亮时洒落到我们身边。
那么所有的小黄花呢,哥哥,
小黄花也是从天上掉下来
落在地上的吗?
是呀,妹妹,它们是太阳的孩子,
难道你没有看到
它们就像太阳一样光彩绚丽。

(石琴娥 译)

《风和花》这首小诗描绘了这样的一个情景:夏日的夜晚,小兄妹俩坐在草地上,逍遥自在地一问一答。妹妹问哥哥为什么会有风,花是怎么来的,小黄花是不是从天上掉下来的。哥哥自以为很聪明地认真做了回答。这难道不正是孩提时代的生动写照吗?几乎每个人小时候都会有这样的或者是类似的经历。那是何等温暖宁馨,何等令人回首感慨,总是觉得韶光易逝,岁月如流,要是能够重温一下那时的情趣是多么令人兴奋呵!然而,事实毕竟是不可能的,愿望只是个梦想,于是留下的是无限的惆怅和带点苦涩的甜蜜回忆。

诗写得很平直,有点近似儿歌,用字亦朴实无华。然而恰恰正是这一片童真最难超越。诗里写的情景能够勾起人们儿时的回忆,不正好说明了这一点吗?

(斯文)

约汉内森(1首)

马特海阿斯·约汉内森(Matthias Johannemen, 1930—),冰岛诗人。曾在冰岛大学攻读哲学,毕业后,自1958年起任冰岛最大报纸主编。迄今他已发表了十部诗集,好几部冰岛著名人士的传记、剧本和两部论文集等。

城市在笑
约汉内森

回忆吧,你站立在河边
凝视着你的脸,
你的眼睛反映出整个蓝天
深邃和渴望得像姑娘的笑声
她露着洁白牙齿向你走来。
这难道不像燕鸥潜水捕捉刺鱼?
后来夜晚来了,
当最后一个波浪
把你的身影推到岸上的时候
新的一天又已破晓。

回忆吧,城市向你倾吐衷肠
你渐渐懂得街上的笑声,
伴随着小提琴声和长号的嚎叫
人们在高兴地舞蹈,
你的心灵充满了欢乐
就像年轻姑娘在酒吧里

用手温柔地抚摸
你又是欢笑又是高歌,
可惜你没有注意脸上蒙上了阴影
夜晚已经把它的双手
轻轻拂动着那双火焰般的嘴唇。
而城市在你心里纵声大笑。

回忆吧,一个女人走进了你的住所
攫取了你的青春和灼热嘴唇上的花
给了你一个孩子来报答你的笑,
那孩子的啼哭充满了你的耳膜
像是惊涛裂岸的轰响
——还是绿色山谷里吹来的和风?
你终于发现你怎么也避不开这个城市
因为你已经把它一口一口地吸入
就像你嗅闻那个年轻女人的香味。
不久之后又有一双双新的眼睛、
一双双新的小手和同样的两个字眼
在迎接着你,仿佛是
夜晚亲吻残留在深秋中的枯萎的花。

回忆吧,你已经被青春剥夺了权利
不能再腿轻腓健地奔跑在城市
你步履蹒跚、两眼无神、
一个光秃秃的脑袋在默默地提醒:
你已经进入老年来日无多。
夜晚轻轻地抚摸你那苍白的面颊
还有曾经如火焰般炽热的嘴唇。
夜晚把它的冰凉的手

拂扫过残留在枝头的枯叶
树叶悄悄地落到深秋的红土上。
转眼间街上见不到欢乐
只有孤单单的树站立在黑洞洞的街道旁。
枝杈光秃秃的老树
——就像伸开着被寒冷冻僵的手指
茫茫然地指着过往的行人,
而城市一直在纵声大笑。

(斯文 译)

  这首诗写的是人到老年,回首往昔,颇有唏嘘不堪的惆怅心情。
  诗从"回忆"写起,整整前三段写的都是已经流失的韶光年华,由远及近,由少年、青年到壮年,把人生的步伐之匆忙迅速描写得淋漓尽致。
  第一段写的是少年时代,那时无忧无愁,冶游嬉戏。诗人抓住了少年的特点,可以在河边盘桓流连,乐而忘返。诗中的主人公,也就是诗人自己,站立在河边,凝视着自己脸的倒影,头脑里充满着奇妙的幻想,就这样一直待着。太阳落山了,夜晚来临了,他似乎浑然不知,仍旧在那里发愣,怔呆呆地直到天亮。是不是有什么心事?是不是有什么烦恼?也许是有一点,那就是少年时代的初恋,甚至也许只是对初恋的憧憬渴望。有个姑娘笑眯眯地朝他走来,像燕鸥潜水捕捉刺鱼一般地勾摄着他的魂魄。寥寥数笔就将青春勃发的少年心理刻画得传神了。
  第二段写的是青年时代,诗的主人公已经和喧嚣的城市生活浑成一体了。青年的放纵与荒唐,灯红酒绿的夜生活,跳舞狂欢。主人公不再在河岸上流连忘返,而是在酒吧、舞厅里买醉求欢、通宵达旦。他不再憧憬初恋,而是同年轻姑娘厮混。然而这一切都不是没有代价的。在这一段结束已经点明了,那就是夜晚(或者说是死亡)将提早来到他的身边。这里城市被写成了罪恶的渊薮,它像恶魔般地在纵声大笑。其实,"魔由心生",主人公自己没有能抵御住一切诱惑腐蚀。
  第三段写的是主人公结束了年青时代的荒唐,在步入中年的时候,成家立业,生儿育女了。主人公享受到了家庭的温馨,一次次当父亲的欢悦使他尝到了人生的快乐。他如饮甘露般消受这人生。然而,他毕竟要养家糊口,要辛苦忙碌,于是他渐渐精力不支,未老先衰了。这一段的最后两句正是说出这种时不待我的无可奈何心情。

前面三段写的全是忆想,是过去的事情了,接着回到眼前的现实情景中来。在第四段里,我们见到的是一个谢顶弯腰、面色苍白的老人。他双眼无神、步履蹒跚地默默走着,跟他相衬的是眼前还残留在枝头上的枯叶和光秃秃的老树。这样的象征是可怕的象征,因为死神的冰凉的手已经像拂动枯叶和老树一样抚摸起他来了,而城市又像恶魔一样在狞笑。

诗里把人的一生同城市交织在一起,来显示环境对人的支配作用。人对这个生于斯、长于斯的城市既有热爱,又都处处离不开它的影响,已经一口口把城市呼吸进去,融为一体了。诗里用了许多象征,使叙述更加生动。

(斯文)

挪 威

格里格 (2首)

诺达尔·格里格(Nordahl Grieg, 1902—1943),挪威诗人、剧作家和小说家。他是挪威杰出的爱国主义作家、民族英雄。第二次世界大战期间,为了抗击德国法西斯侵略,他投笔从戎,1943年12月2日,在盟军轰炸柏林的一次战斗中壮烈牺牲。

格里格是挪威文坛上的现实主义作家,作品充满爱国主义激情。第一部诗作《在好望角周围》(1922)描写水手们惨痛的命运。《溪流中的石头》(1925)和《挪威在我们心中》(1929)是两部冗长但充满爱国热情的诗集,他在诗作里热情歌颂挪威雄伟的大好河山和为挪威的繁荣做出贡献的劳动群众——水手、渔民和邮递员等。德国法西斯占领挪威后,格里格一方面率领士兵抗击敌人,一方面用他的诗歌和在电台发表讲话来激励挪威人民为保卫祖国而战。这一时期的诗作有《1940年5月17日》《挪威的好年景》和《国王》等。这一时期的作品如同他初期的作品一样充满对挪威的无限热爱,但是语言更为激昂、奔放,富于战斗性。

他的其他作品有剧本《我们的力量和我们的荣誉》(1935)以及长篇小说《但愿世界年青》(1938)等。

1940年5月17日[1]

格里格

今天旗杆上空荡荡
而埃德瓦尔[2]的树木仍旧绿油油,
我们从来没有像现在这样
探索着享有自由的意义。
歌的浪潮在全国汹涌澎湃,
到了胜利的时刻才唱出声来。
在外国侵略者的蹂躏下
先咬紧嘴唇在心里歌唱。

我们心里诞生了一个信念,
我们发现:自由和生活
原来是同一个东西,
它和呼吸一样是人类的必需。
我们感觉到了遭受奴役的威胁,
在窒息的挣扎中痛苦喘气

---

[1] 挪威宪法日,即国庆日。
[2] 挪威宪法诞生地。

仿佛就像困在沉入水底的潜水艇里
——但是我们决不愿活活地被憋死。

战争带来了毁灭使城市烈焰冲天，
更糟的是它像一种黏性的毒药
扩散到草地、雪原和森林里
人们不会看到，战争却在进行：
用恐怖和卑鄙的谎言
在我们的家园里散布瘟疫。
可是我们的梦境却是另一番景象，
这些我们永远不会忘记。——

（斯文　译）

  这是挪威人民几乎人人都能吟诵的名篇。这首诗以"1940年5月17日"为题。1814年5月17日那一天在奥斯陆东北郊的埃德瓦尔庄园举行了全国性议会，由挪威各地选出的112名代表经过五天讨论，制定了挪威历史上的第一部宪法《埃德瓦尔宪法》，从此开创了君主立宪制度。于是，5月17日被规定为"挪威宪法日"，也就是挪威的国庆日。

  那么，1940年5月17日又是什么日子呢？ 1940年4月9日德国法西斯突然偷袭挪威，以闪电战术迅速占领了奥斯陆等三座大城市。国王、政府和议会仓皇逃出了首都。1940年挪威国庆日就是在德国法西斯军队步步进攻入侵的轰轰炮声中度过的。当时的奥斯陆，已经没有政府和报纸。人民无法知道战斗的激烈情况，都在为祖国的命运而担心。因为除了德国法西斯军队疯狂进攻之外，以吉斯林为首的挪奸也在猖狂活动。

  这首诗的一开头，就把人带进了一个深沉而悲伤的艺术境界中来。试问：在国庆这一天，抬头一看，悬挂国旗的旗杆是空荡荡的，国家首脑和政府都被迫逃亡，这叫人心头是一番何等的滋味。紧接着又说到，颁布历史性宪法的那地方却依然长青碧绿。这样虽则悲伤，却并不伤感或者绝望，很能发人深思和引人联想。这样开头同我们常常吟诵的名句：

"国破山河在,城春草木深"有异曲同工之妙。

诗人并没有过多落墨于烈焰冲天的战争恐怖,因为挪威人民正在亲身经历,任何文字总难描绘出战争恐怖的真情实况。诗人看到了另外的一面:战争像黏性毒药,在人们不易觉察的每个角落都在进行,谎言像瘟疫一般盛行。这正是当时挪威的真实写照,人们在得不到确切的消息时都迷惑焦急,人心惶惶。而挪奸吉斯林一伙在投靠了新主子后乘机四处活动,丧心病狂地造谣生事,以便于乱中夺权。

局势是混乱的,前途是险峻的,眼看亡国的命运就要落在挪威人民头上。诗人心里悲愤之极,但是诗人也是坚强刚毅的,呼出了自由希望和胜利的喊声。他没有绝望,也没有悲观,他的坚定信念是祖国必将解放,正义必将战胜。这样的刚强正是挪威人民的性格,他们在德国法西斯统治下始终坚持着不屈不挠的反抗斗争。诗人自己也参加了挪威的抵抗组织,并且参加了许多次战役,最后在轰炸柏林时牺牲在柏林上空。

这首诗虽然低沉悲壮,但气势十分雄壮,是一首充满了对祖国的爱和对敌人的仇恨的爱国主义好诗,也是诗人格里格的代表作。　　(斯文)

短 跑 手

格里格

黑人短跑手欧文斯[1]大显神通,
把雅利安人远远撇在后头。
运动场上,
碧眼金发的观众呆如木鸡。
运动场外,
那个德国元首气得面孔发青。

---

[1] 詹姆斯·欧文斯,1914年生,美国非洲裔运动员,曾于1936年在柏林举行的第三十六届奥运会上夺得100米、200米、跳远和400米障碍赛四项冠军,多次打破短跑世界纪录。

不要难过,高兴起来吧!
只消想一想:
那么多犹太男女老小
都在街上奔跑逃命。
凭你们的短跑速度,
谅必可以抓到他们中的几个。

(斯文 译)

  一首俏皮的政治讽刺诗,篇幅很短,挖苦得却很深。只消想想,1936年正当德国法西斯气焰嚣张、不可一世的时候,德国主办了第三十六届奥运会。这本来是助长声势的"大好事",却不料出现了一点谁也没有预料到的差错:一个被视为"劣等民族"的黑人运动员居然在柏林的运动场上夺走了世界冠军,把碧眼金发的雅利安人、"世界上最优秀的民族"的运动员远远抛在后面。无怪运动场上的德国观众要呆如木鸡了,希特勒当然要暴跳如雷了。

  诗人淋漓尽致地把希特勒的"丢脸"(因为如果没有政治因素的话,运动场上的输赢原本不是丢脸与不丢脸的事)挖苦之后,又将他揶揄一番,调侃说道:柏林街上有的是在你们的残暴迫害下,为逃生而奔跑的犹太人,你们总可以逮住几个!这些话精辟地点出了主题,使诗的政治性更加深刻。

  这首诗是一把匕首,一支投枪。年轻的诗人把他对于德国法西斯的残暴和民族迫害的憎恨跃然纸上地表现了出来。(斯文)

雅柯布森 (1首)

  劳尔夫·雅柯布森(Rolf Jacobsen, 1907—1994),挪威诗人。他的诗作以描写大城市生活为主,钢铁、沥青和水泥都成了他写诗的主题。他把电话线比喻为神经纤维,把煤气管道比喻为人体的血管。他尤其擅长描写房子、汽车、机器、树木和焦炭。长期以来,他是挪威诗坛上重要的现代主义诗人。主要诗作有《土与铁》(1933)、《芸芸众生》(1935)、《长途火车》(1951)、《秘密生活》(1954)、《草中之夏》(1956)、《致光明的信》(1960)、《以后的静寂》(1965)和《诗集》(1973、1977、1982)等。

铺 路 石
雅柯布森

把我们践踏在脚,使劲往下踩,
根本忘记我们的存在。
可是我们的肌体上承担着整个世界,
在重压下觉察到它的力量在壮大。

碎纸和香蕉皮沾满了我们的身体,
和我们终身做伴的是臭烘烘的阴沟。
霓虹灯映亮的大商店就矗立在我们身边。
哦,我们的各路人马通向世界的尽头。

我们默默无闻地承担着纽约和伦敦,
一声不吭地让小汽车飞来驶去。
咬紧牙关用出全部力量来支撑
哪怕连腿关节都累得变了颜色。

花岗石的孩子,
被投入火山口里去锻造。
从地球的筋骨上切割下来,
又成了支持地球的材料。
从意大利的罗马到伊拉克的尼尼微,
我们无处不在。

蓝色地图集里展示我们的存在,
我们见到新的大陆诞生。
看到它们抖掉浪花

站立起来迎接光明。

要是有那么一天,
我们听得地球发出隆隆响声,
全世界都步伐雄壮地朝向新纪元前进,
哦,灰色的弟兄们,我们赶快跟上去。

(石琴娥 译)

在念这首挪威诗的时候,总不禁要联想到我们的《大路歌》,同样气势浑厚雄壮,同样生机蓬勃、锐不可当。所不同的是《大路歌》写的是开路先锋——筑路工人,而这首诗写的是铺路的石头。

不妨看看:铺路石虽然默默无闻,由人踩踏和汽车飞驰,但是它们却承担着整个世界。尽管铺路石上沾满了污垢,但是灯火通明的大商店也离不开它的存在。从意大利到伊拉克,它无处不在,任何城市集镇、交通网络只要有路的地方就少不了它。然而它承担整个世界也绝非轻易的事情,要咬紧牙关用出全部力量来支撑,甚至累得腿关节都变了颜色。

全诗的前面几段讲的是现在,把铺路石的伟大作用和刚毅精神纵情赞美;而最后两段讲的是将来,点明了世界正在发展,新的大陆正在诞生。而在这个世界发出隆隆响声走向新纪元的时代里,铺路石是必不可少的,它要紧紧跟上。新世界离不开它,它也甘愿为新世界铺平道路,这是何等宏伟博大的气魄!

人们在谈到从事平凡而伟大的事业的时候往往会说自己甘愿做一块为光明前途铺平道路的铺路石,意思是愿意披荆斩棘,忍辱负重,默默地奉献出自己的一切。这首诗正是颂扬了这种精神,也可以说是一首歌唱大公无私的精神的赞歌。

那么,诗里歌颂的仅仅是铺路的石头?显然不完全是,诗的内涵要深远得多。如果说它是在颂扬整个工人阶级和劳动人民,恐怕大致是不会有误的。因为只有工人阶级和劳动人民才具备这种值得颂扬的高贵品质和思想。

(石琴娥)

芬 兰

雷诺 (1首)

埃依诺·雷诺（Eino Leino, 1878—1926），芬兰诗人。父亲是地质勘测员。17岁考入赫尔辛基大学，第二年发表第一部诗集《三月之歌》（1896）。大学毕业后在《日报》和《赫尔辛基新闻》任戏剧和文学评论员。雷诺一生著有小说、戏剧、评论、散文和诗歌，《埃依诺·雷诺全集》共有16卷本，诗歌只占5卷，但就其文学价值而言，当首推诗歌。早期诗歌热情奔放，充满对美好理想生活的追求，如《三月之歌》、《夜纺女工》（1897）和《一百零一首歌》（1898）等。1905年芬兰爆发全国大罢工，他发表了一百余篇诗歌和评论文章，讴歌芬兰工人斗争，热情支持俄国十月革命。1905年大罢工失败后，他由于国内政治形势变化、妻子突然离异，精神受到打击，此后创作的诗歌格调低沉，充满忧伤。晚年作品主题大多是死亡，反映了他哀伤失望的情绪，如《盛开的丁香花》（1920）等。代表作为叙事诗《降灵节的圣歌》（1903），是一幅反映芬兰民族气质的图画。他是19世纪末20世纪初芬兰新浪漫主义的代表，他的诗歌节奏感强，语言精练优美，想象丰富。

芬兰的传奇
雷 诺

很久很久的从前
（传奇就是这么说的）
上帝和圣彼得匆匆赶路
他们走过陆地、漂过海洋，
快到天黑的时候
他们踏上了这片有福的土地。

倾斜的海岸寂静无声
四周只有白桦树林
荒芜得不见人烟。
他们刚刚坐定身躯
圣彼得就开口挖苦,
因为他爱讲个喋喋不休

"哦,天哪,
我们到了什么鬼地方,
这里的人又穷又不开化,
整天弯腰弓背干活忙。
崎岖的土地上都是石头
怎么辛苦也难有收成,
田野上长出来的都是蘑菇
还有瘦小可怜的野莓。"

至高无上的上帝微笑起来:
"这片土地真不肥沃
天气也说不上温和,
每个农庄都瑟缩成一团,
可是这里的每一颗良心
都美丽和温暖。"

上帝说完话又微笑,
天哪,奇迹顿时出现:
潮湿的沼泽变成良田,
广阔的荒原上牛羊成群,
千年冻土也低了头
听任人们翻犁耕耘。

上帝和圣彼得动身走了。
可是大家都说:
在夏天的夜晚
你坐在这里的白桦树下
仍旧可以看到上帝
他微笑地行走在水面上。

(斯文 译)

埃依诺·雷诺是芬兰文学史上最享有盛名的诗人之一,素有当代芬兰诗歌的奠基人之称。而这首《芬兰的传奇》又是他的一个名篇,芬兰人大多熟晓,能够背诵。

诗里没有描写芬兰的山清水秀、土肥地美,也没描写芬兰的物阜民丰、生活富庶。恰恰相反,诗人通过圣彼得之口说出了芬兰的穷山恶水、贫困落后,并且断言任凭芬兰人怎样辛苦劳动,这片鬼地方也不会有好收成。

接着诗人通过上帝的嘴,说出了全诗的主题:尽管这块土地是贫困的,但是人民是善良的,因而上帝对这个地方情有独钟。果然,芬兰变样了,变成阡陌连片,牛羊成群。

最后一段写的是芬兰人一直缅怀着上帝给予他们的恩赐,并且传说着夏天的晚上还可以看到上帝显圣。

这首诗既有怀旧,又有忆新,诗的用语平直明白。如果说把"上帝"改变成"芬兰人民",那么这首诗就不仅充满了爱国主义的自豪感,而且还有一定思想深度。

(斯文)

瓦拉(1首)

凯瑟里·瓦拉(Kafri Vala, 1901—1944),芬兰著名女诗人。她大学毕业后即投身于芬兰文坛,参加了芬兰左翼文学家组织,并且长期担任左派政治杂志的会计。她收入菲薄,忙于写诗,年纪较轻时就染上了肺结核。1944年当战争进行到最艰苦阶段时,她终于因为经济拮据和肺结核的加重,在贫病交加中悲惨地客死在瑞典。

瓦拉是第二次世界大战期间芬兰最著名的诗人,也是芬兰自由体裁诗的先驱者,因而在芬兰诗坛上曾经独步一时,并且对战后芬兰诗歌的发展有着重大的影响。她和诺贝尔奖获得者作家西兰佩组成了左翼文学团体"火炬社",或称为是"失望的浪漫主义者"。由于她曾经学过花卉描绘,因而她的诗作往往色彩鲜艳,充满鸟语花香,有时还带有浓厚的异国情调。

她出版有诗集《远方的花园》(1924)、《蓝色的门》(1926)、《在地球背脊上》(1930)。在她身染重病时还出版了两本诗集《回乡集》(1934)和《花园在燃烧》(1942)。

鲜花盛开的土地
瓦　拉

泥土吐露芳香

那是遍地有簇簇紫丁香,

高山霜岚缭绕

那是覆盖着烂漫的野花,

椴树上繁星密布

那是盛开了朱红的花朵。

蓝色、白色、

还有金黄色的花朵,

在青青的草地上摇曳

就像大海上欢闹的波涛。

那阵阵袭人的薰香呵!

真比圣香还要甘美

温暖而令人颤抖,

浓郁得令人欲醉,

哪怕是不信上帝的异教徒
也贪婪地吸进这泥土的芳馨。

生活,生活,
快快乐乐地生活!
尽情享受这美好的人生
把生命的花瓣统统张开
让我们看到
它们是何等娇艳动人!
让鲜花的芳香
还有太阳的温暖
来解除我们的饥渴
使我们如痴似醉、无比快活。

那么,请问:
要是死神降临,
要是天上的彩虹坠落到人间,
这又怎么办?

鲜花毕竟盛开过一次,
太阳却一直光芒灿烂,
把天堂的炽热而伟大的爱
笔直射进鲜花的花蕊,
笔直射进它的生命核心,
——鲜花还会再盛开!

(斯文 译)

芬兰伟大音乐家吉恩·西贝柳斯的一阕《芬兰颂》曾叫人陶醉,叫人着迷,作品把芬兰的像珍珠一般的湖泊展现在我们面前,把郁郁葱葱的大森林的芬芳香味送进了我们的鼻触。美妙的音乐如同醇厚的美酒使我们不胜酒力,熏然扶醉遨游了芬兰的大地。

　　这首诗也和西贝柳斯的《芬兰颂》有异曲同工之妙,但它不像《芬兰颂》那样带有忧郁悲壮,甚至可以说有点凄凉的感觉。这首诗的画面是鲜艳的,节奏是明快的。芬兰在诗里写得那么美丽,而且最后几句给人以希望和前途光明之感。在这片土地上生活是快乐的,即使死神降临和天上的彩虹坠落下来,也没有关系。因为,鲜花开过之后还会再开。

(斯文)

Ⅵ 美国卷

朗费罗 (5首)

亨利·华滋华斯·朗费罗（Henry Wadsworth Longfellow, 1807—1882），美国诗人。生于新英格兰地区缅因州的一个律师家庭。是当地有声望的移民家族后裔。他自幼即显露出不平凡的文学气质，13岁时已开始在波士顿《美国文学报》发表诗作。1825年毕业于博多因学院。多次旅欧，从事语言文学研究。1836年任哈佛教职。1839年第一部诗集《夜吟》问世，奠定了他在诗坛上的地位。1854年后专事创作，并热心于研究和介绍欧洲文学。朗费罗一生著作甚丰，主要成就在抒情诗和歌谣。他主张"为人生而艺术"，认为诗人的使命是"高举点燃的火把，照亮黑暗的国土"，"使人民更加高尚和自由"。诗作贴近现实，多以日常生活、自然景物、民间故事传说为题材，贯注着对普通劳动者的理解同情和对生活的爱。也有一些涉及重大社会问题，如反对奴役压迫，反对殖民统治，揭露资本主义的罪恶和弊病等。名篇有具有鲜明的反蓄奴色彩的组诗《奴役篇》，谴责战争和互相残杀；对遭受殖民主义者残酷迫害的印第安人寄予深切同情的长篇叙事诗《海华沙之歌》。后者是美国文学中第一部写印第安人的史诗，在文学史上占有重要地位。由于很少接触实际的社会斗争，以及受历史、阶级的局限，他的诗里也有一些消极成分，如和平主义、宗教倾向、感伤情绪等。朗费罗重视诗歌形式，技巧娴熟,诗中的艺术形象丰富多彩,文字朴实真纯,讲究节奏韵律。作品流畅上口,人们乐于传诵。20世纪以来,一些评论家认为他的诗过于直露简单,诗名下降。但是应当看到他的诗是他那个时代文化和社会的产物,是深得人民喜爱、经得起时间磨损的。1957年世界和平理事会曾把他列为世界文化名人之一,就是一个有力的佐证。

人 生 颂

朗费罗

别用忧伤的韵调向我哀叹:
人生不过是一场空虚的梦!
灵魂睡去就如同死去一般,
肉体也不再是原来的姿容。

人生是实在的,人生不是虚无;
坟墓并非就是它的终极地。
"你本是尘土,复归于尘土"——
那不是说灵魂,指的是肉体。

别只顾贪欢,别一味哀怨;
人生的道路该另有目标——
去实干吧,让每一个明天
看我们都比今天站得更高。

艺业需恒久,而光阴只一晃。
我们的心尽管勇敢、坚毅,
却仍旧像那丧鼓在闷响,
一声声送我们走向坟地。

世界就是辽阔的大战场,
人生要随时准备去战斗,

做一个英雄去英勇奋战!
不要像被人驱使的哑牲口!

别指望未来,不管它多欢乐;
让已逝的岁月也去它的蛋吧!
上帝在头上,丹心在胸窝,
干吧,抓住活泼泼的现在干吧!

伟人的一生都是好榜样——
我们能使人生崇高而伟大;
即使死去,在时间的沙滩上,
也会有我们的脚印留下。

也许,在人生严峻的大海上,
有某个兄弟正扬帆远去,
突然遭了难,他已经绝望,
看到那脚印又鼓起了勇气。

那就让我们奋发有为吧,
要决心去跨过任何障碍;
不断地探求,点滴地积累,
要学会工作,还要坚持不息。

(黄一宁 译)

本诗1839年匿名发表,当即引起广泛的关注和赞扬,被誉为"真正美国心脏的跳动"。后收入作者朗费罗的第一部诗集《夜吟》。

19世纪美国资本主义刚刚进入蒸蒸日上的发展阶段,这首宣扬积极向上的人生哲学的短诗确实真切地唱出了当时美国人民的心声,唱出了时代的声音。

短诗头三节以激昂的口吻针对"人生如梦,不过是虚妄"的忧伤消极情绪,提出对生活应该有所追求。生命虽有限,但精神可以长存。圣经记载:上帝用泥土捏制了人类的祖先亚当,对他说:"你本是尘土,复归于尘土。"诗人认为"那不是说灵魂,指的是肉体"。人生的终极地绝非坟墓,人生有更高的目标。不要坐享其成,不要怨天尤人,要一步一个脚印地奋然前行,完成时代赋予的崇高责任,这本身就足以使我们的生命充实,并永垂不朽。四、五、六三节进一步语重心长地强调正因为人生易老,时不我待,才更要努力,使有限的生命过得有价值一些。"艺业需恒久",学成一种本领或技艺需要很长时间,所谓"生也有涯,而知也无涯"。因此,绝不能任凭命运摆布,在幻想渺茫的未来和沉湎往事中蹉跎岁月,要牢牢把握住今天去行动!末三节再进一步,站在历史的高度,借伟大人物的功业做启示,勉励人们在"时间的沙滩上"留下脚印,这脚印会给后来者以鼓舞,即使遇到困难危险也不致丧失勇气。人类正是在前仆后继、继往开来的活动中,谱写自己的历史。每一个过往旅客都有责任在这部历史大书上写好属于自己的一笔。诗人以"不断地探求,点滴地积累,要学会工作,还要坚持不息"的强音结束全诗,在读者心中点燃了激情的火花。当年曾有一个读者对朗费罗说,他在对人生几乎绝望的时候,从报上读到了《人生颂》,重新鼓起了生活的勇气,打消了自杀的念头,而且从那以后他再也没有陷入那种不能自拔的痛苦之中。即使在一百多年后的今天,我们读它不也能加深对人生价值、人生真谛的认识吗?朗费罗在《歌手们》一诗中指出诗人的三项任务:娱悦、鼓舞、教导。《人生颂》实践了这一主张。

诗原有副题:"年轻人的心对歌者说的话"。用一个青年对歌者说话的形式,表达尘世间一切都要灭亡,但灵魂不朽的主题。语气近于口语,给人一种亲切感,把看似普通的道理寓于鲜明的形象中。结构整齐,层层递进,字里行间洋溢着一股奋发之气。

(郭谦)

箭 和 歌

朗费罗

我把箭儿向空中射去,

不知它已掉落在哪里。
因为,箭儿飞得太快——
盯住它可没这个眼力。

我把歌儿向空中轻唱,
不知它已飘落在哪里。
因为,任凭眼睛多尖,
也难看清歌儿的飘逸!

我过了很久找到了箭——
笔直钉在一棵橡树上;
那歌儿我也重新发现——
完整地记在朋友心上。

(黄杲炘 译)

这首小诗纯净凝练,质朴明快,又有某种隽永的蕴意,值得玩味。诗人选择射箭、唱歌两件细小平凡的事,写自己的一种哲理性的思考和信念。向空中漫射一箭,本无目标,当然也不去问它的踪迹。何况它一去如飞,眼睛根本无法追寻。或为一时的悲喜,或为长久所至,随口唱出一支歌,歌声随风散去,谁又知道它飘向何方?何况再明亮的眼睛也无法看到歌声的飞扬!然而这常情常理却有出人意料之外的逆转——很久以后,诗人竟发现了箭,找到了歌。箭,"笔直钉在一棵橡树上";歌,"完整地记在朋友心上"。是惊愕?是欣喜?是感慨?必是种种情怀齐聚于心头吧。原来无论是有形的箭,还是无形的歌,都有它们的落脚点。从这想开去,世间万事万物是否也都是这样呢?乃至我们一举手一投足,一个和善的眼神,一个浅浅的笑靥,是否也都会有意想不到的影响和后果呢?尽管我们一时不能觉察,甚至永不,但这种影响和后果毕竟是存在过。我们每一个人都会自觉不自觉地在这个世界上留下自己的痕迹。为了使这个世界更美好些,我们应当怎样要求自己呢?

小诗通篇写现象,末节显露出诗的主题,仍是引而不发。具象和抽象统一，诗情馥郁，思致精妙，闪耀出诗人思想的电光火花，照亮我们的心灵，启迪我们走向真正的善，真正的美。诗采用直叙手法，笔触素淡，却构成一点神秘感，这和它所显示的平凡单纯却是永恒的真理十分谐调。 （郭谦）

乡村铁匠
朗费罗

一棵遮天盖地的栗树下，
坐落着那乡间铁铺；
那铁匠是位壮健的汉子，
一双手儿肉紧筋粗，
两条胳膊上结实的肌肉
真硬得像铜条铁箍。

他的头发又鬈又黑又长，
一张脸儿皮色紫糖；
两眉满挂着诚实的汗珠——
尽力操劳挣得报偿。
他正视整个世界，因为
对任何人他没欠账。

一天又一天，从早到晚，
你听得见风箱在吹；
听得见节奏不快的捶打——
那是他挥动着大锤，
像教堂的司事敲着晚钟——
那轮太阳正在西垂。

放学回家的孩子们路过，
总在门口向里张望，

他们就爱看那炉火熊熊,
就爱听那风儿轰响,
爱捉那迸飞四溅的火星——
像谷场上糠皮飞扬。

礼拜天他总去村里教堂,
坐在儿子们的中间;
听着牧师的祈祷和讲道,
在村唱诗班里细辨
女儿唱歌的声音。这时,
欢乐把他的心充满。

那听来真像她妈妈声音——
如今在天国里歌唱!
他不禁又把她细细思量——
墓里的她多么凄凉。
他用粗硬的手抹抹双眼——
泪珠儿正淌出眼眶。

辛勤劳作,欢乐和忧伤——
沿着生活之路行进。
每天清晨开始新的工作,
傍晚时让工作告竣。
有的活试过,有的完成,
挣来了一夜的安寝。

多谢多谢,可敬的朋友,
因为你把教诲赐赠——
是在火热的生活熔炉里
我们炼自己的前程!

是在铿锵的生活铁砧上

　　高风亮节得以锻成!

(黄杲炘　译)

　　这首诗借一个乡村铁匠的形象,讴歌劳动人民和劳动生活,鲜明地体现出朗费罗的民主主义思想和积极向上的人生态度。

　　一、二节先点出背景:"一棵遮天盖地的栗树下,坐落着那乡间铁铺",不仅扣题,也是以树衬人——衬托出铁匠的魁梧健壮。接着描写最能表现铁匠职业特征的"肉紧筋粗"的双手和"铜条铁箍"般的胳膊。再写他粗犷的美——辛勤劳作、精力充沛塑成的美。既写"形",更写"神":"他正视整个世界,因为对任何人他没欠账。"一种人格力量,一种坦然自豪之气喷薄而出。三、四节写铁匠的劳动。用教堂司事每日敲响晚钟作比,写他长年挥锤不懈的劳苦。又用一个活泼泼的场景,突出他挥锤锻铁时涌现出的诗情画意:炉火熊熊,风箱轰响,铁锤一下一下敲在铁砧上,流溢着蓬勃的精力,火星飞溅,天真的孩子们嬉笑追逐于其间。有声、有色、有光、有热,生动而富有情趣,令人心醉神迷。五、六两节在乡村教堂的特定环境中展示铁匠的心灵,表现他宗教的虔诚和浓重的亲情。被儿子们簇拥着,专注地听牧师讲经布道,自有他的满足和骄傲。倾听村唱诗班的歌声,侧耳细辨女儿的声音,必然有情不自禁的喜悦,却又泛起一丝无法遏制的悲伤。当年他不也曾这样细辨过女儿的妈妈在唱诗班里的歌声?而她"如今在天国里歌唱",一时间该有多少感慨涌上心头!幸福的一家独少她一人,设身处地,想到她凄凉地躺在墓地,潸然泪下。庄严肃穆而又亲切温暖的氛围里,人物感情起伏变化,自然而亲切,表现了人的纯真,爱心的纯真。至此,完成了铁匠艺术形象的塑造。最后两节,诗人直抒胸臆,点明诗的主旨,吟唱间洋溢着对一个普通劳动者的赞赏之情。铁匠一生简单朴素,然而也充实丰满。他自食其力,用双手创造世界,默默地享受欢乐,咀嚼愁苦,俯仰无愧于人,无愧于己。诗人从这里悟出了一个简朴的人生哲理:只要认真诚实地生活,就能得到报偿,就能纯洁高尚。"是在火热的生活熔炉里我们炼自己的前程!是在铿锵的生活铁砧上高风亮节得以锻成!"用乐观的情绪、热烈的调子结束全诗,余音缭绕,引起共鸣。

诗为民歌体,与内容极为和谐。前六节用宁静、透明的笔触,自外而内,绘影传声,在一派牧歌情调中,呈现出一个有立体感的人物。后两节炽烈、昂扬、深沉地唱出生命的底蕴、生活的价值,放射出耀眼的光彩。前一部分是后部分的基础,后部分是前部分的升华,一实一虚,一弛一张,构成完美的整体。

《乡村铁匠》是朗费罗脍炙人口的名篇。1879年剑桥中学学生用诗中提到的那棵栗树,做成一把圈手椅送给晚年的朗费罗,表现他们对老诗人的崇敬,这从一个侧面说明这首诗在人们心目中的地位。　　(郭谦)

警　告

朗费罗

当心!那撕裂狮子的以色列英雄,[1]

到后来那样不幸,那样痛苦;

眼睛瞎了,看不见天国的光明,

威武无敌的膂力也全被剪除,

关在监牢里推磨;最后,给领到

非利士人的宴会上,供人耍笑;

这时,他不顾死活,伸出双手,

---

[1] "以色列英雄"指参孙。作者在这首诗中,以参孙来比喻美国被奴役、受欺压的黑人。据《旧约·士师记》第14—16章:当时非利士人统治以色列人,参孙是以色列的大力士,他曾徒手撕裂一头少壮狮子,又曾击杀许多非利士人,烧毁他们堆积的禾捆、未割的庄稼和橄榄园。后来,非利士人知道了参孙膂力的根源在他的头发上,便趁他睡觉的时候,剪除了他头上的七条发绺,他的力气就离开他了。非利士人将他拿住,剜掉他的两眼,叫他在监牢里推磨。后来有一天,非利士人的首领聚集宴乐,将参孙从监牢里提出来,叫他在三千男女面前嬉耍。这时参孙头发已渐渐长起,力量也渐渐复原。他就抱住托房的两根柱子,尽力屈身,房子倒塌,压死了首领和众人,参孙自己也被压死。

抱定殿堂的柱子尽力摇晃,
一举摧毁了:那房子,他自己,还有
那狠心取笑他失明痛苦的那一帮;
这不幸的奴隶,受尽凌辱的盲人,
与在场的三千男女同归于尽!

我们国土上也有个不幸的瞎参孙,
膂力被剪除,戴上了铁锁钢镣;
在残忍的宴会上,他也会奋不顾身,
举起臂,把这个国家的支柱动摇,
一举把我们宽广的特权殿宇
变成一堆破碎的瓦砾和废墟!

(杨德豫 译)

从19世纪20年代开始,废除蓄奴制问题成为美国进步舆论的中心议题。作为一个人道主义者、民主主义者,朗费罗于1842年发表了揭露蓄奴制、为黑奴解放大声疾呼的组诗《奴役篇》,在美国国内引起很大反响,被当时著名废奴主义者查理斯·萨姆纳称为"是对废奴运动这伟大事业的宝贵贡献"。《警告》为其中一首。

在组诗中,朗费罗热烈赞扬积极参加废奴运动的进步作家威廉·埃勒瑞·查宁(1780—1842):"干得好!你书中写下的言辞是那样崇高而勇敢,常令我想起往日的路德争取自由的奋战。"(《致威廉·埃勒瑞·查宁》)愤怒控诉奴隶受到的非人虐待:一个被追捕的、又老又瘸的黑奴,"脸上留着大块的疮痍,额头打着屈辱的印记,破布条遮住残损的躯体,那是他的可耻的号衣。"(《阴湿沼地的奴隶》)无情揭露奴隶主丧尽人性的贪婪。一个占有女奴并把他和女奴所生的女儿亲手卖掉的农场主完全了解:"是谁的情欲给了她生命,她血管流着谁的血,可是人性的呼声太微弱,他抓起亮晶晶的黄金!"(《混血女》)他也听到了奴隶们"高声呼唤着自由"(《奴隶的梦》),看到了奴隶们的力量,他相信罪恶的蓄奴制度必将被摧毁。《警告》充分地体现了这一思想。

这首短诗简约凝练,用朴实无华的文字叙述《旧约》所记大力士参孙受辱复仇的故事,比喻反抗的奴隶。英雄参孙被敌人设计剜去双眼,剪除膂力,关在监牢里推磨,供人在酒醉饭饱之余耍笑。自由、勇敢的非洲黑人,也被迫带上奴隶的"铁锁钢镣",从此坠入黑暗的深渊,达二百年之久,用血汗尸骨为美国大资本家积累起巨额财富,饱受迫害凌辱。是英雄怎甘心永远被奴役!参孙拼一死折断大厦支柱,与三千敌人同归于尽。黑奴们迟早也将有一场愤怒的爆发,"也会奋不顾身,举起臂,把这个国家的支柱动摇,一举把我们宽广的特权殿宇变成一堆破碎的瓦砾和废墟!"

诗以"当心!"一声棒喝使压迫者猛醒,紧接着以"史"作鉴,设比起兴,说出震撼人心的预言,字里行间流溢着诗人对奴隶痛苦命运的深切同情和坚信奴隶必将觉醒、斗争必胜的激奋之情,使被警告者不能不悚然心惊。

(郭谦)

小溪和海浪

朗费罗

小溪从山上流下,
　像诗人边游边唱,
撒开它银白的脚儿,
　奔跑在金黄的沙上。

在那远远的咸水洋,
　腾跃着狂暴的海浪,
忽而高歌在海滩畔,
　忽而怒吼在洞穴旁。

尽管相隔这么远,
　小溪也找到了海浪,

用清新、甜美来注满
　　那狂暴、苦涩的心肠。

（杨德豫　译）

　　有人曾指出,这首小诗富有哲理意味。狂暴而苦涩的海浪,却满含着清新而甜美的溪水,这岂不是暗合于对立统一的辩证法么?但是,这首小诗之所以动人,恐怕主要不在于它所启示的哲理,而在于它所蕴蓄的感情。从表层看,它是"将物拟人",把小溪和海浪人格化了;从深层看,它却是"将人拟物",因为它真正要表现的不是物而是人。也许,它所暗示的是一个饱经忧患的中年男子与一个柔情似水的少女之间的遇合?我们知道,朗费罗于1835年丧偶以后,曾向年轻而温婉的弗朗西丝·阿普尔顿求婚,其间几经波折,直到1843年才终成眷属。这首诗与诗人自己的这段感情经历也许有些关系吧。请看诗的最后一节,含有多少深情,含有多少欣慰,又含有多少感激!

　　原诗每行三音步,译诗每行三顿。原诗每节韵式为xaxa,译诗依原诗。

（杨德豫）

爱伦·坡 (3首)

　　埃德加·爱伦·坡（Edgar Allan Poe, 1809—1849）,美国诗人、小说家和文艺批评家。生于波士顿,双亲早亡,与养父母关系不好。进过大学与西点军校,但都没有毕业。耽酒散漫,一生困顿。有奇才,18岁即出版诗集。编辑过数种期刊,美国的文艺批评可以说是他首先引进与创导的。他也是世界侦探小说与科幻小说的先驱。他所写诗歌不到50首,但颇有特色。

　　从思想倾向、主题题材、诗歌形式与语言上看,爱伦·坡承袭了德国与英国浪漫主义诗歌的传统。但也有自己的特点:他着重反映生活中隐蔽与内在的一面、主观意识的一面,并且常从一个处于黑暗与绝望中的人的角度,追忆甜蜜的生活,追求一种"只应天上有"的所谓"超凡的美"。叶芝誉称他是"永为世人共赏的伟大抒情诗人"。

致 海 伦

爱伦·坡

海伦,你的美对于我
　　犹如尼萨[1]的船舸,在往昔
它们滑过芬芳的海波,
　　把漂泊者从倦人的旅羁
载回故国的陆地。

经历了海风多次的吹拂——
　　你那风信子般的美发;你典雅
的脸庞,水仙女的风姿,带我
　　回到希腊的熠熠光华
　　和古罗马的气魄。

看!在一个华美的窗龛
　　你如雕像那样伫立,
　　玛瑙明灯擎在手里!
啊,赛琪[2],你来自彼岸
　　那不可及的圣地!

(李文俊　译)

据坡自己说,《致海伦》是为中学一位同学的年轻的母亲斯丹娜夫人而作,写的是"我的灵魂的第一次纯粹理想的爱"。但我们倒不必让坡的解释拘囿了对诗的理解。仅仅把它看作是少年一次感情波澜的记录未免太狭窄,太实在。从诗的地理、时代背景来看,对斯丹娜夫人的景慕已和对古希腊史诗中的绝世美人海伦(她的美是特洛伊战争触发的近因)的景仰合二而一。而在最后一节里,我们可以看到,对不可企及的美人的

---

[1] 古代地名,利比亚海岸附近一个小岛。一说是指古希腊神话中的胜利女神奈基。
[2] 罗马神话中与埃罗斯(希腊神话中的爱神库比德)相恋的少女。

倾倒又升华为对艺术——甚至是对真、善、美——的无穷无止的追求。

此诗最初发表于1831年,是爱伦·坡最有名的短篇杰作。

中译在节奏、韵脚上悉依原文。希望读者通过译文亦能体味到原作的音乐美。

(李文俊)

致一位在天国的人

爱伦·坡

对我来说,你曾是,爱人,
　　我枯竭的灵魂的依托——
是大海中的绿岛,爱人,
　　是清泉、一个圣洁的处所,
饰有仙果与鲜花的异芬,
　　这些鲜花都献自我。

啊,甜梦太美不能持久!
　　啊,星光般的希望升起
原是为了走向衰朽!
　　从"未来",一个声音催逼:
"向前走!"——可"昨日"却是条深沟,
　　我的灵魂在那里游移,
它载不动如许忧愁!

因为,对于我,多么可悲!
　　生命之光已接近黄昏!
不能——不能——再也不能——
　　(这两个字,使得潮水
潴留沙滩,欲归不能)
　　伤残的苍鹰难以高飞,
雷殛的枯木怎能逢春?

昏昏沉沉，我的白天——
　　我每一个夜梦都苦苦
与你星眸的投射相连，
　　你在泉边轻盈起舞——
每一投足都泛起潋滟
　　波光，映入我苦思的梦庐。

（李文俊　译）

《致一位在天国的人》据说是坡为怀念罗依斯特小姐而作。坡和罗依斯特小姐相爱，因女方父母反对，不能结合。这时有人造谣，说坡对罗依斯特小姐不忠。她伤心至极，匆匆嫁给了谢尔登，事后才知道自己错怪了坡。恋人弃自己他嫁，因此，在坡心目中，罗依斯特小姐已不能算是存在于人间（所以说"致一位在天国的人"），全诗就是用这种口气写成的。尽管如此，坡仍然不能忘情，他通过写诗把自己失恋和思念之苦表达得十分真切，特别是最后一节。美国评论家丹尼尔·霍夫曼在他的《坡坡坡坡坡坡坡》一书里说："有时坡在自己的心弦上拨响几个和弦，其声调之美绝不亚于雪莱或拜伦的诗。"

（李文俊）

黄 金 国

爱伦·坡

　　锦衣华饰，
　　　　英武的骑士，
　　穿过阳光和绿荫坡，
　　　　长途行旅，
　　　　高歌一曲，
　　到处寻找黄金国。

　　　　两鬓渐斑——
　　　　这铮铮铁汉——

心中一阵阵焦灼，
　　　　当他发现
　　　　遍寻不见
　　传说中的黄金国。

　　　　壮士坠地
　　　　已奄奄一息，
　　游荡的黑影从身边过——
　　　　他问："影子，
　　　　哪里才是——
　　流乳与蜜的黄金国？"

　　　　"月亮上面
　　　　山的那边，
　　穿过幽深的黑沟壑，
　　　　趱行，趱行，"
　　这么说，那黑影——
　　　　"若想寻得黄金国！"

（李文俊　译）

　　《黄金国》常被人称为坡所作的最后的一首诗。诗中表达了一种精神——为了追求自己的目的，义无反顾、锲而不舍、不问成败的那种精神。诗题中的"黄金国"是西方传说中的一个理想的国土，在那里人人都能致富。坡写这首诗当然不是为了淘金，而是表达对艺术上的完美这一永远无法达到的目的的追求。坡的态度也许过于悲观，但他笔下的骑士的精神还是十分可贵的。壮士已奄奄一息，还向身边经过的游荡的黑影打听黄金国到底在哪里。而黑影回答他先去月亮上的山的背后，然后顺着黑沟壑一直往前骑，足见目的地是何等的渺茫。

　　这首诗用谣曲形式写成，极其工整铿锵。译文为了追随原来形式，词语次序有些颠倒，但细心阅读意思还是十分清楚的。　　　　（李文俊）

惠特曼 (4首)

沃尔特·惠特曼(Walt Whitman, 1819—1892),美国著名诗人,于1819年5月31日出生在长岛的亨丁顿。父亲以建造房屋为生。他只上过5年学,1830年,11岁就当上了仆役,先后在一家律师事务所和一家医师诊疗所供人差遣。但是隔年,他进了《长岛星报》做排字工人,从此和新闻界发生了密切的关系。1846年,他任《每日鹰报》编辑,之后游历美国内地,并在新奥尔良担任过几个月《新月》的编辑。

从1847年起,他开始试写新诗。1851年,着手写他的《草叶集》。1855年7月1日,一个包含十二首无题诗、只有九十页却具有划时代意义的《草叶集》由他自己排字自费出版了。1860年,第三版问世,诗篇增加到一百五十七首。这时,惠特曼诗歌独特的风格已经充分展现。

南北战争时期,惠特曼显示了一个坚定的民主主义战士的人道主义本色。他坚决拥护解放黑奴,并于1862年战争激烈时,主动到华盛顿去当护士,护理伤病士兵。

战后,惠特曼在内政部印第安事务局任职。后来,他在司法部长办公室工作了8年。

1871年,惠特曼因中风而患瘫痪症,从此健康不佳,但仍继续写诗。1892年3月26日去世。

到他去世时,每再版一次就膨胀一次的《草叶集》已出到第九版,包括了除遗诗《老人的回声》以外他一生的全部诗作。

惠特曼的诗,从内容到形式,对于英语诗歌传统规范都是最大的背离和反叛。他在题材的选择上,百无禁忌;不仅勾销了雅与俗、神圣与平凡的陈旧界限,而且更尊崇平凡,因而以"草叶"命名诗集;他的美学原则和他的民主主义信念一致。他尊重个性,是因为他崇尚平等;他歌唱自我,是因为他热爱人民、信任人民,他的自我与人民浑然不可分;他的博爱胸怀,使他的思想接近国际主义的境界。

他承认灵与肉的统一,认为健康的性行为和健康的思维活动一样高尚、一样美,这使他的作品在一个相当长时期内被"上流"社会所摒弃。

他的诗,气势宏大,如潮如海;传统的诗学格律容纳不了,也表达不了他那汪洋恣肆、奔放不羁的思想和感情。他使用朴实、粗犷的语言,创造了独具一格的不拘音节、音步、不押脚韵的自由体。但是在近乎口语散文的诗行之间,却具有鲜明的节奏,构成节奏的手段依旧是重复,但他的重复不局限于音、韵,而是包括了词组、概念、句式和诗行的重复。据西方学者认为,基督教圣经的新约和旧约,歌剧的宣叙调和咏叹调,以及讲演术,都对他的风格形成产生过重大影响。

哦,船长,我的船长!

惠特曼

哦,船长,我的船长!我们险恶的航程已经告终,
我们的船安渡过惊涛骇浪,我们寻求的奖赏已赢得手中。
港口已经不远,钟声我已听见,万千人众在欢呼呐喊,
目迎着我们的船从容返航,我们的船威严而且勇敢。
　　可是,心啊!心啊!心啊!
　　　哦,殷红的血滴流泻,
　　　　在甲板上,那里躺着我的船长,
　　　　　他已倒下,已死去,已冷却。

哦,船长,我的船长!起来吧,请听听这钟声,
起来,——旌旗,为你招展——号角,为你长鸣。
为你,岸上挤满人群——为你,无数花束、彩带、花环。
为你,熙攘的群众在呼唤,转动着多少殷切的脸。
　　这里,船长!亲爱的父亲!
　　　你头颅下边是我的手臂!
　　　　这是甲板上的一场梦啊,
　　　　　你已倒下,已死去,已冷却。

我们的船长不作回答,他的双唇惨白、寂静,
我的父亲不能感觉我的手臂,他已没有脉搏、没有生命,

> 我们的船已安全抛锚碇泊,航行已完成,已告终,
> 胜利的船从险恶的旅途归来,我们寻求的已赢得手中。
> 欢呼,哦,海岸!轰鸣,哦,洪钟!
> 可是,我却轻移悲伤的步履,
> 在甲板上,那里躺着我的船长,
> 他已倒下,已死去,已冷却。

(江枫 译)

《哦,船长,我的船长!》是惠特曼哀悼林肯不幸遇刺的名篇,也是一位"诗人林肯"为一位政治家林肯唱出的雄健、悲壮、优美的挽歌。

阿伯拉罕·林肯(1809—1865),是美国第16位总统。在1861—1865年美国内战时期,北部资本主义自由雇佣制和南部种植场黑人奴隶制决战的历史关头,作为新兴工商业资产阶级的政治领袖,在人民群众的广泛支持下,统率联邦武装力量平定了南方反动奴隶主的分离主义反叛,颁布了解放黑人奴隶的宣言,胜利地进行了一场资产阶级民主革命。

恩格斯在1864年11月写给约瑟夫·魏德迈的一封信里指出,奴隶制度是当时"美国政治和社会发展的最大障碍"。在奴隶制废除后,美国的资本主义工商业经济才获得了迅猛的发展,合众国作为一个整体的联邦中央权力才得以巩固和增强。

就在使废除奴隶制和保障联邦统一完整的目标得以实现的战争宣告结束,北部各州喜气洋溢、欢庆胜利之际,1865年4月14日夜晚,林肯遭到暗杀。

这起悲惨事件,不仅在美国,而且也在世界各地,引起了震动。

列夫·托尔斯泰说,林肯,由于具有"独特的精神力量和伟大人格",已经成为世界人民心目中的传奇人物,"他的地位,相当于音乐中的贝多芬,诗歌中的但丁,绘画中的拉斐尔和人生哲学中的耶稣。即使不曾当选为总统,他将无可争辩地和现在一样伟大,但是,那就恐怕只有上帝知道了。"

马克思在《北美事件》一文中评价林肯颁布《解放黑人奴隶宣言》说,这是"联邦成立以来美国历史上最重要的文件","在美国历史和人

类历史上,林肯必将与华盛顿齐名!"

但是,我们今天回顾历史会发现,林肯的声誉已远远超过了华盛顿。

20世纪新诗运动兴起时,芝加哥诗人林赛的名篇《阿伯拉罕·林肯徘徊在午夜》所咏唱的;40年代末,南美洲诗人聂鲁达的名作《伐木者醒来吧》所呼唤的,都是他,同一个林肯。

林肯遇刺后,哀悼他的挽诗实在不胜枚举。但是据美国现代诗人,由于六卷巨著《林肯传》而获普利策奖的卡尔·桑德堡评价,没有一首能比《哦,船长,我的船长!》更富于想象力,更具有象征性。

沃尔特·惠特曼,实际上是另一位林肯,美国诗歌史上的林肯。是他,使美国诗歌从前宗主国诗歌的传统规范中解放出来,是从惠特曼以他的诗歌"越过世界万千屋脊发出粗鲁的叫喊",美国诗歌才不再是英国诗歌的一个支流,才在内容和形式上获得了民主和自由;是他,在诗歌领域内无畏地从事着林肯在政治和军事领域里的斗争。"民有、民享、民治",是林肯的,也是惠特曼的旗帜;林肯的事业,就是惠特曼的事业。

林肯被刺,他无限悲痛。在另一首同样优美而长达16节200多行的挽诗中,他写道:

> 当最近一次紫丁香在庭院里开放,
> 那颗巨星过早陨落在西方的夜空,
> 我悲痛,将随年年归来的春光久久悲痛。

正是这种悲痛,如丧考妣的深悲剧痛,使他写出了一系列哀婉动人的挽诗。《哦,船长,我的船长!》只是其中的一首。

随同惠特曼,我们看见一艘威严的巨轮,经历了险恶的旅程,安渡过狂风暴雨和惊涛骇浪返航;在嘹亮的钟声、号角声中,迎着招展的鲜艳旌旗,从容入港。而在甲板上,殷红的血迹,倒卧着船长,"我的船长",已死去,已冷却。

惠特曼以巨轮比喻联邦的命运及其民主自由的事业,以船长比喻林肯,贴切而且亲切。表达了哀悼者与死者之间存在着的是一种职务不同、人格平等的伙伴关系。又在船长之前冠以"我的",不仅进一步缩短了两者的距离,而且为这种关系增添了浓重的感情色彩。然后,由衷喊出一声"亲爱的父亲",倾吐出对死者的尊敬和热爱。他没有神化这位船长,只是怀疑,更是希望,他的死去不过是梦幻。他没有给船长头上加一圈灵光,而是把手伸到他头颈底下,试着扶起他,轻声呼唤他起来,起来听钟声,看人群,接受当之无愧的祝捷花束……但是他毕竟死去了,一个值得尊敬和热爱,曾经同舟共济,对一次险恶航程的完成做出了一个凡人所能做的最大贡献的船长,在胜利归途中死去。当然,会比神的离去更动人哀思。

但是,由于"我们"寻求的目标已经达到而感到的喜悦和自豪,由于船长之死作为重大胜利的庄严代价而具有的英雄色彩,又使这首悼亡之作获得一种雄健、豪壮的基调。所以,那些昂扬的音响、富丽的色彩,欢快的气氛又并不仅仅是用作反衬,而成了挽诗整体的重要组成部分。正是包括这一部分在内的整首挽诗,在人们心头引起的虽是绵绵长恨、无限惋惜,却绝不是凄凉和沮丧。

这首诗,显示出惠特曼驾驭传统技巧的精湛造诣。这首挽诗,几乎是《草叶集》中仅见的格律诗(虽然是较为自由的格律诗),音韵特别讲究。

全诗三节,层层推进。每一节都有一个起伏,每一节都把读者带进一个新的境界,在我们的意识屏幕上,展现出一幅幅配有准确伴音的生动画面。

每节八行:前四行长,两行一韵,第一行抑扬格与抑抑扬格兼用,五音步,二、三、四行均为抑扬格七音步;后四行短,双数行押韵,均为三音步,但是音步格式变化较多。

在情绪上,第一、二节,都是先扬后抑。前四行充满喜庆的节日气氛,那些欢腾、喧闹、色彩缤纷的场景,概括而生动地反映了当时美国北方各州的真实精神面貌;后四行一起卑劣刺杀的后果,阴郁、晦暗、悲伤。第三节略有变化。前四行,承上一节的余波,由抑而上扬,再掀起一个浪头,一直延伸到后八行的第一行,然后又由扬而抑,仿佛感情的波澜逐渐化作不绝的涟漪。最后两短行,作为每一节的尾声一再重复出现,又加强了这种效果,以至当全诗结束后,承载着绵绵哀思的音响,仍然按照惯性的规律在脑海里久久回荡。

对于音韵功能的调动,惠特曼在这首挽诗中的成就,达到了罕见其匹的境地。

全诗三节的韵式如下: aabbxcxc ddbbxcxc ddaaxcxc。

而且在韵脚的选择上,出现在长行的,是done(a)won(a),-ding(b)ning(b)-ting(b′)-ring(b′),bells(d) trills(d),will(d′)still(d′)。即使不懂英语,读一读拼音,也可以辨认出,是对于钟声、号角声及其颤音的模拟。而四短行中双数行的韵脚,red(c)dead(c),head(c′)dead(c),tread(e″)dead(c),则短促而凄切,类似于汉语的入声韵,而且一再重复,从而使形式和内容、音韵和意境达到了高度的和谐统一。而且在第一节第三行使用了行内韵,更增强了这首诗的音乐性。

我的译文,韵式悉照原式,同样是: aabbxcxc ddbbxcxc ddaaxcxc。

在韵辙选择上,也用了音乐性较强的中东(a)言前(b)和人臣(d)韵,c则用了和原文的dead韵极为相似的乜斜韵。而且译出了第三行的行内韵,把The port is near, the bells I can hear,译作:港口已经不远,钟声我已听见。

(江枫)

我歌唱一个人自己 [1]

惠特曼

我歌唱一个人自己,一个普通、单独的人,
然而唱出的歌词民主,歌词意味整体。

我歌唱生理,从头顶直到脚趾,
不单是相貌不单是头脑才值得缪斯关注,

---

[1] 选自 Inscriptions,有人译《铭言集》,初见于 1871 年版《草叶集》,置于卷首。在 1881 年版中,从 9 首增至 24 首,似译《献辞》为宜。

我说那完整的形体更有高得多的价值,
我歌唱男性也平等地歌唱女性。

我歌唱热情洋溢、容易激动、力量无穷的
　　生命,
由于在神圣的法律下最自由的行动而兴高
　　采烈,
我歌唱这现代人。

(江枫　译)

　　虽然是三节,八行,在内容上却足以概括体现《草叶集》的全体。形式也是典型的惠特曼式自由诗,只是由于短小,而未能反映出他豪放不羁的博大气势。

　　这首诗和其他八首短诗,初次出现在1871年版的《草叶集》,在《献辞》的总标题下置于全集卷首。带有序言和卷首语的性质,也像是提要。"我歌唱一个人自己",虽然,唱一个单独的人,其实歌唱的是全体。正像他在《自己的歌》所说:

我赞美我自己,歌唱我自己,
我所讲的,适合于我也适合于你,
因为属于我的每一个原子也属于你。

　　惠特曼关于个人与整体的一致,灵与肉的和谐统一,男人和女人的平等,都在那海波似的排句中,纷纷涌出。以"我歌唱这现代人"作结,则表明了诗人全新的现代意识。

(江枫)

我听见美利坚在歌唱[1]

惠特曼

我听见美利坚在歌唱,听见各种各样的欢歌,

---

[1] 选译自《献辞》。美利坚,America 之音译,可理解为美洲,也可理解为美国。

机械工人歌唱,每一个人唱他理所应当是欢快而雄壮的歌,
木工在歌唱,唱着量他的木板和大梁,
泥瓦匠歌唱,上工、下工都在唱,
船家为船上属于他的一切而歌唱,水手在轮船甲板上唱,
鞋匠坐在板凳上唱,制帽工人站着工作站着唱,
伐木工人唱,农家少年清晨下地,中午休息,日落回家,一边走着一边唱,
母亲在唱甜美的歌,在工作的少妇,在缝、在洗的姑娘们也在唱,
每一个人都为属于他或她而不属于任何别人的一切而在唱,
白天,唱属于白天的歌——晚上,成群的年轻人,友爱而健壮,
放开喉咙大声唱,优美而嘹亮。

(江枫 译)

惠特曼,作为美利坚的歌手,作为民主主义歌手,明确地宣告,诗歌事业,不属于狭小的精英集团,而属于全体人民。诗人歌唱,各行各业,男男女女,当所有的人歌唱时,整个美利坚才有充满希望和生气的和谐的合唱。

在这首诗里,诗人歌唱了机械工人、木工、泥瓦匠、船家、水手、鞋匠、制帽工人、伐木工人、农家少年,母亲、少妇、姑娘们……把诗歌从神圣高雅的艺术殿堂里解放出来,为那些平民百姓唱起赞歌,充分体现了惠特曼民主、平等的进步思想。

这首诗主旋律十分清楚,但是,一致而多变化,重复而不单调,通过错落有致的长行、短行,摇曳多姿地把各种各样的欢歌,从个体引向群体,形成浑然一体的优美和嘹亮。

(江枫)

我在路易斯安纳看见一棵活栎在生长[1]

惠特曼

我在路易斯安纳看见一棵活栎[2]在生长,

它茕然卓立,枝干上苔藓纷披,

没有任何伴侣,长在那里,生发出深绿色欢乐的绿叶,

看上去粗糙、刚直、雄健,使我想起我自己;

但是我不明白它怎能独自站立,生发出欢乐的绿叶而没有朋友在身边,因为我知道我不能,

我折下一截带着些绿叶、缠着些苔藓的小树枝,

把它带回去放在我的房里,我的眼前,

并不需要它来引起我对亲密朋友的思念,

(因为我相信近来除了他们我很少想别人)

然而它仍然是一种奇妙的象征,使我想到男子汉的爱;

尽管如此,尽管这棵活栎闪闪发光孤零零地立在路易斯安纳广阔平坦的原野上,

终生生发出欢乐的绿叶而可以没有一个朋友一个情人[3]在身边,

我却清楚地知道我不能。

(江枫 译)

手法,令人想起我国古老的《诗经》。以活栎树起兴,反比而赋。

栎树,以其树冠阔大,木质坚硬,终年长绿,刚而直,被诗人选作男性的象征,"看上去粗糙、刚直、雄健,使我想起我自己"。

全诗正面描绘一棵活栎可以独立无侣而犹自生发出闪闪发光的欢

---

[1] 选自《芦苇》,这一组诗初见于第三版《草叶集》(1860)。惠特曼自己认为《亚当的子孙》是写男女"情欲"之爱的,而《芦苇》则写男子对男子同性之间的"吸附性"爱。

[2] 活栎,栎树之一种,原产美国南部,终年长绿,以成长迅速、木质坚硬著称。

[3] 情人,lover,也可以是同性。

乐的绿叶,以反衬出诗人一再强调、反复说出的:"我知道我不能","我却清楚地知道我不能"。

人非草木,离不开伴侣,友谊和爱,异性的爱或同性的爱。

诗人一再重复"我不能",也泄露出某种深心的孤独。立足于高山之巅,行进在行列最前端,都难免孤独,惠特曼的孤独,属于这种。

《草叶集》问世,虽然受到爱默生和梭罗这样一些文化精英人物的祝贺和赏识,但毕竟是少数,也有惠蒂尔那样一种当时的大诗人居然把他的赠阅本投入火炉。而在社会上,面临着清教主义卫道士的围剿,看不到他所期待的同情评论。以至使他不得不自己撰写这样的评论,包括虚报销售数字,而匿名或请朋友签名,谋求发表。爱默生的祝贺信,成了他宝贵的慰藉,也成了他到处示人的自我宣传品。他因缺乏理解的同情和支持而感到孤独。

西方评论家都愿意把包括这首诗在内的《芦苇》集,视为同性恋倾向及其难以满足的苦闷宣泄。而我,却宁愿把它读作:"嘤其鸣矣,求其友声。"

(江枫)

弗洛斯特 (5首)

罗伯特·李·弗洛斯特(Robert Lee Frost, 1874—1963),美国现代诗人,是迄今一生得过四次普利策优秀诗歌奖(1924、1931、1937、1943)的仅有的一位。他的诗在美国各阶层拥有广大的读者群。

他虽有"新英格兰田园诗人"之称,却出生在加利福尼亚州的旧金山,父亲和母亲都教过小学。南北战争期间,父亲是站在南方一边的新闻记者。11岁,父亲去世,以贫穷故,母亲把全家带回祖籍新英格兰地区的马萨诸塞州。他曾就读于达特茅斯学院,但是不久便辍学而到一家纺织厂做工。1897—1899年,他又在哈佛大学读了两年。然后,做过鞋,教过书,编过农村小报,最后是按照祖父规定下的条件,为接受他的一块农场而在农场里工作十年。1912年,条件满足,他便卖掉那块农场,举家迁往英国,在伦敦,他得到了艾兹拉·庞德等诗人的赏识和帮助。

《一个男孩的愿望》(1913)和《波士顿以北》(1914)的出版,使他一举成名;英国人的喝彩声,使他在第一次世界大战爆发后回到美国时受到了对于一个英雄的欢迎。

弗洛斯特以现实主义者自居,他认为"艺术的作用在于净化生活"。

在创作方法上他为自己拟定了一个标签,叫作"举隅派"(Synecdochist)。所谓举隅,也就是以局部表现整体,以个别反映一般,以小见大,以近寓远。这正是本来意义上的象征。他认为"诗始于乐趣,终于智慧"。就是说,诗应该给人以美的享受、真的启迪。

他的语言,摆脱了后期浪漫主义修辞上的夸张和尚雕琢、求绮丽、甜得发腻的腔调,从民间活的口语、方言输入了淳朴、清新、富于生命力的血液。他的诗多取材于普通人的普通生活,特别是农家的悲欢、田园的景物,使他的作品充满了生命的韵味和泥土的芳香。《波士顿以北》被公认为他一生所写的最好集子,许多名篇都出现在这里。

弗洛斯特虽然以田园诗人著称,但他是入世的。他相信个人不能脱离社会,他对资本主义工业社会的种种弊端,特别是对人性的污染和扭曲持批评态度。

弗洛斯特的诗,无论是抒情诗或叙事诗,都像是一幅幅素净的水墨画,朴实无华、淡而有味。对各种恼人的社会问题,他的反应是哀而不伤,怨而不怒,颇有点温柔敦厚的味道。

在直接涉及政治的一首诗中,他写道:
>我拥护一种半截子的革命,
>一次完成的会有麻烦发生,
>…………
>革命固然是救世的唯一途径,
>但是,应该一半一半地进行。

这不仅反映了弗洛斯特的政治态度和思想上的局限,也透露出为什么他的诗会在各阶层都拥有广大读者群和屡次获得各种荣誉的某种因素。

弗洛斯特于1963年1月29日逝世,享年88岁。除上述两个集子外,他留下的著名诗集还有《山间》(1916)、《新罕布什尔》(1923)、《西去的溪流》(1928)、《又一片牧场》(1936)。1949年,他的《诗歌全集》出版,而且直到垂暮之年他也没有中止写作。

雪夜林边暂驻[1]

弗洛斯特

这是谁的树林我想我清楚,
虽然他在那边村庄里面住,
他看不见我在这里停下来,
观赏白雪覆盖住他的林木。

我的小马一定是觉得奇怪,
在这一年最黑的一个黑夜,
在树林和封冻的湖泊之间,
停在近处不见农舍的野外。

他抖了一抖挽具上的铃串,
仿佛在问是否走错了路线,
仅有的音响只是轻风一阵,
和白絮般飘飘落下的雪片。

这树林可爱、阴暗,而且幽深,
但是我有约定的事要完成。
临睡前还要再赶几里路程。
临睡前还要再赶几里路程。

(江枫 译)

---

[1] 选译自《新罕布什尔》(1923)。

《雪夜林边暂驻》是弗洛斯特的名篇,也是他的代表作之一。

和他的同时代诗人不同,他在形式上持保守的态度,曾讥诮自由诗是"打网球而又不用网子"。但是他对传统格律的运用,有时也比较自由,善于"推陈出新",或叫"旧瓶装新酒"。他允许自己使用"松散的抑扬格",也允许韵式破格。

但是这首诗却是一首严格的格律诗,每节四行,每行四个抑扬格四音步,韵式也经过精心设计:aaba bbcb ccdc dddd。

他善于使用浅白如农家家常话的语言,他的诗"没有修辞上的夸张","许多,如果不是大多,单独的诗行、单独的诗句,分开来读简单而无深意,但是,组合成为整体,就由于一种情绪上宁静的热切而成了美的构成因素"。

《雪夜林边暂驻》就是以漫不经心的浅白话语,绘出了一幅宁静的林边黑夜赏雪图。

在国外,尤其在美国,对这首诗的赏析文章连篇累牍。当然,除了赞赏语言的清新、朴质、结构的疏密得宜之外,主要是解释寓意。因为弗洛斯特强调象征,主张诗始于娱悦、终于智慧,各家评论多想从中发掘微言大义。有人认为,雪夜森林的魅力是人生道路上某种引人误入歧途的诱惑,而"我",责任感使"我"重归正路。所谓约定的事要完成,是指道义上、事务上,或感情上,以至宗教上承担的义务。也有人认为,他对雪夜森林所感受到的美的吸引,是他本人对死亡的抗拒,"临睡前"还要贾尽余勇。

但是弗洛斯特本人一贯坚持,那最后一节重复的最后两行,并非召唤死亡,而是暗示说话人的困倦。然而,当我们了解到他曾一再有过自杀的念头,也就不无理由认为,是对自杀倾向的对抗和克制。

他的另一首诗:"我来到树林旁边,听,画眉歌声嘹亮!如果林外尚是黄昏,林中已黑暗无光……林中黑暗的深处,画眉仍鸣啭不休,几乎像召唤:请进,进去同唱悲歌。不,我还不愿进去,我出来是为看星星。我是说即使被邀请,何况并未受到邀请。"和《雪夜林边暂驻》合在一起读,可以给我们更多的"智慧"启迪,都不妨读作使命感战胜诱惑的喜悦。然而最后一节一韵到底,那催眠的单调,却暗示着疲惫、困乏;虽然挣扎着迈步向前,却已经倦眼惺忪,恨不得就地卧倒,一觉睡去。 (江枫)

牧　场[1]

弗洛斯特

我要出去打扫牧场的水泉,
我去只把落叶搂一搂干净
(也许,还要等到泉水澄清)
不会太久的——你也来吧。

我要出去牵那一头小牛犊,
它站在它妈妈身边,那么小,
妈妈舔它时它立都立不牢。
不会太久的——你也来吧。

(江枫　译)

这首诗体现了典型的弗洛斯特风格,一向被置于弗洛斯特诗集的卷首。

在20世纪之初,读惯了后期浪漫主义甜腻的、感伤的作品之后,再读这首诗,当然会耳目一新。

淡淡几笔线条,一幅素净的白描。打扫牧场泉水,去牵幼小的牛犊,透露出牧场上绿原和泥土的芳香,表现出新生命带来的喜悦。

重复的"不会太久的——你也来吧",显示出说话者内心的一点犹豫,一个转折。"不会太久的",本意是你稍等片刻就行,但是"你也来吧",这一转念表达了一种亲密而不愿须臾分离的人际关系:是对妻子?是对疼爱的孩子?或是对好友?不论对谁,都能使读者感受到一种美好

---

[1] 选译自《一个男孩的愿望》(1913)。

情谊,在人们心头引起喜悦的共鸣。

弗洛斯特的诗里总有或大或小或虚或实的情节,总喜欢使用独白和对话,而且总是有一种不冷不热,淡淡的忧郁,淡淡的快意,总有一些细节,投出一些朦胧的亮色:泉水上的落叶,依傍着妈妈的牛犊,触动淡淡的温情。淡淡的、薄薄的、浅浅的,是他典型的风格。用他一首诗的题目来说,"既不深,也不远",然而,清新。

这首诗的形式是,每节四行,前三行均为抑扬格五音步,两节的最后一行相同,都是抑扬格四音步。韵式是:xaab xccb。(x代表不押韵)

(江枫)

爱和问题 [1]

弗洛斯特

傍晚,一个陌生人来到门前,
　　招呼这位俊俏的新郎。
劳顿不堪,忧心忡忡,握一杆
　　绿白两色相间的手杖。
他用眼神而不是用口舌请求,
　　请求允许他借住一宿,
然后转身,眺望着道路尽头,
　　看不见有透亮的窗口。

那位新郎,迈步走到门廊里,
　　说:"让我们看看天气,
再来考虑,陌生人,我和你
　　怎样解决过夜的问题。"
忍冬的叶子撒满前院的场地,

---

[1] 选译自《一个男孩的愿望》(1913)。

忍冬的浆果已经熟了。
秋天，是啊，风里有冬的气息，
　　"陌生人，但愿我能知道。"

屋里新娘在昏暗中默默无语，
　　探身，面向炉火熊熊，
由于炭火灼烤和内心的情欲，
　　脸上泛起玫瑰色红晕，
新郎注视着令人厌倦的路径，
　　看见的却是屋里的新人。
他希望她有颗黄金包裹着的心，
　　别着一枚白银的别针。

给人一点面包，施舍点钱财，
　　为穷苦人虔诚祈祷，
给富人以诅咒，在新郎看来，
　　都没有什么大不了，
但是该不该邀请个男人进宅，
　　让新房里容纳烦恼，
妨碍一对新婚夫妇间的欢爱，
　　他希望，他能知道。

（江枫　译）

　　弗洛斯特主张，"诗,总是由比喻写成的"，常常是"说的是一件事,指的是另一件事,以说另一件事的措辞,说这件事"。

　　《爱和问题》正是在以比喻说话。

　　全诗四节,每节八行,松散的抑扬格（抑扬格为主,抑抑扬格和扬抑格并见）四音步（单数行）和三音步（双数行）相间,单数行无韵,其韵式是：xaxaxbxb xcxcxdxd xexexfxf xgxgxdxd。译文韵式一致,但是单数行全都自然押韵。

问题,到篇末仍是问题,留给读者去回答。

弗洛斯特的惯用语言,是把家庭当作社会和国家的缩影或象征。

诗里的新郎,是犹豫的。从"他希望她有颗黄金包裹着的心,别着一枚白银的别针"一句的暗示,似乎倾向于得到新娘的同意,接纳过客。但是最后一行"他希望,他能知道",却表现出迟疑。

这种犹豫,似乎合乎常情,完全能被人们所理解。诗人虚构这样一种进退两难的境地,究竟为了表现什么?这是留给读者去想象和解答的问题,结果将因人而异。

从弗洛斯特死后,人们,首先是他的传记作者发现,诗人在诗中显现的形象,是他有意识希望读者相信的形象,却不是弗洛斯特的真实形象。据此,则可以认为,在回答问题上的犹豫,倒可能真实反映了诗人阴暗内心的犹豫。

(江枫)

火 与 冰 [1]

弗洛斯特

有人说世界将毁灭于火,

有人说,冰。

根据我尝味欲望的收获,

我赞成毁于火这一说。

若是毁灭两次已经注定,

凭我对恨的充分体会

可以说,要论破坏,冰

也有强大雄威

而且足够完成。

(江枫 译)

---

[1] 选译自《新罕布什尔》(1923)。

弗洛斯特的诗大致可分三类：一类是占多数的抒情短诗；一类是通过戏剧性独白或对话叙事的较长的诗；第三类，就是《火与冰》这种议论诗。

这首诗从诗行长短看比较自由，但是行内仍采用比较严格的抑扬格音步，而且押韵，韵式是：abaabcbcb。"始于娱悦、终于智慧"是他信守的吟咏之道。即使不能给人以悦目怡神的场景、饶有情趣的故事，也要在动听的音响中施舍他的"智慧"。

火，显然，象征欲望；冰，象征恨：忌恨、仇恨、憎恨。

有过一点人生经历的读者，都容易接受他的教训：虽不能求证于整个世界，却可以得到各种性质和形态小世界命运的支持。

这短短九行小诗，是超脱语，也是辛酸话；是哲理格言，也是经验之谈，既表达了一种信念，同时又是无可奈何的叹喟。似乎是在劝诫世人：不可玩火，也不要弄冰。但是他又说过："我一向认为我们之所以能够前进，由于恨的程度并不亚于爱。"

欲望之火、憎恨之冰，在弗洛斯特似乎意在山水之间的外貌下，啃啮着他的身心。有时曾驱使他寻求了结于自杀，而常常困扰得他怀疑自己随时可能发疯。显然他那心灵世界曾毁灭过不止一次：由于欲望，也由于恨。

但是读者，仍然可以从这首小诗中，从过来人付出痛苦代价的结论中，得到一种"悟道"的喜悦：欲望和恨都有可能引人濒临深渊，不可不慎。

这首诗也可以证明弗洛斯特所称的艺术净化生活功能。洗去污泥的土豆，是要比刚出土的土豆有光泽。

（江枫）

致解冻的风

弗洛斯特

带着雨来，哦，喧闹的西南风！
带着唱歌的来，带着筑巢的来；

给埋在地下的花一个梦;

让岸上凝滞的雪堆化为流水;

从一片白茫茫下找出深棕;

但是不论你忙些什么,今夜,

请冲洗我的窗,使它流动;

融化掉冰,也融化掉窗子,

融化掉玻璃,留下那窗棂,

像留下十字架给它的主人隐士;

请闯进这间窄小的厩棚,

让墙上的画幅晃个不停;

翻阅那猎猎作响的书页,

把那些诗撒遍一地,

再把这诗人赶出门去。

(江枫 译)

  这首诗选自《一个男孩的愿望》(1913)。第一次发表在1916年出版的他的第一部诗集。他的最初两部诗集,都是他直到36岁为止,未能刊出的退稿集。《给解冻的风》,当属弗洛斯特"少作"之列。

  这是一首浪漫主义色彩浓厚的抒情诗,在弗洛斯特的作品中简直是一个例外。他的诗作,一般来说,都比较冷,所写多为寒冬、暗夜、冰雪,这首诗却充满炽热的激情和压抑不住的青春活力。

  起首句就生动有力,把读者带入一个喧闹、繁忙的境域。"带着唱歌的来,带着筑巢的来",他不用一个"鸟"字,因为singer和nester并不仅仅是鸟,使人联想起的是一切从寒冬中苏醒的生命。"给埋在地下的花",给郁闷了一冬的花,也郁闷了一冬的"我","一个梦",一个姹紫嫣红的梦。"从一片白茫茫下找出深棕",让深棕的泥土、深棕色的大地裸露出躯体,迎接阳春回归。传播春归的信息,带来春的温馨,西南风四处奔忙,"但是不论你忙些什么,今夜,请冲洗我的窗"。

"窗",内外相通的关口。诗人首先想到冲洗"窗"口,是被封闭得太久。"冲洗我的窗"吧,"使它流动"。"流动"一词用得准确而神奇。暗示它曾被厚厚的冰层覆盖,挡住了阳光、挡住了美景。

"融化掉冰",干脆,连窗子一起,也"融化掉窗子","融化掉玻璃,留下那窗棂,像留下十字架给它的主人隐士"。隐士,暗示着与世隔绝。十字架,基督教信仰的象征,但是这位隐士并非虔诚的基督徒,在这里象征着信念。

隐士,不是囚徒,是自愿远离尘世的。但是隔绝太久,难免思凡,然而信念并不动摇。

"请闯进这间窄小的厩棚",称自己的寓所为窄小的厩棚,透露出主人厌倦封闭、郁闷的生活。"让墙上的画幅晃个不停;翻阅那猎猎作响的书页",一幅风入书斋的典型画面:清风不识字,常爱乱翻书。这是诗人的书斋,除了诗,没有别的财富。但是,欢迎你,西南风,你来吧。你来了,把"我"那些诗撒遍一地也在所不惜。然后——

再把这诗人赶出门去。

"我",期待着,由衷乐于接受,从郁闷压抑下解放的欢快的放逐!

这首是以各种形式的运动构制的画幅,没有一行不动,没有一个意象不动,一派生机。

弗洛斯特说:"诗人没有眼泪,读者不会有眼泪;诗人不感到惊奇,读者不会感到惊奇。"从这首诗看来,弗洛斯特并不从小就老气横秋,并不总是一壶温开水。

这首诗,按照我国古诗人的习惯可加副题:冬夜书斋听风有感。读到最后一行,读者不能不感到振奋。显然,诗人曾因那夜的风声而发过奇想。

原作前两行为扬抑格四音步,其余各行均以扬抑格始,抑扬格终,后五行转为三音步,以强音开始,以强音结束,突出了劲风来势。韵式是aabbccddeeffggg,最后三行的脚韵o'er, floor, door模拟风声。译文对前

13行的脚韵有所变动，因为易词凑韵会因词害意。例如起首四行，有人为和"西南风"的"风"字押韵，把带着"唱歌的"来，译成带来"鸟鸣"；而为了凑韵又把"梦"译为"梦想"。也许很好，而我不以为然，因而韵式译成了abababacacaaddd。

（江枫）

桑德堡 (3首)

卡尔·桑德堡 (Garl Sandburg, 1878—1967)，美国文学家和诗人。他生前就有工业美国桂冠诗人之称。因为他广泛取材于现实生活的诗歌，为我们展示了一幅视野广阔的美国资本主义工业社会的生动画卷。但是，就其倾向而论，他是一个人民诗人。

桑德堡于1878年1月6日出生于美国伊利诺伊州盖尔斯堡一劳动者家庭。从13岁起，开始从事各种体力劳动，赶车送奶，擦皮鞋，洗碗碟，给理发店打杂，在戏院换布景，帮砖厂运送砖块，进陶瓷厂当徒工。还在麦收季节的田野里卖过苦力，甚至和流浪者为伍，还在匹兹堡的监狱里服过十天苦役。他的经历使他熟悉不幸的下层人民，并对他们产生了深厚的感情。

1916年，他的《芝加哥诗钞》出版，引起了一片争议，也使他名声大震，奠定了他作为具有独创精神和独特风格的诗人的地位。

他的诗是为学院外的普通人民写的。他不仅把这些诗印成文字，而且还弹着六弦琴到民间去朗诵。他的语言直接来源于口语、方言、民歌，简朴而有力。他的感情真挚、强烈，和广大的劳苦群众有着一致的爱憎。

桑德堡的诗，并不单纯在形式上继承了惠特曼所开创的那种粗犷、豪放，不拘音节、不用脚韵而有自然节奏的自由诗传统，而且在增强其音乐性方面做出了自己的贡献，给予自由诗运动以新的推动力。在精神上，他也继承了惠特曼对下层人民的热爱。他以社会主义者自居，曾经是世界工人运动组织中的一员，而且曾经是20世纪初美国社会民主党的积极活动分子。

桑德堡于1967年7月22日逝世以前,除散文作品和儿童诗以外,继《芝加哥诗钞》之后出版的诗集有:《玉米剥壳人》(1918),《烟与钢》(1920),《日光炙烤的西部石片》(1922),《早安,美国》(1928),《人民,是的》(1936),《诗歌总集》(1950)和《新诗集》(1957)等。

芝 加 哥 [1]
桑德堡

世界的宰猪屠夫,

机床制造者,小麦堆垛工,

铁道的运动员,全国货运的装卸手;

暴躁的健壮的喧闹的

阔肩膀们的城市:

人们告诉我你邪恶,我相信他们,因为我看见你涂脂抹粉的女人在煤气灯下勾引农家少年。

人们告诉我你不正直,我说,不错,这话果真,我看见枪手杀人,逍遥法外,又再次杀人。

人们告诉我你残酷,我回答,在妇女和儿童的脸上我看见饥饿肆虐的痕迹。

这样答复过后,我再转过身,向我的这座城市的讥诮者回报以讥诮,对他们说:

来吧,请让我见识一下,还有哪一座城能这样昂首高歌,为

---

[1] 芝加哥,美国中西部重要工业大城市。1893年世界博览会在这里举行以后,一批中西部作家如德莱塞和富勒,诗人如马斯特斯和林赛,认为中西部是美国心脏地区,全国文化生活理当以此为中心。《诗刊》和《小评论》,对这种非正式的运动起了推波助澜的作用,引起了国际上的注意,称之为"芝加哥文艺复兴"。桑德堡赞颂性的《芝加哥》投寄到《诗刊》编辑部适逢其时。

充满生命活力、粗犷、健壮、机灵而自豪。

在辛苦忙碌的劳动间隙,吐出有磁性的诅咒,半裸着身躯,
热汗淋漓,这是一位高大强悍的拳击师和矮小羸弱的城镇
形成鲜明对比;

像舔着舌头待机出动的狗一样凶猛,像和荒原搏斗的野蛮人
一样机灵,

光着头,

挥着锹,

破坏,

计划,

建设,摧毁,再建设。

在浓烟下,满嘴灰尘,露出洁白的牙齿,哗笑着,
在可怕的命运重轭下,像哗笑着的年轻人一样,哗笑着,
像哗笑着的战无不胜的不知天高地厚的斗士一样,哗笑着,
为腕上的脉搏肋下的心脏是人民的而夸耀着,哗笑着,哗
笑着!

哗笑着,青春的暴躁的健壮的喧闹的哗笑,半裸着身躯,热
汗淋漓,由于是宰猪屠夫,机床制造者,小麦堆垛工,铁
道运动员和国家货运装卸手而自豪。

(江枫 译)

在1913年7月30日写给朋友的一封信中,桑德堡谈到芝加哥时说:"对于一个诗人来说,这是一个在他需要的时候可以碰得头破血流的好地方。对于一个健康的人来说,这实在是个好地方。如果他想要看一看世界上最大、最激烈、残酷而又复杂的游戏——为世界供吃供穿的游戏——统制的方法——经济和浪费——从这种观点看,这是一个非常好的地方,你会喜欢它的。"

桑德堡正是从这样一种观点赞颂芝加哥的。

在这首诗开头,是对芝加哥的概括:一连以五项不同工种劳动者的

形象叠加,表明这座城市是肉品加工中心、机器制造业基地、小麦集散地、铁道枢纽、货运重镇,再以"暴躁的""喧闹的"和"健壮的""阔肩膀们的",两组色彩相近而褒贬相异的形容词,说明芝加哥本身所具有的现代城市的二重性,为下面的具体描述定下了基调。

诗篇的主体部分,以护短的口吻表达出一种偏爱,而以辩护状的措辞唱出了赞颂和自豪。

三个以"人们告诉我"开始的排句全部采取守势,每一句后退一步。对于邪恶、不正直、残酷,一概供认不讳,这是为了扫清辩驳的前进障碍。退步,是为了更有利于反攻。

反击,雄辩而强悍有力。

芝加哥,在四周孱弱的城镇之中,傲岸而立,是强大的拳击师,待机而发的凶猛的狗,和荒原搏斗的野蛮人……一系列对比,一个比一个更加鲜明而强烈。当然,有理由自豪,有理由发出哗然大笑:

> 在浓烟、灰尘中露齿而笑,
>
> 不顾命运的重轭像年轻人一样笑,
>
> 像无所畏惧的斗士一样笑,
>
> 特别是——为腕上的脉搏、肋下的心脏是人民的而夸耀着,
>
> 哗笑着,哗笑着!

而最后一长句,以密集的概念和形象在一气呵成的词语中造成的强烈节奏感,以越积累越强劲的气势把自豪同步送上一个可以睥睨一切的高峰。

全篇结构紧凑,长短句式错落配置,生动形象,沿着严密逻辑的理性线索或疏或密地出现,具有强大的说服力和感染力。

作为一篇辩护词,更由于承认的指控几乎是一个资本主义工业社会随处可见的弊病,而更加衬托出芝加哥那种独特的、充满创造力的动人形象。

《芝加哥》一诗,有显然的惠特曼诗歌风格。但是作者说,他受惠于狄金森多过惠特曼。从这首诗看来,的确对意象语言的使用,多过粗

野的直抒胸臆的号叫。

(江枫)

钢的祈祷
桑德堡

请把我放上铁砧,哦,上帝,
敲我,打我,使我成为撬棍。
让我撬松陈旧的墙壁,
让我撬起陈旧的房基。

请把我放上铁砧,哦,上帝,
敲我,打我,使我成为钢钉。
把我钉入梁柱,支持摩天高楼,
用烧红的铆钉把我铆入中心梁柱,
支持摩天高楼,穿过蓝色的夜,插入白色的星。

(江枫 译)

这首诗选自《玉米剥壳人》(1918)。它托物言志,假借钢的口吻,表现了诗人对芝加哥现代化城市的无限赞美,并表达了自己愿为它的建设做出贡献的强烈誓愿。他祈求上帝"把我放上铁砧""敲我,打我,使我成为撬棍。让我撬松陈旧的墙壁,让我撬起陈旧的房基"。此诗透露出作者对工业发展的革命性含义的深刻理解:资本主义大工业的建设,同时也在为"陈旧"的势力、制度挖掘坟墓,创造其灭亡的条件,而"敲我,打我,使我成为钢钉……用烧红的铆钉把我铆入中心梁柱,支持摩天高楼,穿过蓝色的夜,插入白色的星"则既可以看作愿意投身建设,献出一切,以效力于那座城市的继续发展;也可以视作愿为一个崇高的理想献身,以自己的血肉之躯和毕生精力,参与建造一个崭新的世界,缔造人间福国。

语言刚劲有力,意象集中、鲜明、坚实,不落言筌,而意味无穷。

(江枫)

雾

桑德堡

雾来了
移动小猫的脚

它蹲下来，
静默无声，
看了看城市和海港，
又继续向前。

(江枫 译)

桑德堡虽然不是意象派诗人，但这首《雾》可以看作典型的意象派作品。

现代派诗人很喜欢写雾，因为雾本身就有迷茫、朦胧、笼罩一切、虚虚实实、飘忽不定等特性。它又是城市、乡村处处可见的自然景象，借着它确实可以寄托各种情感，所以历来写雾之作所表现的情调色彩是极其丰富的。大多表现的是一种怅惘、失望、颓丧性的消极情绪和暗淡氛围。比如艾略特的代表作《杰·阿尔弗莱特·普鲁弗洛克的情歌》里，就有一段写雾，而且也是以猫比雾的描写：

黄色的雾在玻璃窗上擦着它的背脊，
黄色的雾在玻璃窗上擦着它的口络，
把它的舌头舔进黄昏的角落，
逗留在干涸的水坑上，
听任烟囱里跌下的灰落在它的背上，
从台阶上滑下，忽地又做一跃，
看到这是个温柔的十月之夜，
围着房子蜷了一圈，然后呼呼入睡。

其情调就是灰暗、慵懒的，它同猫的弱点也正好是吻合的。

桑德堡的这首《雾》立意是新颖的，它一反传统写雾诗的那种颓丧格调，表现出诗人一种亲切可爱的喜悦心情。

用猫来喻雾是十分贴切的，猫的行动轻悄无声，正同雾的来去不知不觉相仿；猫蹲下来静默无声，也同雾笼罩大地，安详静谧相似；猫起身离去之平稳、轻捷，也同雾的消失于瞬息之间一样。这是我们以物观物看到的妙处。

然而，这首诗更妙之处主要在于渗透其中的诗人的情感。诗中的猫的静、轻、可爱，正反映了诗人自己在观察城市、海港时的恬逸心情。在诗人看来，雾中的城市和海港是安详、宁静的，可以想象雾散后（猫走了）城市海港苏醒后，将会是一幅何等繁华热闹的景象。所以，这种雾里的宁静是暂时的。它是热烈的引子，恰如一部大型交响乐作品序曲中轻柔的前奏，紧接而来的将是气势磅礴的乐章。在桑德堡所写的一系列歌颂城市生活的诗篇中，《雾》可谓独具一格，给人一种别样的新意和美感。

这首诗选自《芝加哥诗钞》(1916)。 （江枫）

斯蒂文斯(1首)

沃莱斯·斯蒂文斯（Wallace Stevens, 1879—1955），美国诗人。出身于律师家庭，1897年进哈佛大学，在那里认识了哲学家乔治·桑塔耶纳，受到他的影响。1901年又进纽约法学院，1904年取得律师资格，从这时起到1916年在纽约当律师，同时写作诗歌。以后到康涅狄格州一家保险公司任职，后来升任副董事长。他认为商务与写诗没有什么冲突，他说："每天与工作接触，倒可以培养一个诗人的性格。"

斯蒂文斯第一本诗集《簧风琴》是1923年出版的，以后出版过七本诗集。1955年他的《诗歌合集》出版，为他赢得普利策奖和其他的奖项。第二次世界大战结束后，美英青年一代诗人渴望摆脱艾略特的影响，注意到斯蒂文斯的诗作自成一派，别具一格，他的影响才逐渐增大。二十世纪七八十年代新出版的文学史与诗选都给他以特殊的地位。

星期天早晨(节选)

斯蒂文斯

一

穿了件晨衣怡然自得,阳光下
椅子上放着推迟的咖啡与柑橘,
地毯上是一只自由的绿色鹦鹉,
这一切合在一起,把古代那次
牺牲的神圣的静谧气氛驱散。
她做了几个浅梦,感到古老的
灾难阴森森的,正在向她逼近,
有如水光中一处无声的阴影。
馨香的柑橘和艳丽的绿色翅膀
很像殡葬行列里的道具,迂回地
渡过了辽阔的水域,悄然无声。
白昼也悄然无声,像辽阔的水域;
无声,因为是她梦中的脚步在移动,
在漂洋过海,走向寂静的巴勒斯坦,
那片由鲜血和荒冢统治的地方。

二

为什么她要将自己的褒赏[1]转赠死者?
那还算什么神灵,如果这神灵
只能在无声的阴影和梦中显形?
她岂不是应该从阳光,从馨香的水果,
从艳丽的绿色翅膀,或是从世界上

---

[1] "褒赏",指崇拜,接下去提到的"死者"指耶稣。

其他香膏与美景中寻求安慰?
这一切也应如天国思想,受到珍重。
神灵必须存活在她的心中:
雨天的激情,雪花飘落时的情怀;
孤独的哀愁,林花怒放时节
那一种难以压抑的欢欣,秋夜
湿淋淋归途上涌起的阵阵热情;
一想夏日的绿枝、冬天的残树
便会勾起的种种欢乐与痛楚。
这些,才是量她的灵魂的尺度。

五

她说:"可是,为了自我安慰
我仍然感到需要不朽的至福。"
死亡是美的母亲,只有通过她
我们的梦想与愿望才能实现。
虽然在我们的道路上,她散播使一切
归于湮灭的树叶,这是病态的忧郁
踽踽而行的道路,也就在这些路上
成功得意地吹响喧闹的号角,
爱情温柔地发出几声低语,
死亡让垂柳在阳光下颤抖,使得
惯于坐着凝视青草的少女们
匍匐在地。她让少年在旧盘子里
堆满新鲜的梅子和生梨。少女们
尝了,在落叶地上激动地徘徊。

六

天堂里没有死亡的嬗变?熟果子

永不坠落？沉甸甸的枝丫悬在
最完美的天空下，永不变轻？这里
酷似我们不断死亡的尘世，
也有奔流的江河，只是始终
抵达不了大海，也有退潮的
海边，却不知何为难言的痛苦？
既然如此，又何必把梨子供在
河岸？何必用梅子去熏香海边？
莫非那里的生灵，也用我们的
颜色，穿我们下午穿的绸衫，
也弹拨我们那单调乏味的琵琶！
死亡是美的神秘的母亲，在她那
炽热的胸怀里，我们让自己的
尘世的母亲伫候着，彻夜不眠。

八

她默默地滑行在水面上，听见一个
声音在喊："巴勒斯坦寝陵
并非幽灵通向永生的门厅。
它仅仅是基督安息的坟茔。"
我们生活在太阳的亘古混沌里，
永远服从昼夜循环的支配，
也像住在孤立无援的小岛上，
自由，但却逃不脱大海的包围。
麋鹿在我们的山坡上漫步，鹌鹑
在四面八方无拘无束地鸣唱；
蜜一般甜的草莓在田野里成熟；
每当黄昏，远处隔绝的天空中

一群群的鸽子在自由盘旋,形成
没有规律的波浪,直到它们
双翼平展,朝着黑暗下沉。

(李文俊 译)

  《星期天早晨》作于1915年,是斯蒂文斯最著名的诗篇之一。斯蒂文斯说过:"写天堂与地狱的伟大诗篇已出现不少,描写人间的伟大诗篇还有待创作。"斯蒂文斯与艾略特不同,他的诗里没有"原罪"与"赎罪"的观念,也不为旧传统的式微与崩溃而哀叹。在他的诗中,读者可以找到一种20世纪西方诗歌中不常见的乐观主义。他在一首诗里写道:"在最后的'不'的后面来了一个'是',将来的世界就建筑在这个'是'上。"但是,斯蒂文斯尊奉的乐观主义在多数场合下是一种耽乐主义,他这种思想,在代表作《星期天早晨》里表达得很清楚。

  全诗共八节,每节十五行,抑扬格五音步,无韵。诗中通过一位冥思的女士和一位"评述者"(也可以理解为诗人,但是"评述者"的思想不一定完全代表诗人的想法)的思想交锋,表现了对幸福的两种看法。女士认为幸福是在彼岸的天堂里,"评述者"认为幸福就在我们所生活的世界上。女士认为应静候幸福的来临,"评述者"则认为应该直面人生,主动去体验人生的各种经历,包括死亡与痛苦,只有这样才能得到幸福。对话过程中"评述者"一直占上风。评论家们认为《星期天早晨》是一首"冥想诗",也有的说这是一篇"反布道词"。诗中反对基督教的出世思想,主张积极行动。诗中虽然写的是世界观的问题,但并不因之而缺乏魅力与诗意。足见哲学、抽象思维、思辨、辩论、思想交锋也都是可以入诗,而且是入抒情诗的。

  第一节写一位女士星期天贪睡,错过了做礼拜,感到有点内疚,由此联想到一千九百多年前耶稣的受难。"古代那次牺牲"与"古老的灾难"均指耶稣被钉在十字架上。斯蒂文斯在一封信里说:"这首诗不仅仅是一位女士对宗教与人生意义的沉思,这其实也是任何一个人的沉思。"

在第二节里,"评述者"批评了女士的想法,认为人应该从日光、色彩、香味中去寻求安慰。"神灵"不是别的,而是自然界与人生在一颗敏感的心里所引起的种种既痛苦又甜蜜的感受。本节9—14行写得很美,可以引起读者的种种遐思。

第三节前面写基督教形成前罗马人对天神的崇拜,接着写基督教关于耶稣诞生的传说,最后又归结到"评述者"的看法:天国不在别处,就在人间。斯蒂文斯通过"评述者"的嘴说:"我们所住的这片土地,将变成乐园,天空也会显得更亲切。"而"如今的"在基督教与实利主义统治下的"蓝天",却是"冷漠而又自私"的。

第四节先写女士的看法:春满人间时,人间固然像天堂。一旦春去冬来,乐园又何在呢?接着写"评述者"的看法:基督教所说的天堂,虚无缥缈,并不存在(虽然诗中所用的形象都是希腊神话里的)。(此两节译诗删去)

第五节里,女士说,她仍然需要基督教里所说的那种"不朽的至福",使自己精神上能有所寄托。"评述者"反驳说,不朽是没有的,死亡才是最美的。因为有了死,才使人感到生的可贵,人们也因此而珍惜时间,使一生过得充实,"我们的梦想与愿望才能实现"。人们都是走在"归于湮灭"的路上,但就在这样的路上,"成功"与"爱情"都有所表现,少男少女也会激动不已。由此可以得出结论:没有死也就无所谓生。

第六节里,"评述者"进一步描述没有死亡的天堂其实是如何的可怕:果子永远悬挂在枝丫上;奔流的江河始终抵达不了大海;见到大海退潮,人在情感上却不起波澜。像这样的天堂又有什么可羡慕的?难道还不是和人间一样,穿同样的绸衫,弹拨同样的琴弦?因此,死亡不是坏事,它能产生美的神秘,也能使"尘世的母亲伫候"。也就是说,使人们怀着在死亡之前要完成业绩的希望。诗人肯定死亡,其实也就是肯定人生。诗人在这里辩证而又诗意地揭示出了人生的哲理。

在第七节里,"评述者"预言未来的人将崇拜太阳这生命的源泉,并且尊尚人与人之间的情谊。但是太阳不会被视作宗教中的"神",它的可爱,是因为它使人间出现"风中湖泊、天使般的绿树和有回音的山峦"这样的美景。人们对太阳的赞颂就是"天堂之歌"。但是"评述者"不忘记提醒:人生如夏天的朝露,因此更应该"深深地领会"它。(第七节译诗删去)

第八节也就是最后一节里,"评述者"再次让在幻梦中漂洋过海去巴勒斯坦的女士知道:没有什么彼岸世界,巴勒斯坦圣地其实仅仅是一个叫耶稣的人的坟茔。人生活在世界上,受到客观规律的支配,自由毋宁说是极其有限的。但是这个世界还是非常美好,尽管它也会有走向终结的一天。诗人用鸽群降入黑暗来比喻这结局,最后一行中的双翼平展(on extended wings),是斯蒂文斯的名言,说明死亡的平静与平衡。它曾被女评论家海伦·凡德勒用作她论斯蒂文斯长诗的专著的书名。

(李文俊)

狄金森(10首)

艾米莉·狄金森(Emily Dickinson, 1830—1886),美国著名女诗人,1830年12月10日出生于美国马萨诸塞州当时还是个小镇的艾默斯特。在艾默斯特学校受完中等教育,又入芒特霍利约克女子学院就读不足一年。从25岁开始,弃绝社交,在家务劳动之余埋头写诗。到1886年5月15日,由于肾脏疾患而在昏迷中离去时,已给人间留下了自成一格、独放异彩、数量可观的篇什。

在她生前,她的诗只有十首公开发表过;其余部分都是她死后三十年内由亲友整理、结集,陆续出版的。

她的诗公开发表后,得到了越来越高的评价。除了20世纪30年代由于评论界派别之见而一度有过分歧之外,经过半个世纪反复品评、深入研究,狄金森作为对美国文学做出了重大独创性贡献的大诗人的地位已经确立。有人断言她是公元前七世纪萨福以来西方最杰出的女诗人;有人就驾驭英语的能力而言,甚至把她和莎士比亚相提并论。几乎在任何一部美国诗文选集中,狄金森的诗都占有显著的篇幅。她的诗拥有众多的读者,产生了深远的影响,和惠特曼的诗一样,已被公认为标志着美国诗歌新纪元的里程碑。

狄金森对诗歌的传统规范表现了不驯的叛逆姿态。狄金森倾向于微观、内省,艺术气质近乎"婉约"。

她写爱的萌动,爱的燃烧,爱的丧失,有甜而不腻的喜悦,炽烈而蕴藉的吐露,苦而不酸的沉痛,绵绵难绝的长恨。爱,是她诗歌题材的重心,写得清新、别致。

她写自然如家园,常有细致入微、准确生动的描绘。有些平凡的景象,在她笔下总能使人感受到一种无可置疑、确实存在,而又是不曾为常人意识到的美。

她爱生活和生命,试图多侧面、多层次地探索、解释和表达生的意义。

她写死亡,不同凡响,尤其和流行的感伤滥调大异其趣。她的死亡诗,很有点一死生、齐彭殇的味道,却又不完全是。因为她虽不畏死,却更眷恋生,一想到生活,就能使她"心醉神迷"。

她的思辨能力和想象力一样强,她写哲理精辟深邃,警句联翩,耐人寻味。在一般情况下,她的理念总是带有可感知的特征,总是以有尺寸、有音响、有色彩、有质感的形体出现,但是她也不避抽象。

狄金森可以说是灵魂风景画的丹青妙手,但也不排斥政治性的重大题材。她在相对意义上的内向,不是自由的选择,而是她那基本上作为家庭妇女的生活圈子狭窄强加给她的无可奈何的限制。

她的语言,一扫铅华,不事雕饰,质朴清新,有一种"粗糙美",有时又如小儿学语那样有一种幼稚的魅力。在韵律方面,她基本上采用四行一节,抑扬格四音步与三音步相间,偶数行押脚韵的赞美诗体。但是这种简单的形式,她运用起来千变万化,既不完全拘泥音步,也不勉强凑韵,押韵也多押近似的"半韵"或"邻韵"。有时干脆无韵,实际上已经发展成一种具有松散格律的自由体。

太阳出来了[1]

狄金森

太阳出来了,
它改变了世界的面貌——
车辆来去匆匆,像报信的使者,
昨天已经古老!

人们街头相遇,
仿佛都有一条独家消息要报道——
自然的风姿丽质,
像巴蒂兹的新货,刚到。[2]

(江枫 译)

狄金森热爱自然,她以小山、日落等为游伴。在她的诗歌中,笼统写自然的,有34首;写花草虫鸟、春夏秋冬、风雨日月、日出日落的,共245首,占1775首的14%。

日出,是像宇宙本身一样古老的题材,经她写出,竟仿佛是崭新的科学发现,而且,有极其浓郁的"现代"感。

"太阳出来了,它改变了世界的面貌",并不新奇。新奇在于"车辆来去匆匆,像报信的使者"一句,把现代商业社会的繁忙景象和自然美景拼接起来,不但打破了传统浪漫主义那种视现代生活为诗歌所不容的美学观念,而且,使太阳出来后改变了面貌的世界,顿时充满运动和喧闹。随后一个跳跃——"昨天已经古老!"便把昨天推入了遥远的过去,而使今天新得耀眼,并以突兀的方式造成一种瞬息沧桑。如果要说这是一种前无古人的写法,大概并不为过,尽管后之仿效者大有人在。

"人们街头相遇,仿佛都有一条独家消息要报道",是她那个时代

---

[1] 大约作于1869年。
[2] 巴蒂兹,一个无须考证的地名,对于狄金森也是个外国地名。

全新的语言。"自然的风姿丽质",仿佛成了商品,"像巴蒂兹的新货,刚到"。

狄金森以她成功的实验证明,以商品经济社会的语言所认识的大自然,未必就不如田园牧歌所歌唱的美:

"这些是指向自然酒家的路标,她慷慨邀请……为了证明她真挚、永不凋落的欢迎,东方,长有紫红,北方,总有那颗星。""从珍珠镂成的大酒杯里,我品味未经酿造的饮料,并非莱茵河畔所有的酒桶都能产出这样的醇醪!……在漫长的夏季,我常从熔蓝的酒店蹒跚而归!……当店主人把酩酊的蜜蜂驱赶出毛地黄花的门庭,蝴蝶也不再浅酌细斟,我却要更加大口狂饮!"

凡此,都是例证,就这样,狄金森在从内容到形式都突破传统诗歌规范的同时,给美国诗歌引进了新的语言,新的审美观念,新的技巧,赋予它以新的现代面貌。

(江枫)

"为什么我爱"你,先生[1]

狄金森

"为什么我爱"你,先生?

因为—[2]

风,从不要求小草

回答,为什么他经过

她就不能不动摇。

因为他知道,而你,

你不知道—

---

[1] 大约作于1862年,原诗无题,译文权以第一行为题,下同。

[2] 一,不是破折号,为狄金森写诗所用的特殊符号,较破折号短,作用类似标点,以表达过渡、跳跃、停顿、省略,或者只是为了造成音韵上的起伏跌宕,几乎成了她的"注册商标",译文只保留行末的,行内均以逗点代替。

我们不知道——
我们有这样的智慧
也就够了。

电光,从不询问眼睛,
为什么他经过时,要闭上——
因为他知道,他说不出——
有些道理——
难以言传——
文雅人,宁愿会意——

日出,先生,使我不能自已——
他是日出,我看见了——
于是,所以——
我爱你——

(江枫 译)

诗如其人,狄金森的诗充分反映了她的独特个性。狄金森虽有"修女"之称,却也尝味过爱的甜蜜和酸辛。

关于她的爱情故事,有多种版本。最可靠的版本,是她一部分闪烁其词的书信和诗篇。

她曾告诉我们:

我啜饮过生活的芳醇——
付出了什么,告诉你吧——
不多不少,整整一生——
他们说,这是市价。
他们约了约我的分量——
锱铢必较,毫厘不爽,
然后给了我我的生命所值——
一滴,幸福的琼浆!

虽然只是"一滴",对于一个敏感如狄金森的诗人,居然也成了足够开掘的矿藏。她直接写"爱""爱与某人""所爱"和"爱人"的诗篇,就在1775首中占据123首。

爱,是她诗歌题材的重心,写来清新、别致。《"为什么我爱"你,先生》,就是一例。

如果确是1862年所作,则也许与她在信中所称"人世间最亲爱的朋友"查尔斯·沃兹华斯牧师之间的一段因缘有关。这位牧师已是有妇之夫,1853年费城邂逅,便使狄金森产生了把生离当死别以至痛不欲生的感情。这首诗似乎旨在解释一种根本无法解释的一见钟情。

尽管"文雅人,宁愿会意",她还是说了:

日出,先生,使我不能自已—

因为他是日出,我看见了—

于是,所以—

我爱你—

她用"日出"而不用"朝阳",因为她认为日出的景象不仅富丽堂皇,而且有一种令人心旌摇荡、动人魂魄的神秘力量。而"他是日出,我看见了,于是,所以我爱你"则在明明是"你"的情况下,偏偏用"他",以一个代词的变动表现出一个少女的羞涩和忸怩。

这种解释:新,而且奇。不论在概念上是否回答了问题,但你满足了,一种快意的满足,你将不再追究,因为她还说过:

我们不知道—

我们有这样的智慧

也就够了。

感情升华,理智退位。原因并不重要,重要的是后果,那美妙的、欢快的后果。

(江枫)

有两个可能 [1]

狄金森

有两个可能

有一个必然

还有,一个应该。

无限的折中

是我愿! [2]

(江枫 译)

一般情况下,狄金森的理念,总是带有可感知的特征,总是以有尺寸、有音响、有色彩、有质感、有形状的形式出现。例如:"希望是个有羽毛的东西",会飞,会唱,有体温,栖息在人们心底。而"名声,是一只蜜蜂",它有一首歌,它有一根刺,它还有一对能飞的翅膀。

但也有些诗,几乎就是赤裸的理念本体。《有两个可能》是这类诗歌典型的一例。

似乎是几个情态动词的排列组合,却实在是足以引发无限生动联想的抽象。我相信,说过"我愿"的人都会同意这一论断,而谁又不曾说过"我愿"呢?

一个赤条条的真理,像一个全裸的维纳斯或一丝不挂的大卫,突然呈现在你眼前,你能木然无动于衷?你能不感觉到某种伴随着快感的启示和伴随着启示的快感?何况这赤条条的真理,还披着一件整洁、匀称、适体的诗歌艺术形式外衣。类似的诗,还有不少,例如:

一加一,是——

二,应该废弃——

---

[1] 大约写在1884年。
[2] 可能,至少有两个;必然,只能是一个;应该,是伦理或法律的判断;"我愿",不过是上述条件下的折中。所以无限,是因为在上述条件制约下,仍可有各种利弊得失的考虑。

对于学习已经足够——

若是为了选修——

或是生,或是死——

或是永恒,一门就可以——

多了,太大——

灵魂,难以容纳——

而《有两个可能》,可算得是此类之极端一例。　　　　　　(江枫)

要说出全部真理,但不能直说[1]

狄金森

要说出全部真理,但不能直说——
成功之道,在迂回,
我们脆弱的感官承受不了真理
过分华美的宏伟

像用娓娓动听的解释消除孩子
对雷电的恐惧心
真理的强光必须逐渐释放
否则,人,会失明——

(江枫　译)

狄金森的思辨能力和想象力一样强,哲理、事理,她都爱写,常有警辟佳句,时而浅显如幼儿园阿姨说故事,时而又如博士谈玄,大概都和这种主张有关:

要说出全部真理,但不能直说——
成功之道,在迂回……

真理的强光必须逐渐发放

---

[1] 大约写于1868年。

否则,人,会失明——

而且还因为她相信:

> 我们能猜的谜
>
> 我们很快抛弃——
>
> 世界上将没有陈腐,只要昨天
>
> 还被认为神奇——

由于信奉这类原理,她常能使读者从司空见惯的现象中悟出深意,从陌生化的外衣下看出平凡真相不为常人认识的美,而且迫使读者放弃懒惰的享受,在接受中参与创造,从创造性的审美活动中获取双重的审美乐趣。

但是,也由于信奉这类原理,加之在文字上力求简洁凝练,她有些被称为"电报体"的哲理诗,跳跃大,转折多,取譬远而奇,也会使读者难以追循她如风似电思路的轨迹,而显得晦涩费解。

谜不是诗,谜可以是诗。尽管容易猜的谜会被很快抛弃,而百思不得其解时,人们也不会从徒劳的猜测得到乐趣。

真理,可以直说,也可以曲说。"成功之道,在迂回",也因为在迂回的道路上可以看到逐渐释放的真理光辉。如果迷信迂回,手段成了目的,读者在迂回的道路中深入迷宫、不得其门而出时,诗人也就自我封闭在没有出路的迷宫而和读者隔绝。

(江枫)

篱笆那边 [1]

狄金森

> 篱笆那边——
>
> 有草莓一棵——
>
> 我知道,如果我愿——

---

[1] 大约作于1861年。

我可以爬过——

草莓真甜!

可是,脏了围裙——

上帝一定要骂我——

哦,亲爱的,我猜,如果他也是个孩子——

他也会爬过去,如果,他能爬过。

(江枫 译)

对于这样的诗,是可赏而不可析的。

那孩子,是狄金森,也是你,是我。生活中有草莓,有篱笆,有上帝。谁生活过,谁就能理解。

草莓,甜的,草莓与"我"之间往往总有篱笆。

诗中的几个意象都有丰富的象征意义。"草莓"可以看作人们所喜爱的事物,所追求的目标;"篱笆"既是一种界限,更是一种障碍,是阻隔人们实现愿望的一种距离。而篱笆那边的草莓总似乎更甜,则道出了人们的一种普遍心理。狄金森曾一再吟咏过天堂是"我"难以企及的地方,禁果的滋味最美,饥饿刺激食欲,等等。"上帝"的含义则更为丰富,在"孩子"心目中的上帝,可以是长辈、管家或导师,可以指至高无上、无所不能、无处不在的"唯一真神",也可以是行为的伦理、法律、神学规范。意味深长的是,"我猜,如果他也是个孩子——他也会爬过去,如果,他能爬过。"这无疑是对"上帝"的一种调侃,对于拥有神圣权威的立法兼执法者的一种俏皮而深刻的讽刺。原来一本正经训诫别人不好的行为,"上帝"自己未必就不想做……这一切也许是我们读诗后的主观猜测,但这首短诗确实经得起人们的咀嚼,也自然会引起人们的各种联想。

狄金森在这首诗里,以孩子的语言、孩子的想法,写出孩子的内心独白,构制了一个耐人寻味的象征。这独白中的真实与谬误,全都发人深思,因为在上帝面前,我们永远,而且,全都是幼稚的孩子。成熟一点,就会知道。不过,也许还是不成熟的好。伴随着成熟的是苦恼,幼稚有幼稚的幸福。

那独白的孩子可能会错,却仍然是幸福的。尽管会挨骂,怕挨骂,或许挨过骂,然而,经过合理化猜测,再嘲笑一番上帝的嫉妒和不能,也就有了合理化的补偿和满足了。

狄金森不幸,不是孩子。写这首诗的1861年,正当她和牧师沃兹华斯邂逅相爱之时。我们有理由相信,此诗之作和他们结合无缘一事不无关系,字里行间确也流露出对于某种美好事物可望而不可即又无可奈何的幽怨心情。

(江枫)

要造就一片草原,只需……[1]

狄金森

要造就一片草原只需一株苜蓿一只蜂,

一株苜蓿,一只蜂,

再加上白日梦。[2]

单有白日梦也就够了,

如果没有蜂。[3]

(江枫 译)

狄金森不仅有很强的艺术敏感,而且也有很强的思辨能力。她的诗,除状物、写景、抒情,也说理:说哲理、事理,也说文理。

"要造就一片草原",就是说文理之诗:是诗,也是短论,然而首先是诗。

---

[1] 写作年代不详。

[2] 白日梦,原文 revery,是深思、幻想或沉湎其中,而不是一般的梦。

[3] 原文 If bees are few。这里的 few(少)是否定意义上的 few。既然,要造就一片草原只需一株苜蓿一只蜂再加上白日梦,条件不足时单有白日梦 alone will do 也就够了,则这让步句中,低于一株、一只的 few,就不可能是"少",只可能是无。因为涉可数数量的少,在汉语中不能低于一,倒很像古汉语中否定意义上的"微"字。

这首诗全篇只是一个比喻。

她要造的草原,显然是艺术作品,尤其是诗歌艺术作品。艺术,总是通过细节反映整体,通过局部反映全面,通过特殊反映一般的。

草原,特别是作为牧场的草原,最典型的细节,是苜蓿这种三叶草;人工创造的草原,多半就是由成万、成亿这种植物构成的。而赋予草原以生气的最典型的细小动物,则是嗡嗡营营、整天哼唱着歌曲忙碌、飞来飞去的蜜蜂。这是对于题材的拣选。

再加上"白日梦",这是指在清醒意识支配下进行的深思和想象活动,是有理智、有感情的活动。深思,提炼、开掘;想象,创造、成形。这是对题材的艺术加工和完成。

正由于白日梦是这样一种活动,所以,"如果没有蜂","单有白日梦也就够了",这是对深思和想象在艺术创作中重要作用的突出强调。

当然,对这首诗也可以做出别样的理解,因为它所讲的由少到多、由小到大、由单一到整体的道理是符合事物发展的基本规律的。人们尽可从其他方面去展开合理的联想。

威廉·布莱克曾经写过这样一首诗:"窥天国于一花,世界于一沙;握无限于指掌,永恒于一刹。"既可以作为狄金森这种象征诗论的论据,也可以充当她这种主张的例证和补充。

(江枫)

上帝果然是个爱吃醋的神祇[1]

狄金森

上帝果然是个爱吃醋的神祇
他受不了我们两人宁愿
同在一起游戏,而不是
留在他的身边。

(江枫 译)

---

[1] 写作年代不详。"果然",是由于据《圣经》记述,上帝曾说,"我,你们的上帝天主,是个有嫉妒心的神祇"。

狄金森在诗中,谈得较多的,是上帝、天堂、不朽和信仰。这固然是她自身文化背景的某种反映,她毕竟是在浓厚的宗教气氛下成长起来的;然而在更大程度上,她常是借宗教圣坛上的杯酒,浇自己胸中的块垒,用《圣经》的词汇和传教士的口吻发表她对人生的观感。

"上帝",有时是"盗贼",因为他剥夺,曾一再剥夺得她"一贫如洗";有时,是"银行家",他比凡人富有,他放贷,但是他贷出的幸福,一定牟取高利,而且终究要索回;有时,是慈爱的"父亲",在重大损失之后,一再给她以某种"赔偿";有时,是"远方一位高贵的恋人"。

在这里,上帝是个也有着七情六欲的神祇。虽然"上帝"与"神祇"的英文都是God,然而"上帝"是基督教之类——神教中至高无上独一无二而没有人性的神,第一个God就是这种东西,而第二个God会吃醋,显然与禁欲的至善化身不同,而类乎希腊神话中的诸神,故译"神祇"以示有别。

狄金森以自己感情生活中的切身痛苦体验为根据,断言他"爱吃醋",受不了"我们"相好而冷落了他。

"上帝",在她笔下成了宣泄喜怒哀乐的道具。对于宗教,她写道:"有些人过安息日到教堂去,我过安息日,留在家里。"

有时,在对"上帝"尽情调侃一阵之后,又由于宗教信仰难以形成而感到精神上无所依凭。清教主义影响和怀疑主义倾向并存,她矛盾的心情常常跃然纸上。这时,她会觉得,应该对上帝客气一点,给他留点灵光,因为:"有一星磷火,也比黑暗无光要好。" (江枫)

诗人,照我算计 [1]

狄金森

诗人,照我算计——

该列第一,然后,太阳——

---

[1] 大约作于1862年。

然后,夏季,然后,上帝的天堂——
这就是全部名次——

但是,再看一遍,第一
似已包括全体——
其余,都已不必——
所以我写,诗人,一切——

诗人的夏季[1],常年留驻——
诗人给得出的太阳——
东方会认为奢侈——
即使,那遥远的天堂——

能像诗人为他们的崇拜者
所制备的一样美
就太难在情理上证明——
还有必要为做梦入睡——

(江枫 译)

"有一星磷火,也比黑暗无光要好。"一星磷火也找不到,就自己当上帝,自己创造太阳,自己创造天堂。这种上帝,狄金森认为,就是诗人。所以,"诗人,照我算计,该列第一"。

其实,这也是一种信仰。她所钦佩的爱默生就说过,人的本质不在物质而在精神。人本身就是有限的造物主;诗人,是代表美的君主,而美的艺术目的不在模仿,而在创造。

狄金森认为:"诗人,就是他从平凡的词意中提炼神奇的思想。"又说,诗人是"建造庙宇的工匠"。

---

[1] 夏季,在狄金森看来,是最有生气、最美的季节。因为她的家乡艾默斯特,纬度高,处在相当于我国沈阳的位置,无霜期短,冬季长而寒,冬夏之间,几乎不存在一个有魅力的春季。

狄金森把诗人列为第一后,又把夏季和太阳列为第二,这似乎费解。其实,这表露了她对家乡和光明的热爱。

在某种意义上,狄金森也可以算得是一位"乡土诗人"。在她的家乡艾默斯特,正是新英格兰的高纬度地区。那里除了漫长的冬季,几乎没有春天,因此,阳光灿烂的夏季自然格外可贵。夏季的太阳都温柔、慈祥、富丽堂皇,大概也就可算是天堂了。不过,诗人还有更深一层的含义:

> 诗人的夏季,常年留驻——
> 诗人给得出的太阳——
> 东方会认为奢侈——

她在赞颂艺术永恒和艺术美高于自然美的同时,也就把诗人置于上帝之上了。

在她的诗里,直接谈论诗和诗人的,就有十几首。她早期曾写过类似于情人节戏谑,诗如《醒来,九位缪斯……》。但是当她认真对待时,她追求"活的""能呼吸""有生命"的诗。

她一直唱到了生命的黑夜来临,而在她以数量可观、独具一格的出色诗篇建造的庙宇内,当之无愧地占据着美国最杰出女诗人的位置。

(江枫)

他用手指摸索你的灵魂[1]

狄金森

> 他用手指摸索你的灵魂
> 像琴师抚弄琴键
> 然后,正式演奏——
> 他使你逐渐晕眩——

---

[1] 大约写于1862年。

使你脆弱的灵魂准备好

接受那神奇的一击——

以隐约的敲叩,由远而近——

然后,十分徐缓,容你

有时间,舒一口气——

你的头脑,泛起清凉的气泡——

再发出,庄严的,一声,霹雳——

把你赤裸灵魂的外衣,剥掉——

巨风的指掌抱握住森林——

全宇宙,一片宁静——

(江枫 译)

  狄金森真是描绘灵魂风景画的丹青妙手。灵魂里应有的,她的笔下尽有,而且手法多样。有时,白描;有时,重彩;有时,写意;有时,工笔。无论什么样的手法,她用来都得心应手,挥洒自如,能把细腻、微妙,甚至难以觉察、难以捕捉的感受,也写得有写实派的准确,印象派的光影和色彩,或超现实主义的怪诞和神奇。

  "他用手指摸索你的灵魂",全篇是用象征,说的是甲,指的是乙。表面层次,是清晰的,看得见,听得见,感觉得到。但这彼此对应的甲和乙,却可以做出千万种解释,由读者的人生经历、文化素养、审美趣味不同而各异。

  可以是,赞叹一位煽动能力极强的政治宣传鼓动者;可以是,描绘一位循循善诱的教士的布道;可以是,阅读一部诗歌、小说的读后感;也可以是,剧场幕落,对于精彩演出的评价和记述。

  如果你去请教弗洛伊德,他会告诉你,这首诗是一个独身女子受压抑愿望的升华、在梦境中的宣泄,也有可能会解释成性经验和快感高潮。然而我们宁愿把它理解为精神境界极高的喜悦体验,由有所感动,累进到使一切都失去存在的极乐狂喜。

(江枫)

活着,使人感到羞耻[1]

狄金森

活着,使人感到羞耻——
这样勇敢的人已经捐躯——
有幸的泥土令人嫉妒——
掩埋着这样一颗头颅——

墓碑记述,是为了谁
这位斯巴达[2]勇士战死——
为了自由,我们很少具备
她那种高贵品质——

代价高昂,付得庄严——
我们是否配有这种——
必须堆积生命像堆积货币——
才能换得的东西?

我们是否值得享有这种珍宝——
我们曾经坐等,当生命
正为了我们,在战争
恐怖的酒杯中,消融?

我想,那死去的——
活着,也许会享有盛名——
而无名的保卫者
却体现着神圣——

(江枫 译)

---

[1] 大约作于1862年。
[2] 斯巴达,古希腊斯巴达人以勇武著称,此处引申用作形容词。

狄金森，尽管深居简出，她的视线并不曾局限于自我禁闭的象牙之塔。通过阅读报刊，她也关怀家院外的天地，而不乏刺时之作。

她惯于在惠特曼只看见光明的民主肌体上，看到希望之国的沦落，美好理想在现实中的幻灭。她揭示出了民主外衣下的不民主，"真知灼见"必须服从"僵化痴癫"的少数服从多数。

显然她也关心政治，写得不多，是生活阅历圈子的局限。她的创作盛期，正好与南北战争（1861—1865）同时，有800首是在这场以废除蓄奴制告终的内战进行期间写成。"活着，使人感到羞耻"，显然有着战火硝烟的烙印。

这是一首浪漫主义直抒胸臆式的作品。通过生与死和坐等胜利与勇敢献身的一系列对比，歌颂死者的高贵品质，指斥苟活的可耻，从而为这一场埋葬蓄奴制的战争，鼓舞勇者前赴后继。"有幸的泥土令人嫉妒，掩埋着这样一颗头颅"句，会使中国读者联想到"青山有幸埋忠骨"，而且有类似的感染力。

最后一节，除有"一将功成万骨枯"的弦外之音，也体现了狄金森在别处也表达过的不求报赏、不图名利，无私奉献的神圣，体现了她对推动历史前进的小人物深怀同情和尊敬。

(江枫)

威廉斯 (6首)

威廉·卡洛斯·威廉斯（William Carlos Williams, 1883—1963），美国诗人。他一生行医，业余时间写作，除诗歌外，还写过长、短篇小说和文学批评。早在医学院上学时期，威廉斯就结识日后成为英美新诗运动的领袖艾兹拉·庞德，在他的鼓励下写过不少意象派诗歌。他还深受第一次世界大战前后流入美国的立体主义、印象主义、超现实主义画派的影响，并且在创作中注意吸收现代派绘画的手法。

威廉斯积极参加革新诗歌的新诗运动，反对以古典文学或欧洲文化为中心。他拥护惠特曼的主张，认为美国诗人应以本国乡土为动力，扎根美国本土，表现美国社会和美国生活。他不赞成庞德和艾略特等人广征博引，堆砌典故，把诗歌搞得深奥难懂，既脱离现实又脱离读者。他在《我要写诗》(1958)中谈到艾略特的《杰·阿尔弗莱特·普鲁弗洛克的情歌》时说："艾略特背叛了我所信仰的一切。他在向后看，而我是向前看……我觉得他排斥美国，而我拒绝被人排斥。"他还把《荒原》的出版比作"原子弹"，使新诗运动倒退了二十年、回到脱离群众的学院中去。他坚持自己的道路，孤军奋战近半个世纪，终于创造了一种全新的美国式的诗歌。

威廉斯摒弃传统的高雅的诗歌语言和音韵格律，采用简朴真切的美国方言，并且以美国口语的自然节奏做诗歌的音步，主张开放式自由体的诗歌。他反对在诗歌里抽象地阐述思想，强调寓理于物，"没有思想，除非是在事物之中"，通过一个个明确具体的形象使读者直接感觉到诗人要表现的事物，从而理解他的思想。他欢迎科技进步，在创作中表现工业化的美国。核科学、爱因斯坦的相对论、居里夫人发现的镭元素都是他的题材。他还把诗歌比作"用词语组成的机器"。他描写平凡甚至琐碎的事物，但经过他的加工，这些生活中十分熟悉的事物变得富有新意，披上了神妙的色彩。

他的诗歌多半短小精悍，精确细致，生活气息很浓。他在诗歌里歌颂普通人的顽强的生命力，挖掘表面丑恶的事物中的美好的一面。

第二次世界大战以后，尤其是20世纪50年代以来，威廉斯在美国文坛上的声望日渐高涨。他那简朴的诗歌形式、大众化的口语和用平铺直叙的方式反映实实在在的美国生活的手法，对年轻一代诗人如金斯堡、奥尔森等产生了巨大的影响。

威廉斯一生著作很多，比较著名的有《地狱里的科拉》(1920)、《春天及其他》(1923)等；融自传与历史为一体的五卷集长篇叙事诗《斐特逊》(1946—1958)已被公认为反映美国文化和现代人风貌的佳作之一。

大墙之间

威廉斯

医院的后翼
之间

什么也不会
生长

堆着没燃尽的
煤渣

绿玻璃瓶的
碎片

在其中闪闪
发光

(袁绍奎 译)

红色手推车

威廉斯

这么多
全靠

一辆红轮的
手推车

因为雨水
而闪光

旁边是一群
白色的小鸡。

(郑敏 译)

威廉斯在庞德影响下，参加过意象派诗歌运动，20世纪30年代又加入"客体主义"诗歌运动。他在为《普林斯顿诗歌和诗学百科全书》撰写词条解释客体主义诗歌时说，客体主义认为，诗歌除内容外，本身也是需加工的客观物体。客体主义特别看重诗歌的结构。同意象派相比，客体主义诗人所强调的意象更有其明确的特殊性，而且意象的含义更为宽广，"进入画面的是思想、头脑，而不是无依无靠的肉眼"。威廉斯一生都坚持鲜明准确的意象是诗歌的核心，主张"没有思想，除非是在事物之中"。他的有些诗歌有意象派诗歌的经不起咀嚼的毛病，但有些却言简意赅，含义深邃。上面两首便是极好的例子。

《红色手推车》和《大墙之间》原来不过是两个极为普通的句子，经过诗人的精心排列，它们都变成两行一节的诗歌结构。形式变了，平淡普通的句子马上就有了新意。每节由一长一短两行组成，彼此对称，各有自己的重音和节奏，虽不押韵却有诗的韵味。每一行，甚至每一节都只是一个片断，并非完整的句子。有些诗行在虚词如"的"字移行，在读者的主观视觉和客观物体中间制造了一种紧张状态、一种悬念，迫使读者的"思想进入诗歌"去揣摩其中含意。于是，两个本来不起眼的句子不仅成了诗，有了诗意，而且还有了诗歌所具有的耐人寻味的深意。

威廉斯在《自传》(1951)里谈到他在治疗病人面对生死搏斗的时刻，脑子里会突然闪过只言片语，他便随手记录下来。以后，这些词语很可能就发展成为诗歌。有一次，他在给一个病得挺厉害的孩子看病时，偶然抬起头来，看到窗外雨水中的小车和白鸡，他有所触动，最后就写成了名诗《红色手推车》。

这首诗提供了由红色手推车、雨水和白色小鸡组成的色彩鲜明而又和谐的画面。虽然，这个画面静中有动，红白两种色彩对立而又谐调，但从内容来看，它仿佛并没有说明什么思想或理论。然而，头两行——一个不明确的主语"这么多"和一个语气很强的谓语"全靠"——却给读者提出了值得反复思索回味的问题：究竟"这么多"代表什么？为什么它又要"全靠"这辆车和几只鸡？如果从这首诗的产生过程来看，"这么多"是否代表一种人生态度?如果一个人能从平凡无奇的事物中看到美和生趣,那么,他大概不会对生活悲观失望,也会有勇气面对生老病死等人生烦恼。如果我们从威廉斯对意象十分重视的角度来研究这首诗,它似乎又可以说是在阐述诗歌原则。诗人如果独具匠心选择得当,那么生活中熟悉得几乎不受重视的事物也有其美学意义,也能入诗。诗人独特的眼光和精细的观察力可以影响读者,使他看到平凡事物中所蕴含的不同寻常的诗意和情趣。

《大墙之间》也是这样一首意味深长的小诗。"医院的后翼"多半是太平间所在地,只有死亡。"什么也不会生长"明确地告诉人们这里无希望可言。"煤渣""碎片"当然也引不出美好的联想。然而,"绿色"两字却使这幅萧瑟悲凉的画面发生了变化。美以色彩的形式出现,促使人用新的眼光看待一切。

《大墙之间》和《红色手推车》常被称为"用眼睛看"的诗。诗人通过把长句分割为诗行,调动读者的视觉,也突出了物体的意象作用。威廉斯不写高山大川。但这两首诗证明,普通的事物经过诗人的观察、想象和描述,也会富有生命力,也能唤起读者心灵中的强烈感应。 (陶洁)

南塔刻特

威廉斯

窗外的花

淡紫,嫩黄

白窗帘变化色调——

洁净的气息——

向暮的日光——

照着玻璃托盘

玻璃水瓶,酒杯

翻倒,旁边

有把钥匙——还有那
洁白无瑕的床。

(赵毅衡 译)

　　威廉斯对现代派绘画很有研究,常常把绘画手法运用到诗歌创作之中。这首描写南塔刻特地方一间房间的小诗很像一幅印象派的静物画。然而,诗人并不单纯描写托盘中的水瓶、玻璃杯和钥匙,他还以敏锐的观察力描绘了窗外的花和托盘边的床作为背景。屋内屋外互相映衬,构成一幅宁静和谐的画面。一片深深的寂静、一个甜美的世界,寄托着诗人的美好心愿,呼唤读者的心灵感应。

　　像印象派画家一样,威廉斯十分重视捕捉稍纵即逝的瞬间的光线。"淡紫,嫩黄"的花朵由于"白窗帘"的飘动而变化,再加上"向暮的日光",色彩肯定变得或明或暗,忽浓忽淡。虽然这是一首用字句组成的诗,但它产生的视觉效果丝毫不比色彩明暗处理得恰到好处的绘画逊色。

　　威廉斯还善于将视觉意象听觉化,使静态变为流动,让读者享受到多层次的美感。"白窗帘变化色调"一行化静为动,使这幅静物画有了节奏感。"洁净的气息"调动了读者的嗅觉。一般情况下,洁净是不会有味道,但在这里却显得自然契合。嗅觉的美感增加了诗的意韵。诗行后的破折号,尤其是"白窗帘变化色调""洁净的气息"和"向暮的日光"后的破折号,制造了视觉上的空间,提供了读者浮想联翩的余地。"钥匙"后的破折号却引出了"洁白无瑕的床",把读者引向另外一个又同样美好的画面。

　　塞尚说过,"我们应该……从写生中超越自然"。在威廉斯的笔下,一些最平常的意象超越自身开始具有美学价值,凝聚了诗人对美的向往和对生活的真诚的热爱。《南塔刻特》通过纯粹的感觉和印象的联想沟通诗人和读者的心灵,建立了默契。

(陶洁)

去传染病院的路上

威廉斯

去传染病院的路上
冷风——从东北方向
赶来蓝斑点点的
汹涌层云。远处,
一片泥泞的荒野
野草枯黄,有立有伏

一潭潭的死水
偶见几丛大树

沿路尽是灌木
小树,半紫半红
枝丫丛丛纠结
下面是枯黄的叶子
无叶的藤——

看来毫无生命,倦怠不堪
而莽撞的春天来临——

他们赤裸地进入新世界
全身冰凉,什么都不明白
只知道他们在进入春天。而周围
依然是熟悉的寒风——
瞧这些草,明天
野胡萝卜那坚挺的卷叶
一件一件清清楚楚——
越来越快:明晰,这叶子的轮廓

可是在此刻,进入春天

依然那么艰难——然而深沉的变化

已经来到：它们扎住的根

往下紧攫，开始醒来

（赵毅衡　译）

《去传染病院的路上》又叫《春天及一切》，是一首描写春到人间的诗歌。提起春天，我们总会联想到春暖花开、鸟语花香等景象。但威廉斯独具匠心，不描写生意盎然的春景，而是一反常规，从萧瑟的冬景写起。在诗人的笔下，大地的复苏、生命之诞生同死气沉沉的冬天紧密相连，甚至是同死亡搏斗的结果。

在头13行内，威廉斯用了丰富繁复的形象——传染病院、冷风、荒野、枯草、死水、枯藤、黄叶等。几乎每个形象既反映客观的具体事物，又隐含抽象的代表死亡的象征意义。诗一开始便向读者展示了一幅充满忧郁情调的凄凉的冬天景象。然而，就是在这样凛冽的寒气中，春天降临了。第14至19行描写春天并不伴随欢乐而到来。"毫无生命""倦怠不堪""赤裸""冰凉""寒风"等描写实景实物的具体字眼点出，迎接春天的是严酷的冬天。冬春之交是需要一番挣扎的。然而，春天毕竟是莽撞的，不可抵挡的。随着春天的"来临"，诗行的节奏加快了，表示动感的词增多了。"明天"，春色一定会染遍大地，就像野胡萝卜"坚挺"的卷叶一样明晰、清楚。

可是，在最后四行里，诗人笔锋一转，又重新强调春色满园之艰难。"深沉的变化""扎住的根往下紧攫"两行提供了又一幅图画：冬眠的草根苏醒复活过来，倔强有力地孳殖着根须，在争取生命，奋力地生长起来。这幅画面同开头的冬景形成对比，宣告寒冬——死亡——的威力已在渐渐衰竭，真正的春天必将到来。可以说，最后两行是全诗的精华。

威廉斯不仅有独特的艺术眼光和精细的观察力，能够准确地挖掘平凡事物的丰富内涵，他在细节的安排上也是十分精心的。在展现愁惨的冬景时，诗人从天空写起，然后视线下移，由远及近，从云层到荒野，从野草到死水，从大树到树下枯叶，无一不是具体而细微的物象。在描写春降人间时,他不仅迫使读者俯下身子仔细观察被枯草黄叶埋没的树根,而且从地上到地下,从具体到抽象——从草根在地下的奋斗来突出新生命的顽强。这种不落俗套的写法,把冬春之交的自然现象描述得十分真切,叫人叹为观止。

(陶洁)

这只是为了说
威廉斯

我已经吃掉了
李子

原来在
冰箱里的

也许是
你打算

留着
早饭吃的

原谅我
它们真好吃

真甜
也真凉。

(陶洁 译)

俄罗斯舞
威廉斯

如果我妻子,
孩子和凯瑟琳
都已睡着

太阳像一只白炽的圆盘
在柔和的薄雾中
在闪光的树上,——
如果我在北边的房间里
赤身裸体,跳起怪舞
面对镜子
把衬衫在头上挥动
对着自己柔声歌唱:
"我孤独,我寂寞,
我生来就孤独,
我这样挺好!"
如果我衬着拉上了的黄色窗帘
欣赏我的手臂、脸庞,
赞美我的肩膀、两胁和屁股,——

谁会说我不是
我家幸福的守护神?

(袁绍奎 译)

　　前面两首诗充满精细明确的物象,通常称为威廉斯的"用眼睛看"的诗。这里的两首诗采用日常口语仿佛对话的形式,通常叫"说话"的诗。第一首诗的标题"这只是为了说"就是诗的一部分,实际上是以诗行形式写的便条。全诗通俗易懂,充满了欢乐。仔细回味,仿佛还有些开玩笑的味道。诗人吃了好吃的李子心满意足的心情跃然纸上,不由得叫人看了随同他笑起来。

　　《俄罗斯舞》以"如果"开始,采用条件句,加强了说话的口气。诗人提到"妻子""孩子"和他家的女佣凯瑟琳,使生活的真实气息更为浓郁。诗人赤身裸体对镜怪舞的一节颇为幽默风趣。白天,他得当丈夫,当父亲,当医生,遵循世俗。现在,家人入睡了,他独自一人自由自在,可以放浪形骸不受拘束。因此,他赞叹"我孤独,我寂寞……我这样挺好!"但他并非悲剧性人物,也没有一般诗人伤怀忧郁的愁思。相反,他赞美肉体,实实在在的实体美。最后,诗人的自我陶醉达到高潮,禁不住自吹自擂,称自己是家里"幸福的守护神"。

这首口语化的诗歌充满戏剧气氛,反映威廉斯对人生的乐观态度。另一方面,它同《这只是为了说》都说明诗不怕小,只要真诚,还是能打动读者的。

(陶洁)

庞德(3首)

艾兹拉·庞德(Ezra Pound, 1885—1972),美国诗人、批评家。在大学里学的是拉丁语系语言与文学。1908年来到伦敦,与叶芝等人结识。1913年后创立"意象派"诗歌集团,起了理论家与组织者的作用。庞德本人有《神州集》(1915)、《休·赛尔温·莫伯利》(1920)和《诗章》(1916—1968)等,对英美现代派诗歌的发展有一定的影响。

庞德从1928年起定居意大利,对墨索里尼的经济政策抱有好感,认为有利于艺术的发展。1940年起在罗马电台做广播讲话,攻击美国。战后被控以叛国罪,后以精神不正常被释。1972年在威尼斯去世。

这是一小时

庞 德

"不管怎样,谢谢你。"接着便转过身
就像风拂动花时,阳光
从悬垂的花枝上陡然消失,
她迅捷地离开我。不,不管怎样
这一小时阳光灿烂,至尊的神
也无法夸耀有更美好的东西
能超过静观这一小时的过去。

1911　(李文俊　译)

这首诗标题的原文是拉丁文：Erat Hora。从字面看，是写诗人与一位可爱的女子相处一小时后所感受的快乐、充实的心情。即使仅仅作为一首情诗来读，这首诗也是很有韵味的。不过从庞德发表在别处的言论里，我们知道，他很珍惜生活历程中的某些时刻，在这样的时刻里，"一个人感受到自己身上的不朽之处"，在这些"神秘的时刻"或蜕变的时刻里，人从平凡琐碎的态度跃入"神圣或永恒的世界"。因此，这首诗也有更加广阔的内涵。庞德所描绘的这样的使自己达到升华状态的心灵经验，也是我们有时候能感受到并且应该珍惜的。　　　　（李文俊）

在一个地铁车站

庞　德

人群中这些面孔幽灵一般显现，
湿漉漉黑色枝条上的许多花瓣。

（杜运燮　译）

庞德是20世纪美国意象派诗人的主要代表。他从中国古诗中受到启发，主张采用短小精练的意象来表现诗人的思想感情。这首描写地铁车站的小诗是其创作主张的典型代表。发表后曾广为流传，并被选入多种诗集和高校教材，产生过巨大的影响。

庞德回忆说，《在一个地铁车站》的灵感是偶然在巴黎地铁车站上获得的。当时使他激动的印象促使他写下了一首三十一行的诗。但他觉得对印象的表达不够凝练，因而信手撕掉了。半年之后，他又为这印象写了一首十五行的诗，仍然不能满意，感到其表现的强度还不够。又过了一年，他终于把这印象浓缩为两行，深感这首小诗"密实可喜"，自认为达到了他所期望的诗歌境界。

这首诗是诗人在巴黎地铁车站看到许多张美丽面孔后的亲身感受，其精彩之处主要在于第二句意象的运用。那么，这后一句比喻式的意象究竟意味着什么呢？从"花瓣"来看，无疑含有赞美之意，说明地铁乘客多半打扮得很漂亮；从"黑色枝条"来看，同"幽灵"相关，似乎又包含某种贬义;而"湿漉漉"则带有双重性,花枝湿润固然可喜,但潮湿却令人可厌。正是这些意象的矛盾性,引起人们种种不同的猜测。有人说"暗示了现代城市生活那种易逝感,那种非人格化";有人说"它揭示了资本主义给城市带来的拥挤和庸倦";也有人认为这首诗既有对城市繁华的赞美,也有对城市喧嚣的厌烦。倘从意象自身的二重性来看,这最后一说似乎较有道理。

应当指出,意象诗的妙处主要在于意象选择的准确、贴切,又富含深意,往往可以引起人们的多种猜测和理解(即具有意象的多义性、丰富性)。这里"湿漉漉黑色枝条上的许多花瓣"的意象,正是实现了上述要求,能激起读者各自不同的许多联想,回味无穷。　　　(许自强)

刘　彻
庞　德

绸裙的窸瑟再不复闻,
灰尘飘落在官院里,
听不到脚步声,乱叶
飞旋着,静静地堆积,
她,我心中的欢乐,睡在下面。

一片潮湿的树叶粘在门槛上。

1915　　(赵毅衡　译)

这首诗是庞德根据别人的译文改写的。原作者是汉武帝刘彻,其实也是伪托的。原来的标题是"落叶哀蝉曲",诗中所怀念的女子是李夫人。英国翻译家阿瑟·韦利把自己对此诗的英译题名为"李夫人",显然比叫《刘彻》恰当得多。

据彼得·布洛克查证,庞德所依据的是英国汉学家H. A. 翟理斯的译文。翟译、韦译都只有六行,正合原诗的六句:"罗袂兮无声,玉墀兮尘生。虚房冷而寂寞,落叶依于重扃。望彼美之女兮安得,感余心之未宁。"庞德的诗最后一句,我国有位译者说:"庞德显然突破了翻译诗的界限,干脆自己新写了一个结尾。他先把去世的美人写成是长埋在落叶之下,最后又突出地把她比为一片贴在门槛上的湿叶子,使诗更为生色了。"这也算是一种看法,抄录在此,供读者参考。若是让翻译家来评断,这最后一句既是误译("落叶"应是多数,"重扃"显然也不是"门槛"),又是衍文(与前面重复了)。

不过,庞德介绍中国诗歌功不可没,艾略特便说他是"为当代发明了中国诗的人"。我们知道一些东方诗歌影响西方现代诗的情况也是必要的。

(李文俊)

H. D. (2首)

H. D. (1886—1961),美国女诗人,本名为希尔达·杜利特尔。大学未毕业即去欧洲旅行,从此开始了长期侨居国外的漂泊生涯,与诗人和作家如庞德、叶芝、劳伦斯关系密切。她的第一部诗集《海的花园》(1916)使她成为意象派代表人物之一。她这个时期的诗短小、精致、富于韵味。后期创作的两部关于战争的叙事诗《三部曲》(1944—1946)和《海伦在埃及》(1961)表达了她对现代社会非理性的暴力的批判以及对个人和精神的复活和追求。

勒 忒 河

H. D.

没有兽皮没有皮革也没有羊毛
  来遮盖你
没有绛红帐幔没有精致的
杉木小屋的荫蔽,
  没有红枞
  更没有青松。

没有金雀花没有荆豆

也没有水紫杉,

没有花丛的芬芳

没有水鸟的哀鸣来唤醒你,

　　没有红雀

也没有黄鹂的啼啭。

没有来自爱人的絮语没有抚触

　　没有深情的眼光,你

漫漫长夜里只有等待:

满潮的汛水漫来把你灌满

　　不问你一声,

　　也不给你一个亲吻。

1924　（李文俊　译）

　　这是H. D. 1924年的作品。勒忒河是希腊、罗马神话中冥国里的一条河。据说鬼魂喝一口河水就会忘却人间和世事,因此也被称为"忘川"。但是在这首诗里,这条河与"忘却"无关,因此译者不用有含意的译名,以免使读者产生意象混淆。

　　诗中淋漓尽致地摹写了这条阴间的河的阴暗、枯燥与死气沉沉——全诗第一节用了七个"nor",第二节用了七个"nor",第三节用了三个"nor"与两个"without"——译文也都相应有"没有"与"不"来表现——足见是多么的缺少生气了。诗人写阴间的死寂,正是反衬人间的生气勃勃。

　　但是诗人所写的不仅是想象中的一条阴暗的河。从第三节里我们可以体味到,这是对一个没有爱的女子的绝望、愤懑的心情的刻画。她的伴侣不给她以爱的"絮语"与"抚触",也不用"深情的眼光"来凝望她,却不管她是否愿意,用"满潮的汛水"将河床灌满。这般地狱般的生活难怪要使女诗人联想起冥界里的那条河了。　　（李文俊）

群星在紫光中旋转

H. D.

群星在紫光中旋转,你的星不像
黄昏星那样难得露面,也不那么巨大
如明亮的"毕宿五"或是"天狼",
也不像战神的那颗那样血污耀眼。

群星在紫光中回旋,光辉夺目;
你的星没有"七姊妹"那么仁慈
也不像"猎户座"那些蓝宝石,璀璨晶莹;

而是显得清醒、矜持、冷峻,
当所有别的星摇摇欲坠,忽明忽灭
你的星却钢铸般一动不动,独自赴约
去会见货船,当它们在风浪中航向不明。

1938　　(李文俊　译)

这首诗歌颂了始终固定在天顶的北极星。它总是在同一个方位发亮,不像只有黄昏时出现的金星(长庚星)。虽然它的亮度不如天上最明亮的"毕宿五"与"天狼座",颜色也不像火星(在英语中"火星"——Mars,和希腊神话中的"战神"是一个词)那样发红。诗里说"七姊妹"仁慈,因为按照西欧习惯,昴宿星团(七星座)出现在春天的夜空时,农夫就应该耕种了。七星座能给人们收获,所以说它们"仁慈"。猎户座的诸星则略带蓝光,所以诗人称它们为蓝宝石。以上这些星座都在穹宇里旋转——当然是因为地球公转与自转的关系,唯独北极星一动不动,忠实地充当在惊涛骇浪里艰苦航行的船只的向导。

诗人写星,实际上当然不止如此。在生活中,我们也会遇到各种各样的"星辰"。有的光辉夺目,有的慈祥,有的威武,但是遇到险恶环境,它们会"摇摇欲坠,忽明忽灭"。但是有的星辰,平时显得"矜持、冷峻",在关键时刻却表现得非常坚定、可靠、守信用,从而给周围的朋友以巨大的帮助。

(李文俊)

克尔谟 (1首)

乔伊斯·克尔谟(Joyce Kilmer, 1886—1918),美国诗人,1918年死于欧洲战场。有三卷诗集,诗别具一格,与意象派诗相近。这首《树》是他的名作,此外的诗很少传诵,所谓以一诗成名的诗人(one poem poet)即是。

树

克尔谟

我想我从来没有见过
一首有如一棵树般美好的诗。

那棵树饥饿的嘴唇,
紧靠着大地涨满甜汁的双乳;

那棵树终日仰望着上帝,
祈祷时把长满绿叶的手臂高举。

那棵树到夏天在它的卷发里,
头顶着红襟知更鸟的窠巢。

冬天的白雪覆盖着它的胸脯,
立刻在它身上融化成雨水。

像我这样愚蠢的人才写诗,
却只有上帝创造出来树木。

(茅于美 译)

诗人用敏锐细腻的眼睛观察大自然。他无意中被一株树木的魅力所迷惑,惊奇地发现它有神奇的美。树木从大地汲取养料,看来它对养育它的上帝感恩戴德,时不时地举起它绿色的手臂向天空祈祷。

四季的变化使树木呈现出不同的风貌:夏天,它那绿油油、蓬松松的卷发里藏躲着红襟知更鸟的窠巢。冬日,树木的胸脯披上了银装,枝干上挂满了晶莹的冰凌。这里的颜色有红鸟和绿叶,以及洁白的冰霜,浓和淡的鲜明对比。树木只是自然界的一件极小的事物,却已透出迷人的美,诗人从这点赞美上帝的创造。按照西方诗人的一般想法:上帝创造万物,树木就是上帝创造的一首小诗。

诗人在大自然面前自愧不如,以为对比之下相形见绌了。人用文字写出来的诗是多么刻板,多么单调而缺乏色彩和生气啊。但是上帝随意勾勒几笔都是谲妙俊奇,非人力所能企及的。

文学艺术本有崇尚造化、模拟造化的学说,认为造化是凡人所不能达到的最高艺术造境。这首诗从赞美大自然中体现了这种思想。

(茅于美)

肯明斯(3首)

爱·埃·肯明斯(Edward Estlin Cummings, 1894—1962),美国诗人。1916年获哈佛大学硕士学位。第一次世界大战时自愿去欧洲服务。战后旅居巴黎,学习绘画并从事诗歌创作。1923年出版第一本诗集《郁金香与烟囱》,开始形成个人独特风格。他在诗歌形式上大胆实验创新,取消了几乎所有的大写字母,把标点符号随意处置或干脆不用,经常生造词汇,不顾传统语法句法,任意拆散单词或句子。尽管这样,他诗歌中仍然有不少感情丰富真挚、表现新颖有力的佳作。他主要的思想倾向就是追求个性自由,为此,他反对工业化与现代化。

在我从未到过之处

肯明斯

在我从未到过之处,也愉快地超越我

任何一次经验,你的双眸默然不语:
你最妩媚的姿态里有些什么使我紧闭,
那东西我无法触及只因为离得太近

你最不经心的一瞥又轻易使我开启
虽然我紧闭自己如同捏拢十根手指,
你总一瓣瓣地让我开放,春天也这样
(靠轻巧神秘的抚触)绽开她第一朵玫瑰

也许你的意愿是让我关合,那我和
我的生命就会非常美丽地倏然闭拢
宛如这朵花在用它的心去想象:
雪片正小心翼翼地洒向四极八荒

世界上我们能领悟的一切都无法
与你高度纤巧的威力相比:那质地
以它国度的色彩逼迫我,并且
赐予死亡与永生,随同每一次呼吸

(我不懂你怎么有魅力竟能使人关闭
以及开启;不过我内心深处明白
你双眸的声音更深沉,比起所有的玫瑰)
任谁,即便是雨,也不如你的手小巧纤细

1931　(李文俊　译)

　　《在我从未到过之处》是肯明斯一首著名的爱情诗。与肯明斯别的诗相比,这首诗形式上是比较整齐的:全诗五节,每节四行,虽不押韵,但是每行长短相仿。

　　诗歌的含意比较醒豁,写一位女士对倾慕者的魅力。她最细微的一颦一笑,都能使对方的心或是飞向希望的高空,或是坠入绝望的死谷,简直到了不是永生便是绝灭的境地。诗人赞美这位女子不但有大自然的季节更替让花卉吐艳的力量,而且比大自然更胜一筹:"你双眸的声音更深沉,比起所有的玫瑰"。恋人的眼睛"默然不语",什么都没说,但是只靠"最不经心的一瞥"就使诗人的心"一瓣瓣地"开放。这是何等有魅力的一双眼睛!

诗的第四节用了"高度纤巧的威力"("纤巧"在这里是名词而不是形容词)这样貌似矛盾的表现方式,使人感到新奇;又说"那质地以它国度的色彩逼迫我"。原文中"国度"为多数,想必这位女子有多种文化背景,是位有异国情调、不爱说话(也许不擅长说英语)的美人;而且身材娇小,因为如诗的最后一行所说,她素手纤纤,甚至小于小雨点(该是雨沫了吧)。

(李文俊)

柏拉图告诉过

肯明斯

柏拉图告诉过

他。他无法
相信(耶稣

告诉过他;他
不愿相信
这个道理)老

子自然也告诉过
他,还有联邦将军
(是的

太太)
谢尔曼
甚至还有

(信不信

由

你吧）你

也告诉过他：我告诉过

他；咱们都告诉过他

（他就是不信，根本不信

先生）得由

一小片日本加工过的

第六街

拆下的高架铁路

废铁轨；打中他的头顶：来告诉

他

1944　（李文俊　译）

这首诗写于1944年，正是第二次世界大战珍珠港事件之后。

美国未参战时，许多人都对法西斯的威胁缺乏警惕。政府甚至把大批废钢铁（包括从纽约拆下的高架铁路的铁轨）卖给日本，虽然明知这些钢铁将被用于军火工业。肯明斯的这首诗就是通过批评这些人的麻痹意识来攻击政府的错误做法的。

诗中提到一些哲学家与政治家，他们在历史上都是以警惕战争的兴起，反对玩火，主张和平而著称的。柏拉图著有《理想国》，提倡"善的理念"。耶稣是基督教的创始人，有"和平王子"的美称。老子是我国古代思想家，他主张清静无为，认为"兵者不祥之器，不得已而用之"。谢尔曼（1820—1891）是美国内战时北军方面的名将，但是有一次在军校对毕业班学生说："战争是地狱。"虽然圣贤、将军以及许多有见识之士都主张遏制战争于萌芽状态，但是美国某些人为了短浅的实利，仍旧将废铁卖给日本，直到头顶上落下日本飞机的炸弹才有所醒悟。

肯明斯在分节分行上均不愿从俗,而且喜欢以括号的形式加入插入语,但是也的确收到一些特殊的效果。 （李文俊）

太阳下山
肯明斯

刺痛

金色的蜂群

在教堂尖塔上

银色的

　　歌唱祷词那

巨大的钟声与玫瑰一同震响

那淫荡的肥胖的钟声

　　　　而一阵大

风

正把

那

海

卷进

梦

——中

（袁可嘉　译）

肯明斯是西方现代派诗歌的代表之一。他一方面在诗歌的内容上大胆创新,主张想象的自由性和随意性,使他的诗多有谜一样的色彩,任人猜度。同时,在形式上,又突破常规,在语言的结构、标点、拼写方法和排列形式等方面独辟蹊径,从而更增添了诗歌的象征意味和神秘色彩。这首《太阳下山》就很具有代表性。

这首诗从题目看,可知是描写夕阳西下时教堂附近的情景。肯明斯擅长绘画,他的诗中几乎全部采用了富于色彩感的意象。用"刺痛""金色的蜂群"比喻夕阳金辉的强烈光芒。诗的主体是写"巨大的钟声"在风中回荡,诗的后半段以独特的排列方式暗示着钟声的忽强忽弱、忽高忽低、忽远忽近,从而激发起诗人的奇妙联想。诗中的意象是鲜明而实在的,如同一幅教堂黄昏的画面,给人以身临其境之感。然而,诗中这些意象的含义却比较隐秘难解。比如"歌唱祷词""巨大的钟声"何以"与玫瑰一同震响"?这"玫瑰"是否意味着教堂中曾有婚礼或喜庆的场景?再如,为什么把钟声形容为"淫荡的肥胖的"?倘说钟声的"肥胖"是现代派常用的一种通感技巧,或许是指钟声圆润、嘹亮,回荡不息所给人的一种浑圆的形体感,那么这"淫荡"的钟声是否带有某种讽刺的意味,隐示着人们与教义相悖的作为?而与结尾大风把"海卷进梦中"相连来看,似乎又暗示着黄昏过后人们都将进入隐私的梦境之中。

当然,以上的分析都只是笔者的猜测而已。事实上,现代派诗人所描述的复杂而隐秘的内心世界,尤其是他们所采用的暗示、烘托、联想、对比以及繁复多样的象征手法等,是很难用简单明了的语言来诠释的。这合了我国古人说的一句话——"诗无达诂"。但也正因此,更增添了这些谜一样的诗的巨大魅力。

(许自强)

克莱恩(1首)

哈特·克莱恩(Hart Crane, 1899—1932),美国诗人,生于俄亥俄州一个商人家庭。父母不和给他带来精神紧张,中学未毕业即进入社会。13岁开始写诗,是个奇才,但是生活潦倒,酗酒放浪,甚至搞同性恋。33岁从墨西哥返国途中跳海自杀。重要作品为《航海》(1924)、《白楼》(1926)与《桥》(1930)。他的诗广泛使用象征和暗示,形象奇美,色彩瑰丽,有时古怪奇谲,不易索解。他虽然想在诗中表现现代美国的精神,但是自己却陷于精神崩溃,说明西方现代社会中存在着难以消弭的悲剧基因。

桥(选段)[1]
序　诗
克莱恩

多少拂晓，因颤动的休息而受冻，
海鸥的翅膀俯冲忽又旋身向上
洒下骚乱的白环，在被锁住的
海水之上高高地建起自由神像——

然后，在完美的曲线中消失，
像幻景中的帆一般穿过
几页只待搁开归档的数字；
——直到电梯把我们从白昼降落……

我想到电影，场面壮观的技巧
大群人俯下身来面对闪闪的景色
从未发现真情，却在同一银幕上
匆匆地向另一些眼睛又作预言。

而你，跨越海湾，银色的步伐，
太阳好像跟着你走，你的脚步
却留下一些运动没有使用——
你的自由暗中把你自己留住！

从地道，小屋或阁楼上跑来，
一个疯子高速飞跑冲向栏杆，
一下歪倒，尖叫着，衬衣像气球
一个玩笑从无言的商队里跌落。

正午从桁梁的空隙漏入华尔街头

---

[1] 指纽约的布鲁克林大桥。

像乙炔灯把天空烧裂成齿状,
驾在云头的吊杆整个下午转动……
你的巨缆吹静了北大西洋。

晦暗,就像犹太人的天堂,
你的奖赏……你授予的
无名爵位连时间都无法解除:
你显示了振荡的缓刑和赦免。

哦,狂想熔铸的竖琴和祭坛,
(单靠辛劳怎能调准你合奏的弦!)
先知所预言的可怕的门槛,[1]
漂流者的祈祷,情人的哭泣——

汽车灯光又掠过你流畅的
不间断的语言,星星洁净的叹息
珠连起你的路径——凝聚的永恒
我们看到夜被你的手臂托起。

我在桥墩上,在你的影子下等待,
在暗处你的影子变得十分清晰。
城市燃烧的包裹全解开了
白雪已经淹没铁的岁月……

哦,你无眠,就像你身下的水流
穹盖着大海,和草原做着梦的土地,
有时你猛降到最卑微的我辈身上
用一种曲线性把神话借给上帝。

1930　　（赵毅衡　译）

---

[1] 圣经中所预言的"地上天堂"的门槛。

《桥》是克莱恩最重要的作品。1923年开始撰写，1930年出版。全诗除序诗外，还有八节。克莱恩开始创作时，受史文朋与王尔德的影响。1919年他读到艾略特的早期诗，很受启发。后来又读到《荒原》，很钦佩艾略特把现代生活各个方面囊括进一首诗的雄心壮志。不过他认为艾略特太悲观，他认为自己要完成的是一个更为积极的目标。惠特曼（还有爱伦·坡）是克莱恩精神上的先驱。克莱恩也愿像惠特曼一样，热情讴歌美利坚，积极表现美国精神。惠特曼写过一首《过布鲁克林渡口》，今天，在这个渡口上，已经升起了布鲁克林大桥。在克莱恩看来，这座大桥就是20世纪美国的象征。他通过歌颂大桥、地铁、摩天楼与大都会繁华紧张的生活来歌颂美国。

克莱恩有意把《桥》写成一首表现现代美国的史诗，但是它没有故事，各首诗之间亦不连贯。诗的中心、诗的灵魂即是大桥。从大桥出发，既可通向美国的过去，也可通向美国的未来；既通向纽约市区，也可经由铁路通向中西部的农村与草原。在克莱恩眼里，桥是自然景色与人的力量的一个联系，是美与科学技术的结晶。

这里选登的是《桥》的序诗。第一节从海鸥写到大桥（"颤动的休息"说明由于夜间汽车稀少，大桥颤动得并不厉害），又写到海港里的自由女神，交代了背景。第二节马上把读者的视线带回到大都会的日常生活里来：数字、归档的文件、下班的电梯……这一幅幅景象有如电影中的蒙太奇——诗人在第三节里也正是这样点明的。

第四节接着写大桥，诗人夸张地说它跨的是"银色的步伐"，连太阳都似乎是桥的跟随者。这桥步子虽然矫健，但是走动的毕竟是桥上的车辆，桥给了别人走的自由自己却还是留了下来。

第五节写有了桥便不可避免地有自杀者从桥栏跃下。他的一生，仅仅是"一个玩笑"。"无言的商队"，则指和他一样的芸芸众生。他们为了生活忙忙碌碌，对于自杀已经司空见惯，故而"无言"。

下一节写大桥附近的华尔街，说它是高楼之间的一个空隙，活像一颗劈裂的牙齿。而伊斯特河边,高入云端的塔吊为装货在不停地转动。大西洋水波不兴,可是在诗人看来,却是大桥的钢缆的呼吸使大海平静下来的。

第七节又把大桥设想为君王。它的奖赏,是犹太人的天堂。(犹太人观念中的天国比基督徒的更加模糊不清)它还有自己的授骑士称号仪式、缓刑与赦免。

第八节到十节进一步尽情歌颂桥的美。这三节笔者亦曾译过,现抄录如下以供参照:

> 哦,竖琴与圣坛,你原是用狂想铸成,
> (单靠苦工怎能排列好你繁响的弦!)
> 你是先知许诺的天国、激动人心的窄门!
> 你是贱民的祈祷、爱人的呼唤,——
>
> 车队的灯光又掠过你那流畅的
> 一气呵成的诗行,群星圣洁的叹息
> 装点着你的舞步——那是凝结了的永恒;
> 于是我们见到了黑夜,被你的巨臂轻轻托起。
>
> 我伫候在堤岸旁,在你阴影底下;
> 只有夜色渐浓,你的身影才变得清晰。
> 大都会装容火焰的包裹全部松开,
> 白雪又一次覆盖住铁铸的年华……

这几节比较明朗,不必多加解释。"大都会装容火焰的包裹"指的是华灯初上时一片通明的摩天楼。

最后一节据美国注家的意见,说的是大桥在凡人眼里是如此的伟大,它那曲线形的高大存在几乎要令人想起上帝,它本身就是一个赋予上帝以桥的闪身形式的新神话。

(李文俊)

休斯(3首)

兰斯敦·休斯(Langston Hughes, 1902—1967),美国黑人诗人、小说家,20世纪20年代哈莱姆文艺复兴的主要代表人物。休斯一生著作等身,从诗歌、戏剧、长短篇小说到幽默小品、儿童读物等都有所建树,但以诗歌方面的成就最为突出,素有"黑人桂冠诗人"之称。他创作了16部诗集,比较重要的有《疲倦的布鲁斯》(1926)、《哈莱姆的莎士比亚》(1942)、《单程票》(1949)、《延迟的梦之蒙太奇》(1951)等。

休斯的创作深深扎根于美国的黑人民族,尤其是纽约哈莱姆区的下层劳动人民的土壤之中。他的诗歌真切反映了种族歧视给黑人带来的痛苦,抗议美国社会的不平等现象;另一方面,他热情讴歌黑人的美好情感和顽强的拼搏精神,颂扬黑人源远流长的文化和传统。早在20世纪20年代,他就冲破传统习惯的束缚,采用黑人方言描写普通黑人的生活和经历,从而拓宽了黑人诗歌的题材,革新了诗歌形式。在诗歌的结构和韵律方面,他不断吸收黑人爵士音乐、圣歌和布鲁斯悲歌的形式和手法。休斯的诗歌感情真挚,语言朴素、节奏明快,主题思想有积极的社会意义,对美国和非洲黑人诗歌的发展都有深远的影响。

黑人谈河

休 斯

我了解河流,
我了解河流和世界一样古老,比人类血管中的血流还要古老。
我的灵魂与河流一样深沉。

当朝霞初升,我沐浴在幼发拉底河。
我在刚果河旁搭茅棚,波声催我入睡。
我俯视着尼罗河,建起了金字塔。

当阿伯[1]·林肯南下新奥尔良，我听到密西西比河在歌唱，我看到河流混浊的胸脯被落日染得一江金黄。

我了解河流，
古老的、幽暗的河流。

我的灵魂与河流一样深沉。

（赵毅衡　译）

《黑人谈河》是休斯18岁时写的一首诗，也是公认的他的最出色的一首诗。休斯的父亲一心发财致富，在休斯幼小的时候便同他母亲离异，去墨西哥做买卖。他虽为黑人却十分鄙视黑人，尤其是贫困的黑人。他还因文人不赚大钱而看不起他们，坚决反对儿子做诗人。休斯高中毕业以后曾去墨西哥拜访父亲，但不欢而散。据休斯自述，《黑人谈河》是在归家的火车里写成的。他闷闷不乐地回想着父亲对他的不满和对黑人的蔑视，心情沮丧。临近黄昏时，火车经过密西西比河，他忽然心有所动，文思喷涌，在一个信封的背面写下了这首诗歌。从某种意义上说，这首诗表达了休斯对父亲的反抗和对黑人民族的认同。

休斯把黑人的历史比作河流。在简短的诗行里，他提到古代文明发祥地的幼发拉底河和尼罗河，黑人故乡非洲的刚果河以及美国南方——黑人受苦受难的地区和为了解放黑奴而进行的南北战争的战场——密西西比河，从而证明了黑人的历史同河流一样源远流长，黑人在创造世界文明和建设美国中有不可磨灭的贡献。他通过混浊的河流为落日染成金黄的景色描写巧妙地歌颂了黑人的美好，更以重复"我的灵魂与河流一样深沉"这句诗行突出黑人民族的尊严和民族自豪感。全诗语气深沉，意境深邃，发人深省。

（陶洁）

---

[1] 阿伯是阿伯拉罕这名字的简称。

年轻姑娘的布鲁斯

休 斯

我要走到坟地里去
走在我的朋友科拉·李小姐的后面。
要走到坟地去
在我的朋友科拉·李小姐的后面。
因为有朝一日我死了,也得
有个人走在我的后面。

我要去贫民院
去看我那克鲁老姨娘。
要去贫民院
看我那克鲁老姨娘。
有朝一日我又老又丑
我也想见个人,我也一样想。

贫民院好孤单
坟头冷飕飕。
啊,贫民院太孤单
坟地里的坟头冷飕飕。
不过我宁可死掉
也不愿意又老又丑。

爱情消失了
年轻的姑娘有什么办法?
爱情消失了,唉,
年轻的姑娘有什么办法?
还来爱我吧,老爸爸,[1]

---

[1] (俚语)以金钱换取少女欢心的中年人。

我不想愁闷悲哀。

(陶洁 译)

　　布鲁斯是在美国黑人中广为流传的一种民歌形式,三行一节,头两行彼此重复,第三行同第二行押韵。这类民歌的主题一般都是抒发唱歌人的忧伤,哀叹生活之艰难,基调悲哀却又往往蕴含幽默或嘲讽。休斯对此十分赞赏,认为正是这一丝幽默给了黑人生活的勇气。他经常在诗歌中采用布鲁斯悲歌的形式,但他常把三行一节增加到六行,使一行与三行、二行与四行互相重复,从而使重点更为突出,也使诗歌更富有真实朴素的生活情调。

　　《年轻姑娘的布鲁斯》寓抒情于叙事之中。主人公——一个欢场中的女子——从女友及姨妈的悲凉下场想到自己的前途,颇有不寒而栗之感。全诗分四节,共24行。头两节是两个单纯简约的小故事。主人公推己及人,为科拉·李小姐送葬又去贫民院探望老姨妈,希望将来自己孤苦无援时也会受到别人的照料。休斯采用重叠反复的手法,尤其在第三节反复强调贫民院的孤单和坟地的阴冷,把这类女子的悲惨结果烘托得更为强烈。然而,第三节"我宁可死掉也不愿意又老又丑"一句语气突变,风趣幽默,反映了主人公的天真幼稚。她毕竟年轻,更多想到的是找个中年男子做靠山以便及时行乐享受青春。最后一节既流露了主人公无可奈何的心情,又表现了她不想被忧虑压倒的愿望。　　(陶洁)

哈莱姆

休 斯

一个拖延的梦,会出什么事?

它会不会干枯
像太阳晒葡萄干?
或是像疮疖滚脓
最后烂穿?
它会不会像臭肉腐烂?

还是像蜜糖上

干出一层糖皮?

也可能它只是垂下,

像负着千钧重压。

还是它会突然爆炸?

(赵毅衡 译)

休斯长期居住在纽约的哈莱姆区,对这个黑人集居的地方有着深厚的感情,经常以它为题材。1951年出版的《延迟的梦之蒙太奇》,可以说是一首由很多片断诗节组成的以哈莱姆为中心的长诗。作品内容包罗万象,几乎涉及哈莱姆的一切角落和方面以及生活于其中的形形色色的人物与心态,《哈莱姆》是其中最为重要的一节。

这节诗才11行,但意味深长,气势非凡。全诗采用问句形式,诗人一口气问了6个问题。其实,后边5个是反义问句,提出了梦如果迟迟未能实现的各种后果。虽然他没有做正面解释,但读者一看就明白这儿的"梦"指的是黑人追求自由平等、过美好生活的梦想。诗人用四个生活中常见的现象:葡萄晒成干、疮疖滚脓烂穿、臭肉腐烂和蜜糖干出糖皮来,生动形象地点明拖延的梦的严重后果。一连串的问题犹如警钟,迫使人们面对现实进行严肃认真的思考。最后一个问题"还是它会突然爆炸?"没做任何比喻,却仿佛预言一般,有震撼人心的威慑力。

(陶洁)

奥尔森 (1首)

查尔斯·奥尔森(Charles Olson, 1910—1970),美国当代诗人。在耶鲁大学受教,1951—1956年在北卡罗来纳州黑山学院教书。他创立了黑山派,宣传投射诗的理论,提出与T. S.艾略特相对立的诗论,提倡开放形式,写有很长的《马克西玛斯》长诗,主张用呼吸安排诗行,强调写美国的风土人情,寓象征于地方色彩。他的理论影响了20世纪50年代以来美国新诗的发展。《嚎叫》的作者金斯堡所属的旧金山复兴派,也是在投射诗的影响下进行创作的。主要著作有十余种。

我,葛罗斯特的马克西玛斯对你说

奥尔森

离海岸,在群岛中,
那深深埋在血、珠宝和奇迹
　　中的群岛,
我,马克西玛斯,[1]
一块初出沸水的熟铁,告诉你
什么是长矛[2],它听从
"今日之舞"中人形的指挥。[3]

一

那你所追求的东西,
可能在鸟巢的四壁中,
　(第二次,时间杀死的,那鸟!那鸟!
那里!(强大的)冲刺,那船桅!飞——
　　　　(鸟的起飞
　　　啊,古希腊饮碗上的[4],

---

[1] 马克西玛斯是诗人的化名。奥尔森曾居住在葛罗斯特,这是一座建于1623年的渔业城市。在《马克西玛斯》长诗中,奥尔森写了这个城市的人、生产和美国文化的兴衰。

[2] 长矛指的是捕鱼所用的长矛,但此处也是指诗人的笔,诗人自比是在生活的沸水中经受过锻炼的铁块,用这种金属制成的长矛并不和现实为敌,而是听从现实的规律指挥。

[3] 今日之舞是指多变化多发展的复杂的现实,奥尔森认为舞蹈能揭示生活中的矛盾与和谐,舞蹈中的人形也是规律变化的体现者。

[4] 此处原文是Kylix,一种古典的希腊饮酒用的浅碗。

啊，巴杜的安东尼[1]

低飞，啊祝福

那些屋顶，古老的，那些温雅的尖顶，
在它们的屋尖上海鸟静坐，从那儿起飞

还有那些晒鱼架，

我的家乡的鱼架！

二

爱是形式，而不能没有
重要的实质（重量
譬如，每人五十八克拉
在我们金匠的天秤上
一丝丝的增加，

（矿物的，卷曲的发丝，和你的
紧张的嘴喙衔来的线头

这些最终积成总重量
（啊，护航的圣母
在她的臂弯里睡着的
不是圣婴，却是一只精雕细刻，
画着脸像的小木舟！
——纤细的桅杆，像前桅那样

伸向前方

---

[1] 巴杜的安东尼是13世纪的圣芳济和尚和教师，他曾在巴杜附近的布蓝顿河边向鱼布道。这里诗人将自己化名为马克西玛斯，并看成第二次投身（佛教轮回）的鸟，因此与古希腊的文化和曾听安东尼布道的鱼有联系。

三

那根部,虽然分叉,不稳定,
如人的下体,如金钱;却是事实!
事实,我们必须面对,像对海一样,
他冷冷地说,这些我们要用耳朵的
听觉来对待![1]

用耳朵,他说。
但是,我的人民啊,当一切都变成弹子
　　球台,
甚至静寂也是喷涂上的装饰
甚至我们的鸟,我们的屋顶
都无法听到,你能去哪里
寻找?哪里?如何能听见那
重要的、坚持的、不衰的东西?

当甚至你,甚至声音本身都是外加的?

当山巅上,水面上,
那里她曾歌唱;
当水闪着金光
一块块黑色的、金色的,
潮水向外退,黄昏时

当钟声传来,像小船
漂过油光的海面,马利筋草的
糠皮

---

[1] 用耳朵,按照奥尔森的理论,耳朵的听觉使人们与外界的信息发生联系,而这些信息经过脑子的处理产生智力,成为诗的主要成分之一。

而一个人影跌坐斜倚

粉红色的船板

冥然入静

啊,海之域)

四

人们只喜爱形式

而只有当事物诞生时

形式才存在

诞生自你自己

白干草和棉秆,

街头邂逅,码头和

你,我的鸟,街来的野草

    一根鱼刺

    一根稻草,或

    一种色调

    一种你自己的钟声

    破碎的

五

爱是不容易的

但你如何能知道,

新英格兰,现在

腐朽在这里发生了

老式电车,啊俄勒冈,

如何在午后叮当而过,冒犯了

一个黑色——金色的小腹

啊，捕剑鱼的人，
你将如何击中
那蓝红色的鱼背，
当昨夜你的目标
是颓唐的音乐、病态的
音乐、病态的音乐，
而不是那种纸牌游戏？
啊，葛罗斯特人
织吧
将你的鸟、手指更新
你的屋顶和晒着
整洁的干鱼的鱼架
在美国的辫子上
晒着，和你一类的人一起，
这种能剥离的表面
好像羊人神和口语，
沙孚故乡瓷瓶上的
半人半兽神
啊，杀，杀，杀，杀
杀死那些用广告
出卖你们的人们

六

收、收、那前桅杆，鸟，鸟嘴
收起，那曲线收起，还有那形式
你们所创造的形式，那能容纳事物的，
那是事物的法规，一步步的守则，
还有你的实质，你的必然性

那力量所能抛出的,现在能开始竖立的
那桅杆,那桅杆,那柔韧的
桅杆!

那鸟巢,我说,我,马克西玛斯
　　对你说,
用手遮着,从我站着的地点,
越过海面,从我听得见的地方,
还听得见的地方,我看见它,

从那里我带给你一根羽毛,尖的,
好像我下午拾得的,
送给你一颗珠宝
它比一个翅膀还要光亮
比一个古老的浪漫事物,
比一个记忆,一个地方,
比你带来的东西之外的一切
都更亮

比那东西本身更亮。
叫它一个鸟巢,围着头的鸟巢,
叫它第二,
比你能做到的差一些。

(郑敏 译)

　　20世纪的美国诗人都考虑过美国诗如何创新的问题。庞德首先提出打破以音步的数量设计诗行的理论,而主张按照乐句来写。艾略特在这个基础上进行了一些试验,产生了自由的格律诗,即自由地运用一些传统的格律。威廉·卡洛斯·威廉斯则要求美国诗彻底摆脱抑扬格的节奏,在美国自己的语言中寻找新诗的节奏,提出了"可变的音步"。然而这还不能使奥尔森满意,于是诞生了以诗人在某种情感、思维的情况下呼吸的徐缓和急促、深长和短捷来定诗行的长短和节奏的所谓投射诗的理论。投射诗主张将主观的感情、思维投射入诗中。奥尔森的理论是"耳"通脑(思维)、"气"通胸(感情)二者结合则形成诗的音响、节拍、旋律。这些理论是他在黑山学院任教时和罗伯特·克利莱(Robert Greeley)、罗伯特·邓肯(Robert Duncan)等人形成的,故被称为"黑山派"。他又受威廉斯的影响,可以说和威廉斯的诗论合成一个反对艾略特的现代主义的后现代主义力量。50年代前的英美诗坛完全处在艾略特的现代主义影响下,50年代后美国后现代主义上升,影响了其后的几代青年诗人。如今在人们的心目中,艾略特已成为现代主义的经典作家,而后现代主义尚在发展中。

"我,葛罗斯特的马克西玛斯对你说"选自奥尔森的长诗《马克西玛斯》。这首长诗体现了奥尔森的投射诗论的某些重要原则,如诗行的长短不决定于音步,而取决于这行诗所描叙的内容、情感,也就是诗人在表达这种情感时呼吸的疾缓状况。其次是开放或要求破除一切封闭感,奥尔森不用完整的括号,因为他认为"( )"带有终结的封闭感,因此大胆抛弃后半个括号。奥尔森又十分强调创作中思想不停地运动前进,不允许任何停滞,结果往往听任想象突破句法和语法的完整,而形成破碎的语片比比皆是的情况,这增加了诗的难解程度。读这类诗不能要求每句都理解,但对全诗的形式感、形式与内容的有机联系,以及内容的深度有所理解即可。

诗的要义:

第一章写葛罗斯特的文化、生产和诗人作为一种心灵的力量,对家乡葛罗斯特的感情。鸟巢象征建设,桅杆是动力,晒鱼架是人民的生产和生活。

第二章诗人大胆地表达了新的宗教观:护航的圣母直接怀抱着渔民出海的小船。

第三章对西方城市文明的庸俗腐朽进行批评。人们失去了朴实的生活,感情受到异化的冷漠,丧失了洞察真理的能力。

第四章谈到只有丰富而充实的生活才产生美好的形式。充实的生活来自现实,这包括它美好的一面,但也包括它痛苦、不幸的一面,如街头踯躅的妓女、码头上的流浪人。这包括着美与丑的现实是生活和艺术的源泉,也是形式的产生者。

第五章写过去的文明为当前的腐朽所代替,人们因此无法进行有益的生产劳动。原文用"mu-sick"这个作者制造的名词代替同声的music,即音乐,当夜晚听了很多令人作呕(sick)的音乐,白天是无法生产的。结尾时诗人借用李尔王在受女儿的欺辱后的喊声:"杀、杀、杀、杀、杀",表示对腐朽的文化的痛恨。

第六章以桅杆为力量的象征,号召努力筑巢。诗人说他为精神建设增添一根羽毛。

(郑敏)

洛威尔 (5首)

罗伯特·洛威尔(Robert Lowell, 1917—1977),美国诗人,出身波士顿望族。父系亲属中有19世纪著名诗人詹姆斯·罗塞尔·洛威尔、20世纪意象派女诗人艾美·洛威尔以及哈佛大学校长等学者名人。洛威尔本人常用各种方式(如离开他家族通常就读的哈佛大学去名气不很大的肯庸学院,皈依天主教等)来表示对家族的反抗。

洛威尔的创作大致可分三个阶段,各时期的诗风颇不相同。他早年受教于新批评大师兰塞姆和泰特等人。成名作《威利爵爷的城堡》(1946)形式工整而内容艰深,使用大量的基督教和古典文学方面的典故,注重反讽、隐喻等修辞手段。诗集出版后深受好评,获普利策诗歌奖,使洛威尔一举成名。

50年代,洛威尔的父母先后去世,他本人精神忧郁症不断发作,几乎每年要入院治疗两三个月。他开始接触金斯堡等人的诗歌,发现他们坦露心迹抨击社会的口语化自由诗体有很强的感染力。于是,他开始改变诗风,采用日常生活的语言和结构,注意借鉴口语的节奏,诗行短小明快,多为自由体。这阶段的代表作为《人生写照》(1959)。他以个人和亲友的生活为素材,描写家道的败落、婚姻的不幸以及自己在精神病院的经历,证明个人的痛苦实际上是社会腐化堕落的反映。《人生写照》开创了自白派诗歌的先河,成为美国诗歌史上最受推崇和模仿的诗集之一。

洛威尔在60年代积极参加美国的政治运动,公开拒绝约翰逊总统的邀请,参加1967年向五角大楼进军的示威游行并发表演说反对越南战争。他的最后一本诗集《日复一日》(1977)以衰老和死亡为主题,多半为短小的自由体抒情诗。

洛威尔的诗歌是时代的写照。他描写美国城市的败落、新英格兰地区贵族统治的衰亡、越南战争等政治事件和社会弊端,反映了美国社会中知识分子的苦闷与不满。他作品的现实感、他在诗歌风格上的创新等成就使他成为当代美国诗歌的十分重要的代表人物。

福光的孩子 [1]

洛威尔

父辈们从蛮荒之地夺取面包,
用红种人的骨头做院子围篱,
他们从荷兰低地登上海船,
夜里在日内瓦朝香者无处归宿。[2]
他们在此地种下福光的蛇籽。[3]
旋转的探照灯在搜索,想震撼

---

[1] "福光的孩子"是《圣经》中常用语。据《路加福音》十六节:福光的孩子有别于尘世的孩子,他们受上帝恩眷。

[2] 美国早期移民是受宗教迫害的清教徒,因此他们自称为"朝香者"。日内瓦是加尔文教(清教是加尔文教的英国宗)的大本营,所谓"无处归宿"是指加尔文教反对圣餐说而失去皈依。

[3] 《马太福音》:蛇籽落在石头上,枯萎而无法生长。

> 建在岩石上的狂暴的玻璃房间,[1]
> 在空无一物的祭坛旁,蜡炬流淌,
> 该隐的无家可归的鲜血在燃烧,[2]
> 烧着了没掩埋的种子[3],那里才有福光。

选自《威利老爷的城堡》(1946)　　（赵毅衡　译）

这是洛威尔早年创作的一首诗,采用传统形式,格律严谨(原文采用抑扬格五音步诗体),语言凝练。十行的短诗竟用了5个典故和隐喻,给不熟悉《圣经》的读者带来一定的困难。

洛威尔在诗中检验美国建国的历史,揭露清教徒残杀印第安人的罪行。当年,为了逃避英国国内的宗教迫害,不少清教徒来到美洲大陆。他们自称是"上帝的选民""福光的孩子",决心把美洲大陆建设成新的伊甸园。洛威尔叙述了第一批清教徒在荷兰登上"五月花"号轮船前来美洲大陆的历史事实,但指出他们像该隐弟一样残害印第安人。"用红种人的骨头做院子围篱"一行明确指出白人的财富是用印第安人的尸体换来的。清教徒到了美洲大陆不仅杀害印第安人,而且还排斥异己,曾对不相信他们教义的人进行过残酷的迫害,甚至绞死或烧死他们称之为女巫的异教徒。"旋转的探照灯"一行影射这类史实。根据《马太福音》,蛇籽落在石头上无法生长,但从撒旦化身为蛇引诱夏娃上当的典故来看,蛇籽云云也可以指清教徒与魔鬼同属一类。最后一行"那里才有福光"同标题遥相呼应,以强烈的讽刺与蔑视点出诗的主题,表达诗人对清教徒们的谴责和对印第安人的同情。　　　　　　　　（陶洁）

---

[1] 玻璃房间,指现代化的住宅。探照灯云云,是说清教徒自己罪孽深重,却想惩罚别人。

[2] 据《圣经·旧约》,该隐是亚当的长子,他杀死了弟弟亚伯。

[3] 有论者认为这是暗示当时美国烧毁剩余谷物以控制粮价下跌,而当时全世界几亿人在挨饿。

臭鼬出来时

（致伊丽莎白·毕夏普）

洛威尔

诺提拉斯岛的隐居女产业继承人
仍在她的斯巴达式乡舍过冬
她的羊群仍在海边高处吃草
她的儿子是主教，她的农民
是我们村里的第一名选手；[1]
她已进入老昏年龄。

渴望得到
维多利亚时代等级制度的清静
她买尽了
她的海岸对面的一切刺眼的建筑
让它们变成颓垣

季节的问题——
我们失去了我们夏季的百万富翁
他好像是从L.L.毕恩公司[2]的商品目录本内
跳出来的。他的九浬／小时的快艇[3]
已拍卖给经营龙虾的渔民
蓝山已遍染红狐的色泽[4]

现在那位同性恋的装饰匠

---

[1] 应为"头号市政委员"。（评论者注）
[2] 专卖时髦便服的公司。
[3] 浬，海里的旧称，1海里等于1852米。
[4] 蓝山是缅因州的山，离洛威尔居处很近，当时已染秋色。

刷新他的铺面准备过秋天
他的渔网装满橙黄的软木浮标
他的鞋匠板凳及钻子是橙黄色
他的活不能赚什么钱
他最好结婚

一个黑夜
我的都铎[1]式福特牌汽车爬到山的脑袋上；
我等候一些恋人们的车到来，车灯暗暗的
它们并排躺着，车身靠着车身
在市镇的墓园架子上……
我的脑子有些不对了

一辆汽车的无线电在发出尖叫，
"爱情，啊，粗心的爱情……"
我听见在我的每个血球里坏心情在呜咽
好像我的手扼住它的喉咙……
我就是地狱[2]
这里没有人——

只有臭鼬们，它们在月光中
寻找一口吃食
它们列队踏着步开向大街，
白条纹，被月光照得发狂的眼睛冒出红火
在三位一体教堂的
白垩样的圆锥形的尖顶下。

---

[1] "都铎"为双门（two-door）的谐音语。
[2] 引《失乐园》中魔鬼的话。

我站在我们后台阶上

吸着那带浓味的空气——

一只妈妈臭鼬率领一队她的仔鼬

钻掘垃圾桶

她将她那楔形的脑袋插入一杯

酸乳,她的鸵鸟尾巴下垂

不会让什么吓缩回去

(郑敏 译)

这首诗是《人生写照》中的最后一首,起总结全集、点明主题的作用。这首诗是献给女诗人伊丽莎白·毕夏普的,因为毕夏普曾经写过一首《犰狳》献给他。洛威尔从《犰狳》的手法技巧上受到启发,也用短小的诗节、诗行和浅显易懂的语言。在内容上,这首诗也同《犰狳》一样,从表面不相干的事情谈起,表现人的破坏力,最后归结到一只动物身上。

洛威尔在创作这首诗歌前开始对自己以前作品的"僵硬、死板、难以理解"的文风产生怀疑,并且发现"诗歌的最佳形式并不是英国诗歌的各种风格,而是应该像契诃夫或福楼拜的散文那样"。洛威尔决心摆脱英国诗歌的影响,走自己的道路。《臭鼬出来时》是这类尝试的最为成功的一首。

洛威尔在诗中不仅采用契诃夫式的简洁明确的语言,而且吸收小说创作的要素,引进人物和情节。头四节介绍了三个人物和他们的故事。他们都是心理变态、行为反常的怪人。有钱的女产业继承人却在简陋的乡舍生活,在20世纪的社会里却想保持19世纪的等级制度,奇怪的是她的农民居然是头号市政委员,似乎比她还有权势。那位百万富翁好像也是个与世隔绝的怪人。他的穿着由商品目录本来决定,他的财富只维持一个季节。至于那位同性恋者,更是个怪人。他因为赚不到钱居然想结婚。洛威尔正是通过他们的怪诞、荒唐来反映社会之堕落。

第五、六两节，诗人从社会转向个人。他驱车上山去偷看恋人在他们车里的行动，这实在是不大道德的行动。因此，他坦率地承认"我的脑子有些不对了"，"我就是地狱"。看来，他同前面的三位人物没有什么区别。诗人借用流行歌曲的歌词"粗心的爱情"说明他并不认为爱情能带来希望和幸福。这两节充分表示了诗人的失望与痛苦。他悲哀地喊道"这里没有人"。这个时代，这个世界已经不是人所能主宰的。

然而，正在他十分绝望的时候，一群臭鼬吸引了他的注意力。这些人们蔑视的黄鼠狼充满活力与勇气。妈妈臭鼬为了喂饱子女"将她那楔形的脑袋插入一杯酸乳"，而且"不会让什么吓缩回去"。诗人闻着黄鼠狼的臭味，看着它们雄赳赳的觅食场面，仿佛有所启发。

洛威尔自述这首诗描写"一个黑暗的夜晚……一个存在主义的夜晚。我的头脑里模模糊糊涌现萨特或加缪的一段话：一个人到了黑暗的尽端只剩下自杀这个自由行动。"他确实在诗里表达了社会之没落及个人的失意和迷乱。但他带着幽默和宽容的态度来看待世界和人生。他对女财主、百万富翁和同性恋者的描写都不乏挪揄诙谐之处。他对黄鼠狼的描写颇带喜剧性，叫人忍俊不禁。但是人类竟然堕落到连黄鼠狼都不如，要向它们学习生活的勇气。这种寻求解脱的办法深刻表达了诗人凄凉悲哀的心情，值得我们仔细咀嚼与回味。

洛威尔在创作《人生写照》时受垮掉派诗人金斯堡的影响，转向自由体和生活语言。这在《臭鼬出来时》有所体现。他用平易的语言坦率地刻画了自己的内心世界。但洛威尔比金斯堡稳健沉着，含蓄而有节制。《臭鼬出来时》采用自由体，但结构严谨，六行一节，诗句的长短错落有致，尽量押韵。他还用生活中常见的形象和典故来加深叙述的生动性，如用"红狐"来描写红颜色，用大家熟悉的毕恩公司形容没有地位、传统，不知如何打扮自己的新百万富翁，甚至借用流行歌曲的词语。这一切使这首诗歌更富有生活的真实感。

(陶洁)

给联邦死难烈士 [1]
——"他们抛弃一切为共和国服务" [2]

洛威尔

古老的波士顿水族馆站在
一片白雪的沙漠中,破窗钉着木板,
青铜的鳕鱼形风向标掉了大半鳞片,
贮水池已经干涸。

我的鼻子曾经像蜗牛般在玻璃上爬,
我的手跃跃欲试
想捅破那些被吓唬得
服帖的鱼鼻子上冒出的气泡。

如今我抽回手。但依旧
经常为下面幽暗凝滞的世界里
那些鱼和爬虫叹息。去年三月的一个早晨
我挤靠着波士顿市府周围

新安装的镀锌铁刺网。在这笼子后面
恐龙般的黄色挖土机在低吼,
它举起成吨的雪泥和草,
挖掘一个冥府停车库。

停车场亮光闪闪,就像
波士顿市中心的沙堆,

---

[1] 此诗原题为"肖上校与马萨诸塞第54团"。罗伯特·哥尔德·肖(1837—1863),美国南北战争时期第一个黑人团的指挥官,在进攻南卡罗来纳州华格纳要塞时牺牲。1897年在波士顿市中心面对马萨诸塞市府大楼的广场上树起奥古斯特·圣·高斯登为纪念肖及其团队而设计的纪念碑。

[2] 题词原文为拉丁文。

橘色的,清教南瓜般的梁架
像腰带围住喧闹的州府大楼,

大楼也被掘土声震撼,它面对
圣·高斯登做的动人的内战浮雕
肖上校和他率领的脸颊鼓起的黑人士兵
也得靠木头支撑抵挡车库的地震。

行军穿过波士顿后,仅两个月
这个团半数人已阵亡;
在致辞时,
威廉·詹姆斯几乎听到青铜黑人的呼吸。[1]

他们的纪念碑像根鱼骨
卡在这城市的喉咙里。
他们的上校瘦得
像罗盘上的针。

他那种愤怒的警觉,有如椋鸟,
他像猎犬一般温和又严峻,
他看来对寻欢作乐皱眉不满,
孤寂独处又使他窒息。

此时他没有束缚。他高兴,因为人们
有了挑选生或死的特殊权利。
当他带领黑人士兵奔赴死亡
他决不能弯下腰杆。

---

[1] 威廉·詹姆斯(1842—1910),美国著名哲学家、心理学家。他为纪念碑做揭幕演说,
其中有"听得见黑人战士的呼吸"之类的话。

千百个新英格兰城镇绿意葱茏,
古老的白色教堂保持着当年
真诚地反叛的神采;破碎的国旗,
盖在墓地里共和国大军的身上。

那抽象的联邦战士石雕像
每一年都变得更消瘦更年轻——
像失去针的黄蜂,他们倚枪瞌睡,
在连鬓胡子里沉思……

肖的父亲不要这纪念碑,
他只要那壕沟,
他儿子的尸体被人扔在那里
和他的"黑鬼们"一齐消失。

这壕沟越来越近。
最近这场战争[1]在这里没有纪念碑;
波依耳顿大街[2]的广告照片
上面有光焰沸沸的广岛

放在莫斯勒保险箱上面——"千年巨石"[3]
爆炸无奈它何。而空间也越来越近。
当我在电视机前俯下身
黑人小学生憔悴的脸像气球升起。[4]

---

[1] 指第二次世界大战。
[2] 波士顿中心一条大街。
[3] 这里写的是保险箱广告,画着原子弹爆炸的场面,无非是自夸如何牢靠。"千年巨石"是广告上的话。
[4] 当时美国许多州因中小学的种族隔离问题而引起动乱。

肖上校
骑在气泡上，
他等着
那幸福的突破。

水族馆拆了。处处是
带鳍的大汽车鱼一般钻游；
野蛮的奴颜婢膝
涂满润滑油溜来滑去。

(赵毅衡　译)

　　这是洛威尔最著名的一首诗。诗中，他写景又写情，以景为主，借景寄情。但他写的景并非大自然的花鸟或风雪，而是一座城市——波士顿。他的情不仅有个人经历，还有眼前的现实和逝去的历史，三者交织，最后得出结论：人性堕落、历史上的光荣业绩非但无人继承而且行将为人抛弃，世风日下，人们成为汽车的奴隶，崇尚以汽车为代表的工业文明，已无尊严可言。

　　纵观全诗，诗人多用具体的形象而不做抽象的阐述，选材恰当，剪裁合理，因而组织严密，逻辑性很强。头六节层次分明地交代了个人、现实和历史。颓败的水族馆使诗人回忆起童年时光，他对海洋世界的兴趣依然不减当年。但诗人不愿过多地沉湎于过去，他把目光转向现实。可惜，他看到的是满目肃杀，一片可怕的景象。挖土机犹如恐龙，吞噬一切，连当年清教徒创建的市府大楼都被"震撼"，"抛弃一切为共和国服务"的死难烈士雕像不得不"靠木头支撑"。诗人用"冥府"两字来形容地下车库，生动形象地点明了这六节即全诗的中心思想，机械主宰一切，必将为人类带来恶果。

　　诗人从雕像想到历史，在下面几节里描写了肖上校的遇难经过，而且把他同千百个新英格兰城镇墓地里为共和国捐躯的战士们联系在一起。然而，时过境迁，一百年过去了，英雄们早已被人遗忘。"他们的纪念碑像根鱼骨卡在这城市的喉咙里"一句具有强烈的讽刺意义。英雄们的壮烈行为非但无人仿效,反而成了波士顿的难堪。看来,还是肖上校的父亲有先见之明,"他只要那壕沟"。虽然南军为了侮辱肖上校这位白人而把他同黑人尸体扔在同一个壕沟里,但他父亲明白肖上校是乐意同黑人士兵同生死、共存亡的。

最后四节里,洛威尔在耐人寻味的"壕沟"两字上大做文章。南北战争结束一百年了,但别的战争还在进行,而且就在日常生活中进行,电视机里的黑孩子就是一个例证。可惜,肖上校的希望像水泡一样破碎幻灭,解放黑奴的愿望并未实现。他当年进军经过的大街被广告所占领。这广告提到战争,只不过是庸俗地用第二次世界大战被毁灭的广岛来为保险箱做宣传。最后一节里,诗人又回到开始时所提到的水族馆和汽车。"水族馆拆了",童年的梦无法重温,历史当然也不会再现。诗人感慨万千,把大汽车比作鱼。汽车到处控制人的生活,人成为汽车——工业文明——的奴隶,变得越来越野蛮。

《给联邦死难烈士》一诗,承上启下转折过渡都十分自然,大大增强了主题的逻辑性。比喻、映衬等手法也用得贴切而含蓄。精心选择的形象和情节,个人的心境和历史情景互为补充,使诗歌读来真实亲切。难怪有的批评家把洛威尔称为美国"最忠实的历史记录人"。　　(陶洁)

我从前的爱人

洛威尔

我从前的爱人,我的妻子!
还记得我们那张鸟类名单吗?
去年夏天的一个早上,我开车
经过我们在缅因州的房子,
它还在它那山顶上——

现在,门框上方炫耀似的

挂着一穗红色的印第安玉米。
一根旗杆,悬挂着有十三颗星星的
国旗[1]。房子的外墙
暗红色,学校楼房的那种红颜色。

屋内,一位新主人,
一个新妻子,一把新扫帚!
大西洋海岸古董店的
锡器和家具
在每间房间里闪闪发光。

新的阵线!
现在,不必再奔到隔壁
给警长打电话
要他的出租汽车去巴斯
去州立烈性酒店!

没有人看见你那鬼魂似的
想象中的情人
在窗外向内凝望,
然后紧一紧
颔下的围巾。

祝新人们健康长寿,
他们的旗帜健康,他们在山上的
经过修复的老房子健康长存!
一切都打扫得干干净净,

---

[1] 指早年只有13个州时期的美国国旗。

家具齐全，布置一新，通了风，透了气。

现在，一切都变得十分美好——
当年，我们是多么的战战兢兢，何等的凶狠，
有一回，大雪把我们困在屋内，
我们埋头在书的帐篷里，
怒气冲天，真像马蜂！

可怜的鬼魂，我的老爱人，
用从前的嗓门说话吧，
你的声音充满灼热的洞察力
使我俩整夜未能入睡。
我们同床却不共衾，

终于听见铲雪车
呻吟着爬上山坡——
红色的光亮，蓝色的光亮，交替闪烁，
铲雪车把积雪
抛向道路的一侧。

(陶洁　译)

　　这是一首自白诗，用真诚直率的语言叙述洛威尔同第一位妻子女作家吉恩·斯塔福的婚姻生活，坦露内心复杂的感情。

　　洛威尔同吉恩·斯塔福在1940年结婚，1946年冬买下了缅因州山上的这所房子，但搬进新居不久，两人便感情破裂，于1948年离婚。过了十多年，洛威尔偶然经过当年的家宅，触景生情，产生了"物是人非事事休"的感慨。他回忆起美好的时光，两人一起观察鸟类，共同登记鸟的种类名称。但他更多想到的是当年的争吵、酗酒和猜疑。他怀疑斯塔福另有新欢，而斯塔福沉湎酒杯不能自拔。他们恶言相对，同床异梦，终于导致婚姻破裂。铲雪车把他们从冰雪中解救出来，却不能融化他们冷却

的心和冰凉的感情。

现在这所房子换了主人,又住进了一对夫妻。从门外的布置来看,他们似乎属于乐天知命安分守己那样的人家。但他们的前景会永远美好吗?他们会永远满足于目前的婚姻吗?诗人并未提出这些问题。他只是反复强调"一切都变得十分美好",并一再祝愿他们和他们的家"健康长寿"。他也许是真心诚意的,但他似乎更有些担忧。

洛威尔用几乎是漫不经心的谈天说话的语气描述生活中真实的经验,使这首诗读来亲切感人。他并不顾影自怜,也不哀怨责怪,但字里行间流露出来的惆怅与感慨反而显得更加含蓄和深沉。 (陶洁)

收场白
洛威尔

那些有回天之力的结构、情节和韵律——
为什么在我想写想象的事物
而不是回想起来的东西时
对我一无帮助?
我听见自己嗓子的咕噜声:
画家的观察力并非镜头,
它哆哆嗦嗦地抚摸光亮。
然而,有时候,我用眼睛的
陈腐艺术所撰写的一切
看上去跟快照一个样,
阴惨惨,仓促之作,华而不实,彼此雷同,
是生活,经过加工和提炼,
但又为事实所破坏。
一切都是不相称的结合。
然而,为什么不可以说说发生的一切?
祈求精确赋以优势和长处

弗美尔[1]使太阳的光辉
犹如潮水悄悄地漫过地图涌向
他那充满渴望的粗壮的姑娘。
我们都是可怜的、一时的事实,
慑于这个事实,应该给
照片中每一个人物
一个活生生的名字。

(陶洁　译)

洛威尔从不墨守成规,总想在诗歌创作方面有所创新,因而多次改变诗风,当然也引来评论界的赞扬和批评。他的教师艾伦·泰特就曾指责《人生写照》中的诗不能算是诗歌。洛威尔对自己的成就孰对孰错也总觉得把握不大。《收场白》就是他晚年回顾自己的创作生涯,总结自己在改革诗歌技巧方面的功过的一首诗,也是他最后一本诗集《日复一日》中的最后一首。他披露心中的苦恼,觉得自己在撰写虚构的创造性的诗歌方面成就不大,又怀疑自己写真情实意的人生经历的诗歌是否有价值。然而,他又反问"为什么不可以说说发生的一切?"为什么不能以"精确"见长?最后他决定还是忠实于自己的洞察力,写自己的生活经历,给人物以"活生生的名字"。

洛威尔用两个比喻和一个典故生动形象地说明了自己的诗歌原则。他用拍照来比喻诗歌创作。诗人的洞察力和想象力并非相机的镜头。诗人观察的能力还不够,他必须同他所观察的对象融会贯通,结合在一起。这一点是难以做到的,就像画家难以"抚摸光亮"一样。像拍照一样反映的现实未必精确,它很可能是张粗制滥造仓促拍成的快照,因此,诗人必须下功夫,"祈求"上苍助他实现精确。另一方面,洛威尔又用"光亮"来比喻诗人想表达的思想感情,而且借用弗美尔的例子,从这

---

[1] 弗美尔(1632—1675),荷兰画家,研究和描绘光线的大师。他的艺术既通俗易懂又有神秘倾向。

位荷兰画家怎样使光线恰如其分地照向"地图"即世界来表现女孩及其渴望的事例中说明精确也是美德,有其优雅与魅力。人不是永恒的,因此更需要描绘他,给他"一个活生生的名字"。

《收场白》中贯串始终的"照相"和光线的比喻以及有关弗美尔的典故贴切而形象、生动地论述了洛威尔的创作思想。这首诗可以说总结了洛威尔的一生:他不仅是个责任心很强的作家,通过写自己来反映社会;他还是个在诗歌技巧手法方面有很高成就的一位诗人。　　　(陶洁)

布莱 (3首)

罗伯特·布莱(Robert Bly, 1926—2021), 1950年毕业于哈佛大学, 居住在明尼苏达州小镇, 以朗诵及翻译为生, 并办杂志。20世纪50年代至80年代在介绍欧洲现当代诗歌方面有较大的影响, 诗风变化较多, 从单纯、富东方色彩到新超现实主义都有所涉。20世纪80年代中期他出版了一本《爱情, 在两个世界中》, 这是一本少见的当代爱情玄学诗, 曾获古根海姆等多种奖金。出版诗集及译诗集数十种, 1986年新出《诗选集》, 并附有诗人的诗论。

傍晚令人吃惊

布　莱

在我们附近有人们不知道的动乱[1]
浪潮就在山那边拍击着湖岸
树上栖满我们不曾看见的鸟儿
渔网装满着黑鱼,沉甸甸地下坠。

傍晚来到,一抬眼,它就在那里,

---

[1] 此处原文为"unknown dust",有多种含义,可解为"人们不知道的动乱",以呼应二、三、四行。但也可能为"无名的骨灰""无名的国度",则有另一种韵味。用多义词丰富诗的内容是典型的当代诗艺。

> 它穿过星星之网而来,
>
> 透过草叶的薄膜而来,
>
> 静静地踏着水波,这庇护的庙堂。
>
> 白昼永无休止,我这么想:
>
> 我们有为白昼的亮光而存在的头发;
>
> 但最终黑夜的平静水面将上升
>
> 而我们的皮肤,像在水下,将看得很远。

(郑敏 译)

　　布莱在这首诗中充分体现了诗人的诗歌观。这就是诗歌应当恢复在人类文明的长长演变过程中逐渐失去了的人和自然的内在联系。他将世界的诗歌分成关于"人的消息的诗"和"宇宙的消息的诗",前者以人的理性为主,后者则以诗人的敏感和宇宙、大自然交流。《傍晚令人吃惊》显然是后者。第一节写的正是诗人与他所无法知道,但强烈地感觉到其存在的自然环境之间的联系。"不知道的动乱"原文是unknown dust,是一种多义的词语,见注。这里所以选译为"不知道的动乱"取其有运动感,并且是我们所不理解的运动,是一种冥冥中进行的动乱。这样与第二行的浪潮、第三行的看不见的鸟儿、第四行的满网的黑鱼组成一个包围着人们、充满了神秘运动、不为人们所理解但时时被人们意识到的自然世界。它"沉甸甸",不可见,却又在冥冥中影响着我们的存在。布莱强调人的意识必须和宇宙的意识沟通,否则人只能陷入自己日趋狭窄的意识中。这种追求与自然、宇宙通信息,进行心灵交流的意愿形成20世纪60年代至80年代美国诗歌中很有特色的一个流派。诗人们多喜爱东方(印度、中国、日本)诗歌中诗人与自然交流的诗,布莱就曾以陶渊明的诗句作为自己一本诗集的名字。在本诗的第二、三段,诗人是借写傍晚的到来表达一种自然的力量进入诗人内心时的感受。它来自遥远的宇宙,因此"它穿过星星之网而来"。但它也早已在我们身边、脚下,因此"透过草叶的薄膜而来",这是写自然的力量无所不在。当我们意识到它的存在时,我们感到"吃惊"。这种和大自然交流之感不是每一分钟都有的,因此它的到来给我们神奇之感。这种对大自然的存在的吃惊,也曾使陶渊明"欲辨已忘言"。诗的第三段很具体地写出人永远是自然的一部分,白昼时"我们有为白昼的亮光而存在的头发";当黑夜如平静的水面淹没一切时,"而我们的皮肤,像在水下,将看得很远"。这样就是说人永远和自然息息相关。白昼和黑夜自然也包含当明朗和晦暗的不同情况交替发生时,人们都能不断地和自然联系。黑夜、黑色的鱼都意味着大自然神秘、不为人知的一面,这也包括人自己的无意识的领域,那充满活力但不完全为理性所掌握的、人的性灵的一面。

布莱是美国诗人中非常重视境界的一位,他在这方面有很多和东方诗相通的地方。在物质力量威慑着人们心灵自在的今日西方文化中,布莱的反抗和追求是有代表性的。他和很多西方诗人都希望通过和大自然交流而解放被商业化的社会窒息的诗人的心灵,使它豁达;而通过宇宙,与天地对话,以抵制汽车文化、电视商业化等力量带给它的萎缩和衰退。

(郑敏)

湖上夜钓

布 莱

有人在船屋里留下一盏灯,
为了引导夜间返航的渔民。
灯火寂然无声地向我们倾注,
飞过湖波像一个翅膀的蝴蝶,
它的途径是满船的垂死者,挣扎着
要在破碎的波光中复活。

   而那光
只是来到了,却没有带来礼物,

好像骆驼到了,却没有智慧的博士。[1]

它这样稳定,将我们维系向山上的老家。

现在我们望着月亮升上白杨林

它也来得那么利索

它透过切木屋四周的木板

我们却打开门才穿过那个篱墙。

(郑敏 译)

  这首诗是对湖上夜景的抒情和内心矛盾复杂心情的交错表现。情调抑郁,思维却激动活跃。这显然是一个沉寂的夜晚,湖上悄然,只有一盏灯,从船屋里向黑暗中的湖面投射光亮。虽然主人的初衷是引导夜间返航的渔民,但灯光却像只有一只翅膀的蝴蝶,跌跌撞撞地挣扎。这时诗人看到的幻象是"满船的垂死者,挣扎着要在破碎的波光中复活"。诗从希望跌向低沉、恐惧的幻象说明了诗人内心的压抑。渔民的复活没有希望,因为灯光没有带来"礼物"。这时月亮出来了,打破了湖上的沉闷的黑暗。诗人可能在切木屋里,他看见"月亮升上白杨林",月光显然为诗中的风景带来积极的因素,想象月光扫清黑暗时人们心情的顿然振奋。但是诗人又感慨地想到人生并不这么轻松地征服困难,像月亮利索地穿透木屋的板墙,进入黑暗的小屋。诗人意味深长地说:"我们却打开门才穿过那个篱墙。"这几乎是一句禅语,"门"和"篱墙"自然都满载着象征意义的暗喻。人的笨拙和月光的自由对比,发出震撼思维的撞击,使读者在猛击一掌之下悟到丰富而难以言传的至理,在平凡的遭遇中看到不平凡的至理,并且通过诗传送给读者。这是诗歌对悟性的启发,"悟"要求读者自己去寻找,因此不是教条,不是灌输,这正是诗歌艺术的超越。至于读者的体会有多深这就要看自己的素养了,也许同一位读者在人生的不同时刻对同一首诗的同一诗行有不同程度的解悟,

---

[1] 博士,指基督诞生之夜带着礼物来朝拜的博士。

譬如对这首诗的结尾。

黑暗与光,有"礼物"的光和没有礼物的光,能自由地穿过木板墙的月光和必须通过门才能摆脱围困的人,这些相矛盾的力量在诗中的交错出现,使这首诗有一个复杂的文本,而它的文字表层平静如夜晚的湖面。布莱的诗艺恰在于暗示在平凡而宁静的表面下存在的深沉的复杂。

(郑敏)

雪 困
布 莱

这是下雪的第三天,电,从昨天起就没有了。马匹待在牲口棚里。四点钟时我离开屋子,半身陷在雪里,推开书房的门,雪落进屋里。我坐在书桌前,有一盆花开了。

上层的花瓣是橘红色,下层的是淡色的,好像浓烈的强度向上走。两片花瓣像农村孩子的两个耳朵,一边支棱一个。

花朵面对着窗户,外面雪以每小时四十英里的速度扫过……因此两种温柔相互凝视,两个海洋存在于同一性格水平上,这是比我的天性更坚强的性情……但在它们中都有着同一种"承受"的要求,渴望被风吹,被撼摇,螺旋式缓缓上升,或下沉到根里……一个冷,一个热,但没有一个愿意按照几何图形一层层上升,或者托着一个长着野草的屋顶。那里有铜制的龙,鼻孔里可以流出雨水……

所以雪和橘红的花朵组成同一洪流,那是从泥土中来,从底层中来,不需要戒律。文明,客厅(那是用羊角榔头从平地盖起的),而是只要有其中之一在场,或者两者都在,就很自在了。这洪流也寓居在木头块里和在烟火袅绕中支出底角的熏黑了的骨头里。

一个男人和一个女人紧挨着静坐。在雪暴里我们身后的几百万年似乎靠得近了,没有什么是遗失了的,或被拒绝接受的,我们的身体和雪暴一样充满精力。它准备彻夜歌唱,欢迎一切愿意歌唱着进入我们体内的都进来。

(郑敏 译)

　　这是布莱所擅长的散文诗中的一篇。散文诗是在内在结构上属于诗,而文字则是散文的。什么是诗的内在结构?简单地说就是诗的思路的跳跃、突兀;转折的非逻辑;突破时空的秩序等叙述文学所没有的特点,当这种结构成为一篇散文的骨骼,就产生了散文诗。这种诗的结构在现当代文学中有时和小说、戏剧结合成了现代、当代文学的新品种。《雪困》开头很写实,给人以明尼苏达州雪景的感受。突兀开始于第三段,继续发展了第二段"好像浓烈的强度向上走"这个主题。第三段将雪的含蕴着坚强甚至暴力的温柔与橘红色花朵的温柔连在一起:"因此两种温柔相互凝视,两个海洋存在于同一性格水平上","但在它们中都有着同一种'承受'的要求",冒着严寒开放在桌前的花朵和外面每小时四十英里的雪都"渴望被风吹,被撼摇,螺旋式缓缓上升(指花的浓度——笔者注)或下沉到根里(指雪的降落——笔者注)……一个冷,一个热……"第四段更点明了诗人的主导思维:"所以雪和橘红的花朵组成同一洪流,那是从泥土中来,从底层中来,不需要戒律。文明,客厅……"布莱再一次在"文明"与自然对立时选择了自然的丰富和力所组成的"洪流",而这洪流在木头块和被烟烧焦的骨头里也存在。骨头被火焚后也许是指遭遇不幸的人畜,因此在无声的生命(木头)和死亡了的生命(骨头)中也仍存在自然的这种洪流。

　　在雪暴的面前"人"是怎样加入这场自然的洪流呢?布莱总是敏感地悟到人是自然的一部分,因此在"雪困"的最后四行出现了一个男人和一个女人紧挨着静坐的画面。这就是布莱笔下的亚当和夏娃,在今天他们说"在雪暴里我们身后的几百万年似乎靠得近了,没有什么是遗失了的,或被拒绝接受的"。文明没有破坏他们和自然的原始关系,因此他们恢复了"精力",准备歌颂而且拥抱一切愿意和他们一起歌唱着"进入我们体内的"人。所谓进入体内是说心灵和肉体的再统一,当大雪将他们围困时他们恢复了和自然的亲密关系,也恢复了灵魂和肉体的平衡。这是一首记载了诗人霎时间和自然恢复了和谐关系的体会的诗。 （郑敏）

金斯堡 (2首)

艾伦·金斯堡（Allen Ginsberg, 1926—1997）,当代美国诗人。20世纪50年代"垮掉一代"诗歌运动的领袖,60年代反文化运动和70年代反对核扩散运动的活跃分子。

金斯堡出身于教师家庭,父亲也是诗人;母亲是俄国移民,思想比较激进,后精神崩溃,在疯人院里去世。金斯堡17岁上大学,因放荡不羁曾被学校开除。大学毕业以后和"垮掉一代"运动的其他几位领袖凯鲁亚克和巴罗斯一起生活、写作。1955年夏天,他们和反学院派诗人在旧金山联合举办诗歌朗诵会。金斯堡在会上朗读了后来被称为"50年代《荒原》"的长诗《嚎叫》,引起强烈反响。1956年出版的《嚎叫及其他》不仅轰动全国,而且还受到世界各地的注意。金斯堡曾应邀到布拉格、华沙、莫斯科、伦敦等地举办诗歌朗诵会。1983年,他来华访问,在一些大学朗诵和讲授美国诗歌。

金斯堡的诗歌,尤其是早期的《嚎叫》、《空镜》(1961)、《现实的三明治》(1963)、《珈底什》(1969)等冲破了当时以艾略特为代表的学院派诗歌的统治,开创了当代美国诗歌的新风。他深受美国诗人威廉斯的影响,主张诗歌必须反映当代社会现实,重意象,轻思想,采用日常口语为诗歌语言。他以美国生活和美国普通人的思想面貌与精神状态为素材,描写朝鲜战争、越南战争等重大政治事件和种族主义、环境污染、生态平衡等社会问题。但他反对艾略特"诗歌并非感情的流露……也非个性的表现"的主张,在反映社会政治的同时也大量描写个人生活,如旅行经历、吸毒感受、对佛教的迷恋、对父母的哀悼,甚至他的同性恋生活。这对"自白派"诗歌有很大影响。

在诗歌形式方面,金斯堡模仿惠特曼,采用松散的长行自由诗的形式,废除音节数量、尾韵和抑扬格等限制,以美国口语的自然节奏为基础,用呼吸进行调节,一行长诗一口气可以念到底,中间无须停顿。这就把节奏感和诗歌内容完全结合在一起。他还摒弃传统的诗歌语言,采用地道的美国普通人的日常口语甚至一些有伤大雅的字眼来加强生活的真实感。

金斯堡还十分推崇50年代不太为学术界重视的英国诗人,自称曾同布莱克有过心灵感应,在幻觉中亲耳听见诗人向他朗诵诗歌,加深了他对布莱克诗歌的理解。金诗中的抗议性、神秘性和宗教色彩可以溯源到布莱克的影响。

金斯堡主张写诗要"自然""真诚",要"坦率得像在跟自己或同朋友交谈一样"。这些主张促进当代美国诗歌向着散文化、自由化方向发展。金斯堡在20世纪50年代通过诗歌呼吁人们起来抗议社会弊病,用惊世骇俗的语言和愤怨猛烈抨击美国社会的邪恶,嘲讽蔑视虚伪的传统道德和僵化堕落的传统文化,起过一定的积极意义。70年代以来,他开始反对吸毒酗酒,研究佛教,关心生态平衡。虽然"垮掉一代"等反文化运动已成为历史,但金斯堡仍不愧为当代美国影响最大的诗人。

嚎 叫(节选)[1]

金斯堡

我看见这一代最杰出的头脑被疯狂毁坏,饿着肚子歇斯底里赤身裸体,

拂晓时拖着脚步穿过黑人街区找一针够劲儿的毒品,头脑天使一般的嬉皮士们渴望与这夜的机械那繁星般的发电机发生古老

---

[1] 原诗不分段,这里选译的是该诗起首与结尾部分,两部分用省略号分开。

的天堂式的关系,

他们衣衫破烂眼神空虚坐在只有冷水的公寓那超自然的黑暗中,
毒品吸得醉意蒙眬飘越过城市上空想着爵士乐

他们在高架铁路下对上天披露内心,却看见穆罕默德天使们在被
照亮的公寓屋顶上踉跄而行,

他们两眼闪光但冰冷,穿过大学,在幻觉中见到阿肯色[1]见到军事
学者们布莱克式的轻佻的悲剧,[2]

他们被赶出学院因为太出格,因为在头头脑脑的窗户上发表猥亵
的颂诗,

他们佝偻在没刮脸的房间里,在废纸篓中烧钞票倾听着墙外恐怖
之神的声音,

他们一丝不挂地被抓住,猛吸一顿大麻穿过拉雷多返回纽约

他们在色彩鲜丽的旅馆里吞火焰在天堂胡同饮松节油,死去,要
不然就夜复一夜

用梦,用毒品,用不眠的噩梦、酒精、阴茎和没完没了的舞会把
身躯投入炼狱,

而心中无可比拟的死胡同,充满战栗的乌云和闪电,跃向加拿大
和斐特森,照亮这两极之间静止的世界,

....

他们毫无幽默感的抗议所推翻的只是一张象征性的乒乓桌,神经
紧张时略事休息,

多年后秃光了头,只剩一副血污的假发,几滴眼泪,几根手指,

---

[1] 美国的一个州。
[2] 此句应为"在幻觉中见到阿肯色见到好战的学者们之间的布莱克之光的悲剧"。"布莱克之光"指的是金斯堡曾在幻觉中见到这位英国诗人,听见他朗诵诗歌。此处指责美国学术界人士只会互相争吵却看不到布莱克的伟大。(评论者注)

回到东部疯人城病房里疯子们明摆着的末日，

在朝香者之州、罗克兰与格雷斯顿[1]腥臭的大厅里，同灵魂的回声吵架，半夜在爱情的墓地那孤寂的长凳上奏摇滚乐，生活之梦充满梦魇，身体变成石头像月亮一样重，

最后回到母亲身边，最后一本胡思乱想的书扔出公寓窗口，最后一扇门在凌晨四点关上，最后一架电话机摔向墙壁作为答复，最后一间带家具的房间被搬光只剩下最后一只精神匣子，一朵黄色的纸玫瑰挂在柜子的铁丝钩上，甚至这东西也是想象，什么都没了只剩下一丁点儿希望的错觉——

啊，卡尔，你不安全时我也没有安全感，而你现在真的陷进时代的整煮大汤锅——

于是他们奔跑着穿过冰冻的街道，着了迷地幻想炼金术的突然辉光，幻想使用省略法目录册计量表和振动翼，

他们梦想着，把形象并置在时间与空间中制造实体的鸿沟，在二个形象间绊住灵魂的天使长，带着全能的上帝大神的感觉跳起来，联结起基本动词并把名词和意识的破折号合在一起，

用以为人类可怜的散文重新创造句法和格律，站在你面前，无语但睿智只是害羞得颤抖，被拒绝但袒露心灵，以与他光裸但无边际的头脑中思想的节奏保持一致，

疯狂的浪子和天使合着拍子敲打，无人知晓，但却在此写下在死后某个时候要说的话，

穿着爵士乐鬼魂般的衣服，在乐队金色圆号的阴影中升起肉体重现，把美国渴望爱情的赤裸思想吹奏成埃里埃里拉马拉马萨巴克莎尼[2]萨克管的哭号，震撼城市的每一台收音机。

---

[1] 纽约附近的三个精神病院。

[2] "埃里埃里拉马拉马萨巴克莎尼"实际上是希伯莱语，是耶稣被钉在十字架上时说的话，意为"我的上帝，我的上帝，你为什么抛弃了我？"

有这块从他们自己身上割下来的生活之诗的绝对心脏,足够吃
一千年。

1956　　（赵毅衡　译）

　　1955年,金斯堡在旧金山海湾区的一次诗歌朗诵会上朗读了他的《嚎叫》,引起了一番轰动。无论从内容还是从形式来看,这首诗都是离经叛道之作,因而招来不少非难。批评者指责《嚎叫》的语言太粗鄙,诗行太长几近散文。至于内容,《嚎叫》把好好的繁荣昌盛的美国说得一无是处,真是荒唐至极。1956年秋,金斯堡的《嚎叫与其他》在英国印刷,由旧金山的城市之光书店发行。1957年3月,诗集第二版运到旧金山时,被海关以"内容淫秽"为理由予以扣留,引起一场笔墨官司。5月底,海关倒是把书放行了,没想到旧金山警方又出面干涉,不仅禁止发行《嚎叫》,而且逮捕了书店主人费灵格蒂。这一行动引起轩然大波,不少诗人、诗歌杂志编辑和大学教授纷纷撰文为《嚎叫》鸣不平。法院开庭审判时,加州大学名教授马克·肖勒和诗人雷克思洛斯等九人出庭为《嚎叫》辩护。最后,法官霍恩做出判决:这本诗集主题为社会批评,并无淫秽内容。这场对簿公堂实际上起了宣传作用,使《嚎叫》的影响大为扩大,成了20世纪60年代嬉皮士反文化运动的宣言。

　　《嚎叫》包括三大节和一个脚注。第一部分描写一个梦魇一般的混乱世界,诗人及其伙伴到处游荡,寻求自我。第二部分抨击现代社会摧残人性的各种因素,如物质主义、因循守旧以及工业文明和商品经济。诗人替这一切起名为"莫洛克",称它是万恶之源。第三部分虽然基调忧郁,表示诗人上下求索似无所得,但实际上却指出通过友谊和人之间的相爱,说明世界还是有希望的。第四部分《脚注》援引《圣经》,反复强调"对我来说,人的一切都是神圣的"。诗人列举人体各部的名称,呼吁人们过"神圣的生活",通过爱来拯救世界。由于篇幅关系,这里只介绍第一节的选段。

　　"我看见这一代最杰出的头脑被疯狂毁坏,饿着肚子歇斯底里赤身裸体",这行诗像痛苦的呼喊又像愤怒的抗议,点出了全诗的中心主

题。一群杰出的、有头脑的、天使般的年轻人在现实生活中感到压抑。他们一心超越现实,寻求理想世界,但又因得不到社会的同情而痛苦绝望。他们自暴自弃,"夜复一夜用梦,用毒品,用不眠的噩梦、酒精、阴茎和没完没了的舞会把身躯投入炼狱",企图通过极端放纵的生活来纯净自我。迷乱中,他们偶尔会有一时的清醒,看到"公寓屋顶上"的天使"绊住灵魂的天使长",甚至做到"带着全能的上帝大神的感觉跳起来"。然而,在更多的情况下,他们被物质主义、实利主义的社会逼得走投无路。他们孤立无援,精神崩溃,进了疯人院。他们的"生活之梦充满梦魇",连"一朵黄色的纸玫瑰"也只是"想象"。"啊,卡尔,你不安全时我也没有安全感"这一行把诗人同卡尔连在一起,把卡尔的苦难变成了他们这一代青年的共同经历。

即便如此,在他们"什么都没了只剩下一丁点儿希望的错觉"的时候,这些"头脑天使一般的嬉皮士们"仍然执着地希望唤醒美国社会。他们虽"被拒绝"却仍要用诗歌"袒露心灵",用音乐提醒大家想一下"我的上帝,你为什么抛弃了我?"并且以自己的牺牲,一块"从他们自己身上割下来的生活之诗"供后人反思与借鉴。

这一节充分表现了金斯堡等人对美国又爱又恨的心情。他们看上去放荡不羁,甚至是胡作非为,实际上,他们内心深处热爱自己的国家,痛惜社会的腐败,希望以自己反传统的行为和诗歌发聋振聩,起到改造社会的作用。

这首诗采用排比的长句格式,每行诗都要用一口气读完。"我们"两字既决定节奏的基拍又在不断重复中突出这代年轻人的痛苦。诗行中常常罗列堆砌仿佛互不相关的事件或词句。它们有时如潮水般汹涌奔流,表现年轻人无法抑止内心中希望披露心迹的愿望;有时它们错综复杂混乱不堪,很好地传达了年轻人的迷乱与困惑。还有一些如把"阿肯色"这个州名同"布莱克之光"的幻觉并列在一起的做法令人费解却又使诗歌蒙上神秘的色彩,具有预言的意味。金斯堡说:"我们的思想活动速度很快,无论在形象还是在词句方面。"他的长句就是要表达这种飞速跳跃的思想。

金斯堡在诗中叙述了不少他自己亲身经历的事情,如他在哥伦比亚大学因在积满尘土的玻璃窗上写下流话而被开除的事件,他同伙伴们吸大麻后的幻觉等。这种做法加强了生活的真实感。他很少发议论,而是通过一系列具体的形象的描述让读者自己得出结论。但这些具体的叙述仍不乏多层次的含义,如第一、三行中提到的"饿着肚子"和"找一针够劲儿的毒品",既指的是实际情况又蕴含着这些人精神上的饥渴,企图寻找真正起作用的解决办法,实现"古老的天堂式的关系"。

《嚎叫》和其他"垮掉一代"的诗歌确实震动了一代美国青年,对20世纪60年代美国青年反文化运动起了鼓舞作用。另一方面,它对诗歌语言、内容和形式结构等方面的试验也深深影响了与金斯堡同时代的诗人。连洛威尔等完全由新批评派学院式传统培养出来的老一代诗人也开始改变诗风,注意运用日常生活语言、模仿美国英语的自然节奏,并且以个人生活为题材,形成"自白派"诗歌。由于它的影响,《嚎叫》常被称为"50年代的《荒原》"。

(陶洁)

加里福尼亚超级市场

金斯堡

今夜我多么想念你,华尔特·惠特曼,我走在人行道的树下,带着头痛的自我感觉,望着空中的圆月。

我又饿又累,我要购买形象,我走进霓虹水果超级市场,梦想着你列举过的事物。

何等的桃子!何等的半影!全家在夜里采买!满走廊全是丈夫!妻子全在鳄梨中!小孩都在番茄里!——而你,加西亚·洛尔卡,你在西瓜边上干什么?

我看见你,华尔特·惠特曼,你没孩子,孤独的老苦力,你手指戳着冰箱里的肉,眼睛瞟着食品柜伙计。

我听见你在问一个个问题：谁干掉了牛排？香蕉什么价？你是我的天使吗？

我跟着你，在闪闪发光的罐头货架之间走进走出，在想象中被店家雇的侦探紧跟着。

我们在孤独的幻想中穿过开敞的通道，尝着洋蓟，占有一切冰冻佳肴，但从不经过收款处。

我们上哪儿去，华尔特·惠特曼？还有一个小时就要关门，你的胡子今夜指向何方？

（我抚摸着你的书，梦想着我们在超级市场的冒险，觉得挺古怪。）

我们会不会整夜在空寂无人的街上流浪？树影叠着树影，屋子里灯都熄了，我们俩那么孤独。

我们会不会就这么闲逛着，梦见迷路的美国，梦见爱情，从路上蓝色的汽车边上走过，回到我们寂静的茅屋？

啊，亲爱的父亲，灰胡子，孤独的勇气教师，当卡龙[1]停止撑篙，而你跨上烟雾笼罩的河岸，凝视渡船在忘川的黑水上消失，那时，你曾有个什么样的美国？

（赵毅衡　译）

这首诗的节奏没有《嚎叫》那样急促，语气也不是那样激烈。全诗基调低沉忧郁，因为诗人在沉思，在对比，在感慨今不如昔。金斯堡拿自己同他所仰慕的惠特曼相比。在惠特曼的眼里，美国是富饶之国，民主自由之国土，充满生气与希望。但是，一百年后的金斯堡看到的是平庸，是墨守成规，死气沉沉，一片荒芜。当年惠特曼到大自然中去寻找灵感和意象，生气勃勃的小草便是诗歌的源泉；如今，金斯堡到超级市场去寻找意象。可惜，那里水果、蔬菜和肉类分门别类地陈列着，呆板而又

---

[1] 希腊神话中在忘川上摆渡运送亡灵去冥府的人。

不自然。电冰箱、冷冻食品和罐头暗示人们的生活变得机械化了,失去了同大自然的联系,当然也就没有惠特曼所赞美的活力和创造性。金斯堡相信,在这个僵化的、没有生气的工业社会里,家家户户都有汽车,家家户户都按部就班地生活,惠特曼如果还活着会同他一样感到孤独。他怀着沉重的心情向惠特曼发问,他离开人世时可曾想到美国会堕落到这种地步?失落的充满爱的美国梦能否寻找回来?

  这首诗颇有惠特曼诗歌的风格,长句自由体,在描写超级市场时也采用"列举法"。由于基调是社会批评,它不像《草叶集》那样热情奔放,但诗人的苦恼、忧伤和失望的情绪还是表达得十分真挚感人。 (陶洁)

阿什贝里(3首)

  约翰·阿什贝里(John Ashbery, 1927—2017),纽约派诗人,1927年生于纽约,毕业于哈佛及哥伦比亚大学。1965—1972年为《艺术消息》执行编辑。曾在巴黎居住10年,为巴黎版《纽约先锋论坛报》艺术评论专栏撰稿。

  曾获福尔拜特奖金、古根海姆奖、美国文学艺术奖、1975年普利策奖、全美书奖及全美书评界奖。近年声誉上升,影响极广。

  诗风富感性,词句惊人,受现代派抽象艺术影响。写人们的思维、情调,不写具体事情。诗抽象、晦涩难解。主要作品有《有些树》《凸透镜中自画像》等十数种。

这些湖畔城

阿什贝里

这些湖畔城,从诅咒中长出,
 变成善忘的东西,虽然对历史有气。
 它们是概念的产物:譬如说,人是可怕的。
 虽然这只是一例。

 它们出现了,直至一个指挥塔

控制着天空,用巧妙浸入过去
寻找天鹅和烛尖似的树的枝条
燃烧着,直到一切仇恨者变成无能的爱。

那时你留下来陪伴关于自己的意念
还有午后愈来愈强烈的空虚感
它必须被发泄向别人的窘迫
那些人像灯塔样飞过你的身边

夜是一个站岗的哨兵
你的时间至今多半用来玩创造性的游戏
但我们有一个为你拟好的全面计划
譬如说把你送到沙漠的中心

或者狂暴的大海,或将他人的接近作为你的空气
将你压回一场惊醒了的梦,
好像海风抚摸着孩子的脸。
但"过去"已经在这里,你在孵育自己的计划。

最坏的情况还没有结束,但我知道
你在这里会幸福的,这因为你的处境
的逻辑可不是什么气候能耍弄的
有时温柔、有时飘逸,对吧。

你建立了一座山样的建筑物,
沉思地将你全部精力倾注入这纪念碑
它的风是使花瓣硬朗的欲望
它的失望喷发成泪水的长虹。

(郑敏　译)

欣赏阿什贝里的诗必须改变我们所习惯的鉴赏途径,即对词意的

确切性、思路的逻辑性的古典赏析标准。阿什贝里是一位受先锋派艺术思潮影响很大的诗人，他长期为艺术欣赏评论栏的编辑及撰稿人，因此他的诗作深受现代西方绘画的影响，可以说他是用文字，而不是颜色和线条来绘画的诗人。他曾说："我的诗多数是关于经验的经验……那具体的经验对我的兴趣吸引远不如它如何渗入我的身心来得大。"所以阿什贝里的诗是写生活经验如何被诗人感受的过程，也就是"关于经验的经验"。既然是主观感受的过程，它的特点必然是断续、跳跃、不完整、含混。《这些湖畔城》是他中期的作品，相对来说仍保留一定的内在逻辑秩序，感情色彩也不如后期作品那么冷峻，而带有一定的浪漫主义暖色调。这首诗虽非诗人最杰出的作品，但因它的总体已能说明诗人的风格，且容易为我国读者所接受，对它进行一些剖析也是有意义的。

诗的外形很古典，四行一节，共七节，与后期的开放式大有区别，但较开放式更有艺术凝练的美。第一节的中心思想是这些湖畔城作为当代社会的一部分，是和过去矛盾的产物。在这矛盾中古典精神和现代精神发生了不谐调，引起概念的混乱，而历史是在"人是可怕的"这一种概念中进展，产生了现代文明。第二节是现代文明对过去的依恋，但并不能从中获得什么生命力，只不过陷入"无能的爱"。第三节写现代生活中人际关系的淡漠和自我意识的强烈。第四、第五节写客观与主观之间的矛盾，第六、第七节写个人意愿的实现但并不幸福。

上面是对诗的结构极其粗略的概括，但要欣赏这首诗却远远不能停留在这种概念分析上，甚至在阅读时最好忘记这种概括而让敏感品味诗的极为丰富、复杂、矛盾、交错的情调。湖畔城的诞生、成长是从诅咒走向遗忘，但对历史仍很愤怒。这就是现代都市文明所造成的人们的心态，归结起来："人是可怕的。"这首诗的头两节充满了历史感，人们对今昔的感情也是复杂的：用今天强大的物质文明控制了天空，但又渴望保留昔日的优美情调。天鹅和烛尖似的树枝作为昔日自然的符号唤起了无限惆怅。诗人在用词的联想上有着惊人的艺术表现力，如用tapering一词形容树枝，既有树枝尖端纤细的意思，又有taper（蜡烛）的意思。因此与下一行中"燃烧着"的概念相衔接,同时燃烧着的树枝在人们的头脑里唤醒一幅落日余晖中的树景。多层次的使用词句、意象,使一两行诗得到多维的丰富内容正是阿什贝里从现代绘画中学到的艺术。把它用在诗歌创作上,增加了文字的变幻、流动,突破字意的单一给诗歌语言带来的局限性,诗人能像画家创造线条、形状、色调一样创造诗语。这正是当代西方诗人所追求的艺术。阿什贝里以具体暗喻表达意念的才能也是惊人的,"人像灯塔样飞过你的身边"就是一例。人际关系的不稳定、偶然、疏远,社会给人的异化感全在这个暗喻中了。"花瓣"变硬并不意味着更美,因此"欲望"未必是好的;长虹由泪水形成,虽然美却是痛苦的。这些暗喻所表达的人生滋味真是不易言传的,只有由读者自己去慢慢体会,这也是阿什贝里的诗耐人寻味之处。　　（郑敏）

乡村的傍晚

阿什贝里

我仍然完全愉快
我已抛弃进一步取胜的决心,
而被升起的太阳装满兴奋
鸟们、树林、房屋这些不过是一个个车站
为我体内那生命的新迹象所设置
它很晚才结束
在日落之后,当黑暗降临
在四周的田野和山峦上。
但如果呼吸能杀伤,那就不会有
这样一个舒服日子,人们被关闭在
烟囱群和城市的腐败中
现在当我带着疑问和爱慕,将目光
投向那堂皇的边远岗哨,
我对于这些幻想的纪念物不那么感到自在

像我向遥远的田庄旅行时那样，
那幻影沉入每件东西的有效"生命"中，
树桩或矮树丛，它们引我
走入不动的探索，
探讨一件东西可以多么密集
多么轻，这些在开始前就结束了
使得我恢复了精神，更年轻一些。
夜布置了可畏的军队
防御这些军情
一万多戴头盔的步兵
一个西班牙大船队排列在天边，全都
绝对静止，一直到出击时刻。
但我想没有什么好说的，或好做的，
这些事情最后能照看自己
用休息、新鲜空气、户外和很好的瞭望，
所以我们可以不管这些，转而注意
我们所关心的内容。这是：
目前危险已过，你是否已开始
进入你现在感触到的境界？
光落在你的肩上，像它习惯的那样
那净化的程序愉快地进行着，
没有阻拦，但那动作开始了吗
开始振动你的头脑，向屋子铺满尘埃的
角落里送来焦虑的光线
最终射出，洒满在星辰中的风景
并开始爆发，因为除此之外我们一无所知
空间是一个棺材，天空将会熄灯。
我看出你渴望它成为

我们可参与的那种状况，如果它

能擦身而过！

这盖上了印章，证明你的尝试的成败

这种知识还在增长

我们可能留在这里，谨慎地

但自在地在边缘上，当它

滚着它那不眨眼的马车

进入那巨大的开口，那难以相信的

暴力和喷出的

混乱，那是我们的道路

(郑敏　译)

这是一首充满复杂而即兴的联想的诗。从开头到"使得我恢复了精神，更年轻一些"，主调是肃穆的沉思。诗人和傍晚乡村的自然风景默默交流，抛开城市的"烟囱群"和"腐败"，而走入对一石一木的探索。但是很快这种颇有华兹华斯意味的与自然的交流就被某种潜在危机所打扰，夜包含着危险，好像布置了可畏的军队。这里所说的是诗人内心的危机。在度过这种危机之后诗人又寻找一种极乐的境界，"最终射出，洒满在星辰中的风景"。这种寻求自然很难，因为除了自己的尘埃铺满各个角落的屋子之外，诗人对客观一无所知。"空间是一个棺材，天空将会熄灯"，这里说出对人类所拥有的知识的怀疑。而太阳驶着它不眨眼的马车进入那巨大的开口，它放射出的暴力和混乱却是人类必须经由的道路。这首诗虽然以较古典的感情开始，抒发对田园的感受，但很快就转入现代的迷惘和危机四伏的不安全感。虽然竭力追求内心的净化和平静，却终于承认人类的命运是面对混乱。走出了往昔诗人们对自然的错觉，因此更反映当代人的冷峻心态。诗典型地说明诗人并不是记录一次傍晚在乡村散步时的具体经验，而是记录下这次散步时"经验的经验"。因此诗中的一些意象如军舰、落在肩上的光、铺满尘埃的屋子角落，以及洒满在星辰中的风景等都不是具体的事物，而是诗人心灵中的幻象,暗喻着内心的变幻。由于要突破一种封闭感和内心的窒息,空间成了一具棺材。这显示出诗人捕捉自己内心的浮光掠影,将其转换成诗的暗喻的才能。读这首诗,读者被引入的地方不是傍晚的乡村,而是诗人心灵的幽秘的角落。这正是当代西方诗的一种特点:显露给读者诗人自己内心的深处,那里的风景不全是美的。　　　　　　　　　　(郑敏)

街头音乐家

阿什贝里

一个死了,另一个活着,他的
灵魂被生生地拧走,踯躅街头
穿着自己的"身份"像裹着件大衣,
日复一日那同样的街头,油量表、阴影
在树下。比任何人被召唤向更远的地方
穿过日益增加的市郊风度
和举止,当秋色落向一切:
豪华的落叶,推车里的破烂
属于一个无名的家族,被排挤到
昨天和今天这步田地。一个瞪着眼
瞧另一个打算干什么,终于露了馅,
于是他们彼此相仇视,又相遗忘。

所以,我摇着、抚慰着这只普通的提琴,
它只知道那些人们忘记了的流行曲调
但坚持它能将一段无味的叠句
自由发挥。十一月里这一年翻转着身子
日子间的空隙更明确,
骨头上的肉更明显。
我们关于根的地方何在的问题

像烟雾样飘悬：我们如何在松林野餐，

在岩洞中，有流水不断地渗出

留下我们的垃圾、精子、粪便，

到处都是，污染了风景，造成我们可能达到的模样。

(郑敏 译)

显然，对往昔的怀念，对人类文明所带来的对自然的污染是这首诗的内容。但由于通过对一位街头音乐家的刻画，又使人联想起奥地利诗人里尔克所曾做过的系列人物描绘。用人来表达时代、文化、民族情绪，人是时代的建筑，正像楼房一样，这是一部分诗人和画家共同的艺术活动。诗和雕刻、建筑一样打通了时间和空间，内在和外在，否则就不会有生命力。雕刻、建筑要能通过空间捕捉到流动的时间(罗丹就这样做了)，而诗则需要通过流动的时间、心灵的感觉，映出凝冻的空间：形态。街头音乐家正如里尔克的许多诗歌人像，做到这点。

这首诗在动词的使用上特别传神，生离死别使那活着的不幸者"灵魂被生生地拧走"。一个街头音乐家，一无所有，走到哪里都只有自己的"身份"，"穿着自己的'身份'像裹着件大衣"，近年终，"十一月里这一年翻转着身子"。

诗的第二段，思虑密布，在流行曲的叠句的不断变化中诗人写出对时间流逝的感慨，对现代文明的野蛮(破坏自然)的愤懑。至于"根"的问题则始终悬疑："像烟雾样飘悬。"第二节中时间、历史、文化的动感很强，而第一节更多是一幅凝冻在空间中的人物画像和他的四周街头背景。这里诗人做到结合了画的静止与诗的流动，形象的鲜明突显和诗思的无穷流动。因此发挥了诗和画的各自功能，以秋色正浓的街头，一位流浪音乐家的画像捕捉到时代的心态和历史遗留下的疑问。　　(郑敏)

普拉斯(3首)

西尔维亚·普拉斯(Sqlvia Plath, 1932—1963)，美国女诗人，自幼聪颖，8岁便发表诗歌，大学时代又曾多次获诗歌奖。1955年，普拉斯赴英深造，在剑桥大学同英国诗人休斯一见钟情，不久便结了婚。1960年，普拉斯在美国出版第一部诗集《巨像》。此后，在休斯的鼓励下，又由于"自白派"诗人洛威尔的影响，普拉斯开始改变诗风，不再拘泥于遣词造句和音韵格律，而是注重直抒胸臆，采用日常口语和开放式的诗歌形式。正当她创作热情高涨时，她发现休斯另有新欢，遭受了沉重的打击。她带着一儿一女同休斯分居以后，写了大量的诗歌，几乎每日一首，有时多至两三首。她借诗歌倾诉内心的痛苦，企图借以寻找生活的勇气，可惜这番挣扎未能成功，终于在1963年初自杀。她最出色的诗歌由休斯整理成集，主要是《爱丽儿》（1966）、《渡湖》（1971）和《冬天的树》（1972）。由于她的诗歌以个人经历为基础描写孤寂、死亡和自杀者的心理活动，她被称为"自白派"诗人。她还深受女权主义者的欢迎，因为她描写婚姻、家庭、男人的不忠、女人的不幸、生儿育女以及女诗人的追求等题材。她在诗歌方面的成就——别具一格的隐喻和意象、精练而意味深长的文字以及充满感情的语气使她近年来声望日高，成为公认的有影响的女诗人之一。

爹 爹[1]

普拉斯

你再不能这么做，再也不，
你是黑色的鞋子
我像只脚，关在里面
苍白、可怜，受三十年苦

---

[1] 普拉斯的父亲是波兰籍德国人，15岁就随家移居美国，在波士顿教德语，攻昆虫学。普拉斯8岁时其父去世。关于此诗，普拉斯自注："这首诗出自一个有恋父情结的女孩之口。她父亲死时她认为父亲是神。事实上她父亲是个纳粹分子，而母亲很可能是犹太人，因此情况就复杂了。在女儿身上这两种压力结合而互不相让。"

不敢打嚏,气不敢出。

爹爹,我早该杀了你,
我还没动手你就死去——
大理石般沉重,一袋子神灵
鬼一般的雕像,一个脚趾灰色,
像弗里斯柯的海狗一样大

像奇异的大西洋上一个头颅
在那里海水把绿豆荚抛上蓝天
在美丽的瑙塞河外的海水里。
从前我经常祈求你复生。
Ach, du。[1]

说德国话,住波兰城
那个被战争,战争,战争
的压路机碾平的小城。
但这地名太普通[2]
我的波兰籍朋友
说有一两打之多。

所以我从来不清楚
你住在哪里,到过何处。
我从来没能跟你说话
舌头在嘴里卡住,

在装铁刺的陷阱里卡住,

---

[1] 德语:啊,你。
[2] 普拉斯的父亲出生于波兰格拉波夫(Grabow)。

ich, ich, ich, ich,[1]
我从来说不出。
我觉得每个德国人都是你
这语言太下流

像一架引擎,一架引擎
把我当犹太人一般发落。
该去达豪、奥斯威辛、倍尔森[2]的犹太人。
我开始像犹太人一般谈吐
我满可以成为犹太人。

提洛尔[3]的雪,维也纳的白啤酒
都不纯粹不真实。
我的吉卜赛先祖,我的奇特命运,
我的泰洛牌[4],我的泰洛牌,
我有几分像犹太人。

我始终害怕你,
你有空军,你有官腔,
你修剪整齐的胡子
你的亚利安眼睛,透亮地蓝,
装甲兵,装甲兵,哦你——

不是上帝,而是一个乡字,
如此漆黑,天空也无法穿过。

---

[1] 德语;我,我,我,我。
[2] 都是纳粹集中营。
[3] 奥地利西部一城市。
[4] 中世纪流行的一种算命用的纸牌。

每个女人都崇拜法西斯分子,
脸上挂着长靴,野蛮的
野蛮的心,长在野兽身上,像你——

你站在黑板旁边,爹爹,
我有你的一张照片:
一条裂痕长在下巴上,而不是脚上,[1]
但你依然是魔鬼,不比
那穿黑衣的人[2]差半分,那人

把我可爱的红心一咬两半。
我十岁时他们埋葬了你。
二十岁时我有死的意图,
回到、回到、回到你的身边,
哪怕你已成白骨。

但他们把我从袋里拖出,
用胶水把我粘住。
此后我才知道该如何做,
我给你做了一个雕塑,
一个黑衣人,脸像《我的奋斗》

一个老虎凳和拇指夹的爱好者。
我说我招供,我招供。
因此,爹爹,我终于结束。
黑色的电话线连根剪断,
声音无法爬行通过。

---

[1] 西方民间传说魔鬼的脚是裂趾的。
[2] 看来这里普拉斯是指她的丈夫休斯。

要是我杀一个人，就等于杀两个人——
那吸血鬼，他就是你，
他吸我的血已有一年，
说明确些，已有七年。
爹爹，你现在可以安息。

你肥胖的黑心算盘打得太足，
村民们从来就不喜欢你。
他们踩在你身上跳舞，
脚底是你，他们完全清楚。
爹爹，爹爹，你这浑蛋，我结束。

（赵毅衡　译）

这首诗是普拉斯发现休斯有外遇同他分居后写的，因而充满了强烈的愤怒。中译文有三处值得商榷：第十节的"脸上挂着长靴"应是"踢在脸上的长筒靴"；第十四节的"我招供，我招供"应为"我愿意，我愿意"。原文"I do, I do"其实是西方结婚仪式上新人对牧师所提"你是否愿意同他结为夫妻，荣辱与共，同甘共苦"之类问题的回答。最后一节的第一句话不是"你肥胖的黑心算盘打得太足"而是"你肥胖的黑心上插了根尖木棍"，因为按传统说法，要制伏吸血鬼，必须把它埋在十字路口而且在它心房上插根木棍。

普拉斯对丈夫的不忠实深感不满，但她为什么写起父亲来？这一方面是由于她幼年丧父，遭到过沉重的打击；另一方面，她不能忘却父亲生病期间给家人的折磨。她父亲得了糖尿病，大脚趾开始溃烂，后来锯掉一只脚。但她父亲自以为得了治不好的癌症，拒绝就医。他的固执、暴躁的脾气和对妻子儿女的苛求给大家带来不少痛苦，现在休斯又给她和儿女制造苦难。但最主要的是普拉斯借用弗洛伊德的恋父情结理论——女儿对父爱的企求得不到满足时会产生敌对情绪、女人找丈夫时常以父亲为楷模——来探讨妇女是否有独立的自我意识,谴责大男子主义思想。诗里提到她从前的自杀意图及她同休斯已经结婚七年等事实,但普拉斯并不希望读者把这首诗简单地看成是披露心迹的自白,因为她父亲并非纳粹分子,她母亲也没有犹太血统。她只是从自己所遇非人的不幸中追根溯源,利用恋父情结,把责任归到父亲身上。诗中的"爹爹"其实是大男子主义思想的代表,而诗中的"我"并不完全是普拉斯本人。她不过是"男人优越论"的受害者。要获得真正的自我,她必须打倒父亲这个偶像,彻底摆脱他的控制和影响。

全诗以尖锐的语言、极端的描写把诗人的愤怒表达得淋漓尽致。第一节开宗明义就点出她在父亲的控制下像只关在黑鞋子里的脚"受三十年苦"。在她眼里,父亲先是神灵,后来又变成残忍凶狠的法西斯分子。"每个女人都崇拜法西斯分子"一语充满了讽刺意义,因为这并非事实。女人这样做是爱父亲的结果。她曾祈求父亲复生,还企图自杀以追随父亲于地下;最后以父亲为楷模,找了个酷似他的"黑衣人",把对父亲的爱转移到丈夫身上。没想到这位"黑衣人"也是个会折磨人的"法西斯分子"。因此,她大声疾呼:"爹爹,我早该杀了你。"并且说,"要是我杀一个人,就等于杀两个人"。因为一旦她摆脱父亲的影响,她也不必为丈夫另有新欢而痛苦了。对她来说,两人都是吸血的魔鬼,必须在心房中插上木棍,使之永世不得翻身。

普拉斯用简短的诗行、重叠反复的词语(如"像一架引擎,一架引擎""回到、回到、回到你的身边"等)来加强语气的迫切性。诗行虽然分节,但诗节之间的句子并不中断,表现诗人的气愤就好像打开的闸门,滔滔不绝,难以抑制。

普拉斯在描写父亲犹如法西斯分子时还利用生活中常见的事物、现象来唤起读者的联想,加深他们的感受。一口"官腔""修剪整齐的胡子"和"亚利安眼睛"使人立即想到了希特勒,那个脸像希特勒著作《我的奋斗》的黑衣人当然也是个法西斯分子,再加上"达豪、奥斯威辛、倍尔森"等屠杀犹太人的集中营名字等等,把大男子主义思想、"男人优越论"对妇女的摧残描写得生动形象。这种比喻不免极端,但普拉斯坚定不移的口吻却使得读者不由自主地相信。

普拉斯并不是一味地呼喊号叫。诗中不乏喜剧性的描写,也许可以说是黑色幽默吧。在强调父亲是神灵时,她又称他为"一袋子神灵,鬼一般的雕像",突出他"一个脚趾灰色,像弗里斯柯的海狗一样大",使他显得滑稽可笑,并无尊严可言。全诗还以喜剧性场面结束。父亲的权威是不容易打倒的,大男子主义思想也是不容易摆脱的。普拉斯只好求助于集体,强调"村民们从来就不喜欢你",制造一个村民在魔鬼身上踩踏跳跃庆祝胜利的情景,并以阿Q式的口吻高呼"你这浑蛋",仿佛消了气,解了恨。这种无可奈何的自我解嘲的手法更衬托出诗人的痛苦与绝望。

普拉斯还在诗里用了不少双关语。"我给你做了一个雕像"一行中"雕像"的原文model还有"榜样、楷模、模特儿"等意思。这句话含义为"黑衣人"犹如雕像,同他父亲是一个模型里刻出来的,也是她以父亲为楷模寻找来的。

最巧妙的双关语恐怕是"我结束"一句。原文"I'm through"相当于中文的"我完了",有"结束""完蛋"之意,也有"电话打完了"的意思。普拉斯把几种意思都用上了。她所遇非人,因而不幸,完蛋了。她同丈夫没有相通的感情,无法交流思想,就像"电话线连根剪断,声音无法爬行通过"。她杀死了父亲,当然也就"结束"了同酷似父亲的丈夫的种种恩怨。全诗以这句话结束,更是耐人寻味。它到底是"我结束了对你的报复,我已得到解脱"的胜利口吻,还是"我完蛋了",因为大男子主义思想是无法摆脱的?如果是后者,诗人的痛苦就更为深沉。她声嘶力竭地叫喊半天,要"杀了"父亲,结果只能做到骂他一句"浑蛋"。她无法自拔,只好承认失败完蛋。《爹爹》的成功之处恐怕就在于普拉斯不仅表达了受大男子主义思想压迫的妇女的哀怨和愤懑,而且留下了"我完了"这句话让读者自己去揣摩回味。

(陶洁)

申 请 人

普拉斯

首先,你是我们这样的人吗?
你戴不戴
玻璃眼珠、假牙或拐杖,
撑腿的托架或带钩的假手,
橡皮乳房或橡皮胯部?

有没有缝合的针脚说明你少了样东西?没有,没有?那
我们怎么能给你东西?
不要哭。
把手摊开。
空的?空的。这里有只手

正好放进去。它愿意
端茶送水,侍候你头痛脑热
听你吩咐,随你使唤。
你想娶它吗?
我担保

它会在你老死时为你合上眼睛
并因悲伤而憔悴心碎。
我们的新产品用的是上等的材料。
我注意到你赤身裸体一丝不挂。
这套衣服怎么样——

黑颜色,有点死板,不过不算坏,还合身。
你想娶它吗?
它可是防水、防震还
防火和穿过楼顶的炸弹。

你信不信？你下葬入土时穿的还会是它。

至于你的脑袋，对不起，空空如也。
不过，我正好有对付的办法。
来啊，宝贝儿，从壁橱里走出来。
嗨，你看它怎么样？
刚用时它像张空白的纸

不过，二十五年后，它可就成了银子，
五十年后变成金。
随你怎么瞧，一个活生生的洋娃娃。
它会缝衣，它会做饭，
它会说话，说话，说话。

它运转自如，没有半点儿毛病。
你有伤口，它就是膏药。
你有眼睛，它就是眼里的形象。
年轻的小伙子，这可是你最后的机会。
你想娶它吗？娶它吗？娶它吗？

（陶洁　译）

　　如果说，《爹爹》是近乎歇斯底里的哀号、声泪俱下的控诉，那么，《申请人》却通过十分冷静而又尖刻的讽刺，有力地揭露了女人在婚姻中的不平等地位，强烈谴责了男人对女人的歧视。

　　普拉斯构思奇巧，设计了一个大公司面试应征申请人的情景。然而，考官一反现实生活中的做法，不是询问申请人有什么聪明才智，而是不断打听他四肢五官甚至身体内部是否有缺陷。他只有失去一样东西才可能成为考官所看中的"我们这样的人"。在这里，诗人通过一系列问题，不动声色地点明男人绝非十全十美。

　　从第二节的最后一行开始，这位考官摇身一变，成了推销员。他向申请人不断介绍各种商品：可以娶作妻子的女人。但他一字不提爱情问题，只是反复强调女人能为男人终生服务和女人的各种用途，把女人当作商品加以宣传。叙述者用了大量广告式语言（如"它运转自如""担保""新产品""上等的材料"等），自始至终用非人称代词"它"来代表女人，充分反映在男人的眼里，女人不过是个渺小而微不足道的东西。

普拉斯别出心裁地借用西方有关婚姻的说法来讽刺挖苦婚姻制度。尽管男人在言语上彬彬有礼，向女人求婚是"ask for her hand"（直译为"要求她的手"），获得某女子同意结婚是"win her hand"（直译为"赢得了她的手"），实际上，女人只起辅助作用，她的手只可以"填进"男人的手掌。普拉斯还借用了西方把结婚一周年称为"纸婚纪念日"，25周年为"银婚纪念日"，50周年为"金婚纪念日"的说法讽刺传统的婚姻观念只要求女人做贤内助，只看重她在辅助夫君方面的价值，而从不过问女人自身的价值和意愿。

这首诗采用日常口语，朴素简练，所谈的内容也都是生活中随时可见的现象，因此有很强的真实感。重叠句"你想娶它吗"犹如副歌反复出现，并在最后一行重复三次，既加强了讽刺效果，也迫使读者对妇女的不幸进行深刻的反思。

（陶洁）

隐　喻

普拉斯

我是个九音节的谜语，
一头大象、一座大房子，
用两条卷须漫步的瓜。
啊，红果子，象牙般精致！
这面包因发酵而鼓胀。
皮夹鼓鼓，装着新钱币。
我是媒介、阶段、怀孕的母牛。
我刚吃掉一袋青苹果，

登上不让靠站的火车。

(陶洁　译)

　　普拉斯并不永远写死亡一类的悲剧题材。她也有些写生活中欢乐的诗歌,《隐喻》就是其中的一首。

　　这首诗精致小巧,别具一格。标题《隐喻》说明它还有另外一层没有明说的含义。初读时,你可能摸不着头脑。如果你仔细咀嚼,你会从"青苹果"和"怀孕的母牛"中捉摸出这首诗原来是描写普拉斯怀孕时的体态和心情。这时候,你一定会赞叹诗人用词的精确、隐喻形象之贴切和构思之巧妙。

　　全诗九行,每行九个音节。这个数字不正好同九个月的怀孕期相吻合吗?"大象""大房子"靠卷须支撑的"瓜"都表达一种沉重感,暗示怀孕的母亲挺着大肚子的累赘模样。因发酵而鼓胀的面包、鼓鼓的皮夹正是怀孕女人体态的写照。用"面包""皮夹"来加以形容颇有幽默感,可胎儿不正是跟新铸的钱币一样值钱,跟红果子内"象牙般精致"的果肉一样美丽吗?即便是两个抽象名词也用得恰到好处:婴儿的诞生需要母体作"媒介",而当了母亲,人生就开始了新的"阶段"。

　　最后一行"登上了不让靠站的火车"道出诗人的不安,甚至恐惧。但这是可以理解的,初为人母当然难以预料未来,人生的旅途确实没法回头或停步。最后一行实际上同第一行遥相呼应。普拉斯怀孕了,生理上发生了变化。这像"谜语"一样使她好奇,当然还令她激动惶惑。但从她能够一口气"吃掉一袋"酸溜溜的"青苹果"来看,她想到体内孕育的新生命时是充满欢乐和喜悦的。

(陶洁)

Ⅶ 拉丁美洲卷

智 利

米斯特拉尔 (6首)

加夫列拉·米斯特拉尔（Gabriela Mistral, 1889—1957），原名卢西亚·戈多伊·阿尔卡亚加，智利著名女诗人，有"抒情女王"之称。"因为她那富于强烈感情的抒情诗歌，使她的名字成为整个拉丁美洲理想的象征"而获1945年度诺贝尔文学奖，她成为拉美第一位获得此奖的作家。

米斯特拉尔于1889年4月7日出生在智利北部艾尔基山谷的一个小村庄。她的母亲没有文化，她的父亲在她三岁时弃家出走；她没进过正规学校，她的文化知识都是自学取得的。十五岁时，她被聘为小学教师，进而升任中学教师和校长。她热爱读书，尤其是俄国文学作品。外国文学的熏陶，为她的诗歌创作打下了一定基础。她十四岁时开始发表诗作。

1906年她所爱的一位铁路职员饮弹自尽，给她的生活打上了痛苦的烙印。为此她写下悼念亡友的三首情诗，题为《死的十四行诗》。1914年在智利首都圣地亚哥举办的赛诗会获一等奖，从此她蜚声智利诗坛。

1922年出版诗集《绝望》，西班牙文学界首先为这本诗集喝彩。这部诗集文笔细腻生动,感情真实,诗律完整,突破了当时风靡拉丁美洲的以逃避现实和唯美主义为倾向的现代主义诗风,使诗歌和诗人的含义发生重大变化。

1924年,诗人访问了美国和欧洲,在马德里出版了她的第二部诗集《柔情》。其中大部分作品是表现母爱和儿童生活的,标志着诗人摆脱了个人孤寂和痛苦的情感,不断拓宽题材。其后,她进入外交界,先后担任智利驻意大利、西班牙、葡萄牙、比利时和美国的领事,晚年还曾任智利驻联合国特使。

1938年,她的又一部诗集《塔拉》(又译为《有刺的树》)问世。《塔拉》歌颂大自然的美丽、抒发对母亲的挚爱,反映被压迫者的痛苦,充分反映了诗人的视野在不断扩大。

米斯特拉尔是一位卓越的爱国者。她曾说:"我的最大的爱就是我的信仰、土地和诗歌。"她1955年出版的诗集《葡萄压榨机》,集中表达了诗人对祖国和人民的热爱。1957年1月10日,米斯特拉尔在美国逝世。她的名字已成为智利和全美洲大陆的骄傲。

死的十四行诗
米斯特拉尔

一

人们将你放进冰冷的壁龛,
我把你挪到温和明亮的土地。
他们不知我要睡在泥土里面,
也不知咱们将同枕梦幻一起。

我让你躺在阳光和煦的土地
像母亲对酣睡孩子一般甜蜜,
土地变得摇篮似的温柔安谧
来接纳你这痛苦婴儿的躯体。

然后我撒下玫瑰花瓣和泥土,
在这月光笼罩的碧蓝色薄雾,
将你那轻盈盈的遗骨禁锢。

我怀着高尚的复仇心理远走,
没任何女人会插手这个隐处
来与我争夺你的一把尸骨!

二

有一天长期的郁闷难以忍受,
灵魂告诉躯体,它不愿拖着包袱
跟着那些活得满意的人儿
在这玫瑰色的路上继续行走⋯⋯

你会觉得身边有人奋力挖掘,
另一个沉睡女人来到你的静市。
待到人们将我严实掩埋起来⋯⋯
咱们就悄悄絮语,直到来世。

到了那时,你才会知晓
你的身体尚不成熟且不疲惫,
为何竟要躺在深墓穴里长眠。

命运的漆黑境界会豁然明亮,
你知道咱们海誓山盟有星宿印记
盟誓既被撕破,你就寿终必然⋯⋯

三

一天,罪恶之手将你的生命扼住,
从那时起,接着星宿的示意,

生命便离开百合般洁白的花圃,
承它欢愉,恶手竟可悲地进去……

我对上帝说:"他被领上灭顶途径。
那些人不会引导被爱的心灵!
上帝哦,将他从致命的手里解脱
要不,就把他沉沦在你设的长梦!

我不能将他喊住,也不能和他一道!
一股黑色暴风把他的船儿吹得无踪。
你让他回到我怀里,或年轻轻死去。"

他那生命的船只已经抛了锚……
难道我不懂爱情,也不懂虔诚?
即将审判我的上帝,你最知底!

(于凤川 译)

这组《死的十四行诗》是女诗人米斯特拉尔爱情悲剧的高度浓缩和深刻表现。诗人以无法遏制的激情、感人细腻的笔触,描绘出三个活生生的令人难以抹去的画面,道出她对恋人的深情厚意和生死与共的决断。

她所描绘的画面之一是,在薄雾笼罩的月光下,诗人从壁龛取出已故恋人的尸骨,颤悠悠地将它放入新埋的墓穴,覆盖上泥土和玫瑰花瓣,然后才远走。画面之二是,虽然岁月流逝了,但是诗人思念故人的悲痛不但没有减轻,反而积重难返,欲死不生,她就梦幻般地来到亡友的身边,和他絮语长谈。画面之三是,诗人认为,她的恋人本不该死,是因罪恶的黑手作祟,于是她求救上帝,让他死而复生。

那么,让她如此痴情的心上人是谁?他是一个名叫罗梅里奥·乌雷塔的年轻铁路职员。诗人和他的恋爱使诗人对前途和理想充满了信心,在她看来,这位情人是她的唇之吻,骨之髓,裙之带,劳动之欢乐。

尽管我们的诗人对恋人一片痴情,他们又曾立下"海誓山盟",对方却变了心,爱上了第三者。对此,诗人在《谣曲》这首诗里悲痛地写道:"他与那个女人过去,我看得清清楚楚。"诗人在精神上受到沉重的打击,正在她呼天喊地之际,悲剧发生了。乌雷塔对爱情的见异思迁遭到报应,他爱的另一个姑娘抛弃了他,使他悔恨交加,无脸见人,于是举枪自杀。死时,口袋里有一张给米斯特拉尔的明信片,这使诗人百感交集,写下她不朽的《死的十四行诗》,并且遗痛数年,终身不嫁。后来,诗人在回顾这段爱情悲剧时,曾感慨颇深地写道:"一天,幸福从我身边飘过。我渴望地伸出双手,然而它却像一只翩翩起舞的蝴蝶,将我的不安嘲弄……"

米斯特拉尔的这组爱情诗,突破了拉美歌咏天鹅一类遐想的现代主义的诗风,描写有血有肉的人和美洲大陆的风物,这就是米斯特拉尔爱情诗的最大特色。

(于凤川)

爱是主宰
米斯特拉尔

它在田垄间自由来往,
它在清风中展翅飞翔,
它在阳光里欢腾跳跃,
它与松林紧贴着胸膛。
你能忘却邪恶的思想,
却无法将它忘在一旁:
你不能不聆听它的主张!

它的语言铮铮作响,
它的语言像莺啼燕唱,
那里有和风细雨的乞求,
也有命令似的惊涛骇浪。

不要做出狂妄的神态,
也不要装出愁苦的模样:
对它的接待可要周详!

它是一副主人的模样,
借口软化不了它的心肠。
它能打破鲜花的酒杯,
也能劈开冰冻的海洋。
你不能拒绝它的留宿,
你没有勇气对它言讲:
对它的接待可要周详!

细致的反驳它头头是道,
智者的论据,女人的温良。
人类的科学能拯救你,
神学相形见绌:
对它的信念可要坚强!

它用麻布将你蒙上,
你对它会顺从忍让。
它热情地将你拥抱,
你不会摆脱它的臂膀。
它向前行走,
你会盲目地跟上,
尽管知道那是地狱不是天堂!

(赵振江 译)

　　诗人是为了爱情所生的,爱情又因为诗人的歌唱而脍炙人口。米斯特拉尔是诗人,又是感情格外敏感的女诗人,因此她坦然宣布"爱是主宰"时,我们看到的仍是理性之光。

诗人把爱情神圣化,又赋予它上天入地无所不能的本领。它一会儿在清风中飞翔,一会儿在丽日下纵情欢跳,一会儿发布惊涛骇浪般的命令,一会儿又具有学者的雄辩……总之,爱情真成了剪不断、理还乱的神秘之网。但最终目的,是诗人自己的发现:"你会盲目地跟上,尽管知道那是地狱不是天堂!"

她实际上在阐述人的生命主旨,她又好像在传播爱之宗教。所以我们听到米斯特拉尔喋喋不休地告诫道:一、你必须聆听它的主张;二、不要做出狂妄的模样;三、对它的接待要周详;四、对它的信念要坚强。四个自然段,感情递进,思考加深,使人对爱情以及渴望爱情的人们,尽了自己最大的努力。

诗人对爱的情感是真挚的,对爱的追求是热烈的。否则,她不会这么苦心营造爱的意象群,大量运用排比句式,来突出爱的韵律。诗中的"你",成为世人努力说服的对象,也许是诗人的自言自语,怎么想都能成立。正因为有了这个"你",我们才读出了诗人的言外之意、象外之旨:人们追求爱情和幸福,往往要毕其一生心血,到头来还可能是一场梦幻。这其实正是女诗人的亲身经历,所以才写得这么动人。　　（高洪波）

警　示

米斯特拉尔

你不要将我的双手握紧,
长眠的时刻终会来临,
交叉的手指上笼罩着阴影
还有厚厚的一层灰尘。

你会说:"我对她
已无情意,因为她的手指
如同脱了粒的谷皮。"

你不要把我亲吻,

暗淡的时刻终会来临，
在潮湿的土地上
我将没有你要吻的双唇。

你会说："我爱过她，但爱情
已经枯亡，因为她已经不能散发
我那金雀花一样的吻的芬芳。"

你的话使我多么悲伤，
你却胡言乱语，盲目癫狂，
说什么当我的指头已经折断
我的手也要放在你的额头上，
我呼出来的气息
将落在你充满焦虑的脸庞。

因此，你不要碰我。
当我用伸开的两只臂膀，
用我的嘴唇和脖颈，
表示献给你全部的爱情，
那时我是在将你欺骗，
可你却以为吻到了一切
被哄得像一个幼稚的儿童。

因为我的爱不仅是
这具疲惫僵硬的躯体，
它使我一直不能腾飞
而且一碰那苦行衣就瑟瑟颤栗。
我的爱是吻的内涵，而不是嘴唇；
它冲破的是喉咙，而不是心胸：
它能穿透我的肌体，

是一股翱翔的神圣之风!

(赵振江　译)

　　米斯特拉尔的《警示》,主题是她喜欢爱的爱情与死亡。她喜欢这两种生命的存在与消失的方式。因此,她采用两个情人对白的方法,将"警示"化作一首绝妙的小诗。

　　首先是几组惊心动魄的意象。一方说"你不要将我的双手握紧",另一方说"我对她已无情意,因为她的手指如同脱了粒的谷皮";一方说"你不要把我亲吻",另一方说"爱情已经枯亡,因为她已经不能散发我那金雀花一样的吻的芬芳"。看起来,真像热恋中的男女的斗气之话。

　　但气话也罢,笑话也罢,米斯特拉尔心中的意思是歌颂和追求一种超乎于肉体之上的爱情,升华了的灵魂之恋。因此她才在最后写道:

　　我的爱是吻的内涵,而不是嘴唇;

　　它冲破的是喉咙,而不是心胸:

　　它能穿透我的肌体,

　　是一股翱翔的神圣之风!

　　当然,女诗人的这种信念正确与否,我们不必对此做道德的评判。我佩服的是她想象力的丰富,同时将死亡场面轻巧地移入诗中,组合成鲜明的色彩对比,加上诗中亲昵的口吻形成的气氛,给读者一种清新的格调。虽然不是"神圣之风",却无疑是缪斯的一次青睐。

　　这是一首极别致的爱情诗。

(高洪波)

色彩的龙达[1]

米斯特拉尔

蓝色和绿色多疯狂
亚麻花开在枝头上。

---

[1] 龙达是孩子们的游戏,围成圆圈,载歌载舞。

绚丽的湛蓝色在舞蹈
宛似在海上转了向。

当蓝色的叶子脱落掉,
绿色的舞蹈还跳个不停:
绿色的三叶草,绿色的橄榄
和绿色美丽的柠檬。

色彩啊色彩!
美哉啊美哉!

温顺和勇猛的红色
——含苞欲放的玫瑰和石竹。
当绿色已经俯首称臣
它却跳出来争当冠军。

一个接一个地表演舞蹈,
人们不知道哪个更好,
一个个红色跳了又跳
直到它们在火焰中燃烧。

色彩啊色彩!
美哉啊美哉!

黄的颜色来了
伟大而又充满激情,
大家都为它让路
宛似看到阿伽门农。[1]

---

[1] 阿伽门农(Agamemnon):古希腊神话中的迈锡尼王,因其弟墨涅拉俄斯之妻海伦被特洛伊王子帕里斯劫走,便发动了特洛伊战争,并出任希腊联军统帅。

神圣的闪光舞姿翩翩
无论在人或在神的面前:
金色的发缕飘着芳香
橘黄的色彩在空中飞扬。

色彩啊色彩!
美哉啊美哉!

最终它们都将跟在
太阳神的孔雀身旁,
它会将它们收集并带走
像一个强盗或父王。

它们和我们手挽着手
过去如此如今已不然:
世上的故事同样会死去
当讲故事的人一命归天!

(赵振江 译)

  赋予色彩以生命的运动,大概只有诗人可以做到。画家好像能指挥色彩,其实大多数却为色彩所围困,终生难以突围。

  米斯特拉尔这首小诗,充分展开了诗人不羁的想象力,调动、驾驭、驱赶甚至戏弄色彩,使全诗呈现出一种童话般的格调。

  诗人写蓝色和绿色,用的是"疯狂";写湛蓝,则是"绚丽";橄榄绿,则是在"跳动";红色是"温顺"和"勇猛",仿佛要让自己"在火焰中燃烧";写黄色,则是"伟大而又充满激情",恰似希腊神话中的联军领袖阿伽门农。

  瞧,色彩在诗人手中,真像魔术师的魔棍,随心所欲地幻化成千奇百怪、千姿百态的"感觉生物",把抽象的颜色具象化,又将这具象的颜色生命化。这是米斯特拉尔的一大功劳。

  全诗重在写一种感觉,生命在"太阳神的孔雀"映照下的感觉。

"龙达"本身就是一种儿童的歌舞,诗人似乎听到了一种音乐的召唤。诗的基调是欢乐、明亮甚至绚丽的,读这首小诗,你的心灵会不由自主地引发一阵共鸣。同时你会感到被诗人拨亮了眼帘,陡然发现色彩的诸多秘密,心头充满欢喜的感觉。

这就是诗的魅力之所在。　　　　　　　　　　　　（高洪波）

对星星的承诺
米斯特拉尔

星星睁眼睛,
夜幕像鹅绒;
你们在高空
看看可纯净?

星星的眼睛像灯笼
闪烁在宁静的夜空,
你们在天庭
看我可温情?

星星的眼睛
不停地眨动。
你们为什么
又蓝、又紫、又红?

星星的瞳孔
新奇又透明,
朝霞为什么用玫瑰色
能涂掉你们的身影?

是泪珠还是露珠,
弄湿了星星的眼睛,

你们在天空抖动,

可是因为寒冷?

我盯着星星的眼睛,

向他们保证:

只要你们看我,

我会永远纯净。

(赵振江 译)

　　这首歌谣体的小诗,透明、清澈、流动着天真的童趣,是米斯特拉尔作品中风格独特的一首。

　　诗人采用比兴手法,先写星星眨眼睛的神态,继而向星星发问关于纯净与温情,关于玫瑰色的朝霞,关于"高处不胜寒"的若干问题。当诗人进行完这些自问自答之后,使得结尾点题:"我盯着星星的眼睛,向他们保证:只要你们看我,我会永远纯净。"因此,我们完全有理由把这首"对星星的承诺"看作是人的纯真之誓。

　　纯真是一种人生态度。对诗人来说,能将纯真当成一种信念来贯彻自己的一生,是难能可贵的追求。也许正是这种祈求纯真的欲望,才使这首小诗透明起来,透明之中又流出几缕温馨的情思。

　　《对星星的承诺》是一首儿童诗,好像是一个纯真的少女在一个秋夜里发出的天问。拟人化的星星,形象化的夜幕,以及由此生发开去的"是泪珠还是露珠,弄湿了星星的眼睛",构成静谧幽远的诗的意境,让你不由自主地为一个纯真少女的喃喃自语而微笑。当然,微笑之后的沉思也许才是诗人所盼望的。

(高洪波)

三 棵 树

米斯特拉尔

三棵伐倒的树

弃在小路的边缘。

伐木人把它们遗忘
　　它们亲密地挤在一起交谈，犹如三条盲汉。

　　落日的余晖
　　为劈开的树干涂上一层鲜血，
　　只有风儿
　　带着它们伤口的芳香飘散！

　　歪歪扭扭的那一棵
　　把巨大的臂膀和抖动的枝叶
　　伸向同伴
　　两个伤口像一双眼睛，表达着哀怨。

　　伐木者把它们遗忘，夜即将来到，
　　我愿与它们厮守在一起
　　用心房接受柔软的树脂，
　　那树脂将会像火一般把我燃烧，
　　而天明时我们将无声无息
　　被一片离别的痛苦所笼罩。

（陈光孚　译）

　　这首诗表达的是一种冷峻的美。主题仍然是忧郁，这莫名的忧郁构成米斯特拉尔诗歌的主旋律。

　　基本上是纯客观的描摹：三棵被伐倒的树，被人遗忘在路边。绿色的生命就此中断，风儿传播着它们"伤口的芳香"，而"伤口像一双眼睛，表达着哀怨"。

　　面对三棵树，诗人似乎深深感到不安。是人类的残酷还是被遗忘的痛楚使诗人发出这样的感叹呢："我愿与它们厮守在一起，用心房接受柔软的树脂"，可能二者皆有。

　　值得注意的是对三棵树的描写："三条盲汉""鲜血""伤口的芳

香",有一种血淋淋的感觉。植物尽管无言,但诗人已代言;在客观的描摹中,掺进了诗人强烈的感情色彩,所以才有这样的句子:

> 用心房接受柔软的树脂,
>
> 那树脂将会像火一般把我燃烧

点点滴滴,皆是诗人泪;树脂的意象同火联系在一起,又产生鲜红的联想效果,依然是冷峻的、血一般的忧郁。

诗人的博爱之心在这首诗中袒露无遗,巧妙的构思又让人叹服。假如森林真的有灵,当向米斯特拉尔献一条洁白的哈达致敬。 (高洪波)

维多夫罗 (4首)

维森特·维多夫罗(Vicente Huidobro, 1893—1948),生于圣地亚哥一贵族家庭,受过良好的文化熏陶。1912年与诗友合办《青年诗神》杂志,传播拉丁美洲现代主义诗歌奠基人鲁文·达里奥的理论与作品。1916年来到巴黎,遇到他所崇拜的法国先锋派诗人阿波里奈尔。积极参加法国有关先锋派诗歌的争论,向一切文学传统挑战,其中主要针对现代主义,提出诗歌即是"绝对的创造"。因此,人们曾送给他一个绰号"创造主义者"。

维多夫罗居住法国多年,他用西班牙语和法语写作。他借鉴法国的诗派,将法国诗歌一些流派的手法与本土特点结合起来独创自己的诗派。当时,在他的身边曾聚集起一批崇拜他的年轻作家、诗人、画家和音乐家,他们共同举办艺术展览,创办几个杂志。

这时的维多夫罗在思想上发生了较大的变化,写诗赞扬十月革命,高度评价列宁。他赞扬十月革命是"一个世界被推翻,另一个世界站起来"。在西班牙内战期间,维多夫罗支持西班牙人民的反法西斯斗争,并作为一家乌拉圭报纸的记者来到欧洲。残酷的战争在他的心灵里留下了巨大的创伤。

维多夫罗在文学上喜欢革新和创造。维多夫罗出版的重要诗集《水镜》,给他的创造观做了注解。他在《水镜》这首诗里称:"我的镜子比地球还深，所有的天鹅都被溺死。"这里不难看出，诗人要与以歌唱天鹅为标志的拉美现代主义诗歌彻底决裂。

维多夫罗的重要诗集还有《赤道》(1918)、《最后的诗》(1949)等，以1931年出版的长达3000多行的长诗《阿尔塔索尔》最享盛誉，都对拉美诗坛产生过相当影响。

你和我

维多夫罗

你生来就是光艳的朝霞，
驱散了我无尽的忧伤，
噢，迷人的姑娘，我心头长出一支白荷，
就像扎根在寸草不生的岩石上一样。

我是为了征战才来到世间，
需要你的鼓舞才不会葬身疆场；
我时时刻刻都把你记在心里，
想起你，我就有了抗击一切的力量。

愿你能成为我生活中的灿星，
只把清辉倾泻在我的身上，
生活中并非只有战斗和纷争，
至少还有爱情在温暖人的心房。

你是我的爱，我心灵的天使，
你使我感到生活甜美芬芳，
你在我身上注入了恬静的精髓，
就像是空气中充满了异香。

我的爱没有止境。我爱你，
情炽意烈，简直近于疯狂，

我崇拜你,只要心脏还在搏动,
我就要把你奉为顶礼的偶像。

我们共同去开辟人世间的道路,
就像两个孩子,挽手依傍,
在这涛惊浪险的生活海洋之中,
你的终极目的就是我的航向。

求上帝保佑,噢,心爱的姑娘!
咱们俩共建一个窝儿把身藏,
你像情意缠绵的小鸟喋喋絮语,
我在你的耳边把情歌低声吟唱。

(于凤川 译)

咱们俩
维多夫罗

咱们俩就像是
同一条河里的两道涟漪;
咱们俩就像是
同一朵花里的两颗露滴。
咱们是一颗星的两道光辉,
一把琵琶弹出的两个音符;
咱们是一个窝中的两只小鸟,
是共同爱情的两滴泪珠。

(于凤川 译)

泪 珠
维多夫罗

一天下午,咱们俩坐在公园里,

>   长时间地倾谈；
>   说的是有情人不能成眷属的往事，
>   桩桩件件摧人肝胆；
>   一颗泪珠顺着你的面颊流下，
>   落到了咱们的脚边；
>   第二天，我又回到了那个地方，
>   心中还痛苦得不停打战；
>   但我无意中却惊奇地看到，
>   一枝鲜花正在破土争艳。

（于凤川　译）

　　这是一组优美的爱情吟咏曲，抒发诗人对爱情的无限眷恋，对情人的顶礼崇拜，写得意深深，情绵绵。读后，给人留下无穷的回味。

　　《你和我》《咱们俩》《泪珠》都选自诗人维多夫罗的第一部诗集《心灵的回声》。这部诗集于1911年问世，此时，诗人是个年方十八岁的翩翩少年，正处于对爱情充满天真、离奇的幻想时期。他为这些诗篇做注的是其名著《逆风》。他自述道："我十三岁的时候，当我的学友们正忙于集邮，我却把时光都花在了给当时巴黎的社交皇后朗代尔玛写情书上；夜晚我又对诺阿耶伯爵夫人胡思乱想，对她的画像着了迷……"的确，维多夫罗的爱情几乎都是乌托邦式的幻想。他十五岁时还迷恋上了俄国的塔蒂亚安娜公主，在他的房间里贴满了从报刊上剪下来的公主照片……这几首小诗其实也只是表现了他对爱情的一种期待、向往和幻想而已。在前两首诗里，诗人对意中人赞美备至。他将自己心爱的姑娘做了种种美化："光艳的朝霞""生活中的灿星""心灵的天使""顶礼的偶像"……是她把清辉倾泻在诗人的身上，将爱情温暖他的心房；他爱她情炽意烈，近于疯狂。这个心上人驱散了他心头的忧伤，给了他抗击一切的力量，使他感到生活甜美芬芳。他愿与她共建一个窝儿，享受美好的爱情琼浆。爱情在这里产生了不可估量的力量。

　　在《咱们俩》一诗里，诗人将自己与情人更紧紧地联系在一起了。他

将他们俩比作"两道涟漪""两颗露滴""两道光辉""两个音符""两滴泪珠",仿佛诗人与情人的关系已达到了难舍难分的地步。

其实,在实际生活中,这位诗人的爱情生活一点也不幸福。因为他幻想中的情人是不可企及的,而且她们均先后逝去:朗代尔玛投河自杀,塔蒂亚安娜中弹身亡。梦想的破灭,使他郁郁寡欢,一生未婚,成为一个孤僻的人。他不无感慨地说:"在我的生活中……就欢乐而言,几乎没有留下多少记忆。"

当然,在维多夫罗人生的长途中还是走过一段爱情花径。不过,这段爱情是不幸的。他曾和一个性情粗暴的疯狂女性不期而遇,最终令他难以忍受,所以他们很快就分手了。他未能啜饮爱情的醇酒,对芬芳四溢的爱情没有绵长的回味,在他的心头留下的是一种不同寻常的惋惜。因此,他对那些不能成眷属的人们深感同情,进而感到痛苦。在《泪珠》这首诗里表达的正是这番意思。诗中说,他和他的情人坐在公园里,长时间地倾谈,说的有情人不能成眷属的故事,桩桩摧人肝胆,令他的情人流下晶莹的泪珠……诗的情调近乎伤感,不过,诗的结尾是明朗的:第二天,诗人到原地一看,那里出现了爱的奇迹——一枝争艳的鲜花破土而生。这正是诗人企望的爱情晨曦。

(于凤川)

论诗的艺术

维多夫罗

愿诗歌变成一把钥匙
打开那千百扇的门户。
一叶落下,某物飞过;
目之所击,都被创造,
让听者的灵魂打哆嗦。

创造新世界,修饰你语言;
不花费气力,羞煞形容词。

我们的神经循环。

肌肉高悬,仿佛记忆在博物馆;
然而我们并非因此少力气:
真正的灵感在大脑里。

你们为何将玫瑰歌唱,哦,诗人!
你们要让它们在你们诗里开放。

万物在阳光下生存
仅仅是为了我们。

诗人是一个小上帝。

(于凤川 译)

这首诗是维多夫罗创造主义诗歌理论的代表作。它和诗人的《1917年宣言》一起,比较系统地阐明了他的诗歌理论。

维多夫罗从年轻时就为他的诗歌寻找一种理论支柱,要寻找一种打开千百扇门户的钥匙。这把钥匙就是诗人所说的诗歌的创造,让"目之所击,都被创造",而创造出来的诗歌要"让听者的灵魂打哆嗦"。诗人认为,为此必须组织一个真正的诗派,按照自己的精神进行诗歌创作。原因是:"我们现在所处的时代不同了,真正的诗人是善于和时代的脉搏一起跳动并推动时代前进的诗人,而不是后退的诗人。"(见诗人1913年11月15日《蓝》一文)

1914年,诗人对他的创造主义诗歌理论做了进一步阐明。他说,大自然母亲,我不必成为你的奴隶,我将成为你的主人……你将为我效劳,当然,我也为你效劳。我要拥有不同于你的树木,我将有我的山峦、河流、海洋,我将有我的天空和星辰。

诗人上述思想的实质是,诗应有自身的风格,具有自己的规律,不被日常生活所左右。诗人"真正的灵感在大脑里",除周围的现实外没有别的现实。诗人说,花与动物只有诗人用大自然母亲仅仅给予诗人的特殊天赋才能创造出来。这种创造主义思想可以在两句诗里体现出来：

你们为何将玫瑰歌唱，哦，诗人！
你们要让它们在你们诗里开放。

诗人让玫瑰听诗人们的话，在他们诗里开放，不像现代主义诗人以歌唱天鹅和玫瑰为主要对象。诗人为何有令玫瑰开放的本领，因为，"诗人是一个小上帝"，他可将微小激情行星上的混沌加以凝缩。

维多夫罗的创造主义诗歌理论，在具体的写作方法上可以归纳为：把抽象的东西具体化，把具体的东西抽象化；把事物人格化；把一切晦涩的东西写得清晰和准确。

（于凤川）

聂鲁达（6首）

巴勃罗·聂鲁达（Pablo Neruda, 1904—1973），原名内夫塔利·里加尔多·雷耶斯，智利当代著名诗人，也是我国读者熟悉的拉丁美洲作家之一。

聂鲁达幼时丧母，父亲是铁路职工，家境比较贫寒。加之后母虐待，聂鲁达幼年的心灵经受了不少创伤，性格也趋于内向。他自幼爱好写诗，诗才惊人，以致他父亲把他的诗作误认为是抄袭别人的，这使聂鲁达的自尊心受到打击。他立志要做一位诗人。1920年11月，在特穆歌城的赛诗会上他获得头奖，同时被选为该城学生文学协会的主席，从此便正式开始了文学生涯。

1924年，他发表诗集《二十首情诗和一支绝望的歌》，一举成名，登上智利诗坛。

聂鲁达几次出任外交官，曾与许多国家的著名诗人相识。他曾努力借鉴过惠特曼的诗风，学习过马雅可夫斯基的激情，尤其与西班牙诗人加西亚·洛尔卡和拉法埃尔·阿尔维蒂交往甚密，这就使他从沉醉于神秘主义和现代主义的诗风中解脱出来。

1936年西班牙内战的爆发，使他创作的题材转向政治和民主运动。

聂鲁达对西班牙人民的反法西斯战争深表同情,创作了诗歌《西班牙在我心中》。不久,这篇作品就被译成英、法、俄等许多文字。

《伐木者醒来吧》(又译《让那劈木做栅栏的醒来》)(1948)和诗集《葡萄园和风》(1954)标志着聂鲁达艺术的高峰。前者以奔放豪迈的笔调赞美受压迫受奴役的民族和人民的反抗精神,后者以清新的笔触描述了作者在欧洲、亚洲各国游历的见闻,感情真挚,语言动人。

聂鲁达生前曾参加过不少国际上的政治与文学活动,获得过斯大林国际和平奖,1971年又获得诺贝尔文学奖。

聂鲁达晚年任驻法大使,1972年因病辞职回国。1973年9月11日智利发生军事政变后的第十二天,聂鲁达病逝于自己的寓所。

聂鲁达去世后,他的妻子玛蒂尔德·乌鲁蒂娅整理了他的遗作,陆续出版了八部诗集:《孤独的玫瑰》《冬日的花园》《2000年》《黄色的心》《疑问集》《挽歌》《海与钟》和《吹毛求疵》。

聂鲁达在拉丁美洲现代文坛上占有重要的地位。他兼收并蓄欧美现代派诗歌的创作方法,同时将抒情诗与政治题材融于一体,奠定了拉丁美洲20世纪诗歌的创作基础。

童年的我啊,你在何方?
聂鲁达

童年的我啊,你在何方?
仍包藏在我的躯体里,还是已经消亡?
谁知道是由于我不喜欢他
还是他不喜欢我?
我们共同度过那么多时光,
难道长大成人就是为了分离?
童年的我既然已经逝去,
为什么我们并没有死在一起?

如果作为灵魂,他已经离去,

为什么还要剩下我这副骨骼和躯体?

(陈光孚　译)

这是一首对童年的挽歌。古今中外,不少诗人写过回忆童年的篇章。有些作品是对童年寄予美好的回忆;有些是记载着童年有趣的场景;有些带有对童年的失落感;有些是对童稚心灵的颂扬。但是,聂鲁达这首短诗的妙处在于利用童年这一常见的题材赋予作品一种哲理性的新意,每句都有潜在的含意,字面含蓄,字意深沉,读完意犹未尽,给读者留下了思考的余地。

作者首先提出童年的消逝问题,以感慨万千的问句道出了对童年的留恋。童年的一去不复返是由于成年的作者不喜欢童年的自己,使他远离呢,还是童年的自己不喜欢成年的"我"呢?作者在这里暗示着童年的他与成年的他已经判若两人,无论是身躯还是思想已经完全不同了。童年的天真、稚气和遐想都随着光阴的消逝而泯灭。作者几十年来参加了无数次政治斗争,也经历了文学界的风风雨雨。虽然成熟了,但在诗句中仍表露出对童稚的留恋和赞颂。他不愿意与童年的自己分离,惋惜童年的逝去,从自己身上已经再也找不到童年那些值得珍重的情感和品行。

这首诗是作者晚年的作品,收集在他的遗作《疑问集》之中。诗人在晚年遇到了不少的困惑。他在回忆录《我曾历尽沧桑》中反思过一生中的经验及教训,对当时国际共产主义运动的内部斗争表示不理解;对自己曾参加对斯大林的个人崇拜表示悔恨以至对社会的一些现象表示茫然。这些,他都归罪于自己失去了童年时代那种天真无邪的品格和敢哭敢笑敢怒的直爽气质。故此,诗中的最后两句充满着激情,犹如对苍天疾呼:"如果作为灵魂,他已经离去,为什么还要剩下我这副骨骼和躯体?"

全诗由六句问话所组成,没有一句是肯定句,但其中又带着作者的肯定成分,字里行间凝聚着对童年的怀念、留恋和颂扬。这也是聂鲁达诗歌的特点之一——含蓄中见真情的例证。

(陈光孚)

你来自穷乡僻壤

聂鲁达

你来自南方穷苦的村镇,
那里贫瘠、冷漠,还经常发生地震,
连你们信仰的上帝都逃不脱死亡,
生活已经给予人们多少悲惨的教训。

你是一匹小马,披着风尘
泥土的气息充满着你的亲吻,
你是蒙着灰尘的罂粟花儿,是爱情,
你是晨曦中飞在路上的鸽子,
也是积满少年辛酸泪水的扑满。[1]
姑娘,你仍旧保持着穷人的一颗心,
你的脚习惯于乱石中的旅程,
可你的嘴边却常常缺少面包和食品。

你是南方的穷姑娘
来自南方的灵魂,
在故乡,你的妈妈与我的母亲
仍旧在一起洗衣服维持生计,
为此,我选中了你,我的伴侣。

(陈光孚 译)

和她在一起

聂鲁达

正因为时世艰辛,你要等着我,
让我们怀着希望去生活。

---

[1] 扑满即积攒钱币的缸子。

把你的纤细的小手给我：
让我们去攀登和经受，
去感受和突破。
我们曾闯过荆棘之地，
屈身于石块堆砌的窝里，
我们又重新结成伴侣。
正因为岁月漫长，你要等着我：
带上一只篮子，你的铁锹、你的衣履。

我们现在要做的
不仅仅是为了石竹和丁香，
也不是去寻找蜂糖
需要用我们的手
去冲刷，去放火，
看这险恶的世道是否敢
向这坚定的四只手和四只眼睛挑战。

（陈光孚 译）

你的微笑

聂鲁达

你需要的话，可以拿走我的面包，
可以拿走我的空气，可是
别把你的微笑拿掉。

这朵玫瑰你别动它，
这是你的喷泉，
甘霖从你的欢乐当中
一下就会喷发，
你的欢愉会冒出

突如其来的银色浪花。

我从事的斗争是多么艰苦,
每当我用疲惫的眼睛回顾,
常常会看到
世界并没有天翻地覆,
可是一望到你的微笑
冉冉地飞升寻我而来,
生活的大门
一下子就为我打开。

我的爱情呵,
在最黑暗的今朝
也会脱颖出你的微笑,
如果你突然望见
我的血洒在街头的石块上面,
你笑吧,因为你的微笑
在我的手中
将变作一把锋利的宝刀。

秋日的海滨,
你的微笑
掀起飞沫四溅的瀑布,
在春天,爱情的季节,
我更需要你的微笑,
它像期待着我的花朵,
蓝色的、玫瑰色的,
都开在我这回声四起的祖国。

微笑,它向黑夜挑战,

向白天,向月亮挑战,
向盘绕在岛上的
大街小巷挑战,
向爱着你的
笨小伙子挑战,
不管是睁开还是闭上
我的双眼,
当我迈开步子
无论是后退还是向前,
你可以不给我面包、空气、
光亮的春天,
但是,你必须给我微笑,
不然,我只能立即长眠。

(陈光孚 译)

  这组爱情诗包括《你来自穷乡僻壤》《和她在一起》和《你的微笑》三首,代表了聂鲁达爱情诗的一种创作风格。聂鲁达对爱情诗的创作讲过这么一段话:"首先诗人应该写爱情诗。如果一个诗人,他不写男女之间的恋爱的话,这是一位很奇怪的诗人,因为人类的男女结合是大地上面一件非常美好的事情。如果一个诗人,他不描写自己的祖国的土地、天空和海洋的话,也是一位很奇怪的诗人,因为诗人应该向别人显示出事物和人们的本质、天性。"从这段话中,我们体会到聂鲁达将爱情和祖国列为诗歌创作的两大重要题材。作者一生写过不少爱情诗,其中有一些作品巧妙地将爱情和祖国两大题材结合起来,用爱情的激情反映了祖国的山水和人民的生活以至劳动大众的斗争,所以堪称爱情诗中的佳作。

  从写作技巧来看,聂鲁达用词造句虽不追求"语不惊人死不休",但在朴实中见功底,亲切的口吻载着激情一步一步地深入读者的心扉。词句流畅自然,宛如行云流水。

三首诗都不落俗套,没有风花雪月,也没有卿卿我我,而是紧紧扣住智利的生活现实和政治现实。尽管如此,并未冲淡爱情的比重和内容。相反,给爱情增加了活力,衬托出爱情的重要,使诗作的爱情属性更加明显。

《你来自穷乡僻壤》的第一段只用四句便将未婚妻的家乡勾画出来。那里,贫困、落后和无知笼罩着各个角落,连村里人虔诚信赖的上帝也自身难保。诗人以概括的写法突出祖国农村的落后和艰辛。

在第二段开始,作者笔锋一转,着意描写未婚妻的形象。这里诗人运用了一连串比喻,他把姑娘比作小马,突出她的勤劳勇敢和健壮,也表达了作者本人对她的爱怜。作者把未婚妻比作蒙着灰尘的罂粟花儿,以此突出她的美丽、皮实、受尽苦难,正在等待着爱人拂去她的灰尘;将姑娘比作晨曦中飞在路上的鸽子,借此暗示她的前途灿烂,给作者也带来了美好的希望;"积满少年辛酸泪水的扑满",进一步突出了姑娘所经历的种种不幸和磨难。从这五行诗句中,我们可以看到作者曾接受过象征主义影响的痕迹。他把象征主义的色彩与民间的比喻巧妙地结合在一起,准确、生动而且简练。这就是聂鲁达得天独厚的诗才的一种表现,从中也可以领略到他在诗歌创作中不断创新、不断借鉴而打下的深厚功底。

《和她在一起》的格调也比较高,它不同于一般的爱情诗,表达了作者积极向上的斗争情趣和崇高的恋爱观。诗的最后一段是画龙点睛之笔:"我们现在要做的不仅仅是为了石竹和丁香,也不是去寻找蜂糖。"这里的"石竹""丁香"和"蜂糖"具有巧妙的象征含义,与前诗中的"罂粟花"和"小马"有着异曲同工之妙。最后两句将全诗带入高潮,又戛然而止,"看这险恶的世道是否敢向这坚定的四只手和四只眼睛挑战"。这里,作者将"两个人"或"我俩"写成"四只手"和"四只眼睛"。这并非是文字游戏,也不单纯是个数字问题。作者用此手法夸张了爱情的力量,巧妙地说明爱情与事业的辩证关系。同时,以斗争为背景更加突出了爱情的神圣力量。

《你的微笑》写得更加感人。当然,爱人的微笑就意味着爱情。爱情与事业的关系,爱情与作者正在从事的对敌斗争的关系在诗句当中都有点示:"我从事的斗争是多么艰苦,每当我用疲惫的眼睛回顾,常常会看到世界并没有天翻地覆,可是一望到你的微笑冉冉地飞升寻我而来,生活的大门一下子就为我打开。"聂鲁达生前是一位爱国者、进步诗人和共产主义战士,一生为反对法西斯主义、争取民主和祖国的解放斗争不息,但屡遭挫折。1948年至1952年,智利最高法院由于他是共产党员,确认他在通缉之列。聂鲁达有国难返,有家难归,但意志从未消沉。他回顾了第二次世界大战的经历,为感谢他当时的妻子戴丽娅·德尔·加莉尔和他同舟共济的情分写下了这首情诗。此诗收在1952年出版的诗集《首领的诗》之中。

全诗除具有前两首诗的特点之外,诗句连贯性极强,一气呵成,铿锵有力,富于节奏感和音乐感。前两首诗的层次比较分明,每段都有主题,而且层层深入,进入高潮,可以看出诗人的匠心所在。而《你的微笑》则不是如此,层次并不鲜明。作者的意识流动较快,加之节奏也较快,给人以目不暇接之感。虽然如此,它比前两首的情感更加激动,每句诗都火辣辣地向读者扑来,因此它的感染力也较前两首更加强烈。

(陈光孚)

鸽子拜访普希金

聂鲁达

鸽子拜访普希金

啄食他的忧郁;

灰沉沉的铜像

以铜的耐心向鸽子绵绵细语。

不过,现代的鸽子

听不懂他的话,

因为连鸟儿的语言

也富于现代的气息。
鸟儿带着普希金的情意
飞来找马雅可夫斯基。
他铅灰色的塑像,
宛如
用枪炮子弹铸成:
塑得毫无温雅的表情,
而只有一股英俊的傲气:
如果
他是纤细美好事物的屠夫,
那他又怎么可能
在紫罗兰丛中生活,
接受月光的洗礼
和爱情的甜蜜?

这些塑像似乎缺少什么东西,
时间流逝,它们却寸步不移。
有的手握军刀,
刺着空气,
有的被塑成坐态(例如果戈理),
变成游客,占据公园中一席之地,
还有一些人物,对骑马早已厌倦,
却连用膳也不能下地。
真的,塑像真苦哟,
时间在他们身旁积聚,
储进已被氧化的躯体,
虽然鲜花盖满了冰冷的双脚,
花儿却不等于亲吻,

到了这里,也只有蔫蔫死去。

白色的鸽子白天来,
可诗人总是夜里去,
他们飞翔或徘徊
在铁铸的马雅可夫斯基鞋旁,
仰望着他那宽厚的铜制大衣,
冷冰冰的铁嘴上未挂一丝笑意。

有一个夜晚,
全城都在熟睡,从河上到山丘的坡地
我听到有人却在吟唱谣曲和诗句,
弗拉基米尔,你可曾听见?
塑像怎么会听得进去?
它们的形象是那么严峻,
根本不会理会任何诗句,
也许,它们不过是空壳,
是大理石、青铜或者石头的大蜗牛,
里面的动物受尽创伤已经离去,
剩下这冷冰冰的废墟,
只表达一种风度,一个纹丝不动的动作,
纯粹是没有灵魂的空洞的躯体。

(陈光孚 译)

这首诗摘自聂鲁达的遗作《挽歌》诗集(1974)。全诗的笔调非常圆熟,内容富于哲理,体现了作者晚年的创作风格。

聂鲁达在他的回忆录中曾经谴责过个人崇拜和偶像崇拜。他认为这是某个时期在社会主义国家中一种带有封建色彩的现象。《鸽子拜访普希金》正是基于谴责偶像崇拜的思想而创作的。诗的背景是苏联。1967年,聂鲁达曾到苏联访问,参加在莫斯科召开的全苏作家大会。会后他在苏联各地参观,看到到处树立的各种人物的塑像,很有感触,这便是他后来创作这首诗的原始动机。

在这首诗中,作者并未运用生硬谴责的笔触去直接议论偶像的弊端。诗的开头,聂鲁达运用他的象征手法和联想的技巧,描写一只鸽子飞到普希金塑像的身边的感受。借此,将铜像与时代精神的格格不入突显出来。鸽子带着普希金的情意又来到马雅可夫斯基那铅灰色的塑像身边,作者借此进一步揭示偶像的形态与被塑者生前的精神面貌完全相左,歪曲了诗人们生前的本色和气质。

第二段,诗人用隐喻的笔法对受崇拜的人物进行揶揄。这段诗的字里行间已经表露出诗人借偶像崇拜影射着对活人的个人崇拜。受崇拜的人们已经成了偶像,对事业"寸步不移""手握军刀,刺着空气",工作中无的放矢,装腔作势。"变成游客,占据公园中一席之地",对革命事业已经成为旁观者,只占着权位而不干实事。把一副官僚主义的形象,活生生地暴露在读者的面前。为了搞个人崇拜,这些被崇拜者每日每时都要装腔作势,表现出一副神圣的样子。作者情不自禁地感叹道:"真的,塑像真苦哟。"搞个人崇拜的结果则是"虽然鲜花盖满了冰冷的双脚,花儿却不等于亲吻,到了这里,也只有蔫蔫死去"。可不是吗?个人崇拜使生产力落后,万马齐喑,对国家、对人民造成了多大灾难。

最后一段,作者示意个人崇拜的思想在人们的头脑中是根深蒂固的。在他访问苏联的日子里,仍然见到这种现象。在夜静更深的时候仍有人去对着列宁的塑像吟歌赋诗。写到此处,作者将笔锋一转,言简意赅地将偶像比作大理石、青铜或者石头的大蜗牛,比作冷冰冰的废墟,比作没有灵魂的空洞的躯体。顾名思义,蜗牛已经是个慢腾腾的爬虫,而且又是大理石、青铜或者石头雕成的,它只能拖着时代的车轮,羁绊着人们思想的进步。偶像完全没有思想,没有人性,只是冰冷的废墟和空洞的躯体。在这里,作者把诗人的偶像引申到政治家的偶像。聂鲁达以他共产党员犀利的眼光和对真理的追求预见到社会主义国家只有解放思想，进行改革才有出路。

从创作角度来看，这首诗与聂鲁达初期的政治诗歌有很大不同。初期的政治诗歌以豪迈、奔放和激情著称，而这首遗作则表现了深沉的情感、严谨的文风与含蓄的哲理。不过，还保留了诗人丰富的联想和象征、比喻的特点，联想更富于逻辑，比喻也更加贴切了。　　　　（陈光孚）

如果白昼落进……
聂鲁达

每个白昼
都要落进黑夜沉沉
像有那么一口井
锁住了光明。

必须坐在
黑洞洞井口的边沿
要很有耐心
打捞着掉落下去的光明。

（陈光孚　译）

这是聂鲁达在晚期创作的自勉诗，作者死后发表。聂鲁达在二十世纪二三十年代，曾接受过超现实主义和象征主义影响。所以，在他后期的政治诗中，也常常带有这些影响的痕迹。注重联想和暗示的方法是象征主义的特征。表现哲理又运用具有感染力的形象和语言也是后期象征主义的某些诗人常常运用的手法。

这首短诗运用了"白昼""黑夜""井"等形象名词来说明光明与黑暗之间的哲理关系，以"落进""锁住"和"打捞"等形象的动词说明光明与黑暗之间的斗争关系。

诗的哲理在于作者用极其简单的词汇概括了他一生斗争的经验及教训。众所周知，聂鲁达是一位国际共产主义运动的战士，一生经历过很多挫折和坎坷，几次被本国政府通缉。他几次面临胜利的曙光，但胜利最终还是成为泡影。但是，他从未停止过战斗，并且在斗争中吸取教训，思想越来越趋于成熟。"每个白昼都要落进黑夜沉沉，像有那么一口井锁住了光明"，也就是说，每次斗争之后看到了胜利的曙光，但马上又陷入了黑暗之中。他曾经对智利的魏第拉总统执政抱着希望，并支持过他的改革，但魏第拉很快投入帝国主义的怀抱，通缉聂鲁达等爱国者。他曾全力支持过西班牙的民主力量，但是这股力量最终被法西斯势力所镇压；他曾为第二次世界大战的结束而欢呼，对同盟国的胜利抱着希望。但大战刚一结束，帝国主义势力便向四处伸出魔爪。真像有一口黑洞洞的大井，每次都吞噬了胜利的希望。

20世纪60年代，在拉丁美洲冒险主义兴起。革命队伍当中，急躁情绪日渐蔓延。军事冒险行动导致重大创伤和失败。聂鲁达在这首诗中告诫人们，也是自勉："必须坐在黑洞洞井口的边沿，要很有耐心打捞着掉落下去的光明。"

（陈光孚）

阿 根 廷

斯托尔尼（2首）

阿尔丰西娜·斯托尔尼（Alfonsina Storni, 1892—1938），阿根廷女诗人。出生在瑞士，四岁时随父母到阿根廷定居。十二岁开始写诗，并在工厂做工，帮助维持家庭生活。1916年发表第一部诗集《不宁静的玫瑰》。斯托尔尼的创作以1934年为界，分为两个时期。前期作品有《甜蜜的创伤》（1918）、《无可挽回》（1919）、《消沉》（1920）、《赭石》（1925）等，主要反映了她的艰辛、痛苦、追求、失望和她的人生足迹以及内心冲突。这时的作品带有明显的现代主义的烙印。后期的作品有《七口井的世界》(1934)和《假面具与三叶草》(1938)。在这些作品中,她克制了自己的感情,从对命运的抗争转为对理智的抽象,并在诗歌语言方面进行了大胆的实验,因而具有极端主义的倾向。1938年10月25日因患癌症而投海自杀。

渺小的男人
斯托尔尼

渺小的男人,渺小的男人,
放开你的金丝雀,它要飞翔……
渺小的男人,我就是你的金丝雀
请放开我的翅膀。

我曾在你的笼中,渺小的男人,
渺小的男人,你将我监禁。
我说你渺小是因为你现在不理解
将来也不会理解我的心。

我同样不理解你,不过
请你打开笼门,我要逃脱,
渺小的男人,我曾爱过你半小时,
别向我要求更多。

(赵振江 译)

神圣的爱情
斯托尔尼

我将你寻觅,从未到来的伴侣,
我将你寻觅,吝啬的爱情,
我擦亮眼睛,想知道你是不是看出我的意愿,
我垂下头颅,想知道你是不是献出你的心灵。

我奔腾的风暴

已在一束芒刺上平静

我的肌体淌着殷红的血滴,

亲爱的,因为你拒绝拯救我的生命。

你看我站在干柴上,有时只需一些梦想

有时只需一些梦想

就能燃起吞没我的火光。

拯救我吧,亲爱的,用你纯洁的双手

将这烈火化作清澈的柔情,

将我的干柴变成绿丛。

(赵振江 译)

这两首情诗相辅相成,都是斯托尔尼前一时期的作品。这位才华出众的女诗人在爱情上是不幸的。她的美好追求始终未能如愿。正如她自己所说:"我的价值高于周围男性的平均值……我过于骄傲,我不能屈服,可又缺乏使男人屈服的身体条件。在我身上,悲剧的痛苦比歌唱的愿望更强烈。"在《渺小的男人》中,诗人表明自己追求的是真正理解她的"名字要大写"的男子汉,而不是那些将女性当作玩物的、金屋藏娇的庸俗小人。对于那位想将她当作金丝雀囚禁起来的渺小的男人,她至多只能爱半个小时。然而她梦寐以求的"神圣的爱情"却犹如水中之月、镜中之花,可望而不可即。从这第二首诗中,我们可以看出诗人对真正爱情的渴望是多么强烈。同样如她所说:"就身体而言,作为女人,我是男人的奴隶。"这就是说,对于所爱的人,她愿奉献自己的一切。即使一线希望之光也会使她燃烧起来。不幸的是,就连这样的愿望也没有得到满足。她那像风暴一样奔腾的爱情只好在一束芒刺上停了下来。这两首诗都写得短小精悍、情真意切、朴实无华,既通俗易懂又深刻感人,这正是斯托尔尼诗作的艺术魅力之所在。

(赵振江)

博尔赫斯(2首)

豪尔赫·路易斯·博尔赫斯(Jorge Luis Borges, 1899—1986),阿根廷诗人、作家。出生在布宜诺斯艾利斯。父亲是律师、心理学家和翻译家,祖母和家庭教师都是英国人。从少年时代起,就阅读了大量的欧美文学名著。第一次世界大战期间,随父母去瑞士日内瓦生活,在那里学习了德文。战后曾赴英国剑桥大学进修。1919年至1921年在西班牙结识了许多极端主义派的青年诗人。回到阿根廷后,在布宜诺斯艾利斯的公共图书馆任职。1923年出版了第一部诗集《布宜诺斯艾利斯的激情》,后来又发表了《面前的月亮》(1925)和《圣马丁手册》(1929)。这些作品都具有明显的先锋派的烙印。1935年他的第一部短篇小说集《世界丑闻》问世,其独特的写作风格引起评论界的注意。后来又发表了短篇小说集《交叉小径的花园》(1941)、《布罗迪的报告》(1970)和《沙之书》(1975)等。此外,他还撰写了大量的散文和文学评论。西方评论界认为,博尔赫斯是阿根廷最重要的当代作家。他曾于1950年至1953年任阿根廷作家协会主席,1956年获阿根廷国家文学奖,1961年获西班牙福门托文学奖,1979年获西班牙的塞万提斯文学奖。

博尔赫斯早年受尼采、叔本华等人的不可知论和宿命论的影响,认为人生在世犹如堕入迷宫,既看不清方向,也找不到出路。因此他的基调是孤独、迷惘、失望、彷徨。在创作手法上曾效法西班牙极端主义流派以及卡夫卡、爱伦·坡等人,逐渐形成了独树一帜的超现实主义风格。在某种意义上可以说,他的作品并不是植根于现实生活,而是来自他那深邃的思考、丰富的想象、渊博的知识和优美的语言,因而被誉为"作家的作家"。

诗的艺术

博尔赫斯

看着时间和水汇成的河
会想到时间的河并不一样,
要知道我们会像江河一样消失

而脸庞像水一样流淌。

感到醒是另一种
梦见不做梦的梦,
我们的肌体惧怕的死亡
这每夜的死亡就是梦乡。

在一天或者一年当中
看到人生岁月的象征,
将对岁月的践踏
变成低语、形象、乐声。

在死亡中看到梦,
在日暮中看到忧伤的黄金,
这就是不朽而又可怜的诗歌,
既像黎明又像黄昏。

有时一张面孔,在傍晚
从镜子里将我们端详;
艺术就应该像镜子一样
揭示我们自己的脸庞。

听说乌利希斯,传奇式的英雄,
为爱情啼哭,当看到卑微的国土碧绿葱茏,
艺术就该像伊塔克[1]那样
并不神奇却万古长青。

它像江河一样奔流不停,

---

[1] 伊塔克是《荷马史诗》中的英雄乌利希斯的家乡。

既行又止,像赫拉克里托[1]一样变化无穷,
既是自身又是他物,
像江河一样无止无终。

(赵振江 译)

局 限

博尔赫斯

有一句魏尔伦的诗,我再也记不起,
有一条比邻的街道,我再也不能进。
有一面镜子,我照了最后一次,
有一扇门,我已将它关紧
直至世界末日降临。
在我图书馆的书中有一本
我再也不会打开——现在正注视着它们。
今年夏天,我将满五十周岁,
死神在将我不停地磨损。

(赵振江 译)

  博尔赫斯的诗作形式简朴、内容深奥。时间、梦幻、死亡、迷宫等虚实结合、神秘莫测的事物常常是他吟咏的主题。在他的作品中,既有"一切皆流、一切皆变"的辩证思想,又有"怀疑主义"和"不可知论"的唯心主义因素。他认为,古往今来的诗歌都在重复同样的题材,如同日暮和黎明的重复出现一样。因此,他很重视诗歌的形式,并力图通过自己的诗歌来探索宇宙和人生的奥秘。诚然,这种探索是永无止境的,正如宇宙和人类的发展永无止境一样。博尔赫斯诗作的另一个特点是善于将抒情与叙事、理智与激情、议论与思考等相反相成的因素熔于

---

[1] 赫拉克里托(?—前480)是希腊哲学家。他认为物质处在不停的变化中。

一炉,使之水乳交融、互相渗透,通过诗歌的形象来表达深奥的哲理。这里所选择的两首诗,都体现了博尔赫斯诗作的典型风格。在《诗的艺术》中,诗人向我们表明了他对时间和人生的看法:二者都像河流一样,永远不会停滞和静止,而是处在永恒的运动和变化当中。生和死就像梦和醒一样。诗人就是凭借稍纵即逝的灵感,捕捉生活中不时闪现的火花,从而冶炼出生动、和谐、优美的诗句。他认为诗人的才能在于联想;诗意的绝妙在于朦胧;艺术的作用在于像镜子一样,使人透过它看到事物,而又不是事物本身。他认为,艺术应该像希腊神话中的英雄人物乌利希斯的家乡那样,平淡无奇又永垂不朽;应当反映自身,同时也反映万物;应当像江河一样永不停滞,而且变化无穷。在《局限》这首小诗中,博尔赫斯通过日常生活中最平凡的琐事向我们揭示了一个人生的真理:任何事物都有一个局限,生命的尽头就是死亡。不管你承认还是不承认,也不管你是自觉还是不自觉,死神时时刻刻在磨损着我们。用词简单而寓意深刻,这正是博尔赫斯诗作的独到之处。 (赵振江)

哥伦比亚

席尔瓦(1首)

何塞·阿松森·席尔瓦(José Asuncion Silva, 1865—1896),哥伦比亚诗人。出生在波哥大的一个富有家庭,父亲是商人,同时也是一位风俗主义作家。他自幼受到良好的教育,童年给他留下了美好的回忆。1884年他赴欧洲旅行,当时颓废派文学正风靡欧洲。王尔德、波德莱尔、马拉美、魏尔伦等人都对他的创作产生了很大的影响。1887年,父亲突然病故,席尔瓦开始经商。时局动荡和经营不善导致了他的失败。从此,他与周围环境和现实社会的矛盾日趋尖锐。1891年,他的妹妹艾尔维拉去世,给他的心灵留下了难以愈合的创伤。此后他又遭遇了一连串的打击和失败:《黑色的故事》《死亡的灵魂》《肌体的诗篇》等优秀文稿在"美洲号"轮船上沉入大海,在外交界谋职遇到挫折,开办的工厂破产。这一切导致了他在一次宴会后,向自己的心脏开了枪。《夜曲》和《亡灵的节日》是他的代表作。

夜　曲(第三首)

席尔瓦

那天晚上,

充满喃喃细语、翅膀的乐音、缕缕芳香,

那天晚上,

奇异的流萤在湿润和交织的阴影中闪光,

好像有一种无限痛苦的预感

在内心深处激荡,

你紧紧地抓住我,面色苍白,不声不响,

沿着穿过原野、鲜花盛开的小路

缓缓走在我的身旁。

一轮圆月

将白色的光芒

迷漫在深邃、无限、湛蓝的天空,

你的影子

清秀、柔弱

和我的影子

被月光

投射在小径凄凉的沙地上,

我们两人的影子融为一体

融为一体

融为一体,

合成了一个长长的形象
一个长长的形象
一个长长的形象……
今天晚上
我独自彷徨
灵魂充满无限的痛苦和你的死留下的忧伤,
时间、坟墓、距离,
茫茫黑夜
使你我天各一方
黑夜茫茫,我们互相听不见对方的声音,
我独自彷徨,不声不响,
漫步在小路上……
远处,狗在吠
对着苍白的月亮,
蛙在叫
吵吵嚷嚷……
我感到寒冷。这是卧室中
你的面颊、太阳穴和金色的双手的寒冷,
在雪白的随葬的床单上。
这是坟墓的寒冷、空洞的寒冷
死亡的冰凉。
我的影子
映着月光,孤苦伶仃
孤苦伶仃
孤苦伶仃地走在荒凉的原野上;
你苗条、敏捷的影子
清秀、柔弱,
就像在那个死去的春天温和的夜晚,

就像在那个充满喃喃细语、翅膀的乐音和缕缕芳香的夜晚一样,
你的影子靠近我的影子并和它走了,
靠近我的影子并和它走了
靠近我的影子并和它走了……
啊!交织在一起的形象!
啊!和灵魂的影子交织在一起的身体的影子!
啊!互相寻觅的影子
在泪水和悲哀的晚上!

(赵振江 译)

在逃避现实的现代主义诗人中,席尔瓦独树一帜。他不是陶醉在异国情趣的神游,而是超脱于童年时代的回忆。在他的诗作中,"现在"和"过去"交织在一起,而"现在"又总是否定的、悲哀的,与诗人对立的。"过去"永远不能重新变成"现在",这就使他的作品具有一种如泣如诉、无可奈何的情调。诗中经常出现的"朦胧"或"阴影"恰恰反映了诗人的怀旧情绪和感伤情调,同时也是诗人灵魂的象征。

《夜曲》是席尔瓦的代表作,是他为怀念死去的妹妹艾尔维拉而作的。艾尔维拉是他唯一的亲人,也是他崇拜的美丽的偶像。在诗的前半部,诗人通过花的幽香、虫的飞舞、明月的皎洁、流萤的闪烁来渲染当时的气氛,表达他与妹妹相依为命、形影不离的深厚感情。在诗中,席尔瓦不是像一般的现代主义诗人那样运用大量的比喻和象征,而是像浪漫主义诗人那样通过景物描写来表现自己的内心世界,使周围的环境与心中的预感交融在一起,具有感人肺腑的艺术魅力。在诗的后半部,"物是人非事事休"。此时此刻,诗人通过坟墓、黑夜、狗的狂吠、月的苍白、蛙的叫嚷来衬托自己的孤独、苦闷和痛不欲生的心境。他所感到的只是坟墓和死亡的寒冷。在这样"寻寻觅觅,冷冷清清,凄凄惨惨戚戚"的环境中,他回忆起与妹妹并肩漫步的夜晚。他又一次感到自己与

妹妹的影子融为一体,尽管她早已是"花落人亡两不知"了。在艺术技巧方面,他接受了贝克尔和爱伦·坡的影响,赋予西班牙语诗歌一种从未有过的、优美、流畅的音乐性。

(赵振江)

瓦伦西亚(1首)

吉列尔莫·瓦伦西亚(Guillermo Valencia, 1873—1943),哥伦比亚诗人。出身于贵族家庭,曾任议员,并参加过总统竞选。他是阿松森·席尔瓦的诗歌弟子,是哥伦比亚最纯正的现代主义诗人之一。在他的一生中,只出版过一部诗集(《典礼》,1893)。他的诗作名篇有《何布》《文体学家帕莱蒙》《两个头脑》《骆驼》等。他还曾翻译过一本中国的古典诗歌《震旦》(1929)。

瓦伦西亚的诗作形式优美、韵律工整、语言精练、比喻朴实清晰,有时宛如中国的素描一样,但有时由于过分简练而失之于晦涩。

骆 驼
瓦伦西亚

两峰疲惫的骆驼,后颈一屈一张,
浅蓝色的眼睛明亮,汗津津的皮毛金黄,
缩着脖子,张着鼻孔,
阔步将努比亚的沙漠测量。

它们昂起头颅辨别方向,
冒着天顶火红的骄阳,
毛茸茸的长腿经过梦游般的跋涉
默默地停在水源的岸旁……

在美妙的蓝色下刚刚驮运五年,
苦役的煎熬已经烤红双眼:
它们或许曾聪明地阅读模糊的象形文字

在不幸碣碑的废墟中间。

它们沿着昏睡的地毯沉默地跋涉
当奄奄一息的白昼闭上眼睛,
黑色的少女为它们披上阴影,
它们在模仿悲哀的游行……

它们是沙漠之子:枣椰树
赋予它们灵活的长颈伴装摇晃,
斯芬克斯[1]之口喷出永恒的疲劳
笼罩在喀麦拉[2]为它们雕刻的憔悴的脸上!

古老太阳烘烤的金字塔说道:
"我们怀着隐隐的不安热爱疲劳……"
从那时起它们就看到自己三角形的身影
在活生生的肉的脊背上奔跑。

旋风飞撒的金粒
在旋转中成为它们贴身的服装,
并被无形的丝线串成项链
装饰骆驼憔悴的形象。

一切烦闷,一切高烧,一切饥饿,
无水的干渴,荒凉的沙漠,
商队遭劫,白骨累累,不见雌驼的身影……
这一切都在它们痛苦的眼圈里沸腾。

无论狮子的锦皮,还是没药的馨香,

---

[1] 斯芬克斯即埃及的狮身人面像。
[2] 喀麦拉是希腊神话中的喷火怪物。它前半身像狮,后半身似蛇,中部像山羊。

也无论枣椰的卷叶——浇灌可爱的阴凉
还是响尾蛇清脆的音响
都不能取悦疲惫之王的目光。

拜占庭的笛手喜欢伴随镲铐的声响
推敲韵律,请在这目光上畅饮悲伤;
只有这双眼睛能告诉你们一个世界的疲倦,
它在痛苦挣扎,血管里没有血液流淌!

啊,艺术家!啊,跋涉在茫茫原野上,
你们驮着神圣的独石巨碑!
狮身人面像的伤心者!贞洁的枣椰树的情郎!
只有你们能使大千世界的干渴得到安慰!

眉头紧锁,你们能做什么?当受到干渴折磨,
披头散发的带爪的部族,你们得到了什么?
只有诗人是瀚海上的绿洲,
只有他打开的动脉能洗刷人类的罪过。

骆驼队消失在远方
将我抛弃,跋涉在废墟上……
在凄凉的灰色的波浪里,
朝阳下,哪里去寻它们的足迹!

不!我要去寻找那双见过的慧眼,
它们是滋润我干唇的纯净的清泉,
我将耐心等待,直到它们化作神秘
柔情的细流,沁入痛苦诗人的心田。

当我凝视那双眸子蒙昽的深处
倘若沉默的人群走过我的身边,

他们会说看到一只忧心忡忡的骆驼

宁静地注视着两眼蓝宝石的清泉……

(赵振江 译)

这首诗曾风靡拉丁美洲,堪称现代主义诗歌的经典之作。诗中刻画了两峰在非洲努比亚沙漠中不知疲倦地跋涉的骆驼。它们不畏骄阳,不惧风沙,不怕任何艰难险阻,朝着自己憧憬的绿洲一步一步地前进。一位评论家在谈到这首诗时,曾这样说:"在《骆驼》中,两峰驼代表诗人自己和一个与他志同道合的朋友,很可能就是何塞·阿松森·席尔瓦。他们都有高度的文化素养,对美都有着强烈的追求,都藐视那些不学无术的庸人。因此,他们离开了同伴,在沙漠中逗留。"在现代主义诗人中,鲁文·达里奥虽然是公认的大师,瓦伦西亚却更崇敬他的同胞席尔瓦。在对诗歌的语言美、形象美和音乐美的刻意追求方面,两位哥伦比亚诗人颇为相似。或许正因为如此,他们的传世之作才为数不多。在这首诗中,瓦伦西亚将骆驼作为诗人和艺术家的化身,将驼峰比作金字塔,将沙漠比作昏睡的地毯,将黄沙比作旋风中的金粒……总之,他通过一系列形象的比喻向我们展示了自己的创作主张:诗人既是疲惫之王又是沙漠中的绿洲。在艺术天地里,诗人只有持之以恒、锲而不舍地辛勤耕耘,才能使"大千世界的干渴得到安慰"。综观瓦伦西亚的创作主张和艺术实践,骆驼既是他本人的化身,也是他心中的楷模。在这首诗中,诗人的世界主义情趣也得到了充分的体现,这也是拉丁美洲现代主义诗歌的典型特征之一。诗人不仅通过非洲的沙漠之舟来抒情言志,揭示自己的精神境界和人生哲学,而且使用枣椰树、金字塔、狮身人面像等典型事物将诗中的艺术氛围描绘得生动、逼真。阿根廷文学史家安德尔松·英贝特在评论瓦伦西亚的艺术风格时写道:他与自己的伙伴不同,"他是以浪漫主义的心灵、帕尔纳斯派的眼睛和象征主义的听觉"向读者"奉献了一个诗的世界"。

(赵振江)

古 巴

马蒂 (2首)

何塞·马蒂(José Marti, 1853—1895),古巴诗人、散文家,古巴独立战争中的领袖。少年时期就曾被捕入狱,1871年被流放到西班牙,在那里发表了《古巴政治犯集中营》等著作,表明了自己誓为祖国独立而献身的坚强意志。后来在马德里和萨拉戈萨大学学习法律、哲学和文学,毕业后辗转于墨西哥、危地马拉、委内瑞拉等地。1881年后便长期侨居美国,曾主办《美洲杂志》和《黄金时代》,同时从事秘密的革命活动。1895年4月,他回国与戈麦斯、马塞奥等人一起发动起义,与西班牙军队作战,同年5月19日在战斗中壮烈牺牲。马蒂的诗作并不多,但在现代主义早期诗人中却独树一帜,主要有诗集《伊斯马埃利约》(1882)、《纯朴的诗》(1891)以及在他死后才由别人整理出版的《自由的诗》《流放的花朵》和《爱情的诗》。

我的小骑士

马 蒂

每天清晨
我的小宝贝
用热吻
将我唤醒。
他叉开双腿
骑在我前胸,
将我的头发
编作马缰绳。
他如梦如痴

我如痴如梦。
我的小骑士
刺马向前行:
脚丫儿作马刺
情意多么浓!
我的小骑士
笑得真高兴!
他的小嫩脚儿
我吻个不停,
虽说有两只,
一次就吻成!

(赵振江 译)

  这首短诗选自《伊斯马埃利约》,这是马蒂献给幼小儿子的歌集。其中的诗句色彩鲜明、韵律活泼、格调清新,深刻、细腻地吟咏了天伦之乐,抒发了父子之情。《我的小骑士》这首短歌惟妙惟肖地描绘了一幅"慈父戏娇儿"的动人画面。父亲的喜不自胜,儿子的乐不可支,跃然纸上。

  "无情未必真豪杰。"在这个时期,马蒂正全力以赴地从事革命斗争。每当他被困惑、彷徨和苦闷包围的时候,遥远的、幼小的爱子便成了他的骑士、雄狮、王子、征服者和"父亲的保护人"。这时,他胸中的惊涛骇浪便会化为一池平静的湖水。正是这种超现实的意境和男子汉的柔情,使这部小小的诗集成了拉丁美洲现代主义诗歌的先声。(赵振江)

纯朴的诗
马 蒂

二十五

我多么高兴
像个朴实的学生,

想起那金丝鸟——
一对乌黑的眼睛!

当我长眠在异地,
没有祖国,但也不是奴隶,
我只愿自己的坟墓上
放着一束花、一面旗。

三十五

纵然匕首刺进我的心脏,
又能将我怎样?
我有自己的诗句
比你的匕首更强!

纵然大海干涸、苍天无光,
这痛苦又能将我怎样?
诗歌是我甜蜜的安慰,
痛苦会使它生出翅膀!

(赵振江 译)

《纯朴的诗》共四十六首,是马蒂诗作中的佳品,具有西班牙传统罗曼采的遗风。以纯朴的形式表达深邃的内容,这正是诗人毕生的艺术追求。上面选的两首短诗,境界高尚、气势恢宏、精神感人,这也是马蒂与其他现代主义诗人根本不同的地方。在第一首诗中,诗人抒发了炽热的爱国激情和"没有祖国,毋宁死"的决心。当他想起那黑眼睛的金丝鸟时,便高兴得像一个天真无邪的学生。这里的金丝鸟专指远方的"情人",也就是可爱家乡的象征。然而诗人不能回到热恋的故土,因为那不是自己的祖国,而是西班牙在美洲的最后一块殖民地。所以他说当"长眠在异地"的时候,"没有祖国,但也不是奴隶"。最后两句诗写得自然平和却能催人泪下,朴实无华而又丰姿绰约。第二首虽然也只有短短的八句,却可以看做马蒂关于诗的"宣言"。他认为诗歌能胜过刺进自己心脏的匕首,只要有了它,就连"大海干涸、苍天无光"这样无以复加的痛苦也奈何他不得。而且痛苦能为诗歌插上翅膀,使之向更高的境界升华。马蒂的人品和诗品是完全一致的。

(赵振江)

纪廉(2首)

尼科拉斯·纪廉(Nicolás Guillén, 1902—1989),古巴诗人,出生在卡马圭省。父亲是当地自由党议员,在政治和文化界颇有影响,后来在反独裁斗争中被杀害,给他留下了终生难忘的印象。纪廉从中学时期开始诗歌创作。1919年入哈瓦那大学学法律,第二年便辍学回乡。1922年曾主办文学杂志《百合花》。1927年他的诗歌创作进入了新的时期,不断在先锋派的文学杂志《另一个》上发表作品。在1930年的音乐节上,他受黑人歌舞的启发,在自己的诗作中糅进了黑人音乐的鲜明节奏,成为"黑人诗歌"在拉丁美洲的杰出代表。同年,他发表了《松的旋律》。第二年又发表了《松戈罗·科松戈》,引起了国际文坛的瞩目。1934年他在《西印度有限公司》中,愤怒抗议帝国主义对古巴黑人和混血人种的残酷剥削。1937年他将《给士兵的歌和给游客的歌》献给自己"被士兵杀害的父亲"。这一年他还出版了诗集《西班牙:四种苦恼和一个希望》。1955年他获得列宁和平奖金。1958年出版了《人民的鸽子在飞翔》,被译为多种文字。古巴革命成功后,纪廉结束了长期的流亡生活。从1961年起,他长期担任古巴作家艺术家协会主席。他的诗作还有《爱情的诗》(1964)、《伟大的动物园》(1967)、《齿轮》(1972)、《每天的日记》(1972)等。

两个祖先的歌

纪 廉

他们的幻影,只有我看见,

两个佑护我的祖先。

我的黑祖先:

皮革和木头制成的手鼓,
长矛上装着骨尖。
我的白祖先:
灰色的武士盔甲,
宽领上装饰着保护喉咙的铁片。

非洲潮湿的森林
和厚厚铜鼓沉闷的声音……
我的黑祖先说:
"我要死了!"
鳄鱼群搅浑的黑水,
椰林翠绿的清晨……
我的白祖先说:
"我疲倦!"

啊,苦风中的帆,
黄金中燃烧的船……
我的黑祖先说:
"我要死了!"
啊,未开垦的海岸
玻璃珠儿的欺骗……
我的白祖先说:
"我疲倦!"

啊,久经锻炼的纯洁的太阳
被囚禁在回归线;
啊,干净的圆圆的月亮
照着猴子们的梦幻!

多少船啊,多少黑人!

多少黑人啊，多少船！
甘蔗的光芒多么漫长！
黑奴贩子的皮鞭多么凶残！
血和泪的岩石，
半开的眼睛和血管，
空洞的清晨，
榨糖厂的傍晚，
一个强大的声音
将寂静撕成碎片。
多少船啊，多少黑人！
多少黑人啊，多少船！

只有我能看的阴影，
两个将我佑护的祖先。

堂弗德里科向我呼喊，
泰塔·法昆多默默无言；
两个人夜里都在做梦，
都在走啊，走啊，
我使他们紧紧相连。
"弗德里科！""法昆多！"
两个人拥抱在一起。
两个人都在叹息。
两个人都抬起强壮的头，
高高的天上闪烁着星光，
两个人的身材一模一样；
黑人的渴望和白人的渴望，
两个人的身材一模一样；
他们在呼喊、做梦、哭泣、歌唱，

两个人的身材一模一样。

他们在做梦、哭泣、歌唱。

哭泣、歌唱。

歌唱!

(赵振江 译)

  这首诗选自《西印度有限公司》,是纪廉具有代表性的作品。通过这首诗,我们可以看出,纪廉正视并尊重美洲文化与非洲文化的融合,正视并尊重白人与黑人的混血,而不是偏袒一方,排斥另一方。这正是他的作品与一般"黑人诗歌"不同的地方。因此,正如他本人是穆拉托(黑白混血)一样,他的诗歌也被称作"穆拉托诗歌"。

  作为穆拉托人,他的黑祖先生活在非洲潮湿的森林,手鼓和长矛是他们形影不离的伙伴;他的白祖先是来自欧洲的征服者,他们当然是一身披挂,全副武装。"鳄鱼群搅浑的黑水"和"椰林翠绿的清晨",白人正是在这险恶而又平静的环境中去捕捉和贩运黑奴的;苦涩的风帆和在黄金中燃烧的航船(殖民者到美洲主要是为了寻找黄金),黑人正是要经受这严峻而又诱人的磨难才能到达那新的大陆。那里有等待他们去开垦的海岸。当哥伦布首次航行到美洲时,曾用廉价的玻璃珠儿换取了当地印第安人宝贵的饰物。另外,诗人虽然同样尊重自己的两个祖先,但并没有忘记黑人与白人不同的悲惨遭遇,因而他专门描述了非洲黑奴血泪斑斑的痛苦生活。然而要知道,白人贵族一般是不会与黑人奴隶通婚的,尽管他们与黑肤色的漂亮姑娘的私生子屡见不鲜(这在拉美文学作品中是屡见不鲜的),所以穆拉托人的两个祖先的生活经历并没有本质的不同:一个是痛不欲生,一个是筋疲力尽。共同的后代将他们连在一起。他们虽然有着不同的名字和不同的性格,但却有着相同的身材,相同的渴望,相同的苦难,相同的憧憬。他们一起呐喊,一起入梦,一起哭泣,最终也必将一起歌唱。全诗的结尾,通过反复的吟咏使人感到争取美好未来的路将是曲折与漫长的。全诗语言精练,形象生动,感情充沛,韵律铿锵,无论从内容还是从形式上看,都不失为佳作。 (赵振江)

城 墙

纪 廉

为了筑起城墙
大家伸出臂膀:
黑人伸出黑色的臂膀,
白人伸出白色的臂膀。

啊,城墙多么壮观,
从海滩到高山,
从高山到海滩,
巍然屹立到天边!

——咚!咚!
——什么人?
——玫瑰和石竹……
——开城门!

——咚!咚!
——什么人?
——上校的马刀……
——关城门!

——咚!咚!
——什么人?
——鸽子和桂花……
——开城门!

——咚!咚!
——什么人?
——蝎子和蜈蚣……

——关城门!

对朋友的心肠
城门开放;
对匕首和毒药
城门关牢;
对薄荷与爱神
大开城门;
对毒蛇的牙齿
关门阻止;
对花枝上的夜莺
开城放行……

聚集所有的手臂
我们将城墙筑起;
黑人用黑色的手臂,
白人用白色的手臂,
城墙何等壮观,
从海滩到高山,
从高山到海滩,
巍然屹立到天边……

(赵振江 译)

这首诗选自《人民的鸽子在飞翔》。通过这朴实无华、雅俗共赏的诗句可以看出,纪廉不仅是古巴的民族诗人,而且是具有国际影响的反帝战士。他的足迹曾遍及欧美许多国家,并曾于1952年和1953年两次来华访问,为世界人民团结反帝与争取和平的事业做出了自己的贡献。在《城墙》一诗中,诗人号召不同肤色的人民团结起来,伸出自己的臂膀,筑起巍峨的长城,向"真、善、美"敞开胸怀,将"假、丑、恶"拒之门外。在形式和语言方面,纪廉善于"化平淡为神奇",具有非凡的才能。他利用孩子们做游戏时一问一答的方式,用鲜明的形象和通俗的语言,使这首诗广为流传,并被谱曲配乐,在拉丁美洲和欧洲各国久唱不衰。

(赵振江)

墨 西 哥

索尔·胡安娜(2首)

索尔·胡安娜·伊内斯·德·拉·克鲁斯(Sor Juana Inés de la Cruz, 1651—1695),墨西哥女诗人。17世纪拉美文坛上的重要作家,被誉为"第十个缪斯"。索尔·胡安娜聪明过人,从三岁开始学习。十五岁时,由于博学多才和容貌美丽,成了当时的副王总督曼塞拉侯爵和夫人的侍从女官。频繁的社交活动和贵族们的百般纠缠使她无法潜心地钻研学问,一年后便进了圣赫罗尼莫修道院。在二十八年的修女生涯中,她设法搜集了四千余册图书并购置了许多科学仪器,利用大部分时间从事文学创作和科学研究,从而使她所在的修道院成了当时墨西哥的文化中心。然而,在封建教会的黑暗统治下,科学被视为"妖术",真理被斥为"异端"。胡安娜难以抵御巨大的压力,再加上健康的原因,不得不于1693年放弃了写作和研究,卖掉了全部书籍和仪器,将所得赈济灾民。1695年她在看护病人时染疾,同年不幸逝世。

索尔·胡安娜的诗作既有巴洛克风格的十四行诗,也有通俗易懂的叙事诗和民间谣曲。975行的长诗《初梦》是她的代表作。她的散文杰作《答索尔·菲洛特亚·德·拉·克鲁斯的信》是"美洲出现的最有人情味和最高尚的文学文献之一"。此外,她还有剧作《家庭的责任》和《爱情更是迷宫》。

对一味责备女性、自己言行不一的男人们的反诘

索尔·胡安娜

男人们多么愚蠢
无端地责怪女人,
全然不见自己
正是责怪的起因。

既以无限的渴望
向她倍献殷勤,
为何怂恿她越轨
又要她安守本分?

反对她们的抗拒
你们不遗余力,
可又把她们的情意
斥为放荡不羁。

你们疯狂的心理
恰似这样的勇气:
先给孩子戴上鬼脸
然后又产生恐惧。

你们用愚蠢的自负
寻求意中的她,
追求时,她是泰斯,[1]
到手后,露克莱西娅。[2]

---

[1] 泰斯是亚历山大大帝的爱姬。

[2] 露克莱西娅是一位罗马妇人,为古罗马第七王、"狂人"塔克文·苏佩布之子所辱而自杀。

滑天下之大稽
缺乏自知之明:
自己弄脏了明镜
又怪它模糊不清。

失意或者受宠
你们本性相同:
失意牢骚满腹
受宠得意忘形。

女人虽然谨慎
难得美誉佳名:
答应你们,杨花水性,
拒绝你们,寡义无情。

你们如此愚蠢
只知责备女人:
怪这个生性残忍
怨那个不够坚贞。

追求你们的女人
如何掌握分寸:
薄情使人不快
多情又使人气愤!

但你们的嗜好
生气或者伤感
但愿无人将你们爱恋
并随时将你们埋怨。

是你们爱的激情

为她们插上翅膀，
先将她们玷污
却又要她们高尚。

在一时的冲动之下
谁应负更大的责任：
是经不住献媚而堕落的女子
还是因堕落而去献媚的男人？

尽管都有不轨的行为
谁更应受到责备：
是为了酬报而作孽的裙钗
还是为了作孽而酬报的须眉？

对于所犯的过错
又何必如此惊慌？
要么就让她贞洁
要么就敢作敢当。

你们别去献媚
然后才有充分的理由
责备女性的诱惑
因为是她们向你们乞求。

我能铸造许多武器
打掉你们的傲慢无礼，
因为无论许诺或者请求
你们都是人、妖、色的混合体。

（赵振江　译）

这是一首脍炙人口的佳作，是一篇声讨封建殖民地社会男尊女卑的檄文。封建社会是男性的社会，妇女不过是男人的附属物和装饰品，随他们任意玩弄而又不负任何责任。更有甚者，在将女性玷污之后，还要反咬一口，责怪她们水性杨花。在宗教势力猖獗的西班牙美洲殖民地，尤其如此。面对这严酷的现实，一位置身于修道院中的弱女子发出了令人瞠目结舌的抗议的呼声。这既是她本人的切身感受，也是当时广大妇女的共同命运。索尔·胡安娜正是为了摆脱贵族们如蝇逐蜜般的纠缠才被迫披上"圣服"的，至今人们总要在她的名字前面冠以"索尔"（修女）二字。

在这首朴实无华、不事雕琢的诗作中，索尔·胡安娜采用夹叙夹议的手法，说来井井有条、层层深入、心平气和却又一针见血。作品对只知玩弄和苛求女性而从不自责的"高贵男人"进行了入木三分的刻画和淋漓尽致的批驳，直至最后画龙点睛地指出：那些男性贵族的腐朽灵魂无非是"人、妖、色的混合体"！这是多么深刻、形象的概括，这是何等的气魄和胆识！原诗每行八个音节，每节四行，首尾两行押韵，是17世纪戏剧中广泛采用的诗体，轻松、活泼、雅俗共赏。在绮丽、夸饰的巴洛克风格盛行的时代，采用这种在民间流行的艺术形式，不仅显示了女诗人多方面的创作才能，也给该诗庄严肃穆的题材增添了诙谐、俏皮的色彩。　　　（赵振江）

行行珠泪解疑云
索尔·胡安娜

好人，今晚当我与你说话
正如你的面孔和行动所表明
用语言已经无法说服你
但愿你能看透我的心灵。

爱神啊，她帮助我增强毅力，
终于赢得了那似乎是不可能的胜利，
在痛苦倾泻出的泪水里
破碎的心啊，渗着血滴。

够了,好人,别再折磨自己
别再让那狂暴的妒忌
用卑鄙的疑虑搅乱你的情绪。

那全是虚假的迹象、愚蠢的阴影:
在行行珠泪中,你已经
看到并接触到我破碎的心灵。

(赵振江 译)

通过这首十四行诗,我们可以看到,诗人虽然身披圣服,并且终身未嫁,但心中却燃烧着爱的火焰,渴望得到意中人的真正理解。诗的一开头就表明,诗人爱慕的对象对她产生了难以打消的误会和猜疑,这不仅折磨着诗人,也苦苦地折磨着他自己。在这种情况下,诗人无法用语言表白自己,只有任破碎的心,渗出滴滴赤诚的血。在这无以复加的委屈和痛苦中,只有爱神能给诗人以力量,使她终于鼓起勇气,向情人表白了自己对爱情的忠贞,并劝慰他不要被"虚假的迹象、愚蠢的阴影"所蒙蔽,不要让目空一切的猜忌将自己折磨。在短短的十四行诗中,索尔·胡安娜将这样复杂的感情表现得如此深刻感人而又藏而不露,使读者虽然不知道在这一对情人中间究竟发生了什么,却可以充分感受到她那爱的炽热、苦的浓烈和情的温柔。

(赵振江)

帕斯(3首)

奥克塔维奥·帕斯(Octavio Paz, 1914—1998),墨西哥诗人、散文家。他生于墨西哥城,父亲是墨西哥革命(1910—1917)中著名将领埃米利亚诺·萨帕塔驻纽约的代表。帕斯从十七岁开始文学生涯,曾和一些作家共同创办《巴朗达尔》(1931)和《墨西哥谷地手册》(1933)等诗歌杂志。1937年赴西班牙参加反法西斯作家联盟,回国后又主办了《车间》(1938)、《浪子》等文学刊物,成为"车间"派诗人中重要的一员。1944年至1945年去美国研究拉丁美洲诗歌,此后从事外交工作,曾出使法国、印度、日本和瑞士等国。旅欧期间,与超现实主义作家过从甚密。1968年为抗议本国政府镇压学生运动而辞去驻印度大使的职务,赴美国和英国从事文学研究,1971年回国继续进行诗歌和散文创作。1981年获西班牙塞万提斯文学奖。

帕斯的诗歌作品主要有《假释的自由》(1958)、《火蝾螈》(1962)、《东山坡》(1968)、《复归》(1976)和《内心的树》(1987)等。散文集有《孤独的迷宫》(1950)、《弓与琴》(1956)、《旋转的符号》(1965)、《仁慈的妖魔》(1979)、《阴云密布的时代》(1983)等。

帕斯是继巴列霍和聂鲁达之后,在拉美文坛上升起的又一颗明星,是一位"具有世界水平的作家"。他获1990年诺贝尔文学奖。

大 街

帕 斯

一条寂静的、长长的街道。
我在黑暗中行走、跌跤,
爬起来,踏着干枯的落叶和沉默的石头
用盲目的双脚,
我身后也有人将它们践踏:
我停,他也停;我跑,他也跑。
当我转过身:没有任何人。
茫茫夜,路难寻,
我在街口转来转去,
总是难脱身。
无人将我等候,也无人将我追寻,
我却紧跟在一个人后面,
他跌倒了又爬起来
见我便开口:没有任何人。

(赵振江 译)

从这首诗作可以看出,从西班牙参加反法西斯作家联盟回国以后,帕斯并没有像聂鲁达那样沿着承诺文学的道路继续前进,而是倾心于对先锋派诗歌的研究,以大胆的突破和热烈的追求,维护正义和美的双重价值。帕斯的人生道路是在政治活动与孤独寂寞的矛盾中徘徊,因而他的作品反映了墨西哥当代知识分子彷徨、迷惘的情绪。他的创作往往是从"自我"出发又回到"自我",因为他认为自己是其作品内在冲突的根源。这首诗正是这样的作品,它所表述的氛围如同噩梦一般,使人感到被压抑得透不过气来。这既是作者某时某刻的切身感受,也是当时严酷的社会现实的生动写照。在茫茫黑夜之中,漫漫长街之上,看不清方向,找不到出路,被人追逐,又追逐着别人。你停,他也停;你跑,他也跑;你爬起来,他也爬起来;你跌倒,他也跌倒。他若隐若现,似有似无。说有,煞有介事,使人如身临其境;说无,斩钉截铁,哪容得半点怀疑。是杯弓蛇影,是走火入魔?只有天晓得!然而正是这看不见、摸不着而又随时可能出现的恐惧才更加令人毛骨悚然。

(赵振江)

说:做

致罗曼·哈克逊

帕 斯

一

在我的目睹与诉说,

在我的诉说与沉默,

在我的沉默与梦境,

在我的梦境与忘却,

二者之间是诗歌。

　　　它滑动

在是与非之间:

　　　将我的沉默

诉说,

　　　　使我的诉说
沉默,
　　　　将我的梦境
忘却。
　　　不是说
而是做。
　　　是一种做
本身却是说。
　　　　　　诗歌
说得出听得见:
　　　　　真实显然
我刚说
　　　它的确存在
它便消散。
　　　　这存在岂不更加明显?

二
思想摸得到
　　　　　语言
碰不着:
　　　　诗歌
来去往返
　　　　在是与非
之间。
　　　将一个个反射编排
又把它们拆开。
　　　　　　诗歌
在纸上播种眼睛

在眼中播种语言。
眼睛会诉说，
　　　　语言会察颜观色，
目光会琢磨。
　　　　听得见
我们的判断，
　　　　看得到
我们的诉说，
　　　　摸得着
思考的轮廓。
　　　　眼睛
紧紧闭合，
　　　　语言冲破封锁。

（赵振江　译）

青　春

帕　斯

最洁白
　　　浪花的跳动
一刻比一刻
　　　更加碧绿
死神
　　一天比一天
更加年轻

（赵振江　译）

帕斯继承了先锋派诗人维森特·维多夫罗和塞萨尔·巴列霍的开拓精神，力图通过对"自我""非我"、时空、生死、性爱等各个方面的探索，多层次、多方位地表现社会和人生，这就使他的作品既富于深刻的哲学含义,又具有明显的玄学色彩。

从第一首诗中,我们可以清楚地领略到帕斯对诗歌的理解。他所追求的恰恰是那种在目睹与诉说、诉说与沉默、沉默与梦想、梦想与忘却,也就是在是与非之间游移的朦胧意境。它不是说,又是说;不是做,又是做:是一种"本身却是说"的"做"。它是客观实体,可又转瞬即逝。然而事物在消失之后,往往会使人更加深刻地感受到它的存在。这难道不是日常生活中朴素而又浅显的道理吗?在这首诗的第二段,帕斯又用一连串看来互相矛盾实则不难理解的语言,进一步阐明他对诗歌的独特见解。他用词朴实无华,诗意却深邃莫测,甚至往往使人捉摸不定。见仁见智,众说纷纭,让读者充分发挥自己的想象力,参与诗的创作,这正是现代派诗人和作家所追求的目标。

在第二首短诗中,同样可以看出帕斯诗作的独特风格。短诗题为《青春》,却不像一般诗人那样吟咏青春的美好,而是以浪花时时变得平静、死神日日变得年轻来表明对青春易逝、时不再来的感慨。诗人将青春比喻为似水流年中的最洁白也就是最活跃、最富有生命力的浪花的跳动。它时刻在向碧绿转化,而一旦变为绿色,浪花便不再飞舞、闪光了。同样,作者用死神在一天天变得年轻来反衬出青春在不停地老化,来说明生与死对立的统一,也是有独到之处的。

(赵振江)

尼加拉瓜

达里奥 (2首)

鲁文·达里奥(Rubén Darío, 1867—1916),尼加拉瓜诗人。出生于内地小镇梅塔帕(今天的达里奥城),原名费利克斯·鲁文·加西亚·萨米恩托。在他出生前一个月,他的父母分居了,一位姨外祖母收养了他。

他十一岁开始发表诗作,十五岁时曾应邀在国会朗诵一百首十行诗,受到广泛的好评。为此,议会曾通过一项派他出访欧洲的决议,但由于他的诗句过于激烈,近乎无神论的观点,致使总统本人将这项决议废除。这个时期,他常在人们婚丧礼仪上即席赋诗,借以挣钱糊口,因而被认为是拉丁美洲第一个职业诗人。1886年他抵达智利,在那里逗留了三年,发表了《牛蒡》《智利光荣颂》《诗韵》和《蓝》。诗文集《蓝》不仅为他本人赢得了崇高的声誉,也是拉丁美洲现代主义诗歌成熟的标志。1889年,作为阿根廷《民族报》的记者,他访问了北美和欧洲。在巴黎结识了象征派诗人魏尔伦。1892年,作为尼加拉瓜的官方代表,他参加了"发现美洲四百周年"的纪念活动,在马德里与许多文化名人结下了友谊。1896年,《奇异者》和《世俗的圣歌》问世,使他成了现代主义文学运动公认的领袖。1898年,美西战争结束,他重访马德里,故人多已年迈体衰或离开了人世,这使他非常痛苦。此后曾赴法国、意大利、比利时、德国、奥地利访问,并将自己的游记、观感汇编成册,出版了《当代西班牙》(1901)、《异乡巡礼》(1901)、《旅行队正在通过》(1903)、《太阳的土地》(1904)等文集。

　　1905年他出版了诗集《生命与希望之歌》。这是他的又一部代表作,也是他从逃避主义向新世界主义转化的标志。此后又陆续出版了《献给米特雷的歌》(1906)、《流浪之歌》(1907)、《献给阿根廷的歌》(1910)、《秋天的诗及其他》(1910)等诗作。1911年,由于酗酒过度,他几乎丧失了意志能力,沦为商业广告杂志的工具。1914年至1916年,达里奥侨居美国。这期间,第一次世界大战爆发。诗人对世界前途更加迷惘、惶惑,每日借酒浇愁,健康日益恶化。1915年他创作了《和平》一诗,谴责美国对"一战"袖手旁观的态度。1916年2月6日,他在孤独、苦闷、贫穷、绝望之中死去。

　　出身贫寒而具有超人的天赋,生活困窘又具有目空一切的清高,道德观念崩溃却在诗歌艺术上取得了辉煌的成就,达里奥的人生道路和创作道路就是这样充满了矛盾。拉美著名文学评论家恩里克斯·乌雷尼亚在他逝世的时候曾说："达里奥的逝世，使西班牙语丧失了它当代最伟大的诗人……从贡戈拉和克维多的时代以来，没有任何人在创新的能力上发挥了可与达里奥相比的影响。"

小奏鸣曲
达里奥

公主为什么……忧心忡忡？
樱唇儿嘘出叹息声声，
面色苍白，坐着金椅，
失去了红润，失去了笑容。
悦耳的琴声悄然沉寂，
被遗忘的鲜花在瓶中凋零。
花园中到处是孔雀开屏。
女管家喋喋不休，谈吐平庸，
红衣小丑跳跳蹦蹦，
公主没一丝笑意，无动于衷。
她望着东方的天空，
注视茫茫幻境中渺渺的蜻蜓。

难道她在思念戈尔康达[1]或中国的王子，
或者思念那停住阿根廷马车的情郎
来看她温柔多情的眼神，
或者在思念芬芳的玫瑰岛上的皇帝，
那拥有晶莹宝石的国君，
思念那霍木兹[2]珍珠的骄傲的主人？

---

[1] 印度的古城，以财宝著称。
[2] 波斯湾入口处的小岛，以产珍珠而闻名。

啊，口似玫瑰的可怜的公主啊，
她想有一双轻盈的翅膀，
化做燕子或蝴蝶，在天空飞翔；
沿着光芒耀眼的阶梯奔向太阳，
用五月的诗句向百合致敬
或者乘风而去，消失在雷声隆隆的海上。

她不再喜爱王宫、纺线的银器、
红衣小丑、迷人的猎鹰、
动作单调的天鹅在蓝色的湖上游弋。
百花都为宫中的伙伴伤心：
北方的荷花，东方的茉莉，
西方的大丽，南方的月季。

可怜的蓝眼睛的公主！
被黄金束缚，被绫罗羁绊，
被囚禁在大理石的皇家宫殿；
巍峨的皇宫有卫士把守，
上百个黑人持枪警戒
还有巨龙和不眠的猎犬。

啊，谁能像脱蛹而出的蝴蝶！
（公主面色苍白，内心忧伤。）
啊，黄金、玫瑰和象牙的幻想！
谁能飞向那王子生活的地方！
（公主内心忧伤，面色苍白。）
比春天绚丽，比黎明闪光！

"公主啊，你听，"保护女神说道，
"幸福的骑士正纵马飞奔，

> 腰悬宝剑,手擎鹰隼,
> 与你虽未相见却早已倾心,
> 他来自远方,战胜了死神,
> 要用爱的亲吻点燃你的双唇。"

(赵振江 译)

这首诗选自《世俗的圣歌》,作于1893年,是达里奥,也是现代主义诗歌的典型作品。

拉丁美洲在各国取得了政治上的独立以后,西班牙、葡萄牙等老牌殖民主义者走了,英、美等新的殖民主义者又来了。代表民族资产阶级利益的诗人们感到自己所追求的"自由、平等、博爱"的理想已成泡影,他们颓唐、沮丧,无力反抗现实却又不甘寂寞,于是便消极地沉醉在自己的诗歌天地里,企图通过艺术技巧的革新来摆脱宗主国的影响。本质上,现代主义诗歌具有浪漫主义色彩。它是浪漫主义要求超脱现实而走向极端的表现。艺术上,它又是对浪漫主义的否定,是将无可奈何的哀怨忧伤压缩在精雕细镂的华贵造型之中。对现代主义诗歌有了这样基本的了解,对这首《小奏鸣曲》的典型性就一目了然了。

首先,诗人以其丰富的想象力,为我们描绘了一个宛如仙境的"理想王国":黄金的座位,悦耳的琴声,红衣小丑,孔雀开屏,迷人的鹰隼,高雅的天鹅,芬芳的玫瑰,娇艳的百合……然而在这巍峨壮观、富丽堂皇的宫殿里,蓝眼睛的公主却忧心忡忡。因为她缺少比这一切都更加宝贵的东西:自由与爱情。她憧憬着远方高贵的王子或富有的国君来向自己求爱,幻想着自己能化作蝴蝶或燕子,"在天空飞翔""用五月的诗句向百合致敬""沿着光芒耀眼的阶梯奔向太阳"。然而这一切都是一厢情愿、想入非非。最后诗人只好求助于保护女神来安慰可怜的公主,使她在虚无缥缈之中似乎又看到了希望。这首诗,色彩纷呈,形象优美,音调和谐。在艺术上,它兼有象征主义(如这首诗的朦胧意境和诗人扑朔迷离的心理状态)和巴纳斯派(如优美的语言与和谐的韵律)的特征,而这两个流派在欧洲却是互相对立的。

(赵振江)

致罗斯福[1]

达里奥

用《圣经》的语气,或者惠特曼的诗句——
猎手啊,这大概会到达你的手里,
你既时髦又原始,既复杂又单纯,
既有点像华盛顿,又有点像卡尔德亚的国君。[2]

你就是美国,
未来的侵略者,
要侵略印第安血统天真的阿美利加——
她依然向耶稣祈祷,用西班牙语说话。
你是自己种族傲慢、强悍的楷模;
文质彬彬,精明能干,托尔斯泰的反对者。
你是勒克珊德洛斯——尼布甲尼撒的子孙[3]。
(如同今天的狂人们所说
你是力量的师尊。)

你以为生活就是火光熊熊,
进步就是爆炸声声,
你以为自己的子弹打到哪里
就能决定哪里的前程。

　　　　　不行!
美国的确辽阔、强盛,

---

[1] 提奥多尔·罗斯福是 1901—1909 年的美国总统。
[2] 原诗中的 Nemrod 是卡尔德亚传奇式的国王。《圣经》中称他为英雄的猎手,汉语中译为宁录。卡尔德亚是巴比伦城的前身。
[3] 前者是特洛伊王子帕里斯,后者为巴比伦王,曾攻陷耶路撒冷,烧毁耶和华的神殿和王宫,抢掠财物和人民。

它一摇晃，雄伟的安第斯山峰

就会发生剧烈的震动。

它一喊叫，人们就会听到雄狮的怒吼，

正如雨果对格兰特所说：星星归你们所有。[1]

（阿根廷的太阳不会发光，

智利的星星几乎不能升起……）你们的确富强。

你们集中了赫丘利和玛门[2]的信仰，

自由神在纽约举起了火炬

将征服的坦途照亮。

但是我们的美洲，

从古老的奈查瓦科约特尔[3]时代起

就有诗人，它曾掌握令人赞叹的文字

并保存了伟大的巴科[4]的足迹；

它曾观察过许多星体；

它知道柏拉图提出的大西洋洲的奥秘；[5]

从远古时起

它就以光明、火种、香料和爱情

维持自己的生命，

伟大的蒙特祖玛和印加王的美洲，

哥伦布芬芳的美洲，

---

[1] 当尤利西斯·格兰特将军于1877年访问巴黎时，雨果曾撰文抨击他。当指美国国旗而言。
[2] 前者是希腊神话中的英雄，后者是财利的意思，泛指财神。
[3] 墨西哥契契梅卡族的国王，是哲学家、诗人。
[4] 巴科是罗马神话中的酒神。
[5] 在希腊神话中，传说在直布罗陀海峡以西的大西洋中有一座巨大的岛屿，即所谓的大西洋洲。柏拉图在其《对话》中，两次提到这一传说存在的大陆。

天主教的美洲,西班牙的美洲,
高尚的瓜特莫克曾在那里说过
"我不是在玫瑰床上"的美洲;[1]
有着撒克逊人的眼睛和野蛮人的灵魂的先生们,
请你们注意!
那在风暴中颤抖、以爱情为生命的美洲还在呼吸!
它在梦想、在恋爱、在战栗,它是太阳神的爱女。
西班牙美洲还活着!
西班牙雄狮的无数只幼崽,虎虎有生气!
罗斯福,即使是以上帝的名义
你也必须同时是强悍的猎人和可怕的射手
才能将我们置于你的魔爪里。

然而,你无所不有,就是没有上帝!

(赵振江　译)

这首诗选自《生命与希望之歌》,作于1904年。这是一首拉丁美洲人民的正气歌,是向美帝国主义发出的义正词严的备忘录。

罗斯福于1901年就任美国总统。他一上台就说:"我常常喜欢引用西非洲的一句格言:言语温和并带一根大棒,这样你将走得更远。"按照这样的逻辑,他于1903年夺取了巴拿马地峡;此后又强迫多米尼加共和国签订奴役性的条约,将该国的关税据为美国所有。在这种情况下,达里奥再也按捺不住胸中的愤懑,挥起如椽巨笔,酣畅淋漓地写下了这一篇声讨罗斯福的檄文。达里奥笔下的罗斯福,说话时带着圣者的语气,或者诗人的高雅;具有美国开国元勋的风度,又具有"英雄猎手"宁录的品格。紧接着,诗人一针见血地指出美国是"未来的侵略者"。他用一

---

[1] 瓜特莫克是阿兹特卡帝国最后一个皇帝,是蒙特祖玛的侄子,曾英勇抵抗西班牙征服者,后被俘,敌人在他的脚下用火烤。当人们问他怎么样时,他说:"我不是在玫瑰床上。"

连串的比喻为我们揭示了美国刚柔并济、软硬兼施,表面温和、内心残忍的"文明强盗"的本质。他们有财有物、有勇有谋、所向披靡、不可一世,俨然以美洲霸主自居。他以为"自己的子弹打到哪里就能决定哪里的前程"。诗人斩钉截铁地大喝一声:不行!在西班牙语里,虽然只有一个音节,却有雷霆万钧之力。如果罗斯福真的读了这首诗,恐怕会吓出一身冷汗来。

诗人怀着无比自豪的心情,列举了数不胜数的事实,说明拉丁美洲人民具有高度发达的古代文明,这是"既时髦又原始"的美国所望尘莫及的,具有抵抗外侮的光荣传统(诗人特别引用了在征服者面前视死如归的瓜特莫克的原话)。他们在风暴中拼搏,他们以爱情为生命,他们是太阳神的儿女。诗人郑重地警告罗斯福:"西班牙雄狮的无数只幼崽,虎虎有生气!"在全诗的最后,诗人用画龙点睛的手法,将全诗推向了高潮:"你无所不有,就是没有上帝!"显然,上帝在这里是"正义和真理"的化身。

全诗气魄宏伟,感情奔放,形象生动,一气呵成,融抒情、叙事、议论于一体,在达里奥的诗歌中,堪称上乘之作。　　　　　　(赵振江)

卡德纳尔(2首)

埃内斯托·卡德纳尔(Ernesto Cardenal, 1925—2020),尼加拉瓜当代诗人,出生于格拉纳达。他从小就受到文学的熏陶,对诗歌产生兴趣。1942年中学刚毕业就经常参加诗人的聚会,并在表兄瓜德拉主办的文学刊物上发表作品。他的长诗《没有居民的城市》,抒发自己失恋的忧郁心情,这首诗使他在中美洲诗坛上崭露头角。后来他到墨西哥马萨克罗内斯和美国哥伦比亚大学攻读文学,曾受美国诗人艾兹拉·庞德的影响。

1951年至1956年间发表《政治诗歌》,并积极参加反索摩查独裁的起义的准备工作。在凄风苦雨的漫漫长夜,他酝酿了自己的不朽名篇《午夜零时》。起义失败后,卡德纳尔入美国一座修道院研究神学。1965年回国接受圣职，后前往马拉瓜湖中与世隔绝的小岛索伦蒂纳梅布道。此期间的作品有《可疑的海峡》（1966）、《民族的颂歌》（1972）、《马那瓜的预言》（1973）等。1977年一些小岛上的居民攻打军营，失败后诗人被迫流亡国外。流亡期间，他访问了许多国家，揭露反动政府罪行，寻找各国人民的援助。

1979年7月尼加拉瓜人民推翻索摩查政权，卡德纳尔回国任教育与文化部长。1980年表明自己放弃了宗教观点，同年发表诗集《摩天》。

诗 篇

卡德纳尔

五

上帝啊，请你听一听我的言语
　　　请你听一听我的呻吟
听一听我的抗议，
因为你不是与独裁者友好的上帝。
你不赞同他们的政策，
不和强盗同流合污，
宣传也不能将你蛊惑，
他们的发言毫无诚意
他们的公告言不由衷。
发言中说的是和平，
同时却将军火扩充；
大会上讲的是和平，
背地里却准备战争。
他们散布谣言的广播每晚都在叫喊，
他们的作家满腹罪恶的计划，
　　　和不可告人的宗卷
但是你将使我摆脱他们的如意算盘。

他们用机枪的嘴巴讲话,
他们闪闪发光的舌头
　　　　　是刺刀,
上帝啊,惩罚他们吧!
　　　将他们的刺刀折断……
上帝啊,惩罚他们吧,
　　　让他们的政策破产,
使他们的备忘录乱作一团,
　　　叫他们的计划无法实现。
当警报拉响的时候,
你和我同在一处。
在轰炸的时候,你将我庇护。
谁不相信商业广告的谎言、
　　　报刊宣传和政治运动,
请你为他祝福,
像装甲坦克一样
用你的爱将他围住。

(段若川　译)

　　尼加拉瓜是个诞生游击战士和诗人的国度,而卡德纳尔则兼战士和诗人于一身。20世纪50年代,他在磨刀练枪准备起义的同时,把充满革命激情的战斗诗篇印成传单,撒遍了城市的大街小巷。卡德纳尔不仅是战士、诗人,还是一名神父。在拉丁美洲,解放神学有着悠久的传统。19世纪拉丁美洲独立运动中,不少神父站在人民一边。1964年卡德纳尔在哥伦比亚麦德林发表《诗篇》时,正是当代拉丁美洲解放神学风起云涌之时。以哥伦比亚的卡米洛·托雷斯神父为代表的一大批神职人员加入秘鲁、哥伦比亚及玻利维亚等国的民族解放阵线。1966年托雷斯神父从敌人手中夺取武器时光荣牺牲,在人民的心中树起一座光辉的十字架。

卡德纳尔虽然进了修道院学神学,但他胸膛里跳动的仍是一颗革命者的火热的心。他的《诗篇》原本是作为神父的圣诗或赞美诗,当是具有浓厚宗教味道的。但是读到这些诗篇时我们都会感到吃惊,因为这些诗篇中,尤其这第五首,上帝的形象已完全不同于我们心中昔日的模样:他已不再是助纣为虐的偶像,不再冷若冰霜,不是以地狱来恫吓信徒,劝人忍让,以便来世升入天堂。卡德纳尔塑造的上帝是人性和正义的化身,有如一位威严的法官。诗人向上帝深刻揭露反动政客的凶残面貌和阴谋诡计,恳求上帝惩罚他们。诗人殷切期望上帝赐福于善良和平的人民。诗人的立场坚定,爱憎分明。诗歌的语言直截了当,简明精练,节奏铿锵,能引起读者强烈的共鸣。

精神力量是可以化为物质力量的。1977年,索伦蒂纳梅小岛上卡德纳尔的教区的居民,在这位诗人神父的感召下,终于拿起武器,走上武装斗争的道路。由此我们更加信服卡德纳尔的圣诗的巨大力量。

(段若川)

玉 米 地

卡德纳尔

玉米被埋在地下,如同死人埋在
你的玉米地。
　　只有小小的坟头
宛如死者的金字塔。
　　　在他的玉米地里。
但是恰克[1]带着他的葫芦就要来到
　　(闪电是他们的砍刀)
　　流淌的恰克

---

[1] 恰克,玛雅人崇拜的主管降雨及其他自然现象的神。

透明的恰克,雨水的颜色
　　他们隐藏在清泉
六月的夜晚又聚集在科巴[1]的废墟间。
巴朗也会来,他们是玉米地的守护神
　　体态宛似清风
翩翩起舞,飘忽不定,飞过树丛
你们可以听到他们呼啸,听他们呼啸
晚间他们在大路上呼啸,驾驭的是邪恶的精灵
而休—柯尔鸟将在玉米地婉转啼鸣
　　　　长大吧,再长大
　　　　　　在一片片树林中
为了使玉米高兴
随着来自东方的风,雨水将要降临
雨水来自东方,太阳从那里诞生
　　月亮升起,星星眨着眼睛。
他们从东方升起,那里是科巴废墟
是猎人们所说
　　有梦幻中的动物的地方
那些动物纹络清晰,像色彩斑斓的老虎一样
只有在梦中才看得见那奇怪的动物
它们在科巴的废墟上盘桓不停。
地下,种子一级一日
　　一日一级
把玉米的金字塔攀登
夜空布满极亮的星星

---

[1] 科巴,墨西哥金达纳·茹地区的玛雅废墟。

那是雨水的象征。

(段若川 译)

这首诗选自1969年出版的诗集《向美洲印第安人致敬》。

卡德纳尔热爱他的祖国尼加拉瓜,也热爱拉丁美洲。从北起加拿大、美国的印第安人,南至秘鲁的印加人留下的书籍、古抄本、废墟和遗迹中,他看到在美洲大陆这片广袤的土地上,在欧洲征服者到来之前,曾存在过一个美好的世界。与自诩为"现代文明"的国家相比,"原始"的印第安社会有许多高明之处。于是诗人写下了这部诗集来颂扬印第安人古朴的民风、高度的智慧,同时揭露和谴责西方资本主义社会的残酷无情和虚伪。

《玉米地》是对墨西哥南部的玛雅文化的颂扬。玉米在美洲印第安人生活中起着重要作用。是他们培植了玉米,为全人类做出重大贡献。玉米是他们赖以生存的口粮。墨西哥神话说,是天神用玉米面塑造了人形,拿到炉中烘烤,第一次火候不到,烤成了白种人;第二次火候过了,就成了黑人;第三次刚巧正好,黄灿灿的,那就是印第安人。作为玉米神的子孙,玛雅人感到自豪,为玉米神修建了庙宇。他们精心种植玉米,为了获得丰收,他们求助于恰克神和巴朗神。

在《玉米地》这首诗中我们看到:在耸立起雄伟的金字塔的土地上,富有生命力的玉米种子在积蓄力量,它要破土发芽了。恰克神乘着清风带着甘露从东方来,滋润了大地,巴朗也庇佑着玉米苗壮成长。日月星辰从空中抚爱地照耀着秧苗,夜晚,在梦幻般的科巴的废墟上,美洲的精灵——花斑虎出来跳舞。于是,玉米长大了,如同金字塔一样。在这首诗中,卡德纳尔用优美、鲜明、生动、形象的语言,为我们勾勒出一幅充满神奇色彩的美妙画图,并巧妙地加入了玛雅神话。诗中洋溢着作者对印第安文化的景仰,对美洲古代文明的自豪。

(段若川)

乌 拉 圭

伊瓦尔沃罗 (1首)

胡安娜·德·伊瓦尔沃罗（Juana de Ibarbourou, 1895—1979），乌拉圭著名诗人。1929年被授予"美洲的胡安娜"的称号，被尊为美洲桂冠诗人。她的诗自然优美，富于人情味，她的散文清新而简洁。

她十八岁时幸福地结了婚，过着美满的家庭生活，后来退隐。她以浓重的笔触赞美生命和爱情的欢乐，写下一首首健美的抒情诗歌；她以神奇的画笔，将美洲的画图展现在人们眼前；她对本土的风光尤其是大自然的美有着深刻的感受，以充满色彩和香气的诗句加以描绘。

她在学生时代就开始发表作品。她的诗歌感情袒露奔放，文笔流畅。她起初是一个追求肉体和欢乐的异教歌手，不过她是一个健康的异教主义者；晚年隐退沉思，在阅读神秘主义的读物和圣经题材中寻找灵感，作品的格调变得低沉而惆怅。

伊瓦尔沃罗的主要作品有：《砧石的舌头》（1918）、《野根》（1922）、《罗盘》（1930）、《迷失的女人》（1950）、《女游客》（1967）等。

像春天一样哦

伊瓦尔沃罗

像黑色的羽翼，我将头发
铺在你的膝。
双目闭起，那企求的气息，
就来向我询叙：
"你睡在长满青苔的石上？

你用柳条儿扎你的辫缕?
你那枕垫是紫色的苜蓿? 这么黑,
难道因为你在它身上压出一种
深褐、浓烈的液体?
什么清新、奇特的香气笼罩着你?
你有点像土地、森林、小溪。
你使用的是何种香水?"
我笑着回答你:
"啥也没使,啥也没用!
我爱你,我年轻,有点春天气。
你闻到的这香气属于坚强的肉体,
明媚的面颊、新鲜的血液。
我爱你,我年轻,因而才有
这春天般的馥郁!"

(于凤川 译)

在诗人胡安娜·德·伊瓦尔沃罗身上,爱的主题总是和她热爱大自然的遐想联系在一起。在她写给情人的这首《像春天一样哦》的诗里,也总是带着对这种本性的回顾。

诗人在这首诗里,采用拟人的手法,回顾自己和心上人相处的时候。她曾将自己的头发铺在他的膝上,让"企求的气息"站出来说话,向女诗人提出一连串问题:"什么清新、奇特的香气笼罩着你?""你使用的是何种香水?"其实,这些问题是无须回答的,因为前面诗句本身已经有了答案,柳条儿扎的辫缕,紫苜蓿的枕垫……这些芬芳的大自然的气息就是香气的来源。然而,诗的后半段的回答更加出人意料。女诗人说:"你闻到的这香气属于坚强的肉体,明媚的面颊、新鲜的血液。我爱你,我年轻,因而才有这春天般的馥郁!"这就是说,女诗人身上的香气是健康的肉体、青春的朝气和深挚的爱情融汇而成的,这意蕴远远超出了前半段指出的大自然真实的香气。这样,诗人把人体美、青春美、自然美巧妙地结合在一起,构成一曲美的赞歌。诗的后半段不禁使人想起惠特曼笔下尽情歌颂的健美的人体,充溢着一股朝气蓬勃的青春活力。

(于凤川)

秘 鲁

巴列霍(1首)

塞萨尔·巴列霍(César Vallejo, 1892—1938),秘鲁诗人、作家。他和聂鲁达一样,曾对拉美诗歌起过巨大的推动作用。他因参加进步政治活动,被捕入狱,长期流亡欧洲,1931年加入秘鲁共产党。他的早期作品《黑色的使者》虽受现代主义的影响,但其诗作有个显著的特点:歌颂印第安人。他甚至将印第安人作为人类的一种典型,称为人类的象征。

1925—1930年期间,他进行了诗歌理论上的探讨,奠定了他的美学基础。他说:"艺术不是一种政治宣传工具,它是一切政治创作的最高手段。"他又说:"作为人,我能同情并为革命工作。但是,作为艺术家,抑制可能隐藏在我的诗里的政治意义的权力,既不在任何人手里,也不在我自己的手里。"

巴列霍在巴黎期间,写过一些对母亲和监狱回忆的散文诗和抒情诗,主要内容是陈述痛苦和希望。既没有任何主题,也不含任何奇闻逸事,而是用一种忧伤与克制的语言,在灵魂里铭刻一种情感。其代表作《西班牙啊,别让我饮这杯苦酒吧》,描写西班牙反法西斯战争,表达对西班牙人民的热爱和对法西斯的愤恨;《人类的诗篇》是对那些在痛苦中生与死的人类的关心,也是对那些为之斗争和渴望未来者的支持。

相信眼镜，莫信眼……
巴列霍

相信眼镜，莫信眼；

相信梯子，绝不信台阶；

相信翅膀，莫信鸟儿

只信你，只信你，只信你。

相信邪恶，莫信恶棍；

相信酒杯，永不信烈酒；

相信尸体，莫信人

只信你，只信你，只信你。

相信多数，莫信一个；

相信河床，绝不信潮流；

相信裤子，莫信腿

只信你，只信你，只信你。

相信窗户，莫信门；

相信母亲，但不信九个月；

相信命运，莫信金骰子，

只信你，只信你，只信你。

（于凤川　译）

这是一首哲理诗，表明了诗人对事物静与动、虚与实、多与寡、命运与筹码的看法，证明了他的唯物主义世界观和方法论。

诗人在诗中主张相信静物——眼镜、梯子、酒杯、尸体、河床、窗户、命运，而莫相信动物——眼、台阶、烈酒、人、潮流、门和金骰子，因为静止的东西是客观存在，可以摸得着，看得见；相反，动的东西就不同了，往往带有更多的变易性、复杂性，不可一概而论。比如死了的尸体，大致可以盖棺论定，而活着的人却反复多变，难以定论。这种看法自然不无片面,但作为诗句,看来其中是熔铸着诗人生活中的经验教训的。

诗人进一步指出,要"相信多数,莫信一个",这正是生活经验的总结,并特别反复说:"只信你,只信你,只信你。""你"是指谁?我们不妨理解为指整体,或者说全人类。这就道出了诗人的真实用意,是说:不管事物千变万化,人类这个整体总是客观存在的,一定要相信人类。

这首诗选自诗集《人类的诗篇》,这时的诗人已信仰唯物主义和共产主义,他已经加入了秘鲁共产党。这首诗从某个侧面也反映了诗人对于复杂多变的现实斗争的一种看法。

(于凤川)

亚非澳卷

日　本

松尾芭蕉 (俳句4首)

松尾芭蕉(1644—1694)，原名宗房，生于日本伊贺国(今三重县)上野赤坂下级武士家庭。松尾芭蕉年轻时长期过着漂泊生活，在学习日本古典文学和俳谐的基础上不断进行艺术探索，逐渐形成独特的俳风。三十七岁时移居深川草庵，因门前种有芭蕉一棵，故名芭蕉庵，并起俳号为"芭蕉"。他一生中除了著有多部游记外，其文学成就主要集中于俳句的创作，著有《冬日》《矿野》《猿蓑》《炭包》《续猿蓑》等七部。

松尾芭蕉是日本俳句史上最为杰出的诗人。他一反当时滑稽、卑俗的俳风，吸取了中国学术文化的精华，如老庄思想的哲理精神，李白、杜甫的超逸诗境，融合了日本古代风雅诗歌的传统，创造出一种闲寂、幽雅、清细的俳句风格。他的作品一直影响着日本俳坛，其诗碑达三百多座，遍布日本各处。他在日本文学史上占有十分重要的地位，被尊称为"俳圣"。

茅舍之感

松尾芭蕉

芭蕉叶,打秋风,
夜闻铜盥滴雨声。

"此诗乃是作者居深川芭蕉庵时所作。芭蕉庵极为简陋,时有漏雨之情。作者在此试以声音来表现雨夜的寂寞寒凉之感。此情此景,就是作者饶有情趣的生活本身。"(小西甚一《俳句的世界》)

俳句是日本古代盛行的一种诗体,句式简短,但讲究节奏、韵律的和谐。它受到我国古典诗词,尤其是唐诗、宋词的影响,善于运用鲜明的意象,融情于景,营造出极富感染力的意境。它比我国的绝句还要简练,往往通过诗人即目所见,瞬间感触,抒写出一种带有浓郁诗意的情怀。

这首《茅舍之感》作于天和元年(1681)。它以芭蕉、秋风、铜盥、雨声四种意象,组合成一幅芭蕉夜雨、秋风凄凉的景状,抒发诗人孤独、寂寞的情怀。令人不禁想起我国古诗词中"雨打芭蕉""纵芭蕉不雨也飕飕"的意境。日人评述:"蕉叶在秋风中抖动,似在听取屋檐下铜盆的滴雨之声。一句诗,活现出秋风之夜的寒凉、清寂之趣。"(内藤吐天《俳句评释》)

寂寞里

松尾芭蕉

寂寞里,古池塘,
青蛙跳入水声响。

此诗作于贞享三年(1686)。这是一个万籁俱寂的境界,诗人突然听到蛙入池塘的声音。这声音无异空谷足音,声虽不大,却能猛烈震撼人的心灵。它仿佛在无生命的永恒世界里让人刹那之间发现了生命的跃动,极富禅学精神和哲理意趣。松尾芭蕉俳句的内涵深意正是在一个个细小的不为人注意的情景中呈现出来的。正如日人评述道:"如果虚心静气地诵咏此句,则可在枯淡风韵之中,看到寂寞自然的真相。一见是稚拙常套的风趣,实则其中隐蕴着作者深沉的生动诗魂。"(内藤吐天《俳句评释》)

这首诗典型地体现了芭蕉俳风的本色:"本诗是芭蕉俳风新纪元创立的一大标志。同以往滑稽洒落的俳句不同,此句乃如实描绘实情实景,有顿悟之境。某日芭蕉独居深川草庵时,听到庭中古池传来水声。那声音正是青蛙跳入水中造成的。因为周围极其寂静,这水声也就格外的清亮。在这首俳句中,芭蕉悟到了俳道的生命,不在于滑稽和洒落,而在于这样一种闲寂的情趣。"(高浜虚子《俳句的理解与欣赏》)

古 刹 静
松尾芭蕉

古刹静,秋蝉鸣,
声声渗入岩石中。

此诗作于元禄二年(1689)。日人评介:"此句乃于立山寺所作。其时寺门皆闭,周围是一片静谧。突然一声蝉鸣,更增添了静寂的气氛。这蝉声清彻剔透,不知不觉融入虚空之中,变成了一种不似蝉声的微妙之音。在这声音之中,全山的岩石慢慢地也化为一片巨大的寂静……此诗可称是名句中之名句。"(小西甚一《俳句的世界》)

此诗同样是描写一片幽静至极的境界,却巧妙地表现出动静相生、相化的辩证关系。一方面它"以动衬静",秋蝉之鸣更衬出古刹之静,使人想起我国唐诗中的名句"蝉噪林愈静,鸟鸣山更幽"的意境。同时又"以动化静",蝉声渗入到岩石之中,使冥顽不灵、永恒静止的岩石也仿佛获取了生命。另一方面又"以静衬动",秋蝉之鸣在古刹之中显得格外嘹亮;而仿佛渗入静止岩石的蝉声更显出它的悠远、隽永。这是一种使人悟道的境界,呈示出岩石与秋蝉、永恒与刹那、动与静、大与小之间相依互动的辩证关系,在深邃的意境中,又增添了一番理趣。

(许自强)

病 中 吟

松尾芭蕉

> 浪天涯,忽卧病,
> 我梦萦绕荒野行。

这首诗不妨视作芭蕉终身的自我写照。据日本学者考证,此诗写于元禄七年(1694),即他生命的最后一年。"芭蕉最终是病死在旅途之中,此句即是病中所作。虽然旅中卧病不起,性命朝夕难料,然而梦中所为,仍然是在旅行,独自一人在荒野之上蹒跚而行。在《奥州小路》开头,他曾写下'人生即旅途'这句话。对于他来说,不管是住在江户还是近江,都不过是人生旅途上的一站而已,只有死才是最终的归宿。在这象征着旅途的荒野之上,芭蕉完成了他的一生。"(高浜虚子《俳句的理解与欣赏》)

此诗写得极为凄凉,浪迹天涯,卧病荒野,使人读此诗仿佛耳畔响起我国二胡名曲《病中吟》的哀婉、缠绵的曲调。不过,诗人即便是在如此悲惨的境遇中,依然表现出顽强不屈的志向,梦萦荒野,继续前行。诗人要在梦想与行进中了结他的一生,这使此诗在凄凉孤寂中闪现出一丝悲壮的亮色。正如日人所评析:"自我孤独的身影在荒野中蹒跚而行,其中有一颗顽强的灵魂,它不向万劫不复的命运屈服,要冲破那无际的空寂。这一切,同怜悯、慰藉之心一起融于此诗之中。疾病的痛楚与死亡的恐怖已抛却了他们可憎的暗影,在巨大的寂寞之中,承受着凄怆的感情。诗人芭蕉的死——自然中某种伟大东西的毁灭,它所产生的肃杀之气,足以撼动人心。"(内藤吐天《俳句评释》) (许自强)

田能村竹田 (1首)

田能村竹田(1777—1835),名孝宪,字君彝,别号九叠仙史、花竹幽窗主人、随缘居士,填词多用红豆词人。他深受中国古典诗词的影响,终身填词不渝,著有词集《秋声馆集》《清丽集》《竹田布衣词》等,并有词律专著《填词图》。其词风清丽柔婉,近于我国南宋婉约词风格,被誉为日本填词中集大成者。其人多才多艺,诗词书画皆有成就,尤善于画墨梅、写行书。

少年游·晚秋

田能村竹田

柳叶黄多,

蓼花红少,

老却一汀秋。

短笛楼前,

疏钟寺畔,

犹自记前游。

凭栏暗把流年算,

着得许多愁。

逝水斜阳,

酒痕泪迹,

袖角也襟头。

日本诗人深受中国古典诗词的影响,尤其是唐诗宋词对于他们的熏陶甚浓。他们不但汲取中国古诗词的意境,还常常采用中国古典诗词的格律、体式进行直接创作,以至同我国的古诗词很难区分。这种特色从这首《少年游·晚秋》中可见一斑。

这首悲秋之作所采用的意象如:黄叶、蓼花、短笛、疏钟、逝水、斜阳等都甚为常见,其即景抒情(上片写景,下片抒情)的格局,以及其哀婉、凄清的伤感情调,都同我国南宋的婉约词风如出一辙。虽无新意,然全词境界鲜明简约、融情入景、和谐自然,尚为清幽可读。从中我们也可看出中国文化对于日本文化的渗透力,更加理解中日两国世世代代文化交流的源远流长。

(许自强)

岛崎藤村(1首)

岛崎藤村(1872—1943),日本著名的小说家、诗人,生于长野县一旧式家庭。岛崎藤村在明治学院读书期间接受了基督教的洗礼及西方文学的影响,并与浪漫主义诗人北村透谷相识,共同创办《文学界》杂志。大学毕业后,曾从事短暂的教职,此后,以写作为职业,直到去世。他大学期间,即开始浪漫主义的诗歌创作,有"抒情诗人之王"的美誉。20世纪以后,创作重点转入小说,发表了多部极具自然主义色彩的小说,对日本文学的近代化做出了突出的贡献,曾当选为日本帝国艺术院会员。代表作有诗集《嫩菜集》《一叶舟》,长篇小说《破戒》《家》《新生》和散文集《千曲川随笔》等。

在我的心底

岛崎藤村

一个难以相告的秘密,
深深地藏在我的心底。
为了爱情我死而无怨,
除了你有谁能晓知?

假若我是一羽小鸟,
愿日夜飞旋在你的窗边;
把娓娓动听的歌儿,
洒落在你的窗前。

假若我是一只飞梭,
愿你白皙的手儿引牵;
把悠悠不尽的缠绵,
织进春日不断的思念。

假若我是一丛芳草,

萌生在原野、田边；
微风中露出笑靥，
温情地把你的秀足吻舔。

呵，落满了茵衾，我的叹息，
呵，浸湿了绣枕，我的悲伤。

黎明的鸟儿啼醒了夜梦，
滚滚的热泪漾起了榻床。
诉不尽的心曲道不完的思念，
哪能表达我心中的悲欢？
只有那颗炽热的心儿哪——
才能拨响另一根心弦。

(武继平　译)

  本诗选自岛崎藤村最富浪漫主义气息的诗集《嫩菜集》。抒情主人公向情人倾诉着心底"难以相告的秘密"，他用一串鲜活的比喻抒发着自己愿和情人生死相依的信念。然而"浸湿了绣枕"和"漾起了榻床"的"滚滚的热泪"，"道不完的思念"中的"心中的悲欢"，却使这缠绵的情爱染上了莫名的感伤和幽怨。对个人情爱的关注和抒发反映了明治维新之后日本知识青年朦胧的反封建意识，然而诗歌哀婉的格调又使人感受到在强大的封建势力压抑下日本资产阶级个性解放的悲剧性。　　(韦平)

与谢野晶子 (1首)

  与谢野晶子(1878—1942)，日本女诗人。本姓凤，原名晶，别号小舟、白萩等，生于大阪府堺市甲斐町一经营糕点铺的家庭。1892年堺市高等女子学校毕业，热爱古典文学，1899年参加关西青年文学会，开始发表诗歌。翌年结识与谢野铁干并拜为老师，参加与谢野铁干主持的东京新诗社。1901年不顾家人反对，与铁干结婚。同年出版处女古典诗歌集《乱发》，其激烈的青春热情和大胆的官能礼赞，以及同老师的恋爱事件，引起社会的瞩目。后来，出版了不少歌集，主要有《小扇》（1904）、《恋衣》（1905）、《舞姬》（1906）、《春泥集》（1911）、《太阳与蔷薇》（1921）和《白楼集》（1942）。从《舞姬》以后，其初期的官能性逐渐淡薄，转向平淡而情趣深浓的歌风。生有五男六女，因狭心症和尿毒症，于1942年逝世。

你不要死去
——为包围旅顺口军中的弟弟而悲叹
与谢野晶子

啊，弟弟啊，我为你哭泣，
你不要死去！
你是咱家最小的弟弟，
双亲加倍地疼爱你。

双亲何曾教你紧握利刃，
为了杀人到前线去？
双亲把你养育到二十四岁，
哪里是为了你先杀别人后葬自己？

既然是这堺市的商人世家——
值得自豪的主人，[1]
你就必须传宗接代，
你不要死去！

旅顺城即便失陷，
或能保住，又有什么意义？
你当然不会晓得，

---

[1] 日本人以男孩中的长子继承父业和财产，故作者此说。

商人的家规无须身着戎衣。

你不要死去,
天皇不会亲自参加战斗。
皇恩浩荡,
　　岂能有这样的旨意——
让人们流血而死,
让人们死如禽兽,
还说什么
　　这就是荣誉。

啊,弟弟呀,
你不要在战争中死去。
去年秋季父亲逝世,
撇下母亲,余悲未息,
又痛心地送儿子应召开拔,
自己则孤苦伶仃,独守四壁。
纵然是升平的圣代,
母亲的白发却日见多起。

你那年轻纤弱的新娘,
常常蜷伏在帘后哭泣。
你已然忘怀,抑或尚在思念,
新婚不满十月就凉了枕席。
要哀怜这少女的心啊,
她在世上依靠的只有你,
只有你一个人呀,
你不要死去!

(李芒　译)

日本明治天皇采取扩张主义政策,于1904年8月开始同沙俄军队争夺我辽东半岛,经过激烈战斗,于1905年元旦占领旅顺口。激战的消息传来,作者担心正在前线军中服役的弟弟宗七的生死问题而于《明星》杂志9月号上发表此诗。翌月,该刊即发表《太阳》杂志记者大町桂月题为《明星的厌战歌》的批判文章,指责"此乃蔑视国家观念的危险思想,毁辱天皇安居宫中,驱人子弟在战场流血,实是大胆妄为之作"等。后来又指斥她是"乱臣、贼子,应由国家予以惩罚"。作者也于《明星》1905年11月号以《公开信》一文进行辩解说,只是为了使民众之声达于庙堂而出于诗人的使命感,表述一片诚心而已。据日本评论家说明,由于作者本人并未参加当时异常活跃的社会主义反战活动,而只被认为是厌战情绪的抒发,而未被认为是反战诗。然而,从直斥"天皇不会亲自参加战斗",只是"让人们死如禽兽"来看,此诗的批判性是很明显的;同时用母亲思念儿子、新妇独守空房等具体的形象来表现自己的反战思想,也是十分明确的。因此,这首诗的反战和批判精神不容否认,是日本近代诗中的一颗璀璨的明珠。

(李芒)

金子光晴 (2首)

金子光晴(1895—1975),日本诗人,本名保和,生于日本爱知县海郡津岛町,父姓大鹿。金子光晴在两岁时成金子家的养子,一度迁移京都,十岁时迁至东京。前后辗转于早稻田大学英语系、东京美术学校日本画系、庆应义塾英文系等,均未毕业。

金子光晴在庆应义塾读书期间开始作诗,二十四岁即出版处女诗集《赤土之家》。他曾对虚无主义和左翼诗人怀有抵触情绪,曾两次漫游欧洲、中国和东南亚各国,长达5年之久,"除了男娼以外,做过一切工作",养成一种老于世道的坚强的硬骨头性格,这对其诗风有很大影响。漫游返国后,他的诗风大有改变,出版诗集《鲨鱼》(1937),批判天皇统治下的日本军队和日本人的封建性格。因此,在侵略战争日趋紧张的形势下,被迫远离诗坛,失去发表阵地。但他坚持斗争,创作了大量批判时局和战争的诗歌,战后集中出版《降落伞》《蛾》(均为1948年)、《鬼的儿子之歌》(1949)等,引起轰动。当然,他的诗并非全部都是批判之作,有的诗如《女人悲歌》(1949)、《人的悲剧》等,也表现世俗生活的矛盾。

这位反骨嶙峋的诗人活了八十岁,逝世于1975年。

米 饭
——在富士山麓

金子光晴

一只碗盛着米饭,
如同那太阳和月亮,宏大,威严。

前面摆着涂漆斑驳的竹筷,
这碗米饭酷似那仰望中的雪峰,高耸长天。
把它留给子孙的是人们的祖先。

朋友哟,你一定晓得吧,
朋友哟,我也晓得:
这碗米饭充满温暖,
使人快活,
有时也噎得人感到孤单。

那米饭里眼泪的微咸,
那腌渍梅子的微酸,
还有那新茶,清香淡淡。

那阳光的闲寂,
那菊蕊的凄寒,
还有母亲和姐姐的双手,
那么有力,那么温暖。

这碗米饭上的丹霞啊,

彩云一片。

今年,

逡巡在积雪的富士山麓,

我怀着一个祈愿:

乌云哟,不要遮住这碗米饭;

战争哟,不要把它作践!

(李芒 译)

湖 畔 吟

金子光晴

在我最幸福的时刻,

你们也要把我置于死地。

——皮耶尔·杜·塞南库尔[1]

我闭上眼睛,

悄悄地逃了出来,避开人声。

逃到这湖水之畔,

连指尖都映染得湛青。

湖畔的风物

　　是峻峭的结晶,

火热的青春

　　奔腾在冰冷的岩石之中。

斑驳的积雪

　　覆盖着背阴的峻岭;

---

[1] 法国小说家,1770—1846 年在世。

玫瑰的醇酒
点染着向阳的高峰。

不为匆忙的时间所迫，
如同迟迟不燃的柴火熏着青烟；
太阳在缓缓移动，
宛若晶莹的琼瑶漫步云端。

我来踏破这松林中的雪径，
这里斑鸠正在啼鸣；
避开那丧心病狂的人们，
他们正不分昼夜，孤注一掷推行战争。

仿佛在睡梦中跋涉到此，
我伫立在湖水之畔；
这湖水像个失明的孤客，
冰雪日益封住它的颜面。

要把我这强烈反抗的灵魂，
要把我这怕人看见的诗篇，
埋在清净的死亡——永恒的身边，
埋在冰雪下，等待着春天。

我逃到这里来了，
远离那精神的荒原，
也避开那
野蛮的征敛。

告别那懦弱的朋友，
他已忘记应做的批判；
丢开那令人怀念的家宅，

我曾在那里生活多年。

人类的愚蠢忘掉了人类,
这将使一切人化为灰烬;
我这痛苦的呻吟也出于此,
光明远逝,一片骚乱虚若烟云。

高高的树林摇落雪粉,
枯槁的荻花絮语纷纷。
一泓死水吹着洞箫,
在坚厚的冰雪下发出悲吟。

还有那
　　黑夜的天空绽开缤纷的星花,
是金镶玉嵌,
　　一片冷漠的豪华。

(李芒　译)

在日本现代诗坛上,金子光晴是个比较特殊的存在。他青年时期读过波德莱尔等人的诗作,表现出象征派诗风。后来由于生活的磨难,他在诗风上有较大转变,较多地使用象征和比喻手法,对战争和社会进行批判,引起读者的重视。

这里的《米饭》即采取比兴并用的手法,说的是长年积雪的富士山。这祖先留下来神圣不可侵犯的灵峰,切不要遭到战争的玷污,若那样,人民大众的米饭将不能食用,而陷于灾难的深渊。因而,作者虔诚地祈愿:战争的乌云不要遮住这碗米饭,不要把它作践。

《湖畔吟》则基本采取赋中带比的手法,描写作者为躲避战争的妖氛,从东京来到富士山麓的湖滨,把自己"强烈反抗的灵魂"和"怕人看见的诗篇""埋在冰雪下,等待着春天"。作者预见到并警告说,战争乃是"人类的愚蠢忘掉了人类"的表现,"将使一切人化为灰烬"。

这在日本的广岛和长崎已经部分地变成了现实。应该说,作者在战争正处于激烈的时候,避开宪兵的耳目写下了这样的诗篇,他所冒的风险也是不难想象的。此诗表现出锐敏的感觉、形象的动人和修辞的巧妙,使人如饮醇醴,不禁在陶醉之中泛起警觉,认识到战争的可怕。

(李芒)

宫泽贤治(1首)

宫泽贤治(1896—1933),日本著名的儿童文学家、诗人。生于岩手县一资本家家庭。宫泽贤治盛冈高等农业学校毕业后,在学校从事农学教育和土壤性质的调查研究,1925年辞去公职,回故乡过农耕生活,从事农业研究和农村改革。因疲劳过度,37岁的他于盛年之际去世。宫泽贤治在艰难的农事生活间隙,创作了大量的儿童文学作品和诗歌,其儿童文学作品风格清丽明快,带有北欧童话色彩;其诗歌朴实清新,充满着对劳动人民和大自然的热爱。代表作有童话《银河铁道之夜》《风又三郎》和诗集《春与阿修罗》《冬天的素描》等。

旷野的淑女

宫泽贤治

旷野微风瑟瑟,
吹乱日影的柔和。
丛生的接骨木后面,
闪出倩影两个。

身披蓑衣,
草绳粗系,
她们款款走来,
笑脸宛如盛开的野百合。

手提带盖的小桶，
今天来为田间劳动的人们解渴。
平日里总是
装满碧绿光滑的莼菜，
踏着晨曦
去乡间镇上卖货。
豁口的木碗放在桶上，
碗上的朱漆已斑斑脱落。

旷野的淑女呀，
两把锄头蓑衣上紧缚，
乌克兰舞女般地轻盈、婀娜。
风呀，
请用你那欢快的言语，
清楚地向这些人诉说……

（邓云凌　译）

　　本诗被编入日本高中教科书中，在日本国民中是一首耳熟能详的名篇。

　　名为"淑女"，实际是两位给在田地里耕作的亲人送饭的劳动妇女。盛饭桶上的碗已"豁口"，而且"朱漆已斑斑脱落"，可见她们生活的贫寒，而"平日里总是"要"去乡间镇上卖货"，更能够感受到她们生活的艰辛。然而面对困苦的生活，她们却"笑脸宛如盛开的野百合"，行动似"乌克兰舞女般地轻盈、婀娜"，北方妇女的憨直豪爽、刚毅不屈溢于言表。诗歌的最后，诗人委托风用"欢快的语言"去和她们"诉说"，表达了诗人对劳动妇女的尊崇和热爱。全诗用质朴无华的语言，准确鲜明地捕捉住"淑女"的行动细节，使形象跃然于纸上，呼之欲出。

（韦平）

壶井繁治 (3首)

壶井繁治（1897—1975），日本诗人，生于日本香川县小豆岛。他怀着搞文学的志愿于1917年入早稻田大学政治经济学部预科，旋即转入英文系，后因学费来源断绝，便于课余去中央邮局做工维持生活，最终无法维持而中途退学。1922年创办个人杂志《出发》，翌年与荻原恭次郎、冈本润、川崎长太郎等人创刊《红与黑》，继而参加《达姆弹》和《文艺解放》等团体。1925年前，以虚无主义诗人身份登上文坛。1925年转向马克思主义，承担起革命杂志《战旗》的经营和发行工作。尔后，不断遭到拘留或逮捕。太平洋战争爆发后，被迫有所妥协。

战后，成为"新日本文学会"的发起人之一，以民主主义诗歌旗手的身份展开积极活动。1962年末成为"诗人会议"组织的实际创立者，并于翌年创办诗刊《诗人会议》，担任经营委员长，直到1975年逝世，在民主主义诗歌运动和培养进步诗人方面，作了献身性的努力。

1975年，这位饱经忧患的诗人离开了人世。

星星和枯草

壶井繁治

星星和枯草在叙谈，
夜深人静，
只有我身边刮着风。
我总感到有些寂寞，
也想跟他们叙叙衷情。
星星却从天上掉了下来，
我在枯草中寻觅，
终于未见星星的踪影。

黎明，我睁开眼睛。
只觉得一块沉甸甸的石头，

落在心中。
从那时起,
我每天都独自叨念:
石头什么时候会变成星星,
石头什么时候会变成星星。

1939　（李芒　译）

蝴　蝶

壶井繁治

在标本室里,
摆着我的尸体。
跟许多伙伴
　　　被铁针钉在一起。
浑似枚枚丧章,
默默无语。

即便如此,
那位瘦削的昆虫学者,
依然频频摇头,
沉思不已。
由于我的翅膀
　　　不时在微微颤动,
他便喃喃自语:
"这家伙,
还没死去?
无耻的东西!
再不,也许是风吹动了羽翼?"
昆虫学者叨咕着,

就咔的一声把窗子关了起来。

"啊!
我早已死去。
即便如此,
你那样把窗子紧紧地关起来,
我也会感到窒息。"

我的呓语惊醒了妻子,
她爬了起来,
轻轻地把窗子推开去。

外面,
夜色明丽,
仿佛是鲜花遍地。
这过分的明丽,
竟然使我热泪淋漓。

1939　(李芒　译)

石　头(二)

壶井繁治

炮弹不住地轰鸣,
太阳落在天边的云中。
长空一片黑暗,
遍地刮着黑风。
巨大的羽翼铺天盖地,
闭上眼睛:
没有花园,
蝴蝶也停止了舞动。

睁开眼睛：

树叶都已落尽，

秋色正在加浓。

我在寻求一块石头，

那石头要比铁还重。

1940　（李芒　译）

这里的三首诗，都表现了作者象征化手法的精湛技巧。

《星星和枯草》，据作者在自传《激流中的鱼》引用这首诗之后说："此诗写于日中战争最为激烈的1939年4月13日……当时的我，说起来不外是一棵枯草。"据日本诗人及诗歌评论家小海永二解释说，此诗中的"枯草"乃是受到战争摧残的平民，"星星"则是他们的理想，向往和平的象征。开头一行"星星和枯草在叙谈"，无疑是战争期间，表现了作者的理想：向往和平。第二、三行，特别是"只有我身边刮着风"，则暗示作者对战争现实的抵抗感。本来风是不分地点和对象，都是一样吹拂的，而作者却偏偏说"只有我身边"，这就表现了这一行的重要意义。作者在前面提到的自传中说："对于战争的气氛，感到不适应，虽说是消极的，但也加深了抵抗感。这也就在战争体验的一个重要侧面。"然而，作者虽有这样的感情，却都不准有所表露。从天上掉下来的星星，却无论如何也找不到了，这并非表现的是失去了理想，而是实现理想的一切途径都被堵塞了。第二段的石头，只能理解是被剥夺了一切自由的深潜在作者灵魂中的抵抗感的体现。

关于此诗的技巧，日本评论家用星星、枯草和石头来比喻理想、平民和抵抗感。换句话说，此诗采取的是寓意性的表现方法，可算是观念性的象征诗。这是作者一生中采取的主要手法，也是获得极大成功的手法。日本评论家的分析无疑是正确的。创作于相同年代的《蝴蝶》，作者以蝴蝶自喻，以昆虫学者比喻日本军国主义，对于蝴蝶般的平民，连喘息的权利都剥夺净尽。1940年创作的《石头（二）》则隐喻作者要在漫天盖地的一片黑暗中，寻找一块比铁还重的石头——英勇的反抗者。

我们中国自古以来,有一种咏物诗,也是采取托物寄情、咏桑寓柳的手法,并且有很多优秀作品。这种手法,表面上吟咏的是物——在第一首诗里是星星、枯草和石头,在第二首里是蝴蝶,第三首里是石头,而潜在意识则是对于侵略战争的抵抗和不满。也就是话可以不必直说,不采取赋的手法,而采用比兴的手法,结果是一首诗可以做出不同的解释。这是诗人隐晦地表达真实思想感情的主要手法之一。 （李芒）

村野四郎 (1首)

村野四郎（1901—1975）,日本诗人,生于日本东京都。从1920年中学毕业时即开始创作俳句,受到自由律俳人荻原井泉水的赞赏,并加入其主宰俳句团体"层云"。1921年入庆应义塾大学经济系预科,开始学习德国诗,而后开始探索新即物主义理论和现代主义的结合问题。战后,曾被选为日本现代诗人会会长,著有诗集《体操诗集》（1939）、《抽象的城》（1954）、《亡羊记》（1959）和《艺术》（1974）等多种。

悲惨的鲛鲽
村野四郎

不祥的命运在凝视我。

——里尔克

你被倒挂起来了,
你被残酷地钩住了下颏。
这是一桩软弱的死,
身上还包着一层薄薄的皮膜。
你这样的下场啊,
该是多么叵测!

两只手伸了过来,

把你的肉体割下一块。
你这切实的肉体,
眼看着愈来愈细。
最后,连那皮膜,
也被割得七零八落。
如今,鮟鱇已经无踪无影,
悲剧也就如此告终。

一支巨大弯曲的铁钩,
依然悬挂在空荡荡的檐头。

(李芒 译)

  我国的咏物诗,很多都有寄托。日本的写生,也很少不渗入作者的情思。这首《悲惨的鮟鱇》(1952)就是个明显的例证。鮟鱇是一种海鱼,身长一米左右,无鳞,皮肤有的地方离肉隆起,冬季乃是涮锅的佳肴。这种鱼嘴大而且常常张着,一副傻相,因此往往以喻笨人;又因其割成条块出售,也是妓女的别称。诗人描写一条鮟鱇挂在铁钩上面,眼看着就被一条条割下肉来,那景象是悲惨的。诗人自称创作此诗的动机,乃是想到鮟鱇的遭遇同某种境况十分相似,因而受刺激。日本评论家认为,它是用一种"即物主义"的表现手法,暗示人们当时"未能见到的严酷时代中非人的命运"。村野四郎的即物主义,也称新即物主义,即现代主义和存在主义结合起来的客观主义,实际上也离不开既即物又抒情的境界。这首诗所隐喻的内容非常丰富,妓女读来既能联想到自己的悲惨命运,愚者也会感到受人愚弄的痛苦;各种处境不佳的人物都可以从中看到自己的影子。因此,应该说这首诗的蕴涵是深邃而丰富的。

(李芒)

朝 鲜

赵明熙 (1首)

赵明熙(1892—1942),朝鲜现代诗人,朝鲜早期革命文学运动的先驱,20世纪20年代初以反映朝鲜劳动人民生活和反抗为特点的新倾向派文学的主要代表作家。曾就读于日本东洋大学哲学系,归国后开始文学创作,1925年以后,成为朝鲜无产阶级文学团体"卡普"的重要成员。1928年赴苏联,从事新闻工作,参加苏联作协远东支部工作。代表作品有诗歌《十月之歌》,短篇小说《洛东江》等。

我灵魂的一角纪行

赵明熙

当初,我多么憧憬人类的爱!
天真烂漫的孩提时代,
是人生的初春,
游丝发出迷蒙的闪光,
江边雨歇天晴;
黄金的经纬织出我灵魂的原野,
我稚嫩的灵魂在那里跳跃呼喊:
"朋友,你听,我胸中血液流动的声音,
像洪水一样汹涌!
朋友,来,握住我的手,
在你我的心与心之间架起一座桥梁!"
这便是我灵魂的摇篮里的梦乡。

握手的朋友转身走了,
冷风席卷世界,

我惊愕,我恐怖,我的灵魂在战栗,哭泣!
....
我生命的流水,
滚过狭小的山谷和贫瘠的旷野,
奔泻到大雾弥漫的血色的江口,
眼前出现了暗黑无边的海洋。
啊啊,我的灵魂又在无声地哭泣,
发出悲怆的血的叹息。
在这黑沉沉的夜晚,
那天涯孤星发出微弱的光,
可能照亮我胸中暗黑的海洋?
哦哦,这是怎样捉弄人的海洋哟!
人们啊,听吧,
当丧衣圣徒在祈祷的时候,
当沉湎于美梦的情侣谈情说爱的时候,
你会听到醉汉的歌声。
是屈服?是放浪?还是?
昏暗的天空重新开朗,
放浪!放浪!
这声音像铁鼓咚咚作响。

是的,放浪,
我的灵魂要从这里整装起程。
过去我经历过的苇滩,
还有那些岩石,草木,
现在都是我的朋友!
一切恶友和善友哟,
相信吧,人类跨过善恶的门槛,

就会有真正的爱情。

（周必忠　译）

　　诗人抓住"灵魂的摇篮里的梦乡"、灵魂"无声地哭泣"和灵魂要"整装待发"三组意象，艺术地概括了诗人思想发展的三个不同阶段。"天真烂漫的孩提时代"，诗人充满着对人类爱的无限憧憬。他热情邀请人们握住自己的手，以便在"心与心之间架起一座桥梁"。诗人在"黄金的经纬织出"的原野中和"像洪水一样汹涌"的"胸中血液"中，融入了他对人类和睦亲善的呼唤以及人道主义的情怀。然而，"冷风席卷世界"，粉碎了诗人如画的梦境，"狭小的山谷""贫瘠的旷野""大雾弥漫"的江口，"暗黑无边"的海洋，这晦暗阴冷的现实，使诗人苦痛、孤独。他"惊愕""恐怖""战栗""哭泣"，他"生命的流水""发出悲怆的血的叹息"。但是"天涯孤星"的微光和不甘沉沦的"醉汉"的歌声，又使诗人看到"昏暗的天空重新开朗"的希望，受到"咚咚作响"的新时代战鼓的激励，从而坚定了信念——"人类跨过善恶的门槛，就会有真正的爱情"。诗人对理想的追求是执着的，但他所描绘的善友恶友握手言和、人人相爱的未来社会的蓝图，却体现了他人道主义思想的局限。

（邢化祥）

韩　国

韩龙云 (1首)

　　韩龙云（1879—1944），韩国著名的佛学家、爱国志士、作家。原名裕天，出家后法名龙云，法号万海。出生于朝鲜半岛忠清南道洪城郡一贫困农家。韩龙云童年入私塾学习汉文，1890年参加反日的乙未义举，失败后远离故乡辗转江原道雪岳山百潭寺出家，研读佛学经典，并继续倡导民族独立，宣扬平等的佛教观。韩龙云曾因反日言行多次入狱，在狱中写下著名的《概述朝鲜独立之感想》。晚年，他通过讲学、著述不懈宣扬他的政治和宗教思想。1962年，韩国政府授予他"大韩民国建国功劳勋章"。韩龙云生前曾主持编写了众多的佛学著作，对改革韩国佛教贡献卓著。他还创作了一些小说和诗歌，其中最为人所熟知的就是抒情诗集《情人的沉默》。

我要忘记
韩龙云

人人都说想你，

但我要把你忘记

想要把你忘记

想过，或许能够忘记

欲忘记时，又想起

想起，就无法忘记

试着不去想，也不去忘

忘了也好，想起也好，随它去

但这不可能

在连续不断的思绪中，唯一只有你

一定要忘记

不是不可以，

但只有在睡眠和死亡里

不能就这样扔下你

啊，不被忘记比

想要忘记更烦恼

(范伟利　译)

这首诗表达了一种刻骨铭心的情感，为了生活的平静，想忘而又不能忘,这是怎样的一种割舍不下的情怀?活着,就"在连续不断的思绪中",而忘记"只有在睡眠和死亡里",这又是怎样的一种炽烈如火的情愫?诗中让抒情主人公难离难弃的"你"究竟是什么?是情人、理想,还是故乡、祖国,似乎都并不重要,重要的是那份感情。我们为这份情而感动,或许这正是这首质朴无华的小诗能令人珍爱的关键所在。

(韦平)

印度尼西亚

赫拉蒂(2首)

托埃蒂·赫拉蒂(Toeti Heraty, 1935—),印度尼西亚当代女诗人。她于1970年出版第一本诗集,风格与印度尼西亚另一位著名诗人苏巴基奥比较接近。她的诗感情丰富,能用活泼的口语真诚直率地表达情思。

孤独的渔夫

赫拉蒂

奇异的云彩飘去了
月亮早已习惯了
这样的孤独

捕捉明亮的
夜晚之网里的亮光
腻烦了空洞渴望的月亮里的

亮光,当夜晚寂静
人们离去,月光

是金黄蜜糖般的躯体里的汁液
在云的抚爱下榨出

云渐渐飘散,月亮围困在
树枝里,颤抖着,沉落,和白色的鱼一起
被一名渔夫
卷在网里带走

海滩空了,他走去
急匆匆地,都走了
噢——月亮,也友好地跟来了
他举起仍在挣扎的月光
把它
扔了回去。

(吴继珍 译)

这是一首主要采用象征的艺术手法而写成的忧郁的抒情诗。

"云彩"飘去之后,"月亮"在空荡的天上,显得很"孤独"。可是,"月亮早已习惯了"这样的孤独。从诗的第一节可以看出:"月亮"当是抒情主人公自我的象征,而那"奇异的云彩"应是指抒情主人公的一个相知未深的朋友,或是一种模糊却颇具吸引力的美好的希望。在接下来的两段中,"夜晚"当是指黑暗的社会环境,或抒情主人公的困难处境,而那"亮光"则是抒情主人公心中的希望或思念中的友人的象征。前面三节诗的意思是说:你(琢磨不透的朋友或某种模糊的希望)飘然离我而去,把我一个人丢在了这里,幸亏我早已经习惯于过这种孤独的生活了。这个黑暗的环境总是不允许你的存在,想方设法要把你捉了去;可是我心中却一直在急切而烦躁地要见到你。第三节的最后两句,则委婉地表示出了抒情主人公内心的愿望:渴望在朋友的抚爱下,将自己最好的东西献出(或是在朋友帮助下,得到自己所希望得到的)。

诗的四、五两节是写朋友终于离去(或希望的彻底破灭)。"云"仍是

"朋友"或"希望"的象征;"月亮"指抒情主人公自己。而那一名"渔夫",则是一种外来力量,或社会工具(法律、警察之类)的象征;"白色的鱼"是指与抒情主人公同命运的人,"树枝""海滩"是他们遭遇的环境的象征。两节诗连起来是说:朋友星散(希望渐渐消失)而"我"却被陷入一个难堪的境地之中,担惊受怕地沉沦到了生活的底层,终于和那些受难的人们一起,被统治阶级的爪牙抓了起来。我的希望,终于彻底地破灭了。

我国现代诗人施蛰存先生曾经讲过,读诗只应求其"仿佛得之"。这首《孤独的渔夫》所表现的,固然是抒情主人公在不堪的生活环境中的"孤独"与失落,然而其所蕴含的深意中是否也暗示了统治者的"孤独"呢?

(秦建)

现在我明白了

赫拉蒂

现在我明白了

那个夜晚,
  你的眼睛闭上了,你的心破碎
  在你的胸膛里,生活的一切希望
   破灭了,
  脆弱的幸福枯萎了,因为命运
  不允许我们相爱

那座坟墓,
  摇摇晃晃地站立着,别的坟墓
  显得多么壮丽雄伟,在黑暗中不敢
  离开我们没有牵线的木偶,永远安息
  充满鲜花的心多么沉重,
  我们宠爱的孩子早已先行离去……

>   并不是
>
>>   心更加坚硬,更加冷酷
>>   激情里萌生的爱
>>   不能满足,尽管(或者是因为)
>>   生活把缠绕着红的黄的
>>   和橘红色的丝带的包裹
>>   投入我们的怀抱里
>
>   现在我明白了
>   将来
>   我会再叫出你的名字。

(吴继珍 译)

  这是一首葬歌——一首妻子写给死去的丈夫的哀伤的歌曲。或许他们从未举行过婚礼,然而他们之间曾经存在过事实婚姻——他们还曾经有过一个孩子。诗作的第一节,仅有一句:"现在我明白了"——犹如一个形式短促而余韵悠长的序曲,引领我们情不自禁地要往下看。

  "那个夜晚"是诗作的第一乐章。这是在"生活的一切希望破灭了"之后,丈夫带着一颗破碎的心,闭上了眼睛的那个夜晚。诗人生动地用"脆弱的幸福枯萎了"来形容他们因"命运不允许我们相爱"而带来的悲剧和丈夫的死,这就像是在丈夫灵前摆上了一个小小花环一般,更增加了诗作的悲剧氛围。

  "那座坟墓"一节,犹如一部乐曲的第二乐章。在这个乐章里,诗人写的是他们夭折的孩子。因为孩子死去之前,还不大会走路,所以,当诗人以模糊的泪眼,望着孩儿的坟墓时,那坟在她幻想中便恍惚变成了她的孩儿"摇摇晃晃地站立着"在她面前。相比之下,"别的坟墓"都显得"壮丽雄伟",因而自己孩儿的坟墓就更令人觉得娇小可怜了。孩子永远地离开了"我们",像"没有牵线的木偶"。"充满鲜花的心"是形象地写抒情主人公的一颗充满了对孩子的美好的希望和爱的心——"宠爱的孩子早已先行离去",如今丈夫又死去了,诗人心里怎么能够不"沉重"呢!

第三乐章是诗人的内心独白。"激情里萌生的爱不能满足"是含蓄地说由于爱子与丈夫先后去世,而使得自己的"爱的需要"无法得到应有的满足。"缠绕着红的黄的和橘红色的丝带的包裹"象征着生活中美好、幸福和多彩的东西。

诗的最末一节,是一个小小的"尾声",与"序曲"相呼应,使"现在我明白了"什么,有了着落——"我"明白了,"你"将永远活在"我"心里,长存在"我"的记忆之中。

这种"乐章"式的分节形式,对于这首诗内容的表达是非常适宜的。诗人善于根据情绪的起伏波动和所要表现的内容的需要,自由地创造适宜的诗歌形式。

(秦建)

罗西迪(2首)

阿伊普·罗西迪(Ajip Rosidi, 1938—2020),印度尼西亚一位多产的诗人,"最新一代"的代表作家。他主张植根于本民族的文学,把面向世界和保持地方传统结合起来。他在1960年之前,就已经出版过四本诗集。他还发表过短篇小说、传记和文学评论等,1970年出版诗集《激流》,1973年又出版了《蛇与雾》。

特瑞特斯的夜晚

罗西迪

特瑞特斯的夜晚
一切在沉睡中死去
下面,苏拉巴雅港
左边,维利斯山

(我记得魔鬼的传说)
难道时间停止了

固定在港湾的灯光里
地平线的旁边?
风从平原爬上来
树叶的影子在颤动
青草低语着
难道会是
我的心?

我寻找你
我在绿色的雾中寻找你——
是我的脸还是月亮的影子
在湖上漂动?

我关上了窗子

夜晚的寂静
灵魂的夜晚

(吴继珍 译)

诗作以质朴而富于韵味的语言,为我们描绘了一幅静夜的图画。

"一切在沉睡中死去",仅此一句,就已经把特瑞特斯夜晚的寂静充分地写了出来。抒情主人公身处海港与高山之间,独自感觉着这死一般的静夜的氛围,难免会生出一种莫名的恐惧来。因而,诗中紧跟着便写道:"我记得魔鬼的传说。"

时间像停止了似的,诗歌用"固定在港湾的灯光里"来形容这种感觉,使本来摸不着、看不见的"时间",被赋予了一个生动鲜明的形象,从而增强了诗句的可感度。

微风轻拂,树影凌乱,青草窸窣有声,诗人却觉得好像是自己的"心"在动;诗人举目四顾,寻找他心目中的那个"你",恍惚之中却分不清那漂动于湖上的,是自己的"脸"还是"月亮的影子"。诗作通过对抒情主人公的幻觉的描写,以动写静,以有声写无声,不仅更加衬托出了特瑞特斯夜晚的幽静,而且还给这高山与海港之间的静夜,平添了一种神秘的色彩。

诗的最末一节,是抒情主人公在"关上了窗子",将目光收回到室中之后所产生的一个顿悟:白昼是属于躯壳的,而夜晚则是属于灵魂的——灵魂(思想)只有在"夜晚的寂静"里,才有可能整个地"显现"出来,才可能自由地"行动"。

这首小诗在很朴素的文字里,描绘了静夜的美好,又能蕴含着一种哲理的意味,实在是难能可贵的。 (秦建)

只在诗里
罗西迪

火车里
我读诗:伦德拉和马雅可夫斯基
然而我听见的话却是你的
飘在车轮的节奏里。
我向外望去:
稻田和山峰
一首诗升起在
漫长而又孤独的一天里的
农夫额头上的
每滴汗珠里。

我知道你懂得
生命游荡在天堂和地狱之间
亚当从乐园里赶了出来
于是去寻找夏娃。
诗人的命运

是去敲一个又一个的大门
什么也找不到：仍然不安地
拒绝
屈服于处境。

在峡谷里我看见了你平静的脸
你的手从峡谷里伸向前方。

火车里
我读诗：顺从着情感
透过时间的铁指
决定着命运的道路：通向
我徒然地想象成的
梦的王国。
我知道
你懂得
在诗里
一切都清楚而明确。

（吴继珍　译）

这是诗人在乘坐火车的时候写的一首诗，表现了抒情主人公对现实的深入思考和坚定豁达的生活态度。

抒情主人公坐在火车上，本来是读着"伦德拉和马雅可夫斯基"的诗作，可是，他所"听见的话"却是爱人的。他抬眼望着窗外的"稻田和山峰"，望着在田里辛勤劳作的农夫，并且想象着农夫额头上晶莹的汗珠——于是，心中便油然生出了一种写诗的欲望。

诗的第二节，是抒情主人公心灵的自我写照。诗中以"天堂和地狱"象征人世间的苦难与欢乐；以"亚当"自比，以"夏娃"比况所爱的姑娘。这一节的意思是说：生命本来就存在于欢乐与苦难之间；"我"被从"乐园"中"赶了出来"，于是来寻找"你"。"敲一个又一个的大门，什么也找不到",是说自己命途多蹇,许多事情不能如意。但是,"我"并没有被"地狱"般的苦难吓倒,"仍然不安地拒绝屈服于处境"。

第三节诗写的是抒情主人公的幻觉:他望着窗外的峡谷,恍惚"看见了"爱人那张"平静的脸",和一双"从峡谷里伸向前方"的手。在这里,诗人借幻觉的描写,表现抒情主人公心中难以排遣的思念。

诗的最后一节说:"我""顺从着情感"的需要"读诗",任凭谁也无力逆转的"时间",继续将我带往"我"幻想中的美妙的世界。"我"的心志、"我"的情感,都写在这诗里面了,"我"知道"你"是"懂得"的。

在这节中,"时间的铁指"是用"铁指"来形容"时间"的有力和不可逆转;而"火车里,我读诗"一句,则与诗篇开头相呼应,给读者一种完整的感觉。

(秦建)

越　南

素友(2首)

素友(1920—2002),越南当代著名诗人。他出生在法国殖民统治下的越南,父亲是越南中部承天省的一个贫苦的汉学家。中学里读书时,接受革命思想,投身到反帝斗争中去,并开始诗歌创作。他以诗歌为武器揭露殖民统治者的罪恶和残暴,反映人民生活的疾苦。1939年,他因参加反殖民主义运动而被捕入狱,在狱中仍不断写出富于战斗性的诗歌。1942年,他越狱回到越南北方,继续进行革命活动,曾担任当时秘密出版的《驱逐国贼报》主编。越南民主共和国成立后,曾担任文化工作方面的领导。他的具有民族形式和战斗内容的诗歌,深刻表达了越南人民的斗争精神,在群众中流传很广。

孤 儿

素 友

在那连绵的冷雨之中,
一只孤苦伶仃的小鸟,
扑打着淋湿了的翅膀,
在寂寥的林间寻找栖身的地方。

小鸟啁啾悲鸣,
树叶也伤心地哭泣,
无边的忧愁啊!
小鸟,何处是你的归宿?

风刮着,雨下着,
在这凄凉的小路上,
为了烘暖你孤零的身体,
孤儿啊,你走向何方?

你抱紧着身子,
温暖着冻僵的心房,
像落叶在空中飘荡,
像被遗弃的生命一样!

孤儿没有家,
小鸟没有窝,
他们的命运同样凄苦,
他们到处流浪漂泊。

有一天,你终于垂下翅膀,
跌死在人行道旁……
路人走过投以冷漠的目光:

"司空见惯的现象!"

1937年10月,顺化

(北京大学东方语言系越南语专业师生译)

诗人在这首短诗里咏叹了"孤儿"的凄苦命运,在貌似冷漠的描述中,蕴含了对无数无家可归的孩子的深爱和对外国殖民统治者的无比憎恨。

诗人以"冷雨"中的"一只孤苦伶仃的小鸟"来比况雨天里没有栖身之所的孤儿。读者从那"扑打着淋湿了的翅膀"的小鸟的形象上,很自然地便会联想到那浑身湿透、甩着双臂、急匆匆赶路的凄惶的孤儿。

诗的第二节是诗人的想象与慨叹。他想象:如果小鸟在这样的气候条件下,一定会"啁啾悲鸣"吧?可那孤儿的泪水只往肚子里咽;痛苦,只能自己忍受。面对"小鸟"的惨状,"树叶也伤心地哭泣"(雨水不停地从枝叶间滴落下来),可是,却无人对雨中的孤儿一洒同情之泪。

诗中以"抱紧着身子,温暖着冻僵的心房",真切地将风雨中孤儿那又冷又饿的惨状活画了出来。"孤儿没有家",正如"小鸟没有窝",这"被遗弃的生命""像落叶在空中飘荡"。在这里,"落叶""小鸟"与"孤儿"的形象,自然而巧妙地叠印在了一起,而形成了一个在风雨中漂泊无定的弃儿的意象。诗的最后一节,以冷峻的口吻道出了"孤儿"最后的悲惨结局:他将和"垂下翅膀"的鸟儿一样"跌死在人行道旁",而且丝毫不能唤起路人的同情——因为这种惨状人们已经见得太多,因而不以为怪了!

这首诗自始至终是在写"小鸟",但也是在写"孤儿"。除了比喻的生动、贴切,语言的流畅、自然外,能将形象放置在适宜的情境当中加以刻画,通过环境的渲染更鲜明地衬托出形象来,也是这首诗的一个显著特色。

(秦建)

知 己

素 友

我不想多问

你来自何方,

小弟啊，问了
更使人忧伤。

我已知道了，
你到处漂流，
在那风霜的夜晚
你露宿巷尾街头。

今晚的寒风
把你送进我的房间，
小弟啊，没有吃的给你，
我只有这颗同情的心。

我默默地瞧着你，
把手轻轻放在你头上。
你那蓬乱的头发
覆在前额上。

你呆呆地瞧着我
不发一语，
一对流浪的孤儿
今天成了知己……

1937年11月，顺化
（北京大学东方语言系越南语专业师生译）

　　这首诗通过与一个流浪儿童在寒风凛冽的夜晚相逢的情景，生动地表现了诗人对孤苦无告的流浪儿的深切同情。

　　又冷又饿的孩子走进了诗人的房间，本来是想得到一点充饥的东西。可是，我们的抒情主人公同他的处境相似，同样是贫困无告，所能给他的"只有这颗同情的心"和兄长般的安慰。他们无言地对望着，用目光交流着共同的爱与恨；同样的命运使他们同病相怜，"成了知己"。

读这首诗不禁使我们想起了屠格涅夫的散文诗《乞丐》,在那首散文诗里,诗人给予乞丐的也只是热烈的充满同情心的握手。但若联系时代和作者的思想来看,屠格涅夫表现的只是一种人道主义思想,而这首诗则反映了一种更为深广的阶级同情,包含着对黑暗现实的一种反抗,从思想性看,可说是高出一筹。

(秦建)

缅 甸

敏杜温(1首)

敏杜温(Min Thu Wun, 1909—2004),缅甸诗人,文学评论家,原名吴温。曾先后就读于仰光大学和英国牛津大学,后曾任仰光大学缅文系主任等职。他是20世纪30年代兴起的缅甸"实验文学"运动的创始人之一。他主张文学内容和形式的革新,要求文学正面表现爱国主义感情。他创作了大量的诗歌、小说、儿歌、寓言等,其中以诗歌和儿童文学成就最高。他的作品以流畅、洗练、优美见长,具有浓厚的民族风格,对缅甸现代文学的发展产生过一定影响,1962年曾访问过中国。

亲爱的姑娘

敏杜温

脱掉羊毛衫,穿上土布衣。
亲爱的!请你理解我的心意。
如果你厌恶我这装束,
我会难过无比。
我听妈妈讲过独立的问题。
咱们不需要那些鬼怪电影;

也不想打扮得洋里洋气。
咱们要在独立路上迅跑,
为获得解放加倍努力!
亲爱的!别再安于受人奴役,
让咱们携手奋起。
别去理睬那些洋货时装,
一起穿起土布衣。

(李谋/姚秉彦　译)

20世纪20年代末,缅甸文化界远离社会现实,充斥于文坛的文学作品在形式上大都没有摆脱封建主义文学的旧窠,在内容上大多是矫揉造作的情诗或颂诗等。1930年前后,仰光大学一些青年掀起了一场历时十年之久的实验文学运动,旨在"试探时代的爱好",促进新文学的诞生。敏杜温就是这一运动中的代表作家,《亲爱的姑娘》是他在这一时期创作的最著名的诗篇。

诗歌采用一男青年向情人直接陈述的方式,在"脱掉羊毛衫,穿上土布衣"的娓娓言辞中,寄托了诗人的爱国主义激情。诗歌意象鲜明,语言平直如话,清新、质朴、自然,具有浓厚的生活气息。　　(邢化祥)

菲 律 宾

黎萨尔(1首)

何塞·黎萨尔(1861—1896),菲律宾著名的革命家、诗人、作家,生于马尼拉附近的一个华裔地主家庭。黎萨尔年轻时热心于政治活动,大学期间因反对西班牙殖民统治遭受迫害而出走欧洲,旅欧期间创作长篇小说《不许犯我》和《起义者》,因其强烈的"复仇和反抗"精神受到鲁迅的称赞,归国后领导反殖民斗争,被西班牙殖民当局逮捕并杀害。菲律宾政府将12月30日黎萨尔的殉难日定为"黎萨尔日"。

致海德堡的花朵

黎萨尔

去吧,异国的花朵,去到我的家乡,
让旅人把你们撒插在他的路上。
在那里,在祖国的蓝天下,
有我心爱者的住房。
请告诉她们我忠贞的信念,
就说游子在叹息,在思念他的故乡!
去吧,请告诉她们……当黎明
初次催开你们的花萼,
你们曾见他在冰冻的内卡河旁,
默默地在花丛边
怀念着祖国四季皆春的风光。
就说当一阵微风
悄悄窃走了你们的馨香,
又轻轻对你们把爱情歌唱,
他也在用祖国的语言
低声倾诉着思乡的衷肠;
当朝阳给柯尼斯土尔的峰巅
镀上一抹灿烂的金光,
又以它微温的火焰
惊醒了森林、丛莽和山冈,
他正在向初升的太阳敬礼呵,
在他的祖国,此时已赤日当空,无比辉煌!

请告诉她们,那一天,
当我把你们采自路旁,
从古堡的废墟中,
从密密的林荫里,从内卡河岸上;
请告诉她们,我那时对你们说的话,
当我小心翼翼地
把你们娇嫩的花瓣
夹在一本旧书里珍藏。

　异国的花朵呵!请你们带去吧,
把爱带给所有我心爱的人,
把和平带给土壤肥沃的家乡,
把贞洁带给女人,把忠诚带给男子,
让可爱、善良的人们都得到健康,
让健康守护着我神圣的父母之邦……

　当你们飘落在我祖国的海岸,
请把我给你们的吻
寄托给微风的翅膀,
让我的吻随风飘扬,
把我所热爱、敬慕和爱抚的一切吻遍。

　呵,花朵!你们将去到我的家乡,
也许你们能保持美好的容颜;
但你们一旦远离自己英雄的国土,
远离生你育你的地方,
你们将失去自己的芬芳;
因为芳香是花之精魂呵,
它永远离不开天空,

也永远不能将这曾见它诞生的天空遗忘。

(顾子欣 译)

《致海德堡的花朵》是黎萨尔游学欧洲时在德国写的一首抒情诗。诗人把在异国他乡采集到的花朵,小心翼翼地珍藏在一本旧书里,把它遥寄给令他梦魂神牵的祖国和亲人。诗人嘱托花朵转告亲人们:黎明时,自己"在冰冻的内卡河旁"如何"怀念着祖国四季皆春的风光";对着微风,自己如何"用祖国的语言,低声倾诉着思乡的衷肠";面对初升的太阳,自己又怎样地祝愿祖国能"赤日当空,无比辉煌"。诗人更希望自己也像花朵一样,能飘落到"祖国的海岸",把他"所热爱、敬慕和爱抚的一切吻遍"。诗人在对花朵忘情的呼告中,倾诉着他对故土家园的一片赤子之心,令人动容。诗的最后,情思陡转,诗人担心花朵远离生育它的土地和"曾见它诞生的天空",会因为失去"花之精魂"而失去它的美丽和芬芳。诗人在对花朵的忧虑中,表达了自己远离祖国亲人的忧伤和哀痛,抒发了自己对祖国生死相依的思念。黎萨尔把充溢的情感用请花朵代言的方式表达,而他日日夜夜对祖国的怀想又用花朵亲眼所见的画面呈现,这种间接的表现手法使作品委婉、含蓄,诗意醇厚。

(韦平)

泰　国

甘拉亚纳蓬 (1首)

昂堪·甘拉亚纳蓬(1926—2012),泰国著名诗人,又是一位画家和雕塑家。他出生于南暹罗首府洛坤,毕业于泰国艺术大学绘画雕塑系。他的诗歌创作开始于大学时代,但真正产生影响则是20世纪60年代在《社会学评论》(现已停刊)上发表他的诗作以后。他曾获艺术奖和东盟文学奖。主要作品有《昂堪·甘拉亚纳蓬诗集》《普卡丁之歌》和《洛坤游记诗》等。

诗人的誓言

甘拉亚纳蓬

我把天扯过来盖好，
我把星光当饭咀嚼，
天空的露珠为我解渴。
诗人啊，你早！

我的心是一块无形的墓地，
魂魄神游梦想之国的天涯海角。
我邀请天堂的仙人来到世界，
为苍穹带来快乐，安慰沙砾、野草。

世界激荡着湍急的水流，
诗篇是拯救灵魂的号角。
生命也许不能永久存在，
我的心却要向天神挑战，奔走呼号。

我的尸体或许在烈焰中焚毁，
我的诗稿却不会雪化冰消。
今生死亡会来生转世，
魂魄啊，会在天庭彩虹中逍遥。

我的诗篇会驱走寂寞，
天堂的骤雨会把酷热赶跑。
心里梦想着另一世界，
今生的声誉会把来世的声誉带到。

我愿意抛弃我的生命,

以换取新事物的美好。

让诗篇具有最神圣的威力,

我愿意从天空降下,永远和它一道。

(栾文华 译)

昂堪·甘拉亚纳蓬的诗大多是抒写对大自然的爱,对人生价值的追求,对宗教世界理想的渴望和对不合理社会的讽刺与抨击。他的诗继承了泰国古典诗歌的传统,但是又不拘泥于格律,是一位很有成就的浪漫主义诗人。

《诗人的誓言》是作者颇具代表性的一首浪漫主义诗歌。诗人在天国里遨游,在今生和来世之间回旋,他的心、他的魂魄可以自由驱使,苍穹和神仙也不能阻拦他。诗人有一种万物皆备于我的狂放不羁的气概,然而诗人毕竟生活在一个有缺陷的现实的世界上。诗人对诗的威力的夸大和他对诗的圣洁的赞美,以及他宁愿抛弃生命而对诗的锲而不舍,正反映了他对美好事物的追求、渴望和执着。

(栾文华)

松通 (1首)

巴雍·松通(1934—),泰国诗人,毕业于朱拉隆功大学文学院。大学时即已蜚声诗坛,曾在泰国壳牌石油公司工作。著有诗集《无保留》,与别人合写的诗集有《鞋形花》《湄南河》《金色的溪流》《鲜花与星辰》等。他的抒情诗极有名。

爱 之 因

松 通

我爱广阔无垠天际中的星辰,

因为它像梦中照耀的金色蜡烛。

我爱旭日初照的天际,

因为那光会照亮人们永久的希望之路。

我爱那碧波万顷的海水,
因为它使我的心永远受到鼓舞。
我爱那黑夜里昏暗的颜色,
因为它能吞噬时时产生的痛苦。

我爱那轻柔吹拂的风儿,
因为它能减轻我心头的苦楚。
我爱那艳丽无比的鲜花,
因为它是纯洁和正义的尺度。

我爱那打动人心的泰国歌舞,
因为祖国的生活是我神经的中枢。
我爱那悦耳动听的泰国歌曲,
因为它有细腻明朗的词谱。

我爱湄公河两岸盛开的金莲花,
因为它连接着精神上正义的国土。
我爱那使人留恋的宁静的寺院,
因为她是比任何地方更加安谧的歇息之处。

我爱泰国每一寸土地,
因为它贫瘠,有清澈的河流和飞扬的尘土。
然而我爱她胜过一切,
因为她胸怀博大
恰似母亲养育我们儿孙无数!

(栾文华 译)

  人们说,诗人有最丰富的感情,而我却觉得诗人与普通人的最大不同之处在于他能把这最丰富的感情,用最凝练、最生动、最形象的语言充分地表达出来。他能唱出自己心底的歌,也能点燃别人感情的火。
  这首诗歌唱着大自然的星辰、天空、海水、夜色、风儿和艳丽无比的鲜花，而表达的却是内心深处诗人起伏跌宕的感情。如果生活是一部感情的交响曲，那么它就充满了希望，充满了鼓舞，也时时隐藏着痛苦。诗人从大自然唱到了他的祖国，然而诗人的视角却又别具一格。他没有歌唱祖国的悠久历史，古老的文明，勤劳的人民。也就是说，他没有只歌唱她的光明面，也感叹了她的贫瘠和充满了"飞扬的尘土"。然而诗人对自己祖国的赤诚和热爱却浸透在字里行间。这种爱是儿女对母亲的爱，是最坚实、最真挚的爱，因而也是最能打动人心的爱。　　（栾文华）

印　度

迦梨陀娑 (1首)

迦梨陀娑（Kalidasa），印度古代著名梵语诗人和剧作家。他的生卒年月和生平事迹大都不可考。他大约生活在公元四世纪中至五世纪中之间的一段时期。比较可靠的经历是，他是宫廷诗人，是笈多王朝超日王的宫廷"九宝"（九位学问渊博的大师）之一。另外，从他的名字知道他是虔诚的印度教徒，女神迦梨的崇拜者。"陀娑"是"奴仆""仆从"之意，后世以他的名字流传的作品甚多，似乎大多不是出自他的手笔。比较可靠的作品有七部：两部长篇叙事诗《罗怙世系》、《战神的诞生》（又译《童子的出世》），一篇长篇抒情诗《云使》，一部抒情小诗集《六季杂咏》，三部戏剧《摩罗维迦和火友王》、《优哩婆湿》（又译《广延天女》）和《沙恭达罗》。

《罗怙世系》以罗摩为中心，但也写了他的祖先和子孙后代的故事。《战神的诞生》则取自古代的神话传说，故事是说：天魔扰乱天界，众神不得安宁。他们希望大神湿婆和雪山神女结合，生下一个统率天兵天将的战神去消灭天魔。他们派遣爱神和春神去挑动正在修苦行的湿婆的春心。爱神和春神使冰天雪地的喜马拉雅山变得鸟语花香、春意盎然。爱神正要用他的花箭射向湿婆时,湿婆心动,生气地睁开了他额上的第三只眼,喷射出神火将爱神化为灰烬。后来,雪山神女因苦行打动了湿婆,他们结为夫妇,后生子统率天兵天将战胜了天魔。长诗的主要倾向似乎是让入世思想战胜出世思想,并提出了一种爱情婚姻的理想。《六季杂咏》主要写自然景色、山水风光。

《摩罗维迦与火友王》写的是艳情故事,是作者早期的作品。《优哩婆湿》改编自古代的神话故事(这个剧本有中文译本,季羡林译,1962年出版)。故事说:人间的国王补卢罗婆娑(洪呼王)从天魔手中拯救出一个天宫歌女优哩婆湿(广延天女),两人一见钟情。歌女回天宫后思念不已,单独下凡来和国王相会,国王也朝夕想她。后来经过一番曲折,两人结为夫妇,并得到神王因陀罗的允诺,两人终身幸福美满。《沙恭达罗》是作者最有名的剧本。20世纪前半叶有十多个译者通过英语、法语译为中文出版,1956年季羡林从梵语原文译出,中国青年艺术剧院根据这个译本先后两次公演,受到我国观众的热烈欢迎。主要原因是剧本的出版和演出为中国广大的读者和观众打开了接触印度非佛教文化的一个窗口。《沙恭达罗》是写印度教神话的作品,表现了与我们比较熟悉的佛教文化不同的另一文化领域。剧本写人间国王豆扇陀到森林打猎,遇到净修林中修道仙人的养女沙恭达罗,两人一见钟情,自主结合,后来经过波折,最后和好如初。这个剧本主要是写爱情,通过沙恭达罗和豆扇陀的悲欢离合,刻画了女主人公沙恭达罗对爱情的忠贞和执着的追求。作者倾注了他的丰富感情,自始至终为这一理想化了的爱情提供了优美和谐的意境,并使其充满诗情画意,从而创作出了这一极为感人的艺术珍品。

(刘安武)

云　使(节选)

迦梨陀娑

请认一认沉默寡言的她,我的第二生命,

因为伴侣远离，她像雌轮鸟一般孤寂，
我想那少女在这些沉重的日子里，
满心焦急，已如霜打的荷花姿色大非昔比。㊽

想那可爱的人一定由悲泣而肿了双眼，
嘴唇为叹息的热气所薰而颜色改变，
手托着的脸为下垂的头发所遮，不全显现，
正如明月光辉为你所掩时一样可怜。㊾

她也许正用门口地上放着的花朵数目
计算着还有几个月别离的期限才满；
也许正在玩味着心中想象的和我团圆；
这些往往就是妇女与丈夫分离时的消遣。㊿

她由忧思而消瘦，侧身躺在独宿的床上
像东方天际的只剩下一弯的纤纤月亮；
和我在一起寻欢取乐时良宵如一瞬，
在热泪中度过的孤眠之夜却分外悠长。㊾

她发出使花苞般嘴唇变色的叹息，掠开了
因沐浴不用香膏而粗糙的，垂到额上的发鬈，
想只有在梦中才能与我相会，便渴望睡眠，
可是泪水的滔滔流泻又使她不能如愿。㊑

云啊！那时她如果得到了睡眠的幸福，
请在她身旁停下，不发雷声，等候一个时辰；
不要让她在难得的梦中见到我这爱人时，
突然我又从那嫩枝般手臂的紧抱中离分。㊘

"夫人啊！请你认识我，我是云，你丈夫的好友，
心中怀着他的音信来到了你的身边；

我会用低沉的悦耳的声音催促无数行人,
他们旅途疲倦,急于去解开妻子的发辫。"⑨⑨

你说话以后,她会像悉达望着呵努曼一样,
满怀渴望,心花怒放,看着你并向你敬礼,
以后她会凝神倾听。好友啊!对于女人,
朋友带来的丈夫消息和会面也相差无几。⑩⑩

"你丈夫还说:'有一次你和我交颈同眠,
入睡后你忽然无缘无故大声哭醒;
我再三问时,你才心中暗笑着告诉我:
坏人啊!我梦中见你和别的女人调情。'⑪⑪

"'凭这个表记你就知道我依然安好,
俊眼的人啊!请莫信谣传对我怀疑;
有人居然说,爱情在分别时就会减退,
其实心爱之物得不到时滋味更加甜蜜。'"⑪⑫

(金克木 译)

　　长篇抒情诗《云使》由"前云"和"后云"共115节诗组成。故事线索是说:有一个小神药叉(或译夜叉,印度教神话中的一类小神,并非通过佛教传入我国后的那种青面獠牙的怪物),是财神俱毗罗门下的仆从。药叉为主人看守花园,由于他新婚眷恋着妻子,没有用心看守,园林被一群野象毁坏。俱毗罗很生气,把他贬谪到南方的大山一年作为惩罚。他只得离别新婚的妻子,到南方的山中独自一人过一种流放的生活。八个月后,雨季来临,他望着自南往北飞驰的浓黑的雨云,浮想联翩,便托雨云给他的妻子传信,诉说别后思念之情。全篇诗即药叉托雨云带的口信。

　　印度诗人撰写作品改编神话人物故事,都习以为常,也受到欢迎。因而迦梨陀娑写出了《云使》或《雨云使者》。雨云对印度人来说,同样也是受欢迎的事物。在印度干旱的季节里,烈日当空,酷热难熬,草木枯焦,田园干涸。只有当雨季来临，印度洋上的季风卷起层层雨云，带着大量的雨水洒向干涸的土地，大地才恢复勃勃生机，禾苗植物繁茂生长，鸟兽草虫发情求偶。这是培育印度民族特性和民族心理的独特的自然环境。

《云使》中的感情基础是小神的一夫一妻的感情。虽然诗人创作诗歌时社会上实行的是封建性质的多妻制，而且诗人在他的剧作中也认可了多妻制这一社会现实，但是在他的两部长诗中显然着重的却是一夫一妻的平等的爱情关系。只要看一看今天的世界上，还有不少的地区和国家存在着多妻制，就可以知道在古代提倡一夫一妻制的难能可贵了。

《云使》的主题带有悲剧色彩。从人与神的关系来说，药叉属于天界的神群，但他在神群中属于下层。他是天界的普通百姓，甚至比普通百姓——平民还要低，因为他是主人——财神的仆从、奴婢。他之所以与妻子离别不能团圆，是因为受到了主人的惩罚，把他流放到远方，也是由于他犯了过错。这种惩罚虽不是很严重，但是对新婚宴尔的恩爱夫妻来说，这种打击也是够沉重的了。于是这位多情种子在得不到宽宥的情况下，只得冷冷清清、凄凄惨惨、孤孤单单在南方的大山里度日如年。他内心有多少离情别绪、柔情蜜意要倾吐啊！果然，他有了机会，这就是雨季的来临。于是他托雨云给他带口信，为他传递对爱妻的思念之情。

有意思的是作品中作为雨云使者的客观第三者，如何才能取信于对方或证明自己正是委托者派遣去的呢？《云使》中委托人药叉道出了一件只有他们夫妻两个人才知道的隐事。这隐事是，你丈夫还说："有一次你和我交颈同眠，入睡后你忽然无缘无故大声哭醒；我再三问时，你才心中暗笑着告诉我：坏人啊！我梦中见你和别的女人调情。"这使我们想到我国的《长恨歌》中，诗人出于同样的考虑，即使有钿盒金钗信物要带回，但还是从杨玉环口中得知一件隐事，用以取信于委托者唐明皇。这隐事是："七月七日长生殿，夜半无人私语时。在天愿作比翼鸟，在地愿为连理枝。"原来是他们当着天上的牛郎织女所立下的誓言。

这里，还要交代几句：诗节83中的"轮鸟"相当于我国的鸳鸯；99中的"解开……发辫"指丈夫不在时妻子把头发结成辫子，丈夫回来才解开；100中引的典故出自史诗《罗摩衍那》，悉达被魔王劫走，神猴呵努曼搜寻到了她的下落。

迦梨陀娑的《云使》写得缠绵悱恻，哀婉动人，读来令人爱不释手。它作为印度古典梵语文学中相思类诗歌中的一部高峰作品，曾受到世界文坛的高度赞赏。它那奇特的构思，丰富的想象，生动的比喻，优美的语言，独创的韵律，曾开创了"信使诗"体裁之风。

（刘安武）

泰戈尔(9首)

罗宾德拉纳特·泰戈尔（Rabindranath Tagore, 1861—1941），印度现代最著名的诗人，也是享有世界声望的东方诗人。他生长在一个富有艺术兴趣又保持着深厚的民族自尊心的家庭。他的一生跨越了两个世纪，经历了巨大的变化。二十世纪三四十年代，他曾参加国际社会活动，访问苏联，反对法西斯侵略，支持中国人民的抗日斗争。他从童年时代起就热爱诗歌。在学习和写作过程中，他接受了印度丰富的古典诗歌的熏陶，也受到了欧洲浪漫主义诗风的影响。他一生著作甚丰，仅诗集就有五十种之多。作为一个诗人，他表达了对人民和大自然的热爱，时刻思考和探索生活的真谛，宣示他对于至高的美和善的理解。他的诗歌优雅而明朗，婉转而坚韧。在他的笔下，不仅有印度美丽的自然风光与各阶层人民的生活形象，也有对各国人民的斗争的支持与倾诉。他生活在一个痛苦几倍于欢乐的时代。他曾说过：这弥漫于世界的痛苦，"加深而成为爱、欲，而成为人间的苦乐；就是它永远通过诗人的心灵，融化流涌而成为诗歌"。这恰好说明了他自己的作品。1913年，他获得了诺贝尔文学奖。他最著名的诗集有《吉檀迦利》《新月集》《园丁集》《飞鸟集》等。

同　情

泰戈尔

如果我只是一只小狗，而不是你的小孩，亲爱的妈妈，当我想吃你盘里的东西时，你要向我说"不"么？

你要赶开我,对我说道,"滚开,你这淘气的小狗"么?

那末,走罢,妈妈,走罢! 当你叫唤我的时候,我就永不到你那里去,也永不要你再喂我吃东西了。

如果我只是一只绿色的小鹦鹉,而不是你的小孩,亲爱的妈妈,你要把我紧紧的锁住,怕我飞走么?

你要对我摇你的手,说道,"怎样的一个不知感恩的贱鸟呀!整日整夜的尽在咬它的链子"么?

那末,走罢,妈妈,走罢!我要跑到树林里去;我就永不再让你抱我在你的臂里了。

(郑振铎 译)

这首诗出自于《新月集》,这里诗人借用孩子之口,适切地表现了他真诚、善良和博爱的心。

在天真纯洁的孩子心目中,一茎草花、一只昆虫,都是与自己一样的有生命、有思想、有嗜欲的生物;人与花鸟虫鱼之间,并没有高低贵贱之分。因而,当他看到妈妈对自己十分疼爱,而对于自己视为亲密伙伴的"小狗""小鹦鹉"却不是那么热心,甚至有时候表现出冷漠和厌烦的感情时,他就必然地要对妈妈的这种"不公平"的态度,感到不满。

诗中的"我"是一个很受妈妈宠爱的孩子。他纯真、善良,而又很尊重妈妈。他要求妈妈能够像对待他一样,来对待"小狗"和"小鹦鹉";否则,他将"永不到"妈妈那里去,也"永不要"妈妈再喂他吃东西了;而且,他还"要跑到树林里去","永不再让"妈妈抱在臂里。

面对这样一个娇憨而又纯真善良的孩子,有谁能不为之深深地感动呢?

诗作正是通过展示孩子美好的童心,表现了一种宽广的仁爱思想,并委婉含蓄地告诫父母们应该理解儿童,时时处处都应注意不要因为自己的言行,而有意无意地使孩子的心灵受到不应有的伤害。清新流畅而又自然亲切的口语,体现了诗人此类作品的一贯风格。

(岳洪治)

恶 邮 差

泰戈尔

你为什么坐在那边地板上不言不动的,告诉我呀,亲爱的妈妈?

雨从开着的窗口打进来了,把你身上全打湿了,你却不管。

你听见钟已打四下么?正是哥哥从学校里回家的时候了。

到底发生了什么事,你的神色这样不对?

你今天没有接到爸爸的信么?

我看见邮差在他的袋里带了许多信来,几乎镇里的每个人都分送到了。

只有爸爸的信,他留起来给他自己看。我确信这个邮差是个坏人。

但是不要因此不乐呀,亲爱的妈妈。

明天是邻村市集的日子。你叫女仆去买些笔和纸来。

我自己会写爸爸所写的一切信;使你找不出一点错处来。

我要从A字一直写到K字。

但是,妈妈,你为什么笑呢?

你不相信我能写得同爸爸一样好!

但是我将用心画格子,把所有的字母都写得又大又美。

当我写好了时,你以为我也像爸爸那样傻,把它投入可怕的邮差的袋中么?

我立刻就自己送来给你,而且一个字母,一个字母地帮助你读。

我知道那邮差是不肯把真正的好信送给你的。

(郑振铎 译)

本诗选自于《新月集》。

假如你是一位年轻的母亲,读过了上面的诗句,不知你是会心地露出了微笑呢,还是感动得流出了热泪来?

是的,这首诗对天下所有的母亲都是一个温馨的安慰,而对所有的儿女,都是一份永久性的教材。

诗中的抒情主人公,见母亲呆呆地坐在窗前的地板上发愣,雨从窗外飘进来,打湿了她的衣服,她也全无知觉,而且神色也有些异样。于是,他便想到:一定是那个"恶邮差"偷偷留下了爸爸写给妈妈的信,妈妈是因为没收到爸爸的信才这样痛苦的!因而,他便对妈妈说,他要像爸爸那样写一封信,亲自送给妈妈。

这首诗一个最显著的特色,是诗人既能够非常真实、准确地把握儿童的心理,同时又善于以纯真无邪的童心,来观察、体会成年人感情世界的细微变化,并且能够以儿童的语言和行为方式,自然而优美地将其表现出来。

100多年以前,鲁迅先生曾经提出过"我们现在怎样做父亲"的问题。这个题目,在今天依然值得深入地探讨。然而,对于今天在父母们过分的宠爱下生活得很"幸福"的孩子们来说,确实也存在着一个"怎样做儿女"的问题。假如读了这篇小诗,我们的孩子们都能学会像诗中的抒情主人公那样关心他们的父母、爱他们的父母,时刻不忘通过自己的努力,为父母解除烦忧、带来欢乐,那么,这首诗的作者与译者,想必都将会含笑于九泉的吧!

(岳洪治)

赠 品
泰戈尔

我要送些东西给你,我的孩子,因为我们同是漂泊在世界的溪流中的。

我们的生命将被分开,我们的爱也将被忘记。

但我却没有那样傻,希望能用我的赠品来买你的心。

你的生命正是青青,你的道路也长着呢。你一口气饮尽了我们带给你的爱,便回身离开我们跑了。

你有你的游戏,有你的游伴。如果你没有时间同我们在一起，如果你想不到我们，那有什么害处呢？

我们呢，自然的，在老年时，会有许多闲暇的时间，去计算那过去的日子，把我们手里永久失了的东西，在心里爱抚着。

河流唱着歌很快的流去，冲破所有的堤防。但是山峰却留在那里，忆念着，满怀依依之情。

(郑振铎 译)

这首诗出自于《新月集》，该诗体现了父母对于儿女的那一份无比深沉的挚爱。

诗作题为《赠品》，诗的起头一句也说"我要送些东西给你，我的孩子"，由此我们可以想见，这首诗或许正是诗人一次送什么东西给儿女时，所忽然引起的一篇内心独白吧！

诗人以"同是漂泊在世界的溪流中的"过客，来形容自己与孩子之间的关系。这说明，在诗人心目中，"父与子"之间完全是平等的，而并非如某些封建思想严重的人所认识的那样，"父子"关系是一种占有与被占有的关系。诗作正是从这一点出发而从容展开的。

诗人并不回避事实，他非常坦诚地表示出自己的态度：虽然你我的"生命将被分开"，我对你的"爱也将被忘记"，但我并不希望"能用我的赠品来买你的心"。接着，诗人又慈蔼地告诉孩子：你正年轻，将来的路还很长，而且"你有你的游戏"和"游伴"，你不能同"我们"在一起，"想不到我们"都没有关系。"我们"尽管经常见不到你，可是"我们"仍将经常"在心里"将"你""爱抚着"。这是一种何等高尚无私的爱啊！它只讲奉献、不求索取。诗的最末一句，将孩子比作"唱着歌很快的流去"的"河流"，将自己比作巍巍的"山峰"，生动地表现了一个父亲的宽广而深厚的慈爱心怀，从而也进一步突出了作品的主题。　　(岳洪治)

园 丁 集（9）

泰戈尔

当我在夜中独赴幽会的时候，鸟儿不叫，风儿不吹，街道两旁的房屋沉默地站立着。

是我自己的脚镯越走越响使我羞怯。

当我坐在凉台上倾听他的足音,树叶不摇,河水静止像熟睡的哨兵膝上的刀剑。

是我自己的心在狂跳——我不知道怎样使它宁静。

当我爱来了坐在我身旁,当我的身躯震颤,我的眼睫下垂,夜更深了,风吹灯灭,云片在繁星上曳过轻纱。

是我自己胸前的珍宝放出光明。我不知道怎样把它遮起。

(冰心 译)

这首诗细腻而真实地描绘出了一个纯情少女在赴情人的幽会时的特异心理和情绪上的微妙变化。

诗的第一节,是写去赴幽会的路上,少女那略感紧张、微带羞怯的情形。"鸟儿不叫,风儿不吹",房屋也都"沉默地站立着"——万籁俱寂的夜晚,本来正是赴幽会的好时候;可是,这过分的宁静,却使心事重重的姑娘未免有些心慌。夜越静,少女走路时的脚镯声就显得越响,怕被人撞见的少女,脸上也就越觉得害羞。

第二节是写少女赶到了幽会地点之后,在等候情郎到来时,内心的激动。诗人将少女与她周围的环境融为一体,以写"树叶不摇,河水静止"来衬托少女那屏声静气地"倾听"情人的足音时,那种专注的情态。她一心要倾听情郎的"足音",但在一片沉寂中听到的只是"自己的心在狂跳"。外在环境的静和抒情主人公内心的"动",形成了鲜明的对照,互相映衬,韵味无穷。

诗的最后一节,写的是情郎来到之后,少女内心的微妙变化。她"身躯震颤""眼睫下垂"。至于情郎坐在"我"身旁之后又怎样了?少女为什么会"身躯震颤""眼睫下垂"?诗中并没有进一步的说明,这就给读者留下了充分的想象余地。诗人通过景物描写("夜更深了,风吹灯灭,云片在繁星上曳过轻纱"),给读者的想象暗示出一个可靠的方向——

在环境提供的便利条件下,少女与情郎实现了亲热的幽会,那情形使天上的星星也羞得曳过轻纱般的"云片",遮住了眼睛;又通过对少女几乎是手足无措的样子的描画("不知道怎样"把"胸前的珍宝""遮起"),含蓄地表现了少女那既娇羞又欢喜的神情和心理状态。

诗作语言上的清丽自然、亲切委婉,与抒情主人公的身份和诗的内容和谐一致,浑然一体,是这首诗的一个显著特色。　　　(岳洪治)

园 丁 集(33)

泰戈尔

我爱你,我的爱人。请饶恕我的爱。

像一只迷路的鸟,我被捉住了。

当我的心抖战的时候,它丢了围纱变成赤裸。用怜悯遮住它吧。爱人,请饶恕我的爱。

如果你不能爱我,爱人,请饶恕我的痛苦。

不要远远地斜视我。

我将偷偷地回到我的角落里去,在黑暗中坐地。

我将用双手掩起我赤裸的羞惭。

回过脸去吧,我的爱人,请饶恕我的痛苦。

如果你爱我,爱人,请饶恕我的欢乐。

当我的心被快乐的洪水卷走的时候,不要笑我的汹涌的退却。

当我坐在宝座上用我暴虐的爱来统治你的时候,当我像女神一样向你施恩的时候,饶恕我的骄傲吧,爱人,也饶恕我的欢乐。

(冰心　译)

这是一个女子在向自己所爱的男人倾吐衷情。

诗的第一节,用"像一只迷路的鸟,我被捉住了",形象地写出"我"

已经身不由己地被"你"所吸引,而坠入情网。当"我"的心"抖战"的时候,"它丢了围纱变成赤裸",形象地描绘出了抒情主人公在被爱情的烈火焚烧着时,那激动的情状;她甚至能够丢开一个女子不可须臾离开的"围纱"——她的羞怯。所以,她希望自己所爱的人,能够"饶恕"她这种由于"爱"而显得不顾一切的反常行为;能够以"怜悯"的态度来对待她这颗如此真诚的爱心。

在诗的第二节里,诗作又从"如果你不能爱我"这种假设出发,通过抒写抒情主人公由于得不到爱而导致的痛苦,进一步表现了诗中这个痴情女子真挚的爱情。她无怨无悔,只是忍受不了心上人对自己的那种"远远地斜视"的态度,而宁可自己偷偷躲在"角落里去"伤心落泪,反映了她性格柔顺、善良。

第三节诗则从"如果你爱我"的假设出发,以生动的比喻,写出了获得甜蜜爱情的女子那种发自内心的巨大的欢乐。"汹涌的退却"是说女子在确实知道自己已经赢得了情郎的爱情之后,所故意表现出来的那种羞怯与退避的姿态。而"我坐在宝座上用我暴虐的爱来统治你""像女神一样向你施恩"等语,则是用隐语写出了这个女子在与情郎相爱时,内心的那份儿得意与欢畅。

由于诗人能够细致入微的体察恋爱中的女子丰富多变的内心世界,并善于运用准确、形象的语言戏剧化地加以表现,因而使我们读后,能够如临其境地感觉到纯真爱情的可贵与崇高。

(岳洪治)

园 丁 集(40)

泰戈尔

一个怀疑的微笑在你眼中闪烁,当我来向你告别的时候。

我这样做的次数太多了,你想我很快又会回来。

告诉你实话,我自己心里也有同样的怀疑。

因为春天年年回来;满月道过别又来访问,花儿每年回来在枝上红晕着脸,很可能我向你告别只为的要再回到你的身边。

但是把这幻象保留一会吧,不要冷酷粗率地把它赶走。

当我说我要永远离开你的时候,就当做真话来接受它,让泪雾暂时加深你眼边的黑影。

当我再来的时候,随便你怎样地狡笑吧。

(冰心 译)

相爱的人之间,也不永远是软语轻歌,就如天空并不永远是和风丽日一样。在我们的生活经验里,正因为有过风雨天懊恼的记忆,才更觉得晴空朗月的明媚可喜;短暂的分离和小小的矛盾,正是美满爱情不可缺少的添加剂。

这首诗所写的正是一对相爱的人之间,在发生了一次小小的不愉快之后,当"我"赌气要离"她"而去时,所出现的一幕含泪的喜剧。

抒情主人公来向爱人告别,对"她"说"我要永远离开你"——他俩刚刚吵过嘴。可是,那女子并没有请求"他"原谅自己,没有惊慌地请"他"留下,而是眼波闪闪地望着"他",给"他""一个怀疑的微笑"——因为女子知道,"他"这样做,只不过是故技重演罢了。

诗作先用一个特写镜头,将女子那在"眼中闪烁"的"一个怀疑的微笑",投入我们的眼帘。接下来,便是通过抒情主人公的内心独白,对女子那"微笑"的原因和全部含义做出的诠释。女子怀疑"他"虽然嘴上说"要永远离开",但"很快又会回来";而抒情主人公自己"心里也有同样的怀疑"。由此,我们可以知道,抒情主人公并不是故作姿态地,用"永远离开"的话,来要挟软化那女子,而是真的生了气,真的想要"永远离开"。这就表现了抒情主人公的纯真和孩子气,令我们感到"他"仍是可爱的。

接着,诗作又通过抒情主人公借春天年年去了又回来、月儿缺了又圆、花儿谢了又开等自然现象,来为自己也"可能"将会于告别之后"再回到"女子身边所做的解释,含蓄而巧妙地表现了抒情主人公对那女子深深的眷恋和挚爱的感情。诗的最后几句,抒情主人公一方面让女子

"保留一会""他"又"回到"身边的幻象;一方面又让女子把"他""要永远离开"的誓言"当做真话来接受",并引出一片悔恨的泪水。矛盾的语言,正表现了抒情主人公欲离难舍、欲不走又难以平复心中之气的矛盾心理。不过末尾一句泄露了这种矛盾隐蔽下的真相,"不打自招"地道出了抒情主人公那种"无论你怎样对待我,我也一定要再回到你身边来"的依恋心理。

这首小诗,能够如此曲折委婉地写尽恋人的矛盾复杂心理,可算是诗苑奇葩、艺术精品。

(岳洪治)

园 丁 集(52)
泰戈尔

灯为什么熄了呢?
我用斗篷遮住它怕它被风吹灭,因此灯熄了。
花为什么谢了呢?
我的热恋的爱把它紧压在我的心上,因此花谢了。

泉为什么干了呢?
我盖起一道堤把它拦起给我使用,因此泉干了。

琴弦为什么断了呢?
我强弹一个它力不能胜的音节,因此琴弦断了。

(冰心 译)

这是一首含蓄隽永的哲理小诗。

在我们的生活中,出于好心而办了坏事,或者因为贪图一己之私利,既害人又害己的事是常有的。在这首诗里,诗人通过四个生动鲜明的意象,巧妙地把这个既浅显又深奥的道理表现了出来。细细品味,这几种意象的寓意既有共同点,又各有侧重。

"用斗篷遮住"本来是怕灯"被风吹灭",灯反而熄灭了;对花过分施爱——"紧压"在心上,却使花儿谢了。第一节诗,借取"灯"和"花"

的形象,表现了不适当的照顾和过分的爱,足以贻害对方的道理。"泉"本是公众共享的,可是"我"却要"把它拦起"来,供自家使用,于是,泉水干涸了。这里是警告世人不可贪心。诗的最末一节,则通过"强弹"而使"琴弦断了"的事例,告诉我们:无论做什么事情都要顺其自然,掌握分寸,如果不顾客观条件的限制,单凭主观意愿强力而为,只能适得其反,把事办糟。

(岳洪治)

诗 选(10)
泰戈尔

我相信我有一句话要对她说
　　当我们的眼光在路上相遇的时候。
但是她走过去了,而这句话
　　　　日夜地
　　像一只空船在时间的每一阵波浪上
　　摇荡——
　　那句我要对她说的话。

它好像在无穷尽的追求中
　　　　在秋云里航行
又开放成晚间的花朵
在落日下寻找它失去的语言。

它像萤火般在我心头闪烁
　　　　在绝望的朦胧中
寻求它自己的意义——
　　那句我要对她说的话。

(冰心 译)

本诗选自于泰戈尔去世后,朋友们为他编选的诗集。

这是一首优美的爱情诗,抒写主人公在求爱中的微妙心理。面对自己心爱的姑娘,由于他的拘谨和胆怯,竟然没有能把那涌上心头的"一句话"——一句表示自己的爱慕的情话说出口,两人就朝着相反的方向走开了。于是,这"一句话"便伴随着姑娘的背影,永远留在了抒情主人公的心里,不断地萦绕着他。

在第一节里,诗人把那句未曾说出的话,比喻为"日夜地""在时间的每一阵波浪上摇荡"的"一只空船"。这暗示了抒情主人公由于没有来得及向自己所心许的姑娘表达内心的情愫而产生了一种空落感,并且每时每刻都在忍受着它的烦扰。

第二节诗中那只象征着他的失落之感的"空船"恍惚是"在秋云里航行","在无穷尽的追求中",更显示出主人公心境的迷茫和追求的无望。然而,"开放成晚间的花朵"这个意象,又暗示着抒情主人公的美好的期待。这二句仿佛说:我愿像那晚间仍在开放着的花朵,在失去了机会之后仍抱着遇到新的机会的期望那样,在无望中企盼着有新的机会到来。

最后一节,诗人把那一句话,比作一粒在"心头闪烁"的"萤火",以显示那句话是多么活跃可爱,而又多么微弱无力。诗人自己也知道,那句话已是"在绝望的朦胧中",希望更加渺茫。大约这句话是再难找到说出口的机会了。这一层比一层消极的感叹中,流露出一种追悔莫及的心绪。它似乎告诉人们:在爱情中抓住时机,并要有足够的信心和勇气是免于反悔和痛苦的必要条件。

(岳洪治)

飞 鸟 集(选13首)
泰戈尔

1

夏天的飞鸟,飞到我窗前唱歌,又飞去了。

秋天的黄叶,它们没有什么可唱,只叹息一声,飞落在那里。

6

如果你因失去了太阳而流泪,那末你也将失去群星了。

57

当我们是大为谦卑的时候,便是我们最近于伟大的时候。

65

小草呀,你的足步虽小,但是你拥有你足下的土地。

82

使生如夏花之绚烂,死如秋叶之静美。

100

白云谦逊地站在天之一隅。

晨光给它戴上了霞彩。

130

如果你把所有的错误都关在门外时,真理也要被关在外面了。

200

燃烧着的木块,熊熊地生出火光,叫道:"这是我的花朵,我的死亡。"

204

歌声在空中感到无限,图画在地上感到无限,诗呢,无论在空中,在地上都是如此。

因为诗的词句含有能走动的意义与能飞翔的音乐。

217

果实的事业是尊贵的,花的事业是甜美的;但是让我做叶的事业吧,叶是谦逊地,专心地垂着绿荫的。

231

鸟翼上系上了黄金,这鸟便永远不能再在天上翱翔了。

267

死亡隶属于生命,正与生一样。

举足是走路,正如落足也是走路。

277

当我死时,世界呀,请在你的沉默中,替我留着"我已经爱过了"这句话吧。

(郑振铎 译)

《飞鸟集》是一部抒情短诗集,共325首。它采用极其简短的散文句式,如同格言警句一般,精练含蓄、隽永有味,在看似平淡的语言中,蕴含着深刻的人生哲理。克里希那·克里巴拉尼对它做了较高的评价,认为这部小作品显示了诗人的机智和聪慧的才思,它"采用的是传统的诗体格式、警句和寓言形式。他的同胞喜爱那些充满乡土气的机智格言,并不断运用它——这里智慧像片剂的药物一样,容易吞服消融"。

《飞鸟集》中的作品,表面看来,并无重大的社会主题,似乎常写花花草草、星星、麻雀一类在生活中并不起眼的东西。实质上其中渗透着诗人对自由的向往,对真理的崇拜,对神圣事业的追求,可以说是以小见大,以少胜多,耐人寻味。孟加拉语文学学者石真评论说:"《飞鸟集》是极其自由地用精湛的文字记录下来的诗人对绿树、小草、秋云、落叶以及晨间的迷雾、黄昏的天空、子夜的风雨所引起的联想;是对自己所处的被压在权力轮子之下的地位的悲愤;是对强权的蔑视与咒诅和对趋炎附势的市侩的讽刺。"例如:第一首以飞鸟和黄叶的对比,表达了诗人对欢乐自由的向往;而黄叶的叹息,也令人想到对命运不公的惋惜。第六首既指出了人应当顺应自然规律,也应放远眼光,着眼现实,显示一种知足常乐的良好心态。第六十五首歌咏"小草",它告诉人们平凡和伟大如同小草和大地一样紧紧相依,不可分割,这也正如第五十七首所指出的谦卑与伟大的关系一样。泰戈尔在叙述这些人生哲理时,运用了诗一般的绚丽多姿的语言和清新鲜活的艺术形象。如第一百首赞美"谦逊"时,把它喻之为晨光披上彩霞之"白云"。尤其表达泰戈尔的生死观时,意象更加优美。在第八十二首中,他说"生如夏花之绚烂,死如秋叶之静美";第二百首把死亡比喻成燃烧木块的熊熊火光,深刻揭示出生死相依的辩证关系和人生价值。尤其是将"爱"作为生命的主体,至今仍有巨大的现实意义。由此可见,《飞鸟集》不但文采华美,语言简练,而且在给予人真理启示的同时,还能享受到巨大的艺术美感。我国学者、评论家对《飞鸟集》的内容和形式都给以高度的评价。郑振铎评论说,泰戈尔的这些短诗,"往往在短短的几句里,包含着深远的大道理,或尖锐的讽刺语……那些诗,是带着很深刻的讽嘲,甚至很大的悲愤的,更多的诗是充溢着对人和自然的爱的;还有些诗是像'格言'的,其中有不少是会令人讽吟有得的"。

《飞鸟集》在中国产生了很大影响。它是我国翻译介绍最早的泰戈尔诗集,二十世纪二三十年代有好几种译本,对我国新文学运动中的诗歌发展颇有影响。在当时受《飞鸟集》影响出现的那些"小诗"中,以冰心的《繁星》和《春水》最著名。冰心说她读了《飞鸟集》后,"觉得那小诗非常自由,就学那种自由的写法,随时把自己的感想和回忆,三言两语写下来"。

《飞鸟集》1916年在伦敦出版。其中的诗绝大部分是诗人从他的孟加拉文诗集《微思集》(又译《碎玉集》《碎屑》)中选译的,有少数是诗人1916年访日时的即兴英文诗作。

(许自强)

奈都夫人(1首)

萨罗吉妮·奈都(1879—1949),印度女诗人、政治家,生于印度海德拉巴一婆罗门种姓的知识分子家庭。奈都12岁即考上大学,不久又留学英国剑桥大学。归国后,参加甘地领导的民族独立运动,热心于社会改革,曾任国大党主席。印度独立后,任联合省(今北方邦)省长,直至去世。奈都12岁即开始写诗,她因诗集《金色的门槛》(1905)而获"印度的夜莺"的美誉。此外,尚有诗集《时间之鸟》《折断了的翅膀》等。她的诗以浓郁的诗情画意和深沉的音乐感表达爱国主义的激情和反抗精神。英国作家高尔斯华绥曾给她的诗以高度的评价。

诗人致死神

奈都夫人

死神啊,逗留片刻吧,我可不能死亡,
在我甜蜜生活随着春天开花的时光,
美丽的是我的青春,丰富的是繁枝应声而鸣,
在那大笛科拉斯鸟啼啭的地方。

死神啊,逗留片刻吧,我可不能死亡,
还没有结成果实呀,我那正在开花的希望,
我的欢乐也还没有储入谷仓,
我的种种歌儿还没有高唱,种种眼泪还没有流淌。

逗留片刻吧,直到我满足于我的爱情和悲伤,
直到我满足于大地和太空的变幻苍茫;
当我的一切人性的饥渴还没有如愿以偿,
死神啊,我可不能死亡。

(吴岩 译)

  诗歌以和死神呼告的方式深刻地表述了抒情主人公对生命的热爱和对人生的留恋。诗人拒绝死亡,哪怕还有"片刻"的时光,也要享受春天的美丽和青春的甜蜜。诗人留恋人生,因为她不愿意放弃生命的理想和人生的追求,她要不懈地探求"大地和太空"的奥秘,要充分地享受这五彩斑斓的人生。哪怕是"悲伤"和痛苦,她也不会放弃。全诗洋溢着生命的激情和渴望。诗歌三次反复诉说"我可不能死亡",强化了抒情主人公对生命的尊崇和坚定。诗人以同样的诗句开启和收束全诗,使这首篇幅不长的小诗首尾呼应,浑然一体。(韦平)

尼拉腊(1首)

  尼拉腊(Nirala, 1896—1961),印度"阴影主义"诗派的代表诗人,原名苏尔耶·德利巴提,出生于孟加拉邦的帕德尼布尔。他在童

年和青年时期，父母和妻子先后病故。因而，他内心长时期处在痛苦和悲伤之中。20世纪20年代里，他曾担任杂志的编辑，同时创作了包括九部诗集和叙事长诗在内的大量的文学作品。后来，由于他长期患病，并一度精神失常，到了20世纪40年代末期，他的创作生活就中止了。他的诗虽然不免有些神秘色彩，然而，更多的是生机盎然的自然景色、民族主义的爱国感情和对于贫苦无告的劳动人民的深切的同情。

黄昏美女

尼拉腊

在这傍晚时分，
黄昏这个美女像天仙一般，
从覆盖着云彩的天空
缓缓地降落在人间。
四周暗淡，没有一点动静。
光明和黑暗是她美丽的双唇。
表情严肃，没有一点欢笑，
在她那黝黑的头发中，
只有一颗在闪耀的星星，
向他心上的王后致敬。
黄昏像长着柔嫩花蕾的怠倦的蔓藤，
她将双臂扶在女友——寂静的肩上，
从天穹下降到大地，像阴影一样。
她的手中没有任何琴弦，
也没有唱出任何深情的曲调，
她的脚铃也没有发出响声，
只是到处传遍了那未曾发出的

"沉静""沉静"的声音。[1]

在天空中,在地面上,

在平静湖面清澈的莲花瓣上,

在那高傲的河流的宽阔胸脯上,

在刚毅严肃的喜马拉雅山的洞穴中,

在波涛汹涌的大海的剧烈呼啸中,

在地上,在水中,在天上,

在冷风里,在火焰里,

到处传遍了那未曾发出的

"沉静""沉静"的声音。

除了这些,什么也没有。

黄昏这位美女把沉醉洒向大地,

深情地让所有疲乏了的生灵,

饮下一杯琼浆玉液,

然后她把他们搂在怀里

让他们进入过去的甜蜜的美梦,

她自己也沉入夜半的寂静中。

这时,诗人的感情油然而生,

他那因离愁而伤感的调子,

发出了深夜的哀音。

(刘安武 译)

这是一首非常优美的抒情诗,表现了诗人天才的想象力。

"黄昏",本来不过是昼与夜的更替中间的一个时辰,一个短暂的过渡阶段;可是,在诗人笔下,"黄昏"却变成了一个貌若"天仙"的"美女"。诗作运用拟人化的手法,将"黄昏"视作"美女",塑造了"黄昏美

---

[1] 这里是说,黄昏来到,喧嚣渐少,"沉静"似乎是另一种声音,开始代替喧声出现。——译者注

女"的形象。

"光明和黑暗是她美丽的双唇",这个比喻自然而又新颖,而且非常美丽。"她"有"严肃"的表情、"黝黑的头发",而别在发上的那只宝石般的发卡,乃是"一颗在闪耀的星星"。诗人紧接着又在后面加上了一句:"向他心上的王后致敬。"这神奇的一笔,一下子就把"黄昏美女"这可望而不可即的天仙同活生生的凡人相结合,使形象更真实可亲。

接着,诗作又把黄昏比作"长着柔嫩花蕾的怠倦的蔓藤",而"寂静"也成了她的"女友"。这就使读者能够从"花蕾"的"柔嫩"和"蔓藤"的"怠倦"上,更具体地觉出黄昏降临时那种轻柔、慵懒,"像阴影一样"不为人察觉的情状。诗作又将"黄昏美女"与人世间的姑娘暗相对照,说她手中没有"琴弦"、口中没有歌唱,"脚铃也没有发出响声","只是到处传遍了那未曾发出的'沉静''沉静'的声音"。这里是以实际上的无声,写幻想中的有声,真实地传达出了黄昏降临时静寂的情景。紧跟着,诗人又以一连串排比句,写那"沉静"的声音"在天空中,在地面上,在平静湖面清澈的莲花瓣上",四处传播着"那未曾发出的'沉静''沉静'的声音";由此将黄昏时刻的沉寂,向四围无限止地扩散,仿佛是有笼罩宇宙的神力。

但是,诗人想象的翅膀仍在继续向前。他对黄昏美女"把沉醉洒向大地",让人们"饮下一杯琼浆玉液",和把人们"搂在怀里""让他们进入过去的甜蜜的美梦"等美妙的形象的描述,生动地将人们由黄昏而舒适地进入夜晚甜蜜梦境的过程表现了出来。

诗作最后三句,抒情主人公直抒胸臆地写了自己的"离愁"与"伤感",说自己发出了"深夜的哀音"。诗人由美好的想象的天国,回到了现实的土壤上,表现了诗人对现实生活的不满和对美好明天的向往。

(岳洪治)

阿葛叶 (1首)

阿葛叶(1911—1987),印度诗人、小说家、文学评论家,生于一婆罗门种姓的政府高官家庭。阿葛叶大学期间即参加反英斗争,并因此被捕,第二次世界大战后,专职于创作,并相继创办多种杂志。阿葛叶对20世纪印度文学影响颇深,开创了印地语新诗流派和现代印地语心理小说的创作传统,被印度学界称为"20世纪印度尊严历史的缔造者"。代表作有小说《香卡尔一生》《河上岛屿》和诗集《庭院的门槛》《金色的水草》等。

舞

阿葛叶

我在绷紧的绳上跳舞,
我用来跳舞的绳
紧系于前后的两柱。
我在绳上所作的舞蹈
便是于两柱之间的来回演出。
拉紧于两柱间用以舞蹈的绳
处在强烈的聚光之中
人们观看我在光柱中跳舞。
他们所欣赏的不是
正在舞蹈的我
赖以作舞的绳
绷紧绳索的柱
显现舞蹈的光束,
他们所注目的
只是我的舞。
但我所作的表演
在绳上表演的舞
在两柱间往还
在光柱中反复。

光下，柱间，绳上，
我其实并非在跳舞。
我只是在来回奔跑
从这一柱奔向另一柱。
如从一端或另一端解开绳索
紧张会立即消除
我也许在松弛中获得解脱——
但紧张却依然如故。

（倪培耕　译）

忧患意识是阿葛叶诗歌中一个很重要的主题。人们对祖国贫穷、落后现状的熟视无睹，对在工业文明的压迫下，人之自然本性丧失的置若罔闻，都让诗人极度痛心。他用诗的语言表达了他发自心底的深重忧虑，《舞》就是这样的一首诗。作为在绳索上舞蹈的"我"，日复一日在高空中奔跑、跳跃，给观众呈现出轻盈和柔美，但在美好舞姿的背后，却是危险、疲惫、紧张和恐惧。人憧憬自由、欢乐、幸福的自然本性被物质化为美的躯壳，于是，紧张和惊恐就成为人的生存常态，而人们"所注目的只是我的舞"，并"不是正在舞蹈的我"，诗人的这一喟叹更使读者感悟到人与人之间的冷漠和隔膜。

（韦平）

巴基斯坦

伊克巴尔（1首）

伊克巴尔（Iqbal, 1877—1938），巴基斯坦民族诗人，生于旁遮普省的一个商人家庭。曾先后获得旁遮普大学文学硕士和慕尼黑大学哲学博士学位，其终身职业为律师。他用乌尔都语和波斯语进行诗歌创作，一生创作了《驼队的铃声》《秘密与奥秘》《永生集》等十部诗集。其创作立意新颖、感情炽烈,他将伊斯兰宗教哲理与民族主义、爱国主义传统融于一体,善于用古典诗歌形式反映现代生活,在印度、巴基斯坦的近现代文学发展中,做出过重大贡献。他的生辰日11月9日被巴基斯坦政府定为"伊克巴尔日"。

孤 独

伊克巴尔

我立在大洋之滨,
询问那汹涌的波涛——
你在辛苦地探求什么,
探求什么无穷的苦恼?
成千灿烂的明珠
闪耀在你的外衣边上,
可是在你的胸膛里,有没有
一块宝石、一颗心,像我的一样?
——波涛战栗着从岸边逃开,
它逃开了,什么也没有讲。

我站立在山前,
说:无情的东西!
难道你从没有听到过
悲哀的叹息?
你的花岗岩里是否
藏着一个殷红的滴血的谎,
不要拒绝回答我,
不要使我苦恼悲伤!
——山板起冰冷的面孔

避开我,一句话也不讲。

我走过长长的旅途
去探问月亮——呵,你命定的流浪者,
你会不会在遥远的某一天,
结束掉你的厄运?
你银色的光辉给大地镶一道边
就像素馨花在湖边上开满。
你胸中是否有一颗心,
它的光热烧焦了你的面容?
——月亮用妒忌的眼睛
望着群星,什么也没有说。

我走过月亮和太阳
来到上帝高坐的地方,——
我叫喊说:在你的整个世界
没有任何东西是我的亲属:
那个世界没有心,一撮尘土
就是整个的心,就是一切痛苦;
你的花园充满魅力,
但我在那里歌唱是完全无益!
——上帝的嘴唇挤出一个微笑。
他微笑,可是一言不发。

(陈敬容 译)

《孤独》一诗的审美对象是抒情主人公的内心。诗人精心描绘的四幅色彩幽暗的画面,正是他强烈感情的自然流露。诗歌题为"孤独",但全诗却无一字提及孤独,诵读全诗,又分明能深切地感受到诗人无处不在的孤独。

诗人把孤独的感情融入自然物象中,上下求索,在浩瀚无垠的自然景观中,向大海、高山、月亮和上帝屡屡发问。他希望大海能有一颗像自己一样"宝石"般的心;他奇怪高山的花岗岩里为什么藏着"滴血的谎";他探问月亮何时能结束"流浪者"的"厄运";他呼天抢地,世界为什么没有自己的亲属?对他发自肺腑的质疑、呼唤,大海、高山、月亮和上帝都报之以冷酷的沉默。无以为伍的孤独、感情无法沟通的寂寞、渴求理解和交流而不可得的悲哀,充溢在每一诗行中,强烈地震撼着读者的心扉,催人泪下。

诗人在诗作中驰骋想象,选取广阔空间中的博大事物,作为自己求索、征询的对象,在恢宏、壮观的背景中,凸显人物在大自然中的渺小和孤独,产生强烈的艺术效果。

(邢化祥)

孟加拉国

伊斯拉姆(1首)

纳兹鲁尔·伊斯拉姆(1899—1976),孟加拉国诗人,生于印度西孟加拉邦一农村祠堂看管人家庭。伊斯拉姆童年时,父亲去世,为谋生不得不从事多种低微工作。他"一战"期间参军,三年后退伍,并开始诗歌创作,发表处女作《叛逆者》(1919),被誉为"叛逆诗人"。1922年,他因创办具有鲜明反英倾向的诗刊《彗星》而被捕。次年出狱后,仍坚持以诗歌反对英国的殖民主义侵略,争取民族独立的斗争,43岁时因病瘫痪,长期卧床直到去世。伊斯拉姆作品的主题大多是反帝反封建,歌颂独立、民主的社会理想。代表作有诗集《燃烧的琵琶》《毒笛》《毁灭之歌》等。

在僻静的林间小路

伊斯拉姆

你是谁啊?你只身孤影,
在僻静的林间小路徜徉。
伴随你向前挪动的步履,
路两旁的花儿竞相开放。
你的乌发散发阵阵幽香,
竟使这座花园黯然神伤。
微风只知抚弄你的卷发,
早已不把花儿放在心上。

花朵成团成簇飘落在地,
只盼你捡起来插在头上;
花瓣铺成了红色的地毯,
任凭你轻盈的脚步践踏,
只盼望能染红你的脚掌。

蔓藤紧紧抱住你的大腿,
荆棘狠心扯住你的衣裳,
情深意长舍不得将你放。
还有那天上的一弯新月,
也在点头微笑向你遥望。

(黄宝生 译)

诗歌抒怀的中心是一位"只身孤影""在僻静的林间小路徜徉"的年轻姑娘,但诗人并没有直接勾画姑娘的容颜,而是用拟人的方式抒写了路旁的花儿、花园、微风、飘落的花朵、地上的花瓣、蔓藤、荆棘、新月等自然景物对姑娘的惜惜相依,使读者能依稀地感悟到姑娘的美丽和轻盈。这种侧面烘托的方式,充分调动了读者的想象空间,比正面的、实写的形象更含蓄、更有韵味。诗人以曲折的手法抒发了对姑娘的挚爱和依恋,但作为一位极富爱国激情的诗人,在空灵、虚幻、美好的姑娘形象中,是否也寄托了他对祖国和人民的深厚情感? （韦平）

阿 富 汗

胡什哈尔汗 (2首)

胡什哈尔汗·哈塔克(1613—1688),阿富汗诗人,哈塔克部族酋长。胡什哈尔汗因率众反对莫卧儿王朝的异族统治而被长期囚禁在印度,归国后反抗异族入侵的初衷不改。他在青年时期即显示出超人的文学才华,随着抗击莫卧儿王朝斗争的深入,他自觉地将抗争意识注入文学创作中。后人将他的诗汇集成《胡什哈尔汗诗集》。

茂盛的花园
胡什哈尔汗

啊,茂盛的花园
是多么丰美兴旺!
园中的绿草放着碧玉似的光亮,
金色的果实在枝头累累摇晃,
百花都在争艳怒放。
但是,要是她知道在未来的日子
那么多的珍奇会被秋天偷光,——
她一定会把一切好好地珍藏,
或者是永远都不盛开怒放!

（宋兆霖 译）

我爱你爱得发狂

胡什哈尔汗

我爱你爱得发狂,
而你却冷若冰霜。
现在我热诚地向你哀求:
纵使只给我一点儿葡萄酒!
为了这仅有的一眼,
把一切抛在你的脚下我也情愿,
为了这仅有的一眼,
我情愿牺牲生命和自由。
可是苦苦的哀求却归徒然,
我依旧痛苦地单思苦恋。
只有别人还同情我,
啊,胡什哈尔多么可怜……

(王然 译)

胡什哈尔汗的诗篇幅都不长,但情意却都隽永深长。《茂盛的花园》中,诗人咏叹花园的美丽和果实累累,最后却诗意陡转,百花若知道"珍奇会被秋天偷光",就"一定会把一切好好地珍藏,或者是永远都不盛开怒放"。显然,偷光珍奇的秋天指的是在阿富汗巧取豪夺的莫卧儿王朝的异族统治者。《我爱你爱得发狂》则用对比和夸张的手法极言抒情主人公对情人狂热的爱恋。两首小诗的语言均质朴无华,在近于白描的述说中,抒发了诗人深邃的情感。

(韦平)

伊 朗

海亚姆（10首）

欧玛尔·海亚姆（Omar Khayyám, 1048—1122），古代伊朗（波斯）著名诗人、哲学家、数学家、天文学家和医学家。一译莪默·伽亚谟，其生平没有详细记载。据说生于霍拉桑的尼拉浦尔的一个手工业者家庭。因才华出众，青年时即进入宫廷从事科学研究。编著过日历，主管过天文台，后因失去政治庇护，生活艰难，晚年归隐故乡，寂寞而死。

海亚姆生前不以诗闻名，死后才开始在民间流传他的一些诗作。19世纪中叶，英国诗人菲茨杰拉尔德翻译出版了他的诗集，海亚姆遂名震欧美。

海亚姆文学上的主要贡献，是他创作的几百首鲁拜体抒情诗。他的诗批判了中古波斯社会和教会势力的黑暗和不人道，表达了对平等自由的人生理想的追求，他的诗带有很深的哲理意味和明显的感伤情绪。

咏 酒 诗（五首）

海亚姆

人道天堂上有仙女仙泉，
奶酒蜜糖如河似川，
斟满这只杯高高举起吧，
人世比幻境胜过千般。

一杯美酒抵得上百颗虔诚的心，
中华帝国也只值一只甘醇，
除了红酒，大地之上还有何物？
为酒中苦味甘愿千番捐弃锦绣青春。

一口酒胜似卡乌斯的王国,
一口酒抵得上哥巴德和图斯的宝座,[1]
清晨时分,情人的每声轻叹,
都胜过伪善圣徒的无端妄说。

当蓝天之上晨曦初露,
你应高举一杯晶莹的美酒,
人人都道这酒味可苦,
要这酒中苦味才把世上真情透露。

啊,美酒,你这浪子的情人,
我不怕名声扫地一味痛饮。
我手不停杯任凭人们去说:
"你从何而来啊,偌大的酒樽?"

(张鸿年 译)

海亚姆生活在突厥人统治的塞尔柱王朝时期。异族的残酷奴役,宗教势力的日益猖獗,统治者内部争权夺利的纷争,使中古波斯社会处于激剧的动荡不安中。清醒、正直而又一向以谨慎著称的海亚姆目睹这一切,只能把深深的痛苦和愤怒掩埋在内心的最底层。他曾说:"世上的愁是毒,解药是酒。"于是,酒成了生活中诗人麻醉苦痛、排解郁闷的寄托,而他创作中出现的相当数量的咏酒诗也就自然成了诗人借以掩饰内心不满、宣泄心头之"愁"的唯一"解药"。

诗人举杯畅饮,酒后真情油然而生。"一口酒胜似卡乌斯的王国","抵得上哥巴德和图斯的宝座","中华帝国也只值一只甘醇",诗人独步古今,权势、利禄皆不在话下。诗人为杯酒之乐,而"甘愿千番捐弃锦绣青春"的心胸,在清高、狂傲中隐含着对现世统治者和世俗观念的鄙

---

[1] 卡乌斯及哥巴德都是古代传说中的国王,图斯是古代传说中的勇士。

夷和厌弃。诗人尽管醉意朦胧,仍然能清晰地分辨出"百颗虔诚的心"抵不上一杯美酒;"伪善圣徒的无端妄说"比不上"情人的每声轻叹"。诗人在纯真和虚假的对比中,深刻地揭示了宗教势力在"虔诚"后面的"伪善"。尽管诗人深刻地洞察了现实的黑暗和无望,但他仍然不肯把未来寄托于教会所宣扬的来生和天堂。他清醒地认识到:充塞着"仙女仙泉""奶酒蜜糖"的天堂不过是杜撰的谎言,而现世的享乐终究还是比"幻境胜过千般"。因此,他不怕在禁欲主义甚嚣尘上的氛围中,"名声扫地","手不停杯"地"一味痛饮"。诗人这种狂放不羁的举动,体现了他对宗教传统观念的否定和质疑,潜藏着他内心深处无法排解的苦痛,也在一定程度上反映了他渴求现世幸福的享乐主义情绪。由此,我们不仅可以感受到诗人潜存着的勇气和叛逆意识,而且也可以品味到诗人那浓重的虚无主义的绝望和感伤。

(邢化祥)

咏 人 生(五首)

海亚姆

不管在内沙布尔或在巴比伦,[1]
不管杯中物是酸苦还是香醇,
生命之酒一滴滴不住地沥出,
生命之叶一片片飘落在泥尘。　　《柔巴依集》之八

不知什么是根由,哪里是源头,
就像是流水,无奈地流进宇宙;
不知哪里是尽头,也不再勾留,
我像是风儿,无奈地吹过沙丘。　　《柔巴依集》之二十九

门儿紧锁,我没找到它的钥匙,

---

[1] 内沙布尔:诗人的诞生地。巴比伦:古都名,曾是古巴比伦王国和新巴比伦王国的都城,位于幼发拉底河东岸和两河流域中心,在现伊拉克境内。

帷幕高张，我没法子洞察透视，
片言只语，你我被人谈及片时——
而再往后，连你带我全将消逝。　　《柔巴依集》之三十二

当你和我消失在帷幕的后面，
这世界还将长久地往前推行；
在它眼里，我们的到来和别离，
像颗小小的石子溅落在海面。　　《柔巴依集》之四十七

那边升起了找寻我们的明月——
今后她还有多少回阴晴圆缺，
将多少回在这园中找寻我们
但我们中有人或已消歇寂灭！　　《柔巴依集》之一百

（黄杲炘　译）

　　宇宙的永恒、世界的虚无、人生的困惑，这是海亚姆哲理诗中反复吟咏的主题。尽管在这些短诗中充斥着不可知论的彷徨，弥漫着沉郁和悲凉，却闪烁着智者透视沉沉夜幕寻觅光明的不屈目光，跳动着诗人那颗探索宇宙、人生奥秘的拳拳之心。

　　诗人清醒地认识到世界繁衍的客观规律，"生命之酒一滴滴不住地沥出，生命之叶一片片飘落在泥尘"。正是逝去的旧的生命哺育了一代代新的生命，人类才得以不断进步，世界才得以不断发展。然而，作为每一个生命个体的"人"，他的一生却"像是风儿，无奈地吹过沙丘"，"人"即使曾煊赫一时，赫赫业绩也终将伴着躯体"消逝"。而"这世界还将长久地往前推行"，人生就"像颗小小的石子溅落在海面"。面对浩浩苍穹，诗人喟叹人生的短暂、人力的渺小、世界的不可知，表现了浓重的悲观主义和虚无主义情绪。

　　诗人不拘泥于《古兰经》真主创世说的既定结论，带着人生的最大疑惑，苦苦寻觅着万事万物的"根由"和"源头"。然而当他似乎窥视到真理的闪光时，却"门儿紧锁，我没找到它的钥匙，帷幕高张，我没法子

洞察透视"。这种沮丧,浸透了诗人从宗教神学禁锢中觉醒后的迷茫和彷徨。由于时代的局限,诗人不可能为自己的一切疑问找到答案,但他对教义的质疑和否定,却体现了诗人勇敢的反叛精神。

海亚姆的诗意象鲜明、准确,而诗句又明白如话。诗人用不知所始、不知所终的流水、风儿和明月等,咏叹人生的不可知,取意十分鲜明,使人看得见、摸得着,从而易于接受诗人蕴含其中的哲理的说教。　　　　（邢化祥）

萨迪（6首）

萨迪（Sa'di, 1208—1291）,古代伊朗（波斯）著名诗人,生于伊朗南方名城设拉子的一个下层宗教人士家庭。十四岁时父亲去世,家境更加困苦。后到巴格达的一所神学院学习。学习期间,热衷于诗歌创作,不满于神学院的思想禁锢,中途辍学,靠布施、传教流浪于西亚、北非诸国长达三十多年,并曾到过中国新疆。晚年定居于故乡,潜心著作。代表作有《蔷薇园》《果园》等。他的作品生动地再现了中古波斯社会广阔的生活画面,深入地揭露和批判了封建统治者和宗教势力的残暴和虚伪,表现了诗人对大自然的热爱和对人生的向往。

《蔷薇园》节选一（二首）

萨　迪

你若聪明,应怕那怕你的人,
　　尽管像他的人你能敌得一百:
你会没有看见:猫若不能逃生,
　　往往也会把豹子的眼睛抓坏!
一条蛇往往首先把牧人咬伤,
　　就是因为害怕石头落在头上。　《蔷薇园·记帝王的言行》8

国王虽然拥有天下的财富,
　　应是保护人民的民牧。

不是羊群应当照顾牧人,
  而是牧人应当保护羊群。

今日你见这人飞黄腾达;
那人在困苦中挣扎;
你不要轻易妄下判断——
且待两人同为黄土所掩。
一朝生命告了终结,
帝王、奴隶毫无区别;
纵使有人掘启坟墓,
也难分辨谁贫谁富。

《蔷薇园·记帝王的言行》28
(水建馥 译)

　　《蔷薇园》是萨迪的一部道德警喻式作品。全书共分八卷,这里选录的两首节选于第一卷《记帝王的言行》。这一卷通过形形色色君王的言论和行动,批判了最高统治者的种种败行劣迹,确立了作家心目中理想君王的标准。

　　《蔷薇园》艺术上的最大特点是散文与诗歌交叉出现。其中,散文部分往往是叙事,诗歌部分往往是点明主题,加强效果,几乎都是带有哲理性的。这里选录的两首也都分别是在记叙某一国王轶事后出现的。

　　这两首诗表达的是同一主题:帝王对人民的态度以及帝王和人民之间的关系。帝王应该是"保护人民的民牧",否则,即使是最弱小的民众,也会起来以死和暴政抗争。在等级制严酷统治的中世纪,萨迪勇敢地肯定人的同一性——"帝王、奴隶毫无区别""一朝生命告了终结""也难分辨谁贫谁富",彻底否定了等级社会的合理性。这种思想不仅显露出锐利的批判锋芒,也闪烁着人道主义的光辉。

　　萨迪把深刻的哲理寓于浅显、生动的形象。诗歌用"不能逃生"的猫"抓坏""豹子的眼睛",用"害怕石头落在头上"的蛇"首先把牧人咬伤",阐释困兽犹斗的道理,隐寓着最怕君王的人,也会为起码的生存铤而走险,提醒统治者应该懂得施仁政,积善举。其实,诗人所讲的道理不仅对当权的君主有用,推而广之,对于我们日常生活中处理人与人的关系,也有深刻的启示。这正是政治讽喻诗同哲理诗的一个重要区别。

(邢化祥)

《蔷薇园》节选二(四首)

萨 迪

我青春时的朋友!请不要将我责备;
　我对你的爱情,钢刀也不能斩断。
你的美貌若给别人眼福,我将心碎,
　你的容颜若是不为别人所见,
　我的心才能宁静平安。　《蔷薇园·论青春与爱情》4

每天早晨若能对着这样的脸儿凝视,
　那将是何等的快乐幸运!
谁在夜晚被醇酒醉死,
　未到天明便会清醒,
可是若为爱情所醉,末日才是黎明。《蔷薇园·论青春与爱情》8

死亡绊住了你的双脚,像是一丛荆棘!
　我希望命运的利剑也将我的生命取走;
使我不要在人群中感到你已失去。
　我把我的脸贴在你的坟头。
可叹啊,还有一抔黄土留在你的身后。

在他没有长眠以前,
　应把蔷薇和素馨放在他身旁;
如今时间销毁了他脸上的蔷薇,

只有荆棘在他的身边生长。　　《蔷薇园·论青春与爱情》9

> 海洋上若没有风险，财物多么富饶！
> 枝头若没有荆棘，蔷薇多么美好！
> 昨天我像孔雀在爱情的园中游玩，
> 今天你不在了，我像一条蛇痛苦盘旋。《蔷薇园·论青春与爱情》9

（水建馥　译）

　　这里选录的四首诗节自于《蔷薇园》中第五卷《论青春与爱情》。第一首写对因事远行的挚友的深情；第二首是对一个偶然相遇的美女的咏叹；后面二首则是对一个亡故的密友的思念。但是作为一首首独立的短诗，它给人的联想远远地超出了它自身。它们使人感受到青春期同性之间亲若手足般的友谊，异性之间割舍不断的情爱……所以，诗中言及的"爱情"是广义的，既有对异性的爱，也包含着对同性的爱。

　　就《蔷薇园》原作来看，除第二首外，诗人表现的都是同性之间的感情，但诗人却采用异性爱的意象来表达，这是很耐人寻味的。在人类感情中，异性爱一直被认为是最高的爱，最圣洁、最完美的爱。诗人这种不同的感情的类比，有意识地强化了同性之间友谊的深厚和诚挚。也正是由于诗人这种独特的表达方式，才使得这些短诗一旦独立于《蔷薇园》，就给人以直接歌咏异性之间纯真爱情的艺术联想。

　　在这些诗里，诗人运用各种比喻一咏三叹，把爱的深沉、爱的渴求、失去爱的无法弥合的创伤表现得淋漓尽致。这里没有疯狂的、歇斯底里的爱的追逐，却表现出一种诚挚、单纯、宁静、东方式的爱。

（邢化祥）

哈菲兹(2首)

　　哈菲兹（Hāfez，1320—1389），古代伊朗（波斯）诗人，生于设拉子的一个商人家庭。父亲去世后，家道中落。自幼勤奋好学，能熟背《古兰经》。少年时即开始写诗，二十岁时显示出超人的艺术才华。但他拒绝做宫廷诗人，渴求自由，曾两次远游。晚年沦为贫困、孤独的托钵僧。

哈菲兹生活在一个多难的时代。蒙古人入侵,国家分裂,人民挣扎在水深火热之中。他的诗揭露了外国侵略者和国内封建统治者以及宗教势力的暴虐和虚伪,表达了对自由、美好的新生活的向往,以及无力改变现状的苦痛和惆怅。哈菲兹的诗寓意深刻,哲理性强,感情炽烈,联想丰富,被认为是波斯抒情诗的高峰,在世界上也享有较高的声誉。恩格斯曾赞赏说:"读放荡不羁的老哈菲兹的音调十分优美的原作,是令人十分快意的。"歌德把哈菲兹比作大船,自己则只是一叶小舟。他说:"哈菲兹啊,我的愿望,乃是做你的信徒中的唯一信徒。"

希望的宫殿建立在沙滩上
哈菲兹

希望的宫殿建立在沙滩上,
生命的基础安置在风云中;
来吧,把美酒拿来吧,
有了它,烦恼自会无影无踪。

当你在碧蓝的天空下,
赢得了精神的自由,
摆脱了痛苦的羁绊,
我将誓做你意志的奴仆。

我将对你说什么呢?
昨晚当我在酒店畅饮,
从那神秘的世界里,
一个天使给我带来了喜讯:

"至高无上的苍鹰啊,
你傲视寰宇,驾驭彩云;

这不幸的小镇的角落,
哪能容得下你,供你栖身!

"从那九重云霄的壁垒里,
对你发出刺耳的尖叫——
谁知你的命运如何,
会不会落进陷阱和圈套?"

请听一听我的忠告,
要身体力行,时刻记牢。
是那尊敬的耆老,
对我这样谆谆教导:

"莫为这世道担忧,
切勿把我的良言忘掉;
从一个苦行者口中,
我听来这爱情的忠告:

"要满足于命运对你的恩赐,
把紧锁的眉宇舒展;
那自由意志的大门,
对你对我都紧紧闭关。

"在这腐朽衰老的世界,
莫去寻求忠贞和情谊;
这风烛残年的老妇,
曾把千百个新郎抛弃。

"切勿相信蔷薇的微笑,
这笑中没有忠贞和爱情;

冷酷的夜莺[1]啊,哀叹吧!——
她怎样刺伤了你的心灵!"

可怜的诗人啊,你为何
对哈菲兹的才华妒忌?
那是真主赐给了他
甜蜜的音乐,美好的语句。

(邢秉顺 译)

  哈菲兹的一生经历了波斯帝国多次的改朝换代,让他深感人世的无常。"建立在沙滩上"的希望的渺茫,"安置在风云中"的生命的漂泊不定,加剧了诗人的悲观和绝望。面对铅样沉重的现实,诗人只能把酒临风,借酒浇愁,"来吧,把美酒拿来吧,有了它,烦恼自会无影无踪"。

  然而,酒只能麻醉短暂的痛楚,长时间的清醒却使诗人陷入更深的苦闷。他多年与之战斗的是专制、愚昧、虚伪、不公正和道德败坏,可世界到处充塞着虚伪、冷酷和狡诈。就连"风烛残年的老妇",也曾风流淫荡,"把千百个新郎抛弃";象征着纯洁友情的"蔷薇的微笑"中也"没有忠贞和爱情"。他痛心地感到:"在这腐朽衰老的世界",永远也不可能"寻求忠贞和情谊"。现实的绝望,看不到前景的迷茫,使诗人处于不可自拔的矛盾和痛苦中。诗人用形象化的诗句再现了心灵深处的斗争和抉择。

  诗人一方面希求能"傲视寰宇,驾驭彩云",渴望能摆脱象征着专制制度的"小镇角落"的羁绊,哪怕未来的命运充满"陷阱和圈套",也无所畏惧;另一方面又"满足于命运"的"恩赐",因为"自由意志的大门"紧紧闭关,甚至要放弃苦痛的追求,"把紧锁的眉宇舒展"。这种内心的角逐和精神上的折磨,使诗人终于从外在的客观世界转入内在的精神世界,远离尘世的喧嚣,弃家到设拉子郊外的荒乡僻野,在苦修静养中寻

---

[1] 有些版本为"热恋的夜莺"。

求精神的寄托。哈菲兹的归宿不能不说是他内心抉择的一个悲剧,是中古波斯知识分子人生探索的一个时代的悲剧。

全诗以直接呼告的形式起笔,诗人内心的痛苦和抉择是通过对话的形式表现的。"天使带来的喜讯"蕴含着诗人曾经执着的追求,"苦行者"的"忠告"则包孕了诗人的矛盾和彷徨,以及对现实的深刻的批判。这种丰富的想象和奇特的构思,使诗歌充溢着浪漫主义的魅力。诗人采用大量新颖别致的比喻,不仅使抽象的意念形象化,而且也扩大了诗的内涵。

(邢化祥)

像蜡烛一样

哈菲兹

我是如此忠于对你的爱情,
给恋人带来光亮,像蜡烛一样。
我给狂恋者和放荡者带来曙光,
在沉沉的黑夜里,像蜡烛一样。

我日日夜夜难以成眠,
我的两眼充满着忧伤。
与你分离使我痛苦成疾,
我挥洒热泪,像蜡烛一样。

像痛苦的剪刀剪断线绳,
我把我忍耐的情丝剪断。
在对你的爱情的烈火中,
我将焚毁,像蜡烛一样。

假如我鲜红的血泪,
不是这样地滚滚流淌;
我隐藏在心头的秘密,

岂能公诸世人，像蜡烛一样。

我这颗备受创伤的心灵，
在水火之中仍把你冥想。
我悲声切切，泪如雨下，
凄凉之情呵，像蜡烛一样。

在这与情人相离的黑夜里，
让螟蛾信使飞向我的身旁！
不要让我由于对你的思念，
把世界焚毁，像蜡烛一样。

假如没有你的美容装点世界，
白昼会像黑夜那样暗淡无光。
我心头燃烧着的对你的爱情，
也会渐渐熄灭，像蜡烛一样。

我那期待和忍耐的大山，
会突然崩裂，因为过度悲伤。
我只有在爱情的水中溶解，
在火中熔化，像蜡烛一样。

我的生命仅如短暂的晨光，
与你相会是我唯一的期望。
亲爱的人呵，露出你的容颜吧！
让我把生命奉献，像蜡烛一样。

情人呵，赏给我一个夜晚吧，
让我与你欢聚一堂。
让我的茅舍披上朝霞，
慰我这痛苦的心，像蜡烛一样。

> 哈菲兹呵,爱情的火,
>
> 熊熊燃烧在你的心上。
>
> 那汹涌的泪水要到何时
>
> 把这火焰扑灭,像蜡烛一样!

(邢秉顺 译)

这是一首感人至深的爱情诗。诗人摄取了离别情人后思念的痛苦、积郁的爱的力量以及对再次和爱人相会的渴望等三方面的内容,深入地表现了对爱情的强烈执着。

分离带给诗人的是"难以成眠"的"日日夜夜",是一颗"备受创伤的心灵",是一个不能"公诸世人""隐藏在心头"的冥想。诗人用"痛苦的剪刀"剪断"忍耐的情丝",再在"爱情的烈火"中"焚毁"的意象,把剪不断、理还乱的离愁别绪外化成一种难言的苦痛。这种感情凝聚着,熔铸成一种不可压抑的爱的力量。在诗人的笔下,这种感情会"突然崩裂","把世界焚毁"。如果没有蕴含着这种力量的爱,"白昼会像黑夜那样暗淡无光"。诗人在离别的苦痛中"唯一的期望",就是和情人"欢聚""一个夜晚",重睹情人的"容颜"。为此,诗人情愿"把生命奉献"。诗人在这首诗中,把思念情人的复杂心理多侧面地、酣畅淋漓地表现了出来。

诗人的主旨在于歌咏爱情。但他摒弃了对情人"容颜"的细致描摹和与情人相恋过程的回顾,而把全部笔力集中在离别后的感触。这种以点窥面的方式使诗歌具有高度的概括力。而离别之外的更多的感情空间,则由读者自己的想象去发挥和补充。

诗人选用蜡烛来象征对爱情的追求。蜡烛一生追求光明,直至成灰泪始干,而诗人"挥洒热泪""给恋人带来光明""把生命奉献""像蜡烛一样"无私而执着。在这一意象中,浸透了诗人对忠贞的爱情的赞扬。诗歌每一小节的最后,都反复出现"像蜡烛一样"的句式,形成一种回肠荡气、一咏三叹的语势,增加了诗的韵味。

(邢化祥)

夏姆鲁 (1首)

阿赫玛德·夏姆鲁(1925—2000),伊朗现代最具国际影响的诗人,曾两度入围诺贝尔文学奖。夏姆鲁生于德黑兰一军人家庭,少时随父亲所在的军营多次迁居,高中未毕业即进入社会。年轻时热心于社会主义运动,1953年"八月政变"后信仰自由主义,1977年因抗议巴列维政府离开祖国,直到1979年德黑兰革命才回到伊朗。夏姆鲁的诗关注社会现实,对祖国和人民充满了激情和挚爱,并开创了被称为"白诗"的伊朗现代无格律的自由诗。代表作有诗集《镜中的阿伊达》《火中凤凰》《泥土的哀歌》等。

感谢和崇拜之歌
夏姆鲁

你的吻
是花园里叽喳不停的小麻雀
你的双乳是山上的蜂房
你的胴体
是永恒的秘密
在无比的静谧中
  向我展示

你的身体是一支旋律
而我的身体是一歌词
停靠在其中
创造出一首歌
一首跳动着持续不断的歌

在你的目光中有全部的温柔
是给生活传送消息的信使

在你的沉默中所有的声音

都是一声呐喊,将存在

经历。

(穆宏燕 译)

《感谢和崇拜之歌》选自于诗集《镜中的阿伊达》(1964),是诗人创作的组诗"给阿伊达的四支歌"中的第四首。阿伊达是夏姆鲁第三任妻子,两人1962年相识,1964年完婚。此前夏姆鲁已有过两次失败的婚姻。谈到阿伊达,诗人曾深情地说,她使"我感到就像一个旅行者最终回到了家,使我能够用宁静的心思——以前从未有过的——从事自己的创作"。

本诗是夏姆鲁为阿伊达创作的众多情诗中的一首。诗歌中一连串的比喻形象地咏叹了阿伊达展示给自己的青春、美丽、含蓄以及两人情感的和谐和所蕴含的巨大诗意,诗行间处处能感受到诗人对妻子的挚爱和对新的情感生活的满足。诗人将深邃而执着的爱转化为富于动感的形象,使这首篇幅不长的小诗生机盎然。

(韦平)

纳德尔普尔(1首)

纳德尔·纳德尔普尔(1929—2000),伊朗诗人,生于德黑兰,少年时就痴迷于波斯古代诗歌。曾先后到法国和意大利分别学习两国的语言文学,归国后,相继在伊朗文化部和广播电视部任职。晚年移居法国,直到去世。纳德尔普尔是伊朗现代诗的积极倡导者,他的诗歌理论影响深远。他的诗歌创作继承法国浪漫主义精髓,表现人与自然的和谐,追求奇特的想象,既有古典意蕴,又有现代气质。代表作有诗集《葡萄之诗》《最后的晚餐》《血与灰烬》等。

池 塘

纳德尔普尔

夜晚在碧绿透明的池塘

那里有苔藓斑点蔓延到月亮

那里有红玉般闪亮的鱼儿
对着黑色的暗夜双目大张

那里有水生花儿野性的芳香
萦绕在黑暗主宰者的鼻腔
那里有天上月光明亮的蜜液
盖过傍晚昏暗之毒汤

那里月亮劈开波浪的口腔
似火轮投下光焰在水中央
那里老鸭子们睡卧在池塘四周
沉浸在转眼即逝的思想

那里微风散发的愉快的笑容
在熟悉的池塘表面激起涟漪
那里有无数的波浪起伏
有时在浪花上有叶片在游戏

那里长长腿脚的大蚊蝇
在骄傲的波浪上醉意奔跑
那里有青蛙落寞的呻吟
在远处草丛的寂静中萦绕

那里被赶出生活的行人的脚步
在池塘潮湿的岸边滑倒
那里还报告他的死亡喜讯
那弯腰的老茎的轻歌慢调

那里在绵延的伤感的寂静中
那里死亡讽刺说这就是你的墓地
我从内心发出一声可怕的呐喊

这就是你的命运在等着你

(穆宏燕 译)

诗人用舒缓的节奏和多彩的文辞勾勒出一幅朗月笼罩下的池塘夜色图:明亮的月光、碧绿透明的池水、红玉般闪亮的鱼儿镶嵌在黑色的暗夜中,奇异而多彩;呻吟的青蛙、起伏的波浪、奔跑的蚊蝇,又使这静止的画面具有了动感。在这声色兼备的美丽的池塘夜色中,渗透着诗人对大自然的欣喜和钟爱。但诗歌的最后两节却诗意陡转,滑倒在岸边的"被赶出生活的行人",得到了"他的死亡喜讯","那里在绵延的伤感的寂静中"成为行人的墓地。池塘大自然的美,抵御不了人类死亡的命运,死的必然让人感到生的无奈和痛苦。"这就是你的命运在等着你",诗歌最后这一句可怕的呐喊,让读者从自然的景物中领悟到悲观绝望的人生命题,在美中浸润着凄凉和感伤。

(韦平)

伊 拉 克

白雅帖(1首)

瓦哈布·白雅帖(1926—),伊拉克现代著名诗人。1950年,在伊拉克首都巴格达师范学院毕业,担任教师工作,并从事诗歌创作。1953年,因在《新文化》杂志上面发表新诗,揭露殖民主义者和他们的伊拉克奴才的面目,被捕入狱,并押送到沙漠中的集中营去。1955年,离开伊拉克,流亡到黎巴嫩、埃及和叙利亚等国。先后出版了《光荣属于孩子们和橄榄树》《流亡诗集》两种诗集。伊拉克共和国成立后,他担任了《现代教师》杂志的主编。他的诗作运用现代诗歌形式表现革命内容,揭露殖民主义者的掠夺本性,歌颂人民为改变黑暗的社会现实而进行的斗争,受到国内外普遍的重视。

离　别
给我的妻子茵蒂

白雅帖

在那丰饶、和平与水仙的国土，
在清晨时分的一条轮船上，
你坐着，我的亲爱的。
我的心中忧愁，
什么也不能使我忘记
我们的别离。
有时我在城中徘徊，
有时我读起一本书——
我的洁白的鸽子，
我却总是看见了你。
昼夜我都是在梦想着：
忽然我会看见一条船在波浪上航行，
甲板上站着你，
我的爱人
浴着落日的光辉。
你将带给我一件礼物，
一位战士的母亲的信。
我很高兴地读了，
这封信是一只善良的手写的，
信里面有乌拉尔的花朵，
有白桦，青草，
蓝色的针叶的奇妙香味，
有黑海波浪的愉快声音，
还有隐藏在深山中的
猎人的小屋中的夜谈……

> 我想象那个小屋子里的人
> 也读过我的诗。
> 我的诗中的朴实的人物
> 在异乡也像在自己家里一样。
> 亲爱的,
> 让我的幻想
> 带着我向你飞去,
> 在它的轻盈的翅膀上。[1]

1957年8月,开罗　（魏和诛　译）

诗人在写这首诗的时候,妻子正在莫斯科参加第六届世界青年联欢节。诗中所写的"那丰饶、和平与水仙的国土",指的该是苏联。诗人当时正流亡在外,不可能看到妻子乘船抵达莫斯科的情形。因而,开头所写妻子坐在船上,当是诗人想象中的情景。

诗人有时"在城中徘徊",有时"读起一本书",却总是"看见"妻子。这是说诗人总在设法排遣寂寞,却总忘不了妻子。这里的"看见"是一种幻觉,而称妻子为"洁白的鸽子"则透露出了诗人对妻子的由衷喜爱。

诗作接下来,通过一系列幻境的描写:妻子"浴着落日的光辉"站在甲板上、妻子带给他一封"战士的母亲的信"等,既表现了诗人对妻子当时所在的国家的向往之情,也表现了诗人对妻子的深深思念。因而,在诗的末尾几句,诗人想象着要乘上幻想的翅膀,飞到妻子的身边。

这首诗题为《离别》,实为思念。诗中以较多的笔墨描绘了诗人想象中妻子所在之处的种种美景,和妻子如能归来的巨大欢欣,表现了诗人丰富的想象力。

（秦建）

---

[1] 这时诗人的妻子正在莫斯科参加第六届世界青年联欢节。——译者注

黎巴嫩

纪伯伦 (7首)

纪伯伦(Jibrān, 1883—1931),黎巴嫩著名的诗人,散文作家,画家。生于黎巴嫩北部山区卜舍里的一个贫苦的牧民家庭。十二岁时随母亲去美国波士顿谋生。后经人资助到法国,学习绘画、雕刻,并得到艺术大师罗丹的奖掖。1911年重返波士顿,1920年和一批移居国外的阿拉伯作家组成海外文学团体"叙利亚美国派",主张文学革新,表现作家的自由意识和当代人崭新的精神面貌。"叙美派"文学揭开了阿拉伯现代文学的新篇章。纪伯伦曾受尼采哲学思想的影响,相信"超人"能够创造历史。代表作散文诗集《先知》可以明显地看到尼采《查拉图斯特拉如是说》影响的痕迹。他的作品主要通过宗教、爱情、婚姻等问题表现反封建思想,表现对殖民主义统治下的阿拉伯国家的不满和对祖国的怀念。想象丰富,感情深沉,哲理意味强,带有浓郁的东方色彩。

朊 鸟 [1]

纪伯伦

朊鸟啊,请你放声歌唱!
存在的秘密本在歌中隐藏。
但愿我同你一样自由,
从监狱和镣铐中获得解放!

但愿我像你一样生机勃勃,
在辽阔的山谷上空翱翔!

---

[1] 朊鸟,阿拉伯人称"苏鲁鲁"鸟,是一种鸣禽,比麻雀稍大,色黑;喙长,为黄色,声音优美动听。

把浩浩苍穹当作金杯,
把无限光明当作玉液琼浆。

夗鸟啊!但愿我和你一样,
纯洁,满足,欢畅!
面向着未来,
把过去遗忘。

但愿我像你一样,
机敏,美丽,昂扬!
让风儿舒展双翅,
让露珠在羽翼上闪光。

但愿我像你一样,
神游疾驰在高原上。
我将纵情歌唱,
让歌声在林海云霄间飘荡。

欢歌吧,夗鸟!
请你扫去我的惆怅。
你歌中有歌,声声入耳,
我心中有耳,曲曲能详。

(仲跻昆等 译)

纪伯伦的生前好友,黎巴嫩著名作家努埃曼说,纪伯伦的内心是矛盾的,在他的身上,存在着禅房里的和世界上的两个纪伯伦的影像。"禅房里的纪伯伦"鄙弃世人追逐的金钱、荣誉,"虔敬上帝"的"美德";而"世界上的纪伯伦"却希望能够得到财富和人们的拥戴,以及为世人所称颂的"美德"。他的一生一直处于这两个影像的矛盾痛苦的角逐中。纪伯伦的很多诗向人们"透露出"的正是"他在这一场酣战中的苦恼"。《夗鸟》就是这类诗作中比较有代表性的一首。

诗人仰望朝鸟,驰骋的想象激荡起郁结于胸的"惆怅"和迷茫。朝鸟的"生机勃勃"和在"无限光明"的"浩浩苍穹"下自由翱翔,使诗人感到现实生活的狭小和窒息;朝鸟"面向着未来""纯洁、满足、欢畅"的身姿,呼唤着诗人勇敢地抛弃"过去"那荣誉、金钱和安适的重负。"机敏""昂扬""神游疾驰"的朝鸟,更使诗人想到"在林海云霄间""纵情歌唱"的自由和豪放。诗人在朝鸟的总体形象中寄托了自己对无拘无束的大自然的向往以及渴求摆脱都市文明的强烈愿望。"但愿我同你一样自由,从监狱和镣铐中获得解放"是这种思想的真实流露。

尽管诗人的心和朝鸟是那样的相通,"你歌中有歌,声声入耳,我心中有耳,曲曲能详",但诗人唯一的希冀仅仅是朝鸟用歌声荡涤一下自己心底的"惆怅"。尽管全诗在热情地咏叹着一种渴求,但这种渴求也不过是无力改变现状的一种"但愿"式的喟叹。这种心灵"酣战"后的"苦恼",不能不使诗人长久地陷于一种"惆怅"和悲哀之中。

努埃曼在《纪伯伦传》中记叙了这样一件事:

1922年,声称厌倦了美国都市生活的纪伯伦委托律师在故乡黎巴嫩卜舍里乡间购买一所修道院,并约努埃曼一起,计划长久地定居于此,和他所向往的大自然生活在一起。但是一旦要决定具体离开美国的日期,纪伯伦却又感到在美国有很多事情不能割断,犹豫不决。因此,一直到他1931年去世,也没有能够返回黎巴嫩。

纪伯伦的这段逸事,可以做理解《朝鸟》的思想内容的一点注解。

这首诗寓情于物,把诗人的理想和追求物化成朝鸟的形象,贴切,生动。"但愿我像你一样"的句式反复出现,不断强化着诗人渴求改变现状的愿望,深深地感染着读者。

(邢化祥)

小溪,你说什么
纪伯伦

清晨我漫步在山坡谷地,
晨光宣泄着永恒的秘密,

山涧里流淌出一条小溪,
她在歌、在唤、在吐露心曲:

生活并非安逸,
  它是思念和希冀。
死亡并非哀歌,
  它是失望与憔悴。
智者不在言词,
  其秘密在言词背后藏匿。
伟人不在高位,
  不屑权位者才配享荣誉。
高尚并不与先辈同义,
  多少贤者成了先辈刀下鬼!
锁链并不象征卑贱,
  它可能比项链更珍贵。
华服并不代表安适,
  天堂建在美好的心灵里。
炼狱并不限于酷刑,
  内心空虚是地道的炼狱。
田产不会永远闪耀金光,
  多少富豪如今在颠沛流离!
贫穷不意味着低微,
  世上财宝来自粗食布衣。
美丽并不在于容貌,
  俊雅是心灵闪射出的光辉。
完满的成就并不专属尊贵,
  某些罪恶也许能带来恩惠。

这就是小溪道出的话语,

她让左右岩石听个仔细。

小溪吐露的一番衷曲,

或许归于大海的秘密。

(李唯中等 译)

这是一首新颖别致的格言诗。诗人一反传统格言诗的枯涩、乏味,赋说教以抒情诗式的彩衣。

山坡谷地沐浴着晨光,嶙峋的岩石间流淌着淙淙的溪水。这诗意盎然的山情野趣令人流连忘返,然而更令人难以忘怀的是小溪"吐露"的那一支清新隽永的"心曲"。

这支"心曲"实际是由一束束格言、警句连缀而成的人生训诫。

在诗人的笔下,小溪宛如《先知》里的智者亚墨斯达法,岩石宛如阿法利斯城的居民,而小溪"吐露"的那一段段格言、警句,简直就是亚墨斯达法一篇篇的临别赠言。"生活"是思念和希冀";"锁链","可能比项链更珍贵";"内心空虚是地道的炼狱"……这一字字、一行行,宣泄着生活的哲理、人生的真谛、处世的哲学、做人的忠告,闪烁着智慧的光芒,潜藏着思想的精髓,给人以启迪。

诗人把格言、警句镶嵌在山涧小溪流淌、吐露心曲的框架里,使理性的思考、抽象的哲理充满了诗的韵味。诗人把小溪的景象作为全诗的开篇和终结,使诗歌首尾呼应,结构谨严,浑然一体。

(邢化祥)

论 爱

纪伯伦

于是爱尔美差[1]说:请给我们谈爱。

他举头望着民众,他们一时静默了。他用洪亮的声音说:

---

[1] 《先知》中,先知亚墨斯达法要离开岛国,回到阔别多年的故乡。依依不舍的岛国居民遵女先知爱尔美差的建议,提出26个问题,由亚墨斯达法回答。《先知》收集的就是以亚墨斯达法答辞形式出现的26首哲理诗。

当爱向你们召唤的时候,跟随着他,

虽然他的路程是艰险而陡峻。

当他的翅翼围卷你们的时候,屈服于他,

虽然那藏在羽翮中间的剑刃也许会伤毁你们。

当他对你们说话的时候,信从他,

虽然他的声音会把你们的梦魂击碎,如同北风吹荒了林园。

爱虽给你加冠,他也要把你钉在十字架上。他虽栽培你,他也刈剪你。

他虽升到你的最高处,抚惜你在日中颤动的枝叶,

他也要降到你的根下,摇动你的根柢的一切关节,使之归土。

如同一捆稻粟,他把你束聚起来。

他舂打你使你赤裸。

他筛分你使你脱壳。

他磨碾你直至洁白。

他揉搓你直至柔韧;

然后他送你到他的圣火上去,使你成为上帝圣筵上的圣饼。

这些都是爱要给你们做的事情,使你知道自己心中的秘密,在这知识中你便成了"生命"心中的一屑。

假如你在你的疑惧中,只寻求爱的和平与逸乐,

那不如掩盖你的裸露,而躲过爱的筛打,

而走入那没有季候的世界,在那里你将欢笑,却不是尽量的笑悦,你将哭泣,却没有流干眼泪。

爱除自身外无施与,除自身外无接受。

爱不占有,也不被占有。

因为爱在爱中满足了。

当你爱的时候,你不要说"上帝在我的心中",却要说"我

在上帝的心里"。

不要想你能导引爱的路程,因为若是他觉得你配,他就导引你。

爱没有别的愿望,只要成全自己。
但若是你爱,而且需求愿望,就让以下的做你的愿望吧:
溶化了你自己,像溪流般对清夜吟唱着歌曲。
要知道过度温存的痛苦。
让你对于爱的了解毁伤了你自己;
而且甘愿地喜乐地流血。
清晨醒起,以喜飏的心来致谢这爱的又一日;
日中静息,默念爱的浓欢;
晚潮退时,感谢地回家;
然后在睡时祈祷,因为有被爱者在你的心中,有赞美之歌在你的唇上。

(冰心 译)

本诗选自《先知》。

为了使"爱"具有鲜明的形象,使读者("民众")的思绪有所依附,而利于对诗句的理解,在诗中,诗人是将"爱"作为"爱神"(Kāmadeva)的同义语加以利用的。因为"爱神"在人们的常识中不仅有会飞的翅膀,还有分别用五种花制成的五支箭——那箭射中了谁,谁便会发生爱情。又由于"爱神"曾被"湿婆"大神的神火烧为灰烬,从此"爱神"只被允许活在人们心里,被称为"无形",因而,将"爱"作为"爱神"的同义语加以利用,就给本诗的创作带来了许多便利。

在第一节里,诗人通过一系列生动形象辩证地论述了"爱虽给你加冠,他也要把你钉在十字架上。他虽栽培你,他也刈剪你"的道理。这两句话是这一节诗的核心,其他内容都可以看作是这两句的注解与生发。

"加冠"与"栽培你",是说"爱"的伟力,有时候会使你觉得荣显和幸福;而"钉在十字架上"和"刈剪你",则是比喻"爱"有时候也会使你承受苦难。"升到你的最高处"和"降到你的根下"两句,则以生动的比喻,发挥了前面的意蕴——"爱"虽然会抚慰你,使你得到升华;却也可以毁损你,令你死灭。

在这节诗的最后,诗人把"你"比作"一捆稻粟",连续运用几个排比句,以"舂打""筛分""磨碾""揉搓"等几个动词,来形容被"爱"者所必然要领受的几番磨难;同时又用"赤裸""脱壳""洁白""柔韧"等几个形容词,道出了被爱者在经受了"爱的洗礼"之后,所达到的"心灵的净化"和"人性的完善"。这样,你就可以"成为上帝圣筵上的圣饼",使有幸得到你的人获得快乐与幸福。

第二节的中心是"爱除自身外无施与,除自身外无接受。爱不占有,也不被占有"。前后的内容,也都是从这两句生发而来的。

诗人委婉地责备了那种爱情上的胆小鬼。他们对"爱神"心存"疑惧",因而只希望得到"爱的和平与逸乐"。他们的爱是缺少真诚的——因为他们"掩盖"了自身的缺陷;他们的爱也不能经受考验——他们总是"躲过爱的筛打"。这样,当然享受不到真正的爱的欢愉和痛苦。

诗人又进一步讲明了一个人在爱情中所应处的位置:永远使自己处于一种爱的温馨之中,永远感受到爱的快乐,永远听命于爱的指引。

诗的最后借用"溪流"对"清夜"的"吟唱"来说明:爱,是将自己最好的献出。并指出"爱"也要掌握分寸,要爱得适度。最后,诗作又以一个人在"清晨""日中""晚潮"和"睡时"所分别应持有的心理状态,全面地说明了无论"你"是"爱者",还是"被爱者",只要与"爱"同在,将都是幸福的。

以生动的形象表现深奥的哲理,语言活泼自然、深入浅出,是这篇诗作的一个显著特色。

(江边)

论 婚 姻

纪伯伦

爱尔美差又说:夫子,婚姻怎样讲呢?

他回答说:

你们一块儿出世,也要永远合一。

在死的白翼隔绝你们的岁月的时候,你们也要合一。

不过在你们合一之中,要有间隙。

让天风在你们中间舞荡。

彼此相爱,却不要做成爱的系链:

只让他在你们灵魂的沙岸中间,做一个流动的海。

彼此斟满了杯,却不要在同一杯中啜饮。

彼此递赠着面包,却不要在同一块上取食。

快乐地在一处舞唱,却仍让彼此静独,

连琴上的那些弦也是单独的,虽然他们在同一的音调中颤动。

彼此赠献你们的心,却不要互相保留。

因为只有"生命"的手,才能把持你们的心。

要站在一处,却不要太密迩:

因为殿里的柱子,也是分立在两旁,

橡树和松柏,也不在彼此的荫中生长。

(冰心　译)

本诗选自《先知》。

婚姻是人生的大事。各个时代、各个民族对于婚姻的重视,却是一致的。这首诗所论述的,正是我们每个人都关心的大事。诗中的"你们"指婚姻的双方——丈夫与妻子。"一块儿出世",是说同时(同一个历史时期里)降生在人世间;"永远合一"是说夫妻应该永远合为一体——是肉体上的"合一",更是心灵上的"合一"。"死的白翼隔绝你们的岁月的时候",是说当死神的白色羽翼,将你们隔开——一个已经死去,另一个还活在世上的时候,夫妻在精神上也仍要合为一体。

夫妻虽合为一体,但中间要留有"间隙"。让"天风"在中间"舞荡",这是以"风"的自由来去,暗示夫妻都要给对方以自由。紧接着,诗人运用一连串生动的比喻来说明这一点。诗人指出:"爱"不应成为夫妻间互相制约的"系链",而只应像"沙岸中间""流动的海"对于"沙岸"的滋润那样,滋润着"你们"。

"斟满了杯"和"递赠着面包"的譬喻,是说夫妻间应该"相敬如宾",过分的亲昵是有害的——因为"在同一杯中啜饮""在同一块上取食",没有给对方以必要的尊重。接下来,诗人又以琴上的弦"也是单独的",进一步说明了夫妻间虽然可以共欢乐、同忧患,却也要彼此尊重对方的独立人格,给对方以相对的自由和自主的权利。

诗的第二节再次指出了"婚姻"的要旨。诗人认为夫妇间要无保留地"赠献"出自己的心,在精神上和思想上,应该相通、相融,坦诚相待。但是,在日常生活中和行为方式上,夫妇间又不可过于依赖对方,应当保持各自的独立性。诗人以"殿里的柱子"总是"分立在两旁""橡树和松柏""不在彼此的荫中生长"为喻,生动地说明了这个道理。

这些关于婚姻的看法,对于今天的人们来说,仍具有很深刻的教育意义。

(江边)

论 孩 子

纪伯伦

于是一个怀中抱着孩子的妇人说:请给我们谈孩子。

他说,

你们的孩子,都不是你们的孩子,

乃是"生命"为自己所渴望的儿女。

他们是借你们而来,却不是从你们而来,

他们虽和你们同在,却不属于你们。

你们可以给他们以爱,却不可给他们以思想,

因为他们有自己的思想。

你们可以荫庇他们的身体,却不能荫庇他们的灵魂,

因为他们的灵魂,是住在"明日"的宅中,那是你们在梦中
　也不能想见的。
你们可以努力去模仿他们,却不能使他们来像你们,
因为生命是不倒行的,也不与"昨日"一同停留。
你们是弓,你们的孩子是从弦上发出的生命的箭矢。
那射者在无穷之中看定了目标,也用神力将你们引满,使他的箭
　矢迅疾而遥远地射了出去。
让你们在射者手中的"弯曲"成为喜乐吧;
因为他爱那飞出的箭,也爱了那静止的弓。

(冰心　译)

本诗选自《先知》。

孩子是我们生命的延续,是社会的未来、人类的希望。到底应该怎样看待我们的孩子呢?这首诗,将给我们以有益的启示。

"你们的孩子,都不是你们的孩子,乃是'生命'为自己所渴望的儿女。"这句话的意思是说你们所以会有了孩子,只是因为人们的"生命"需要延续,这说明孩子不是父母的私有财产——"他们虽和你们同在,却不属于你们"。

孩子一经脱离母体,便成为一个独立的个体。因为孩子缺乏独立生活所必需的身体条件和技能,所以仍需父母和社会给他们以保护——"荫庇他们的身体";供给他们生存和成长以必需的条件和关怀——"给他们以爱"。但是,孩子有自己认知社会的方式;孩子会向生活学习,并得出自己的答案。因而,做父母的"不可给他们以思想"——不应以自己时代的人生经验和思想观念去束缚和限制孩子的观念世界的活泼生命力和自由发展。因为社会总是在向前发展的——"生命是不倒行的"。我们只有顺应社会不断向前发展的规律,向我们的孩子学习——"努力去模仿他们",才是合理的。

诗的最后以"弓"和"箭矢"的关系,形象地譬喻父母同子女的关系,进一步阐释了诗作开头所论述的"孩子"是"借"父母而来,却不是

"从"父母而来的意思。这里的"射者"当是指阿拉伯人民信奉的"真主",意思是说真主借你们而使孩子诞生,并使"你们"由此获得"喜乐";真主爱孩子,也同样地爱你们。

诗人对于"孩子"的看法,有不少合理的因素,闪烁着辩证法的光彩。今天,对我们教育后代仍有相当的启示。

(江边)

论 美

纪伯伦

于是一个诗人说:请给我们谈美。

他回答说:

你们到哪里追求美,除了她自己做了你的道路,引导着你之外,你如何能找着她呢?

除了她做了你的言语的编造者之外,你如何能谈论她呢?

冤抑的、受伤的人说:"美是仁爱的,和柔的,如同一位年轻的母亲,在她自己的光荣中半含着羞涩,在我们中间行走。"

热情的人说:"不,美是一种全能的可畏的东西。

暴风似的,撼摇了上天下地。"

疲乏、忧苦的人说:"美是温柔的微语,在我们心灵中说话。

她的声音传达到我们的寂静中,如同微晕的光,在阴影的恐惧中颤动。"

烦躁的人却说:"我们听见她在万山中叫号,

与她的呼声俱来的,有兽蹄之声,振翼之音,与狮子之吼。"

在夜里守城的人说:"美要与晓暾从东方一齐升起。"

在日中的时候,工人和旅客说:"我们曾看见她凭倚在落日的窗户上俯视大地。"

在冬日,阻雪的人说:"她要和春天一同来临,跳跃于山峰之上。"

在夏日的炎热里,刈者说:"我们曾看见她与秋叶一同跳舞,我们也看见她的发中有一堆白雪。"

这些都是他们关于美的谈说,

实际上,你却不是谈她,只是谈着你那未曾满足的需要,

美不是一种需要,只是一种欢乐。

她不是干渴的口,也不是伸出的空虚的手,

却是发焰的心,陶醉的灵魂。

她不是那你能看到的形象,能听到的歌声,

却是你虽闭目时也能看见的形象,虽掩耳时也能听见的歌声。

她不是犁痕下树皮中的液汁,也不是结系在兽爪间的禽鸟。

她是一座永远开花的花园,一群永远飞翔的天使。

阿法利斯的民众呵,在生命揭露圣洁的面容的时候的美,就是生命。但你就是生命,你也是面纱。

美是永生揽镜自照。

但你就是永生,你也是镜子。

(冰心 译)

本诗选自《先知》。

美,究竟是什么?这是一个千古之谜。几千年来,人们从不同的角度,千方百计地去解释她,探求她,但最终仍然莫衷一是。所以,柏拉图感叹过"美是难的"。这个难题,纪伯伦当然也无法解决,他只是在批评了"美是实用"这种错误观点后,提出了自己对美的一种看法。

在纪伯伦看来"美"是可遇而不可求的。"美"是自然存在、自生自长的,假如"你"要以某种方式,造作地、刻意地去追求她,她便会消失。可是,如果她愿意"引导着你"步入美的境地,她自会"做了你的道路",铺在"你"的脚下。只要我们有爱美之心,只要我们真正愿意按照美的标准来塑造自己的心灵、铸炼自己的形象,那么,我们就一定能够感受到美,就一定能够得到美的青睐,并在她的"引导"之下,步入"美"的境界。

诗作中间部分主要是批评美即实用的观点。诗人列举了各种不同的人对于"美"的不同认识："冤抑的"、心灵受到伤害的人，因为缺少人世所给予他的"仁爱"与"和柔"，所以，把"美"想象为一位充满了"仁爱"与"和柔"的心肠的、"半含着羞涩"的"年轻的母亲"；"热情的人"从对自身性格和行为方式的肯定而判定，"美"也如同他的"热情"一般，是无所不能的，她如同"暴风"，具有无穷的伟力；"疲乏""忧苦"的人需要温情的抚慰，所以他认为"美"应该是那可以使自己的"心灵"得到抚慰的"温柔的微语"，而且，由于他自身的愁苦无力，便想象"美""说话"时的声音，应也是无力和"恐惧"的，"如同微晕的光"；"烦躁的人"性喜"叫号"，因而"美"在他的心目中，也是喜欢吼叫的，譬如"兽蹄"之奔驰、大鸟之"振翼"、"狮子"之怒吼。

"夜里守城的人"巴望天亮，所以认为清晓之朝暾是最美的；响午时在烈日下劳作的工人和匆忙赶路的旅人，难耐太阳如火的凶焰，希望太阳快些落山，所以认为傍晚时分是最美的。冬天里，被雪阻截在某处的人，或因耽误了一份好工作，或因延迟了一次快乐的聚会，因而盼望春天快些到来，冰融雪消之后好继续未竟的行程，因而认为春天融雪时的情景是最美的；头顶烈日收割的农夫，却巴望着凉爽的秋风，巴望饮一口冰凉的雪水，因而认为秋风落叶与皑皑白雪是最美的。

诗人在罗列了这许多实例后，一语破的地指出：这些人所谈论的其实并不是"美"，而是"那未曾满足的需要"。

他明确指出："美不是一种需要，只是一种欢乐。"因而，在诗作后一部分，诗人便运用"否定"与"肯定"相交替的叙述方式，层层深入地陈述了自己的美学观。诗作以"干渴的口""空虚的手"，比况人的"需要"；指出这并不是"美"。"美"之为形，是看不到的；"美"之为声，是听不见的。"美"是"发焰的心，陶醉的灵魂"，这意思是"美"是心中开放的花朵，是灵魂的陶醉，所以，"美"是靠心之眼去观看（体会），是凭灵魂之耳去谛听的。

"犁痕下树皮中的液汁"和"结系在兽爪间的禽鸟"一句,是借助这两个比喻说明:"美"并不是牺牲,也不是强力索求可以得到的;恰恰相反,"美"是一种甜蜜的宁静、一种幸福的欢乐,如同"一座永远开花的花园,一群永远飞翔的天使"。"生命揭露圣洁的面容的时候",是指人在刚刚出世的时候,也是指所有美好的事物开始出现的那一瞬。诗人认为,生命从她开始的时候就是美的,美就是生命本身。"你"(生命)就是"美";尽管"你"并没有清楚地认识自身的美("你也是面纱"),如果"你"一生一世,时刻不忘自身的"美"("永生揽镜自照"),那么,"你"就是"美"了。但是,不必去寻觅那方魔镜——"美"并不需要外界的认可;只要"你"自己认为"你"是美的,同时能够时刻以"美"的规范要求和修正自己("你也是镜子"),那么,你就永远与"美"同在。

纪伯伦的美学观尽管带有"美在人心中"的唯心主义色彩,但他在批判"美是实用"这一点上是有力的。在论美的同时,也反映了一种积极的健康的人生哲学,对我们不无启示。更何况这不是一篇美学论文,而是一首诗,我们不宜对它的科学性提出更多的苛求。　　　　(江边)

论　死

纪伯伦

于是爱尔美差开口了,说:现在我们愿意问"死"。

他说:

你愿知道死的奥秘,

但是除了在生命的心中寻求以外,你们怎能寻见呢?

那夜中张目的枭鸟,它的眼睛在白昼是盲瞎的,不能揭露光明的神秘。

假如你真要瞻望死的灵魂,你当对生的肉体大大地开展你的心。

因为生和死是一件事,如同江河与海洋也是一件事。

在你的希望和愿欲的深处，隐藏着你对于来生的默识；

如同种子在雪下梦想，你们的心也在梦想着春天。

信赖一切的梦境吧，因为在那里面隐藏着永生之门。

你们的怕死，只是像一个牧人，当他站在国王的座前，被御手恩抚时的战栗。

在战栗之下，牧人岂不因为他身上已有了国王的手迹而喜悦么？

可是，他岂不更注意到他自己的战栗么？

除了在风中裸立、在日中消融之外，"死"还是什么呢？

除了把呼吸从不息的潮汐中解放，使他上升、扩大，无碍地寻求上帝之外，"气绝"又是什么呢？

只在你们从沉默的河中啜饮时，才真能歌唱。

只在你们达到山巅时，你们才开始攀缘。

只在大地索取你的四肢时，你们才真正的跳舞。

（冰心　译）

本诗选自《先知》。

死亡，是人生的一件大事。在世人心目中，"死"正如"生"同等重要。因而"爱"（"生"的最重要的表现形式之一）与"死"就成了有史以来一切文学艺术的一个永恒的主题。

在这首诗里，诗人正是要向我们揭示"死的奥秘"。

"生命的心中"，即是"生命之中"。诗人一上来便告诉我们："死的奥秘"，只能向"生命"之中去寻求，才有可能找到答案。"枭鸟"即我们平常所说的"猫头鹰"，它的生活习性是白昼睡觉，夜晚出来觅食。诗人在这里是借猫头鹰"在白昼是盲瞎的"，"不能揭露光明的神秘"，来比喻我们"人"在生活于世界上的时候，对于"死"后的情形的"盲瞎"——不能揭露冥冥中的神秘。"瞻望死的灵魂……"一句，是说假如你真要穷根究底地看一看"死"的真谛，那么，你就应当先追寻一番生命的真实意义和道理之所在——"对生的肉体大大地开展你的心"。这一节的最末一句是说：正如江河最终都要流入海洋一样，生命最后都将归于冥府。江河与海洋是相连的，生与死也是相连的；它们不过是一件事情的前后两端罢了。

诗的第二节，以生动的形象，对人们对于那无可避免的"死"的恐惧心理，进行了深入的剖析，并给予了明智的指引。"希望和愿欲的深处"，隐藏着"对于来生的默识"，是说在"你"的潜意识里，"你"已经隐隐约约地认识到了"来生"是怎样一种情形。接着，诗作又以"种子在雪下梦想"着春天，形象地比喻人在世上生活着，却"梦想"着有一个更幸福美好的来世；并且劝告人们相信这"梦境"，便可寻觅到"永生之门"——获得内心的安宁与平静。诗作又将死神比作"国王"，将"人"比作"牧人"，形象地用山野间地位卑贱的牧人在受到尊贵的国王召见时，所表现出来的那种惶恐不安的样子，比拟世人在死神前的"战栗"，从而生动地说明了人在面临死亡时，虽然未免会有些恐惧，但是也将会有一种获得了解脱的喜悦之感——尽管他更多地注意到的是他自己的"战栗"。

诗的最后一节，进一步对"死"的真正意义，做了令人信服的诠释。"在风中裸立"指当死亡召唤时，就毫不畏惧地、毫不防范地迎上去——譬如浑身赤裸地站立风中，任凭它吹打一般。"在日中消融"，是说"死"的过程，就譬如一块冰在太阳照射下消散和融化了一样。接着，诗作又将人的"呼吸"比作大海的"潮汐"，将"死"——停止了呼吸，生动地说成是"灵魂""从不息的潮汐中解放"出来，"上升、扩大，无碍地寻求上帝"，从而含蓄地说明了，"死"乃是灵魂获得了自由，是一种解脱。

"从沉默的河中啜饮"，是说人在死后，先要在一条河中饮一口水，饮水之后就变成了哑巴，再也不会讲话了。诗人在这里，是借用了这样一种迷信的说法。诗作最后这三句是说：只有当你们饮过了哑河的水之后，才可能以最自由的曲调，唱出最美妙的歌；只有当你们爬上了人生这座山的顶峰的时候，才可能开始进行自由的攀登；只有当你们的肉体消失了的时候,你们才获得了真正的自由。这三句诗所蕴含的哲理,与我国春秋时代的老子所讲的"无为则无不为"同样玄妙。这些话看似不通,实际上却蕴含着人生的真谛。如果我们能够对其中的意蕴有所彻悟,那么,"死"在我们面前,也就再没有什么奥秘可言了。 (江边)

以 色 列

奥尔特曼(1首)

内森·奥尔特曼(Nathan Altherman, 1910—1970),以色列诗人、戏剧家,生于华沙的一个犹太人家庭。1925年奥尔特曼随父母移居特拉维夫,曾就读于农业学校,后在新闻宣传部门工作,同时写诗、编剧。他因创作讽刺诗和爱情诗而备受关注。他写诗注重意象、韵律和形式美,被誉为"希伯来诗歌中先锋派的领袖"。他翻译了大量的莎士比亚、莫里哀等戏剧家的作品,为西方戏剧在以色列的传播做了大量的工作。代表作有诗集《外界星辰》《鸽子城》《友情欢歌集》等。

古 谣
奥尔特曼

如果你在黑暗中哭泣,
我的欢悦会化为稻草为你照亮。
如果你冻得浑身发抖,
我的床榻会为你暖身,我宁愿睡在地板上。

如果你想同大家一起跳舞,
我将为你伴奏,直到弓弦崩断。

如果你期望得到一件生日礼物,
我的生命就属于你,为你奉献。

如果你想吃面包或喝酒,
我会万死不辞为你去奔波。
我会用自己的眼睛到市场上去换取,
供你吃,供你喝。

可是,趁我不在时,即使只一次,
你竟敢同友人开怀豪饮,放浪形骸,
我就要烧毁你房顶上的木椽,
用我妒忌的烈火。

(高秋福　译)

  这是一首非常独特的爱情诗。诗人用极度夸张的意象,构成一组组意念中虚拟的境遇,准确地表达了热恋中情人们火焰般炽烈的情感。无论发生什么样意想不到的情况,抒情主人公都会忘我地为情人解难排忧,为她送去安宁和快乐。可一旦对情人的情感稍有疑惑,就会给以毁灭性的报复。诗歌以爱和恨、献身和毁灭的强烈反差,准确把握住热恋中人们的激情,把令人动颜的意象鲜明地呈现在读者面前,使人读后经久难忘。

(韦平)

土 耳 其

希克梅特(3首)

  那齐姆·希克梅特(Nazim Hikmet, 1902—1963),著名的土耳其诗人,生于萨洛尼卡城。第一次世界大战后,在土耳其海军学校里,他就加入了水兵们的革命运动,反对帝国主义占领君士坦丁堡。他被学校开除,从此就作为诗人,开始用诗歌和土耳其的敌人——帝国主义及土耳其反动派斗争。1921年希克梅特到莫斯科东方劳动者大学学习,与著名诗人马雅可夫斯基来往。1924年回到土耳其以后,开始了他的文学与编辑工作,把他的整个生命和艺术天才献给了人民的解放事业。土耳其反动当局封闭他的报纸、杂志,禁他的书,不停地迫害他。他不止一次地被捕,前后坐了17年监狱。1950年离开祖国,流亡苏联。希克梅特写过许多优秀的诗篇,他的诗把鲜明的政治倾向与浓郁的抒情融合在一起,有诗集《八百三十五行》《1+1=1》《已经三个了》《沉默的城市》等。1951年获国际和平奖。

还是那颗心,还是那颗头颅

希克梅特

亲爱的,不,这决不是空谈:
我像一粒子弹似的穿过十年被俘的岁月,
就任凭在这途程中,我得了病吧,
我还是那颗心,还是那颗头颅。

(铁弦 译)

这是诗人1947年在狱中写下的一首短诗。这首诗传诵很广,表现了诗人作为一个战士、革命家的刚毅性格。

诗歌开头以向亲人倾诉肺腑之言的口吻,表达了诗人坚持斗争到底的决心。诗人早在十八岁的时候,就投身于革命运动,以诗为武器,反抗帝国主义的侵略。几十年的人生旅途,说明他是一位坚强的和平战士。所以联系诗人的经历,"这决不是空谈",是有其丰富的内容的,是令人信服的。

诗人把自己比作"一粒子弹",他长期身陷囹圄,送走的是"被俘的岁月"。但诗人把这段生活比喻为"一粒子弹似的穿过十年被俘的岁月",形象地表现了他坚持不懈、勇往直前的斗争精神。这一贴切的比喻，既展现了诗人坚强的性格和斗争风貌，同时也可以让我们体会到他把漫长的"被俘岁月"看作倏忽而过的瞬间的乐观主义精神。

对待逝去的岁月是如此，对待未来革命征途的艰难险阻，他也是做好了精神准备的。因此诗人这样表述自己的决心："就任凭在这途程中，我得了病吧，我还是那颗心，还是那颗头颅。"一个"像一粒子弹"似的革命者是可以战胜一切困难的，他坚强的斗志、坚定的信念是不会改变的。诗人以"心"和"头颅"表现了他爱憎分明的感情和追求真理的决心。

（金波）

怀祖国

希克梅特

祖国啊，祖国！
就连一顶你做的便帽，
一双在你路上走过的皮鞋
我都没能留着。
你缝的最后一件
土布的外衣，
背上也早已磨破。
如今你留在我这儿的，
只有额上的皱纹、
心中的创伤、
斑斑的白发。
祖国啊，
祖国！

（宋兆霖 译）

这首短诗曲折地抒发了诗人对祖国的眷恋之情。作者从小处落墨，开始先通过失去"便帽""皮鞋""土布的外衣"这些朝夕相伴的物品，抒发了对祖国的依恋感情；另一方面又借得到的却是"额上的皱纹""心中的创伤""斑斑的白发"抒发了忧国忧民的感情。这一"失"一"得"表现的是一种热爱与愤激交织在一起的复杂的感情。

全诗以感叹句"祖国啊,祖国"统摄全篇,一开始就给读者以情深意切的感受,就像郁结于诗人心胸已久的感情喷涌而发。然后作者将失去的各种看似微不足道,实际上件件牵动着爱国情思的衣物——列出,这里情物相辅,把感情具体化。

紧接下来,笔触一转,通过祖国留给诗人的"皱纹""创伤""白发",表现了诗人的愤慨与忧虑,这些都是感情外射的产物。

诗仍以感叹句作结,不但首尾呼应,还使全诗韵味深长。

这首诗举重若轻,把爱国情思寓于身边事物,看似信手拈来,实则平淡中见深远,把诗人那种眷恋、忧怨、愤激的感情曲折跌宕地表现了出来。

(金波)

爱情的道路
希克梅特

我的女人和我到了布莱斯特
她跳下火车,上了月台
身子越来越小　小得像
海蓝色里一点麦粒
接着　我看到的只是车轨

后来　她在波兰的土地上呼唤我
我没有问"你在哪儿,我的玫瑰?"
"和我来吧!"她说,我没去
火车咣当过去　好像从没停过
我淹没在悲哀之中

不久雪纷扬在沙土地上
我突然觉得她能看见我

"你忘了我吗，忘了我吗？"她问
春天的泥泞泞的步点踏向天空

接着　星群落下来　栖在电线上
黑暗像雨点一样鞭打着火车
我的女人站在电线杆下
当她在我怀里时　我的心疾跳
电线杆飞过了　她站在那儿一动不动
火车疾驰而过　好像从没停过
我淹没在悲哀里

我知道我无休止地依着火车生活
我一直奇怪怎么会这样　为什么？
永远地唱着同一首亢奋的歌
远离了爱的城市　爱的女人
渴望像骨髓里发脓的伤口
我越来越捱近一个未知的目的地

（百合子　译）

　　人的爱情旅程，有的一帆风顺，有的却如逆水行舟，历尽艰辛曲折。诗人希克梅特在漫长的流亡生活中，爱情的道路也是坎坷的，备受着离别的痛苦。

　　诗人多年受到反动当局的迫害，"远离了爱的城市，爱的女人"，有家难归，四处漂泊。

　　诗一开始就写月台分手，诗人目送妻子"跳下火车，上了月台，身子越来越小，小得像海蓝色里一点麦粒"，表现了火车疾驶而去，两情依依的情怀。把妻子的身影比作"海蓝色里一点麦粒"，使我们仿佛看到了一幅远景迷茫，诗人泪眼朦胧的图画。

　　接下来写妻子在远方的呼唤，但由于诗人失去了自由，过的是逃亡的生活，"火车哐当过去，好像从没停过"，因此，他们只能放弃重逢的机会。诗人在白茫茫的雪野上,想象着"她能看见我",但现实生活仍然是"春天的泥泷泷的步点踏向天空"。

即使由于偶然的机会"当她在我怀里时,我的心疾跳",这也是短暂的会晤,很快又要分手;"电线杆飞过了,她站在那儿一动不动",这恍然若梦的相逢,留给诗人的仍是"淹没在悲哀里"。

诗人最后感叹自己"无休止地依着火车生活",那种与"爱的城市,爱的女人"重逢的"渴望像骨髓里发脓的伤口"折磨着诗人的心。但诗人"永远地唱着同一首亢奋的歌"。

这首诗把叙述与描写结合在一起,寓别情于凄冷的境界之中。无论是写纷纷扬扬的大雪、泥泷泷的春天,还是漆黑的暗夜,都以离情一气贯串。从表象上看,似乎只是抒写了离愁别恨,但从字里行间,我们不难看出诗中寓寄的深层的时代意念。一个革命者的爱情的道路是曲折的、艰辛的,但它也是坚定的、美好的。

(金波)

古阿拉伯

努瓦斯(2首)

艾布·努瓦斯(756—814),阿拉伯阿拔斯王朝时期的诗人。生于波斯阿瓦士,父母均为波斯人。诗人因父亲早亡,很小就独立谋生。其志在文学,苦学不辍,很快跻身文坛,以超人的才艺成为两代哈里发的宫廷诗人。后因皇宫内部倾轧和自身的酗酒无度,离开皇宫,抑郁而亡。努瓦斯留下诗歌1.2万多行,除了赞颂诗、悼亡诗之外,还写了数量可观的颂酒诗,故有"最伟大的酒诗人"的美誉。努瓦斯借颂酒诗表达享乐主义人生观和反对宗教束缚的自由主义思想,诗歌想象瑰丽,情感丰富。

莫 悲 愁
努瓦斯

莫因杏德而欢欣，莫为莱拉而悲愁，[1]
傍着玫瑰，且饮那玫瑰般殷红的美酒。

一杯酒，只要灌进了咽喉，
那红色便会把两眼和双颊染透。

酒如宝玉，杯似珍珠，
持在那窈窕侍女的双手。

纤指举着琼浆，朱唇含着美酒，
　　怎不叫你二度沉迷，一醉方休！

（杨孝柏　译）

人生就是酒醉一场又一场
努瓦斯

是酒就说明白，让我豪饮开怀！
别让我偷偷地喝，如果能公开。

人生就是酒醉一场又一场，
唯有长醉岁月才逍遥自在。

在清醒时我总是失意潦倒，
醉如烂泥才走鸿运发大财。

大胆指名说出我之所爱，
欢乐幸福怎好遮遮盖盖！

---

[1] 杏德、莱拉：阿拉伯常使用的女人名，常指美女。

寻欢作乐难免放荡不羁，
循规蹈矩岂能得到欢快。

哪一个酒徒不似新月当空，
周围美女如群星大放光彩。

(仲跻昆　译)

　　努瓦斯生活于中古阿拉伯盛世阿拔斯王朝时期。饮酒是当时奢靡游乐生活中的一个突出现象，大小酒肆遍布于大街小巷。崇尚享乐的努瓦斯时常出没于酒肆之中，酗酒纵欲，以酒当歌。由于他对酒的空前绝后的吟颂，使咏酒诗成为阿拉伯文学中一个完整的独立的种类。

　　努瓦斯在诗中"公开"声明：他要"豪饮开怀"，要"周围美女如群星"。因为他相信"唯有长醉岁月才逍遥自在"，"醉如烂泥才走鸿运发大财"。诗人在毫不"遮遮盖盖"的"寻欢作乐"和"放荡不羁"中，彻底否定了"循规蹈矩"的人生态度。这在禁欲主义为至高信条的中世纪，带有明显的反封建色彩。诗人抒情言志，歌咏畅饮的美好感觉，抒发追求享乐、热爱生活的情怀。诗歌言辞直白，无遮无拦，从中可以看到诗人的直爽和豪放。
(齐祁)

麦阿里 (1首)

　　麦阿里(973—1057)，阿拉伯阿拔斯王朝时期的诗人。他生于叙利亚西部小镇一名门望族，幼年受到极好的家庭启蒙教育。麦阿里幼年因天花双目失明，所以他虽有宏大的政治抱负，但因残疾，只能致力于学问。他曾悲哀地自称为"三囚人"，终身隐居乡间，讲学授业。其作品有诗集《燧火集》《鲁祖米亚特》和散文集《宽恕书》，后者在构思与结构上与但丁的《神曲》有相通之处，可见阿拉伯文化对西方文化的影响。其作品揭露当时的政治腐败、社会混乱，表现了对宗教的怀疑，他被誉为"哲学家诗人和诗人哲学家"。

咏　烛

麦阿里

它似我，尽管岁月多艰，
光灿灿，仍如黄金一般。

虽在消亡、却总是让人看到笑脸，
对自己的遭际是那样坚强、勇敢。

若能开口，它一定会说：
"你们以为我是怕死才泪水不断，

其实，我哭并非由于悲伤，
欢笑有时也会泪流满面。"

　　　　　　　　　　　　　　　　（仲跻昆　译）

　　这是一首非常动人的咏物抒怀诗。诗人抓住烛泪熔尽，却光灿灿照亮周际的特点，表达了诗人以坚强、勇敢的笑脸，面对多艰岁月的积极乐观的心态。诗的最后，诗人以蜡烛的口吻直抒胸臆，将蜡烛的欢笑升华为一种可贵的人生品格，以个人的痛苦和消亡，换取大众的幸福和欢乐。这是一种高尚的人生追求，从这一层面上说，《咏烛》又被赋予了更为深邃的哲理内涵。

　　　　　　　　　　　　　　　　　　　　　　（齐祁）

埃　及

易卜拉欣·纳吉 (1首)

　　易卜拉欣·纳吉（1898—1953），埃及诗人，出生于开罗一知识分子家庭。易卜拉欣·纳吉医学院毕业后，一直以行医为业，直至去世。但他酷爱文学，通晓英文、法文，钟情于西方文化。曾经参加埃及浪漫主义文学团体"阿波罗诗社"，并成其核心人物。他创作上受英、法浪漫主义文学的影响，要求摆脱阿拉伯传统诗歌的束缚。他置社会习俗于不顾，坚持自由表达个人的情感，代表作有三部诗集《云后》《开罗之夜》《受伤的鸟》等。

燃烧的短笛

易卜拉欣·纳吉

夜色溶溶笼罩寰宇
心上人啊，多少次
我孑然徘徊，昏暗中
唯有我独自哀戚
我把泪化为旋律
我以诗充当短笛
这残断的碎片可曾回应
是我用悲怆将它燃起
火焰深深吞噬了它
风暴卷走了余烬
多么凄惨啊，这枝
希望与死亡之间的短笛
它悄吟，凄惘地悄吟
复述着我的郁悒
给那些一腔钟情
却遭冷遇的人以慰藉
直到幻影昭然映现
我在思慕中早已把它熟悉
它款款向我挨近，我的双唇
也缓缓向它的嘴迎去

突然,我的梦消失

我的眼睛苏醒

我开始倾听,倾听

听到的只有自己的余韵依依!

(郭黎 译)

诗人把自己对情人的思恋诗化成一支短笛,在夜色中,"孑然"地抒发着自己的"郁悒"。幻梦中浮现出令他神魂梦牵的情人,当他忘情地迎去,一切化为乌有,只留下自己的"一腔钟情","余韵依依"。诗人在现实与虚幻的交替中,呈现出抒情主人公巨大的情感反差。稍纵即逝的慰藉、满足,更加剧了长久的"凄惘"和"悲怆"。诗歌在情感的强烈对照中,让读者体味到抒情主人公撕肝裂肺般的相思之痛。 (齐祁)

阿尔及利亚

狄布(1首)

穆罕默德·狄布(Mohammed Dib, 1920—2003),阿尔及利亚诗人、小说家、剧作家,生于特累姆森城一木匠之家。狄布少年丧父,中学未毕业即独立谋生。1959年,他因反对殖民统治,被迫移居法国五年。20世纪50年代,狄布开始诗歌创作,受加缪等法国作家影响,其诗想象奇特,善于将象征、讽喻与心灵的开掘和北非独特风情相交融,如诗集《守护的阴影》《格式》等。其小说创作历经现实主义、现代主义,又回归现实主义的历程,始终关注阿尔及利亚独立前后的社会现实及劳动人民的生活变迁。其代表作有长篇小说《阿尔及利亚》三部曲(《大房子》《火灾》《织布机》)和短篇小说集《在咖啡馆里》等,曾被誉为"阿尔及利亚的高尔基"。

春暖花开

狄 布

朝霞显露,一幅
鲜血画成的风景
耸立在我面前。

可是嗓音歌唱又歌唱,
歌唱和飞翔在山顶之上,
在流亡、悲哀和苦难的边缘。

周围只有风儿与冰雪,
和致命的风暴。可是嗓音
歌唱道,流放不会长久。

薄荷花重又会开放,
棕榈树将带来果实,
我们的痛苦将结束……

啊,怀着忧伤的心灵的姑娘,
你在血淋淋的冬天歌唱
诉说春暖花开的时光。

(汪剑钊 译)

这是一首在苦难中憧憬未来的诗篇。面对"风儿与冰雪,和致命的风暴",诗人没有"悲哀"和"忧伤",而是豪迈地"飞翔在山顶之上""歌唱又歌唱"。因为他坚信:这"鲜血画成的风景",只不过是"苦难的边缘","痛苦将结束",百花盛开,果实累累的繁茂美好,必将取代"血淋淋的冬天"。诗人用诗的语言歌咏了对殖民主义统治的轻蔑,对民族独立、国家解放的追求和向往。诗人将春暖花开作为诗歌的中心意象,把情和景融于一体,使这首原本带有浓烈政治色彩的诗作,别有一种情神灵活的气韵,一种隽永会心的情味。

(齐祁)

突 尼 斯

沙比(3首)

艾卜勒·卡西木·沙比(Abūl Qāsim ash-Shābi, 1909—1934),突尼斯诗人,阿拉伯文学中的著名诗人之一。他生于托泽尔市郊,父亲曾担任过法官。他自小受阿拉伯传统教育,曾入突尼斯市宰敦伊斯兰学院,后到政法学院学习,曾参加民族解放运动。他受"旅美派"文学,尤其是纪伯伦浪漫主义诗歌的影响,作品大多为牧歌式的抒情诗,洋溢着热爱自由、追求解放的感情。他在长诗《生的意志》中写道:"人民一旦要求生存,命运就必须满足他的要求。黑夜必将逝去,镣铐一定粉碎。"这些诗句曾在阿拉伯各国传诵一时。他的诗作清新流畅,韵律优美和谐,想象丰富,比喻繁多,自然通俗。阿拉伯文学界赞誉他为"突尼斯民族之光"。他的诗作有《在爱神殿堂的祈祷》《致全世界的暴君》等。

在迷惘中沉思的女子

沙 比

你像森林中美丽的花朵,
但你被荆棘和蝶蛹重重包围,
不过你要明白:
在馨香的森林之内,
含有敌意的矢车菊、蝶蛹,
就是玫瑰花的姊妹。
你要了解男人,他们是这种造物:
盲目地在世界上散布耻辱。
要有一个人不同流合污,
他在这些人中就是幸福!

让他们去吧,他们在罪恶的污泥中放荡,
你呢,你在可赞美的纯洁中生活,
你像无瑕的天神,白色的玫瑰花朵,
你又像无边的海洋的波浪;
像小鸟的啾啾鸣声,
像黑夜的神奇幻境,
像天际的幸福的众星;
像大山上明亮的白雪,
在不可攀登的高空,晶莹皎洁。
在苍穹下,没有比你更美丽的灵魂,
上帝是用玫瑰花香把你捏成。
这个世界的孩子们就像猴子,
他们以霸占玫瑰花香作为光荣。
上帝亲手绘成你的形象,
别把上帝的杰作扔给卑劣的奴隶!
上帝创造你,并不是为了叫一个凡人亲近,
他要你变成一个长远的爱情的目的。

(冬林 译)

一个纯洁庄重的美貌女子,犹如那"可远观而不可亵玩"的白莲一般,只会赢得男人的敬重,而绝不会引起男人的邪念。诗中这位"在迷惘中沉思的女子",大约就是这样的一位姑娘。

诗人以丰富的想象和巧妙的比喻,描写了这位姑娘的美丽和她所处的恶劣环境;同时他又从一个朋友和爱慕者的地位上,对姑娘进行了善意的劝喻,并含蓄地表现了自己热烈的爱情。

诗中将姑娘比作"美丽的花朵",将社会比作"森林",而将那"重重包围"着她的一些用心险恶、不怀好意的男男女女,比作"荆棘和蝶蛹""敌意的矢车菊"。它们"就是玫瑰花的姊妹",是姑娘("花朵")的同类,本应是朋友。然而,这些人却并不能以友好的态度来对待姑娘。难道是姑娘超凡的贤德和惊人的美貌,令他们过于嫉妒吗?

接下来,诗人便劝喻姑娘说,大多数男人都不是好东西。这暗示只有"我""一个人不同流合污","幸福"只应当属于"我"。于是,诗人又不能自已地向姑娘唱出了心中的赞歌。诗人以"白色的玫瑰花朵""无边的海洋的波浪""小鸟的啾啾鸣声""神奇幻境""幸福的众星""明亮的白雪"等一系列美丽动人的形象来比况自己心中仰慕的姑娘;直抒胸臆地唱出:"在苍穹下,没有比你更美丽的灵魂,上帝是用玫瑰花香把你捏成。"

诗的最后,诗人又一次告诫姑娘,要警惕那些"以霸占玫瑰花香作为光荣"的"猴子"似的男人,"别把上帝的杰作扔给卑劣的奴隶!"诗的最末两句,说姑娘不是"一个凡人"可以"亲近"的,而只能成为"一个长远的爱情的目的",又含蓄地表示出了诗人一定要追求到姑娘的爱情的决心。

(秦建)

致全世界的暴君

沙 比

残暴的专制魔王,
阴影的密友,生命的死敌,
你敢讪笑一个弱小民族的呻吟,
你,手上沾满了这个民族的鲜血!
你玷污了生命的迷人的微笑,
把痛苦的荆棘散播在全世界。

别着急!别让春天诱惑你,
别让太空的静穆,清晨的明晖诱惑你。
在广阔的天边,埋伏着骇人的阴影,
埋伏着轰鸣的雷声,埋伏着狂怒的风。

小心点！在灰烬底下，火星没有熄灭。
谁播种了荆棘，谁就该收获满身的刺。

你应当深思，在你杀人如麻的地方！
在你踩躏希望之花，
并且用鲜血灌溉大地，
用热泪使大地痛饮的地方，
那儿，鲜血流成的山洪，
要把你冲走；
那儿，暴风雨的火焰，
要把你吞噬。

(铁树 译)

这是一篇声讨殖民主义"暴君"的战斗檄文。

19世纪末，法国强行占领了突尼斯。20世纪以来，随着殖民主义统治的加剧，突尼斯人民要求民族独立、国家解放的意识日益觉醒。沙比在《致全世界的暴君》一诗中，以炽热的感情、强烈的爱憎、铿锵有力的语言抒发了被压迫民族郁积的仇恨、与殖民主义血战到底的决心和争取独立自由的必胜信念。

全诗采用直陈的方式，给人的感觉好像诗人面对暴君，以不可侵犯的浩然正气，直斥暴君。

诗歌以历数暴君的滔天罪行开篇，感情似决堤洪水，奔涌而来。诗人用"沾满""弱小民族"的"鲜血"和"散播""痛苦的荆棘"两个意象，高度概括了殖民主义统治带给弱小民族的深重灾难。"专制魔王""阴影的密友""生命的死敌"这些直接的称谓则又凝聚了人民对异族统治者的山岳般的仇恨。接着，诗人以君临宇宙的博大气势，傲视着暴君。"轰鸣的雷声""狂怒的风"和"没有熄灭"的"火星"，象征了在残酷的高压下，人民日益聚集起来的力量。这些意象既是对暴君的严正警告，又是对弱小民族反抗伟力的热情颂扬。诗歌以对暴君敲响的丧钟结束。在暴君"杀人如麻的地方",它必将被人民的力量所埋葬。诗人用"冲走"暴君的"鲜血流成的山洪",用"吞噬"暴君的"暴风雨的火焰",形象地抒发了对民族解放运动胜利前景的乐观主义豪情。

全诗好似无法遏制的感情的洪流,随着思绪的进展,势如破竹,气势咄人,字字充溢着摧枯拉朽的伟力,使人民警醒、振奋,让敌人畏惧、胆寒。

(邢化祥)

牧人之歌

沙 比

早晨在给假寐的生活唱着歌前进,
在摇摆的树荫下,丘陵大梦未醒,
枯萎的树叶,在东风中乱舞不停。
阴暗的山涧中,光明在蹒跚而行。

美丽的早晨走来,以彩霞遮盖天边,
花儿、鸟儿和波涛,都把懒腰伸一伸,
活泼的世界已醒来,歌颂生活的安宁,
我的羔羊快苏醒,我的母羊快向前进。

在鸟儿群中,我的母羊跟着我迈步,
你们以快乐和咩咩的叫声充满山谷,
你们听,扬水车在哭诉,花香到处散布,
你们看,山谷全被薄雾笼罩住。

你们采食遍地新鲜的青草,
我的笛子吹出甜蜜的曲调,
有蔷薇气味的旋律,发自我的心窍,
像夜莺的鸣啭一般在空中翔翱。

我们来到了丛林,树木把我们掩护,
花草果实,你们可以随便采来果腹,
太阳用光线给他们哺乳,月亮再把他们滋补,
五更时候,他们又饱饮那丰富的露珠。

你们在山谷中游戏,或者登上山坡,
你们如果疲乏,就在树荫下伏卧,
你们在阴凉下,静静地把青草倒嚼,
你们倾听那微风在高山顶上唱歌。

丛林里有各种香花和甜美的青草,
蜜蜂在百花丛中,吟唱悦耳的曲调。
豺狼的腥臭没有把丛林的清香染污掉,
不,狐狸也没有带着朋友来到这儿胡闹。

丛林里有芬芳、魔术、和平和阴凉,
有步态轻盈、婀娜多姿的微风姑娘,
有树枝供光明和美丽做自己的舞场。
有永恒的青翠,漫漫长夜不能把他毁伤。

我的羔羊,你们不要厌烦丛林的禁地,
须知丛林的辰光正如儿童般顽皮美丽,
人们的辰光却是龙钟老人,满脸皱皮,
他在那些平原上,无聊地踱来踱去。

在丛林里,你们有良好的牧地和照管,
我每天给你们唱歌、奏乐,直到傍晚,
你们发现青草的阴影已经变得很长,
咱们就急急忙忙地转回亲爱的家乡。

(马坚 译)

《牧人之歌》是诗人献给突尼斯大自然的一首颂歌。

诗歌以牧人为抒情主人公,以"给假寐的生活唱着歌前进"的早晨起笔,以"青草的阴影已经变得很长"的傍晚作结,以牧人一天的游牧生活为主线,描绘了突尼斯大地的山谷、草场和丛林,并着意勾勒了在这一系列背景下充满着动感的物象。草场上是"采食遍地新鲜的青草"的羔羊和用笛子"吹出甜蜜的曲调"的牧人;丛林里是随意采摘"花草果实"以"果腹"的群羊;而山谷中则是"吟唱悦耳的曲调"的蜜蜂和"在树荫下伏卧"着"静静地把青草倒嚼"着的小羊。这交相辉映的景色和动静结合的画面,构成了一幅色彩斑斓的大自然的精美画图。这原始的欢乐、自然的风姿,凝聚了诗人对祖国大好河山的深沉的爱。

诗歌通过众多的意象,强化了自然美景中所蕴含着的"光明""和平"和"生活的安宁",寓意是很深刻的。它寄托了诗人忘我的人生追求和执着的社会理想,它深藏着诗人对法国殖民统治带给突尼斯的动荡不宁的强烈愤懑。

诗人清醒地看到:这自然之所以和谐、美好、生机勃勃,是因为"豺狼的腥臭没有把丛林的清香染污掉",是因为"狐狸也没有带着朋友来到这儿胡闹"。诗人痛心地看到在黑夜的蹂躏下,"丘陵大梦未醒","山涧"充塞着"阴暗","枯萎的树叶"在东风中"乱舞不停"。但诗人坚信"漫漫长夜"绝不能把大自然秀美的仪容"毁伤",因为光明毕竟是在艰难地"蹒跚而行"。

诗人在充分诗意化的形象中蕴含着对殖民主义者带给祖国母亲的所谓文明的切肤的憎恨,曲折地表达了要摆脱异族统治、争取民族独立的必胜信念。

诗人把"丛林的辰光"比作"儿童般顽皮美丽",而把"人们的辰光"则比作在平原上"无聊地踱来踱去"的"满脸皱皮"的"龙钟老人"。这色调鲜明的对比,不仅表达了诗人对和平、宁静的社会生活的渴求,也寄托了诗人返璞归真的社会理想。然而,面对挣扎在法国殖民主义统治泥淖中的突尼斯,诗人的这种回归自然的愿望,不能不说是一种可悲的局限。

(邢化祥)

马 里

狄亚瓦拉(1首)

加索·狄亚瓦拉(Gaussu Diavara, 1939—),马里法语诗人,剧作家。20世纪60年代,狄亚瓦拉开始文学创作,其作品关注重大的政治问题,具有较强的现实主义倾向。代表作有诗集《土地和粮食》《非洲——我的指南针》等。

落 日
狄亚瓦拉

金色的黄昏悄悄地来临,
听不到的微风拂过灌木丛,
冒烟的篝火在岸上燃烧,
芦笛吹奏出人间的悲哀。

太阳迎着牺牲走去,
鲜血在灰色云团上流淌。
海洋有节奏地发出低沉的轰鸣,
黄昏从容不迫地降临。

在古老粗壮的波巴布树上
栖留着瞌睡的鸱鹰,

巨大的、疲倦的鹞鹰。

薄冥从海洋中浮游而来，
疯狂的狗吠十分凄凉，
野兽很喜欢薄雾的到来。

（汪剑钊　译）

　　文学史上咏叹黄昏落日的诗篇不计其数，狄亚瓦拉的这首小诗却以它的清新和质朴为人称道。诗人用金色、血红和灰色涂抹出黄昏、落日和云块的多姿多彩，用吹奏出的芦笛声、疯狂的狗吠和海洋低沉的轰鸣映衬出非洲大地夕阳西下时的深邃和静谧；用微风拂过的灌木丛、鲜血般流淌着的晚霞余晖和烟波缭绕的篝火，描摹出自然景观的美丽和生机。诗人以画家和音乐家般的感受力、敏锐的观察，艺术地再现了非洲大地落日余晖的壮美。诗人把绚丽的色彩、美妙的声音赋予具体的物象，用鲜活的动词使静态的画面充满了动感，从而把自然景物诗化。而回荡在这画面和节奏中的，是诗人强烈而深沉的对非洲大地和祖国马里的挚爱。正是这种真挚深厚的感情要素的浸润和流贯，才使读者沉溺于诗中，流连忘返。

（齐祁）

塞内加尔

桑戈尔 (2首)

　　莱奥波尔德·塞达·桑戈尔（Léopold Sédar Senghor, 1906—2001），塞内加尔诗人、政治家，生于达喀尔南部若阿尔一小村。在达喀尔上中学，1928年中学毕业后去巴黎进修。1935年在巴黎大学文学院毕业，是第一个在法国取得语法教师资格的非洲黑人。第二次世界大战爆发后应征入伍。1940年被德军俘虏，两年后由于健康原因获释。战后从事政治活动，1946年至1958年任法国国民议会塞内加尔议员，1958年9月任塞内加尔进步联盟总书记。1960年塞内加尔独立，当选为首任总统，连任四届。他在组织非洲黑人的民族解放运动方面起过显著的作用。1980年底辞去总统职务。

繁忙的政治活动并没有妨碍桑戈尔成为一位杰出的诗人。他积极从事旨在恢复黑人价值的文化运动，早自1934年起，他就和马提尼克的埃梅·塞泽尔等人提倡"黑人性"文艺。他认为黑人性是"黑人世界的文化价值的总和，正如这些价值在黑人的作品、制度、生活中表现的那样"。1948年，他编辑出版了《黑人和马尔加什法语新诗选》，介绍了十六位黑人诗人的一百多首诗篇，标志着"黑人性"诗歌创作的高潮。桑戈尔本人总共出版了六本诗集：《影之歌》(1945)、《黑色的祭品》(1948)、《埃塞俄比亚之歌》(1956)、《夜曲集》(1961)、《雨季的信札》(1972)、《主要的哀歌》(1979)。他的诗继承非洲古老的文化传统，主张返回源泉，与歌舞结合。他还著有四本论文集，内容涉及政治、美学、语言、艺术、诗歌、文学等各个方面。他曾多次获国际性的诗歌大奖。1974年曾来我国访问。

黑 女 人

桑戈尔

赤裸的女人，黑肤色的女人
你的穿着，是你的肤色，它是生命；是你的体态，它是美！
我在你的保护下长大成人；你温柔的双手蒙过我的眼睛。
现在，在这仲夏时节，在这正午时分，我从高高的灼热的山
　口上发现了你，我的希望之乡
你的美犹如雄鹰的闪光，击中了我的心窝。

赤裸的女人，黝黑的女人
肉质厚实的熟果，醉人心田的黑色美酒，
使我出口成章的嘴

地平线上明净的草原,东风劲吹下颤动的草原
精雕细刻的达姆鼓,战胜者擂响的紧绷绷的达姆鼓
你那深沉的女中音就是恋人的心灵之歌。

赤裸的女人,黝黑的女人
微风吹不皱的油,涂在竞技者两肋、马里君王们两肋上的安静的油
矫健行空的羚羊,像明星一样缀在你黑夜般的皮肤上的珍珠
智力游戏的乐趣,在你那发出云纹般光泽的皮肤上的赤金之光
在你头发的庇护下,在你那像比邻的太阳一样的眼睛的照耀下,我苦闷的脸上露出了微笑。

赤裸的女人,黑肤色的女人
我歌唱你的消逝的美,你的被我揉成上帝的体态
赶在妒忌的命运把你化为灰烬,滋养生命之树以前。

(曹松豪/吴奈 译)

《黑女人》是桑戈尔最著名的诗篇之一,原载诗集《影之歌》(1945)。这首诗的节奏庄重、严肃,诗人用充满感情的诗句,叙说他如何发现非洲——母亲和恋人。

在第一节中,非洲这个"希望之乡"是以慈母的面貌出现的。诗人含蓄地摒弃了西方的价值观念。千百年以来,欧洲无数的诗人(如意大利的但丁等)都在歌唱白女人的美,在他们的诗歌中,白肤色几乎成了美的同义词。然而,作为非洲诗人,桑戈尔在这首诗中却破天荒第一次挑战性地讴歌黑女人,认为黑肤色才是生命,才是美!正是这种美犹如"雄鹰的闪光",以不可抵御的巨大魅力击中了诗人的心窝。

在第二节中,诗人以超现实主义的"自由联想"的手法,形象性地描绘他心目中的恋人——赤裸的女人、黝黑的女人的美。他从"肉质厚实的熟果"联想到"醉人心田的黑色美酒",又从美酒联想到使他出口成章的嘴。接着从"地平线上明净的草原"联想到"东风劲吹下颤动的

草原",又从"精雕细刻的达姆鼓"联想到"战胜者擂响的紧绷绷的达姆鼓"。这些鲜明的形象具有非洲的特色,能给读者留下丰富想象的余地。

在第三节中,桑戈尔从黑非洲的文化遗产里汲取营养,继续做可以无止境的"自由联想",同时用第二人称更亲切地招呼黑女人。作为当时一长期离乡背井的非洲诗人,他只有想到在黑女人的庇护下,在她"那像比邻的太阳一样的眼睛的照耀下",他苦闷的脸上才能"露出了微笑"。

最后,诗人担心在殖民主义横行的现实世界里,黑女人的美会消逝,因此他表示要赶在妒忌的命运把她化为灰烬之前,抓紧时间歌唱她的美。

(金志平)

致 纽 约

(为爵士乐队而作,小号独奏)

桑戈尔

一

纽约!我第一眼就看见你的美,这些长着修长的大腿的金发女郎,第一眼就使我大吃一惊。
我是如此胆怯,当我第一眼看见你那蓝色金属般的眼睛,你那冰霜般的微笑
我是如此胆怯。站在摩天大楼的大街深处,我忐忑不安
抬起夜猫子的眼睛看不见天日。
你闪烁着流火般的光辉,青灰色的楼身直插云天
摩天大楼用钢铁的筋骨和石块的古铜色皮肤抗击着旋风。
但是,曼哈顿[1]光秃秃的人行道上流逝了半个月的时光
——三周后,热病就会像美洲豹似的扑到你的身上

---

[1] 纽约市中心的繁华地区。

半月里没有水井,没有牧场,天上的各种飞鸟
都会突然坠落下来,死在平台的厚厚的积尘下。
没有花朵般的孩子的欢笑,虽然他们握着我那清凉的手
没有母亲的乳房,只有一些裹着尼龙袜的大腿,一些既没有汗
 水也没有芳香的乳房和大腿。
没有嘴唇,没有温存的话,只有用钱购买的人造心脏
没有培养智力的书。画家的调色板给水晶玻璃器皿涂着珊瑚般
 的颜色
不眠之夜啊,曼哈顿之夜!你在点点磷火中动荡不安,
汽车的喇叭在空虚的一个小时又一个小时里狂叫
昏暗的河水冲走健康的情人,仿佛洪水冲走孩子的尸体。

二

现在是符号和计算的时代
纽约!但现在又是吗哪和海索草[1]的时代。
只需聆听上帝的长号声,聆听你的心脏伴随着你的血的节奏的
 跳动。
我看到了人声鼎沸、颜色庄严和香味闪光的哈莱姆[2]
——这是送药员铺子里饮茶的时刻
我看到了白昼逃走时准备着晚宴。我宣布,黑夜比白昼还真实。
这是纯洁的时刻,上帝使远古的生活在大街小巷里萌芽
一切两栖的成分像太阳那样光芒四射。
哈莱姆哈莱姆!我看到了哈莱姆哈莱姆!一般从象牙海岸[3]舞

---

[1] 据《圣经》记载,吗哪是古时上帝赐给沙漠地带居民的神粮,海索草是宗教仪式前洗身用的香草。
[2] 纽约黑人区。
[3] 贩卖黑奴的船只大多从象牙海岸起航。

蹈者赤脚耕耘过的路石中吹出的麦苗一样绿色的轻风
丝绸一样波浪形地扭动的屁股，长矛一样高耸的乳房，睡莲和神奇面具一样的芭蕾
爱情的芒果从低矮的房屋一直滚到骑警的马下。
我看到了在雪茄的蓝色烟雾中，在人行道上流动着的白色的蜜酒和黑色的牛奶。
我看到了黄昏时棉花、天使的翅膀和巫师的翎饰像雪花一样纷飞的天空。
听吧，纽约！啊，听听你自己铜管乐器般雄壮的声音，双簧管一般颤动的声音，凝成石卵般的血块落下的你的泪水的无声的痛苦
听吧，听听你那夜间的心在远方的跳动，达姆鼓声的节奏和血液，达姆鼓声血液和达姆鼓声。

三

纽约！我说，纽约，让黑人的血流进你的血管
像生命的海一样，擦去你钢筋铁骨上的锈点
赋予你的大桥以圆丘般的曲线和藤蔓般的弹性。
而今，远古的时代又回来了，狮子公牛和大树重新和好，重新团结
思想连着行动耳朵连着心灵符号连着意义。
看，你那水声潺潺的河流游动着眼睛像幻景一般的麝香鳄和海牛。完全用不着创造美人鱼的神话。
只需睁开眼睛，看看四月的彩虹就够了
听听，特别要听听上帝的声音，它用萨克斯管般的笑声，在六日内开天辟地
到了第七日，它就像黑人一样沉睡了。

（曹松豪/吴奈　译）

《致纽约》原载诗集《埃塞俄比亚之歌》(1956)。桑戈尔邀请读者参观纽约,将白人区曼哈顿与黑人区哈莱姆做对比。诗人讲述自己的印象,进行评议,他把自己的热情感染给别人。最后,他设想一座理想的城市,让黑人的血来给那些没有生命、没有热气的街道注入新的活力。

全诗分三节,注明"为爵士乐队而作,小号独奏",也就是说,朗诵时要配一种起源于非洲黑人的音乐。

在第一节中,作为一个在塞内加尔的小乡村出生、长大的诗人,桑戈尔承认刚到纽约时,这座大都市使他感到吃惊、胆怯。那些直插云天的青灰色的摩天大楼是他从未见识过的。站在大街深处,他忐忑不安,因为抬起夜猫子般的眼睛看不见天日。而那些长着修长大腿的金发碧眼的女郎更是使他感到狼狈。面对着汽车、洋房、美女、不眠之夜的夜生活,初来乍到的诗人觉得眼花缭乱。然而,过不了两三个星期,诗人就看出曼哈顿的这种生活的空虚。同他的家乡相比,这里没有花朵般的孩子的欢笑,没有母亲的乳房,没有嘴唇,没有温存的话,没有培养智力的书,只有一些裹着尼龙袜的大腿,只有用钱购买的人造心脏。一切都死气沉沉。

在第二节中,诗人笔锋一转,描绘纽约的黑人区哈莱姆。他认为纽约的真正心脏不是在曼哈顿,而是在哈莱姆,这儿才有血的节奏的跳动。在诗人眼里,哈莱姆人声鼎沸、颜色庄严、香味闪光。他满怀激情地宣布:黑夜比白昼还真实。他觉得,哈莱姆区的黑人虽然已与非洲母亲隔离了数百年,可还保持着非洲农村生活的特点,这才是纯洁的人的生活。他浮想联翩,把眼前的景色诗化:他仿佛看到了象牙海岸舞蹈者赤脚耕耘过的路石中吹出的一股麦苗一样绿色的轻风,看到了在人行道上流动着的白色的蜜酒和黑色的牛奶,看到了天使的翅膀和巫师的翎饰像雪花一样纷飞的天空。他也听到了凝成石卵般的血块落下的泪水的无声的痛苦,听到了达姆鼓声。

在第三节中,诗人真挚地提出了自己的理想。他对纽约说,让黑人的血流进它的血管,像生命的油一样,擦去它钢筋铁骨上的锈点,只有这样才能恢复原始的活力、自然的和谐,才能思想连着行动耳朵连着心灵符号连着意义。他赞美黑人创造性的纯朴生活,甚至认为连上帝都像黑人似的用萨克斯管般的笑声,在六日内开天辟地,到了第七日,它就像黑人一样沉睡了。

这首诗和上面介绍的《黑女人》都体现了桑戈尔积极提倡的"黑人性"文艺观。过去写纽约的诗人不少,但他们将哈莱姆和曼哈顿做对比时,大都强调贫富悬殊、两极分化的现象,从人道主义的观点对黑人表示同情。桑戈尔也反对种族主义和对穷人的压迫,但他怀着黑人的自豪感,将着眼点更多地放在黑人对人类社会的贡献上。例如,谈到文艺时,他就曾指出:"没有黑人性,没有黑人世界提供的价值,当代世界就会淡而无味,不成其为现在的模样,因为它会既无现代音乐又无现代艺术。"桑戈尔从这种更高的角度来写纽约,似乎给人耳目一新的感觉。从艺术上看,这首诗结构严谨,构思巧妙,形象鲜明,色彩华美,回忆、梦幻、现实、想象交织在一起,诗句较长,节奏稳健,犹如心脏的搏动,这些都表现出桑戈尔的独特风格。

(金志平)

狄奥普(1首)

大卫·狄奥普(David Diop, 1927—1960),塞内加尔法语诗人,生于法国的波尔多。父母分别为塞内加尔人和喀麦隆人。狄奥普曾在喀麦隆、塞内加尔和法国求学,后在塞内加尔和几内亚做教师,1960年因飞机失事去世。狄奥普擅长于政治诗,他以诗为武器来抗议西方的殖民统治和文化侵略,呼唤非洲人民用革命来争取政治的自由和光明灿烂的未来。他留下的唯一诗集为《槌击集》。

自 由

狄奥普

黑奴!他登上辛酸的路,
那丛生荆棘,

通向奴役的漫漫长途[1],

奴隶主用血、钢和锯,

摧残他火山般的身躯,

把生命碾作尘土。

他的心变成黑暗的坟墓,

悸动着几世纪的累累白骨。

然而,这黑奴看见白昼在微笑,

光明露出坚齿皓皓。

非洲不复是软弱的肉胎,

而挺起血淋淋的颈项[2],

让满天箭镞闪亮;

幽阳喷薄啸响的铁铓[3],

十里汗河消逝在

他徒劳的寂寥草莽。

塔姆—塔姆鼓[4]终极的怒吼

如惊雷轰鸣在远离兀鹰的地方。

他重开笑颜,

把似锦前程瞻望。

各族人民为未来歌唱,

在矮屋的门槛,

在兄弟友爱中,

畅饮复活的

椰酒琼浆。

---

[1] 诗人把黑奴被从非洲贩卖至美洲的苦难历程比喻为耶稣登髑髅地受刑。
[2] 婴儿诞生时颈上有血,此处系指黑奴负重,被压得创伤累累。
[3] 此系耶稣复活时之景象。
[4] 塔姆—塔姆鼓,非洲最普遍的手鼓。

> 瞧！美如炯炯的眼神，
>
> 蕴含着环抱宇宙的热量，
>
> 高超于沉默的怠懑之土，
>
> 那里庄严地燃烧起
>
> 黑人自由的绚烂火光！

（沈大力　译）

《自由》似狄奥普吹响的战斗号角。它拨开多灾多难的非洲人民迷惘的双眼，透视到被殖民者"用血、钢和锯""把生命碾作尘土"的惨痛历史；它鼓舞人民"挺起血淋淋的颈项"，擂起"如惊雷轰鸣"般的塔姆鼓去战斗；它预示了非洲人民的"似锦前程"，广袤的非洲大地必将"庄严地燃烧起黑人自由的绚烂火光"。全诗洋溢着民族主义和爱国主义的激情，歌咏自由的美好，激励为自由而战的斗志。诗人活用耶稣赴难和复活的典故，生动地折射出非洲的历史和现实，给读者以悠长的联想。诗人用"丛生荆棘""黑暗的坟墓""软弱的肉胎""喷薄啸响的铁铊""寂寥草莽"等意象，或隐喻现实的悲怆，或象征战斗的豪情，使苦难和残酷也化为一种诗情，令人唏嘘不已。

（齐祁）

加　纳

艾伏努尔 (1首)

柯弗·艾伏努尔（Kofi Awoonor, 1935—2013），加纳英语诗人，小说家，生于惠塔。加纳大学毕业后，曾从事英国文学和非洲文学的教学与研究工作，经办过加纳电影公司和加纳剧院，主编过文学刊物，先后到过中国、美国、苏联、古巴等众多国家游学。20世纪70年代以后，他到美国纽约国立大学任比较文学系主任。他倡导文学作品的社会功能，重视非洲民族语言的运用。他的诗歌多以基督教和死亡为主题,代表作有诗集《再次发现》《流血的夜晚》等。

鼓的呼唤

艾伏努尔

何时我们可以与鼓的呼唤的振动融为一体,
何时我们可以与我们歌声永恒的韵脚融为一体,
何时,你或许可以回答受伤的心灵的呼唤?
你星星般的眼神从肉体的掩蔽下向我送来光线,
你幽暗的眼睑后面凝聚着智慧。
我的心灵踩着胆怯的脚步来到你的大门前,
渴望着能与希望相遇,
渴望着能了解自身。
我仿佛觉得,我永远珍藏着这一微笑
不带一丝虚假,热烈而率真,
而夜晚照亮道路。
我仿佛觉得,我能追随你到天涯海角,
那里,幽影在山峦的灌木丛中徘徊,
一再邀请我们回家。
我仿佛觉得,这世界上再没有人会这样微笑。
我仿佛觉得,你的微笑仅仅为我绽开。
如此,时辰已到!我们的道路将我引到山峦的灌木丛中。
伴随鼓点的嗡嗡振动,心灵的搏动,流水的歌声。
请快告诉我,是否还有希望,你我一起出发,
沿着蜿蜒的含羞草丛中艰难的石砌小径。
或许,伴着匀整的鼓点,我们将会最早
抵达理想的山峦。

(汪剑钊 译)

鼓是非洲最常见的一种民族乐器，非洲人常常以敲击手鼓的形式抒怀言志。艾伏努尔在鼓点声中传递着丰厚的民族情怀。诗歌以一组三句"何时"开启全篇的反复句式，对非洲民族的现实和未来发问，摄人心魄。他以抒情的方式，用与主人公对话的语气表达了自己如何从民族的精魄中汲取智慧和力量，然后以四个"仿佛觉得"的反复句式强化了非洲民族率真、热烈和执着的性格。最后，抒情主人公坚定地表示"伴着匀整的鼓点"，将会沿着"我们的道路"——"艰难的石砌小径""抵达理想的山峦"。诗歌中"鼓的呼唤"，是世世代代遭受殖民主义奴役的非洲人民的民族觉醒的呼声和争取民族独立、自主的呐喊。诗人在"鼓点"的意象中，包蕴着鲜明的政治倾向和强烈的民族情愫，使诗意的表达含蓄而委婉。

（齐祁）

尼日利亚

索因卡（1首）

渥雷·索因卡（Wole Soyinka, 1934—），尼日利亚诗人、剧作家、小说家、评论家。用英语写作。出生于约鲁巴族家庭，曾先后就读于伊巴丹大学和英国利兹大学。1958年毕业后开始上演和发表剧本，并从事各种体裁的文学创作。1960年返回尼日利亚，在伊巴丹大学任教授，创办"1960年假面具"剧团。1964年又创办专业的奥里森剧团。他亲自筹资、编导、排演，将约鲁巴传统艺术和现代戏剧艺术结合起来，为发展非洲民间戏剧做出了贡献。主要剧作有《沼泽地居民》（1958）、《雄狮和宝石》（1959）、《森林之舞》（1960，为尼日利亚独立庆典而作）、《裘罗教士的磨难》（1960）、《孔其的收获》（1965）、《路》（1965）等，大多是些讽刺剧，反映非洲的现实问题。

1967年索因卡因反对内战而被军政府逮捕入狱。1969年出狱后发表诗集《狱中诗抄》(1969)、《地狱中的往来如梭》(1972)，同时担任伊巴丹戏剧学校校长。

1975年后，索因卡针对国内的政治和社会问题写了一些时事讽刺剧，组织大学生流动剧团演出。除剧本和诗歌以外，他还发表过两部长篇小说和一本童年回忆录《阿凯》(1981)。

1986年，索因卡由于"以广阔的文化视野创作了富有诗意的关于人生的戏剧"而获得诺贝尔文学奖。

电话交谈
索因卡

房租还算公道，
地点我不挑剔。
房东太太发誓，
她在别处单住。
除了自我坦白
再没别的可说。
"太太，"我警告她，
"我不爱白跑一趟——
我是个非洲人。"
接下去一阵沉寂。
不断提高的身价
无声地传递过来。
等声音再度响起
已经抹上唇膏，
伴以长长的金烟嘴。
我只有等着挨剋。

"是怎么个黑法?"
……我并没有听错……
"是比较浅,
还是肤色很深?"
仿佛是说:按B钮,
还是按A钮。
迎面扑来一股
打官腔的臭气。
我曾经看到
红色电话亭、
红色邮筒、
红色双层公共汽车,
上面用柏油涂着
骂黑人的污言秽语。
原来真是这样!
一直沉默下去
未免没有礼貌,
我赶紧开口,
请她把话说清楚。
她彬彬有礼,
改变了一个说法——

"你肤色深吗?
还是挺浅?"
我灵机一动。
"您的意思是——
像纯巧克力,
还是像牛奶巧克力?"

她哼了一声,
临床般冷静,
没一点个人色彩。
很快,我调整波长
换了个深奥的词儿:
"像西非乌贼。"
——仿佛事后想起
又找补了一句:
"护照里这样写着。"
又是一阵沉寂。
仿佛在自己想象里,
用分色镜仔细搜寻,
直到懵然不知
使得她土音毕露,
听来异常刺耳:
"那是个啥?"
口气也变软了,
"不晓得那是个啥。"
"就像浅黑型女人。"
"颜色蛮深,是吧?"
"不完全是这样。
从面部看,是浅黑型,
不过太太,
您应当瞧瞧
我身上别的地方。
我的手心、脚掌,
漂白过般的白。
兴许是因为摩擦——

可笑的是,太太——

因为老是坐着,

我的屁股变得

像乌鸦一般黑——

等一等,太太!"

预感到她的听筒

即将砰地摔向

我的耳朵——

"太太,"我恳求,

"您要不要

亲自瞧瞧?"

(李文俊　译)

  1958年至1959年,索因卡在伦敦皇家剧院任职,负责审阅剧本,有机会观摩了许多名剧,开阔了视野。1959年的一个星期天,他在皇家剧院举行专场演出,用吉他伴奏演唱了自己的几首诗歌,演出了讽刺南非政府种族歧视政策的独幕喜剧《新发明》,还朗诵了一首至今脍炙人口的嘲笑种族偏见的讽刺诗,这就是《电话交谈》。

  索因卡多才多艺,尤其擅长写剧本,这首《电话交谈》实际上就是一出小型的讽刺喜剧。剧情发生在伦敦。主人公是个非洲黑人知识分子,也可能就是作者本人。他想租房子,不得不同白人房东太太打交道。由于长期以来,殖民主义者总是宣传说黑人是一种下等人,因此伦敦一部分白人对非洲人抱着种族歧视的偏见,不愿把房子租给黑人居住。主人公为了避免当面碰钉子白跑一趟,决定先打电话给房东太太"自我坦白",说清楚自己是个非洲人。果不其然,对方听后出现一阵沉寂……主人公知道事情不妙,只等着"挨剋"(受人奚落、摆布的意思)。

  索因卡是个观察入微、十分细致的心理描写家,他善于洞察人的行为的本质、最根本的动机。他知道,房东太太沉默的背后,是要显示白人的优越感:不断提高的身价无声地传递过来。他甚至想象得出,对方已拿起长长的金烟嘴,准备不慌不忙地盘问。果然,等听筒里的声音再度响起时,传来这样几句话:"是怎么个黑法?"(没有听错)"是比较浅,还是肤色很深?"原来,种族主义者是把人按肤色划分的。在他们眼里,甚至黑白混血儿也由于肤色较白而比黑种人优越。这些种族歧视的话引起主人公的反感,他联想起公共场所用柏油涂着骂黑人的污言秽语,更加感到气愤。为了维护黑人的尊严,他不得不用挖苦、讽刺的方式予以反击,对白人种族主义者的"文明"公开表示轻蔑。他先把房东太太的意思直截了当地解释为肤色像纯巧克力还是像牛奶巧克力,使对方一愣;接着把自己比作"西非乌贼",还说什么"护照里这样写着",使懵然无知的对方土音毕露,不知所措;然后,他针对对方自鸣高雅的心理,故意使用粗话,说自己的手心、脚掌因为摩擦而像漂白过的白,自己的屁股因为老是坐着而像乌鸦一般黑;最后,趁对方来不及摔掉听筒之前,又用调侃的口气问道:"太太,您要不要亲自瞧瞧?"

这首诗以幽默、俏皮的方式反映严肃的社会问题,写得干净利落,不落俗套。诗中对种族歧视的抗议是通过符合人物身份的嘲讽语言表现出来的,没有简单化的标语口号式倾向,充分显示出索因卡卓越的写作才华。

(知非)

坦桑尼亚

夏巴尼·罗伯特(1首)

夏巴尼·罗伯特(1909—1962),坦桑尼亚斯瓦希里语诗人、小说家和语言学家。他生于坦噶市附近的一个农民家庭,终生信奉伊斯兰教,曾在政府机关任职。他熟悉东非民族的语言和生活,一生用斯瓦希里语创作了二十余部作品,被学界推崇为斯瓦希里语桂冠诗人和斯瓦希里语文学的开拓者。代表作有诗集《非洲的钻石》《夏邦诗选》,寓言小说《可信国》《理想国》等。

愁思在心中荡漾

夏巴尼·罗伯特

你该知道我的景况,
我瘦了,像根绳索那样!
仿佛连气也透不过来,
吃不下呵,睡不香。
爱情将我折磨,
愁思在心中荡漾。

你该知道我的景况,
我瘦了,像根绳索那样!
不进食呵,不祈祷,
坐立不安空惆怅。
爱情将我折磨,
愁思在心中荡漾。

鸿雁不至呵,
又平添一段愁肠。
不得安寝呵,
整整一月望天亮。
爱情将我折磨,
愁思在心中荡漾。

没有了你,我的爱人,
我怎能欢心、开朗?

> 你也分明知道,
> 我心绪茫茫,肠断神伤。
> 爱情将我折磨,
> 愁思在心中荡漾。

(周国勇 译)

诗歌用直白的语言向恋人倾诉自己的"愁思",因为思念"吃不下,睡不香","整整一月"的"鸿雁不至"让他"平添一段愁肠"。因为没有了恋人,更使他"心绪茫茫,肠断神伤",以至消瘦得"像根绳索那样"。诗人以倾诉为抒情方式,把对爱人的情思表达得含蕴丰厚,耐人寻味。全诗利用反复的修辞手法,在每节诗的最后重复咏叹"爱情将我折磨,愁思在心中荡漾";一、二两节的头两句"你该知道我的景况,我瘦了,像根绳索那样"又重复了两次。这样的反复造成了往复回环的声音效果,同时也强化了爱情的主旋律,加深了感人的情致,适应了诗人明朗、热烈的抒情基调。

(齐祁)

马达加斯加

雷贝里伏罗 (1首)

让·约瑟夫·雷贝里伏罗(Jean Joseph Rabearivelo, 1903—1937),马达加斯加诗人,生于塔那那利佛一贫寒家庭。他通过自学掌握了西班牙语和法语,早期诗歌用法语写成,受波德莱尔影响,情调感伤、消沉;后期作品用马达加斯加民族语言,以写实的风格表现深刻的思想,流露诗人对上帝救世的祈望。代表作有诗集《书卷》《近乎幻想》《哀歌》等。

仙人掌

雷贝里伏罗

一只只熔解的手
将花朵举向高空——
一只只无指的手
在风中屹然不动
他们说,从它们完整的手掌里
流动着一个隐秘的泉源
正是这个秘藏的源头
滋润着成千上万的畜群
和无数的部落,流浪的部落
在遥远的南方边陲。

无指的手来自同一个泉源
塑模的手,为天空戴上花冠。
这里,
城市的两侧郁郁葱葱
仿佛透过森林的月光,
它们静静地散发清凉
亚里夫山脉蹲伏如精壮的公牛,
在山羊不走的岩壁之上
它们隐藏着,守护自己的源头,
这些使鲜花盛开的麻风病患者。

一旦测知它们所从来的洞穴
就可以发现它们断指的病根
那病根比黄昏更隐秘
比黎明更朦胧——
你与我都所知甚少。

泥土的血液，石头的汗水，
以及风的精华，
全部在这些手掌中聚拢
熔化了它们的手指
催开了一朵朵金色的鲜花。

（汪剑钊　译）

  仙人掌是非洲沙漠酷热、苦旱中顽强的生命，是茫茫沙海中的葱郁和清凉。诗人在《仙人掌》中用拟人和夸张的手法描摹出这一动人的诗意形象，茎干像被炎热几乎"熔化了"的"无指的手"，高擎着"金色的鲜花"，它"在风中屹然不动"，"静静地散发清凉"。诗人用仙人掌形象象征了非洲人民在严酷的自然条件下顽强生存的生命力和意志力，而仙人掌"完整的手掌里，流动着一个隐秘的泉源"，那就是"泥土的血液，石头的汗水，以及风的精华"。这组意象形象地说明了非洲大地是滋润非洲人民民族性格的肥沃土壤，诗歌的中心意象为仙人掌，但诗人的旨意不在咏物，而是通过艺术的提炼和升华，使之成为一种抽象的民族精神的化身。这种萦回曲折的表现方式，将诗人诉说不尽的民族情愫流荡在鲜明的画卷里，令人浮想联翩。

（齐祁）

南　非

维拉卡泽 (1首)

  贝纳迪克特·瓦雷特·维拉卡泽（Benedict Wallet Vilakazi, 1906—1947），南非祖鲁语作家，学者，生于祖鲁族一农民家庭。维拉卡泽40岁获得文学博士学位，与人合作编写出版的《祖鲁语—英语词典》是祖鲁语研究史上的一座里程碑。他的诗歌用民族的语言揭露殖民主义的罪恶,反映南非人民对自由幸福的向往和追求,既有浪漫主义的想象,又有对现实悲天悯人的关注情怀。代表作有诗集《祖鲁人之歌》《苍穹》和《维多利亚大瀑布》等。

黄 昏
维拉卡泽

幽蓝的天空逐渐黑下来,
远方的群山隐没在黑暗里,
西沉的太阳涂抹上一层
铁锈红的颜色。

灵敏的燕子回到了鸟巢,
蝙蝠在微微活动起来,
而风儿也已厌倦于从海岸上
驱赶散乱的云彩。

人工的光明照白了道路,
远处传来了鬣狗的吠叫,
唯有它们,吞噬着死尸,
在四周不停地徘徊,

那里树木老死,青草枯焦,
而从矿井深处扬起的灰尘
随风而飘,覆盖了
方圆百里的世界。

这里没有河流,没有冰凉的沼泽,
这里深夜也听不到蛙鸣,
秋鸡和白色的鹭鸶
已经远远地飞走。

而今这里常见的唯有……人群。

最后他们显露了出来。

意味着，他们工作的白昼已结束，

意味着夜已降临。

（汪剑钊　译）

诗歌呈现给读者的是一幅矿区的黄昏图景：寂寥，静谧，风儿止息，群山隐没，鸟儿归巢，"幽蓝的天空"下隐约可见的是老死的树木、枯焦的青草和"覆盖了方圆百里的""从矿井深处扬起的灰尘"；这里，听不到水声和蛙鸣，只能听到"吞噬着死尸"的"鬣狗的吠叫"。诗人最后点出在这充满死气的恐怖的黄昏，"显露出来"的唯有的人群，就是那些可怜的矿工。因为"他们工作的白昼已结束"，"夜已降临"，白天井下繁重的劳役，黄昏之后如死一般的安眠，这就是殖民统治下矿工们的全部生活！诗人愤怒地指出殖民主义统治除了繁重的劳动之外，没有给非洲人带来任何有价值的东西，从而无情地揭穿了西方殖民者自命的"传播文化使者"的本质。诗人以画家的感受力，捕捉矿区黄昏的色彩——黑、白、铁锈红；一个个极具动感的物象——燕子、蝙蝠、鬣狗、鹭鸶，诗人把自然景色诗化，使这首极具现实主义倾向的诗篇染上浓烈的诗情。

（齐祁）

布鲁特斯 (1首)

丹尼斯·布鲁特斯（Dennis Brutus, 1924—2009），南非英语诗人，出生于津巴布韦首都哈拉雷的一个南非有色人种家庭。布鲁特斯在南非伊丽莎白港长大，大学毕业后，当过杂役和教师。布鲁特斯年轻时酷爱体育，因南非当局禁止黑人和有色人同白人一起参加国际体育比赛，20世纪60年代初，他曾发起并领导了反对南非种族主义政权参加奥运会的斗争，并被推选为南非非种族奥委会主席。布鲁特斯因坚定的反种族主义立场数次入狱，后流亡国外，1971年，永久定居美国，从事大学英语教育。20世纪50年代后，布鲁特斯开始诗歌创作，主张以宽容的爱面对种族仇视，使诗歌充满温情和人道精神。他的作品多次在非洲和英国获奖,代表作有诗集《警笛、铁拳、足枷》《狱中给玛莎的信》《执拗的希望》等。

夜 晚

布鲁特斯

夜晚,
我躺在牢房灰白平滑的水泥地板上,
耳旁涌起海浪的狂呼怒啸声响。
我的思想不禁冲出牢房,
看到汹涌的浪花砌起一堵白色的高墙,
犹如一堆碎片四散的玻璃。
那是大海的浪涛撞碎在
海岸上、岩石上、带刺的铁丝网上,
我看到自己走向茅棚,
希望看到一个探监人;
我向那些高大的柏树致意,
柏树一片苍翠,
正沉醉在肃穆安详的梦乡。
那原是一个阳光灿烂的午后,
四周一片宁静,
景色之优雅如同拉斐尔的风景画,
但比风景画显得更明丽、更清晰。

(高秋福 译)

20世纪60年代,布鲁特斯因反对南非种族主义统治曾多次被捕入狱,备受非人的折磨。但他矢志不渝,坚持斗争,这首诗就是布鲁特斯在狱中完成的。

诗人躺在监牢的水泥地板上,听到狱外海涛怒吼,不禁心潮澎湃。"撞碎在海岸上、岩石上、带刺的铁丝网上"而"狂呼怒啸"的波涛,正是诗人与南非白人种族主义政权血战到底、决不屈服的革命意志的象征。"在肃穆安详的梦乡"中,在"阳光灿烂的午后",比"拉斐尔的风景画"更"宁静""更明丽、更清晰"的景色,则又象征了那没有种族歧视、种族仇恨的平等自由的新南非。诗人在夜晚这诗意化的遐想中,抒发了他对南非白人种族主义统治的愤懑和对革命理想的坚定信念。诗人将牢狱中千回百转的情思具象化,赋予它以质感与动感,失去自由的愤慨与仇恨如"汹涌的浪花"般的"狂呼怒啸",对未来的憧憬如午后阳光般的"灿烂"。诗人用充溢的想象将动与静两种臆想中的画面融汇在一起,形成一种结构上的内聚力,显得通体浑融无间。　　　(齐祁)

澳大利亚

尼尔森(1首)

约翰·肖·尼尔森(John Shaw Neilson, 1872—1942),澳大利亚诗人,出生于南澳大利亚的帕诺拉。自幼患有严重的眼疾,只上过不到三年学。他父亲也爱写诗,对他有影响。他在家中能读到《圣经》、彭斯与托马斯·胡德的诗,这大致就是他受到的全部诗歌教育了。他依靠体力劳动维持生活,一面干活一面吟诗,下班后自己记下或托人写下。他创造出了一种独特的诗风,获得过一种文学年金,但数目不大。

爱情正在来临
尼尔森

静谧,一如玫瑰花蕾
　絮语,对着稀薄的空气,
爱情的步履那么轻盈

我不知道她已来临。

　静谧，有如恋人们蠕动
　　　当月亮升到中天，
　轻柔，像演奏者的颤抖
　　　当曲调使他热泪涌流；

　静谧，犹如幽谷百合
　　　发出无声的誓言
　羞怯的朝圣者挨近：
　　　我不知道她已来临。

　静谧，就像无用的眼泪
　　　洒向一个弥天大罪，
　轻柔，有如小提琴上
　　　奏出了忧郁的呼唤；

　不见暴风雨和冰雹
　　　也没有火和闪光的刀，
　爱情的步履那么轻盈
　　　我不知道她已来临。

（李文俊　译）

也许因为作者是个盲诗人，他的内心生活像是比普通人更加细腻与丰富。他看不见，但是听觉特别灵敏。他能听到"玫瑰花蕾"的絮语，而且是"对着稀薄的空气"的絮语。他能听到深夜恋人们的"蠕动"。他能听到幽谷百合所发出的"无声的誓言"。然而，即使是这么敏感的心灵，却仍然未能察觉爱情的来临，足见爱情是一种多么微妙与难以捉摸的心灵状态。一般人对这种如烟如雾如云的状态有所感受，却说不清楚。诗人用纤巧的笔触把它摹写出来，使人们读了能引起种种回忆与联想，这正是诗人的本事。

原诗形式工整，押的是二、四行的尾韵，译者改为三、四行押韵（一、二行可押则押，不勉强）。原诗五节，四节的开头都是一个"quietly"（译文用同样轻柔的"静谧"代替），有两节的第三行以"softly"打头，译文里是"轻柔"。这几行的头两个字，译文中都用逗号点断，以表达爱情来临时那种踟蹰不前、欲行又止的步态。至于是否能达到这种效果，则有待读者的检验了。　　　　　　　　　　（李文俊）

霍普（1首）

A. D. 霍普（A. D. Hope, 1907—2000），澳大利亚著名诗人。在悉尼大学与牛津大学学习过，后回澳，在多所大学执教，"二战"后开始发表诗作，1955年出版第一本诗集。霍普诗作甚多，得过多种奖。他的诗歌的特点是运用传统诗歌的娴熟技巧尖刻地批评现代生活与价值观，观察深刻，语言精巧。这使他不断得到好评。

新　娘

霍　普

沿着装配线翻滚、前进，她们
终于制成，真是设计上的奇迹；
不碎的玻璃，档板电镀够水准，
时髦的线条，一副流线型的胴体。

爹和妈一手的油泥，满心欢喜，
扳子插进后兜，边看边叽咕：
"活儿干得不赖，加足油，这小妮
是终身好侣伴，别看她有点轻浮。

"姑爷准保称心满意，这里面
有全套装备，瞧，摁钮一按，
灯光会亮，音乐会响，香烟

在这儿,膝盖放那边,多灵敏的踏板。"

缓缓穿过展销厅炫目的灯光,
她来了,光彩照人,含情脉脉,
准备去恋爱、抚慰和顺从。董事长
对车牌祈祷,祝福她走向生活。

把数字留给夫婿的人生纪录;
香槟噗地打开,镁光灯闪亮,
现在她终于来到高速公路,
神采飞扬,每一寸都像新娘。

乐呵呵的小伙子在车前坐定;
她娇憨地哼哼,路面上印上了新轮胎,
有如一只提升阀在正常运行,
她腰肢一扭,纵身冲向未来。

(李文俊　译)

  对于《新娘》这首诗,诗人有一段附言:"我写这首诗时,脑子里想起《时尚》(Vogue)这一类花里胡哨的时装杂志,特别是介绍新娘服饰的专号与推销豪华轿车的广告。在这种画面里,总有一个迷人的女郎和一辆汽车在一起。"参照这段话,我们可以领悟到,这首诗写的既是豪华轿车,也是新娘。在西方社会里,这二者有时竟混淆在一起,一而二,二而一。汽车卖到主顾的手里,与姑娘嫁给小伙子,竟有类似之处,都是起着"恋爱、抚慰和顺从"的作用。有各种现代化设备的"优皮士"不一定真的需要与女郎结婚。(我们常常听见西方社会里新妇这样骂她的丈夫:"你干脆与你的汽车结婚得了!")姑娘嫁人,也无非起着与新式汽车差不多的作用。"把数字留给夫婿的人生纪录",既是指车行的里数,也是指让丈夫付账的钱数。套一句时髦的话,可以说霍普在这首诗里,写出了"物的人化"与"人的物化"这一双重异化现象。

诗是写机械与机械制造的,译者亦尽量设法用一种"拉格泰姆"(Rag-time)的切音节奏来表达,文字也稍许有些跳跃。韵式则严格按ABAB押,如"们、准","即、体",以表现原诗的俏皮韵味。（李文俊）

赖特（1首）

朱迪思·赖特（Judith Wright, 1915—2000），澳大利亚女诗人,生于新南威尔士州的一个牧场主家庭。赖特童年在牧场接受母亲的启蒙教育,悉尼大学毕业后游历欧洲,归国后,先后在数个公司任职。20世纪40年代后期专职于创作,晚年积极参与环境保护工作,成为知名的公众人物。1992年,她被授予女皇诗歌金奖。其诗歌受艾略特、庞德等人影响,早期作品多与牧场、滨海、土著生活有关,晚年诗作多关注战争、环境等社会问题。代表作有诗集《女人对于男人》《城市日出》《虚幻的寓所》等。

夜 鹭
赖 特

一天的雨后,
朝西的大街,
亮起了愈来愈强的黄色灯光,
黑色的道路闪烁着光芒。

第一个孩子瞧见了什么,
他告诉另一个孩子,
窗子里探出了一张又一张脸,
像花一样绽开了眼睛。

犹如点燃了一根长长的导线,
那消息不胫而走,
没有人大声高喊,

人人都说："嘘！"

灯光渐暗，湿润的路面，
映现出了水仙似的黄色，
那一头大路的中间，
兀立着两只高高的夜鹭。

那些脸上露出的表情，
甚至比野鸟还要奇怪。
突然他们想起了什么，
个个都绽开了笑脸。

孩子们想起了喷泉，
马戏团，给天鹅喂食。
女人们记起了，
年轻时曾说过的话。

人人都说："嘘！"
无人高声言谈，
突然夜鹭们腾空飞走，
灯光也变得暗淡。

(黄源深　译)

赖特很多篇幅不大的抒情小诗，常常是从个人具体的经验或一个个似乎微不足道的生活场景中，开掘带有普遍意义的深刻主题。《夜鹭》就是这样的一首小诗。

雨后初晴，两只夜鹭降临到一条昏暗灯光辉映着的湿润的街道上。诗人并没有正面描写这两只可爱的小生灵，而是重点记叙了发现夜鹭的人物——孩子和女人们的表情——虽然惊喜，但"无人高声言谈"。他们唯恐惊吓了夜鹭，破坏了这美好的人与自然的交流。这幅寂静而动人的画面，让我们感受到人类与大自然的和谐，人对自然的爱护以及从大自

然中得到的欢喜和快慰。　　　　　　　　　　　　（广惟）

麦考利(1首)

詹姆斯·麦考利（James McAuley, 1917—1976），澳大利亚诗人、评论家，生于新南威尔士州的一个小业主家庭。他自幼酷爱音乐，在悉尼大学读书时即开始写诗。大学毕业后在一所中学从教，"二战"时入伍，退役后曾在政府任职。20世纪50年代后，先后担任多家刊物主编，并曾周游世界。麦考利创作上反对现代主义，其作品被公认为属于古典派。代表作有诗集《在橙黄色的星空下》《太阳的惊诧》《迟夜的音乐》和评论集《现代主义的末日》《澳诗中的个人因素》等。

在霍恩谷

麦考利

支撑着的树桠沉甸甸挂满了苹果，
春天已早被忘却，
梨子黄橙橙地已经成熟，
黄蜂知道，哪儿躺着被风吹落的腐烂的水果。

果汁随阳光而变得浓醇
那些秋天的日子寂静无声，
清澈似镜的河水，
映照出山上金黄的榆树。

还有灯芯草白色的羽毛，
人生充满了酬报，
一无所获，一无所学，
这种说法并不可靠。

收获来的东西，

该把它们堆好。

苹果滚过分类的机器,

货棚里打包声一片喧闹。

(黄源深 译)

这是一首蕴意深刻的哲理诗。诗人用多姿多彩的笔描绘了一幅绚丽美好的秋天图景:沉甸甸的苹果、黄橙橙的梨子、金黄色的榆树、白色的灯芯草、清澈的河水。这斑斓的色彩、鲜明的意象,突出了丰收的秋天给人们带来的欢喜和欢快。接着诗人道出了从秋收图中所悟出的哲理思考:"充满了酬报"的人生,是需要日积月累的辛劳和刻苦,而"一无所获,一无所学"的消极的人生态度是不会得到任何的收获和酬劳的。诗人使抽象的哲理物化为鲜明生动的形象,使这首貌似写景的小诗深邃、含蓄,令读者倍感韵味无穷。 (广惟)

多布森(1首)

罗丝玛丽·多布森(Rosemary Dobson, 1920—2012),澳大利亚女诗人。出生于悉尼,祖父也是诗人。她在悉尼大学学的是艺术史,后来在出版界工作,后住在堪培拉。她的许多诗歌都是以艺术为主题的,晚年多写个人的经验。由于内容比较抽象,读者不是很多,但评论家都认为她的作品格调高雅。

等待召唤

多布森

从窗台低低的窗户进来,

穿过下垂的枝蔓,从门楣上

放有一盆植物的门口进来。我在

窗上挂了铃铛,你来临时,你的气息

将使它们摇动,任何季节你都可能来。

冬天,白雪把反光

投射在天花板上。若是你冬天来
一个蓝色的影子会走在你前面
落在门槛上。

夏季里,白色的尘土会卷起旋涡
墨绿色的叶片将泛起一层亮光。

当你来临时我已做好准备:只不过不清楚——
我们是否立即开始另一次航程?
我很想先写下这一切,将纸页
压在桌上的一块镇石底下,
反正我已将摆渡所需的钱币
放进了一只小竹篮。

(李文俊　译)

  诗题《等待召唤》,在西方人语言中有特殊意义,这就是等待上帝的召唤,离开尘世,到天国去。也就是说,是安详地面对死亡。写这样主题的诗歌为数不少,但多布森的这首却有其不同凡响之处。首先,诗人把死亡的到来看得十分洒脱,她欢迎它的到来,而且做好准备,期待它以各种不同的方式到来。不管以哪种方式,都是很美的行动,会拂动盆栽的枝蔓,或牵动风铃,死神该是与小精灵差不多的东西吧。它也可能在不同的季节到来,那也仅仅是给环境增添了色彩,使之更加生机勃勃罢了。

  如果仅仅这样对待死亡也还一般,诗人的死亡观却有更深一层的内容。她把这一生的结束视为"另一次航程"的"开始"。她甚至已经做了计划,也做好了物质准备。看,她不是已经把"摆渡"所需的钱币放到小竹篮里去了吗?诗人写的是死,却在诗里写出了自己对生活的热爱。如果可能,她多想又一次开始她的人生旅程啊。

(李文俊)

附 录

怎样欣赏外国诗

许自强

外国诗歌翻译到我国已有较久的历史了。倘以1864年（或许更早）清朝外交官董恂翻译的第一首西洋诗——朗费罗的《人生颂》算起（见钱锺书《汉译第一首英语诗〈人生颂〉及有关二三事》），至今已有一百多年了。但比较系统、深入地对外国诗进行鉴赏性的介绍，却是近几年的事。鉴赏外国诗不像鉴赏中国诗那么容易，由于一般读者缺乏有关诗歌背景、特征及诗人的生平思想等第一手资料，往往只能停留在诗句表面，难以深入下去。本书的编写就是想为大家提供一些欣赏的方便。在诸位欣赏具体诗篇之前，我想谈谈外国诗歌鉴赏的主要特点，以期有助于读者更顺利地进入这座名诗"金库"的大门。

诗歌欣赏，无论中外都有一些共同规律。比如说，都要把握诗人的情感脉搏，追求诗的意境美；都要驰骋想象的翅膀，获取言外之旨的蕴藉美；都要反复吟诵，领略诗的形式美和音乐美等。然而，欣赏外国诗与欣赏中国诗又有所不同。这主要取决于三方面原因。首先，是外国诗（需要说明，外国诗这个概念极其宽泛，除了中国诗以外，世界各国的诗都可以包括在内。其中，有些东方国家，如朝鲜、日本等，它们的诗或受中国影响，或同中国诗比较接近，我们这里主要谈的是外国诗中的西方部分，以欧美诗为主）同中国诗本身的差别。每一国的诗都植根于其民族的土壤，反映着不同的民族生活、时代风貌、社会习俗，在诗体、风格、形式上都自有特色。拿中国诗同西方诗相比，中诗重抒情，西诗重叙事;中诗以简隽短篇为优,西诗以长篇史诗见长;中诗讲含蓄,西诗多明朗……差别甚多,论诗的标准自然也有所不同。其次,是翻译的转折。诗是所有文体中最难翻译的,因为诗的音韵、诗的内涵是很难翻译而不受损伤的,无论是直译(按字义译),还是意译(按意思译),都将丧失许多原诗的精彩,甚至面目全非。正像茅盾先生所说,诗经过翻译,即使译得极谨慎,和原文极吻合,亦只能算是某诗的Retold(译述),不能视为即是原诗;原诗所备的种种好处,翻译时只能保留一二种,决不能完全保留。(《译诗的一些意见》)阅读译诗比起欣赏外国诗的原作,意趣锐减,不可同日而语。最后,是读者的口味。中国人吃面包、香肠,总觉得不像正式饭食。中国历来以诗国著称,自己有世界上最丰富宝贵的诗歌遗产,唐诗宋词几乎家喻户晓,从而也养成了我们自己的欣赏习惯、审美趣味。中国人往往以欣赏中国诗的眼光、心理去鉴别外国诗的优劣,这就容易发生偏差。

以上三方面因素造成了我们在欣赏外国诗时的一种隔膜感和心理障碍。那么,欣赏外国诗究竟有哪些值得注意的地方呢?怎样才能实事求是地、公允地去评价、鉴赏外国诗呢?我以为主要有以下几点。

(一)不宜苛求外国诗的音韵美

我国明代诗人谢榛说过,好诗应当是"诵之行云流水,听之金声玉振,观之明霞散绮,讲之独茧抽丝"。(《四溟诗话》)这四条标准里,除了第四条外,前三条讲的都是诗的语言美和声韵美。黑格尔也曾说:"至于诗则绝对要有音节或韵,因为音节和韵是诗的原始的、唯一的愉悦感官的芬芳气息,甚至比所谓富于意象的富丽词藻还更重要。"的确,朗朗上口、抑扬顿挫,吟诵如歌、悠扬悦耳,是诗的魅力之一,这对于格律诗来说尤为重要。自由诗虽无严整的格律,但仍需用别种方式体现出它的语言美和声韵美。

然而,这种语言美和声韵美,一旦换了一种别国语言,它的美也就至少丧失大半了。因为各国的语言结构和特征差别很大,翻译主要是词语和意思的转达,却不可能转达语音。英国诗人雪莱在《诗辩》中曾说过:

"诗人的语言牵涉着声音中某种一致与和谐的重现,倘若没有这种一致与和谐的重现,诗也就不成其为诗了。"所以他认为:"译诗是白费力气。" 这话虽然失之偏激,但有相当的道理。比如,我们读一下梁宗岱译的《莎士比亚十四行诗》之十八首:

我怎么能够把你来比作夏天?
你不独比他可爱也比他温婉;
狂风把五月宠爱的嫩蕊作践,
夏天出赁的期限又未免太短;
天上的眼睛有时照得太酷烈,
他那炳耀的金颜又常遭掩蔽;
给机缘或无常的天道所摧折,
没有芳艳不终于凋残或销毁。
但你的长夏将永远不会凋落,
也不会损失你这皎洁的红芳;
或死神夸口你在他影里漂泊,
当你在不朽的诗里与时同长。
只要一天有人类,或人有眼睛,
这诗将长在,并且赐给你生命。

译者严格遵照莎翁的十四行体的格律,以四、四、四、二的句式,译成ABAB(天婉践短)、CDCD(烈蔽折毁)、EFEF(落芳泊长)、GG(睛命)的韵式,译得很显匠心,文词优美,诗意甚浓。但这种韵律适用于英语的特点,却不适合汉语。我们读惯了中国诗的押韵方式(或一韵到底,或偶句押韵等),对于莎翁的这种韵律仍难感受到它的音韵美。

再如,雪莱的《西风颂》有许多模仿西风劲烈的声音,尤其是他的开头:

O wild West Wind, thou breath of Autumn's being!
(哦,犷野的西风,秋之实体的气息!)

用英语朗读起来大有西风扫荡一切的磅礴气势。魏尔伦的《泪洒落在我的心》里，诗人大量采用了回旋韵（即每一节首尾两行重复同一词作韵）和谐音词（如il pleure—il pleut哭泣—下雨）造成一种和声共鸣的效果，来表达诗人心中难以排解的苦痛。尽管我们的翻译家尽了很大努力，体现出了原诗的部分风貌，但朗读英文和法文原诗的音韵效果用中文是绝难体现的。所以，我们欣赏外国诗，主要是读诗的内容，对诗的音韵美不能苛求，外国诗的朗诵效果一般是不理想的。

当然，诗的音韵美并不全靠外在的语言的音乐性，还需依靠内在的情感的韵律，即诗人情绪和情感波动的节奏。这种情感的韵律美同语言的音韵美原是互为表里、和谐统一的。译诗虽难传达语言的音韵美，却可以较多保留情感的韵律美，这对自由诗来说更为明显。所以在译诗中，自由诗比起格律诗来，在音韵上的损失要小得多。何况还有一些外国诗，语言的音韵美也可以不同程度地翻译过来。比如马雅可夫斯基的诗，主要靠阶梯式的鲜明的节奏，字句简短劲健，朗诵起来铿锵有力，很有感染力。由此可见，外国诗的音韵美并非全都丧失，只是不要像欣赏中国古典诗那样期望过高而已。

（二）不宜寻章摘句，一味追求文词美

诗的语言是高度精练的，汉语又大多是以单音字为基本单位，欣赏中国诗往往着眼于字词之美。我国古典诗歌一向讲究炼字、炼句，有"诗眼""词眼"之说。这些"诗眼""词眼"大多能起到画龙点睛、提纲挈领、融贯全篇的作用，所谓"石韫玉而山辉，水怀珠而川媚"，所谓"一字妥帖，则全篇生色"。因而，从齐梁时代的诗论、文论巨著《诗品》《文心雕龙》始，就有了寻章摘句评诗的先例。寻找名句、佳句，并细加玩味，成了我国读者的一种欣赏习惯。

外国诗里固然也不乏名句、警句。像雪莱《西风颂》中的"冬天来了，春天还会远吗？"像歌德的一些格言诗，像日本一些精彩的俳句，也很受人喜爱。因为外国诗也讲究语言的锤炼，讲究文词的华美。古典长诗不说，即便是现代派诗人的即兴之作也随处可见其用语之精妙，读读庞德的《地铁车站》、艾略特的《窗前晨景》就可见一斑。

然而,外国诗的语言美,主要不在于个别字、词的妥帖上,能称之为名句传世的,也远不像中国古诗那样多。外国诗语言的魅力大多是以整体形式表现出来的。即使有些警辟的妙句,也往往离不开前前后后的整体结构,很难脱离全诗单独摘出而不受损伤。比如莎翁的十四行诗,其结尾两句大多称得上是诗中警句,但它一般是全诗的总结,离开了前面十二句,只读最后两句是会深感逊色的。这同中国古诗里摘出某些名句可以独立欣赏是不一样的。倘同中国诗比较的话,它似乎更接近于那种"气象混沌,难以句摘"的汉魏古诗。

(三)不可拘泥于欣赏中国诗的传统习惯

正像白色在中国显示丧逝,在西方表证婚喜,不同民族有不同的心理、习惯,在欣赏诗歌方面同样如此。诗,所以能以少胜多,以一当十,很重要的原因在于它能激发起读者的联想,得到言外之旨、弦外之音的乐趣。巴尔扎克曾在《幻灭》中说:"真正懂诗的人会把作者诗句中只透露一星半点的东西拿到自己心中去发展。"艾略特也说:"一首诗对于不同的读者可能显示出多种不同的意义。"从这个意义上说,诗,可以看作是一块激发人想象的多棱宝石,人们从不同角度,借助于不同的光照,可以焕发出绚丽缤纷的不同光彩。一般说,能够激发起读者的联想愈多,这诗的诗味就愈浓,也就愈值得人欣赏。所以雪莱把诗解作"想象的表现"。

激发想象的多寡固然主要取决于诗本身的优劣,但也同读者的文化阅历、审美趣味相关,还同读者的心理素质、欣赏习惯以及想象力有关。就拿欣赏心理和想象力来说,我国的读者读中国诗,一见到"柳"字就会联想到春天,想到爱情,想到送别,想到缠绵;一见到"月"字马上会联想到思亲、思乡、团圆等。这是因为我国读者在中国古诗中见惯了这类诗句,诸如"客舍青青柳色新""杨柳岸,晓风残月""举头望明月,低头思故乡"之类。柳色伤别,望月思乡,已积淀成了我国民族的传统心理(我国人民对中秋团圆的重视即是一例)。所以,狄德罗说:"鉴赏力是由于反复的经验而获得的敏捷性。"可是,外国人对柳、月之类就未必如此。外国诗人很少咏柳,专写月亮的也不多,而且一般不把它同爱情、思乡直接联系到一起。这里既有民族的心理差异,也有语言习惯的不同。英国语言学家瑞恰兹认为科学的语言是"指称性的",而诗歌的语言却是"感情性的"。故而同一词语在不同人心里往往会引起不同感受,这在语言学上叫作"语感"。夏丏尊曾说:"在语感敏锐的人的心里,'赤'不但解作'红色','夜'不但解作昼的反面吧?'田园'不但解作种菜的地方,'春雨'不但解作春天的雨吧?见了'新绿'二字就会感到希望、自然的化工、少年的气概等等说不尽的旨趣;见了'落叶'二字,就会感到无常、寂寥等等说不尽的意味吧?"(引自《叶圣陶论创作》)很显然,这种语感的差别,对于不同国家、不同民族、不同时代来说,无疑相距很大。中国把杜鹃当作哀怨的化身,有"杜鹃啼血"之说,李商隐所谓"望帝春心托杜鹃"。而在华兹华斯的名诗《致杜鹃》里,却把杜鹃称为"欢乐的鸟",激发起诗人的是美好的童年回忆;中国很少人写诗咏唱玫瑰,玫瑰在中国人心目中十分平凡。但在西方,玫瑰却是爱情的象征,是西方人最喜爱的花种,咏赞玫瑰之作多不胜数。彭斯的名诗《一朵红红的玫瑰》,中国人读来未见十分出色,在西方却几乎家喻户晓,传诵不绝。这就告诉我们在欣赏外国诗时,不能用我们固有的心理定势和传统习惯去衡量,而要依据所在国的文化背景、民族心理去加以理解。对于中西诗风的差异也同样如此,中国人喜爱含蓄美,并不能因此轻视西诗的明朗美;中国人不喜爱读长诗,也不能因此贬低西方史诗的价值。

这里,不能不提一下翻译中的障碍。译诗应当忠实于原作,一般只能译出原诗的字面含义,而对于诗句中深藏的内涵和情感色彩很难照顾周全。尤其在翻译一些典故时,弄不好往往会走调。比如苏轼的《饮湖上初晴后雨》后两句是:"欲把西湖比西子,淡妆浓抹总相宜。"其中"西子"是指越国美女西施。用西子比西湖,除了同有一个"西"字外,它的妙处还有许多:西施生于越国,家乡与西湖相近,显得分外亲切;西施本是一个浣纱的女子,得宠吴王后,贵为王妃,兼素朴美、华贵美于一身；传说西施有心脏病，蹙额皱眉时别有一种风韵，显出一副病态美，至有"东施效颦"的笑谈……故而西施之美是丰富多彩的，这就为"淡妆浓抹"四字找到了最好的依据，以至后人把西湖称为"西子湖"。然而，有个外国人的译文把"西子"译成了"美丽的姑娘"，意思虽不算错，但原诗的妙处几乎荡然无存了。更有甚者，是曲解原意。有个外国学者翻译白居易的《长恨歌》，开头一句是"汉皇重色思倾国"，"倾国"一词，原是指绝色美人，但他却理解为"倾覆王国"的意思，这就使译句完全背离原意了。这种曲解典故的舛误，在外国诗的中译本中同样不乏其例，由此，引起读者理解、欣赏上的误差自然更会"失之毫厘，谬以千里"了。

诗中用典，古今中外皆然。对于熟悉典故来历的读者来说，用典可以收到言简意赅、含蓄曲折的妙致。但对于陌生的异国读者来说，它常常成了解诗的阻隔，破坏了诗意的畅达，削减了欣赏的乐趣。西方诗中常用的典故大多出自希腊神话和《圣经》，这两部作品，西方人一般都较熟悉，故而欣赏时并不费劲，但对中国读者来说就不一样了。比如雪莱名诗《阿波罗之歌》和《潘之歌》就是源于希腊神话故事，不熟悉这段故事，很难欣赏这两首诗的妙处。有些诗的典故十分生僻（如艾略特《荒原》），欣赏起来，难度更大。在这种情况下，只能要求我们的读者耐心细致地去读原诗的译注，懂得外国诗中典故的含意，先求理解，再行欣赏。切勿望文生义，闹出笑话。

以上我们是从消极方面来谈的。那么欣赏外国诗的重点应放在哪里呢？

一般来说，那些采用直抒胸臆的方式表现诗人情志的作品，比较容易把握。像拜伦的《哀希腊》，像裴多菲的《民族之歌》，这类以抒发志向、理想为主的政治抒情诗，只消知道它的历史背景，就不难理解。再如普希金的《致凯恩》、歌德的《相逢与离别》这类爱情诗，无须解注，也可为人赞赏。

外国诗欣赏的难点和重点主要在于两方面，一是发掘诗中的理趣，一是领略构思的新巧。

先说理趣。

中国诗教的传统是言志、传情,所谓"诗言志""诗缘情",说理在诗歌中地位甚微。严羽说:"诗有别趣,非关理也。"(《沧浪诗话》)出色的说理诗在中国诗里屈指可数,而且大多是在抒情、叙事中捎带着说理,专门说理的诗往往是不成功的败作(如魏晋的玄言诗,南宋的道学诗)。

外国诗则不然(这里又要以西方诗为代表),西方人比较重理性,讲科学,偏爱于对哲理的探索,诗人尤其如此。英国诗人柯勒律治曾说过:"一个人,如果同时不是一个深沉的哲学家,他绝不会是个伟大的诗人。"(《文学传记》)所以,从宇宙到人生,从生到死,从理智到梦幻,他们时时都在不断地思索,从中寻找人生的真谛、生命的价值。长篇巨制像但丁的《神曲》、弥尔顿的《失乐园》、歌德的《浮士德》,其主题本身就带有浓郁的哲理色彩。短篇小诗也往往在抒情、写景之中,寄寓着某种道理。就拿描写自然景物为例,朱光潜曾说:"中国诗人在自然中只能见到自然,西方诗人在自然中往往能见出一种神秘的巨大的力量。"(《中西诗在情趣上的比较》)这前一句话未见公允,后一句却有道理。其实,中国诗人无论是借景抒情或是托物言志,都是把自然作为一种情感的寄托或媒介,在自然中看到的是"人",这自然是人格化了的,带有鲜明的主观色彩。如陶渊明咏菊、陆游咏梅,都是借菊和梅表现出士大夫文人孤标傲世的清风亮节。西方诗人在自然中看到的是隐藏在自然后面的"神",即支配自然的规律和力量,是以客观的态度,探索世相人生的奥秘,偏重于谈理。比如:雪莱的《云》以其神奇绚丽的想象力、蓬勃旺盛的生命力,歌颂了自然万物周而复始、永生不灭的创造力;济慈的《希腊古瓮颂》,则以古瓮上永不凋败的画像,同现实生活中转瞬即逝的美相对比,表达诗人对于真与美的观念——"美即是真,真即是美"。

西方说理诗之所以能感人,很大程度在于一个"趣"字。也就是说,它不是干巴巴地陈述理论概念,而是在理中带趣,使人在欣赏玩味之中得到理的启迪。这种"理"往往隐藏在生动活泼的形象中,构成一种"理趣"。这同西方人幽默风趣的性格也较吻合,所以,西方说理诗中的上乘之作是那些情理合一,即在写景、抒情、咏物之中寄寓某种道理的作品。表面看来,似乎根本没有讲什么"理",如同寻常的抒情诗、写景诗;细细品味,它的意蕴又绝不止于抒情或写景,还隐含着更深的难以确定的寓意,令人遐想不已。我们来读读美国诗人弗洛斯特的《雪夜林边暂驻》:

这是谁的树林我想我清楚,
虽然他在那边村庄里面住。
他看不见我在这里停下来,
观赏白雪覆盖住他的林木。

我的小马一定是觉得奇怪,
在这一年最黑的一个黑夜,
在树林和封冻的湖泊之间,
停在近处不见农舍的野外。

他抖了一抖挽具上的铃串,
仿佛在问是否走错了路线,
仅有的音响只是轻风一阵,
和白絮般飘飘落下的雪片。

这树林可爱、阴暗,而且幽深,
但是我有约定的事要完成。
临睡前还要再赶几里路程。
临睡前还要再赶几里路程。

对这首诗,国外曾有许多种猜测和评析。要了解它的表层含义是不难的,人们可以把它看作是一首恋旧的抒情诗,可以想象到这片"树林"曾在诗人的心灵中刻下过深深的印记,铺满了无穷的回忆和眷恋。也许,他们曾在这里度过甜蜜的时光?也许,他们曾在这里分手?也许这树林曾标记着什么人生重要的里程？是友谊？是爱情？是怀旧？是感伤？……从抒情的层次，我们已可获得如许丰富的联想。

然而，这首诗更能打动人的其实不在抒情，而在于蕴含的理趣。它似乎在告诫人们一种生活经验，提示一种时间观和生命观："过去"的未必过去，"未来"的始于现在；"现在"虽难于摆脱"过去"，但它应着眼于"未来"。这在诗的最后一节说得比较明显。它使我们想起席勒的说理名诗《孔夫子的箴言》中谈到的时间：

> 时间的步伐有三种：
> 未来姗姗而来迟，
> 现在像箭一般飞逝，
> 过去永远静立不动。
>
> 当它缓行时，任怎样急躁，
> 也不能使它的步伐加速。
> 当它飞逝时，任怎样恐惧犹疑，
> 也不能使它的行程受阻。
> 任何后悔，任何魔术，
> 也不能使静止的移动一步。
>
> 你若要做一个聪明而幸福的人，
> 走完你的生命的路程，
> 你要对未来深谋远虑，
> 不要做你的行动的工具！
> 不要把飞逝的现在当作友人，
> 不要把静止的过去当作仇人！

读了弗洛斯特这首《雪夜林边暂驻》，不妨对席勒的时间观提出补充、修正："过去"并非"永远静立不动"，它常会回到"现在"；"现在"除了有像箭一般飞逝的一面，有时还会迟疑不决，不知定向；"未来"并非"姗姗而来迟"，有时，它只取决于"现在"的刹那"决断"。设想一下，

《雪夜林边暂驻》的主人公,倘若因怀恋"过去"而径往"他家"走去,那么,他那已经"约定的"要完成的事,他那前面的"路程"势必被耽搁,因"过去"而损"未来"的教训在我们人生中难道发生的还少吗?

当然,这只是我们读了《雪夜林边暂驻》的一点联想。每个读者依据自己的生活经验,可以生出各种不同的联想,对这首诗做出不同的理解。但不管如何,弗洛斯特这首诗寓理于情、情中带理的特色大约是不会有异议的。钱锺书先生说"理之在诗,如水中盐,蜜中花,体愿性存,无痕有味"(《谈艺录》)指的大约就是这种情况了。

这类诗在外国诗中比例甚大,无论古典派、浪漫派、象征派、现代派都喜欢采用。像雪莱的《西风颂》,像泰戈尔的《游思集》中的篇章,像莱蒙托夫的《乞丐》,像瓦雷里的《石榴》,都在抒情写景、咏物中寄寓着某种哲理,给人以情、理、美三方面综合的享受。法国著名评论家丹纳曾说:"美能够把最高的结构建筑在真理之上是美的光荣。"以诗情的旋律来做哲理的表述,实在可以看作诗境的最高层次了。

外国诗中还有一类纯粹说理的。这类诗把"理语"直接写进诗中,按常规来说,它很容易枯燥无味,破坏诗的含蓄美。正像我国古人所说"理语不必入诗中"(潘德舆《养一斋诗话》),歌德也说过:"一个诗人需要一切的哲学,但在其作品中则必须把它避开。"然而,外国的这类诗中仍有不少耐读之作,这主要有两方面原因:

(一)所说的"理",新鲜、深刻、不落俗套,道出了人所未道之真理。雪莱曾说:"诗的语言揭示的是还没有任何人觉察的事物的关系,并使其为人永远不忘。"这番话对抒情诗未必合适,对说理诗却正中肯綮。我们来读读葡萄牙诗人卡蒙斯的《爱情是不见火焰的烈火》:

爱情是不见火焰的烈火,

爱情是不觉疼痛的创伤,

爱情是充满烦恼的喜悦,

爱情的痛苦,虽无疼痛却能使人昏厥。

…………

历来的爱情诗或颂爱情之甜蜜,或诉失恋之痛苦,往往各执一端。而这首诗以一系列矛盾对立的逻辑、荒谬悖理式的词语,揭示出爱情的两面性,充满着辩证的睿智的光彩,具有很强的说服力。这样的说理看似抽象,却不空洞,因为它的内涵完全可以由读者用生活的阅历、经验去补充。

还有一种情况是诗中的"理"被高度概括,其底蕴未曾揭晓,需读者自己去思索、解答,因而也能引起人们的"趣"来。比如,狄金森的《有两个可能》:

> 有两个可能,
>
> 有一个必然,
>
> 还有,一个应该。
>
> 无限的折中,
>
> 是我愿。

这首诗如同一个哲学谜语,给人提供无限的思考。它的答案又简单,又复杂。说简单,似乎一看就明白;说复杂,它包含着人生的酸甜苦辣,是全部生活真理的浓缩。末句又饱含着诗人的情感和倾向,所以它同样具有"理趣"。此外,尼采、歌德、萨迪等一些近似格言警句式的说理诗,都属此类。

(二)用优美形象的语言来说理。这类诗大多采用比喻、象征手法,把理语与诗语交织并现。比如,勃朗宁夫人的十四行诗第十首:

> 不过,只要是爱,是爱,可就是美,
>
> 就值得你接受。你知道,爱就是火,
>
> 火总是光明的,不问着火的是庙堂
>
> 或是柴堆——是栋梁还是荆榛在燃烧,
>
> 火焰里总跳得出同样的光辉。
>
> ············

这是以火喻情,反映出女诗人对爱情的炽烈赞美和民主、平等的爱情观,比喻贴切,激情饱满,很有感染力。西方的许多说理性的十四行诗基本上都是采用这种方式。这类诗其实也是抒情同说理结合的一种形式,只是二者的界限比较清晰。它的长处在于所说的理比较突出、鲜明,也有一定深度,但缺少含蓄蕴藉则是它的不足。

下面再说构思技巧。

朱光潜在《中西诗在情趣上的比较》中曾说:"西诗以直率胜,中诗以委婉胜;西诗以深刻胜,中诗以微妙胜;西诗以铺陈胜,中诗以简隽胜。"从总体看来,这评价是公允的,说明中西诗各有所长。西诗在艺术表现上确有许多可贵之处,值得我们借鉴学习。要而言之大体有这样几方面:

(一)宏大的构架气势

中诗传统里,短篇抒情居多;而西诗传统中,一向以长篇史诗为主。从古希腊的《伊利亚特》《奥德赛》为先驱,此后,具有史诗气魄的长诗成为西方诗歌的主流。但丁的《神曲》,弥尔顿的《失乐园》《复乐园》《力士参孙》,拜伦的《恰尔德·哈罗尔德游记》《唐璜》,雪莱的《解放了的普罗米修斯》,歌德的《浮士德》,普希金的《叶甫盖尼·奥涅金》,莱蒙托夫的《恶魔》,直至现代名作艾略特的《荒原》,瓦雷里的《海滨墓园》,马雅可夫斯基的《列宁》,伊萨耶夫的《记忆的审判》……都是思想深刻、内容丰繁的鸿篇巨制。这些作品是西方诗国中一座座高大的丰碑。同它们相比,短篇抒情之作只能算是雕栏画梁而已。

正因为西方的大诗人都有构架鸿篇巨制的才华和气魄,所以,他们写的一些单篇零章也往往透射着一种豪迈恢弘的气概,具有"观古今于须臾,抚四海于一瞬"(《文赋》)的势态。像歌德的《普罗米修斯》,像席勒的《欢乐颂》,像普希金的《自由颂》,像莱蒙托夫的《诗人之死》,像涅克拉索夫的《大门前的沉思》,像惠特曼的《自己之歌》……都可以发现诗人那种胸怀深广、高瞻远瞩的大家气派。事实上,有不少抒情诗名作正是长诗或诗剧中的片断,如拜伦的《哀希腊》(选自长诗《恰尔德·哈罗尔德游记》),普希金的《达吉雅娜的信》(选自诗体小说《叶甫盖尼·奥涅金》），以及莎士比亚的许多选自戏剧中的短诗。读这类诗是不能匍匐着寻枝摘叶，纠缠于个别词句的，而要像进入巍峨大殿，通观整体的构架，领略它们的通体美，同欣赏我国屈原的《离骚》、杜甫的《自京赴奉先县咏怀五百字》大体仿佛。其实，即便是一些即兴小诗，也常常是诗人忧愤深广情思的凝结，是曲折人生的缩影。像歌德的《漫游者的夜歌》，像莱蒙托夫的《帆》之类都能以小见大，从中感受到诗人情感波澜的撞击。恰如英国诗人布莱克的短诗《天真的预示》所说：

  一颗沙里看出一个世界，

  一朵野花里一座天堂，

  把无限放在你的手掌上，

  永恒在一刹那里收藏。

（二）独特的诗人视角

捕捉住一个最富表现力的瞬间，选用某个新巧、别致的视角，往往可以使平淡无奇的生活在诗里闪烁出神奇的光彩。优秀的外国诗大多具有这一长处。比如十六世纪法国诗人龙沙，当他求爱遭到挫折时，写下了《待你到垂暮之年》一诗。面对傲慢的姑娘，诗人把时间后推了几十年，那时已成老婆婆的她正为年轻时蔑视了诗人的爱而后悔不已。这好像有点阿Q式的精神胜利法，但也未尝不是一种真理。因为随着岁月的流逝，对于一个名诗人，他的声望将日益崇高；而对于一个年轻姑娘，却只能是"一朝春尽红颜老"，到那时彼此的身价就恰成反比了。这一构思是独到的，绝妙的。所以，后来叶芝的《当你老了》、茨维塔耶娃《致一百年以后的你》等诗都有类似的艺术效果。

再比如法国诗人古尔蒙的《发》，通篇写的是一种嗅觉：

  西茉纳，有个大神秘

  在你头发的林里。

  你吐着干刍的香味，你吐着野兽

  睡过的石头的香味；

> 你吐着熟皮的香味，你吐着刚簸过的
> 小麦的香味；
> 你吐着木材的香味，你吐着早晨送来的
> 面包的香味；
> 你吐着沿荒垣
> 开着的花的香味；
> 你吐着黑莓的香味，你吐着被雨洗过的
> 常春藤的香味；
> 你吐着黄昏间割下的
> 灯芯草和薇蕨的香味…………

诗人在他所爱的西茉纳的头发里嗅到了几十种气味，有树木花草之香，有木材、面包之香，有泥土、河、火之香……这种写法，避免了直接赞美恋人美貌之类的俗套，把恋人同大自然紧紧地拥抱在一起，既体现出恋人的乡野气息，又歌颂了她所生活的大自然。人和自然融为一体，让读者在繁复多样的嗅觉中去展开想象，并扩大到视觉、听觉，获得一种立体化的丰腴的美感。后来我国诗人蓬子的《在你面上》一诗，正是借鉴了这种手法。这种取象视角新颖独特的表现是多种多样的。像柯勒律治的《忽必烈汗》完全是梦境的回忆，兰波的《元音字母》则借助于几个字母的感情色彩加以发挥……例子不胜枚举。

（三）表现手法的创新

这在外国诗歌中是最为突出的。世界各国的诗歌发展从风格、流派、创作方法诸方面来看，历经了无数变化，实在难以穷尽。仅就创作方法而言，就有古典主义、浪漫主义、现实主义、象征主义等几大类。细而论之，什么未来主义、唯美主义、意象主义、表现主义、超现实主义、达达主义……多不可数。其中的每一种"主义"都有它一套自身的表现特点，都要花样翻新、独树一帜。比如现代派各类诗歌中都喜欢采用的象征手法，就显示出色彩纷呈的格局。有的明朗、单纯，几同白话，如英美的意象派诗歌；有的隐晦朦胧，如同解谜，如法国的象征派马拉美、瓦雷里的诗歌；有的深奥繁杂，寓意玄妙，如艾略特、叶芝。他们的有些作品早已超出了文学范围，跨入到历史学、人类学、社会学、哲学、心理学等多科领域。再拿抒情来说，有的狂呼乱叫，颇近咆哮（如金斯堡的《嚎叫》）；有的如痴如醉，类似梦呓（如魏尔伦的《我熟悉的梦》）；有的追求纯客观，隐藏"自我"（如桑德堡的《雾》）等，不一而足。

读惯中国诗的人，最熟悉的是借景抒情和直抒胸臆两种形式。但外国诗早已突破了纯诗的表现范围，借鉴了散文、戏剧、小说乃至电影特写的手法，使诗歌的表现力大为丰富。比如戏剧中的内心独白和对白，就被不少诗人采用。勃朗宁的长诗《庞碧丽雅的临终忏悔》，艾略特的《杰·阿尔弗莱特·普鲁弗洛克的情歌》都是成功的例证。而尼日利亚诗人索因卡的《电话交谈》纯粹以打电话交谈的方式，反映对种族歧视的不满，充满风趣的对话，实同小说无异。诗里运用散文笔法更是屡见不鲜。屠格涅夫、泰戈尔等大家的散文诗，本身就是绝妙的抒情散文；纪伯伦的以诗论理，则类似用诗句发表的演讲。在语言形式方面，许多现代派诗人更冲破了传统格律的限制，进行了各种大胆的创新。有的取消标点，一气呵成；有的一字一行，节奏多变；有的采用意识流手法，大写人的幻觉、梦呓和潜意识心理。当代美国诗人奥尔森提出的"投射诗论"，诗行的长短完全取决于表达情感时呼吸的疾缓，诗行中还采用半截括号，以避免所谓终结的"封闭感"……令人眼花缭乱。当然，这些标新立异，有的成功，有的可供借鉴，有的却违背了诗歌的基本规律和特点，破坏了诗意的完美，并不可取。我们对此应当有所分析，区别对待。

以上我们只是择要论述了欣赏外国诗的几点体会。其实，每一首诗之所以能成为名诗留在人们的心中，都有它独特的有价值的地方，读者如果耐心读上几十首，自会有更加深切的收获。

最后，我们要谈谈这部辞典的成书和特色。

1861年英国出现一本《英诗金库》，它是诗人帕尔格雷夫（1824—1897）所编的一部综合性抒情诗集，选录了从文艺复兴到十九世纪前半叶浪漫主义全盛期的抒情佳作288首（后来再版时又增加到433首）。

一百多年来,这部诗选在西方一直受到人们的喜爱,几乎家喻户晓,其地位颇似我国的《唐诗三百首》。以今天的眼光来看,《英诗金库》并不能算是最理想的选本,但它首先把西方诗坛不大重视的抒情小诗汇集起来,功绩不可抹煞。这些抒情小诗比起长篇史诗来,固然价值有限,难以相提并论,但它们的艺术魅力并不亚于后者。甚至,它拥有更多的读者,受到更多人的青睐。

本书固然受到《英诗金库》的启发,但也取决于以下的设想:

(一)从所选入的作品来看,都是文学史上素有定评的名家名作,不愧为外国诗库中的精品。在选篇时我们注意了突出重点、照顾全面。对一些才华卓绝的诗坛巨匠,如普希金、雪莱、歌德等予以重点介绍;对一些现代派中的重要诗人,其作品难度又较大的,如波德莱尔、瓦雷里、里尔克、艾略特、叶芝等予以较细介绍;对一些长期被封锁压制、刚刚彻底恢复名誉的诗人,如帕斯捷尔纳克、古米廖夫、阿赫玛托娃等予以重新介绍;对一些活跃于当代诗坛、影响巨大的诗人,如布莱、奥尔森、埃利蒂斯等予以补充介绍;对一些优秀长诗予以片断介绍;对一些素被忽略的小国诗人和一些鲜为人知的新诗予以适当介绍。为了避免与同类书的重复,我们在篇目上做了部分调整,删去了一些国内读者早已熟悉的诗作,增添了不少初次问世的篇目,并把艺术上独具特色的抒情诗、哲理诗作为重点。

(二)本书的译诗都经过编者的严格挑选、比较,绝大部分出自于译坛名家手笔,其中有相当部分译作出自于赏析文的撰稿者,自译自析。此外,还有不少新译之作。译诗的风格、体裁、方法因译者对译诗理论的不同观点,以及译者本身的修养、技巧、习惯等不同而呈现各异的译风,有的近似"复述"(Retold);有的像"再创造"之诗(Recreation);有的还添加了译者的想象。在音韵格律上,有的忠实于原诗的音节、音步、脚韵,以中文遵循之;有的以"中国诗装洋酒"的押韵方式,求国人能"铿锵之"……不一而足,为有分歧,方添意趣。

(三)本书赏析文的撰写者,绝大部分都是国内著名的专家学者、翻译家、评论家，以中国社会科学院外国文学研究所为核心，云集了一批全国各地的中老年学者，可谓人才荟萃，阵营强大。

本书中有相当数量的赏析文都是译者同赏析者合二而一，他们掌握了国外第一手资料，提供给读者许多难以见到的新鲜素材。其中，还有不少作者集诗人、学者、翻译家、评论家于一身，他们以诗人的气质、学者的功底、译家的才华和评论家的眼光自译、自析（有的还自己选），因而能充分发挥他们主体的优势。在撰写形式上，我们尊重每个作者的创作个性，不拘一格，有的简隽、有的详博，有的重在背景资料的考证，有的偏爱诗句含义的细析，有的重在情志境界的把握，可以说百花齐放、风格各异。在写作态度上他们都十分认真，有的稿件是老专家多年心血积累（如沈宝基、茅于美等），有的是长期教学和科研成果的结晶（如郑克鲁、孙坤荣），有的是在病中呕心沥血所成（如陈周方），有的竟是作者的遗稿（如陈敬容）……这一切都使我们感到弥足珍贵。享誉外国文学界的冯至、罗大冈、戈宝权、袁可嘉等几位老先生，也亲自撰稿，为本书增光添彩。总之，能有机会把当代这么多外国文学专家的创作汇集在这样一部普及性的诗集中，我们以为大约无愧于大辞典的美称了。

本书的几位分类主编在成书过程中，做了许多工作，尤其是王守仁、金志平同志，始终如一，默默奉献。没有他们的通力合作，这样一部大书是很难完成的。此外，本书还得到李文俊、江枫等同志的大力支持，在此一并致谢。由于发排时间紧迫，仓促之间，疏忽舛误必然难免，敬请专家学者及广大读者批评指正。